PARECERES DE DIREITO CONSTITUCIONAL E DE DIREITO ADMINISTRATIVO

CONTRACORRENTE

Pedro Estevam Alves Pinto Serrano

PARECERES DE DIREITO CONSTITUCIONAL E DE DIREITO ADMINISTRATIVO

SÃO PAULO
2023

CONTRACORRENTE

Alameda Itu, 852 | 1º andar |
CEP 01421 002
www.loja-editoracontracorrente.com.br
contato@editoracontracorrente.com.br

EQUIPE EDITORIAL
COORDENAÇÃO DE PROJETO: Juliana Daglio
REVISÃO: Graziela Reis
PREPARAÇÃO DE TEXTO E REVISÃO TÉCNICA: Amanda Dorth
DIAGRAMAÇÃO: Pablo Madeira
CAPA: Marina Avila

EQUIPE DE APOIO
Fabiana Celli
Carla Vasconcelos
Regina Gomes
Nathalia Oliveira

Dados Internacionais de Catalogação na Publicação (CIP)
(Câmara Brasileira do Livro, SP, Brasil)

Serrano, Pedro Estevam Alves Pinto
Pareceres de Direito Constitucional e de Direito Administrativo / Pedro Estevam Alves Pinto Serrano. -- 1. ed. -- São Paulo : Editora Contracorrente, 2023.

Bibliografia.
ISBN 978-65-5396-106-7

1. Direito Constitucional - Brasil 2. Direito Administrativo - Brasil 3. Pareceres jurídicos I. Título.

23-150338 CDU-342(81)

Índices para catálogo sistemático:

1. Brasil : Direito constitucional 342(81)
Aline Graziele Benitez - Bibliotecária - CRB-1/3129

@editoracontracorrente
Editora Contracorrente
@ContraEditora

SUMÁRIO

PREFÁCIO

Este livro é a compilação dos pareceres em matéria de Direito Constitucional e Administrativo, da lavra de um dos mais célebres publicistas do país. E é célebre precisamente porque exibe, neste livro, assim como em tudo o que faz, uma capacidade única para a reflexão jurídica mais profunda, que se espraia por todos os cantos do Direito Público, senão por alguns dos mais escuros, sobre os quais a doutrina não perseguira ainda a vida. Pedro Serrano é um grande jurista precisamente por isso, pela capacidade de refletir, de desvendar soluções, de explicar a dogmática do Direito Público e as políticas do Direito Público, mas – sobretudo – por fazê-lo em terra virgem, por entre mata cerrada, expostos ao risco dos bandeirantes.

Pedro Serrano é jurista à moda antiga, daqueles dizimados pelo mundo do entretenimento e pelas distrações da vida moderna; seu pensamento é marcado por cultura enciclopédica, que só se explica por sucessivas reencarnações. A sua capacidade de articulação e de esclarecimento dos temas mais complexos se expressa pela força dos processos mentais, urdidos com agilidade, elegância e refinamento que se exprimem neste livro que, ao cobrir tantos, tão importantes e, por vezes, tão inusitados temas, funcionará como farol, nas noites chuvosas e nevoentas.

O livro se divide em duas partes, que, como já disse, tratam de matéria constitucional e administrativa, respectivamente.

Há pareceres em matéria constitucional que discorrem sobre o funcionamento e da regulação fina de nossa democracia, a exemplo da vedação constitucional à atividade político-partidária pelos magistrados, da extensão dos direitos fundamentais de manifestação do pensamento e de liberdade de expressão dos parlamentares. Alguns deles, para demonstrar o amplo repertório a que se lança o autor, desbordam para outras ramos do Direito em articulação com o projeto constitucional: é o que se dá quando versam sobre a disciplina jurídica do indulto, sobre a relação entre magistrado e acusador à luz dos sistemas processuais penais inquisitivo e acusatório e sobre a pauta dos costumes.

O auge dessa exploração dogmática os leva, em alguns pareceres, a perquirir as fronteiras entre Política e Direito, que se esmaeceram na era da Lava-Jato. O papel de Serrano no combate aos abusos da politização, fulanização e instrumentalização de nosso sistema de justiça entra definitivamente para a história com pareceres como os que tratam das medidas de exceção inconstitucionais perpetradas pela “Operação Lava Jato”, mas, antes disso, por meio de sua atuação serena, ainda que inflexível, para pontuar os elementos jurídicos do golpe de Estado que se estabeleceu com o impeachment de Dilma Rousseff.

De resto, são igualmente centrais as reflexões sobre o papel do Estado nos sistemas econômicos, sob a égide do projeto constitucional vigente, porque demonstram que não é possível propor flexões sobre ideologia e sobre valores albergados pelo direito posto. Nesse sentido, destaco o precioso parecer que trata da constitucionalidade dos financiamentos realizados pelo BNDES.

O autor produziu e traz a lume neste livro, de mesmo modo, uma inestimável contribuição em matéria de Direito Administrativo e, em alguns tópicos, exibe entendimento exauriente acerca de particularidades do funcionamento da Administração Pública, determinado pelas leis do país. E isso se faz indispensável no momento em que vivemos: é serviço de utilidade pública combater a vulneração proposital e mal-intencionada das obviedades, a remoção desautorizada do piso e das pilastras centrais da civilidade. E essa resistência heroica se opera, por vezes, mais nos temas comezinhos, na dogmática das coisas da vida e, como aqui demonstra o autor, com a explicação dos meandros do funcionamento de nossa Administração Pública. É o que se deduz quando discorre sobre a competência municipal e o papel integrador do Estado na prestação de serviço público de saneamento nas regiões metropolitanas. Ou sobre as origens da regulação portuária no Brasil até a Lei de Modernização dos Portos de 1993 e a questão da adaptação dos contratos de arrendamento aos novos marcos regulatórios. Até mesmo os temas clássicos são revisitados para que o autor sobre eles lance luzes novas, como o que fez ao tratar do equilíbrio econômico-financeiro do contrato administrativo, da celebração dos convênios administrativos, do regime jurídico da contratação, por inexigibilidade de licitação e da intangibilidade das cláusulas econômico-financeiras dos contratos de concessão de serviço pública.

A pandemia da covid-19 e as suas repercussões para o Direito Administrativo também são objeto de um parecer de grande importância e atualidade, que versa sobre a teoria da legalidade extraordinária no contexto da disseminação do "novo coronavírus" SARS-COV-2 ou "COVID-19" e o descabimento de discriminações e formalismos indevidos na autorização de vacinas.

Enfim, este livro de pareceres, leitura indispensável para todos os operadores do Direito, assim como para aqueles que queiram exercer a cidadania na plenitude, afirma Serrano como um dos mais importantes juristas do país e, definitivamente, a mais destacada voz do campo progressista.

WALFRIDO WARDE

APRESENTAÇÃO

A presente obra consolida alguns produtos da atividade de consultoria em Direito Constitucional e Administrativo desenvolvida nos últimos anos para pessoas jurídicas e físicas que, no âmbito de processos judiciais ou administrativos e, ainda, na administração empresarial, se depararam com questões jurídicas que, dada a singularidade e a relevância, evidenciaram a insuficiência dos manuais em fornecer respostas e soluções.

A necessidade de específica e concreta análise jurídica justificadora da produção de um parecer jurídico impõe do intérprete o dever de comprometida intepretação jurídica, bem como de recorrência à hermenêutica e, ainda, aos princípios e regras norteadores da questão posta à apreciação.

Quanto às matérias de Direito Constitucional, selecionamos pareceres relativos a, dentre outras, controle de constitucionalidade, organização do Estado, separação de funções e competências entre os entes federados, processo legislativo e espécies normativas, direitos fundamentais, *impeachment*, ordem social e econômica.

Já com relação aos temas de Direito Administrativo, integram a presente obra atividades de consultoria realizadas em questões relativas ao regime de serviço público, ordem econômica, regulação, infraestrutura, setores regulados de saneamento e portos, equilíbrio econômico-financeiro dos contratos administrativos, responsabilidade do parecerista jurídico, dispensa e inexigibilidade de licitação, responsabilidade disciplinar do magistrado e do membro do Ministério Público, regime jurídico dos serviços notariais e de registro e, por fim, responsabilidade objetiva e acordo de leniência na lei anticorrupção brasileira.

O Direito, longe de constituir-se em singela ciência que se reduz à mera inteleção de normas abstratamente consideradas, possui complexidades que desafiam, diuturnamente, seus intérpretes. É nesse cenário que o parecer jurídico representa um desafio de concreta análise de uma questão – ou, muitas vezes, de diversas matérias emaranhadas entre si – cujo deslinde demanda acurado rigor técnico e construção argumentativa que, muito além do mero argumento de autoridade, procuram constatar a mais adequada resposta oferecida pelo Direito.

Foi a execução desse relevante e desafiador mister que nos levaram a, nos últimos anos, produzir os pareceres selecionados para compor a obra ora apresentada ao público, convidando-o a adentrar em sofisticadas matérias jurídicas que, ao contrário da leitura oportunizadas pelos manuais, foram desenvolvidos tendo em vista específica e concreta controvérsia ou questão jurídica a ser esclarecida. Ademais, ao invés de meras discussões teóricas que, muitas vezes, se colocam como um fim em si mesmas, os produtos ora apresentados possuem, ao lado do compromisso com o rigor científico e com o Direito, intuito pragmático de esclarecimento de matéria jurídica submetida à consulta.

Referida apresentação visa, portanto, apresentar as linhas mestras que permeiam os pareceres jurídicos apresentados a seguir e, ainda, os elevados propósitos que nortearam a sua elaboração e a publicação ora realizada. É assim que deixamos aos leitores nossa expectativa de contribuição para a ciência do Direito.

PRIMEIRA PARTE

DIREITO CONSTITUCIONAL

CAPÍTULO I

A VEDAÇÃO CONSTITUCIONAL À ATIVIDADE POLÍTICO-PARTIDÁRIA PELOS MAGISTRADOS E A LIMITAÇÃO AOS DIREITOS FUNDAMENTAIS DE MANIFESTAÇÃO DO PENSAMENTO, LIBERDADE DE EXPRESSÃO E LIVRE O EXERCÍCIO DE QUALQUER TRABALHO, OFÍCIO OU PROFISSÃO

EMENTA: I. PROLEGÔMENOS E FORMULAÇÃO DOS QUESITOS. II. A VEDAÇÃO CONSTITUCIONAL À ATIVIDADE POLÍTICO-PARTIDÁRIA PELOS MAGISTRADOS E A LIMITAÇÃO AOS DIREITOS FUNDAMENTAIS DE MANIFESTAÇÃO DO PENSAMENTO, LIBERDADE DE EXPRESSÃO E LIVRE O EXERCÍCIO DE QUALQUER TRABALHO, OFÍCIO OU PROFISSÃO. III. O ILEGAL EXERCÍCIO DE ATIVIDADE POLÍTICO-PARTIDÁRIA PELO MAGISTRADO. IV. A OBRIGATORIEDADE DE CONTINUIDADE DOS PROCESSOS DISCIPLINARES,

À DESPEITO DA EXONERAÇÃO DO MAGISTRADO. V. RESPOSTAS AOS QUESITOS.

CONSULENTE: ASSOCIAÇÃO BRASILEIRA DE JURISTAS PELA DEMOCRACIA – ABJD.

1.1 Prolegômenos e formulação dos quesitos

Honra-nos a **ASSOCIAÇÃO BRASILEIRA DE JURISTAS PELA DEMOCRACIA – ABJD** com Parecer atinente à Reclamação Disciplinar por ela formulada em 05.11.2018 em face do Juiz de Direito da 13ª Vara Federal de Curitiba, Sérgio Fernando Moro, perante o Conselho Nacional de Justiça – CNJ. Referida medida foi fundamentada no art.103-B, §4º, inciso III, da Constituição, e arts. 72, 73 e seguintes do Regimento Interno do CNJ. Por meio da referida Reclamação Disciplinar, a Consulente narrou:

> (...) A poucos dias para a realização do pleito do primeiro turno eleitoral, sem qualquer relevância para a investigação em curso, e sem interesse público ou social – mesmo porque sem provas efetivas das informações prestadas – o juiz federal Sérgio Fernando Moro, titular da Operação Lava Jato, ora representado, autorizou e permitiu a disponibilização para toda a imprensa brasileira, do conteúdo da colaboração premiada levada a termo pelo ex-Ministro Antônio Palocci, com conteúdo sobre políticos do Partido dos Trabalhadores, que possuía um candidato ao Palácio do Planalto. O fato foi contestado por parlamentares com representação feita a esse d. Conselho e pedido de esclarecimentos. (...)
>
> No dia 01 de novembro de 2018 o mesmo juiz Sérgio Fernando Moro aceitou o convite para ocupar a pasta de ministro da Justiça do Presidente eleito Jair Bolsonaro, a partir de janeiro de 2019. No mesmo dia, o vice-Presidente eleito, General Hamilton Mourão, afirmou para diversos veículos de comunicação que o convite ao juiz Sérgio Moro para ocupar a pasta fora feito ainda durante a campanha

> eleitoral (cópias de matérias jornalísticas anexas). Repetir isso e creditar a algo normal nos parece uma tentativa assombrosa de naturalizar ilegalidade flagrante, senão vejamos: um juiz federal negociou um cargo político durante um processo eleitoral com um dos lados em disputa. O mesmo juiz vazou conteúdo de colaboração premiada que prejudicaria a candidatura adversária!
>
> O fato, em si mesmo, além de causar perplexidade, suscita inúmeros questionamentos. É ilegal, imoral, e evidencia uma parcialidade gritante. Poder-se-ia ponderar acerca de vários pontos. Contudo, o objeto desta Representação cinge-se ao fato de que, na condição de magistrado, não poderia o juiz Sérgio Fernando Moro negociar cargo político, máxime no curso de uma campanha eleitoral, menos ainda aceitá-lo ocupando o cargo de magistrado, por ofensa direta à Constituição Federal, ao Código de Ética da Magistratura e à Lei Orgânica da Magistratura (LOMAN).

Em síntese, a Consulente deduziu que o Magistrado, ao iniciar tratativas com o intuito de exercer outro cargo público, em substituição ao cargo de Magistrado, teria, dentre outros, violado a proibição constitucional de dedicação à atividade político-partidária (art. 95, parágrafo único, inciso III, da Constituição; art. 7º do Código de Ética da Magistratura Nacional; e, ainda, art. 26, inciso II, alínea "c", da Lei Complementar n. 35/1979, a Lei Orgânica da Magistratura Nacional).

Saliente-se, ademais, que a Consulente deduziu que são legítimas referidas limitações ao Direito Constitucional de liberdade de expressão, consubstanciado no art. 5º, inciso IX, da Constituição.

Em 09.11.2018, o Corregedor Nacional de Justiça, o Ministro Humberto Martins, analisando a medida administrativa adotada pela Consulente, instaurou a Reclamação Disciplinar n. 0009863-77.2018.2.00.0000. Ato contínuo, o Magistrado foi notificado para prestar informações em 15 dias, nos termos do art. 67, § 3º, do Regimento Interno do CNJ.

Diante da existência de outros expedientes com fatos apontados como análogos, na referida decisão também foi determinado, para fins de julgamento conjunto, o sobrestamento e apensamento da Reclamação Disciplinar ao processo n. 0009804-89.2018.2.00.0000. Ademais, é relevante destacar que o Magistrado solicitou em 16.11.2018 sua exoneração do cargo, consoante o seguinte requerimento:

> Como é notório, o subscritor foi convidado pelo Exmo. Sr. Presidente da República eleito para assumir a partir de janeiro de 2019 o cargo de Ministro da Justiça e da Segurança Pública. Como é também notório, o subscritor manifestou a sua aceitação.
>
> Isso foi feito com certo pesar, pois o subscritor terá que exonerar-se da magistratura.
>
> Pretendia realizar isso no início de janeiro, logo antes da posse no novo cargo. Para tanto, ingressei em férias para afastar-me da jurisdição. Concomitantemente, passei a participar do planejamento das futuras ações de Governo a partir de janeiro de 2019.
>
> Entretanto, como foi divulgado, houve quem reclamasse que eu, mesmo em férias, afastado da jurisdição e sem assumir cargo executivo, não poderia sequer participar do planejamento de ações do futuro Governo.
>
> Embora a permanência na magistratura fosse relevante ao ora subscritor por permitir que seus dependentes continuassem a usufruir de cobertura previdenciária integral no caso de algum infortúnio, especialmente em contexto na qual há ameaças, não pretendo dar azo a controvérsias artificiais, já que o foco é organizar a transição e as futuras ações do Ministério da Justiça.
>
> Assim, venho, mais uma vez registrando meu pesar por deixar a magistratura, requerer a minha exoneração do honroso cargo de juiz federal da Justiça Federal da 4ª Região, com efeitos a partir de 19/11/2018, para que eu possa então assumir de imediato um cargo executivo na equipe

> de transição da Presidência da República e sucessivamente o cargo de Ministro da Justiça e da Segurança Pública.
>
> Destaco, por fim, o orgulho pessoal de ter exercido durante vinte e dois anos o cargo de juiz federal e de ter integrado os quadros da Justiça Federal brasileira, verdadeira instituição republicana (...).

A exoneração foi deferida a partir de 19.11.2018, consoante ato de 16.11.2018 do Presidente do Tribunal Regional Federal da 4ª Região, o Desembargador Federal Thompson Flores.

No mesmo dia em que o Magistrado solicitou e teve deferida a exoneração, foi formulado, perante o CNJ, nos autos do processo n. 0008887-70.2018.2.00.0000, pedido cautelar de suspensão do ato de exoneração.

O fundamento adotado foi o da afronta ao art. 27 da Resolução CNJ n. 135/2011, dispositivo o qual prevê que o Magistrado que estiver respondendo a processo administrativo disciplinar só terá apreciado o pedido de aposentadoria voluntária após a conclusão do processo ou do cumprimento da penalidade. Consequentemente, deduziram os parlamentares peticionários que citada regra seria aplicável para todos os casos em que o Magistrado se afastasse voluntariamente do cargo.

Nesses termos, abordaremos no presente Parecer se a conduta do Magistrado consistiu em ilegal exercício de atividade político-partidária a que se refere o art. 95, parágrafo único, inciso III, da Constituição ao negociar e aceitar o cargo político de Ministro de Estado da Justiça.

Saliente-se que referida conduta foi acompanhada, inclusive, da adoção de medida tendente a influenciar o processo eleitoral em favor do candidato eleito ao dar publicidade ao acordo de colaboração premiada celebrado entre a autoridade policial (Superintendência Regional de Polícia Federal no Paraná) e Antônio Palocci Filho.

Por fim, enfrentaremos as consequências jurídicas da exoneração do Magistrado no curso dos processos disciplinares, bem como se referido ato é causa legítima para o seu arquivamento.

Assim considerando, nos foram formulados os seguintes quesitos:

PRIMEIRO QUESITO: A conduta do Magistrado consistiu em ilegal exercício de atividade político-partidária a que se refere o Art. 95, Parágrafo único, Inciso "III" da Constituição?

SEGUNDO QUESITO: A exoneração do Magistrado no curso do Processo Administrativo disciplinar é causa legítima para o seu arquivamento?

1.2 A vedação constitucional à atividade político-partidária pelos magistrados e a limitação aos direitos fundamentais de manifestação do pensamento, liberdade de expressão e livre exercício de qualquer trabalho, ofício ou profissão

A manifestação do pensamento (art. 5º, inciso IV, da Constituição) e a liberdade de expressão (art. 5º, inciso IX, da Constituição) são direitos fundamentais indissociavelmente ligados à cidadania, bem como à participação na vida da *polis* (art. 1º, inciso II, da Constituição) e à dignidade da pessoa humana (art. 1º, inciso III, da Constituição).

Referidos direitos costumam ser denominados "direitos de primeira geração", os quais compreendem os direitos civis e políticos das chamadas liberdades clássicas, negativas ou formais. Tais direitos são caracterizados, essencialmente, pela necessidade de uma postura negativa do Estado. Paulo Bonavides, nesse contexto, preceitua que tais direitos "valorizam o homem – singular, o homem das liberdades abstratas, o homem da sociedade mecanicista que compõe a chamada sociedade civil".[1]

Na mesma linha, José Joaquim Gomes Canotilho, ao tratar das chamadas liberdades, especialmente a de expressão, caracterizam-nas como "posições fundamentais subjectivas de natureza defensiva". Os por ele chamados de "direitos a acções negativas", caracterizam-se, assim, por uma abstenção do Estado:

> As liberdades (liberdade de expressão, liberdade de informação, liberdade de consciência de religião e de culto, liberdade de criação cultural, liberdade de associação) costumam ser caracterizadas como posições fundamentais subjectivas de natureza defensiva. Nesse sentido, as liberdades identificam-se com direitos a acções negativas; seriam Abwerrechte (direitos de defesa). Resulta logo do enunciado constitucional que, distinguindo-se entre "direitos, liberdades e garantias", tem de haver algum traço específico, típico das posições identificadas como liberdades. Esse traço específico é o da alternativa de comportamento, ou seja, a possibilidade da escolha de um comportamento. Assim, como vimos, o direito à vida é um direito (de natureza perante o Estado), mas não é uma liberdade (o titular não pode escolher entre viver ou morrer). A componente negativa das liberdades constitui também uma dimensão fundamental (ex., ter ou não ter religião; fazer ou não fazer parte de uma associação; escolher uma ou outra profissão).[2]

O direito à liberdade de pensamento e de expressão é conceituado pelo Pacto de São José da Costa Rica, no seu art. 13, como

---

1 BONAVIDES, Paulo. *Curso de Direito Constitucional.* São Paulo: Malheiros, 2001, p. 516.

2 CANOTILHO, José Joaquim Gomes. *Direito Constitucional e Teoria da Constituição.* Coimbra: Almedina, 2002, p. 1246.

> a liberdade de buscar, receber e difundir informações e ideias de toda natureza, sem consideração de fronteiras, verbalmente ou por escrito, ou em forma impressa ou artística, ou por qualquer outro processo de sua escolha.

José Afonso da Silva, do mesmo modo, assinala que a liberdade de pensamento compreende a exteriorização do conteúdo intelectual, o que pressupõe interações sociais, bem como a troca de conhecimentos e de opiniões:

> A liberdade de pensamento – segundo Sampaio Dória – "é o direito de exprimir, por qualquer forma, o que se pense em ciência, religião, arte o que for". Trata-se de liberdade de conteúdo intelectual e supõe o contato do homem com seus semelhantes, pelo qual "o homem tenda, por exemplo, a participar a outros suas crenças, seus conhecimentos, sua concepção de mundo, suas opiniões políticas ou religiosas, seus trabalhos científicos".
>
> Nesses termos, ela se caracteriza como exteriorização do pensamento no seu sentido mais abrangente.[3]

Para o mesmo autor, a liberdade de opinião, a qual resume a liberdade de pensamento nas suas várias formas de manifestação, caracteriza-se pela "liberdade de o indivíduo adotar a atitude intelectual de sua escolha: quer um pensamento íntimo, quer seja a tomada de posição pública; liberdade de pensar e dizer o que se crê verdadeiro".[4]

Analisando o precedente "Brandenburg v. Ohio, 395 US 444 (1969)", da Suprema Corte Norte-Americana, Cass R. Sunstein destaca que a liberdade de expressão está diretamente ligada à

---

3 SILVA, José Afonso da. *Curso de Direito Constitucional Positivo*. São Paulo: Malheiros, 2004, p. 240.

4 SILVA, José Afonso da. *Curso de Direito Constitucional Positivo*. São Paulo: Malheiros, 2004, p. 240.

própria ideia de democracia, uma vez que a proteção de "dissidentes" não se presta somente a proteger individualmente as pessoas que professam determinadas ideias, mas também as inúmeras pessoas que se beneficiam da coragem ou da temeridade daqueles que discordam.[5] Para o mesmo autor, a sociedade beneficia-se da divulgação e do dissenso. Entretanto, determinadas pressões levam as pessoas ao silêncio, o que se constituiria em justificativa para que a lei jamais restrinja pontos de vista impopulares.[6]

Constata-se, portanto, que a manifestação do pensamento (art. 5º, inciso IV, da Constituição) e a liberdade de expressão (art. 5º, inciso IX, da Constituição) são direitos fundamentais indissociavelmente ligados à cidadania, bem como à participação na vida da *polis* (art. 1º, inciso II, da Constituição) e à dignidade da pessoa humana (art. 1º, inciso III, da Constituição). Ademais, a Constituição consagra, dentre os direitos fundamentais, o livre exercício de qualquer trabalho, ofício ou profissão, atendidas às qualificações profissionais que a lei estabelecer (art. 5º, inciso XIII, da Constituição). Por outro lado, a livre iniciativa é um princípio fundamental da República, conforme art. 1º, inciso IV, da Constituição da República.

Ocorre que, com relação aos Magistrados, referidos direitos fundamentais são limitados pela vedação constitucional ao exercício da atividade político-partidária (art. 95, parágrafo único, inciso III, da Constituição) e, ainda, pela proibição do exercício de outro cargo ou função, salvo uma de magistério (art. 95, parágrafo único, inciso I, da Constituição). Assim considerando,

---

5 SUNSTEIN, Cass R. *Why societies need dissent?* Cambridge: Harvard University, 2003, p. 98.

6 Nas palavras do autor, "if societies benefit from disclosure and dissent, and if informational and reputational pressures lead people to silence themselves, then we have good reason to ensure that the force of law is never used to restrict unpopular points of view". (SUNSTEIN, Cass R. *Why societies need dissent?* Cambridge: Harvard University, 2003, p. 101).

tendo em vista o escopo do presente Parecer, adentraremos, especificamente, no tema da vedação constitucional ao exercício da atividade político-partidária.

1.3 O ilegal exercício de atividade político-partidária pelo magistrado

A carreira da Magistratura está disciplinada nos artigos 93 e 95 da Constituição da República, bem como pela Lei Complementar n. 35/1979, a Lei Orgânica da Magistratura Nacional, e pelo Código de Ética da Magistratura Nacional. Quanto às práticas vedadas ao Magistrado, o art. 95, parágrafo único, inciso III, da Constituição, proíbe a dedicação à atividade político-partidária, o qual, nos termos do artigo 26, inciso II, alínea "c", da Lei Complementar n. 35/1979, a Lei Orgânica da Magistratura Nacional, perderá o cargo caso seja condenado em processo disciplinar de apuração de responsabilidade.

Referida vedação visa garantir a observância aos deveres de independência e imparcialidade do Magistrado,[7] os quais asseguram que sua atuação funcional, concernente à prestação jurisdicional do Estado, seja desempenhada sem influências de qualquer natureza. Para José Afonso da Silva, a vedação à atividade político-partidária é *garantia funcional do Poder Judiciário*, na medida em que objetiva a manutenção da independência e do exercício da função jurisdicional com dignidade, desassombro e imparcialidade:[8]

> As *garantias de imparcialidade dos órgãos judiciários* aparecem, na CF, sob forma de *vedações* aos juízes, denotando

---

7 Nesse sentido dispõe o Código de Ética da Magistratura Nacional em seu artigo 7º: "A independência judicial implica que ao magistrado é vedado participar de atividade político-partidária".

8 SILVA, José Afonso da. *Curso de Direito Constitucional Positivo*. São Paulo: Malheiros, 2004, p. 577.

> restrições formais a eles. Mas, em verdade, cuida-se aí, ainda, de proteger a sua independência e, consequentemente, do próprio Poder Judiciário. Assim é que a CF, no art. 95, parágrafo único, veda-lhes: *exercer*, ainda que em disponibilidade, outro cargo ou função, salvo uma de magistério; *receber*, a qualquer título ou pretexto, custas ou participação em processo; *dedicar-se* à atividade político-partidária.[9]

O Tribunal Superior Eleitoral – TSE adota o conceito de atividade político-partidária como o:

> Conjunto de ações desempenhadas em decorrência de vinculação a partido político, como p. ex., participação em campanhas de candidatos a postos eletivos, exercício de cargos ou funções nos órgãos dos partidos políticos. No Direito brasileiro, vedada ao juiz e conselheiros de tribunais de contas, sob pena de perda do cargo judiciário.[10]

Ademais, André Ramos Tavares, definindo os contornos da vedação à atividade político-partidária, assim assevera:

> Isso significa, v. g., que os magistrados, de qualquer instância, não podem acompanhar os políticos em suas campanhas eleitorais, não podem, em seus processos, adotar decisões com base em determinada ideologia partidária (ainda que tenham sido designados para compor um Tribunal por ato do Chefe do Executivo, que, necessariamente, pertencerá a algum partido), não podem subsidiar candidatos, não

---

9 SILVA, José Afonso da. *Curso de Direito Constitucional Positivo*. São Paulo: Malheiros, 2004, p. 578.

10 TSE. *Glossário*. Disponível em: http://www.tse.jus.br/eleitor/glossario/termos-iniciados-com-a-letra-a#atividade-politico-partidaria. Acessado em: 12.04.2023.

> podem apoiar, seja em seu nome, como magistrado, ou em nome do Judiciário, determinado partido ou candidato.[11]

Portanto, o exercício de atividade político-partidária estará atrelado ao alinhamento a determinados interesses de partido político ou candidato, compreendendo condutas que efetivamente demonstrem a afinidade do Magistrado a ideais e agendas políticas a eles relacionados. Ou seja, a Constituição da República exige que o Magistrado se abstenha de exercer atividade político-partidária justamente por esta afetar a imparcialidade de seu julgamento e, por conseguinte, a própria prestação jurisdicional.

Saliente-se, aqui, que a função jurisdicional do Estado é absolutamente distinta das demais funções estatais. Por essa razão, rememore-se Georges Burdeau, o qual, atento aos atos do Estado, admite serem duas as suas funções fundamentais. Uma governamental, caracterizada por ser incondicionada, criadora e autônoma, subdividindo-se em legislativa e governamental *stricto sensu*. Outra, administrativa, marcada por ser derivada, secundária e subordinada, a qual se divide em jurisdicional, regulamentar e administrativa *stricto sensu*.[12]

Para Karl Loewenstein, existem três funções do Estado. *Policy determination*, relacionada à deliberação das decisões políticas fundamentais conformadoras da sociedade no presente e no futuro; *policy execution*, voltada à adoção de medidas necessárias à implementação das decisões fundamentais; e, por fim, *policy control*, vinculada ao controle político dos órgãos estatais.[13]

---

11 TAVARES, André Ramos. *Curso de Direito Constitucional*. São Paulo: Saraiva, 2017, p. 988.

12 BURDEAU, Georges. "Remarques sur la classification des fonctions étatiques". *Revue du droit public*, Paris, nº 60, 1945, pp. 202-228.

13 LOEWENSTEIN, Karl. *Teoría de la constitución*. Barcelona: Ariel, 1986, p. 312.

Jorge Miranda apresenta uma divisão tricotômica das funções do Estado considerando, para tanto, a conjugação de critérios materiais, formais e orgânicos.[14] A inovação desta teoria, além da conjugação de critérios, está na detecção de zonas de fronteira e de funções complementares, acessórias ou atípicas.

Funções política, administrativa e jurisdicional decorrem, portanto, dos fins ou do objeto dos atos em razão dos quais se desenvolvem (critério material), em razão dos modos e formas de sua manifestação (critério formal) e das instituições através dos quais são praticados estes atos (critério orgânico).

A função política, pelo critério material, compreende a definição primária e global do interesse público, a interpretação dos fins do Estado e escolha dos meios adequados para atingi-los, além da sua direção. Pelo critério formal, abrange a liberdade ou discricionariedade máxima com subordinação às regras jurídicas, liberdade de escolha e ausência de sanções jurídicas específicas. Pelo critério orgânico, engloba os órgãos políticos e governativos em conexão direta com a forma e o sistema de governo.

A função política compreende a função legislativa, ou *legislatio*, e governativa, ou política *stricto sensu*, ou ainda *gobernatio*, consoante se traduza em atos normativos, direta ou indiretamente, explícita ou implicitamente, e em atos de conteúdo não normativo.

A função administrativa, pelo critério material, realiza-se pela satisfação constante e cotidiana das necessidades coletivas, além da prestação de bens e serviços. Pelo critério formal, a iniciativa e, em regra, a parcialidade na prossecução do interesse público. Pelo critério orgânico, marca-se pela dependência funcional, com sujeição, no interior de cada sistema ou aparelho de órgãos e serviços, às ordens e instruções e ao recurso hierárquico.

---

14 MIRANDA, Jorge. *Manual de Direito Constitucional*. Tomo V. Coimbra: Coimbra, 2004, p. 22.

A função jurisdicional, pelo critério material, abarca a declaração do direito em concreto e em abstrato. Pelo critério formal, marca-se pela passividade e imparcialidade. Pelo critério orgânico, pela independência e atribuição a órgãos específicos, os tribunais.

Constata-se, portanto, que a função jurisdicional do Estado não se confunde, de modo algum, com as demais atividades estatais. Ademais, tendo em vista que o exercício da jurisdição, pela sua característica essencial de solucionar conflitos, substitui-se à vontade das partes, a "Constituição veda aos juízes o exercício de determinadas atividades, procurando, ainda, evitar determinadas situações que poderiam implicar uma violação da desejável neutralidade judicial".[15]

Apresentada a presente breve incursão na natureza da função jurisdicional do Estado, depreende-se que a Constituição da República exige que o Magistrado se abstenha de exercer atividade político-partidária justamente por esta afetar a imparcialidade de seu julgamento e, por conseguinte, a própria prestação jurisdicional. Assim considerando, a conduta do Magistrado em exame consistiu em ilegal exercício de atividade político-partidária a que se refere o art. 95, parágrafo único, inciso III, da Constituição ao negociar e aceitar o cargo político de Ministro de Estado da Justiça na condição de Magistrado.

Ademais, referida infração disciplinar veio acompanhada de indícios da adoção de medida tendente a influenciar o processo eleitoral em favor do candidato eleito ao dar publicidade ao acordo de colaboração premiada celebrado entre a autoridade policial (Superintendência Regional de Polícia Federal no Paraná) e Antônio Palocci Filho.

Com efeito, o Magistrado só pode aceitar um cargo político no Poder Executivo se, antes, pedir exoneração. Afinal, a Constituição

15 TAVARES, André Ramos. *Curso de Direito Constitucional.* São Paulo: Saraiva, 2017, p. 988.

veda que o juiz exerça atividade político-partidária. Consequentemente, uma vez que o Magistrado, sem exonerar-se, aceitou convite para ser Ministro de Estado da Justiça e, igualmente sem a exoneração, entrou de férias para organizar o ministério, ele infringiu a vedação constitucional ao exercício da atividade político-partidária. Parece tão simples isso. Além do mais, por qual razão os cidadãos da República têm de continuar a pagar o salário do juiz, em férias, para organizar o seu ministério? Ele tem direito a férias? Pois bem. Se tem, não pode tirá-las na condição de juiz já aceitante de um cargo no Poder Executivo. Isso ou temos de desenhar?

O que espanta (ou não espanta) é que, no Brasil, estamos nos acostumando a deixar passar essas coisas. O tribunal ao qual o Magistrado é vinculado deveria, de ofício, abrir um procedimento. Assim, estamos diante de uma situação híbrida: um juiz que estava de férias preparando seu ministério para assumir quando deveria pedir demissão do cargo que é absolutamente incompatível com a política.

Ademais, é notório que o Magistrado aceitou o cargo de Ministro da Justiça a convite de um candidato a Presidente que se beneficiou – em termos eleitorais – das suas decisões. Nem é necessário falar das declarações, peremptórias – e conhecidas de todos (público e notório) –, do juiz afirmando que, acaso aceitasse um cargo político, isso colocaria em dúvida a integridade (vejam, colocaria em dúvida a integridade) do trabalho por ele realizado (as palavras são essas mesmas).

Outra questão que se coloca é a falta de prestação de contas à sociedade e a falta da prestação de contas dos órgãos que deveriam fiscalizar os atos dos agentes públicos ("*accountability*"). "Accountability" pode ser entendido como um processo decisório, dentro da abordagem de orientação,[16] de preocupação ética e responsável,

---

16 ETZIONE, Amitai. *Concepções alternativas de accountability*: o exemplo de gestão de saúde. Trad. Francisco G. Heidmann. Florianópolis: UFSC, 1998.

realizada de modo sistemático, através de responsabilidade, controle, transparência, prestação de contas e ações caracterizadas por fundamentações (justificativas para os atos praticados) e consequências (implicações dos seus atos).[17] A "*accountability*" assume dimensão ética na medida em que as decisões tomadas no âmbito da própria ação geram consequências. A "*accountability*", nesse contexto, desempenha o papel da responsabilidade que o Magistrado possui em razão de seus atos perante a sociedade.

Nesse cenário, a imparcialidade de um juiz é a joia da coroa judiciária. No momento em que a imparcialidade sai por uma porta, por outra entra o vale-tudo. Inocentes pagarão pelos culpados. É a instituição judiciária que está em jogo.

Se isso vira precedente, qualquer Magistrado ou membro do Ministério Público poderá negociar seu cargo com um governo. Se o governo aceitar que o juiz ou promotor assuma o novo cargo, esse juiz poderá continuar no cargo montando sua pasta, até o dia da posse. Sim, porque, afinal, qual é a diferença entre estar de férias e estar no exercício da função? Saliente-se, aqui, que o próprio Magistrado estava em férias quando, recentemente, impediu o cumprimento de determinado Habeas Corpus.

Ou seja, se para o Magistrado não existe férias para juízes – estando sempre com competência (há até acórdãos de tribunais dizendo isso, errada ou acertadamente) –, então podemos concluir, sem medo de errar e sem colocar uma gota de subjetivismo, que o Magistrado, em férias ou não, está exercendo atividade outra que não a de Magistrado. Ou montar um ministério é atividade de um Magistrado?

Frise-se, aqui, que se noticiou na mídia que, só depois das férias é que o TRF-4 poderá providenciar o seu substituto na vulgarmente

---

17 PINHO, José Antonio Gomes de; SACRAMENTO, Ana Rita Silva. "Accountability: já podemos traduzi-la para o português?" *Revista de Administração Pública*, Rio de Janeiro, vol. 43, nº 6, nov./dez. 2009.

conhecida como "Operação Lava Jato" (afinal, como se sabe, o juiz é titular e só abre vacância com sua saída, e não por suas férias!).

No caso, a montagem do Ministério da Justiça constitui atividade tipicamente político-partidária, totalmente estranha à magistratura. Estando ainda no cargo. Não é necessário ser filiado para exercer atividade político-partidária. Aliás, fosse necessária a filiação para configurar o tipo administrativo, a Constituição teria colocado "filiação", e não a palavra atividade.

De observar que os fatos são ainda mais graves se levarmos em conta que o convite para ser Ministro da Justiça foi gestado quando o magistrado ainda exercia sua função, conforme declarado pelo vice-Presidente eleito. Por fim, o Magistrado também se reuniu, durante a campanha eleitoral, com o anunciado futuro ministro da pasta a ser denominada Ministério da Economia, Paulo Guedes. Esse encontro foi confirmado pelo próprio Magistrado publicamente.

Um membro do Judiciário que entre em férias durante o período eleitoral não pode fazer o que quiser. Nem no período eleitoral e nem nunca. Em férias, o máximo que pode fazer é descansar e viajar. O certo é que não pode fazer atividade política. É o que aconteceu.

Observe-se que o Magistrado aceitou o convite para ser Ministro mesmo sem estar em férias. Quando viajou ao Rio de Janeiro para encontrar-se com o Presidente eleito ainda não estava de férias. Aceitou o convite e depois entrou em férias. Começou a montar o ministério. É juiz e, ao mesmo tempo, presta serviço ao Executivo, violando a Constituição, bem como a vedação ao exercício da atividade político-partidária e, numa escala mais ampla, a separação de poderes.

Registre-se: as férias, para o deslinde da controvérsia, são absolutamente irrelevantes. Tanto é verdade que nem o Magistrado acreditou na "tese das férias", pois dela desistiu ao pedir exoneração. Se estar de férias legitimava o ato de exercer atividade político-partidária, por qual razão então se exonerou antes do tempo? A resposta é óbvia, pois.

Portanto, o Magistrado, ao fazer a transição de governo junto com o Presidente eleito, aceitar o cargo e montar seu gabinete, infringiu o art. 95, parágrafo único, inciso III, da Constituição, que veda o exercício da atividade político-partidária.

1.4 A obrigatoriedade de continuidade dos processos disciplinares, à despeito da exoneração do magistrado

Conforme antecipado, em 09.11.2018 o Corregedor Nacional de Justiça, o Ministro Humberto Martins, analisando a medida administrativa adotada pela Consulente, instaurou a Reclamação Disciplinar n. 0009863-77.2018.2.00.0000 e notificou o Magistrado para prestar informações em 15 dias, nos termos do art. 67, § 3º, do Regimento Interno do CNJ.

Ademais, rememore-se que o citado Magistrado solicitou em 16.11.2018 sua exoneração do cargo. A exoneração foi deferida a partir de 19.11.2018, consoante ato de 16.11.2018 do Presidente do Tribunal Regional Federal da 4ª Região, o Desembargador Federal Thompson Flores.

Ocorre que o Magistrado já havia dito publicamente que optara por não se exonerar antes de assumir o Ministério da Justiça. Porém, face aos procedimentos no CNJ, ele solicitou e teve deferida sua exoneração, consoante antecipado.

Assim considerando, a questão que se coloca é com relação às consequências jurídicas da exoneração do Magistrado no curso dos processos disciplinares, bem como se referido ato é causa legítima para o seu arquivamento.

Se o Magistrado pode se exonerar depois do cometimento da própria infração que causou o último procedimento, abrirá um perigoso precedente, além de tornar inócua a proibição de os Magistrados exercerem atividade político-partidária.

Isto é, um servidor público comete uma infração (grave) e, como a lei somente impede a aposentadoria – ou exoneração – se estiver respondendo a processo disciplinar, bastará que, aberto o procedimento que poderá levar à posterior abertura do processo, peça exoneração (ou aposentadoria) para que tudo se extinga, em nítido desvio de finalidade.

Com efeito, a Lei n. 4.717/65, que dispõe sobre a "ação popular", prevê no art. 2º, parágrafo único, alínea "e", que "o desvio de finalidade se verifica quando o agente pratica o ato visando a fim diverso daquele previsto, explícita ou implicitamente, na regra de competência".

Assim considerando, constata-se que o pedido de exoneração formulado com o propósito de furtar-se aos processos disciplinares em curso – rememore-se que o Magistrado já havia dito publicamente que optara por não se exonerar antes de assumir o Ministério da Justiça – está imbuído de notório fim diverso do pretendido.

O certo é que, aberto um procedimento para apurar esse imbróglio – há outros, como sabemos –, o Magistrado pediu exoneração. Não teria o pedido o objetivo de tornar prejudicado um eventual processo disciplinar (que, por consequência, impediria a exoneração)?

Assim considerando, deve ser aplicado o art. 27 da Resolução CNJ n. 135/2011, dispositivo o qual prevê que o Magistrado que estiver respondendo a processo administrativo disciplinar só terá apreciado o pedido de aposentadoria voluntária após a conclusão do processo ou do cumprimento da penalidade. Referida regra é aplicável para todos os casos em que o Magistrado se afasta voluntariamente do cargo, de modo a preservar processos disciplinares em curso.

Nesses termos, incide a obrigatoriedade de continuidade dos processos disciplinares, a despeito da exoneração do Magistrado, a qual deve ser suspensa.

1.5 Respostas aos quesitos

PRIMEIRO QUESITO: A conduta do magistrado consistiu em ilegal exercício de atividade político-partidária a que se refere o Art. 95, Parágrafo único, Inciso "III", da Constituição?

O art. 95, parágrafo único, inciso III, da Constituição, proíbe aos Magistrados a dedicação à atividade político-partidária, o qual, nos termos do artigo 26, inciso II, alínea "c", da Lei Complementar n. 35/1979, a Lei Orgânica da Magistratura Nacional perderá o cargo caso seja condenado em processo disciplinar de apuração de responsabilidade.

Referida vedação visa garantir a observância aos deveres de independência e imparcialidade, os quais asseguram que sua atuação funcional, concernente à prestação jurisdicional do Estado, seja desempenhada sem influências de qualquer natureza.

Assim considerando, o Magistrado, ao fazer a transição de governo junto com o Presidente eleito, aceitar o cargo e montar seu gabinete, infringiu o art. 95, parágrafo único, inciso III, da Constituição, que veda o exercício da atividade político-partidária.

Ademais, referida infração disciplinar veio acompanhada de indícios da adoção de medida tendente a influenciar o processo eleitoral em favor do candidato eleito ao dar publicidade ao acordo de colaboração premiada celebrado entre a autoridade policial (Superintendência Regional de Polícia Federal no Paraná) e Antônio Palocci Filho.

Consequentemente, uma vez que o Magistrado, sem exonerar-se, aceitou convite para ser Ministro de Estado da Justiça e, igualmente sem a exoneração, entrou de férias para organizar o ministério, ele infringiu a vedação constitucional ao exercício da atividade político-partidária.

SEGUNDO QUESITO: A exoneração do magistrado no curso do processo administrativo disciplinar é causa legítima para o seu arquivamento?

O art. 27 da Resolução CNJ n. 135/2011 prevê que o Magistrado que estiver respondendo a processo administrativo disciplinar só terá apreciado o pedido de aposentadoria voluntária após a conclusão do processo ou do cumprimento da penalidade.

Referida regra é aplicável para todos os casos em que o Magistrado se afasta voluntariamente do cargo, de modo a preservar processos disciplinares em curso. Nesses termos, incide a obrigatoriedade de continuidade dos processos disciplinares, a despeito da exoneração do Magistrado, a qual deve ser suspensa.

É o que nos parece.

São Paulo, 27 de novembro de 2018.

CAPÍTULO II

A EXTENSÃO DOS DIREITOS FUNDAMENTAIS DE MANIFESTAÇÃO DO PENSAMENTO E DE LIBERDADE DE EXPRESSÃO DO DEPUTADO ESTADUAL E O DECORO PARLAMENTAR

EMENTA: EXTENSÃO DOS DIREITOS FUNDAMENTAIS DE MANIFESTAÇÃO DO PENSAMENTO (ART. 5º, INCISO IV, DA CONSTITUIÇÃO DA REPÚBLICA) E DE LIBERDADE DE EXPRESSÃO (ART. 5º, INCISO IX, DA CONSTITUIÇÃO DA REPÚBLICA) DE DEPUTADA ESTADUAL.

ÍNDICE: I. PROLEGÔMENOS E FORMULAÇÃO DOS QUESITOS. II. OS DIREITOS FUNDAMENTAIS DE MANIFESTAÇÃO DO PENSAMENTO E DE LIBERDADE DE EXPRESSÃO. III. O DECORO PARLAMENTAR. IV. RESPOSTAS AOS QUESITOS.

CONSULENTE: ISADORA MARTINATTI PENNA.

2.1 Prolegômenos e formulação dos quesitos

A Consulente honra-nos com a presente consulta no tema de Direito Constitucional quanto à extensão dos direitos fundamentais de manifestação do pensamento (art. 5º, inciso IV, da Constituição da República) e de liberdade de expressão (art. 5º, inciso IX, da Constituição da República) de Deputada Estadual.

Com efeito, a Consulente é Deputada do Estado de São Paulo, tendo subido à tribuna para discutir um projeto que exclui atletas transgêneros de competições esportivas. Trata-se do Projeto de Lei n. 346/2019, que pretende estabelecer o "sexo biológico" como único critério para definição do gênero de competidores em partidas esportivas oficiais no estado de São Paulo.

Na ocasião, a Consulente realizou a leitura do poema "Sou puta, sou mulher", da filósofa Helena Ferreira:

> Quando uso a boca vermelha
> Meu salto agulha
> E meu vestido preto.
> Sou puta
> Mordo no final do beijo
> Não fico reprimindo desejo
> E nem me escondo na aparência de menina.
> Sou uma puta de primeira
> Acordo às 6:30
> Pego ônibus debaixo de chuva
> Não dependo de salário de macho
> E compro a pílula no final do mês.
> Sou uma puta com P maiúsculo
> Dispenso o compromisso
> Opto pela independência
> Não morro de amor
> Acordo sozinha
> Cresço sozinha

Vivo na minha
Bebo em um bar de esquina
Vomito no chão da cozinha.
Sou uma putinha
Passo a noite em seus braços
Mas não me prendo no laço
Que você quer me prender.
Sou puta
Você tem o meu corpo
Porque eu quis te dar
E quando essa noite acabar
Eu não vou te pertencer
E se de mim você falar
Eu não vou me importar
Porque um homem que não me faz gozar
Nunca terá meu endereço.
E não é gozo de buceta
É gozo de alma
É gozo de vida
É me fazer sentir amada
Valorizada
E merecida
E se de puta você me chamar
Eu vou agradecer.
Porque a puta aqui foi criada
Por uma puta brasileira
Que ralava pra sustentar os filhos
E sofria de racismo na feira
Foi espancada e desmerecida
E mesmo sofrida
Sorria o dia inteiro
Uma puta mulher ela foi
E puta também eu quero ser.
Porque ser mulher independente

Resolvida
Segura
Divertida
Colorida
E verdadeira
Assusta os homens
E os machos
Faz acontecer um alvoroço.
Onde já se viu mulher com voz?
Tem que ser prendada e educada
E se por acaso for "amada"
Tem direito de ser morta pelo parceiro
Cachorra adestrada pelo povo brasileiro
Sai pelada na revista
Excita
Dança
Bate uma
Cai de boca
Mama ele e os amigos
E depois vai ser encontrada num bueiro
Num beco
Estuprada
Porque tava de batom vermelho
Tava pedindo
Foi merecido
E se foi crime "passional"
Pobre do rapaz
Apaixonado estragou a própria vida.
Por isso que eu sou puta
Porque sou forte
Sou guerreira
Não sou reprimida
Nem calada
Sou feminista

> Sou revoltada
> Indignada
> E sou rotulada assim
> Como PUTA!
> Então que eu seja puta
> E não menos do que isso.

Na oportunidade, a Deputada Valéria Bolsonaro interrompeu a fala da Consulente e requereu a retirada de determinadas expressões das notas taquigráficas, o que foi concedido pelo Presidente. O Presidente também requereu à Consulente que atenuasse o uso da linguagem.

Após o pedido do Deputado Presidente, a Deputada Isa Penna fez adaptações ao poema original, fazendo a substituição da palavra "puta" pela leitura da letra "p.", ou pela palavra "incrível" como forma de adjetivação substitutiva. Assim, a Consulente leu trechos do poema como "(...) e se de 'p.' você me chamar eu vou agradecer (...)" ou "uma 'incrível' mulher ela foi e 'incrível' também quero ser".

Muito embora tenha promovido referidas adaptações na leitura do poema, a Consulente não deixou de manifestar-se no sentido de que, embora a prostituição seja a profissão mais antiga do mundo, ela só existe porque há quem a demande. A Consulente consignou, ainda, que as pessoas se recusam a falar sobre o assunto, o que denota a hipocrisia da sociedade ao lidar com a prostituição. Confira-se:

> Quero manifestar meu repúdio, acima de tudo, à hipocrisia. A prostituição, para quem não sabe, é a profissão mais antiga do mundo e ela existe porque existe demanda, viu gente. Agora, na hora de falar sobre isso ninguém quer (...).

A Consulente novamente foi interrompida, dessa vez pelo Deputado Campos Machado, que pediu ordem para requerer ao Presidente a retirada daquelas expressões das notas taquigráficas.

Relata-nos a Consulente que ela jamais direcionou ofensas a qualquer deputado ou membro do plenário, tendo apenas apontado a hipocrisia da sociedade que se recusa a discutir o tema. Por essa razão, para evitar quaisquer dúvidas, na sessão de 08.10.2019, a Consulente assim se manifestou perante o Plenário:

> (...) porque a gente [bancada do PSOL] quer abrir pontos e ampliar diálogos. Então, se houve alguém que se sentiu desrespeitado com o poema que declamei, eu quero dizer, em primeiro lugar, que não era essa a intenção. A intenção de trazer o poema era, de alguma forma, tentar, por todos os meios, acessar as pessoas (...).

O que se coloca é, nesses termos, se a exteriorização das opiniões pela Consulente, nos moldes em que ocorreu, está amparada pelos direitos fundamentais à manifestação do pensamento (art. 5º, inciso IV, da Constituição da República) e de liberdade de expressão (art. 5º, inciso IX, da Constituição da República). Assim considerando, nos foram formulados os seguintes quesitos:

PRIMEIRO QUESITO: A exteriorização das opiniões pela Consulente, nos moldes em que ocorreu, está amparada pelos direitos fundamentais à manifestação do pensamento (art. 5º, inciso IV, da Constituição da República) e de liberdade de expressão (art. 5º, inciso IX, da Constituição da República)?

SEGUNDO QUESITO: A exteriorização das opiniões pela Consulente, nos moldes em que ocorreu, constitui quebra de "decoro parlamentar"?

Expostos assim os fatos e o teor da consulta, passamos a emitir nossa opinião a respeito do tema.

2.2 Os direitos fundamentais de manifestação do pensamento e de liberdade de expressão

A manifestação do pensamento (art. 5º, inciso IV, da Constituição da República) e a liberdade de expressão (art. 5º, inciso IX, da Constituição da República) são direitos fundamentais indissociavelmente ligados à cidadania, bem como à participação na vida da *polis* (art. 1º, inciso II, da Constituição da República) e à dignidade da pessoa humana (art. 1º, inciso III, da Constituição da República).

Referidos direitos costumam ser denominados "direitos de primeira geração", os quais compreendem os direitos civis e políticos das chamadas liberdades clássicas, negativas ou formais.

Tais direitos são caracterizados, essencialmente, pela necessidade de uma postura negativa do Estado. Paulo Bonavides, nesse contexto, preceitua que tais direitos "valorizam o homem – singular, o homem das liberdades abstratas, o homem da sociedade mecanicista que compõe a chamada sociedade civil".[18]

Na mesma linha, José Joaquim Gomes Canotilho, ao tratar das chamadas liberdades, especialmente a de expressão, caracterizam-nas como "posições fundamentais subjectivas de natureza defensiva". Os por ele chamados de "direitos a acções negativas", caracterizam-se, assim, por uma abstenção do Estado:

> As liberdades (liberdade de expressão, liberdade de informação, liberdade de consciência de religião e de culto, liberdade de criação cultural, liberdade de associação) costumam ser caracterizadas como posições fundamentais subjectivas de natureza defensiva. Nesse sentido, as liberdades identificam-se com direitos a acções negativas; seriam Abwerrechte (direitos de defesa). Resulta logo do enunciado constitucional

18 BONAVIDES, Paulo. *Curso de Direito Constitucional.* São Paulo: Malheiros, 2001, p. 516.

> que, distinguindo-se entre "direitos, liberdades e garantias", tem de haver algum traço específico, típico das posições identificadas como liberdades. Esse traço específico é o da alternativa de comportamento, ou seja, a possibilidade da escolha de um comportamento. Assim, como vimos, o direito à vida é um direito (de natureza perante o Estado), mas não é uma liberdade (o titular não pode escolher entre viver ou morrer). A componente negativa das liberdades constitui também uma dimensão fundamental (ex., ter ou não ter religião; fazer ou não fazer parte de uma associação; escolher uma ou outra profissão).[19]

O direito à liberdade de pensamento e de expressão é conceituado pelo Pacto de São José da Costa Rica, no seu art. 13, como

> a liberdade de buscar, receber e difundir informações e ideias de toda natureza, sem consideração de fronteiras, verbalmente ou por escrito, ou em forma impressa ou artística, ou por qualquer outro processo de sua escolha.

José Afonso da Silva, do mesmo modo, assinala que a liberdade de pensamento compreende a exteriorização do conteúdo intelectual, o que pressupõe interações sociais, bem como a troca de conhecimentos e de opiniões:

> A liberdade de pensamento – segundo Sampaio Dória – "é o direito de exprimir, por qualquer forma, o que se pense em ciência, religião, arte o que for". Trata-se de liberdade de conteúdo intelectual e supõe o contato do homem com seus semelhantes, pelo qual "o homem tenda, por exemplo, a participar a outros suas crenças, seus conhecimentos, sua concepção de mundo, suas opiniões políticas ou religiosas, seus trabalhos científicos".

---

19 CANOTILHO, José Joaquim Gomes. *Direito Constitucional e Teoria da Constituição*. Coimbra: Almedina, 2002, p. 1246.

> Nesses termos, ela se caracteriza como exteriorização do pensamento no seu sentido mais abrangente.[20]

Para o mesmo autor, a liberdade de opinião, a qual resume a liberdade de pensamento nas suas várias formas de manifestação, caracteriza-se pela "liberdade de o indivíduo adotar a atitude intelectual de sua escolha: quer um pensamento íntimo, quer seja a tomada de posição pública; liberdade de pensar e dizer o que se crê verdadeiro".[21]

Analisando o precedente "Brandenburg v. Ohio, 395 US 444 (1969)", da Suprema Corte Norte-Americana, Cass R. Sunstein destaca que a liberdade de expressão está diretamente ligada à própria ideia de democracia, uma vez que a proteção de "dissidentes" não se presta somente a proteger individualmente as pessoas que professam determinadas ideias, mas também as inúmeras pessoas que se beneficiam da coragem ou da temeridade daqueles que discordam.[22]

Para o mesmo autor, a sociedade beneficia-se da divulgação e do dissenso. Entretanto, determinadas pressões levam as pessoas ao silêncio, o que se constituiria em justificativa para que a lei jamais restrinja pontos de vista impopulares.[23]

---

20 SILVA, José Afonso da. *Curso de Direito Constitucional Positivo*. São Paulo: Malheiros, 2004, p. 240.

21 SILVA, José Afonso da. *Curso de Direito Constitucional Positivo*. São Paulo: Malheiros, 2004, p. 240.

22 SUNSTEIN, Cass R. *Why societies need dissent?* Cambridge: Harvard University, 2003, p. 98.

23 Nas palavras do autor, "if societies benefit from disclosure and dissent, and if informational and reputational pressures lead people to silence themselves, then we have good reason to ensure that the force of law is never used to restrict unpopular points of view". (SUNSTEIN, Cass R. *Why societies need dissent?* Cambridge: Harvard University, 2003, p. 101).

Constata-se, portanto, que a manifestação do pensamento (art. 5º, inciso IV, da Constituição da República) e a liberdade de expressão (art. 5º, inciso IX, da Constituição da República) são direitos fundamentais indissociavelmente ligados à cidadania, bem como à participação na vida da *polis* (art. 1º, inciso II, da Constituição da República) e à dignidade da pessoa humana (art. 1º, inciso III, da Constituição da República).

É inegável que a Consulente, ao subir à tribuna para discutir o Projeto de Lei n. 346/2019, que pretende estabelecer o "sexo biológico" como único critério para definição do gênero de competidores em partidas esportivas oficiais no Estado de São Paulo, exerceu, legitimamente, seus direitos fundamentais à manifestação do pensamento (art. 5º, inciso IV, da Constituição da República) e de liberdade de expressão (art. 5º, inciso IX, da Constituição da República).

Com efeito, a leitura do poema "Sou puta, sou mulher", de Helena Ferreira, está inserto no *múnus* público da Consulente, que, notoriamente, baseia-se no questionamento do *status quo*, defesa da igualdade de gênero e o combate ao racismo, à *LGBTfobia*, ao capacitismo e, ainda, a todas as formas de intolerância.

Aos Deputados Estaduais é dado, portanto, adotar a atitude intelectual de sua escolha, tomando posições públicas. A Constituição da República tutela, portanto, seus direitos fundamentais à manifestação do pensamento e de liberdade de expressão, que visa, em última análise, não só a tutelar individualmente o parlamentar, mas também a sociedade como um todo, que se beneficia da sua corajosa atividade parlamentar.

Por uma obviedade, a Consulente exerceu, legitimamente, seu Direito Constitucional de adoção da atitude intelectual de sua escolha, tomando uma posição pública em defesa do que crê ser verdadeiro: a inconstitucionalidade material do Projeto de Lei n. 346/2019.

2.3 O decoro parlamentar

A Constituição da República prevê, no seu art. 55, inciso II, que perderá o mandato o Deputado cujo procedimento for declarado incompatível com o decoro parlamentar. Referida previsão também consta do art. 16, inciso II, da Constituição do Estado de São Paulo.

O Código de Ética e Decoro Parlamentar, instituído pela Resolução n. 766/1994, ao prever os atos contrários à ética e ao decoro parlamentar, no seu art. 5º, inciso I, considera incompatível com a ética e o decoro parlamentar abuso das prerrogativas constitucionais asseguradas aos membros da Assembleia Legislativa.

Com relação às medidas disciplinares, o art. 9º, § 2º, alínea "a", prevê que a censura escrita será imposta pelo Conselho de Ética e Decoro Parlamentar e homologada pela Mesa, se outra cominação mais grave não couber, ao Deputado que usar, em discurso ou proposição, de expressões atentatórias ao decoro parlamentar, assim entendidas, dentre outras, as que constituem ofensa à honra.

Referidas previsões devem ser examinadas tendo em vista os já elencados direitos constitucionais de manifestação do pensamento (art. 5º, inciso IV, da Constituição da República) e a liberdade de expressão (art. 5º, inciso IX, da Constituição da República).

Desde já, é preciso salientar que a interpretação constitucional contém particularidades que a singularizam no universo da interpretação jurídica em geral. As complicações da interpretação constitucional remontam, em suma, às peculiaridades do Direito Constitucional, bem como da Constituição.

Nesse contexto, a superioridade da Constituição, bem como a natureza da sua linguagem, marcada pela textura aberta, vagueza dos princípios e dos conceitos jurídicos indeterminados são um contributo decisivo à particularização da interpretação constitucional. Referida problemática não passou despercebida por Eduardo Garcia de Enterría,[24] o qual, sensível à amplitude das fórmulas adotadas pela Constituição, salienta que a interpretação constitucional será sempre inserta em uma problemática que exclui qualquer parâmetro simplista.[25]

---

24 "Esa particularidad (aunque tampoco, en rigor, una estructura análoga, de una articulación de principios de distinto valor y jerarquía, sea desconocida para las otras jurisdicciones) es conocida y procede de la circunstancia de que la Constitución incorpora opciones básicas que singularizan y configuran el sistema político entero, además de otros preceptos ordinarios. Es el esfuerzo por localizar y destacar esas opciones básicas, que han de unificar con su más 'enérgica pretensión configuradora' todo el proceso interpretativo constitucional, por particularista que es el problema concreto a resolver, lo que explica y sitúa en su lugar sistemático proprio a posiciones como la actual de la doctrina norteamericana, que hemos expuesto deteniéndonos especialmente en las tesis de Ely, o las alemanas, entrevistas en doctrinas como las también aludidas de Smend y de Haeberle". (GARCIA DE ENTERRÍA, Eduardo. *La constitucion como norma y el tribunal constitucional.* Madrid: Civitas, 1988, p. 231).

25 "Y desde esa perspectiva de la significación, de los criterios interpretativos y aplicativos de los Tribunales Constitucionales, que es la relevante para nosotros, lo que vemos claramente es que, bajo unas u otras explicaciones técnicas, lo que hacen esos Tribunales es utilizar de una manera explícita, y desde luego inequívoca en cuanto a su manera de proceder, el método jurídico más estricto, método aplicado para extraer del texto constitucional que es, a la vez, su único y necesario parámetro, los criterios de decisión de sus sentencias. El problemas particular en la aplicación de ese método general viene de dos causas: por una parte, de la amplitud de las fórmulas utilizadas por la Constitución, de su carácter deliberadamente abierto, de su estructura técnico-jurídica como 'conceptos jurídicos indeterminados', o como 'principios generales del Derecho', de la necesidad de rellenar esas fórmulas con criterios materiales a veces altamente polémicos y nunca aproblemáticos; por otra parte, de la circunstancia de que todo ese razonamiento jurídicos se hace prácticamente 'sin red', enfrentándose directamente al proceso político y a los órganos supremos que lo protagonizan, y con efectos colectivos espectaculares, con el riesgo implícito de la ruptura del proprio sistema que esos Tribunales dicen defender". (GARCIA DE ENTERRÍA, Eduardo. *La constitucion como norma y el tribunal constitucional.* Madrid: Civitas, 1988, p. 223).

Assim é que o termo "decoro" contém uma carga de generalidade expressiva, o que demanda do intérprete a sua cuidadosa compreensão, valendo-se, para tanto, dos princípios e regras incidentes.

Sob a ótica analítica da dogmática jurídica, diferentemente do que Robert Alexy entendeu como "conceitos jurídicos autênticos",[26] os termos em referência poderiam ser caracterizados como "conceitos jurídicos indeterminados".[27]

A mesma expressão, do mesmo modo, possui o que Paulo de Barros Carvalho chama de heterogeneidade de conteúdo: "o direito posto, na sua continuidade normativa, oferece flagrante heterogeneidade de conteúdos, vista sua pretensão de regular as condutas intersubjetivas no contexto social".[28]

A importância da compreensão da diferença entre os conceitos apontados reside na compreensão do papel que podem desempenhar como argumentos dogmáticos no discurso jurídico.

Com efeito, enquanto os "conceitos jurídicos autênticos" estão inseridos "na dogmática ajustada ao tratamento conceitual-sistemático da lei válida", os "outros conceitos que ocorrem nas normas jurídicas" estão incluídos no campo da interpretação pura, despicienda de regulamentação normativa que lhe conceitue. Esses últimos existem independentemente da existência de outras normas que os definam e devem ser interpretados de forma que seu significado coadune com o sistema fático-jurídico em que estão inseridos, segundo, portanto os valores que integram o direito posto manifestado no plano constitucional.

---

26 ALEXY, Robert. *Teoria da argumentação jurídica*. São Paulo: Landy, 2001, p. 245.

27 ALEXY, Robert. *Teoria da argumentação jurídica*. São Paulo: Landy, 2001, p. 246.

28 CARVALHO, Paulo de Barros. *Direito tributário*: linguagem e método. São Paulo: Noeses, 2013, p. 181.

A noção jurídica que se deve extrair da expressão "decoro parlamentar" deve pressupor os direitos fundamentais de manifestação do pensamento (art. 5º, inciso IV, da Constituição da República) e de liberdade de expressão (art. 5º, inciso IX, da Constituição da República).

Assim considerando, em hipótese alguma deve-se interpretar a expressão "decoro parlamentar" como inibitória dos referidos direitos fundamentais. Ao contrário, a noção "decoro parlamentar" jamais pode deixar de considerar que os parlamentares, ao exercerem o *múnus* público, não só são invioláveis, civil e penalmente, por opiniões, palavras e votos (art. 53 da Constituição da República e art. 14 da Constituição do Estado de São Paulo), como também estão resguardados pelos direitos fundamentais de manifestação do pensamento e de liberdade de expressão.

No caso em exame, a Consulente, ao subir à tribuna para discutir o Projeto de Lei n. 346/2019, que pretende estabelecer o "sexo biológico" como único critério para definição do gênero de competidores em partidas esportivas oficiais no Estado de São Paulo, exerceu, conforme antecipado, seus direitos fundamentais à manifestação do pensamento (art. 5º, inciso IV, da Constituição da República) e de liberdade de expressão (art. 5º, inciso IX, da Constituição da República), os quais jamais devem ser restringidos por qualquer conceito que venha a ser dado para a expressão "decoro parlamentar".

2.4 Respostas aos quesitos

Desenvolvidos os temas jurídicos pertinentes ao objeto da consulta, passamos a responder aos quesitos formulados pelo Consulente.

PRIMEIRO QUESITO: A exteriorização das opiniões pela Consulente, nos moldes em que ocorreu, está amparada pelos direitos fundamentais à manifestação do pensamento (art. 5º, inciso IV, da Constituição da República) e de liberdade de expressão (art. 5º, inciso IX, da Constituição da República)?

A manifestação do pensamento (art. 5º, inciso IV, da Constituição da República) e a liberdade de expressão (art. 5º, inciso IX, da Constituição da República) são direitos fundamentais indissociavelmente ligados à cidadania, bem como à participação na vida da *polis* (art. 1º, inciso II, da Constituição da República) e à dignidade da pessoa humana (art. 1º, inciso III, da Constituição da República).

É inegável que a Consulente, ao subir à tribuna para discutir o Projeto de Lei n. 346/2019, que pretende estabelecer o "sexo biológico" como único critério para definição do gênero de competidores em partidas esportivas oficiais no Estado de São Paulo, exerceu, legitimamente, seus direitos fundamentais à manifestação do pensamento (art. 5º, inciso IV, da Constituição da República) e de liberdade de expressão (art. 5º, inciso IX, da Constituição da República).

Com efeito, a leitura do poema "Sou puta, sou mulher", de Helena Ferreira está inserto no *múnus* público da Consulente, que notoriamente, baseia-se no questionamento do *status quo*, defesa da igualdade de gênero e o combate ao racismo, à *LGBTfobia*, ao capacitismo e, ainda, a todas as formas de intolerância.

Aos Deputados Estaduais é dado, portanto, adotar a atitude intelectual de sua escolha, tomando posições públicas. A Constituição da República tutela, portanto, seus direitos fundamentais à manifestação do pensamento e de liberdade de expressão, que visa, em última análise, não só a tutelar individualmente o parlamentar, mas também a sociedade como um todo, que se beneficia da sua corajosa atividade parlamentar.

Por uma obviedade, a Consulente exerceu, legitimamente, seu Direito Constitucional de adoção da atitude intelectual de sua escolha, tomando uma posição pública em defesa do que crê ser verdadeiro: a inconstitucionalidade material do Projeto de Lei n. 346/2019.

SEGUNDO QUESITO: A exteriorização das opiniões pela Consulente, nos moldes em que ocorreu, constitui quebra de "decoro parlamentar"?

A noção jurídica que se deve extrair da expressão "decoro parlamentar" deve pressupor os direitos fundamentais de manifestação do pensamento (art. 5º, inciso IV, da Constituição da República) e de liberdade de expressão (art. 5º, inciso IX, da Constituição da República).

Em hipótese alguma deve-se interpretar a expressão "decoro parlamentar" como inibitória dos referidos direitos fundamentais. Ao contrário, a noção "decoro parlamentar" jamais pode deixar de considerar que os parlamentares, ao exercerem o *múnus* público, não só são invioláveis, civil e penalmente, por opiniões, palavras e votos (art. 53 da Constituição da República e art. 14 da Constituição do Estado de São Paulo), como também estão resguardados pelos direitos fundamentais de manifestação do pensamento e de liberdade de expressão.

No caso em exame, a Consulente, ao subir à tribuna para discutir o Projeto de Lei n. 346/2019, que pretende estabelecer o "sexo biológico" como único critério para definição do gênero de competidores em partidas esportivas oficiais no Estado de São Paulo, exerceu, conforme antecipado, seus direitos fundamentais à manifestação do pensamento (art. 5º, inciso IV, da Constituição da República) e de liberdade de expressão (art. 5º, inciso IX, da Constituição da República), os quais jamais devem ser restringidos por qualquer conceito que venha a ser dado para a expressão "decoro parlamentar".

É o nosso parecer.

São Paulo, 13 de novembro de 2019.

CAPÍTULO III

O INDULTO NOS PLANOS DO DIREITO INTERNACIONAL PÚBLICO E DA CONSTITUIÇÃO BRASILEIRA E O DESCABIMENTO DE INOVAÇÃO QUANTO AOS REQUISITOS FIXADOS PELO DECRETO N. 9.246/2017 PARA FINS DE CONCESSÃO DE INDULTO

SUMÁRIO: I. PROLEGÔMENOS E FORMULAÇÃO DOS QUESITOS. II. O INDULTO NOS PLANOS DO DIREITO INTERNACIONAL PÚBLICO E DA CONSTITUIÇÃO BRASILEIRA. III. O INDULTO REGULAMENTADO PELO DECRETO N. 9.246/2017. IV. O DESCABIMENTO DE INOVAÇÃO DAS RAZÕES RECURSAIS EM PARECER DA PROCURADORIA-GERAL DE JUSTIÇA. V. O DESCABIMENTO DE INOVAÇÃO QUANTO AOS REQUISITOS FIXADOS PELO DECRETO N. 9.246/2017 PARA FINS DE CONCESSÃO DE INDULTO. VI. RESPOSTAS AOS QUESITOS.

CONSULENTE: JOÃO VACCARI NETO.

3.1 Prolegômenos e formulação dos quesitos

Honra-nos **JOÃO VACCARI NETO** ("Consulente") com consulta decorrente de acórdão proferido pela **2ª Câmara Criminal do Tribunal de Justiça do Estado do Paraná** que, ao dar provimento ao **Agravo em Execução** interposto pelo **Ministério Público do Estado do Paraná**, cassou decisão proferida pelo **Juízo da 1ª Vara de Execuções Penais de Curitiba** que havia lhe concedido **indulto** e, consequentemente, **extinguindo sua punibilidade** em relação à Ação Penal n. 5013405-59.2016.4.04.7000.

Com efeito, a sentença do **Juízo da 1ª Vara de Execuções Penais de Curitiba** que **concedeu indulto** ao Consulente fundamentou-se no artigo 192 da Lei n. 7.210/1984, a Lei de Execução Penal, e nos **artigos 1º, inciso I, e 2º, § 1º, inciso I, do Decreto n. 9.246/2017.** No entendimento consignado na referida decisão, o artigo 11, inciso II, do Decreto n. 9.246/2017 autorizou a concessão de indulto e comutação de pena **ainda que em curso recurso da acusação, mas após a apreciação em segunda instância,** o que constatou-se verificar em relação à ação penal n. 5013405-59.2016.4.04.7000:

> (...) Em que pese o entendimento da douta representante do Ministério Público, verifica-se que o pedido feito pela defesa comporta deferimento, em razão do disposto no inciso II do artigo 11 do Decreto em questão, haja vista que o Decreto autoriza a concessão de indulto e comutação de pena, ainda que haja recurso da acusação de qualquer natureza, após a apreciação em segunda instância, ou seja, mesmo estando ausente o trânsito em julgado à época do Decreto, o que se verificou na hipótese em relação à ação penal n. 5013405-59.2016.4.04.7000 (...).

Especificamente com relação aos requisitos fixados pelo Decreto n. 9.246/2017 para a concessão do indulto, referida decisão consignou que seu artigo 1º, inciso I, previu, para **crimes praticados sem grave ameaça ou violência à pessoa, o cumprimento de 1/5**

da pena, para o caso em que o apenado é considerado primário, e o cumprimento da 1/3 da pena, para o caso de ser reincidente:

> (...) O artigo 1º, inc. I do Decreto n. 9.246/2017 prevê, como critério objetivo para concessão de indulto, o cumprimento de 1/5 da pena, para o caso em que o apenado é considerado primário, e o cumprimento da 1/3 da pena, para o caso de ser reincidente; isso para os casos de crimes praticados sem grave ameaça ou violência à pessoa (...).

Já quanto ao 2º, § 1º, da mesma espécie normativa, a decisão consignou que o tempo de cumprimento das penas previstas no art. 1º é reduzido para a pessoa que esteja cumprindo pena ou em livramento condicional e **tenha frequentado – ou esteja frequentando – curso de ensino fundamental, médio, superior, profissionalizante ou de requalificação profissional, reconhecido pelo Ministério da Educação**, ou que tenha exercido trabalho, no mínimo por doze meses, nos três anos contados retroativamente a 25 de dezembro de 2017:

> (...) Por sua vez, dispõe o artigo 2°, inciso V do referido Decreto que o tempo de cumprimento das penas previstas no art. 1º será reduzido para a pessoa que esteja cumprindo pena ou em livramento condicional e tenha frequentado, ou esteja frequentando, curso de ensino fundamental, médio, superior, profissionalizante ou de requalificação profissional, reconhecido pelo Ministério da Educação, ou que tenha exercido trabalho, no mínimo por doze meses, nos três anos contados retroativamente a 25 de dezembro de 2017 (...).

Assim considerando, asseverou-se que o Consulente foi considerado como **primário** na ação penal n. 5013405-59.2016.4.04.7000/JFPR e, ainda, cometido **crime sem grave ameaça ou violência à pessoa**, razão pela qual deveria ser contabilizado **1/5 da pena de 24 anos**:

> (...) No presente caso, tem-se que o apenado foi considerado como primário na ação penal n. 5013405-59.2016.4.04.7000/JFPR, bem como que cometeu crime sem grave ameaça ou violência a pessoa, de modo que deve cumprir 1/5 da pena de 24 anos referente a esses autos (...).

Reconheceu-se, ainda, que o Consulente comprovou ter direito à redução prevista no art. 2º por ter trabalhado e **realizado cursos no período mínimo de doze meses, nos últimos três anos retroativos a 25 de dezembro de 2017.** Por essa razão, decidiu-se que o Consulente deveria ter computada a **redução de um sexto** sobre o requisito objetivo disposto no artigo 1º, inciso I, do Decreto n. 9.246/2017, como dispõe seu artigo 2º, § 1º, inciso I:

> (...) Ademais, o apenado comprovou fazer jus à redução prevista no art. 2º, conforme se depreende dos documentos de mov. 421.1, 423.1 e 424.1, os quais demonstram que o apenado trabalhou e realizou cursos no período mínimo por doze meses, dos últimos três anos retroativos a 25 de dezembro de 2017, de modo que deve ter computada a redução de um sexto sobre o requisito objetivo disposto no art. 1º, inc. I do Decreto, como dispõe o artigo 2º, § 1º, inciso I, do Decreto n. 9.246/2017.
>
> Assim, o total a ser cumprido é de, aproximadamente, 16.67% da pena, considerando que 1/5 é igual a 0,20, fazendo-se o seguinte cálculo (0,20 – 0,20/6 = 0,16666..., ou seja, aproximadamente 16,67%), lapso este cumprido pelo apenado, visto que havia cumprido 4 anos e 9 dias à época do Decreto, o que equivale a 16,77% da pena.
>
> Ainda constitui como requisito para concessão de indulto, conforme art. 4º, o não-cometimento, pelo sentenciado, de falta grave durante os últimos doze meses de cumprimento da pena, a não inclusão no Regime Disciplinar Diferenciado ou Sistema Penitenciário Federal e o não descumprimento as condições fixadas para a prisão albergue domiciliar ou livramento condicional, requisitos estes também satisfeitos,

> conforme se verifica dos autos, em especial do documento de mov. 433.2 (...).

Entretanto, a **2ª Câmara Criminal do Tribunal de Justiça do Estado do Paraná**, em 5 de março de 2020, ao dar provimento Agravo em Execução interposto pelo Ministério Público do Estado do Paraná, consignou que **a remição pela leitura**, disciplinada pela Recomendação n. 44/2013 do Conselho Nacional de Justiça, **não estaria contemplada pelo Decreto n. 9.246/2017.** Por essa razão, os dias remidos por leitura não deveriam integrar o cálculo, sob pena de invasão à competência exclusiva do Presidente da República.

Consequentemente, o Consulente, ao ter **descontado o período de remição referente ao tempo de leitura, não cumpriria a fração de 1/6,** requisito para a concessão do indulto. Do mesmo modo, ainda que fosse considerado o tempo de remição referente ao tempo de leitura, o montante de pena efetivamente cumprida, somada ao tempo remido, **não atingiria,** consoante a mesma decisão da 2ª Câmara Criminal do Tribunal de Justiça do Estado do Paraná, **o patamar de 4 (quatro) anos.**

De todo modo, **referidas alegações de não atendimento aos requisitos do Decreto n. 9.246/2017**, relata-nos o Consulente que elas **não constaram do Agravo em Execução**, mas apenas do **parecer lavrado em segunda instância pela Procuradoria-Geral de Justiça**. O Ministério Público, conforme também nos relata o Consulente, sempre impugnou, exclusivamente, o suposto requisito relativo ao **trânsito em julgado das ações penais para a acusação**, consoante manifestações datadas de 5 de julho de 2019 e 19 de agosto de 2019.

Assim considerando, nos foram formulados os seguintes quesitos:

PRIMEIRO QUESITO: O que se entende por pena cumprida? O Decreto N. 9.246/2017 faz alguma ressalva sobre o que se entende como pena cumprida?

SEGUNDO QUESITO: A leitura é uma forma de remição de pena? Quais os requisitos para a utilização da leitura como forma de remição de pena? Qual o momento para se questionar a remição de pena? Qual o momento para se questionar a remição homologada por conta da pena pela leitura?

TERCEIRO QUESITO: O acórdão que cassou a concessão do indulto pode fundar-se em parecer da Procuradoria-Geral de Justiça que inova as razões recursais apresentadas pelo Promotor Originário?

3.2 O indulto nos planos do Direito Internacional Público e da Constituição brasileira

O indulto possui suas origens na **Roma Antiga**, época em que os imperadores o concediam para atenuar os rigores das penas, especialmente as que condenavam o sentenciado à morte.[29] No século XIX, o indulto foi descrito por **Rudolf von Ihering** como uma "válvula de escape" do Direito contra o julgamento injusto.[30]

Na contemporaneidade, o indulto é um ato de ***clemência* do Estado** que implica em **renúncia à pretensão executória** tendo em vista, dentre outros fundamentos, a **reintegração social do condenado.**[31] Destaque-se, ademais, a relevância do indulto diante da política de encarceramento em massa adotada no Brasil a partir da década de 1990, em que vimos o número de presos no país aumentar em 707% ao passarmos de um contingente de 90 mil presos para mais de 726 mil no intervalo de 26 anos apenas.

---

29 ISHIDA, Válter Kenji. *Prática jurídica de execução penal*. São Paulo: Atlas, 2015, p. 166.

30 IHERING, Rudolf von. *Der Zweck im Recht*. Leipzig: Breitkopf & Härtel, 1877, p. 423.

31 NUNES, Adeildo. *Comentários à lei de execução penal*. Rio de Janeiro: Forense, 2016, p. 354.

Temos hoje a terceira maior população encarcerada do mundo, em termos absolutos, atrás apenas dos Estados Unidos e China, e a 31ª em números relativos (relação de presos para cada 100 mil habitantes, nos países com população superior a 10 milhões).[32]

Mais grave do que ocupar a terceira posição, é o fato de que caminhamos para a primeira. Contamos com cerca de 726 mil presos e o número de detenções cresce 7,3% ao ano, segundo dados do último relatório do Sistema Integrado de Informações Penitenciárias (Infopen) medidos até julho de 2016 e divulgado em 2017.[33] O estudo aponta um crescimento de 157% no total de presos desde 2000, quando o país contabilizava 232 mil encarcerados. Se mantido esse ritmo, em 2022 computaremos 1 milhão de detentos.

Nesse cenário é que se coloca a previsão do **artigo 84, inciso XII, da Constituição**, que prevê **competir privativamente ao Presidente da República a concessão de indulto e comutação de penas.** Destaque-se, ademais, a previsão do **artigo 5º, inciso XLIII**, que prevê que a lei considerará insuscetíveis de graça ou anistia a prática da tortura, o tráfico ilícito de entorpecentes e drogas afins, o terrorismo e os definidos como crimes hediondos.

No plano do Direito Internacional Público, o direito ao indulto é previsto, dentre outros, pelo **Pacto Internacional de Direitos Civis**

---

32 Segundo dados extraídos do INFOPEN (Relatório de Informações Penitenciárias). Disponível em: http://www.justica.gov.br/seus-direitos/politica-penal/documentos/infopen_dez14.pdf.

33 Segundo dados extraídos do INFOPEN (Relatório de Informações Penitenciárias). Disponível em: http://www.justica.gov.br/noticias/ha--726-712-pessoas-presas-no-brasil/relatorio_2016_junho.pdf.

e Políticos de 1966 (artigo 6º, §4º)[34] e, ainda, pela Convenção Americana de Direitos Humanos de 1969 (artigo 4º, item 6).[35]

O indulto concedido pelo Presidente da República pode ser direcionado a um condenado específico levando em consideração, por exemplo, mérito incomum no cumprimento da pena ou questões humanitárias.[36] O indulto coletivo, por sua vez, é concedido pelo Presidente da República a condenados em geral, desde que preenchidos determinados requisitos discricionariamente fixados, tais como, exemplificativamente, o cumprimento de determinada fração da pena, ausência de reincidência e comportamento.

3.3 O indulto regulamentado pelo Decreto n. 9.246/2017

Em 2017, por meio do Decreto n. 9.246/2017, foi concedido indulto natalino aos que, até 25 de dezembro do mesmo ano, preenchessem os requisitos especialmente previstos no seu artigo 1º:

> Art. 1º O indulto natalino coletivo será concedido às pessoas nacionais e estrangeiras que, **até 25 de dezembro de 2017, tenham cumprido:**
>
> I – **um quinto da pena, se não reincidentes**, e um terço da pena, se reincidentes, nos crimes praticados sem grave ameaça ou violência a pessoa;

34 Qualquer condenado à morte terá o direito de pedir indulto ou comutação da pena. A anistia, o indulto ou a comutação da pena poderão ser concedidos em todos os casos.

35 Toda pessoa condenada à morte tem direito a solicitar anistia, indulto ou comutação da pena, os quais podem ser concedidos em todos os casos. Não se pode executar a pena de morte enquanto o pedido estiver pendente de decisão ante a autoridade competente.

36 NUCCI, Guilherme de Souza. *Curso de execução penal*. Rio de Janeiro: Forense, 2020, p. 240.

> II – um terço da pena, se não reincidentes, e metade da pena, se reincidentes, nos crimes praticados com grave ameaça ou violência a pessoa, quando a pena privativa de liberdade não for superior a quatro anos;
>
> III – metade da pena, se não reincidentes, e dois terços da pena, se reincidentes, nos crimes praticados com grave ameaça ou violência a pessoa, quando a pena privativa de liberdade for superior a quatro e igual ou inferior a oito anos;
>
> IV – um quarto da pena, se homens, e um sexto da pena, se mulheres, na hipótese prevista no § 4º do art. 33 da Lei n. 11.343, de 23 de agosto de 2006, quando a pena privativa de liberdade não for superior a oito anos;
>
> V – um quarto do período do livramento condicional, se não reincidentes, ou um terço, se reincidentes, desde que a pena remanescente, em 25 de dezembro de 2017, não seja superior a oito anos, se não reincidentes, e seis anos, se reincidentes;
>
> VI – um sexto da pena, se não reincidentes, ou um quarto, se reincidentes, nos casos de crime contra o patrimônio, cometido sem grave ameaça ou violência a pessoa, desde que haja reparação do dano até 25 de dezembro de 2017, exceto se houver inocorrência de dano ou incapacidade econômica de repará-lo; ou
>
> VII – três meses de pena privativa de liberdade, se comprovado o depósito em juízo do valor correspondente ao prejuízo causado à vítima, exceto se houver incapacidade econômica para fazê-lo, no caso de condenação a pena privativa de liberdade superior a dezoito meses e não superior a quatro anos, por crime contra o patrimônio, cometido sem grave ameaça ou violência a pessoa, com prejuízo ao ofendido em valor estimado não superior a um salário-mínimo.
>
> Parágrafo único. O indulto natalino será concedido às pessoas condenadas a pena privativa de liberdade que, no curso do cumprimento da sua pena, tenham sido vítimas de tortura, nos termos da Lei n. 9.455, de 7 de abril de 1997, reconhecida por decisão colegiada de segundo grau de jurisdição. (grifos do autor).

O Decreto n. 9.246/2017, no seu artigo 2º, previu, ainda, que o tempo de cumprimento das penas previstas no art. 1º será reduzido para as seguintes pessoas:

> I – gestante;
>
> II – com idade igual ou superior a setenta anos;
>
> III – que tenha filho de até quatorze anos de idade ou de qualquer idade, se pessoa com doença crônica grave ou com deficiência, que necessite de seus cuidados;
>
> IV – que tenha neto de até quatorze anos de idade ou de qualquer idade, se pessoa com deficiência, que necessite de seus cuidados e esteja sob a sua responsabilidade;
>
> V – que esteja cumprindo pena ou em livramento condicional e **tenha frequentado, ou esteja frequentando, curso de ensino fundamental, médio, superior, profissionalizante ou de requalificação profissional, reconhecido pelo Ministério da Educação**, ou que tenha exercido trabalho, no mínimo por doze meses, nos três anos contados retroativamente a 25 de dezembro de 2017;
>
> VI – com paraplegia, tetraplegia ou cegueira adquirida posteriormente à prática do delito, comprovada por laudo médico oficial, ou, na falta do laudo, por médico designado pelo juízo da execução;
>
> VII – com paraplegia, tetraplegia, cegueira ou neoplasia maligna, ainda que em remição, mesmo que tais condições sejam anteriores à prática do delito, comprovadas por laudo médico oficial ou, na falta do laudo, por médico designado pelo juízo da execução, e resulte em grave limitação de atividade ou exija cuidados contínuos que não possam ser prestados no estabelecimento penal;
>
> VIII – acometida de doença grave e permanente, que apresente grave limitação de atividade ou que exija cuidados contínuos que não possam ser prestados no estabelecimento penal, desde que comprovada por laudo médico oficial, ou, na falta do laudo, por médico designado pelo juízo da execução; ou

> IX – indígena, que possua Registro Administrativo de Nascimento de Indígenas ou outro documento comprobatório equivalente.
>
> § 1º **A redução de que trata o caput será de:**
>
> I – **um sexto da pena, se não reincidente**, e um quarto da pena, se reincidente, nas hipóteses previstas no inciso I do *caput* do art. 1º;
>
> II – um quarto da pena, se não reincidente, e um terço da pena, se reincidente, nas hipóteses previstas no inciso II do caput do art. 1º; e
>
> III – um terço da pena, se não reincidente, e metade da pena, se reincidente, nas hipóteses previstas no inciso III do caput do art. 1º.
>
> § 2º As hipóteses previstas nos incisos III e IV do caput não incluem as pessoas condenadas por crime praticado com violência ou grave ameaça contra o filho ou o neto ou por crime de abuso sexual cometido contra criança, adolescente ou pessoa com deficiência. (grifos do autor)

A Procuradoria-Geral da República propôs **Ação Direta de Inconstitucionalidade – de n. 5.874 –** através da qual deduziu serem inconstitucionais os seguintes dispositivos do decreto: inciso I do artigo 1º; inciso I do §1º do artigo 2º; artigo 8º; artigo 10; e, por fim, artigo 11. Em 28 de dezembro de 2017, a Ministra Relatora Cármen Lúcia deferiu pedido de medida cautelar para suspender os artigos impugnados. Entretanto, em 9 de maio de 2019, a ação foi julgada improcedente:

> AÇÃO DIRETA DE INCONSTITUCIONALIDADE. DIREITO PENAL E PROCESSO PENAL. INDULTO. COMPETÊNCIA PRIVATIVA DO PRESIDENTE DA REPÚBLICA (CF, ART. 84, XII) PARA DEFINIR SUA CONCESSÃO A PARTIR DE REQUISITOS E CRITÉRIOS DE CONVENIÊNCIA E OPORTUNIDADE. PODER JUDICIÁRIO APTO PARA ANALISAR A CONSTITUCIONALIDADE DA CONCESSÃO, SEM ADENTRAR NO

> MÉRITO. AÇÃO DIRETA DE INCONSTITUCIONALIDADE JULGADA IMPROCEDENTE. 1. A Constituição Federal, visando, principalmente, a evitar o arbítrio e o desrespeito aos direitos fundamentais do homem, previu a existência dos Poderes do Estado, independentes e harmônicos entre si, repartindo entre eles as funções estatais. 2. Compete ao Presidente da República definir a concessão ou não do indulto, bem como seus requisitos e a extensão desse verdadeiro ato de clemência constitucional, a partir de critérios de conveniência e oportunidade. 3. A concessão de indulto não está vinculada à política criminal estabelecida pelo legislativo, tampouco adstrita à jurisprudência formada pela aplicação da legislação penal, muito menos ao prévio parecer consultivo do Conselho Nacional de Política Criminal e Penitenciária, sob pena de total esvaziamento do instituto, que configura tradicional mecanismo de freios e contrapesos na tripartição de poderes. 4. Possibilidade de o Poder Judiciário analisar somente a constitucionalidade da concessão da clementia principis, e não o mérito, que deve ser entendido como juízo de conveniência e oportunidade do Presidente da República, que poderá, entre as hipóteses legais e moralmente admissíveis, escolher aquela que entender como a melhor para o interesse público no âmbito da Justiça Criminal. 5. Ação Direta de Inconstitucionalidade julgada improcedente.

Portanto, **não remanesce qualquer dúvida com relação à constitucionalidade dos dispositivos examinados em sede de controle concentrado de constitucionalidade.**

Assim considerando, e tendo em vista o objeto precípuo do presente Parecer, insta consignar que o artigo 1º, inciso I, do Decreto n. 9.246/2017 previu que o indulto natalino coletivo será concedido às pessoas nacionais e estrangeiras que, **até 25 de dezembro de 2017, tenham cumprido um quinto da pena, se não reincidentes,** e um terço da pena, se reincidentes, nos crimes praticados sem grave ameaça ou violência a pessoa.

Ademais, o artigo 2º, no seu inciso V, previu que o tempo de cumprimento das penas previstas no art. 1º será reduzido para a pessoa que esteja cumprindo pena ou em livramento condicional e **tenha frequentado – ou esteja frequentando – curso de ensino fundamental, médio, superior, profissionalizante ou de requalificação profissional, reconhecido pelo Ministério da Educação,** ou que tenha exercido trabalho, no mínimo por doze meses, nos três anos contados retroativamente a 25 de dezembro de 2017.

Referida **redução é de um sexto da pena, se não reincidente,** e um quarto dela, se reincidente, conforme previsão do art. 2º, §1º, inciso I, do Decreto n. 9.246/2017.

Veja-se, portanto, que a previsão consubstanciada no inciso V do artigo 2º do Decreto n. 9.246/2017 é de natureza idêntica à remição prevista no § 1º, inciso I, do artigo 126 da Lei n. 7.210/1984, a Lei de Execução Penal, dispositivo que prevê ser direito do condenado que cumpre a pena em regime fechado ou semiaberto **remir, por estudo, parte do tempo de execução da pena,** obedecida a contagem de tempo definida pelo § 1º do mesmo dispositivo, qual seja **1 (um) dia de pena a cada 12 (doze) horas de frequência escolar – atividade de ensino fundamental, médio, inclusive profissionalizante, ou superior, ou ainda de requalificação profissional –** divididas, no mínimo, em 3 (três) dias.

Assim considerando, **a Recomendação n. 44/2013, do Conselho Nacional de Justiça, aplica-se tanto à previsão consubstanciada na Lei n. 7.210/1984, a Lei de Execução Penal, como também para o inciso V do artigo 2º do Decreto n. 9.246/2017.**

Ou seja, em ambas as circunstâncias, **a remição pela leitura é uma forma de atividade complementar que deve ser valorada e considerada para fins de remição pelo estudo, consoante previsão do artigo 1º, inciso V, da Recomendação n. 44/2013, do CNJ.**

Com efeito, as **atividades complementares**, assim conceituadas como aquelas que **ampliam as possibilidades de educação nas** prisões (artigo 1º, inciso I, da Recomendação n. 44/2013, do CNJ) **são inerentes à noção que se deve ter por atividades escolares ou profissionalizantes a que se referem o inciso V do artigo 2º do Decreto n. 9.246/2017.**

Por essa razão, a leitura é uma forma de remição de pena, bastando que, para sua utilização, sejam atendidos os requisitos fixados pelos artigos 126 e seguintes da Lei n. 7.210/1984, a Lei de Execução Penal, bem como da Recomendação n. 44/2013, do CNJ. Homologada pelo juiz da execução a remição por leitura, nasce o interesse processual em, nesse momento, impugná-la.

A remição visa a **readaptação social do preso**, funcionando como forma de compensação ao que se mantém ativo em atividades relevantes.[37] Ademais, a remição é considerada uma *sui generis* forma de garantir o princípio da **individualização da pena**, previsto no **artigo 5º, inciso XLVI**, da Constituição, visto que leva em consideração as particularidades do comportamento do sentenciado no momento da execução penal. Por fim, deparamo-nos com um instrumento de autodisciplina e ocupação.[38]

Por essas razões, é descabida qualquer inovação **transbordadora dos requisitos fixados pelo Decreto n. 9.246/2017 para fins de concessão de indulto em matéria de remição, na medida em que referida espécie normativa não realizou qualquer ressalva quanto à remição da pena pela leitura.**

37 ISHIDA, Válter Kenji. *Prática jurídica de execução penal*. São Paulo: Atlas, 2015, p. 281.

38 ISHIDA, Válter Kenji. *Prática jurídica de execução penal*. São Paulo: Atlas, 2015, p. 282.

3.4 O descabimento de inovação das razões recursais em parecer da Procuradoria-Geral de Justiça

Consoante nos relata o Consulente, **o Ministério Público, desde sua primeira manifestação quanto às matérias aqui tratadas, sempre concordou – ou ao menos jamais havia se insurgido – quanto ao cumprimento, pelo Consulente, do lapso temporal necessário para a concessão do indulto.**

Nesse sentido, insta consignar que, consoante **manifestações datadas de 5 de julho de 2019 e 19 de agosto de 2019**, ao impugnar, exclusivamente, o requisito relativo ao trânsito em julgado das ações penais para a acusação, o Ministério Público quedou-se inerte quanto aos demais requisitos concessivos do indulto ao Consulente.

Por essa razão, o acórdão da 2ª Câmara Criminal do Tribunal de Justiça do Estado do Paraná, que cassou o indulto do Consulente, **não poderia fundar-se em parecer da Procuradoria-Geral de Justiça que, inovando nas razões recursais, desconsiderou a delimitação dos contornos da lide fixados quando da interposição do Agravo em Execução.**

Do mesmo modo, restaram violados os **princípios constitucionais da ampla defesa e contraditório**, consubstanciados no **artigo 5º, inciso LV, da Constituição**, os quais pressupõem, por uma obviedade, ter oportunizado ao Consulente a possibilidade de insurgir-se contra o quanto previamente fixado, **não podendo ser surpreendido** pelo parecer da Procuradoria-Geral de Justiça.

3.5 O descabimento de inovação quanto aos requisitos fixados pelo Decreto n. 9.246/2017 para fins de concessão de indulto

Como se não bastasse referida inovação das razões recursais, o que, por si só, macula o acórdão da 2ª Câmara Criminal do

Tribunal de Justiça do Estado do Paraná, referida decisão colegiada promoveu descabida inovação relativa aos requisitos fixados pelo Decreto n. 9.246/2017, editado no exercício de competência privativa pelo Presidente da República, consoante artigo 84, inciso XII, da Constituição.

Com efeito, o Decreto n. 9.246/2017 fixou os requisitos para a concessão do indulto, devendo-se considerar, para tanto, a inexistência, na referida espécie normativa, de qualquer preferência a determinadas espécies de remição em detrimento de outras.

Portanto, para fins de concessão de indulto, os requisitos fixados pelo Decreto n. 9.246/2017 são o cumprimento de 1/6 de pena, computando-se tempo efetivo de cumprimento e as remições concedidas, ao passo que, para a redução prevista no art. 2º da mesma espécie normativa, exige-se que o apenado tenha trabalhado ou estudado, no mínimo por 12 meses, nos 3 anos anteriores ao Decreto n. 9.246/2017.

Já com relação ao requisito temporal, bem como ao lapso de 4 (quatro) anos de pena cumprida, contabilizados os 478 (quatrocentos e setenta e oito) dias decorrentes de remições deferidas ao Consulente, restou comprovado o cumprimento de 4 (quatro) anos e 9 (nove) dias de pena. Atendeu-se, portanto, ao requisito fixado pelo Decreto n. 9.246/2017, sendo descabido o argumento de que o montante de pena efetivamente cumprida, somada ao tempo remido, não atingiria 4 (quatro) anos.

3.6 Respostas aos quesitos

PRIMEIRO QUESITO: O que se entende por pena cumprida? O Decreto N. 9.246/2017 faz alguma ressalva sobre o que se entende como pena cumprida?

As exigências para a concessão do indulto pelo Decreto n. 9.246/2017 são o cumprimento de 1/6 de pena, computando-se tempo efetivo de cumprimento mais as remições concedidas, ao passo que, para a redução prevista no seu art. 2º, que a pessoa tenha trabalhado ou estudado, no mínimo por 12 (doze) meses, nos 3 (três) anos anteriores.

Não há que se falar, portanto, que referida espécie normativa tenha realizado qualquer ressalva quanto à extensão e alcance do que se deve entender por pena cumprida, nem mesmo de **qualquer preferência a determinadas espécies de remição em detrimento de outras.**

SEGUNDO QUESITO: A leitura é uma forma de remição de pena? Quais os requisitos para a utilização da leitura como forma de remição de pena? Qual o momento para se questionar a remição homologada por conta da leitura? O Decreto N. 9.246/017 faz alguma ressalva sobre a remição da pena pela leitura?

O Decreto n. 9.246/2017, no inciso V do artigo 2º, previu que o tempo de cumprimento das penas previstas no art. 1º será reduzido para a pessoa que esteja cumprindo pena ou em livramento condicional e **tenha frequentado – ou esteja frequentando – curso de ensino fundamental, médio, superior, profissionalizante ou de requalificação profissional, reconhecido pelo Ministério da Educação,** ou que tenha exercido trabalho, no mínimo por doze meses, nos três anos contados retroativamente a 25 de dezembro de 2017.

A previsão consubstanciada no inciso V do artigo 2º do Decreto n. 9.246/2017 é idêntica à remição prevista no § 1º, inciso I, do artigo 126 da Lei n. 7.210/1984, a Lei de Execução Penal, dispositivo que prevê ser direito do condenado que cumpre a pena em regime fechado ou semiaberto **remir, por estudo, parte do tempo de execução da pena,** obedecida a contagem de tempo definida pelo § 1º do mesmo dispositivo, qual seja **1 (um) dia de pena a cada 12 (doze) horas de frequência escolar – atividade de ensino fundamental, médio, inclusive profissionalizante, ou superior, ou ainda de requalificação profissional –** divididas, no mínimo, em 3 (três) dias.

Assim considerando, **a Recomendação n. 44/2013, do Conselho Nacional de Justiça, aplica-se tanto à previsão consubstanciada na Lei n. 7.210/1984, a Lei de Execução Penal, como também para o inciso V do artigo 2º do Decreto n. 9.246/2017.**

Ou seja, em ambas as circunstâncias, **a remição pela leitura é uma forma de atividade complementar que deve ser valorada e considerada para fins de remição pelo estudo, consoante previsão do artigo 1º, inciso V, da Recomendação n. 44/2013, do CNJ.**

Com efeito, as **atividades complementares**, assim conceituadas como aquelas que **ampliam as possibilidades de educação nas prisões** (artigo 1º, inciso I, da Recomendação n. 44/2013, do CNJ) **são inerentes à noção que se deve ter por atividades escolares ou profissionalizantes a que se referem o inciso V do artigo 2º do Decreto n. 9.246/2017.**

Por essa razão, a leitura é uma forma de remição de pena, bastando que, para sua utilização, sejam atendidos os requisitos fixados pelos artigos 126 e seguintes da Lei n. 7.210/1984, a Lei de Execução Penal, bem como da Recomendação n. 44/2013, do CNJ. Homologada pelo juiz da execução a remição por leitura, nasce o interesse processual em, nesse momento, impugná-la.

A remição visa a **readaptação social do preso**, funcionando como forma de compensação ao que se mantém ativo em atividades relevantes. Ademais, a remição é considerada uma *sui generis* forma de garantir o princípio da **individualização da pena**, previsto no **artigo 5º, inciso XLVI**, da Constituição, visto que leva em consideração as particularidades do comportamento do sentenciado no momento da execução penal. Por fim, deparamo-nos com um instrumento de autodisciplina e ocupação.

Por essas razões, é descabida qualquer inovação **transbordadora dos requisitos fixados pelo Decreto n. 9.246/2017 para fins de concessão de indulto em matéria de remição, na medida em que referida espécie normativa não realizou qualquer ressalva quanto à remição da pena pela leitura.**

TERCEIRO QUESITO: O acórdão que cassou a concessão do indulto pode fundar-se em Parecer da Procuradoria-Geral de Justiça que inova as razões recursais apresentadas pelo Promotor Originário?

Consoante nos relata o Consulente, **o Ministério Público, desde sua primeira manifestação quanto às matérias aqui tratadas, sempre concordou – ou ao menos jamais havia se insurgido – quanto ao cumprimento, pelo Consulente, do lapso temporal necessário para a concessão do indulto.**

Nesse sentido, insta consignar que, consoante **manifestações datadas de 5 de julho de 2019 e 19 de agosto de 2019**, ao impugnar, exclusivamente, o requisito relativo ao trânsito em julgado das ações penais para a acusação, o Ministério Público quedou-se inerte quanto aos demais requisitos concessivos do indulto ao Consulente.

Por essa razão, o acórdão da 2ª Câmara Criminal do Tribunal de Justiça do Estado do Paraná, que cassou o indulto do Consulente, **não poderia fundar-se em parecer da Procuradoria-Geral de Justiça que, inovando nas razões recursais, desconsiderou a delimitação dos contornos da lide fixados quando da interposição do Agravo em Execução.**

Do mesmo modo, restaram violados os **princípios constitucionais da ampla defesa e contraditório**, consubstanciados no **artigo 5º, inciso LV, da Constituição**, os quais pressupõem, por uma obviedade, ter oportunizado ao Consulente a possibilidade de insurgir-se contra o quanto previamente fixado, **não podendo ser surpreendido** pelo parecer da Procuradoria-Geral de Justiça.

É o que nos parece.

São Paulo, 11 de dezembro de 2020.

CAPÍTULO IV

A INCONSTITUCIONALIDADE DA SEGREGAÇÃO DE BANHEIROS ENTRE AGENTES PÚBLICOS, PÚBLICO EM GERAL E DEFENSORES PÚBLICOS, CONFERINDO AOS ÚLTIMOS A EXCLUSIVIDADE NA UTILIZAÇÃO DE DETERMINADOS BANHEIROS, POR AFRONTA AO PRINCÍPIO DA ISONOMIA, BEM COMO AO SISTEMA DE PROTEÇÃO DOS DIREITOS HUMANOS, PELO NÃO CUMPRIMENTO DOS PRESSUPOSTOS PARA A EDIÇÃO DOS ATOS ADMINISTRATIVOS E POR AFRONTA À REGRA DA PROPORCIONALIDADE

OPINIÃO LEGAL

EMENTA: A ILEGITIMIDADE DA SEGREGAÇÃO DE *BANHEIROS* ENTRE AGENTES PÚBLICOS, PÚBLICO EM GERAL E DEFENSORES PÚBLICOS, CONFERINDO AOS ÚLTIMOS A EXCLUSIVIDADE NA UTILIZAÇÃO DE DETERMINADOS *BANHEIROS*, POR AFRONTA AO PRINCÍPIO DA ISONOMIA, BEM COMO AO SISTEMA DE PROTEÇÃO DOS DIREITOS HUMANOS, PELO NÃO CUMPRIMENTO DOS PRESSUPOSTOS PARA A EDIÇÃO DOS ATOS ADMINISTRATIVOS E POR AFRONTA À REGRA DA PROPORCIONALIDADE.

ÍNDICE: **I.** PROLEGÔMENOS E FORMULAÇÃO DOS QUESITOS. **II.** A AFRONTA AO PRINCÍPIO DA ISONOMIA. **III.** A AFRONTA AO SISTEMA DE PROTEÇÃO DOS DIREITOS HUMANOS. **IV.** O NÃO CUMPRIMENTO DOS PRESSUPOSTOS PARA A EDIÇÃO DOS ATOS ADMINISTRATIVOS. **V.** A AFRONTA À REGRA DA PROPORCIONALIDADE. **VI.** RESPOSTAS AOS QUESITOS FORMULADOS PELA CONSULENTE.

CONSULENTE: ÉRICA MEIRELLES DE OLIVEIRA.

4.1 Prolegômenos e formulação dos quesitos

A Consulente honra-nos com a presente Consulta em matéria afeta ao Direito Constitucional e ao Direito Administrativo, bem como quanto à legitimidade de ato consistente em retirada de *cartazes* afixados em *banheiros* na Unidade de Franca da Defensoria Pública do Estado de São Paulo, os quais segregavam determinados *banheiros* do órgão ao identificá-los como de uso exclusivo de Defensores e Defensoras.

Na oportunidade em que praticou o ato em exame, a Consulente, Oficial de Defensoria Pública, compareceu à Unidade na condição de representante de classe, bem como de Coordenadora Geral da Associação de Servidores e Servidoras da Defensoria Pública do Estado de São Paulo – ASDPESP.

Referido ato ensejou a instauração de processo administrativo disciplinar em face da Consulente e de outros agentes públicos para apurar supostas violações aos deveres funcionais consubstanciados no art. 164, incisos VII, VIII e XI da Lei Complementar do Estado de São Paulo n. 988/06; no art. 241, incisos VI, XII e XIV e art. 242, incisos II e VI, da Lei do Estado de São Paulo n. 10.261/68; e art. 15, inciso XX, da Deliberação do Conselho Superior da Defensoria Pública do Estado de São Paulo – CSDP n. 111/09.

Os citados dispositivos da Lei Complementar do Estado de São Paulo n. 988/06, a qual organizou a Defensoria Pública do Estado e instituiu o regime jurídico da carreira de Defensor Público do Estado, preveem como deveres dos membros da Defensoria Pública do Estado (a) zelar pelo prestígio da Justiça, por suas prerrogativas e pela dignidade de suas funções; (b) zelar pelo respeito aos membros da Defensoria Pública do Estado e do Ministério Público, aos magistrados e aos advogados; e, por fim, (c) manter conduta compatível com o exercício das funções.

Os referenciados dispositivos da Lei do Estado de São Paulo n. 10.261/68, a qual dispôs sobre o Estatuto dos Funcionários Públicos Civis do Estado, preveem como deveres dos agentes públicos estaduais (a) tratar com urbanidade os companheiros de serviço e as partes; (b) cooperar e manter espírito de solidariedade com os companheiros de trabalho; e, por fim, (c) proceder na vida pública e privada na forma que dignifique a função pública.

Ademais, referida lei veda ao agente público (a) retirar, sem prévia permissão da autoridade competente, qualquer documento ou objeto existente na repartição; e, ainda, (b) promover manifestações de apreço ou desapreço dentro da repartição, ou tornar-se solidário com elas.

Por fim, o art. 15, inciso XX, da Deliberação do Conselho Superior da Defensoria Pública do Estado de São Paulo – CSDP n. 111/09, veda ao servidor público da Defensoria Pública do Estado de São Paulo desacatar ou afrontar, por atos ou palavras, pessoas com as quais se relacione em razão do cargo ou função.

Assim, nos foram formulados os seguintes quesitos:

PRIMEIRO QUESITO: Sob a perspectiva do princípio da isonomia, é legítima a segregação de *banheiros* entre agentes públicos, público em geral e Defensores Públicos, conferindo aos últimos a exclusividade na utilização de determinados *banheiros*?

SEGUNDO QUESITO: Sob a perspectiva do sistema de proteção dos direitos humanos, é legítima a segregação de *banheiros* entre agentes públicos, público em geral e Defensores Públicos, conferindo aos últimos a exclusividade na utilização de determinados *banheiros*?

TERCEIRO QUESITO: Sob a perspectiva dos requisitos para a edição dos atos administrativos, é legítima a segregação de *banheiros* entre agentes públicos, público em geral e Defensores Públicos, conferindo aos últimos a exclusividade na utilização de determinados *banheiros*?

QUARTO QUESITO: Sob a perspectiva da regra da proporcionalidade, é legítima a segregação de *banheiros* entre agentes públicos, público em geral e Defensores Públicos, conferindo aos últimos a exclusividade na utilização de determinados *banheiros*?

Expostos assim os fatos e o teor da consulta, passaremos a emitir nossa opinião a respeito do tema.

4.2 A afronta ao princípio da isonomia

A segregação de *banheiros* entre agentes públicos, público em geral e Defensores Públicos, conferindo aos últimos a exclusividade na utilização de determinados *banheiros*, é atentatória ao princípio da isonomia.

O princípio da isonomia está insculpido na Constituição da República no seu art. 5º, *caput* e inciso I; no art. 3º, incisos III e IV; art. 7º, incisos XXX e XXI; art. 170; art. 193; art. 196 e art. 205, além de outros não expressos, mas que decorrem da sua intelecção.

Celso Antônio Bandeira de Mello fornece três critérios para identificação do respeito ou desrespeito à isonomia.

Nos termos propostos pelo professor, para determinar se a diferenciação fere ou não a isonomia é necessária a análise de três pontos: (a) investigar, de um lado, aquilo que é adotado como critério discriminatório; (b) verificar se há justificativa racional, isto é, fundamento lógico para, à vista do traço acolhido, atribuir o específico tratamento jurídico construído em função da desigualdade proclamada; e, por fim, (c) analisar se a correlação ou fundamento racional abstratamente é afinado com os valores protegidos no sistema normativo constitucional.[39]

Só a conjunção dos três aspectos é que permite análise concreta da questão. Ademais, a hostilidade ao preceito isonômico pode residir em quaisquer deles.[40]

Em resumo, e nas palavras do mesmo autor, para detectar se determinada diferenciação está ou não de acordo com o princípio da isonomia deve-se verificar a existência ou não de correlação lógica entre o fator erigido em critério de discrímen e a discriminação legal decidida em função dele.

Em outras palavras, deve-se investigar, de um lado, aquilo que é erigido em critério discriminatório e, de outro lado, se há justificativa racional para, à vista do traço promotor de distinção adotado, atribuir o específico tratamento.

---

39 BANDEIRA DE MELLO, Celso Antônio. *Conteúdo jurídico do princípio da igualdade.* São Paulo: Malheiros, 2011.

40 BANDEIRA DE MELLO, Celso Antônio. *Conteúdo jurídico do princípio da igualdade.* São Paulo: Malheiros, 2011.

Assim, é agredida a isonomia quanto o fator diferencial adotado para qualificar os atingidos pela regra não guarda relação lógica com a inclusão ou exclusão no benefício ou restrição criados.[41]

Dito de outro modo, as discriminações são compatíveis com o princípio da igualdade apenas e tão somente quando houver um vínculo de correlação lógica entre a peculiaridade diferencial e a desigualdade de tratamento em função dela conferida. Além do mais, tal correlação não deve ser incompatível com interesses prestigiados na Constituição da República.[42]

Assim considerando, a segregação de *banheiros* entre agentes públicos, público em geral e Defensores Públicos, conferindo aos últimos a exclusividade na utilização de determinados *banheiros*, é atentatória ao princípio da isonomia.

Com efeito, não há justificativa racional, isto é, fundamento lógico para, à vista do traço acolhido, qual seja ser público em geral e ser Defensor Público, atribuir o específico tratamento jurídico aos últimos na utilização de *banheiros*.

Em outras palavras, não é possível desigualar as referidas categorias – agentes públicos, público em geral e Defensores Públicos – já que não há uma razão aceitável para tanto.

4.3 A afronta ao Sistema de Proteção dos Direitos Humanos

A segregação de *banheiros* entre agentes públicos, público em geral e Defensores Públicos, conferindo aos últimos a exclusividade

41 BANDEIRA DE MELLO, Celso Antônio. *Conteúdo jurídico do princípio da igualdade*. São Paulo: Malheiros, 2011.

42 BANDEIRA DE MELLO, Celso Antônio. *Conteúdo jurídico do princípio da igualdade*. São Paulo: Malheiros, 2011.

na utilização de determinados *banheiros*, é atentatório ao sistema de proteção dos direitos humanos consagrado em nosso ordenamento.

Com efeito, a distinção entre seres humanos a partir da estratificação social constitui, conforme já demonstrado, afronta ao princípio da isonomia e, numa perspectiva mais ampla, ao sistema de proteção dos direitos humanos, cujo cerne reside, em essência, na proclamação de um conjunto garantias voltadas à equalização das desigualdades entre os cidadãos.

Em outras palavras, não se admitem restrições ao acesso a lugares nos quais apenas determinados integrantes da sociedade estariam *aptos* a frequentar.

Muito se discute sobre a efetividade do quanto dispõe o sistema de proteção aos direitos humanos na atualidade, pois mais do que meramente declarar direitos, o sistema volta-se a assegurar medidas concretas que inibam práticas violadoras dos direitos dos homens.

Neste esteio, nascem para o Estado os deveres concretos de suprimir condutas violadoras dos direitos humanos, buscando analisar as causas e situações nas quais os direitos e as necessidades dos cidadãos não são atendidos.

Há, portanto, uma crescente análise de quais condutas consubstanciam violações aos direitos humanos. Tal análise viabiliza a busca de uma sociedade justa e igualitária, baseada na igualdade.

Assim considerando, toda e qualquer conduta tendente ao que podemos chamar de exclusão social é compreendida como violadora deste ideário e, por conseguinte, violadora dos direitos humanos por afronta à dignidade.

A Declaração Universal dos Direitos Humanos, por exemplo, caracteriza-se, em essência, por um conjunto de direitos e faculdades sem as quais não se pode desenvolver a personalidade.[43] Assim é que se reconhece que todos os seres humanos nascem livres e iguais em dignidade e em direitos.

O conjunto de normas de proteção aos direitos humanos possui por escopo basilar, portanto, assegurar, de maneira universal, o desenvolvimento pleno dos cidadãos, extirpando toda e qualquer conduta, estatal ou privada, tendente a suprimir este núcleo essencial de garantias intrínsecas à sua existência.

Assim considerando, segregar cidadãos nos moldes analisados na presente Consulta é, claramente, uma conduta violadora dos direitos humanos, em especial quando a segregação provém da típica estratificação social, criando-se uma divisão entre cidadãos exclusivamente com base no papel por eles desempenhados na sociedade.

4.4 O não cumprimento dos pressupostos para a edição dos atos administrativos

Os agentes públicos da Defensoria Pública do Estado de São Paulo que promoveram a segregação em exame exercem, por uma obviedade, uma função estatal e, mais especificamente, uma *função pública* e, como tal, ela é jungida por atos administrativos.

A chamada organização administrativa do Estado decorre do conjunto de normas jurídicas que regem a competência, as relações de hierarquia, as situações jurídicas e as formas de atuação e controle de pessoas e órgãos no exercício da função estatal.

A função do Estado reflete fim, tarefa ou incumbência, correspondente a certa necessidade coletiva ou a certa zona da vida social. Expressa, ainda, uma atividade com características próprias,

43 PIOVESAN, Flávia. *Direitos Humanos e o Direito Constitucional Internacional.* São Paulo: Saraiva, 2012, pp. 203/204.

modelo de comportamento.[44] Nesse segundo sentido, a função do Estado expressa atos e atividades que ele desenvolve em harmonia com as regras que o condicionam e conformam.[45]

Em ambas as acepções de função, "*exibe-se um elemento finalístico: directamente, na função como tarefa; indirectamente, na função como actividade*".[46] A função no sentido de atividade relaciona-se a um complexo ordenado de atos, interdependentes uns em relação aos outros, destinados à prossecução de um fim ou de vários fins conexos. É a atividade, desenvolvida pelo Estado, por meio de seus órgãos e agentes, na realização das incumbências que lhe são atinentes constitucional ou legalmente.

Constata-se, portanto, que não há função do Estado sem que haja um ato ou complexo ordenado de atos. Especificamente com relação à função administrativa, ela consiste na edição de atos administrativos.[47]

O ato administrativo é um ato jurídico, ou seja, um "*veículo de introdução de norma jurídica no sistema*".[48] A judicialização do fato é fruto "*do resultado da ponderação, expressa ou implícita, efetuada pela Administração*".[49] Referida ponderação é um pressuposto para a edição do ato, já que por meio dela é que a

---

44 MIRANDA, Jorge. *Manual de Direito Constitucional.* Tomo V. Coimbra: Coimbra, 2004, p. 8.

45 MIRANDA, Jorge. *Manual de Direito Constitucional.* Tomo V. Coimbra: Coimbra, 2004, pp. 8/9.

46 MIRANDA, Jorge. *Manual de Direito Constitucional.* Tomo V. Coimbra: Coimbra, 2004, p. 9.

47 MARTINS, Ricardo Marcondes. *Efeitos dos vícios do ato administrativo.* São Paulo: PUCSP, 2007, p. 109 (Dissertação de Mestrado).

48 MARTINS, Ricardo Marcondes. *Efeitos dos vícios do ato administrativo.* São Paulo: PUCSP, 2007, p. 109 (Dissertação de Mestrado).

49 MARTINS, Ricardo Marcondes. *Efeitos dos vícios do ato administrativo.* São Paulo: PUCSP, 2007, p. 110 (Dissertação de Mestrado).

Administração identifica a norma incidente, o fato que foi juridicizado e as situações instituídas.[50]

Conclui-se, portanto, que apenas por meio do ato administrativo é que há a introdução de uma norma jurídica no exercício da função administrativa. Por meio dele expede-se o chamado *imperativo autorizante*.[51]

Em outras palavras, não há atuação dos agentes públicos da Defensoria Pública do Estado de São Paulo senão dentro dos quadrantes do exercício das funções estatais e, especialmente, da função administrativa.

Por essa razão é que a atuação só é legítima na medida em que, haja vista a pretendida segregação de *banheiros* públicos, houver a observância dos princípios e normas informadoras da atuação administrativa, bem como os requisitos para a edição do ato administrativo.

São aspectos extrínsecos ao ato administrativo, que atestam a regularidade do ato, os seguintes pressupostos: subjetivo (sujeito); objetivo (motivo e requisitos procedimentais); teleológico (finalidade); lógico (causa); o formalístico (formalização); e material (conteúdo).

Assim, em síntese, o ato administrativo deve ser editado por aquele a quem o sistema jurídico atribui competência. O motivo é o pressuposto de fato e de direito que exige ou autoriza a prática do ato. O requisito procedimental parte do pressuposto de que a prática de um ato administrativo conclusivo exige a prévia execução de um ou mais atos jurídicos.

---

50 MARTINS, Ricardo Marcondes. *Efeitos dos vícios do ato administrativo*. São Paulo: PUCSP, 2007, p. 110 (Dissertação de Mestrado).

51 MARTINS, Ricardo Marcondes. *Efeitos dos vícios do ato administrativo*. São Paulo: PUCSP, 2007, p. 110 (Dissertação de Mestrado).

A finalidade do ato administrativo está na realização do interesse público. A causa é a relação de adequação entre o motivo e o conteúdo. A formalização refere-se à específica maneira com que o ato deve ser exteriorizado. O conteúdo é aquilo que o ato dispõe.

Na medida em que, na execução do seu mister, for editado ato administrativo irregular em algum dos seus pressupostos, ele estará maculado, o que impõe a declaração de nulidade.

Assim considerando, a medida consistente em segregar *banheiros* entre agentes públicos, público em geral e Defensores Públicos, conferindo aos últimos a exclusividade na utilização de determinados *banheiros*, careceu do atendimento de determinado aspecto extrínseco ao ato administrativo, qual seja o pressuposto formalístico.

Não obedecida a específica maneira por meio da qual o ato deveria ser exteriorizado, a segregação está maculada.

4.5 A afronta à regra da proporcionalidade

A segregação de *banheiros* entre agentes públicos, público em geral e Defensores Públicos, conferindo aos últimos a exclusividade na utilização de determinados *banheiros*, é, igualmente, atentatória à regra da proporcionalidade.

Na sua tríplice estrutura – adequação, necessidade e proporcionalidade em sentido estrito – a proporcionalidade deve guiar o itinerário lógico a ser percorrido na adoção de medidas no exercício da função pública:[52]

> Há de perquirir-se, na aplicação do princípio da proporcionalidade, se em face do conflito entre dois bens constitucionais contrapostos, o ato impugnado afigura-se adequado (isto

52 BINENBOJM, Gustavo. *Uma Teoria do Direito Administrativo*. Rio de Janeiro: Renovar, 2006, p. 107.

> é, apto a produzir o resultado desejado), necessário (isto é, insubstituível por outro meio menos gravoso e igualmente eficaz) e proporcional e sentido estrito (ou seja, se estabelece uma relação ponderada entre o grau de restrição de um princípio e o grau de realização do princípio contraposto).[53]

Para Hely Lopes Meirelles, a proporcionalidade relaciona-se à

> proibição do excesso que, em última análise, objetiva aferir a compatibilidade entre os meios e os fins, de modo a evitar restrições desnecessárias ou abusivas por parte da Administração Pública, com lesão aos direitos fundamentais.[54]

Discorrendo quanto a razoabilidade, Agustín Gordillo pontifica:

> La decisión (...) será ilegítima, a pesar de no transgredir ninguna norma concreta y expresa, si es "irrazonable", lo cual puede ocurrir fundamentalmente cuando: a) no de los fundamentos de hecho o de derecho que la sustentan, o b) no tenga en cuenta los hechos acreditados en el expediente, o públicos y notorios; o se funde em hechos o pruebas inexistentes; o c) no guarde una proporción adecuada entre los medios que emplea y el fin que la ley desea lograr, o sea, que se trate de uma medida desproporcionada, excesiva en relación con lo que se quiere lograr.[55]

Posteriormente o autor assinala os marcos que entende balizadores da proporcionalidade, que se relaciona aos requisitos:

---

53 BRASIL. Supremo Tribunal Federal, Intervenção Federal n. 2.257-6/SP.

54 MEIRELLES, Hely Lopes. *Direito Administrativo brasileiro*. 29ª ed. São Paulo: Malheiros, 2004, p. 92.

55 GORDILLO, Agustín. *Tratado de Derecho Administrativo*. Tomo 1, 8ª ed. Buenos Aires: F.D.A., 2003, p. 21.

> *a) el fin de la ley y el fin del acto; b) el fin de la ley y los medios que el acto elige para cumplirla; c) las circunstancias de hecho que dan causa al acto y las medidas o el fin que el acto tiene, ostentan así no sólo base constitucional, sino también legal.*[56]

Analisando a regra da proporcionalidade, Virgílio Afonso da Silva pontua que seu objetivo é fazer com que nenhuma restrição a direitos fundamentais tome dimensões desproporcionais. É, na expressão do autor, uma restrição às restrições.

Para alcançar esse objetivo, o ato estatal deve passar pelos exames da adequação, da necessidade e da proporcionalidade em sentido estrito.

A análise é feita dentro de uma relação de subsidiariedade, razão pela qual o exame da adequação precede ao da necessidade, que, por sua vez, precede ao da proporcionalidade em sentido estrito.[57]

Uma medida estatal é adequada quando o seu emprego faz com que o objetivo legítimo pretendido seja alcançado ou, ao menos, fomentado.

Para que uma medida seja considerada adequada, destarte, não é necessário que o seu emprego leve à realização do fim pretendido, bastando apenas que o princípio que legitime o objetivo seja fomentado.[58]

Um ato estatal que limita um direito fundamental é somente necessário caso a realização do objetivo perseguido não possa ser

---

56 GORDILLO, Agustín. *Tratado de Derecho Administrativo*. Tomo 1, 8ª ed. Buenos Aires: F.D.A., 2003, p. 21.

57 SILVA, Virgílio Afonso da. "O proporcional e o razoável". *Revista dos Tribunais*, nº 798. São Paulo: Revista dos Tribunais, 2002, p. 25.

58 SILVA, Virgílio Afonso da. "O proporcional e o razoável". *Revista dos Tribunais*, nº 798. São Paulo: Revista dos Tribunais, 2002, p. 25.

promovida, com a mesma intensidade, por meio de outro ato que limite, em menor medida, o direito fundamental atingido.[59]

Proporcionalidade em sentido estrito consiste no sopesamento entre a intensidade da restrição ao direito fundamental atingido e a importância da realização do direito fundamental que com ele colide e que fundamenta a adoção da medida restritiva.[60]

Assim considerando, o ato estatal consistente em segregar *banheiros* entre agentes públicos, público em geral e Defensores Públicos, conferindo aos últimos a exclusividade na utilização de determinados *banheiros*, é atentatória à regra da proporcionalidade.

Com efeito, é preciso que se ressalte que, conforme nos relata a Consulente, não foi editado ato administrativo ensejador da segregação ora examinada, o que, por si só, e conforme já demonstrado, macula a medida.

A inexistência de ato administrativo determinando a segregação impede-nos de identificar, com exatidão, o motivo, a finalidade e a causa da segregação.

Em outras palavras, resta-nos impossibilitada (a) a identificação do pressuposto de fato e de direito que exigiria, supostamente, a prática do ato; (b) a finalidade na realização do suposto interesse público em tela; e, por fim, (c) a relação de adequação entre o motivo e o conteúdo.

De todo modo, pode-se supor que o que ensejou a segregação foi a pretensão de se conferir um maior nível de conforto e/ou segurança aos Defensores Públicos.

---

59 SILVA, Virgílio Afonso da. "O proporcional e o razoável". *Revista dos Tribunais*, nº 798. São Paulo: Revista dos Tribunais, 2002, p. 25.

60 SILVA, Virgílio Afonso da. "O proporcional e o razoável". *Revista dos Tribunais*, nº 798. São Paulo: Revista dos Tribunais, 2002, p. 25.

Ocorre que, confirmada a pretensão de se conferir maior conforto aos Defensores Públicos, a medida não resiste ao sopesamento entre a intensidade da restrição ao direito fundamental atingido – qual seja, o princípio da isonomia – e a importância da realização do direito fundamental que com ele colide e que fundamenta a adoção da medida restritiva, qual seja, o suposto direito dos Defensores Públicos a um nível de conforto maior que os demais agentes públicos e o público em geral. A medida, portanto, não passa pela análise da proporcionalidade em sentido estrito.

Ademais, confirmada a pretensão de se conferir maior segurança aos Defensores Públicos, a medida não resiste ao exame da adequação, já que a segregação de banheiros sequer é capaz de fomentar e muito menos garantir aos Defensores Públicos maior segurança.

Em suma, a segregação de *banheiros* entre agentes públicos, público em geral e Defensores Públicos, conferindo aos últimos a exclusividade na utilização de determinados *banheiros*, é atentatória à regra da proporcionalidade.

4.6 Respostas aos quesitos formulados pela Consulente

Desenvolvidos os temas jurídicos pertinentes ao objeto da consulta, passamos a responder aos quesitos formulados pela Consulente.

PRIMEIRO QUESITO: Sob a perspectiva do princípio da isonomia, é legítima a segregação de *banheiros* entre agentes públicos, público em geral e Defensores Públicos, conferindo aos últimos a exclusividade na utilização de determinados *banheiros*?

A segregação de *banheiros* entre agentes públicos, público em geral e Defensores Públicos, conferindo aos últimos a exclusividade na utilização de determinados *banheiros*, é atentatória ao princípio da isonomia.

Com efeito, não há justificativa racional, isto é, fundamento lógico para, à vista do traço acolhido, qual seja ser agente público, público em geral e ser Defensor Público, atribuir o específico tratamento jurídico aos últimos na utilização de *banheiros*.

Em outras palavras, não é possível desigualar as referidas categorias – agentes públicos, público em geral e Defensores Públicos – já que não há uma razão aceitável para tanto.

SEGUNDO QUESITO: Sob a perspectiva do sistema de proteção dos direitos humanos, é legítima a segregação de *banheiros* entre agentes públicos, público em geral e Defensores Públicos, conferindo aos últimos a exclusividade na utilização de determinados *banheiros*?

Segregar cidadãos nos moldes analisados na presente Consulta é, claramente, uma conduta violadora dos direitos humanos, em especial quando a segregação provém da típica estratificação social, criando-se uma divisão entre cidadãos exclusivamente com base no papel por eles desempenhados na sociedade.

TERCEIRO QUESITO: Sob a perspectiva dos requisitos para a edição dos atos administrativos, é legítima a segregação de *banheiros* entre agentes públicos, público em geral e Defensores Públicos, conferindo aos últimos a exclusividade na utilização de determinados *banheiros*?

A medida consistente em segregar *banheiros* entre agentes públicos, público em geral e Defensores Públicos, conferindo aos últimos a exclusividade na utilização de determinados *banheiros*, careceu do atendimento de determinado aspecto extrínseco ao ato administrativo, qual seja o pressuposto formalístico.

Não obedecida a específica maneira por meio da qual o ato deveria ser exteriorizado, a segregação está maculada.

QUARTO QUESITO: Sob a perspectiva da regra da proporcionalidade, é legítima a segregação de *banheiros* entre agentes públicos,

públicos em geral e Defensores Públicos, conferindo aos últimos a exclusividade na utilização de determinados *banheiros*?

Pode-se supor que o que ensejou a segregação foi a pretensão de se conferir um maior nível de conforto e/ou segurança aos Defensores Públicos.

Ocorre que, confirmada a pretensão de se conferir maior conforto aos Defensores Públicos, a medida não resiste ao sopesamento entre a intensidade da restrição ao direito fundamental atingido – qual seja, o princípio da isonomia – e a importância da realização do direito fundamental que com ele colide e que fundamenta a adoção da medida restritiva, qual seja, o suposto direito dos Defensores Públicos a um nível de conforto maior que os demais agentes públicos e o público em geral. A medida, portanto, não passa pela análise da proporcionalidade em sentido estrito.

Ademais, confirmada a pretensão de se conferir maior segurança aos Defensores Públicos, a medida não resiste ao exame da adequação, já que a segregação de banheiros sequer é capaz de fomentar e muito menos garantir aos Defensores Públicos maior segurança.

Em suma, a segregação de *banheiros* entre agentes públicos, público em geral e Defensores Públicos, conferindo aos últimos a exclusividade na utilização de determinados *banheiros*, é atentatória à regra da proporcionalidade.

É o nosso parecer.

São Paulo, 19 de abril de 2017.

CAPÍTULO V

OS SISTEMAS PROCESSUAIS PENAIS INQUISITIVO E ACUSATÓRIO E A NÃO RECEPÇÃO DO ARTIGO 385 DO CÓDIGO DE PROCESSO PENAL DE 1941 PELA CONSTITUIÇÃO, QUE PREVÊ AO JUIZ A POSSIBILIDADE DE PROFERIR SENTENÇA CONDENATÓRIA NOS CRIMES DE AÇÃO PÚBLICA, AINDA QUE O MINISTÉRIO PÚBLICO TENHA OPINADO PELA ABSOLVIÇÃO DO RÉU

SUMÁRIO: I. PROLEGÔMENOS E FORMULAÇÃO DOS QUESITOS. II. BREVE ESCORÇO TEÓRICO QUANTO AOS SISTEMAS PROCESSUAIS PENAIS: OS MODELOS INQUISITIVO E ACUSATÓRIO. III. NOTAS SOBRE O MODELO PROCESSUAL BRASILEIRO. IV. A NÃO RECEPÇÃO DO ARTIGO 385 DO CÓDIGO DE PROCESSO PENAL DE 1941 PELA CONSTITUIÇÃO DE 1988. V. SUBSIDIARIAMENTE, A REVOGAÇÃO TÁCITA DO ARTIGO 385 DO CÓDIGO DE PROCESSO PENAL DE 1941 PELO

ARTIGO 3º-A INCLUÍDO AO MESMO DIPLOMA PELA LEI N. 13.964/2019. VI. RESPOSTA AOS QUESITOS.

CONSULENTE: EULÁLIA FERREIRA DOMINGOS FORTUNA.

5.1 Prolegômenos e formulação dos quesitos

Honra-nos **EULÁLIA FERREIRA DOMINGOS FORTUNA** ("Consulente") com consulta decorrente de acórdão proferido pela 5ª Turma do Tribunal Regional Federal da Terceira Região ("TRF3") que, nos autos da Apelação Criminal n. 0008313-26.2011.4.03.6181/SP, não reformou sentença condenatória proferida pela 4ª Vara da Justiça Federal de São Paulo, mesmo após o Ministério Público ter opinado pela sua absolvição.

Com efeito, em 27 de outubro de 2011 o Ministério Público apresentou denúncia contra, dentre outros, a Consulente alegando que ela teria oferecido vantagem, mediante promessa de dinheiro, ao Papiloscopista da Polícia Federal Ricardo Mancinelli Souto Ratola, isso com vistas à supressão de determinado documento para beneficiar empresário investigado no âmbito da "Operação Sebta" que, em troca, teria prometido vantagem pecuniária indevida ao Agente da Polícia Federal Marcio Barbosa Lourenço. Este, por sua vez, teria se unido à Consulente e ao Agente Marcio André Cardoso da Silva para satisfazer a solicitação do empresário.

Destaque-se, aqui, que a "Operação Sebta" possuiu por objeto a investigação de delitos de descaminho e contrabando por parte de diversos *boxes* de venda de mercadoria na Rua Santa Ifigênia na Capital do Estado de São Paulo, ocasião em que grande quantidade de bens e documentos foram apreendidos e transferidos para a sala utilizada pelos Delegados de Polícia Luiz Carlos Ratto Tempestini e Thiago Meireles. A Consulente teria se aproveitado da situação para subtrair o documento.

Ao final da fase instrutória, o Ministério Público, titular da ação penal, convenceu-se de que a conduta da Consulente não se subsumiu a qualquer tipo penal incriminador. Por essa razão, nas alegações finais, opinou por sua absolvição. Entretanto, foi proferida sentença parcialmente procedente à pretensão punitiva estatal em face da Consulente, a qual foi condenada às penas do art. 333, *caput*, do Código Penal, e absolvida da imputação relacionada ao art. 317, *caput*, do mesmo diploma legal, nos termos do art. 386, VII, do Código de Processo Penal. Assim considerando, nos foram formulados os seguintes quesitos:

PRIMEIRO QUESITO: O artigo 385 do Código de Processo Penal de 1941, que prevê ao juiz a possibilidade de proferir sentença condenatória nos crimes de ação pública, ainda que o Ministério Público tenha opinado pela absolvição do réu, foi recepcionado pela Constituição de 1988?

SEGUNDO QUESITO: Subsidiariamente, o artigo 3º-A do Código de Processo Penal, que previu, expressamente, a estrutura acusatória do Processo Penal Brasileiro, derrogou tacitamente o artigo 385 do mesmo diploma legal para, consequentemente, vedar sentença condenatória quando o Ministério Público opinar pela absolvição do réu?

5.2 Breve escorço teórico quanto aos sistemas processuais penais: os modelos inquisitivo e acusatório

O sistema processual penal consiste no conjunto de princípios e regras constitucionais em concordância com o momento político de cada Estado. Em um Estado Democrático de Direito, vigora o sistema acusatório, enquanto em um Estado autoritário prevalece o inquisitivo.[61] O primeiro serve como garantia do cidadão

---

61 RANGEL, Paulo. *Direito processual penal*. São Paulo: Atlas, 2019, p. 49.

contra arbítrios estatais, enquanto o segundo é uma ferramenta de supressão de direitos.

A estrutura do processo penal variou ao longo da história da humanidade. Até meados do século XII, prevaleceu o sistema acusatório privado, que foi paulatinamente substituído pelo inquisitivo. Ao final do século XVIII e, em alguns países, parte do século XIX, a eclosão de movimentos sociais e políticos levaram a um retorno do sistema acusatório ou ao surgimento do modelo misto.

Com efeito, o primeiro sistema processual foi o acusatório privado, no qual os particulares iniciavam a persecução penal. No entanto, com a ideia de que a defesa social não deveria depender apenas da vontade de um indivíduo, passou-se a reivindicar que o Estado tomasse para si o poder de reprimir as práticas criminosas. Esse movimento fez com que o sistema acusatório privado fosse gradativamente substituído pelo inquisitivo, maneira encontrada para tirar das mãos do particular a função de acusar. Assim, na época dos regimes monárquicos, surgiu a estrutura inquisitiva do processo penal.

No sistema inquisitivo clássico o juízo concentrava as funções de acusar, julgar e defender. Não havia, assim, imparcialidade, pois o juiz decidia sobre provas que ele mesmo produzia. Entretanto, conforme asseverou James Goldschmidt parte da equivocada premissa de que uma mesma pessoa possa exercer funções tão antagônicas como acusar, defender, investigar e julgar.[62] Há quem defenda, aliás, que no sistema inquisitivo não há um verdadeiro processo, visto que não existe um terceiro imparcial diante do qual comparecem duas partes, situadas em pé de igualdade e com plena contradição, apresentando um conflito, para que tal terceiro o solucione por meio da aplicação do direito objetivo.[63]

62 GOLDSCHMIDT, James. *Problemas Jurídicos y Políticos del Proceso Penal.* Barcelona: Bosch, 1935, p. 29.

63 AROCA, Juan Montero. *Princípios del proceso penal.* Valencia: Tirant Lo Blanch, 1997, pp. 28/29.

Por uma obviedade, o sistema inquisitivo é incompatível com o Estado Democrático de Direito, o qual é garantidor de direitos mínimos aos indivíduos em respeito à dignidade da pessoa humana. Por essa razão, no fim do século XVIII e início do XIX eclodiram ideais reformistas valorizadoras do homem, o que repercutiu, inclusive, no modelo de processo penal da assim chamada civilização ocidental.[64] O modelo inquisitivo foi paulatinamente substituído pelo acusatório e, em alguns países, pelo sistema misto, o que será desenvolvido oportunamente no presente Parecer.

Antônimo do sistema anterior, o acusatório apresenta uma clara separação de funções. Cria-se o *actum trium personarum*, ou seja, um ato de três personagens: (a) o juiz é o órgão imparcial de aplicação da lei, que se manifesta apenas quando devidamente provocado, e se mantém alheio à investigação e passivo em relação à coleta de prova; (b) o autor exerce a acusação, assumindo todo o ônus dela; e, por fim, (c) o réu possui a possibilidade de se defender através da plenitude da defesa.

Prevalece no modelo acusatório, dentre outros, o princípio da presunção de inocência, que deve refletir, inclusive, na condução do processo penal. A gestão de provas fica a cargo das partes e ao órgão de acusação é imposto o *onus probandi*. Ou seja, trata-se do encargo de demonstrar a culpa do réu, cuja inocência é sempre presumida. Ao juiz cabe fiscalizar a produção de provas, salvaguardar os direitos e garantias do acusado e garantir a obediência às regras processuais. Nesse sentido, Luigi Ferrajoli é enfático: o magistrado deve assegurar o respeito às "regras do jogo".[65]

Também vigora no processo penal acusatório o princípio do contraditório, que consiste na oportunidade de contrariar as

---

64 LOPES JUNIOR, Aury. *Direito processual penal*. São Paulo: Saraiva, 2018, p. 42.

65 FERRAJOLI, Luigi. *Direito e Razão*: teoria do garantismo penal. São Paulo: Revista dos Tribunais, 2002.

alegações feitas pela acusação, razão pela qual prevalece binômio *informação-reação.*[66] Além do mais, inerente ao contraditório está a igualdade de condições das partes no processo: réu e autor ficam em uma relação de equilíbrio, apresentando a mesma oportunidade de produção de provas no exercício de suas pretensões.

O réu possui direito à defesa técnica e à defesa pessoal. A primeira consiste no auxílio de um profissional de Direito e decorre de uma exigência de equilíbrio funcional entre a acusação e a defesa,[67] necessária para a concretização do contraditório. A segunda, por sua vez, consiste na resistência pelo próprio sujeito passivo.

A principal garantia jurisdicional trazida pelo sistema acusatório é a imparcialidade do juiz. Como aponta Werner Goldschmit,[68] a expressão "partial" significa condição de parte na relação jurídica processual. Portanto, a "impartialidade" do juiz consiste em uma decorrência evidente da heterocomposição do processo, por meio da qual um terceiro "impartial" substitui a autonomia das partes, estando sempre alheio ao conflito de interesses.

Nesse modelo em que a iniciativa probatória é das partes e em que o juiz não pode atuar de ofício, criou-se um órgão próprio para a propositura da ação penal: o Ministério Público. Em suma, o juízo apenas dirige o processo, adotando as providências necessárias à instrução do feito, estando equidistante ao conflito de interesses instaurado. É apenas no processo acusatório que há a imparcialidade do órgão julgador, o que é fundante da própria estrutura processual penal.[69]

---

66 RANGEL, Paulo. *Direito processual penal*. São Paulo: Atlas, 2019, p. 49.

67 FOSCHINI, Gaetano. *L'Imputato*. Milão: Giuffrè, 1956, p. 26.

68 GOLDSCHMIT, Werner. "La imparcialidade como Principio Básico del Proceso". *Revista de Derecho Procesal*, nº 2, 1950, p. 280.

69 LOPES JUNIOR, Aury. *Direito processual penal*. São Paulo: Saraiva, 2018, p. 44.

Já no sistema processual penal misto, amalgamando características dos dois outros modelos, costuma existir uma chamada instrução preliminar, que apresenta elementos do sistema inquisitivo, e uma segunda na qual predominam as características do modelo acusatório. A primeira fase costuma ser secreta e sem as características de contraditório e ampla defesa.

5.3 Notas sobre o modelo processual penal brasileiro

Costuma-se atribuir ao sistema processual penal brasileiro a definição de misto, constituindo-se a fase do inquérito policial como inquisitória e a fase processual como acusatória. Entretanto, desde a promulgação da Constituição de 1988 entendemos que os ecos infraconstitucionais do modelo processual inquisitório devem ser interpretados tendo em vista que a República Federativa do Brasil constitui-se em Estado Democrático de Direito (artigo 1º, *caput*), cujos fundamentos são, dentre outros, a cidadania (artigo 1º, inciso II) e a dignidade da pessoa humana (art. 1º, inciso III).

Assim considerando, o Estado Democrático de Direito se ampara em determinadas dimensões materiais e formais que podemos resumir em supremacia da Constituição, juridicidade, democracia, república, separação das funções estatais e garantia dos direitos individuais e sociais. A conformação do poder político e a organização da sociedade pelo Estado Democrático de Direito é, nesses termos, condição de realização da justiça no seu sentido mais pleno.

Realizadas referidas colocações, o sistema processual inquisitório viola os direitos e garantias individuais, bem como contraria as noções de de cidadania – que "apresenta-se como objeto e um direito fundamental das pessoas"[70] – e de dignidade

---

70 MORAES, Alexandre de. *Direito Constitucional*. São Paulo: Atlas, 2020, p. 18.

da pessoa humana, a qual "concede unidade aos direitos e garantias fundamentais".[71]

Do mesmo modo, a Constituição previu que ninguém será privado da liberdade ou de seus bens sem o devido processo legal (artigo 5º, inciso LIV), a inexistência de juízo ou tribunal de exceção (artigo 5º, XXXVII), que ninguém será processado nem sentenciado senão pela autoridade competente (artigo 5º, inciso LIII), a presunção de inocência (artigo 5º, inciso LVII) e, ainda, a exigência de publicidade e fundamentação das decisões judiciais (artigo 93, inciso IX). Em relação a outros direitos e garantias fundamentais,[72] o sistema acusatório se impõe quando a Constituição se compromete em conferir efetividade aos direitos humanos, garante a inviolabilidade do direito à vida e à liberdade, veda a tortura e o tratamento desumano ou degradante.

Além do mais, a Constituição atribuiu, como competência privativa do Ministério Público, a promoção da ação penal pública (artigo 129, inciso I), a quem compete, inclusive, requisitar diligências investigatórias e a instauração de inquérito policial, indicados os fundamentos jurídicos de suas manifestações processuais (artigo 129, inciso VIII).

A Constituição filiou-se, portanto, ao sistema acusatório, tendo o Supremo Tribunal Federal (STF), inclusive, proferido decisões reconhecendo a adoção do modelo acusatório por parte da Constituição. Destaque-se, exemplificativamente, a Ação Direta de Inconstitucionalidade n. 5.104, de relatoria do Ministro Roberto Barroso:

---

71 MORAES, Alexandre de. *Direito Constitucional*. São Paulo: Atlas, 2020, p. 18.

72 CARVALHO, Esdras dos Santos. *O Direito Processual Penal Militar numa visão garantista*. Rio de Janeiro: Lumen Juris, 2010, p. 41.

Como se sabe, a Constituição de 1988 fez uma opção inequívoca pelo sistema acusatório – e não pelo sistema inquisitorial – criando as bases para uma mudança profunda na condução das investigações criminais e no processamento das ações penais no Brasil. De forma específica, essa opção encontra-se positivada no art. 129, inciso I – que confere ao Ministério Público a titularidade da ação penal de iniciativa pública –, e também no inciso VIII, que prevê a competência do Parquet para requisitar diligências investigatórias e a instauração de inquéritos policiais. De forma indireta, mas igualmente relevante, a mesma lógica básica poderia ser extraída dos direitos fundamentais ao devido processo legal, à ampla defesa e ao contraditório. O ponto justifica um comentário adicional.

O traço mais marcante do sistema acusatório consiste no estabelecimento de uma separação rígida entre os momentos da acusação e do julgamento. Disso decorrem algumas consequências, sendo duas delas de especial significado constitucional. Em primeiro lugar, ao contrário do que se verifica no sistema inquisitorial, o juiz deixa de exercer um papel ativo na fase de investigação e de acusação. Isso preserva a neutralidade do Estado julgador para o eventual julgamento das imputações, evitando ou atenuando o risco de que se formem pré compreensões em qualquer sentido. Uma das projeções mais intuitivas dessa exigência é o princípio da inércia jurisdicional, pelo qual se condiciona a atuação dos magistrados à provocação por um agente externo devidamente legitimado para atuar.

Em segundo lugar, o sistema acusatório busca promover a paridade de armas entre acusação e defesa, uma vez que ambos os lados se encontram dissociados e, ao menos idealmente, equidistantes do Estado- juiz. Nesse contexto, cabe às partes o ônus de desenvolverem seus argumentos à luz do material probatório disponível, de modo a convencer o julgador da consistência de suas alegações. Afasta-se, assim, a dinâmica inquisitorial em que a figura do juiz se confunde com a de um acusador, apto a se valer do poder estatal para direcionar o julgamento – quase sempre no sentido de um juízo condenatório.

> Esse conjunto de ideias encontra forte amparo na jurisprudência do Supremo Tribunal Federal, destacando-se numerosos precedentes em que a Corte assentou a titularidade do Ministério Público sobre a ação penal e o caráter limitado de que deve se revestir a interferência judicial sobre a condução das investigações. Nessa linha, a título de exemplo, a jurisprudência consolidou o entendimento de que é vinculante o pedido de arquivamento do inquérito efetuado pelo Procurador-Geral, que o juiz não pode determinar o oferecimento de denúncia ou o seu aditamento, nem tampouco realizar diligências investigatórias por conta própria. Esse quadro não se altera nem mesmo nos casos em que o inquérito se desenvolve desde logo perante o Judiciário, por força da existência de foro por prerrogativa de função. Mesmo nessa situação peculiar, o relator não assume a direção do inquérito, limitando-se a acompanhar os procedimentos e a decidir sobre a admissibilidade das medidas sujeitas à reserva de jurisdição.

Os dispositivos infraconstitucionais relativos ao modelo inquisitório devem ser objeto de contraste com os princípios e regras constitucionais elencados, os quais valorizam o modelo acusatório. Assim considerando, dentre outros, o artigo 385 do Código de Processo Penal de 1941, que prevê ao juiz a possibilidade de proferir sentença condenatória nos crimes de ação pública, ainda que o Ministério Público tenha opinado pela absolvição do réu, não foi recepcionado pela Constituição de 1988. É o que passaremos a demonstrar.

5.4 A não recepção do Artigo 385 do Código de Processo Penal de 1941 pela Constituição de 1988

O artigo 385 do Código de Processo Penal de 1941, que prevê ao juiz a possibilidade de proferir sentença condenatória nos crimes de ação pública, ainda que o Ministério Público tenha opinado pela absolvição do réu. Referido dispositivo atribui ao juiz um descabido poder persecutório que, em última medida, fulmina o contraditório e mesmo a sua imparcialidade.

Há quem diga, aliás, que no Brasil prevalece a teoria da aparência acusatória, visto que diversos princípios aplicados diariamente são opostos ao modelo.[73] Pensar que apenas a separação formal das funções de investigar, acusar e julgar bastaria é um reducionismo que desconsidera a própria complexidade do processo penal.[74] Nesse sentido, Aury Lopes Jr. defende a busca de uma acoplagem constitucional e por uma filtragem constitucional, com vistas a expurgar a eficácia de dispositivos que apresentam características inquisitivas.[75]

A Constituição é a *lei* suprema do Estado. De acordo com Hans Kelsen, ela é o fundamento de validade de todo o sistema jurídico. Portanto, não pode subsistir validamente nenhuma norma que com ela esteja em desconformidade.[76] A Constituição é, também, o ato inaugural do Estado. Sua superveniência faz com que o alicerce de legitimação de todo o ordenamento jurídico seja modificado.[77]

A relação entre as novas normas constitucionais e as leis infraconstitucionais anteriores situa-se na convergência do princípio da supremacia da Constituição e do princípio da continuidade da ordem jurídica.[78] Nesse contexto, insere-se o instituto da recepção.

---

73 PRADO, Geraldo. *Sistema acusatório*: a conformidade constitucional das leis processuais penais. Rio de Janeiro: Lumen Juris, 1999, p. 171.

74 LOPES JUNIOR, Aury. *Direito processual penal*. São Paulo: Saraiva, 2018, p. 64.

75 LOPES JUNIOR, Aury. *Direito processual penal*. São Paulo: Saraiva, 2018, p. 50.

76 CANOTILHO, José Joaquim Gomes. *Direito Constitucional*. Coimbra: Almedina, 1991, p. 142.

77 ARAUJO, Luiz Alberto David; NUNES JÚNIOR, Vidal Serrano. *Curso de Direito Constitucional*. São Paulo: Verbatim, 2018, p. 53.

78 BARROSO, Luís Roberto. *Interpretação e aplicação da Constituição*: fundamentos de uma dogmática constitucional transformadora. São Paulo: Saraiva, 2009, pp. 71/72.

Ainda de acordo com a concepção de Hans Kelsen, a ascensão de uma nova ordem constitucional não cria um sistema jurídico inteiramente novo, mas recebe normas do sistema anterior.[79]

As normas infraconstitucionais compatíveis com a nova Constituição são mantidas, apesar de poderem, inclusive, receber leitura e interpretação diferentes, tendo em vista que o novo ordenamento possui fins diversos do precedente.[80] Por sua vez, as normas que atentam contra disposição constitucional ou conflitam com o sistema fundado pela Constituição e com os princípios nela consagrados não são por ela recepcionadas.

Assim considerando, o artigo 385 do Código de Processo Penal é um dos dispositivos que não foram recepcionados pela Constituição de 1988. Sua previsão no sentido de permitir que o juiz, nos crimes de ação pública, profira sentença condenatória ainda que o Ministério Público tenha pedido pela absolvição, e reconheça agravantes que não foram alegadas, é incompatível com o sistema acusatório, cuja principal característica é, dentre outros, o princípio *actum trium personarum*. Portanto, as funções de julgar, acusar e defender são atribuídas a diferentes órgãos.

No Brasil, como disposto pela Constituição, é o Ministério Público o titular da pretensão acusatória, que está diretamente ligada ao exercício do poder punitivo. Por sua vez, o juiz é incumbido da função de julgar.

Consequentemente, se, em alegações finais, o titular da ação penal opinar pela absolvição, o juiz está impedido de condenar o réu. Se, ao final do processo, o magistrado exercer tanto a acusação quanto o julgamento, ele avança no exercício da pretensão

79 KELSEN, Hans. *Teoria Pura do Direito*. Trad. João Baptista Machado. Coimbra: Arménio Amado, 1979, pp. 209-291.

80 BARROSO, Luís Roberto. *Interpretação e aplicação da Constituição*: fundamentos de uma dogmática constitucional transformadora. São Paulo: Saraiva, 2009, p. 73.

acusatória, cuja titularidade é exclusiva do Ministério Público. Aury Lopes Jr. sintetiza o tema no seguinte trecho:

> (...) no processo penal existem duas categorias distintas: o acusador exerce o ius ut procedatur, o direito potestativo de acusar (pretensão acusatória) contra alguém, desde que presentes os requisitos legais; e, de outro lado, está o poder do juiz de punir. Contudo, o poder de punir é do juiz (recordando Goldschmidt: o símbolo da justiça é a balança, mas também é a espada, que está nas mãos do juiz e pende sobre a cabeça do réu), e esse poder está condicionado (pelo princípio da necessidade) ao exercício integral e procedente da acusação. Ao juiz somente se abre a possibilidade de exercer o poder punitivo quando exercido com integralidade e procedência o *ius ut procedatur*.[81]

O mesmo autor também destaca que a acusação é fundamental para verificar se a sentença é congruente no processo penal, visto que demarca os limites da decisão jurisdicional.[82] Gustavo Henrique Badaró segue a mesma linha ao expor que o objeto da sentença deve ser o mesmo objeto da imputação, ou seja, da formulação da pretensão processual penal.[83]

Portanto, a regra é sempre no sentido da imutabilidade do objeto do processo. A imparcialidade se efetiva plenamente apenas quando o juiz não o altera. Mesmo nas hipóteses excepcionais em que se admite a modificação, é sempre imprescindível observar os princípios da inércia da jurisdição (*ne procedat iudex ex officio*), do direito de defesa e do contraditório, visto que, inclusive, o binômio

---

81 LOPES JUNIOR, Aury. *Direito processual penal*. São Paulo: Saraiva, 2018, p. 51.

82 LOPES JUNIOR, Aury. *Direito processual penal*. São Paulo: Saraiva, 2018, p. 892.

83 BADARÓ, Gustavo Henrique. *Correlação entre Acusação e Sentença*. São Paulo: RT, 2001, p. 87.

informação-reação – definido pelas partes e não pelo juízo – deve pautar a decisão jurisdicional.[84]

Nesse sentido, o Tribunal de Justiça do Rio de Janeiro, em apelação do processo 0001288-08.2009.8.19.0084, em que o Ministério Público opinou pela absolvição do réu, mas o juiz proferiu sentença condenatória, se pronunciou da seguinte maneira:

> (...) porquanto se deva recordar que a manifestação ministerial pela decretação da absolvição de um réu esfacela a basilar condição de instalação do contraditório constitucional, inexistindo, evidentemente, do que a defesa venha a se defender diante de tal favorável postura, não se perdendo de vista que a defesa não possui a obrigação de produzir prova a respeito da ocorrência ou não de fato imputado a um réu, buscando apenas provar aquilo que alega e, em tese, refutando os termos da imputação ministerial, ou seja, no momento em que a acusação se firma como inocorrente, cessa a correspondente condição defensiva de desenvolvimento de seu mister, o que, obviamente, ainda se torna despiciendo, tanto assim que, in casu, ambas as partes, ao se verem acordes, decidiram pela desistência da oitiva de testemunhas, em plenário
>
> – diante desta realidade e em se tendo, ao final do julgamento, um resultado contrário àquele esposado pelo titular da ação penal e flagrantemente prejudicial ao réu, a quem, repise-se, não foram fornecidos os mecanismos próprios à realização de uma defesa adequada em face deste cenário de "desarmamento", seja pessoal, seja técnica, resta inequívoca a violação aos primados do devido processo legal e a seus corolários diretos, ou seja, a amplitude do exercício do direito de defesa e o contraditório, os quais, assim como a garantia da soberania dos veredictos, possuem assento constitucional – ademais e ao produzir o decisum condenatório, ignorando o

---

84 LOPES JUNIOR, Aury. *Direito processual penal*. São Paulo: Saraiva, 2018, pp. 893-895.

> pleito absolutório ministerial, o colegiado leigo ainda violou aos princípios atinentes ao sistema acusatório, cuja vigência apresenta natureza constitucional, não comportando a criação de exceção a tal regramento – não se pode admitir que o tribunal popular seja infenso ao argumento apresentado por aquele quem detém a exclusividade no oferecimento e impulsionamento da ação penal, pena de se chancelar a geração de um núcleo absolutista, amplamente defeso a qualquer julgador, e, a partir do qual, conceder-se-ia ao jurado leigo o disparatado direito de usurpar a função ministerial, sustentando uma acusação que o dominus litis entendeu por bem de não fazê-lo, aplicando uma condenação com base nesta inidônea atribuição – cristalização de nulidade posterior à decisão de pronúncia, a qual traz como única solução devida a decretação de nulidade da sessão plenária de julgamento, a fim de que outra se proceda, segundo os ditames constitucionais vigentes, notadamente aqueles ora debatidos, bem como a vedação à produção de reformatio in pejus indireta (...) (TJ/RJ, Sexta Câmara Criminal, ACR 0001288-08.2009.8.19.0084, Min. Rel. Paulo de Tarso Neves, DJ de 01 de setembro de 2015).

Também no mesmo sentido, destaque-se precedente da Primeira Turma do Supremo Tribunal Federal que concluiu que "tem-se como afastada a pretensão acusatória quando há manifestação do titular da ação penal pública pela absolvição do acusado, não podendo o magistrado condenar de ofício" (STF, Primeira Turma, AP 960, Min. Rel. Marco Aurélio, DJ de 13 de junho de 2017).

O Ministério *Público Federal também adotou a mesma posição em parecer nos autos Recurso Especial 1.612.551, no qual restou consignada, em especial, a não recepção do* art. 385 do Código de Processo Penal:

> Prima facie, insta salientar que o paradigma do sistema processual penal acusatório, adotado pela Constituição Federal de 1988, configura um dos pilares do sistema de

garantias individuais em nosso ordenamento jurídico. Neste sistema processual, o juiz é um sujeito passivo rigidamente separado das partes e o julgamento é um debate paritário, iniciado pela acusação, à qual compete o ônus da prova, e desenvolvido, com a participação da defesa, mediante um contraditório público.

Nesse sistema, marcado pela distinção clara entre as funções de acusar, defender e julgar, compete ao Ministério Público, como regra, e ao ofendido, como exceção, promover a ação penal pública, na forma da lei (arts. 5º, LIX, e 129, I, da CF, e 257, I, do CPP).

Como corolário do sistema acusatório, o juiz não pode atuar de ofício, sendo vedada a condenação sem acusação penal. A concepção norteadora do processo penal do tipo acusatório é a ideia de que o juiz está adstrito aos termos da manifestação final do Ministério Público, não podendo o magistrado substituir-se ao órgão acusador e, assim, conhecer ex officio de matéria atribuída à avaliação exclusiva do autor da ação penal.

Impende salientar que há algumas dificuldades na estruturação de um modelo efetivamente acusatório ante o caráter inquisitivo do nosso Código de Processo Penal e seu texto originário, de forma que apenas uma interpretação conforme o texto constitucional do processo penal pode dirimir tais inconvenientes, de forma a permitir a afirmação do princípio do juiz natural (art. 5º, LIII, da CF) e de sua indispensável imparcialidade.

Firmadas as premissas, impõe-se a conclusão de que o art. 385 do Código de Processo Penal não foi recepcionado pela Constituição de 1988. (...)

Isso porque, quando o Ministério Público delibera pela absolvição, significa o mesmo que "retirar a acusação". A consequência deve ser o trancamento da ação penal, pois o órgão ministerial não pretende mais exercitar o ius persequendi e o ius puniendi. Por razões lógicas, resta ao Poder Judiciário encerrar a ação penal, em observância aos princípios da imparcialidade e da demanda ou inércia judicial.

> O juiz, ao condenar o acusado em contrariedade à posição ministerial sobre a absolvição, condena sem acusação, tornando-se parcial e assumindo automaticamente a figura de acusador, o que não é admissível no direito acusatório moderno, em que lhe é reservada a posição de garantidor.

Nesses termos, não foi recepcionado pela Constituição o artigo 385 do Código de Processo Penal de 1941, que prevê ao juiz a possibilidade de proferir sentença condenatória nos crimes de ação pública, ainda que o Ministério Público tenha opinado pela absolvição do réu. Referido dispositivo atribui ao juiz um descabido poder persecutório que é incompatível com o modelo acusatório consubstanciado na Constituição.

5.5 Subsidiariamente, a revogação tácita do Artigo 385 do Código de Processo Penal de 1941 pelo Artigo 3º-A incluído ao mesmo diploma pela Lei n. 13.964/2019

Tendo em vista pairarem discussões que desconsideram a não recepção do artigo 385 do Código de Processo Penal de 1941 pela Constituição de 1988, é fundamental, a **título de argumento subsidiário, esclarecer: ainda que se presumisse recepcionado**, o artigo 3º-A, que previu, expressamente, a estrutura acusatória do processo penal brasileiro, derrogou tacitamente o artigo 385 do mesmo diploma legal para, consequentemente, vedar sentença condenatória quando o Ministério Público opinar pela absolvição do réu.

Com efeito, as normas possuem, em regra, caráter permanente, mantendo-se em vigor até que sejam revogadas, consoante art. 2º, *caput*, do Decreto-Lei n. 4.657/1942, a Lei de Introdução às Normas do Direito Brasileiro (LINDB).

O termo revogação indica a ideia da cessação da existência da norma obrigatória.[85] O instituto se dá por meio da promulgação de um novo ato, que retira a eficácia de outro anterior. Uma norma pode ser revogada apenas por outra de mesma hierarquia ou hierarquia superior.

Quanto à extensão, a revogação pode ser total ou parcial. No primeiro caso, recebe o nome de ab-rogação e suprime integralmente a norma anterior. No segundo, por sua vez, é chamada de derrogação e atinge apenas uma parte da lei, que permanece em vigor no restante. *Já quanto à forma de sua execução, a revogação pode ser classificada como expressa ou tácita. É expressa quando a nova norma declara taxativamente que a anterior, ou parte dela, fica revogada (art. 2º, §1º, primeira parte, LINDB). Por outro lado, a revogação é tácita quando ocorre incompatibilidade entre as leis novas e as precedentes (art. 2º, §1ª, segunda parte, LINDB).*

Como não é possível admitir a existência de duas normas que conflitam entre si, é necessário aplicar o critério da prevalência da lei posterior sobre a anterior (*lex posteriori derrogat legi priori*). Portanto, em regra, um novo estado de coisas automaticamente revoga qualquer norma com ele incompatível.[86]

Assim considerando, a Lei n. 13.964/2019, ao aperfeiçoar a legislação penal e processual penal, incluiu o artigo 3º-A ao Código de Processo Penal, cujo texto estabelece, de forma expressa e inequívoca, que o processo penal brasileiro possui estrutura acusatória. Veja-se: "o processo penal terá estrutura acusatória, vedadas a iniciativa do juiz na fase de investigação e a substituição da atuação probatória do órgão de acusação".

---

85 DINIZ, Maria Helena. *Lei de Introdução ao Código Civil brasileiro interpretada*. São Paulo: Saraiva, 1994, p. 64.

86 MONTEIRO, Washington de Barros. *Curso de Direito Civil*: parte geral. São Paulo: Saraiva, 2001.

Como foi colocado anteriormente, a existência de conflito entre uma norma anterior – que, no caso, seria o Código de Processo Penal – e outra posterior – representada pela Lei n. 13.964/2019 –, é resolvido pelo princípio *lex posteriori derrogat legi priori*, isso, por uma obviedade, para aqueles que comungam do entendimento por nós recachado, de que não teria operado a não recepção do artigo 385 do Código de Processo Penal.

Em outras palavras, ainda que se rejeite, equivocadamente, a tese da não recepção do dispositivo em exame, não paira qualquer dúvida de que, subsidiariamente, operou-se a revogação tácita do artigo 385 do Código de Processo Penal de 1941 pelo artigo 3º-A incluído ao mesmo diploma pela Lei n. 13.964/2019 para vedar que seja proferida sentença condenatória nos crimes de ação pública sempre que o Ministério Público, a quem compete promover, privativamente, a ação penal pública, opina pela absolvição do réu.

5.6 Resposta aos quesitos

PRIMEIRO QUESITO: O Artigo 385 do Código de Processo Penal de 1941, que prevê ao juiz a possibilidade de proferir sentença condenatória nos crimes de ação pública, ainda que o Ministério Público tenha opinado pela absolvição do réu, foi recepcionado pela Constituição de 1988?

Não foi recepcionado pela Constituição de 1988 o artigo 385 do Código de Processo Penal de 1941, dispositivo que, ao atribuir ao juiz um descabido poder persecutório, é incompatível com o modelo acusatório consubstanciado na Constituição. Portanto, não foi recepcionado pela Constituição referido dispositivo que prevê ao juiz a possibilidade de proferir sentença condenatória nos crimes de ação pública, ainda que o Ministério Público tenha opinado pela absolvição do réu.

SEGUNDO QUESITO: Subsidiariamente, o Artigo 3º-A do Código de Processo Penal, que previu, expressamente, a estrutura acusatória do Processo Penal Brasileiro, derrogou tacitamente o Artigo 385 do mesmo diploma legal para, consequentemente, vedar sentença condenatória quando o Ministério Público opinar pela absolvição do réu?

Ainda que se rejeite, equivocadamente, a tese da não recepção do artigo 385 do Código de Processo Penal de 1941 pela Constituição de 1988, não paira qualquer dúvida de que, subsidiariamente, operou-se a revogação tácita do dispositivo em exame pelo artigo 3º-A incluído ao mesmo diploma pela Lei n. 13.964/2019 para vedar que seja proferida sentença condenatória nos crimes de ação pública sempre que o Ministério Público, a quem compete promover, privativamente, a ação penal pública, opina pela absolvição do réu.

É o que nos parece.

São Paulo, 11 de dezembro de 2020.

CAPÍTULO VI

A CONSTITUCIONALIDADE DA LEI DO ESTADO DE SÃO PAULO N. 15.659/2015, A QUAL OBRIGOU QUE A COMUNICAÇÃO DE INCLUSÃO DO NOME DOS CONSUMIDORES EM CADASTROS OU BANCOS DE DADOS DEVE OCORRER MEDIANTE PROTOCOLO DE "AVISO DE RECEBIMENTO" – AR

CONSULTA

EMENTA: A LEI DO ESTADO DE SÃO PAULO N. 15.659/2015, A QUAL OBRIGA QUE A COMUNICAÇÃO DE INCLUSÃO DO NOME DOS CONSUMIDORES EM CADASTROS OU BANCOS DE DADOS DEVE OCORRER MEDIANTE PROTOCOLO DE "*AVISO DE RECEBIMENTO*" – AR, É FORMAL E MATERIALMENTE CONSTITUCIONAL.

SUMÁRIO: I. OBJETO. **II.** DA CONSTITUCIONALIDADE FORMAL. **II.A.** A COMPETÊNCIA LEGISLATIVA CONCORRENTE DOS ESTADOS PARA DISPOR SOBRE DIREITO DO CONSUMIDOR E ECONÔMICO, CABENDO A ELES SUPLEMENTAR AS NORMAS GERAIS DA UNIÃO. **III.** DA CONSTITUCIONALIDADE MATERIAL. **III.A.** O DEVIDO PROCESSO LEGAL E O DIREITO AO ACESSO ÀS INFORMAÇÕES RELATIVAS A SI PRÓPRIO. **III.B.** A DEFESA DO CONSUMIDOR: PRINCÍPIO DA CONFIANÇA, INVERSÃO DO ÔNUS DA PROVA E *PROBATIO DIABOLICA* OU *DEVIL'S PROOF*. **III.C.** O *"AVISO DE RECEBIMENTO"* – AR E A REGRA DA PROPORCIONALIDADE NA SUA TRÍPLICE ESTRUTURA ADEQUAÇÃO, NECESSIDADE E PROPORCIONALIDADE EM SENTIDO ESTRITO. **III.D.** A VERDADE MATERIAL. **III.E.** A JUSTA ALOCAÇÃO DOS ÔNUS: A VULNERABILIDADE DO CONSUMIDOR E A *JUSTIÇA SOCIAL*. **III.F.** O FOMENTO ÀS RELAÇÕES ECONÔMICAS E AO CRÉDITO. **IV.** CONCLUSÕES.

CONSULENTE: INSTITUTO DE ESTUDOS DE PROTESTO DE TÍTULOS DO BRASIL – IEPTB.

6.1 Objeto

Honra-nos com Consulta o **SINDICATO DOS ADVOGADOS DE SÃO PAULO – SASP** no tema da constitucionalidade da Lei do Estado de São Paulo n. 15.659/2015, a qual, no seu art. 1º, dispõe que a inclusão do nome dos consumidores em cadastros ou bancos de dados de consumidores, de serviços de proteção ao crédito ou congêneres, referente a qualquer informação de inadimplemento, dispensa a autorização do devedor, mas, se a dívida não foi protestada ou não estiver sendo cobrada diretamente em juízo, deve ser-lhe previamente comunicada por escrito e comprovada mediante "*aviso de recebimento*" – AR assinado. Prevê-se ainda:

(**a**) que a comunicação deve indicar o nome ou razão social do credor, natureza da dívida e meio, condições e prazo para pagamento, antes de efetivar a inscrição (art. 2º);

(**b**) que deverá ser concedido o prazo mínimo de 15 (quinze) dias para quitação do débito ou apresentação de comprovante de pagamento, antes de ser efetivada a inscrição do nome do consumidor nos cadastros de proteção ao crédito (art. 2º, parágrafo único);

(**c**) que, para efetivar a inscrição, as empresas que mantêm os cadastros de consumidores residentes no Estado de São Paulo deverão exigir dos credores documento que ateste a natureza da dívida, sua exigibilidade e a inadimplência por parte do consumidor (art. 3º);

(**d**) que as empresas deverão manter canal direto de comunicação, indicado expressamente no aviso de inscrição, que possibilite a defesa e a apresentação de contraprova por parte do consumidor, evitando a inscrição indevida (art. 4º); e, por fim,

(**e**) que, havendo comprovação por parte do consumidor sobre a existência de erro ou inexatidão sobre o fato informado, fica a empresa obrigada a retirar, independentemente de manifestação dos credores ou informantes, os dados cadastrais indevidos no prazo máximo de 2 (dois) dias úteis (art. 4º, parágrafo único).

Contra referida lei foram propostas ações em sede de controle de constitucionalidade junto ao Tribunal de Justiça do Estado de São Paulo – TJ/SP e Supremo Tribunal Federal – STF, como se passa a explicar.

A Ação Direta de Inconstitucionalidade n. 2044447-20.2015.8.26.0000, proposta junto ao Tribunal de Justiça do Estado de São Paulo – TJ/SP, foi deduzida tendo em vista suposta usurpação da competência da União para legislar sobre Direito Civil e Direito Comercial, bem como por supostas inovações em assuntos já regulados por lei federal, tendo, com isso, violado o art. 1º da Constituição do Estado de São Paulo.

A Ação Direta de Inconstitucionalidade n. 2193117-97.2015.8.26.0000, também proposta junto ao TJ/SP, foi deduzida tendo em vista suposta violação aos princípios da igualdade, razoabilidade, interesse público e eficiência consubstanciados nos art. 4º e 111 da Constituição do Estado de São Paulo.

Em 13.03.2015, decisão monocrática suspendeu, liminarmente, os efeitos da Lei do Estado de São Paulo n. 15.659/2015. Em 12.08.2105, o tribunal revogou a liminar anteriormente concedida e determinou a suspensão da ação até ulterior julgamento, pelo STF, das ADIs n. 5.224, 5.252 e 5.273.

A Ação Direta de Inconstitucionalidade n. 5.224, proposta junto ao STF, foi deduzida tendo em vista as seguintes teses: (**a**) violação ao art. 24, § 1º e 3º, da Constituição da República ao pretender-se estabelecer novas normas gerais relacionadas à matéria já regulamentada por lei federal (a Lei n. 8.078/90, o Código de Defesa do Consumidor); (**b**) a lei contrariaria o disposto no art. 43, § 2º, do Código de Defesa do Consumidor e na Súmula n. 404 do STJ; e, por fim, (**c**) a lei, ao conferir regramento diferenciado aos bancos de dados voltados à proteção ao crédito, violaria a isonomia (art. 5º, *caput*, da Constituição da República), a livre concorrência (art. 170, inciso IV, da Constituição da República) e a proporcionalidade.

A Ação Direta de Inconstitucionalidade n. 5.252 foi deduzida tendo em vista as seguintes teses: (**a**) inconstitucionalidade formal por invasão de competência legislativa da União para estabelecer normas gerais sobre relação de consumo, nos termos do art. 24, *caput*, inciso V, § 1º, § 2º e 3º da Constituição da República; e, ainda, (**b**) inconstitucionalidade material por violação à isonomia (art. 5º, *caput*, da Constituição da República) e à livre concorrência (art. 170, inciso IV, da Constituição da República) por submeter os órgãos paulistas de proteção ao crédito "a tratamento diferenciado e mais oneroso do que aqueles sediados em outros Estados".

Por fim, a Ação Direta de Inconstitucionalidade n. 5.273 foi deduzida tendo em vista suposta inconstitucionalidade formal por invasão de competência legislativa da União para estabelecer normas gerais sobre relação de consumo, nos termos do art. 24, inciso V, e parágrafos § 1º, § 2º e 3º da Constituição da República, bem como extrapolação dos limites da competência suplementar por contrariar o art. 43 do Código de Defesa do Consumidor, e inovação em matéria de inclusão de nome de consumidores em cadastros de inadimplentes.

Nesse cenário, passaremos a demonstrar que a Lei do Estado de São Paulo n. 15.659/2015 é formal e materialmente constitucional.

No que tange à constitucionalidade formal, conforme demonstraremos, a Lei do Estado de São Paulo n. 15.659/2015 representa uma suplementação à norma geral editada pela União no âmbito da competência legislativa concorrente. Em tendo a Constituição da República conferido aos Estados a competência para legislar, de forma suplementar, sobre as matérias dispostas no art. 24 da Constituição da República, a lei é legítima já que regulamenta aspectos específicos da inclusão e exclusão dos nomes dos consumidores nos cadastros de proteção ao crédito, versando, consequentemente, sobre relações de consumo e Direito econômico em matéria em que as disposições da Lei n. 8.078/1990, o Código de Defesa do Consumidor, não é exaustiva.

Quanto à constitucionalidade material, demonstraremos que a Lei do Estado de São Paulo n. 15.659/2015 é consentânea com (**a**) o devido processo legal e o Direito Constitucional ao acesso às informações relativas a si próprio; (**b**) a defesa do consumidor, o que ocorre, no caso concreto, pela valorização do princípio da confiança, pela *sui generis* inversão do ônus da prova e pelo que podemos chamar de afastamento da "*probatio diabolica*" ou "*devil's proof*"; (c) a regra da proporcionalidade na sua tríplice estrutura adequação, necessidade e proporcionalidade em sentido estrito; (d) a verdade material; (e) a justa alocação dos ônus, isso a considerar a vulnerabilidade do consumidor e a "*justiça social*"; e, por fim, (f) o fomento às relações econômicas e ao crédito.

6.2 Da constitucionalidade formal

6.2.1 A competência legislativa concorrente dos Estados para dispor sobre direito do consumidor e econômico, cabendo a eles suplementar as normas gerais da União

No processo de formação das leis, determinados pressupostos devem ser observados para que o *ato* normativo emanado pelo Poder Legislativo detenha *validade*.[87] Dentre estes pressupostos, importa destacar a competência, a qual se traduz no cotejo da correlação entre a atividade legislativa e as regras de repartição de competências.[88] Nesse passo, o *ato* normativo editado sem a observância do aludido pressuposto padece de *vício de forma*,[89] sendo, portanto, inconstitucional.

---

87 Segundo José Afonso da Silva os pressupostos do processo de formação das leis são: (i) existência do parlamento; (ii) proposição legislativa; (iii) competência legislativa do parlamento; (iv) capacidade do proponente. (SILVA, José Afonso da. *Processo constitucional de formação das leis*. São Paulo: Malheiros, 2006, p. 50).

88 SILVA, José Afonso da. *Processo constitucional de formação das leis*. São Paulo: Malheiros, 2006, p. 50.

89 Ao tratar das espécies de inconstitucionalidade, Luís Roberto Barroso assim a descreve sob o aspecto formal: "a primeira possibilidade a se considerar, quanto ao vício de forma, é a denominada inconstitucionalidade orgânica, que se traduz na inobservância da regra de competência para a edição do ato. Se, por exemplo, a Assembleia Legislativa de um Estado da Federação editar uma lei em matéria penal ou em matéria de Direito Civil, incorrerá em inconstitucionalidade por violação da competência da União na matéria.

Nesse contexto, passaremos a demonstrar a constitucionalidade formal da Lei do Estado de São Paulo n. 15.659/2015, a qual representa uma suplementação de norma geral editada pela União no âmbito da competência legislativa concorrente.

Para a adequada análise do tema, importa trazer à colação as principais características do sistema de repartição de competências instituído pela Constituição da República, bem como destacar o que se compreende por normas de caráter geral e suplementares.

A República Federativa do Brasil é formada pela união indissolúvel dos Estados e Municípios e do Distrito Federal, cuja autonomia das entidades federativas – ponto nuclear da noção de Estado federal – pressupõe repartições de competências para o exercício e o desenvolvimento da atividade normativa.[90]

Adotando critério híbrido extraído da experiência histórica e tendo como alicerce os valores e fundamentos do Estado Democrático de Direito (preâmbulo e art. 1º), bem como os objetivos da República Federativa do Brasil (art. 3º), a Constituição da República estabeleceu um complexo sistema de repartição de competências, consistente na técnica da enumeração dos poderes da União (arts. 21 e 22), com poderes remanescentes para os Estados (art. 25, § 1º) e poderes definidos indicativamente para os Municípios,[91] sem prejuízo da possibilidade de delegação em determinados casos.

De outra parte, haverá inconstitucionalidade formal propriamente dita se determinada espécie normativa for produzida sem a observância do processo legislativo próprio". (BARROSO, Luís Roberto. *O controle de constitucionalidade no direito brasileiro*: exposição sistemática da doutrina e análise crítica da jurisprudência. São Paulo: Saraiva, 2012, p. 37).

90 SILVA, José Afonso da. *Curso de Direito Constitucional Positivo*. São Paulo: Malheiros, 2014, p. 482.

91 José Afonso da Silva destaca a existência de três técnicas principais de repartição de competências: (a) *enumeração de poderes da União, reservando-se aos Estados os poderes remanescentes*; (b) *atribuição dos poderes enumerados aos Estados e dos remanescentes à União*; e (c) *enumeração das competências das entidades federativas*. Contudo, observa o autor que as dificuldades práticas

Nosso sistema de distribuição das competências adotou, portanto, o princípio da predominância de interesse, de modo que à União estão destinadas as matérias e questões de interesse predominantemente geral, aos Estados os assuntos e matérias de interesse regional, e aos Municípios os assuntos de interesse local.[92]

Especificamente com relação às competências concorrentes, a Constituição da República, no seu art. 24, § 1º, atribuiu à União a competência para editar normas gerais no tocante às matérias dispostas no referido dispositivo, notadamente em relação à produção e consumo (inciso V), responsabilidade por dano a consumidores (inciso VIII) e Direito econômico (inciso I).

Aos Estados, por sua vez, foram atribuídas (**a**) competências para legislar de forma complementar e supletiva em relação às matérias dispostas no art. 24 da Constituição da República; (**b**) competências residuais em relação às matérias não inseridas nas atribuições dos Municípios e da União; e, ainda, (**c**) competência delegada para disciplinar, mediante lei complementar, os aspectos particulares das matérias de competência privativa da União.

Considerando-se, pois, as regras de organização do Estado insertas na Constituição da República, verifica-se que a edição de normas sobre a produção e consumo, bem como sobre a responsabilidade por dano a consumidores, foi destinada à União, aos Estados e ao Distrito Federal no âmbito da competência concorrente, cabendo à União a edição de regras gerais, e aos Estados e ao Distrito Federal, suplementá-las.

---

na implantação dos sistemas de repartição podem ensejar a formulação de sistemas complexos, que integrem as técnicas mencionadas, em função das peculiaridades de cada Estado. (SILVA, José Afonso da. *Curso de Direito Constitucional Positivo*. São Paulo: Malheiros, 2014, pp. 482/483).

92 SILVA, José Afonso da. *Curso de Direito Constitucional Positivo*. São Paulo: Malheiros, 2014, p. 481.

Sobre o assunto José Afonso da Silva ensina que normas gerais são

> normas de leis, ordinárias ou complementares, produzidas pelo legislador nas hipóteses previstas na Constituição, que estabelecem princípios e diretrizes da ação da União, dos Estados, do Distrito Federal e dos Municípios.

Por sua vez, as normas suplementares são "as normas estaduais ou do Distrito Federal que, no âmbito de suas respectivas competências, suplementam com pormenores concretos as normas gerais".

Estabelecidas essas premissas, é preciso pontuar que a Lei do Estado de São Paulo n. 15.659/2015 disciplinou matéria reservada à competência concorrente entre União e Estado, complementando a lei nacional, de caráter geral (no caso, a Lei n. 8.078/1990, o Código de Defesa do Consumidor) para regulamentar aspectos específicos do sistema de inclusão e exclusão dos nomes dos consumidores nos cadastros de proteção ao crédito.

As normas da Lei n. 8.078/1990, o Código de Defesa do Consumidor, que regulam bancos de dados e cadastros de informações não são exaustivas. Elas reclamam, portanto, complementação em conformidade com as características e peculiaridades locais, de modo que as entidades federativas legitimadas pela competência concorrente possam suplementá-las.

Com efeito, o art. 1º da Lei do Estado de São Paulo n. 15.659/2015, ao prescrever que a comunicação prévia da inclusão do nome de consumidor em cadastro de proteção ao crédito ocorrerá mediante a comprovação de protocolo de "*aviso de recebimento*" – AR, não afrontou a disciplina geral posta na Lei n. 8.078/1990, o Código de Defesa do Consumidor, que dispôs sobre a comunicação prévia, por escrito, mas sem definir a forma pela qual a mesma poderia ser realizada.

A regra disposta na Lei do Estado de São Paulo n. 15.659/2015 constitui-se em garantia ao consumidor, uma vez que o mesmo será previamente informado sobre a inscrição, oportunizando-se prazo razoável para possível questionamento.

Ao se exigir, no art. 2º, *caput*, que a comunicação ao consumidor deve indicar o nome ou razão social do credor, natureza da dívida e meio, condições e prazo para pagamento, antes de efetivar a inscrição, a Lei em comento descreve os elementos que deverão estar contidos na correspondência, de modo a assegurar o direito básico à informação, indo ao encontro da disciplina geral disposta no art. 43, § 1º, da Lei n. 8.078/1990, o Código de Defesa do Consumidor.

Por sua vez, as regras dispostas nos arts. 3º e 4º da Lei do Estado de São Paulo n. 15.659/2015 tratam, respectivamente, (**a**) da exigência imposta aos credores referente aos documentos que atestem a natureza da dívida, sua exigibilidade e a inadimplência; e (**b**) da manutenção de canal de comunicação pelas empresas, indicado no aviso de inscrição, que possibilite defesa e apresentação de contraprova por parte do consumidor, a fim de se evitar a inscrição indevida. Também nesses pontos, a Lei estadual complementou as normas da Lei n. 8.078/1990, o Código de Defesa do Consumidor, referentes ao procedimento para inscrição e exclusão de dados de consumidores em cadastro de inadimplentes, não lhe suplantando ou divergindo.

Por oportuno, registre-se que o STF, ao tratar da competência concorrente para dispor sobre produção, consumo e responsabilidade por dano ao consumidor, já reconheceu a constitucionalidade de leis estaduais editadas complementarmente à Lei n. 8.078/1990, o Código de Defesa do Consumidor, explicitando o seu conteúdo principiológico e incrementando a proteção ao consumidor.[93]

---

93 Ação direta de Inconstitucionalidade. 2. Decretos de caráter regulamentar. Inadmissibilidade. 3. Não configurada a alegada usurpação de competência

Por fim, a Lei n. 8.078/1990, o Código de Defesa do Consumidor adotou um modelo aberto à complementação legislativa. Tanto assim o é que seu art. 7º expressamente dispõe que suas disposições não excluem outros direitos decorrentes de tratados ou convenções internacionais de que o Brasil seja signatário, da legislação interna ordinária, de regulamentos expedidos pelas autoridades administrativas competentes, bem como dos que derivem dos princípios gerais do direito, analogia, costumes e equidade.

Do acima exposto, conclui-se que a Lei do Estado de São Paulo n. 15.659/2015 observou os requisitos orgânicos formais referentes à competência legislativa do estado de São Paulo para suplementar as normas gerais de direito do consumidor e econômico, sendo, portanto, formalmente constitucional.

6.3 Da constitucionalidade material

6.3.1 O devido processo legal e o direito ao acesso às informações relativas a si próprio

O princípio do devido processo legal está insculpido no inciso LIV do art. 5º da Constituição da República, segundo o qual ninguém será privado da liberdade ou de seus bens sem o devido processo legal.

De início, cumpre observar que a Lei do Estado de São Paulo n. 15.659/2015 regulamenta o sistema de inclusão e exclusão dos nomes dos consumidores nos cadastros de proteção ao crédito tendo em vista que referida medida acarreta diversas consequências para

privativa da União por lei estadual. 4. Competência concorrente que permite ao Estado regular de forma específica aquilo que a União houver regulado de forma geral (art. 24, inciso V, da Constituição). 5. Não conhecimento da ação quanto aos Decretos 27.254, de 9.10.2000 e 29.043, de 27.8.2001, e improcedência quanto à Lei do Estado do Rio de Janeiro 3.438, de 7.7.2000. (STF. Plenário. ADI 2.334/DF. Rel. Min. Gilmar Mendes).

o consumidor, inclusive com a privação de direitos ligados à sua liberdade de atuação econômica.

Diante deste contexto, ganha relevo o exame da Lei referida sob a perspectiva do devido processo legal.

Hodiernamente, resta claro que o princípio constitucional em questão: (**a**) manifesta-se em diversas relações jurídicas, não se limitando somente à esfera jurisdicional; e, ainda, (**b**) manifesta-se sob duas dimensões: a substancial (isto é, material) e a formal.

Sobre o primeiro ponto, tem-se que o devido processo legal se caracteriza como o

> alicerce principiológico de todo e qualquer processo de tomada de decisão de conflitos, de ordinários a constitucionais, de administrativos a judiciais, de afetação diretamente particular à pública, nos lindes de um Estado constitucional.[94]

Logo, ainda que a norma em análise envolva relação contratual consumerista, por se tratar de procedimento restritivo de direitos, esta pode – e deve – ser examinada sob a perspectiva do devido processo legal.

Como já adiantado, o devido processo legal preconiza que qualquer sanção para ser aplicada deve ser precedida de um procedimento, o qual será mais ou menos complexo a depender da situação experimentada.

Nos termos da Lei do Estado de São Paulo n. 15.659/2015, é possível entender que a inclusão do nome dos consumidores em cadastros ou bancos de dados de consumidores, de serviços

94 HERANI, Renato Gugliano; THAMAY, Rennan Faria Krüger. "Do devido processo legal ao devido processo constitucional". *Revista Brasileira de Estudos Constitucionais – RBEC*, Belo Horizonte, ano 9, nº 33, set./dez. 2015, pp. 529-560.

de proteção ao crédito ou congêneres representa uma sanção *sui generis* ao inadimplemento.

A referida norma preconiza que para que seja possível a aplicação da sanção aludida é necessário que a dívida não tenha sido protestada, tampouco esteja sendo cobrada diretamente em juízo. Atendidos tais requisitos, faz-se necessário seguir o pormenorizado procedimento nela estabelecido, para então haver a inclusão do nome dos consumidores em cadastros ou bancos de dados de consumidores, de serviços de proteção ao crédito ou congêneres:

a) o devedor deve ser previamente comunicado da inclusão por escrito, mediante o protocolo de aviso de recebimento (AR) assinado, sendo sua entrega realizada no endereço por ele fornecido;

b) a comunicação deve indicar o nome ou razão social do credor, natureza da dívida e meio, condições e prazo para pagamento, antes de efetivar a inscrição;

c) deverá ser concedido o prazo mínimo de 15 (quinze) dias para quitação do débito ou apresentação de comprovante de pagamento, antes de ser efetivada a inscrição do nome do consumidor nos cadastros de proteção ao crédito;

d) para efetivar a inscrição, as empresas que mantêm os cadastros de consumidores residentes no Estado de São Paulo deverão exigir dos credores documento que ateste a natureza da dívida, sua exigibilidade e a inadimplência por parte do consumidor;

e) as empresas deverão manter canal direto de comunicação, indicado expressamente no aviso de inscrição, que possibilite a defesa e a apresentação de contraprova por parte do consumidor, evitando a inscrição indevida;

f) havendo comprovação por parte do consumidor sobre a existência de erro ou inexatidão sobre o fato informado, fica a empresa obrigada a retirar, independentemente de manifestação dos credores ou informantes, os dados cadastrais indevidos, no prazo máximo de 2 (dois) dias úteis.

Desta forma, na medida em que a Lei do Estado de São Paulo n. 15.659/2015 estabelece um procedimento para a inclusão do nome dos consumidores em cadastros ou bancos de dados de consumidores, de serviços de proteção ao crédito ou congêneres, referente a qualquer informação de inadimplemento, é claro que esta lei está em consonância com o princípio constitucional do devido processo legal.

Explanado o primeiro ponto, passa-se ao exame do segundo.

O devido processo legal em sua dimensão substancial é o meio pelo qual se controla, por exemplo, o arbítrio do Legislativo e a discricionariedade dos atos do Poder Público, ou seja, "é por seu intermédio que se procede ao exame da razoabilidade (*reasonableness*) e da racionalidade (*rationality*) das normas jurídicas e dos atos do Poder Público em geral".[95]

Indo além, Agustín Gordillo evidencia a extensão do devido processo legal, que não se circunscreve aos meandros do processo judicial ou administrativo clássicos:

> nos atreveríamos a decir que el principio cardinal del procedimento administrativo, como de cualquier outro procedimiento a través del cual se hay de enjercer poder sobre um individuo, es el de debido proceso, o procedimiento leal e justo.[96]

---

95 BARROSO, Luís Roberto. *Interpretação e aplicação da Constituição*: fundamentos de uma dogmática constitucional transformadora. 4ª ed. São Paulo: Saraiva, 2001, p. 214.

96 GORDILLO, Agustín. "La garantia de defensa como principio de eficacia em el procedimiento administrativo". *Revista de Direito Público*, nº 10, out.-dez. 1969, p. 18.

Como bem explica Olavo Augusto Vianna Alves Ferreira, o devido processo legal substancial encontra guarida na interpretação conjunta do art. 5º, inciso LIV e no art. 3º, inciso I, da Constituição da República:

> A conclusão é obtida por meio da interpretação da palavra "justa". É objetivo da República Federativa do Brasil que as normas e atos do Poder Público tenham conteúdo justo, razoável, proporcional. Tal norma reforça a existência do princípio do devido processo legal no seu sentido substantivo, e como decorrência a razoabilidade e proporcionalidade das leis.[97]

Nestes termos, sob o viés substancial, o princípio do devido processo legal demanda que todas as normas jurídicas e atos do Poder Público sejam com ele compatíveis, afigurando-se, assim, como limite à atuação do legislador, do administrador e do julgador.

Já o devido processo legal em sua dimensão formal é a possibilidade efetiva de qualquer pessoa ter acesso à justiça, deduzindo-se sua pretensão e defendendo-se do modo mais amplo possível. Como bem assentado pela jurisprudência do STF,[98] como expressiva garantia de ordem constitucional, no exame do devido processo legal formal é possível identificar alguns elementos essenciais à sua configuração, dentre os quais se destacam as prerrogativas do direito ao conhecimento prévio do teor da acusação, o direito ao contraditório e a plenitude de defesa.

97 FERREIRA, Olavo Augusto Vianna Alves. "O Devido Processo Legal Substantivo e o Supremo Tribunal Federal nos 15 anos da Constituição Federal". *Artigos, Pareceres, Memoriais e Petições*. Disponível em: http://www.planalto.gov.br/ccivil_03/revista/Rev_60/Artigos/Art_Olavo.htm#5. Acessado em: 14.04.2023.

98 STF. HC n. 94. 016/SP, 2ª Turma. Rel. Min. Celso de Mello. Julg: 16.09.2008. Dje, 27 fev. 2009.

Diante do exposto, considerando que o art. 1º da Lei do Estado de São Paulo n. 15.659/2015 estabelece que o devedor deve ser previamente comunicado da inscrição por escrito e mediante o protocolo de "*aviso de recebimento*" – AR, o princípio do devido legal em sua dimensão formal é atendido, vez que ao suposto devedor é assegurado o direito ao conhecimento prévio do teor de eventual sanção que lhe possa ser aplicada, qual seja a inclusão de seu nome em cadastros ou bancos de dados de consumidores, de serviços de proteção ao crédito ou congêneres.

Da mesma forma, considerando que os arts. 2º e 4º da Lei do Estado de São Paulo n. 15.659/2015 estabelecem que a comunicação deve indicar o nome ou razão social do credor, natureza da dívida e meio, condições e prazo para pagamento, antes de efetivar a inscrição e que, ademais, deverá ser concedido o prazo mínimo de 15 (quinze) dias para quitação do débito ou apresentação de comprovante de pagamento, antes de ser efetivada a aludida inscrição, conclui-se que a norma está plenamente alinhada à dimensão substancial do princípio do devido processo legal.

Além do mais, a comunicação prévia, mediante "*aviso de recebimento*" – AR, por um lado oportuniza ao consumidor o conhecimento das informações produzidas sobre ele, em estrita consonância com o Direito Constitucional de receber, dos órgãos públicos e a ele equiparados, informações de seu interesse particular, conforme consubstanciado no art. 5º, incisos XXXIII e LXXII, da Constituição da República. Frise-se, aqui, que o último dispositivo assegura, inclusive, uma garantia constitucional específica – o *habeas data* – para permitir o conhecimento de informações relativas à pessoa do impetrante, constantes de registros ou bancos de dados de entidades governamentais ou de caráter público.

6.3.2 A defesa do consumidor: princípio da confiança, inversão do ônus da prova e *Probatio Diabolica* ou *Devil's Proof*

A defesa do consumidor está consubstanciada no art. 5º, inciso XXXII, e art. 170, inciso V, ambos da Constituição da República. O primeiro dispositivo prevê que "*o Estado promoverá, na forma da lei, a defesa do consumidor*", ao passo que o segundo dispõe que a ordem econômica deve observar, dentre outros, os ditames da "*justiça social*" e o princípio da defesa do consumidor, dos quais emergem, dentre outros, o princípio da confiança e a obrigatoriedade da facilitação da defesa dos direitos do consumidor, inclusive com a inversão do ônus da prova e a vedação à "*probatio diabolica*" ou "*devil's proof*".

O princípio da confiança, nas relações de consumo, compreende o que podemos chamar de legítimas expectativas, especialmente do consumidor, em razão das ações dos fornecedores o do que razoavelmente se espera da relação jurídica entabulada.

Nesse cenário, Claudia Lima Marques pontua que, nas relações de consumo, protege-se a confiança que o consumidor depositou no vínculo contratual, bem como, dentre outras variáveis, a sua adequação ao fim que razoavelmente dela se espera.[99]

Assim considerando, o princípio em exame não só tutela a confiança depositada na *segurança* do produto ou do serviço, mas também o que razoavelmente se espera do vínculo contratual. Inclusive, por essa razão, o direito à informação não compreende apenas aquelas relacionadas às características do produto ou do serviço, mas também sobre quaisquer consequências da relação contratual. É o que ocorre, em especial, quando da inclusão do nome dos consumidores em cadastros ou bancos de dados.

---

99 MARQUES, Claudia Lima. *Contratos no código de defesa do consumidor*. São Paulo: Revista dos Tribunais, 2004, p. 979.

Nesse sentido, e conforme Niklas Luhmann, como mecanismo que define os limites e as interações na sociedade, o Direito é indispensável à estabilização de expectativas que se criam legitimamente.[100]

Tércio Sampaio Ferraz, na apresentação da obra *Legitimação pelo Procedimento* do referido autor, apresenta sua análise sobre a produção lumaniana, bem como sobre o papel do Direito como estrutura indispensável à estabilização de expectativas. Assim é que, resume o autor,

> contra esta contingência temporal que afeta as expectativas recíprocas, é o estabelecimento de normas que irá dar a elas a garantia requerida. Normas, segundo Luhmann, garantem as expectativas (mas não o comportamento correspondente) contra desilusões.[101]

Do mesmo modo, assinala Gerson Luiz Carlos Branco:

> O *valor* confiança é um dos pilares centrais de todo o direito. Somente existe a possibilidade de convivência social se o valor confiança está presente. Os mecanismos de proteção deste valor são muitos e, regra geral, existem leis e procedimentos para sua proteção. E, justamente em razão da crescente valorização da confiança e da consciência do fenômeno, o valor confiança passou a ser considerado como *um valor econômico* (...).[102]

---

100 Na expressão de Niklas Luhmann, "sostenere, in caso di pericoli o di delusioni, le aspettative che qualcuno nutre in relazione al comportamento di altri". (LUHMANN, Niklas. *La differenziazione del diritto*. Bologna: Il mulino, [s.d.], p. 81 – grifo do autor).

101 FERRAZ, Tércio Sampaio. "Apresentação". *In*: LUHMANN, Niklas. *Legitimação pelo procedimento*. Brasília: UNB, 1980, pp. 1-5.

102 BRANCO, Gerson Luiz Carlos. "A proteção das expectativas legítimas derivadas das situações de confiança: elementos formadores do princípio da confiança e seus efeitos". *Revista de Direito Privado*, nº 12/169, 2002.

Judith Martins-Costa, do mesmo modo, pontua que a confiança resguarda a expectativa legitimamente suscitada, limitando a ação daquele que a suscitou:

> A expressão "princípio da confiança (legítima)" indica o limite ao exercício de direitos e poderes formativos (dimensão negativa) quando violadores de uma confiança legitimamente suscitada e/ou a fonte produtora de deveres jurídicos (dimensão positiva), tendo em vista a satisfação das legítimas expectativas criadas, no *alter*, pela própria conduta.[103]

Nesse cenário, a Lei do Estado de São Paulo n. 15.659/2015, ao estabelecer a obrigatoriedade da comunicação de inclusão do nome dos consumidores em cadastros ou bancos de dados não só por escrito, mas também com comprovação mediante "*aviso de recebimento*" – AR, representou uma concretização da defesa do consumidor especialmente no seu viés princípio da confiança.

Referido princípio, ao incidir sobre o direito ao acesso às informações, não o limita às características do produto ou serviço, mas também sobre as consequências advindas da relação contratual consistente na pretensão de inscrição do nome do consumidor em bancos de dados.

Além disso, a defesa do consumidor demanda a aplicação da inversão do ônus da prova, que não se reduz à mera concretização no plano processual. Demanda-se, ainda, o afastamento da "*probatio diabolica*" ou "*devil's proof*".

Especificamente com relação ao segundo aspecto, à produção de prova impossível ou de difícil realização, não se pode imputar ao consumidor o ônus de demonstrar, por exemplo, um fato negativo.

---

103 MARTINS-COSTA, Judith. "Princípio da confiança legítima e princípio da boa-fé objetiva". *Revista dos Tribunais*, nº 852/87, 2006.

Com efeito, a hipótese em que o consumidor precisaria demonstrar a contratação de um produto ou serviço, o ensejamento de uma dívida e consequente inclusão do seu nome em cadastros ou bancos de dados é considerada como "*probatio diabolica*" ou "*devil's proof*":

> Consistindo em algo que, se não impossível, é de dificílima realização, não se pode lançar à consumidora (no caso, por equiparação) o ônus de demonstrar fato negativo ou também chamado de prova diabólica (*probation diabolica* ou *devil's proof*) – que tem sua gênese no direito canônico, cuja concepção é a de que só o diabo ostentaria o poder de provar fato negativo indeterminado –, no caso, a suposta contratação dum serviço que acabou ensejando uma dívida que, por sua vez, levou à inscrição negativadora.[104]

Do mesmo modo, é reconhecido como prova de impossível ou de difícil demonstração o fato negativo consistente na inexistência de intimação,[105] o que se aplica, integralmente, à hipótese de se exigir do consumidor a inexistência da comunicação prévia à sua inscrição em bancos de dados.

Consequentemente, o "*aviso de recebimento*" – AR é uma concretização do princípio constitucional da defesa do consumidor especialmente no seu viés princípio da confiança, inversão do ônus da prova e "*probatio diabolica*" ou "*devil's proof*".

---

104 TJ/SC. Recurso Inominado n. 0702081-64.2013.8.24.0038, Rel. Roberto Lepper, julgamento em 22.10.2014.

105 STJ. AgRg no AgRg no REsp n. 1187970/SC. Rel. Min. Nancy Andrighi, julgamento em 05.08.2010.

6.3.3 O "aviso de recebimento" – AR e a regra da proporcionalidade da sua tríplice estrutura adequação, necessidade e proporcionalidade em sentido estrito

A Lei do Estado de São Paulo n. 15.659/2015, ao estabelecer a obrigatoriedade da comunicação de inclusão do nome dos consumidores em cadastros ou bancos de dados não só por escrito, mas com "*aviso de recebimento*" – AR, representou uma adequada mensuração e sopesamento entre os valores constitucionais de defesa do consumidor, por um lado, e liberdade de iniciativa, do outro.

Com efeito, na sua tríplice estrutura – adequação, necessidade e proporcionalidade em sentido estrito – a proporcionalidade guia o itinerário lógico percorrido pelo legislador:[106]

> Há de perquirir-se, na aplicação do princípio da proporcionalidade, se em face do conflito entre dois bens constitucionais contrapostos, o ato impugnado afigura-se adequado (isto é, apto a produzir o resultado desejado), necessário (isto é, insubstituível por outro meio menos gravoso e igualmente eficaz) e proporcional e sentido estrito (ou seja, se estabelece uma relação ponderada entre o grau de restrição de um princípio e o grau de realização do princípio contraposto).[107]

Para Hely Lopes Meirelles, a proporcionalidade relaciona-se à

> proibição do excesso que, em última análise, objetiva aferir a compatibilidade entre os meios e os fins, de modo a evitar

106 BINENBOJM, Gustavo. *Uma Teoria do Direito Administrativo*. Rio de Janeiro: Renovar, 2006, p. 107.

107 Intervenção Federal n. 2.257-6/SP.

> restrições desnecessárias ou abusivas por parte da Administração Pública, com lesão aos direitos fundamentais.[108]

Do mesmo modo, discorrendo sobre o tema, Agustín Gordillo pontifica:

> La decisión (...) será ilegítima, a pesar de no transgredir ninguna norma concreta y expresa, si es "irrazonable", lo cual puede ocurrir fundamentalmente cuando: a) no de los fundamentos de hecho o de derecho que la sustentan, o b) no tenga en cuenta los hechos acreditados en el expediente, o públicos y notorios; o se funde em hechos o pruebas inexistentes; o c) no guarde una proporción adecuada entre los medios que emplea y el fin que la ley desea lograr, o sea, que se trate de uma medida desproporcionada, excesiva en relación con lo que se quiere lograr.[109]

Posteriormente, o autor assinala os marcos que entende balizadores da proporcionalidade, que se relaciona aos requisitos:

> a) el fin de la ley y el fin del acto; b) el fin de la ley y los medios que el acto elige para cumplirla; c) las circunstancias de hecho que dan causa al acto y las medidas o el fin que el acto tiene, ostentan así no sólo base constitucional, sino también legal.[110]

Também analisando a regra da proporcionalidade, Virgílio Afonso da Silva pontua que seu objetivo é fazer com que nenhuma

---

108 MEIRELLES, Hely Lopes. *Direito Administrativo brasileiro*. 29ª ed. São Paulo: Malheiros, 2004, p. 92.

109 GORDILLO, Agustín. *Tratado de Derecho Administrativo*. Tomo 1, 8ª ed. Buenos Aires: F.D.A., 2003, p. 21.

110 GORDILLO, Agustín. *Tratado de Derecho Administrativo*. Tomo 1, 8ª ed. Buenos Aires: F.D.A., 2003, p. 21.

restrição a direitos fundamentais tome dimensões desproporcionais. É, na expressão do autor, uma "*restrição às restrições*". Para alcançar esse objetivo, o ato estatal deve passar pelos exames da adequação, da necessidade e da proporcionalidade em sentido estrito. A análise é feita dentro de uma relação de subsidiariedade, razão pela qual o exame da adequação precede ao da necessidade, que, por sua vez, precede ao da proporcionalidade em sentido estrito.[111]

Uma medida estatal é adequada quando o seu emprego faz com que o objetivo legítimo pretendido seja alcançado ou, ao menos, fomentado. Para que uma medida seja considerada adequada, destarte, não é necessário que o seu emprego leve à realização do fim pretendido, bastando apenas que o princípio que legitime o objetivo seja fomentado.[112]

Assim considerando, inegavelmente que a obrigatoriedade da comunicação de inclusão do nome dos consumidores em cadastros ou bancos de dados de consumidores por meio de "*aviso de recebimento*" – AR é medida não só fomentadora, mas, mais que isso, apta a produzir o resultado desejado, qual seja promover a defesa do consumidor, assegurando-lhe o direito de tomar conhecimento sobre a pretensão de inclusão do seu nome em cadastros ou bancos de dados, bem como a ela, se o caso, contrariar ou quitar.

Um ato estatal que limita um direito fundamental é somente necessário caso a realização do objetivo perseguido não possa ser promovida, com a mesma intensidade, por meio de outro ato que limite, em menor medida, o direito fundamental atingido.[113] Assim considerando, o "*aviso de recebimento*" – AR é um mecanismo

---

111 SILVA, Virgílio Afonso da. "O proporcional e o razoável". *Revista dos Tribunais*, nº 798. São Paulo: Revista dos Tribunais, 2002, p. 25.

112 SILVA, Virgílio Afonso da. "O proporcional e o razoável". *Revista dos Tribunais*, nº 798. São Paulo: Revista dos Tribunais, 2002, p. 25.

113 SILVA, Virgílio Afonso da. "O proporcional e o razoável". *Revista dos Tribunais*, nº 798. São Paulo: Revista dos Tribunais, 2002, p. 25.

insubstituível por outro meio menos gravoso e igualmente eficaz, especialmente quando considerando, por um lado, a simples correspondência e, por outro, outros mecanismos mais onerosos, como a notificação judicial.

Por fim, a proporcionalidade em sentido estrito consiste no sopesamento entre a intensidade da restrição ao direito fundamental atingido e a importância da realização do direito fundamental que com ele colide e que fundamenta a adoção da medida restritiva.[114] Assim considerando, o "*aviso de recebimento*" – AR representa uma concretização da relação ponderada entre o grau de restrição do princípio da liberdade de iniciativa, por um lado, e o grau de realização do princípio contraposto, qual seja a defesa do consumidor.

Nesses termos, o "*aviso de recebimento*" – AR é uma concretização da regra da proporcionalidade na sua tríplice estrutura.

6.3.4 A verdade material

O princípio da verdade material é de observância mandatória em todas as espécies de processos ou procedimentos restritivos de direitos.

Neste sentido, o princípio da verdade material traduz-se na máxima segundo a qual em um processo de tomada de decisões deve sempre se buscar o máximo de aproximação com a certeza, ou seja, as decisões devem basear-se "nos fatos tais como se apresentam na realidade".[115] É a verdade material que conferirá o mínimo de segurança a qualquer procedimento.

---

114 SILVA, Virgílio Afonso da. "O proporcional e o razoável". *Revista dos Tribunais*, nº 798. São Paulo: Revista dos Tribunais, 2002, p. 25.

115 MEDAUAR, Odete. *A processualidade do Direito Administrativo*. São Paulo: Revista dos Tribunais, 2008, p. 131.

Na medida em que a Lei do Estado de São Paulo n. 15.659/2015 estabelece um procedimento para a inclusão do nome dos consumidores em cadastros ou bancos de dados de consumidores, de serviços de proteção ao crédito ou congêneres, referente a qualquer informação de inadimplemento, como já assinalado anteriormente, referido procedimento deve estar embasado na verdade material que o sustente.

No caso em exame, a verdade material está consagrada no art. 1º da lei, segundo o qual o devedor deve ser previamente comunicado da inclusão por escrito, mediante o protocolo de "*aviso de recebimento*" – AR.

O "*aviso de recebimento*" – AR comprova que a correspondência foi recebida por quem pode vir a sofrer a inclusão do nome em cadastros ou bancos de dados de consumidores, de serviços de proteção ao crédito ou congêneres, representando, assim, o fomento do princípio constitucional da verdade material.

6.3.5 A justa alocação dos ônus: a vulnerabilidade do consumidor e a *Justiça Social*

O Título VII da Constituição da República disciplina a Ordem Econômica e Financeira do Estado. O Capítulo I trata dos princípios gerais da atividade econômica, introduzindo no art. 170 os fundamentos da ordem econômica, consolidada na valorização do trabalho humano e na livre iniciativa.

O mesmo dispositivo é imperativo ao estabelecer que a finalidade da ordem econômica é assegurar a todos existência digna, conforme os ditames da justiça social, observados os princípios gerais da atividade econômica.[116]

116 São princípios gerais da ordem econômica, nos termos dos incisos do artigo 170 da Constituição da República: I – soberania nacional; II – propriedade privada; III – função social da propriedade; IV – livre concorrência; V – defesa

Como se vislumbra, tal dispositivo, de plano, fixa os limites a serem considerados no exercício da atividade econômica, condicionando a livre iniciativa, pilar do sistema econômico capitalista, à observância aos postulados mencionados.[117]

O princípio da livre iniciativa refere-se à

> projeção da liberdade individual no plano da produção, circulação e distribuição de riquezas, assegurando não apenas a livre escolha (...) das atividades econômicas, mas também autônoma eleição dos processos ou meios julgados mais adequados à consecução dos fins visados.[118]

A adoção dos meios mais adequados, ou mais economicamente eficientes, portanto, encontra obstáculos constitucionais que impedem que o ator econômico atue de forma a gerar desequilíbrios de mercado e danos aos consumidores.

No caso concreto, a obrigação de notificar, por meio de "*aviso de recebimento*" – AR, o consumidor acerca de supostos débitos está corretamente alocada no fornecedor, uma vez que o consumidor, a parte mais vulnerável da relação econômica, não deve arcar com os ônus do exercício do poder econômico. Trata-se, pois, de desdobramento da atividade econômica desenvolvida pelo fornecedor.

---

do consumidor; VI – defesa do meio ambiente, inclusive mediante tratamento diferenciado conforme o impacto ambiental dos produtos e serviços e de seus processos de elaboração e prestação; VII - redução das desigualdades regionais e sociais; VIII – busca do pleno emprego; IX – tratamento favorecido para as empresas de pequeno porte constituídas sob as leis brasileiras e que tenham sua sede e administração no país.

117 Nesse diapasão, assevera Eros Roberto Grau, "a livre iniciativa não é tomada, enquanto fundamento da República Federativa do Brasil, como expressão individualista, mas sim no quanto expressa de socialmente valioso" (GRAU, Eros Roberto. *A ordem econômica na Constituição de 1988*. São Paulo: Malheiros, 2010, p. 202).

118 REALE, Miguel. "Inconstitucionalidade de congelamentos". *Folha de São Paulo*, São Paulo, 19 set. 1988. Caderno A-3.

Neste ponto esclareça-se que o exercício de toda e qualquer atividade econômica comporta riscos e ônus que devem ser sopesados pelo ator econômico.

No caso sob análise, a obrigação de comunicação prévia da inclusão do nome dos consumidores em cadastros ou bancos de dados de consumidores, de serviços de proteção ao crédito ou congêneres, por escrito e comprovada mediante o protocolo de "*aviso de recebimento*" – AR, é fundamental para resguardar o consumidor de possíveis abusos na relação de consumo.

Corrobora tal raciocínio o fato de que, conforme antecipamos, a defesa do consumidor é princípio da ordem econômica consubstanciado no art. 170, inciso V, da Constituição da República, obrigando, assim, que o fornecedor limite sua atuação de modo a garantir que seus objetivos econômicos não causem dano aos consumidores e, em última análise, ao próprio mercado.

Saliente-se, aqui, que Pindyck e Daniel L. Rubinfeld apresentam quatro visões sobre a equidade na *teoria* econômica: (**a**) *igualitária*, na qual todos os membros da sociedade recebem a mesma quantidade de mercadorias; (**b**) *rawlsiana*, que maximiza a utilidade da pessoa de menor posse; (**c**) *utilitária*, que maximiza a utilidade total de todos os membros da sociedade; e, por fim, (**d**) *orientada para o mercado*, no qual o resultado alcançado pelo mercado é considerado o mais equitativo.[119]

Ocorre que nenhuma dessas visões se amolda, perfeitamente, ao modelo de ordem econômica consubstanciado na Constituição da República, no qual a defesa dos consumidores se sobrepõe a qualquer noção econômica de eficiência e de alocação de recursos.

Assim, não há dúvidas de que não pairam quaisquer ilegalidades ou inconstitucionalidades em face da obrigação de prévia

---

119 PINDYCK, Robert S.; RUBINFELD, Daniel L. *Microeconomia*. São Paulo: Pearson Prentice Hall, 2007, p. 511.

comunicação, por escrito, comprovada mediante o protocolo de aviso de recebimento assinado, acerca da inclusão do nome de consumidores em cadastros ou bancos de dados de consumidores, de serviços de proteção ao crédito ou congêneres, referente a qualquer informação de inadimplemento, medida esta que contempla uma justa alocação do ônus no fornecedor, não no consumidor, a considerar a sua vulnerabilidade e a justiça distributiva.

6.3.6 O fomento às relações econômicas e ao crédito

Como visto, a comunicação de suposta inadimplência por escrito e comprovada por meio de "*aviso de recebimento*" – AR está alocada no fornecedor, uma vez que este detém o poder econômico e arca com os encargos inerentes ao exercício da atividade econômica.

Além da determinação legal relativa à comprovação do recebimento da comunicação pelo suposto devedor ser direcionada à defesa do consumidor, o qual terá oportunidade de quitar o débito ou apresentar comprovante de pagamento no prazo de 15 (quinze) dias antes de ter seu nome inscrito nos respectivos cadastros de proteção ao crédito, a medida também visa, igualmente, garantir maior segurança às relações econômicas e, assim, estimular as relações de crédito.

Uma vez sendo devidamente cientificado sobre o suposto débito, o consumidor poderá demonstrar já ter quitado a dívida ou efetuar o pagamento antes de ser inscrito nos cadastros de proteção ao crédito, deixando, portanto, de ser devedor, ou, de outra forma, caso remanesça o débito, o fornecedor terá meios concretos para a cobrança, bem como o mercado terá informações fidedignas quanto à situação creditícia do consumidor, inclusive com relação ao seu domicílio.

Na primeira hipótese, antes que o consumidor seja incluído como devedor nos cadastros de proteção ao crédito e, por consequência, tenha sua atuação econômica restringida, poderá comprovar a inexistência de débito ou quitá-lo, continuando a atuar normalmente no mercado sem quaisquer restrições.

De outra forma, caso o débito não seja quitado, com o aviso de recebimento comprova-se o domicílio do devedor, facilitando, assim, a cobrança da dívida, bem como confere-se maior previsibilidade para novas operações econômicas.

Trata-se, sob esta perspectiva, de garantia também ao fornecedor, que poderá avaliar se no caso concreto irá ou não celebrar ajuste com o consumidor inadimplente, garantindo, assim, a proteção ao crédito numa perspectiva mais ampla.

Desta feita, uma vez que o "*aviso de recebimento*" – AR possui o condão de conferir certeza quanto à condição de devedor ou não do consumidor, trata-se de relevante mecanismo para tornar as relações econômicas mais confiáveis e garantir o funcionamento eficiente do mercado.

6.4 Conclusões

A Lei do Estado de São Paulo n. 15.659/2015 é formal e materialmente constitucional.

No que tange à constitucionalidade formal, demonstramos que a Lei do Estado de São Paulo n. 15.659/2015 suplementa a norma geral editada pela União no âmbito da competência legislativa concorrente. Em tendo a Constituição da República conferido aos Estados a competência para legislar, de forma suplementar, sobre as matérias dispostas no art. 24 da Constituição da República, a lei é legítima já que regulamenta aspectos específicos da inclusão e exclusão dos nomes dos consumidores nos cadastros de proteção ao crédito, versando, consequentemente, sobre relações de consumo e Direito econômico em matéria em que as disposições da Lei n. 8.078/1990, o Código de Defesa do Consumidor, não é exaustiva.

Quanto à constitucionalidade material, a Lei do Estado de São Paulo n. 15.659/2015 é consentânea com (**a**) o devido processo legal e o Direito Constitucional ao acesso às informações relativas a si próprio; (**b**) o direito do cidadão ao acesso às informações relativas a si próprio; (**c**) a defesa do consumidor, o que ocorre, no caso concreto, pela valorização do princípio da confiança, pela *sui generis* inversão do ônus da prova e pelo que podemos chamar de afastamento da "*probatio diabolica*" ou "*devil's proof*"; (**d**) a regra da proporcionalidade na sua tríplice estrutura adequação, necessidade e proporcionalidade em sentido estrito; (**e**) a verdade material; (**f**) a justa alocação dos ônus, isso a considerar a vulnerabilidade do consumidor e a "*justiça social*"; e, por fim, (**g**) o fomento às relações econômicas e ao crédito.

São Paulo, 29 de agosto de 2016.

CAPÍTULO VII

A INCONSTITUCIONALIDADE DO AFASTAMENTO DA REGRA GERAL DA PUBLICIDADE PARA AS SESSÕES DE JULGAMENTO DOS PROCESSOS ADMINISTRATIVOS DISCIPLINARES DO CONSELHO SUPERIOR DA DEFENSORIA PÚBLICA DO ESTADO DE SÃO PAULO

PARECER JURÍDICO

EMENTA: I. DA CONTROVÉRSIA JURÍDICA E O QUESITO APRESENTADO. II. A PUBLICIDADE COMO PRINCÍPIO BASILAR DA ATUAÇÃO ESTATAL. III. O DIREITO FUNDAMENTAL À COERÊNCIA NAS DECISÕES PÚBLICAS E A VEDAÇÃO AO RETROCESSO SOCIAL. IV. RESPOSTA AO QUESITO.

CONSULENTE: OUVIDORIA-GERAL DA DEFENSORIA PÚBLICA DO ESTADO DE SÃO PAULO

Honra-nos a **OUVIDORIA-GERAL DA DEFENSORIA PÚBLICA DO ESTADO DE SÃO PAULO**, com sede na Avenida Liberdade, nº 32, 2º andar, Bairro Liberdade, São Paulo-SP, com Consulta em tema afeto ao Direito Público tendo por objeto a existência de controvérsia jurídica no tocante à publicidade, transparência e forma de divulgação das sessões de julgamento de processos administrativos disciplinares realizadas pelo Conselho Superior Defensoria Pública do Estado de São Paulo.

7.1 Da controvérsia jurídica e o quesito apresentado

Para a adequada demonstração da controvérsia jurídica posta em Consulta, a Ouvidoria-Geral da Defensoria Pública do Estado de São Paulo disponibilizou dois conjuntos de documentos.

O primeiro refere-se à ação condenatória com pedido de tutela antecipada n. 1039531-92.2015.8.26.0053, proposta em 29 de setembro de 2015, em face da Defensoria Pública do Estado de São Paulo.

Referida ação, movida por Defensor Público que figura como investigado em processo administrativo disciplinar instaurado pela Corregedoria-Geral da Defensoria Pública, questiona a licitude da divulgação das sessões, as quais foram realizadas pelo Conselho Superior da Defensoria Pública do Estado de São Paulo nos dias 30 de julho de 2015 e 06 de agosto de 2015 e divulgadas na rede mundial de computares por meio da mídia social *Youtube*.

Nos termos da exordial, em síntese, o autor alega que: (i) a Deliberação n. 294/2014 do Conselho Superior da Defensoria Pública, que modificou a forma de publicização e divulgação das sessões ordinárias e extraordinárias realizadas pelo Conselho é inconstitucional e ilegal; (ii) a forma de divulgação das referidas sessões mediante a disponibilização de vídeos na mídia social *Youtube* afronta a legislação;[120] (iii) não foi observado o princípio

120 Segundo o autor, a forma de divulgação afronta ao disposto na Lei Federal n. 12.527/2011 – Lei de Acesso à Informação, bem como na Lei do Estado

da proporcionalidade, na medida em que a divulgação das sessões de julgamento visando a cumprir o princípio da publicidade expõe de forma indevida a intimidade e a vida privada, em detrimento do direito à privacidade.

E diante de tais fatos, solicita: (i) o reconhecimento da ilicitude da ampla divulgação das sessões de análise do processo administrativo disciplinar que o envolve, e que foram divulgadas na rede mundial de computares; (ii) liminarmente, a retirada dos vídeos da mídia social Youtube; (iii) a condenação da ré ao pagamento de danos morais.

Em 30 de setembro de 2015, o Juízo da Fazenda Pública concedeu a liminar determinando a retirada dos referidos vídeos da rede social, sendo a ordem cumprida pela Defensoria Pública.

Já o segundo conjunto de documentos refere-se ao Inquérito Civil n. 14.0695.0000639/2015-1 – 6ª PJ, contemplando, ainda, regulamentos e normas atinentes ao caso.

O Inquérito em questão foi instaurado em 26 de outubro de 2015 pela 6ª Procuradoria de Justiça do Patrimônio Público e Social da Capital, em razão de Representação apresentada por membro do Ministério Público.

Com o enfoque em situação similar a registrada na ação condenatória com pedido de tutela antecipada acima mencionada, a Representação em comento, em síntese, aponta que: (i) a Ouvidoria-Geral da Defensoria Pública do Estado de São Paulo mantém uma página na mídia social *Youtube*, por meio da qual divulga as filmagens das sessões do Conselho Superior; (ii) que são amplamente divulgadas as sessões extraordinárias do Conselho Superior, em que são julgados processos administrativos disciplinares; (iii) que a divulgação desses vídeos caracteriza violação ao princípio

de São Paulo n. 10.261/68, o Estatuto dos Funcionários Públicos Civis do Estado de São Paulo.

da legalidade, além de afrontar diretamente a dignidade dos defensores públicos e servidores que são partes desses processos; (iv) que os ofendidos pela divulgação das sessões de julgamento podem ajuizar ação pleiteando indenização por danos morais em razão da indevida publicidade, causando prejuízos ao erário.

Diante desses fatos, verifica-se que a controvérsia jurídica, objeto do presente Parecer, diz respeito à extensão da aplicação do princípio constitucional da publicidade como instrumento de transparência dos atos estatais, especialmente no que tange à divulgação das sessões que tratam de processos administrativos disciplinares no âmbito da Defensoria Pública do Estado de São Paulo.

De tal modo, é que nos foi formulado o seguinte quesito:

QUESITO: É legítimo, em face da Constituição da República, afastar a regra geral da publicidade – que até então vendo sendo aplicada – para as sessões de julgamento dos processos administrativos disciplinares do Conselho Superior da Defensoria Pública do Estado de São Paulo?

Assim, diante destes elementos que apresentamos nosso Parecer.

7.2 A publicidade como princípio basilar da conduta estatal

Toda ação estatal deve se dar em função e em nome do povo, já que é este o legitimador de sua atuação,[121] conforme preceitua o art. 1º, parágrafo único, da Constituição da República. Com efeito, pode-se dizer que a razão de ser do Estado é toda externa, pois tudo o que nele passa, tudo o que faz e possui tem uma direção exterior, uma vez que a sua finalidade não reside em um benefício íntimo, mas sim no interesse público.[122]

---

121 Conforme dispõe a Constituição da República em seu art. 1º, parágrafo único.

122 SUNDFELD, Carlos Ari. *Fundamentos de Direito Público*. São Paulo: Malheiros, 2008, p. 177.

Por tal motivo, não se pode conceber o ocultamento dos assuntos que interessam indistintamente a todos e, muito menos, daqueles que sejam individualmente afetados por determinada ação estatal.[123]

Diante disso, a publicidade consagra-se como um dever de o Estado manter a transparência plena em seus comportamentos,[124] revelando-se na obrigação de agir de modo a possibilitar ao público o pleno conhecimento de sua atuação,[125] motivo pelo qual, de maneira especial foi erigida pela Constituição da República como um dos princípios norteadores da atuação da Administração Pública, consoante dispõe o seu art. 37, *caput*.[126]

No âmbito da Administração Estadual, a Constituição do Estado de São Paulo, em sintonia com os ditames da Constituição da República, coloca a publicidade com o status de princípio norteador da atuação estatal[127] e, de forma expressa, como princípio fundamental dos procedimentos administrativos.[128]

---

123 BANDEIRA DE MELLO, Celso Antônio. *Curso de Direito Administrativo*. São Paulo: Malheiros, 2014, p. 110.

124 BANDEIRA DE MELLO, Celso Antônio. *Curso de Direito Administrativo*. São Paulo: Malheiros, 2014, p. 110.

125 SUNDFELD, Carlos Ari. *Fundamentos de Direito Público*. São Paulo: Malheiros, 2008, p. 177.

126 "Art. 37. A administração pública direta e indireta de qualquer dos Poderes da União, dos Estados, do Distrito Federal e dos Municípios obedecerá aos princípios de legalidade, impessoalidade, moralidade, publicidade e eficiência e, também, ao seguinte: (...)".

127 Artigo 111 – A administração pública direta, indireta ou fundacional, de qualquer dos Poderes do Estado, obedecerá aos princípios de legalidade, impessoalidade, moralidade, publicidade, razoabilidade, finalidade, motivação, interesse público e eficiência.

128 CE, artigo 4° – Nos procedimentos administrativos, qualquer que seja o objeto, observar-se-ão, entre outros requisitos de validade, a igualdade entre os administrados e o devido processo legal, especialmente quanto à exigência da publicidade, do contraditório, da ampla defesa e do despacho ou decisão motivados.

Considerando a importância da publicidade como princípio, referido primado se perfaz em outros dispositivos constitucionais que concebem o direito à informação sobre os assuntos públicos. Nos termos do art. 5º, XXXIII, qualquer pessoa pode solicitar informações públicas de interesse particular ou coletivo, ressalvadas aquelas cujo sigilo seja imprescindível à segurança da sociedade e do Estado.

Já o inciso XXXIV do mesmo artigo, traz o direito de solicitar certidão para defesa de direitos e esclarecimentos de situação de interesse pessoal. Por sua vez, nos termos do inciso LXXII do precitado artigo, é possível impetrar *habeas data* para assegurar o conhecimento de informações pessoais que constem de registros ou bancos de dados de entidades ou entes públicos, com a possibilidade de solicitar a retificação de dados.

Ademais, a Constituição da República também previu em seu art. 37, § 3º, inciso II, o direito ao acesso à informação, por meio do qual deve ser viabilizado o acesso dos usuários aos registros administrativos e às informações sobre atos de governo, respeitados o direito à intimidade e à vida privada (art. 5º, X), e as previsões legais sobre o sigilo (art. 5º, XXXIII).

Com efeito, os agentes públicos sofrem o influxo das disposições constitucionais na execução de suas atividades, devendo, por isso, não apenas respeitar os ditames do princípio da publicidade, mas atuar efetivamente no sentido da concretização de referido princípio.

Por outro lado, ainda que a publicidade dos atos da Administração Pública seja a regra, ela comporta exceções impostas pela Constituição da República, isso em razão da excepcionalidade da situação e dos riscos que a divulgação das informações pode acarretar. Nesse sentido, veda-se o acesso à informação nos casos em que seja indispensável à segurança da sociedade e do Estado[129] e,

---

129 "Artigo 5º. (...) X – todos têm direito a receber dos órgãos públicos informações de seu interesse particular, ou de interesse coletivo ou geral, que serão

ainda, restringe-se a publicidade de determinados atos processuais em defesa do interesse social ou da intimidade.[130]

Além da restrição à publicidade de determinados atos, a Constituição da República estabelece no art. 93, inciso X, a regra segundo a qual "as decisões administrativas dos tribunais serão motivadas e em sessão pública, sendo as disciplinares tomadas pelo voto da maioria absoluta de seus membros".

Ou seja, a Constituição da República, em situação análoga, que por força de disposição constitucional expressa é aplicável à Defensoria Pública,[131] não contém regra segundo a qual as decisões administrativas proferidas pelos Tribunais em processos disciplinares são passíveis de exceção ao princípio da publicidade.

Na esteira deste raciocínio, à luz das diretrizes constitucionais que regem a matéria, é que devem ser interpretados os arts. 191[132] e 192[133] da Lei Orgânica da Defensoria Pública do Estado de São Paulo, em respeito aos ditames da Constituição do Estado de São Paulo.[134]

---

prestadas no prazo da lei, sob pena de responsabilidade, ressalvadas aquelas cujo sigilo seja imprescindível à segurança da sociedade e do Estado".

130 "Artigo 5º. (...) LX – a lei só poderá restringir a publicidade dos atos processuais quando a defesa da intimidade ou o interesse social o exigirem".

131 Art. 134. A Defensoria Pública é instituição permanente, essencial à função jurisdicional do Estado, incumbindo-lhe, como expressão e instrumento do regime democrático, fundamentalmente, a orientação jurídica, a promoção dos direitos humanos e a defesa, em todos os graus, judicial e extrajudicial, dos direitos individuais e coletivos, de forma integral e gratuita, aos necessitados, na forma do inciso LXXIV do art. 5º desta Constituição Federal. (...) § 4º São princípios institucionais da Defensoria Pública a unidade, a indivisibilidade e a independência funcional, aplicando-se também, no que couber, o disposto no art. 93 e no inciso II do art. 96 desta Constituição Federal.

132 Artigo 191 – Os autos de sindicância e de processo administrativo serão sigilosos e, ao final, arquivados na Corregedoria-Geral.

133 Artigo 192 – Aos autos de sindicância e de processo administrativo somente terão acesso o sindicado ou indiciado e seu advogado.

134 CE, artigo 103 – À Defensoria Pública, instituição essencial à função jurisdicional do Estado, compete a orientação jurídica e a defesa dos necessitados,

Diante deste contexto, no caso em exame é possível vislumbrar que a forma de divulgação das sessões ordinárias e extraordinárias realizadas pelo Conselho Superior da Defensoria Pública do Estado de São Paulo está em arrimo com o princípio da publicidade, visto que a disponibilização das sessões na mídia social *Youtube* atinge um número maior de pessoas interessadas na atuação do aludido órgão público.

Há de se ressaltar que uma das facetas do princípio da publicidade é servir como meio de controle da atuação administrativa,[135] por esse motivo é legítima a divulgação de qualquer ato administrativo por meio da publicação em órgãos da imprensa ou com a sua afixação em locais específicos da repartição pública, ou por mecanismos de tecnologia da informação, a exemplo da *internet*, como no caso ora discutido.

Considerando-se, pois, que a atividade exercida pela Consulente é pública, os atos por ela emanados e os processos por ela desenvolvidos devem ser franqueados a todos os interessados, especialmente as sessões de julgamento dos processos administrativos disciplinares, ressalvadas, por consequência lógica, as hipóteses de sigilo previstas nas Constituição da República.[136]

---

em todos os graus. § 1º – Lei Orgânica disporá sobre a estrutura, funcionamento e competência da Defensoria Pública, observado o disposto na Constituição Federal e nas normas gerais prescritas por lei complementar federal (sem destaques no original).

135 "Os atos da Administração devem merecer a mais ampla divulgação possível entre os administrados, e isso porque constitui fundamento de o princípio propiciar-lhes a possibilidade de controlar a legitimidade da conduta dos agentes administrativos. Só com a transparência dessa conduta é que os indivíduos poderão aquilatar a legalidade ou não dos atos e o grau de eficiência que os revestem". (CARVALHO FILHO, José dos Santos. *Manual de Direito Administrativo*. Rio de Janeiro: Atlas, 2014, p. 30).

136 "Salvo, portanto, as ressalvas legalmente estabelecidas e as decorrentes de razão de ordem lógica, o processo administrativo deve ser público, acessível ao público em geral, e não apenas aos interessados e as partes diretamente envolvidas. Por isso, bem andou o STJ ao proclamar: 'Na ausência de

Apenas nessas situações, consideradas as peculiaridades do caso concreto, é que se poderia afastar a regra geral da publicidade para as sessões de julgamento dos processos administrativos disciplinares do Conselho Superior da Defensoria Pública do Estado de São Paulo. Converter a publicidade em exceção é absolutamente afrontoso aos princípios basilares que norteiam a atuação estatal.

7.3 O Direito Fundamental à coerência nas decisões públicas e a vedação ao retrocesso social

Conforme Niklas Luhmann, como mecanismo que define os limites e as interações na sociedade, o Direito é indispensável à estabilização de expectativas que se criam legitimamente.[137]

Tércio Sampaio Ferraz, na apresentação da obra Legitimação pelo Procedimento de Niklas Luhmann, apresenta sua análise sobre a produção lumaniana, bem como sobre o papel do Direito como estrutura indispensável à estabilização de expectativas. Assim é que, resume o autor,

> contra esta contingência temporal que afeta as expectativas recíprocas, é o estabelecimento de normas que irá dar a elas a garantia requerida. Normas, segundo Luhmann,

---

codificação legal para publicizar a forma de divulgação das pautas de julgamento dos recursos administrativos – se por órgão da Imprensa Oficial ou por afixação de pautas na repartição pública –, tem-se por imprescindível a publicação dessas pautas, no órgão da Imprensa Oficial, para que seja cumprido o postulado constitucional da publicação dos atos administrativos'. (STJ, MS 6.169-RR, rel. Min. Nancy Andrighi, DJU 1.8.2000, p. 184)". (FERRAZ, Sérgio; DALLARI, Adilson Abreu. *Processo administrativo*. São Paulo: Malheiros, 2012, p. 130).

137 Na expressão de Niklas Luhmann, "**sostenere**, in caso di pericoli o di delusioni, **le aspettative che qualcuno nutre in relazione al comportamento di altri**". (LUHMANN, Niklas. *La differenziazione del diritto*. Bologna: Il mulino, [s.d.], p. 81 – grifo do autor).

> que garantem as expectativas (mas não o comportamento correspondente) contra desilusões.[138]

A tutela da segurança jurídica, do ato jurídico perfeito, da confiança e expectativa legítimas e da boa-fé nas relações jurídico-administrativas insere-se nesse contexto. No caso concreto, a regra da publicidade concretiza referidos princípios na medida em que o acesso a informações de caráter público é direito de todo cidadão, precípuo legitimado a exigir do Poder Público a adoção de medidas que contemplem o interesse coletivo.

Nesse contexto, a Defensoria Pública do Estado de São Paulo, órgão público adstrito aos princípios regentes da atividade pública, ao viabilizar o acesso a sessões de julgamento referentes a processos administrativos disciplinares de agentes que compõem a instituição, consolida a confiança legitimamente depositada pelos cidadãos, tanto através da condução adequada de seus processos internos quanto pelo efetivo deslinde de questões que perpassam o âmbito do órgão, atingindo toda a coletividade.

Da mesma forma, o ordenamento jurídico não admite comportamentos erráticos dos órgãos públicos. O cidadão possui direito à coerência institucional, igualmente estribada na confiança e a expectativa legítimas, as quais apresentam o papel de garantir segurança jurídica e de preservar valores que sustentam a base das relações. Assinala Gerson Luiz Carlos Branco:

> O valor confiança é um dos pilares centrais de todo o direito. Somente existe a possibilidade de convivência social se o valor confiança está presente. Os mecanismos de proteção deste valor são muitos e, regra geral, existem leis e procedimentos para sua proteção. E, justamente em razão da crescente valorização da confiança e da consciência do

---

138 FERRAZ, Tércio Sampaio. "Apresentação". *In*: LUHMANN, Niklas. *Legitimação pelo procedimento*. Brasília: UNB, 1980, pp. 1-5.

> fenômeno, o valor confiança passou a ser considerado como um *valor econômico* (...).[139]

Judith Martins-Costa, do mesmo modo, pontua que a confiança resguarda a expectativa legitimamente suscitada, limitando a ação daquele que a suscitou:

> A expressão "princípio da confiança (legítima)" indica o limite ao exercício de direitos e poderes formativos (dimensão negativa) quando violadores de uma confiança legitimamente suscitada e/ou a fonte produtora de deveres jurídicos (dimensão positiva), tendo em vista a satisfação das legítimas expectativas criadas, no *alter*, pela própria conduta.[140]

A boa-fé relaciona-se a um modelo de conduta social segundo o qual cada pessoa deve ajustar a própria conduta agindo como atuaria um homem reto, com honestidade, lealdade e probidade.[141]

Judith Martins-Costa ressalta que a boa-fé deve pautar as relações intersubjetivas regradas pelo Direito:

> A expressão boa-fé objetiva designando princípio atuante no domínio do direito das obrigações, exprime o standard de lisura, correção, probidade, lealdade, honestidade – enfim, o civiliter agere que deve pautar as relações intersubjetivas regradas pelo Direito. Daí a razão pela qual a boa-fé objetiva atue, concomitantemente, como (i) fonte de deveres de

139 BRANCO, Gerson Luiz Carlos. "A proteção das expectativas legítimas derivadas das situações de confiança: elementos formadores do princípio da confiança e seus efeitos". *Revista de Direito Privado*, nº 12/169, 2002.

140 MARTINS-COSTA, Judith. "Princípio da confiança legítima e princípio da boa-fé objetiva". *Revista dos Tribunais*, nº 852/87, 2006.

141 BRANCO, Gerson Luiz Carlos. "A proteção das expectativas legítimas derivadas das situações de confiança: elementos formadores do princípio da confiança e seus efeitos". *Revista de Direito Privado*, nº 12/169, 2002.

> conduta (deveres de prestação e deveres de proteção); (ii) baliza para a averiguação da licitude no modo de exercício de direitos, vedando, por exemplo, o comportamento contraditório ou desleal; e (iii) cânone para a interpretação dos negócios jurídicos, tríplice função hoje perfeitamente discernida nos arts. 113; 187; e 422 do CC brasileiro. Nas relações obrigacionais (notadamente as relações contratuais), o que se exige é uma atitude positiva de cooperação, e, assim sendo, o princípio é a fonte normativa impositiva de comportamentos cooperativos que se devem pautar por um específico standard ou arquétipo, qual seja, a conduta segundo a boa-fé.[142]

O princípio da boa-fé objetiva, que preconiza, além do dever de atuação correta, digna e confiável, a vedação ao *venire contra factum proprium*, que proíbe agir contra seus próprios atos quando estes não estão eivados de ilicitude.[143] Sobre esse princípio, esclarece abalizada doutrina:

> A locução venire contra factum proprium traduz o exercício de um direito em contradição com o comportamento assumido anteriormente pelo titular. (...) Infringe a boa-fé quem pretende fazer valer um direito em contradição com sua conduta anterior, na qual a outra parte confia.[144]

A vedação ao *venire* contra *factum proprium* encontra respaldo também na jurisprudência:

---

142 MARTINS-COSTA, Judith. "Princípio da confiança legítima e princípio da boa-fé objetiva". *Revista dos Tribunais*, nº 852/87, 2006.

143 SCHEREIDER, Anderson. *A proibição de comportamento contraditório*: tutela da confiança e *venire* contra *factum proprium*. 2ª ed. Rio de Janeiro: Renovar, 2007.

144 MUNIZ, Francisco Ferreira. *Textos de Direito Civil*. 1ª ed. Curitiba: Juruá, 1998, p. 41.

> Não há perda de objeto em mandado de segurança quando a Administração Pública, por meio de autoridade incompetente, edita ato administrativo e, depois, a autoridade competente o ratifica. A alegação de perda de objeto, neste caso, é "*venire* contra *factum proprium*", conduta vedada ao agente público em face do princípio da boa-fé objetiva na seara pública, na forma do inciso IV do parágrafo único do artigo 2º da Lei n. 9.784/99. (...) Recurso ordinário em mandado de segurança improvido. (STJ: RMS 29.493/MS, rel. HUMBERTO MARTINS, DJe 01.07.2009) (Grifo não consta do original)

O princípio em tela visa a coibir condutas contraditórias e a evitar a instabilidade das relações, protegendo a parte imbuída de boa-fé, confiança e expectativa legítimas.

O princípio da proibição do comportamento contraditório incide nas relações jurídico-administrativas instrumentalizado pela teoria das autolimitações administrativas, a qual veda que a Administração Pública, ante os mesmos elementos de fato, adote entendimentos contraditórios ou em desacordo com os precedentes anteriormente firmados por ela. A vedação baseia-se na sujeição do Estado aos direitos e garantias fundamentais. Salienta Lucio Picanço Facci:

> A aplicação do princípio de vedação ao comportamento contraditório nas relações jurídico-administrativas é decorrência lógica do cumprimento do dever estatal de respeito aos direitos e garantias fundamentais, da aplicação dos valores constitucionais da solidariedade social, segurança jurídica e dignidade humana, assim como da observância dos princípios constitucionais dirigidos à Administração Pública, em especial a moralidade e a impessoalidade administrativa, essa última como projeção do princípio da isonomia.[145]

145 FACCI, Lucio Picanço. "A proibição de comportamento contraditório no âmbito da Administração Pública: a tutela da confiança nas relações jurídico-administrativas". *Revista Forense*, vol. 411, ano 106, set.-out. 2010, p. 186.

Veda-se à Administração Pública adotar um comportamento contraditório em relação a uma conduta inicial, já que esta despertou a confiança legítima de outrem na preservação do sentido objetivamente extraído do *factum proprium*. A prática do comportamento contraditório levaria a dano efetivo ou potencial para aquele dotado de confiança legítima. O ato incoerente é inválido por vulnerar os princípios que a teoria das autolimitações administrativas visa preservar.[146]

Dentro da teoria das autolimitações administrativas existe a subteoria dos atos próprios, que se aplica plenamente ao presente caso concreto. A subteoria dos atos próprios aplica-se quando, em uma mesma relação jurídica, a Administração Pública age de modo contrário ao comportamento anterior e, assim, atenta contra a confiança legítima do beneficiário do ato administrativo.[147]

Com relação à aludida possível mudança de entendimento pela Administração Pública, isto é, passar a restringir conteúdo que, nos termos da Constituição da República possui caráter público, ainda que fosse possível, não obstante os vários óbices jurídicos apresentados, o que se admite apenas a título de argumentação, configuraria patente afronta ao princípio da vedação ao retrocesso social.

Não é legítimo afastar a regra geral da publicidade, a qual vem sendo aplicada para as sessões de julgamento dos processos administrativos disciplinares do Conselho Superior da Defensoria Pública do Estado de São Paulo já que, uma vez instrumentalizada, converteu-se em garantia institucional e direito subjetivo dos cidadãos, conforme determina o princípio da proibição do retrocesso social.

---

146 FACCI, Lucio Picanço. "A proibição de comportamento contraditório no âmbito da Administração Pública: a tutela da confiança nas relações jurídico-administrativas". *Revista Forense*, vol. 411, ano 106, set.-out. 2010, p. 186.

147 FACCI, Lucio Picanço. "A proibição de comportamento contraditório no âmbito da Administração Pública: a tutela da confiança nas relações jurídico-administrativas". *Revista Forense*, vol. 411, ano 106, set.-out. 2010, p. 186.

José Joaquim Gomes Canotilho assinala que os direitos fundamentais, uma vez realizados em determinado grau, constituem, simultaneamente uma garantia institucional e um direito subjetivo. Para o autor, a irreversibilidade dos direitos adquiridos baseia-se no princípio da proteção da confiança e da segurança dos cidadãos e da dignidade da pessoa humana:

> O princípio da democracia económica e social aponta para a proibição de retrocesso social. A ideia aqui expressa também tem sido designada como proibição de "contrarrevolução social" ou da "evolução reacionária". Com isto quer dizer-se que os direitos sociais e econômicos (ex.: direito dos trabalhadores, direito à assistência, direito à educação), uma vez obtido um determinado grau de realização, passam a constituir, simultaneamente, uma garantia institucional e um direito subjectivo. A "proibição de retrocesso social" nada pode fazer contra as recessões e crises econômicas (reversibilidade fáctica), mas o princípio em análise limita a reversibilidade dos direitos adquiridos (ex.: segurança social, subsídio de desemprego, prestações de saúde), em clara violação do princípio da protecção da confiança e da segurança dos cidadãos no âmbito econômico, social e cultural, e do núcleo essencial da existência mínima inerente ao respeito pela dignidade da pessoa humana. O reconhecimento desta proteção de direitos prestacionais de propriedade, subjetivamente adquiridos, constitui um limite jurídico do legislador e, ao mesmo tempo, uma obrigação de prossecução de uma política congruente com os direitos concretos e as expectativas subjectivamente alicerçadas. A violação no núcleo essencial efectivado justificará a sanção de inconstitucionalidade relativamente aniquiladoras da chamada justiça social. (...) O princípio da proibição de retrocesso social pode formular-se assim: o núcleo essencial dos direitos já realizado e efectivado através de medidas legislativas ("lei da segurança social", "lei do subsídio de desemprego", "lei do serviço de saúde") deve considerar-se constitucionalmente garantido, sendo inconstitucionais

> quaisquer medidas estaduais que, sem a criação de outros esquemas alternativos ou compensatórios, se traduzam, na prática, numa "anulação", "revogação" ou "aniquilação" pura a simples desse núcleo essencial.[148]

Luís Roberto Barroso, abordando a instituição, por meio de lei, de direitos, assinala que eles se incorporam ao patrimônio jurídico da cidadania e, por essa razão, não podem ser arbitrariamente suprimidos:

> (...) entende-se que se uma lei, ao regulamentar um mandamento constitucional, instituir determinado direito, ele se incorpora ao patrimônio jurídico da cidadania e não pode ser arbitrariamente suprimido. Nessa ordem de ideias, uma lei posterior não pode extinguir um direito ou uma garantia, especialmente os de cunho social, sob pena de promover um retrocesso, abolindo um direito fundado na Constituição. O que se veda é o ataque à efetividade da norma, que foi alcançada a partir da sua regulamentação. Assim, por exemplo, se o legislador infraconstitucional deu concretude a uma norma programática ou tornou viável o exercício de um direito que dependia de sua intermediação, não poderá simplesmente revogar o ato legislativo, fazendo a situação voltar ao estado de omissão legislativa anterior.[149]

Constata-se, portanto, que a regra geral da publicidade, aplicada no presente caso, possui embasamento constitucional, sendo vedada quaisquer restrições ou imposições de condicionamentos que dificultem o acesso dos cidadãos às sessões de julgamento referentes a processos administrativos disciplinares, nas quais

148 CANOTILHO, José Joaquim Gomes. *Direito Constitucional e Teoria da Constituição*. Coimbra: Almedina, 2002, pp. 338-340.

149 BARROSO, Luís Roberto. *O Direito Constitucional e a efetividade de suas normas*: limites e possibilidades da Constituição brasileira. Rio de Janeiro: Renovar, 2009, pp. 158/159.

agentes que integram o quadro funcional da Defensoria Pública do Estado de São Paulo figuram, sob pena de violação aos princípios da moralidade administrativa, da confiança e expectativa legítimas e da vedação ao retrocesso social, o que atenta contra o Estado Democrático de Direito e à coletividade, sobre a qual recai a atuação do Poder Público.

7.4 Resposta ao quesito

I – É legítimo afastar a regra geral da publicidade – regra esta que até então vem sendo aplicada – para as sessões de julgamento dos processos administrativos disciplinares do Conselho Superior da Defensoria Pública do Estado de São Paulo?

Não. Trata-se de dever imposto pela Constituição da República aos órgãos que integram o Estado, dentre eles a Defensoria Pública do Estado de São Paulo, na medida em que, como regra, exige-se das instituições públicas transparência, materializada pela divulgação de seus atos, incluindo decisões de qualquer natureza.

No caso ora analisado, nenhuma exceção constitucional autoriza impor o sigilo como regra para as sessões de julgamento dos processos administrativos disciplinares do Conselho Superior da Defensoria Pública do Estado de São Paulo, motivo pelo qual deve este prevalecer sob pena de violação dos princípios da moralidade administrativa, segurança jurídica, da confiança e expectativa legítimas e da vedação ao retrocesso social, em patente contrariedade ao ordenamento jurídico brasileiro.

Este é o nosso parecer.

São Paulo, 11 de janeiro de 2016.

CAPÍTULO VIII

O REGIME CONSTITUCIONAL DO CRIME DE RESPONSABILIDADE: OS ELEMENTOS CARACTERIZADORES DO *IMPEACHMENT*

PARECER JURÍDICO

EMENTA:

I. PROLEGÔMENOS E FORMULAÇÃO DOS QUESITOS. II. A ELABORAÇÃO TEÓRICA DAS FUNÇÕES DO ESTADO. III. A FUNÇÃO POLÍTICA DO ESTADO. IV. A RELAÇÃO ENTRE O DIREITO E A POLÍTICA. V. O *CRIME* DE RESPONSABILIDADE: NATUREZA JURÍDICA. VI. O *CRIME* DE RESPONSABILIDADE: EXTENSÃO DO DIREITO DE DEFESA DO PRESIDENTE DA REPÚBLICA. VII. O CRIME DE RESPONSABILIDADE: ELEMENTOS CARACTERIZADORES. VII.A. A PRÁTICA DE CONDUTA TÍPICA DURANTE O EXERCÍCIO DO MANDATO E NO EXERCÍCIO DAS FUNÇÕES. VII.B. A CULPABILIDADE ESTRITA: CONDUTA DOLOSA GRAVE. VIII. O PAPEL DA CÂMARA DOS DEPUTADOS E O DESCABIMENTO

DE RECURSO AO PLENÁRIO NO CASO DE EXAME DE ADMISSIBILIDADE NEGATIVO POR SEU PRESIDENTE. IX. RESPOSTAS AOS QUESITOS.

CONSULENTE: PARTIDO DOS TRABALHADORES – PT

8.1 PROLEGÔMENOS E FORMULAÇÃO DOS QUESITOS

Honra-nos o **Partido dos Trabalhadores – PT**, com sede à SCS, quadra 2, bloco C, nº 256, 1º andar, Ed. Toufic, Asa Sul, Brasília-DF, com Consulta no tema dos requisitos jurídicos para a cominação da infração político-administrativa de *impeachment* ao Presidente da República e, ainda, quanto ao cabimento de recurso ao Plenário da Câmara dos Deputados no caso de despacho do Presidente da Casa que não recebe a denúncia de infração político-administrativa. Assim, nos foram formulados os seguintes quesitos:

PRIMEIRO QUESITO: No plano do Direito Material, quais são os requisitos jurídicos para a cominação de infração político-administrativa de *impeachment* ao Presidente da República?

SEGUNDO QUESITO: Na hipótese de despacho do Presidente da Câmara dos Deputados não recebendo, dentro do exercício do exame prévio de admissibilidade, a denúncia de infração político-administrativa, é cabível recurso ao plenário da casa?

Para que possamos responder aos quesitos apresentados, sustentaremos que a aplicação do chamado *impeachment* ao Presidente da República face à prática de conduta típica – ilícita – no exercício de suas funções é um recurso excepcional e que demanda o acolhimento de uma compreensão da Constituição da República à luz dos princípios republicano e democrático, devendo-se evitar a compreensão literal e isolada dos seus artigos 85 e 86 e da Lei n. 1.079/50.

Como se sabe, a investidura de um mandado representativo submete os agentes públicos ao exercício do *múnus*, ou seja, a um conjunto de deveres e responsabilidades, em benefício da coletividade.

Trata-se de uma decorrência do princípio republicano, o qual é o alicerce do Estado brasileiro. Em outras palavras, ao longo do exercício do mandato popular, os representantes podem ser responsabilizados por atos praticados no decorrer deste mesmo mandato.

Em regimes presidencialistas, o chefe de governo e de Estado – reunidos em uma só pessoa – pode sofrer, assim, o impedimento de seu mandato pelo Legislativo, mas apenas com a comprovação de condutas caracterizadoras de ilícitos e mediante métodos processuais que garantam ampla defesa e contraditório.

Conforme estipulado no artigo 85 da Constituição da República, o Presidente da República poderá sujeitar-se à excepcional medida de perda do mandato por infração político-administrativa desde que preenchidos determinados requisitos. Eles compreendem, essencialmente, a prática de conduta típica no exercício de mandato atual e uma intencional violação de dever.

Portanto, sustentaremos que, especificamente com relação à questão da prática de conduta típica, para que o mandatário sofra impedimento, a conduta em questão necessariamente deve estar vinculada ao mandato vigente, e não ao anterior. Trata-se de decorrência inafastável do caráter republicano das representações populares, marcadas, essencialmente, pela periodicidade dos mandatos.

Por essa razão é que a possibilidade, em tese, de reeleição não significa que ambos os mandatos – cada um de quatro anos – serão considerados um mesmo período para fins da responsabilização político-administrativa consistente no *impeachment*.

Para os chamados agentes políticos não se aplica a regra da continuidade administrativa, incidente apenas para os agentes públicos que possuem vínculo profissional com o Estado. Para eles, a habilitação técnica os qualifica a entreter relação que se prolonga no tempo, sem qualquer descontinuidade.

Portanto, a reeleição do Presidente da República não viabiliza a responsabilização político-administrativa por ato pretérito, isto é, praticado no primeiro mandato.

Nesses termos, apresentaremos na presente Consulta, sob a perspectiva do Direito material, os requisitos jurídicos para a cominação de infração político-administrativa ao Presidente da República, os quais, no nosso entender, seguem uma tipologia constitucional estrita.

A Constituição da República, conforme demonstraremos, conferiu ao Presidente da República todas as garantias do regime republicano-representativo, sem o qual estaria inviabilizado o exercício da relevante função pública de chefia do Estado e do governo, imunizando-o de oportunismos ilegítimos.

O regime jurídico deste excepcional mecanismo de controle deve ser construído considerando-se, ainda, a elaboração teórica das funções do Estado e o conceito de função política assimilada por esta mesma construção informadora de toda a estrutura do Estado, dada pela Constituição.

Em outras palavras, os requisitos jurídicos para a instauração do processo de *impeachment* do Presidente da República devem ser extraídos do quanto disposto no nosso Direito positivo, especialmente considerando o arcabouço constitucional, o que não se reduz à intelecção literal e isolada dos artigos 85 e 86 da Constituição da República, como se passa a expor.

8.1 A elaboração teórica das funções do Estado e o conceito de função política

Na elaboração das funções do Estado, afastamo-nos da modelagem da clássica teoria da "*separação dos poderes*" de modo a evitar a construção de uma concepção de soberania divisível, fracionada. Assim, "só por antonomásia é que se poderia denominar de separação de poderes a doutrina que pretende explicar e justificar a estruturação do 'poder' do Estado".[150]

O poder do Estado é indivisível e personifica o *poder político* do *povo*. Portanto, basear análise em separação de poder é um contrassenso: o que, por natureza, é uno, não se sujeita a divisibilidade. Nos termos propostos por Karl Loewenstein, a chamada separação é, na verdade, distribuição de determinadas funções a diferentes órgãos do Estado, razão pela qual o vocábulo deve ser entendido de maneira meramente figurativa.[151]

Por conseguinte, a ideia de "*separação dos poderes do Estado*", como técnica de limitação do *poder político* deve dar lugar a uma abordagem feita a partir das funções do Estado. Apenas as funções – atividades específicas, coordenadas e teleológicas – é que se sujeitam a parcelamentos, conforme Georges Burdeau.[152]

Tratando-se de expressão com conteúdo polissêmico, há de se fazer um levantamento da construção semântica das *funções do Estado*. Assim conduz-se um esforço de composição de um conteúdo de significado comum, com alguma objetividade, ao qual se possa referir para a análise a que nos propomos.

Cícero, no século 51 a.C. defendeu que a melhor alternativa às formas de governo monarquia, aristocracia e democracia seria aquela que resultasse da combinação das três. Isso garantiria a igualdade e a liberdade.[153] Aristóteles apontou, no século IV a.C.,

---

150 TAVARES, André Ramos. "Repartição de funções estatais: fundamento, estrutura e finalidade". *Revista do Advogado*, São Paulo, vol. 23, nº 73, nov. 2003, p. 24.

151 LOEWENSTEIN, Karl. *Teoría de la constitución*. Barcelona: Ariel, 1986, p. 55.

152 BURDEAU, Georges. "Remarques sur la classification des fonctions étatiques". *Revue du droit public*, Paris, nº 60, 1945, pp. 202-228.

153 CÍCERO, Marco Tulio. *Da república*. Livro I, Capítulo XLV. São Paulo: Atena, 1956.

dentro do contexto de funções do Estado, a existência das funções deliberativa, executiva e judicial.[154] Políbio, no século II a.C, propôs o chamado governo misto, o qual considerava ideal pela combinação entre as formas de governo clássicas.[155]

Com efeito, Aristóteles foi o primeiro a apontar de tal modo organizado a existência das funções do Estado. Não se pode falar que haja nele, porém, alguma indicação de que estas funções seriam mais bem desempenhadas quando atribuídas a órgãos diferentes. Em Cícero e Políbio, do mesmo modo, não se pode falar que às diferentes funções corresponderiam diferentes órgãos.

Apenas mais tarde, com John Locke, é que se pode falar na necessidade de entrega de diferentes funções a distintos órgãos do Estado. Sua obra *Two treatises on government* contém o elemento fundamental para o reconhecimento das diferentes funções estatais e sua atribuição a diferentes órgãos do Estado.[156] Entretanto, coube a Montesquieu, lastreado no chamado *pessimismo antropológico*, a formulação da doutrina da *separação dos poderes* com a nomenclatura, bicameralismo legislativo e independência judicial usualmente conhecidos. O cerne da sua doutrina consiste na entrega de díspares funções a órgãos distintos e especializados, o que serviria de mecanismo de contenção do poder.

A separação orgânico-funcional estabelecida por Montesquieu parte de uma concepção iluminista de lei e de uma ideia mecanicista da função judicial.[157] Se tradicionalmente a separação das funções do Estado envolvia apenas a legislativa e executiva,

---

154 ARISTÓTELES. *A política*. Brasília: UNB, 1997.

155 POLÍBIO. *História*. Brasília: UNB, 1985.

156 LOCKE, John. *Segundo tratado sobre o governo civil e outros escritos*. nº 143. Petrópolis: Edusf, 2006, capítulo XII.

157 PIÇARRA, Nuno. *A separação dos poderes como doutrina e princípio constitucional*: um contributo para o estudo das suas origens e evolução. Coimbra: Coimbra, 1989, pp. 122/123.

Montesquieu acrescentou a judicial. A relevância da elaboração teórica das funções do Estado levada a efeito está, ainda, na completude científica e na atribuição do caráter jurídico a tais funções.

Para Georg Jellinek,[158] o Estado detém dois fins: um jurídico e outro cultural. Pelo primeiro aspecto, estabelece e tutela o direito; pelo segundo, o Estado afirma a força e incrementa a cultura. Para a satisfação destes fins, o Estado se vale do estabelecimento de regras abstratas e atua concretamente para o alcance de objetivos individualizados. De acordo com o autor, nas funções do Estado, podem-se distinguir atividades livres – marcante na função legislativa – e vinculadas, ampla na jurisdicional.

A despeito do reconhecimento do fim cultural do Estado, há em Georg Jellinek apenas funções jurídicas, razão pela qual pondera Marcello Caetano que ele "estava dominado pela ideia kantiana de que a razão de ser do Estado é a realização da Ordem jurídica, donde resultava o seu preconceito de só definir funções jurídicas".[159]

Léon Duguit, na determinação das funções do Estado, vale-se da noção de *ato jurídico*, qual seja, a manifestação de vontade tendente à produção de modificações na ordem jurídica, seja atual, seja futura próxima.[160] O ato jurídico, neste contexto, pode assumir a feição de ato-regra, ato-condição e ato subjetivo. O ato-regra é produzido com intento modificativo de regras abstratas constitutivas de direito objetivo. O ato-condição torna aplicável, a um indivíduo, regras abstratas determinadas que lhe eram inaplicáveis antes da prática do ato. O ato subjetivo gera

---

158 JELLINEK, Georg. *L'etat moderne et son droit.* Tome 2, Théorie juridique de l'Etat. Paris: Pantheon-Assas, 2005.

159 CAETANO, Marcello. *Manual de ciência política e Direito Constitucional.* Tomo I. Coimbra: Almedina, 2009, p. 154.

160 DUGUIT, Léon. "Traité de droit constitucionnel". vol. I, p. 219. *Apud*: CAETANO, Marcello. *Manual de ciência política e Direito Constitucional.* Tomo I. Coimbra: Almedina, 2009, p. 151.

obrigação especial, concreta, individual e momentânea, não imposta por nenhuma regra abstrata.[161]

Em Hans Kelsen, o Estado identifica-se com a ordem jurídica, razão pela qual as funções do Estado são tipicamente jurídicas. As funções do Estado correspondem a graus ou modos de realização da ordem jurídica. A aplicação do direito é, concomitantemente, sua produção. Todo ato jurídico é, simultaneamente, aplicação de uma *norma* superior, e produção, regulada por esta *norma*, de uma outra que lhe seja inferior.[162]

A premissa fundamental para a compreensão da divisão de funções proposta por Hans Kelsen é, por conseguinte, a concepção da sua Teoria Pura do Direito. O estudo de validade e criação da ordem jurídica, correspondendo à estática e à dinâmica da ordem estatal, pressupõe Estado enquanto ordem normativa. Partindo da premissa de que as funções executiva e judicial são, em essência, a mesma coisa, qual seja, aplicação do direito, Hans Kelsen vislumbra apenas essas duas funções do Estado.[163]

Georges Burdeau, atento aos atos do Estado, admite serem duas as suas funções fundamentais. Uma governamental, caracterizada por ser incondicionada, criadora e autônoma, subdividindo-se em legislativa e governamental *stricto sensu*. Outra, administrativa, marcada por ser derivada, secundária e subordinada, a qual se divide em jurisdicional, regulamentar e administrativa *stricto sensu*.[164]

---

161 DUGUIT, Léon. *Manuel de droit constitutionnel*. Paris: Pantheon-Assas, 2007, p. 26.

162 KELSEN, Hans. *General theory of Law and State*. Cambridge: Harvard University, 1999, p. 269.

163 KELSEN, Hans. *General theory of Law and State*. Cambridge: Harvard University, 1999, p. 269.

164 BURDEAU, Georges. "Remarques sur la classification des fonctions étatiques". *Revue du droit public*, Paris, nº 60, 1945, pp. 202-228.

Para Karl Loewenstein, existem três funções do Estado. *Policy determination*, relacionada à deliberação das decisões políticas fundamentais conformadoras da sociedade no presente e no futuro; *policy execution*, voltada à adoção de medidas necessárias à implementação das decisões fundamentais; e, por fim, *policy control*, vinculada ao controle político dos órgãos estatais.[165]

Traçando um quadro abrangente das diversas modalidades das atividades desenvolvidas pelo Estado, Marcello Caetano, não crendo poderem estas reduzir-se à criação e aplicação do direito, ressalta a preocupação com atividades do Estado cujo conteúdo escapa dos atos de criação e aplicação do direito. Estas outras atividades, para o autor nem sempre em si mesmas jurídicas, e quando muito exteriormente reguladas pela lei, correspondem à função política e à técnica, as quais estão em relação de interdependência com as funções jurídicas do Estado legislativa e executiva.

A por ele chamada de *Teoria integral das funções do Estado*, assim, implica em dizer que "se todas as funções do Estado podem considerar-se jurídicas no sentido de que podem constituir objeto do Direito, há atividades com conteúdo jurídico e outras sem conteúdo jurídico".[166]

A função política liga-se à atividade dos órgãos do Estado cujo objeto direto e imediato é a conservação da sociedade política e a definição e persecução do interesse geral mediante a livre escolha dos rumos ou das soluções consideradas preferíveis.[167]

A função técnica relaciona-se à atividade dos agentes do Estado cujo objeto direto e imediato consiste na produção de bens ou na

---

165 LOEWENSTEIN, Karl. *Teoría de la constitución*. Barcelona: Ariel, 1986, p. 312.

166 CAETANO, Marcello. *Manual de ciência política e Direito Constitucional*. Tomo I. Coimbra: Almedina, 2009, p. 158.

167 CAETANO, Marcello. *Manual de ciência política e Direito Constitucional*. Tomo I. Coimbra: Almedina, 2009, p. 172.

prestação de serviços destinados à satisfação de necessidades coletivas de caráter material ou cultural, de harmonia com preceitos práticos tendentes a obter a máxima eficiência dos meios empregados.

A função legislativa define-se como a atividade dos órgãos do Estado que encerra o estabelecimento, direto e imediato, de *normas* de caráter geral e impessoal inovadoras da ordem jurídica.[168]

A função executiva consiste na atividade dos órgãos que tenham por objeto, direto e imediato, a promoção e garantia do cumprimento das leis e aplicação de sanções.[169] Esta função engloba as modalidades jurisdicional, caracterizada pela imparcialidade e passividade, e administrativa, marcada, ao contrário, pela parcialidade e iniciativa.

Marcello Caetano, como se vê, baseia sua *Teoria integral das funções do Estado* no aspecto material das funções. O conteúdo dos atos estatais e os resultados almejados são, assim, o alicerce da referida teoria, a qual aparta, em duas funções estatais diferentes, a definição de rumos do Estado e a positivação de regras.

Jorge Miranda apresenta uma divisão tricotômica das funções do Estado considerando, para tanto, a conjugação de critérios materiais, formais e orgânicos.[170] A inovação desta teoria, além da conjugação de critérios, está na detecção de zonas de fronteira e de funções complementares, acessórias ou atípicas.

Funções política, administrativa e jurisdicional decorrem, portanto, dos fins ou do objeto dos atos em razão dos quais se desenvolvem (critério material), em razão dos modos e formas de

168 CAETANO, Marcello. *Manual de ciência política e Direito Constitucional.* Tomo I. Coimbra: Almedina, 2009, p. 166.

169 CAETANO, Marcello. *Manual de ciência política e Direito Constitucional.* Tomo I. Coimbra: Almedina, 2009, p. 168.

170 MIRANDA, Jorge. *Manual de Direito Constitucional.* Tomo V. Coimbra: Coimbra, 2004, p. 22.

sua manifestação (critério formal) e das instituições através dos quais são praticados estes atos (critério orgânico).

A função política, pelo critério material, compreende a definição primária e global do interesse público, a interpretação dos fins do Estado e escolha dos meios adequados para atingi-los, além da sua direção. Pelo critério formal, abrange a liberdade ou discricionariedade máxima com subordinação às regras jurídicas, liberdade de escolha e ausência de sanções jurídicas específicas. Pelo critério orgânico, engloba os órgãos políticos e governativos em conexão direta com a forma e o sistema de governo.

A função política compreende a função legislativa, ou *legislatio*, e governativa, ou política *stricto sensu*, ou ainda *gobernatio*, consoante se traduza em atos normativos, direta ou indiretamente, explícita ou implicitamente, e em atos de conteúdo não normativo.

A função administrativa, pelo critério material, realiza-se pela satisfação constante e cotidiana das necessidades coletivas, além da prestação de bens e serviços. Pelo critério formal, a iniciativa e, em regra, a parcialidade na prossecução do interesse público. Pelo critério orgânico, marca-se pela dependência funcional, com sujeição, no interior de cada sistema ou aparelho de órgãos e serviços, às ordens e instruções e ao recurso hierárquico.

A função jurisdicional, pelo critério material, abarca a declaração do direito em concreto e em abstrato. Pelo critério formal, marca-se pela passividade e imparcialidade. Pelo critério orgânico, pela independência e atribuição a órgãos específicos, os tribunais.

Conceituadas as funções, pontifica Jorge Miranda que "os atos próprios de cada função devem provir, em princípio, de órgãos correspondentes a essa função. Todavia encontram-se (...) algumas interpenetrações e inevitáveis zonas cinzentas".[171]

---

171 MIRANDA, Jorge. *Manual de Direito Constitucional.* Tomo V. Coimbra: Coimbra, 2004, p. 34.

Todavia, tendo em vista o Direito positivo português, o autor elenca hipóteses nas quais não se pode falar em exatidão desta correspondência. Cita, dentre outras, as chamadas *decisões aditivas* do Tribunal Constitucional português e a verificação de fatos e atos do Presidente da República.[172]

Esses chamados atos assimétricos, ainda que significativos, não afetam, segundo o autor, o núcleo especificador dos órgãos a que são cometidos.[173] De fato, não são eles que individualizam as funções do Estado na sua generalidade, porém, ainda que não afetem, de forma absoluta, a tripartição de funções estatais, não se pode negar perturbações de ordens variadas.

Apresentada uma breve panorâmica da elaboração teórica das funções do Estado, estamos aptos a fixar o conceito de funções do Estado.

A função do Estado reflete, para Jorge Miranda, fim, tarefa ou incumbência, correspondente a certa necessidade coletiva ou a certa zona da vida social. Expressa, ainda, atividade com características próprias, modelo de comportamento.[174]

No primeiro sentido, a função traduz o enlace entre a sociedade e o Estado e uma tentativa ou princípio de legitimação do exercício do *poder*. A função vincula-se, assim, ao Estado enquanto poder e como comunidade.[175]

---

172 MIRANDA, Jorge. *Manual de Direito Constitucional*. Tomo V. Coimbra: Coimbra, 2004, p. 35.

173 MIRANDA, Jorge. *Manual de Direito Constitucional*. Tomo V. Coimbra: Coimbra, 2004, p. 36.

174 MIRANDA, Jorge. *Manual de Direito Constitucional*. Tomo V. Coimbra: Coimbra, 2004, p. 8.

175 MIRANDA, Jorge. *Manual de Direito Constitucional*. Tomo V. Coimbra: Coimbra, 2004, pp. 8/9.

No segundo, expressa atos e atividades que o Estado, constantemente, desenvolve em harmonia com as regras que o condicionam e conformam. A função, assim, é uma manifestação específica do *poder político*, um modo tipicizado de exercício do poder.[176]

Em ambas as acepções, "exibe-se um elemento finalístico: directamente, na função como tarefa; indirectamente, na função como actividade".[177] Com efeito, a tarefa é o fim historicizado que implica na adstrição de um comportamento que inexiste por si mesmo; a atividade, um meio para a consecução de fins qualificados.

A função no sentido de atividade relaciona-se a um complexo ordenado de atos, interdependentes, ou apenas aparentemente, uns em relação aos outros, destinados à persecução de um fim ou de vários fins conexos. É a atividade, desenvolvida pelo Estado, por meio de seus órgãos e agentes, na realização das incumbências que lhe são atinentes constitucional e legalmente. Não há, nessa perspectiva, atividade do Estado senão nos limites do direito. A atividade é específica ou diferenciada, duradoura e globalizada.[178] Para o mesmo autor, "são os fins do Estado, permanentes ou conjunturais, que determinam o tipo e a feição das actividades dos seus órgãos e agentes, e são as normas jurídico-públicas que as qualificam como actividades do Estado".[179]

Marcello Caetano, do mesmo modo, adota o elemento finalístico para a qualificação da noção de funções do Estado. Para ele a função é uma "actividade específica, complementar de

---

176 MIRANDA, Jorge. *Manual de Direito Constitucional.* Tomo V. Coimbra: Coimbra, 2004, pp. 8/9.

177 MIRANDA, Jorge. *Manual de Direito Constitucional.* Tomo V. Coimbra: Coimbra, 2004, p. 9.

178 MIRANDA, Jorge. *Manual de Direito Constitucional.* Tomo V. Coimbra: Coimbra, 2004, p. 11.

179 MIRANDA, Jorge. *Manual de Direito Constitucional.* Tomo V. Coimbra: Coimbra, 2004, p. 11.

outras actividades também específicas cujo exercício coordenado é indispensável à produção de certo resultado".[180]

As funções do Estado, assim, relacionam-se à compreensão da sua ação haja vista os fins de segurança, justiça e bem-estar.[181] Funções do Estado são, assim, atividades específicas, coordenadas e teleológicas. Tais funções sempre estão condicionadas pelo Direito.

8.2 A função política do Estado

Para levar a cabo a análise proposta, é necessário debruçarmo-nos dentre as várias funções estatais, na sua função política.

Marcello Caetano sustenta que a função política é atividade não jurídica do Estado. Não conteria, em si mesma, criação e execução do direito, ainda que possa adotar, em determinadas hipóteses, formas jurídicas ou sujeitar-se ao direito.[182]

Entretanto, dentro da apresentada elaboração teórica das funções do Estado, só se pode adotar um conceito de função política nos quadrantes do direito posto.

A função política é atividade fundamental dos órgãos superiores do Estado com vistas a assegurar, *verbi gratia*, a unidade e coesão nacionais, definir interesses coletivos, escolher objetivos concretos a realizar e os meios a serem empregados.[183]

---

180 CAETANO, Marcello. *Manual de ciência política e Direito Constitucional*. Tomo I. Coimbra: Almedina, 2009, p. 148.

181 CAETANO, Marcello. *Manual de ciência política e Direito Constitucional*. Tomo I. Coimbra: Almedina, 2009, p. 149.

182 CAETANO, Marcello. *Manual de ciência política e Direito Constitucional*. Tomo I. Coimbra: Almedina, 2009, p. 171.

183 CAETANO, Marcello. *Manual de ciência política e Direito Constitucional*. Tomo I. Coimbra: Almedina, 2009, p. 172.

Há que se destacar, aqui, que a opção em temas fundamentais para a preservação do Estado e promoção do bem comum, por órgãos instituídos pela Constituição, ocorre dentro de uma margem de interpretação das disposições constitucionais.

Jorge Miranda destaca que o específico da função política está na incindibilidade da forma e do sistema de governo. Ou seja, é a Constituição que, sintonizada com a forma e o sistema de governo por ela consagrado, cria e regula os órgãos incumbidos do exercício da função política.[184]

A função política, destarte, é a atividade de definição primária e global do interesse público, a atividade de interpretação dos fins do Estado e escolha dos meios adequados para atingi-los. Inerente ao conceito está, ainda, o exercício por órgãos em conexão direta com a forma e o sistema de governo.

Assim é que Cristina M. M. Queiroz assinala ser a função política "muito mais do que a simples afirmação de uma actividade governamental tout court".[185] Não se apresenta, do mesmo modo, como momento destacado na atividade do governo, mas "diz respeito a todos os órgãos constitucionais chamados à concretização da vontade política constitucionalizada".[186]

Quanto ao exercício por opções em temas fundamentais, recorde-se Jorge Miranda, para o qual a função política possui por característica "a interpretação dos fins do Estado e escolha dos meios adequados para os atingir em cada conjuntura".[187]

---

184 MIRANDA, Jorge. *Manual de Direito Constitucional*. Tomo V. Coimbra: Coimbra, 2004, p. 28.

185 QUEIROZ, Cristina M. M. *Os actos políticos no Estado de Direito*. Coimbra: Almedina, 1990, p. 112.

186 QUEIROZ, Cristina M. M. *Os actos políticos no Estado de Direito*. Coimbra: Almedina, 1990, p. 112.

187 MIRANDA, Jorge. "Funções do Estado". *Revista de Direito Administrativo*, Rio de Janeiro, vol. 189, 1992, pp. 85-99.

Intrínseco ao exercício da função política está a liberdade de escolha, dentro do campo de interpretação da Constituição, relacionada aos rumos e condução dos meios para a manutenção ou transformação das estruturas de uma sociedade global ou das relações fundamentais entre sociedades, como afeiçoa Michel Debrun.[188]

Conclui-se, assim, que a função política do Estado se relaciona, basicamente, ao exercício do *poder* de decisão política por órgãos em conexão direta com a forma e o sistema de governo, os quais são responsáveis pela concretização da vontade política constitucionalizada, concretização esta que ocorre dentro dos quadrantes do direito posto.

8.3 A relação entre o Direito e a Política

No contexto da distinção clássica entre o Direito e a Política, salienta Larry D. Kramer[189] que à política pertencem a soberania popular, o princípio majoritário e o domínio da vontade; ao direito, o primado da lei (*the rule of the law*), o domínio da razão. Nesse contexto, Georg Jellinek vincula a Constituição aos princípios jurídicos que definem os órgãos supremos do Estado, sua criação, suas relações mútuas, determinam o âmbito de sua atuação e a situação de cada um deles em relação ao poder do Estado.[190]

---

188 DEBRUN, Michel. *O fato político*. Rio de Janeiro: FGV, 1962, p. 37.

189 "We in the twenty-first century tend to divide the world into two distinct domains: a domain of politics and a domain of law. In politics, the people rule. But not in law. Law is set aside for a trained elite of judges and lawyers whose professional task is to implement the formal decisions produced in and by politics". (KRAMER, Larry D. *The people themselves*: popular constitutionalism and judicial review. Nova York: Oxford University, 2004, p. 7).

190 JELLINEK, Georg. *Allgemeine Staatslehre*. Darmstadt: Wissenschaftliche Buchgesellschaft, 1960, p. 505.

Para o referido autor, a política está fora da Constituição.[191] Além do mais, deveria haver uma separação entre o direito e a política no estudo do Estado, inclusive na análise da Constituição.[192]

A teoria jurídica do Estado de Georg Jellinek, segundo Pedro de Veja García, está ligada a três pressupostos: a positividade do direito, o monopólio estatal da produção jurídica e a personalidade jurídica do Estado.[193]

Sustentam-se na distinção clássica entre o direito e a política as crenças da neutralidade científica, da completude do direito e a da interpretação judicial como um processo puramente mecânico de concretização das regras jurídicas, em valorações estritamente técnicas.

A relação entre o direito e a política encontra-se cunhada pela positivação do Direito, assim entendida como passagem da validade tradicional ou transcendente para validade decisionista, como afeiçoa Dieter Grimm.[194] Ainda que o que valha juridicamente seja decidido politicamente, a política, segundo o referido autor, subordina-se ao direito.

Não há conteúdo politicamente independente do direito. Porém, já que o direito não pode operar determinadas modificações a partir de si mesmo, faz-se necessário a existência de uma instância com legitimidade de decisão que se encarregue de restabelecer o

---

191 JELLINEK, Georg. *Allgemeine Staatslehre*. Darmstadt: Wissenschaftliche Buchgesellschaft, 1960, pp. 361-363.

192 JELLINEK, Georg. *Verfassungsanderung und Verfassungswandlung*: Eine staatsrechtlichepolitische Abhandlung. Goldbach: Keip Verlag, 1996, pp. 5/6.

193 GARCÍA, Pedro de Vega. "El tránsito del positivismo jurídico al positivismo jurisprudencial en la doctrina constitucional". *Apud*: BERCOVICI, Gilberto. "Constituição e política: uma relação difícil". *Lua Nova*, nº 61, 2004, pp. 5-24.

194 GRIMM, Dieter. *Constituição e política*. Belo Horizonte: Del Rey, 2006, p. 3.

que podemos chamar de nexo perdido entre exigências sociais e soluções jurídicas.[195]

Pondera Luís Roberto Barroso que o "direito é, certamente, diferente da política. Mas não é possível ignorar que a linha divisória entre ambos, que existe inquestionavelmente, nem sempre é nítida, e certamente não é fixa".[196] Portanto, direito e política, ainda que pretensamente diversificados e separados por linhas de demarcação analítica, normativa ou funcional, estão osmoticamente atrelados.[197]

Os laços entre o direito e a política são, com efeito, inevitáveis. Destaca o citado autor que o por ele chamado de "*encontro não marcado entre o direito e a política*" ocorre em razão da linguagem aberta dos textos jurídicos, das inevitáveis colisões de normas constitucionais e dos desacordos morais razoáveis (*moral reasonable disagreement*), relacionados à ausência de conciliação possível em determinadas matérias em sociedades pluralistas.

Rudolf Smend tinha por Constituição a ordenação jurídica do Estado, a dinâmica vital na qual se desenvolve a vida estatal, isto é, de seu processo de integração com vistas à permanente reestruturação da sua realidade. A Constituição seria o modelo legal ou normativo de determinados aspectos deste processo.[198]

---

195 GRIMM, Dieter. *Constituição e política*. Belo Horizonte: Del Rey, 2006, p. 6.

196 BARROSO, Luís Roberto. "Constituição, democracia e supremacia judicial: Direito e política no Brasil contemporâneo". *In*: ______. *O controle de constitucionalidade no Direito brasileiro*. São Paulo: Saraiva, 2010.

197 BARACHO, José Alfredo de Oliveira. "O ambiente sistêmico da função judicial e o espaço político da magistratura". *Revista de Processo*, vol. 98, abr.-jun, 2000, p. 43.

198 SMEND, Rudolf. *Verfassung und Verfassungsrecht in Staatsrechtliche Abhandlungen und andere Aufsätze*. Berlim: Duncker & Humblot, 1994, p. 274. *Apud*: BERCOVICI, Gilberto. "Constituição e política: uma relação difícil". *Lua Nova*, 2004, nº 61, p. 8.

Coloca-se nesse sentido a proposta de "*Constituição dirigente*", de José Joaquim Gomes Canotilho,[199] o qual, pela teoria material da Constituição, pondera que como todas as Constituições conformam o político, racionalizando-o, há o estabelecimento de uma vinculação jurídica para os atos políticos.

Não se pode negar, por conseguinte, que a Constituição seja uma interface entre os universos jurídico e político. Em sendo o Direito Constitucional um direito político, devemos retomar a proposta de Karl Loewenstein, que entendia a teoria da Constituição como uma explicação realista do papel que a Constituição detém na dinâmica política.[200]

Entretanto, não se está a patrocinar uma invasão indevida da política no direito e, em especial, na Constituição. Esta politização corresponde às respostas que o direito deve oferecer às demandas do sistema político a partir de sua própria recursividade.[201] O intuito é, ainda, frisar que não há função política do Estado senão nos quadrantes do direito posto.

---

199 CANOTILHO, José Joaquim Gomes. *Constituição Dirigente e Vinculação do Legislador*: Contributo para a Compreensão das Normas Constitucionais Programáticas. Coimbra: Coimbra, 2001.

200 LOEWENSTEIN, Karl. *Teoría de la constitución*. Barcelona: Ariel, 1986, pp. 217-222.

201 Como bem sintetiza Celso Fernandes Campilongo: "as grandes categorias do constitucionalismo moderno constroem as bases estruturais para a autonomia funcional do direito (...). Mas as Constituições, se de um lado fornecem as ferramentas para o fechamento operativo do direito, de outro também são o mecanismo da abertura cognitiva do direito para a política. No Estado de Direito, o sistema jurídico fornece respostas legais aos problemas da política. Isso não representa ignorância ou insensibilidade para a política. Ocorre que os problemas da política são traduzidos, deslocados e selecionados pelo sistema jurídico com critérios particulares e internos a esse sistema. Enquanto a política opera num quadro de complexidade elevada e indeterminada, o direito atua num contexto de complexidade já reduzida e determinada por limites estruturais mais rigorosos". (CAMPILONGO, Celso Fernandes. *Política, sistema jurídico e decisão judicial*. São Paulo: Max Limonad, 2002, p. 24).

A política, portanto, ainda que possa assumir noção polissêmica, especialmente consideradas as diversas áreas do conhecimento, é ressignificada no âmbito do Direito.

Como se sabe, o Direito é aberto no sentido semântico. Ele colhe expressões em outros ambientes da vida social, internalizando-as, ocasião em que assume sentido próprio.

Nesses termos, quando se fala em *crime* de responsabilidade, bem como em julgamento ou responsabilidade política do Presidente da República, deve-se extrair do qualificativo político a concretização de uma vontade política constitucionalizada, o que ocorre dentro dos quadrantes do Direito posto e não mediante as noções de política de outras áreas do conhecimento, bem como da Ciência Política e da teoria do Estado.

8.4 O crime de responsabilidade: natureza jurídica

O exercício do *múnus* público sujeita os agentes políticos à responsabilidade, eis que o princípio republicano informa toda a nossa estrutura do Estado.[202] Ele impõe que os agentes públicos sejam responsáveis (*accountable*) pelos comportamentos que adotem no exercício da sua função pública.

A forma republicana de governo é, para José Joaquim Gomes Canotilho, "constitutiva de uma inarredável identidade constitucional".[203] Assim é que uma das principais características da forma republicana está na "ideia de 'antiprivilégio' no que respeita à definição dos princípios e critérios ordenadores do acesso à função

202 SERRANO, Pedro Estevam Alves Pinto. "Princípio republicano e provimento dos cargos públicos". *Revista da Faculdade de Direito das Faculdades Metropolitanas Unidas*, São Paulo, nº 10, ano 14, 1996, pp. 67-99.

203 CANOTILHO, José Joaquim Gomes. *Direito Constitucional e Teoria da Constituição*. Coimbra: Almedina, 2003, p. 228.

pública e aos cargos públicos". Na expressão do autor, a forma republicana de governo relaciona-se aos critérios de "electividade, colegialidade, temporariedade e pluralidade, aos critérios de designação, hierarquia e vitaliciedade".[204]

Para José Afonso da Silva, a eleição periódica, por si só, não esgota a *realidade democrática*. Por essa razão é que, ao longo do exercício do mandato popular, os representantes devem responder por seus atos.[205]

Com efeito, o *crime* de responsabilidade é uma infração político-administrativa praticada por determinados agentes políticos, isto é, aqueles

> titulares de cargos estruturais à organização política do país, ou seja, ocupantes dos que integram o arcabouço constitucional do Estado, o esquema fundamental do Poder. Daí que se constituem nos formadores da vontade superior do Estado.[206]

Em regimes presidencialistas, o chefe de governo e de Estado, reunidos em um só mandatário,[207] pode sofrer assim, o impedimento de seu mandato pelo Legislativo, mas isso apenas, como adiante será demonstrado, após a comprovação de condutas caracterizadoras de ilícitos, anteriormente previstas normativamente, e após

---

204 CANOTILHO, José Joaquim Gomes. *Direito Constitucional e Teoria da Constituição*. Coimbra: Almedina, 2003, p. 229.

205 SILVA, José Afonso da. *Curso de Direito Constitucional positivo*. São Paulo: Malheiros, 2008, p. 550.

206 BANDEIRA DE MELLO, Celso Antônio. *Curso de Direito Administrativo*. São Paulo: Malheiros, 2009, p. 246.

207 O Presidente da República, como chefe do Executivo, assume as funções de Chefe de Estado e de Governo (SILVA, José Afonso da. *Curso de Direito Constitucional positivo*. São Paulo: Malheiros, 2008, pp. 542/543).

comprovação consistente por métodos processuais que garantam ampla defesa e contraditório.

Ainda que se possa chamar referida competência assimétrica do Legislativo de *policy control*[208] na classificação de Karl Loewenstein, o exercício da função política deve abarcar a concretização da vontade política constitucionalizada, o que deve ocorrer dentro dos quadrantes do Direito posto.

Os artigos 85 e 86 da Constituição tratam da responsabilidade do Presidente da República. O primeiro dispositivo prevê que são *crimes* os atos que atentem contra a Constituição. É indicado um rol exemplificativo de condutas típicas. Prevê-se, ainda, que tais crimes serão definidos em lei especial, que estabelecerá as normas de processo e julgamento. Referida espécie normativa é a Lei n. 1.079/1950, que foi recepcionada, parcialmente, pela Constituição.[209]

O termo *impeachment* é utilizado para identificar o processo mediante o qual se promove a apuração e o julgamento do crime de responsabilidade. O instituto nasceu na Grã-Bretanha e foi adotado pelos Estados Unidos da América a partir de 1787. No Brasil, o mecanismo nasceu na Constituição de 1891. Todas as Constituições seguintes o acolheram. As primeiras leis ordinárias a regulamentar a matéria foram a Lei n. 27/1892 e a Lei n. 30/1892, ambas editadas no regime da Constituição de 1891.[210]

O *impeachment* é, nesses termos, um mecanismo do Legislativo para controlar os membros do Executivo. Talvez por essa razão que

---

208 LOEWENSTEIN, Karl. *Teoría de la constitución*. Barcelona: Ariel, 1986, p. 312.

209 Nesse sentido: STF. MS n. 21.564/DF, Rel. para o acórdão Min. Carlos Velloso, julgamento em 23.09.1992.

210 BARROSO, Luís Roberto. "Crime de responsabilidade e processo de *impeachment*". *Revista de Processo*, vol. 95, jul. 1999, p. 85 e *Doutrinas Essenciais de Direito Constitucional*, vol. 3, mai. 2011, p. 615.

a nossa doutrina, por muito tempo, sustentou que o processo por *crime* de responsabilidade teria natureza essencialmente política.

Entretanto, o que se chama de *crime* de responsabilidade é uma infração político-administrativa praticada por determinados agentes políticos, cujo processamento e julgamento decorre do exercício de uma função política do Legislativo, o que deve se dar, por essa razão, nos quadrantes do Direito posto.

Consequentemente, no processo administrativo tendente à cominação de infração político-administrativa de *impeachment* ao Presidente da República, quando se fala em julgamento político estamos a aludir, exclusivamente, a um determinado regime jurídico, a um específico conjunto de normas que limitam e regulam o seu processamento.

8.5 O crime de responsabilidade: extensão do direito de defesa do Presidente da República

Paulo Brossard de Souza já alertava que

> o *impeachment* tem feição política, não se origina senão de causas políticas, objetiva resultados políticos, é instaurado sob considerações de ordem política e julgado segundo critérios políticos – julgamento que não exclui, antes supõe, é óbvio, a adoção de critérios jurídicos.[211]

Com efeito, o processamento e julgamento do crime de responsabilidade pelo Legislativo ocorrem dentro do exercício de uma competência atípica, estranha à função primária do Legislativo na divisão de funções estatais na República.

---

211 PINTO, Paulo Brossard de Souza. *O impeachment*: aspectos da responsabilidade política do Presidente da República. Porto Alegre: Globo, 1965, p. 71.

Ainda que atípica, a função exercida pelo Legislativo ocorre nos quadrantes do conceito de função política do Estado. Deve-se afastar, assim, a arbitrariedade e a discricionariedade na concretização dos conceitos indeterminados da definição legal típica dos *crimes* de responsabilidade.

Rememore-se, aqui, Celso Antônio Bandeira de Melo, para o qual apenas "no interior das fronteiras decorrentes da dicção legal é que pode vicejar a liberdade (...)".[212] Há, com efeito, hipóteses em que a Constituição e a lei regulam dada situação em termos tais que não resta para o intérprete margem alguma de liberdade. Isso ocorre quando a regra "prefigura antecipadamente com rigor e objetividade absolutos os pressupostos requeridos (...)".[213] Nesse caso, há vinculação. Ao contrário, há discricionariedade quando existe *um campo* de "indeterminação normativa" no qual incide uma "certa esfera de liberdade".[214]

Além disso, frise-se, aqui, que a interpretação constitucional contém particularidades que a singularizam no universo da interpretação jurídica em geral. As complicações da interpretação constitucional remontam, em suma, às peculiaridades do Direito Constitucional, bem como da Constituição.

Nesse contexto, a superioridade da Constituição e a natureza da sua linguagem, marcada pela textura aberta, vagueza dos princípios e dos conceitos jurídicos indeterminados, são um contributo decisivo à particularização da interpretação constitucional.

---

212 BANDEIRA DE MELLO, Celso Antônio. *Curso de Direito Administrativo*. São Paulo: Malheiros, 2009, p. 951.

213 BANDEIRA DE MELLO, Celso Antônio. *Curso de Direito Administrativo*. São Paulo: Malheiros, 2009, p. 951.

214 BANDEIRA DE MELLO, Celso Antônio. *Curso de Direito Administrativo*. São Paulo: Malheiros, 2009, p. 952.

Referida problemática não passou despercebida por Eduardo Garcia de Enterria,[215] o qual, sensível à amplitude das fórmulas adotadas pela Constituição, salienta que a interpretação constitucional será sempre inserta em uma problemática que exclui qualquer parâmetro simplista.[216]

Sob a ótica analítica da dogmática jurídica, o chamado *conceito jurídico indeterminado*,[217] por exemplo, possui o que Paulo de Barros Carvalho chama de heterogeneidade de conteúdo: "o direito posto, na sua continuidade normativa, oferece flagrante heterogeneidade de conteúdos, vista sua pretensão de regular as condutas intersubjetivas no contexto social".[218]

A importância da diferença entre os conceitos apontados reside na compreensão do papel que podem desempenhar como argumentos dogmáticos no discurso jurídico.

Com efeito, enquanto os "conceitos jurídicos autênticos" estão inseridos "na dogmática ajustada ao tratamento conceitual-sistemático da lei válida", os "outros conceitos que ocorrem nas normas jurídicas"[219] estão incluídos no campo da interpretação pura, despicienda de regulamentação normativa que lhe conceitue. Esses últimos existem independentemente de outras normas que os definam e devem ser interpretados de forma que seu significado se coadune com o sistema fático-jurídico em que estão inseridos, segundo, portanto, os valores que integram o Direito posto.

---

215 ENTERRIA, Eduardo Garcia de. *La constitucion como norma y el tribunal constitucional*. Madrid: Civitas, 1988, p. 231.

216 ENTERRIA, Eduardo Garcia de. *La constitucion como norma y el tribunal constitucional*. Madrid: Civitas, 1988, p. 223.

217 ALEXY, Robert. *Teoria da argumentação jurídica*. São Paulo: Landy, 2001, p. 246.

218 CARVALHO, Paulo de Barros. *Direito tributário*: linguagem e método. São Paulo: Noeses, 2013, p. 181.

219 CARVALHO, Paulo de Barros. *Direito tributário*: linguagem e método. São Paulo: Noeses, 2013, p. 181.

Assim é que a competência do Legislativo de aplicar a Constituição não lhe permite interpretar dispositivos de forma extensiva e, assim, a invadir competência destinada pela Constituição ao Executivo ou Judiciário ou, ainda, a pretexto de dar cumprimento às determinações constitucionais, interromper o livre processo democrático e republicano de cumprimento de uma função pública outorgada pelo povo.

Tal entender atenta contra a ideia de divisão de funções que é, conforme já salientamos, inerente ao Estado Democrático de Direito, no qual não existem juízos caracterizados por formação autônoma de vontade do julgador.

Por essa razão, qualquer julgamento, por mais discricionário que seja, é pautado pelo que Kant[220] e a moderna teoria constitucional chamam de *juízo heterônomo*, qual seja, a vontade constituída a partir dos fins e processos estipulados na ordem jurídica e não no juízo absolutamente subjetivo.

Por essa razão é que quando se usa a expressão *processo e julgamento políticos* para tal forma de juízo não se quer dizer julgamento segundo a vontade integralmente autônoma e livre, inclusive com eventual dispensa do devido processo legal.

Além do mais, o Presidente da República – o chefe de governo e de Estado de regime presidencialista – não se confunde com o Primeiro Ministro de um regime parlamentarista. Ele não pode, portanto, ser afastado da função por mero juízo de conveniência e oportunidade do Parlamento,[221] mas apenas pelo cometimento de infrações previstas normativamente e demonstradas com o devido processo legal.

---

220 KANT, Immanuel. *Fundamentação da metafísica dos costumes*. São Paulo: Abril Cultural, 1974, p. 239.

221 SILVA, José Afonso da. *Curso de Direito Constitucional positivo*. São Paulo: Malheiros, 2008, p. 543.

Ou seja, a chamada perda da *public trust*, a ensejar *moção de censura* ou desconfiança do parlamentarismo, é inteiramente inaplicável ao nosso sistema presidencialista. No presidencialismo, o Presidente da República sujeita-se a um específico processo político-administrativo de responsabilização.[222]

Nesses termos é que quando se afirma que o Legislativo, ao promover o processo e julgamento do crime de responsabilidade, constitui-se em "*tribunal especial, para o julgamento político*",[223] referido julgamento só pode ser qualificado como político desde que não se afaste dos quadrantes do ordenamento jurídico.

A característica maior do Estado de Direito está na submissão do político ao Direito. Isso significa que toda decisão, por mais discricionária e aparentemente livre e autônoma que seja, quando adotada pelo Estado, será sempre, de alguma forma, heterônoma, isto é, condicionada pela ordem jurídica.

Assim é que o *crime* de responsabilidade traz em si um regime jurídico, que visa estabelecer certas garantias ao Presidente da República. No regime presidencialista, o mandato não pode ser interrompido por mero voto de desconfiança do Legislativo.

O chefe do Executivo não é o representante do Parlamento, o que ocorre apenas no parlamentarismo. Não pode haver, portanto, a interrupção do mandato do Presidente porque se considera que ele agiu com incompetência ou inadequação no exercício das funções. A interrupção só pode ocorrer se houver *crime* de responsabilidade.

---

222 SILVA, José Afonso da. *Curso de Direito Constitucional positivo*. São Paulo: Malheiros, 2008, p. 550.

223 SILVA, José Afonso da. *Curso de Direito Constitucional positivo*. São Paulo: Malheiros, 2008, p. 552.

Ainda que o processo de *impeachment* ocorra no âmbito político-administrativo,[224] e não no contexto de um processo criminal,[225] deve-se oferecer as garantias próprias não só dos processos administrativos sancionadores, mas também de determinados elementos do processo judicial. Tanto assim é que a própria Lei n. 1.079/1950, no seu art. 38, determina que no processo e julgamento do Presidente da República, serão subsidiários à lei, naquilo em que lhes forem aplicáveis, não só os regimentos internos da Câmara dos Deputados e do Senado Federal, como também o Código de Processo Penal.

Não estamos a dizer, com isso, que o *crime* de responsabilidade se confunde com o ilícito penal, mas que referido processo sancionador não pode se afastar, em absoluto, das garantias mínimas da chamada *teoria geral do processo*.

Assim, os sistemas de garantias próprio do Direito penal e do processo penal devem, no que couber, ser aplicados ao processo e julgamento do *crime* de responsabilidade, resguardando-se, inclusive, as garantias do regime republicano-representativo conferidas ao Presidente da República.

Especificamente com relação à extensão do direito de defesa do Presidente da República, deve-se oportunizar, em todas as fases do processo, o seu exercício, conforme determina, no plano constitucional, o art. 5º, inciso LV, que prevê que "(...) aos acusados em geral são assegurados o contraditório e ampla defesa, com os meios e recursos a ela inerentes".

É de se salientar, aqui, que a Constituição da República conferiu ao Presidente da República todas as garantias do regime republicano-representativo, sem o qual estaria inviabilizado o

---

224 Nesse sentido: STF. IF 590 QO/CEF, Rel. Min. Celso de Mello, julgamento em 17.09.1998.

225 Nesse sentido: STF. Pet 1365 QO/DF, Rel. Min. Néri da Silveira, julgamento em 03.12.1997.

exercício da relevante função pública de chefia do Estado e do governo, imunizando-o de oportunismos ilegítimos.

O exercício do direito de defesa pelo Presidente da República não emerge exclusivamente do ponto de vista do interesse juridicamente tutelado do mandatário enquanto acusado e titular das garantias do princípio democrático e do regime presidencialista. Decorre, ainda, do interesse juridicamente tutelado em favor da própria sociedade, já que o processo visa a interrupção da sua vontade formalizada pelo mecanismo do sufrágio universal.

Há que se oferecer, assim, prazo razoável de defesa ao Presidente da República e a devida dilação probatória. Não cumprido referido requisito para a incidência válida da infração político-administrativa, a Constituição será desobedecida já que o devido processo legal não é uma mera pantomima formal.

8.6 O crime de responsabilidade: elementos caracterizadores

Como antecipado, os requisitos jurídicos para a instauração do processo administrativo tendente à cominação de infração político-administrativa de *impeachment* ao Presidente da República devem ser extraídos do quanto disposto no nosso Direito positivo, especialmente considerando o arcabouço constitucional, o que não se reduz à intelecção literal e isolada dos artigos 85 e 86 da Constituição, devendo envolver a compreensão sistemática dos princípios republicano e democrático, bem como os fundamentos (art. 1º) e objetivos (art. 3º) da República Federativa do Brasil.

O *crime* de responsabilidade submete-se, na expressão de Luís Roberto Barroso, a um "regime de tipologia constitucional estrita",[226]

---

226 BARROSO, Luís Roberto. "Crime de responsabilidade e processo de *impeachment*". *Revista de Processo*, vol. 95, jul. 1999, p. 85 e *Doutrinas Essenciais de Direito Constitucional*, vol. 3, mai. 2011, p. 615.

cabendo ao legislador ordinário tão-somente explicitar as práticas que se adequam aos tipos constitucionais.

O fato de o julgamento do *crime* de responsabilidade decorrer do exercício de uma função política do Estado não é alvará para que se atente contra os direitos fundamentais e o Estado de Direito. Por essa razão é que a aplicação de sanções no processo do *crime* de responsabilidade demanda o atendimento de requisitos para sua incidência válida.

Além disso, voltamos a frisar, os sistemas de garantias próprio do Direito penal e do processo penal devem, no que couber, ser aplicados ao processo e julgamento do *crime* de responsabilidade, em especial a regra da modalidade dolosa, o princípio *in dubio pro reo* e, ainda, a interpretação restritiva. Assim é que, por exemplo, qualquer dúvida em faculdade polissêmica deve ser resolvida em favor do acusado.

Efetivamente, é preciso que seja cotejada a salvaguarda da Constituição, a observância do princípio republicano, a probidade na administração e os demais valores em cena. Entretanto, é preciso que se tenha em mente que a Constituição conferiu ao Presidente da República todas as garantias do regime republicano-representativo, sem o qual estaria inviabilizado o exercício da relevante função pública de chefia do Estado e do governo, imunizando-o de oportunismos ilegítimos.

Por essa razão é que quando se fala em crime de responsabilidade deve-se discriminar, com exatidão, quais esferas do exercício dessa competência são vinculadas pela Constituição e quais esferas são compostas por aquilo que José Joaquim Gomes Canotilho chamou de *determinantes autônomas*.

As disposições constitucionais são "heteronomamente vinculantes das escolhas discricionariamente feitas pelo legislador",[227]

227 CANOTILHO, José Joaquim Gomes. *Constituição dirigente e vinculação do legislador*: contributo para a compreensão das normas constitucionais

não cabendo falar no exercício de qualquer função estatal que transborde a chamada *moldura kelseniana*.

Para Hans Kelsen, em todos os casos de indeterminação, oferecem-se várias possibilidades de aplicação da regra jurídica, de modo que ela pode ser conformada a corresponder a uma das suas várias significações. Assim é que o Direito a aplicar forma uma moldura "dentro da qual existem várias possibilidades de aplicação, pelo que é conforme ao Direito todo ato que se mantenha dentro deste quadro ou moldura, que preencha esta moldura em qualquer sentido possível".[228]

Assim, a interpretação levada a cabo pelo Legislativo deve compreender a fixação, por via cognoscitiva, do sentido do objeto a interpretar, sendo que o resultado deve ser sempre aquele que representa uma das possibilidades que dentro dessa moldura existe.

É preciso distinguir, assim, quais esferas são decorrentes do exercício de competência vinculada e quais são discricionárias, inclusive no que tange à instauração do processo referente ao *crime* de responsabilidade. A aplicação da sanção, portanto, não é autônoma e livre. Ela só pode se dar quando presentes certas condições estabelecidas pela Constituição da República.

Os requisitos para a instauração do processo de *impeachment* do Presidente da República devem ser detidamente examinados pela Câmara dos Deputados e pelo Senado Federal.

O Judiciário pode, ainda, exercer o controle (*judicial review*) da tipicidade dos fatos objetos de imputação,[229] desde que

---

programáticas. Coimbra: Coimbra, 1994, p. 265.

228 KELSEN, Hans. *Teoria Pura do Direito*. São Paulo: Martins Fontes, 2007, p. 390.

229 Nesse sentido: STF. MS n. 21.564/DF, Rel. para o acórdão Min. Carlos Velloso, julgamento em 23.09.1992; MS 21.689, Rel. Min. Carlos Velloso, julgamento em 16.12.1993.

se comprove lesão ou ameaça a direito (art. 5º, inciso XXXV, da Constituição da República).

Não cumpridos os requisitos para a incidência válida da infração político-administrativa, a Constituição será desobedecida.

Frise-se, assim, que a conduta tida como delitiva não deve circunscrever-se à mera decisão subjetiva quanto ao cumprimento de certos valores ideológicos. Ao eleitor cabe o juízo ideológico do governo, não ao Legislativo.

Não é o fato de o ato ser praticado pelo Legislativo que, por si só, confere legitimidade constitucional ao ato, sob pena de a ele se conferir a função de imperador, que nenhuma autoridade do Estado Constitucional de Direito possui.

O devido processo legal não é uma mera pantomima formal. Assim é que os requisitos jurídicos para a instauração do processo de *impeachment* do Presidente da República, bem como o processo respectivo, ainda que vise cominar infração político-administrativa, deve seguir o rigoroso rito e a tipologia constitucional estrita.

Assim, passaremos a demonstrar que para cominação de infração político-administrativa de *impeachment* ao Presidente da República é necessário o preenchimento dos seguintes requisitos: (**a**) prática de conduta típica por parte durante o exercício do mandato e no exercício das funções e (**b**) culpabilidade estrita, consistente na prática de conduta dolosa grave.

8.6.1 A prática de conduta típica durante o exercício do mandato e no exercício das funções

A conduta típica compreende uma ação ajustada a um modelo legal de conduta proibida capitulada no art. 85 da Constituição da República, o qual prevê que são crimes de responsabilidade aqueles que atentem contra (**a**) a existência da União; (**b**) o livre exercício do Legislativo, do Judiciário, do Ministério Público e dos "poderes" constitucionais das unidades da Federação; (c) o exercício dos direitos políticos, individuais e sociais; (d) a segurança interna do País; (e) a probidade na administração; (f) a lei orçamentária; e, por fim, (g) o cumprimento das leis e das decisões judiciais. A Lei n. 1.079/1950 deve ser interpretada consideradas as determinações constitucionais, especialmente referido rol de condutas típicas.

No nosso entender, a prática de conduta típica durante o mandato e no exercício das funções deve ser cabalmente demonstrada, inclusive mediante um conjunto probatório requerido para as sanções penais uma vez que estamos diante da cominação de sanção de gravidade considerável.

Assim é que a primeira condição disposta pela Constituição é que haja um ato praticado pelo Presidente da República. Portanto, uma conduta ativa ou ao menos o que se possa chamar de omissão comissiva praticada na qualidade de Presidente da República. Não basta, portanto, a simples omissão. Nessa linha é o entendimento do exímio Lenio Luiz Streck, para o qual é preciso que se demonstre o dolo, a intenção de cometer o crime, não bastando, simplesmente, a omissão.[230]

Quando se fala em ato praticado pelo Presidente da República, exige-se, assim, a noção de autoria, bem como que ele tenha participado, de alguma forma, diretamente da produção do ato ou então ter assumido conscientemente suas consequências ilícitas. Não se pode atribuir ao Presidente da República a responsabilidade por atos praticados por outros agentes da Administração Pública.

É preciso frisar que qualquer ato estranho ao exercício das suas funções não é conduta passível da responsabilidade político-administrativa que ora examinamos. Isso não significa absoluta

---

230 STRECK, Lenio Luiz. *Entrevista*: não há nenhum elemento objetivo para *Impeachment*. Disponível em: http://zh.clicrbs.com.br/rs/noticias/proa/noticia/2015/02/lenio-streck-nao-ha-nenhum-elemento-objetivo-para-impeachment-4708988.html. Acessado em: 01.06.2015.

irresponsabilidade, mas que o mecanismo de responsabilização do *impeachment* incide em específicas hipóteses e dentro do âmbito constitucionalmente estabelecido.

Como se sabe, a responsabilidade do Presidente da República pode ocorrer, além do âmbito político-administrativo, na esfera penal e naquela a que se refere o art. 37, § 4º, da Constituição da República, regulamentado pela Lei n. 8.429/1992.

O § 4º do art. 86 da Constituição da República prevê que o Presidente da República, na vigência de seu mandato, não pode ser responsabilizado por atos estranhos ao exercício de suas funções.

Como a sanção é a perda do mandato, a conduta deve ocorrer neste mesmo mandato. O cargo do Presidente da República é caracterizado pela periodicidade. Assim é que o ato deve ocorrer no mandato atual, sob pena de se ignorar o caráter republicano das representações populares.

Com efeito, a temporariedade é uma das principais dimensões do princípio republicano. Ela traduz-se na realização de eleições periódicas. A Constituição da República prevê a legitimidade popular nos seus arts. 28, 29, incisos I e II, e 77, por meio da qual conferir-se-á o mandato de quatro anos, a iniciar-se, *in verbis*, "em primeiro de janeiro do ano seguinte ao da sua eleição".

Em nada se confunde, portanto, o dogma republicano de periodicidade do mandato – que é de quatro anos – com a possibilidade, em tese, de reeleição para um único período subsequente. Ou seja, a possibilidade de reeleição não significa que ambos os mandatos serão considerados um mesmo período para fins de responsabilização político-administrativa.

O crime regime de responsabilidade deve ser compreendido à luz do princípio republicano, o qual é caracterizado, essencialmente, pela periodicidade. Não se pode interpretar a Constituição pela lei, o que leva a uma inversão da hierarquia normativa, ocorrendo o que podemos chamar de "*legalização da Constituição*" em detrimento da constitucionalização das leis.

A supremacia da Constituição condiciona a validade e o sentido de todo o ordenamento jurídico.[231] O legislador interpreta a Constituição na elaboração da lei. Ou essa interpretação está correta e a lei é constitucional – e, portanto, reflete o que a Constituição determina – ou interpreta equivocadamente e a lei é inconstitucional e, consequentemente, nula. A lei, assim, não possui o condão de estabelecer ou fixar o sentido da Constituição. É a Constituição que condiciona o sentido da lei.

Portanto, para que o Presidente da República sofra impedimento, a conduta em questão necessariamente deve estar vinculada ao mandato vigente, e não ao anterior, em consonância com o caráter republicano das representações populares, marcadas, essencialmente, pela periodicidade dos mandatos.

Para os chamados agentes políticos não se aplica a regra da continuidade administrativa, incidente apenas para os agentes públicos que possuem vínculo profissional com o Estado. Para eles, a habilitação técnica os qualifica a entreter relação que se prolonga no tempo, sem qualquer descontinuidade.

Portanto, a reeleição do Presidente da República não viabiliza a responsabilização político-administrativa do Presidente da República por ato pretérito, praticado no primeiro mandato.

Isso não significa que o Presidente da República seja absolutamente irresponsável pelos atos pretéritos, mas isso ocorre em outros ambientes do Direito estranhos ao campo da infração político-administrativa de *impeachment*, situações em que podem ser aplicadas a ele sanções até mais graves que a perda do mandato.

---

231 BARROSO, Luís Roberto. *Curso de Direito Constitucional*. São Paulo: Saraiva, 2010, p. 300.

8.6.2 A culpabilidade estrita: conduta dolosa grave

A culpabilidade revela-se, no *crime* de responsabilidade, como a intencional violação de um dever. Deve-se aferir, assim, o dolo. Como se sabe, a modalidade culposa incide apenas quando houver expressa previsão normativa,[232] o que não há na Constituição da República.

Exige-se, assim, que se comprove, para fins de responsabilização, que o mandatário tenha querido o resultado ou assumido o risco de produzi-lo. Excepcionalmente, apenas se a Constituição expressamente assim dispusesse, seria possível a responsabilização baseada apenas na imprudência, negligência ou imperícia.

Exige-se, assim, que o Presidente da República tenha querido o resultado ou assumido o risco de produzi-lo. Consequentemente, a Lei n. 1.079/1950 deve ser interpretada considerando a exigência de atuação dolosa, devendo-se afastar interpretações equivocadas que levam ao entendimento de que o *crime* de responsabilidade pode ocorrer na modalidade culposa.

A culpabilidade deve, assim, envolver exclusivamente o dolo. Isto é, deve se demonstrar a consciência da ilicitude e o desejo dos seus resultados ilícitos. Não basta culpa, ainda que grave.

A título de exemplificação, a Constituição da República prevê que um dos fatores que pode levar ao *impeachment* é a prática de atos contra a probidade na administração (art. 85, inciso V).

Como a probidade a que se refere a Constituição da República não se confunde com aquela regulamentada pela Lei n. 8.429/1992, não se pode, jamais, aplicar, por exemplo, a regra da culpa grave para, num equivocado mecanismo hermenêutico de interpretação da Constituição pela lei, entender-se que a culpa grave bastaria para o *impeachment*.

232 Essa é, inclusive, a redação do art. 18 do Código Penal.

Assim, quando se fala em ato contra a probidade na administração, estamos falando em ato doloso.

Como antecipado, o regime jurídico de cominação de infração político-administrativa de *impeachment* ao Presidente da República é regido pelo princípio democrático e, portanto, pela ideia de soberania popular.

Portanto, da conjunção do presidencialismo com o regime democrático impõe-se, obrigatoriamente, a exigência de gravidade da conduta.

O mandato nasce da soberania do povo. O Presidente da República, no Brasil, representa o povo e o Estado brasileiro no plano internacional. De todas as funções do Estado, a que mais imediatamente sofre os efeitos da soberania popular e aquela exercida pelo Presidente da República.

Soberania popular não significa qualquer maioria ocasional de opinião pública ou publicada. É a maioria aferida no processo eleitoral. Portanto, a mera maioria ocasional não é capaz, ao menos no presidencialismo, de promover a interrupção da vontade procedimentalizada da soberania popular.

Rememore-se, aqui, Norberto Bobbio, o qual, por meio da sua "teoria das regras constitutivas da democracia", construiu uma concepção procedimental da democracia quando afirmou que ela é "um conjunto de regras (primárias ou fundamentais) que estabelecem quem está autorizado a tomar decisões coletivas e com quais procedimentos".[233]

Romper com a vontade do eleitor, mesmo que pelo Legislativo, só se justifica no regime presidencialista se houver gravidade no plano jurídico, isto é, uma infração intensa à ordem jurídica.

---

233 BOBBIO, Norberto. *O futuro da democracia*. Rio de Janeiro: Paz e Terra, 2009, p. 30.

Possíveis irregularidades em atos meramente contábeis e ilegalidades de pouca intensidade de ofensa a valores éticos e a determinados princípios e que não tenham implicado em desvio de dinheiro público ou apropriação privada em benefício pessoal ou de terceiros, mas praticadas à vista do interesse público, podem ensejar, possivelmente, a responsabilidade do Presidente da República em outros âmbitos. Entretanto, não se extrai da Constituição da República a responsabilidade a que se refere a cominação de infração político-administrativa de *impeachment* ao Presidente da República.

Como antecipado, o presidencialismo não é regido pelo ocasionalismo. A cominação de infração político-administrativa de *impeachment* ao Presidente da República está inserta no Direito sancionatório. Não se sujeita, portanto, a juízos de conveniência e oportunidade, como no parlamentarismo, no qual o voto de confiança, não necessariamente lastreado em alguma ilicitude, é que define o *impeachment*.

Essa possibilidade não existe no sistema de governo presidencialista, no qual o Presidente da República assume a função do executivo em sua integralidade ao acumular as funções de chefe de Estado, de governo e da Administração pública.

No parlamentarismo, ao contrário, é possível o *impeachment* baseado no mero juízo de conveniência e oportunidade pelo fato de que o Executivo é fragmentado, sendo que a legitimidade do chefe de governo emerge do parlamento.

Portanto, o Presidente da República não pode ser afastado por mero juízo de conveniência e oportunidade do Parlamento, mas apenas pelo cometimento de infrações previstas normativamente e demonstradas com o devido processo legal.

Assim é que o *crime* de responsabilidade traz em si um regime jurídico, que visa estabelecer certas garantias ao Presidente da República. No regime presidencialista, o mandato não pode ser interrompido por mero voto de desconfiança do Legislativo.

O chefe do Executivo não é o representante do Parlamento, o que ocorre no parlamentarismo. Não pode haver, portanto, a interrupção do mandato do Presidente porque se considera que ele agiu com incompetência ou inadequação no exercício das funções. A interrupção só pode ocorrer se houver conduta dolosa grave.

8.7 O papel da Câmara dos Deputados e o descabimento de recurso ao Plenário no caso de exame de admissibilidade negativo por seu Presidente

Como antecipamos, os requisitos para a instauração do processo de *impeachment* do Presidente da República devem ser detidamente examinados pela Câmara dos Deputados e pelo Senado Federal.

O processamento dos *crimes* de responsabilidade divide-se em duas partes: juízo de admissibilidade e processo e julgamento. Em ambos os casos, caberá a verificação do atendimento dos requisitos para sua incidência válida.

O art. 86 da Constituição da República prevê que a acusação será deduzida perante a Câmara dos Deputados, o que demanda a adequada descrição de uma ação ajustada a um modelo legal de conduta proibida, contrária ao direito e culpável.

Ausentes algum desses pressupostos, a Câmara dos Deputados poderá rejeitar liminarmente a denúncia. É realizado, portanto, um juízo de admissibilidade, isso considerando a consistência da acusação, bem como se as alegações e fundamentos são procedentes. Cabe-lhes, inclusive, rejeitá-la, de plano, acaso patentemente inepta ou despida de justa causa.[234]

---

234 Nesse sentido: STF. MS n. 30.672 AgR/DF, Rel. Min. Ricardo Lewandowski, julgamento em 15.09.2011.

No caso de despacho do Presidente da Câmara dos Deputados que não recebe a denúncia de infração político-administrativa, não é cabível recurso ao Plenário da mesma casa já que o exame prévio de admissibilidade por ele realizado não é, no nosso entendimento, passível de revisão.

Com efeito, tendo em vista que a denúncia de infração político-administrativa foi, dentro do exame prévio de admissibilidade realizado pelo Presidente da Câmara dos Deputados, afastada por não preencher os requisitos jurídicos necessários para a cominação de infração político-administrativa de *impeachment* ao Presidente da República, não há que se falar em cabimento de recurso ao Plenário.

Por essa razão, a previsão a que se refere o art. 218, § 3º, do Regimento Interno da Câmara dos Deputados, no sentido de que do despacho do Presidente que indeferir o recebimento da denúncia, caberá recurso ao Plenário, deve ser afastado.

A hipótese de recurso ao Plenário da Câmara dos Deputados é ainda mais descabida quando se constata que (**a**) não seria oportunizado ao Presidente da República o direito à defesa e, ainda, (**b**) constituir-se-ia em vulneração ao princípio da maioria qualificada a que se refere o art. 86 da Constituição da República por meio da antecipação do exame de admissibilidade, o que só deveria ocorrer após instrução probatória de uma Comissão Especial.

O afastamento do devido processo legal, ainda que nessa fase da excepcional cominação de infração político-administrativa de *impeachment* ao Presidente da República, é afrontosamente inconstitucional – contraria o estrito regime constitucional do processo de *impeachment* – e traria consequências irreparáveis para o exercício da função pública democraticamente incumbida ao Presidente da República, espalhando insegurança social e política.

Vulnerar-se-ia, ainda, a regra da maioria qualificada a que se refere o art. 86 da Constituição da República, o qual exige não a mera maioria simples, mas o quórum de dois terços. Trata-se, portanto, de inconstitucional antecipação do juízo de admissibilidade, o que só deveria ocorrer por meio de maioria qualificada e após instrução probatória de uma Comissão Especial.

É inconstitucional, portanto, a antecipação do exame de admissibilidade da acusação que seria desencadeado por meio do inconstitucional recurso ao Plenário da Câmara dos Deputados, já que o Presidente da República seria aliciado do necessário debate público que deve reger todo o processo de *impeachment*.

Por outro lado, em havendo exame positivo de admissibilidade, o art. 23, § 1º, da Lei n. 1.079/1950 prevê que, se por meio de votação nominal, decidir-se pela procedência da denúncia, considerar-se-á decretada a acusação, isso por dois terços da Câmara dos Deputados.

Autorizada a instauração do processo, a matéria passará à competência do Senado Federal, quando a acusação será processada e julgada,[235] conforme prevê o art. 52, inciso II, da Constituição da República. O Senado Federal poderá, igualmente, realizar a verificação do atendimento de requisitos para a sua incidência válida.

O art. 24 prevê que recebido no Senado Federal o decreto de acusação com o processo enviado pela Câmara dos Deputados e apresentado o libelo pela comissão acusadora, será remetida cópia do processo ao acusado, que será notificado para comparecer em dia prefixado perante o Senado Federal.

Oportunizada a ampla defesa ao imputado, o processo será julgado. O julgamento será absolutório ou condenatório,[236] isso por dois terços dos votos de seus membros, limitando-se à decisão pela perda do cargo, com inabilitação, por oito anos, para o exercício de função pública (art. 52, parágrafo único, da Constituição da República).

---

235 Nesse sentido: STF. MS n. 21.564/DF, Rel. para o acórdão Min. Carlos Velloso, julgamento em 23.09.1992.

236 SILVA, José Afonso da. *Curso de Direito Constitucional positivo*. São Paulo: Malheiros, 2008, p. 551.

Não cumpridos os requisitos para a incidência válida da infração político-administrativa, a Constituição da República será desobedecida, sendo possível, inclusive, que o Judiciário exerça o controle (*judicial review*) do preenchimento dos requisitos formais e materiais do processo de *impeachment* desde que se comprove lesão ou ameaça a direito (art. 5º, inciso XXXV, da Constituição da República).

Tendo em vista, por exemplo, que a denúncia de infração político-administrativa tenha sido, dentro do exame prévio de admissibilidade realizado pelo Presidente da Câmara dos Deputados, afastada por não preencher os requisitos jurídicos necessários para a cominação de infração político-administrativa de *impeachment* ao Presidente da República, e não cabendo recurso ao Plenário, restará ao Judiciário o controle da referida decisão.

8.8 Respostas aos quesitos

PRIMEIRO QUESITO: No plano do Direito Material, quais são os requisitos jurídicos para a cominação de infração político-administrativa de *impeachment* ao Presidente da República?

Para cominação de infração político-administrativa de *impeachment* ao Presidente da República é necessário o preenchimento dos seguintes requisitos: (**a**) prática de conduta típica por parte durante o exercício do mandato e no exercício das funções e (**b**) culpabilidade estrita, consistente na prática de conduta dolosa grave.

A conduta típica compreende uma ação ajustada a um modelo legal de conduta proibida capitulada no art. 85 da Constituição da República.

A prática de conduta típica durante o mandato e no exercício das funções deve ser cabalmente demonstrada, inclusive mediante um conjunto probatório requerido para as sanções penais uma vez que estamos diante da cominação de sanção de gravidade considerável.

Assim é que a primeira condição disposta pela Constituição é que haja um ato praticado pelo Presidente da República. Portanto, uma conduta ativa ou ao menos o que se possa chamar de omissão comissiva praticada na qualidade de Presidente da República. Não basta, portanto, a simples omissão. Nessa linha é o entendimento do exímio Lenio Luiz Streck, para o qual é preciso que se demonstre o dolo, a intenção de cometer o crime, não bastando, simplesmente, a omissão.[237]

Quando se fala em ato praticado pelo Presidente da República, exige-se, assim, a noção de autoria, bem como que ele tenha participado, de alguma forma, diretamente da produção do ato ou então ter assumido conscientemente suas consequências ilícitas. Não se pode atribuir ao Presidente da República a responsabilidade por atos praticados por outros agentes da Administração Pública.

Como a sanção é a perda do mandato, a conduta deve ocorrer neste mesmo mandato. O cargo do Presidente da República é caracterizado pela periodicidade. Assim é que o ato deve ocorrer no mandato atual, sob pena de se ignorar o caráter republicano das representações populares.

Para os chamados agentes políticos não se aplica a regra da continuidade administrativa, incidente apenas para os agentes públicos que possuem vínculo profissional com o Estado. Para eles, a habilitação técnica os qualifica a entreter relação que se prolonga no tempo, sem qualquer descontinuidade.

Portanto, a reeleição do Presidente da República não viabiliza a responsabilização político-administrativa do Presidente da República por ato pretérito, praticado no primeiro mandato.

---

237 STRECK, Lenio Luiz. *Entrevista*: não há nenhum elemento objetivo para *Impeachment*. Disponível em: http://zh.clicrbs.com.br/rs/noticias/proa/noticia/2015/02/lenio-streck-nao-ha-nenhum-elemento-objetivo-para-impeachment-4708988.html. Acessado em: 01.06.2015.

A culpabilidade revela-se, no *crime* de responsabilidade, como a intencional violação de um dever. Deve-se aferir, assim, o dolo. Como se sabe, a modalidade culposa incide apenas quando houver expressa previsão normativa, o que não há na Constituição da República.

Exige-se, assim, que se comprove, para fins de responsabilização, que o mandatário tenha querido o resultado ou assumido o risco de produzi-lo.

A culpabilidade deve, assim, envolver exclusivamente o dolo. Isto é, deve se demonstrar a consciência da ilicitude e o desejo dos seus resultados ilícitos. Não basta culpa, ainda que grave.

Romper com a vontade do eleitor, mesmo que pelo Legislativo, só se justifica no regime presidencialista se houver gravidade no plano jurídico, isto é, uma infração intensa à ordem jurídica.

Possíveis irregularidades em atos meramente contábeis e ilegalidades de pouca intensidade de ofensa a valores éticos e a determinados princípios e que não tenham implicado em desvio de dinheiro público ou apropriação privada em benefício pessoal ou de terceiros, mas praticadas à vista do interesse público, podem ensejar, possivelmente, a responsabilidade do Presidente da República em outros âmbitos. Entretanto, não se extrai da Constituição da República a responsabilidade a que se refere a cominação de infração político-administrativa de *impeachment* ao Presidente da República.

Em suma, o *crime* de responsabilidade traz em si um regime jurídico, que visa estabelecer certas garantias ao Presidente da República. No regime presidencialista, o mandato não pode ser interrompido por mero voto de desconfiança do Legislativo. O chefe do Executivo não é o representante do Parlamento, o que ocorre no parlamentarismo. Não pode haver, portanto, a interrupção do mandato do Presidente porque se considera que ele agiu com incompetência ou inadequação no exercício das funções. A interrupção só pode ocorrer se houver conduta dolosa grave.

SEGUNDO QUESITO: Na hipótese de despacho do Presidente da Câmara dos Deputados não recebendo, dentro do exercício do exame prévio de admissibilidade, a denúncia de infração político-administrativa, é cabível recurso ao plenário da casa?

No caso de despacho do Presidente da Câmara dos Deputados que não recebe a denúncia de infração político-administrativa, não é cabível recurso ao Plenário da mesma casa já que o exame prévio de admissibilidade por ele realizado não é, no nosso entendimento, passível de revisão.

Com efeito, tendo em vista que a denúncia de infração político-administrativa foi, dentro do exame prévio de admissibilidade realizado pelo Presidente da Câmara dos Deputados, afastada por não preencher os requisitos jurídicos necessários para a cominação de infração político-administrativa de *impeachment* ao Presidente da República, não há que se falar em cabimento de recurso ao Plenário.

Por essa razão, a previsão a que se refere o art. 218, § 3º, do Regimento Interno da Câmara dos Deputados, no sentido de que do despacho do Presidente que indeferir o recebimento da denúncia, caberá recurso ao Plenário, deve ser afastado.

A hipótese de recurso ao Plenário da Câmara dos Deputados é ainda mais descabida quando se constata que (**a**) não seria oportunizado ao Presidente da República o direito à defesa e, ainda, (**b**) constituir-se-ia em vulneração ao princípio da maioria qualificada a que se refere o art. 86 da Constituição da República por meio da antecipação do exame de admissibilidade, o que só deveria ocorrer após instrução probatória de uma Comissão Especial.

O afastamento do devido processo legal, ainda que nessa fase da excepcional cominação de infração político-administrativa de *impeachment* ao Presidente da República, é afrontosamente inconstitucional – contraria o estrito regime constitucional do processo de *impeachment* – e traria consequências irreparáveis para o exercício da função pública democraticamente incumbida ao Presidente da República, espalhando insegurança social e política.

Vulnerar-se-ia, ainda, a regra da maioria qualificada a que se refere o art. 86 da Constituição da República, o qual exige não a mera maioria simples, mas o quórum de dois terços. Trata-se, portanto, de inconstitucional antecipação do juízo de admissibilidade, o que só deveria ocorrer por meio de maioria qualificada e após instrução probatória de uma Comissão Especial.

É inconstitucional, portanto, a antecipação do exame de admissibilidade da acusação que seria desencadeado por meio do inconstitucional recurso ao Plenário da Câmara dos Deputados, já que o Presidente da República seria aliciado do necessário debate público que deve reger todo o processo de *impeachment*.

Este é o nosso parecer.

São Paulo, 11 de outubro de 2015.

CAPÍTULO IX

A NÃO CARACTERIZAÇÃO DO CRIME DE RESPONSABILIDADE NA PRÁTICA DE ATOS RELATIVOS À PROBIDADE NA ADMINISTRAÇÃO E EM CUMPRIMENTO À LEI ORÇAMENTÁRIA E À DETERMINAÇÃO CONSTITUCIONAL DE EXECUÇÃO DE POLÍTICAS PÚBLICAS ESSENCIAIS

PARECER JURÍDICO COMPLEMENTAR

EMENTA:

I. PROLEGÔMENOS E FORMULAÇÃO DO QUESITO COMPLEMENTAR. II. A REGULARIDADE DOS SUPOSTOS ATOS ATENTATÓRIOS À PROBIDADE NA ADMINISTRAÇÃO E À LEI ORÇAMENTÁRIA. II.A. A QUESTÃO DA ABERTURA DE CRÉDITOS SUPLEMENTARES. II.B. A QUESTÃO DAS SUPOSTAS CONTRAPRESTAÇÕES DIFERIDAS AO BNDES, BB E CEF: O FLUXO DE CAIXA PARA FINS DE COMPENSAÇÃO. III. OS SUPOSTOS ATOS ATENTATÓRIOS À PROBIDADE

NA ADMINISTRAÇÃO E À LEI ORÇAMENTÁRIA À LUZ DA DETERMINAÇÃO CONSTITUCIONAL DE EXECUÇÃO DE POLÍTICAS PÚBLICAS ESSENCIAIS. **IV.** A NÃO CARACTERIZAÇÃO DO CRIME DE RESPONSABILIDADE. **IV.A.** A AUSÊNCIA DE CONDUTA PUNÍVEL. **IV.B.** A AUSÊNCIA DE CONDUTA DOLOSA GRAVE. **V.** RESPOSTA AO QUESITO COMPLEMENTAR.

CONSULENTE: PARTIDO DOS TRABALHADORES – PT

9.1 Prolegômenos e formulação do quesito complementar

Honra-nos o **Partido dos Trabalhadores – PT**, com sede à SCS, quadra 2, bloco C, nº 256, 1º andar, Ed. Toufic, Asa Sul, Brasília-DF, com Consulta complementar no tema da cominação da infração político-administrativa de *impeachment* à Presidenta da República. Assim, nos foi formulado o seguinte quesito complementar:

QUESITO COMPLEMENTAR: No plano do Direito Material, estão preenchidos os requisitos jurídicos para a cominação de infração político-administrativa de *impeachment* à Presidenta da República por ato praticado no mandato atual?

Com efeito, elaboramos, recentemente, parecer no tema dos requisitos jurídicos para a cominação da infração político-administrativa de *impeachment* à Presidenta da República e, ainda, quanto ao cabimento de recurso ao Plenário da Câmara dos Deputados no caso de despacho do Presidente da Casa que não recebe a denúncia de infração político-administrativa.

Na oportunidade, concluímos que, para cominação de infração político-administrativa de *impeachment* à Presidenta da República, é necessário o preenchimento dos seguintes requisitos: (**a**) prática de conduta típica durante o exercício do mandato atual e (**b**) culpabilidade estrita, consistente na prática de conduta dolosa grave.

Sustentamos, nesses termos, que a primeira condição disposta pela Constituição da República é que haja um ato praticado pela Presidenta da República. Portanto, uma conduta ativa ou ao menos o que se possa chamar de omissão comissiva.

Quando se fala em ato praticado pela Presidenta da República, exige-se, assim, a noção de autoria, bem como que ela tenha participado, de alguma forma, diretamente da produção do ato ou então ter assumido conscientemente suas consequências ilícitas. Não se pode atribuir à Presidenta da República a responsabilidade por atos praticados por outros agentes da Administração Pública, para os quais a legislação determine consequências próprias, específicas.

Como a sanção é a perda do mandato, a conduta deve ocorrer neste mesmo mandato, decorrência imediata da regra da periodicidade, a qual é inerente ao caráter republicano das representações populares. Atos praticados em mandatos anteriores estariam sujeitos a outras consequências jurídicas, já bem estabelecidas em Lei. O processo de impedimento, em sua especialidade, visa ao controle do mandato outorgado e em seu exercício.

Por outro lado, a culpabilidade revela-se, no crime de responsabilidade, como a intencional violação de um dever. Deve-se aferir, assim, o dolo. Como se sabe, a modalidade culposa incide apenas quando houver expressa previsão normativa, o que não há na Constituição da República.

É preciso que se comprove, para fins de responsabilização, que o mandatário tenha querido o resultado ou assumido o risco de produzi-lo. Isto é, deve se demonstrar a consciência da ilicitude e o desejo dos seus resultados ilícitos. Não basta culpa, ainda que grave.

Nesse cenário, o presente parecer complementar visa abordar, no plano do Direito material, o possível preenchimento dos requisitos jurídicos para a cominação de infração político-administrativa de *impeachment* à Presidenta da República.

Para que possamos responder ao quesito adicional apresentado, sustentaremos que a aplicação do chamado impeachment à Presidenta da República em face da prática de conduta típica e ilícita no exercício de suas funções é um recurso excepcional e que demanda o acolhimento de uma compreensão da Constituição da República à luz dos princípios republicano e democrático, devendo-se evitar a compreensão literal e isolada dos seus artigos 85 e 86 e da Lei n. 1.079/50.

Além disso, é preciso que os supostos atos atentatórios à probidade na administração e à lei orçamentária sejam examinados sob a ótica dos comandos constitucionais de dignidade da pessoa humana, erradicação da pobreza e a marginalização, redução das desigualdades sociais e regionais, promoção do bem de todos, prevalência dos direitos humanos e justiça social. É o que passaremos a demonstrar.

9.2 A regularidade dos supostos atos atentatórios à probidade na administração e à lei orçamentária

9.2.1 A questão da abertura de créditos suplementares

A abertura de créditos suplementares, o que ocorreu por meio da edição de quatro decretos em 27.7.2015[238] e de dois decretos

238 **Decreto de 27.7.2015:** abre ao Orçamento Fiscal da União, em favor de diversos órgãos do Poder Executivo, crédito suplementar no valor de R$ 29.922.832,00, para reforço de dotações constantes da Lei Orçamentária vigente. **Decreto de 27.7.2015:** abre ao Orçamento Fiscal da União, em favor de diversos órgãos do Poder Executivo, de Encargos Financeiros da União e de Refinanciamento da Dívida Pública Mobiliária Federal, crédito suplementar no valor de R$ 36.759.382.520,00, para reforço de dotações constantes da Lei Orçamentária vigente. **Decreto de 27.7.2015:** abre aos Orçamentos Fiscal e da Seguridade Social da União, em favor dos Ministérios da Educação, da Previdência Social, do Trabalho e Emprego e da Cultura, crédito suplementar

em 20.8.2015,[239] seguiu as disposições normativas de regência – especialmente o art. 4º da Lei n. 13.115/2015 – e amparado em pareceres técnicos e jurídicos produzidos nos respectivos processos administrativos.

Os créditos suplementares, diante da insuficiência dos valores previstos, aumentam as dotações orçamentárias destinadas a determinadas despesas. Trata-se, portanto, de mecanismo ínsito à dinâmica que rege o orçamento público que se destina, precipuamente, a garantir a observância da meta de resultado primário.

Por essa razão é que o implemento da condição para a abertura de créditos suplementares só pode ocorrer ao final do exercício em curso, momento em que se poderá verificar se a meta primária foi atingida.[240] Portanto, não é juridicamente possível que, no exercício atual, se identifique que os Decretos questionados extrapolam os limites previstos no art. 4º da Lei n. 13.115/2015.

no valor de R$ 1.701.389.028,00, para reforço de dotações constantes da Lei Orçamentária vigente. **Decreto de 27.7.2015:** abre aos Orçamentos Fiscal e da Seguridade Social da União, em favor de diversos órgãos dos Poderes Legislativo, Judiciário e Executivo, da Defensoria Pública da União, do Ministério Público da União e de Transferências a Estados, Distrito Federal e Municípios, crédito suplementar no valor de R$ 1.629.519.495,00, para reforço de dotações constantes da Lei Orçamentária vigente.

239 **Decreto de 20.8.2015:** abre ao Orçamento Fiscal da União, em favor dos Ministérios da Agricultura, Pecuária e Abastecimento, da Fazenda e das Cidades e de Encargos Financeiros da União, crédito suplementar no valor de R$ 55.237.582.569,00, para reforço de dotações constantes da Lei Orçamentária vigente. **Decreto de 20.8.2015:** abre ao Orçamento Fiscal da União, em favor dos Ministérios dos Transportes, da Integração Nacional e das Cidades e das Secretarias de Aviação Civil e de Portos, crédito suplementar no valor de R$ 1.201.641.285,00, para reforço de dotações constantes da Lei Orçamentária vigente.

240 Nesse sentido: RIBEIRO, Ricardo Lodi. *Pedaladas hermenêuticas no pedido de impeachment de Dilma Rousseff*. Disponível em: http://www.conjur.com.br/2015-dez-04/ricardo-lodi-pedaladas-hermeneuticas-pedido-impeachment. Acessado em: 04.12.2015.

De todo modo, a diminuição da arrecadação tributária levou à revisão da meta de resultado primário, o que foi desencadeado pelo Projeto de Lei n. 5/2015, convertido na Lei n. 13.199/2015. Isso legitimou a abertura dos créditos suplementares realizados, referendando-os.

Saliente-se, ainda, que a abertura de créditos suplementares, na pendência de apreciação pelo Congresso Nacional de projeto de lei alterando a meta de resultado primário também ocorreu no exercício de 2009 e o parecer prévio elaborado pelo TCU não fez qualquer ressalva a essa questão.

Por todas essas razões, conclui-se que a abertura de créditos suplementares em referência ocorreu em estrita observância às disposições normativas de regência, não havendo violação ao inciso V do art. 167 da Constituição da República e ao art. 4º da Lei n. 13.115/2015.

9.2.2 A questão das supostas contraprestações diferidas ao BNDES, BB e CEF: o fluxo de caixa para fins de compensação

Os programas sociais viabilizados por meio do fluxo de caixa de compensação que existe entre a União e o Banco Nacional de Desenvolvimento Econômico e Social – BNDES, o Banco do Brasil – BB e a Caixa Econômica Federal – CEF são operacionalizados por meio da utilização de chamadas contas de suprimento de fundos.

A relação entre a União e tais entes no suporte à operacionalização de programas sociais é regida pelas regras da subvenção, conceituada como o "o auxílio financeiro, previsto no orçamento público, para ajudar entidades públicas ou particulares a desenvolver atividades assistenciais, culturais ou empresariais".[241]

241 OLIVEIRA, Regis Fernandes de. *Curso de Direito financeiro*. São Paulo: Revista dos Tribunais, 2015, p. 709.

Por essa razão é que existem procedimentos específicos a serem observados para a recomposição dos valores disponibilizados aos beneficiados.

Com efeito, os programas sociais viabilizados por meio do fluxo de caixa de compensação que existe entre a União e o BNDES, o BB e a CEF estão operacionalizados por meio da utilização de chamadas contas de suprimento de fundos.

O procedimento implica a dilação entre a disponibilização dos valores e o pagamento de subvenção da União ao ente. Em nenhuma hipótese, mesmo em face de hipotético atraso nesse pagamento após a apuração e liquidação de valores, configura-se, juridicamente, um empréstimo ou um financiamento.

Trata-se de mecanismo consentâneo com a magnitude dos valores envolvidos e da impossibilidade de previsão dos valores a serem sacados diariamente. Portanto, foi o próprio interesse público que demandou a existência do referido mecanismo.

Além do mais, o adiantamento de valores é prática vedada. Portanto, apenas depois de preenchidos determinados requisitos – como a concessão da subvenção ao beneficiário e a liquidação dos valores dispendidos em determinado período – é que, juridicamente, é possível o repasse.

Não se trata, portanto, de operação de crédito a que se refere o art. 29, inciso III, da Lei complementar n. 101/2000, bem como a qualquer das hipóteses equiparadas, mas apenas a uma remuneração bilateral do dinheiro que se administrou por meio do fluxo de caixa.

Com efeito, a Resolução n. 43/2001 do Senado Federal – que dispõe sobre as operações de crédito interno e externo dos Estados, do Distrito Federal e dos Municípios – conceitua as operações de crédito como:

> (...) compromissos assumidos com credores situados no país ou no exterior, em razão de mútuo, abertura de crédito, emissão e aceite de título, aquisição financiada de bens, recebimento antecipado de valores provenientes da venda a termo de bens e serviços, arrendamento mercantil e outras operações assemelhadas, inclusive com o uso de derivativos financeiros.

Depreende-se, portanto, que o passivo contábil de entes públicos não está inserto na noção de operação de crédito. Em outras palavras, não é operação de crédito o nascimento de obrigações decorrentes de eventual inadimplemento de obrigações contratuais, como o diferimento no repasse de recursos para o pagamento de prestações sociais pelos bancos públicos. Nesse sentido é o entendimento de Ricardo Lodi Ribeiro, para o qual:

> Não se pode confundir operação de crédito, que tem um regramento jurídico próprio, inclusive quanto à vedação contida no artigo 36 da LRF, com o nascimento de um crédito em decorrência de um inadimplemento contratual, que, obviamente, não sofre as mesmas restrições. A União, como qualquer outro contratante, deve responder pelo inadimplemento das obrigações por ela assumidas com as instituições financeiras que contrata, ainda que seja controladora dessas entidades.[242]

Afasta-se, portanto, a incidência do art. 36 da Lei complementar n. 101/2000, o qual veda a operação de crédito entre uma instituição financeira estatal e o ente da Federação que a controle, na qualidade de beneficiário do empréstimo.

---

242 RIBEIRO, Ricardo Lodi. *Pedaladas hermenêuticas no pedido de impeachment de Dilma Rousseff*. Disponível em: http://www.conjur.com.br/2015-dez-04/ricardo-lodi-pedaladas-hermeneuticas-pedido-impeachment. Acessado em: 04.12.2015.

Referida restrição visa impedir práticas de alavancagem financeira, o que pode levar a situações de crescimento acelerado e artificial da dívida pública, o que não se aplica ao caso em exame, no qual não houve aumento do endividamento da União.

Além do mais, a relação entre a União e o BNDES, o BB e a CEF não é regida por um contrato bancário típico, o que existiria se houvesse a abertura de um crédito em favor da União ou o preenchimento de alguma das demais hipóteses previstas no art. 29, inciso III, da Lei complementar n. 101/2000.

Além disso, a relação entre a União e tais entes no suporte à operacionalização de programas sociais é regida por normas e disposições contratuais próprias, existindo procedimentos específicos a serem observados para a recomposição dos valores disponibilizados aos beneficiários.

O procedimento implica a dilação entre a disponibilização dos valores e o pagamento de subvenção da União aos entes públicos. Em nenhuma hipótese, mesmo em face de hipotético atraso nesse pagamento após a apuração e liquidação de valores, configura-se, juridicamente, um empréstimo ou um financiamento.

Nesse contexto, é de se destacar que o adimplemento de obrigações por parte da Administração Pública a um contratante privado – isso por meio de um contrato administrativo regido, exemplificativamente, pela Lei n. 8.666/1993 – não ocorre simultânea ou imediatamente após as medições respectivas. Entretanto, nem por isso o adimplemento diferido implica em qualquer operação de crédito, bem como de financiamento.

Especificamente com relação à sistemática prevista no contrato de prestação de serviços firmado entre a União e a CEF, ela reproduz o mecanismo previsto na Lei n. 11.977/2009, que dispõe sobre o Programa Minha Casa, Minha Vida.

Referida lei prevê que, para a implementação do programa social, a União concederá subvenção econômica ao beneficiário. Ao passo que, enquanto não efetivado o aporte de recursos, a CEF terá direito ao ressarcimento das quantias desembolsadas.

Veja-se, portanto, que a própria lei não conferiu a essa utilização temporária de recursos o caráter de operação de crédito, mas um mero fluxo de caixa para fins de compensação.

Não se trata, portanto, de um empréstimo bancário, no qual há um contrato entre o cliente e a instituição financeira.

Por fim, os contratos firmados com a CEF foram objeto de auditoria por parte da Controladoria-Geral da União e do Tribunal de Contas da União – TCU, não tendo havido qualquer apontamento sobre eventual irregularidade na referida sistemática.

Além disso, a sistemática de contraprestações diferidas ao BNDES, BB e CEF é utilizada em contratos da espécie há quase duas décadas, tendo sido inclusive já auditada pelo TCU, sem que houvesse qualquer objeção.

9.3 Os supostos atos atentatórios à probidade na administração e à lei orçamentária à luz da determinação constitucional de execução de políticas públicas essenciais

Ainda que plenamente lícitos, não se pode analisar a questão das supostas contraprestações diferidas ao BNDES, BB e CEF sem rememorar que elas ocorreram num cenário de execução de políticas públicas essenciais.

Em outras palavras, ainda que não tenha havido qualquer irregularidade nos atos que estão sendo objeto de processo administrativo tendente à responsabilização político-administrativa da Presidenta da República, aparente inobservância às normas de regência, bem como mera incongruência – o que configuraria, em tese, fato típico – não seria apta, juridicamente, para qualificar como conduta ilícita, cuja configuração exige, necessariamente, a contrariedade do ato ao ordenamento jurídico.

Ou seja, ainda que houvesse aparente inobservância do texto normativo, a mera inadequação não seria suficiente para qualificar o ato como ilícito eis que devem ser interpretados à luz dos valores fundamentais da Constituição da República.

Com efeito, a atuação da Administração pública federal, capitaneada pela Presidenta da República, deve ser lida à luz dos preceitos constitucionais, não podendo ser limitada a imposições legais, cuja literal e assistemática interpretação tende a levar a impropriedades.

Assim é que, como o próprio Estado não é um fim em si mesmo, as normas orçamentárias não possuem como escopo o engessamento do gasto público, não podendo ser limitadas tão somente pela execução precipitada de seus termos.

Ao contrário. As normas orçamentárias são meios de solidificação dos compromissos e objetivos que representam as necessidades públicas, cujo cumprimento é mandamental para a satisfação do interesse público.

As funções do orçamento público podem ser resumidas em três, quais sejam a alocativa, a distributiva e a estabilizadora.[243]

---

243 Na função alocativa, o Estado atua diretamente na produção de bens. De acordo com a Teoria Econômica do Bem-Estar Social, existem razões para essa atuação produtiva do Estado, as denominadas falhas de mercado: competição imperfeita, existência de bens públicos, presença de externalidades e de mercados incompletos, informação imperfeita, desemprego e outros distúrbios macroeconômicos. Por meio do Orçamento Público são feitas alocações de recursos, por exemplo, para que empresas governamentais atuem diretamente na oferta de bens à sociedade. De acordo com a função distributiva, verifica-se que nem todas as distribuições de bens e recursos da sociedade são desejáveis, principalmente por considerações de eficiência e de justiça social. Isso leva a que o governo se utilize do Orçamento para promover políticas de distribuição de recursos públicos como forma de tentar

Para a compreensão do caso concreto, ganha importância a segunda função destacada, uma vez que a função distributiva é a base para o atingimento dos direitos constitucionais mais essenciais.

Por intermédio dela o Administrador busca, ao elaborar, gerir e executar o orçamento, combater os desequilíbrios regionais e sociais. Mais do que uma política pública desejável, trata-se de um imperativo constitucional.

Note-se, assim, que mais do que uma peça financeira ou um programa de governo, as leis orçamentárias são instrumento de justiça social, de solidariedade nacional. Toda e qualquer estimativa de receita, previsão de despesa e elaboração de meta fiscal deve ser compreendida sob este viés.

Nessa linha de raciocínio, a análise dos supostos atos atentatórios à probidade na administração e à lei orçamentária deve ir além do exame literal das normas orçamentárias, demandando um exercício mais profundo que exige o sopesamento entre os princípios constitucionais aplicáveis ao caso concreto.

Assim é que a Constituição da República prevê que:

(**a**) é fundamento do nosso Estado Democrático de Direito a dignidade da pessoa humana (art. 1º, inciso III);

(**b**) são objetivos fundamentais da República Federativa do Brasil erradicar a pobreza e a marginalização e reduzir as

---

resolver tais tipos de problemas. Em termos macroeconômicos, a política fiscal por meio do Orçamento Público visa promover ajustes para que a economia atinja adequado nível de estabilidade. Essa função estabilizadora é importante com vistas a um alto nível de emprego, um grau razoável de estabilidade nos preços, equilíbrio no balanço de pagamentos e uma aceitável taxa e crescimento econômico. (MORGADO, Laerte Ferreira. *O orçamento público e a automação do processo orçamentário*. Texto para Discussão 85, Centro de Estudos da Consultoria do Senado Federal, Brasília, 2011).

desigualdades sociais e regionais (art. 3º, inciso III) e promover o bem de todos (art. 3º, inciso IV);

(c) é princípio que rege a República Federativa do Brasil nas suas relações internacionais o da prevalência dos direitos humanos (art. 4º, inciso II); e, por fim,

(d) a ordem econômica possui por fim assegurar a todos existência digna, conforme os ditames da justiça social (art. 170, caput), observado, dentre outros, o princípio da redução das desigualdades regionais e sociais (art. 170, inciso VII).

Logo, a edição, interpretação e aplicação de normas infraconstitucionais devem estar em consonância com os ditames da Constituição da República, não sendo razoável concluir que os da Presidenta da República sejam examinados sem o sopesamento de tais comandos constitucionais.

Neste ponto, faz-se importante colacionar as palavras de Ricardo Lodi Ribeiro que, ao analisar a fundo a questão em debate, alertou que:[244]

> há uma terceira pedalada hermenêutica que consiste na alegação de que qualquer violação à lei orçamentária poderia ser caracterizada como crime de responsabilidade prevista em um dos itens do artigo 10 da Lei 1.079/50.
>
> Tal procedimento interpretativo deve ser evitado em nome da supremacia da democracia aos arranjos financeiros necessários a composição do superávit primário em detrimento das prioridades sociais definidas pela sociedade.
>
> Nessa esteira, deve-se evitar a simples subsunção de determinada prática a qualquer desses dispositivos legais, sem

244 RIBEIRO, Ricardo Lodi. *Pedaladas hermenêuticas no pedido de impeachment de Dilma Rousseff*. Disponível em: http://www.conjur.com.br/2015-dez-04/ricardo-lodi-pedaladas-hermeneuticas-pedidoimpeachment. Acessado em: 04.12.2015.

> qualquer apreciação quanto ao grau de lesão que a conduta isoladamente considerada gera às finanças públicas e ao dolo destinado a essa finalidade pela Presidente da República.

Com efeito, as metas fiscais são fruto de prospecções. Ainda que projetadas, as necessidades públicas que embasam a elaboração das metas são verificadas no momento da elaboração das leis orçamentárias, considerando todo contexto fático em que estão inseridas.

Entretanto, as necessidades públicas não são estáveis e dependem de um grande número de fatores que fazem com que o cálculo do montante arrecadado e destinado para determinado fim não possa ser considerado cientificamente exato.

A julgar que o comportamento do Administrador deve ser o instrumento de realização das necessidades públicas,[245] em sendo elas dinâmicas, a sua atuação não ser estática. Daí porque não é palatável entender que as metas fiscais devem ser cumpridas tal como foram originalmente idealizadas.[246]

Corroborando com este entendimento, em estudo intitulado "Análise e conjecturas sobre o orçamento programa. Flexibilidade e dispêndios", Régis Fernandes de Oliveira ensina:[247]

---

245 OLIVEIRA, Regis Fernandes de. *Curso de Direito Financeiro*. São Paulo: Revista dos Tribunais, 2015, pp. 179/180.

246 Se o orçamento é ou não lei formal, constitui-se simples autorização e se fosse verdade que em relação às despesas não seria mais que um ato-condição, parece claro que o que pode ou não obrigar o Executivo a executar o orçamento, tal como aprovado e autorizado pelo Legislativo, não é nenhum desses motivos, mas as particularidades de cada caso concreto. Não se pode, objetivamente, sem considerar a realidade dos fatos, obrigar o administrador a cumprir cegamente a lei orçamentária, nem deixar a seu arbítrio eleger o que pode ou não ser efetivado. (OLIVEIRA, Regis Fernandes de. *Curso de Direito Financeiro*. São Paulo: Revista dos Tribunais, 2015, p. 628).

247 OLIVEIRA, Regis Fernandes de. *Curso de Direito Financeiro*. 7ª ed. São Paulo: Revista dos Tribunais, 2015, p. 685.

> Importante é atribuir aos agentes instrumentos de flexibilidade para que possam utilizar as verbas públicas. Poderão remanejar dotações, facilitar licitações, alterar despesas, etc. Tudo em vista do fim a ser atingido.
>
> Evidente que tudo estará sujeito a controle hierárquico ou será de responsabilidade exclusiva dos agentes encarregados de gerenciar os recursos afetados ao programa. O que não tem sentido é atribuir a finalidade, efetuar a dotação e restringir a atuação dos agentes. Há que se confiar para que possam gerenciar e bem os recursos disponíveis, mas, ao mesmo tempo, não se pode abrir mão dos mecanismos de controle.

Percebe-se que a flexibilidade é intrínseca ao exercício da função de gestão do orçamento público, não havendo como responsabilizar, de pronto, a conduta de agente político que tenha imprimido esta lógica em a sua atuação. Para que haja a devida responsabilização, é preciso que a análise supere a estrita legalidade:

> Somente se pode dizer que houve dispêndio eficaz e eficiente se se atentou ao espectro dos direitos constitucionais. Como um dos pontos capilares do sistema de direito positivo é a redução das desigualdades, a eficiência deve ser também procurada dentro de tais parâmetros.[248]

Ou seja, no caso concreto, a satisfação do direito à dignidade humana pode se dar com alguma mitigação do princípio da estrita legalidade, o que se levanta penas a título de argumentação, já que, conforme demonstramos, os atos questionados são lícitos.

Assim, ainda que plenamente regulares em face das regras aplicáveis, não se pode analisar a questão das supostas contraprestações diferidas ao BNDES, BB e CEF sem lembrar que elas

---

248 OLIVEIRA, Regis Fernandes de. *Curso de Direito Financeiro*. 7ª ed. São Paulo: Revista dos Tribunais, 2015, p. 232.

ocorreram num cenário de execução de políticas públicas essenciais, diretamente voltadas a atingir a dignidade da pessoa humana (art. 1º, inciso III, da Constituição da República) por meio da busca da erradicação da pobreza e da marginalização e redução das desigualdades sociais e regionais (art. 3º, inciso III, da Constituição da República), comandos constitucionais estes que afastam qualquer tentativa de responsabilização político-administrativa da Presidenta da República.

9.4 A não caracterização do *crime* de responsabilidade

Os requisitos jurídicos para a instauração do processo administrativo tendente à cominação de infração político-administrativa de *impeachment* à Presidenta da República devem ser extraídos do quanto disposto no nosso Direito positivo, especialmente considerando o arcabouço constitucional, o que não se reduz à intelecção literal e isolada dos artigos 85 e 86 da Constituição, devendo envolver a compreensão sistemática dos princípios republicano e democrático, bem como os fundamentos (art. 1º) e objetivos (art. 3º) da República Federativa do Brasil.

O *crime* de responsabilidade submete-se, na expressão de Luís Roberto Barroso, a um "regime de tipologia constitucional estrita",[249] cabendo ao legislador ordinário tão-somente explicitar as práticas que se subsumem aos tipos constitucionais.

O fato de o julgamento do *crime* de responsabilidade decorrer do exercício de uma função política do Estado não é alvará para que se atente contra os direitos fundamentais e ao Estado de Direito. Por essa razão é que a aplicação de sanções no processo do

---

249 BARROSO, Luís Roberto. "Crime de responsabilidade e processo de *impeachment*". *Revista de Processo*, vol. 95, jul. 1999, p. 85 e *Doutrinas Essenciais de Direito Constitucional*, vol. 3, mai. 2011, p. 615.

crime de responsabilidade demanda o atendimento de requisitos para sua incidência válida.

Além disso, voltamos a frisar: os sistemas de garantias próprios do Direito penal e do processo penal devem, no que couber, ser aplicados ao processo e julgamento do *crime* de responsabilidade, em especial a regra da modalidade dolosa, o princípio *in dubio pro reo* e, ainda, a interpretação restritiva. Assim é que, por exemplo, qualquer dúvida em faculdade polissêmica deve ser resolvida em favor do acusado.

Efetivamente, é preciso que seja cotejada a salvaguarda da Constituição, a observância do princípio republicano, a probidade na administração e os demais valores em cena.

Entretanto, é preciso que se tenha em mente que a Constituição conferiu à Presidenta da República todas as garantias do regime republicano representativo, sem o qual estaria inviabilizado o exercício da relevante função pública de chefia do Estado e do governo, imunizando-a de oportunismos ilegítimos.

Assim, passaremos a demonstrar que, ainda que regulares os atos – o que já excluiria qualquer responsabilidade político-administrativa – eles não podem ser reputados à Presidenta da República. Não há, consequentemente, prática de conduta (**a**) típica e (**b**) dolosa.

Com efeito, as questões de ordem jurídico-financeira qualificadas como conduta irregular da Presidenta da República não resultam de quaisquer atos político-jurídicos atribuíveis à sua esfera de competência.

A rigor, sequer denotam qualquer desvio em face dos atos que são cotidianamente praticados há vários anos, nunca antes objeto de repressão pelos órgãos de controle da Administração.

Disso resulta a inexistência, também, de qualquer conduta da Presidenta da República que, a implicar ônus adicionais, não tenha recebido adequado tratamento sob a perspectiva da contabilidade pública. Os processos administrativos chegaram à Presidenta da República, como de praxe, contendo todos os elementos técnicos e jurídicos necessários à sua recepção, inexistindo flagrantes desvios.

Além disso, não há qualquer ato de vontade da Presidenta da República que configure alteração dos históricos parâmetros de apuração e, muito menos, dolo. É o que passaremos a demonstrar.

9.4.1 A ausência de conduta punível

A conduta típica compreende uma ação ajustada a um modelo legal de conduta proibida capitulada no art. 85 da Constituição da República, o qual prevê que são crimes de responsabilidade aqueles que atentem contra (**a**) a existência da União; (**b**) o livre exercício do Legislativo, do Judiciário, do Ministério Público e dos "poderes" constitucionais das unidades da Federação; (**c**) o exercício dos direitos políticos, individuais e sociais; (**d**) a segurança interna do País; (**e**) a probidade na administração; (**f**) a lei orçamentária; e, por fim, (**g**) o cumprimento das leis e das decisões judiciais.

A Lei n. 1.079/1950 deve ser interpretada consideradas as determinações constitucionais, especialmente referido rol de condutas típicas.

No nosso entender, a prática de conduta típica durante o mandato e no exercício das funções deve ser cabalmente demonstrada, inclusive mediante um conjunto probatório requerido para as sanções penais uma vez que estamos diante da cominação de sanção de imensa gravidade.

Assim é que a primeira condição disposta pela Constituição é que haja um ato praticado pela Presidenta da República. Portanto, uma conduta ativa ou ao menos o que se possa chamar de omissão comissiva praticada na qualidade de Presidente da República. Não basta, portanto, a simples omissão.

Quando se fala em ato praticado pela Presidenta da República, exige-se, assim, a noção de autoria, bem como que ela tenha participado, de alguma forma, diretamente da produção do ato ou então ter assumido conscientemente suas consequências ilícitas. Não se pode atribuir à Presidenta da República a responsabilidade por atos praticados por outros agentes da Administração Pública.

É preciso frisar que qualquer ato estranho ao exercício das suas funções não é conduta passível da responsabilidade político-administrativa que ora examinamos. Isso não significa absoluta irresponsabilidade, mas que o mecanismo de responsabilização do *impeachment* incide em específicas hipóteses e dentro do âmbito constitucionalmente estabelecido.

Como se sabe, a responsabilidade do Presidente da República pode ocorrer, além do âmbito político-administrativo, na esfera penal e naquela a que se refere o art. 37, § 4º, da Constituição da República, regulamentado pela Lei n. 8.429/1992.

Nesse contexto, constata-se que não se pode reputar a ato da Presidenta da República a abertura de créditos suplementares, o que ocorreu por meio da edição de quatro decretos de 27.7.2015 e de dois decretos de 20.8.2015.

Mesmo eles tendo sido editados em estrita observância às disposições normativas de regência, eles foram amparados em pareceres técnicos e jurídicos exarados nos respectivos processos administrativos.

A mera subscrição de tais decretos não significa que, para fins da responsabilização político-administrativa de *impeachment*, tenha havido uma conduta ativa ou ao menos o que se possa chamar de omissão comissiva, já que é preciso que a Presidenta da República tenha participado, diretamente, de todos os processos administrativo que desencadearam a edição dos respectivos decretos, o que não ocorreu. Não se pode, assim, atribuir à Presidenta da República a responsabilidade pelos atos praticados por outros agentes da Administração Pública.

Especificamente com relação à questão das supostas contraprestações diferidas ao BNDES, BB e CEF, a despeito de demonstrada a licitude do fluxo de caixa para fins de compensação contratual, não há que se falar, do mesmo modo, em ato da Presidenta da República.

As questões de ordem jurídico-financeira qualificadas como conduta irregular não resultam de quaisquer atos político-jurídicos atribuíveis a sua esfera de competência. Tanto assim o é que não se identifica nenhum ato da Presidenta da República.

9.4.2 A ausência de conduta dolosa grave

A culpabilidade revela-se, no *crime* de responsabilidade, como a intencional violação de um dever. Deve-se aferir, assim, o dolo. Como se sabe, a modalidade culposa incide apenas quando houver expressa previsão normativa,[250] o que não há na Constituição da República.

Exige-se, assim, que se comprove, para fins de responsabilização, que o mandatário tenha querido o resultado ou assumido o risco de produzi-lo. Excepcionalmente, apenas se a Constituição expressamente assim dispusesse, seria possível a responsabilização baseada apenas na imprudência, negligência ou imperícia.

Em outras palavras, é preciso que a Presidenta da República tenha almejado o resultado ou assumido o risco de produzi-lo. Consequentemente, a Lei n. 1.079/1950 deve ser interpretada considerando a exigência de atuação dolosa, devendo-se afastar interpretações equivocadas que levam ao entendimento de que o *crime* de responsabilidade pode ocorrer na modalidade culposa.

A culpabilidade deve, assim, envolver exclusivamente o dolo. Isto é, deve se demonstrar a consciência da ilicitude e o desejo dos seus resultados ilícitos. Não basta culpa, ainda que grave.

---

250 Essa é, inclusive, a redação do art. 18 do Código Penal.

A título de exemplificação, a Constituição da República prevê que um dos fatores que pode levar ao *impeachment* é a prática de atos contra a probidade na administração (art. 85, inciso V).

Como a probidade a que se refere a Constituição da República não se confunde com aquela regulamentada pela Lei n. 8.429/1992, não se pode, jamais, aplicar, por exemplo, a regra da culpa grave para, num equivocado mecanismo hermenêutico de interpretação da Constituição pela lei, entender-se que a culpa grave bastaria para o *impeachment*.

Assim, quando se fala em ato contra a probidade na administração, estamos falando em ato doloso.

Como antecipado, o regime jurídico de cominação de infração político-administrativa de impeachment à Presidenta da República é regido pelo princípio democrático e, portanto, pela ideia de soberania popular.

Portanto, da conjunção do presidencialismo com o regime democrático impõe-se, obrigatoriamente, a exigência de gravidade da conduta.

O mandato nasce da soberania do povo. A Presidenta da República, no Brasil, representa o povo e o Estado brasileiro no plano internacional. De todas as funções do Estado, a que mais imediatamente sofre os efeitos da soberania popular e aquela exercida por ela.

Soberania popular não significa qualquer maioria ocasional de opinião pública ou publicada. É a maioria aferida no processo eleitoral. Portanto, a mera maioria ocasional não é capaz, ao menos no presidencialismo, de promover a interrupção da vontade procedimentalizada da soberania popular.

Rememore-se, aqui, Norberto Bobbio, o qual, por meio da sua "teoria das regras constitutivas da democracia", construiu uma concepção procedimental da democracia quando afirmou que ela é "um conjunto de regras (primárias ou fundamentais) que estabelecem quem está autorizado a tomar decisões coletivas e com quais procedimentos".[251]

Romper com a vontade do eleitor, mesmo que pelo Legislativo, só se justifica no regime presidencialista se houver gravidade no plano jurídico, isto é, uma infração intensa à ordem jurídica.

Possíveis irregularidades em atos meramente contábeis e ilegalidades de pouca intensidade de ofensa a valores éticos e a determinados princípios e que não tenham implicado em desvio de dinheiro público ou apropriação privada em benefício pessoal ou de terceiros, mas praticadas à vista do interesse público, podem ensejar, possivelmente, a responsabilidade da Presidenta da República em outros âmbitos. Entretanto, não se extrai da Constituição da República a responsabilidade a que se refere a cominação de infração político-administrativa de *impeachment*.

Como antecipado, o presidencialismo não é regido pelo ocasionalismo. A cominação de infração político-administrativa de *impeachment* à Presidenta da República está inserta no Direito sancionatório. Não se sujeita, portanto, a juízos de conveniência e oportunidade, como no parlamentarismo, no qual o voto de confiança, não necessariamente lastreado em alguma ilicitude, é que define o *impeachment*.

Essa possibilidade não existe no sistema de governo presidencialista, no qual o Presidente da República assume a função do executivo em sua integralidade ao acumular as funções de chefe de Estado, de governo e da Administração Pública.

No parlamentarismo, ao contrário, é possível o *impeachment* baseado no mero juízo de conveniência e oportunidade pelo fato

251 BOBBIO, Norberto. *O futuro da democracia*. Rio de Janeiro: Paz e Terra, 2009, p. 30.

de que o Executivo é fragmentado, sendo que a legitimidade do chefe de governo emerge do parlamento.

Portanto, o Presidente da República não pode ser afastado por mero juízo de conveniência e oportunidade do Parlamento, mas apenas pelo cometimento de infrações previstas normativamente e demonstradas com o devido processo legal.

Assim é que o *crime* de responsabilidade traz em si um regime jurídico, que visa estabelecer certas garantias ao Presidente da República. No regime presidencialista, o mandato não pode ser interrompido por mero voto de desconfiança do Legislativo. O chefe do Executivo não é o representante do Parlamento, o que ocorre no parlamentarismo. Não pode haver, portanto, a interrupção do mandato do Presidente porque se considera que ele agiu com incompetência ou inadequação no exercício das funções. A interrupção só pode ocorrer se houver conduta dolosa grave.

Nesse contexto, não se identifica conduta dolosa da Presidenta da República na abertura de créditos suplementares, o que ocorreu por meio da edição de quatro decretos de 27.7.2015 e de dois decretos de 20.8.2015.

Mesmo eles tendo sido editados em estrita observância às disposições normativas de regência e que a mera subscrição não implique numa conduta ativa ou ao menos o que se possa chamar de omissão comissiva, o amparo em pareceres técnicos e jurídicos exarados nos respectivos processos administrativos, afasta qualquer conduta dolosa.

Com efeito, os processos administrativos chegaram à Presidência, como de praxe, contendo todos os elementos técnicos e jurídicos necessários à sua recepção, inexistindo desvios. Não se poderia, portanto, exigir conduta diversa senão o prosseguimento das medidas administrativas tendentes à abertura do crédito suplementar.

Especificamente com relação à questão das supostas contraprestações diferidas ao BNDES, BB e CEF, a despeito de demonstrada a licitude do fluxo de caixa para fins de compensação contratual e que não houve qualquer ato da Presidenta da República, não se pode falar na existência de qualquer conduta dolosa.

Referido mecanismo foi implementado há décadas, sendo que, por exemplo, o contrato firmado com a CEF foi objeto de auditoria por parte da Controladoria-Geral da União e do Tribunal de Contas da União – TCU, não tendo havido qualquer apontamento sobre eventual irregularidade em referida sistemática. Além disso, o mecanismo é lastreado em processos administrativos específicos, bem como em pareceres técnicos e jurídicos.

9.5 Resposta ao quesito complementar

QUESITO COMPLEMENTAR: No plano do Direito Material, estão preenchidos os requisitos jurídicos para a cominação de infração político-administrativa de *impeachment* à Presidenta da República por ato praticado no mandato atual?

A abertura de créditos suplementares ocorreu em estrita observância às disposições normativas de regência, não havendo violação ao inciso V do art. 167 da Constituição da República e ao art. 4º da Lei n. 13.115/2015.

Os programas sociais viabilizados por meio do fluxo de caixa de compensação que existe entre a União e o BNDES, o BB e a CEF são operacionalizados por meio da utilização de chamadas contas de suprimento de fundos.

A relação entre a União e tais entes no suporte à operacionalização de programas sociais é regida pelas regras da subvenção. Por essa razão é que existem procedimentos específicos a serem observados para a recomposição dos valores disponibilizados aos beneficiados.

Referido procedimento implica a dilação entre a disponibilização dos valores e o pagamento de subvenção da União ao ente. Em nenhuma hipótese, mesmo em face de hipotético atraso nesse pagamento após a apuração e liquidação de valores, configura-se, juridicamente, um empréstimo ou um financiamento.

Trata-se de mecanismo consentâneo com a magnitude dos valores envolvidos e da impossibilidade de pagamentos antecipados ou da incerteza inerente às oscilações dos valores a serem sacados diariamente. Portanto, foi o próprio interesse público que demandou a existência do referido instrumento.

Não se trata, portanto, de operação de crédito a que se refere o art. 29, inciso III, da Lei complementar n. 101/2000, bem como a qualquer das hipóteses de equiparação, mas apenas a uma remuneração bilateral do dinheiro que se administrou por meio do fluxo de caixa.

Ainda que plenamente lícitos, não se pode analisar a questão das supostas contraprestações diferidas ao BNDES, BB e CEF sem rememorar que elas ocorreram num cenário de execução de políticas públicas essenciais, diretamente voltadas a atingir a dignidade da pessoa humana (art. 1º, inciso III, da Constituição da República) por meio da busca da erradicação da pobreza e da marginalização e redução das desigualdades sociais e regionais (art. 3º, inciso III, da Constituição da República), comandos constitucionais estes que afastam qualquer tentativa de responsabilização político administrativa da Presidenta da República.

Subsidiariamente, não se pode reputar como de responsabilidade da Presidenta da República a abertura de créditos suplementares, o que ocorreu por meio da edição de quatro decretos em 27.7.2015 e de dois decretos em 20.8.2015.

Mesmo eles tendo sido editados em estrita observância às disposições normativas de regência, eles foram amparados em pareceres técnicos e jurídicos exarados nos respectivos processos administrativos.

A mera subscrição de tais decretos não significa que, para fins da responsabilização político-administrativa de *impeachment*, tenha havido uma conduta ativa ou ao menos o que se possa chamar de omissão comissiva, já que é preciso que a Presidenta da República tivesse dirigido, diretamente, todos os processos administrativos que desencadearam a edição dos respectivos decretos, o que não ocorreu. Não se pode, assim, atribuir à Presidenta da República a responsabilidade pelos atos praticados por outros agentes da Administração Pública.

Especificamente com relação à questão das supostas contraprestações diferidas ao BNDES, BB e CEF, a despeito de demonstrada a licitude do regime de caixa aplicado para fins de compensação contratual, não há que se falar, do mesmo modo, em ato da Presidenta da República.

Subsidiariamente, não se identifica conduta dolosa da Presidenta da República na abertura de créditos suplementares, o que ocorreu por meio da edição de quatro decretos em 27.7.2015 e de dois decretos em 20.8.2015, o que é afastado pelo amparo em pareceres técnicos e jurídicos exarados nos respectivos processos administrativos.

Com efeito, os processos administrativos chegaram à Presidência, como de praxe, contendo todos os elementos técnicos e jurídicos necessários à sua recepção, inexistindo desvios. Não se poderia, portanto, exigir conduta diversa senão o prosseguimento das medidas administrativas tendentes à abertura do crédito suplementar.

Especificamente com relação à questão das supostas contraprestações diferidas ao BNDES, BB e CEF, a despeito de demonstrada a licitude do procedimento executado para fins de compensação contratual e que não houve qualquer ato da Presidenta da República, não se pode falar na existência de qualquer conduta dolosa.

Referido mecanismo foi implementado há décadas, sendo que, por exemplo, o contrato firmado com a CEF foi objeto de auditoria por parte da Controladoria-Geral da União e do Tribunal de Contas da União – TCU, não tendo havido qualquer apontamento sobre eventual irregularidade em referida sistemática. Além disso, o mecanismo é lastreado em processos administrativos específicos, bem como em pareceres técnicos e jurídicos.

Este é o nosso parecer.

São Paulo, 7 de dezembro de 2015.

CAPÍTULO X

DAS GENERALIDADES ÀS MEDIDAS DE EXCEÇÃO PELA "OPERAÇÃO LAVA JATO"

EMENTA: I. PROLEGÔMENOS E FORMULAÇÃO DOS QUESITOS. II. O ESTADO DE EXCEÇÃO: ASPECTOS PROPEDÊUTICOS. III. ESTADO DE EXCEÇÃO: ESCORÇO HISTÓRICO E TEÓRICO. IV. OPERAÇÃO LAVA JATO: DAS GENERALIDADES ÀS MEDIDAS DE EXCEÇÃO CONTRA O EX-PRESIDENTE DA REPÚBLICA. V. RESPOSTAS AOS QUESITOS.

CONSULENTES: ILUSTRÍSSIMOS ADVOGADOS DE DEFESA DO EX-PRESIDENTE DA REPÚBLICA LUIZ INÁCIO LULA DA SILVA, Valeska Teixeira Zanin Martins e Cristiano Zanin Martins.

10.1 Prolegômenos e formulação dos quesitos

Honra-nos os Ilustríssimos advogados de defesa o ex-Presidente da República **Luiz Inácio Lula da Silva,** Valeska Teixeira Zanin Martins e Cristiano Zanin Martins, com Consulta atinente ao tema do *estado de exceção*, bem como das *medidas de exceção*, temática que o primeiro subscritor possui linha de pesquisa acadêmico-científica ao menos desde 2007, inclusive em defesa de pós-doutoramento na Universidade de Lisboa com a tese intitulada "*Jurisdição e Exceção*", em 2015, e posterior publicação do livro *Autoritarismo e Golpes na América Latina: breve ensaio sobre jurisdição e exceção.*[252] Assim considerando, os Consulentes nos relatam que:

1. Desde que deixou o cargo de Presidente da República (2003/2010), Luiz Inácio Lula da Silva realiza palestras e permanece *politicamente* ativo. Ele também é Presidente de honra do *Instituto Lula*, organização sem fins lucrativos que possui por objetivo discutir políticas públicas e aperfeiçoar a cooperação do Brasil com a África e com a América Latina.

2. Em março de 2016, o ex-Presidente da República teve seu nome diretamente envolvido no âmbito da autointitulada e vulgarmente conhecida como *Operação Lava Jato*. Desde aquele momento, os agentes públicos envolvidos na operação tentaram criar na população, com apoio de setores da imprensa, a expectativa de que o ex-Presidente da República é culpado e será condenado por crimes, dentre eles o de corrupção e lavagem de dinheiro.

3. A *Operação Lava Jato* desenvolve-se, precipuamente, na jurisdição federal do Estado do Paraná e está sob a responsabilidade do juízo da 13ª Vara Federal Criminal de Curitiba, Sérgio Fernando Moro, o qual, inclusive, assevera em palestras que a hostilidade pública deve ser

---

252 SERRANO, Pedro Estevam Alves Pinto. *Autoritarismo e golpes na América Latina*: breve ensaio sobre jurisdição e exceção. 1ª ed. São Paulo: Alameda, 2016. Saliente-se, ademais, que referida matéria é, principalmente pelo primeiro subscritor, objeto de análise científico-acadêmica e de veiculação diuturna em diversos artigos e entrevistas concedidas em diferentes canais.

estimulada contra políticos poderosos para que eles sejam deslegitimados e, dessa forma, possam ser condenados com maior facilidade. O juiz chegou a participar do lançamento de um livro intitulado *Lava Jato*, que contém sua fotografia na capa e que trata sua biografia de maneira idealizada. A mesma obra *demoniza* o ex-Presidente da República, colocando-o "*no centro da Lava Jato*". Os direitos desse livro foram vendidos e servirão, conforme notícias veiculadas na grande mídia, de base para uma série da *Netflix* a ser lançada em 2018.

4. Há três ações penais atualmente contra o ex-Presidente da República no âmbito da vulgarmente conhecida como *Operação Lava Jato*. Na primeira delas (Processo n. 5046512-94.2016.4.04.7000/PR), o ex-Presidente da República foi condenado, em primeira instância, a uma pena de nove anos e meio de reclusão pela suposta prática dos crimes de corrupção passiva e lavagem de dinheiro. A sentença foi proferida em 12 de julho 2017 e *complementada* em 18 de julho de 2017 por meio de decisão proferida no julgamento de embargos de declaração.

5. O recurso de apelação interposto pela defesa foi distribuído em 23.08.2017 no Tribunal Regional Federal da 4ª Região – TRF4 – e deverá ser julgado no próximo dia 24 de janeiro de 2018.

6. Além dos recursos e incidentes processuais apresentados perante os Tribunais Brasileiros durante a tramitação das ações penais e investigações a ela ligadas, o ex-Presidente da República também apresentou, em 26 junho de 2016, um *comunicado individual* ao Comitê de Direitos Humanos da ONU para demonstrar diversas violações às suas garantias fundamentais, nos termos do Pacto Internacional de Direitos Civis e Políticos.

Além do mais, os Consulentes nos apresentaram os seguintes fatos:

1. De 7 de abril de 2015 a 6 janeiro de 2016: o ex-Presidente da República prestou depoimentos. No período indicado, em quatro oportunidades ele atendeu às intimações recebidas. Em 07.04.2015 compareceu perante a Procuradoria Geral da República. Em 15.10.2015, perante a Procuradoria da República no Distrito Federal. Em 16.12.2015 e 06.01.2016, prestou esclarecimentos no Departamento de Polícia Federal no Distrito Federal. O ex-Presidente da República jamais deixou de atender a qualquer intimação para prestar depoimento.

2. 16 de fevereiro de 2016: determinado o levantamento dos dados fiscais e bancários do ex-Presidente da República, seus familiares e pessoas jurídicas a ele vinculadas, bem como de seus colaboradores no *Instituto Lula*.

3. 19 de fevereiro de 2016: autorizou-se a interceptação dos terminais utilizados pelo ex-Presidente da República, seus familiares e de pessoas próximas a ele. Também foi autorizada a interceptação do principal *ramal* do escritório de advocacia Teixeira, Martins & Advogados, que atua na defesa do ex-Presidente. Com isso, houve monitoramento da estratégia defensiva e violação do sigilo das conversas entre os advogados e o cliente.

4. 26 de fevereiro de 2016: estendida a interceptação telefônica para abranger o celular de um dos advogados do ex-Presidente da República, Roberto Teixeira, aprofundando o monitoramento da estratégia defensiva e violando-se o sigilo entre os advogados e o cliente.

5. 4 de março de 2016: sem qualquer intimação prévia desatendida, foi acolhido o pedido do Ministério Público Federal para determinar a condução coercitiva

do ex-Presidente da República. Ele ficou detido por cerca de seis horas no Aeroporto de Congonhas, estado de São Paulo, prestando depoimento. As perguntas formuladas nesse depoimento foram praticamente as mesmas que ele já havia respondido em depoimentos prestados entre 7 de abril de 2015 a 6 janeiro de 2016. No mesmo dia foi realizada busca e apreensão na residência e escritórios do ex-Presidente da República, de seus familiares e pessoas jurídicas a ele vinculadas, bem como de seus colaboradores.

6. 16 de março de 2016: determinado o enceramento da interceptação telefônica do ex-Presidente da República, seus familiares, colaboradores e advogados. Na mesma oportunidade foi autorizado o levantamento do sigilo das conversas captadas. Diversas conversas do ex-Presidente da República, de seus familiares, inclusive com os advogados, foram divulgadas por rádios e televisões do Brasil e do exterior. Nesse dia, o ex-Presidente da República havia sido nomeado Ministro Chefe da Casa Civil pela então Presidente Dilma Rousseff. Houve uma usurpação da competência do Supremo Tribunal Federal – STF. Além do mais, houve a divulgação de uma conversa entre o ex-Presidente da República e a então Presidente da República quando não mais havia autorização judicial para tanto.

7. 22 de março de 2016: o Ministro Teori Zavascki, do Supremo Tribunal Federal – STF, ao apreciar o pedido de liminar formulado no bojo de Reclamação apresentada pela então Presidenta Dilma Rousseff (Reclamação n. 22.543), entendeu que a motivação das decisões que autorizaram as interceptações era insuficiente para justificar o deferimento daquela medida excepcional, uma vez que "*meramente remissiva*" e com reprovável alcance:

Autuado, conforme se observa na tramitação eletrônica, requerimento do Ministério Público de interceptação telefônica, em 17.2.2016, "em relação a pessoas associadas ao ex-Presidente da República Luiz Inácio Lula da Silva (eventos 1 e 2)", aditado em 18.2.2016, teve decisão de deferimento em 19.2.2016 e sucessivos atos confirmatórios e significativamente ampliativos, em 20.2.2016, 26.2.2016, 29.2.2016, 3.3.2016, 4.3.2016 e 7.3.2016, sempre com motivação meramente remissiva, tornando praticamente impossível o controle, mesmo a posteriori, de interceptações de um sem número de ramais telefônicos.

8. 14 de setembro de 2016: os Procuradores da República em Curitiba/PR ofereceram denúncia contra o ex-Presidente da República. Ele foi acusado da prática dos delitos de corrupção passiva e lavagem de dinheiro. Segundo a narrativa, o ex-Presidente da República teria sido responsável pela nomeação e manutenção de Diretores da Petrobras – Petróleo Brasileiro S.A. com o único propósito de que estes possibilitassem a atuação criminosa de um preexistente *cartel* constituído por diversas empreiteiras para o fim de fraudar licitações.

Ainda de acordo com a tese acusatória, a Construtora OAS teria pagado, sistematicamente, vantagem indevida por meio de um "*caixa geral de propinas*", que seria alimentado por valores desviados da Petrobras a partir de três contratos firmados entre esta empresa e consórcios dos quais participava a Construtora OAS. São apontados desvios no montante de R$ 87.624.971,26.

A denúncia afirma, ademais, que o ex-Presidente da República recebeu de forma direta da OAS, em benefício pessoal, valores oriundos do mencionado "*caixa geral de propinas*", no total de R$ 3.738.738,07 consubstanciados em um apartamento *tríplex*, localizado no Município do

Guarujá, estado de São Paulo, bem como no custeio de armazenamento de bens pessoais.

Nessa ocasião, sob o pretexto de divulgar a denúncia à sociedade, o Ministério Público Federal alugou um espaço privado para realizar uma coletiva de imprensa.

9. 20 de setembro de 2016: o Juiz Sergio Moro recebeu a denúncia contra o ex-Presidente da República, instaurando a "*ação penal do tríplex*" (Processo n. 5046512-94.2016.4.04.7000/PR). Saliente-se, aqui, que, em 10.03.2016, o Ministério Público do Estado de São Paulo ofereceu denúncia contra o ex-Presidente da República, sua então esposa, hoje falecida, dentre outras pessoas. Em 14.03.2017, houve a declinação da competência para julgar esse feito sob o fundamento de que os fatos narrados guardavam conexão com a *Operação Lava Jato*, determinando-se a remessa ao Juízo da 13ª Vara Federal de Curitiba.

   Por sua vez, o Juízo da 13ª Vara Federal de Curitiba, na decisão de 20.09.2016, ao receber a denúncia oferecida pelo Ministério Público Federal, selecionou, dentre os acusados daquela primeira denúncia proveniente de São Paulo, julgar apenas o ex-Presidente da República e sua então esposa, hoje falecida, devolvendo à comarca de São Paulo as acusações relativas aos demais acusados, na qual a ação penal prosseguiu contra os demais réus. Referidos réus foram posteriormente absolvidos.

10. 23 de setembro de 2016: a *Corte Especial* do TRF4 julgou recurso em processo administrativo visando:

> à instauração de processo administrativo disciplinar contra o juiz Federal Sérgio Fernando Moro, conforme previsto nos artigos 402 e seguintes do Regimento Interno do TRF da 4ª Região, (II) ao afastamento cautelar do mesmo magistrado até a decisão final do processo disciplinar, com base no artigo

405 do Regimento Interno do TRF da 4ª Região, (III) à imposição de medidas disciplinares cabíveis contra violação ao artigo 35, I, da Lei Orgânica da Magistratura Nacional (LC n. 35 de 1979) e aos artigos 25 e 12 do Código de Ética da Magistratura Nacional, (IV) à averiguação de ocorrência de infração ao disposto na Resolução 59 do Conselho Nacional de Justiça, (V) ao envio de cópia da representação à Corregedoria Nacional de Justiça, à vista do disposto no artigo 19 da Resolução n. 59 do mesmo órgão, (VI) ao envio de cópia da representação à autoridade competente para a investigação sobre cometimento do crime do artigo 325 do Código Penal, (VII) à publicação de atos decisórios com fundamentação clara, explícita e congruente, conforme o artigo 50 da Lei de Processo Administrativo Federal (Lei n. 9.784, de 1999).

Por 13 votos a 1, a Corte Especial negou provimento ao recurso (processo administrativo n. 0003021-32.2016.4.04.8000/RS, relator Desembargador Federal Rômulo Pizzolatti) sob o fundamento de que:

> os processos e investigações criminais decorrentes da chamada "Operação Lava Jato", sob a direção do magistrado representado, constituem caso inédito (único, excepcional) no direito brasileiro. Em tais condições, neles haverá situações inéditas, que escaparão ao regramento genérico, destinado aos casos comuns. Assim, tendo o levantamento do sigilo das comunicações telefônicas de investigados na referida operação servido para preservá-la das sucessivas e notórias tentativas de obstrução, por parte daqueles, garantindo-se assim a futura aplicação da lei penal, é correto entender que o sigilo das comunicações telefônicas (Constituição, art. 5º, XII) pode, em casos excepcionais, ser suplantado pelo interesse geral na administração da justiça e na aplicação da lei penal. A ameaça permanente à continuidade das investigações da Operação Lava Jato, inclusive mediante sugestões de alterações na legislação, constitui, sem dúvida, uma situação inédita, a merecer um tratamento excepcional.

11. De 21 de novembro de 2016 a 15 de março de 2017: realização de 27 audiências para a oitiva de 73 testemunhas de acusação e defesa em relação ao "*caso do tríplex*". Nenhuma dessas testemunhas fez qualquer afirmação que pudesse confirmar as teses da acusação.

12. 11 de maio de 2017: é solicitada a realização de diligências complementares, em especial:

> b) Seja determinado à empresa PLANNER TRUSTEE que informe (i) se o apartamento 164-A do Edifício Solaris foi objeto de "Cessão Fiduciária em Garantia de Direitos de Crédito", conforme 1ª Emissão de Debêntures Simples, Não Conversíveis em Ações, Com Garantia Real e Garantia Adicional Fidejussória, De Emissão Da OAS Empreendimentos S.A de 03 de novembro de 2009. Se positivo juntar o(s) documento(s) correspondentes; (ii) se o apartamento 164-A do Edifício Solaris foi objeto e definido como "Recebíveis Decorrentes do Valor de Venda Futura", conforme Assembleia Geral de Debenturistas realizada em 28 de maio de 2013 referente à 1ª Emissão de Debêntures Simples, Não Conversíveis em Ações, Com Garantia Real e Garantia Adicional Fidejussória, De Emissão Da OAS Empreendimentos S.A de 03 de Novembro de 2009; (iii) se houve a constituição de SPE referente ao empreendimento do qual o edifício Solaris é parte, e, em caso de resposta positiva, encaminhar cópia dos documentos societários. (...)
>
> (...) a realização de prova pericial contábil-financeira, nos termos do art. 158 do CPP, com vistas a apurar: (i) A quem o imóvel objeto da presente ação, bem como as benfeitorias nele realizadas, é atribuído patrimonialmente; (ii) A quem seria atribuído patrimonialmente eventuais recebíveis advindos da alienação do referido imóvel; (iii) Se o imóvel é objeto de estruturação financeira, com emissão de valores mobiliários, em especial debêntures; (iv) Quem são os beneficiários das operações financeiras em que este imóvel foi utilizado como garantia real; JOSÉ ROBERTO

BATOCHIO ADVOGADOS ASSOCIADOS São Paulo R. Pe. João Manuel 755 19º andar Jd Paulista I 01411-001 Tel.: 55 11 3060-3310 Fax: 55 11 3061-2323 Rio de Janeiro R. Primeiro de Março 23 Conj. 1606 CentroI 20010-904 Tel.: 55 21 3852-8280 Brasília SAS Quadra 1 Bloco M Lote 1 Ed. Libertas Conj. 1009 Asa Sul I 70070-935 Tel./Fax: 55 61 3326-9905 www.teixeiramartins.com.br (v) Se o imóvel foi objeto de operações de cessão de recebíveis futuros quem seriam os beneficiários tais operações; (vi) Se o imóvel é objeto de Cessão Fiduciária em Garantia de Direitos de Crédito, atuais e futuros.

13. 15 de maio de 2017: é indeferida a realização de diligências complementares incluindo, mas não se limitando, à realização de prova pericial "para apurar de quem seria o imóvel 164-A, do Condomínio Solaris e ainda se o imóvel foi dado em garantia em operação financeira pela OAS Empreendimentos".
14. 21 de junho de 2016: são apresentadas as alegações finais. Foram anexados à peça documentos que comprovam que a Construtora OAS cedeu a totalidade dos recebíveis relativos ao *tríplex*, dentre outros imóveis, para um fundo gerido pela Caixa Econômica Federal por meio de contrato de cessão fiduciária em garantia. Segundo o contrato, 100% do valor de venda do imóvel deveria ser depositado em uma conta específica da Caixa Econômica Federal. O pagamento, portanto, seria condição *sine qua non* para qualquer operação objetivando transferir a propriedade do *tríplex*.
15. 12 de julho de 2017: proferida a sentença condenatória, a qual, apesar da inexistência de provas e das provas da inocência, acolheu a acusação e impôs ao ex-Presidente da República a pena de nove anos e seis meses de reclusão e pagamento de multa.

Os Consulentes também nos relatam que, em razão das inúmeras ilegalidades cometidas contra o ex-Presidente da República e seus familiares, foram adotadas diversas medidas judiciais. Contra o magistrado, foi promovida *queixa-crime* subsidiária por *abuso de autoridade*.

Conforme nos relatam os Consulentes, a sentença baseia-se fundamentalmente no depoimento do corréu José Adelmário Pinheiro Filho, executivo da Construtura OAS, o qual se encontrava em negociação de *acordo de colaboração premiada*, o que foi admitido expressamente em seu depoimento.

Ademais, para o juízo sentenciante, não seria necessário que se apontasse qual foi o ato de ofício supostamente praticado pelo ex-Presidente da República, bastando, para a condenação no crime de corrupção passiva majorada, "que os pagamentos sejam realizados em razão do cargo ainda que em troca de atos de ofício indeterminados, a serem praticados assim que as oportunidades apareçam".

Relativamente ao imóvel e sua propriedade, os Consulentes nos relatam que a sentença apresenta outros equívocos, já que a aquisição da propriedade imobiliária, segundo o art. 1.245, *caput* **e §1º, do Código Civil, somente pode ocorrer por meio de registro em** *Cartório de Registro de Imóveis*. Tomando-se a propriedade como um plexo de poderes que possui o proprietário sobre a *coisa*, os quais incluem as faculdades de usar, gozar, fruir, dispor e reivindicar (art. 1.228 do Código Civil), a "posse é caracterizada pelo exercício de alguma dessas faculdades", consoante art. 1.196 da citada espécie normativa.

Ademais, relata-nos que a decisão condenatória, ao tentar embasar a condenação e afirmar que o apartamento pertencia ao ex-Presidente da República, ora afirma que o imóvel lhe teria sido "*atribuído*", ora que seria ele "*proprietário de fato*", figura inexistente no Direito Civil brasileiro. A prova coletada, em especial a testemunhal, mostrou que o ex-Presidente da República jamais teve as chaves do apartamento. O ex-Presidente da República apenas visitou o imóvel em uma oportunidade para verificar eventual interesse na compra, que poderia ser realizada utilizando de créditos decorrentes de pagamentos que sua então esposa, hoje falecida, havia realizado a uma cooperativa habitacional que era responsável pelo empreendimento antes dele ser assumido pela Construtora OAS. A então esposa, hoje falecida, voltou uma outra vez ao imóvel e, em seguida, descartou o interesse na compra.

Nos é relatado, ainda, que a sentença viola o princípio da correlação entre acusação e sentença, princípio o qual dispõe que ninguém pode ser condenado por fato que não lhe foi imputado. Em suma, nos é relatado que o ex-Presidente da República foi acusado de ser possuidor ou proprietário de um apartamento e foi condenado por ter-lhe sido – supostamente – oferecido o imóvel. Ademais, enquanto a denúncia afirmou que a vantagem indevida seria proveniente dos contratos da Petrobrás, a sentença consignou que não há relação entre os referidos contratos e a suposta vantagem indevida recebida por meio da *"atribuição"* do apartamento *tríplex*.

16. 14 de julho de 2017: opostos embargos de declaração.

17. 18 de julho de 2017: em decisão de 14.07.2017, o Juiz reconheceu, mais uma vez, que o ex-Presidente da República não foi beneficiado pelos valores desviados dos três contratos da Petrobrás, os quais foram indicados na denúncia como "*os contratos que originaram as vantagens indevidas*": "*este Juízo jamais afirmou, na sentença ou em lugar algum, que os valores obtidos pela Construtora OAS nos contratos com a Petrobrás foram utilizados para pagamento da vantagem indevida para o ex-Presidente*".

18. 22 de agosto de 2017: apresentada a última manifestação pelas partes, tendo o recurso de apelação do ex-Presidente da República interposto em 31.07.2017.

19. 23 de agosto de 2017: remessa dos autos à segunda instância, o Tribunal Regional Federal da 4ª Região – TRF4.

No mesmo dia, após distribuição, foram expedidas as intimações para que fossem apresentadas as razões recursais.

20. 11 de setembro de 2017 a 12 de setembro de 2017: apresentação de razões recursais pelas partes.

21. 6 de outubro de 2017: proferido parecer pelo Ministério Público Federal, o qual foi contrário ao recurso do ex-Presidente da República. Após, os autos foram remetidos ao Desembargador Relator para elaboração de voto.

22. 1º de dezembro de 2017: autos remetidos ao Desembargador Revisor, indicando que o voto do Relator já foi concluído. Saliente-se, aqui, que o Desembargador Relator elaborou seu voto em 36 dias úteis. Segundo a própria imprensa brasileira, o prazo foi recorde se comparado a recursos apresentados por outros acusados no âmbito da *Lava Jato*.

23. 12 de dezembro de 2017: pedido de data para julgamento, indicando que o voto do Revisor já foi concluído. No mesmo dia, o julgamento foi designado para 24.01.2018.

Por fim, relatam-nos os Consulentes que, antes e durante o curso da ação penal em questão, diversos Procuradores da República integrantes da *Operação Lava Jato* utilizaram-se de entrevistas, publicações e postagens em redes sociais a fim de provocar uma espécie de julgamento prévio. O coordenador da força-tarefa, o Procurador da República Deltan Dallagnol, inclusive, publicou, em maio de 2017, ou seja, durante o curso da ação penal, livro denominado *A luta contra a corrupção – A Lava Jato e o futuro de um País marcado pela impunidade*, cuja capa traz uma foto de seu próprio rosto.

Ademais, nos é relatado que, somados à exposição midiática provocada pelos agentes públicos, os grandes meios de comunicação deram continuidade ao *trial by media* iniciado. Apenas a título de exemplificação, relata-nos os Consulente que o *Jornal Nacional* da Rede Globo, com alcance diário de cerca de 30 milhões de pessoas, dedicou mais de doze horas para expor o ex-Presidente da República de forma negativa. Considerando-se os outros grandes veículos de comunicação, os Consulentes nos relatam que, no período de janeiro a agosto de 2016, o ex-Presidente da República acumulou 1.044 textos negativos. Das matérias de capa, 71% foram contrárias a ele.

Nesses termos, nos foram formulados os seguintes quesitos:

PRIMEIRO QUESITO: Tendo em vista os fatos apresentados, é possível vislumbrar traços típicos do estado de exceção – Juízo de Exceção – no caso concreto?

SEGUNDO QUESITO: Levando em conta os fatos apresentados, é possível afirmar que o ex-Presidente da República teve um julgamento justo, imparcial e independente no Brasil?

TERCEIRO QUESITO: É possível identificar, diante dos fatos apresentados, a ocorrência de violação a direitos e garantias fundamentais nos atos de persecução penal realizados em desfavor do ex-Presidente da República?

QUARTO QUESITO: Caso seja positiva a resposta ao quesito anterior, os tribunais brasileiros corrigiram essas violações?

QUINTO QUESITO: Tendo em vista o comunicado individual do ex-Presidente Lula ao Comitê de Direitos Humanos das Nações Unidas (UNHRC) e a resposta oferecida pelo Brasil a esse, em sua opinião, o ex-Presidente da República esgotou todos os possíveis recursos legais em relação às seis denúncias de abuso e violações de Direitos Humanos ao Pacto de Direitos Civis e Políticos da ONU? Existe alguma perspectiva realista de que os Tribunais Superiores irão remediar ou sanar as questões relacionadas a essas denúncias no futuro?

Assim considerando, trataremos, na presente Consulta, especificamente acerca das medidas de exceção adotadas pelo Sistema de

Justiça Criminal no atual cenário brasileiro, com ênfase nas medidas constatadas no curso da vulgarmente conhecida como *Operação Lava Jato*, a fim de demostrar, após detalhada e cuidadosa análise, que o Brasil está vivendo um momento de crise institucional profunda e um *processo desconstituinte*[253] gravíssimo, o que representa um dos casos mais emblemáticos ocorridos no Brasil e que atinge de forma insólita a pessoa do ex-Presidente da República.

Para alcançarmos esse objetivo, realizaremos um breve escorço histórico e teórico sobre o tema do estado de exceção a partir dos mais conhecidos exemplos encontrados nos Estados autoritários do século XX até chegarmos ao tema na contemporaneidade e analisar o fenômeno sob a ótica da instauração de investigações criminais e processos penais de exceção contra inimigos declarados a serem combatidos pelo Estado.

No caso específico tratado nesse parecer, o *inimigo* é representado pela pessoa de um ex-Presidente da República que, por ameaçar um projeto ideológico político conservador que privilegia o *poder econômico* em detrimento do social, teve sua *morte civil* simbolicamente declarada por meio de inúmeras medidas de exceção realizadas pelo Sistema de Justiça Criminal consubstanciadas em atos durante a investigação criminal e posterior processo penal sob, dentre outras, a acusação de prática de corrupção, cuja condenação em primeira instância ainda não fora confirmada em definitivo pelas instâncias superiores, apesar de já serem sabidamente conhecidos os seus resultados, pelas razões que demonstraremos ao longo deste parecer.

10.2 O estado de exceção: aspectos propedêuticos

O estado de exceção é um tema correlato ao Estado de Direito, por isso podemos afirmar que o estado de exceção é a contrafação

253 Expressão cunhada por Luigi Ferrajoli, em *Poderes Selvagens*.

do Estado de Direito e, apesar de sua notória relevância, é pouquíssimo abordado no direito, em especial na doutrina da Teoria Geral do Estado.

Embora autores como Jacques Derrida já tenham apontado que nenhuma teoria está completa se não compreender suas afasias, suas exceções e ruídos, é notória a resistência do meio jurídico publicista ao trato da questão do estado de exceção, talvez pela ainda forte influência, ao menos no meio jurídico latino-americano do positivismo analítico de origem kelseniana, que, por conta de sua não aceitação da aplicação do direito posto ao caso concreto como objeto passível de trato racional pela ciência jurídica, o que confere ao intérprete autêntico a prerrogativa de, inclusive, decidir "*contra legem*" de forma legítima no sistema, não aceita a questão da decisão de exceção como indagação jurídica relevante, em especial se adotada pela jurisdição.

Esta observação também está presente no texto de apresentação de Carl Schmitt, em sua Teologia Política:

> É realmente curioso que o tema da exceção não tenha exercido fascínio sobre os nossos juristas, o que há de ser atribuído ao prestígio que assumiu entre nós, desde o século passado, o pensamento kelseniano. CS, aliás, com indisfarçável ponta de ironia, observa ser natural que um neo-kantiano como Kelsen não saiba, por definição, o que fazer com a situação excepcional.[254]

Se, por um lado, é verdade que o tema ficou por muito tempo empecido na doutrina jurídica, temos constatado, recentemente, o aumento do interesse da comunidade jurídica nacional e estrangeira pela questão da exceção e suas formas de legitimação, cuja observação do fenômeno mais recente das medidas de exceção adotadas

---

254 SCHMITT, Carl. *Teologia Política*. Trad. Elisete Antoniuk; coordenador e supervisão Luiz Moreira. Belo Horizonte: Del Rey, 2006, p. xiii.

como técnicas de governo no interior das sociedades democráticas têm sido descritas por vários autores, com nomenclaturas distintas.

Norberto Bobbio chama de *novos despotismos*,[255] que, apesar de tratar da Itália na sua fase Berlusconista, é uma forma que se universaliza. Luigi Ferrajoli descreve o processo de esvaziamento da Constituição e da crise democrática italiana como "*poder desconstituinte*",[256] conceito que também pode ser partilhado entre os países de Constituições rígidas adotadas no pós-segunda guerra. Ronald Dworkin aponta a perda do "*common ground*"[257] da sociedade. Boaventura de Souza Santos fala de "*democracia de baixa intensidade*".[258] Claus Roxin chama de "*populismo penal*". Rubens Casara de "*Estado Pós-Democrático*".[259] Finalmente, "*estado de exceção*"[260] em Giorgio Agambem, conceito que adotamos e que também é utilizado por diversos autores, tais como Carpentier, Codaccioni, Goupy, Rafael Valim, Georges Abboud, Lenio Luiz Streck, Fernando Hideo I. Lacerda, Gilberto Bercovici, entre tantos outros que tratam do tema.

Apesar do crescente interesse jurídico noticiado, no plano da Teoria Geral do Estado ainda predominam afirmações que nos dão a impressão de que a sociedade vivencia hoje a concretização plena do Estado Democrático de Direito. No plano da realidade, porém, esta é uma afirmação falaciosa, pois o Estado Democrático

---

255 BOBBIO, Norberto. *Contra os novos despotismos*: escritos sobre o berlusconismo. 1ª ed. São Paulo: Editora Unesp; Instituto Norberto Bobbio, 2016.

256 FERRAJOLI, Luigi. *Poderes Selvagens*: a crise da democracia italiana. São Paulo: Saraiva, 2014.

257 DWORKIN, Ronald M. *Is democracy possible here?* Principles for a new political debate. Nova Jersey: Princeton University Press, 2008.

258 SANTOS, Boaventura de Sousa. *A difícil democracia*. São Paulo: Boitempo, 2016.

259 CASARA, Rubens R. R. *Estado pós-democrático*: neo-obscurantismo e gestão dos indesejáveis. 1ª ed. Rio de Janeiro: Civilização Brasileira, 2017.

260 AGAMBEM, Giorgio. *Estado de exceção*. Trad. Iraci D. Poleti. 2ª ed. São Paulo: Boitempo, 2011.

de Direito é, além de um projeto humano e político, uma concepção abstrata que nunca se realizou plenamente em nenhuma sociedade histórica conhecida.

Apesar das conquistas inegavelmente percebidas pelas revoluções democráticas surgidas nos séculos XVIII e XIX e que marcaram o fim do absolutismo monárquico e a consolidação dos ideais iluministas que culminaram na conformação do Estado de Direito, a presença do Estado autoritário não deixou de existir nos períodos que se sucederam às referidas revoluções. Isto porque o movimento da história não corresponde perfeitamente à evolução pretensamente linear contada nos manuais didáticos, posto que concretamente dotado de involuções, retrocessos e movimentos caóticos.

Observa-se, portanto, uma constante tensão dialética entre o Estado de Direito e o Estado de Polícia. A percepção das marcas de um Estado autoritário acompanha todo percurso da história humana e o que também se confirma após as revoluções democráticas, conforme demonstraremos. O que muda, contudo, são as formas dos discursos de justificação/legitimação do autoritarismo estatal.

Ocorre que a história humana não se dá por fases estanques, como às vezes sua descrição em períodos transparece ao inadvertido. Ela ocorre em processos complexos, nos quais elementos de conformação política, social e de costumes do período anterior permanecem no posterior. Não há, inclusive, garantias contra retrocessos e involuções civilizatórias. Ordem há na descrição histórica, nas tentativas de sua compreensão. Todavia, na história vivida prevalece o caos.

Assim, embora as revoluções burguesas sejam expostas como terminativas do poder absoluto do Estado, isso não se verifica nos fatos da realidade cotidiana.

O poder absoluto esteve presente ao longo de toda a história dos povos, mesmo após as conquistas do Estado Democrático de Direito. A cada abuso policial, por exemplo, está a presença autoritária do poder absoluto, tratando como servo, e não cidadão, o ser humano vilipendiado em seus direitos.

Em verdade, o Estado Democrático de Direito não se efetivou de fato plenamente em lugar algum do mundo, por mais justo que seja um país num dado momento histórico, os valores essenciais da democracia não se viram estabelecidos de forma universal e integral em relação a todos os seres humanos residentes ou transeuntes por seu território.

Dessa forma, nosso parecer demonstrará os elementos que caracterizam a presença do Estado autoritário desde o século XX, no qual o tema encontra pujança com o nazismo e se legitima por um permissivo constitucional alemão e vem se perpetuando até as democracias contemporâneas da atualidade, por mecanismos e formas diversas, precipuamente na América Latina, servindo-se, inclusive, na maioria das vezes, da jurisdição como mecanismo de sua manifestação inconteste. É o que passamos a aduzir.

10.3 Estados de exceção: escorço histórico e teórico

Imprescindível recorrermos a uma pequena retomada histórica ao pós Idade Média e início da Idade Moderna, a fim de identificarmos o conceito de soberania estatal absolutista, cuja centralização do poder permitiu, no âmbito da Teoria Geral do Estado, conhecer seus principais contornos por meio do seu principal pensador, Jean Bodin.

A monopolização do poder político que surge com o absolutismo monárquico apresenta o grande avanço em relação à Idade Média e vai propiciar a eclosão do Estado de Direito após a revolução inglesa, a independência dos Estados Unidos e a revolução francesa.

No absolutismo, marcadamente presente no século XV até as revoluções burguesas do século XVIII, o exercício da soberania era legitimado por meio da crença no poder absoluto dos reis como direito divino e, portanto, marcado pela continuidade e vitaliciedade do exercício da soberania.

No Estado absolutista, as pessoas eram tidas apenas como titulares de obrigações em relação ao Estado, mas não de direitos. Há apenas uma relação de servidão entre os particulares e o Estado, e não de cidadania.

O Estado absolutista, também denominado Estado de Polícia[261] ou Estado autocrático, apresenta algumas características relevantes: 1) o poder é exercido de forma autônoma (daí a expressão autocracia), ou seja, o poder do governante não se submete à lei, mas apenas à sua própria vontade, daí porque o poder do governante é ilimitado, a figura do rei se confunde com a figura do Estado; 2) em geral, os Estados absolutistas possuem fundamento religioso, a figura do rei é divina, verdadeiro representante de Deus na Terra; 3) as funções de Estado são centralizadas numa só pessoa: o rei legisla, administra e julga; 4) este modelo de Estado é irresponsável no que tange aos danos que ocasiona às pessoas (famosa ideia de que "*o rei não erra*"); 5) as pessoas só possuem obrigações perante o Estado, sem ter direito algum oponível a ele, ou seja, há apenas uma relação de servidão entre as pessoas e o Estado e não uma relação de cidadania, como já alertamos.

No período do renascimento, o poder absoluto existiu como centralizador do poder político na mão dos príncipes. Segundo Jean Bodin, por origem divina, trazendo ao soberano o direito de exercê-lo de forma vitalícia, conforme sua famosa definição: "a soberania é o poder absoluto e perpétuo de uma República".[262]

261 A expressão "Estado de Polícia" pode também designar o Estado liberal ou mínimo. Importante a ressalva, pois a expressão pode indicar dois modelos estatais distintos, um é Estado Direito outro não (Estado Absolutista).

262 BODIN, Jean. *Les Six Livres de la République*, Livro I, Capítulo VIII, p. 179 *apud* RISCAL, Sandra Aparecida. *O conceito de soberania em Jean Bodin*:

Quando, em 1576, Bodin publica a obra *Six Livres de La Republique* e conceitua soberania como caráter fundamental do Estado, tendo por único limite a lei natural e divina, atribui um caráter de *originariedade* ao poder soberano e rompe com a tradição do pensamento medieval, que via na origem do *poder do rei*, uma atribuição da comunidade.

Após o surgimento dos Estados democráticos de direito e de sua ideologia axiológica de garantia dos direitos fundamentais, superou-se a fase das monarquias absolutistas, mas não as formas mais modernas de exercício do poder absoluto e de Estados de polícia.

Segundo Schmitt, a grande repercussão da doutrina de Bodin justifica-se, pois

> sua realização científica e o motivo de seu sucesso repousam no fato de ele ter inserido a decisão no conceito de soberania. Atualmente, não existe uma explicação do conceito de soberania na qual Bodin não seja citado.[263]

Portanto, a soberania que antecede as revoluções burguesas, marcadamente presente no período absolutista da Idade Moderna, inegavelmente apresentava-se como legítimo Estado de Polícia, pois, embora o exercício do poder imperial estivesse legitimado no poder divino, não havia pelo Estado a preservação e reconhecimento de direitos das pessoas oponíveis ao próprio poder político.

Com as revoluções americana e francesa, ocorridas em 1776 e 1789, respectivamente, há uma ruptura desse modelo absolutista

---

um estudo do desenvolvimento das ideias de Administração Pública, Governo e Estado no século XVI, 2001, p. 5 (Tese de Doutorado). Disponível em: http://libdigi.unicamp.br/document/?code=vtls000225862. Acessado em: 04.12.2013.

263 SCHMITT, Carl. *Teologia Política*. Trad. Elisete Antoniuk; coordenador e supervisão Luiz Moreira. Belo Horizonte: Del Rey, 2006, p. 9.

da soberania estatal, sobretudo porque se introduz, a partir destes movimentos iluministas, a ideia de proteção e reconhecimento dos direitos dos homens, secularizando a noção cristã de "*pessoa*", como seres iguais, dotados de um conjunto mínimo de direitos oponíveis ao próprio poder estatal.

A partir do amadurecimento das ideias centrais trazidas pelas revoluções burguesas, o Estado autoritário não encontra mais legitimidade na forma absolutista monárquica do período precedente, caracterizada pela negação à existência dos direitos do homem. Portanto, impossível de se reconhecer no plano discursivo o autoritarismo estatal nesse modelo.

Um dos principais pressupostos da função do Estado de Direito encontra-se na ideia de um Estado racional, cujas decisões racionais objetivam garantir certos valores. Dentre eles, destaca-se a garantia de um dos principais conceitos da filosofia política e quiçá da realidade humana: o conceito de pessoa.

Embora esta noção em alguma medida tenha existido na humanidade em praticamente todos os seus momentos históricos, foi com a cristandade que ele encontra melhor trato e com o iluminismo que se laiciza e é secularizado.

O conceito de pessoa humana talvez tenha sido o mais revolucionário da história do homem na terra, traduzindo-se como imensa contribuição da cristandade para nossa sociabilidade.

Ao divorciar o homem de sua apropriação como coisa para tratá-lo como filho de Deus, membro de uma imensa família humana, aliou-se a noção de homem à de igualdade e justiça. Todos essencialmente iguais, porque nascidos do mesmo Pai. A noção de humanidade se sobrepôs à noção de povo.

Com as revoluções burguesas, o conceito de pessoa humana seculariza-se. Se todos nascemos iguais em essência, pertencentes que somos à mesma espécie, havemos de ter garantidos direitos mínimos inerentes a essa condição.

Para garantir esses direitos, limitou-se o poder do Estado, trazendo o ser vivente da condição de servo do soberano, sujeito apenas a obrigações e deveres, para a de cidadão, entendida a expressão como a pessoa titular de direitos oponíveis ao Estado e a toda forma de poder político, econômico ou social.

Passa-se da noção de povo como referência de igualdade, por fatores de identidades culturais, língua, circunscrição geográfica etc., à noção de humanidade. Enquanto a noção de povo criava uma condição de pertencimento e, em certa medida, de segurança à nação temporal e geograficamente localizada, há também uma questão inerente que não pode ser desprezada: se há diversos povos, alguns deles são amigos e outros inimigos. Ou seja, reconhece-se a partir desse pressuposto uma relação de igualdade e diferença no interior da espécie humana.

Nesta concepção, portanto, quando há o inimigo não há o ser humano, mas um ser desprovido da condição de humanidade.

Assim, trazer essa condição de humanidade como valor básico e universal para a espécie humana foi a principal conquista que a cristandade trouxe para todos nós, seres humanos e homens iguais.

Nas revoluções americana e francesa quando o conceito de pessoa laiciza-se e é transportado para a política, nasce a ideia de que, por sermos todos integrantes da humanidade, todos temos um conjunto mínimo de direitos pelo simples fato de sermos humanos e que, inexoravelmente, opõem-se ao soberano e ao Estado como um todo considerado.

Se por um lado pode-se afirmar que sempre houve na humanidade o conceito de pessoa, cuja expoência se dá na cristandade, por outro lado também é verdade que também sempre existiu o conceito de inimigo. Chamados pelos romanos de *hostis* e conceituado por Agamben como "*homo sacer*" (aquela parcela da sociedade que todos tinham autorização para suprimir a vida), o inimigo é representado como o ser desprovido do mínimo de reconhecimento como "*humano*".

No próprio iluminismo, passa-se a observar formas de pensamentos que vão em certa medida acolher essa figura do inimigo no interior da noção de Estado de Direito. Interessante contrapor nesse ponto, suscintamente, o pensamento de Hobbes e Locke.[264]

Hobbes pensou o contrato social, ideia central no iluminismo, como algo anterior ao reconhecimento de direitos. Para esse pensador, o ser humano no estado de natureza seria um ser perigoso, que vivia em permanente conflito com o outro e em constante estado de guerra, cuja função precípua do soberano era a de promover a pacificação social. Nesse sentido, como instrumento dessa pacificação, o soberano não estaria incluído neste contrato social, sendo o reconhecimento de direitos posterior a ele, portanto.

Desta corrente de pensamento decorre uma importante consequência: quando o direito implicar em obstar o funcionamento da soberania, ele deve ser afastado. Hobbes não reconhece o direito de resistência dos cidadãos quando o soberano se opõe ao direito, porque a ele preexistente. Portanto, na visão hobbesiana, o resistente ao soberano na sua legítima função de afastar o direito para garantir a soberania é reconhecido como inimigo. Um inimigo político que se põe contra a integridade da sociedade e a existência do Estado. E, por estar fora do contrato social, esse inimigo político não tem direitos reconhecidos.

Nesse período histórico marcado pelos ideais iluministas, verifica-se o nascimento de uma concepção na qual soberania é algo mais relevante do que o próprio direito. A soberania nesses

---

264 ZAFFARONI, Eugenio Raúl. *O inimigo no direito penal*. Trad. Sérgio Lamarão. 3ª ed. Rio de Janeiro: Revan, 2011, p. 124.

termos é algo que implica na não aceitação da ideia de resistência e que, portanto, legitima a figura do inimigo que clama por uma soberania autoritária, não reconhecedora de direitos.

John Locke, por sua vez, concebe o contrato social como um acordo que surge concomitantemente com a própria natureza humana, em que há um reconhecimento de direitos das pessoas e em que todos são pactuantes desse contrato. O Estado aparece em Locke num segundo momento, como instrumento de realização do contrato social original. Nessa ordem de pensamento, portanto, é reconhecido que um Estado soberano que se oponha ao contrato original é um usurpador do poder e legitima ao ofendido o direito de resistência.

No plano da filosofia política, portanto, a ideia de Estado de Direito nasce umbilicalmente ligada a duas concepções fundamentais essenciais: i) à noção de pessoa; e ii) ao direito de resistência legítima.

Reconhecer a existência legítima do direito de resistência quando o soberano se sobrepõe aos direitos essenciais de humanidade, é uma defesa real do Estado de Direito que não deve nunca ser afastada.

Como a força axiológica e argumentativa dos direitos do homem nos quadrantes de uma civilização judaico-cristã é muito intensa, nem o mais empedernido dos conservadores pode deixar de reconhecer sua legitimidade.

Assim, no século XX, os Estados autoritários e de polícia se apresentaram, invariavelmente, como exceção à rotina democrática de garantia de direitos.

Afasta-se o direito para preservar o Estado ameaçado pelo inimigo. Não se declara a extinção dos direitos humanos, mas apenas sua suspenção provisória enquanto existente a situação de ameaça ou conflito que enseja o Estado de necessidade pública.

Carl Schmitt, a nosso ver, foi o autor que com melhor precisão descreveu os fundamentos de legitimação de tais formas de Estado presentes no século XX.

Em sua *Teologia Política*, define a exceção como forma primária de manifestação verdadeira da soberania. Em sua teoria constitucional postula a decisão política como essência da Constituição e do direito.[265] Assim, Schmitt explica seu conceito de soberania a partir da possibilidade de decisão sobre a exceção da seguinte forma:

> Essa definição, em si, pode fazer jus ao conceito de soberania como um conceito limítrofe, pois conceito limítrofe não significa um conceito confuso como na turva terminologia da literatura popular, mas um conceito da esfera extrema. A isso corresponde que a sua definição não pode vincular-se ao caso normal, mas ao caso limítrofe. Na sequência ficará claro que, aqui, deve-se entender, sob estado de exceção, um conceito geral da teoria do Estado, mas não qualquer ordem de necessidade ou estado de sítio. O fato de o estado de exceção ser adequado, em sentido eminente, para a definição jurídica de soberania, possui um motivo sistemático, lógico-jurídico. A decisão sobre a exceção é, em sentido eminente decisão, pois, uma norma geral, como é apresentada pelo princípio jurídico normalmente válido, jamais pode compreender uma exceção absoluta e, por isso, também, não pode fundamentar de forma completa, a decisão de que um caso real, excepcional.[266]

Na descrição do que chama de "*Crise da Democracia Parlamentar*", postula pela ineficiência crônica dos parlamentos como forma de representação popular e pela construção de um modelo

---

265 É Carl Schmitt, jurista conservador alemão, em seu *Teologia-Política*, de 1922, que postulará o famoso anátema de que "soberano é aquele que decide sobre a exceção". (SCHMITT, Carl. *Teologia Política*. Trad. Elisete Antoniuk; coordenador e supervisão Luiz Moreira. Belo Horizonte: Del Rey, 2006, p. 7).

266 SCHMITT, Carl. *Teologia Política*. Trad. Elisete Antoniuk; coordenador e supervisão Luiz Moreira. Belo Horizonte: Del Rey, 2006, p. 7.

de democracia que supere a representação pela igualdade, entendida esta como homogeneidade.

Em seu "*Conceito do Político*", propõe definir política como o ato de definição do amigo e inimigo.[267] Em verdade, pouco fala do amigo, centrando seu conceito de política na figura do inimigo, conforme alerta Zaffaroni:

> Mais ainda, em Schmitt, guerra e política superpõem-se, porque a guerra é necessária para criar e manter a paz interna, porque exige que todos se unam frente ao *inimigo* e não lutem entre si. Daí que a teoria da política de Schmitt, embora sustente a sua famosa polaridade, não se ocupa do *amigo* nem da *amizade*, sendo praticamente uma *teoria do inimigo*.[268]

O fundamento do Estado e do direito, portando, para Schmitt, é a decisão política e não uma norma jurídica hipotética de reconhecimento ou posta. Segundo Schmitt, "a ordem jurídica, como toda ordem, repousa em uma decisão e não em uma norma".[269] Em suas palavras:

---

267 Conforme preceitua Zaffaroni, em consonância com o conceito do político de Schmitt: "Se essas premissas são dadas por certas, deve-se concluir, como faz Schmitt, que a essência do político – ou seja, a polaridade que equivale a *bom e mau* para registrar o campo próprio da moral, a *belo e feio* para o da estética, a *rentável e não rentável* para o da economia (pois se esta essência não fosse encontrada, o político careceria de autonomia) – consiste na polaridade *amigo/inimigo*: 'a específica distinção política à qual é possível referir as ações e os motivos políticos é a distinção de *amigo* e *inimigo*'". (ZAFFARONI, Eugenio Raúl. *O inimigo no direito penal*. Trad. Sérgio Lamarão. 3ª ed. Rio de Janeiro: Revan, 2011, p. 139).

268 ZAFFARONI, Eugenio Raúl. *O inimigo no direito penal*. Trad. Sérgio Lamarão. 3ª ed. Rio de Janeiro: Revan, 2011, p. 139.

269 SCHMITT, Carl. *Teologia Política*. Trad. Elisete Antoniuk; coordenador e supervisão Luiz Moreira. Belo Horizonte: Del Rey, 2006, p. 10.

> Não existe norma que seja aplicável ao caos. A ordem deve ser estabelecida para que a ordem jurídica tenha um sentido. Deve ser criada uma situação normal, e soberano é aquele que decide, definitivamente, sobre se tal situação normal é realmente dominante. Todo Direito é "direito situacional". O soberano cria e garante a situação como um todo na sua completude. Ele tem o monopólio da última decisão. Nisso repousa a natureza da soberania estatal que, corretamente, deve ser definida juridicamente, não como monopólio coercitivo ou imperialista, mas como monopólio decisório, em que a palavra decisão é utilizada no sentido geral ainda a ser desenvolvido. O estado de exceção revela o mais claramente possível a essência da autoridade estatal. Nisso, a decisão distingue-se da norma jurídica e (para formular paradoxalmente), a autoridade comprova que, para criar direito, ela não precisa ter razão/direito.[270]

Esta apertadíssima síntese traz os elementos que Schmitt identificou como legitimadores da soberania do Estado de Polícia, que se revelaram presentes em quase todas as formas de Estado autoritário no século XX, ao menos no que se convenciona chamar de "*mundo ocidental*": o discurso da suspensão de direitos por soberania estatal ilimitada como exceção à rotina democrática. Os direitos seriam uma boa forma de gerir a rotina pacífica do povo, mas no surgimento de estado de necessidade estatal, deve-se preferir a sobrevivência do Estado em detrimento dos direitos, que voltariam a viger logo que afastado o Estado de necessidade pública.

Como não há como negar a legitimidade axiológica dos direitos fundamentais, reconhecidos a partir das conquistas e lutas das revoluções burguesas e dos movimentos sociais que os ampliaram, assim eles são suspensos, ao invés de declarados extintos.

---

270 SCHMITT, Carl. *Teologia Política*. Trad. Elisete Antoniuk; coordenador e supervisão Luiz Moreira. Belo Horizonte: Del Rey, 2006, pp. 13/14.

Schmitt, portanto, concebe a ideia de soberania a partir da noção de exceção, pois o soberano é aquele quem decide e declara a exceção. Nesta concepção schmittiana, poder político de fato é o poder de suspender os direitos fundamentais dos inimigos. Pois, assim como o conceito de soberania em Schmitt está correlacionado com a decisão sobre o estado de exceção, seu conceito de político também está intimamente relacionado com o poder de declarar o amigo/inimigo.

Os principais pilares do Estado autoritário schimittiano podem ser assim definidos: a existência de um inimigo como razão para se instaurar a exceção por meio da soberania. Suspendem-se os direitos pela necessidade de confrontar o inimigo, pela ameaça que ele representa ao Estado/soberania.

A expressão "*estado de exceção*" originou-se em dispositivo da Constituição Democrática de Weimar,[271] cuja indeterminação conceitual foi utilizada por Hitler para buscar legitimidade quando da instauração de sua ditadura após o incêndio do Reichestag, que alegou ter sido ocasionado pelo inimigo comunista.

---

271 O texto do artigo 48 da Constituição de Weimar assim dispõe: "Quando um Estado (*Land*) não cumpre os deveres que lhe são impostos pela Constituição ou pelas leis do Reich, o Presidente do Reich pode obrigá-lo com ajuda da força armada. Quando, no Reich alemão, a ordem e a segurança públicas estão consideravelmente alteradas ou ameaçadas, o Presidente do Reich pode adotar as medidas necessárias para o reestabelecimento da segurânça e ordem públicas, inclusive com ajuda da força armada caso necessário. Para tanto, pode suspender temporariamente, em todo ou em parte, os direitos fundamentais consignados nos artigos 114, 115, 117, 118, 123, 124 e 153. De todas as medidas que adote com fundamento nos parágrafos 1 e 2 deste artigo, o Presidente do Reich deverá dar conhecimento ao Parlamento. A pedido deste, tais medidas se tornarão sem efeito. O Governo de um Estado poderá aplicar provisoriamente as medidas expressas no parágrafo 2 deste artigo quando o atraso em adotá-las implique perigo. Tais medidas se tornarão sem efeito a pedido do Presidente do Reich ou do Parlamento. Os pormenores serão regulamentados por uma lei do Reich".

A figura do inimigo é central na conformação do discurso de legitimação dos Estados Autoritários do século XX. Segundo Zafaroni:

> Na teoria política, o tratamento diferenciado de seres humanos privados do caráter de pessoas (*inimigos* da sociedade) é próprio do Estado absoluto, que, por sua essência, não admite gradações e, portanto, torna-se incompatível com a teoria política do Estado de Direito. Com isso, introduz-se uma contradição permanente entre a doutrina jurídico-penal que admite e legitima o conceito de *inimigo* e os princípios constitucionais internacionais do Estado de Direito, ou seja, com a teoria política deste último.[272]

Presente na história humana desde tempos imemoriais, a figura do inimigo, o "*hostis*" do direito romano, é a sombra do conceito de pessoa humana.

A distinção romana entre o *inimucus* e o *hostis* é encontrada em Zaffaroni no trecho que segue:

> Este conceito bem preciso de inimigo remonta à distinção romana entre o *inimicus* e o *hostis*, mediante a qual o *inimicus* era o inimigo pessoal, ao passo que o verdadeiro inimigo político seria o *hostis*, em relação ao qual é sempre colocada a possibilidade de guerra como negação absoluta do outro ser ou realização extrema da hostilidade. O *estrangeiro*, o *estranho*, o *inimigo*, o *hostis*, era quem carecia de direitos em termos absolutos, quem estava fora da comunidade.[273]

---

272 ZAFFARONI, Eugenio Raúl. O *inimigo no direito penal*. Trad. Sérgio Lamarão. 3ª ed. Rio de Janeiro: Revan, 2011, p. 11.

273 ZAFFARONI, Eugenio Raúl. O *inimigo no direito penal*. Trad. Sérgio Lamarão. 3ª ed. Rio de Janeiro: Revan, 2011, pp. 21/22.

O inimigo de que tratamos neste parecer, aproxima-se, sobretudo, da figura romana do *hostis judicatus*, ou seja, do inimigo declarado pelo poder, senão vejamos:

> O inimigo declarado (*hostis judicatus*) configura o núcleo do tronco dos *dissidentes* ou inimigos abertos do poder de plantão, do qual participarão os inimigos políticos puros de todos os tempos. Trata-se de *inimigos declarados*, não porque declarem ou manifestem sua animosidade, mas sim porque o poder os *declara* como tais: não se declaram a si mesmos, mas antes são declarados pelo poder. A instituição do *hostis judicatus* romano cumpria a função de deixar o cidadão em condição semelhante à do escravo, para tornar-lhes aplicáveis as penas que eram vedadas para os cidadãos. A subtração à condenação judicial mediante a expatriação fazia cessar automaticamente também a condição de cidadão.[274]

Ao inimigo não se reconhecem direitos essenciais da humanidade, em verdade é excluído de sua condição humana. No dizer de Giorgio Agamben, aproxima-se da figura do "*Homo Sacer*", presente no direito romano arcaico. Ser de vida nua, ou seja, vida desprovida de proteção política e jurídica. Um ser vivente, mas sem reconhecimento de direito algum, nem a vida ou a integridade física ou psíquica.[275]

---

274 ZAFFARONI, Eugenio Raúl. *O inimigo no direito penal*. Trad. Sérgio Lamarão. 3ª ed. Rio de Janeiro: Revan, 2011, p. 23.

275 "Assim como, na exceção soberana, a lei se aplica de fato ao caso excepcional desaplicando-se, retirando-se deste, do mesmo modo o *homo sacer* pertence ao Deus na forma da insacrificabilidade e é incluído na comunidade na forma da matabilidade. *A vida insacrificável e, todavia, matável, é a vida sacra*". (AGAMBEN, Giorgio. *Homo Sacer – O poder soberano e a vida nua*. Trad. Henrique Burgo. Belo Horizonte: UFMG, 2004, p. 90).

Como afirma Zaffaroni, a figura do inimigo clama pelo Estado de Polícia.[276] O medo social, sentimento nele originado, é o combustível para a definição de sua condição de inimigo e seu combate, por meio do uso da soberania bruta, violenta e sem freios.

No século XX, portanto, é retomada a ideia do Estado despótico e soberano sobre a forma do estado de exceção, como já adiantamos. Mas ele nada mais é do que uma representação de uma concepção romana de soberania como algo superior ao próprio direito. A tensão entre soberania e direito está presente até hoje nos Estados democráticos.

O termo "exceção" surgido na Constituição de Weimar, como vimos, e que permitiu em situações excepcionais que o governante estabelecesse um regime especial de *ditadura*, suspendendo temporariamente os direitos das pessoas, a fim de solucionar os problemas emergenciais que exigiriam as medidas excepcionais como forma de restabelecer a ordem, variou de forma e de justificação desde o século XX até a contemporaneidade, mas, de fato, não deixou de existir.

Trata-se, portanto, de uma ideia de necessidade do Estado ou da sociedade que leva ao afastamento ou suspensão dos direitos das pessoas para que assim o Estado ameaçado possa sobreviver. Essa noção é marcante nos Estados autoritários do século XX e nos Estados presentes no século XXI, neste último por meio de mecanismos mais sofisticados e complexos como veremos adiante.

Não há registros históricos no mundo ocidental contemporâneo de Estados autoritários e ditaduras que tenham se declarados permanentes. Toda vez que um Estado autoritário passa a exercer um poder soberano, esse poder autoritário legitima-se por meio de um discurso marcado pela temporariedade, no qual há não a extinção dos direitos da sociedade, mas a sua suspensão.

---

276 ZAFFARONI, Eugenio Raúl. *O inimigo no direito penal*. Trad. Sérgio Lamarão. 3ª ed. Rio de Janeiro: Revan, 2011, p. 144.

Ou seja, reconhece-se que os seres humanos possuem um conjunto de direitos mínimos, mas que, entretanto, sob o discurso de que há uma grave ameaça para a sobrevivência da sociedade ou do Estado, tais direitos são suspensos.

Esta construção discursiva que marca a permanência dos Estados autoritários no interior da rotina democrática constrói-se em torno da figura do inimigo. Ou seja, aquele ser humano desprovido de qualquer proteção política ou jurídica e do reconhecimento de qualquer direito fundamental mínimo. A figura do inimigo clama pela presença de um Estado autoritário, pelo medo que ocasiona na sociedade.[277]

Desta forma, as ditaduras presentes no final dos séculos XIX e XX não possuem como discurso a negação desses direitos, mas a sua suspensão. Reconhece-se por um lado os direitos das pessoas, mas por outro também se afirma que a concretização e proteção desses direitos só podem ocorrer plenamente na normalidade e na condição pacífica da gestão da vida social. Contudo, face ao ingresso excepcional de um inimigo que ameaça a vida da sociedade e a sobrevivência do Estado, é fundamental a suspensão dos direitos humanos temporariamente e, após o combate total desse inimigo e a retomada da ordem, os direitos são reestabelecidos.

Historicamente, ao longo das ditaduras nazista, fascista e das ditaduras militares na América Latina, dentre outras conhecidas, sobretudo, no século XX, a provisoriedade e temporariedade que justificaram o estado de exceção como mecanismo de combater o inimigo que ameaçava a sobrevivência da sociedade e do Estado só se efetivou no discurso, pois, na realidade, duraram longos períodos históricos e seus ditadores muitas vezes morreram antes mesmo do restabelecimento da ordem democrática.

---

277 ZAFFARONI, Eugenio Raúl. *O inimigo no direito penal.* Trad. Sérgio Lamarão. 3ª ed. Rio de Janeiro: Revan, 2011, p. 144.

Esses elementos – exceção à rotina constituída pela suspensão total ou parcial dos direitos fundamentais; pessoas humanas tratadas como inimigas do Estado; e, consequente, combate ao inimigo como justificação da exceção – estiveram presentes em praticamente todas as experiências de Estado de Polícia e de exceção no século XX.

Na ditadura nazista, a suspensão de direitos com base na declaração de estado de exceção para o combate do inimigo judeu e do comunista; na fascista, para o combate ao inimigo "*burguês*" e ao socialista e comunista; na ditadura Franquista, para o combate ao inimigo comunista e ao ateu; nas ditaduras militares na América Latina, incluído o caso brasileiro; em plena guerra fria, a promessa descumprida do retorno em breve do poder aos civis e a suspensão de direitos de toda sociedade para persecução do inimigo comunista.

Como o comunista não possuía "*classe social*" específica ou etnia identificável, a sociedade civil como um todo foi tratada como inimiga nessas ditaduras militares latino-americanas, com suspensão de direitos em diversos graus.

Basta uma visita aos arquivos do DOPS paulista, por exemplo, para constatar que "*comunistas*" eram os advogados, médicos, sociólogos, padres, jornalistas, estudantes e operários, ou seja, toda a população não fardada, em alguma dimensão, era tratada como inimiga. Em alguma medida, toda sociedade foi vítima da ditadura e não apenas os que a combateram. A lei de segurança nacional com sua teoria do "*inimigo interno*" foi a maior expressão legislativa destes elementos no caso da ditadura brasileira.

A lógica da instauração do estado de exceção na política brasileira foi assim descrita por Edson Teles:

> Segundo a lógica instituída, o ordenamento jurídico é precedido por uma ordem, a democrática, e demanda, devido ao risco de sua degeneração, o estabelecimento de uma outra

> ordem, aquela legitimada pelo "Poder Constituinte". Se, eventualmente, a ordem sofrer alterações ou perturbações, caberá ao soberano o julgamento sobre as condições de anormalidade. Consequentemente, também nas mãos dele estará a decisão sobre o estado de exceção, definindo aquilo que se exclui do ordenamento por um mecanismo interno à própria política: a necessidade de manutenção da ordem. As normas se relacionam com a exceção por meio de sua própria suspensão, de modo que o excluído se inclui na ordem interrompida, adiada para outro momento. Não esqueçamos a promessa do golpe de 1964: o restabelecimento da ordem, por meio de uma nova norma, em movimento caracterizado como provisório por seus autores. Ao tomar o Estado, os militares passaram a representantes da sociedade, identificando o governo com a vontade geral, expressa pelo signo da Doutrina de Segurança Nacional e do estado de exceção. No Brasil, o estado de exceção surgiu como estrutura política fundamental, prevalecendo enquanto norma quando a ditadura transformou o *topos* indecidível em localização sombria e permanente nas salas de tortura.[278]

Nas ditaduras e estados de exceção, há um Estado autoritário claro, um Estado de Polícia inequívoco, um poder político exercido de forma bruta, a exemplo dos regimes nazifascistas e nas ditaduras da América Latina, cujos direitos foram suspensos a pretexto de se combater o inimigo e preservar a sobrevivência da sociedade e do Estado, cujas marcas são identificáveis inequivocamente.

Muito mais difícil é identificar medidas de exceção e Estado de Polícia dentro dos Estados democráticos, mas elas inexoravelmente existem. No Brasil contemporâneo, por exemplo, a figura do inimigo deixou de estar dispersa por toda sociedade (já que o inimigo comunista da ditadura não possuía feição, podendo estar presente

---

278 TELES, Edson; SAFATLE, Vladimir (Coord.). *O que resta da ditadura*: a exceção brasileira. São Paulo: Boitempo, 2010, p. 303.

em todos os níveis sociais) e hoje identifica-se com a figura mítica do "*bandido*", o agente da violência que quer destruir a sociedade.

Walter Benjamin e Giorgio Agamben demonstram a existência de Estados de polícia e medidas de exceção no interior da rotina democrática. Cotidianamente constata-se a existência de medidas jurídico-positivas adotadas na ordem jurídica, que, ao invés de manifestarem o direito, manifestam a exceção, pois implicam em realidade na suspensão de direitos das pessoas, se caracterizando na aplicação da soberania pura, como poder bruto. Como bem afirma Giorgio Agamben "o estado de exceção tende cada vez mais a se apresentar como o paradigma de governo dominante na política contemporânea".[279]

Não devemos confundir a terminologia aqui referida – estado de exceção – com estado de sítio, defesa, ou quaisquer outras medidas jurídicas excepcionais autorizadas pelo ordenamento jurídico, tendo em vista tratar-se de algo em si fora do direito, em que este é suspenso prevalecendo a decisão soberana. Como bem ressalta Giorgio Agamben:

> (...) a terminologia é o momento propriamente poético do pensamento, então as escolhas terminológicas nunca podem ser neutras. Nesse sentido, a escolha da expressão "estado de exceção" implica uma tomada de posição quanto à natureza do fenômeno que se propõe a estudar e quanto à lógica mais adequada à sua compreensão. Se exprimem uma relação com o estado de guerra que foi historicamente decisiva e ainda está presente, as noções de "estado de sítio" e de "lei marcial" se revelam, entretanto, inadequadas para definir a estrutura própria do fenômeno e necessitam, por isso, dos qualificativos "político" ou "fictício", também um tanto equívocos. O estado de exceção não é um direito especial (como o direito da

279 AGAMBEN, Giorgio. *Estado de exceção*. Trad. Iraci Poleti. 2ª ed. São Paulo: Boitempo, 2011, p. 13.

> guerra), mas, enquanto suspensão da própria ordem jurídica, define seu patamar ou seu conceito limite.[280]

Portanto, entendida a exceção como decisão ocorrente na rotina democrática ou mesmo como técnica ocasional de exercício do poder político no interior da democracia, podemos verificar duas categorias de exceção nos Estados contemporâneos, inclusive no Brasil.[281]

Há um tipo de exceção meramente aparente, estabelecida de forma autorizada e regulada pelo Direito. Neste caso, a suspensão de direitos se concretiza em uma forma de "regime jurídico especial", próprio a ser aplicado em situações de guerra ou grave conflito interno, como é o estado de necessidade alemão, os decretos de urgência e Estado de sítio italianos e franceses, as leis marciais e poderes de emergência da doutrina anglo-saxônica e o estado de defesa e o estado de sítio dos artigos 136 a 141 de nossa Constituição brasileira.

E há o segundo tipo, a exceção verdadeira ou real, em que por vontade política soberana, decisionista, há a suspensão do Direito, implicando a submissão do jurídico ao político, sem qualquer racionalidade transversal[282] entre essas dimensões da vida social. Esta é a exceção da qual nos ocupamos no presente parecer.

---

280 AGAMBEN, Giorgio. *Estado de exceção.* Trad. Iraci Poleti. 2ª ed. São Paulo: Boitempo, 2011, p. 15.

281 Esta também a observação de Agamben: "A distinção entre um 'estado de exceção real' (état *de siège effectif*) e um 'estado de exceção fictício' (état *de siège fictif*) remonta porém, como veremos, à doutrina de direito público francesa e já se encontra claramente articulada no livro de Theodor Reinach: *De l'état de siège.* Étude *Historique et juridique* (1885), que está na origem da oposição schimittiana e benjaminiana entre estado de exceção real e estado de exceção fictício". (AGAMBEN, Giorgio. *Estado de exceção.* Trad. Iraci Poleti. 2ª ed. São Paulo: Boitempo, 2011, p. 13).

282 Luhmann foi buscar em Wolfgang Welsh o conceito construído na sociologia e na política de "racionalidade transversal", ou seja, buscar entender os

Como já demonstramos, durante um pouco mais da primeira metade do século XX os estados de exceção eram marcados pela suspensão da ordem democrática e supressão dos direitos e garantias dos cidadãos como mecanismo de combate ao inimigo que ameaçava a sobrevivência estatal, medida discursivamente defendida como necessária ao restabelecimento da ordem e salvação nacional, mediante um discurso de provisoriedade.

No século XXI, por uma série de fenômenos complexos, marcadamente pela formação de uma nova fase do capitalismo, que deixa de ser predominantemente industrial e torna-se indubitavelmente financeiro, o estado de exceção muda de natureza. Não há mais a interrupção do Estado democrático para a instauração de um estado de exceção, mas os mecanismos do autoritarismo e típicos de exceção passam a existir e conviver dentro da rotina democrática, como uma verdadeira técnica de governo – governabilidade de exceção permanente –, frise-se.

Tal fenômeno, como já demonstramos na introdução desse parecer, tem sido observado por diversos autores nacionais e

---

fenômenos interdisciplinares sob um ponto de vista de uma racionalidade que seja transversal a estes territórios, que estejam presentes em todos eles. Para melhor compreensão trazemos uma breve síntese do pensamento de Luhmann: Niklas Luhmann, em sua teoria dos sistemas, identifica uma pluralidade de subsistemas comunicativos no interior do grande sistema social, cada qual operando por uma racionalidade binária própria e autônoma. Subsistemas fechados sintaticamente, o que lhes prove autonomia, mas abertos semântica e pragmaticamente, o que faz surgir a ocorrência de uma racionalidade transversal, no sentido de Wolfgang Welsh, pela influência de sentido intersistêmica. Luhmann trata esta conexão semântica concentrada e duradoura entre subsistemas pelo conceito de acoplamento estrutural. Luhmann chama de "corrupção sistêmica" essas situações em que a racionalidade de um subsistema social é substituída indevidamente pela de outro. As "corrupções sistêmicas", ou corrupções contingentes que ocorrem em casos específicos, conflitam com os valores do Estado Democrático de Direito, numa sociedade complexa e plural como a contemporânea. Se a racionalidade própria do Direito é suprimida por outra, o Estado de Direito, em sua dimensão de concretização, vai sucumbindo com ela.

estrangeiros, por adoção de nomenclaturas distintas, mas que em essência caracterizam a mesma realidade: Norberto Bobbio chama de "novos despotismos",[283] que apesar de tratar da Itália na sua fase Berlusconista, é uma forma que se universaliza; Luigi Ferrajoli descreve o processo de esvaziamento da Constituição e da crise democrática italiana como "poder desconstituinte",[284] conceito que também pode ser partilhado entre os países de Constituições rígidas adotadas no pós-segunda guerra; Ronald Dworkin aponta a "perda do *common ground*"[285] da sociedade; Boaventura de Souza Santos fala de "democracia de baixa intensidade";[286] Claus Roxin chama de "populismo penal"; Rubens Casara de "Estado Pós-Democrático"[287] e, finalmente, "estado de exceção"[288] em Giorgio Agambem, conceito que adotamos e que também é utilizado por diversos autores, tais como: Carpentier, Codaccioni, Goupy, Rafael Valim, Georges Abboud, Lenio Luiz Streck, Fernando Hideo I. Lacerda, Gilberto Bercovici, entre tantos outros que tratam do tema.

Vários autores no mundo observando esse fenômeno global constatam o surgimento de mecanismos autoritários que vão aos poucos e paulatinamente subtraindo o sentido dos direitos humanos em diversos países, reduzindo cada vez mais o âmbito de significado desses direitos. O que implica, no caso das Constituições rígidas do pós-guerra, a exemplo da Europa continental e de países como

---

283 BOBBIO, Norberto. *Contra os novos despotismos*: escritos sobre o berlusconismo. 1ª ed. São Paulo: Editora Unesp; Instituto Norberto Bobbio, 2016.

284 FERRAJOLI, Luigi. *Poderes Selvagens*: a crise da democracia italiana. São Paulo: Saraiva, 2014.

285 DWORKIN, Ronald M. *Is democracy possible here?* Principles for a new political debate. Nova Jersey: Princeton University, 2008.

286 SANTOS, Boaventura de Sousa. *A difícil democracia*. São Paulo: Boitempo, 2016.

287 CASARA, Rubens R. R. *Estado pós-democrático*: neo-obscurantismo e gestão dos indesejáveis. 1ª ed. Rio de Janeiro: Civilização Brasileira, 2017.

288 AGAMBEM, Giorgio. *Estado de exceção*. Trad. Iraci D. Poleti. 2ª ed. São Paulo: Boitempo, 2011.

o Brasil que têm sistemas jurídicos transplantados da Europa, a culminação daquilo que o jurista italiano Luigi Ferrajoli identificou em seu país como um forte processo de desconstitucionalização ou poder desconstituinte, caracterizado pelo esvaziamento de sentido da Constituição vigente, transformando-a em uma mera casca, um disfarce, reduzindo a democracia à prática do voto universal.

Ou seja, ocorre o mecanismo que o direito chama de *fraude*, realizando-se medidas autoritárias típicas de Estados autoritários com uma roupagem democrática, normalmente produzidas por autoridades e procedimentos democráticos. Medidas que são formalmente democráticas, mas materialmente autoritárias. Nas palavras de Ferrajoli:

> Uma democracia pode ser derrubada sem golpes de Estado formais se os princípios dela forem de fato violados ou contestados, sem que suas violações suscitem rebeliões ou ao menos dissenso. Recordemos o último artigo da Constituição francesa do ano III: "o povo francês confia a presente Constituição à lealdade" dos poderes públicos e à "vigilância dos pais de família, às esposas e às mães, ao afeto dos jovens cidadãos, à coragem de todos os franceses". É com base nestas duas garantias, de caráter político e social – a garantia política da "lealdade" dos poderes públicos e a garantia política da "vigilância" dos cidadãos –, que repousa a efetividade das garantias jurídicas e com estas, do Estado de Direito e da democracia.[289]

Esse processo desconstituinte nada mais é do que um fenômeno de subversão da regra democrática que, desde o período pós Segunda Guerra Mundial, deixou de ser vista apenas como o regime pelo qual se obtém decisões majoritárias – conforme a definição de Norberto Bobbio –, para se tornar um padrão em que

---

289 FERRAJOLI, Luigi. *Poderes Selvagens*: a crise da democracia italiana. São Paulo: Saraiva, 2014, p. 15.

as decisões majoritárias ficam submetidas a uma Constituição e ao sistema de direitos fundamentais.

Na sociedade contemporânea ocidental, a democracia foi concebida por um processo histórico e surgiu como alternativa concreta a partir das revoluções gloriosa, francesa e americana. Foi a partir do século XVIII e, marcadamente nos séculos XIX e XX, que um pacto humanista entre conservadores céticos, liberais e a esquerda democrática firmou-se. Por maiores que tenham sido as divergências entre esses segmentos – e foram muitas e substanciais –, como havia uma pauta humanista mínima comum a todos, ao menos no campo dos direitos negativos, ou seja, dos direitos do indivíduo e/ou das comunidades face ao poder do Estado, e de valores morais mínimos relativos à dignidade humana, formou-se o que podemos chamar de certo consenso civilizatório.

As consequências desse consenso transcenderam o âmbito do Direito e passaram a gerar uma moralidade própria, ou seja, um conjunto mínimo de valores morais compartilhados por todos. Os mecanismos de sublimação ou de autorrepressão humana, imprescindíveis para se garantir a convivência, estabeleceram-se a partir dessa visão humanista comum.

As Constituições rígidas estabelecidas na Europa continental a partir de então, ao trazerem uma pauta de direitos positivos e negativos, como aponta Ferrajoli, tornaram necessárias alterações na teoria jurídica e política e também no conceito de democracia liberal.

A decisão política já não pode mais ser vista como independente da decisão majoritária porque seu conteúdo passa a ser condicionado pela Constituição. Já não é possível ofender certos direitos e há a obrigação de assegurar tantos outros – as liberdades públicas e os direitos sociais. Democracia não se confunde mais com soberania popular, mas, sobretudo, com a proteção e garantia dos direitos da minoria, constitucionalmente assegurados, um freio imprescindível às maiorias ocasionais.

Contudo, o pacto humanista que foi constituído no Ocidente no pós-guerra e que alterou o sentido democrático parece estar em crise. O que muitas vezes aqui no Brasil chamamos de neo-constitucionalismo, ou seja, Constituições criadas com o objetivo de garantir os direitos fundamentais, como resultado das decisões políticas e morais acima das maiorias eventuais, também parece estar em crise como consequência da crise desse pacto humanístico por razões que reúnem várias forças políticas e sofrem influência de pensamentos diversos, numa confluência de fatores bastante complexos para serem abordados diante do propósito de um parecer jurídico.

Após o fracasso dos Estados de polícia de direita e esquerda do século XX, as formas de manifestação da soberania absoluta e de polícia, ou seja, de exceção, não se dão mais por mecanismos de interrupção da democracia representativa.

A suspensão de direitos caracterizadora da exceção ocorre como leis, atos ou condutas estatais no interior da rotina dos regimes democráticos, como evidencia, dentre outros autores, Giorgio Agamben.[290]

Neste sentido correta a observação e o alerta de Marcus Vinícius Firmino:

> Em verdade, a realidade vigente neste início de Século XXI indica uma forte vivificação da doutrina do estado de

---

290 Agamben: "O totalitarismo moderno pode ser definido, nesse sentido, como a instauração, por meio do estado de exceção, de uma guerra civil legal que permite a eliminação física não só dos adversários políticos, mas também de categorias inteiras de cidadãos que, por qualquer razão, pareçam não integráveis ao sistema político. Desde então, a criação voluntária de um estado de emergência permanente (ainda que, eventualmente, não declarado no sentido técnico) tornou-se uma das práticas essenciais dos Estados contemporâneos, inclusive dos chamados democráticos". (AGAMBEN, Giorgio. *Estado de exceção*. Trad. Iraci Poleti. 2ª ed. São Paulo: Boitempo, 2011, p. 13).

> exceção. Impulsionados pelas ameaças do terrorismo, do narcotráfico, de ideologias religiosas, de questões étnicas até hoje não resolvidas ou de eternos problemas econômicos, vários países vêm, de forma crescente, apelando para medidas excepcionais, francamente restritivas de direitos fundamentais. Sempre empunhando o discurso da necessidade de fazer frente a algum mal iminente, buscam os governos e os parlamentos justificar a adoção de atos normativos claramente contrários à ordem constitucional, especialmente na parcela que pertine às garantias fundamentais.[291]

Nos países da América Latina, esse processo acaba sendo ainda um pouco mais complexo, constatando-se a existência concomitante de dois modelos de Estado de fato convivendo entre si. Juridicamente não há dúvida: apenas o Estado Democrático de Direito. Mas no plano fático da realidade, há um Estado democrático geograficamente localizado nos grandes centros expandidos e um Estado de Polícia, autoritário, de exceção, localizado nas periferias das grandes cidades, verdadeiros territórios ocupados, onde vive a maior parte da população pobre do país.

Esse fenômeno justifica-se na medida em que o inimigo a ser combatido e que ameaça a sociedade não se identifica mais com a figura do comunista das ditaduras militares, por exemplo, que estava disperso por toda sociedade e sem identidade física específica, mas sim com a figura do bandido, muitas vezes identificado com uma condição social de pobreza.

Portanto, a pretexto de combater esse inimigo que supostamente ameaça a segurança e a integridade da sociedade, adota-se um verdadeiro Estado de Polícia que governa as periferias pobres e que suspende os direitos fundamentais da pessoa tida como inimigo.

---

291 Disponível em: http://www.ambitojuridico.com.br/site/index.php?n_link=revista_artigos_leitura&artigo_id=2290. Acessado em: 07.05.2013.

Essa mudança de discurso na concepção do estado de exceção durante o século XXI, como uma técnica de governo inserida na própria rotina democrática, uma governabilidade de exceção permanente, diga-se, apresenta distinções na forma de como essas medidas de polícia se realizam nos países desenvolvidos e nos países de capitalismo tardio e de modernidade periférica, como é o caso brasileiro.

Na Europa e Estados Unidos, por exemplo, a figura do inimigo está claramente identificada com o estrangeiro inserido na rotina daqueles países. Trata-se do imigrante ilegal, do terrorista, do muçulmano e não está disseminada no interior da identidade daquele povo, não se identifica com seus próprios cidadãos.

Já na América Latina, o inimigo é o pobre, uma categoria de pessoas que corresponde a uma parte majoritária da própria sociedade. Passa-se assim a conviver com uma "*esquizofrenia jurídica*", em que há um Estado simbólico, formalmente um Estado Democrático de Direito, e que na realidade prática só está acessível a uma parcela pequena da sociedade, àquela inserida no mundo do consumo. Nos territórios ocupados pela pobreza, o que há, em verdade, é uma governabilidade de exceção permanente.

O "*bandido*" não é tratado como o cidadão que erra, mas como um inimigo da sociedade, que tem seus direitos suspensos, não se reconhecendo nele os direitos fundamentais inerentes à condição de ser humano, podendo inclusive ter sua vida suprimida, sem qualquer proteção mínima à sua existência como pessoa.

A característica comum do bandido inimigo da sociedade brasileira atual é que ele é pobre e vive nas periferias (verdadeiros territórios ocupados), à margem dos centros urbanos das ricas cidades brasileiras.

Conforme análise veiculada em formato de editorial pelo "*Pragmatismo Político*", a mídia também funciona como veículo que reforça os estereótipos entre as diferenças do ato criminoso cometido entre pessoas de classes sociais distintas. Para o veículo, enquanto o "*bandido*", inimigo da sociedade, é o pobre que vive à margem da população economicamente incluída, o branco proveniente das classes mais abastadas é o cidadão que erra e será punido nos estreitos limites da lei, reconhecendo-se todos os direitos a ele condizentes.[292]

Prossegue o veículo noticiando que o portal de notícias G1, do Grupo Globo, assim noticiou um incidente criminal no dia 17/03/2015: "*polícia prende traficante com 10 quilos de maconha em Fortaleza*", referindo-se a um homem preso num bairro da periferia de Fortaleza. Pouco mais de uma semana mais tarde, no dia 27/03/2015, o mesmo portal de notícias veiculou que "*polícia prende jovens da classe média com 300kg de maconha no Rio*", em referência a um grupo de jovens provenientes da classe média carioca. Pela lógica do estado de exceção, reforçada com amplo apoio dos meios de comunicação, no segundo caso apresentado, portar 300kg de maconha não torna os autores da infração "*traficantes*", ao contrário do que ocorre na primeira situação – a do porte de 10kg –, uma vez que se trata de jovens brancos de classe média.

Um estado de exceção permanente, na expressão de Walter Benjamim[293] ou governabilidade de exceção permanente, como

---

292 Disponível em: http://www.pragmatismopolitico.com.br/2015/03/g1-ve-diferencas-entre-apanhados-com-drogas.html. Acessado em: 10.06.2016.

293 "*A tradição dos oprimidos nos ensina que o 'estado de exceção' em que vivemos é, na verdade, a regra geral. Precisamos construir um conceito de história que corresponda a essa verdade. Nesse momento, perceberemos que nossa tarefa é originar um verdadeiro estado de exceção; com isso, nossa posição ficará mais forte na luta contra o fascismo. Este se beneficia da circunstância de que seus adversários o enfrentam em nome do progresso, considerado uma norma histórica. O assombro com o fato de que os episódios que vivemos no século XX 'ainda' sejam possíveis não é um assombro filosófico. Ele não gera nenhum conhecimento, a não ser o conhecimento de que a concepção de história da qual emana semelhante assombro é insustentável*". (BENJAMIN, Walter. *Teses sobre o Conceito de História, Obras escolhidas.* vol. 1. Magia

temos adotado recentemente, que convive no mesmo território de um Estado Democrático de Direito.

Por óbvio, e por decorrência do exposto, um Estado Democrático de Direito não se compraz com a figura de uma pessoa como inimigo:

> (...) no plano da teoria política, é intolerável a categoria jurídica de *inimigo* ou *estranho* no direito ordinário (penal ou de qualquer outro ramo) de um Estado constitucional de direito, que só pode admiti-lo nas previsões de seu direito de guerra com as limitações que lhe são impostas pelo direito internacional dos direitos humanos em seu ramo de direito humanitário (legislação de Genebra), levando-se em conta que nem sequer este priva o *inimigo bélico* da condição de pessoa.[294]

Como afirmou Rosseau, um Estado não deve ter um ser humano como inimigo: "*um Estado só pode ter como inimigo outro Estado, e não homens, pois não é possível fixar relações verdadeiras entre coisas de natureza diversa*".[295]

Contudo, a maioria dos autores estrangeiros que observaram o fenômeno da exceção no século XXI, o fez a partir da lógica do primeiro mundo, marcadamente a Europa, onde se tem, grosso modo, a edição de atos do Legislativo – por meio de normas gerais e abstratas – que fortalecem o Executivo, a exemplo das leis antiterrorismo. Nos países de capitalismo tardio e desiguais

---

e técnica, arte e política. Ensaios sobre literatura e história da cultura. São Paulo: Brasiliense, 1987, p. 226).

294 ZAFFARONI, Eugenio Raúl. *O inimigo no direito penal*. Trad. de Sérgio Lamarão. 3ª ed. Rio de Janeiro: Revan, 2011, p. 12.

295 ROUSSEAU, Jean-Jacques. *El contrato social*. Trad. Consuelo Berges, Madri, 1973, p. 13 *Apud*: ZAFFARONI, Eugenio Raúl. *O inimigo no direito penal*. Trad. Sérgio Lamarão. 3ª ed. Rio de Janeiro: Revan, 2011, p. 122.

da América Latina, as medidas de exceção são direcionadas ao inimigo interno, que pode ser tanto o "*bandido*" (parcela pobre, majoritariamente negra, e marginalizada da sociedade), como o corrupto. Nesse último caso, por meio do Sistema de Justiça Criminal que atua a serviço dos interesses do mercado e opera para criminalizar lideranças de esquerda ou nacionalistas.

Neste sentido, com relação à parcela da população incluída surgem essas medidas de exceção com finalidade política em duas modalidades: a) *impeachment* e *golpes* de Estado; b) processos penais de exceção e persecução de líderes políticos, em geral, de esquerda.

Na América Latina, golpes militares clássicos como os ocorridos no Brasil, na Argentina e no Chile, são um fenômeno do século XX, que ficaram para trás. No século XXI, estabeleceu-se no mundo ocidental um forte consenso democrático, ou seja, consolidou-se um discurso de legitimação da democracia como valor universal.

Entretanto, isso não significa que o autoritarismo deixou de existir no interior dos Estados democráticos. As medidas autoritárias apenas passaram a ser revestidas de uma aparência de legitimidade democrática, sem interdição declarada da ordem jurídica.

Essas medidas representam uma fraude, pois embora tenham uma forma jurídica que procura ter aparência de adequação, descumprem princípios fundamentais do Estado de Direito, sendo chamadas pela doutrina moderna de medidas de exceção, tal como descritas por Giorgio Agamben.

Esse tipo de medida de exceção vem sendo aplicada na América Latina, nos últimos anos, principalmente contra governos de esquerda ou como mecanismo de interrupção democrática, com o apoio ativo do Judiciário.

Em Honduras, Paraguai e aqui no Brasil, regimes democráticos foram inconstitucionalmente interrompidos, golpeando Presidentes legitimamente eleitos por obra ou com apoio das respectivas cortes supremas, funcionando a jurisdição como fonte da exceção e não do direito.

Em Honduras, o Presidente Zelaya foi deposto por uma decisão do Parlamento – não lhe foi lhe oferecido qualquer direito de defesa – e por uma ordem liminar da Corte Suprema daquele país que determinou sua prisão sem sua prévia oitiva. Tal ordem judicial poderia até ser aceita como compatível com a Constituição, não fosse o Presidente preso pelas forças armadas e não pela força de segurança pública, como ordenado pela Constituição Hondurenha e não tivesse sido expulso do país por seus detentores, em flagrante desrespeito a dispositivo específico da referida Constituição, que impede a expulsão de cidadão hondurenho, o que também lhe impediu o exercício da defesa no processo crime por não estar presente no país. A nulidade da ordem judicial só foi reconhecida pela Corte Suprema depois do término do que deveria ter sido seu mandato.

No Paraguai, o desrespeito perpetrado pela Sala Constitucional da Corte Suprema de Justiça à Constituição deste país foi ainda mais grosseiro. Este órgão maior da Jurisdição negou vigência ao art. 17 da Constituição Paraguaia que garante defesa "*en el proceso penal, o en cualquier otro del cual pudiera derivarse pena o sanción*".

Tal dispositivo estende o direito de defesa do processo penal a qualquer outro tipo de processo que possa derivar pena ou sanção. Obviamente, a cassação de mandato eletiva é uma sanção grave, mesmo que realizada em processo político. É inadmissível juridicamente imaginar como adequado ao Estado Democrático de Direito a realização de um processo político de impedimento sem direito à ampla defesa. O ato político não pode se realizar à margem das normas constitucionais e dos direitos mínimos da pessoa humana num Estado que se diz de direito. A expressão "*político*", obviamente, não é alvará para a prática de atos imperiais que se realizam ao arrepio dos direitos fundamentais.

A agressão da Corte Paraguaia à sua Constituição foi absurdamente evidente, até por sua própria fundamentação, que se realiza interpretando dispositivo da Constituição de forma isolada e destacada do contexto do texto da Constituição como um todo, o que é crasso e primário erro de interpretação jurídica.

O mesmo se conclui quanto ao *impeachment* da Presidenta Dilma aqui no Brasil. Sem qualquer fundamentação jurídica, tivemos a concretização de uma medida de exceção com a finalidade política de interromper ilícita, inconstitucional e agressivamente um mandato legítimo, suprimindo a soberania popular e o direito político de mais de 54 milhões de pessoas, esvaziando, assim, a democracia.

Não houve, no caso do *impeachment* da então Presidenta Dilma, o preenchimento de nenhum dos requisitos constitucionais e legais indispensáveis à sua cassação. A omissão do Supremo Tribunal Federal em declarar a inconstitucionalidade da medida, papel que lhe competia no exercício do controle (*judicial review*) da tipicidade dos fatos objetos da imputação, mais uma vez demonstra o papel da jurisdição como legitimador das medidas de exceção e não do direito.

Os exemplos acima ocorridos recentemente em países da América Latina são meramente elucidativos acerca do fenômeno que acabamos de afirmar: medidas de exceção de interrupção de governos legitimamente democráticos perpetrados com a participação do Judiciário. Como não são propriamente objeto de análise desse parecer, deixaremos de discorrer a respeito dos fundamentos que conformam nosso entendimento já bastante conhecido por trabalhos anteriormente publicados no que tange a excepcionalidade de tais medidas interruptivas da democracia nos países citados.

Ao lado dos mecanismos de interrupção dos ciclos democráticos por meio de *impeachments* inconstitucionais e golpes perpetrados contra governos principalmente de esquerda, vem ocorrendo também na contemporaneidade – cuja narrativa nos interessa particularmente nesse parecer – a criminalização dos agentes políticos seletivamente selecionados por não representarem os interesses e privilégios do mercado e do poder econômico e identificarem-se simbolicamente com a luta contra a desigualdade social, por meio de um verdadeiro *processo penal de exceção*, expressão cunhada com acerto por Fernando Hideo Lacerda, que, em linhas gerais, em artigo recentemente publicado, traz a seguinte ideia:

> O processo penal de exceção é um antiprocesso. É a forma jurídica da perseguição política e econômica na era da pós-verdade. É a violação dos direitos e garantias fundamentais de uma parcela da população (e de seus representantes simbólicos) com verniz hipócrita de licitude. É fruto da manipulação do sistema de justiça criminal (Polícia, Ministério Público, Poder Judiciário e Mídia) para atender aos interesses do mercado contra seus verdadeiros inimigos: o pobre, marginalizado e oprimido.[296]

A doutrina do Direito Penal do Inimigo criada na década de 1980 pelo jurista alemão Günther Jakobs propõe uma distinção entre o Direito Penal do Cidadão e um Direito Penal do Inimigo. O primeiro formado pela aplicação das normas penais vigentes, com respeito às garantias individuais dos cidadãos e exercida nos estritos limites do poder punitivo estatal impostos no âmbito da legalidade e o segundo, um direito penal especial, voltado aos inimigos, em que há a aplicação de atos lícitos ou ilícitos aos indivíduos que põe em risco a segurança nacional. Já não há mais qualquer proteção a direitos e garantias penais e processuais penais mínimos, como bem observa a pesquisadora Charlotth Back:

---

296 LACERDA, Fernando Hideo I. "A caçada de Lula pelo processo penal de exceção na era da pós-verdade". *In*: PROSNER, Carol *et al.* (Coord.). *Comentários a uma sentença anunciada*: o processo Lula. Bauru: Canal 6, 2017, p. 164.

> Em nome da defesa da sociedade, as garantias penais mínimas consagradas pelas Constituições e pelos instrumentos internacionais de proteção dos Direitos Humanos, como a presunção de inocência, a vedação da condenação sem provas, o princípio da legalidade, a neutralidade do julgador, a proibição da tortura, bem como o impedimento de obtenção de provas por meio ilícitos, não se aplicam aos proclamados "inimigos da sociedade".[297]

Enquanto nos EUA e nos países da Europa continental podemos reconhecer de forma explícita uma jurisprudência do direito penal de exceção e medidas de exceção no direito penal por meio da criação de leis especiais – ou Direito Penal do Inimigo para ficarmos na expressão cunhada por Jakobs – em razão de um direito especial que é criado para questões de segurança nacional, identificadas com as ameaças terroristas (o inimigo é o estrangeiro e não se identifica com os indivíduos daqueles países), aqui no Brasil é o próprio direito comum que é utilizado para combater o inimigo (o pobre, o bandido, o corrupto), não pela aplicação de um direito penal ou processual diferenciado para combatê-lo, senão pela utilização de interpretações das normas penais comuns como mecanismos para se instaurar as medidas de exceção contra a própria população que se quer excluir, sob um pretenso legítimo discurso de legalidade democrática.

Nesse sentido, o Sistema de Justiça Criminal, composto por vários agentes estatais (Judiciário, Ministério Público, Delegados de Polícia, Polícia etc.), com o apoio fundamental da mídia,[298]

---

297 BACK, Charlotth. "Direito penal do inimigo político". *In*: PROSNER, Carol *et al.* (Coord.). *Comentários a uma sentença anunciada*: o processo Lula. Bauru: Canal 6, 2017, p. 106.

298 "Hoje é impossível pensar o funcionamento do Sistema de Justiça Criminal sem analisar o funcionamento dos meios de comunicação de massa, que produzem hipóteses acusatórias, selecionam 'provas', julgam (sem os limites impostos pelas Constituições democráticas) e executam pessoas diante de seus leitores, ouvintes e espectadores. Não raro, os julgamentos e execuções

torna-se o autor soberano das medidas de exceção, tendo como base social de apoio a "*ralé*"[299] que busca a ordem e, sobretudo, a extinção dos conflitos sociais e políticos.

Nesta concepção sobre a exceção, a lógica do lícito-ilícito própria do Direito é superada pela lógica do poder própria da política, mesmo dentro de um tribunal. Neste caso, na jurisdição, o poder político da toga supera faticamente a força da lei.

Tal tipo de exceção nefasta caracteriza-se pela simplificação da decisão a si mesma, sem qualquer mediação real pelo direito; por uma provisoriedade inerente, pois não trata de extinguir o direito, mas de suspendê-lo em situações específicas; por seu fim eminentemente político-soberano, em que o poder se apresenta de forma bruta e, por consequência, por sua não autolimitação, nem mesmo por qualquer regra de coerência ou racionalidade. Nesse último aspecto, a decisão judicial de real exceção não produz "*jurisprudência*" para situações semelhantes juridicamente, mas diferentes politicamente. Mudando-se os atores envolvidos ou o fim político, muda-se a decisão, retornando-se ao Direito ou produzindo nova exceção.

---

midiáticas são mais céleres e festejados do que aqueles realizados pelo Poder Judiciário. Não raro, os julgamentos midiáticos influenciam os julgamentos do Poder Judiciário, isso porque muitos juízes também querem ser festejados pelos meios de comunicação de massas". (CASARA, Rubens R. R. *Estado pós-democrático*: neo-obscurantismo e gestão dos indesejáveis. 1ª ed. Rio de Janeiro: Civilização Brasileira, 2017, pp. 99/100.

299 "A ralé é fundamentalmente um grupo no qual são representados resíduos de todas as classes. É isso que torna tão fácil confundir a ralé com o povo, o qual também compreende todas as camadas sociais. Enquanto o povo, em todas as grandes revoluções, luta por um sistema realmente representativo, a ralé brada sempre pelo 'homem forte', pelo 'grande líder'. Porque a ralé odeia a sociedade da qual é excluída, e odeia o Parlamento onde não é representada". (ARENDT, Hannah. *Origens do totalitarismo*. Trad. Roberto Raposo. São Paulo: Companhia das Letras, 1989, p. 129).

Nesta lógica de combate ao inimigo no Brasil, os processos penais de exceção tem se tornado, sobretudo a partir da década de 90, o principal instrumento de controle social e político e a face mais cruel do autoritarismo estatal contra grande parte da população pobre do país, por meio do qual, através de um Sistema de Justiça Criminal institucionalizado, são subtraídos os direitos mais elementares do acusado – ou daquele que é perseguido pela justiça penal, por meio de vários mecanismos, tais como: encarceramento em massa, banalização na utilização das prisões provisórias, seletividade da punição criminal, desrespeito aos direitos e garantias penais e processuais penais, espetacularização e condenação midiática, hipernomia e apropriação privada da linguagem pelo aplicador da norma.

O modelo de guerra às drogas iniciado no governo americano de Richard Nixon na década de 70 foi importado pelo Brasil como solução para combater o tráfico de drogas e garantir maior segurança à sociedade. Com a política de encarceramento adotada no Brasil a partir da década de 1990, vimos o número de presos no país aumentar em 707%, passamos de um contingente de 90 mil presos para mais de 726 mil no intervalo de 26 anos apenas. Temos hoje a terceira maior população encarcerada do mundo, em termos absolutos, atrás apenas dos Estados Unidos e China, e a 31ª em números relativos (relação de presos para cada 100 mil habitantes, nos países com população superior a 10 milhões).[300]

Mais grave do que ocupar a terceira posição é o fato de que caminhamos para a primeira. Contamos com cerca de 726 mil presos e o número de detenções cresce 7,3% ao ano, segundo dados do último relatório do Sistema Integrado de Informações Penitenciárias

---

300 Segundo dados extraídos do INFOPEN (Relatório de Informações Penitenciárias). Disponível em: http://www.justica.gov.br/seus-direitos/politica-penal/documentos/infopen_dez14.pdf. Acessado em: 15.07.2017.

(Infopen) medidos até julho de 2016 e divulgado em 2017.[301] O estudo aponta um crescimento de 157% no total de presos desde 2000, quando o país contabilizava 232 mil encarcerados. Se mantido esse ritmo, em 2022 computaremos 1 milhão de detentos.

O instituto da prisão provisória é outro mecanismo que vem sendo largamente utilizado como instrumento de controle social. Segundo o já citado relatório do Infopen, em 2016, quatro em cada dez presos eram provisórios, ou seja, estavam detidos sem terem recebido uma sentença de primeiro grau.

Somando-se aos presos provisórios aqueles detentos cujos processos não foram concluídos, chega-se a quase dois terços da população carcerária. Ao contrário do que se pensa, entre 37% e 50% dos presos provisórios ou serão inocentados ou receberão penas de reclusão inferiores ao tempo que ficaram privados de liberdade. Isso significa que cerca de 20% dos presos estão presos injustamente. Diante desses dados, podemos afirmar que não há direito de defesa e presunção de inocência verdadeiramente garantidos a todos os cidadãos.

No Brasil, tem se utilizado inconstitucionalmente do instituto da prisão cautelar como forma de controle social, ocorrendo desde a década de 90, paulatinamente, o esvaziamento de sentido dos direitos fundamentais tanto dos direitos sociais, como dos direitos negativos, como o de liberdade, realidade retratada no número de aprisionamento, conforme demonstramos.

Também há de se observar que a polícia brasileira é a que mais mata e morre no mundo. Dados divulgados pelo Fórum

---

301 Segundo dados extraídos do INFOPEN (Relatório de Informações Penitenciárias). Disponível em: http://www.justica.gov.br/noticias/ha-726-712-pessoas-presas-no-brasil/relatorio_2016_junho.pdf. Acessado em: 11.12.2017.

Brasileiro de Segurança Pública em outubro de 2017,[302] mostrou que em 2016 houve um crescimento de 27% do número de mortes em decorrência de ações policiais em relação a 2015, chegando a 4.225 casos só em 2016. O número de homicídios de policiais civis e militares também sofreu um crescimento de 17,5% em 2016 em relação ao ano anterior, com 437 mortes registradas.

Vive-se uma verdadeira guerra civil, de baixa intensidade e não declarada, na qual a quase totalidade dessas mortes é de pessoas que habitam as periferias das cidades brasileiras, na sua maioria negra e jovem.

Além desse fenômeno que atinge a população pobre, no Brasil e em alguns países da América latina tem-se utilizado dos processos penais de exceção também como instrumento de perseguição de lideranças políticas. Esse tipo de processo penal de exceção atingiu o ex-Presidente Lula de forma devastadora, com objetivo claramente político, conforme passaremos a expor e demonstrar no próximo item deste parecer.

10.4 Operação Lava Jato: das generalidades às medidas de exceção contra o ex-Presidente da República

Dentre outras operações comandadas pela Polícia Federal nos últimos anos, surgiu a vulgarmente conhecida como *Operação Lava Jato*, que apesar da correta e nobre função de combate à corrupção e de uma fase inicial muito importante que identificou um grave sistema de corrupção dentro da principal empresa brasileira, a Petrobrás, começou a abusar dos limites impostos pela

302 FBSP. *Segurança Pública em Números 2017*. Disponível em: http://www.forumseguranca.org.br/wp-content/uploads/2017/10/infografico2017-vs-8-FINAL-.pdf. Acessado em: 10.05.2023.

Constituição da República e demais espécies normativas correlatas, conforme detalharemos a seguir.

O primeiro ponto a se destacar é a adoção de prisões preventivas com o objetivo de obtenção de colaborações premiadas e confissão dos réus, ao passo que a decretação de prisão preventiva deve ocorrer, de acordo com o Código de Processo Penal, especialmente do seu artigo 312, em situações excepcionais: para garantia da ordem pública, da ordem econômica, por conveniência da instrução criminal, ou para assegurar a aplicação da lei penal, quando houver prova da existência do crime e indício suficiente de autoria.

Ocorre que, conforme expressamente reconhecido, a decretação de referida *medida constritiva* está sendo adotada como meio de coação para a obtenção de colaborações premiadas:

> Com efeito, à conveniência da instrução processual, requisito previsto artigo 312 do Código de Processo Penal, deve-se acrescer a possibilidade real de o infrator colaborar com a apuração da infração penal, como se tem observado ultimamente, diante dos inúmeros casos de atentados contra a administração e as finanças do país.[303]

Além da própria punição consistente na perda da liberdade, as pessoas que são submetidas a esse tipo de medida em prisões *medievais*, sobretudo as mais afortunadas, com acesso às melhores condições de vida e conforto desde que nasceram, quando se deparam com essa realidade do cárcere, o sofrimento é intensificado, elevando-se a possibilidade de colaboração premiada. Saliente-se, aqui, que o Conselho de Direitos Humanos dada ONU afirmou

---

303 Parecer da Procuradoria Regional da República da 4ª região, Ministério Público Federal, nos autos do Habeas Corpus n. 5029050-46.2014.404.0000, em trâmite no Tribunal Regional Federal da 4ª Região.

que as prisões brasileiras são superlotadas e caracterizadas por maus-tratos físicos e psicológicos.[304]

Como toda a investigação contra a corrupção reverberou muito na mídia e em geral por toda população brasileira, os tribunais superiores tendem a confirmar as medidas ilícitas adotadas contra os investigados, denunciados e réus, os quais, dado o cenário, encontram-se sem alternativa de defesa e acabam cedendo ao instituto da colaboração premiada como única saída contra o abuso estatal.

Com efeito, os tribunais superiores tendem a confirmar os abusos e ilegalidades perpetrados nesses processos em razão da espetacularização do processo penal, que implica, primeiro, em tornar esses aprisionamentos e conduções coercitivas em verdadeiras *novelas* públicas, extremamente favorável à acusação e prejudicial à defesa. Isso tudo ocorre em razão do fato de o agente que investiga é fonte do jornalismo.

No jornalismo brasileiro não há mais, em linhas gerais, uma preocupação em investigar, recolhendo informações no Sistema de Justiça. A divulgação da informação não é feita de forma isonômica, mas realizada pelos agentes de investigação, procuradores, delegados específicos que ganham notoriedade pessoal no ambiente público, sem que a imprensa faça seu papel investigativo e acurado das informações antes de publicá-las.

Ademais, não se busca ouvir os envolvidos e suas defesas e, quando isso ocorre de fato, há apenas o atendimento de parâmetros ético-editoriais meramente formais, ocorrendo na última hora do dia, pouco tempo antes de veicular a notícia. Outra constatação é a veiculação no ambiente público uma visão majoritariamente

---

304 UNITED NATIONS. General Assembly. Human Rights Council. *Report of the Special Rapporteur on torture and other cruel, inhuman or degrading treatment or punishment on his mission to Brazil*. 29 de janeiro de 2016.

acusatória, sem que o investigado, o denunciado e o réu tenham tido qualquer possibilidade de defesa.

Isso tudo se torna ainda mais preocupante quando se constata que as investigações não são sigilosas, ainda que declaradas como tais, ocorrendo um notório vazamento seletivo de informações para colocar a opinião pública contra o acusado, o que desencadeia uma *sui generis* morte civil do investigado quando sequer há ainda denúncia formalizada.

Ademais, existe uma pressão insuportável contra os magistrados, pois o julgador que ousa divergir, mesmo que minimamente, da lógica acusatória é linchado publicamente, enquanto aquele que realiza a lógica acusatória é aclamado publicamente.

Com tais exemplos resta claro que não há condição no Brasil de um julgador decidir favoravelmente ao réu sem sofrer ampla agressão da imprensa. Veja-se, por exemplo, o caso do Ministro Gilmar Mendes que, enquanto adotava uma posição acusatória e punitivista, apoiando prisões contra agentes políticos ligados à *esquerda*, tinha sua figura pública engradecida e elogiada pela mídia. Entretanto, quando o mesmo Ministro apresentou atitude crítica às demais prisões que ocorreram contra outras pessoas não ligadas ao Partido dos Trabalhadores – PT, mas pertencentes ao partido atrelado ao Presidente da República que o nomeou, passou a ser criticado pela mídia.

Assim sendo, no Brasil, julgar de acordo com a Constituição da República e com as leis, nesses casos que envolvem amplo apoio acusatório midiático, não é possível.

Além disso, conduções coercitivas sem prévia intimação generalizaram-se. Trata-se de expediente usado como *prima ratio* para intimidar os acusados a depor. Entretanto, o Código de Processo Penal prevê expressamente, em seu art. 260, que a condução coercitiva só pode ser determinada no caso de o acusado não atender à intimação para o interrogatório, requisito este que vem sendo descumprido.

Especificamente com relação ao ex-Presidente da República, determinou-se a sua condução coercitiva sem qualquer intimação prévia desatendida. Com efeito, em 4 de março de 2016, o Juiz Sérgio Moro acolheu pedido do Ministério Público Federal e determinou a condução coercitiva do ex-Presidente da República. Ele ficou detido por cerca de seis horas no Aeroporto de Congonhas, no Estado de São Paulo, prestando depoimento.

Outras práticas ilegítimas podem ser elencadas exemplificativamente.

Em despacho proferido nos autos da Ação Penal n. 5063130-17.2016.4.04.7000/PR, determinou-se que ex-Presidente da República comparecesse às audiências nas quais seriam ouvidas as 87 testemunhas arroladas por sua própria defesa. Alegou-se, à época, que se tratava de volume desnecessário e que a presença do acusado seria exigida, em afronta às disposições do Código de Processo Penal, que não traz qualquer tipo de exigência quanto ao comparecimento do acusado nas audiências de oitivas de testemunhas (art. 202 e seguintes).

Ademais, durante a execução da Operação Aletheia, deflagrada em março de 2016, foram realizadas buscas e apreensões nos endereços das casas de todos os filhos do ex-Presidente da República. Em uma dessas ocasiões, foi apreendido o *tablet* de um de seus netos de quatro anos, o qual continha apenas jogos e filmes infantis. Ocorre que o objeto apreendido era de pessoa que sequer era alvo da medida judicial e, por conta disso, jamais poderia ter sido apreendido. O bem móvel só foi devolvido mais de três anos depois, ainda assim após o ex-Presidente da República pronunciar-se sobre o tema em depoimento pessoal.

Portanto, para se obter uma finalidade que era inicialmente respeitável, qual seja, o combate à corrupção, os agentes públicos envolvidos passaram a praticar ilegalidades.

A vulgarmente conhecida como Operação *Lava Jato* é um conceito abstrato, que não existe propriamente no mundo jurídico brasileiro. O que existem são inúmeros processos penais e inquéritos policiais, alguns deles conduzidos adequadamente face à nossa Constituição da República e outros ilícitos.

E o que observamos é que se quis usar desse combate à corrupção para atingir politicamente o ex-Presidente Lula e impedi-lo de candidatar-se em 2018, já que a Lei Complementar n. 64/1990, alterada pela Lei Complementar n. 135/2010, dispõe que são inelegíveis para qualquer cargo público aqueles que forem condenados, em decisão transitada em julgado ou proferida por órgão judicial colegiado, desde a condenação até o transcurso do prazo de oito anos após o cumprimento da pena, pelos crimes que especifica.

Além do processo de espetacularização que estimula os juízes por elogios e comendas e que destroem simbolicamente suas vidas quando possuem suas imagens destruídas quando são a favor da aplicação dos direitos fundamentais e da Constituição da República, há uma evidente postura do Sistema de Justiça brasileiro em desestimular a aplicação dos direitos fundamentais.

A título de exemplo, determinados magistrados, ao manifestarem-se contrários à cominação de infração político-administrativa de *impeachment* à então Presidente da República, foram condenados administrativamente, ao passo que nada ocorreu com relação aos juízes que se manifestam favoravelmente ao *impeachment*. A decisão só foi afastada muito tempo depois, após intenso questionamento jurídico.

Há, com tudo isso, um *recado* muito evidente sendo emitido pelo comando do Judiciário brasileiro aos seus magistrados para que não sigam a lógica "*garantista*" do direito penal, sob pena de não encontrarem ascensão na carreira e serem imediatamente punidos pelos órgãos de controle.

Referido quadro nacional é o que se apresenta. Medidas de exceção geraram um poder desconstituinte, com o esvaziamento de sentido dos direitos fundamentais, capitaneado pelo Sistema de Justiça, manipulado pela mídia pela coação ou condecoração.

Saliente-se, aqui, que a produção de um noticiário constante que produz na população um ambiente de crítica intensa aos direitos fundamentais e humanos acaba interferindo o conteúdo das decisões judiciais.

Veja-se, por exemplo, a decisão que alterou o conceito legal de tortura ao criar um terceiro requisito não previsto na lei, não bastando o sujeito estar sob a guarda do Estado e sob mediante violência, mas que a tortura ocorra para obter depoimento. Há, nessa decisão, um esvaziamento no campo denotativo do sentido do direito de não ser torturado, o que implica numa autorização de tortura para uma série de casos que não envolvem a obtenção de depoimentos na justiça.

Vê-se, portanto, que o Judiciário está paulatinamente produzindo cada vez mais medidas de exceção que possuem aparência constitucional e democrática e que se traduzem em verdadeiras *fraudes* à Constituição da República e, consequentemente, no esvaziamento do sentido dos direitos fundamentais.

O nosso Sistema de Justiça está cada vez mais insensível aos direitos fundamentais, esvaziando-os de sentido, passando a existir no Judiciário brasileiro, muito claramente, uma interpretação arbitrária das disposições constitucionais, o que o primeiro subscritor chama, em texto coletivo escrito com Luis Eduardo Gomes do Nascimento,[305] de apropriação privada da linguagem pelo intérprete.

Há no Brasil uma sanha de combate à corrupção, mas o que se observa é que corrupção tem dois sentidos: um sentido da lei penal e um *sentido político-moral-institucional* que nasce com as

305 Disponível em: http://justificando.cartacapital.com.br/2017/05/31/wittgenstein-e-hermeneutica-juridica-analogica/. Acessado em: 20.10.2017.

revoluções democráticas que fundam os direitos humanos e com a ideia de bem público, em que a coisa pública deixa de ser bem do soberano e integra o patrimônio da sociedade.

Portanto, corrupção designa, em linhas gerais, a apropriação privada dos bens públicos. Bens públicos, por óbvio, não consiste apenas no dinheiro público, mas todos os direitos que a comunidade possui. O bem público mais relevante de uma sociedade democrática é o conjunto de direitos fundamentais que ela possui.

Assim considerando, com o esvaziamento do sentido e significado desses direitos fundamentais, pratica-se a maior corrupção que pode haver no *plano político institucional* de um Estado: subtrair do seu povo os direitos mais valiosos que ele possui, tais como a vida, a liberdade (de ir e vir, de manifestação do pensamento, do julgador de julgar etc.) e a integridade física. Portanto, no Brasil está havendo o combate à corrupção por atos de corrupção ainda mais intensos.

Especificamente com relação ao ex-Presidente da República, ele é, notoriamente, um dos principais atores políticos atingidos pelo fenômeno do *processo penal de exceção*. Contra ele, foram criados vários tipos de investigações sobre os mais variados fatos, mas nenhum deles correspondendo claramente a um ato de corrupção. Não se identificou, por exemplo, a descoberta de dinheiro em contas no exterior, nem se comprovou a aquisição de patrimônio incompatível com o cargo ocupado. Há, apenas, acusações de difícil tangibilidade e relacionadas a valores comparativamente inexpressivos.

Destaque-se, aqui, que, em 19 de fevereiro de 2016, foi autorizada a interceptação dos terminais utilizados pelo ex-Presidente da República, seus familiares e de pessoas próximas a ele. Também foi autorizada a interceptação do principal ramal do Teixeira, Martins & Advogados, uma das bancas que atua na defesa do ex-Presidente, em flagrante violação ao sigilo profissional consubstanciado e regulamentado pela Lei n. 8.906/1994, que dispõe sobre o Estatuto da Advocacia e a Ordem dos Advogados do Brasil – OAB. A violação perpetuou-se quando, em 26 de fevereiro de 2016, foi estendida a interceptação telefônica para abranger o celular de um dos advogados ex-Presidente da República, Roberto Teixeira, aprofundando o monitoramento da estratégia defensiva e violando-se o sigilo entre advogado e cliente.

Veja-se, portanto, que o ex-Presidente da República é tratado como inimigo com apoio da grande mídia, ao passo que o juízo natural atua de forma notoriamente imparcial, o qual, ainda, fornece, frequentemente, elementos caracterizadores de pré-convencimento. Veja-se, por exemplo, notícia veiculada na revista Veja, que exibiu, em matéria de capa, o juízo natural como *herói* e o ex-Presidente da República como prisioneiro.

Em 16 de março de 2016, foi determinado o enceramento da interceptação telefônica do ex-Presidente da República, seus familiares, colaboradores e advogados. Na mesma oportunidade foi autorizado o levantamento do sigilo das conversas captadas. Diversas conversas do ex-Presidente da República, de seus familiares, inclusive com os advogados, foram divulgadas pela mídia no Brasil e do exterior. Nesse dia, o ex-Presidente da República havia sido nomeado Ministro Chefe da Casa Civil pela então Presidenta Dilma Rousseff. O juiz Sérgio Moro também usurpou a competência do Supremo Tribunal Federal – STF porque autorizou a divulgação de uma conversa entre o ex-Presidente da República e a então Presidenta Dilma Rousseff, captada quando não mais havia autorização judicial, contrariando os precedentes do tribunal.

A espetacularização em torno da investigação e processo criminais ficou igualmente evidenciada quando da apresentação de uma denúncia contra o ex-Presidente da República, oportunidade em que o Ministério Público apresentou um modelo de apresentação em formato de *Power Point* que beirou a ridicularização.

Ademais, diversos Procuradores da República integrantes da *Operação Lava Jato* utilizaram-se de entrevistas, publicações e postagens em redes sociais a fim de provocar uma espécie de julgamento prévio. O coordenador da *força-tarefa*, o Procurador da República Deltan Dallagnol, inclusive, publicou, em maio de 2017, ou seja, durante o curso da ação penal, livro denominado *A luta contra a corrupção – A Lava Jato e o futuro de um País marcado pela impunidade*, cuja capa traz uma foto de seu próprio rosto.

O reconhecimento de que, nas investigações e processos penais em curso, estão sendo adotados traços marcadamente de exceção partiu dos próprios agentes estatais, bem como do Judiciário. Com efeito, restou admitido que a Lava Jato, por tratar de questões de caráter excepcional, não deveria se submeter às normas gerais, ou seja, à lei e à Constituição da República, configurando-se mais um exemplo emblemático em que o Judiciário, como integrante do Sistema de Justiça, declara a suspensão da ordem jurídica em nome do combate a um inimigo, qual seja o suposto corrupto.

Veja-se, exemplificativamente, que há, em um dos processos penais em face do ex-Presidente da República, uma acusação de recebimento de um determinado bem imóvel, qual seja um apartamento no Município do Guarujá, litoral do estado de São Paulo, ao passo que, no direito penal brasileiro, não se criminaliza o recebimento de eventuais presentes, salvo se atrelado a ato de corrupção, mesmo que em algum ou outro caso possa ser considerada antiética essa prática. Com efeito, para ser punível, o recebimento de alguma vantagem dada por um particular a um agente público deve ser seguido de uma contrapartida, uma conduta comissiva administrativa, além dos demais requisitos dispostos nas espécies normativas incidentes.

Ademais, há uma incongruência evidente da denúncia quando o ex-Presidente da República é apontado como o chefe de uma quadrilha que teria desviado bilhões da Petrobrás, mas que, estranhamente, o benefício que teria auferido por isso seria o ganho de uma reforma de uma cozinha de um apartamento de classe média baixa a média no litoral sul do Estado de São Paulo.

A denúncia aponta, ainda, três contratos que seriam o objeto da vantagem auferida como contrapartida da reforma realizada. Como esses fatos não puderam ser efetivamente provados, o juízo descartou a acusação com relação a esse ponto, mas criando uma acusação nova e um tipo penal novo: condena-se simplesmente por ter recebido um benefício, qual seja – pasmem! – a reforma da cozinha, pois estaria implícita na conduta a vantagem que seria futuramente percebida pelo particular.

Ou seja, o ex-Presidente da República foi condenado tendo em vista uma acusação não constante inicialmente na denúncia. Ademais, essa interpretação do juízo sobre o que seja corrupção não é meramente uma interpretação, mas a criação de um *sui generis* tipo penal novo.

Por tais razões, podemos afirmar que não houve, minimamente, a obediência às regras elementares da persecução e processos criminais. Tudo isso ocorreu por meio de uma emulação pública da decisão do juízo natural, ao passo que nenhum noticiário de grande circulação veiculou as ilicitudes da sentença.

Ademais, o Presidente do Tribunal recebeu o recurso contra a sentença do primeiro grau de jurisdição e pronunciou-se, antes mesmo da sua tramitação, de que o ex-Presidente da República seria julgado com absoluta celeridade e no prazo já previamente estabelecido.

Especificamente com relação à instrução processual, ela foi extremamente rápida, contrariando a prática de outros processos de segunda instância daquele Tribunal, especialmente aqueles de mesma natureza.

Portanto, o que se observa é que o ex-Presidente da República não teve e não terá um tratamento isonômico, pois, primeiro, há um grande potencial de condenação em definitivo como forma de evitar sua candidatura às próximas eleições, ao passo que é bastante provável, diante das pesquisas eleitorais realizadas, que ele seria eleito.

Nesses termos, estamos diante de um inequívoco processo penal de exceção, pois o ex-Presidente da República não é tratado como um cidadão que possui garantias mínimas de direitos, mas como inimigo a ser combatido. Ele não possui seus direitos humanos garantidos como réu no processo penal.

Há uma evidente impossibilidade, diante desse quadro apontado, de o ex-Presidente da República ter um juízo verdadeiramente imparcial no Brasil. Há uma forte tendência e probabilidade intensa condenação.

Isto é, há uma materialização de características incontestes da identificação de um inimigo e suspensão de direitos pela suposta ameaça que ele representa ao Estado, isso tudo por meio da adoção de mecanismos do autoritarismo e típicos de exceção, que convivem com a rotina democrática, como uma verdadeira técnica de governo, bem como de governabilidade de exceção permanente. Ou seja, trata-se da materialização do mecanismo que o direito chama de *fraude*, realizando-se medidas autoritárias típicas de Estados autoritários com uma roupagem democrática.

Referido tipo de exceção nefasta caracteriza-se pela simplificação da decisão a si mesma, sem qualquer mediação real pelo direito. Trata-se de uma provisoriedade inerente, pois não trata de extinguir o direito, mas de uma suspensão em situações específicas.

O poder apresenta-se de forma bruta e, por consequência, por sua não autolimitação, nem mesmo por qualquer regra de coerência ou racionalidade. Nesse último aspecto, a decisão judicial de real exceção não produz "*jurisprudência*" para situações semelhantes juridicamente, mas diferentes politicamente. Mudando-se os atores envolvidos ou o fim político, muda-se a decisão, retornando-se ao Direito ou produzindo nova exceção.

Ao inimigo não se reconhecem direitos essenciais da humanidade, sendo ele excluído de sua condição humana, desprovido de proteção política e jurídica. Ou seja, um ser vivente, mas sem reconhecimento de direito algum, nem a vida ou a integridade física ou psíquica.

A construção discursiva que marca a permanência dos Estados autoritários no interior da rotina democrática constrói-se em torno da citada figura do inimigo. Ou seja, aquele ser humano desprovido de qualquer proteção política ou jurídica e do reconhecimento de qualquer direito fundamental mínimo.

O medo social, sentimento nele originado, é o combustível para a definição de sua condição de inimigo e seu combate, por meio do uso da soberania bruta, violenta e sem freios, a qual incide, inexoravelmente, sobre o ex-Presidente da República.

Portanto, a "*exceção*", nomenclatura originada na Constituição de Weimar, vem permitindo que o Estado estabeleça um regime especial sobre o ex-Presidente da República, suspendendo seus direitos e garantias.

Identifica-se, portanto, as consequências da suspensão dos direitos e garantias do ex-Presidente da República sob o fundamento de que o Estado, ameaçado, precisa sobreviver.

Ou seja, não se deixa de reconhecer, ao menos formalmente, de que o ex-Presidente da República possui um conjunto de direitos mínimos. Entretanto, sob o discurso de que há uma grave ameaça para a sobrevivência da sociedade ou do Estado, seus direitos estão suspensos.

Não se trata, portanto, do discurso da negação de direitos, mas o da sua suspensão. Reconhecem-se, por um lado, os direitos, mas, por outro, é afirmado que a concretização e proteção desses direitos só podem ocorrer plenamente na normalidade e na condição pacífica da gestão da vida social, o que, conforme discurso fraudulento do Estado brasileiro, inexiste no momento especialmente com relação ao ex-Presidente da República.

O discurso é o de que, face ao ingresso excepcional do inimigo que ameaça a vida da sociedade e a sobrevivência do Estado, é fundamental a suspensão dos seus direitos humanos temporariamente.

Portanto, no Brasil contemporâneo, a figura do inimigo deixou de estar dispersa por toda sociedade e hoje identifica-se com a figura mítica do "*corrupto*", o agente que quer destruir a sociedade e o Estado.

Entendida a exceção como decisão que ocorre na rotina democrática ou mesmo como técnica ocasional de exercício do poder político no interior da democracia.

Incide sobre o ex-Presidente da República, a exceção verdadeira ou real, em que por vontade política soberana, decisionista, há a suspensão dos seus direitos e garantias, implicando a submissão do jurídico ao político, sem qualquer racionalidade transversal[306] entre essas dimensões da vida social.

---

306 Luhmann foi buscar em Wolfgang Welsh o conceito construído na sociologia e na política de "racionalidade transversal", ou seja, buscar entender os fenômenos interdisciplinares sob um ponto de vista de uma racionalidade que seja transversal a estes territórios, que estejam presentes em todos eles. Para melhor compreensão trazemos uma breve síntese do pensamento de Luhmann: Niklas Luhmann, em sua teoria dos sistemas, identifica uma pluralidade de subsistemas comunicativos no interior do grande sistema social, cada qual operando por uma racionalidade binária própria e autônoma. Subsistemas fechados sintaticamente, o que lhes prove autonomia, mas abertos semântica e pragmaticamente, o que faz surgir a ocorrência de uma racionalidade transversal, no sentido de Wolfgang Welsh, pela influência de sentido intersistêmica. Luhmann trata esta conexão semântica concentrada e duradoura entre subsistemas pelo conceito de acoplamento estrutural. Luhmann chama de "corrupção sistêmica" essas situações em que a racionalidade de um subsistema social é substituída indevidamente pela de outro. As "corrupções sistêmicas", ou corrupções contingentes que ocorrem em casos específicos, conflitam com os valores do Estado Democrático de Direito, numa sociedade complexa e plural como a contemporânea. Se a

Nesses termos, na lógica de combate ao inimigo no Brasil, os processos penais de exceção, especialmente aqueles contra o ex-Presidente da República, tornaram-se o principal instrumento de controle social e político e a face mais cruel do autoritarismo estatal, isso tudo através de um Sistema de Justiça que subtrai, diutirnamente, os direitos e garantias mais elementares, isso tudo envolto à espetacularização e condenação midiática, hipernomia e apropriação privada da linguagem pelo aplicador da norma.

Consequentemente, o ex-Presidente da República não possui, nesse cenário atual brasileiro, nenhuma condição mínima de ter um julgamento imparcial pelo Judiciário e nem ter seus direitos fundamentais observados adequadamente.

10.5 Respostas aos quesitos

Desenvolvidos os temas jurídicos pertinentes ao objeto da consulta, passamos a responder aos quesitos formulados pelos Consulentes.

PRIMEIRO QUESITO: Tendo em vista os fatos apresentados, é possível vislumbrar traços típicos do estado de exceção – Juízo de Exceção – no caso concreto?

Incide sobre o ex-Presidente da República, uma exceção verdadeira ou real, em que por vontade política soberana, decisionista, há a suspensão dos seus direitos e garantias, implicando a submissão do jurídico ao político, sem qualquer racionalidade transversal entre essas dimensões da vida social.

Isto é, há uma materialização de características incontestes da identificação de um inimigo e suspensão de direitos pela suposta ameaça que ele representa ao Estado, isso tudo por meio da

racionalidade própria do Direito é suprimida por outra, o Estado de Direito, em sua dimensão de concretização, vai sucumbindo com ela.

adoção de mecanismos do autoritarismo e típicos de exceção, que convivem com a rotina democrática, como uma verdadeira técnica de governo, bem como de governabilidade de exceção permanente. Ou seja, trata-se da materialização do mecanismo que o direito chama de *fraude*, realizando-se medidas autoritárias típicas de Estados autoritários com uma roupagem democrática.

Referido tipo de exceção nefasta caracteriza-se pela simplificação da decisão a si mesma, sem qualquer mediação real pelo direito. Trata-se de uma provisoriedade inerente, pois não trata de extinguir o direito, mas de uma suspensão em situações específicas.

O poder apresenta-se de forma bruta e, por consequência, por sua não autolimitação, nem mesmo por qualquer regra de coerência ou racionalidade. Nesse último aspecto, a decisão judicial de real exceção não produz "*jurisprudência*" para situações semelhantes juridicamente, mas diferentes politicamente. Mudando-se os atores envolvidos ou o fim político, muda-se a decisão, retornando-se ao Direito ou produzindo nova exceção.

Ao inimigo não se reconhecem direitos essenciais da humanidade, sendo ele excluído de sua condição humana, desprovido de proteção política e jurídica. Ou seja, um ser vivente, mas sem reconhecimento de direito algum, nem a vida ou a integridade física ou psíquica.

O medo social, sentimento nele originado, é o combustível para a definição de sua condição de inimigo e seu combate, por meio do uso da soberania bruta, violenta e sem freios, a qual incide, inexoravelmente, sobre o ex-Presidente da República.

Identifica-se, portanto, as consequências da suspensão dos direitos e garantias do ex-Presidente da República sob o fundamento de que o Estado, ameaçado, precisa sobreviver. Ou seja, não se deixa de reconhecer, ao menos formalmente, de que o ex-Presidente da República possui um conjunto de direitos mínimos. Entretanto, sob o discurso de que há uma grave ameaça para a sobrevivência da sociedade ou do Estado, seus direitos estão suspensos.

Não se trata, portanto, do discurso da negação de direitos, mas o da sua suspensão. Reconhece-se, por um lado, os direitos, mas, por outro, é afirmado que a concretização e proteção desses direitos só podem ocorrer plenamente na normalidade e na condição pacífica da gestão da vida social, o que, conforme discurso fraudulento do Estado brasileiro, inexiste no momento especialmente com relação ao ex-Presidente da República.

SEGUNDO QUESITO: Levando em conta os fatos apresentados, é possível afirmar que o ex-Presidente da República teve um julgamento justo, imparcial e independente no Brasil?

Na lógica de combate ao inimigo no Brasil, os processos penais de exceção, especialmente aqueles contra o ex-Presidente da República, tornaram-se o principal instrumento de controle social e político e a face mais cruel do autoritarismo estatal, isso tudo através de um Sistema de Justiça que subtrai, diutirnamente, os direitos e garantias mais elementares, isso tudo envolto à espetacularização e condenação midiática, hipernomia e apropriação privada da linguagem pelo aplicador da norma. Consequentemente, o ex-Presidente da República não teve e não possui, nesse cenário atual brasileiro, nenhuma condição mínima de ter um julgamento justo, imparcial e independente no Brasil.

TERCEIRO QUESITO: É possível identificar, diante dos fatos apresentados, a ocorrência de violação a direitos e garantias fundamentais nos atos de persecução penal realizados em desfavor do ex-Presidente da República?

Dentre outras operações comandadas pela Polícia Federal nos últimos anos, surgiu a vulgarmente conhecida como *Operação Lava Jato*, que apesar da correta e nobre função de combate à corrupção e de uma fase inicial muito importante que identificou um grave sistema de corrupção dentro da principal empresa brasileira, a Petrobrás, começou a abusar dos limites impostos pela Constituição da República e demais espécies normativas correlatas.

O primeiro ponto a se destacar é a adoção de prisões preventivas com o objetivo de obtenção de colaborações premiadas e confissão dos réus, ao passo que a decretação de prisão preventiva deve ocorrer, de acordo com o Código de Processo Penal, especialmente do seu artigo 312, em situações excepcionais: para garantia da ordem pública, da ordem econômica, por conveniência da instrução criminal, ou para assegurar a aplicação da lei penal, quando houver prova da existência do crime e indício suficiente de autoria.

Ocorre que, conforme expressamente reconhecido, a decretação de referida *medida constritiva* está sendo adotada como meio de coação para a obtenção de colaborações premiadas.

Além da própria punição consistente na perda da liberdade, as pessoas que são submetidas a esse tipo de medida em prisões *medievais*, sobretudo as mais afortunadas, com acesso às melhores condições de vida e conforto desde que nasceram, quando se deparam com essa realidade do cárcere, o sofrimento é intensificado, elevando-se a possibilidade de colaboração premiada. Saliente-se, aqui, que o Conselho de Direitos Humanos dada ONU afirmou que as prisões brasileiras são superlotadas e caracterizadas por maus-tratos físicos e psicológicos.[307]

Como toda a investigação contra a corrupção reverberou muito na mídia e em geral por toda população brasileira, os tribunais superiores tendem a confirmar as medidas ilícitas adotadas contra os investigados, denunciados e réus, os quais, dado o cenário, encontram-se sem alternativa de defesa e acabam cedendo ao instituto da colaboração premiada como única saída contra o abuso estatal.

307 UNITED NATIONS. General Assembly. Human Rights Council. *Report of the Special Rapporteur on torture and other cruel, inhuman or degrading treatment or punishment on his mission to Brazil.* 29 de janeiro de 2016.

Além disso, conduções coercitivas sem prévia intimação generalizaram-se. Trata-se de expediente usado como *prima ratio* para intimidar os acusados a depor. Entretanto, o Código de Processo Penal prevê expressamente, em seu art. 260, que a condução coercitiva só pode ser determinada no caso de o acusado não atender à intimação para o interrogatório, requisito este que vem sendo descumprido.

Especificamente com relação ao ex-Presidente da República, determinou-se a sua condução coercitiva sem qualquer intimação prévia desatendida. Com efeito, em 4 de março de 2016, o Juiz Sérgio Moro acolheu pedido do Ministério Público Federal e determinou a condução coercitiva do ex-Presidente da República. Ele ficou detido por cerca de seis horas no Aeroporto de Congonhas, no Estado de São Paulo, prestando depoimento.

Outras práticas ilegítimas podem ser elencadas exemplificativamente.

Em despacho proferido nos autos da Ação Penal n. 5063130-17.2016.4.04.7000/PR, determinou-se que ex-Presidente da República comparecesse às audiências nas quais seriam ouvidas as 87 testemunhas arroladas por sua própria defesa. Alegou-se, à época, que se tratava de volume desnecessário e que a presença do acusado seria exigida, em afronta às disposições do Código de Processo Penal, que não traz qualquer tipo de exigência quanto ao comparecimento do acusado nas audiências de oitivas de testemunhas (art. 202 e seguintes).

Ademais, durante a execução da Operação Aletheia, deflagrada em março de 2016, foram realizadas buscas e apreensões nos endereços das casas de todos os filhos do ex-Presidente da República. Em uma dessas ocasiões, foi apreendido o *tablet* de um de seus netos de quatro anos, o qual continha apenas jogos e filmes infantis. Ocorre que o objeto apreendido era de pessoa que sequer era alvo da medida judicial e, por conta disso, jamais poderia ter sido apreendido. O bem móvel só foi devolvido mais de três anos depois, ainda assim após o ex-Presidente da República pronunciar-se sobre o tema em depoimento pessoal.

O que observamos é que se quis usar desse combate à corrupção para atingir politicamente o ex-Presidente Lula e impedi-lo de candidatar-se em 2018, já que a Lei Complementar n. 64/1990, alterada pela Lei Complementar n. 135/2010, dispõe que são inelegíveis para qualquer cargo público aqueles que forem condenados, em decisão transitada em julgado ou proferida por órgão judicial colegiado, desde a condenação até o transcurso do prazo de oito anos após o cumprimento da pena, pelos crimes que especifica.

Referido quadro é o que se apresenta. Medidas de exceção geraram um poder desconstituinte, com o esvaziamento de sentido dos direitos fundamentais, capitaneado pelo Sistema de Justiça, manipulado pela mídia pela coação ou condecoração.

Especificamente com relação ao ex-Presidente da República, ele é, notoriamente, um dos principais atores políticos atingidos pelo fenômeno do *processo penal de exceção*. Contra ele, foram criados vários tipos de investigações sobre os mais variados fatos, mas nenhum deles correspondendo claramente a um ato de corrupção. Não se identificou, por exemplo, a descoberta de dinheiro em contas no exterior, nem se comprovou a aquisição de patrimônio incompatível com o cargo ocupado. Há, apenas, acusações de difícil tangibilidade e relacionadas a valores comparativamente inexpressivos.

Destaque-se, aqui, que, em 19 de fevereiro de 2016, foi autorizada a interceptação dos terminais utilizados pelo ex-Presidente da República, seus familiares e de pessoas próximas a ele. Também foi autorizada a interceptação do principal ramal do Teixeira, Martins & Advogados, uma das bancas que atua na defesa do ex-Presidente, em flagrante violação ao sigilo profissional consubstanciado e regulamentado pela Lei n. 8.906/1994, que dispõe sobre o Estatuto da Advocacia e a Ordem dos Advogados do Brasil – OAB. A violação perpetuou-se quando, em 26 de fevereiro de 2016, foi estendida a interceptação telefônica para abranger o celular de um dos advogados do ex-Presidente da República, Roberto Teixeira, aprofundando o monitoramento da estratégia defensiva e violando-se o sigilo entre advogado e cliente.

Veja-se, portanto, que o ex-Presidente da República é tratado como inimigo com apoio da grande mídia, ao passo que o juízo natural atua de forma notoriamente imparcial, o qual, ainda, fornece, frequentemente, elementos caracterizadores de pré-convencimento. Veja-se, por exemplo, notícia veiculada na revista Veja, que exibiu, em matéria de capa, o juízo natural como *herói* e o ex-Presidente da República como prisioneiro.

Em 16 de março de 2016, foi determinado o enceramento da interceptação telefônica do ex-Presidente da República, seus familiares, colaboradores e advogados. Na mesma oportunidade foi autorizado o levantamento do sigilo das conversas captadas. Diversas conversas do ex-Presidente da República, de seus familiares, inclusive com os advogados, foram divulgadas pela mídia no Brasil e do exterior. Nesse dia, o ex-Presidente da República havia sido nomeado Ministro Chefe da Casa Civil pela então Presidenta Dilma Rousseff. O juiz Sérgio Moro também usurpou a competência do Supremo Tribunal Federal – STF porque autorizou a divulgação de uma conversa entre o ex-Presidente da República e a então Presidente Dilma Rousseff, captada quando não mais havia autorização judicial, contrariando os precedentes do tribunal.

A espetacularização em torno da investigação e processos criminais ficou igualmente evidenciada quando da apresentação de uma denúncia contra o ex-Presidente da República, oportunidade em que o Ministério Público apresentou um modelo de apresentação em formato de *Power Point* que beirou a ridicularização.

Ademais, diversos Procuradores da República integrantes da *Operação Lava Jato* utilizaram-se de entrevistas, publicações e postagens em redes sociais a fim de provocar uma espécie de julgamento prévio. O coordenador da *força-tarefa*, o Procurador da

República Deltan Dallagnol, inclusive, publicou, em maio de 2017, ou seja, durante o curso da ação penal, livro denominado *A luta contra a corrupção – A Lava Jato e o futuro de um País marcado pela impunidade*, cuja capa traz uma foto de seu próprio rosto.

O reconhecimento de que, nas investigações e processos penais em curso, estão sendo adotados traços marcadamente de exceção partiu dos próprios agentes estatais, bem como do Judiciário. Com efeito, restou admitido que a Lava Jato, por tratar de questões de caráter excepcional, não deveria se submeter às normas gerais, ou seja, à lei e à Constituição da República, configurando-se mais um exemplo emblemático em que o Judiciário, como integrante do Sistema de Justiça, declara a suspensão da ordem jurídica em nome do combate a um inimigo, qual seja o suposto corrupto.

Veja-se, exemplificativamente, que há, em um dos processos penais em face do ex-Presidente da República, uma acusação de recebimento de um determinado bem imóvel, qual seja um apartamento no Município do Guarujá, litoral do estado de São Paulo, ao passo que, no direito penal brasileiro, não se criminaliza o recebimento de eventuais presentes, salvo se atrelado a ato de corrupção, mesmo que em algum ou outro caso possa ser considerada antiética essa prática. Com efeito, para ser punível, o recebimento de alguma vantagem dada por um particular a um agente público deve ser seguido de uma contrapartida, uma conduta comissiva administrativa, além dos demais requisitos dispostos nas espécies normativas incidentes.

Ademais, há uma incongruência evidente da denúncia quando o ex-Presidente da República é apontado como o chefe de uma quadrilha que teria desviado bilhões da Petrobrás, mas que, estranhamente, o benefício que teria auferido por isso seria o ganho de uma reforma de uma cozinha de um apartamento de classe média baixa a média no litoral sul do estado de São Paulo.

A denúncia aponta, ainda, três contratos que seriam o objeto da vantagem auferida como contrapartida da reforma realizada.

Como esses fatos não puderam ser efetivamente provados, o juízo descartou a acusação com relação a esse ponto, mas criando uma acusação nova e um tipo penal novo: condena-se simplesmente por ter recebido um benefício, qual seja – pasmem! – a reforma da cozinha, pois estaria implícita na conduta a vantagem que seria futuramente percebida pelo particular.

Ou seja, o ex-Presidente da República foi condenado tendo em vista uma acusação não constante inicialmente na denúncia. Ademais, essa interpretação do juízo sobre o que seja corrupção não é meramente uma interpretação, mas a criação de um *sui generis* tipo penal novo.

Por tais razões, podemos afirmar que não houve, minimamente, a obediência às regras elementares da persecução e processo criminais. Tudo isso ocorreu por meio de uma emulação pública da decisão do juízo natural, ao passo que nenhum noticiário de grande circulação veiculou as ilicitudes da sentença.

Ademais, o Presidente do Tribunal recebeu o recurso contra a sentença do primeiro grau de jurisdição e pronunciou-se, antes mesmo da sua tramitação, de que o ex-Presidente da República seria julgado com absoluta celeridade e no prazo já previamente estabelecido. Especificamente com relação à instrução processual, ela foi extremamente rápida, contrariando a prática de outros processos de segunda instância daquele Tribunal, especialmente aqueles de mesma natureza.

Portanto, são gravíssimas e incontestes, diante dos fatos apresentados, a ocorrência de violação a direitos e garantias fundamentais nos atos de persecução penal realizados em desfavor do ex-Presidente da República.

QUARTO QUESITO: Caso seja positiva a resposta ao quesito anterior, os tribunais brasileiros corrigiram essas violações?

As gravíssimas e incontestes, violações de direitos e garantias fundamentais nos atos de persecução penal realizados em desfavor do ex-Presidente da República não foram corrigidas pelo Judiciário brasileiro, o qual, inclusive, já se posicionou, nos autos do Processo Administrativo n. 0003021-32.2016.4.04.8000/RS, em trâmite na Corte Especial do TRF4, e de relatoria do Desembargador Federal Rômulo Pizzolatti, que "haverá situações inéditas, que escaparão ao regramento genérico, destinado aos casos comuns".

QUINTO QUESITO: Tendo em vista o comunicado individual do ex-Presidente Lula ao Comitê de Direitos Humanos das Nações Unidas (UNHRC) e a resposta oferecida pelo Brasil a esse, em sua opinião, o ex-Presidente da República esgotou todos os possíveis recursos legais em relação às seis denúncias de abuso e violações de Direitos Humanos ao Pacto de Direitos Civis e Políticos da ONU? Existe alguma perspectiva realista de que os Tribunais Superiores irão remediar ou sanar as questões relacionadas a essas denúncias no futuro?

Estamos diante de um inequívoco processo penal de exceção, pois o ex-Presidente da República não é tratado como um cidadão que possui garantias mínimas de direitos, mas como inimigo a ser combatido. Ele não possui seus direitos humanos garantidos como réu no processo penal.

Os tribunais superiores tendem a confirmar os abusos e ilegalidades perpetrados nesses processos em razão da espetacularização do processo penal, que implica, primeiro, em tornar esses aprisionamentos e conduções coercitivas em verdadeiras *novelas* públicas, extremamente favorável à acusação e prejudicial à defesa. Isso tudo ocorre em razão do fato de que o agente que investiga é fonte do jornalismo. Existe uma pressão insuportável contra os magistrados, pois o julgador que ousa divergir, mesmo que minimamente, da lógica acusatória é linchado publicamente, enquanto aquele que realiza a lógica acusatória é aclamado publicamente.

Há uma evidente impossibilidade, diante desse quadro apontado, de o ex-Presidente da República ter um juízo verdadeiramente imparcial no Brasil. Há uma forte tendência e probabilidade intensa condenação definitiva, bem como inexistência de qualquer perspectiva de medida de qualquer natureza reparatória das arbitrariedades ocorridas, especialmente sua condução coercitiva, a invasão de privacidade na divulgação de interceptações telefônicas e dos áudios dos telefones de seus advogados, bem como contra os ataques da mídia geradores de um verdadeiro preconceito do público e atacando a sua presunção de inocência.

É o que nos parece.

São Paulo, 10 de janeiro de 2018.

CAPÍTULO XI

SELETIVIDADE, DISCRIMINAÇÃO E VIOLAÇÕES DE DIREITOS HUMANOS E PRINCÍPIOS CONSTITUCIONAIS PELA JUSTIÇA BRASILEIRA EM INVESTIGAÇÕES CRIMINAIS E PROCESSOS JUDICIAIS NO ÂMBITO DA "OPERAÇÃO LAVA JATO"

PARECER JURÍDICO

Referências:

Processo n. 00135.226825/2019-45

Resposta ao Ofício n. 3388/2019/CNDH/SNPG/MMFDH

11.1 Prolegômenos e formulação dos quesitos

Honra-nos o Conselho Nacional dos Direitos Humanos (CNDH) para, nos termos no art. 8º, § 5º, da Lei n. 12.986/2014, emitir parecer jurídico em razão de denúncia de seletividade, discriminação e violações de direitos humanos e princípios constitucionais pela Justiça brasileira em investigações criminais e processos judiciais no âmbito da "Operação Lava Jato" relativos a Luiz Inácio Lula da Silva.

Conforme consta do Ofício em epígrafe, a denúncia deduz, à luz das atribuições institucionais do CNDH previstas no art. 2º da Lei n. 12.986/2014 – às quais são relativas, especialmente, à promoção e a defesa dos direitos humanos, mediante ações preventivas, protetivas, reparadoras e sancionadoras das condutas e situações de ameaça ou violação desses direitos – as possíveis transgressões:

1. *In verbis*, "seletividade, discriminação e violações de direitos humanos e princípios constitucionais pela Justiça Brasileira, no processo que resultou na prisão do ex-Presidente Luiz Inácio Lula da Silva, contidas na reportagem 'As mensagens secretas da Lava Jato', publicada em 09 de junho de 2019, pelo Intercept Brasil, a partir de arquivos – incluindo mensagens privadas, gravações em áudio, vídeos, fotos, documentos judiciais e outros itens – enviados por uma fonte anônima, publicitando conversas de integrantes da força-tarefa da Lava Jato, coordenada pelo procurador Deltan Dallagnol, em colaboração com o atual ministro da Justiça, Sergio Moro";

2. *In verbis*, "o atual Ministro Sérgio Moro aconselhou, ordenou, e, em determinados momentos, agiu como órgão acusador e investigador, num verdadeiro processo inquisitorial. A notícia revela seletividade, discriminação e violações de direitos humanos e princípios constitucionais, algo que já vem sendo insistentemente denunciado por nossas entidades. No curso dos processos que culminaram com a prisão do ex-Presidente Luiz Inácio Lula da Silva, a fixação da elástica competência do órgão jurisdicional que concentrou os julgamentos relativos à Operação Lava Jato, ao arrepio das normas processuais aplicáveis e do

devido processo legal; o abandono do elementar princípio da congruência entre denúncia criminal e sentença e a não demonstração com prova robusta de todos os elementos constitutivos do tipo penal invocado na imputação, como no caso do ato de ofício para a caracterização de corrupção passiva, além de critérios *ad hoc*, exóticos e inéditos de dosimetria da pena definida, já indicavam a possibilidade, a probabilidade e a razoabilidade da percepção da prática de *lawfare*";

3. Relação de dependência e parcialidade do Judiciário na condução de ações penais no âmbito da "Operação Lava Jato";
4. *In verbis*, "situações nas quais ocorrem relações que tangenciam e ultrapassam os limites da legalidade em forças especiais, forças tarefas, 'comandos' e 'grupos táticos', entre Policias, Ministério Público e Poder Judiciário", constituindo uma forma de mecanismos e instituições de exceção no Estado de Direito;
5. Descumprimento, pelo Estado brasileiro, de recomendações expedidas pela ONU.

Em "escuta" realizada em 17 de setembro de 2019 pelo CNDH à possível vítima das violações, Luiz Inácio Lula da Silva, restou especialmente denunciada a não separação e independência entre atividades do Ministério Público e do Judiciário; o não tratamento isonômico entre acusação e defesa no acesso ao juízo e na produção de provas; a violação de prerrogativas dos advogados defensores; a ilegalidade e o abuso na decisão que determinou a condução coercitiva em 4 de março de 2016; o vazamento seletivo de áudio em conversa com a ex-Presidenta Dilma Rousseff, em 16 de março de 2016; a não autorização de concessão de entrevistas quando o acusado era candidato e pré-candidato a Presidenta da República; e, por fim, o não cumprimento de decisão em favor do acusado em 8 de julho de 2018 nos autos do Habeas Corpus n. 5025614-40.2018.4.04.0000.

A “Força-Tarefa da Laja Jato”, através do Ofício n. 7884/2019 – PRPR/FT, prestou informações sobre os pontos em destaque, pontuando que a denúncia recebida possui por base material obtido de forma ilícita e cujo conteúdo não possuiu a autenticidade e o contexto comprovados; que atuaram dentro da legalidade, cumprindo *múnus* público; que em nenhum momento houve violação a quaisquer dos princípios constitucionais aplicáveis ao processo penal, principalmente o do devido processo legal, do promotor e do juiz natural, da imparcialidade, bem como da ampla defesa e do contraditório; que não há perseguição política ou criminalização da política, tampouco ausência de separação das atividades do Judiciário e do Ministério Público, bem como falta de tratamento isonômico entre acusação e defesa. Por fim, consignou não haver violação às prerrogativas dos advogados.

Aprovada a solicitação da relatoria do caso pelo Plenário do CNDH, fui designado consultor *ad hoc* para, nos termos no art. 8º, § 5º, da Lei n. 12.986/2014, subsidiar tecnicamente a relatoria do CNDH.

Nesses termos, nos foram formulados determinados quesitos, os quais serão respondidos ao final. Vejamos.

Tendo em vista a denúncia apresentada ao CNDH, da qual faz parte a Nota da Associação de Juízes para a Democracia e Nota da Ordem dos Advogados do Brasil; a escuta de Luiz Inácio Lula da Silva; os diálogos publicados pelo The Intercept Brasil, atribuídos ao então juiz Sérgio Fernando Moro, ao procurador da República Deltan Dallagnol e aos demais integrantes da força-tarefa Lava Jato; as peças públicas do processo que resultou na prisão de Luiz Inácio Lula da Silva; e, ainda, as informações prestadas pela “Força-Tarefa da Laja Jato”:

1. A acusação e a defesa atuaram em igualdade de direitos e obrigações ao longo do processo e que o julgamento proferido foi justo?

2. Houve atuação equidistante do então juiz Sérgio Fernando Moro em relação à defesa e à acusação?

3. Houve violação aos princípios da imparcialidade, independência e equidade no procedimento penal (art. 10 da Declaração Universal dos Direitos Humanos; art. 14, 1, do Pacto Internacional dos Direitos Civis e Políticos; art. 8º da Convenção Americana de Direitos Humanos), garantias que integram o conteúdo do princípio do devido processo legal (art. 5º, inciso LIV, da Constituição)?

4. Houve violação aos princípios do juiz natural, do devido processo legal, do contraditório e da ampla defesa, da presunção de inocência e ao sistema acusatório (art. 5º, incisos XXXVI, LIII, LIV, LV e LVII e art. 129, inciso I, todos da Constituição)?

5. Houve violação aos direitos e prerrogativas dos advogados de defesa?

6. O então juiz buscou produzir provas ou orientar o trabalho do órgão acusatório, instigando ou exercendo alguma espécie de ingerência sobre o *Parquet* ou sobre a Polícia Federal? Em caso afirmativo, a atuação da Polícia Federal, Ministério Público Federal e Poder Judiciário violaram os princípios da separação de funções e poderes, revelando formas de mecanismos de exceção dentro do Estado de Direito?

7. A execução antecipada do cumprimento de pena, antes do trânsito em julgado da sentença penal condenatória, representa ofensa ao princípio constitucional da presunção de inocência (art. 5º, inciso LVII, da Constituição)?

Por fim, ainda nos foram solicitados:

8. Outros esclarecimentos, subsídios e considerações que entender pertinentes ao caso.

9. Sugestões de recomendações a serem formuladas pelo CNDH em relação ao caso.

Assim considerando, trataremos, no presente parecer, especificamente acerca das medidas de exceção adotadas pelo Sistema de Justiça Criminal no atual cenário brasileiro, com ênfase nas medidas constatadas no curso da conhecida como "Operação Lava Jato", a fim de demostrar, após análise exemplificativa e não exaustiva, que o Brasil está vivendo um momento de crise institucional profunda, além de um *processo desconstituinte*[308] gravíssimo. Especificamente com relação a Luiz Inácio Lula da Silva, apresentaremos evidências não exaustivas de deparamo-nos com um dos casos mais emblemáticos ocorridos no Brasil.

Para alcançarmos referido objetivo, realizaremos um breve escorço histórico e teórico sobre o tema do estado de exceção a partir dos mais conhecidos exemplos encontrados nos Estados autoritários do século XX até chegarmos ao tema na contemporaneidade para, então, analisar o fenômeno sob a ótica da instauração de investigações criminais e processos penais de exceção contra inimigos declarados e a serem combatidos pelo Estado.

No caso específico tratado nesse parecer, o *inimigo* é representado pela pessoa de um ex-Presidente da República, Luiz Inácio Lula da Silva, o qual, por ameaçar um projeto ideológico político conservador que privilegia o *poder econômico* em detrimento do social, teve sua *morte civil* simbolicamente declarada por meio de inúmeras medidas de exceção realizadas pelo Sistema de Justiça Criminal Brasileira ao longo de investigações criminais e de processos penais.

---

308 Expressão cunhada por Luigi Ferrajoli, em *Poderes Selvagens.*

11.2 O estado de exceção: aspectos propedêuticos

O estado de exceção é um tema correlato ao Estado de Direito. Por essa razão, podemos afirmar que o estado de exceção é a contrafação do Estado de Direito. Entretanto, apesar de sua notória relevância, o tema é pouquíssimo abordado no direito, em especial no âmbito da Teoria Geral do Estado.

Embora autores como Jacques Derrida já tenham apontado que nenhuma teoria está completa se não compreender suas afasias, suas exceções e ruídos, é notória a resistência do meio jurídico publicista ao trato da questão do estado de exceção, talvez pela ainda forte influência, ao menos no meio jurídico latino-americano do positivismo analítico de origem kelseniana, que, por conta de sua não aceitação da aplicação do direito posto ao caso concreto como objeto passível de trato racional pela ciência jurídica, o que confere ao intérprete autêntico a prerrogativa de, inclusive, decidir "*contra legem*" de forma legítima no sistema, não aceita a questão da decisão de exceção como indagação jurídica relevante, em especial se adotada pela jurisdição. Referida constatação também está presente no texto de apresentação de Carl Schmitt, em sua Teologia Política:

> É realmente curioso que o tema da exceção não tenha exercido fascínio sobre os nossos juristas, o que há de ser atribuído ao prestígio que assumiu entre nós, desde o século passado, o pensamento kelseniano. CS, aliás, com indisfarçável ponta de ironia, observa ser natural que um neo-kantiano como Kelsen não saiba, por definição, o que fazer com a situação excepcional.[309]

---

309 SCHMITT, Carl. *Teologia Política*. Trad. Elisete Antoniuk; coordenador e supervisão Luiz Moreira. Belo Horizonte: Del Rey, 2006, p. xiii.

Se, por um lado, é verdade que o tema ficou por muito tempo empecido na doutrina jurídica, temos constatado, recentemente, o aumento do interesse da comunidade jurídica nacional e estrangeira pela questão da exceção e suas formas de legitimação, cuja observação do fenômeno mais recente das medidas de exceção adotadas como técnicas de governo no interior das sociedades democráticas tem sido descritas por vários autores, com nomenclaturas distintas.

Norberto Bobbio chama de *novos despotismos*,[310] que apesar de tratar da Itália na sua fase Berlusconista, é uma forma que se universaliza. Luigi Ferrajoli descreve o processo de esvaziamento da Constituição e da crise democrática italiana como "*poder desconstituinte*",[311] conceito que também pode ser partilhado entre os países de Constituições rígidas adotadas no pós-segunda guerra. Ronald Dworkin aponta a perda do "*common ground*"[312] da sociedade. Boaventura de Souza Santos fala de "*democracia de baixa intensidade*".[313] Claus Roxin chama de "*populismo penal*". Rubens Casara, de "*Estado Pós-Democrático*".[314] Finalmente, "*estado de exceção*"[315] em Giorgio Agambem, conceito que adotamos e que também é utilizado por diversos autores, tais como Carpentier, Codaccioni, Goupy, Rafael Valim, Georges Abboud, Lenio Luiz Streck e Gilberto Bercovici, entre tantos outros que tratam do tema.

---

310 BOBBIO, Norberto. *Contra os novos despotismos*: escritos sobre o berlusconismo. 1ª ed. São Paulo: Editora Unesp; Instituto Norberto Bobbio, 2016.

311 FERRAJOLI, Luigi. *Poderes Selvagens*: a crise da democracia italiana. São Paulo: Saraiva, 2014.

312 DWORKIN, Ronald M. *Is democracy possible here*? Principles for a new political debate. Nova Jersey: Princeton University Press, 2008.

313 SANTOS, Boaventura de Sousa. *A difícil democracia*. São Paulo: Boitempo, 2016.

314 CASARA, Rubens R. R. *Estado pós-democrático*: neo-obscurantismo e gestão dos indesejáveis. 1ª ed. Rio de Janeiro: Civilização Brasileira, 2017.

315 AGAMBEM, Giorgio. *Estado de exceção*. Trad. Iraci D. Poleti. 2ª ed. São Paulo: Boitempo, 2011.

Apesar do crescente interesse jurídico noticiado, no plano da Teoria Geral do Estado ainda predominam afirmações que nos dão a impressão de que a sociedade vivencia hoje a concretização plena do Estado Democrático de Direito. No plano da realidade, porém, esta é uma afirmação falaciosa, pois o Estado Democrático de Direito é, além de um projeto humano e político, uma concepção abstrata que nunca se realizou plenamente em nenhuma sociedade histórica conhecida.

Apesar das conquistas inegavelmente percebidas pelas revoluções democráticas surgidas nos séculos XVIII e XIX e que marcaram o fim do absolutismo monárquico e a consolidação dos ideais iluministas que culminaram na conformação do Estado de Direito, a presença do Estado autoritário não deixou de existir nos períodos que se sucederam às referidas revoluções. Isto porque o movimento da história não corresponde perfeitamente à evolução pretensamente linear contada nos manuais didáticos, posto que concretamente dotado de involuções, retrocessos e movimentos caóticos.

Observa-se, portanto, uma constante tensão dialética entre o Estado de Direito e o Estado de Polícia. A percepção das marcas de um Estado autoritário acompanha todo percurso da história humana e o que também se confirma após as revoluções democráticas, conforme demonstraremos. O que muda, contudo, são as formas dos discursos de justificação/legitimação do autoritarismo estatal.

Ocorre que a história humana não se dá por fases estanques, como às vezes sua descrição em períodos transparece ao inadvertido. Ela ocorre em processos complexos, nos quais elementos de conformação política, social e de costumes do período anterior permanecem no posterior. Não há, inclusive, garantias contra retrocessos e involuções civilizatórias. Ordem há na descrição histórica, nas tentativas de sua compreensão. Todavia, na história vivida prevalece o caos. Assim, embora as revoluções burguesas sejam expostas como terminativas do poder absoluto do Estado, isso não se verifica nos fatos da realidade cotidiana.

O poder absoluto esteve presente ao longo de toda a história dos povos, mesmo após as conquistas do Estado Democrático de Direito. A cada abuso policial, por exemplo, está a presença autoritária do poder absoluto, tratando como servo, e não cidadão, o ser humano vilipendiado em seus direitos.

Em verdade, o Estado Democrático de Direito não se efetivou de fato plenamente em lugar algum do mundo, por mais justo que seja um país num dado momento histórico, os valores essenciais da democracia não se viram estabelecidos de forma universal e integral em relação a todos os seres humanos residentes ou transeuntes por seu território.

11.3 Estado de exceção: escorço histórico e teórico

Imprescindível recorrermos a uma pequena retomada histórica ao pós Idade Média e início da Idade Moderna, a fim de identificarmos o conceito de soberania estatal absolutista, cuja centralização do poder permitiu, no âmbito da Teoria Geral do Estado, conhecer seus principais contornos por meio do seu principal pensador, Jean Bodin.

A monopolização do poder político que surge com o absolutismo monárquico apresenta o grande avanço em relação à Idade Média e vai propiciar a eclosão do Estado de Direito após a revolução inglesa, a independência dos Estados Unidos e a revolução francesa.

No absolutismo, marcadamente presente no século XV até as revoluções burguesas do século XVIII, o exercício da soberania era legitimado por meio da crença no poder absoluto dos reis como direito divino e, portanto, marcado pela continuidade e vitaliciedade do exercício da soberania.

No Estado absolutista, as pessoas eram tidas apenas como titulares de obrigações em relação ao Estado, mas não de direitos.

Há apenas uma relação de servidão entre os particulares e o Estado, e não de cidadania.

O Estado absolutista, também denominado Estado de Polícia[316] ou Estado autocrático, apresenta algumas características relevantes: 1) o poder é exercido de forma autônoma (daí a expressão autocracia), ou seja, o poder do governante não se submete à lei, mas apenas à sua própria vontade, daí porque o poder do governante é ilimitado, a figura do rei se confunde com a figura do Estado; 2) em geral, os Estados absolutistas possuem fundamento religioso, a figura do rei é divina, verdadeiro representante de Deus na Terra; 3) as funções de Estado são centralizadas numa só pessoa: o rei legisla, administra e julga; 4) este modelo de Estado é irresponsável no que tange aos danos que ocasiona às pessoas (famosa ideia de que "*o rei não erra*"); 5) as pessoas só possuem obrigações perante o Estado, sem ter direito algum oponível a ele, ou seja, há apenas uma relação de servidão entre as pessoas e o Estado e não uma relação de cidadania, como já alertamos.

No período do renascimento, o poder absoluto existiu como centralizador do poder político na mão dos príncipes. Segundo Jean Bodin, por origem divina, trazendo ao soberano o direito de exercê-lo de forma vitalícia, conforme sua famosa definição: "a soberania é o poder absoluto e perpétuo de uma República".[317]

Quando, em 1576, Bodin publica a obra *Six Livres de La Republique* e conceitua soberania como caráter fundamental do

---

316 A expressão "Estado de Polícia" pode também designar o Estado liberal ou mínimo. Importante a ressalva, pois a expressão pode indicar dois modelos estatais distintos, um é Estado Direito outro não (Estado Absolutista).

317 BODIN, Jean. *Les Six Livres de la République*, Livro I, Capítulo VIII, p. 179 *apud* RISCAL, Sandra Aparecida. *O conceito de soberania em Jean Bodin*: um estudo do desenvolvimento das ideias de Administração Pública, Governo e Estado no século XVI, 2001, p. 5 (Tese de Doutorado). Disponível em: http://libdigi.unicamp.br/document/?code=vtls000225862. Acessado em: 04.12.2013.

Estado, tendo por único limite a lei natural e divina, atribui um caráter de *originariedade* ao poder soberano e rompe com a tradição do pensamento medieval, que via na origem do *poder do rei*, uma atribuição da comunidade.

Após o surgimento dos Estados democráticos de direito e de sua ideologia axiológica de garantia dos direitos fundamentais, superou-se a fase das monarquias absolutistas, mas não as formas mais modernas de exercício do poder absoluto e de Estados de polícia.

Segundo Schmitt, a grande repercussão da doutrina de Bodin justifica-se, pois

> sua realização científica e o motivo de seu sucesso repousam no fato de ele ter inserido a decisão no conceito de soberania. Atualmente, não existe uma explicação do conceito de soberania na qual Bodin não seja citado.[318]

Portanto, a soberania que antecede as revoluções burguesas, marcadamente presente no período absolutista da Idade Moderna, inegavelmente apresentava-se como legítimo Estado de Polícia, pois, embora o exercício do poder imperial estivesse legitimado no poder divino, não havia pelo Estado a preservação e reconhecimento de direitos das pessoas oponíveis ao próprio poder político.

Com as revoluções americana e francesa, ocorridas em 1776 e 1789, respectivamente, há uma ruptura desse modelo absolutista da soberania estatal, sobretudo porque se introduz, a partir destes movimentos iluministas, a ideia de proteção e reconhecimento dos direitos dos homens, secularizando a noção cristã de "*pessoa*", como seres iguais, dotados de um conjunto mínimo de direitos oponíveis ao próprio poder estatal.

318 SCHMITT, Carl. *Teologia Política*. Trad. Elisete Antoniuk; coordenador e supervisão Luiz Moreira. Belo Horizonte: Del Rey, 2006, p. 9.

A partir do amadurecimento das ideias centrais trazidas pelas revoluções burguesas, o Estado autoritário não encontra mais legitimidade na forma absolutista monárquica do período precedente, caracterizada pela negação à existência dos direitos do homem. Portanto, impossível de se reconhecer no plano discursivo o autoritarismo estatal nesse modelo.

Um dos principais pressupostos da função do Estado de Direito encontra-se na ideia de um Estado racional, cujas decisões racionais objetivam garantir certos valores. Dentre eles, destaca-se a garantia de um dos principais conceitos da filosofia política e quiçá da realidade humana: o conceito de pessoa. Embora esta noção em alguma medida tenha existido na humanidade em praticamente todos os seus momentos históricos, foi com a cristandade que ele encontra melhor trato e com o iluminismo que se laiciza e é secularizado.

O conceito de pessoa humana talvez tenha sido o mais revolucionário da história do homem na terra, traduzindo-se como imensa contribuição da cristandade para nossa sociabilidade. Ao divorciar o homem de sua apropriação como coisa para tratá-lo como filho de Deus, membro de uma imensa família humana, aliou-se a noção de homem à de igualdade e justiça. Todos essencialmente iguais, porque nascidos do mesmo Pai. A noção de humanidade se sobrepôs à noção de povo.

Com as revoluções burguesas, o conceito de pessoa humana seculariza-se. Se todos nascemos iguais em essência, pertencentes que somos à mesma espécie, havemos de ter garantidos direitos mínimos inerentes a essa condição. Para garantir esses direitos, limitou-se o poder do Estado, trazendo o ser vivente da condição de servo do soberano, sujeito apenas a obrigações e deveres, para a de cidadão, entendida a expressão como a pessoa titular de direitos oponíveis ao Estado e a toda forma de poder político, econômico ou social.

Passa-se da noção de povo como referência de igualdade, por fatores de identidades culturais, língua, circunscrição geográfica etc., à noção de humanidade. Enquanto a noção de povo criava uma condição de pertencimento e, em certa medida, de segurança à nação temporal e geograficamente localizada, há também uma questão inerente que não pode ser desprezada: se há diversos povos, alguns deles são amigos e outros inimigos. Ou seja, reconhece-se a partir desse pressuposto uma relação de igualdade e diferença no interior da espécie humana. Nesta concepção, portanto, quando há o inimigo não há o ser humano, mas um ser desprovido da condição de humanidade. Assim, trazer essa condição de humanidade como valor básico e universal para a espécie humana foi a principal conquista que a cristandade trouxe para todos nós, seres humanos e homens iguais.

Nas revoluções americana e francesa quando o conceito de pessoa se laiciza e é transportado para a política, nasce a ideia de que, por sermos todos integrantes da humanidade, todos temos um conjunto mínimo de direitos pelo simples fato de sermos humanos e que, inexoravelmente, opõem-se ao soberano e ao Estado como um todo considerado.

Se por um lado pode-se afirmar que sempre houve na humanidade o conceito de pessoa, cuja expoência se dá na cristandade, por outro lado também é verdade que também sempre existiu o conceito de inimigo. Chamados pelos romanos de *hostis* e conceituado por Agamben como "*homo sacer*" (aquela parcela da sociedade que todos tinham autorização para suprimir a vida), o inimigo é representado como o ser desprovido do mínimo de reconhecimento como "*humano*".

No próprio iluminismo, passa-se a observar formas de pensamentos que vão em certa medida acolher essa figura do inimigo no interior da noção de Estado de Direito. Interessante contrapor nesse ponto, suscintamente, o pensamento de Hobbes e Locke.[319]

---

319 ZAFFARONI, Eugenio Raúl. *O inimigo no direito penal*. Trad. Sérgio Lamarão. 3ª ed. Rio de Janeiro: Revan, 2011, p. 124.

Hobbes pensou o contrato social, ideia central no iluminismo, como algo anterior ao reconhecimento de direitos. Para esse pensador, o ser humano no estado de natureza seria um ser perigoso, que vivia em permanente conflito com o outro e em constante estado de guerra, cuja função precípua do soberano era a de promover a pacificação social. Neste sentido, como instrumento dessa pacificação, o soberano não estaria incluído neste contrato social, sendo o reconhecimento de direitos posterior a ele, portanto.

Desta corrente de pensamento decorre uma importante consequência: quando o direito implicar em obstar o funcionamento da soberania, ele deve ser afastado. Hobbes não reconhece o direito de resistência dos cidadãos quando o soberano se opõe ao direito, porque a ele preexiste. Portanto, na visão hobbesiana, o resistente ao soberano na sua legítima função de afastar o direito para garantir a soberania é reconhecido como inimigo. Um inimigo político que se põe contra a integridade da sociedade e a existência do Estado. E por estar fora do contrato social, esse inimigo político não tem direitos reconhecidos.

Nesse período histórico marcado pelos ideais iluministas, verifica-se o nascimento de uma concepção na qual soberania é algo mais relevante do que o próprio direito. A soberania nesses termos é algo que implica na não aceitação da ideia de resistência e que, portanto, legitima a figura do inimigo que clama por uma soberania autoritária, não reconhecedora de direitos.

Jonh Locke, por sua vez, concebe o contrato social como um acordo que surge concomitantemente com a própria natureza humana, em que há um reconhecimento de direitos das pessoas e em que todos são pactuantes desse contrato. O Estado aparece em Locke num segundo momento, como instrumento de realização do contrato social original. Nessa ordem de pensamento, portanto, é reconhecido que um Estado soberano que se oponha ao contrato original é um usurpador do poder e legitima ao ofendido o direito de resistência.

No plano da filosofia política, portanto, a ideia de Estado de Direito nasce umbilicalmente ligada a duas concepções fundamentais essenciais: i) à noção de pessoa; e ii) ao direito de resistência legítima. Reconhecer a existência legítima do direito de resistência quando o soberano se sobrepõe aos direitos essenciais de humanidade, é uma defesa real do Estado de Direito que não deve nunca ser afastada.

Como a força axiológica e argumentativa dos direitos do homem nos quadrantes de uma civilização judaico-cristã é muito intensa, nem o mais empedernido dos conservadores pode deixar de reconhecer sua legitimidade. Assim, no século XX, os Estados autoritários e de polícia se apresentaram, invariavelmente, como exceção à rotina democrática de garantia de direitos.

Afasta-se o direito para preservar o Estado ameaçado pelo inimigo. Não se declara a extinção dos direitos humanos, mas apenas sua suspenção provisória enquanto existente a situação de ameaça ou conflito que enseja o Estado de necessidade pública.

Carl Schmitt, a nosso ver, foi o autor que com melhor precisão descreveu os fundamentos de legitimação de tais formas de Estado presentes no século XX. Em sua *Teologia Política*, define a exceção como forma primária de manifestação verdadeira da soberania. Em sua teoria constitucional postula a decisão política como essência da Constituição e do direito.[320] Assim, Schmitt explica seu conceito de soberania a partir da possibilidade de decisão sobre a exceção da seguinte forma:

---

320 É Carl Schmitt, jurista conservador alemão, em seu *Teologia-Política*, de 1922, que postulará o famoso anátema de que "soberano é aquele que decide sobre a exceção". (SCHMITT, Carl. *Teologia Política*. Trad. Elisete Antoniuk; coordenador e supervisão Luiz Moreira. Belo Horizonte: Del Rey, 2006, p. 7).

> Essa definição, em si, pode fazer jus ao conceito de soberania como um conceito limítrofe, pois conceito limítrofe não significa um conceito confuso como na turva terminologia da literatura popular, mas um conceito da esfera extrema. A isso corresponde que a sua definição não pode vincular-se ao caso normal, mas ao caso limítrofe. Na sequência ficará claro que, aqui, deve-se entender, sob estado de exceção, um conceito geral da teoria do Estado, mas não qualquer ordem de necessidade ou estado de sítio. O fato de o estado de exceção ser adequado, em sentido eminente, para a definição jurídica de soberania, possui um motivo sistemático, lógico-jurídico. A decisão sobre a exceção é, em sentido eminente decisão, pois, uma norma geral, como é apresentada pelo princípio jurídico normalmente válido, jamais pode compreender uma exceção absoluta e, por isso, também, não pode fundamentar de forma completa, a decisão de que um caso real, excepcional.[321]

Na descrição do que chama de "*Crise da Democracia Parlamentar*", postula pela ineficiência crônica dos parlamentos como forma de representação popular e pela construção de um modelo de democracia que supere a representação pela igualdade, entendida esta como homogeneidade.

Em seu "*Conceito do Político*", propõe definir política como o ato de definição do amigo e inimigo.[322] Em verdade, pouco fala

---

321 SCHMITT, Carl. *Teologia Política*. Trad. Elisete Antoniuk; coordenador e supervisão Luiz Moreira. Belo Horizonte: Del Rey, 2006, p. 7.

322 Conforme preceitua Zaffaroni, em consonância com o conceito do político de Schmitt: "Se essas premissas são dadas por certas, deve-se concluir, como faz Schmitt, que a essência do político – ou seja, a polaridade que equivale a *bom e mau* para registrar o campo próprio da moral, a *belo e feio* para o da estética, a *rentável e não rentável* para o da economia (pois se esta essência não fosse encontrada, o político careceria de autonomia) – consiste na polaridade *amigo/inimigo*: 'a específica distinção política à qual é possível referir as ações e os motivos políticos é a distinção de *amigo* e *inimigo*'".

do amigo, centrando seu conceito de política na figura do inimigo, conforme alerta Zaffaroni:

> Mais ainda, em Schmitt, guerra e política superpõem-se, porque a guerra é necessária para criar e manter a paz interna, porque exige que todos se unam frente ao *inimigo* e não lutem entre si. Daí que a teoria da política de Schmitt, embora sustente a sua famosa polaridade, não se ocupa do *amigo* nem da *amizade*, sendo praticamente uma *teoria do inimigo*.[323]

O fundamento do Estado e do direito, portando, para Schmitt, é a decisão política e não uma norma jurídica hipotética de reconhecimento ou posta. Segundo Schmitt, "a ordem jurídica, como toda ordem, repousa em uma decisão e não em uma norma".[324] Em suas palavras:

> Não existe norma que seja aplicável ao caos. A ordem deve ser estabelecida para que a ordem jurídica tenha um sentido. Deve ser criada uma situação normal, e soberano é aquele que decide, definitivamente, sobre se tal situação normal é realmente dominante. Todo Direito é "direito situacional". O soberano cria e garante a situação como um todo na sua completude. Ele tem o monopólio da última decisão. Nisso repousa a natureza da soberania estatal que, corretamente, deve ser definida juridicamente, não como monopólio coercitivo ou imperialista, mas como monopólio decisório, em que a palavra decisão é utilizada no sentido geral ainda a ser desenvolvido. O estado de exceção revela o mais claramente

---

(ZAFFARONI, Eugenio Raúl. *O inimigo no direito penal*. Trad. Sérgio Lamarão. 3ª ed. Rio de Janeiro: Revan, 2011, p. 139).

323 ZAFFARONI, Eugenio Raúl. *O inimigo no direito penal*. Trad. Sérgio Lamarão. 3ª ed. Rio de Janeiro: Revan, 2011, p. 139.

324 SCHMITT, Carl. *Teologia Política*. Trad. Elisete Antoniuk; coordenador e supervisão Luiz Moreira. Belo Horizonte: Del Rey, 2006, p. 10.

> possível a essência da autoridade estatal. Nisso, a decisão distingue-se da norma jurídica e (para formular paradoxalmente), a autoridade comprova que, para criar direito, ela não precisa ter razão/direito.[325]

Esta apertadíssima síntese traz os elementos que Schmitt identificou como legitimadores da soberania do Estado de Polícia, que se revelaram presentes em quase todas as formas de Estado autoritário no século XX, ao menos no que se convenciona chamar de "*mundo ocidental*": o discurso da suspensão de direitos por soberania estatal ilimitada como exceção à rotina democrática. Os direitos seriam uma boa forma de gerir a rotina pacífica do povo, mas no surgimento de estado de necessidade estatal, deve-se preferir a sobrevivência do Estado em detrimento dos direitos, que voltariam a viger logo que afastado o Estado de necessidade pública.

Como não há como negar a legitimidade axiológica dos direitos fundamentais, reconhecidos a partir das conquistas e lutas das revoluções burguesas e dos movimentos sociais que os ampliaram, assim eles são suspensos, ao invés de declarados extintos.

Schmitt, portanto, concebe a ideia de soberania a partir da noção de exceção, pois o soberano é aquele quem decide e declara a exceção. Nesta concepção schmittiana, poder político de fato é o poder de suspender os direitos fundamentais dos inimigos. Pois, assim como o conceito de soberania em Schmitt está correlacionado com a decisão sobre o estado de exceção, seu conceito de político também está intimamente relacionado com o poder de declarar o amigo/inimigo.

Os principais pilares do Estado autoritário schimittiano podem ser assim definidos: a existência de um inimigo como razão para se instaurar a exceção por meio da soberania. Suspendem-se

---

325 SCHMITT, Carl. *Teologia Política*. Trad. Elisete Antoniuk; coordenador e supervisão Luiz Moreira. Belo Horizonte: Del Rey, 2006, pp. 13/14.

os direitos pela necessidade de confrontar o inimigo, pela ameaça que ele representa ao Estado/soberania.

A expressão "*estado de exceção*" originou-se em dispositivo da Constituição Democrática de Weimar,[326] cuja indeterminação conceitual foi utilizada por Hitler para buscar legitimidade quando da instauração de sua ditadura após o incêndio do Reichestag, que alegou ter sido ocasionado pelo inimigo comunista.

A figura do inimigo é central na conformação do discurso de legitimação dos Estados Autoritários do século XX. Segundo Zafaroni:

> Na teoria política, o tratamento diferenciado de seres humanos privados do caráter de pessoas (*inimigos* da sociedade) é próprio do Estado absoluto, que, por sua essência, não admite gradações e, portanto, torna-se incompatível com a teoria política do Estado de Direito. Com isso, introduz-se uma contradição permanente entre a doutrina jurídico-penal que admite e legitima o conceito de *inimigo* e os princípios

---

326 O texto do artigo 48 da Constituição de Weimar assim dispõe: "Quando um Estado (*Land*) não cumpre os deveres que lhe são impostos pela Constituição ou pelas leis do Reich, o Presidente do Reich pode obrigá-lo com ajuda da força armada. Quando, no Reich alemão, a ordem e a segurança públicas estão consideravelmente alteradas ou ameaçadas, o Presidente do Reich pode adotar as medidas necessárias para o reestabelecimento da segurança e ordem públicas, inclusive com ajuda da força armada caso necessário. Para tanto, pode suspender temporariamente, em todo ou em parte, os direitos fundamentais consignados nos artigos 114, 115, 117, 118, 123, 124 e 153. De todas as medidas que adote com fundamento nos parágrafos 1 e 2 deste artigo, o Presidente do Reich deverá dar conhecimento ao Parlamento. A pedido deste, tais medidas se tornarão sem efeito. O Governo de um Estado poderá aplicar provisoriamente as medidas expressas no parágrafo 2 deste artigo quando o atraso em adotá-las implique perigo. Tais medidas se tornarão sem efeito a pedido do Presidente do Reich ou do Parlamento. Os pormenores serão regulamentados por uma lei do Reich".

> constitucionais internacionais do Estado de Direito, ou seja, com a teoria política deste último.[327]

Presente na história humana desde tempos imemoriais, a figura do inimigo, o "*hostis*" do direito romano, é a sombra do conceito de pessoa humana.

A distinção romana entre o *inimucus* e o *hostis* é encontrada em Zaffaroni no trecho que segue:

> Este conceito bem preciso de inimigo remonta à distinção romana entre o *inimicus* e o *hostis*, mediante a qual o *inimicus* era o inimigo pessoal, ao passo que o verdadeiro inimigo político seria o *hostis*, em relação ao qual é sempre colocada a possibilidade de guerra como negação absoluta do outro ser ou realização extrema da hostilidade. O *estrangeiro*, o *estranho*, o *inimigo*, o *hostis*, era quem carecia de direitos em termos absolutos, quem estava fora da comunidade.[328]

O inimigo de que tratamos neste parecer, aproxima-se, sobretudo, da figura romana do *hostis judicatus*, ou seja, do inimigo declarado pelo poder, senão vejamos:

> O inimigo declarado (*hostis judicatus*) configura o núcleo do tronco dos *dissidentes* ou inimigos abertos do poder de plantão, do qual participarão os inimigos políticos puros de todos os tempos. Trata-se de *inimigos declarados*, não porque declarem ou manifestem sua animosidade, mas sim porque o poder os *declara* como tais: não se declaram a si mesmos, mas antes são declarados pelo poder. A instituição do *hostis judicatus* romano cumpria a função de deixar o cidadão em

327 ZAFFARONI, Eugenio Raúl. *O inimigo no direito penal*. Trad. Sérgio Lamarão. 3ª ed. Rio de Janeiro: Revan, 2011, p. 11.

328 ZAFFARONI, Eugenio Raúl. *O inimigo no direito penal*. Trad. Sérgio Lamarão. 3ª ed. Rio de Janeiro: Revan, 2011, pp. 21/22.

> condição semelhante à do escravo, para tornar-lhes aplicáveis as penas que eram vedadas para os cidadãos. A subtração à condenação judicial mediante a expatriação fazia cessar automaticamente também a condição de cidadão.[329]

Ao inimigo não se reconhecem direitos essenciais da humanidade, em verdade é excluído de sua condição humana. No dizer de Giorgio Agamben, aproxima-se da figura do "*Homo Sacer*", presente no direito romano arcaico. Ser de vida nua, ou seja, vida desprovida de proteção política e jurídica. Um ser vivente, mas sem reconhecimento de direito algum, nem a vida ou a integridade física ou psíquica.[330]

Como afirma Zaffaroni, a figura do inimigo clama pelo Estado de Polícia.[331] O medo social, sentimento nele originado, é o combustível para a definição de sua condição de inimigo e seu combate, por meio do uso da soberania bruta, violenta e sem freios.

No século XX, portanto, é retomada a ideia do Estado despótico e soberano sobre a forma do estado de exceção, como já adiantamos. Mas ele nada mais é do que uma representação de uma concepção romana de soberania como algo superior ao próprio direito. A tensão entre soberania e direito está presente até hoje nos Estados democráticos.

O termo "exceção" surgido na Constituição de Weimar, como vimos, e que permitiu em situações excepcionais que o governante

---

329 ZAFFARONI, Eugenio Raúl. *O inimigo no direito penal*. Trad. Sérgio Lamarão. 3ª ed. Rio de Janeiro: Revan, 2011, p. 23.

330 "Assim como, na exceção soberana, a lei se aplica de fato ao caso excepcional desaplicando-se, retirando-se deste, do mesmo modo o *homo sacer* pertence ao Deus na forma da insacrificabilidade e é incluído na comunidade na forma da matabilidade. *A vida insacrificável e, todavia, matável, é a vida sacra*". (AGAMBEN, Giorgio. *Homo Sacer – o poder soberano e a vida nua*. Trad. Henrique Burgo. Belo Horizonte: UFMG, 2004, p. 90).

331 ZAFFARONI, Eugenio Raúl. *O inimigo no direito penal*. Trad. Sérgio Lamarão. 3ª ed. Rio de Janeiro: Revan, 2011, p. 144.

estabelecesse um regime especial de *ditadura*, suspendendo temporariamente os direitos das pessoas, a fim de solucionar os problemas emergenciais que exigiriam as medidas excepcionais como forma de restabelecer a ordem, variou de forma e de justificação desde o século XX até a contemporaneidade, mas, de fato, não deixou de existir.

Trata-se, portanto, de uma ideia de necessidade do Estado ou da sociedade que leva ao afastamento ou suspensão dos direitos das pessoas para que assim o Estado ameaçado possa sobreviver. Essa noção é marcante nos Estados autoritários do século XX e nos Estados presentes no século XXI, neste último por meio de mecanismos mais sofisticados e complexos como veremos adiante.

Não há registros históricos no mundo ocidental contemporâneo de Estados autoritários e ditaduras que tenham se declarados permanentes. Toda vez que um Estado autoritário passa a exercer um poder soberano, esse poder autoritário legitima-se por meio de um discurso marcado pela temporariedade, no qual há não a extinção dos direitos da sociedade, mas a sua suspensão.

Ou seja, reconhece-se que os seres humanos possuem um conjunto de direitos mínimos, mas que, entretanto, sob o discurso de que há uma grave ameaça para a sobrevivência da sociedade ou do Estado, tais direitos são suspensos.

Esta construção discursiva que marca a permanência dos Estados autoritários no interior da rotina democrática constrói-se em torno da figura do inimigo. Ou seja, aquele ser humano desprovido de qualquer proteção política ou jurídica e do reconhecimento de qualquer direito fundamental mínimo. A figura do inimigo clama pela presença de um Estado autoritário, pelo medo que ocasiona na sociedade.[332]

---

332 ZAFFARONI, Eugenio Raúl. O *inimigo no direito penal*. Trad. Sérgio Lamarão. 3ª ed. Rio de Janeiro: Revan, 2011, p. 144.

Desta forma, as ditaduras presentes no final dos séculos XIX e XX não possuem como discurso a negação desses direitos, mas a sua suspensão. Reconhece-se por um lado os direitos das pessoas, mas por outro também se afirma que a concretização e proteção desses direitos só podem ocorrer plenamente na normalidade e na condição pacífica da gestão da vida social. Contudo, face ao ingresso excepcional de um inimigo que ameaça a vida da sociedade e a sobrevivência do Estado, é fundamental a suspensão dos direitos humanos temporariamente e, após o combate total desse inimigo e a retomada da ordem, os direitos são reestabelecidos.

Historicamente, ao longo das ditaduras nazista, fascista e das ditaduras militares na América Latina, dentre outras conhecidas, sobretudo, no século XX, a provisoriedade e temporariedade que justificaram o estado de exceção como mecanismo de combater o inimigo que ameaçava a sobrevivência da sociedade e do Estado só se efetivou no discurso, pois, na realidade, duraram longos períodos históricos e seus ditadores muitas vezes morreram antes mesmo do restabelecimento da ordem democrática.

Esses elementos – exceção à rotina constituída pela suspensão total ou parcial dos direitos fundamentais; pessoas humanas tratadas como inimigas do Estado; e, consequente, combate ao inimigo como justificação da exceção – estiveram presentes em praticamente todas as experiências de Estado de Polícia e de exceção no século XX.

Na ditadura nazista, a suspensão de direitos com base na declaração de estado de exceção para o combate do inimigo judeu e do comunista; na fascista, para o combate ao inimigo "*burguês*" e ao socialista e comunista; na ditadura Franquista, para o combate ao inimigo comunista e ao ateu; nas ditaduras militares na América Latina, incluído o caso brasileiro; em plena guerra fria, a promessa descumprida do retorno em breve do poder aos civis e a suspensão de direitos de toda sociedade para persecução do inimigo comunista.

Como o comunista não possuía "*classe social*" específica ou etnia identificável, a sociedade civil como um todo foi tratada como inimiga nessas ditaduras militares latino-americanas, com suspensão de direitos em diversos graus.

Basta uma visita aos arquivos do DOPS paulista, por exemplo, para constatar que "*comunistas*" eram os advogados, médicos, sociólogos, padres, jornalistas, estudantes e operários, ou seja, toda a população não fardada, em alguma dimensão, era tratada como inimiga. Em alguma medida, toda sociedade foi vítima da ditadura e não apenas os que a combateram. A lei de segurança nacional com sua teoria do "*inimigo interno*" foi a maior expressão legislativa destes elementos no caso da ditadura brasileira.

A lógica da instauração do estado de exceção na política brasileira foi assim descrita por Edson Teles:

> Segundo a lógica instituída, o ordenamento jurídico é precedido por uma ordem, a democrática, e demanda, devido ao risco de sua degeneração, o estabelecimento de uma outra ordem, aquela legitimada pelo "Poder Constituinte". Se, eventualmente, a ordem sofrer alterações ou perturbações, caberá ao soberano o julgamento sobre as condições de anormalidade. Consequentemente, também nas mãos dele estará a decisão sobre o estado de exceção, definindo aquilo que se exclui do ordenamento por um mecanismo interno à própria política: a necessidade de manutenção da ordem. As normas se relacionam com a exceção por meio de sua própria suspensão, de modo que o excluído se inclui na ordem interrompida, adiada para outro momento. Não esqueçamos a promessa do golpe de 1964: o restabelecimento da ordem, por meio de uma nova norma, em movimento caracterizado como provisório por seus autores. Ao tomar o Estado, os militares passaram a representantes da sociedade, identificando o governo com a vontade geral, expressa pelo signo da Doutrina de Segurança Nacional e do estado de exceção.
>
> No Brasil, o estado de exceção surgiu como estrutura política fundamental, prevalecendo enquanto norma quando

> a ditadura transformou o *topos* indecidível em localização sombria e permanente nas salas de tortura.[333]

Nas ditaduras e estados de exceção, há um Estado autoritário claro, um Estado de Polícia inequívoco, um poder político exercido de forma bruta, a exemplo dos regimes nazifascistas e nas ditaduras da América Latina, cujos direitos foram suspensos a pretexto de se combater o inimigo e preservar a sobrevivência da sociedade e do Estado, cujas marcas são identificáveis inequivocamente.

Muito mais difícil é identificar medidas de exceção e Estado de Polícia dentro dos Estados democráticos, mas elas inexoravelmente existem. No Brasil contemporâneo, por exemplo, a figura do inimigo deixou de estar dispersa por toda sociedade (já que o inimigo comunista da ditadura não possuía feição, podendo estar presente em todos os níveis sociais) e hoje identifica-se com a figura mítica do "*bandido*", o agente da violência que quer destruir a sociedade.

Walter Benjamin e Giorgio Agamben demonstram a existência de Estados de polícia e medidas de exceção no interior da rotina democrática. Cotidianamente constata-se a existência de medidas jurídico-positivas adotadas na ordem jurídica, que, ao invés de manifestarem o direito, manifestam a exceção, pois implicam em realidade na suspensão de direitos das pessoas, se caracterizando na aplicação da soberania pura, como poder bruto. Como bem afirma Giorgio Agamben, "o estado de exceção tende cada vez mais a se apresentar como o paradigma de governo dominante na política contemporânea".[334]

Não devemos confundir a terminologia aqui referida – estado de exceção – com estado de sítio, defesa, ou quaisquer outras medidas

---

333 TELES, Edson; SAFATLE, Vladimir (Coord.). *O que resta da ditadura*: a exceção brasileira. São Paulo: Boitempo, 2010, p. 303.

334 AGAMBEN, Giorgio. *Estado de exceção*. Trad. Iraci Poleti. 2ª ed. São Paulo: Boitempo, 2011, p. 13.

jurídicas excepcionais autorizadas pelo ordenamento jurídico, tendo em vista tratar-se de algo em si fora do direito, em que este é suspenso prevalecendo a decisão soberana. Como bem ressalta Giorgio Agamben:

> (...) a terminologia é o momento propriamente poético do pensamento, então as escolhas terminológicas nunca podem ser neutras. Nesse sentido, a escolha da expressão "estado de exceção" implica uma tomada de posição quanto à natureza do fenômeno que se propõe a estudar e quanto à lógica mais adequada à sua compreensão. Se exprimem uma relação com o estado de guerra que foi historicamente decisiva e ainda está presente, as noções de "estado de sítio" e de "lei marcial" se revelam, entretanto, inadequadas para definir a estrutura própria do fenômeno e necessitam, por isso, dos qualificativos "político" ou "fictício", também um tanto equívocos. O estado de exceção não é um direito especial (como o direito da guerra), mas, enquanto suspensão da própria ordem jurídica, define seu patamar ou seu conceito limite.[335]

Portanto, entendida a exceção como decisão ocorrente na rotina democrática ou mesmo como técnica ocasional de exercício do poder político no interior da democracia, podemos verificar duas categorias de exceção nos Estados contemporâneos, inclusive no Brasil.[336]

---

335 AGAMBEN, Giorgio. *Estado de exceção*. Trad. Iraci Poleti. 2ª ed. São Paulo: Boitempo, 2011, p. 15.

336 Esta também a observação de Agamben: "A distinção entre um 'estado de exceção real' (état *de siège effectif*) e um 'estado de exceção fictício' (état *de siège fictif*) remonta porém, como veremos, à doutrina de direito público francesa e já se encontra claramente articulada no livro de Theodor Reinach: *De l´état de siège*. Étude *Historique et juridique* (1885), que está na origem da oposição schimittiana e benjaminiana entre estado de exceção real e estado de exceção fictício". (AGAMBEN, Giorgio. *Estado de exceção*. Trad. Iraci Poleti. 2ª ed. São Paulo: Boitempo, 2011, p. 13).

Há um tipo de exceção meramente aparente, estabelecida de forma autorizada e regulada pelo Direito. Neste caso, a suspensão de direitos se concretiza em uma forma de "*regime jurídico especial*", próprio a ser aplicado em situações de guerra ou grave conflito interno, como é o estado de necessidade alemão, os decretos de urgência e Estado de sítio italianos e franceses, as leis marciais e poderes de emergência da doutrina anglo-saxônica e o estado de defesa e o estado de sítio dos artigos 136 a 141 de nossa Constituição brasileira.

E há o segundo tipo, a exceção verdadeira ou real, em que por vontade política soberana, decisionista, há a suspensão do Direito, implicando a submissão do jurídico ao político, sem qualquer racionalidade transversal[337] entre essas dimensões da vida social. Esta é a exceção da qual nos ocupamos no presente parecer.

Como já demonstramos, durante um pouco mais da primeira metade do século XX os estados de exceção eram marcados pela suspensão da ordem democrática e supressão dos direitos e

---

337 Luhmann foi buscar em Wolfgang Welsh o conceito construído na sociologia e na política de "racionalidade transversal", ou seja, buscar entender os fenômenos interdisciplinares sob um ponto de vista de uma racionalidade que seja transversal a estes territórios, que estejam presentes em todos eles. Para melhor compreensão trazemos uma breve síntese do pensamento de Luhmann: Niklas Luhmann, em sua teoria dos sistemas, identifica uma pluralidade de subsistemas comunicativos no interior do grande sistema social, cada qual operando por uma racionalidade binária própria e autônoma. Subsistemas fechados sintaticamente, o que lhes prove autonomia, mas abertos semântica e pragmaticamente, o que faz surgir a ocorrência de uma racionalidade transversal, no sentido de Wolfgang Welsh, pela influência de sentido intersistêmica. Luhmann trata esta conexão semântica concentrada e duradoura entre subsistemas pelo conceito de acoplamento estrutural. Luhmann chama de "corrupção sistêmica" essas situações em que a racionalidade de um subsistema social é substituída indevidamente pela de outro. As "corrupções sistêmicas", ou corrupções contingentes que ocorrem em casos específicos, conflitam com os valores do Estado Democrático de Direito, numa sociedade complexa e plural como a contemporânea. Se a racionalidade própria do Direito é suprimida por outra, o Estado de Direito, em sua dimensão de concretização, vai sucumbindo com ela.

garantias dos cidadãos como mecanismo de combate ao inimigo que ameaçava a sobrevivência estatal, medida discursivamente defendida como necessária ao restabelecimento da ordem e salvação nacional, mediante um discurso de provisoriedade.

No século XXI, por uma série de fenômenos complexos, marcadamente pela formação de uma nova fase do capitalismo, que deixa de ser predominantemente industrial e torna-se indubitavelmente financeiro, o estado de exceção muda de natureza. Não há mais a interrupção do Estado democrático para a instauração de um estado de exceção, mas os mecanismos do autoritarismo e típicos de exceção passam a existir e conviver dentro da rotina democrática, como uma verdadeira técnica de governo – governabilidade de exceção permanente –, frise-se.

Tal fenômeno, como já demonstramos na introdução desse parecer, tem sido observado por diversos autores nacionais e estrangeiros, por adoção de nomenclaturas distintas, mas que em essência caracterizam a mesma realidade: Norberto Bobbio chama de "*novos despotismos*",[338] que apesar de tratar da Itália na sua fase Berlusconista, é uma forma que se universaliza; Luigi Ferrajoli descreve o processo de esvaziamento da Constituição e da crise democrática italiana como "*poder desconstituinte*",[339] conceito que também pode ser partilhado entre os países de Constituições rígidas adotadas no pós-segunda guerra; Ronald Dworkin aponta *a "perda do common ground*"[340] da sociedade; Boaventura de Souza Santos fala de "*democracia de baixa intensidade*";[341] Claus

338 BOBBIO, Norberto. *Contra os novos despotismos*: escritos sobre o berlusconismo. 1ª ed. São Paulo: Editora Unesp; Instituto Norberto Bobbio, 2016.

339 FERRAJOLI, Luigi. *Poderes Selvagens*: a crise da democracia italiana. São Paulo: Saraiva, 2014.

340 DWORKIN, Ronald M. *Is democracy possible here*? Principles for a new political debate. Nova Jersey: Princeton University, 2008.

341 SANTOS, Boaventura de Sousa. *A difícil democracia*. São Paulo: Boitempo, 2016.

Roxin chama de "*populismo penal*"; Rubens Casara de "*Estado Pós-Democrático*"[342] e, finalmente, "*estado de exceção*"[343] em Giorgio Agambem, conceito que adotamos.

Vários autores no mundo observando esse fenômeno global constatam o surgimento de mecanismos autoritários que vão aos poucos e paulatinamente subtraindo o sentido dos direitos humanos em diversos países, reduzindo cada vez mais o âmbito de significado desses direitos. O que implica, no caso das Constituições rígidas do pós-guerra, a exemplo da Europa continental e de países como o Brasil que têm sistemas jurídicos transplantados da Europa, a culminação daquilo que o jurista italiano Luigi Ferrajoli identificou em seu país como um forte processo de desconstitucionalização ou poder desconstituinte, caracterizado pelo esvaziamento de sentido da Constituição vigente, transformando-a em uma mera casca, um disfarce, reduzindo a democracia à prática do voto universal.

Ou seja, ocorre o mecanismo que o direito chama de *fraude*, realizando-se medidas autoritárias típicas de Estados autoritários com uma roupagem democrática, normalmente produzidas por autoridades e procedimentos democráticos. Medidas que são formalmente democráticas, mas materialmente autoritárias. Nas palavras de Ferrajoli:

> Uma democracia pode ser derrubada sem golpes de Estado formais se os princípios dela forem de fato violados ou contestados, sem que suas violações suscitem rebeliões ou ao menos dissenso. Recordemos o último artigo da Constituição francesa do ano III: "o povo francês confia a presente Constituição à lealdade" dos poderes públicos e à "vigilância dos pais de família, às esposas e às mães, ao

---

342 CASARA, Rubens R. R. *Estado pós-democrático*: neo-obscurantismo e gestão dos indesejáveis. 1ª ed. Rio de Janeiro: Civilização Brasileira, 2017.

343 AGAMBEM, Giorgio. *Estado de exceção*. Trad. Iraci D. Poleti. 2ª ed. São Paulo: Boitempo, 2011.

> afeto dos jovens cidadãos, à coragem de todos os franceses". É com base nestas duas garantias, de caráter político e social – a garantia política da "lealdade" dos poderes públicos e a garantia política da "vigilância" dos cidadãos –, que repousa a efetividade das garantias jurídicas e com estas, do Estado de Direito e da democracia.[344]

Esse processo desconstituinte nada mais é do que um fenômeno de subversão da regra democrática que, desde o período pós Segunda Guerra Mundial, deixou de ser vista apenas como o regime pelo qual se obtém decisões majoritárias – conforme a definição de Norberto Bobbio –, para se tornar um padrão em que as decisões majoritárias ficam submetidas a uma Constituição e ao sistema de direitos fundamentais.

Em outras palavras, uma das características do contemporâneo autoritarismo está, ao invés da interrupção do Estado democrático pela instauração de um estado de exceção, na inserção de mecanismos típicos da exceção no interior da rotina democrática. Portanto, referidos mecanismos hospedam-se na estrutura estatal na forma de um autoritarismo líquido que convive, ainda que em relação parasitária, com medidas democráticas e legítimas. O autoritarismo líquido, tanto quanto o adensamento típico do Estado autoritário, é nefasto. Confere ao Estado um poderio que, diluído na rotina democrática, enfraquece os mecanismos de controle típicos do regime jurídico-administrativo nos moldes que conhecemos.

Conforme antecipado, por haver a suspensão de direitos e do Direito em si, a relação autoritária é, conforme observado por Juan Donoso Cortés, Carl Schmitt, Santi Romano, Baladore-Pallieri, Giorgio Agamben e Carpentier, própria do campo da anomia.

---

344 FERRAJOLI, Luigi. *Poderes Selvagens*: a crise da democracia italiana. São Paulo: Saraiva, 2014, p. 15.

No entanto, há um outro fenômeno pouco percebido na contemporaneidade. Trata-se da produção de exceção em decorrência não da ausência, mas do excesso de normas. Portanto, a hipernomia é um fenômeno que se manifesta, por um lado, pelo excesso de espécies normativas e, por outro, em razão da indiscriminada adoção de conceitos jurídicos indeterminados em matéria de Direito administrativo sancionador, abrindo a possibilidade para que o intérprete qualificado do dever-poder sancionador, valendo-se de regras e princípios, expresse normas de elevada intensidade.

A textura aberta da linguagem, a vagueza dos princípios e dos conceitos jurídicos indeterminados contribuem, decisivamente, para a hipernomia, conferindo ao intérprete dotado de poder decisório o ilegítimo poder de conferir extensão e alcance casuístico, em detrimento, dentre outros, da segurança jurídica. Do mesmo modo, referidos atributos conferem ao aplicador a possibilidade de sempre reinterpretar a norma geral e abstrata, da qual decorrerá, também de acordo com os interesses momentâneos, o sancionamento ou não da conduta e, ainda, aplicação de uma sanção que, desprovida de qualquer critério jurídico objetivo e previsível, oscila de acordo com as conveniências momentâneas.

Com efeito, o emprego cada vez mais rotineiro da utilização de conceitos indeterminados na elaboração das normas de Direito administrativo sancionador, conceitos muito amplos e que abrangem potencialmente um grande número de situações, dificulta ao administrado prever como o Estado vai reagir frente à conduta individual.

Sob a ótica analítica da dogmática jurídica, diferentemente do que Robert Alexy entendeu como "conceitos jurídicos autênticos",[345] os conceitos jurídicos indeterminados possuem o que Paulo de Barros Carvalho chamou de heterogeneidade de conteúdo: "o

---

345 ALEXY, Robert. *Teoria da argumentação jurídica*. São Paulo: Landy, 2001, p. 245.

direito posto, na sua continuidade normativa, oferece flagrante heterogeneidade de conteúdos, vista sua pretensão de regular as condutas intersubjetivas no contexto social".[346]

Ocorre que a heterogeneidade de conteúdo, que pode admitir interpretações para que seu significado varie a depender do sistema fático-jurídico em que estão inseridos – e segundo, portanto, os valores e desvios do agente julgador – é incompatível como Direito administrativo sancionador. Preceitua o mestre Celso Antônio Bandeira de Mello que o princípio da tipicidade, inerente ao regime jurídico-administrativo, impõe que a configuração das infrações administrativas seja realizada de forma suficientemente clara para "não deixar dúvida alguma sobre a identidade do comportamento reprovável".[347]

Precisamos incorporar ao Direito administrativo sancionatório não só a ideia de *ultima ratio* nascida no Direito penal, mas também o *nullum crimen sine lege*, os quais são, em linhas gerais, garantias da liberdade e da previsibilidade da conduta estatal. A fragilização de ambos os princípios faculta que quase todas as condutas humanas que fogem do banal possam, por alguma interpretação jurídica, se tornar passíveis de sanção pelo Estado. O imbróglio normativo acaba por delegar a quem executa a lei o poder arbitrário, imperial, absolutista, de selecionar quem é atingido por essa norma e quem não é. Trata-se da essência da exceção.

O excesso normativo equivale à inexistência de norma. A hipernomia possui o mesmo sentido da anomia. O pressuposto que antecede a produção de sistemas sancionatórios é a definição do que é lícito e do que é ilícito. Quando tudo se torna ilícito, o sistema sancionatório deixa de existir por não cumprir seu pressuposto sintático e ôntico primário.

---

346 CARVALHO, Paulo de Barros. *Direito tributário*: linguagem e método. São Paulo: Noeses, 2013, p. 181.

347 BANDEIRA DE MELLO, Celso Antônio. *Curso de Direito Administrativo*. São Paulo: Malheiros, 2014, p. 871.

Assim, a hipernomia, incluindo a produção de normas de conceito impreciso, fenômeno que ocorre hoje no mundo todo e especialmente no Brasil, submete os cidadãos a um poder arbitrário e de exceção, pois não há nenhum controle de validade sobre o espectro normativo no qual existe a norma. Embora, em especial nas normas sancionadoras que se vertem por conceitos indeterminados, seja possível alegar inconstitucionalidade da norma isolada, o fenômeno da inconstitucionalidade por hipernomia sancionadora ocorre em relação ao subsistema sancionatório e não na norma isoladamente considerada.

O fato de a sanção estar lastreada em lei não dá ao cidadão a garantia de que a aplicação normativa do sistema normativo sancionatório, por parte dos agentes incumbidos de sua execução, esteja ocorrendo segundo a lógica própria do direito e segundo os valores mais elementares do Estado Democrático de Direito.

Na sociedade contemporânea ocidental, a democracia foi concebida por um processo histórico e surgiu como alternativa concreta a partir das revoluções gloriosa, francesa e americana. Foi a partir do século XVIII e, marcadamente nos séculos XIX e XX, que um pacto humanista entre conservadores céticos, liberais e a esquerda democrática firmou-se. Por maiores que tenham sido as divergências entre esses segmentos – e foram muitas e substanciais –, como havia uma pauta humanista mínima comum a todos, ao menos no campo dos direitos negativos, ou seja, dos direitos do indivíduo e/ou das comunidades face ao poder do Estado, e de valores morais mínimos relativos à dignidade humana, formou-se o que podemos chamar de certo consenso civilizatório.

As consequências desse consenso transcenderam o âmbito do Direito e passaram a gerar uma moralidade própria, ou seja, um conjunto mínimo de valores morais compartilhados por todos. Os mecanismos de sublimação ou de autorrepressão humana, imprescindíveis para se garantir a convivência, estabeleceram-se a partir dessa visão humanista comum.

As Constituições rígidas estabelecidas na Europa continental a partir de então, ao trazerem uma pauta de direitos positivos e negativos, como aponta Ferrajoli, tornaram necessárias alterações na teoria jurídica e política e também no conceito de democracia liberal.

A decisão política já não pode mais ser vista como independente da decisão majoritária porque seu conteúdo passa a ser condicionado pela Constituição. Já não é possível ofender certos direitos e há a obrigação de assegurar tantos outros – as liberdades públicas e os direitos sociais. Democracia não se confunde mais com soberania popular, mas, sobretudo, com a proteção e garantia dos direitos da minoria, constitucionalmente assegurados, um freio imprescindível às maiorias ocasionais.

Contudo, o pacto humanista que foi constituído no Ocidente no pós-guerra e que alterou o sentido democrático parece estar em crise. O que muitas vezes aqui no Brasil chamamos de neo-constitucionalismo, ou seja, Constituições criadas com o objetivo de garantir os direitos fundamentais, como resultado das decisões políticas e morais acima das maiorias eventuais, também parece estar em crise como consequência da crise desse pacto humanístico por razões que reúnem várias forças políticas e sofrem influência de pensamentos diversos, numa confluência de fatores bastante complexos para serem abordados diante do propósito de um parecer jurídico.

Após o fracasso dos Estados de polícia de direita e esquerda do século XX, as formas de manifestação da soberania absoluta e de polícia, ou seja, de exceção, não se dão mais por mecanismos de interrupção da democracia representativa.

A suspensão de direitos caracterizadora da exceção ocorre como leis, atos ou condutas estatais no interior da rotina dos regimes democráticos, como evidencia, dentre outros autores, Giorgio Agamben.[348]

---

348 Agamben: "O totalitarismo moderno pode ser definido, nesse sentido, como a instauração, por meio do estado de exceção, de uma guerra civil legal que

Nesse sentido, é correta a observação e o alerta de Marcus Vinícius Firmino:

> Em verdade, a realidade vigente neste início de Século XXI indica uma forte vivificação da doutrina do estado de exceção. Impulsionados pelas ameaças do terrorismo, do narcotráfico, de ideologias religiosas, de questões étnicas até hoje não resolvidas ou de eternos problemas econômicos, vários países vêm, de forma crescente, apelando para medidas excepcionais, francamente restritivas de direitos fundamentais. Sempre empunhando o discurso da necessidade de fazer frente a algum mal iminente, buscam os governos e os parlamentos justificar a adoção de atos normativos claramente contrários à ordem constitucional, especialmente na parcela que pertine às garantias fundamentais.[349]

Nos países da América Latina, esse processo acaba sendo ainda um pouco mais complexo, constatando-se a existência concomitante de dois modelos de Estado de fato convivendo entre si. Juridicamente não há dúvida: apenas o Estado Democrático de Direito. Mas no plano fático da realidade, há um Estado democrático geograficamente localizado nos grandes centros expandidos e um Estado de Polícia, autoritário, de exceção, localizado nas periferias das grandes cidades, verdadeiros territórios ocupados, onde vive a maior parte da população pobre do país.

---

permite a eliminação física não só dos adversários políticos, mas também de categorias inteiras de cidadãos que, por qualquer razão, pareçam não integráveis ao sistema político. Desde então, a criação voluntária de um estado de emergência permanente (ainda que, eventualmente, não declarado no sentido técnico) tornou-se uma das práticas essenciais dos Estados contemporâneos, inclusive dos chamados democráticos". (AGAMBEN, Giorgio. *Estado de exceção*. Trad. Iraci Poleti. 2ª ed. São Paulo: Boitempo, 2011, p. 13).

349 Disponível em: http://www.ambitojuridico.com.br/site/index.php?n_link=revista_artigos_leitura&artigo_id=2290. Acessado em: 07.05.2013.

Esse fenômeno justifica-se na medida em que o inimigo a ser combatido e que ameaça a sociedade não se identifica mais com a figura do comunista das ditaduras militares, por exemplo, que estava disperso por toda sociedade e sem identidade física específica, mas sim com a figura do bandido, muitas vezes identificado com uma condição social de pobreza.

Portanto, a pretexto de combater esse inimigo que supostamente ameaça a segurança e a integridade da sociedade, adota-se um verdadeiro Estado de Polícia que governa as periferias pobres e que suspende os direitos fundamentais da pessoa tida como inimigo.

Essa mudança de discurso na concepção do estado de exceção durante o século XXI, como uma técnica de governo inserida na própria rotina democrática, uma governabilidade de exceção permanente, diga-se, apresenta distinções na forma de como essas medidas de polícia se realizam nos países desenvolvidos e nos países de capitalismo tardio e de modernidade periférica, como é o caso brasileiro.

Na Europa e Estados Unidos, por exemplo, a figura do inimigo está claramente identificada com o estrangeiro inserido na rotina daqueles países. Trata-se do imigrante ilegal, do terrorista, do muçulmano e não está disseminada no interior da identidade daquele povo, não se identifica com seus próprios cidadãos.

Já na América Latina, o inimigo é o pobre, uma categoria de pessoas que corresponde a uma parte majoritária da própria sociedade. Passa-se assim a conviver com uma "*esquizofrenia jurídica*", em que há um Estado simbólico, formalmente um Estado Democrático de Direito, e que na realidade prática só está acessível a uma parcela pequena da sociedade, àquela inserida no mundo do consumo. Nos territórios ocupados pela pobreza, o que há, em verdade, é uma governabilidade de exceção permanente.

O "*bandido*" não é tratado como o cidadão que erra, mas como um inimigo da sociedade, que tem seus direitos suspensos, não se reconhecendo nele os direitos fundamentais inerentes à condição de ser humano, podendo inclusive ter sua vida suprimida, sem qualquer proteção mínima à sua existência como pessoa.

A característica comum do bandido inimigo da sociedade brasileira atual é que ele é pobre e vive nas periferias (verdadeiros territórios ocupados), à margem dos centros urbanos das ricas cidades brasileiras.

Conforme análise veiculada em formato de editorial pelo "*Pragmatismo Político*", a mídia também funciona como veículo que reforça os estereótipos entre as diferenças do ato criminoso cometido entre pessoas de classes sociais distintas. Para o veículo, enquanto o "*bandido*", inimigo da sociedade, é o pobre que vive à margem da população economicamente incluída, o branco proveniente das classes mais abastadas é o cidadão que erra e será punido nos estreitos limites da lei, reconhecendo-se todos os direitos a ele condizentes.[350]

Prossegue o veículo noticiando que o portal de notícias G1, do Grupo Globo, assim noticiou um incidente criminal no dia 17/03/2015: "polícia prende traficante com 10 quilos de maconha em Fortaleza", referindo-se a um homem preso num bairro da periferia de Fortaleza. Pouco mais de uma semana mais tarde, no dia 27/03/2015, o mesmo portal de notícias veiculou que "polícia prende jovens da classe média com 300kg de maconha no Rio", em referência a um grupo de jovens provenientes da classe média carioca. Pela lógica do estado de exceção, reforçada com amplo apoio dos meios de comunicação, no segundo caso apresentado, portar 300kg de maconha não torna os autores da infração "*traficantes*", ao contrário do que ocorre na

350 "G1 vê diferenças entre apanhados com drogas". *Redação Pragmatismo*, 2015. Disponível em: http://www.pragmatismopolitico.com.br/2015/03/g1-ve-diferencas-entre-apanhados-com-drogas.html. Acessado em: 23.04.2023.

primeira situação – a do porte de 10kg –, uma vez que se trata de jovens brancos de classe média.

Um estado de exceção permanente, na expressão de Walter Benjamim[351] ou governabilidade de exceção permanente, como temos adotado recentemente, que convive no mesmo território de um Estado Democrático de Direito.

Por óbvio, e por decorrência do exposto, um Estado Democrático de Direito não se compraz com a figura de uma pessoa como inimigo:

> (...) no plano da teoria política, é intolerável a categoria jurídica de *inimigo* ou *estranho* no direito ordinário (penal ou de qualquer outro ramo) de um Estado constitucional de direito, que só pode admiti-lo nas previsões de seu direito de guerra com as limitações que lhe são impostas pelo direito internacional dos direitos humanos em seu ramo de direito humanitário (legislação de Genebra), levando-se em conta que nem sequer este priva o *inimigo bélico* da condição de pessoa.[352]

---

351 "A tradição dos oprimidos nos ensina que o 'estado de exceção' em que vivemos é, na verdade, a regra geral. Precisamos construir um conceito de história que corresponda a essa verdade. Nesse momento, perceberemos que nossa tarefa é originar um verdadeiro estado de exceção; com isso, nossa posição ficará mais forte na luta contra o fascismo. Este se beneficia da circunstância de que seus adversários o enfrentam em nome do progresso, considerado uma norma histórica. O assombro com o fato de que os episódios que vivemos no século XX 'ainda' sejam possíveis não é um assombro filosófico. Ele não gera nenhum conhecimento, a não ser o conhecimento de que a concepção de história da qual emana semelhante assombro é insustentável". (BENJAMIN, Walter. *Teses sobre o Conceito de História, Obras escolhidas.* vol. 1. Magia e técnica, arte e política. Ensaios sobre literatura e história da cultura. São Paulo: Brasiliense, 1987, p. 226).

352 ZAFFARONI, Eugenio Raúl. O *inimigo no direito penal.* Trad. Sérgio Lamarão. 3ª ed. Rio de Janeiro: Revan, 2011, p. 12.

Como afirmou Rosseau, um Estado não deve ter um ser humano como inimigo: "um Estado só pode ter como inimigo outro Estado, e não homens, pois não é possível fixar relações verdadeiras entre coisas de natureza diversa".[353]

Contudo, a maioria dos autores estrangeiros que observaram o fenômeno da exceção no século XXI, o fez a partir da lógica do primeiro mundo, marcadamente a Europa, onde se tem, grosso modo, a edição de atos do Legislativo – por meio de normas gerais e abstratas – que fortalecem o Executivo, a exemplo das leis antiterrorismo. Nos países de capitalismo tardio e desiguais da América Latina, as medidas de exceção são direcionadas ao inimigo interno, que pode ser tanto o "*bandido*" (parcela pobre, majoritariamente negra, e marginalizada da sociedade), como o corrupto. Nesse último caso, por meio do Sistema de Justiça Criminal que atua a serviço dos interesses do mercado e opera para criminalizar lideranças de esquerda ou nacionalistas.

Neste sentido, com relação à parcela da população incluída surgem essas medidas de exceção com finalidade política em duas modalidades: a) *impeachment* e *golpes* de Estado; b) processos penais de exceção e persecução de líderes políticos, em geral, de esquerda.

Na América Latina, golpes militares clássicos como os ocorridos no Brasil, na Argentina e no Chile, são um fenômeno do século XX, que ficaram para trás. No século XXI, estabeleceu-se no mundo ocidental um forte consenso democrático, ou seja, consolidou-se um discurso de legitimação da democracia como valor universal.

Entretanto, isso não significa que o autoritarismo deixou de existir no interior dos Estados democráticos. As medidas autoritárias

---

353 ROUSSEAU, Jean-Jacques. *El contrato social*. Trad. de Consuelo Berges, Madri, 1973, p. 13 *Apud*: ZAFFARONI, Eugenio Raúl. *O inimigo no direito penal*. Trad. Sérgio Lamarão. 3ª ed. Rio de Janeiro: Revan, 2011, p. 122.

apenas passaram a ser revestidas de uma aparência de legitimidade democrática, sem interdição declarada da ordem jurídica.

Essas medidas representam uma fraude, pois embora tenham uma forma jurídica que procura ter aparência de adequação, descumprem princípios fundamentais do Estado de Direito, sendo chamadas pela doutrina moderna de medidas de exceção, tal como descritas por Giorgio Agamben.

Esse tipo de medida de exceção vem sendo aplicada na América Latina, nos últimos anos, principalmente contra governos de esquerda ou como mecanismo de interrupção democrática, com o apoio ativo do Judiciário.

Em Honduras, Paraguai e aqui no Brasil, regimes democráticos foram inconstitucionalmente interrompidos, golpeando Presidentes legitimamente eleitos por obra ou com apoio das respectivas cortes supremas, funcionando a jurisdição como fonte da exceção e não do direito.

Em Honduras, o Presidente Zelaya foi deposto por uma decisão do Parlamento – não lhe foi lhe oferecido qualquer direito de defesa – e por uma ordem liminar da Corte Suprema daquele país que determinou sua prisão sem sua prévia oitiva. Tal ordem judicial poderia até ser aceita como compatível com a Constituição, não fosse o Presidente preso pelas forças armadas e não pela força de segurança pública, como ordenado pela Constituição Hondurenha e não tivesse sido expulso do país por seus detentores, em flagrante desrespeito a dispositivo específico da referida Constituição, que impede a expulsão de cidadão hondurenho, o que também lhe impediu o exercício da defesa no processo crime por não estar presente no país. A nulidade da ordem judicial só foi reconhecida pela Corte Suprema depois do término do que deveria ter sido seu mandato.

No Paraguai, o desrespeito perpetrado pela Sala Constitucional da Corte Suprema de Justiça à Constituição deste país foi ainda mais grosseiro. Este órgão maior da Jurisdição negou vigência ao art. 17 da Constituição Paraguaia que garante defesa "en el proceso penal, o en cualquier otro del cual pudiera derivarse pena o sanción".

Tal dispositivo estende o direito de defesa do processo penal a qualquer outro tipo de processo que possa derivar pena ou sanção. Obviamente, a cassação de mandato eletiva é uma sanção grave, mesmo que realizada em processo político. É inadmissível juridicamente imaginar como adequado ao Estado Democrático de Direito a realização de um processo político de impedimento sem direito à ampla defesa. O ato político não pode se realizar à margem das normas constitucionais e dos direitos mínimos da pessoa humana num Estado que se diz de direito. A expressão "*político*", obviamente, não é alvará para a prática de atos imperiais que se realizam ao arrepio dos direitos fundamentais.

A agressão da Corte Paraguaia à sua Constituição foi absurdamente evidente, até por sua própria fundamentação, que se realiza interpretando dispositivo da Constituição de forma isolada e destacada do contexto do texto da Constituição como um todo, o que é crasso e primário erro de interpretação jurídica.

O mesmo se conclui quanto ao *impeachment* da Presidenta Dilma aqui no Brasil. Sem qualquer fundamentação jurídica, tivemos a concretização de uma medida de exceção com a finalidade política de interromper ilícita, inconstitucional e agressivamente um mandato legítimo, suprimindo a soberania popular e o direito político de mais de 54 milhões de pessoas, esvaziando, assim, a democracia.

Não houve, no caso do *impeachment* da então Presidenta Dilma, o preenchimento de nenhum dos requisitos constitucionais e legais indispensáveis à sua cassação. A omissão do Supremo Tribunal Federal em declarar a inconstitucionalidade da medida, papel que lhe competia no exercício do controle (*judicial review*) da tipicidade dos fatos objetos da imputação, mais uma vez demonstra o papel da jurisdição como legitimador das medidas de exceção e não do direito.

Os exemplos acima ocorridos recentemente em países da América Latina são meramente elucidativos acerca do fenômeno que acabamos de afirmar: medidas de exceção de interrupção de governos legitimamente democráticos perpetrados com a participação do Judiciário. Como não são propriamente objeto de análise desse parecer, deixaremos de discorrer a respeito dos fundamentos que conformam nosso entendimento já bastante conhecido por trabalhos anteriormente publicados no que tange a excepcionalidade de tais medidas interruptivas da democracia nos países citados.

Ao lado dos mecanismos de interrupção dos ciclos democráticos por meio de *impeachments* inconstitucionais e golpes perpetrados contra governos principalmente de esquerda, vem ocorrendo também na contemporaneidade – cuja narrativa nos interessa particularmente nesse parecer – a criminalização dos agentes políticos seletivamente selecionados por não representarem os interesses e privilégios do mercado e do poder econômico e identificarem-se simbolicamente com a luta contra a desigualdade social, por meio de um verdadeiro *processo penal de exceção*, expressão cunhada com acerto por Fernando Hideo Lacerda, que, em linhas gerais, em artigo recentemente publicado, traz a seguinte ideia:

> O processo penal de exceção é um antiprocesso. É a forma jurídica da perseguição política e econômica na era da pós-verdade. É a violação dos direitos e garantias fundamentais de uma parcela da população (e de seus representantes simbólicos) com verniz hipócrita de licitude. É fruto da manipulação do sistema de justiça criminal (Polícia, Ministério Público, Poder Judiciário e Mídia) para atender aos interesses do mercado contra seus verdadeiros inimigos: o pobre, marginalizado e oprimido.[354]

---

354 LACERDA, Fernando Hideo I. "A caçada de Lula pelo processo penal de exceção na era da pós-verdade". *In*: PROSNER, Carol *et al.* (Coord.). *Comentários a uma sentença anunciada*: o processo Lula. Bauru: Canal 6, 2017, p. 164.

A doutrina do Direito Penal do Inimigo criada na década de 1980 pelo jurista alemão Günther Jakobs propõe uma distinção entre o Direito Penal do Cidadão e um Direito Penal do Inimigo. O primeiro formado pela aplicação das normas penais vigentes, com respeito às garantias individuais dos cidadãos e exercida nos estritos limites do poder punitivo estatal impostos no âmbito da legalidade e o segundo, um direito penal especial, voltado aos inimigos, em que há a aplicação de atos lícitos ou ilícitos aos indivíduos que põe em risco a segurança nacional. Já não há mais qualquer proteção a direitos e garantias penais e processuais penais mínimos, como bem observa a pesquisadora Charlotth Back:

> Em nome da defesa da sociedade, as garantias penais mínimas consagradas pelas Constituições e pelos instrumentos internacionais de proteção dos Direitos Humanos, como a presunção de inocência, a vedação da condenação sem provas, o princípio da legalidade, a neutralidade do julgador, a proibição da tortura, bem como o impedimento de obtenção de provas por meio ilícitos, não se aplicam aos proclamados "inimigos da sociedade".[355]

Enquanto nos EUA e nos países da Europa continental podemos reconhecer de forma explícita uma jurisprudência do direito penal de exceção e medidas de exceção no direito penal por meio da criação de leis especiais – ou Direito Penal do Inimigo para ficarmos na expressão cunhada por Jakobs – em razão de um direito especial que é criado para questões de segurança nacional, identificadas com as ameaças terroristas (o inimigo é o estrangeiro e não se identifica com os indivíduos daqueles países), aqui no Brasil é o próprio direito comum que é utilizado para combater o inimigo (o pobre, o bandido, o corrupto), não pela aplicação

355 BACK, Charlotth. "Direito penal do inimigo político". *In*: PROSNER, Carol *et al.* (Coord.). *Comentários a uma sentença anunciada*: o processo Lula. Bauru: Canal 6, 2017, p. 106.

de um direito penal ou processual diferenciado para combatê-lo, senão pela utilização de interpretações das normas penais comuns como mecanismos para se instaurar as medidas de exceção contra a própria população que ser quer excluir, sob um pretenso legítimo discurso de legalidade democrática.

Nesse sentido, o Sistema de Justiça Criminal, composto por vários agentes estatais (Judiciário, Ministério Público, Delegados de Polícia, Polícia etc.), com o apoio fundamental da mídia,[356] torna-se o autor soberano das medidas de exceção, tendo como base social de apoio a "*ralé*"[357] que busca a ordem e, sobretudo, a extinção dos conflitos sociais e políticos.

Nesta concepção sobre a exceção, a lógica do lícito-ilícito própria do Direito é superada pela lógica do poder própria da política, mesmo dentro de um tribunal. Neste caso, na jurisdição, o poder político da toga supera faticamente a força da lei.

Tal tipo de exceção nefasta caracteriza-se pela simplificação da decisão a si mesma, sem qualquer mediação real pelo direito;

---

356 "Hoje é impossível pensar o funcionamento do Sistema de Justiça Criminal sem analisar o funcionamento dos meios de comunicação de massa, que produzem hipóteses acusatórias, selecionam 'provas', julgam (sem os limites impostos pelas Constituições democráticas) e executam pessoas diante de seus leitores, ouvintes e espectadores. Não raro, os julgamentos e execuções midiáticas são mais céleres e festejados do que aqueles realizados pelo Poder Judiciário. Não raro, os julgamentos midiáticos influenciam os julgamentos do Poder Judiciário, isso porque muitos juízes também querem ser festejados pelos meios de comunicação de massas". (CASARA, Rubens R. R. *Estado pós-democrático*: neo-obscurantismo e gestão dos indesejáveis. 1ª ed. Rio de Janeiro: Civilização Brasileira, 2017, pp. 99/100).

357 "A ralé é fundamentalmente um grupo no qual são representados resíduos de todas as classes. É isso que torna tão fácil confundir a ralé com o povo, o qual também compreende todas as camadas sociais. Enquanto o povo, em todas as grandes revoluções, luta por um sistema realmente representativo, a ralé brada sempre pelo 'homem forte', pelo 'grande líder'. Porque a ralé odeia a sociedade da qual é excluída, e odeia o Parlamento onde não é representada". (ARENDT, Hannah. *Origens do totalitarismo*. Trad. Roberto Raposo. São Paulo: Companhia das Letras, 1989, p. 129).

por uma provisoriedade inerente, pois não trata de extinguir o direito, mas de suspendê-lo em situações específicas; por seu fim eminentemente político-soberano, em que o poder se apresenta de forma bruta e, por consequência, por sua não autolimitação, nem mesmo por qualquer regra de coerência ou racionalidade. Nesse último aspecto, a decisão judicial de real exceção não produz "*jurisprudência*" para situações semelhantes juridicamente, mas diferentes politicamente. Mudando-se os atores envolvidos ou o fim político, muda-se a decisão, retornando-se ao Direito ou produzindo nova exceção.

Nesta lógica de combate ao inimigo no Brasil, os processos penais de exceção tem se tornado, sobretudo a partir da década de 90, o principal instrumento de controle social e político e a face mais cruel do autoritarismo estatal contra grande parte da população pobre do país, por meio do qual, através de um Sistema de Justiça Criminal institucionalizado, são subtraídos os direitos mais elementares do acusado – ou daquele que é perseguido pela justiça penal, por meio de vários mecanismos, tais como: encarceramento em massa, banalização na utilização das prisões provisórias, seletividade da punição criminal, desrespeito aos direitos e garantias penais e processuais penais, espetacularização e condenação midiática, hipernomia e apropriação privada da linguagem pelo aplicador da norma.

O modelo de guerra às drogas iniciado no governo americano de Richard Nixon na década de 1970 foi importado pelo Brasil como solução para combater o tráfico de drogas e garantir maior segurança à sociedade. Com a política de encarceramento adotada no Brasil a partir da década de 1990, vimos o número de presos no país aumentar em 707%, passamos de um contingente de 90 mil presos para mais de 726 mil no intervalo de 26 anos apenas. Temos hoje a terceira maior população encarcerada do mundo, em termos absolutos, atrás apenas dos Estados Unidos e China, e a 31ª em números relativos (relação de presos para cada 100 mil habitantes, nos países com população superior a 10 milhões).[358]

Mais grave do que ocupar a terceira posição, é o fato de que caminhamos para a primeira. Contamos com cerca de 726 mil presos e o número de detenções cresce 7,3% ao ano, segundo dados do último relatório do Sistema Integrado de Informações Penitenciárias (Infopen) medidos até julho de 2016 e divulgado em 2017.[359] O estudo aponta um crescimento de 157% no total de presos desde 2000, quando o país contabilizava 232 mil encarcerados. Se mantido esse ritmo, em 2022 computaremos 1 milhão de detentos.

O instituto da prisão provisória é outro mecanismo que vem sendo largamente utilizado como instrumento de controle social. Segundo o já citado relatório do Infopen, em 2016, quatro em cada dez presos eram provisórios, ou seja, estavam detidos sem terem recebido uma sentença de primeiro grau.

Somando-se aos presos provisórios aqueles detentos cujos processos não foram concluídos, chega-se a quase dois terços da população carcerária. Ao contrário do que se pensa, entre 37% e 50% dos presos provisórios ou serão inocentados ou receberão penas de reclusão inferiores ao tempo que ficaram privados de liberdade. Isso significa que cerca de 20% dos presos estão presos injustamente. Diante desses dados, podemos afirmar que não há direito de defesa e presunção de inocência verdadeiramente garantidos a todos os cidadãos.

No Brasil, tem se utilizado inconstitucionalmente do instituto da prisão cautelar como forma de controle social, ocorrendo desde

---

358 Segundo dados extraídos do INFOPEN (Relatório de Informações Penitenciárias). Disponível em: http://www.justica.gov.br/seus-direitos/politica-penal/documentos/infopen_dez14.pdf. Acessado em: 15.10.2017.

359 Segundo dados extraídos do INFOPEN (Relatório de Informações Penitenciárias). Disponível em: http://www.justica.gov.br/noticias/ha-726-712-pessoas-presas-no-brasil/relatorio_2016_junho.pdf. Acessado em: 11.12.2017.

a década de 1990, paulatinamente, o esvaziamento de sentido dos direitos fundamentais tanto dos direitos sociais, como dos direitos negativos, como o de liberdade, realidade retratada no número de aprisionamento, conforme demonstramos.

Também há de se observar que a polícia brasileira é a que mais mata e morre no mundo. Dados divulgados pelo Fórum Brasileiro de Segurança Pública em outubro de 2017,[360] mostrou que em 2016 houve um crescimento de 27% do número de mortes em decorrência de ações policiais em relação a 2015, chegando a 4.225 casos só em 2016. O número de homicídios de policiais civis e militares também sofreu um crescimento de 17,5% em 2016 em relação ao ano anterior, com 437 mortes registradas.

Vive-se uma verdadeira guerra civil, de baixa intensidade e não declarada, na qual a quase totalidade dessas mortes é de pessoas que habitam as periferias das cidades brasileiras, na sua maioria negra e jovem.

Além desse fenômeno que atinge a população pobre, no Brasil e em alguns países da América latina tem-se utilizado dos processos penais de exceção também como instrumento de perseguição de lideranças políticas. Esse tipo de processo penal de exceção atingiu Luiz Inácio Lula da Silva de forma devastadora, com objetivo claramente político, conforme passaremos a expor e demonstrar no próximo item deste parecer.

11.4 Operação Lava Jato: das generalidades às medidas de exceção contra Luiz Inácio Lula da Silva

Dentre outras operações comandadas pela Polícia Federal nos últimos anos, surgiu a "Operação Lava Jato", que apesar da correta

---

360 FBSP. *Segurança Pública em Números 2017*. Disponível em: http://www.forumseguranca.org.br/wp-content/uploads/2017/10/infografico2017-vs-8-FINAL-.pdf. Acessado em: 10.05.2023.

e nobre função de combate à corrupção e de uma fase inicial muito importante que identificou um grave sistema de corrupção dentro da principal empresa brasileira, a Petrobras, começou a abusar dos limites impostos pela Constituição da República e demais espécies normativas correlatas, conforme detalharemos a seguir.

Para fins de formulação de respostas aos quesitos formulados, trataremos, a seguir, acerca das medidas de exceção adotadas pelo Sistema de Justiça Criminal em face de Luiz Inácio Lula da Silva. Conforme antecipado, trata-se de análise exemplificativa – e, portanto, não exaustiva – demonstradora de que Luiz Inácio Lula da Silva, por ameaçar um projeto ideológico político conservador que privilegia o *poder econômico* em detrimento do social, teve sua *morte civil* simbolicamente declarada por meio de inúmeras medidas de exceção realizadas pelo Sistema de Justiça Criminal Brasileira ao longo de investigações criminais e de processos penais no âmbito da "Operação Lava Jato". O presente estudo não engloba, portanto, eventuais medidas de exceção no âmbito da "Operação Zelotes".

O primeiro ponto a se destacar, e sem que ainda adentremos especificamente nas medidas diretamente relacionadas a Luiz Inácio Lula da Silva, mas que simbolizam os desafios impostos pela "Operação Lava Jato", é a adoção de prisões preventivas com o objetivo de obtenção de colaborações premiadas e confissões, ao passo que a decretação de prisão preventiva deve ocorrer, de acordo com o Código de Processo Penal, especialmente do seu artigo 312, em situações excepcionais, bem como para garantia da ordem pública, da ordem econômica, por conveniência da instrução criminal, ou para assegurar a aplicação da lei penal, quando houver prova da existência do crime e indício suficiente de autoria.

Ocorre que, conforme expressamente reconhecido pelo próprio Ministério Público Federal, a decretação de referida medida constritiva está sendo adotada como meio de coação para a obtenção de colaborações premiadas:

> Com efeito, à conveniência da instrução processual, requisito previsto artigo 312 do Código de Processo Penal, deve-se acrescer a possibilidade real de o infrator colaborar com a apuração da infração penal, como se tem observado ultimamente, diante dos inúmeros casos de atentados contra a administração e as finanças do país.[361]

Outro aspecto inédito que define o modo de atuação da "Operação Lava Jato", decorre da constatação de que como toda a investigação contra a corrupção reverberou muito na mídia e, em geral, por toda população brasileira, os tribunais superiores tendem a confirmar as medidas ilícitas adotadas contra os investigados, denunciados e réus, os quais, dado o cenário, encontram-se sem alternativa de defesa e acabam cedendo ao instituto da colaboração premiada como única saída contra o abuso estatal.

Com efeito, os tribunais superiores tendem a confirmar os abusos e ilegalidades perpetrados nesses processos em razão da espetacularização do processo penal, que implica, primeiro, em tornar esses aprisionamentos e conduções coercitivas em verdadeiras *novelas* públicas, extremamente favorável à acusação e prejudicial à defesa.

Isso tudo ocorre em razão do fato de o agente que investiga é, especialmente no auge da "Operação Lava Jato", fonte do jornalismo, momento em que havia menor preocupação em investigar, recolhendo informações no Sistema de Justiça. A divulgação da informação não é feita de forma isonômica, mas realizada pelos agentes de investigação, inclusive por promotores e delegados específicos, em busca de notoriedade pessoal.

---

361 Parecer da Procuradoria Regional da República da 4ª região, Ministério Público Federal, nos autos do Habeas Corpus n. 5029050-46.2014.404.0000, em trâmite no Tribunal Regional Federal da 4ª Região.

Especificamente com relação ao uso da grande mídia para fins de construção de ambiente desfavorável à defesa, destaque-se a prática de não se ouvir os envolvidos e suas defesas e, quando isso ocorre, há apenas o atendimento de parâmetros ético-editoriais meramente formais, ocorrendo na última hora do dia, pouco tempo antes de veicular a notícia. Outra constatação é a veiculação no ambiente público uma visão majoritariamente acusatória, sem que o investigado, o denunciado e o réu tenham tido possibilidade efetiva de defesa.

Isso tudo se torna ainda mais preocupante quando se constata que as investigações não são sigilosas, ainda que declaradas como tais, ocorrendo um notório vazamento seletivo de informações para colocar a opinião pública contra o acusado, o que desencadeia uma *sui generis* morte civil do investigado quando sequer há ainda denúncia formalizada, com consequente comprometimento da presunção de inocência e do direito à ampla defesa.

Além do processo de espetacularização que estimula os juízes por elogios e comendas e que destroem simbolicamente suas vidas e imagens quando são a favor da aplicação dos direitos fundamentais e da Constituição da República, há uma evidente postura do Sistema de Justiça brasileiro em desestimular a aplicação dos direitos fundamentais. Existe uma pressão insuportável contra os magistrados, pois o julgador que ousa divergir, mesmo que minimamente, da lógica acusatória é linchado publicamente, enquanto aquele que realiza a lógica acusatória é aclamado publicamente.

O Judiciário está paulatinamente produzindo cada vez mais medidas de exceção que possuem aparência constitucional e democrática e que se traduzem em verdadeiras *fraudes* à Constituição da República e, consequentemente, no esvaziamento do sentido dos direitos fundamentais. Saliente-se, aqui, que a produção de um noticiário constante que produz na população um ambiente de crítica intensa aos direitos fundamentais e humanos, o que acaba interferindo o conteúdo das decisões judiciais.

O nosso Sistema de Justiça está cada vez mais insensível aos direitos fundamentais, esvaziando-os de sentido, passando a existir no Judiciário brasileiro, muito claramente, uma interpretação arbitrária das disposições constitucionais, o que chamamos, em texto coletivo escrito com Luis Eduardo Gomes do Nascimento,[362] de apropriação privada da linguagem pelo intérprete.

Ainda que delineado panoramicamente, referido quadro nacional é o que se apresenta. Medidas de exceção geraram um poder desconstituinte, com o esvaziamento de sentido dos direitos fundamentais, capitaneado pelo Sistema de Justiça, manipulado pela mídia pela coação ou condecoração.

Especificamente com relação a Luiz Inácio Lula da Silva, ele é, notoriamente, um dos principais atores atingidos pelo fenômeno do *processo penal de exceção*. Contra ele, foram criados vários tipos de investigações sobre os mais variados fatos, conforme passaremos a demonstrar.

O então juiz Sérgio Fernando Moro, em 4 de março de 2016, acolheu pedido do Ministério Público Federal e determinou a sua condução coercitiva. O fundamento adotado pelo então Juiz Sérgio Fernando Moro para a decretação da condução coercitiva, que só seria realizada caso o investigado não aceitasse o "convite", foi de que seriam evitados "possíveis tumultos" com "confronto entre manifestantes políticos favoráveis e desfavoráveis ao ex-Presidente":

> Embora o ex-Presidente mereça todo o respeito, em virtude da dignidade do cargo que ocupou (sem prejuízo do respeito devido a qualquer pessoa), isso não significa que está imune à investigação, já que presentes justificativas para tanto, conforme exposto pelo MPF e conforme longamente

---

362 Disponível em: http://justificando.cartacapital.com.br/2017/05/31/wittgenstein-e-hermeneutica-juridica-analogica/. Acessado em: 20.10.2017.

> fundamentado na decisão de 24/02/2016 (evento 4) no processo 500661729.2016.4.04.7000.
>
> Por outro lado, nesse caso, apontado motivo circunstancial relevante para justificar a diligência, qual seja evitar possíveis tumultos como o havido recentemente perante o Fórum Criminal de Barra Funda, em São Paulo, quando houve confronto entre manifestantes políticos favoráveis e desfavoráveis ao ex-Presidente e que reclamou a intervenção da Polícia Militar.
>
> Colhendo o depoimento mediante condução coercitiva, são menores as probabilidades de que algo semelhante ocorra, já que essas manifestações não aparentam ser totalmente espontâneas. (...)
>
> Evidentemente, a utilização do mandado só será necessária caso o ex-Presidente convidado a acompanhar a autoridade policial para prestar depoimento na data das buscas e apreensões, não aceite o convite.

Ocorre que o Código de Processo Penal prevê expressamente, em seu art. 260, que a condução coercitiva só pode ser determinada no caso de o acusado não atender à intimação para o interrogatório, requisito o qual que vem sendo descumprido.

Frise-se aqui que, inclusive em razão dos reiterados abusos praticados "Operação Lava Jato", em 14.06.2018, o Plenário do STF, nas Arguições de Descumprimento de Preceito Fundamental (ADPFs) n. 395 e n. 444, consignou a incompatibilidade com a Constituição da condução coercitiva de investigados ou de réus para interrogatório:

> 1. Arguição de Descumprimento de Preceito Fundamental. Constitucional. Processo Penal. Direito à não autoincriminação. Direito ao tempo necessário à preparação da defesa. Direito à liberdade de locomoção. Direito à presunção de não culpabilidade. 2. Agravo Regimental contra decisão liminar. Apresentação da decisão, de imediato, para referendo pelo

Tribunal. Cognição completa da causa com a inclusão em pauta. Agravo prejudicado. 3. Cabimento da ADPF. Objeto: ato normativo pré-constitucional e conjunto de decisões judiciais. Princípio da subsidiariedade (art. 4º, §1º, da Lei n. 9.882/99): ausência de instrumento de controle objetivo de constitucionalidade apto a tutelar a situação. Alegação de falta de documento indispensável à propositura da ação, tendo em vista que a petição inicial não se fez acompanhar de cópia do dispositivo impugnado do Código de Processo Penal. Art. 3º, parágrafo único, da Lei 9.882/99. Precedentes desta Corte no sentido de dispensar a prova do direito, quando "transcrito literalmente o texto legal impugnado" e não houver dúvida relevante quanto ao seu teor ou vigência – ADI 1.991, Rel. Min. Eros Grau, julgada em 3.11.2004. A lei da ADPF deve ser lida em conjunto com o art. 376 do CPC, que confere ao alegante o ônus de provar o direito municipal, estadual, estrangeiro ou consuetudinário, se o juiz determinar. Contrario sensu, se impugnada lei federal, a prova do direito é desnecessária. Preliminar rejeitada. Ação conhecida. 4. Presunção de não culpabilidade. A condução coercitiva representa restrição temporária da liberdade de locomoção mediante condução sob custódia por forças policiais, em vias públicas, não sendo tratamento normalmente aplicado a pessoas inocentes. Violação. 5. Dignidade da pessoa humana (art. 1º, III, da CF/88). O indivíduo deve ser reconhecido como um membro da sociedade dotado de valor intrínseco, em condições de igualdade e com direitos iguais. Tornar o ser humano mero objeto no Estado, consequentemente, contraria a dignidade humana (NETO, João Costa. Dignidade Humana: São Paulo, Saraiva, 2014. p. 84). Na condução coercitiva, resta evidente que o investigado é conduzido para demonstrar sua submissão à força, o que desrespeita a dignidade da pessoa humana. 6. Liberdade de locomoção. A condução coercitiva representa uma supressão absoluta, ainda que temporária, da liberdade de locomoção. Há uma clara interferência na liberdade de locomoção, ainda que por período breve. 7. Potencial violação ao direito à não autoincriminação, na modalidade

> direito ao silêncio. Direito consistente na prerrogativa do implicado a recursar-se a depor em investigações ou ações penais contra si movimentadas, sem que o silêncio seja interpretado como admissão de responsabilidade. Art. 5º, LXIII, combinado com os arts. 1º, III; 5º, LIV, LV e LVII. O direito ao silêncio e o direito a ser advertido quanto ao seu exercício são previstos na legislação e aplicáveis à ação penal e ao interrogatório policial, tanto ao indivíduo preso quanto ao solto – art. 6º, V, e art. 186 do CPP. O conduzido é assistido pelo direito ao silêncio e pelo direito à respectiva advertência. Também é assistido pelo direito a fazer-se aconselhar por seu advogado. 8. Potencial violação à presunção de não culpabilidade. Aspecto relevante ao caso é a vedação de tratar pessoas não condenadas como culpadas – art. 5º, LVII. A restrição temporária da liberdade e a condução sob custódia por forças policiais em vias públicas não são tratamentos que normalmente possam ser aplicados a pessoas inocentes. O investigado é claramente tratado como culpado. 9. A legislação prevê o direito de ausência do investigado ou acusado ao interrogatório. O direito de ausência, por sua vez, afasta a possibilidade de condução coercitiva. 10. Arguição julgada procedente, para declarar a incompatibilidade com a Constituição Federal da condução coercitiva de investigados ou de réus para interrogatório, tendo em vista que o imputado não é legalmente obrigado a participar do ato, e pronunciar a não recepção da expressão "para o interrogatório", constante do art. 260 do CPP.

Durante a execução da "Operação Aletheia", deflagrada em março de 2016, foram realizadas buscas e apreensões nas residências dos filhos de Luiz Inácio Lula da Silva. Em uma dessas ocasiões, foi apreendido o *tablet* de um de seus netos de quatro anos. Ocorre que o objeto apreendido era de pessoa que sequer era alvo da medida judicial e, por conta disso, jamais poderia ter sido apreendido. O bem móvel só foi devolvido mais de três anos depois, ainda assim após Luiz Inácio Lula da Silva pronunciar-se sobre o tema em depoimento pessoal.

A interceptação telefônica determinada pelo então Juiz Sérgio Fernando Moro em face de Luiz Inácio Lula da Silva, seus familiares e advogados também ocorreu em desrespeito à Constituição e espécies normativas infraconstitucionais.

Nos termos do art. 5º, inciso XII, da Constituição, é inviolável o sigilo da correspondência e das comunicações telegráficas, de dados e das comunicações telefônicas, salvo, no último caso, por ordem judicial, nas hipóteses e na forma que a lei estabelecer para fins de investigação criminal ou instrução processual penal.

De acordo com o a Lei n. 9.296/1996, especialmente dos seus arts. 1º e 2º, a interceptação de comunicações telefônicas, de qualquer natureza, para prova em investigação criminal e em instrução processual penal, que depende de ordem do juiz competente, não pode ser admitida nas hipóteses em que (a) não houver indícios razoáveis da autoria ou participação em infração penal, (b) a prova puder ser feita por outros meios disponíveis; e, por fim, (c) o fato investigado constituir infração penal punida, no máximo, com pena de detenção.

Levada a matéria ao Supremo Tribunal Federal (STF), o Ministro Teori Zavascki, nos autos da Medida Cautelar na Reclamação n. 23.457/PR, proferiu decisão liminar no sentido de que a motivação da decisão que determinou a interceptação telefônica foi destituída de motivação:

> O exame dos autos na origem revela, porém, ainda que em cognição sumária, uma realidade diversa. Autuado, conforme se observa na tramitação eletrônica, requerimento do Ministério Público de interceptação telefônica, em 17.2.2016, "em relação a pessoas associadas ao ex-Presidente da República Luiz Inácio Lula da Silva (eventos 1 e 2)", aditado em 18.2.2016, teve decisão de deferimento em 19.2.2016 e sucessivos atos confirmatórios e significativamente ampliativos, em 20.2.2016, 26.2.2016, 29.2.2016, 3.3.2016, 4.3.2016 e 7.3.2016, sempre com motivação meramente

> remissiva, tornando praticamente impossível o controle, mesmo a posteriori, de interceptações de um sem número de ramais telefônicos.

A quebra do sigilo telefônico de Luiz Inácio Lula da Silva também afetou seus advogados, em flagrante violação à Lei n. 8.906/1994, que dispõe sobre o Estatuto da Advocacia e a Ordem dos Advogados do Brasil, bem como, em especial, ao seu art. 2º, § 3º, segundo o qual, no exercício da profissão, o advogado é inviolável por seus atos e manifestações e, ainda, ao seu art. 7º, inciso II, segundo o qual é direito do advogado a inviolabilidade de seu escritório ou local de trabalho, bem como de seus instrumentos de trabalho, de suas correspondências escrita, eletrônica, telefônica e telemática.

A ilegalidade da quebra do sigilo telefônico de Luiz Inácio Lula da Silva nos diálogos com seus advogados foi reconhecida pelo então Juiz Sérgio Fernando Moro quando proferiu a sentença nos autos da ação penal n. 5046512-94.2016.4.04.7000:

> 107. É fato que, antes, a operadora de telefonia havia encaminhado ao Juízo ofícios informando que as interceptações haviam sido implantadas e nos quais havia referência, entre outros terminais, ao aludido terminal como titularizado pelo escritório de advocacia, mas esses ofícios, nos quais o fato não é objeto de qualquer destaque e que não veiculam qualquer requerimento, não foram de fato percebidos pelo Juízo, com atenção tomada por centenas de processos complexos perante ele tramitando. O que este julgador tinha presente é que o terminal, como consta no cadastro CNPJ e nos autos de interceptação, era da LILS Palestras.

A interceptação telefônica entre Luiz Inácio Lula da Silva afetou, inclusive, a então Presidenta Dilma Rousseff, em desrespeito ao art. 102, inciso I, alínea “b”, da Constituição da República, segundo o qual compete ao STF processar e julgar, originariamente, nas infrações penais comuns, o Presidente da República. Ademais, a interceptação perpetuou-se mesmo após a superveniência de decisão pelo seu encerramento.

Como se não bastasse o fato de que a interceptação telefônica em face de Luiz Inácio Lula da Silva, seus familiares e advogados tenha ocorrido em desrespeito à Constituição e espécies normativas infraconstitucionais, o então Juiz Sérgio Fernando Moro, em 16.03.2016, tornou público o conteúdo das transcrições de interceptações telefônicas entre o ex-Presidente, seus familiares, seus advogados e terceiros, incluindo a então Presidenta Dilma Rousseff. Foi dada publicidade, inclusive, para conversas sem qualquer relação com o objeto da investigação criminal, em detrimento da previsão legal proibidora.

Diversas conversas foram divulgadas por rádios e televisões do Brasil e do exterior no dia em que Luiz Inácio Lula da Silva havia sido nomeado Ministro Chefe da Casa Civil pela então Presidenta Dilma Rousseff com evidente intuito de influenciar a governabilidade e evitar o deslocamento de competência para o STF.

Com efeito, a imediata divulgação pública das conversas interceptadas violou a sua finalidade precípua, que é destinar-se à investigação criminal ou instrução processual. O ilegal levantamento do sigilo do conteúdo interceptado possuiu, ao contrário, relação com a nomeação, ocorrida no mesmo dia, do ex-Presidente Luiz Inácio Lula da Silva para Ministro de Estado Chefe da Casa Civil da Presidência da República.

Violou-se, ainda, o Direito Constitucional ao sigilo das comunicações telefônicas, previsto no já elencado art. 5º, inciso XII, da Constituição. Ademais, violou-se o art. 8º, *caput*, da Lei n. 9.296/96, segundo o qual deve ser preservado o sigilo das diligências, gravações e transcrições relativas à interceptação de comunicação telefônica.

Do mesmo modo, o art. 9º da Lei n. 9.296/96 determina que a gravação que não interessar à prova será inutilizada por decisão judicial, durante o inquérito, a instrução processual ou após esta, em virtude de requerimento do Ministério Público ou da parte interessada.

Nos autos da Reclamação n. 23.457, em trâmite perante o STF, o então Juiz Sérgio Fernando Moro assim se manifestou quanto à questão:

> O levantamento do sigilo não teve por objetivo gerar fato político-partidário, polêmicas ou conflitos, algo estranho à função jurisdicional, mas, atendendo ao requerimento do MPF, dar publicidade ao processo e especialmente a condutas relevantes do ponto de vista jurídico e criminal do investigado do ex-Presidente Luiz Inácio Lula da Silva que podem eventualmente caracterizar obstrução à Justiça ou tentativas de obstrução à Justiça (art. 2°, §1°, da Lei n. 12.850/2013). (...)
>
> Quanto ao conteúdo, da mesma forma que os demais, entendeu este julgador que ele tinha relevância jurídico-criminal para o ex-Presidente, já que presente a apuração se a aceitação por ele do cargo de Ministro Chefe da Casa Civil teria por objetivo obter proteção jurídica contra as investigações.
>
> Considerando que a investigação tinha por foco condutas supostamente criminais do ex-Presidente e o conteúdo, na perspectiva criminal, juridicamente relevante do diálogo para ele, entendi que não haveria óbice na interceptação e no levantamento do sigilo.
>
> No momento, de fato, não percebidos eventuais e possíveis reflexos para a própria Exma. Presidenta da República.
>
> Portanto, a compreensão deste julgador, em 16/03/2016, era de que a competência para decidir sobre o levantamento do sigilo requerido pelo MPF era, ainda, em 16/03/2016, deste Juízo. Jamais se cogitou que a decisão violava a lei ou os limites da competência deste Juízo em 16/03, quando o ex-Presidente não havia ainda tomado posse no cargo de Ministro.

Em 22 de março de 2016 o então Ministro Teori Zavascki, do STF, ao apreciar o pedido de liminar formulado no bojo de

Reclamação apresentada pela então Presidenta Dilma Rousseff (Reclamação n. 22.543), entendeu que a motivação das decisões que autorizaram as interceptações em exame era insuficiente para justificar o deferimento daquela medida excepcional, uma vez que "*meramente remissiva*" e com reprovável alcance.

A espetacularização em torno da investigação e processo criminais relativas a Luiz Inácio Lula da Silva ficou ainda mais evidenciada quando da apresentação de denúncia que deu origem à Ação Penal n. 5046512-94.2016.4.04.7000/PR, oportunidade em que o Ministério Público apresentou um modelo de apresentação em formato de *Power Point* que beirou a ridicularização.

A denúncia imputou a Luiz Inácio Lula da Silva a prática do delito de corrupção passiva qualificada, por 3 vezes, em concurso material, previsto no art. 317, *caput* e §1°, c/c art. 327, §2°, todos do Código Penal; prática, por 3 vezes, em concurso material, do crime de lavagem de dinheiro, em sua forma majorada, conforme previsto no art. 1° c/c o art. 1°, §4°, da Lei n 9.613/98; e, por fim, prática, por 61 vezes, em continuidade delitiva, do crime de lavagem de dinheiro, em sua forma majorada, conforme previsto no art. 1° c/c o art. 1° §4°, da Lei n. 9.613/98.

Com efeito, em 14.09.2016, os Procuradores da República Deltan Martinazzo Dallagnol, Antonio Carlos Welter, Carlos Fernando dos Santos Lima, Januário Paludo, Isabel Cristina Groba Vieira, Orlando Martello, Diogo Castor de Mattos, Roberson Henrique Pozzobon, Julio Carlos Motta Norocha, Jerusa Burmann Viecill, Paulo Roberto Galvão de Carvalho, Athayde Ribeiro Costa e Laura Gonçalves Tessler ofereceram denúncia contra Luiz Inácio Lula da Silva.

Convocada coletiva de imprensa, a mesma foi realizada em hotel por meio de custeio público. Referida coletiva, bem como as diversas declarações nela realizadas, violaram o princípio constitucional da presunção de inocência, consoante previsto no art. 5°, inciso LVII, da Constituição da República, segundo o qual ninguém será considerado culpado até o trânsito em julgado de sentença penal condenatória.

Com efeito, não cabe aos membros do Ministério Público externar ou antecipar juízos de valor a respeito de apurações ainda não concluídas. Além do mais, suas manifestações não podem, em hipótese alguma, apresentar-se como decisão, bem como condenação antecipada, consoante Recomendação n. 58/2017 do Conselho Nacional do Ministério Público, a qual estabelece a política nacional de comunicação social:

> Art. 14. Em cumprimento ao princípio da publicidade das investigações, a instituição poderá prestar informações aos meios de comunicação social sobre as providências adotadas para apuração de fatos em tese ilícitos, abstendo-se, contudo, de externar ou antecipar juízos de valor a respeito de apurações ainda não concluídas.
>
> Art. 15. Na divulgação de denúncias oferecidas ou ações ajuizadas, o Ministério Público é parte no processo, acusando ou demandando fundamentadamente, em defesa do interesse público, devendo-se, em todos os casos, evitar que a manifestação do Ministério Público seja apresentada como decisão ou signifique condenação antecipada dos envolvidos.

Especificamente com relação às entrevistas coletivas, independentemente do interesse público ou jornalístico, elas não podem, em hipótese alguma, contrariar o já elencado ditame constitucional da presunção de inocência. Entretanto, não foi o que se viu na coletiva de imprensa em razão do oferecimento de denúncia em face de Luiz Inácio Lula da Silva:

> Mensalão e Lava Jato são duas faces de uma mesma moeda.
>
> Lula era o elo comum e necessário [entre "Mensalão" e "Lava Jato"] para as duas máquinas que faziam o esquema rodar.
>
> Todas as provas nos levam a crer, acima de qualquer dúvida razoável, que Lula era o maestro desta grande orquestra

> concatenada para saquear os cofres da Petrobras e de outros órgãos públicos. Era o general que estava no comando da imensa engrenagem desse esquema, que chamamos de propinocracia.
>
> A distribuição de cargos no governo era feita, conscientemente, com fins arrecadatórios. Quando Lula assumiu o governo em 2003, tinha apoio de 254 deputados. Após adotar uma política de distribuição de cargos, que envolvia mais de 18 mil cargos de confiança, em maio de 2003, a base aliada era composta por 353 deputados.
>
> Só o poder de decisão de Lula fazia a estratégia de governabilidade corrompida viável. Lula estava no topo da pirâmide do poder, competindo-lhe nomear os altos cargos da administração pública federal.[363]

O Ministro Teori Zavascki, nos autos da Reclamação n. 25.048, assim se manifestou quanto a referida coletiva imprensa:

> Nós todos tivemos a oportunidade de verificar, há poucos dias, que num espetáculo midiático – com forte divulgação, fez-se lá em Curitiba, não com a participação do juiz, mas do Ministério Público e da Polícia Federal –, deu-se notícia sobre organização criminosa, colocando o Presidente Lula como líder dessa organização criminosa, dando a impressão, sim, de que se estaria investigando essa organização criminosa. Na verdade, lá não está sendo investigada, e o objeto de oferecimento da denúncia, efetivamente, não foi nada disso. Então houve realmente esse descompasso. Quero dizer, em obter dictum, que essa espetacularização do episódio não é compatível nem com o que foi objeto da denúncia, nem parece compatível com a seriedade que se exige na apuração desses fatos.

---

363 "Ministério Público Federal denunciá Lula, Marisa e mais seis na Operação Lava Jato". *G1*. Disponível em: http://g1.globo.com/pr/parana/noticia/2016/09/mpf-denuncia-lula-marisa-e-maisseis-na-operacao-lava-jato.html. Acessado em: 26.02.2020.

Veja-se, portanto, que além da flagrante violação à presunção de inocência, as afirmações segundo as quais Luiz Inácio Lula da Silva seria o "general de um esquema de corrupção" e "vértice comum do Mensalão e Petrolão" contraria, ainda, a divisão de competências na medida em que descabe ao Ministério Público de primeiro grau investigar matérias afetas ao foro de prerrogativa de função, o que também restou consignado pelo mesmo Ministro Teori Zavascki por ocasião do julgamento de questão de ordem nos autos do Inquérito n. 4130/PR:

> Desde o início desses procedimentos investigatórios, por opção da Procuradoria da República, houve pedidos no sentido de abertura de inquéritos separados para casos específicos, sobre fatos específicos. Mas foi também requerida e aberta, aqui no Supremo Tribunal Federal, uma investigação a respeito desse "esquema" em seu conteúdo mais abrangente. É o Inquérito no 3.989, em que se investiga crime de quadrilha, corrupção passiva, lavagem de ativos financeiros, e que envolve não apenas pessoas com prerrogativa de foro, como também pessoas sem prerrogativa de foro. Portanto, existe um inquérito aberto, aqui no Supremo Tribunal Federal, para investigar o que foi chamado aqui de "esquema geral". Essa investigação, com a devida vênia, não foi delegada a qualquer outro juízo. Não existe investigação com essa abrangência em outro juízo. Se houver ou se estiver sendo feito em outro juízo esse exame abrangente, certamente haverá problema de competência, porque se estará usurpando uma competência do Supremo Tribunal Federal.

Ademais, diversos Procuradores da República integrantes da "Operação Lava Jato" utilizaram-se de entrevistas, publicações e postagens em redes sociais a fim de provocar uma espécie de julgamento prévio. O coordenador da *força-tarefa*, o Procurador da República Deltan Dallagnol, inclusive, publicou, ainda em maio de 2017, ou seja, durante o curso da ação penal, livro denominado *A luta contra a corrupção – A Lava Jato e o futuro de um País marcado pela impunidade*, cuja capa traz uma foto de seu próprio rosto.

Ademais, à título exemplificativo, elenca-se, a seguir, determinadas entrevistas concedidas pelo Procurador Carlos Fernando dos Santos Lima ainda em 2016:

> Coletiva de imprensa de 04.03.2016:[364]
>
> Hoje, nós estamos analisando evidências de que o ex-Presidente e sua família receberam vantagens para, eventualmente, consecução de atos dentro do governo. Isso ainda é uma hipótese investigativa, existem evidências de pagamentos de vantagens, não há nenhuma motivação plausível para esse pagamento de vantagens. (...)
>
> Nós temos os favores feitos pelas empreiteiras OAS e Odebrecht e o Sítio, nós estamos investigando a propriedade, mas acreditamos até o momento ser realmente do Sr. Luiz Inácio e, também, temos bem claro que houve pagamentos de benfeitorias no tríplex em Guarujá. Outros dados, inclusive, beneficiando familiares também estão sob investigação. (...)
>
> O inacreditável é que haja o pagamento de cerca de R$ 40.000,00 por uma opção de um apartamento na qual se teve um gasto de R$ 700.000,00 em obras de benfeitorias e que isto simplesmente não seja considerado como uma vantagem. (...)
>
> Então, fica claro que o benefício político recebido foi basicamente do ex-Presidente Lula e, atualmente, da atual Presidenta. Entretanto, nós estamos investigando também, hoje, vantagens indevidas pagas ao ex-Presidente, isto é um outro aspecto do crime de corrupção, fora o crime de lavagem de dinheiro.

364 Disponível em: https://www.youtube.com/watch?v=Zr2ZjbodHgc. Acessado em: 26.02.2020.

> Revista Época em 04.03.2016:[365]
>
> Nós temos os favores feitos pelas empreiteiras OAS e Odebrecht em um sítio, nós estamos investigando a propriedade, mas acreditamos, até o momento, ser do Sr. Luiz Inácio, e, também, temos, bem claro, que houve pagamentos de benfeitorias no tríplex em Guarujá.
>
> Revista Veja, em 25.11.2016:[366]
>
> O ex-Presidente é hoje um homem rico, em grande parte graças a serviços prestados às empreiteiras do petrolão. Há investigados presos por muito menos, não?

O The Intercept Brasil, individualmente e em conjunto com outros veículos de imprensa, tais como Folha de São Paulo, Veja, Portal UOL, El Pais, Buzzfeed e Reinaldo Azevedo, tornaram públicas comunicações a partir de aparelhos funcionais entre o então Juiz Sérgio Fernando Moro, o procurador da República Deltan Dallagnol e outros os membros da "Força-Tarefa Lava Jato". Dentre outros aspectos que serão a seguir detalhados, há diálogos que revelam que os Procuradores tinham consciência da ausência de elementos probatórios aptos ao indiciamento:

> 09 de setembro de 2016 – Grupo "Incendiários ROJ" Deltan Dallagnol – Falarão que estamos acusando com base em notícia de jornal e indícios frágeis... então é um item que é bom que esteja bem amarrado. Fora esse item, até agora tenho receio da ligação entre petrobras e o enriquecimento, e depois que me falaram to com receio da história do apto...

365 "MP investiga pagamentos de R$ 30 milhões a Instituto Lula e LILS Palestras". *Época Negócios*, 2016. Disponível em: https://epocanegocios.globo.com/Brasil/noticia/2016/03/mp-investiga-pagamentos-de-r-30-milhoes-instituto-lula-e-lils-palestras.html. Acessado em: 24.04.2023.

366 BRASIL, Felipe Moura. "Braço-direito de Lula vai preso. Quando irá o resto?" *Veja*, 2015. Disponível em: https://veja.abril.com.br/blog/felipe-moura-brasil/braco-direito-de-lula-vai-preso-quando-ira-o-resto/. Acessado em: 24.04.2023.

São pontos em que temos que ter as respostas ajustadas e na ponta da língua
10 de setembro de 2016 – Grupo "Incendiários ROJ" Deltan Dallagnol – tesao demais essa matéria do O GLOBO de 2010. Vou dar um beijo em quem de Vcs achou isso. Deltan Dallagnol – Sabemos qual a fonte da matéria? Será que não vale perguntar para a repórter, a Tatiana Farah, qual foi a vonte dela? [O procurador certamente quis escrever "fonte"] Deltan Dallagnol – Acho que vale. Informalmente e, se ela topar, dá para ouvi-la. Deltan Dallagnol – Pq se ele já era dono em 2010 do tríplex... a reportagem é um tesão, mas se convertermos em testemunho pode ser melhor Deltan Dallagnol – Podemos fazer contato via SECOM, topam? Deltan Dallagnol – vou pedir pra ascom o contato

Deltan Dallagnol – Vcs não têm mais a mesma preocupacção que tinham quanto ao imóvel, certo? Pergunto pq estou achando top e não estou com aquela preocupação. Acho que o slide do apto tem que ser didático tb. Imagino o mesmo do Lula, balões ao redor do balão central, ou seja, evidências ao redor da hipótese de que ele era o dono"
10 de setembro de 2016 – Grupo com dois assessores de comunicação Deltan Dallagnol – Conseguem pra mim o contato da reporter que fez esta matéria? Deltan Dallagnol – pede celular, please... precisamos meio que urgente
10 de setembro de 2016 – Grupo "Incendiários ROJ" Deltan Dallagnol – Vcs ligam pra ela? Deltan Dallagnol – Na ligação tem que ser totalmente respeitoso e deferencial em relação ao sigilo de fonte Deltan Dallagnol – Tem que dizer que viram, queriam parabenizar pela matéria, e que, respeitado o dito de fonte, caso não seja o casso de manter o sigilo, se ela poderia indicar quem foi a fonte, ainda que ap´so eventual conferência ou conversa com as fontes...

11 de setembro de 2016 – Grupo "Filhos de Januário 1" Januário Paludo – Conversei com a TATIANA FARAH DE MELLO, que fez a reportagem em 2010 sobre o TRÍPLEX. Ela realmente confirmou que foi para GUARUJA e lá colheu diversas informações sobre os empreendimentos da

BANCOOP. A matéria era para ser sobre a BANCOOP e o calote dado nos mutuários. Em guaruja conversando com funcionários da obra – que ainda estava no esqueleto, é que ela descobriu que o tríplex seria do Lula. Ela manteve contato com a Assessoria de comunicação do Palácio do Planalto que confirmou a informação. Toda parte documental, como e-mail e outros dados foram inutilizados quando ela saiu do 'o Globo'. Acho que podemos tomar por termo o depoimento. Marco uma video e pronto Roberson Pozzobon – Boooooa demais Jan! Carlos Fernando dos Santos Lima – Creio que tomar depoimento de jornalista não é conveniente. Deltan Dallagnol – A opinião pública é decisiva e é um caso construído com prova indireta e palavra de colaboradores contra um ícone que passou incolume pelo mensalão

16 de setembro de 2016 – Chat privado com o então juiz Sérgio Moro Deltan Dallagnol – A denúncia é baseada em muita prova indireta de autoria, mas não caberia dizer isso na denúncia e na comunicação evitamos esse ponto. Deltan Dallagnol – Não foi compreendido que a longa exposição sobre o comando do esquema era necessária para imputar a corrupção para o ex-Presidente. Muita gente não compreendeu porque colocamos ele como líder para imperar 3,7MM de lavagem, quando não foi por isso, e sim para inputar 87MM de corrupção. Deltan Dallagnol – Ainda, como a prova é indireta, 'juristas' como Lenio Streck e Reinaldo Azevedo falam de falta de provas. Creio que isso vai passar só quando eventualmente a página for virada para a próxima fase, com o eventual recebimento da denúncia, em que talvez caiba, se entender pertinente no contexto da decisão, abordar esses pontos

Outro relevante aspecto a se considerar que é com relação às preocupações com a competência do juízo:

21 de fevereiro de 2016

Sérgio Moro – Olá Diante dos últimos desdobramentos talvez fosse o caso de inverter a ordem da duas planejadas Deltan

> Dallagnol – O problema é o risco de nos atropelarem em SP ou em BSB. Queríamos antes, mas tem a festa do PT... Uma semana pode fazer diferença para SP especialmente. Em BSB com o acordo feito às pressas e depoimentos do senador de madrugada receamos também que adiantem algo
>
> Sérgio Moro – Ok. Pensem aí. Sugeri por conta do recente acompanhamento Deltan Dallagnol – Estamos refletindo. Por enquanto a tendência é contrária. Vou ler esses resultados parciais
>
> 27 de fevereiro de 2016 Deltan Dallagnol – Há uma reclamação sobre competência com ela [Ministra Rosa Weber, do STF]. Defesa alega que MPF e MPSP estão investigando mesmo fato e cabe ao STF decidir então pede suspensão das inv até decisão quanto a quem é competente Sérgio Moro – Humm. Até onde tenho presente, ela é pessoa seria. Nao tem tb a tendência de entrar em bola dividida. Mas claro, tudo é possível.
>
> 13 de março de 2016 Sérgio Moro – Nobre, isso nao pode vazar, mas é bastante provavel que a acao penal de sp seja declinada para cá se o LL nao virar Ministro antes Deltan Dallagnol – 22:15:50 – Ok Deltan Dallagnol – 22:15:55 – Obrigado!

Aliás, a concentração das ações penais relativas à "Operação Lava Jato" na 13ª Vara Federal da Subseção Judiciária de Curitiba, Paraná, contrariou as previsões legais de repartição de competências, conforme consubstanciado no Código de Processo Penal nos arts. 69 e seguintes, os quais, em suma, fixam, em cumprimento ao princípio do juiz natural previsto no art. 5º, inciso LIII, da Constituição, as regras da competência jurisdicional tendo em vista o lugar da infração, o domicílio ou residência do réu, a natureza da infração, a distribuição, a conexão ou continência, a prevenção e a prerrogativa de função.

Além dos já elencados exemplos de violação ao foro por prerrogativa de função, a alargada interpretação dos conceitos jurídicos da conexão e, em menor medida, da continência, em detrimento do critério da territorialidade, para manter sob sua jurisdição investigações criminais e ações penais, ferem o princípio do juiz natural previsto no art. 5º, inciso LIII, da Constituição.

Frise-se, aqui, que a suposta lavagem de dinheiro teria ocorrido por meio das seguintes condutas, todas elas no Estado de São Paulo: aquisição, personalização e decoração de um apartamento *tríplex* no Guarujá/SP, além do pagamento de valores referentes a contrato de armazenagem em São Paulo/SP. Constata-se, portanto, violação à regra da competência territorial e, consequentemente, ao princípio do juiz natural.

O comprometimento do princípio do juiz natural, bem como a garantia de independência e de imparcialidade que lhe é inerente, também fica evidenciada quando se constata o direcionamento do juízo para determinada obtenção de prova:

> 07 de dezembro de 2015
>
> Sérgio Moro – Entao. Seguinte. Fonte me informou que a pessoa do contato estaria incomodada por ter sido a ela solicitada a lavratura de minutas de escrituras para transferências de propriedade de um dos filhos do ex-Presidente. Aparentemente a pessoa estaria disposta a prestar a informação. Estou então repassando. A fonte é séria.
>
> Deltan Dallagnol – Obrigado!! Faremos contato Sérgio Moro – E seriam dezenas de imóveis
>
> Deltan Dallagnol – Liguei e ele arriou. Disse que não tem nada a falar etc... quando dei uma pressionada, desligou na minha cara... Estou pensando em fazer uma intimação oficial até, com base em notícia apócrifa Sérgio Moro – Estranho pois ele é quem teria alertado as pessoas que me comunicaram. Melhor formalizar entao.
>
> Sérgio Moro – Supostamente teria comentado com [SUPRIMIDO] que por sua vez repassou a informação até chegar

> aqui. Deltan Dallagnol – Posso indicar a fonte intermediária? Sérgio Moro – Agora já estou na dúvida.
>
> Sérgio Moro – Talvez seja melhor vcs falarem com este [SUPRIMIDO] primeiro Deltan Dallgnol – Ok Deltan Dallgnol – Ok, obrigado, vou ligar.

Com relação à validade das referidas provas, cujos diálogos, inclusive, não foram negados pelos remetentes e destinatários, admite-se a utilização da prova ilícita para fins de defesa. Com efeito, a ilicitude da prova acarreta, em regra, a inviabilidade da sua utilização. Entretanto, a regra admite temperamentos.

Dentre outras circunstâncias excepcionais, na medida em que *pro reo*, mitiga-se a garantia constitucional da inadmissibilidade da prova ilícita, isso em nome da preservação da liberdade e da inocência. Portanto, a alegação da "Força-Tarefa da Laja Jato", consignada por meio do Ofício n. 7884/2019, no sentido de que a denúncia recebida possui por base material obtido de forma ilícita e cujo conteúdo não possuiu a autenticidade e o contexto comprovados, não gera qualquer consequência jurídica nos autos do processo em epígrafe, bem como a rejeição, com base no refutável argumento, das evidências aqui elencadas.

Um outro aspecto a se destacar no tema do comprometimento da imparcialidade do juízo está relacionado ao despacho proferido nos autos da Ação Penal n. 5063130-17.2016.4.04.7000/PR, por meio do qual determinou-se que ex-Presidente da República comparecesse às audiências nas quais seriam ouvidas as 87 testemunhas arroladas por sua própria defesa, em afronta às disposições do Código de Processo Penal – especialmente dos seus arts. 202 e seguintes – que não possui exigência quanto ao comparecimento do acusado nas audiências de oitivas de testemunhas.

Em 12.07.2017 foi proferida sentença para condenar Luiz Inácio Lula da Silva à prática dos crimes de corrupção passiva e lavagem de dinheiro e, consequentemente, à pena de reclusão em 9 (nove) anos e 6 (seis) meses de reclusão e pagamento de 185 dias-multa, a qual foi fixada no valor de cinco salários-mínimos vigentes à época dos fatos.

Especificamente com relação ao alegado abandono do princípio da congruência entre denúncia criminal e sentença, bem como pela possível condenação por fato diverso daquele que lhe foi inicialmente imputado, convém destacar que Luiz Inácio Lula da Silva foi condenado pela "atribuição" de determinado apartamento, ao passo que ele foi acusado, e assim se defendeu, pelo seu "recebimento".

Ainda que, ao logo de sentença condenatória, haja determinadas referências ao "recebimento", "atribuição" e "recebimento" não se confundem. Deparamo-nos com fatos distintos na medida em que a transferência não se confunde com o mero oferecimento. Em outras palavras, o fato descrito na acusação é o de que o imóvel foi efetivamente recebido. Entretanto, o fato descrito na sentença é o de que o imóvel foi "atribuído" a Luiz Inácio Lula da Silva.

Outro aspecto a se considerar é que a denúncia, com relação à origem da vantagem indevida, asseverou ela ter sido decorrente de contratos da Petrobras, ao passo que sentença consignou não haver relação entre os referidos contratos e a suposta vantagem indevida recebida por meio dos investimentos da OAS Empreendimentos no tríplex.

Quanto à alegada não demonstração, com prova robusta, de todos os elementos constitutivos do tipo penal invocado na imputação, como no caso da existência de "ato de ofício" para a caracterização de corrupção passiva, importante pontuar que, efetivamente, a condenação baseia-se, sobremaneira, no depoimento do então corréu José Adelmário Pinheiro Filho e, ainda, em matérias jornalísticas destituídas de valor probatório, especialmente considerando o frágil contexto probatório.

Outro aspecto a se considerar é que o próprio depoimento do então corréu José Adelmário Pinheiro Filho foi reconhecido pelo juízo como contraditório com outros depoimentos realizados ao longo da instrução processual, os quais foram desconsiderados para privilegiar o depoimento favorável à acusação.

Quanto à progressão de regime de Luiz Inácio Lula da Silva, o juízo, abordando matéria estranha às suas atribuições, tratou de aspectos relativos à execução da pena, condicionou a progressão à reparação do dano no valor de R$ 16.000.000,00, ao contrário dos demais réus, que poderiam realizar a progressão após o cumprimento de dois anos e seis meses de reclusão no regime fechado por José Adelmário Pinheiro Filho e dois anos por Agenor Franklin.

Com efeito, o art. 93, inciso IX, da Constituição prevê que todas as decisões do Judiciário serão fundamentadas, sob pena de nulidade. Do mesmo modo, o art. 381, III, do Código de Processo Penal preceitua que a sentença conterá a indicação dos motivos de fato e de direito em que se fundamentar a decisão.

Com relação ao "ato de ofício" que justificaria a aplicação da causa de aumento constante do § 1º do art. 317 do Código Penal, a sentença é insuficiente com relação à questão, não se podendo identificar qual a conduta atribuída a Luiz Inácio Lula da Silva, bem como qual a sua repercussão para os crimes examinados.

No entendimento do juízo de primeiro grau, a efetiva prática de "ato de ofício" ilegal é causa de aumento de pena, o que não seria exigido para a tipificação dos crimes dos arts. 317 e 333 do Código Penal.

Ocorre que o crime de corrupção passiva demanda, obrigatoriamente, o estabelecimento de uma relação entre a função pública e a conduta imputada, bem como a comprovação de "ato de ofício" relativo ao dever-poder funcional a ser influenciado pela vantagem indevida.

Com efeito, quanto aos alegados critérios *ad hoc*, exóticos e inéditos de dosimetria da pena definida, importante destacar que, ao efetuar o cálculo da pena imposta a Luiz Inácio Lula da Silva, o juízo de primeiro grau, impôs, para ambos os crimes, a pena-base acima do mínimo legal sem fundamentação suficiente. Ao considerar atenuantes e causas de aumento, o juízo limitou-se a indicar, de forma genérica, a sua incidência.

Nenhum dos critérios previstos no artigo 59 do Código Penal permitem a fixação das penas acima dos mínimos legais. Nos termos do dispositivo em referência, o juiz, atendendo à culpabilidade, aos antecedentes, à conduta social, à personalidade do agente, aos motivos, às circunstâncias e consequências do crime, bem como ao comportamento da vítima, deve estabelecer, conforme seja necessário e suficiente para reprovação e prevenção do crime, as penas aplicáveis dentre as cominadas; a quantidade de pena aplicável, dentro dos limites previstos; o regime inicial de cumprimento da pena privativa de liberdade; e, ainda, a substituição da pena privativa da liberdade aplicada, por outra espécie de pena, se cabível.

É inegável que Luiz Inácio Lula da Silva era réu primário à época da condenação em exame. Do mesmo modo, não se pode desconsiderar o fato de que ele possui bons antecedentes. Por outro lado, ao longo da instrução processual não foram produzidas provas, sob o crivo do contraditório, que permitissem o aumento com base em circunstância judicial.

Especificamente com relação ao crime de lavagem de dinheiro, o aumento da pena-base padeceu, conforme antecipado, de fundamentação suficiente. A pena foi aumentada em 1/3 com base em alegada culpabilidade elevada, isso em razão do cargo ocupado, de suposta corrupção generalizada e, ainda, da relação entre o Governo Federal e a empresa OAS, ao passo que o crime teria ocorrido após Luiz Inácio Lula da Silva deixar de ser Presidente da República.

Ambas as partes recorreram da sentença. O Presidente do Tribunal pronunciou-se, antes mesmo da tramitação dos recursos, de que Luiz Inácio Lula da Silva seria julgado com absoluta celeridade. Especificamente com relação à instrução processual, ela foi extremamente rápida, contrariando a prática de outros processos de segunda instância daquele Tribunal, especialmente de natureza semelhante.

Com efeito, os autos de aproximadamente 250 mil páginas foram remetidos ao Tribunal Regional Federal da 4ª Região (TRF4) em 23.08.2017. De forma inédita, o Desembargador Relator elaborou voto e relatório em 56 dias úteis. O Desembargador Revisor liberou o feito para julgamento em 7 dias úteis. O processo foi pautado para a sessão imediatamente subsequente. A sentença foi mantida na íntegra, com aumento de pena.

Além dos recursos e incidentes processuais apresentados perante os Tribunais Brasileiros durante a tramitação das ações penais e investigações a ela ligadas, o Luiz Inácio Lula da Silva também apresentou, em meados de 2016, um *comunicado individual* ao Comitê de Direitos Humanos da ONU para demonstrar, nos termos do Pacto Internacional de Direitos Civis e Políticos, violações de diversas naturezas.

Na oportunidade, foram apontadas violações às disposições do Pacto Internacional sobre Direitos Civis e Políticos (Decreto n. 592/1992) que asseguram (i) proteção contra a prisão ou detenção arbitrária (9.1. e 9.4.), (ii) o direito a um tribunal independente e imparcial (14.1.), (iii) o direito a ser presumido inocente até que se prove a culpa por lei (14.2.) e (iv) a proteção contra interferências arbitrárias ou ilegais na privacidade, na família, no lar ou na correspondência, e contra ofensas ilegais à honra ou reputação (17).

Em 5 de abril de 2018 o então juiz Sérgio Fernando Moro expediu mandado de prisão contra Luiz Inácio Lula da Silva em razão de ofício do Tribunal Regional da 4ª Região determinando o início do cumprimento da pena:

> Tendo em vista o julgamento, em 24 de janeiro de 2018, da Apelação Criminal n. 5046512-94.2016.4.04.7000, bem como, em 26 de março de 2018, dos embargos declaratórios

> opostos contra o respectivo acórdão, sem a atribuição de qualquer efeito modificativo, restam condenados ao cumprimento de penas privativas de liberdade os réus José Adelmário Pinheiro Filho, Agenor Franklin Magalhães Medeiros e Luiz Inácio Lula da Silva.
>
> Desse modo e considerando o exaurimento dessa instância recursal – forte no descumprimento de embargos infringentes de acórdão unânime – deve ser dado cumprimento à determinação de execução da pena, devidamente fundamentada e decidida nos itens 7 e 9.22 do voto conduto do Desembargador Relator da apelação, 10 do voto do Desembargador Revisor e 7 do voto do Desembargador Vogal.
>
> Destaco que, contra tal determinação, foram impetrados Habeas Corpus perante o Superior Tribunal de Justiça e perante o Supremo Tribunal Federal, sendo que foram denegadas as ordens por unanimidade e por maioria, sucessivamente, não havendo qualquer óbice à adoção das providências necessárias para a execução.

Na oportunidade, o então juiz Sérgio Fernando Moro fundamentou sua decisão em, dentre outros, precedente inaugurado pelo Plenário do STF nos autos do Habeas Corpus n. 126.292/SP em 17.02.2016, segundo o qual

> a execução provisória de acórdão penal condenatório proferido em grau de apelação, ainda que sujeito a recurso especial ou extraordinário, não compromete o princípio constitucional da presunção de inocência afirmado pelo artigo 5º, inciso LVII da Constituição Federal.

Em 17 de agosto de 2018 foi expedida Comunicação pelo Comitê de Direitos humanos da Organização das Nações Unidas no âmbito do Protocolo Facultativo ao Pacto Internacional sobre os Direitos Civis e Políticos no sentido de solicitar ao Estado brasileiro a adoção de medidas tendentes a assegurar a Luiz Inácio Lula da Silva o exercício dos seus direitos enquanto estivesse na prisão, bem como que o mesmo tivesse acesso aos membros do seu partido político e à mídia e, ainda, pudesse participar das eleições presidenciais até o trânsito em julgado da decisão condenatória:

> O Comitê, por meio de seus Relatores Especiais sobre Novas Consultas e Medidas Preventivas, registrou alegações do autor de 27 de julho de 2018 e concluiu que os fatos anteriores indicam a existência de um possível dano irreparável aos direitos do autor nos termos do artigo 25 do Pacto. Consequentemente, estando o caso do autor sob consideração do Comitê, de acordo com a regra 92 de seu regulamento, o Comitê solicita ao Estado Parte que adote todas as medidas necessárias para assegurar que o autor goze e exerça seus direitos políticos enquanto estiver na prisão como candidato à eleições presidenciais de 2018, incluindo o acesso apropriado à mídia e aos membros do seu partido político; assim como não impedir que o autor seja votado nas eleições presidenciais de 2018, até que os pedidos pendentes para a revisão de sua condenação tenham sido concluídos em processos judiciais justos e a condenação se torne definitiva.

Entretanto, referida solicitação foi descumprida pelo Estado brasileiro, que não adotou providências tendentes a assegurar a plena participação de Luiz Inácio Lula da Silva nas eleições presidenciais de 2018. Ao contrário, o Estado brasileiro adotou medidas para vedar a realização de entrevistas e, ainda, indeferir o registro da sua candidatura.

Com efeito, Luiz Inácio Lula da Silva, mesmo na condição de pré-candidato e, posteriormente, candidato à Presidente da República, teve negada a realização de entrevistas quando estava detido. O fundamento adotado foi o de inexistir previsão constitucional ou legal que garantisse o direito do preso à concessão de entrevistas ou similares.

Apenas tempos depois, por meio das Reclamações n. 31.965/PR e n. 32.035/PR perante o STF, considerado o interesse público e a liberdade de informação, é que foi autorizada a realização de entrevistas.

Portanto, prospera a alegação, colhida na escuta realizada em 17 de setembro de 2019 pelo CNDH, de violação aos direitos de Luiz Inácio Lula da Silva, seja na condição de pré-candidato e candidato à Presidente da República, seja na condição de cidadão.

Destaque-se, ademais, que o direito de pessoas custodiadas pelo Estado, nacionais e estrangeiros, de concederem entrevistas a veículos de imprensa sempre foi, notoriamente, garantido pelo Sistema de Justiça brasileiro, sendo considerado, inclusive, uma das formas do exercício da autodefesa.[367]

Ademais, conforme consignado pelo relator, o Ministro Ricardo Lewandowski, em decisão monocrática de 28.09.2018 nos autos da Reclamação n. 31.965/PR, deveria ter sido garantida a "'plena' liberdade de imprensa como categoria jurídica proibitiva de qualquer tipo de censura prévia", consoante decidido nos autos da Arguição de Descumprimento de Preceito Fundamental (ADPF) n. 130/DF, e, ainda, o direito de direito de Luiz Inácio Lula da Silva ao contato com o mundo exterior.

Quanto à declaração de inelegibilidade, ela foi fundamentada no art. 1º, inciso I, alínea 'e', itens 1 e 6 da Lei Complementar n. 64/1990, alterada pela Lei Complementar n. 135/2010, espécie normativa que, de acordo com o § 9º do art. 14 da Constituição, estabeleceu os casos de inelegibilidade com vistas a proteger, dentre outros valores, a probidade administrativa e a moralidade. O dispositivo em exame dispõe que são inelegíveis, para qualquer

---

367 Nesse sentido: Ext 906-ED-ED/República da Coreia, Rel. Min. Marco Aurélio; Ext 1.008/Colômbia, Rel. Min. Gilmar Mendes; Pet 2.681/Argentina, Rel. Min. Sydney Sanches; Ext 785 terceira/México, Rel. Min. Néri da Silveira.

cargo, os que forem condenados, em decisão transitada em julgado ou proferida por órgão judicial colegiado, desde a condenação até o transcurso do prazo de 8 (oito) anos após o cumprimento da pena, pelos crimes contra a economia popular, a fé pública, a administração pública e o patrimônio público e, ainda, de lavagem ou ocultação de bens, direitos e valores.

Com relação à Comunicação pelo Comitê de Direitos humanos da Organização das Nações Unidas no âmbito do Protocolo Facultativo ao Pacto Internacional sobre os Direitos Civis e Políticos, restou consignado, nos termos do voto do relator Ministro Luís Roberto Barroso, que não se trata de decisão vinculante e, ainda, proferida no âmbito de uma comunicação protocolada antes do esgotamento dos recursos internos disponíveis. A ausência de prévia oitiva do Estado brasileiro teria impedido o Comitê de avaliar todos os elementos de fato e de direito para a análise da questão.

O Ministro Edson Fachin, ainda que igualmente reconhecendo que Luiz Inácio Lula da Silva deveria ser considerado inelegível, afirmou que a falta de decreto executivo dando efetividade ao Pacto Internacional de Direitos Civis e Políticos não poderia comprometer a sua aplicação em território nacional, na medida em que suas disposições possuem efeito supralegal. Isto é, estão hierarquicamente abaixo da Constituição, mas acima da legislação ordinária. Segundo o Ministro, por esse motivo não se poderia negar eficácia à medida cautelar.

Outro aspecto a se considerar, especialmente tendo em vista que o Estado brasileiro deveria garantir a Luiz Inácio Lula da Silva a participação no processo eleitoral, é que os interrogatórios então designados para 27.08.2019 a 11.09.2018 nos autos da Ação Penal n. 5021365-32.2017.4.04.7000/PR, foram, em 15.08.2018, adiados sob o fundamento de suposta exploração para fins eleitorais:

> Para finalizar a instrução, faltam apenas os interrogatórios dos acusados. Um dos acusados foi condenado por corrupção

> e lavagem na ação penal 5046512-94.2016.4.04.7000 e encontra-se preso por ordem do Egrégio Tribunal Regional Federal da 4ª Região, tendo a medida sido mantida pelos Tribunais Superiores.
>
> Apesar disso, o acusado apresenta-se como candidato à Presidência da República. Caberá ao Egrégio Tribunal Superior Eleitoral decidir a respeito.
>
> Os interrogatórios dos acusados estão designados para 27/08 a 11/09, o que coincidirá com o período de campanha eleitoral.
>
> **A fim de evitar a exploração eleitoral dos interrogatórios, seja qual for a perspectiva, reputo oportuno redesignar as audiências"** (destacou-se).

Em 01.10.2018, às vésperas do primeiro turno das eleições de 07.10.2018, o então Juiz Sérgio Fernando Moro, de ofício, levantou o sigilo de parte da delação premiada de Antonio Palocci Filho:

> 3. Entre os acusados na presente ação penal, encontra-se Antônio Palocci Filho.
>
> Recentemente, como é notório, celebrou ele acordo de colaboração com a Polícia Federal e que foi homologado pelo Egrégio Tribunal Regional Federal da 4ª Região.
>
> Caberá aos Juízos perante os quais ele responde a ações penais decidir acerca da concessão ou não a ele de benefícios, o que terá que ser feito, por exemplo, na presente ação penal.
>
> Necessário, portanto, instruir esta ação penal com elementos da colaboração, especificamente com cópia do acordo, da decisão de homologação e do depoimento pertinente a estes autos.
>
> A medida também é necessária para a ampla defesa dos coacusados.
>
> Dos depoimentos prestados por Antônio Palocci Filho no acordo, o termo de colaboração n. 1 (evento 11, arquivo

> termoaud3, do processo 5026427-19.2018.4.04.7000) diz respeito ao conteúdo do presente feito.
>
> Examinando o seu conteúdo, não vislumbro riscos às investigações em outorgar-lhe publicidade.
>
> Havendo ademais ação penal em andamento, a publicidade se impõe pelo menos no que se refere a depoimento que diz respeito ao presente caso (art. 7º, §3º, da Lei n. 12.850/2013.
>
> Assim, promova a Secretaria o traslado para estes autos do acordo de colaboração da Polícia Federal com Antônio Palocci Filho, da decisão de homologação e do termo de colaboração n. 1 (evento 1, arquivos dec3 e termo2, e evento 11, arquivo termoaud3, do processo 5026427-19.2018.4.04.7000).
>
> Observo que, apesar da juntada ora promovida, quando do julgamento considerarei apenas, em relação aos coacusados, o depoimento prestado por Antônio Palocci Filho sob contraditório na presente ação penal.

Em 08.07.2018, nos autos do Habeas Corpus n. 5025614-40.2018.4.04.0000, o Desembargador Federal Rogério Favreto concedeu ordem para o fim de restabelecer a liberdade de Luiz Inácio Lula da Silva. Mesmo no gozo de férias, o então Juiz Sérgio Fernando Moro, conforme veiculado na mídia, telefonou para o então Diretor-Geral da Polícia Federal, Rogério Galloro, com o intuito de "argumentar contra o cumprimento da decisão de Favreto"[368] tendo, ainda, proferido decisão para destacar que o Desembargador Federal Rogério Favreto não teria competência para tomar a decisão monocraticamente.[369] Luiz Inácio Lula da

368 "Ministros preveem ações contra Moro após reação a ordem para soltar Lula". *Folha*, 2018. Disponível em: https://painel.blogfolha.uol.com.br/2018/07/09/ministros-preveem-acoes-contra-moro-apos-reacao-aordem-para-soltar-lula/. Acessado em: 28.02.2020.

369 "Moro diz que desembargador não tem competência para soltar Lula e adia decisão". *O Globo*. Disponível em: https://oglobo.globo.com/brasil/moro-diz-que-desembargador-nao-tem-competencia-para-soltar-lula-adia-decisao-22865028. Acessado em: 26.02.2020.

Silva não chegou a gozar do restabelecimento da sua liberdade em razão de decisão do Desembargador João Pedro Gebran Neto.

Ademais, o então juiz Sérgio Fernando Moro realizou diálogos com a cúpula da campanha do Presidente eleito durante o processo eleitoral.[370] Conforme declarações do Vice-Presidente eleito:

> Responsável pela Lava Jato em Curitiba, o juiz Sérgio Moro foi sondado para compor o ministério de Jair Bolsonaro (PSL) ainda durante a campanha.
>
> Segundo o vice do Presidente eleito, general Hamilton Mourão, a primeira abordagem aconteceu há algumas semanas.
>
> "Isso faz tempo, durante a campanha foi feito um contato" (destacou-se).

Logo após a divulgação do resultado das eleições presidenciais, o então Juiz Sérgio Fernando Moro emitiu nota pública com congratulações ao Presidente eleito.[371]

Após detenção por 580 dias na Superintendência da Polícia Federal de Curitiba, foi determinada a soltura Luiz Inácio Lula da Silva, isso em decorrência de decisão proferida pelo STF, o qual, nos autos das Ações Declaratórias de Constitucionalidade n. 43, 44 e 54, proferiu decisão no sentido de ser constitucional o art. 283 do Código de Processo Penal consoante redação dada pela Lei n. 12.403/2011, segundo a qual "ninguém poderá ser preso senão em flagrante delito ou por ordem escrita e fundamentada da

---

370 "Moro foi sondado por Bolsonaro ainda durante campanha, diz Mourão". *Folha*, 2018. Disponível em: https://www1.folha.uol.com.br/poder/2018/11/moro-foi-sondado-por-bolsonaro-ainda-durante-acampanha-diz-mourao.shtml. Acessado em: 26.02.2020.

371 "Moro parabeniza Bolsonaro e deseja bom governo a ele". *G1*, 2018. Disponível em: https://g1.globo.com/pr/parana/noticia/2018/10/29/moro-parabeniza-bolsonaro-e-deseja-bom-governo-aele.ghtml. Acessado em: 26.02.2020.

autoridade judiciária competente, em decorrência de prisão cautelar ou em virtude de condenação criminal transitada em julgado".

Veja-se, portanto, que, à despeito da expressa previsão constitucional consubstanciada no art. 5º, inciso LVII, da Constituição da República – segundo a qual ninguém será considerado culpado até o trânsito em julgado de sentença penal condenatória – Luiz Inácio Lula da Silva, por 580 dias, sofreu constrição à sua liberdade. Portanto, o Sistema de Justiça brasileiro realizou a execução antecipada do cumprimento de pena, bem como antes do trânsito em julgado da sentença penal condenatória, em flagrante ofensa ao princípio constitucional da presunção de inocência.

Por tais razões, podemos afirmar que não houve, minimamente, a obediência às regras elementares da persecução e processo criminais em face de Luiz Inácio Lula da Silva. Tudo isso ocorreu por meio de uma emulação pública da decisão do juízo natural.

Nesses termos, estamos diante de um inequívoco processo penal de exceção, pois o ex-Presidente da República não é tratado como um cidadão que possui garantias mínimas de direitos, mas como inimigo a ser combatido. Ele não possui seus direitos humanos garantidos como réu no processo penal.

Isto é, há uma materialização de características incontestes da identificação de um inimigo e suspensão de direitos pela suposta ameaça que ele representa ao Estado, isso tudo por meio da adoção de mecanismos do autoritarismo e típicos de exceção, que convivem com a rotina democrática, como uma verdadeira técnica de governo, bem como de governabilidade de exceção permanente. Ou seja, trata-se da materialização do mecanismo que o direito chama de *fraude*, realizando-se medidas autoritárias típicas de Estados autoritários com uma roupagem democrática.

Referido tipo de exceção nefasta caracteriza-se pela simplificação da decisão a si mesma, sem qualquer mediação real pelo direito. Trata-se de uma provisoriedade inerente, pois não trata de extinguir o direito, mas de uma suspensão em situações específicas.

O poder apresenta-se de forma bruta e, por consequência, por sua não autolimitação, nem mesmo por qualquer regra de coerência ou racionalidade. Nesse último aspecto, a decisão judicial de real exceção não produz "*jurisprudência*" para situações semelhantes juridicamente, mas diferentes politicamente. Mudando-se os atores envolvidos ou o fim político, muda-se a decisão, retornando-se ao Direito ou produzindo nova exceção.

Ao inimigo não se reconhecem direitos essenciais da humanidade, sendo ele excluído de sua condição humana, desprovido de proteção política e jurídica. Ou seja, um ser vivente, mas sem reconhecimento de direito algum, nem a vida ou a integridade física ou psíquica.

A construção discursiva que marca a permanência dos Estados autoritários no interior da rotina democrática constrói-se em torno da citada figura do inimigo. Ou seja, aquele ser humano desprovido de qualquer proteção política ou jurídica e do reconhecimento de qualquer direito fundamental mínimo.

O medo social, sentimento nele originado, é o combustível para a definição de sua condição de inimigo e seu combate, por meio do uso da soberania bruta, violenta e sem freios, a qual incide, inexoravelmente, sobre o ex-Presidente da República. Portanto, a "*exceção*", nomenclatura originada na Constituição de Weimar, vem permitindo que o Estado estabeleça um regime especial sobre o ex-Presidente da República, suspendendo seus direitos e garantias.

Identifica-se, portanto, as consequências da suspensão dos direitos e garantias do ex-Presidente da República sob o fundamento de que o Estado, ameaçado, precisa sobreviver. Ou seja, não se deixa de reconhecer, ao menos formalmente, de que o ex-Presidente da República possui um conjunto de direitos mínimos. Entretanto, sob o discurso de que há uma grave ameaça para a sobrevivência da sociedade ou do Estado, seus direitos estão suspensos.

Não se trata, portanto, do discurso da negação de direitos, mas o da sua suspensão. Reconhecem-se, por um lado, os direitos, mas, por outro, é afirmado que a concretização e proteção desses direitos só podem ocorrer plenamente na normalidade e na condição pacífica da gestão da vida social, o que, conforme discurso fraudulento do Estado brasileiro, inexiste no momento especialmente com relação ao ex-Presidente da República.

O discurso é o de que, face ao ingresso excepcional do inimigo que ameaça a vida da sociedade e a sobrevivência do Estado, é fundamental a suspensão dos seus direitos humanos temporariamente. Portanto, no Brasil contemporâneo, a figura do inimigo deixou de estar dispersa por toda sociedade e hoje identifica-se com a figura mítica do "*corrupto*", o agente que quer destruir a sociedade e o Estado.

Entendida a exceção como decisão que ocorre na rotina democrática ou mesmo como técnica ocasional de exercício do poder político no interior da democracia.

Incide sobre o ex-Presidente da República, a exceção verdadeira ou real, em que por vontade política soberana, decisionista, há a suspensão dos seus direitos e garantias, implicando a submissão do jurídico ao político, sem qualquer racionalidade transversal[372] entre essas dimensões da vida social.

---

372 Luhmann foi buscar em Wolfgang Welsh o conceito construído na sociologia e na política de "racionalidade transversal", ou seja, buscar entender os fenômenos interdisciplinares sob um ponto de vista de uma racionalidade que seja transversal a estes territórios, que estejam presentes em todos eles. Para melhor compreensão trazemos uma breve síntese do pensamento de Luhmann: Niklas Luhmann, em sua teoria dos sistemas, identifica uma pluralidade de subsistemas comunicativos no interior do grande sistema social, cada qual operando por uma racionalidade binária própria e autônoma. Subsistemas fechados sintaticamente, o que lhes prove autonomia,

O reconhecimento de que, nas investigações e processos penais em curso, estão sendo adotados traços marcadamente de exceção parte, inclusive, dos próprios agentes estatais, bem como do Judiciário. Com efeito, restou admitido que a "Operação Lava Jato", por tratar de questões de caráter excepcional, não deveria se submeter às normas gerais, ou seja, à lei e à Constituição da República, configurando-se mais um exemplo emblemático em que o Judiciário, como integrante do Sistema de Justiça, declara a suspensão da ordem jurídica em nome do combate a um inimigo, qual seja o suposto corrupto. Com efeito, em 23 de setembro de 2016 a *Corte Especial* do TRF4, ao julgar recurso em processo administrativo n. 0003021-32.2016.4.04.8000/RS em face de Sérgio Fernando Moro, assim consignou:

> os processos e investigações criminais decorrentes da chamada "Operação Lava Jato", sob a direção do magistrado representado, constituem caso inédito (único, excepcional) no direito brasileiro. Em tais condições, neles haverá situações inéditas, que escaparão ao regramento genérico, destinado aos casos comuns. Assim, tendo o levantamento do sigilo das comunicações telefônicas de investigados na referida operação servido para preservá-la das sucessivas e notórias tentativas de obstrução, por parte daqueles, garantindo-se assim a futura aplicação da lei penal, é correto entender que o sigilo das comunicações telefônicas (Constituição, art.

---

mas abertos semântica e pragmaticamente, o que faz surgir a ocorrência de uma racionalidade transversal, no sentido de Wolfgang Welsh, pela influência de sentido intersistêmica. Luhmann trata esta conexão semântica concentrada e duradoura entre subsistemas pelo conceito de acoplamento estrutural. Luhmann chama de "corrupção sistêmica" essas situações em que a racionalidade de um subsistema social é substituída indevidamente pela de outro. As "corrupções sistêmicas", ou corrupções contingentes que ocorrem em casos específicos, conflitam com os valores do Estado Democrático de Direito, numa sociedade complexa e plural como a contemporânea. Se a racionalidade própria do Direito é suprimida por outra, o Estado de Direito, em sua dimensão de concretização, vai sucumbindo com ela.

> 5º, XII) pode, em casos excepcionais, ser suplantado pelo interesse geral na administração da justiça e na aplicação da lei penal. A ameaça permanente à continuidade das investigações da Operação Lava Jato, inclusive mediante sugestões de alterações na legislação, constitui, sem dúvida, uma situação inédita, a merecer um tratamento excepcional.

Nesses termos, na lógica de combate ao inimigo no Brasil, os processos penais de exceção, especialmente aqueles contra o ex-Presidente da República, tornaram-se o principal instrumento de controle social e político e a face mais cruel do autoritarismo estatal, isso tudo através de um Sistema de Justiça que subtrai, diuturnamente, os direitos e garantias mais elementares, isso tudo envolto à espetacularização e condenação midiática, hipernomia e apropriação privada da linguagem pelo aplicador da norma.

11.5 Respostas aos quesitos

Desenvolvidos os temas jurídicos pertinentes ao objeto da consulta, passamos a responder aos quesitos formulados.

PRIMEIRO QUESITO: A acusação e a defesa atuaram em igualdade de direitos e obrigações ao longo do processo, podendo-se afirmar que o julgamento proferido foi justo?

Em 12.07.2017 foi proferida sentença para condenar Luiz Inácio Lula da Silva à prática dos crimes de corrupção passiva e lavagem de dinheiro e, consequentemente, à pena de reclusão em 9 (nove) anos e 6 (seis) meses de reclusão e pagamento de 185 dias-multa, a qual foi fixada no valor de cinco salários-mínimos vigentes à época dos fatos.

Especificamente com relação ao alegado abandono do princípio da congruência entre denúncia criminal e sentença, bem como pela possível condenação por fato diverso daquele que lhe foi inicialmente imputado, convém destacar que Luiz Inácio Lula da Silva foi condenado pela "atribuição" de determinado apartamento, ao passo que ele foi acusado, e assim se defendeu, pelo seu "recebimento".

Ainda que, ao logo de sentença condenatória, haja determinadas referências ao "recebimento", "atribuição" e "recebimento" não se confundem. Deparamo-nos com fatos distintos na medida em que a transferência não se confunde com o mero oferecimento. Em outras palavras, o fato descrito na acusação é o de que o imóvel foi efetivamente recebido. Entretanto, o fato descrito na sentença é o de que o imóvel foi "atribuído" a Luiz Inácio Lula da Silva.

Outro aspecto a se considerar é que a denúncia, com relação à origem da vantagem indevida, asseverou ela ter sido decorrente de contratos da Petrobras, ao passo que sentença consignou não haver relação entre os referidos contratos e a suposta vantagem indevida recebida por meio dos investimentos da OAS Empreendimentos no tríplex.

Quanto à alegada não demonstração, com prova robusta, de todos os elementos constitutivos do tipo penal invocado na imputação, como no caso da existência de "ato de ofício" para a caracterização de corrupção passiva, importante pontuar que, efetivamente, a condenação baseia-se, sobremaneira, no depoimento do então corréu José Adelmário Pinheiro Filho e, ainda, em matérias jornalísticas destituídas de valor probatório, especialmente considerando o frágil contexto probatório.

Outro aspecto a se considerar é que o próprio depoimento do então corréu José Adelmário Pinheiro Filho foi reconhecido pelo juízo como contraditório com outros depoimentos realizados ao longo da instrução processual, os quais foram desconsiderados para privilegiar o depoimento favorável à acusação.

Quanto à progressão de regime de Luiz Inácio Lula da Silva, o juízo, abordando matéria estranha às suas atribuições, tratou de aspectos relativos à execução da pena, condicionou a progressão à reparação do dano no valor de R$ 16.000.000,00, ao contrário dos demais réus, que poderiam realizar a progressão após o cumprimento de dois anos e seis meses de reclusão no regime fechado por José Adelmário Pinheiro Filho e dois anos por Agenor Franklin.

Com efeito, o art. 93, inciso IX, da Constituição prevê que todas as decisões do Judiciário serão fundamentadas, sob pena de nulidade. Do mesmo modo, o art. 381, III, do Código de Processo Penal preceitua que a sentença conterá a indicação dos motivos de fato e de direito em que se fundamentar a decisão.

Com relação ao "ato de ofício" que justificaria a aplicação da causa de aumento constante do § 1º do art. 317 do Código Penal, a sentença é insuficiente com relação à questão, não se podendo identificar qual a conduta atribuída a Luiz Inácio Lula da Silva, bem como qual a sua repercussão para os crimes examinados.

No entendimento do juízo de primeiro grau, a efetiva prática de "ato de ofício" ilegal é causa de aumento de pena, o que não seria exigido para a tipificação dos crimes dos arts. 317 e 333 do Código Penal.

Ocorre que o crime de corrupção passiva demanda, obrigatoriamente, o estabelecimento de uma relação entre a função pública e a conduta imputada, bem como a comprovação de "ato de ofício" relativo ao dever-poder funcional a ser influenciado pela vantagem indevida.

Com efeito, quanto aos alegados critérios *ad hoc*, exóticos e inéditos de dosimetria da pena definida, importante destacar que, ao efetuar o cálculo da pena imposta a Luiz Inácio Lula da Silva, o juízo de primeiro grau, impôs, para ambos os crimes, a pena-base acima do mínimo legal sem fundamentação suficiente. Ao considerar atenuantes e causas de aumento, o juízo limitou-se a indicar, de forma genérica, a sua incidência.

Nenhum dos critérios previstos no artigo 59 do Código Penal permitem a fixação das penas acima dos mínimos legais. Nos termos do dispositivo em referência, o juiz, atendendo à culpabilidade, aos antecedentes, à conduta social, à personalidade do agente, aos motivos, às circunstâncias e consequências do crime, bem como ao comportamento da vítima, deve estabelecer, conforme seja necessário e suficiente para reprovação e prevenção do crime, as penas aplicáveis dentre as cominadas; a quantidade de pena aplicável, dentro dos limites previstos; o regime inicial de cumprimento da pena privativa de liberdade; e, ainda, a substituição da pena privativa da liberdade aplicada, por outra espécie de pena, se cabível.

É inegável que Luiz Inácio Lula da Silva era réu primário à época da condenação em exame. Do mesmo modo, não se pode desconsiderar o fato de que ele possui bons antecedentes. Por outro lado, ao longo da instrução processual não foram produzidas provas, sob o crivo do contraditório, que permitissem o aumento com base em circunstância judicial.

Especificamente com relação ao crime de lavagem de dinheiro, o aumento da pena-base padeceu, conforme antecipado, de fundamentação suficiente. A pena foi aumentada em 1/3 com base em alegada culpabilidade elevada, isso em razão do cargo ocupado, de suposta corrupção generalizada e, ainda, da relação entre o Governo Federal e a empresa OAS, ao passo que o crime teria ocorrido após Luiz Inácio Lula da Silva deixar de ser Presidente da República.

Ambas as partes recorreram da sentença. O Presidente do Tribunal pronunciou-se, antes mesmo da tramitação dos recursos, de que Luiz Inácio Lula da Silva seria julgado com absoluta celeridade. Especificamente com relação à instrução processual, ela foi extremamente rápida, contrariando a prática de outros processos de segunda instância daquele Tribunal, especialmente de natureza semelhante.

Com efeito, os autos de aproximadamente 250 mil páginas foram remetidos ao Tribunal Regional Federal da 4ª Região (TRF4) em 23.08.2017. De forma inédita, o Desembargador Relator elaborou voto e relatório em 56 dias úteis. O Desembargador Revisor liberou o feito para julgamento em 7 dias úteis. O processo foi pautado para a sessão imediatamente subsequente. A sentença foi mantida na íntegra, com aumento de pena.

Veja-se, portanto, que a condenação em referência não foi justa. Destaque-se, ainda, que acusação e a defesa não atuaram em igualdade de direitos e obrigações ao longo do processo, não se podendo afirmar, também sob essa perspectiva, que o julgamento tenha sido justo.

Destaque-se, exemplificativamente, a ostensiva atuação midiática da acusação na medida em que, consoante demonstrações apresentadas ao longo do presente parecer jurídico e detalhamento em resposta a quesito específico, diversos Procuradores da República integrantes da "Operação Lava Jato" utilizaram-se de entrevistas, publicações e postagens em redes sociais a fim de provocar uma espécie de julgamento prévio contra Luiz Inácio Lula da Silva, em prejuízo do princípio constitucional da presunção de inocência, consoante previsto no art. 5º, inciso LVII, da Constituição da República, segundo o qual ninguém será considerado culpado até o trânsito em julgado de sentença penal condenatória.

Especificamente com relação ao uso da grande mídia para fins de construção de ambiente desfavorável à defesa, destaque-se a prática de não se ouvir os envolvidos e suas defesas e, quando isso ocorre, há apenas o atendimento de parâmetros ético-editoriais meramente formais, ocorrendo na última hora do dia, pouco tempo antes de veicular a notícia. Outra constatação é a veiculação no ambiente público uma visão majoritariamente acusatória, sem que o investigado, o denunciado e o réu tenham tido possibilidade efetiva de defesa.

Isso tudo se torna ainda mais preocupante quando se constata que as investigações não são sigilosas, ainda que declaradas como tais, ocorrendo um notório vazamento seletivo de informações para colocar a opinião pública contra o acusado, o que desencadeia uma *sui generis* morte civil do investigado quando sequer há ainda denúncia formalizada, com consequente comprometimento da presunção de inocência e do direito à ampla defesa.

Ademais, outro exemplo de atuação desigual entre defesa e acusação decorre da constatação, conforme também será demonstrado em resposta a quesito específico, da interceptação telefônica dos advogados de defesa de Luiz Inácio Lula da Silva, em afronta à Lei n. 8.906/1994, que dispõe sobre o Estatuto da Advocacia e a Ordem dos Advogados do Brasil, bem como, em especial, ao seu art. 2º, § 3º, segundo o qual, no exercício da profissão, o advogado é inviolável por seus atos e manifestações e, ainda, ao seu art. 7º, inciso II, segundo o qual é direito do advogado a inviolabilidade de seu escritório ou local de trabalho, bem como de seus instrumentos de trabalho, de suas correspondências escrita, eletrônica, telefônica e telemática.

SEGUNDO QUESITO: Houve atuação equidistante do então juiz Sérgio Fernando Moro em relação à defesa e à acusação?

Não houve atuação equidistante do então juiz Sérgio Fernando Moro em relação à defesa e acusação ao longo do processo que resultou na sua condenação. Destaque-se, exemplificativamente, consoante demonstrações apresentadas ao longo do presente parecer jurídico e detalhamento em resposta a quesito específico, que o então juiz Sérgio Fernando Moro orientou a acusação com vistas à obtenção de determinada prova, consoante contatado através da publicidade conferida às comunicações a partir de aparelhos funcionais entre o então juiz, o procurador da República Deltan Dallagnol e outros os membros da "Força-Tarefa Lava Jato".

Com relação à validade das referidas provas, cujos diálogos, inclusive, não foram negados pelos remetentes e destinatários, admite-se a utilização da prova ilícita para fins de defesa. Com efeito, a ilicitude da prova acarreta, em regra, a inviabilidade da sua utilização. Entretanto, a regra admite temperamentos.

Dentre outras circunstâncias excepcionais, na medida em que *pro reo*, mitiga-se a garantia constitucional da inadmissibilidade da prova ilícita, isso em nome da preservação da liberdade e da inocência. Portanto, a alegação da "Força-Tarefa da Laja Jato", consignada por meio do Ofício n. 7884/2019, no sentido de que a denúncia recebida possui por base material obtido de forma ilícita e cujo conteúdo não possuiu a autenticidade e o contexto comprovados, não gera qualquer consequência jurídica nos autos do processo em epígrafe, bem como a rejeição, com base no refutável argumento, das evidências aqui elencadas.

TERCEIRO QUESITO: Houve violação aos princípios da imparcialidade, independência e equidade no procedimento penal (Art. 10 da Declaração Universal dos Direitos Humanos; Art. 14, 1, do Pacto Internacional dos Direitos Civis e Políticos; Art. 8º da Convenção Americana de Direitos Humanos), garantias que integram o conteúdo do princípio do devido processo legal (Art. 5º, Inciso LIV, da Constituição)?

Um primeiro aspecto a se considerar é que espetacularização em torno da investigação e processo criminais relativas a Luiz Inácio Lula da Silva ficou especialmente evidenciada quando da apresentação de denúncia que deu origem à Ação Penal n. 5046512-94.2016.4.04.7000/PR, oportunidade em que o Ministério Público apresentou um modelo de apresentação em formato de *Power Point*.

Convocada coletiva de imprensa, a mesma foi realizada em hotel por meio de custeio público. Referida coletiva, bem como as diversas declarações nela realizadas, violaram o princípio constitucional da presunção de inocência, consoante previsto no art. 5º, inciso LVII, da Constituição da República, segundo o qual ninguém será considerado culpado até o trânsito em julgado de sentença penal condenatória.

Especificamente com relação às entrevistas coletivas, independentemente do interesse público ou jornalístico, elas não podem, em hipótese alguma, contrariar o já elencado ditame constitucional da presunção de inocência. Entretanto, não foi o que se viu na coletiva de imprensa em razão do oferecimento de denúncia em face de Luiz Inácio Lula da Silva. Ademais, diversos Procuradores da República integrantes da "Operação Lava Jato" utilizaram-se de entrevistas, publicações e postagens em redes sociais a fim de provocar uma espécie de julgamento prévio.

Com efeito, não cabe aos membros do Ministério Público externar ou antecipar juízos de valor a respeito de apurações ainda não concluídas. Além do mais, suas manifestações não podem, em hipótese alguma, apresentar-se como decisão, bem como condenação antecipada.

Consoante antecipado, o The Intercept Brasil, individualmente e em conjunto com outros veículos de imprensa, tais como Folha de São Paulo, Veja, Portal UOL, El Pais, Buzzfeed e Reinaldo Azevedo, tornaram públicas comunicações a partir de aparelhos funcionais entre o então Juiz Sérgio Fernando Moro, o procurador da República Deltan Dallagnol e outros os membros da "Força-Tarefa Lava Jato". Dentre outros aspectos, há diálogos, já detalhados no presente parecer jurídico, que revelam que os Procuradores tinham consciência da ausência de elementos probatórios aptos ao indiciamento, a evidenciar o descumprimento das garantias que integram o conteúdo do princípio do devido processo legal (art. 5º, inciso Liv, da Constituição).

Um outro aspecto a se destacar no tema do comprometimento da imparcialidade do próprio juízo está relacionado ao direcionamento do juízo para determinada obtenção de prova, conforme diálogo apresentado e objeto de resposta a quesito específico.

O comprometimento da imparcialidade fica ainda mais evidenciado quando se constata que:

a. O então juiz Sérgio Fernando Moro, em 4 de março de 2016, acolheu pedido do Ministério Público Federal e determinou a sua condução coercitiva. O fundamento adotado pelo então Juiz Sérgio Fernando Moro para a decretação da condução coercitiva, que só seria realizada caso o investigado não aceitasse o "convite", foi de que seriam evitados "possíveis tumultos" com "confronto entre manifestantes políticos favoráveis e desfavoráveis ao ex-Presidente". Ocorre que o Código de Processo Penal prevê expressamente, em seu art. 260, que a condução coercitiva só pode ser determinada no caso de o acusado não atender à intimação para o interrogatório, sendo que Luiz Inácio Lula da Silva jamais descumpriu qualquer intimação.

b. Durante a execução da "Operação Aletheia", deflagrada em março de 2016, foram realizadas buscas e apreensões nas residências dos filhos de Luiz Inácio Lula da Silva. Em uma dessas ocasiões, foi apreendido o *tablet* de um de seus netos de quatro anos. Ocorre que o objeto apreendido era de pessoa que sequer era alvo da medida judicial e, por conta disso, jamais poderia ter sido apreendido. O bem móvel só foi devolvido mais de três anos depois, ainda assim após Luiz Inácio Lula da Silva pronunciar-se sobre o tema em depoimento pessoal.

c. A interceptação telefônica determinada pelo então Juiz Sérgio Fernando Moro em face de Luiz Inácio Lula da Silva, seus familiares e advogados também ocorreu em desrespeito à Constituição e espécies normativas infraconstitucionais, consoante resposta a quesito específico.

d. Consoante despacho proferido nos autos da Ação Penal n. 5063130-17.2016.4.04.7000/PR, por meio do qual determinou-se que o ex-Presidente da República comparecesse às audiências nas quais seriam ouvidas as 87 testemunhas arroladas por sua própria defesa, em afronta às disposições do Código de Processo Penal – especialmente dos seus arts. 202 e seguintes – que não possui exigência quanto ao comparecimento do acusado nas audiências de oitivas de testemunhas.

e. Em 01.10.2018, às vésperas do primeiro turno das eleições de 07.10.2018, o então Juiz Sérgio Fernando Moro, de ofício, levantou o sigilo de parte da delação premiada de Antonio Palocci Filho.

f. Em 08.07.2018, nos autos do Habeas Corpus n. 5025614-40.2018.4.04.0000, o Desembargador Federal Rogério Favreto concedeu ordem para o fim de restabelecer a liberdade de Luiz Inácio Lula da Silva. Mesmo no gozo de férias, o então Juiz Sérgio Fernando Moro, conforme veiculado na mídia, telefonou para o então Diretor-Geral da Polícia Federal, Rogério Galloro, com o intuito de "argumentar contra o cumprimento da decisão de Favreto" tendo, ainda, proferido decisão para destacar que o Desembargador Federal Rogério Favreto não teria competência para tomar a decisão monocraticamente.

g. O então juiz Sérgio Fernando Moro realizou diálogos com a cúpula da campanha do Presidente eleito durante o processo eleitoral. Logo após a divulgação do resultado das eleições presidenciais, o então Juiz Sérgio Fernando Moro emitiu nota pública com congratulações ao Presidente eleito, tendo, posteriormente, assumido a condição de Ministério da Justiça e Segurança Pública.

h. Ambas as partes recorreram da sentença que resultou na condenação de Luiz Inácio Lula da Silva, sendo que o Presidente do Tribunal se pronunciou, antes mesmo da tramitação dos recursos, de que Luiz Inácio Lula da Silva seria julgado com absoluta celeridade. Especificamente com relação à instrução processual, ela foi extremamente rápida, contrariando a prática de outros processos de segunda instância daquele Tribunal, especialmente de natureza semelhante. Os autos de aproximadamente 250 mil páginas foram remetidos ao Tribunal Regional Federal da 4ª Região (TRF4) em 23.08.2017. De forma inédita, o Desembargador Relator elaborou voto e relatório em 56 dias úteis. O Desembargador Revisor liberou o feito para julgamento em 7 dias úteis. O processo foi pautado para a sessão imediatamente subsequente. A sentença foi mantida na íntegra, com aumento de pena.

Assim considerando, nas investigações criminais e ações penais relativas a Luiz Inácio Lula da Silva, houve reiteradas violações aos princípios da imparcialidade, independência e equidade no procedimento penal, consoante previsto no art. 10 da Declaração Universal dos Direitos Humanos; no art. 14, 1, do Pacto Internacional dos Direitos Civis e Políticos; e, ainda, no art. 8º da Convenção Americana de Direitos Humanos), garantias que integram o conteúdo do princípio do devido processo legal (art. 5º, inciso LIV, da Constituição).

QUARTO QUESITO: Houve violação aos princípios do juiz natural, do devido processo legal, do contraditório e da ampla defesa, da presunção de inocência e ao sistema acusatório (Art. 5º, Incisos XXXVI, LIII, LIV, LV e LVII e Art. 129, Inciso I, todos da Constituição)?

Conforme resposta ao Terceiro Quesito, nas investigações criminais e ações penais relativas a Luiz Inácio Lula da Silva, houve reiteradas violações aos princípios da imparcialidade, independência e equidade no procedimento penal, consoante previsto no art. 10 da Declaração Universal dos Direitos Humanos; no art. 14, 1, do Pacto Internacional dos Direitos Civis e Políticos; e, ainda, no art. 8º da Convenção Americana de Direitos Humanos), garantias que integram o conteúdo do princípio do devido processo legal (art. 5º, inciso LIV, da Constituição).

Assim considerando, pelas mesmas razões ali expostas, houve violação aos princípios do juiz natural, do devido processo legal, do contraditório e da ampla defesa, da presunção de inocência e ao sistema acusatório, consoante previstos no art. 5º, incisos XXXVI, LIII, LIV, LV e LVII e art. 129, inciso I, da Constituição.

Por tais razões, podemos afirmar que não houve, minimamente, a obediência às regras elementares da persecução e processo criminais em face de Luiz Inácio Lula da Silva. Tudo isso ocorreu por meio de uma emulação pública da decisão do juízo natural.

O Judiciário está paulatinamente produzindo cada vez mais medidas de exceção que possuem aparência constitucional e democrática e que se traduzem em verdadeiras *fraudes* à Constituição da República e, consequentemente, no esvaziamento do sentido dos direitos fundamentais. Saliente-se, aqui, que a produção de um noticiário constante que produz na população um ambiente de crítica intensa aos direitos fundamentais e humanos, o que acaba interferindo o conteúdo das decisões judiciais.

O nosso Sistema de Justiça está cada vez mais insensível aos direitos fundamentais, esvaziando-os de sentido, passando a existir no Judiciário brasileiro, muito claramente, uma interpretação arbitrária das disposições constitucionais. Especificamente com relação a Luiz Inácio Lula da Silva, ele é, notoriamente, um dos principais atores atingidos pelo fenômeno do *processo penal de exceção*.

Além dos recursos e incidentes processuais apresentados perante os Tribunais Brasileiros durante a tramitação das ações penais e investigações a ela ligadas, o Luiz Inácio Lula da Silva também apresentou, em meados de 2016, um *comunicado individual* ao Comitê de Direitos Humanos da ONU para demonstrar, nos termos do Pacto Internacional de Direitos Civis e Políticos, violações de diversas naturezas.

Na oportunidade, foram apontadas violações às disposições do Pacto Internacional sobre Direitos Civis e Políticos (Decreto n. 592/1992) que asseguram (i) proteção contra a prisão ou detenção arbitrária (9.1. e 9.4.), (ii) o direito a um tribunal independente e imparcial (14.1.), (iii) o direito a ser presumido inocente até que se prove a culpa por lei (14.2.) e (iv) a proteção contra interferências arbitrárias ou ilegais na privacidade, na família, no lar ou na correspondência, e contra ofensas ilegais à honra ou reputação (17).

Em 17 de agosto de 2018 foi expedida Comunicação pelo Comitê de Direitos humanos da Organização das Nações Unidas no âmbito do Protocolo Facultativo ao Pacto Internacional sobre os Direitos Civis e Políticos no sentido de solicitar ao Estado brasileiro a adoção de medidas tendentes a assegurar a Luiz Inácio Lula da Silva o exercício dos seus direitos enquanto estivesse na prisão, bem como que o mesmo tivesse acesso aos membros do seu partido político e à mídia e, ainda, pudesse participar das eleições presidenciais até o trânsito em julgado da decisão condenatória.

Entretanto, referida solicitação foi descumprida pelo Estado brasileiro, que não adotou providências tendentes a assegurar a plena participação de Luiz Inácio Lula da Silva nas eleições presidenciais de 2018. Ao contrário, o Estado brasileiro adotou medidas para vedar a realização de entrevistas e, ainda, indeferir o registro da sua candidatura.

Nesses termos, estamos diante de um inequívoco processo penal de exceção, pois o ex-Presidente da República não é tratado como um cidadão que possui garantias mínimas de direitos, mas como inimigo a ser combatido. Ele não possui seus direitos humanos garantidos como réu no processo penal.

Isto é, há uma materialização de características incontestes da identificação de um inimigo e suspensão de direitos pela suposta ameaça que ele representa ao Estado, isso tudo por meio da adoção de mecanismos do autoritarismo e típicos de exceção, que convivem com a rotina democrática, como uma verdadeira técnica de governo, bem como de governabilidade de exceção permanente. Ou seja, trata-se da materialização do mecanismo que o direito chama de *fraude*, realizando-se medidas autoritárias típicas de Estados autoritários com uma roupagem democrática.

Identifica-se, portanto, as consequências da suspensão dos direitos e garantias do ex-Presidente da República sob o fundamento de que o Estado, ameaçado, precisa sobreviver. Ou seja, não se deixa de reconhecer, ao menos formalmente, de que o ex-Presidente da República possui um conjunto de direitos mínimos. Entretanto, sob o discurso de que há uma grave ameaça para a sobrevivência da sociedade ou do Estado, seus direitos estão suspensos.

Incide sobre o ex-Presidente da República, a exceção verdadeira ou real, em que por vontade política soberana, decisionista, há a suspensão dos seus direitos e garantias, implicando a submissão do jurídico ao político, sem qualquer racionalidade transversal entre essas dimensões da vida social.

O reconhecimento de que, nas investigações e processos penais em curso, estão sendo adotados traços marcadamente de exceção parte, inclusive, dos próprios agentes estatais, bem como do Judiciário. Com efeito, restou admitido que a "Operação Lava Jato", por tratar de questões de caráter excepcional, não deveria se submeter às normas gerais, ou seja, à lei e à Constituição da República, configurando-se mais um exemplo emblemático em que o Judiciário, como integrante do Sistema de Justiça, declara a suspensão da ordem jurídica em nome do combate a um inimigo, qual seja o suposto corrupto (processo administrativo n. 0003021-32.2016.4.04.8000/RS).

QUINTO QUESITO: Houve violação aos direitos e prerrogativas dos advogados de defesa?

A interceptação telefônica determinada pelo então Juiz Sérgio Fernando Moro em face de Luiz Inácio Lula da Silva, seus familiares e seus advogados, ocorreu em desrespeito à Constituição e espécies normativas infraconstitucionais, bem como em violação às prerrogativas dos advogados de defesa.

A ilegalidade da quebra do sigilo telefônico dos advogados de Luiz Inácio Lula da Silva foi, inclusive, reconhecida pelo então

Juiz Sérgio Fernando Moro quando proferiu a sentença nos autos da ação penal n. 5046512-94.2016.4.04.7000.

Nos termos do art. 5º, inciso XII, da Constituição, é inviolável o sigilo da correspondência e das comunicações telegráficas, de dados e das comunicações telefônicas, salvo, no último caso, por ordem judicial, nas hipóteses e na forma que a lei estabelecer para fins de investigação criminal ou instrução processual penal.

De acordo com o a Lei n. 9.296/1996, especialmente dos seus arts. 1º e 2º, a interceptação de comunicações telefônicas, de qualquer natureza, para prova em investigação criminal e em instrução processual penal, que depende de ordem do juiz competente, não pode ser admitida nas hipóteses em que (a) não houver indícios razoáveis da autoria ou participação em infração penal, (b) a prova puder ser feita por outros meios disponíveis; e, por fim, (c) o fato investigado constituir infração penal punida, no máximo, com pena de detenção.

Levada a matéria ao Supremo Tribunal Federal (STF), o Ministro Teori Zavascki, nos autos da Medida Cautelar na Reclamação n. 23.457/PR, proferiu decisão liminar no sentido de que a motivação da decisão que determinou a interceptação telefônica foi destituída de motivação adequada.

A quebra do sigilo telefônico de Luiz Inácio Lula da Silva também afetou, em especial, seus advogados, em flagrante violação à Lei n. 8.906/1994, que dispõe sobre o Estatuto da Advocacia e a Ordem dos Advogados do Brasil, bem como, em especial, ao seu art. 2º, § 3º, segundo o qual, no exercício da profissão, o advogado é inviolável por seus atos e manifestações e, ainda, ao seu art. 7º, inciso II, segundo o qual é direito do advogado a inviolabilidade de seu escritório ou local de trabalho, bem como de seus instrumentos de trabalho, de suas correspondências escrita, eletrônica, telefônica e telemática.

SEXTO QUESITO: O então juiz buscou produzir provas ou orientar o trabalho do órgão acusatório, instigando ou exercendo alguma espécie de ingerência sobre o Parquet ou Polícia Federal? Em caso afirmativo, a atuação da Polícia Federal, Ministério Público Federal e Poder Judiciário violaram os princípios da separação de funções e poderes, revelando formas de mecanismos de exceção dentro do Estado de Direito?

Luiz Inácio Lula da Silva, por ameaçar um projeto ideológico político conservador que privilegia o *poder econômico* em detrimento do social, teve sua *morte civil* simbolicamente declarada por meio de inúmeras medidas de exceção realizadas pelo Sistema de Justiça Criminal Brasileira ao longo de investigações criminais e de processos penais no âmbito da "Operação Lava Jato".

Conforme antecipado, o The Intercept Brasil, individualmente e em conjunto com outros veículos de imprensa, tais como Folha de São Paulo, Veja, Portal UOL, El Pais, Buzzfeed e Reinaldo Azevedo, tornaram públicas comunicações a partir de aparelhos funcionais entre o então Juiz Sérgio Fernando Moro, o procurador da República Deltan Dallagnol e outros os membros da "Força-Tarefa Lava Jato". Dentre outros aspectos apresentados, um deles é com relação ao direcionamento do juízo para determinada obtenção de prova, conforme diálogo apresentado.

Com relação à validade das referidas provas, cujos diálogos, inclusive, não foram negados pelos remetentes e destinatários, admite-se a utilização da prova ilícita para fins de defesa. Com efeito, a ilicitude da prova acarreta, em regra, a inviabilidade da sua utilização. Entretanto, a regra admite temperamentos.

Dentre outras circunstâncias excepcionais, na medida em que *pro reo*, mitiga-se a garantia constitucional da inadmissibilidade da prova ilícita, isso em nome da preservação da liberdade e da inocência. Portanto, a alegação da "Força-Tarefa da Laja Jato", consignada por meio do Ofício n. 7884/2019, no sentido de que a denúncia recebida possui por base material obtido de forma ilícita e cujo conteúdo não possuiu a autenticidade e o contexto comprovados, não gera qualquer consequência jurídica nos autos do processo em epígrafe, bem como a rejeição, com base no refutável argumento, das evidências aqui elencadas.

Referida evidência exemplificativa demonstra que o então juiz Sérgio Fernando Moro buscou produzir provas, bem como orientar o trabalho do órgão acusatório, exercendo, assim, alguma descabida ingerência. Trata-se de nefasta interferência não só contrária ao princípio da imparcialidade como também atentatória ao princípio da separação das funções estatais.

SÉTIMO QUESITO: A execução antecipada do cumprimento de pena, antes do trânsito em julgado da sentença penal condenatória, representa ofensa ao princípio constitucional da presunção de inocência (Art. 5º, Inc. LVII, da Constituição)?

Em 5 de abril de 2018 o então juiz Sérgio Fernando Moro expediu mandado de prisão contra Luiz Inácio Lula da Silva em razão de ofício do Tribunal Regional da 4ª Região determinando o início do cumprimento da pena. Na oportunidade, o então juiz Sérgio Fernando Moro fundamentou sua decisão em, dentre outros, precedente inaugurado pelo Plenário do STF nos autos do Habeas Corpus n. 126.292/SP em 17.02.2016, segundo o qual

> a execução provisória de acórdão penal condenatório proferido em grau de apelação, ainda que sujeito a recurso especial ou extraordinário, não compromete o princípio constitucional da presunção de inocência afirmado pelo artigo 5º, inciso LVII da Constituição Federal.

Em 08.07.2018, nos autos do Habeas Corpus n. 5025614-40.2018.4.04.0000, o Desembargador Federal Rogério Favreto concedeu ordem para o fim de restabelecer a liberdade de Luiz Inácio Lula da Silva. Mesmo no gozo de férias, o então Juiz Sérgio Fernando Moro telefonou para o então Diretor-Geral da Polícia Federal, Rogério Galloro, com o intuito de "argumentar contra o cumprimento da decisão de Favreto" tendo, ainda, proferido decisão para destacar que o Desembargador Federal Rogério Favreto não teria competência para tomar a decisão monocraticamente. Luiz Inácio Lula da Silva não chegou a gozar do restabelecimento da sua liberdade em razão de decisão do Desembargador João Pedro Gebran Neto.

Após detenção por 580 dias na Superintendência da Polícia Federal de Curitiba, foi determinada a soltura de Luiz Inácio Lula da Silva, isso em decorrência de decisão proferida pelo STF, o qual, nos autos das Ações Declaratórias de Constitucionalidade n. 43, 44 e 54, proferiu decisão no sentido de ser constitucional o art. 283 do Código de Processo Penal consoante redação dada pela Lei n. 12.403/2011, segundo a qual

> ninguém poderá ser preso senão em flagrante delito ou por ordem escrita e fundamentada da autoridade judiciária competente, em decorrência de prisão cautelar ou em virtude de condenação criminal transitada em julgado.

Veja-se, portanto, que, à despeito da expressa previsão constitucional consubstanciada no art. 5º, inciso LVII, da Constituição da República – segundo a qual ninguém será considerado culpado até o trânsito em julgado de sentença penal condenatória – Luiz Inácio Lula da Silva, por 580 dias, sofreu constrição à sua liberdade. Portanto, o Sistema de Justiça brasileiro realizou a execução antecipada do cumprimento de pena, bem como antes do trânsito em julgado da sentença penal condenatória, em flagrante ofensa ao princípio constitucional da presunção de inocência.

Considerações finais em razão de solicitação de eventuais outros esclarecimentos, subsídios e considerações que entender pertinentes ao caso e, ainda, sugestões de recomendações a serem formuladas pelo CNDH em relação ao caso.

Sugere-se, em homenagem aos princípios constitucionais da ampla defesa e contraditório, a oportunização da possibilidade de defesa técnica por parte de Luiz Inácio Lula da Silva nos autos do processo administrativo em epígrafe, o que não se pode constatar haver ocorrido.

É o que nos parece.

São Paulo, 28 de fevereiro de 2020.

CAPÍTULO XII

A INCONSTITUCIONALIDADE FORMAL E MATERIAL DO PROJETO DE LEI N. 1.775/2015, QUE DISPÕE SOBRE O REGISTRO CIVIL NACIONAL – RCN: O TRANSBORDAMENTO DA FUNÇÃO ATÍPICA E ADMISSÍVEL DA JUSTIÇA ELEITORAL, O DESVIO DE FINALIDADE NA COMERCIALIZAÇÃO DO SERVIÇO DE CONFERÊNCIA DA BASE DE DADOS DO REGISTRO NACIONAL E A CONSTITUCIONALIZAÇÃO DA FUNÇÃO PÚBLICA DA ATIVIDADE DE REGISTRO E A IMPOSSIBILIDADE DE EXTINÇÃO OU LIMITAÇÃO DA DELEGAÇÃO POR MEIO DA LEI

EMENTA:

I. INTRODUÇÃO: O OBJETO DO PRESENTE PARECER. **II.** A INCONSTITUCIONALIDADE FORMAL. **II.A.** ALTERAÇÃO DA COMPETÊNCIA DA JUSTIÇA ELEITORAL POR MEIO DE LEI ORDINÁRIA. **II.B.** AFASTAMENTO DA APRECIAÇÃO PELO PLENÁRIO DE MATÉRIA SOBRE DIREITO INDIVIDUAL FUNDAMENTAL À PRIVACIDADE E SIGILO DE DADOS E TITULARIDADE. **II.C.** A INEXISTÊNCIA DE ANÁLISE DE IMPACTO REGULATÓRIO. **III.** A INCONSTITUCIONALIDADE MATERIAL. **III.A.** TRANSBORDAMENTO DA FUNÇÃO ATÍPICA E ADMISSÍVEL DA JUSTIÇA ELEITORAL. **III.B.** O DESVIO DE FINALIDADE NA COMERCIALIZAÇÃO DO SERVIÇO DE CONFERÊNCIA DA BASE DE DADOS DO REGISTRO NACIONAL. **III.C.** A CONSTITUCIONALIZAÇÃO DA FUNÇÃO PÚBLICA DA ATIVIDADE DE REGISTRO E A IMPOSSIBILIDADE DE EXTINÇÃO OU LIMITAÇÃO DA DELEGAÇÃO POR MEIO DE LEI. **IV.** CONCLUSÕES E RESPOSTAS AOS QUESITOS.

CONSULENTE: ARPEN-SP – ASSOCIAÇÃO DOS REGISTRADORES DE PESSOAS NATURAIS DO ESTADO DE SÃO PAULO.

12.1 Introdução: o objeto do presente parecer

Honra-nos a **ARPEN-SP – ASSOCIAÇÃO DOS REGISTRADORES DE PESSOAS NATURAIS DO ESTADO DE SÃO PAULO,** sociedade civil sem fins lucrativos, com sede na Praça João Mendes, nº 52, centro, cidade de São Paulo, Estado de São Paulo, com Consulta em tema afeto ao Direito Público, bem como no tema da constitucionalidade formal e material do Projeto de Lei n. 1.775/2015, que dispõe sobre o Registro Civil Nacional – RCN, atualmente em trâmite na Câmara dos Deputados. Assim é que nos foram formulados os seguintes quesitos:

PRIMEIRO QUESITO: O Projeto de Lei N. 1.775/2025 é formalmente constitucional?

SEGUNDO QUESITO: O Projeto de Lei N. 1.775/2015 é materialmente constitucional?

Saliente-se, preliminarmente, que a Consulente foi fundada em fevereiro de 1994 e representa os 816 cartórios de registro civil que atendem a população em todos os 645 municípios do Estado de São Paulo, além de estarem presentes em outros 169 distritos e subdistritos.

Isso posto, temos como pertinente preliminarmente esclarecer qual seria o objeto da iniciativa legislativa sob análise.

O Projeto de Lei n. 1.775/2015 visa criar o Registro Civil Nacional – RCN e o documento de RCN, com o objetivo de identificar o brasileiro nato ou naturalizado, desde seu nascimento ou sua naturalização, em suas relações com a sociedade e com os órgãos e entidades governamentais e privados (art. 1º, *caput*, do Projeto de Lei).

O RCN utilizar-se-á, dentre outras informações, a base de dados da Justiça Eleitoral e do Sistema Nacional de Informações de Registro Civil – Sirc (art. 2º, incisos I, II e III do Projeto de Lei).

É conferida à Justiça Eleitoral a função de atribuição e fornecimento do RCN (art. 1º, § 1º, do Projeto de Lei), o qual terá fé pública e validade em todo território nacional e será prova de todos os dados nele incluídos, dispensando a apresentação dos documentos que lhe deram origem ou nele tenham sido mencionados (art. 1º, § 2º, do Projeto de Lei).

À Justiça Eleitoral atribui-se, ainda, a função de armazenamento e gestão da base de dados do RCN, o que deve compreender, inclusive, a atualização e adoção das providências necessárias para assegurar a integridade, a disponibilidade, a autenticidade, a confidencialidade de seu conteúdo e a interoperabilidade entre os sistemas eletrônicos governamentais (art. 2º, § 1º, do Projeto de Lei).

Do mesmo modo, prevê-se que a Justiça Eleitoral administrará o Fundo do Registro Civil Nacional – FRCN, destinado a constituir fonte de recursos para o desenvolvimento e a manutenção do RCN e das bases por ele utilizadas (art. 7º, *caput*, do Projeto de Lei).

Impõe-se ao Registro Civil de Pessoas Naturais o fornecimento das informações à Justiça Eleitoral, nos prazos e nas condições por ela determinados, sempre que elas não forem disponibilizadas de forma atualizada ao Sirc na forma do art. 41 da Lei n. 11.977/2009 (art. 3º do Projeto de Lei), sob pena da sanção a que se refere o § 5º do art. 100 da Lei n. 6.015/1973[373] e da aplicação de outras penalidades previstas em lei e decorrentes da fiscalização pelo Judiciário (art. 3º, parágrafo único, do Projeto de Lei).

Vedou-se a comercialização, total ou parcial, da base de dados do RCN (art. 5º do Projeto de Lei), o que não impede o serviço de conferência de dados prestado a terceiros (art. 5º, parágrafo único, do Projeto de Lei). Prevê-se, ainda, que o FRCN será constituído, dentre outros, por recursos decorrentes da "prestação de serviços de conferência de dados" (art. 7º, § 1º, inciso IV, do Projeto de Lei).

A Justiça Eleitoral poderá firmar acordo, convênio ou outro instrumento congênere com entidades governamentais ou privadas, com vistas à consecução dos objetivos da instituição do RCN, observado o disposto no art. 31 da Lei n. 12.527/2011.

O Projeto de Lei foi classificado pela Mesa Diretora da Câmara dos Deputados como uma proposição sujeita à apreciação conclusiva pela Comissão de Trabalho, de Administração e Serviço Público; Finanças e Tributação, Constituição e Justiça e de Cidadania; e, por fim, Ciência e Tecnologia, Comunicação e Informática. A matéria

---

373 O art. 100 da Lei n. 6.015/1973 prevê, no seu § 5º, que o oficial de registro que deixar de cumprir as obrigações relativas à averbação será imposta a multa de cinco salários-mínimos da região e a suspensão do cargo até seis meses, sendo que a reincidência ensejará a aplicação em dobro da pena pecuniária, ficando sujeito à perda do cargo.

prescinde, portanto, da votação em Plenário. Por versar a referida proposição matéria de competência de mais de três Comissões de mérito, foi criada Comissão Especial.

Passaremos a demonstrar, entretanto, que o RCN, na linha do quanto apresentado na proposição em referência, é formal e materialmente inconstitucional.

A inconstitucionalidade formal está no afastamento da apreciação, pelo Plenário da Câmara dos Deputados, de matéria sobre direito individual fundamental à titularidade, intimidade, privacidade e sigilo de dados; na alteração da competência da Justiça Eleitoral por meio de lei ordinária; e, por fim, na inexistência de Análise de Impacto Regulatório.

Já sob o ponto de vista material, a proposição é inconstitucional pelas seguintes razões: transbordamento da função atípica e admissível da Justiça Eleitoral e, ainda, na impossibilidade de extinção ou limitação da delegação da função pública da atividade de registro por meio de lei.

12.2 A inconstitucionalidade formal

12.2.1 Alteração da competência da Justiça Eleitoral por meio de Lei Ordinária

A jurisdição é uma função pública através da qual, e por ato de juízo, determina-se o direito das partes, com o objetivo de dirimir seus conflitos e questões de relevância jurídica, por decisões com autoridade de coisa julgada. Já a competência é o critério de distribuição entre os vários órgãos do Poder Judiciário, de atividades relativas ao desempenho da jurisdição.

Desta feita, em sendo a jurisdição uma parcela da soberania estatal, faz-se necessário o estabelecimento de regras e competências a fim de equacionar e efetivar a prestação jurisdicional de modo a facilitar o acesso à Justiça.

Com efeito, a competência revela-se na delimitação do *poder* jurisdicional, que segundo Liebman, citado por Athos Gusmão Carneiro, traduz-se "(...) na quantidade de jurisdição cujo exercício é atribuído a cada órgão, ou seja, a medida de jurisdição".[374] Em outras palavras, significa, em síntese, que competência é a repartição do exercício da jurisdição dentre os vários órgãos do Judiciário.

No tocante a competência da Justiça Eleitoral, a Constituição da República limitou-se a dispor que ela será definida mediante a edição de Lei Complementar, consoante descreve o seu art. 121, *caput*, pelo qual "lei complementar disporá sobre a organização e competência dos tribunais, dos juízes de direito e das juntas eleitorais".

Com efeito, a Lei complementar revela-se como espécie normativa a qual compete disciplinar assunto expressamente reservado a ela por dispositivo constitucional. Segundo José Afonso da Silva:

> Na verdade, existem normas e princípios que autorizam a conclusão de que a lei complementar somente pode cuidar das matérias a ela reservadas pela Constituição. O art. 59, ao discriminar os atos legislativos, especifica separadamente lei complementar e lei ordinária, reconhecendo as duas espécies. O art. 61 também reconhece separadamente a ambas, a propósito do poder de iniciativa, e só se vai saber se o caso é de iniciativa de lei complementar se a matéria que se trata exige tal tipo de lei, o que sé se descobre pela indicação expressa da Constituição.[375]

---

374 CARNEIRO, Athos Gusmão. *Jurisdição e competência*. São Paulo: Saraiva, 2002.

375 SILVA, José Afonso da. *Aplicabilidade das normas constitucionais*. São Paulo: Malheiros, 2004, p. 249.

Por sua vez, ainda que a lei complementar prevista no art. 121 da Constituição da República não tenha sido editada, é consenso doutrinário[376] e jurisprudencial[377] de que as disposições da Lei Federal n. 4.737/65, o *Código Eleitoral*, foram recepcionadas como Lei complementar pela Constituição da República, nos pontos em que estabeleceu as competências da Justiça Eleitoral.

Nesse passo, a revogação e alteração da Lei Federal n. 4.737/65, o *Código Eleitoral*, no que concerne a organização e competência da Justiça Eleitoral, somente pode ocorrer por meio de Lei complementar, a exemplo do estabelecido pela Lei Complementar n. 64/1990, que criou a investigação eleitoral.

Estabelecidas essas premissas, cumpre ressaltar que o Projeto de Lei n. 1.775/2015 pretende atribuir à Justiça Eleitoral uma série de competências.

É conferida à Justiça Eleitoral a função de atribuição e fornecimento do RCN (art. 1º, § 1º, do Projeto de Lei), o qual terá fé pública e validade em todo território nacional e será prova de

---

376 GOMES, José Jairo. *Direito Eleitoral.* São Paulo: Atlas, 2012, p. 64.

377 Mandado de segurança contra ato do Presidente da Câmara dos Deputados. Vacância dos cargos de deputado federal dos litisconsortes passivos, deputados federais eleitos pelo partido impetrante e transferidos, por vontade própria, para outra agremiação no curso do mandato. (...) Resposta do TSE a consulta eleitoral não tem natureza jurisdicional nem efeito vinculante. Mandado de segurança impetrado contra ato concreto praticado pelo Presidente da Câmara dos Deputados, sem relação de dependência necessária com a resposta à Consulta 1.398 do TSE. O Código Eleitoral, recepcionado como lei material complementar na parte que disciplina a organização e a competência da Justiça Eleitoral (art. 121 da Constituição de 1988), estabelece, no inciso XII do art. 23, entre as competências privativas do TSE 'responder, sobre matéria eleitoral, às consultas que lhe forem feitas em tese por autoridade com jurisdição federal ou órgão nacional de partido político'. A expressão 'matéria eleitoral' garante ao TSE a titularidade da competência para se manifestar em todas as consultas que tenham como fundamento matéria eleitoral, independente do instrumento normativo no qual esteja incluído". (MS 26.604, rel. min. Cármen Lúcia, julgamento em 4-10-2007, Plenário, DJE de 3-10-2008). (Grifo do autor).

todos os dados nele incluídos, dispensando a apresentação dos documentos que lhe deram origem ou nele tenham sido mencionados (art. 1º, § 2º, do Projeto de Lei).

À Justiça Eleitoral atribui-se, ainda, a função de armazenamento e gestão da base de dados do RCN, o que deve compreender, inclusive, a atualização e adoção das providências necessárias para assegurar a integridade, a disponibilidade, a autenticidade, a confidencialidade de seu conteúdo e a interoperabilidade entre os sistemas eletrônicos governamentais (art. 2º, § 1º, do Projeto de Lei).

Do mesmo modo, prevê-se que a Justiça Eleitoral administrará o Fundo do Registro Civil Nacional – FRCN, destinado a constituir fonte de recursos para o desenvolvimento e a manutenção do RCN e das bases por ele utilizadas (art. 7º, *caput*, do Projeto de Lei).

Contudo, a atribuição das referidas competências à Justiça Eleitoral mediante lei ordinária vai de encontro ao estabelecido no art. 121 da Constituição da República, denotando, portanto, vício no procedimento legislativo, uma vez que a matéria legislada está reservada à lei complementar.

Corroboram esse entendimento as lições de José Afonso da Silva, que ao tratar da análise contextual do dispositivo constitucional em questão assevera:

> A questão da competência dos Tribunais, dos juízes de direito e das Juntas Eleitorais, tanto quanto sua organização, ficou inteiramente para a lei complementar, ao contrário das Constituições anteriores, que estabeleceram o rol mínimo de suas atribuições – que, no entanto, se pode repetir aqui, porque esse elenco constitui o cerne de sua competência. Tais são: I – o registro e cassação do registro dos partidos políticos, assim como a fiscalização de suas finanças; II – a divisão eleitoral do país; III – o alistamento eleitoral; IV – a fixação das datas das eleições, quando não determinadas por disposição constitucional ou legal; V – o processamento

> e apuração das eleições e a expedição dos diplomas. VI – a decisão das arguições de inelegibilidade; VII – o processo e julgamento dos crimes eleitorais e os que lhes são conexos, bem como os de *habeas corpus* e mandado de segurança (e agora, também, mandado de injunção) em matéria eleitoral; VIII – o julgamento de reclamações relativas a obrigações impostas por lei aos partidos políticos.[378]

Conclui-se, portanto, que a atribuição das referidas competências à Justiça Eleitoral mediante Projeto de lei ordinária afronta o disposto no art. 121 da Constituição da República, revelando patente vício formal no procedimento legislativo, tendo em vista que a matéria legislada é reservada à proposição mediante lei complementar.

12.2.2 Afastamento da apreciação pelo plenário de matéria sobre Direito Individual Fundamental à privacidade e sigilo de dados e titularidade

Em relação à inconstitucionalidade formal, destaca-se o vício no trâmite legislativo do Projeto de Lei em questão.

Isto porque, ao dispor sobre direito individual fundamental, relativo à privacidade e sigilo de dados, nos termos do art. 5º, X e XII, da Constituição da República, bem como sobre a titularidade (o direito ao nome), a questão obrigatoriamente deve ser submetida à análise e votação do Plenário da Câmara dos Deputados.

Tal entendimento decorre da interpretação sistemática da Constituição e do Regimento Interno da Câmara dos Deputados, o qual apenas autoriza as Comissões a darem pareceres conclusivos em sede de proposições legislativas quando estas versarem sobre matéria que possa ser objeto de delegação.

---

378 SILVA, José Afonso da. *Comentário contextual à Constituição da República*. 2ª ed. São Paulo: Malheiros, 2006, p. 587.

No caso em questão, o Projeto de Lei foi classificado pela Mesa Diretora da Câmara dos Deputados como proposição sujeita à apreciação conclusiva pelas Comissões, o que afasta a necessidade de manifestação do Plenário, permitindo que a proposição seja aprovada, convertendo-se em lei, ou arquivada, sem que o órgão máximo da Casa Legislativa se pronuncie.

A proposição, entretanto, segundo entendemos, trata de direito individual fundamental, matéria que, nos termos do art. 68, § 1º, da Constituição da República, não pode ser delegada à competência conclusiva das Comissões, notadamente em razão de sua relevância, que demanda a atuação mais rigorosa e completa do Poder Legislativo.

Cumpre desde logo destacar o relevo do direito individual referido e o motivo pelo qual a apreciação do Projeto de Lei deve ser realizada pelo Plenário da Câmara dos Deputados e não apenas pelas Comissões Parlamentares.

Nos termos do artigo 5º, X e XII, a Constituição da República dispõe:

> Art. 5º (...)
> X – são invioláveis a intimidade, a vida privada, a honra e a imagem das pessoas, assegurado o direito a indenização pelo dano material ou moral decorrente de sua violação; (...)
> XII – é inviolável o sigilo da correspondência e das comunicações telegráficas, de dados e das comunicações telefônicas, salvo, no último caso, por ordem judicial, nas hipóteses e na forma que a lei estabelecer para fins de investigação criminal ou instrução processual penal.

Da leitura do dispositivo supracitado, de plano é possível depreender a importância atribuída à proteção da privacidade e seus corolários pelo ordenamento constitucional.

Nesse sentido, o direito à privacidade desdobra-se no direito à intimidade, à vida privada, à honra e à imagem, nos termos do inciso X do art. 5º da Constituição da República, bem como abrange a inviolabilidade do sigilo de dados, nos termos do inciso XII do mesmo artigo. Tércio Sampaio Ferraz Júnior esclarece:

> A inviolabilidade do sigilo de dados (art. 5º, XII) é correlata ao direito fundamental à privacidade (art. 5º, x). Em questão está o direito de o indivíduo excluir do conhecimento de terceiros aquilo que a ele só é pertinente e que diz respeito ao seu modo de ser exclusivo no âmbito de sua vida privada.[379]

Da mesma forma, José Afonso da Silva, lastreado nos ensinamentos de J. Matos Pereira e Moacyr de Oliveira:

> Toma-se, pois, a "privacidade" como "o conjunto de informação acerca do indivíduo que ele pode decidir manter sob seu exclusivo controle, ou comunicar, decidindo a quem, quando, onde e em que condições, sem a isso poder ser legalmente sujeito". A esfera de inviolabilidade, assim, é ampla, "abrange o modo de vida doméstico, nas relações familiares e afetivas em geral, fatos, hábitos, local, nome, pensamentos, segredos, e, bem assim, as origens e planos futuros do indivíduo".[380]

Verifica-se, assim, que o direito à privacidade é bastante amplo, adquirindo diferentes configurações.

Assim é que o Projeto de Lei em questão visa criar o RNC e respectivo documento, "com o objetivo de identificar o brasileiro

---

379 FERRAZ JÚNIOR, Tércio Sampaio. "Sigilo de dados: o direito à privacidade e os limites à função fiscalizadora do Estado". *Revista da Faculdade de Direito*, Universidade de São Paulo, vol. 88, 1993, pp. 439-459.

380 SILVA, José Afonso da. *Comentário contextual à Constituição*. São Paulo: Malheiros, 2006, p. 100.

nato ou naturalizado, desde seu nascimento ou sua naturalização, em suas relações com a sociedade e com os órgãos e entidades governamentais e privados",[381] a ser armazenado e gerido pela Justiça Eleitoral.[382]

Tal registro, de âmbito nacional, reunirá todas as informações pertinentes aos cidadãos em apenas um banco de dados, ou seja, as informações antes dispersas entre os diferentes órgãos e entes da Federação serão reunidas e administradas por apenas um órgão: a Justiça Eleitoral.

A implicação de tal reunião no tocante à proteção e ao sigilo de dados pode ser inicialmente visualizada quanto à possibilidade de vazamento de tais informações. Nesse sentido, a divulgação indevida de dados, que pelo sistema atual de identificação civil já gera graves prejuízos aos cidadãos, seria potencializada na medida em não apenas parcela, mas todas as informações pertinentes à vida civil do indivíduo poderiam ser acessadas.

Por este viés, a discussão do Projeto de Lei pelo Plenário mostra-se necessária tendo em vista as implicações do registro civil, que necessitam de discussão mais aprofundada, a fim de delinear-se o alcance e os riscos da promulgação da proposição legislativa, sob pena de grave lesão ao interesse público e à coletividade.

No mesmo sentido, ressalte-se que a proposição vedou a comercialização da base de dados do RCN, mas não impediu o serviço de conferência de dados prestado a terceiros. A alienação onerosa fica mais evidente quando se prevê que o FRCN será

381 Art. 1º do Projeto de Lei n. 1775/2015, em trâmite perante a Câmara dos Deputados.

382 Art. 2º (...) § 1º A base de dados do RCN será armazenada e gerida pela Justiça Eleitoral, que a manterá atualizada e adotará as providências necessárias para assegurar a integridade, a disponibilidade, a autenticidade, a confidencialidade de seu conteúdo e a interoperabilidade entre os sistemas eletrônicos governamentais.

constituído, dentre outros, por recursos decorrentes da prestação de serviços de conferência de dados.

A possibilidade de conferência e alienação onerosa dos dados pessoais dos cidadãos é questão ainda mais preocupante e incide diretamente sobre o direito fundamental à privacidade e seu corolário, o sigilo de dados, na medida em que tais informações serão acessadas por terceiros, não indicados pela lei, que inclusive custearão o serviço prestado, podendo dar as mais diversas destinações aos dados adquiridos.

A gravidade e as consequências decorrentes de tais disposições necessitam, assim, da análise aprofundada do órgão máximo da Câmara, tendo em vista incidirem diretamente sobre o artigo 5º, X e XII, da Constituição da República.

Não obstante a relevância da matéria, que por si só já demanda a atuação do Plenário da Câmara, há impedimento constitucional e regimental para sua apreciação conclusiva pelas Comissões.

Isto porque, nos termos do art. 58, § 2º, inciso I, da Constituição da República, cabe às Comissões, em razão da matéria de sua competência, "discutir e votar projeto de lei que dispensar, na forma do regimento, a competência do Plenário, salvo se houver recurso de um décimo dos membros da Casa". No mesmo sentido dispõe o art. 24, inciso II, e alíneas do Regimento Interno da Câmara dos Deputados – RICD.

Em tais termos, a apreciação conclusiva de proposição legislativa cabe às Comissões, desde que o projeto verse sobre matéria de sua competência. Não é o que ocorre no presente caso. A ressalva feita pela Constituição da República e pelo RICD é clara: caberá às Comissões discutir e votar projetos de lei com a dispensa da competência do Plenário, excetuados os projetos, dentre outros, "relativos à matéria que não possa ser objeto de delegação", consoante o § 1º do art. 68 da Constituição da República.[383]

Nesses termos, a matéria objeto do Projeto de Lei ora debatido concerne a direito individual fundamental e, portanto, sua delegação é vedada pela Constituição da República, nos termos de seu art. 68, § 1º:

> Art. 68. (...)
>
> § 1º Não serão objeto de delegação os atos de competência exclusiva do Congresso Nacional, os de competência privativa da Câmara dos Deputados ou do Senado Federal, a matéria reservada à lei complementar, nem a legislação sobre: (...) II – nacionalidade, cidadania, direitos individuais, políticos e eleitorais.

Ressalte-se que além do direito à privacidade e à proteção ao sigilo de dados, o Projeto de Lei igualmente adentra na seara da cidadania, haja vista tratar da titularidade, do direito ao nome e qualificações civis, o que reforça a necessidade de análise da matéria pelo Plenário da Câmara.

Desta forma, além da análise conclusiva de projeto de lei por Comissão representar exceção na Constituição da República, a participação do Plenário no presente caso é imperativa diante da complexidade e relevância da matéria, que demanda a análise plena da questão, sem limitações de nenhuma ordem.

Corrobora tal entendimento o art. 58, § 1º, da Constituição da República, ao asseverar que "na constituição das Mesas e de

383 Art. 24. Às Comissões Permanentes, em razão da matéria de sua competência, e às demais Comissões, no que lhes for aplicável, cabe: (...) II – discutir e votar projetos de lei, dispensada a competência do Plenário, salvo o disposto no § 2º do art. 132 e excetuados os projetos: (...) e) relativos à matéria que não possa ser objeto de delegação, consoante o § 1º do art. 68 da Constituição Federal.

cada Comissão, é assegurada, tanto quanto possível, a representação proporcional dos partidos ou dos blocos parlamentares que participam da respectiva Casa".

De plano evidencia-se que a composição das Comissões não reflete de forma ampla a proporcionalidade e a representatividade do órgão máximo da Casa. A análise das Comissões, nesse ponto, não reproduz com precisão o necessário debate plural e aprofundando que demanda a matéria.

Diante do exposto, deve a matéria obrigatoriamente passar pela apreciação do Plenário da Casa, afastando-se qualquer parecer conclusivo de Comissão Parlamentar que encerre a tramitação do Projeto de Lei sob análise. Ademais, ressalta-se o vício procedimental relativo à classificação da proposição, pela Mesa da Câmara dos Deputados, como prescindível de apreciação pelo Plenário, em patente contrariedade à Constituição da República e ao RICD.

12.2.3 A inexistência de análise de impacto regulatório

A atividade legislativa do Estado deve ser fruto da ponderação entre os valores econômicos e sociais que sofrerão a sua incidência. Na busca por tais valores, quanto maior o grau de informações agregadas pelo Estado, mais adequada será sua decisão, já que ela será decorrência da ponderação ótima entre valores eventualmente colidentes e da avaliação dos custos e benefícios da regulamentação.

A ponderação entre valores e políticas públicas eventualmente colidentes e a estimativa dos custos e benefícios da regulamentação, da incidência da intervenção estatal, não é uma tarefa fácil. A avaliação prospectiva dos resultados e a explicitação dos custos são complexas e estão diretamente relacionadas à sua finalidade.

A regulamentação busca, precipuamente, a manutenção do equilíbrio do sistema econômico por meio da correção das falhas de mercado, a eficiência econômica, a modificação do sistema econômico e a equidade econômica e a promoção de valores como o desenvolvimento social e econômico.

A realização dos fins da regulamentação legislativa, entretanto, depende de uma avaliação da necessidade e eficácia dos seus instrumentos, dos seus custos e dos efeitos por ela pretendidos. A avaliação ocorre mediante o que se convencionou nominar de Análise de Impacto Regulatório.[384]

A *Organisation for Economic Co-operation and Development* – OCDE, atenta a esta problemática, sugere que a regulamentação estatal deve ser antecedida da avaliação das seguintes questões: (**i**) se o problema que demanda a atuação do Estado foi corretamente definido; (**ii**) se a ação estatal é justificada, considerando os seus possíveis custos e benefícios e as alternativas cabíveis; (**iii**) se há base legal; (**iv**) se o grau de intervenção é o mínimo o possível para o atingir o objetivo visado; (**v**) se os benefícios da regulação justificam os seus custos; (**vi**) se a distribuição dos efeitos positivos e negativos da regulação na sociedade é pautada pela transparência; (**vii**) se todas as partes interessadas tiveram a oportunidade de apresentar as suas opiniões e críticas através de mecanismos de consultas públicas; (**viii**) se foram afetados os grupos socialmente vulneráveis ou excluídos, o meio ambiente, os direitos dos administrados e dos agentes econômicos.[385]

---

384 Para Colin Kirkpatrick e David Parker, a análise de impacto regulatório é um método capaz de ajudar no desenho, na implementação e no monitoramento de melhorias dos sistemas normativos, oferecendo uma metodologia de avaliação das consequências da intervenção do Estado (KIRKPATRICK, Colin; PARKER, David. "Editorial: regulatory impact assessment – an overview". *Public Money and Management*, vol. 24, nº 5, 2004, pp. 267-270). A análise de impacto regulatório fortalece a governança, a melhoria da competitividade e o apoio à tomada de decisão no processo de execução de políticas públicas.

385 Organisation for Economic Co-operation and Development – OCDE. *Building a framework for conducting Regulatory Impact Analysis (RIA)*: Tools for Policy-Makers. Paris, 2007, p. 7. Disponível em: http://www.oecd.org/mena/governance/38706266.pdf. Acessado em: 12.12.2012.

Nessa linha de raciocínio, tendo em vista a proposição em referência, o legislador deveria ter realizado a delimitação de objetivos e meios pretendidos, o mapeamento dos prováveis impactos diretos e indiretos e uma análise dos custos e benefícios da medida. Nada disso ocorreu. Especialmente com relação aos impactos do RCN para o secular modelo de registro, exercitável em caráter privado, por meio de delegação do Poder Público.

Em síntese, deixou-se de demonstrar a proporcionalidade e razoabilidade[386] da medida consubstanciada na proposição, os seus prováveis custos diretos e indiretos, os benefícios esperados e a razão pela qual não foram escolhidos outros meios para atingir o mesmo propósito. Nesses termos, o projeto de lei em referência é inconstitucional.

12.3 A inconstitucionalidade material

12.3.1 Transbordamento da função atípica e admissível da Justiça Eleitoral

O Estado compõe-se de *poderes*,[387] ou seja, de segmentos estruturais em que se divide o poder geral e abstrato decorrente de sua soberania. Os *Poderes do Estado*, como estruturas internas incumbidas da consecução de determinadas funções, foram concebidos por Montesquieu no século XVIII,[388] que notadamente conjecturou que dentre eles haveria a necessidade de se manter o equilíbrio, de maneira a ser evitada a supremacia de um poder sobre o outro.

---

386 Na sua tríplice estrutura – adequação, necessidade e proporcionalidade em sentido estrito – a proporcionalidade deve guiar o itinerário lógico a ser percorrido pelo regulador (BINENBOJM, Gustavo. *Uma Teoria do Direito Administrativo*. Rio de Janeiro: Renovar, 2006, p. 107).

387 Constituição da República, art. 2º: *São Poderes da União, independentes e harmônicos entre si, o Legislativo, o Executivo e o Judiciário.*

388 De l'esprit des lois, Paris, 1748.

Coube a Montesquieu, lastreado no chamado *pessimismo antropológico*, a formulação da doutrina da *separação dos poderes* com a nomenclatura, bicameralismo legislativo e independência judicial usualmente conhecidos. O cerne da sua doutrina consiste na entrega de díspares funções a órgãos distintos e especializados, o que serviria de mecanismo de contenção do poder.

A separação orgânico-funcional estabelecida por Montesquieu parte de uma concepção iluminista de lei e de uma ideia mecanicista da função judicial.[389] Se tradicionalmente a separação das funções do Estado envolvia apenas a legislativa e executiva, Montesquieu acrescentou a judicial. A relevância da elaboração teórica das funções do Estado levada a efeito está, ainda, na completude científica e na atribuição do caráter jurídico a tais funções.

Traçando um quadro abrangente das diversas modalidades das atividades desenvolvidas pelo Estado, Marcello Caetano, construiu a por ele chamada de *Teoria integral das funções do Estado*.[390] Para o autor, a função executiva consiste na atividade dos órgãos que tenham por objeto, direto e imediato, a promoção e garantia do cumprimento das leis e aplicação de sanções.[391] Esta função engloba as modalidades jurisdicional, caracterizada pela imparcialidade e passividade, e administrativa, marcada, ao contrário, pela parcialidade e iniciativa.

Jorge Miranda, por sua vez, apresenta uma divisão tricotômica das funções do Estado considerando, para tanto, a conjugação

389 PIÇARRA, Nuno. *A separação dos poderes como doutrina e princípio constitucional*: um contributo para o estudo das suas origens e evolução. Coimbra: Coimbra, 1989, pp. 122/123.

390 CAETANO, Marcello. *Manual de ciência política e Direito Constitucional*. Tomo I. Coimbra: Almedina, 2009, p. 158.

391 CAETANO, Marcello. *Manual de ciência política e Direito Constitucional*. Tomo I. Coimbra: Almedina, 2009, p. 168.

de critérios materiais, formais e orgânicos.[392] A inovação desta teoria, além da conjugação de critérios, está na detecção de zonas de fronteira e de funções complementares, acessórias ou atípicas.

Funções política, administrativa e jurisdicional decorrem, portanto, dos fins ou do objeto dos atos em razão dos quais se desenvolvem (critério material), em razão dos modos e formas de sua manifestação (critério formal) e das instituições através dos quais são praticados estes atos (critério orgânico).

A função política, pelo critério material, compreende a definição primária e global do interesse público, a interpretação dos fins do Estado e escolha dos meios adequados para atingi-los, além da sua direção. Pelo critério formal, abrange a liberdade ou discricionariedade máxima com subordinação às regras jurídicas, liberdade de escolha e ausência de sanções jurídicas específicas. Pelo critério orgânico, engloba os órgãos políticos e governativos em conexão direta com a forma e o sistema de governo.

A função política compreende a função legislativa, ou *legislatio*, e governativa, ou política *stricto sensu,* ou ainda *gobernatio*, consoante se traduza em atos normativos, direta ou indiretamente, explícita ou implicitamente, e em atos de conteúdo não normativo.

A função administrativa, pelo critério material, realiza-se pela satisfação constante e cotidiana das necessidades coletivas, além da prestação de bens e serviços. Pelo critério formal, a iniciativa e, em regra, a parcialidade na prossecução do interesse público. Pelo critério orgânico, marca-se pela dependência funcional, com sujeição, no interior de cada sistema ou aparelho de órgãos e serviços, às ordens e instruções e ao recurso hierárquico.

A função jurisdicional, pelo critério material, abarca a declaração do direito em concreto e em abstrato. Pelo critério formal,

392 MIRANDA, Jorge. "Funções do Estado". *Revista de Direito Administrativo*, Rio de Janeiro, vol. 189, 1992, pp. 85-99.

marca-se pela passividade e imparcialidade. Pelo critério orgânico, pela independência e atribuição a órgãos específicos, os tribunais.

Contemporaneamente, afirma-se que inexiste uma efetiva separação de poderes, mas sim uma divisão de funções do Estado. Com efeito, conclui-se que os poderes Legislativo, Executivo e Judiciário exercitam funções, sendo que no seio desses poderes, apenas uma função será considerada preponderante (típica), coabitando com outras (atípicas), de forma a que se efetive o sistema de freios e contrapesos.

Ao descrever sobre as funções típicas e atípicas de cada *Poder do Estado*, José dos Santos Carvalho Filho assevera que:

> O Legislativo, por exemplo, além da função normativa, exerce a função jurisdicional quando o Senado processa e julga o Presidente da República nos crimes de responsabilidade (art. 52, I, CF) ou os Ministros do Supremo Tribunal Federal pelos mesmos crimes (art. 52, 11, CF). Exerce também a função administrativa quando organiza seus serviços internos (arts. 5°, IV, e 52, XIII, CF). O Judiciário, afora sua função típica (função jurisdicional), pratica atos no exercício de função normativa, como na elaboração dos regimentos internos dos Tribunais (art. 96, I, "a", CF), e de função administrativa, quando organiza os seus serviços (art. 9 6, I, "a", "b", "c"; art. 96, 11, "a", "b" etc.). Por fim, o Poder Executivo, ao qual incumbe precipuamente a função administrativa, desempenha também função atípica normativa, quando produz, por exemplo, normas gerais e abstratas através de seu poder regulamentar (art. 84, IV, CF), ou, ainda, quando edita medidas provisórias (art. 62, CF) ou leis delegadas (art. 68, CF). Quanto à função jurisdicional, o sistema constitucional pátrio vigente não deu margem a que pudesse ser exercida pelo Executivo. A função jurisdicional típica, assim considerada aquela por intermédio da qual conflitos de interesses são resolvidos com o cunho de definitividade (*res iudicata*), é praticamente monopolizada pelo Judiciário, e só em casos excepcionais,

como visto, e expressamente mencionados na Constituição, é ela desempenhada pelo Legislativo.[393]

Note-se, portanto, que inexiste exclusividade no exercício das funções pelos *Poderes*, havendo, pois, preponderância, cujas linhas definidoras estão definidas na Constituição da República.

Assim, e considerando-se que o Projeto de Lei n. 1.775/2015 pretende atribuir à Justiça Eleitoral as atividades de armazenamento e gestão do RCN, faz necessária a análise das competências legalmente instituídas ao referido órgão do Poder Judiciário, examinado quais são suas funções típicas e atípicas.

A Justiça Eleitoral organiza, fiscaliza e realiza as eleições regulamentando o processo eleitoral, analisando as contas de partidos e candidatos em campanhas, controlando o cumprimento da legislação pertinente em período eleitoral e julgando os processos relacionados com as eleições.

Diversamente de outros ramos do Poder Judiciário brasileiro, a Justiça Eleitoral desempenha no âmbito de suas competências legalmente instituídas, além da função jurisdicional, as funções normativa, consultiva e administrativa.

A função jurisdicional revela-se como a função típica da Justiça Eleitoral, ramo especializado do Poder Judiciário, e inicia-se no alistamento eleitoral terminando com a diplomação dos eleitos,[394] respectivamente a primeira e a últimas etapas do chamado *processo eleitoral*. É durante esse *iter* que a Justiça Eleitoral deve dizer o direito, ou seja, julgar as lides concernentes ao processo eleitoral.[395]

---

393 CARVALHO FILHO, José dos Santos. *Manual de Direito Administrativo*. São Paulo: Atlas, 2014, p. 3.

394 Não obstante o mandato eletivo possa ser objeto de impugnação no prazo de quinze dias contados da diplomação.

395 Constituição da República, art. 14, § 10: O mandato eletivo poderá ser impugnado ante a Justiça Eleitoral no prazo de quinze dias contados da

Ademais, no exercício de sua função típica compete à Justiça Eleitoral a execução fiscal de multa eleitoral, assim como o processo de perda de mandato.

A função normativa atribuída à Justiça Eleitoral decorre da intelecção do art. 105, da Lei n. 9.504/97, que estabelece ao Tribunal Superior Eleitoral, a possibilidade de editar instruções, nos seguintes termos:

> Art. 105. Até o dia 5 de março do ano da eleição, o Tribunal Superior Eleitoral, atendendo ao caráter regulamentar e sem restringir direitos ou estabelecer sanções distintas das previstas nesta Lei, poderá expedir todas as instruções necessárias para sua fiel execução, ouvidos, previamente, em audiência pública, os delegados ou representantes dos partidos políticos.

Nota-se, pois, que a função normativa da Justiça Eleitoral é normativamente condicionada. Conforme disposto no art.105 da referida lei, as resoluções do TSE devem restringir-se tão somente ao caráter regulamentar da lei, sendo vedada a restrição de direitos ou a previsão de sanções distintas daquelas já estabelecidas na legislação.

Em regra, o princípio da inércia rege o exercício das atribuições dos órgãos constituintes do Poder Judiciário, notadamente em razão de que referido Poder só deve atuar quando provocado, exercendo, assim, a jurisdição. Por esse motivo, não compete ao Poder Judiciário responder a questões abstratas, dissociadas de uma lide.

No entanto, o Código Eleitoral[396] atribuiu função consultiva à Justiça Eleitoral quando determina a competência do TSE

---

diplomação, instruída a ação com provas de abuso do poder econômico, corrupção ou fraude.

396 Art. 23. Compete, ainda, privativamente, ao Tribunal Superior: (...) XII – responder, sobre matéria eleitoral, às consultas que lhe forem feitas em tese

e dos Tribunais Regionais Eleitorais para responderem consultas formuladas em tese por autoridades públicas ou partidos políticos.

A formulação da consulta depende da observância da legitimidade do Consulente, bem como a desvinculação da consulta a situações concretas, sendo que as opiniões da Justiça Eleitoral acerca destas consultas não têm efeito vinculante.

Constituí atribuição típica do Poder Executivo o exercício da função administrativa. O Poder Judiciário, neste sentido, tradicionalmente exerce a função administrativa de forma atípica, residual, sendo que a Justiça Eleitoral exerce tal função atípica de forma muito mais incisiva. Tal fato decorre da previsão constitucional intrínseca à Justiça Eleitoral no tocante à organização e administração das eleições, dos referendos e dos plebiscitos.

Referida condição torna a função administrativa da Justiça Eleitoral absolutamente peculiar em relação aos demais órgãos do Poder Judiciário, visto que exerce atividades características, como, por exemplo, o alistamento dos eleitores, a organização dos locais de votação e a nomeação de mesários.

Ademais, dentre as atividades de natureza administrativa exercidas pela Justiça Eleitoral, há que se destacar o exercício de *poder de polícia* previsto no art. 41 da Lei n. 9.504/97, que incide sobre a propaganda eleitoral.[397]

---

por autoridade com jurisdição, federal ou órgão nacional de partido político; Art. 30. Compete, ainda, privativamente, aos Tribunais Regionais: (...) VIII – responder, sobre matéria eleitoral, às consultas que lhe forem feitas, em tese, por autoridade pública ou partido político.

397 Art. 41. A propaganda exercida nos termos da legislação eleitoral não poderá ser objeto de multa nem cerceada sob alegação do exercício do poder de polícia ou de violação de postura municipal, casos em que se deve proceder na forma prevista no art. 40.

§ 1º O poder de polícia sobre a propaganda eleitoral será exercido pelos juízes eleitorais e pelos juízes designados pelos Tribunais Regionais Eleitorais.

Neste ponto, é importante ressaltar que a Justiça Eleitoral, para fins e organização das eleições, realiza o cadastramento dos eleitores, catalogando o número de seus títulos, seções e domicílios eleitorais. Trata-se, pois, de exercício de função administrativa necessária para a consecução de funções típica da Justiça Eleitoral.

Como demonstrado, as funções atípicas da Justiça Eleitoral guardam relação direta com a função preponderante do aludido órgão do Poder Judiciário, ou seja, àquelas estabelecidas com vistas a consecução do *processo eleitoral.*

Na realização do processo eleitoral, a Justiça Eleitoral executa atividades que dizem respeito à organização das eleições. Estas atividades compreendem as etapas de votação, totalização e divulgação dos resultados, assim como o cadastro eleitoral, o registro de candidaturas, a prestação de contas e a logística eleitoral.

Não obstante a Justiça Eleitoral desempenha no âmbito de suas competências legalmente instituídas, além da função jurisdicional, as funções normativa, consultiva e administrativa, as atividades previstas na proposição de alteração legislativa – que pretende atribuir à Justiça Eleitoral o armazenamento e gestão do RNC – não possuem relação com o processo eleitoral. Trata-se de atividade que transborda, inclusive, a competência atípica da Justiça Eleitoral.

Nesse sentido, no exercício de suas funções institucionais, a Justiça Eleitoral realiza atividades típicas e atípicas. Estas últimas, de cunho administrativo, são desenvolvidas para aferir a capacidade eleitoral dos candidatos e eleitores. Portanto, possuem correspondência direta com a função típica da Justiça Eleitoral.

Ocorre que o registro civil que se pretende atribuir à Justiça Eleitoral não guarda qualquer relação com a atividade atípica

---

§ 2º O poder de polícia se restringe às providências necessárias para inibir práticas ilegais, vedada a censura prévia sobre o teor dos programas a serem exibidos na televisão, no rádio ou na internet.

já desempenhada. É, portanto, absolutamente estranha às suas funções judiciais ou mesmo administrativas. Em outras palavras, o RCN possui uma finalidade em si mesmo, não se constituindo como instrumento para exercício legítimo da democracia, hipótese na qual a Constituição admite a atuação da Justiça Eleitoral.

12.3.2 O desvio de finalidade na comercialização do serviço de conferência da base de dados do Registro Nacional

O Projeto de Lei vedou a comercialização, total ou parcial, da base de dados do RCN (art. 5º do Projeto de Lei), mas não impediu o serviço de conferência de dados prestado a terceiros (art. 5º, parágrafo único, do Projeto de Lei).

Previu-se, ainda, que o FRCN será constituído, dentre outros, por recursos decorrentes da "prestação de serviços de conferência de dados" (art. 7º, § 1º, inciso IV, do Projeto de Lei).

Além disso, e na linha do quanto antecipado, previu-se que a Justiça Eleitoral poderá firmar acordo, convênio ou outro instrumento congênere com entidades governamentais ou privadas, com vistas à consecução dos objetivos da instituição do RCN, observado o disposto no art. 31 da Lei n. 12.527/2011.

Em outras palavras, a proposição vedou a comercialização da base de dados do RCN, mas não impediu o serviço de conferência de dados prestado a terceiros. A alienação onerosa fica mais evidente quando se prevê que o FRCN será constituído, dentre outros, por recursos decorrentes da prestação de serviços de conferência de dados e quando se prevê que a Justiça Eleitoral poderá firmar acordo, convênio ou outro instrumento congênere com entidades privadas.

Ocorre que a comercialização do serviço de conferência da base de dados do RCN a empresas é inconstitucional, posto implicar em evidente desvio de finalidade. Vejamos.

Toda lei visa ao atendimento de determinado fim de interesse público. Nesse passo, a noção de finalidade revela-se no sentido de que a norma deve ser editada com vistas à consecução do fim a que se destina.

Assim é que, a título criar um mecanismo de identificação nacional para identificar o brasileiro em suas relações com a sociedade e com os órgãos e entidades governamentais e privados, o que será criado será uma gigantesca base de dados como as múltiplas informações dos cidadãos para livre comercialização.

Em outras palavras, como se não bastasse a inexistência de mecanismos de segurança das informações a serem armazenadas em sistemas eletrônicos – os quais, notoriamente, estão expostos a uma série de riscos – o serviço de conferência de dados, prestado onerosamente a empresas privadas, revela que o real propósito do Projeto de Lei: viabilizar a comercialização de todas as informações do cidadão. Referida pretensão é materialmente inconstitucional por implicar, nesses termos, em evidente desvio de finalidade.

12.3.3 A constitucionalização da função pública da atividade de registro e a impossibilidade de extinção ou limitação da delegação por meio de lei

Na expressão de José Afonso da Silva, os serviços prestados pelas "serventias do foro extrajudicial" apresentam característica de função pública já que, por eles, o Estado "intervém em atos ou negócios da vida privada para conferir-lhes certeza, eficácia e segurança jurídica".[398]

A atividade de registro, exercitada em caráter privado, ocorre por meio de delegação do Poder Público. Ou seja, o serviço de registro é uma atividade estatal, pública, que, por meio de

398 SILVA, José Afonso da. *Comentário contextual à Constituição*. São Paulo: Malheiros, 2006, p. 873.

delegação, é executada pelos oficiais de registro. Assim é que, de acordo com o art. 236, *caput*, da Constituição da República: "os serviços notariais e de registro são exercidos em caráter privado, por delegação do Poder Público".

As chamadas serventias extrajudiciais foram instituídas pelo Poder Público para o desempenho de funções técnico-administrativas destinadas a garantir a publicidade, a autenticidade, a segurança e a eficácia dos atos jurídicos.

Com efeito, a atividade de registro revela-se em um feixe de competências públicas, ainda que exercidas em regime de delegação. As competências públicas compreendem, essencialmente, a formalização de atos de criação, preservação, modificação, transformação e extinção de direitos e obrigações. Tais funções são próprias do Estado, porém exercidas mediante delegação específica, que não se confunde com os institutos da concessão e da permissão consubstanciadas no art. 175 da Constituição da República.[399]

Os serviços notariais e de registro são típicas atividades estatais, mas não são serviços públicos, propriamente. São tidas como atividades tidas como função pública *lato sensu*.[400] De todo modo, a atividade notarial e registral, executada em regime de delegação, constitui função revestida de estatalidade, o que as sujeita a um estrito regime de Direito público, que não foge, em absoluto, do regime jurídico dos serviços públicos, bem como da disciplina constitucional das atividades econômicas *lato sensu*.

Na compreensão da disciplina constitucional das atividades econômicas *lato sensu* cumpre distinguirmos, inicialmente, os sentidos que assume a expressão atividade econômica nos arts.

399 STF. ADI 2.415, Rel. Min. Ayres Britto, julgamento em 10-11-2011, Plenário, DJE de 9-2-2012; ADI 4.140, Rel. Min. Ellen Gracie, julgamento em 27-11-2008, Plenário, DJE de 20-9-2009.

400 STF. ADI 3.643, voto do Rel. Min. Ayres Britto, julgamento em 8-11-2006, Plenário, DJ de 16-2-2007.

170, 173, 174 e 175 da Constituição da República. Frise-se, inicialmente, que o gênero atividade econômica *lato sensu* compreende a atividade econômica *stricto sensu* e o serviço público.[401]

No art. 170, *caput*, a expressão atividade econômica conota o gênero. Do mesmo modo, no art. 174, *caput*, a expressão é utilizada como atividade econômica *lato sensu*, referindo-se à atuação do Estado como agente normativo e regulador, compreendendo o exercício das funções de incentivo, planejamento e fiscalização.

No art. 173, *caput*, e seu § 1º, a expressão conota atividade econômica *stricto sensu*, a ser desempenhada pelo Estado como agente econômico em área de titularidade do setor privado. No art. 175, por sua vez, a expressão relaciona-se à prestação dos serviços públicos, os quais integram, como destacado, as atividades econômicas *lato sensu*.

Impõe-se, assim, a identificação, na Constituição da República, dos critérios para submissão das atividades econômicas *lato sensu* portuárias ao regime jurídico dos serviços públicos ou ao regime das atividades econômicas *stricto sensu* portuárias.

A Constituição da República conferiu tratamento peculiar às atividades econômicas *stricto sensu*, apartando-as do serviço público. Neste sentido, não há, *a priori*, oposição entre atividade econômica e serviço público, já que este está subsumido nas atividades econômicas *lato sensu*.

A distinção entre o serviço público e a atividade econômica *stricto sensu* ocorre em "função das vicissitudes das relações entre as forças sociais".[402] Assim, reservadas as matérias, imediata e potencialmente, objeto de livre circulação de riquezas, atribui-se

401 GRAU, Eros Roberto. *A ordem econômica na Constituição de 1988*. São Paulo: Malheiros, 2011.

402 GRAU, Eros Roberto. *A ordem econômica na Constituição de 1988*. São Paulo: Malheiros, 2011, p. 108.

ao Estado atividades econômicas *lato sensu* para serem desenvolvidas com vistas ao atendimento do interesse público. Do referido confronto emerge, historicamente, os âmbitos das atividades econômicas *stricto sensu* e dos serviços públicos.[403]

A diferença entre serviço público e atividade econômica *stricto sensu* reside, assim, na instrumentalidade da atividade em relação à realização de valores fundamentais, especialmente a dignidade da pessoa humana. O serviço público trata da realização direta destes valores, diferentemente da atividade econômica *stricto sensu*.

Na doutrina nacional inexiste um conceito unívoco para serviço público. Há os que utilizam a noção de serviço público em sentido amplo, como José Cretella Júnior,[404] Mário Masagão[405] e Hely Lopes Meirelles,[406] enquanto outros preferem um sentido restrito, como Maria Sylvia Zanella Di Pietro[407] e Celso Antônio Bandeira de Mello.[408]

---

403 GRAU, Eros Roberto. *A ordem econômica na Constituição de 1988*. São Paulo: Malheiros, 2011, p. 108.

404 Para José Cretella Júnior, serviço público é "toda atividade que o Estado exerce, direta ou indiretamente, para a satisfação do interesse público, mediante procedimento de direito público". (CRETELLA JÚNIOR, José. *Curso de Direito Administrativo*. Rio de Janeiro: Forense, 1999, p. 409).

405 Para Mário Masagão, serviço público é "toda atividade que o Estado exerce para cumprir seus fins". (MASAGÃO, Mário. *Curso de Direito Administrativo*. São Paulo: Max Limonad, 1977, pp. 279/280).

406 Hely Lopes Meirelles define o serviço público como "todo aquele prestado pela Administração ou por seus delegados, sob normas e controles estatais, para satisfazer necessidades essenciais ou secundárias da coletividade ou simples conveniências do Estado". (MEIRELLES, Hely Lopes. *Direito Administrativo brasileiro*. São Paulo: Malheiros, 2007, p. 330).

407 Maria Sylvia Zanella Di Pietro define serviço público como "toda atividade material que a lei atribui ao Estado para que a exerça diretamente ou por meio de seus delegados, com o objetivo de satisfazer concretamente às necessidades coletivas, sob regime jurídico total ou parcialmente público". (DI PIETRO, Maria Sylvia Zanella. *Direito Administrativo*. São Paulo: Atlas, 2009, p. 102).

408 BANDEIRA DE MELLO, Celso Antônio. *Conteúdo jurídico do princípio da igualdade*. São Paulo: Malheiros, 2011, p. 665.

Dinorá Adelaide Musetti Grotti, reconhecendo a dificuldade na caracterização de uma atividade como serviço público, pontua que a qualificação da atividade econômica como serviço público remete ao plano da concepção sobre o Estado e seu papel.[409]

Eros Roberto Grau oferece uma noção de serviço público baseada na essencialidade e na instrumentalidade da atividade econômica desempenhada:

> A atividade explicita ou supostamente definida pela Constituição como indispensável, em determinado momento histórico, à realização ao desenvolvimento da coesão e da interdependência social (Duguit) – ou, em outros termos, atividade explícita ou supostamente definida pela Constituição como serviço essencial relativamente à sociedade em um determinado momento histórico (Cirne Lima).[410]

Celso Antônio Bandeira de Mello fornece uma noção de serviço público mais restrita, mas que não foge da instrumentalidade referida:

> é toda atividade de oferecimento de utilidade ou comodidade material destinada à satisfação da coletividade em geral, mas fruível singularmente pelos administrados, que o Estado assume como pertinente a seus deveres e presta por si mesmo ou por quem lhe faça as vezes, sob um regime de Direito Público, instituído em favor dos interesses definidos como públicos no sistema normativo.[411]

---

409 GROTTI, Dinorá Adelaide Musetti. *O serviço público e a Constituição brasileira de 1988*. São Paulo: Malheiros, 2003, p. 87.

410 GRAU, Eros Roberto. *A ordem econômica na Constituição de 1988*. São Paulo: Malheiros, 2010.

411 BANDEIRA DE MELLO, Celso Antônio. *Conteúdo jurídico do princípio da igualdade*. São Paulo: Malheiros, 2011, p. 665.

São, para o autor, três elementos para a configuração de uma atividade como sendo serviço público, quais sejam o regime jurídico de Direito público, o vínculo orgânico ou *publicatio* e, por fim, o critério material, qual seja, a relevância da atividade.

De acordo com o autor, o substrato material do serviço público está no oferecimento, aos administrados em geral, de utilidades ou comodidades materiais singularmente fruíveis por eles, as quais o Estado assume como próprias, por serem reputadas imprescindíveis, necessárias ou apenas correspondentes a conveniências básicas da sociedade, em dado tempo histórico.[412]

Veja-se, portanto, que a "Constituição encerra todos os elementos e critérios que permitem a identificação de quais atividades empreendidas pelo Estado consubstanciam serviço público".[413] A Constituição da República permite a identificação dos serviços públicos "através das diretrizes, programas e fins que enuncia".[414]

Já o substrato formal da noção do serviço público está na submissão a um regime de Direito público, o regime jurídico-administrativo[415] e, portanto, sujeito aos princípios norteadores deste regime, em especial o do dever inescusável do Estado de promover-lhe a prestação, o da supremacia do interesse público, adaptabilidade, universalidade, impessoalidade, continuidade, transparência, motivação, modicidade das tarifas e, por fim, o do controle.

---

412 BANDEIRA DE MELLO, Celso Antônio. *Conteúdo jurídico do princípio da igualdade.* São Paulo: Malheiros, 2011, p. 668.

413 BANDEIRA DE MELLO, Celso Antônio. *Conteúdo jurídico do princípio da igualdade.* São Paulo: Malheiros, 2011, p. 124.

414 BANDEIRA DE MELLO, Celso Antônio. *Conteúdo jurídico do princípio da igualdade.* São Paulo: Malheiros, 2011, p. 131.

415 BANDEIRA DE MELLO, Celso Antônio. *Conteúdo jurídico do princípio da igualdade.* São Paulo: Malheiros, 2011, p. 668.

Eros Roberto Grau faz uma distinção entre os serviços públicos privativos e os serviços públicos não privativos do Estado.[416] Os serviços públicos privativos são aqueles cuja prestação é exclusiva do Estado, mesmo que admitida a exploração pela iniciativa privada em regime de concessão, permissão ou autorização. São, para o autor, serviços públicos privativos, de titularidade da União, os referidos nos incisos X, XI e XII, do art. 21; no § 2º do art. 25; e, por fim, no inciso V do art. 30, todos da Constituição da República.

Os serviços públicos não privativos ao Estado, ao contrário, podem ser prestados pela iniciativa privada independentemente de concessão, permissão ou autorização.

Já de acordo com Celso Antônio Bandeira de Mello, a Constituição da República indica, em enumeração não exaustiva, determinadas atividades que devem ser, obrigatoriamente, serviços públicos.[417]

Em âmbito federal, são serviços públicos propostos exclusivamente os do art. 21, incisos X e XI; art. 21, inciso XII, alíneas "a" a "f"; art. 194; art. 196; art. 203; art. 205 e, por fim, do art. 208, todos da Constituição da República. Em âmbito estadual são serviços públicos aqueles atrelados à sua competência remanescente, nos termos do § 1º e 2º do art. 25 da Constituição da República. Em âmbito municipal são serviços públicos aqueles atrelados à sua competência residual, nos termos do art. 30 da Constituição da República.

Destaque-se que há, no art. 23 da Constituição da República, competência concorrente entre os entes federados para prestação de

---

416 GRAU, Eros Roberto. *A ordem econômica na Constituição de 1988*. São Paulo: Malheiros, 2010, pp. 122/123.

417 BANDEIRA DE MELLO, Celso Antônio. *Conteúdo jurídico do princípio da igualdade*. São Paulo: Malheiros, 2011, pp. 789 e 680.

serviços públicos. Há, ainda, no art. 24, competência concorrente, com exceção dos Municípios, para prestação de serviços públicos.

Celso Antônio Bandeira de Mello pontua que há duas espécies de serviços públicos que só podem ser prestados pelo Estado, não podendo ser delegados. São eles o serviço postal e o correio aéreo nacional, conforme inciso X do art. 21 da Constituição da República,[418] os quais são, portanto, serviços públicos de prestação obrigatória e exclusiva pelo Estado.

Determinados serviços públicos são de prestação obrigatória pelo Estado, o qual deve, igualmente, oferecer em concessão, permissão e autorização. São os serviços de radiodifusão sonora e de sons e imagens, de acordo com a alínea "a" do inciso XII do art. 21[419] da Constituição da República.

O art. 223, *caput*,[420] da Constituição da República impôs ao Estado que ele preste e, cumulativamente, delegue, obrigatoriamente, os referidos serviços quando pontuou competir ao Executivo outorgar e renovar concessão, permissão e autorização para o serviço de radiodifusão sonora e de sons e imagens, observado o princípio da complementaridade dos sistemas privado, público e estatal.

Há, ainda, os serviços públicos de prestação obrigatória e sem exclusividade pelo Estado. São serviços públicos que o Estado não pode permitir que sejam prestados exclusivamente por particulares os de educação, saúde, previdência social, assistência

---

418 O art. 21, inciso X, da Constituição da República assinala que "compete à União (...) manter o serviço postal e o correio aéreo nacional".

419 O art. 21, inciso XII, alínea "a", da Constituição da República destaca que "compete à União (...) explorar, diretamente ou mediante autorização, concessão ou permissão (...) os serviços de radiodifusão sonora, e de sons e imagens".

420 O art. 223, *caput*, da Constituição da República pontua que "compete ao Poder Executivo outorgar e renovar concessão, permissão e autorização para o serviço de radiodifusão sonora e de sons e imagens, observado o princípio da complementaridade dos sistemas privado, público e estatal".

social e radiodifusão sonora e de sons e imagens. São, portanto, serviços públicos de prestação obrigatória e sem exclusividade pelo Estado.

Todos os demais serviços públicos referidos na Constituição da República tanto podem ser prestados pelo Estado, como serem concedidos ou permitidos. Entretanto, são serviços de prestação não obrigatória pelo Estado, desde que concedidos. Os referidos serviços estão constantes, em especial, nos incisos XI e XII do art. 21 da Constituição da República.

Especificamente com relação à atividade de registro, ainda que não se possa aplicar integralmente o regime jurídico dos serviços públicos, é inegável que, dada a sua essencialidade, não se pode afastar a sua inflexão.

Assim é que o serviço de registro é uma atividade estatal, pública, que, por meio de delegação, é executada pelos oficiais de registro, aos quais compete conferir certeza, eficácia e segurança jurídica aos atos ou negócios da vida privada.

A constitucionalização do serviço público de Registro Civil de Pessoas Naturais impede, assim, que haja extinção ou limitação da referida função pública por meio de lei. Não se admite, inclusive, que haja o comprometimento das fontes de custeio destes mesmos registros, sob pena de cassação implícita da função pública delegada. Por essa razão é que o Projeto de Lei n. 1.775/2015 é materialmente inconstitucional.

Ao criar-se um RCN com o objetivo de identificar o brasileiro nato ou naturalizado, desde seu nascimento ou sua naturalização, em suas relações com a sociedade e com os órgãos e entidades governamentais e privados, há um absoluto comprometimento da atividade de registro.

O Registro Civil de Pessoas Naturais dará lugar, assim, ao centralizado sistema de registro que se pretende implantar, o qual assegurará a integridade, a disponibilidade, a autenticidade, a confidencialidade dos atos da vida civil (art. 2º, § 1º, do Projeto de Lei).

Como se não bastassem referidos impactos para as atividades delegadas, há um comprometimento da unicidade registral, que exige que ato possua apenas um registro. O registro civil paralelo, bem como a duplicidade registral, desta forma, é contrário à certificação fidedigna dos atos da vida civil.

Em outras palavras, a pretensão de instituição de um registro nacional, isso para garantir, de forma centralizada, fé pública aos atos da vida civil, é inconstitucional já que a lei não poderia ir de encontro ao disposto na Constituição.

A constitucionalização do serviço público de Registro Civil de Pessoas Naturais impede que haja extinção ou limitação da referida função pública por meio de lei. Não se admite, inclusive, que haja o comprometimento das fontes de custeio destes mesmos registros, sob pena de cassação implícita da função pública delegada.

12.4 Conclusões e respostas aos quesitos

Diante de todos os elementos sobre os quais discorremos, em resposta aos quesitos apresentados, concluímos nos seguintes termos:

PRIMEIRO QUESITO: O Projeto de Lei n. 1.775/2015 é formalmente constitucional?

O RCN, na linha do quanto apresentado na proposição em referência, é formalmente inconstitucional.

A inconstitucionalidade formal está no afastamento da apreciação, pelo Plenário da Câmara dos Deputados, de matéria sobre direito individual fundamental à titularidade, intimidade, privacidade e sigilo de dados; na alteração da competência da Justiça Eleitoral por meio de lei ordinária; e, por fim, na inexistência de Análise de Impacto Regulatório.

O Projeto de Lei foi classificado pela Mesa Diretora da Câmara dos Deputados como uma proposição sujeita à apreciação conclusiva pelas Comissões. Ocorre que, ao dispor sobre direito individual fundamental, relativo à titularidade, intimidade, privacidade e sigilo de dados, a questão obrigatoriamente deve submeter-se à análise e votação em Plenário.

Entendemos que as Comissões só podem exarar pareceres conclusivos em sede de proposições legislativas quando os projetos versarem sobre matérias que possam ser objeto de delegação, nos termos do art. 68, § 1º, da Constituição da República, o que não ocorre no presente caso, no qual se configura o vício constitucional já enfatizado.

Quanto à alteração da competência da Justiça Eleitoral por meio de lei ordinária, conferiu-se a ela a função de atribuição e fornecimento do RCN, armazenamento e gestão da base de dados do RNC e administração do Fundo do Registro Civil Nacional – FRCN. Entretanto, a atribuição de competência à Justiça Eleitoral só pode ocorrer por meio de lei complementar, conforme exigência do art. 121 da Constituição da República.

Em relação à inexistência de Análise de Impacto Regulatório, a atividade legislativa do Estado deve ser fruto da ponderação entre os valores econômicos e sociais que sofrerão a sua incidência. A realização dos fins da regulamentação legislativa, assim, depende de uma avaliação da necessidade e eficácia dos seus instrumentos, dos seus custos e dos efeitos por ela pretendidos.

No caso, o legislador deveria ter realizado a delimitação de objetivos e meios pretendidos, o mapeamento dos prováveis impactos diretos e indiretos e uma análise dos custos e benefícios da medida. Nada disso ocorreu, especialmente com relação aos impactos do RCN para o secular modelo de registro público, exercitável em caráter privado, por meio de delegação do Poder Público.

SEGUNDO QUESITO: O Projeto de Lei N. 1.775/2015 é materialmente constitucional?

Sob o ponto de vista material, a proposição é inconstitucional pelas seguintes razões: transbordamento da função atípica e admissível da Justiça Eleitoral e, ainda, na impossibilidade de extinção ou limitação da delegação da função pública da atividade de registro por meio de lei.

Nesse sentido, no exercício de suas funções institucionais, a Justiça Eleitoral realiza atividades típicas e atípicas. Estas últimas, de cunho administrativo, são desenvolvidas para aferir a capacidade eleitoral dos candidatos e eleitores. Portanto, possuem correspondência direta com a função típica da Justiça Eleitoral.

Ocorre que o registro civil que se pretende atribuir à Justiça Eleitoral não guarda qualquer relação com a atividade atípica já desempenhada. É, portanto, absolutamente estranha às suas funções judiciais ou mesmo administrativas. Em outras palavras, o RCN possui uma finalidade em si mesmo, não se constituindo como instrumento para exercício legítimo da democracia, hipótese na qual a Constituição admite a atuação da Justiça Eleitoral.

Quanto à comercialização do serviço de conferência da base de dados do RCN a empresas, é preciso salientar que tal serviço é inconstitucional, posto implicar em evidente desvio de finalidade.

A proposição vedou a comercialização da base de dados do RCN, mas não impediu o serviço de conferência de dados prestado a terceiros. A alienação onerosa fica mais evidente quando se prevê que o FRCN será constituído, dentre outros, por recursos decorrentes da prestação de serviços de conferência de dados e quando se prevê que a Justiça Eleitoral poderá firmar acordo, convênio ou outro instrumento congênere com entidades privadas.

No tocante à impossibilidade de extinção ou limitação da delegação da função pública da atividade de registro por meio de lei, a atividade de registro, exercitável em caráter privado, ocorre por meio de delegação do Poder Público. Trata-se de imposição constitucional do seu art. 236.

Ou seja, o serviço de registro é uma atividade estatal, pública, que, por meio de delegação, é executada pelos oficiais de registro, aos quais compete conferir certeza, eficácia e segurança jurídica aos atos ou negócios da vida privada.

Assim é que a constitucionalização do serviço público de Registro Civil de Pessoas Naturais impede que haja extinção ou limitação da referida função pública por meio de lei. Não se admite, inclusive, que haja o comprometimento das fontes de custeio destes mesmos registros, sob pena de cassação implícita da função pública delegada.

Como se não bastassem referidos impactos para as atividades delegadas, há um comprometimento da unicidade registral, que exige que ato possua apenas um registro. O registro civil paralelo, bem como a duplicidade registral, desta forma, é contrário à certificação fidedigna dos atos da vida civil.

Este é o nosso parecer.

São Paulo, 28 de julho de 2015.

CAPÍTULO XIII

O REGIME CONSTITUCIONAL DE EDIÇÃO DAS MEDIDAS PROVISÓRIAS E OS REQUISITOS DE URGÊNCIA E RELEVÂNCIA DAS RECENTES REFORMAS TRABALHISTAS

EMENTA: **I.** PROLEGÔMENOS E FORMULAÇÃO DOS QUESITOS. **II.** AS MATÉRIAS OBJETO DE REGULAMENTAÇÃO PELA MEDIDA PROVISÓRIA N. 905. **III.** O DIREITO SOCIAL AO TRABALHO. **IV.** O REGIME CONSTITUCIONAL DAS MEDIDAS PROVISÓRIAS. **IV.A.** A URGÊNCIA. **IV.B.** A RELEVÂNCIA. **IV.C.** A ADMISSIBILIDADE DA REVOGAÇÃO DE UMA MEDIDA PROVISÓRIA POR OUTRA. **IV.D.** AS CONSEQUÊNCIAS JURÍDICAS DA REVOGAÇÃO DE UMA MEDIDA PROVISÓRIA POR OUTRA. **IV.E.** A QUESTÃO DA REEDIÇÃO DAS MEDIDAS PROVISÓRIAS. **V.** RESPOSTAS AOS QUESITOS.

CONSULENTES: ASSOCIAÇÃO BRASILEIRA DE ADVOGADOS TRABALHISTAS, ASSOCIAÇÃO DOS ADVOGADOS TRABALHISTAS DE SÃO PAULO, ASSOCIAÇÃO MINEIRA DE ADVOGADOS TRABALHISTAS,

ASSOCIAÇÃO BRASILEIRA DE JURISTAS PARA A DEMOCRACIA, SINDICATO DOS ADVOGADOS DE SÃO PAULO, MOVIMENTO DA ADVOCACIA TRABALHISTA INDEPENDENTE, ASSOCIAÇÃO DOS MAGISTRADOS DA JUSTIÇA DO TRABALHO DA 2ª REGIÃO E GRUPO PRERROGATIVAS.

13.1 Prolegômenos e formulação dos quesitos

Honra-nos Associação Brasileira de Advogados Trabalhistas, Associação dos Advogados Trabalhistas de São Paulo, Associação Mineira de Advogados Trabalhistas, Associação Brasileira de Juristas para a Democracia, Sindicato dos Advogados de São Paulo, Movimento da Advocacia Trabalhista Independente, Associação dos Magistrados da Justiça do Trabalho da 2ª Região e Grupo Prerrogativas com pedido de parecer jurídico acerca da constitucionalidade ou não das medidas provisórias n. 905 e n. 955, editadas, respectivamente, em 12 de novembro de 2019 e 20 de abril 2020, consoante quesitos a seguir formulados e ao final respondidos. Relata-nos os Consulentes que:

> A Medida Provisória n. 905 foi editada pelo Executivo com vistas à criação de milhares de empregos aos recém-chegados ao mercado de trabalho, mediante o chamado "Contrato Verde Amarelo".
>
> Em detrimento do objeto da medida provisória, o Executivo promoveu uma nova "reforma trabalhista" para extinguir ou alterar conquistas históricas no âmbito das relações de trabalho, consoante termos do art. 7º, *caput*, da Constituição, que dispõe sobre os direitos dos trabalhadores urbanos e rurais, além de outros que visem à melhoria de sua condição social.
>
> Os 18 primeiros artigos cuidam, especificamente, do "contrato verde amarelo", que busca incentivar a contratação formal dos candidatos ao primeiro emprego por meio, dentre outros, da

redução de encargos sociais sobre a folha desses empregados, antecipação no pagamento proporcional de férias, gratificação de natal e multa rescisória fundiária pela metade.

Nos demais 33 artigos promove-se uma nova "reforma trabalhista" por meio da revogação de 39 artigos da Consolidação das Leis do Trabalho (CLT) e 49 artigos da legislação especial, nos mais variados temas, tais como, dentre outros, forma de registro e armazenamento dos dados do contrato de trabalho, flexibilização do trabalho aos domingos, trabalho aos sábados em instituições financeiras, limitação da jornada reduzida dos bancários, regulamentação do pagamento de gorjetas, flexibilização das normas de fiscalização no trabalho, limitação aos poderes do Ministério Público do Trabalho, redução dos juros moratórios e da correção monetária nas condenações em ações trabalhistas, instituição da contribuição previdenciária incidente sobre o benefício do seguro-desemprego, flexibilização no pagamento de prêmios, extinção do acidente de trabalho *in itinere*.

Diante das profundas alterações promovidas no sentido da flexibilização da legislação trabalhista e da precarização do emprego formal, a sociedade organizada, em especial as entidades da advocacia, promoveram intenso debate público no âmbito do Legislativo brasileiro com vistas à não conversão da medida provisória em lei. Possivelmente por essa razão, o Executivo editou a Medida Provisória n. 955 revogando a Medida Provisória n. 905.

Assim considerando, nos foram formulados os seguintes quesitos, os quais serão, ao final, respondidos tendo em vista o regime constitucional de edição das medidas provisórias, o qual não só fixa os requisitos para a adoção do excepcional instrumento, como também regulamenta o procedimento legislativo para conversão em lei e, ainda, as consequências jurídicas da não conversão:

PRIMEIRO QUESITO: A Medida Provisória N. 905, no todo ou em parte, atende aos requisitos da relevância e urgência previstos no Artigo 62 da Constituição da República?

SEGUNDO QUESITO: Há inconstitucionalidade formal e ou material, no todo ou em parte, nos dispositivos da Medida Provisória N. 905?

TERCEIRO QUESITO: Uma medida provisória é passível de revogação por outra medida provisória?

QUARTO QUESITO: Em caso de resposta positiva ao quesito anterior, a análise pelo Congresso Nacional da medida provisória revogada ficará sobrestada até a análise e aprovação da medida provisória revogadora?

QUINTO QUESITO: A Medida Provisória N. 905, editada no final da sessão legislativa de 2019, com análise e aprovação diferida para a sessão legislativa de 2020, poderá ser reeditada nessa mesma sessão legislativa?

SEXTO QUESITO: Na hipótese de não ser possível a reedição da Medida Provisória N. 905 na sessão legislativa de 2020, é constitucional a inserção de alguns dos seus artigos em outra medida provisória que versa sobre normas de Direito do Trabalho?

Conforme antecipado, para que possamos responder aos quesitos formulados, é fundamental que realizemos uma incursão no regime constitucional de edição das medidas provisórias. Entretanto, antes que adentremos, especificamente, em referida temática, é fundamental que detalhemos, ainda que perfunctoriamente, as matérias versadas pela revogada Medida Provisória n. 905.

13.2 As matérias objeto de regulamentação pela Medida Provisória n. 905

A Medida Provisória n. 905, editada em 11 de novembro de 2019 estabeleceu as seguintes regras relativas ao "Contrato de Trabalho Verde e Amarelo":

Conceituou-o como a modalidade de contratação – não incidente para os trabalhadores submetidos à legislação especial (art. 17) – destinada à criação de novos postos de trabalho para as pessoas entre 18 (dezoito) e 29 (vinte e nove) anos de idade, para fins de registro do primeiro emprego em Carteira de Trabalho e Previdência Social (art. 1º, *caput*).

A contratação de trabalhadores será realizada, exclusivamente, para novos postos de trabalho e terá como referência a média do total de empregados registrados na folha de pagamentos entre 1º de janeiro e 31 de outubro de 2019 (art. 2º, *caput*). A contratação total de trabalhadores na modalidade Contrato de Trabalho Verde e Amarelo fica limitada a 20% (vinte por cento) do total de empregados da empresa, levando-se em consideração a folha de pagamentos do mês corrente de apuração (art. 2º, §1º), sendo que, para verificação do quantitativo máximo de contratações, deverá ser computado como unidade a fração igual ou superior a cinco décimos e desprezada a fração inferior a esse valor (art. 2º, §3º). As empresas com até dez empregados, inclusive aquelas constituídas após 1º de janeiro de 2020, ficam autorizadas a contratar dois empregados e, na hipótese de o quantitativo de dez empregados ser superado, será aplicado o limite de 20% (vinte por cento) (art. 2º, §2º). O trabalhador contratado por outras formas de contrato de trabalho, uma vez dispensado, não poderá ser recontratado pelo mesmo empregador pelo prazo de cento e oitenta dias, contado da data de dispensa, ressalvando-se que, para fins da caracterização como primeiro emprego, não serão considerados os vínculos laborais menor aprendiz, contrato de experiência, trabalho intermitente e trabalho avulso (art. 2º, §4º). Havendo infração aos referidos limites, haverá automática transformação em contrato de trabalho por prazo indeterminado (art. 16, § 2º).

Poderão ser contratados os trabalhadores com salário-base mensal de até um salário-mínimo e meio nacional (art. 3º).

São garantidos aos trabalhadores os direitos previstos na Constituição, na CLT, nas convenções e nos acordos coletivos da categoria no que não for contrário ao disposto na referida Medida Provisória (art. 4º).

O contrato será celebrado por até vinte e quatro meses (art. 5º, *caput*), descabendo-se a aplicação da regra do art. 451 da CLT, segundo a qual o contrato de trabalho por prazo determinado que, tácita ou expressamente, for prorrogado mais de uma vez passará a vigorar sem determinação de prazo (art. 5º, § 2º).

O contrato será convertido automaticamente em contrato por prazo indeterminado quando ultrapassado o prazo de 24 (vinte e quatro) meses, passando a incidir as regras do contrato por prazo indeterminado previsto na CLT a partir da data da conversão e, consequentemente, afastadas as disposições da Medida Provisória (art. 5º, § 3º).

O contrato poderá ser utilizado para qualquer tipo de atividade, transitória ou permanente, e para substituição transitória de pessoal permanente (art. 5º, § 1º).

Ao final de cada mês, ou de outro período de trabalho, caso acordado entre as partes, desde que inferior a um mês, o empregado receberá o pagamento imediato das parcelas relativas à remuneração, décimo terceiro salário proporcional e férias proporcionais com acréscimo de um terço (art. 6º, *caput*).

A indenização sobre o saldo do Fundo de Garantia do Tempo de Serviço (FGTS), prevista no art. 18 da Lei n. 8.036/1990, poderá ser paga, por acordo entre empregado e empregador, de forma antecipada, mensalmente, ou em outro período de trabalho acordado entre as partes, desde que inferior a um mês, juntamente com as demais parcelas (art. 6º, § 1º). Referida indenização será paga sempre pela metade, sendo o seu pagamento irrevogável, independentemente do motivo de demissão do empregado, mesmo que por justa causa (art. 6º, § 2º).

Com relação ao referido ponto, é fundamental destacar que a redução, pela metade, da indenização compensatória é material e formalmente inconstitucional já que viola o art. 7º, inciso I, da Constituição e, ainda, o art. 10, inciso I, do Ato das Disposições Constitucionais Transitórias. O primeiro dispositivo constitucional assegura uma relação de emprego protegida contra despedida arbitrária ou sem justa causa, nos termos de lei complementar, que deve regulamentar a indenização compensatória. Já o segundo dispositivo prevê que até que seja promulgada a lei complementar a que se refere o art. 7º, inciso I, da Constituição, fica limitada a proteção nele referida ao aumento, para quatro vezes, da porcentagem prevista no art. 6º, *caput*, e § 1º, da Lei n. 5.107/1966. Portanto, até que seja promulgada a citada lei complementar estabelecendo proteção específica, deve ser mantido o valor integral da indenização compensatória, não cabendo à medida provisória, por força do art. 62, § 1º, inciso II, dispor sobre matérias reservadas à lei complementar.

A alíquota mensal relativa à contribuição devida para o FGTS de que trata o art. 15 da Lei n. 8.036/1990, será de 2% (dois por cento), independentemente do valor da remuneração (art. 7º), e não 8% (oito por cento) sobre o valor da remuneração.

A duração da jornada diária de trabalho poderá ser acrescida de horas extras, em número não excedente de duas, desde que estabelecido por acordo individual, convenção coletiva ou acordo coletivo de trabalho (art. 8º, *caput*). A remuneração da hora extra será, no mínimo, 50% (cinquenta por cento) superior à remuneração da hora normal (art. 8º, § 1º). É permitida a adoção de regime de compensação de jornada por meio de acordo individual, tácito ou escrito, para a compensação no mesmo mês (art. 8º, § 2º). O banco de horas poderá ser pactuado por acordo individual escrito, desde que a compensação ocorra no período máximo de seis meses (art. 8º, § 3º). Na hipótese de rescisão do "Contrato de Trabalho Verde e Amarelo" sem que tenha havido a compensação integral da jornada extraordinária, o trabalhador terá direito ao pagamento das horas extras não compensadas, calculadas sobre o valor da remuneração a que faça jus na data da rescisão (art. 8º, § 4º).

As empresas ficam isentas das seguintes parcelas incidentes sobre a folha de pagamentos relativas ao contrato:

contribuição previdenciária prevista no inciso I do *caput* do art. 22 da Lei n. 8.212/1991; salário-educação previsto no inciso I do *caput* do art. 3º do Decreto n. 87.043/1982; e, por fim, contribuições sociais destinada ao Serviço Social da Indústria (SESI), Serviço Social do Comércio (SESC), Serviço Social do Transporte (SEST), Serviço Nacional de Aprendizagem Industrial (SENAI), Serviço Nacional de Aprendizagem Comercial (SENAC), Serviço Nacional de Aprendizagem do Transporte (SENAT), Serviço Brasileiro de Apoio às Micro e Pequenas Empresas (SEBRAE), Instituto Nacional de Colonização e Reforma Agrária (INCRA), Serviço Nacional de Aprendizagem Rural (SENAR) e Serviço Nacional de Aprendizagem do Cooperativismo (SESCOOP) (art. 9º).

Na hipótese de extinção do contrato, serão devidos os seguintes valores rescisórios, calculados com base na média mensal dos valores recebidos pelo empregado no curso do respectivo contrato de trabalho: a indenização sobre o saldo do FGTS, caso não tenha sido acordada a sua antecipação, além das demais verbas trabalhistas que lhe forem devidas (art. 10).

Não se aplica, consoante art. 11, a indenização prevista no art. 479 da CLT, hipótese em que se aplica a cláusula assecuratória do direito recíproco de rescisão prevista no art. 481 CLT. O citado art. 479 prevê que, nos contratos que tenham prazo estipulado, o empregador que, sem justa causa, despedir o empregado será obrigado a pagar-lhe, a título de indenização, e na proporção de metade, a remuneração a que teria direito até o termo do contrato. Já o referido art. 481 dispõe que, aos contratos por prazo determinado, que contiverem cláusula asseguratória do direito recíproco de rescisão antes de expirado o termo ajustado, aplicam-se, caso seja exercido tal direito por qualquer das partes, os princípios que regem a rescisão dos contratos por prazo indeterminado.

Os contratados poderão ingressar no Programa Seguro-Desemprego, desde que preenchidos os requisitos legais e respeitadas as condicionantes previstas no art. 3º da Lei n. 7.998/1990 (art. 12).

Para fins de redução de litígios, faculta-se ao empregador comprovar, perante a Justiça do Trabalho, acordo extrajudicial de reconhecimento de cumprimento das suas obrigações trabalhistas para com o trabalhador, nos termos do disposto no art. 855-B da CLT (art. 14).

O empregador poderá contratar, nos termos do disposto em ato do Poder Executivo federal, e mediante acordo individual escrito com o trabalhador, seguro privado de acidentes pessoais para empregados que vierem a sofrer o infortúnio, no exercício de suas atividades, em face da exposição ao perigo previsto em lei, com cobertura para morte acidental, danos corporais, danos estéticos e danos morais (art. 15, *caput*, e § 1º). Referido seguro privado de acidentes pessoais não excluirá a indenização a que o empregador está obrigado quando incorrer em dolo ou culpa (art. 15, § 2º). Caso o empregador opte pela contratação do referido seguro, permanecerá obrigado ao pagamento de adicional de periculosidade de 5% (cinco por cento) sobre o salário-base do trabalhador (art. 15, § 3º). O adicional de periculosidade somente será devido quando houver exposição permanente do trabalhador, caracterizada pelo efetivo trabalho em condição de periculosidade por, no mínimo, 50% (cinquenta por cento) de sua jornada normal de trabalho (art. 15, § 4º).

A contratação é permitida no período de 1º de janeiro de 2020 a 31 de dezembro de 2022 (art. 16, *caput*), assegurando-se o prazo de contratação de até 24 (vinte e quatro) meses, ainda que o termo final do contrato seja posterior a 31 de dezembro de 2022 (art. 16, § 2º).

As infrações serão punidas com multa administrativa, nos termos do inciso II do *caput* do art. 634-A da CLT (art. 16, § 3º).

Atribui-se ao Ministério da Economia a competência para coordenar, executar, monitorar, avaliar e editar normas complementares (art. 18).

A Medida Provisória n. 905/2019, além de instituir o citado "Contrato de Trabalho Verde e Amarelo", instituiu o Programa de Habilitação e Reabilitação Física e Profissional, Prevenção e Redução de Acidentes de Trabalho e, ainda, o Programa Nacional de Microcrédito Produtivo Orientado (PNMPO). Além do mais, foram promovidas, dentre outras, as seguintes alterações na CLT, que se somam às alterações relativas à fiscalização do cumprimento das normas de proteção ao trabalho:

> Armazenamento em meio eletrônico, óptico ou equivalente, dos documentos relativos a deveres e obrigações trabalhistas, incluídos aqueles relativos a normas regulamentadoras de saúde e segurança no trabalho (art. 12-A da CLT).
>
> Autorização do trabalho aos domingos e feriados (art. 68 da CLT), a ser remunerado em dobro, salvo se concedido outro dia de folga compensatória (art. 70 da CLT). A folga compensatória para o trabalho aos domingos corresponderá ao repouso semanal remunerado (art. 70, parágrafo único, da CLT). O repouso semanal remunerado deverá coincidir com o domingo, no mínimo, uma vez no período máximo de quatro semanas para os setores de comércio e serviços e, no mínimo, uma vez no período máximo de sete semanas para o setor industrial (art. 68, § 1º, da CLT).
>
> Previsão de que a duração normal do trabalho dos empregados em bancos, em casas bancárias e na Caixa Econômica Federal, para aqueles que operam exclusivamente no caixa, será de até seis horas diárias, perfazendo um total de trinta horas de trabalho por semana, podendo ser pactuada jornada superior, a qualquer tempo, mediante acordo individual escrito, convenção coletiva ou acordo coletivo de trabalho, regra não incidente para aqueles que exercem funções de direção, gerência, fiscalização, chefia e equivalentes ou que desempenhem outros cargos de confiança desde que o valor da gratificação não seja inferior a um terço do salário do cargo efetivo (art. 224, *caput*, da CLT). Para os demais empregados em bancos, em casas bancárias e na Caixa Econômica Federal, a jornada somente será considerada extraordinária após a oitava hora trabalhada (art. 224, § 3º, da CLT). Na hipótese de decisão judicial que afaste o

enquadramento de empregado o exercício de funções de direção, gerência, fiscalização, chefia e equivalentes, o valor devido relativo a horas extras e reflexos será integralmente deduzido ou compensado no valor da gratificação de função e reflexos pagos ao empregado (art. 224, § 4º, da CLT).

A duração normal do trabalho de jornalistas, revisores, fotógrafos e ilustradores em empresas jornalísticas, normalmente de cinco horas diárias, já passível de ampliação para sete horas mediante acordo escrito, poderá ser ampliado por motivo de força maior (art. 304, parágrafo único, da CLT).

Previsão de que o fornecimento de alimentação, *in natura* ou por meio de tíquetes, vales, cupons, cheques e cartões eletrônicos destinados à aquisição de refeições ou de gêneros alimentícios não possui natureza salarial e não é tributável para efeito da contribuição previdenciária e dos demais tributos incidentes sobre a folha de salários e sobre a renda da pessoa física (art. 457, § 5º, da CLT).

Previsão de que, além do pagamento em dinheiro, compreende-se no salário a habitação, o vestuário ou outras prestações *in natura* que a empresa fornecer habitualmente ao empregado, e, em nenhuma hipótese, será permitido o pagamento com bebidas alcoólicas ou drogas nocivas (art. 458 da CLT).

Por fim, além das exemplificativas alterações na CLT, foram promovidas alterações em espécies normativas trabalhistas esparsas. Dentre outras, podemos elencar:

Previsão de descanso semanal remunerado de vinte e quatro horas consecutivas, revogada a regra segundo a qual todo empregado tem direito ao repouso semanal remunerado de vinte e quatro horas consecutivas, preferentemente aos domingos e, nos limites das exigências técnicas das empresas, nos feriados civis e religiosos, de acordo com a tradição local (art. 1º da Lei n. 605/1949).

Previsão de que os débitos trabalhistas de qualquer natureza, quando não satisfeitos pelo empregador ou pelo empregado,

> nos termos previstos em lei, convenção ou acordo coletivo, sentença normativa ou cláusula contratual, sofrerão juros de mora equivalentes ao índice aplicado à caderneta de poupança, no período compreendido entre o mês subsequente ao vencimento da obrigação e o seu efetivo pagamento (art. 39, *caput*, da Lei n. 8.177/1991), afastando a regra segundo a qual os débitos trabalhistas de qualquer natureza, quando não satisfeitos pelo empregador nas épocas próprias assim definidas em lei, acordo ou convenção coletiva, sentença normativa ou cláusula contratual sofrerão juros de mora equivalentes à Taxa Referencial Diária (TRD) acumulada no período compreendido entre a data de vencimento da obrigação e o seu efetivo pagamento.
>
> Quanto aos débitos trabalhistas constantes de condenação pela Justiça do Trabalho ou decorrentes dos acordos celebrados em ação trabalhista não pagos nas condições homologadas ou constantes do termo de conciliação, previu-se que serão acrescidos de juros de mora equivalentes ao índice aplicado à caderneta de poupança, a partir da data do ajuizamento da reclamatória e aplicados *pro rata die*, ainda que não explicitados na sentença ou no termo de conciliação (art. 39, § 1º, da Lei n. 8.177/1991), afastando a regra segundo a qual aos débitos trabalhistas constantes de condenação pela Justiça do Trabalho ou decorrentes dos acordos feitos em reclamatória trabalhista, quando não cumpridos nas condições homologadas ou constantes do termo de conciliação, serão acrescidos, nos juros de mora equivalentes à TRD, juros de um por cento ao mês, contados do ajuizamento da reclamatória e aplicados *pro rata die*, ainda que não explicitados na sentença ou no termo de conciliação.

Referida Medida Provisória n. 905/2019 foi revogada pela Medida Provisória n. 955/2020, cuja Exposição de Motivos consignou que a medida seria necessária em razão da exiguidade do prazo para a sua apreciação antes da perda da sua vigência.

A revogação ocorreu na mesma data em que se encerraria sua vigência, isso já considerada a regra do § 7º do art. 62 da Constituição, segundo a qual prorrogar-se-á uma única vez por igual período a vigência de medida provisória que, no prazo de sessenta dias, contado de sua publicação, não tiver a sua votação encerrada nas duas Casas do Congresso Nacional.

A Medida Provisória n. 905 ensejou o Projeto de Lei de Conversão n. 6/2020, o qual foi aprovado com modificações pela Câmara dos Deputados em 14 de abril de 2020 e remetido ao Senado Federal no dia seguinte. Com a superveniência da Medida Provisória n. 955, em 23 de abril de 2020 foi veiculado no Diário do Congresso Nacional que os prazos de tramitação e a vigência da Medida Provisória n. 905 estavam suspensos a partir de 20 de abril de 2020 até que seja ultimada a votação da Medida Provisória n. 955/2020 nas duas Casas do Congresso Nacional.

Apresentado referido cenário, à luz dos quesitos formulados, realizaremos uma incursão no regime constitucional das Medidas Provisórias. Entretanto, antes que adentremos especificamente em tais aspectos, objeto precípuo do presente Parecer, é fundamental que realizemos uma incursão, ainda que perfunctória e exemplificativa, no regime constitucional do direito social ao trabalho.

13.3 O direito social ao trabalho

A República Federativa do Brasil constitui-se em Estado Democrático de Direito destinado a assegurar o exercício dos direitos sociais e individuais, bem como a liberdade, a segurança, o bem-estar, o desenvolvimento, a igualdade e a justiça. Referidos valores supremos de uma sociedade pluralista e fraterna amalgamam-se com a consagração da democracia (parágrafo único do artigo 1º da Constituição) e o acolhimento da técnica da separação das funções estatais (artigo 2º da Constituição).

São, dentre outros, fundamentos da nossa República os valores sociais do trabalho e da livre iniciativa, a cidadania e a dignidade da pessoa humana (artigo 1º, incisos IV, II e III da Constituição), ao passo que constituem objetivos fundamentais da República construir uma sociedade justa e solidária, erradicar a pobreza e a marginalização, reduzir as desigualdades sociais e regionais, promover o bem de todos e, ainda, garantir o desenvolvimento nacional (artigo 3º da Constituição).

Do mesmo modo, a ordem econômica visa assegurar a todos uma existência digna, conforme os ditames da justiça social (art. 170), isso com vistas a, inclusive, reduzir as desigualdades regionais e sociais.

Veja-se, portanto, que o Estado Democrático de Direito se ampara em determinadas dimensões materiais e formais que podemos resumir em supremacia da Constituição, juridicidade, democracia, república, separação das funções estatais e garantia dos direitos individuais e sociais. A conformação do poder político e a organização da sociedade pelo Estado Democrático de Direito é, nesses termos, condição de realização da justiça no seu sentido mais pleno.

Especificamente com relação ao direito social ao trabalho, bem como dos direitos dos trabalhadores urbanos e rurais que visem à melhoria de sua condição social, bem como asseguram os direitos de liberdade de associação profissional ou sindical e, ainda, o direito de greve.

Assim considerando, com relação ao "Contrato de Trabalho Verde e Amarelo", há a instituição de uma determinada categoria de trabalhadores, ferindo o princípio constitucional da isonomia, consubstanciado no insculpido na Constituição no seu art. 5º, *caput* e inciso I, no art. 3º, incisos III e IV, art. 7º, incisos XXX e XXI, art. 170, art. 193, art. 196, art. 205, além de outros não expressos, mas que decorrem da sua intelecção. Destaque-se, em especial, a previsão do art. 7º, inciso XXX, da Constituição, que estabelece a proibição de diferença de salários e de exercício de funções.

Celso Antonio Bandeira de Mello fornece três critérios para identificação do respeito ou desrespeito à isonomia. Para determinar se a diferenciação feita pela lei fere ou não a isonomia é necessária a análise de três pontos: (a) tem-se que investigar, de um lado, aquilo que é adotado como critério discriminatório; (b) cumpre verificar se há justificativa racional, isto é, fundamento lógico para, à vista do traço acolhido, atribuir o específico tratamento jurídico construído em função da desigualdade proclamada; e, por fim, (c) analisar se a correlação ou fundamento racional abstratamente é afinado com os valores protegidos no sistema normativo constitucional. Só a conjunção dos três aspectos é que permite análise concreta do problema. Isto é: a hostilidade ao preceito isonômico pode residir em quaisquer deles.[421]

Com efeito, e nas palavras do mesmo autor, para detectar se determina norma está ou não de acordo com o princípio da isonomia, deve-se verificar a existência ou não de correlação lógica entre o fator erigido em critério de discrímen e a discriminação legal decidida em função dele. Em outras palavras, deve-se investigar, de um lado, aquilo que é erigido em critério discriminatório e, de outro lado, se há justificativa racional para, à vista do traço promotor de distinção adotado, atribuir específico tratamento jurídico. Assim, é agredida a igualdade quanto o fator diferencial adotado para qualificar os atingidos pela regra não guarda relação lógica com a inclusão ou exclusão no benefício ou restrição criados.[422] Dito de outro modo, as discriminações são compatíveis com o princípio da igualdade apenas e tão-somente quando houver um vínculo de correlação lógica entre a peculiaridade diferencial e a desigualdade de tratamento em função dela conferida. Além

---

421 BANDEIRA DE MELLO, Celso Antônio. *Conteúdo jurídico do princípio da igualdade*. São Paulo: Malheiros, 2011.

422 BANDEIRA DE MELLO, Celso Antônio. *Conteúdo jurídico do princípio da igualdade*. São Paulo: Malheiros, 2011.

do mais, tal correlação não deve ser incompatível com interesses prestigiados na Constituição.[423]

Assim considerando, inexiste justificativa racional, isto é, fundamento lógico para, à vista do traço acolhido, qual seja ser pessoa entre 18 (dezoito) e 29 (vinte e nove) anos de idade em primeiro emprego, atribuir o específico tratamento jurídico a que se refere o "Contrato de Trabalho Verde e Amarelo", construído em função da desigualdade proclamada. Sob essa perspectiva, deparamo-nos com uma inconstitucionalidade material.

Conforme antecipado, a Medida Provisória n. 905/2019, além de instituir o citado "Contrato de Trabalho Verde e Amarelo", instituiu o Programa de Habilitação e Reabilitação Física e Profissional, Prevenção e Redução de Acidentes de Trabalho e, ainda, o Programa Nacional de Microcrédito Produtivo Orientado (PNMPO). Além do mais, foram promovidas alterações na CLT e em espécies normativas trabalhistas esparsas.

Ainda que o objeto precípuo do presente parecer não seja analisar, em toda a sua extensão, a constitucionalidade material das específicas alterações levadas a efeito pela revogada Medida Provisória n. 905/2019, mas centrarmos, em especial, se a edição das medidas provisórias atendeu às exigências constitucionais, é importante consignar que, além da já demonstrada inconstitucionalidade formal e material do seu art. 6º, § 2º, foram promovidas diversas alterações que violam o regime constitucional do direito social ao trabalho, bem como a sua vinculação teleológica à melhoria das condições sociais dos trabalhadores.

Do mesmo modo, iniciativas tais como, exemplificativamente, flexibilização do trabalho aos domingos, trabalho aos sábados em instituições financeiras, limitação da jornada reduzida dos

---

423 BANDEIRA DE MELLO, Celso Antônio. *Conteúdo jurídico do princípio da igualdade*. São Paulo: Malheiros, 2011.

bancários, flexibilização das normas de fiscalização no trabalho, limitação aos poderes do Ministério Público do Trabalho, redução dos juros moratórios e da correção monetária nas condenações em ações trabalhistas, flexibilização no pagamento de prêmios, extinção do acidente de trabalho *in itinere* são matérias que ferem referido regime constitucional do direito social ao trabalho, bem como os fundamentos da República relativos aos valores sociais do trabalho e à dignidade da pessoa humana (artigo 1º, incisos IV e III da Constituição) e, ainda, os objetivos fundamentais da República de construção de uma sociedade justa e solidária, erradicação da pobreza e da marginalização, redução das desigualdades sociais e regionais e, ainda, promoção do bem de todos (artigo 3º, incisos I, III e IV, da Constituição).

13.4 O Regime Constitucional das Medidas Provisórias

Nos termos do art. 62, *caput*, da Constituição, em caso de relevância e urgência, o Presidente da República poderá adotar medidas provisórias, com força de lei, devendo submetê-las de imediato ao Congresso Nacional.

Além dos citados requisitos de relevância e urgência, veda-se a edição de medidas provisórias com relação a determinadas matérias: relativas a nacionalidade, cidadania, direitos políticos, partidos políticos e direito eleitoral; direito penal, processual penal e processual civil; organização do Judiciário e do Ministério Público, a carreira e a garantia de seus membros; planos plurianuais, diretrizes orçamentárias, orçamento e créditos adicionais e suplementares, ressalvada a abertura de crédito extraordinário, destinada ao atendimento de despesas imprevisíveis e urgentes, como as decorrentes de guerra, comoção interna ou calamidade pública; e, ainda, que vise a detenção ou sequestro de bens, de poupança popular ou qualquer outro ativo financeiro (art. 62, § 1º, inciso I, da Constituição).

Do mesmo modo, descabe a edição de medida provisória em matéria reservada à lei complementar (art. 62, § 1º, inciso II). Por fim, não cabe medida provisória em matéria já disciplinada em projeto de lei aprovado pelo Congresso Nacional e pendente de sanção ou veto do Presidente da República (art. 62, § 1º, inciso III, da Constituição).

Além dos referidos requisitos, a Constituição estabelece as regras para conversão em lei e, ainda, as consequências jurídicas da não conversão. Assim é que as medidas provisórias perderão eficácia, desde a edição, se não forem convertidas em lei no prazo de sessenta dias, prorrogável uma vez por igual período, devendo o Congresso Nacional disciplinar, por decreto legislativo, as relações jurídicas delas decorrentes (art. 62, § 3º). Referido prazo conta-se da publicação da medida provisória, suspendendo-se durante os períodos de recesso do Congresso Nacional (art. 62, § 4º, da Constituição).

Se a medida provisória não for apreciada em até quarenta e cinco dias contados de sua publicação, entrará em regime de urgência, subsequentemente, em cada uma das Casas do Congresso Nacional, ficando sobrestadas, até que se ultime a votação, todas as demais deliberações legislativas da Casa em que estiver tramitando (art. 62, § 6º, da Constituição). Prorrogar-se-á uma única vez por igual período a vigência de medida provisória que, no prazo de sessenta dias, contado de sua publicação, não tiver a sua votação encerrada nas duas Casas do Congresso Nacional (art. 62, § 7º, da Constituição).

Apresentado referido cenário constitucional é importante, tendo em vista os quesitos formulados, que adentremos, especificamente, em determinados aspectos constitucionais relativos aos requisitos para a edição das medidas provisórias, o rito constitucional para a edição das medidas provisórias e, por fim, as consequências jurídicas da não conversão em lei.

13.4.1 A urgência

Clèmerson Merlin Clève assinala que a urgência para a edição das medidas provisórias relaciona-se

> à indeferibilidade do provimento, que deve ser tal por impedir o emprego de meios ordinários. Como urgência, está-se indicando perigo de dano, a probabilidade de manifestar-se evento danoso; enfim, a situação de periculosidade exigente de *ordinanza extra ordinem*.[424]

No mesmo sentido, destaque-se o entendimento de Celso Ribeiro Bastos, para o qual a urgência caracteriza-se "quando a adoção de espécie normativa pelo procedimento legislativo ordinário não permitiria o êxito tempestivo da finalidade objetivada pelo Governo".[425]

Mais especificamente, Uadi Lammêgo Bulos assevera que:

> (...) se uma matéria, que precise de regulamentação, puder aguardar o prazo para a tramitação urgente de um projeto de lei, fixado em quarenta e cinco dias, inexistirá supedâneo constitucional para editar medida provisória, pois inexistirá, nesse caso, a excepcionalidade caracterizadora do ato de urgência.[426]

No mesmo sentido empossado pelos autores referenciados é a jurisprudência do Supremo Tribunal Federal (STF), a qual pode

---

424 CLÈVE, Clèmerson Merlin. *Medidas provisórias*. São Paulo: Max Limonad, 1999, pp. 71/72.

425 BASTOS, Celso Ribeiro. *Curso de Direito Constitucional*. São Paulo: Saraiva, 1999, item 4.1.

426 BULOS, Uadi Lammêgo. *Curso de Direito Constitucional*. São Paulo: Saraiva, 2018, p. 1228.

ser assim sintetizada em determinado voto proferido pela Ministra Cármen Lúcia:

> sobre a urgência, tenho, na esteira da jurisprudência do Supremo, me pronunciado no sentido de que há como se aferir. Se puder esperar o prazo, com determinação de urgência, de um projeto de lei, a medida provisória não é legítima.[427]

Constata-se, portanto, que a urgência para a edição de medidas provisórias materializa-se nas hipóteses concretas em que a regulamentação infraconstitucional não puder ocorrer através do processo legislativo, considerado o seu regime de urgência, previsto no art. 64, § 1º, segundo o qual o Presidente da República poderá solicitar urgência para apreciação de projetos de sua iniciativa, ocasião em que, consoante o § 2º do mesmo dispositivo, se a Câmara dos Deputados e o Senado Federal não se manifestarem sobre a proposição, cada qual sucessivamente, em até quarenta e cinco dias, sobrestar-se-ão todas as demais deliberações legislativas da respectiva Casa, com exceção das que tenham prazo constitucional determinado, até que se ultime a votação.

Assim considerando, a Medida Provisória n. 905 não atendeu ao requisito da urgência já que, à luz das elencadas matérias ali regulamentadas, inexiste qualquer fundamento que justifique obstar o processo legislativo ordinário no seu regime de urgência.

13.4.2 A relevância

Clèmerson Merlin Clève assevera que a relevância não se relaciona, exclusivamente, com as matérias objeto de regulamentação através de medida provisória, mas também à própria situação ensejadora da sua edição. Trata-se, para o autor, de uma relevância

427 BRASIL. Supremo Tribunal Federal (STF). Recurso Extraordinário n. 592.377, Rel. Min. Marco Aurélio, julgamento em 04.02.2015.

extraordinária, especialmente qualificada, que justifique o afastamento do processo legislativo comum:

> a relevância demandante de sua adoção não comporta satisfação de interesses outros que não os da sociedade. A relevância há, portanto, de vincular-se unicamente à realização do interesse público. De outro ângulo, a relevância autorizadora da deflagração da competência normativa do Presidente da República não se confunde com a ordinária, desafiadora do processo legislativo comum. Trata-se, antes, de relevância extraordinária, excepcional, especialmente qualificada, contaminada pela contingência, acidentabilidade, imprevisibilidade.[428]

No mesmo sentido, destaque-se o entendimento de Celso Ribeiro Bastos, para o qual "com relação à relevância, deve ser ela bem mais expressiva do que a relevância comum que toda matéria merecedora de disciplinação legislativa possui".[429] Do mesmo modo, Uadi Lammêgo Bulos leciona que a relevância para a edição de medidas provisórias está relacionada à ocorrência de "situações graves, de notória importância, perante interesses invulgarmente importantes".[430]

Nesse sentido é a jurisprudência do Supremo Tribunal Federal (STF), que também pode ser assim sintetizada em voto proferido pela Ministra Cármen Lúcia:

> Relevante é o que tem importância, é o que se põe como essencial, como dotado de qualidade indispensável à essência

---

428 CLÈVE, Clèmerson Merlin. *Medidas provisórias*. São Paulo: Max Limonad, 1999, pp. 69/70.

429 BASTOS, Celso Ribeiro. *Curso de Direito Constitucional*. São Paulo: Saraiva, 1999, item 4.1.

430 BULOS, Uadi Lammêgo. *Curso de Direito Constitucional*. São Paulo: Saraiva, 2018, p. 1228.

> de um ato, de algo ou de alguém. Quando se configurar, pois, uma circunstância constatada como de necessidade imperiosa na sociedade e a ser objeto de um cuidado normativo, é que se poderá, então, cogitar de adoção de medida nos moldes do art. 62 da Constituição da República.[431]

Tendo em vista referidos conceitos doutrinários e jurisprudenciais, é inegável que a Medida Provisória n. 905, à luz das matérias ali versadas, não atendeu ao requisito da relevância na medida em que inexistia excepcionalidade, uma necessidade imperiosa e invulgar, que justificasse, à luz de uma situação grave, a necessidade de tutela de direitos por meio da medida provisória.

Destaque-se que, em 2017, foram promovidas intensas revisões à CLT, o que desencadeou a edição da Lei n. 13.467/2017, vulgarmente intitulada de "reforma trabalhista". Veja-se, portanto, que o debate público em torno das matérias trabalhistas ocorreu recentemente. Também sob essa perspectiva, inexiste pressuposto especialmente qualificado que lastreie a edição da Medida Provisória n. 905, bem como a materialização de situação grave e de "irrefutável importância"[432] que a justifique.

13.4.3 A admissibilidade da revogação de uma medida provisória por outra

A discussão da revogação de uma medida provisória por outra não é um tema recente no âmbito do controle concentrado de constitucionalidade brasileiro. Já em 1990,[433] o STF consignou o entendimento, especialmente ratificado em paradigmática

431 BRASIL. Supremo Tribunal Federal (STF). Ação Direta de Inconstitucionalidade (ADI) n. 2.425, Rel. Min. Ricardo Lewandowski, julgamento em 14.03.2018.

432 VASCONCELOS, Clever. *Curso de Direito Constitucional.* São Paulo: Saraiva, 2020, p. 172.

433 BRASIL. Supremo Tribunal Federal (STF). Ação Direta de Inconstitucionalidade (ADI) n. 221, Rel. Min. Moreira Alves, julgamento em 29.03.1990.

decisão de 2003, de que a ab-rogação, isto é, a revogação total de uma medida provisória por outra, é juridicamente admitida.[434] Na oportunidade, restou consignado que "como qualquer outro ato legislativo, a Medida Provisória é passível de ab-rogação mediante diploma de igual ou superior hierarquia".[435]

13.4.4 As consequências jurídicas da revogação de uma medida provisória por outra

A revogação de uma medida provisória por outra suspende, com caráter *ex nunc*, a eficácia da espécie normativa revogada já que, como se sabe, a segunda medida provisória, assim como a primeira, produz efeitos sob condição resolutiva, consoante destacam Gilmar Ferreira Mendes e Paulo Gustavo Gonet Branco.[436]

Em outras palavras, caso a segunda medida provisória seja rejeitada, ela perderá a sua eficácia desde a edição. Nesse caso, a primeira medida provisória voltará a vigorar pelo restante do tempo que faltava para completar o prazo constitucional de vigência, consoante preceitua o mesmo autor.

Durante o período de vigência da segunda medida provisória não pode o Congresso Nacional prosseguir com o processo de conversão da primeira. Cabe ao Congresso Nacional seguir com o processo de conversão da segunda, sendo que, uma vez convertida em lei, tornar-se-á definitiva a revogação.

Referido entendimento, sufragado na já citada decisão paradigmática de 2003, reafirmou o entendimento pretérito do STF

434 BRASIL. Supremo Tribunal Federal (STF). Ação Direta de Inconstitucionalidade (ADI) n. 2.984, Rel. Min. Ellen Gracie, julgamento em 04.09.2003.

435 BRASIL. Supremo Tribunal Federal (STF). Ação Direta de Inconstitucionalidade (ADI) n. 2.984, Rel. Min. Ellen Gracie, julgamento em 04.09.2003.

436 MENDES, Gilmar Ferreira; BRANCO, Paulo Gustavo Gonet. *Curso de Direito Constitucional.* São Paulo: Saraiva, 2019, p. 1.024.

no sentido de que quando uma medida provisória pendente de apreciação pelo Congresso Nacional é revogada por outra, há a suspensão da eficácia daquela que foi objeto de revogação até que seja ultimada a discussão legislativa relativa à conversão relativa à medida provisória revogadora. Caso a medida provisória revogadora seja convertida em lei, tornar-se-á definitiva a revogação. Em não havendo a conversão em lei, a medida provisória revogada retomará seus efeitos pelo período que ainda lhe restava para vigorar.[437]

Destaque-se que a Medida Provisória n. 955 revogou a Medida Provisória n. 905 na mesma data em que encerrar-se-ia a sua vigência, isso já considerada a regra do § 7º do art. 62 da Constituição, segundo a qual prorrogar-se-á uma única vez, por igual período, a vigência de medida provisória que, no prazo de sessenta dias, contado de sua publicação, não tiver a sua votação encerrada nas duas Casas do Congresso Nacional.

A Medida Provisória n. 905 ensejou o Projeto de Lei de Conversão n. 6/2020, o qual foi aprovado com modificações pela Câmara dos Deputados em 14 de abril de 2020 e remetido ao Senado Federal no dia seguinte. Com a superveniência da Medida Provisória n. 955, em 23 de abril de 2020 foi veiculado no Diário do Congresso Nacional que os prazos de tramitação e a vigência da Medida Provisória n. 905 estavam suspensos a partir de 20 de abril de 2020 até que seja ultimada a votação da Medida Provisória n. 955/2020 nas duas Casas do Congresso Nacional.

Ainda que prevaleça a regra segundo a qual a primeira medida provisória volta a vigorar pelo restante do tempo que faltava para completar o prazo constitucional de vigência, ela não é aplicável para as hipóteses em que a segunda medida provisória tenha sido editada no último dia de vigência da primeira.

---

437 BRASIL. Supremo Tribunal Federal (STF). Ação Direta de Inconstitucionalidade (ADI) n. 1.665, Rel. Min. Moreira Alves, julgamento em 08.05.1998.

Consequentemente, caso não seja apreciada pelo Congresso Nacional, ou seja por ele rejeitada a medida provisória revogadora, descabe falar que ainda restaria prazo para apreciação da medida provisória revogada. Ao contrário, terá ela perdido a sua eficácia desde a edição. Caso seja convertida em lei a medida provisória revogadora, tornar-se-á definitiva a revogação.

Em outras palavras, a análise, pelo Congresso Nacional, da medida provisória revogada fica sobrestada até a análise da medida provisória revogadora sempre que a espécie normativa revogadora for editada até um dia antes do prazo final da eficácia da medida provisória revogada.

Uma vez que a Medida Provisória n. 905 foi revogada no último dia de sua vigência, inclusive após a prorrogação admitida pela Constituição, é equivocado o entendimento de que ela está sobrestada. Para que houvesse o sobrestamento, seria necessário, pelo menos, que a Medida Provisória n. 955 fosse editada até 19 de abril de 2020.

Consequentemente, só resta ao Congresso Nacional apreciar a revogação promovida pela Medida Provisória n. 955, sendo-lhes vedado, em qualquer hipótese, converter em lei a Medida Provisória n. 905.

Caso o Congresso Nacional quede-se inerte na apreciação da Medida Provisória n. 955, ou venha a rejeitá-la no prazo constitucional de sua vigência, considerada a sua prorrogação, ela perderá a sua eficácia desde a edição. Se o Congresso Nacional converter em lei a medida provisória revogadora, tornar-se-á definitiva a revogação.

O § 3º do art. 62 da Constituição dispõe que as medidas provisórias perderão eficácia, desde a edição, se não forem convertidas em lei no prazo de sessenta dias, prorrogável uma vez por igual período, devendo o Congresso Nacional disciplinar, por decreto legislativo, as relações jurídicas delas decorrentes.

Não editado referido decreto legislativo até sessenta dias após a rejeição ou perda de eficácia de medida provisória, as relações jurídicas constituídas e decorrentes de atos praticados durante sua vigência conservar-se-ão por ela regidas, consoante previsão do § 11 do art. 62 da Constituição.

13.4.5 A questão da reedição das medidas provisórias

É vedada a reedição, na mesma sessão legislativa, de medida provisória que tenha sido rejeitada ou que tenha perdido sua eficácia por decurso de prazo, consoante previsão do § 10 do art. 62 da Constituição.

Nos termos do art. 57 da Constituição, o Congresso Nacional reunir-se-á, anualmente, na Capital Federal, de 2 de fevereiro a 17 de julho e de 1º de agosto a 22 de dezembro. Portanto, a sessão legislativa conta-se de 2 de fevereiro a 22 de dezembro.

Para fins de reedição de uma medida provisória, importa o momento em que se operou a rejeição ou a perda da eficácia. Consequentemente, até 22 de dezembro de 2020, é vedada a reedição da Medida Provisória n. 905.

Em outras palavras, a Medida Provisória n. 905, editada no final da sessão legislativa de 2019, com análise e aprovação diferida para a sessão legislativa de 2020, não poderá ser reeditada nessa mesma sessão legislativa.

Referidas previsões constitucionais obstam a edição de medidas provisórias que versem, no todo ou em parte, com as matérias objeto da Medida Provisória n. 905. Portanto, é inconstitucional a inserção de alguns dos seus artigos em outra medida provisória que verse sobre normas de Direito do Trabalho.

13.5 Respostas aos quesitos

Apresentamos, a seguir, as respostas aos quesitos formulados, os quais, à luz do substrato fático apresentado na presente

Parecer, serão desenvolvidas tendo em vista a incursão no regime constitucional das medidas provisórias.

PRIMEIRO QUESITO: A Medida Provisória n. 905, no todo ou em parte, atende aos requisitos da relevância e urgência previstos no artigo 62 da Constituição da República?

A urgência para a edição de medidas provisórias materializa-se nas hipóteses concretas em que a regulamentação infraconstitucional não puder ocorrer através do processo legislativo, considerado o seu regime de urgência, previsto no art. 64, § 1º, segundo o qual o Presidente da República poderá solicitar urgência para apreciação de projetos de sua iniciativa, ocasião em que, consoante o § 2º do mesmo dispositivo, se a Câmara dos Deputados e o Senado Federal não se manifestarem sobre a proposição, cada qual sucessivamente, em até quarenta e cinco dias, sobrestar-se-ão todas as demais deliberações legislativas da respectiva Casa, com exceção das que tenham prazo constitucional determinado, até que se ultime a votação.

Assim considerando, a Medida Provisória n. 905 não atendeu ao requisito da urgência já que, à luz das elencadas matérias ali regulamentadas, inexiste qualquer fundamento que justifique obstar o processo legislativo ordinário no seu regime de urgência.

Ademais, a Medida Provisória n. 905, à luz das matérias ali versadas, não atendeu ao requisito da relevância na medida em que inexistia excepcionalidade, uma necessidade imperiosa e invulgar, que justificasse, à luz de uma situação grave, a necessidade de tutela de direitos por meio da medida provisória.

Destaque-se que, em 2017, foram promovidas intensas revisões à CLT, o que desencadeou a edição da Lei n. 13.467/2017, vulgarmente intitulada de "reforma trabalhista". Veja-se, portanto, que o debate público em torno das matérias trabalhistas ocorreu recentemente. Também sob essa perspectiva, inexiste pressuposto especialmente qualificado que lastreie a edição da Medida Provisória

n. 905, bem como a materialização de situação grave e de "irrefutável importância"[438] que a justifique.

SEGUNDO QUESITO: Há inconstitucionalidade formal e ou material, no todo ou em parte, nos dispositivos da Medida Provisória N. 905?

Com relação ao "Contrato de Trabalho Verde e Amarelo", há a instituição de uma determinada categoria de trabalhadores, ferindo o princípio constitucional da isonomia, consubstanciado no insculpido na Constituição no seu art. 5º, *caput* e inciso I, no art. 3º, incisos III e IV, art. 7º, incisos XXX e XXI, art. 170, art. 193, art. 196, art. 205, além de outros não expressos, mas que decorrem da sua intelecção. Destaque-se, em especial, a previsão do art. 7º, inciso XXX, da Constituição, que estabelece a proibição de diferença de salários e de exercício de funções.

Com efeito, inexiste justificativa racional, isto é, fundamento lógico para, à vista do traço acolhido, qual seja ser pessoa entre 18 (dezoito) e 29 (vinte e nove) anos de idade em primeiro emprego, atribuir o específico tratamento jurídico a que se refere o "Contrato de Trabalho Verde e Amarelo", construído em função da desigualdade proclamada. Sob essa perspectiva, deparamo-nos com uma inconstitucionalidade material.

Ainda que o objeto precípuo do presente parecer não seja analisar, em toda a sua extensão, a constitucionalidade material das específicas alterações levadas a efeito pela revogada Medida Provisória n. 905/2019, mas centrarmos, em especial, se a edição das medidas provisórias atendeu às exigências constitucionais, é importante consignar que, além da já demonstrada inconstitucionalidade formal e material do seu art. 6º, § 2º, foram promovidas diversas alterações que violam o regime constitucional do direito

---

438 VASCONCELOS, Clever. *Curso de Direito Constitucional.* São Paulo: Saraiva, 2020, p. 172.

social ao trabalho, bem como a sua vinculação teleológica à melhoria das condições sociais dos trabalhadores.

Do mesmo modo, iniciativas tais como, exemplificativamente, flexibilização do trabalho aos domingos, trabalho aos sábados em instituições financeiras, limitação da jornada reduzida dos bancários, flexibilização das normas de fiscalização no trabalho, limitação aos poderes do Ministério Público do Trabalho, redução dos juros moratórios e da correção monetária nas condenações em ações trabalhistas, flexibilização no pagamento de prêmios, extinção do acidente de trabalho *in itinere* são matérias que ferem referido regime constitucional do direito social ao trabalho, bem como os fundamentos da República relativos aos valores sociais do trabalho e à dignidade da pessoa humana (artigo 1º, incisos IV e III da Constituição) e, ainda, os objetivos fundamentais da República de construção de uma sociedade justa e solidária, erradicação da pobreza e da marginalização, redução das desigualdades sociais e regionais e, ainda, promoção do bem de todos (artigo 3º, incisos I, III e IV, da Constituição).

TERCEIRO QUESITO: Uma medida provisória é passível de revogação por outra medida provisória?

A discussão da revogação de uma medida provisória por outra não é um tema recente no âmbito do controle concentrado de constitucionalidade brasileiro. Já em 1990,[439] o STF consignou o entendimento, especialmente ratificado em paradigmática decisão de 2003, de que a ab-rogação, isto é, a revogação total de uma medida provisória por outra, é juridicamente admitida.[440] Na oportunidade, restou consignado que "como qualquer outro ato

439 BRASIL. Supremo Tribunal Federal (STF). Ação Direta de Inconstitucionalidade (ADI) n. 221, Rel. Min. Moreira Alves, julgamento em 29.03.1990.

440 BRASIL. Supremo Tribunal Federal (STF). Ação Direta de Inconstitucionalidade (ADI) n. 2.984, Rel. Min. Ellen Gracie, julgamento em 04.09.2003.

legislativo, a Medida Provisória é passível de ab-rogação mediante diploma de igual ou superior hierarquia".[441]

QUARTO QUESITO: Em caso de resposta positiva ao quesito anterior, a análise pelo Congresso Nacional da medida provisória revogada ficará sobrestada até a análise e aprovação da medida provisória revogadora?

Uma vez que a Medida Provisória n. 905 foi revogada no último dia de sua vigência, inclusive após a prorrogação admitida pela Constituição, é equivocado o entendimento de que ela está sobrestada. Para que houvesse o sobrestamento, seria necessário, pelo menos, que a Medida Provisória n. 955 fosse editada até 19 de abril de 2020.

Consequentemente, só resta ao Congresso Nacional apreciar a revogação promovida pela Medida Provisória n. 955, sendo-lhes vedado, em qualquer hipótese, converter em lei a Medida Provisória n. 905.

Caso o Congresso Nacional quede-se inerte na apreciação da Medida Provisória n. 955, ou rejeitá-la, no prazo constitucional de sua vigência, considerada a sua prorrogação, ela perderá a sua eficácia desde a edição. Se o Congresso Nacional converter em lei a medida provisória revogadora, tornar-se-á definitiva a revogação.

QUINTO QUESITO: A Medida Provisória N. 905, editada no final da sessão legislativa de 2019, com análise e aprovação diferida para a sessão legislativa de 2020, poderá ser reeditada nessa mesma sessão legislativa?

É vedada a reedição, na mesma sessão legislativa, de medida provisória que tenha sido rejeitada ou que tenha perdido sua

441 BRASIL. Supremo Tribunal Federal (STF). Ação Direta de Inconstitucionalidade (ADI) n. 2.984, Rel. Min. Ellen Gracie, julgamento em 04.09.2003.

eficácia por decurso de prazo, consoante previsão do § 10 do art. 62 da Constituição.

Nos termos do art. 57 da Constituição, o Congresso Nacional reunir-se-á, anualmente, na Capital Federal, de 2 de fevereiro a 17 de julho e de 1º de agosto a 22 de dezembro. Portanto, a sessão legislativa conta-se de 2 de fevereiro a 22 de dezembro.

Para fins de reedição de uma medida provisória, importa o momento em que se operou a rejeição ou a perda da eficácia. Consequentemente, até 22 de dezembro de 2020, é vedada a reedição da Medida Provisória n. 905.

Em outras palavras, a Medida Provisória n. 905, editada no final da sessão legislativa de 2019, com análise e aprovação diferida para a sessão legislativa de 2020, não poderá ser reeditada nessa mesma sessão legislativa.

SEXTO QUESITO: Na hipótese de não ser possível a reedição da Medida Provisória N. 905 na sessão legislativa de 2020, é constitucional a inserção de alguns dos seus artigos em outra medida provisória que versa sobre normas de Direito do Trabalho?

Consoante resposta ao quesito anterior, a Medida Provisória n. 905, editada no final da sessão legislativa de 2019, com análise e aprovação diferida para a sessão legislativa de 2020, não poderá ser reeditada nessa mesma sessão legislativa.

Referidas previsões constitucionais obstam a edição de medidas provisórias que versem, no todo ou em parte, com as matérias objeto da Medida Provisória n. 905. Portanto, é inconstitucional a inserção de alguns dos seus artigos em outra medida provisória que verse sobre normas de Direito do Trabalho.

É o que nos parece.

São Paulo, 10 de julho de 2020.

CAPÍTULO XIV

DAS ORIGENS DA DISTINÇÃO ENTRE ATOS DE IMPÉRIO E DE GESTÃO NO DIREITO ADMINISTRATIVO FRANCÊS E NO DIREITO INTERNACIONAL PÚBLICO ÀS REPERCUSSÕES PARA O DIREITO CONSTITUCIONAL BRASILEIRO: A RUPTURA COM O VETUSTO PRINCÍPIO CONSUETUDINÁRIO DO DIREITO INTERNACIONAL PÚBLICO DE IMUNIDADE ABSOLUTA DE JURISDIÇÃO

SUMÁRIO: I. PROLEGÔMENOS, *QUAESTIO IURIS* E FORMULAÇÃO DOS QUESITOS. II. DA NOÇÃO DE SOBERANIA ENQUANTO CATEGORIA ESTRUTURANTE DO PENSAMENTO POLÍTICO-CONSTITUCIONAL CONTEMPORÂNEO ÀS MITIGAÇÕES DO AXIOMA *SUPERIOREM NON RECOGNOSCEM* PELO *ALTER EGO* SOBERANO NA INTERNACIONALIZAÇÃO E NA

INTEGRAÇÃO INTERESTATAL CONTEMPORÂNEAS. **III.** DAS ORIGENS DA DISTINÇÃO ENTRE ATOS DE IMPÉRIO E DE GESTÃO NO DIREITO ADMINISTRATIVO FRANCÊS E NO DIREITO INTERNACIONAL PÚBLICO ÀS REPERCUSSÕES PARA O DIREITO CONSTITUCIONAL BRASILEIRO: A RUPTURA COM O VETUSTO PRINCÍPIO CONSUETUDINÁRIO DO DIREITO INTERNACIONAL PÚBLICO DE IMUNIDADE ABSOLUTA DE JURISDIÇÃO E A NATUREZA CONTRATUAL E DE REPARAÇÃO CIVIL DO ACORDO ALIENÍGENA. **IV.** A CONCURSALIDADE DO CRÉDITO QUIROGRAFÁRIO DA REPÚBLICA DOMINICANA À LUZ DO PRINCÍPIO CONSTITUCIONAL FUNDAMENTAL DA SOBERANIA E DOS PRINCÍPIOS DA INDEPENDÊNCIA NACIONAL, AUTODETERMINAÇÃO DOS POVOS, NÃO-INTERVENÇÃO E DA IGUALDADE ENTRE OS ESTADOS, OS QUAIS REGEM A ATUAÇÃO DO BRASIL NAS SUAS RELAÇÕES INTERNACIONAIS. **V.** DA AFRONTA AO PRINCÍPIO CONSTITUCIONAL DA ISONOMIA, BEM COMO AO REGIME CONSTITUCIONAL DE PRERROGATIVAS DA ADMINISTRAÇÃO PÚBLICA BRASILEIRA E, AINDA, AOS PRINCÍPIOS CONSTITUCIONAIS QUE REGEM O DESEMPENHO DE ATIVIDADE ECONÔMICA E GARANTEM INAFASTABILIDADE DO CONTROLE JURISDICIONAL PARA A EMPRESA BRASILEIRA EM CRISE. **VII.** RESPOSTAS AOS QUESITOS.

CONSULENTE: NOVONOR S.A. – EM RECUPERAÇÃO JUDICIAL.

14.1 Prolegômenos, *quaestio iuris* e formulação dos quesitos

Honra-nos **NOVONOR S.A. – EM RECUPERAÇÃO JUDICIAL**, doravante "Consulente", em matéria relativa às discussões entabuladas nos autos da sua **Recuperação Judicial** n. 1057756-77.2019.8.26.0100, em trâmite perante a Primeira Vara de Falências e Recuperações Judiciais da Comarca da Capital do Estado de São Paulo, nos autos da qual foi formulada, pela República Dominicana, Impugnação de Crédito n. 1092267-04.2019.8.26.0100 para pleitear a **exclusão de crédito** no valor de US$ 124 milhões do **quadro geral de credores**, o qual é decorrente de **obrigações pecuniárias** assumidas pela Consulente no âmbito de **acordo** celebrado com a *Procuraduría-General de La República Dominicana/Ministerio Publico de La República Dominicana* em 16 de março de 2017.

A impugnação de crédito foi acolhida pelo juízo de primeiro grau sob o fundamento de que a celebração do acordo constituir-se-ia em **ato de império**, razão pela qual o Estado possuiria direito à **imunidade de jurisdição**, deixando, consequentemente, o crédito de sujeitar-se à recuperação judicial que tramita em território brasileiro e, consequentemente, ao respectivo quadro de credores.

A Consulente interpôs o Agravo de Instrumento n. 2257373-73.2020.8.26.0000 perante o Primeira Câmara Reservada de Direito Empresarial do Tribunal de Justiça do Estado de São Paulo sob o fundamento de que a República Dominicana não possui direito à imunidade de jurisdição, na medida em que o crédito decorrente do acordo de leniência representa **ato de gestão** por possuir **natureza transacional e de reparação civil.** Ademais, a Consulente assinalou inexistir previsão no art. 49 da Lei n. 11.101/2005 – a qual dispõe sobre a recuperação judicial, a extrajudicial e a falência no Brasil – que disponha sobre a extraconcursalidade de crédito titularizado por Estado estrangeiro.

Assim considerando, tendo em vista que o crédito em exame não se enquadra em nenhuma das exceções previstas taxativamente na Lei n. 11.101/2005, ele não deveria ser excluído dos efeitos da recuperação judicial em território brasileiro, crédito este não equiparável aos decorrentes dos acordos celebrados com as autoridades brasileiras, cujas características normativas e respectivas prerrogativas executórias são diversas. Por essas razões, consignou não ser aplicável à República Dominicana o regime especial, inclusive executório, exclusivamente atribuído aos créditos titularizados pelo Estado brasileiro.

Esclarecendo não pretender questionar a soberania e as prerrogativas da República Dominicana na sua jurisdição local, bem como nem que o Judiciário brasileiro enfrente a questão da eficácia territorial da recuperação judicial brasileira, a Consulente evidenciou que **os efeitos do procedimento concursal brasileiro no território dominicano somente podem ser determinados pelo Judiciário da República Dominicana à luz do Direito local.**

Consequentemente, a sujeição do crédito da República Dominicana à recuperação judicial em território brasileiro não ofende a soberania da República Dominicana e não suprime o seu direito de provocar o Judiciário dominicano. Portanto, a concursalidade do crédito quirografário possui, nos termos ali deduzidos, eficácia territorial restrita ao Brasil e, consequentemente, não afeta as relações existentes no Estado dominicano.

Negado provimento ao agravo de instrumento para manter a decisão que julgou procedente a impugnação de crédito nos moldes deduzidos pela República Dominicana, foram opostos embargos de declaração, os quais foram acolhidos em parte para, exclusivamente, enfrentar matérias relativas aos honorários de sucumbência, não acarretando, consequentemente, qualquer reflexo para as questões de Direito material objeto do presente Parecer. Interposto recurso especial, aguarda-se o exame da sua admissibilidade. Assim considerando, nos foram formulados os seguintes Quesitos, os quais serão ao final respondidos:

PRIMEIRO QUESITO: Tendo em vista, por um lado, a distinção entre atos de império e de gestão no Direito Internacional Público, bem como o princípio consuetudinário de imunidade de jurisdição em suas repercussões para o Direito Constitucional brasileiro e, por outro lado, a natureza jurídica do acordo entabulado entre a

Consulente e a República Dominicana, goza referido estado de imunidade ao juízo universal estadual da recuperação judicial?

SEGUNDO QUESITO: O Regime Constitucional de prerrogativas da Administração Pública Brasileira, em face da qual incidem os privilégios fiscais da extraconcursalidade e de específico regramento processualístico de execução fiscal, é extensível à República Dominicana?

TERCEIRO QUESITO: A qualificação como extraconcursal do crédito da República Dominicana, ao afastar a jurisdição do juízo universal estadual da recuperação judicial, bem como a racionalidade da proteção conferida à empresa em crise, afronta o princípio constitucional da inafastabilidade da apreciação jurisdicional e, ainda, os princípios constitucionais que regem o desempenho de atividade econômica tuteladores da livre iniciativa, da propriedade privada, da função social da empresa, da valorização do trabalho, da busca do pleno emprego e da redução das desigualdades?

Para que possamos responder aos quesitos formulados sob a ótica do Direito Constitucional é fundamental que realizemos uma incursão nos **princípios fundamentais da Constituição da República**, bem como nos **fundamentos do nosso Estado Democrático de Direito**, especialmente o da **soberania** da República Federativa do Brasil previsto no **art. 1º, inciso I, da Constituição da República**, além do cotejamento, no plano do Direito Constitucional e das repercussões derivadas do Direito Internacional Público, da previsão consubstanciada no **art. 4º, incisos I, III, IV e V, da Constituição da República**, segundo o qual a República Federativa do Brasil rege-se, nas suas **relações internacionais**, pelos **princípios da independência nacional, autodeterminação dos povos, não-intervenção e, dentre outros, o da igualdade entre os Estados.**

Por uma obviedade, em hipótese alguma poder-se-ia alegar que discussões jurídicas relativas às relações que se estabelecem entre o Estado brasileiro outros Estados soberanos, bem como da **extensão e alcance das respectivas soberanias em suas repercussões**

para a prestação jurisdicional doméstica, não possuem **inflexão direta dos referidos princípios e regras constitucionais**, relegando equivocadamente ao plano legal matérias que versam, em última instância, ao próprio modelo de Estado brasileiro.

As **condicionantes da relação entre os Estados soberanos**, isso para fins de **incidência ou afastamento da jurisdição doméstica**, são extraídas de **comandos constitucionais**, independentemente do exame de disposições legais, sob pena de afronta ao **regime constitucional da soberania da República Federativa brasileira** e, ainda, aos **princípios de Direito Internacional Público** que, incorporados ao nosso Direito positivo, estabelecem e condicionam as balizas das relações internacionais. Portanto, é de alçada constitucional a análise da legitimidade da atuação do Judiciário brasileiro nas matérias objeto do presente Parecer.

Frise-se, aqui, que por ocasião da reforma realizada pela Lei n. 14.112/2020 à Lei n. 11.101/2005 o procedimento de recuperação judicial da Consulente já havia sido ajuizado, razão pela qual, em não se sendo aplicáveis as normas ali constantes, o objeto do presente Parecer não versa sobre a análise da constitucionalidade do art. 167-G, §1º, inciso I, da Lei n. 11.101/2005, segundo o qual, *in verbis*:

> os créditos estrangeiros de natureza tributária e previdenciária, bem como as penas pecuniárias por infração de leis penais ou administrativas, inclusive as multas tributárias devidas a Estados estrangeiros, não serão considerados nos processos de recuperação judicial e serão classificados como créditos subordinados nos processos de falência, independentemente de sua classificação nos países em que foram constituídos.

Portanto, o presente Parecer cinge-se à discussão – que, inclusive, **transcende aos estritos limites da lide que lhe deu ensejo** – da possibilidade de submissão de crédito estrangeiro à procedimento de recuperação judicial antes da citada reforma realizada pela Lei n. 14.112/2020 à Lei n. 11.101/2005. Realizada referida ressalva, as respostas aos quesitos formulados impõem que adentremos, ainda, na **distinção entre atos de império e de gestão** no Direito Internacional Público para que, em suas repercussões para o Direito Constitucional e Administrativo brasileiros, cotejemos a **ruptura, já de longa data, com o vetusto princípio consuetudinário do Direito Internacional Público de imunidade absoluta de jurisdição**.

Por fim, enfrentaremos as questões objeto do presente Parecer à luz do **regime constitucional de prerrogativas da Administração pública brasileira**, do **princípio constitucional da inafastabilidade do controle jurisdicional** e, ainda, dos **princípios que regem e conformam o desempenho da atividade econômica** e que garantem a efetividade dos mecanismos de proteção da empresa brasileira em *crise*.

14.2 Da noção de soberania enquanto categoria estruturante do pensamento político-constitucional contemporâneo às mitigações do axioma *Superiorem Non Recognoscem* pelo *Alter Ego* soberano na internacionalização e na integração interestatal contemporâneas

Desde os tempos modernos, a noção de **soberania** assumiu papel central enquanto **categoria estruturante da organização político-jurídica do poder**, conforme se constata, exemplificativamente, das lições extraídas de Jean Bodin e Thomas Hobbes, cujas obras, respectivamente, "Os Seis Livros da República" e "Leviatã", trataram, nas lições de José Joaquim Gomes Canotilho, de recortar "(...) o Estado, a sua soberania e o seu poder como categorias centrais da modernidade política".[442]

---

442 CANOTILHO, José Joaquim Gomes. *Direito Constitucional e Teoria da Constituição*. Coimbra: Almedina, 2003, p. 89.

Atenta à relação entre a estruturação interna do poder e das inflexões no âmbito das relações entre os Estados soberanos, a Carta das Nações Unidas assegura o **princípio da igualdade soberana entre os Estados**, bem como o respeito à **autodeterminação**:

> CAPÍTULO I
>
> PROPÓSITOS E PRINCÍPIOS
>
> ARTIGO 1 – Os propósitos das Nações unidas são:
>
> 1. Manter a paz e a segurança internacionais e, para esse fim: tomar, coletivamente, medidas efetivas para evitar ameaças à paz e reprimir os atos de agressão ou outra qualquer ruptura da paz e chegar, por meios pacíficos e de conformidade com os princípios da justiça e do direito internacional, a um ajuste ou solução das controvérsias ou situações que possam levar a uma perturbação da paz;
>
> 2. Desenvolver relações amistosas entre as nações, baseadas no respeito ao princípio de igualdade de direitos e de autodeterminação dos povos, e tomar outras medidas apropriadas ao fortalecimento da paz universal;
>
> 3. Conseguir uma cooperação internacional para resolver os problemas internacionais de caráter econômico, social, cultural ou humanitário, e para promover e estimular o respeito aos direitos humanos e às liberdades fundamentais para todos, sem distinção de raça, sexo, língua ou religião; e
>
> 4. Ser um centro destinado a harmonizar a ação das nações para a consecução desses objetivos comuns.
>
> ARTIGO 2 – A Organização e seus Membros, para a realização dos propósitos mencionados no Artigo 1, agirão de acordo com os seguintes Princípios:
>
> 1. A Organização é baseada no princípio da igualdade de todos os seus Membros. (...)

Levando em consideração a premissa de que o Estado é uma forma de organização jurídica do poder dotada de determinados atributos, José Joaquim Gomes Canotilho assinala que estas qualificações do poder soberano demandam uma categorização entre os **planos interno e externo**. Enquanto no primeiro plano o poder do Estado é supremo, no âmbito externo a **soberania** é, ao contrário, **relativa**, isso tendo em vista que, **no plano internacional, a igualdade soberana sempre se esbarrará no *alter ego*:**

> A soberania em termos gerais e no sentido moderno, traduz-se num poder supremo no plano interno e num poder independente no plano internacional. Se articularmos a dimensão constitucional interna com a dimensão internacional do Estado poderemos recortar os elementos constitutivos deste: (1) poder político de comando; (2) que tem como destinatários os cidadãos nacionais (povo = sujeitos do soberano e destinatários da soberania); (3) reunidos num determinado território. A soberania no plano interno (soberania interna) traduzir-se-ia no monopólio de edição do direito positivo pelo Estado e no monopólio da coação física legítima para impor a efetividade das suas regulações e dos seus comandos. Neste contexto se afirma também o carácter originário da soberania, pois o Estado não precisa de recolher o fundamento das suas normas noutras normas jurídicas. A soberania internacional (termo que muitos internacionalistas afastam preferindo o conceito de independência) é, por natureza, relativa (existe sempre o *alter ego* soberano de outro Estado), mas significa, ainda assim, a igualdade soberana dos Estados que não reconhecem qualquer poder superior acima deles (*superiorem non recognoscem*).[443]

Veja-se, portanto, que o **axioma *superiorem non recognoscem*** sofre, invariavelmente, as inflexões do ***alter ego* soberano** de outro Estado, o que levou o autor a consignar que a unidade soberana do Estado, ainda que seja uma categoria estruturante do pensamento político-constitucional contemporâneo, "(...) está

---

443 CANOTILHO, José Joaquim Gomes. *Direito Constitucional e Teoria da Constituição*. Coimbra: Almedina, 2003, pp. 89/90.

hoje **relativamente em crise** como resultado dos fenômenos da globalização, da internacionalização e da integração interestatal".[444]

Ou seja, tendo em vista a questão de Direito objeto do presente parecer – qual seja, a impugnação, realizada pela República Dominicana, para fins de exclusão de crédito decorrente de obrigações pecuniárias assumidas pela Consulente no âmbito de específica autocomposição – é fundamental que, inicialmente, adentremos na distinção entre atos de império e de gestão no Direito Internacional Público, bem como nas suas repercussões para o Direito Constitucional brasileiro.

Frise-se, desde já, que mesmo ainda sendo a noção de soberania um **elemento constitutivo das comunidades juridicamente organizadas**, a **imunidade absoluta, já de longa data, revela-se superada**, especialmente – ainda que não se limitando a isso – quando nos deparamos com **relações jurídicas dotadas de natureza contratual e de reparação civil**. É nesse contexto que se declara, sem qualquer questionamento, a **ruptura com o vetusto princípio consuetudinário do Direito Internacional Público de imunidade absoluta de jurisdição**. É o que passaremos a demonstrar.

---

[444] CANOTILHO, José Joaquim Gomes. *Direito Constitucional e Teoria da Constituição*. Coimbra: Almedina, 2003, p. 90.

14.3 Das origens da distinção entre atos de império e de gestão no Direito Administrativo Francês e no Direito Internacional Público às repercussões para o Direito Constitucional brasileiro: a ruptura com o vetusto princípio consuetudinário do Direito Internacional Público de imunidade absoluta de jurisdição e a natureza contratual e de reparação civil do acordo alienígena

Conceitos jurídicos são signos sob os quais se deduzem diversas proposições normativas no sistema jurídico, permitindo que o intérprete deixe de reportar-se a todo um conjunto de comandos normativos para realizar uma determinada qualificação jurídica, bem como o enquadramento de determinado regime jurídico. Em outras palavras, a invocação de um conceito jurídico, bem como da invocação de uma espécie do gênero em determinada classificação, permite a demarcação de um determinado regime normativo, em detrimento de outros. Portanto, classificar é agrupar um conjunto de elementos que compartilham características não possuídas pelas demais de um conjunto geral.[445]

Assim considerando, foi com a evolução do Estado moderno, sobretudo em razão dos *arrêts* do Conselho de Estado Francês, que ganhou evidência a necessidade de uma classificação que **distinguisse a incidência do Direito comum daquelas situações nas quais deveria prevalecer um Direito especial regedor das relações destacadamente estatais e, portanto, derrogatórias ou exorbitantes do Direito comum.**

Em outras palavras, na formação do Estado moderno, especialmente aquele de matriz francesa, colocou-se a preocupação de que a atuação estatal não deveria ocorrer, ao menos necessariamente, nos moldes das previsões normativas já desenvolvidas sob

445 CARVALHO, Paulo de Barros. *Direito tributário, linguagem e método*. São Paulo: Noeses, 2015, pp. 123-129.

o manto do Direito comum, então caracterizadas pelas normas positivadas do Código de Napoleão, diploma de regência das relações civis destinado a resguardar, em especial, os direitos de liberdade e de propriedade.[446]

Consoante constatou Alexis de Tocqueville, foi nas ruínas do *Ancien Régime* que se passou a afirmar e realçar a posição do Estado enquanto essencialmente inclusive em relação aos particulares.[447] Portanto, foi na Europa pós-revolucionária que se introduziu a concepção de um Direito extroverso, exorbitante do Direito comum, o que deu origem à **classificação entre *actes de gestion* e *actes d'autorité***[448] no âmbito do Direito Administrativo e que, conforme adiante demonstraremos, ecoou, ali assumindo características próprias, no âmbito do Direito Internacional Público.

A base da classificação levara em consideração a necessidade de **distinção das relações nas quais o Estado, atuando em posição diferenciada que o define e o condiciona, fazia uso de suas prerrogativas como entidade dotada de *puissance publique* e exercia, assim, soberania plena,**[449] **daquelas relações jurídicas em que assim não se colocava, fazia incidir o Direito próprio das relações entre particulares ou, ao menos, um Direito destituído de privilégios ou prerrogativas injustificadas.**

No Direito Administrativo, a distinção dos atos estatais tendo em vista o critério das prerrogativas levou à adoção da referida classificação para, consoante lições de José dos Santos Carvalho Filho relativas ao Direito Administrativo brasileiro, **distinguir**

---

446 GIACOMUZZI, José Guilherme. *Estado e contrato*. São Paulo: Malheiros, 2011, p. 111.

447 TOQUEVILLE, Alexis de. *L'Ancien* régime et la *révolution*. Paris: Calmann Lèvy, 1887, pp. 63-77.

448 MEIRELLES, Hely Lopes. *Direito Administrativo brasileiro*. São Paulo: Malheiros, 2009, pp. 168/169.

449 RIVERO, Jean. *Direito Administrativo*. Coimbra: Almedina, 1975, p. 197.

circunstâncias nas quais o Estado atua mediante a coercitibilidade daquelas e que é imprescindível a vontade dos administrados:

> Atos de império são os que se caracterizam pelo poder de coerção decorrente do poder de império (*ius imperii*), não intervindo a vontade dos administrados para sua prática. Como exemplo, os atos de polícia (apreensão de bens, embargo de obra), os decretos de regulamentação etc.
>
> O Estado, entretanto, atua no mesmo plano jurídico dos particulares quando se volta para a gestão da coisa pública (*ius gestionis*). Nessa hipótese, pratica atos de gestão, intervindo frequentemente a vontade de particulares. Exemplo: os negócios contratuais (aquisição ou alienação de bens). Não tendo a coercibilidade dos atos de império, os atos de gestão reclamam na maioria das vezes soluções negociadas, não dispondo o Estado da garantia da unilateralidade que caracteriza sua atuação.[450]

Tanto quanto no Direito Administrativo, no **Direito Internacional Público**, consoante pontuou Alberto do Amaral Junior, a preocupação em marcar a diferença entre os atos ***juri imperii*, esses inerentes à soberania estatal**, e os atos ***juri gestionis*, em que o Estado assume posição jurídica com características de um ente tipicamente privado**, decorre da necessidade de distinguir hipóteses nas quais incide – ou deixa de ser aplicável – a regra da **imunidade de jurisdição**.[451] Portanto, a distinção entre atos de império e de gestão foi adotada no Direito Internacional Público para, levando em consideração a natureza do ato praticado pelo Estado, estabelecer as condicionantes da sua submissão à jurisdição de outro.

---

450 CARVALHO FILHO, José dos Santos. *Manual de Direito Administrativo*. São Paulo: Atlas, 2013, p. 130.

451 AMARAL JUNIOR, Alberto do. *Curso de Direito Internacional* Público. São Paulo: Atlas, 2012, p. 351.

Para fins de compreensão da evolução da referida classificação no âmbito da referida área do Direito, destaque-se, inicialmente, decisão do Departamento de Estado norte-americano de 1952, na qual se assinalou que a crescente atuação dos Estados nas relações comerciais impunha a proteção das partes contrárias, anunciando, assim, o advento da **teoria restritiva da imunidade de jurisdição**.[452]

Ademais, foi com base na divisão de atos de império e atos de gestão que se desenhou o regime de imunidades próprios dos agentes emissários, dos cônsules e dos embaixadores, nos termos das **Convenções de Viena de 1961 e 1963**, as quais, respectivamente, versam sobre **relações diplomáticas e consulares**. Ressalvando **inexistir, nos referidos tratados internacionais, "norma alguma que disponha sobre a imunidade do Estado, como pessoa jurídica de direito público externo, à jurisdição local – de índole cível**, naturalmente",[453] Francisco Rezek destaca que foi com a divisão de atos ora em exame que se deu solução às necessidades de **flexibilização** da imunidade de maneira satisfatória.[454]

O mesmo autor, ao discorrer sobre a imunidade à jurisdição estatal, bem como dos chamados privilégios e garantias de um Estado soberano sobre outro, destacou que, **até 1815, foi o direito costumeiro que tratou da matéria até que, na ocasião, o Règlement de Viena lhe conferiu atribuição convencional.**[455] Com efeito, a regra costumeira sintetizada no aforismo *par in parem non habet judicium* – segundo o qual um Estado soberano não

---

452 BISHOP. "New United States Policy, Limiting Immunity". 47 *American Journal of International Law*, 1953, p. 93.

453 REZEK, Francisco. *Direito Internacional Público*. São Paulo: Saraiva, 2008, p. 15.

454 REZEK, Francisco. *Direito Internacional Público*. São Paulo: Saraiva, 2008, p. 15.

455 REZEK, Francisco. *Direito Internacional Público*. São Paulo: Saraiva, 2008, p. 167.

pode ser submetido, contra sua vontade, ao foro doméstico de outro – desgastou-se:[456]

> A ideia da imunidade absoluta do Estado estrangeiro à jurisdição local começou a desgastar-se já pela segunda metade do século XX nos grandes centros internacionais de negócios, onde era natural que as autoridades reagissem à presença cada vez mais intensa de agentes de soberanias estrangeiras atuando não em funções diplomáticas ou consulares, mas no mercado, nos investimentos, não raro na especulação. Não havia por que estranhar que ingleses, suíços e norte-americanos, entre outros, hesitassem em reconhecer imunidade ao Estado estrangeiro envolvido, nos seus territórios, em atividades de todo estranhas à diplomacia estrita ou ao serviço consular, e adotassem assim um entendimento restritivo do privilégio, à base da distinção entre atos estatais jure imperii e jure gestionis.[457]

A prática de atos de gestão – ***acta jure gestionis*** – está relacionada àqueles que o Estado se relaciona com os particulares em condições de **paridade**, isso em razão de **não se estar diante de questão que imponha a sua sobreposição**, o que, no âmbito do Direito Internacional Público, faz incidir a teoria dos *acta jure imperii*. Portanto, a vetusta regra costumeira da imunidade absoluta de jurisdição passou, já de longa data, por flexibilizações para limitar a soberania sempre que o objeto de litígio for relativo a **determinadas matérias que não a justificam, ensejando, consequentemente, a submissão do Estado aos órgãos judiciais locais**.

Consoante esclarece José Cretella Neto, a incidência da regra da imunidade do Estado estrangeiro à jurisdição de um segundo é

456 REZEK, Francisco. *Direito Internacional Público*. São Paulo: Saraiva, 2008, p. 175.

457 REZEK, Francisco. *Direito Internacional Público*. São Paulo: Saraiva, 2008, p. 175.

condicionada à discussão sobre os atos soberanos ou de império, apartando-os daqueles dotados de **características privatísticas**, denominados atos de gestão.[458] Ou seja, a imunidade de jurisdição deve ser rechaçada sempre que o Estado atua no campo próprio dos particulares, bem como em **relações jurídicas paritárias**. Fundamentados na possibilidade de promoção de comportamento diferenciado, **os atos de império dão lugar aos atos de gestão sempre que a relação não se configurar a partir desse desequilíbrio.** Obrigações, por exemplo, que ditem relações ou implicações jurídicas sem razões que justifiquem a exorbitância, portará o Estado como se particular, isso para fins de afastamento da incidência da regra da imunidade de jurisdição.

É inquestionável que a imunidade de jurisdição não é absoluta. Ninguém se atreveria a protestar por sua incidência sem adentrar na natureza da relação jurídica invocadora do privilégio. Assim considerando, resta-nos aprofundar os critérios distintivos entre os atos de império e de gestão para fins do afastamento ou enquadramento da regra.

Alberto do Amaral Junior constatou a dificuldade de discriminar as situações em que há, de fato, a invocação de **potestade pública**, daquelas nas quais há o reconhecimento da aplicação do conjunto normativo próprio de um regime privatista, caracterizadas por ações empreendidas com um sentido econômico. O autor ressalta, atento à referida preocupação, de que a tendência de relativização da imunidade já se fazia presente no início do século XX, como se verifica no exemplo do julgado tramitado na Suprema Corte da Bélgica, *Société Anonyme des Chemins de fer Liégeois Luxeburgueois vs. États Néerlandais*, quando não se acolheu a

458 CRETELLA NETO, José. *Direito Internacional Público*. São Paulo: Revista dos Tribunais, 2019, p. 368.

pretensão holandesa favorável ao reconhecimento de imunidade jurisdicional em litígio relativo a contrato de trabalho.[459]

Ou seja, assim como ocorreu no âmbito do Direito Administrativo, também no plano do Direito Internacional Público também **foi se relativizando o privilégio estatal quando o Estado entabula relações jurídicas atípicas**. Assim como se excluiu a incidência da *puissance publique* – e das prerrogativas públicas respectivas – quando a Administração pública atua nas relações próprias dos particulares, assim igualmente ocorre nas **relações jurídicas de caráter patrimonial** no âmbito do Direito Internacional Público.

Ou seja, **relações de caráter privado constituídas, em especial, sob os ditames da vontade e de livre autocomposição, não devem, consequentemente, sujeitar-se ao mesmo regime de imunidade de jurisdição associado aos atos de império.** É nesse cenário que se deve compreender a evolução histórica da temática no âmbito do Direito Internacional Público.

Nesse cenário, relevantes são, ainda, as lições de Hildebrando Accioly, G.E. do Nascimento e Silva e Paulo Borba Casella, os quais pontuam que a imunidade de jurisdição não só é afastada quando o Estado a ela renuncia, mas também "quando o litígio diga respeito a ato decorrente de direito privado, porquanto **somente os atos soberanos são abrangidos pela imunidade**".[460] No mesmo sentido são os ensinamentos de José Cretella Neto, para o qual "da mesma forma como a imunidade dos Estados vem sofrendo restrições, também as imunidades e privilégios diplomáticos vem sendo objeto de algumas limitações".[461]

---

459 AMARAL JUNIOR, Alberto do. *Curso de Direito Internacional* Público. São Paulo: Atlas, 2012, p. 351.

460 ACCIOLY, Hildebrando; SILVA, G. E. do Nascimento; CASELLA, Paulo Borba. *Manual de Direito Internacional Público*. São Paulo: Saraiva, 2012, p. 382.

461 CRETELLA NETO, José. *Direito Internacional Público*. São Paulo: Revista dos Tribunais, 2019, p. 375.

Iniciativas de diversas naturezas e extensões trataram de romper com a vetusta regra costumeira da imunidade. Além das já citadas, destaque-se, exemplificativamente, a **Convenção Europeia sobre a Imunidade dos Estados foi elaborada pelo Conselho da Europa** de 16 de maio de 1972, que **exclui a imunidade para pretensões relativas a contratos celebrados e executados *in loco*,**[462] o *Foreign Sovereign Imunities Act* norte-americano de 1972 e o *State Immunity Act* britânico de 1978.

Assim considerando, e adentrando especificamente na questão de Direito objeto do presente Parecer, a primeira questão que se coloca é que **o acordo entabulado entre a Consulente e a República Dominicana versou sobre autocomposição em matéria de reparação civil, isso em decorrência de contratos de construção de obras de infraestrutura naquele País**.

Trata-se, portanto, de **ajuste de natureza estritamente contratual** e, em hipótese alguma, em ato de império ou de soberania da República Dominicana em face da Consulente, no âmbito dos quais sequer caberia falar em autocomposição ou de solução consensual, mas em prelazia dos poderes do Estado em investigar, processar e sancionar pela prática de eventuais atos ilícitos.

A natureza de reparação civil do acordo entabulado fica evidenciada, em especial, quando **as partes acordam indenização por "danos materiais e morais causados à República Dominicana"**. Em hipótese alguma deparamo-nos com obrigações decorrentes, exemplificativamente, de multas administrativas e, muito menos,

---

462 Article 4 1. Sous réserve des dispositions de l'article 5, un Etat contractant ne peut invoquer l'immunité de juridiction devant un tribunal d'un autre Etat contractant si la procédure a trait à une obligation de l'Etat qui, en vertu d'un contrat, doit être exécutée sur le territoire de l'Etat du for. 2. Le paragraphe 1 ne s'applique pas: a – lorsqu'il s'agit d'un contrat conclu entre Etats; b – lorsque les parties au contrat en sont convenues autrement; c – lorsque l'Etat est partie à un contrat conclu sur son territoire et que l'obligation de l'Etat est régie par son droit administratif.

de sanções ou mesmo reparações de natureza penal. A natureza patrimonial do acordo entabulado entre a Consulente e a República Dominicana desnatura qualquer pretensão centrada na violação à soberania estrangeira, mas de matéria que, ao contrário, impõe a prelazia da jurisdição brasileira.

Ainda que os fundamentos normativos para a realização do acordo tenham sido os artigos 369 a 373 do Código de Processo Penal dominicano, é preciso distinguir reparações derivadas de autocomposição daquelas decorrentes de condenações de outras naturezas e cominadas, ao invés de autocomposição, como decorrência de condenações administrativas ou derivadas de processos judiciais, sejam eles cíveis ou criminais.

A aplicação da noção de atos de império para a autocomposição em exame com base no fundamento de que envolveria a disposição do poder de sanção do Estado dominicano é, no nosso entendimento, descabida. É preciso distinguir as obrigações pecuniárias decorrentes de **acordo entabulado paritariamente** – e, portanto, sem incidência de prerrogativas que colocassem a Consulente em **relação de sujeição** ao Estado dominicano – de obrigações decorrentes de condenações criminais ou mesmo de qualquer outra natureza, apenas no âmbito das quais poderia ser aferida eventual prática de ato de império.

Por fim, igualmente rechaça a incidência da teoria dos *acta jure imperii* o fato incontroverso de que **a República Dominicana deduziu sua pretensão creditória no Brasil através do reconhecimento, igualmente inquestionável, da jurisdição brasileira, praticando ato de gestão e expressa renúncia à discussão da incidência de imunidade de jurisdição.**

Ademais, a adoção de medidas, pela República Dominicana perante a jurisdição brasileira, tendentes à satisfação forçada do crédito possuiria natureza essencialmente patrimonial e, nessa medida, de caráter igualmente privado. Em outras palavras, o Estado dominicano reconheceu a jurisdição brasileira para afastar-se da recuperação judicial da empresa brasileira em crise para, gozando da extraconcursalidade, procurar a satisfação do seu crédito através da prática de típico ato de gestão.

Nesses termos, cotejadas as origens da distinção entre atos de império e de gestão no Direito Administrativo francês e no Direito Internacional Público e, ainda, a evolução histórica da regra da imunidade de jurisdição, bem como da ruptura com o vetusto princípio consuetudinário de imunidade absoluta, é inegável que a natureza contratual e de reparação civil do acordo alienígena objeto de análise no presente Parecer rechaça a pretensão da República dominicana em qualificar seu crédito como extraconcursal, sob pena de **violação à ordem público-constitucional brasileira**, bem como ao princípio constitucional da soberania da República brasileira (**art. 1º, inciso I, da Constituição da República**) e, no que tange aos princípios constitucionais que regem a atuação do Estado brasileiro nas relações internacionais, em afronta à **independência nacional, autodeterminação dos povos, não-intervenção e da igualdade entre os Estados** (**art. 4º, incisos I, III, IV e V, da Constituição da República**).

Referidos princípios demarcam, sob a ótica do Estado brasileiro, e indo ao encontro dos compromissos por ele assumidos no plano do Direito Internacional Público, os **limites da sobreposição da soberania alienígena, em detrimento da jurisdição doméstica**. Em outras palavras, e conforme adiante demonstraremos, se por um lado independência, autodeterminação, não-intervenção e igualdade entre os Estados sejam princípios constitucionais que devem informar a relação do Estado brasileiro nas relações internacionais, também não se pode desconsiderar que **referidos princípios não são absolutos**, sob pena de **solapamento da própria soberania brasileira.**

Veja-se, portanto, que em hipótese alguma poder-se-ia alegar que discussões jurídicas relativas às relações que se estabelecem entre o Estado brasileiro outros Estados soberanos, bem como da extensão e alcance das respectivas soberanias em suas repercussões para a prestação jurisdicional doméstica, não possuem **inflexão direta dos referidos princípios e regras constitucionais**.

As **condicionantes da relação entre os Estados soberanos, isso para fins de incidência ou afastamento da jurisdição doméstica, são extraídas de comandos constitucionais**, independentemente do exame de disposições legais constantes da Lei n. 11.101/2005, especialmente antes do advento da Lei n. 14.112/2020, sob pena de afronta ao regime constitucional que dispõe sobre a soberania da República Federativa brasileira e, ainda, que estabelecem as balizas das suas relações internacionais.

14.4 A concursalidade do crédito quirografário da República Dominicana à luz do princípio constitucional fundamental da soberania e dos princípios da independência nacional, autodeterminação dos povos, não-intervenção e da igualdade entre os Estados, os quais regem a atuação do Brasil nas suas relações internacionais

O reconhecimento, no **art. 1º da Constituição da República, das faces interna e externa da soberania** é tarefa já realizada pelo Supremo Tribunal Federal (STF), quando, exemplificativamente, do julgamento da Reclamação n. 11.243, oportunidade em que restou consignado que ela consiste, *in verbis*, no "(...) poder político supremo dentro do território, e, no plano internacional, no tocante às relações da República Federativa do Brasil com outros Estados soberanos (...)".

Quando age internamente, o Estado invoca a soberania para colocar-se de maneira distinta em relação aos particulares, afirmando, assim, posição jurídica e respectivas prerrogativas. Quando age externamente, no âmbito das **relações internacionais**, o Estado também invoca a sua natureza jurídica para, consoante antecipado, colocar-se **paritariamente** perante os demais Estados soberanos e, ainda, em face dos organismos internacionais.

Nesse cenário, consoante previsão do **artigo 1º, inciso I, da Constituição da República**, a República Federativa do Brasil constitui-se em Estado Democrático de Direito e possui como fundamentos, dentre outros, o da **soberania**. Ademais, nos termos do **art. 4º, incisos I, III, IV e V**, a República Federativa do Brasil rege-se nas suas relações internacionais pelos **princípios da independência nacional, autodeterminação dos povos, não-intervenção e, dentre outros, igualdade entre os Estados.**

Referidos dispositivos constitucionais instrumentalizam, no Direito positivo doméstico, o modo como o Estado brasileiro deve, enquanto integrante da comunidade jurídica internacional, relacionar-se com os demais Estados soberanos, constituindo, **simultaneamente, princípios constitucionais fundamentais de Direito positivo interno e de Direito Internacional Público**, consoante lições de Ingo Wolfgang Sarlet, Luiz Guilherme Marinoni e Daniel Francisco Mitidiero:[463]

> O art. 4º da CF consagra, nessa perspectiva, um conjunto de princípios que tem por escopo balizar a atuação do Brasil na condição de membro integrado em uma comunidade internacional. Tais princípios em parte correspondem mesmo a princípios já consolidados do próprio direito internacional público, recepcionados pela CF e assumidos como sendo também princípios fundamentais de direito interno.

Ademais, nos termos do **artigo 109, inciso II, da Constituição da República**, à **Justiça Federal brasileira compete processar**

---

463 SARLET, Ingo Wolfgang; MARINONI, Luiz Guilherme; MITIDIERO, Daniel Francisco. *Curso de Direito Constitucional.* São Paulo: Saraiva, 2020, p. 309.

e julgar as causas entre Estado estrangeiro ou organismo internacional e Município ou pessoa domiciliada ou residente no Brasil. Ainda que a recuperação judicial das empresas brasileiras seja de matéria de competência das Justiças estaduais, referido dispositivo constitucional é enfático em evidenciar que o Estado estrangeiro não é absolutamente imune à jurisdição brasileira e que as matérias objeto do Presente Parecer, muito além de mera questão reflexa ou incidental, são destacadamente constitucionais.

Veja-se, portanto, que a competência constitucionalmente definida da Justiça Federal para processar e julgar as causas entre estado estrangeiro e pessoa domiciliada ou residente no Brasil pressupõe inexistir imunidade de jurisdição do Estado estrangeiro face ao Judiciário brasileiro. Do contrário, seria letra morta referida previsão constitucional ou, quando muito, relegando-a ao plano das extraordinárias exceções.

Assim considerando, a Constituição da República, no seu art. 1º, acolheu os compromissos assumidos pelo Estado brasileiro em suas relações internacionais ao dispor que **a soberania é a base e fundamento da República Federativa**. Ademais, por uma obviedade que os princípios da independência nacional, da autodeterminação dos povos, da não-intervenção e da igualdade entre os Estados – previstos, conforme antecipado, no art. 4º da Constituição da República – não devem ser interpretados para fins de, em detrimento da soberania do Estado brasileiro, tornar absoluta a sobreposição da soberania dos Estados estrangeiros.

Se é dever do Estado brasileiro pautar-se, nas relações internacionais, pela autodeterminação, pela não-intervenção e pela igualdade entre os Estados, também é evidente que isso **não deve implicar em prelazia absoluta das posições jurídicas dos Estados estrangeiros, salvo diante de razões jurídicas legítimas, as quais inexistem no caso concreto ora em exame no presente Parecer.**

A prelazia da posição jurídica da República Dominicana, em detrimento da soberania do Estado brasileiro, é injustificável.

Os princípios constitucionais elencados demarcam, sob a ótica do Estado brasileiro, e indo ao encontro dos compromissos por ele assumidos no plano do Direito Internacional Público, os limites da sobreposição da soberania alienígena, em detrimento da jurisdição doméstica, razão pela qual, à luz da questão de Direito ora em exame, não há que se falar sobreposição da imunidade de jurisdição alienígena para fins de afastamento do procedimento de recuperação judicial.

Os princípios constitucionais em exame determinam a concursalidade do crédito dominicano, eis que inexistem fundamentos normativos que imponham a prelazia da soberania alienígena, em detrimento da atuação pelos órgãos de jurisdição brasileiros em **matéria realçadamente autocompositiva e, portanto, de natureza estritamente contratual, bem como de matriz claramente indenizatória.**

Nesses termos, tendo em vista, por um lado, a distinção entre atos de império e de gestão no Direito Internacional Público, bem como o princípio consuetudinário de imunidade de jurisdição em suas repercussões para o Direito Constitucional brasileiro, positivador dos princípios vetores das relações internacionais e, por outro lado, a natureza jurídica do acordo entabulado entre a Consulente e a República Dominicana, este Estado não goza de imunidade ao juízo universal estadual da recuperação judicial.

14.5 Da afronta ao princípio constitucional da isonomia, bem como ao Regime Constitucional de prerrogativas da Administração Pública brasileira e, ainda, aos princípios constitucionais que regem o desempenho de atividade econômica e garantem inafastabilidade do controle jurisdicional para a empresa brasileira em crise

De acordo com o art. 49 da Lei n. 11.101/2005, que dispõe sobre a recuperação judicial, a extrajudicial e a falência no Brasil, todos os créditos existentes na data do pedido devem estar sujeitos à recuperação judicial, ressalvando-se, dentre outros, aqueles previstos no seu art. 6º, §7º-B, segundo o qual "o disposto nos incisos I, II e III do *caput* deste artigo não se aplica às execuções fiscais (...)".

Conforme antecipado, por ocasião da reforma realizada pela Lei n. 14.112/2020 à Lei n. 11.101/2005 o procedimento de recuperação judicial da Consulente já havia sido ajuizado, razão pela qual, em não se sendo aplicáveis as normas ali constantes, o presente Parecer debruçar-se-á sobre o regime jurídico antecedente à vigência do art. 167-G, §1º, inciso I, da Lei n. 11.101/2005, que dispõe sobre a natureza de créditos tributários e previdenciários detidos por Estado soberano.

Realizada referida ressalva, o procedimento de recuperação judicial das empresas brasileiras só foi, no modelo antecedente à Lei n. 14.112/2020, excepcionado, dentre outras circunstâncias igualmente extraordinárias, para créditos de titularidade da Administração pública brasileira. Até então era exclusivamente na Constituição que deveria ser extraída a intelecção relativa à extensão e alcance da regra da imunidade para procedimentos de recuperação judicial de empresas brasileiras, ressalva esta realizada para fins meramente processuais, eis que, por uma obviedade, a interpretação constitucional não se realiza nem é condicionada pelas disposições infraconstitucionais.

Assim considerando, **não se pode equiparar os créditos do Estado brasileiro em face da Consulente com aqueles titularizados por Estado estrangeiro**, sob pena de **afronta ao regime constitucional de prerrogativas da Administração pública brasileira, exclusivamente em face da qual incidem os taxativos privilégios fiscais da extraconcursalidade e da execução fiscal**, como também violação ao **princípio constitucional da isonomia, previsto, dentre outros, nos art. 5º, *caput*, da Constituição da República.**

Com efeito, **a Administração pública brasileira desenha-se tendo em vista o regime constitucional da que se refere a Seção I, Capítulo VII – Da Administração Pública, da Constituição da República, consoante prerrogativas e garantias especialmente previstas no art. 37, *caput*, da Constituição da República.** Por uma obviedade, referido regime jurídico-constitucional não é extensível ao Estado dominicano. Consequentemente, não se pode equiparar a posição jurídica assumida pelo Estado brasileiro perante os procedimentos de recuperação judicial à posição que deve assumir a República Dominicana perante os mesmos procedimentos.

Ademais, não se pode equiparar, sob pena de violação ao princípio constitucional da isonomia, as autocomposições entabuladas pelo Brasil – e, portanto, em consonância com o regime constitucional de prerrogativas e o regime legal regulamentador das autocomposições – com aqueles acordos realizados por empresas brasileiras com Estados estrangeiros e, portanto, de acordo com o Direito positivo local.

É nesse cenário que o crédito detido pela República Dominicana não pode ser excluído dos efeitos da recuperação judicial que tramita em território brasileiro já que não equiparável aos créditos decorrentes dos acordos celebrados com autoridades brasileiras, cujas características normativas e respectivas prerrogativas executórias são diversas. Em outras palavras, **não se pode igualar o inigualável.**

Portanto, a qualificação, como extraconcursal, do crédito detido pela República Dominicana implica em **afronta ao modelo**

constitucional definido para a Administração pública brasileira, cujas prerrogativas e privilégios, inclusive em face das empresas brasileiras, lhe são exclusivos. Ademais, a equiparação entre o Estado brasileiro e dominicano para fins de igual sujeição ao regime extraconcursal no âmbito de uma recuperação judicial de empresa brasileira implicaria, nesses mesmos termos, em violação ao princípio constitucional da isonomia previsto no art. 5º, *caput*, da Constituição.

Tendo em vista as naturezas distintas dos Estados e, consequentemente, o regime jurídico das autocomposições entabuladas pelos respectivos Direitos positivos, é que existe específico regime jurídico extraconcursal em favor da Administração brasileira. Referido **elemento diferencial justifica a desequiparação para fins de, no caso dos créditos decorrentes de autocomposições brasileiras, justificar a extraconcursalidade, ao passo que, com relação a créditos alienígenas, sejam enquadrados como concursais para fins de sujeição ao procedimento de recuperação judicial que tramita em território brasileiro.**

Nesse sentido, relevante consignar que, para Celso Antônio Bandeira de Mello, o atendimento ao princípio da isonomia demanda aferir se há justificativa racional, bem como fundamento lógico, que legitime a desequiparação, prestigiada a Constituição:

> Tem-se que investigar, de um lado, aquilo que é adotado como critério discriminatório; de outro lado, cumpre verificar se há justificativa racional, isto é, fundamento lógico, para, à vista do traço desigualador acolhido, atribuir o específico tratamento jurídico construído em função da desigualdade proclamada. Finalmente, impende analisar se a correlação ou fundamento racional abstratamente existente é, in concreto, afinado com os valores prestigiados no sistema normativo constitucional. A dizer: se guarda ou não harmonia com eles.[464]

[464] BANDEIRA DE MELLO, Celso Antônio. *Curso de Direito Administrativo*. São Paulo: Malheiros, 2009, pp. 21/22.

> A lei não pode conceder tratamento específico, vantajoso ou desvantajoso, em atenção a traços e circunstâncias peculiarizadoras de uma categoria de indivíduos se não houver adequação racional entre o elemento diferencial e o regime dispensado aos que se inserem na categoria diferençada.[465]

Ademais, consoante nos relata a Consulente, através de Parecer de lavra de Robert C. Placencia Álvarez, **o privilégio da extraconcursalidade sequer é um direito da República Dominicana perante seu Direito positivo**. Ou seja, **criar-se-ia, no Brasil, um privilégio que nem mesmo o direito doméstico dominicano atribuiu em favor da República Dominicana.**

Nesses termos, o enquadramento do crédito da República Dominicana como quirografário – e não como de mesma natureza dos créditos da Administração brasileira – é uma decorrência do princípio constitucional da isonomia, o qual **pressupõe, para fins de idêntico tratamento jurídico, de similitude de posições jurídicas**. Entretanto, o crédito dominicano – de características estritamente reparatórias e sem qualquer relação sancionatória, inclusive criminal – não se assemelha ao acordo de leniência anticorrupção brasileiro regulamentado pela Lei n. 12.846/2013, a Lei Anticorrupção brasileira.

Consequentemente, não se pode atribuir ao crédito dominicano a mesma natureza fiscal dos créditos provenientes de autocomposições realizadas com a Administração pública brasileira, a qual, inclusive, dispõe de específico mecanismo da execução fiscal regulamentada pela Lei n. 6.830/1980, que trata sobre a cobrança judicial da Dívida Ativa da Fazenda Pública. Não paira qualquer dúvida de que referido procedimento de execução fiscal não é extensível aos entes de personalidade regida pelo Direito internacional público. **Características e prerrogativas diversas,**

465 BANDEIRA DE MELLO, Celso Antônio. *Curso de Direito Administrativo*. São Paulo: Malheiros, 2009, p. 39.

inclusive informadas por regimes jurídicos absolutamente distintos, impõem tratamento jurídico diverso, sob pena de violação ao princípio constitucional da isonomia.

O entendimento de que, no âmbito de uma recuperação judicial em tramite perante o Judiciário brasileiro, o crédito dominicano deve ser qualificado como extraconcursal é **violador do princípio constitucional da inafastabilidade do controle jurisdicional** – previsto no **art. 5º, inciso XXXV, da Constituição da República** – na sua vertente **juízo universal da recuperação judicial racionalizador da proteção judicial conferida à empresa em *crise*** e, ainda, **afronta aos princípios constitucionais que regem o desempenho de atividades econômicas.**

Consoante já demonstrado, **não há que se falar, dada a natureza de autocomposição do acordo dominicano, de questão soberana que justifique a prelazia da soberania alienígena, em detrimento da brasileira**, sob pena de violação à previsão consubstanciada no art. 5º, inciso XXXV, da Constituição da República, segundo o qual **não se excluirá da apreciação do Poder Judiciário lesão ou ameaça a direito, o que se materializa quando, declarada a extraconcursalidade, se afasta do Judiciário brasileiro a racionalidade esperada para o procedimento de recuperação judicial da empresa brasileira em *crise*.**

Outro aspecto que se coloca é que a qualificação como extraconcursal do crédito decorrente de autocomposição da República Dominicana implica na **ruptura à racionalidade da proteção judicial conferida à empresa em *crise* pelo juízo universal da recuperação judicial** e, consequentemente, em **violação aos princípios constitucionais que regem a atividade econômica tuteladores não apenas da livre iniciativa e a propriedade privada, mas também da função social da empresa, da valorização do trabalho, da busca do pleno emprego e da redução das desigualdades**, consoante previsão do **art. 170, *caput* e seus incisos II, III, VII e VIII, da Constituição da República.**

Nesses termos, o ***socorro*** **à empresa em crise** ocorre não apenas para atender aos ditames constitucionais que tutelam **legítimos interesses privados**, mas também **interesse sociais resguardados por sua sobrevivência**. A **racionalidade** da proteção judicial conferida à empresa em crise pressupõe, necessariamente, um ***balcão único***, bem como uma **determinada e específica instância judicial de renegociação e controle**. **A extensão dos efeitos do procedimento concursal possui relação direta com a efetividade da superação da crise pela empresa devedora e, consequentemente, sua preservação, bem como de empregos e distribuição de renda.**

Consequentemente, no Brasil, o crédito detido pela República Dominicana em face da Consulente deve sujeitar-se à recuperação judicial e, consequentemente, receber o tratamento previsto no Plano Consolidado aprovado pelos credores da Consulente e demais sociedades em 22 de abril de 2020, sob pena de a dissipação dos credores comprometer a própria viabilidade do mecanismo jurídico destinado à empresa brasileira em *crise*.

14.6 Respostas aos quesitos

PRIMEIRO QUESITO: Tendo em vista, por um lado, a distinção entre atos de império e de gestão no Direito Internacional Público, bem como o princípio consuetudinário de imunidade de jurisdição em suas repercussões para o Direito Constitucional brasileiro e, por outro lado, a natureza jurídica do acordo entabulado entre a Consulente e a República Dominicana, goza referido estado de imunidade ao juízo universal estadual da recuperação judicial?

Mesmo ainda sendo a noção de soberania um **elemento constitutivo das comunidades juridicamente organizadas**, a **imunidade absoluta, já de longa data, revela-se superada**, especialmente – ainda que não se limitando a isso – quando nos deparamos com **relações jurídicas dotadas de natureza contratual e de reparação civil**. É nesse contexto que se declara, sem qualquer questionamento, a **ruptura com o vetusto princípio consuetudinário do Direito Internacional**

Público de imunidade absoluta de jurisdição. A regra costumeira sintetizada no aforismo *par in parem non habet judicium* – segundo o qual um Estado soberano não pode ser submetido, contra sua vontade, ao foro doméstico de outro – exauriu-se.

A prática de atos de gestão – ***acta jure gestionis*** – está relacionada àqueles que o Estado se relaciona com os particulares em condições de **paridade**, isso em razão de **não se estar diante de questão que imponha a sua sobreposição**, o que, no âmbito do Direito Internacional Público, faz incidir a teoria dos *acta jure imperii*. Portanto, a vetusta regra costumeira da imunidade absoluta de jurisdição passou, já de longa data, por flexibilizações para limitar a soberania sempre que o objeto de litígio for relativo a **determinadas matérias que não a justificam, ensejando, consequentemente, a submissão do Estado aos órgãos judiciais locais**.

A imunidade de jurisdição deve ser rechaçada sempre que o Estado atua no campo próprio dos particulares, bem como em **relações jurídicas paritárias**. Fundamentados na possibilidade de promoção de comportamento diferenciado, **os atos de império dão lugar aos atos de gestão sempre que a relação não se configurar a partir desse desequilíbrio.** Obrigações, por exemplo, que ditem relações ou implicações jurídicas sem razões que justifiquem a exorbitância, portará o Estado como se particular, isso para fins de afastamento da incidência da regra da imunidade de jurisdição.

É inquestionável que a imunidade de jurisdição não é absoluta. Ninguém se atreveria a protestar por sua incidência sem adentrar na natureza da relação jurídica invocadora do privilégio. Assim considerando, resta-nos aprofundar os critérios distintivos entre os atos de império e de gestão para fins do afastamento ou enquadramento da regra.

Assim como ocorreu no âmbito do Direito Administrativo, também no plano do Direito Internacional Público também **foi se relativizando o privilégio estatal quando o Estado entabula relações jurídicas atípicas**. Assim como se excluiu a incidência da *puissance* *publique* – e das prerrogativas públicas respectivas – quando a Administração pública atua nas relações próprias dos particulares, assim igualmente ocorre nas **relações jurídicas de caráter patrimonial** no âmbito do Direito Internacional Público. **Relações de caráter privado constituídas, em especial, sob os ditames da vontade e de livre autocomposição, não devem, consequentemente, sujeitar-se ao mesmo regime de imunidade de jurisdição associado aos atos de império.**

O acordo entabulado entre a Consulente e a República Dominicana versou sobre autocomposição em matéria de reparação civil, isso em decorrência de contratos de construção de obras de infraestrutura naquele País. Trata-se, portanto, de **ajuste de natureza estritamente contratual** e, em hipótese alguma, em ato de império ou de soberania da República Dominicana em face da Consulente, no âmbito dos quais sequer caberia falar em autocomposição ou de solução consensual, mas em prelazia dos poderes do Estado em investigar, processar e sancionar pela prática de eventuais atos ilícitos.

A natureza de reparação civil do acordo entabulado fica evidenciada, em especial, quando **as partes acordam indenização por "danos materiais e morais causados à República Dominicana"**. Em hipótese alguma deparamo-nos com obrigações decorrentes, exemplificativamente, de multas administrativas e, muito menos, de sanções ou mesmo reparações de natureza penal. A natureza patrimonial do acordo entabulado entre a Consulente e a República Dominicana desnatura qualquer pretensão centrada na violação à soberania estrangeira, mas de matéria que, ao contrário, impõe a prelazia da jurisdição brasileira.

A aplicação da noção de atos de império para a autocomposição em exame com base no fundamento de que envolveria a disposição do poder de sanção do Estado dominicano é, no nosso entendimento, descabida. É preciso distinguir as obrigações pecuniárias decorrentes de **acordo entabulado paritariamente** – e, portanto, sem incidência de prerrogativas que colocassem a

Consulente em **relação de sujeição** ao Estado dominicano – de obrigações decorrentes de condenações criminais ou mesmo de qualquer outra natureza, apenas no âmbito das quais poderia ser aferida eventual prática de ato de império.

Por fim, igualmente rechaça a incidência da teoria dos *acta jure imperii* o fato incontroverso de que **a República Dominicana deduziu sua pretensão creditória no Brasil através do reconhecimento, igualmente inquestionável, da jurisdição brasileira, praticando ato de gestão e expressa renúncia à discussão da incidência de imunidade de jurisdição.**

Ademais, a adoção de medidas, pela República Dominicana perante a jurisdição brasileira, tendentes à satisfação forçada do crédito possuiria natureza essencialmente patrimonial e, nessa medida, de caráter igualmente privado. Em outras palavras, o Estado dominicano reconheceu a jurisdição brasileira para afastar-se da recuperação judicial da empresa brasileira em crise para, gozando da extraconcursalidade, procurar a satisfação do seu crédito através da prática de típico ato de gestão.

Cotejadas as origens da distinção entre atos de império e de gestão no Direito Administrativo francês e no Direito Internacional Público e, ainda, a evolução histórica da regra da imunidade de jurisdição, bem como da ruptura com o vetusto princípio consuetudinário de imunidade absoluta, é inegável que a natureza contratual e de reparação civil do acordo alienígena objeto de análise no presente Parecer rechaça a pretensão da República dominicana em qualificar seu crédito como extraconcursal, sob pena de **violação à ordem público-constitucional brasileira**, bem como ao princípio constitucional da soberania da República brasileira (**art. 1º, inciso I, da Constituição da República**) e, no que tange aos princípios constitucionais que regem a atuação do Estado brasileiro nas relações internacionais, em afronta à **independência nacional, autodeterminação dos povos, não-intervenção e da igualdade entre os Estados** (**art. 4º, incisos I, III, IV e V, da Constituição da República**).

Referidos princípios demarcam, sob a ótica do Estado brasileiro, e indo ao encontro dos compromissos por ele assumidos no plano do Direito Internacional Público, os **limites da sobreposição da soberania alienígena, em detrimento da jurisdição doméstica**. Em outras palavras, e conforme adiante demonstraremos, se por um lado independência, autodeterminação, não-intervenção e igualdade entre os Estados sejam princípios constitucionais que devem informar a relação do Estado brasileiro nas relações internacionais, também não se pode desconsiderar que **referidos princípios não são absolutos**, sob pena de **solapamento da própria soberania brasileira.**

Veja-se, portanto, que em hipótese alguma poder-se-ia alegar que discussões jurídicas relativas às relações que se estabelecem entre o Estado brasileiro outros Estados soberanos, bem como da extensão e alcance das respectivas soberanias em suas repercussões para a prestação jurisdicional doméstica, não possuem **inflexão direta dos referidos princípios e regras constitucionais**.

Consoante previsão do **artigo 1º, inciso I, da Constituição da República**, a República Federativa do Brasil constitui-se em Estado Democrático de Direito e possui como fundamentos, dentre outros, o da **soberania**. Ademais, nos termos do **art. 4º, incisos I, III, IV e V**, a República Federativa do Brasil rege-se nas suas relações internacionais pelos **princípios da independência nacional, autodeterminação dos povos, não-intervenção e, dentre outros, igualdade entre os Estados.**

Referidos dispositivos constitucionais instrumentalizam, no Direito positivo doméstico, o modo como o Estado brasileiro deve, enquanto integrante da comunidade jurídica internacional, relacionar-se com os demais Estados soberanos, constituindo, **simultaneamente, princípios constitucionais fundamentais de Direito positivo interno e de Direito Internacional Público**.

Ademais, nos termos do **artigo 109, inciso II, da Constituição da República**, à **Justiça Federal brasileira compete processar**

e julgar as causas entre Estado estrangeiro ou organismo internacional e Município ou pessoa domiciliada ou residente no Brasil. Ainda que a recuperação judicial das empresas brasileiras seja de matéria de competência das Justiças estaduais, referido dispositivo constitucional é enfático em evidenciar que o Estado estrangeiro não é absolutamente imune à jurisdição brasileira e que as matérias objeto do Presente Parecer, muito além de mera questão reflexa ou incidental, são destacadamente constitucionais.

A Constituição da República, no seu art. 1º, acolheu os compromissos assumidos pelo Estado brasileiro em suas relações internacionais ao dispor que **a soberania é a base e fundamento da República Federativa**. Ademais, por uma obviedade que os princípios da independência nacional, da autodeterminação dos povos, da não-intervenção e da igualdade entre os Estados – previstos, conforme antecipado, no art. 4º da Constituição da República – não devem ser interpretados para fins de, em detrimento da soberania do Estado brasileiro, tornar absoluta a sobreposição da soberania dos Estados estrangeiros.

Se é dever do Estado brasileiro pautar-se, nas relações internacionais, pela autodeterminação, pela não-intervenção e pela igualdade entre os Estados, também é evidente que isso **não deve implicar em prelazia absoluta das posições jurídicas dos Estados estrangeiros, salvo diante de razões jurídicas legítimas, as quais inexistem no caso concreto ora em exame no presente Parecer.**

A prelazia da posição jurídica da República Dominicana, em detrimento da soberania do Estado brasileiro, é injustificável. Os princípios constitucionais elencados demarcam, sob a ótica do Estado brasileiro, e indo ao encontro dos compromissos por ele assumidos no plano do Direito Internacional Público, os limites da sobreposição da soberania alienígena, em detrimento da jurisdição doméstica, razão pela qual, à luz da questão de Direito ora em exame, não há que se falar sobreposição da imunidade de jurisdição alienígena para fins de afastamento do procedimento de recuperação judicial.

Os princípios constitucionais em exame determinam a concursalidade do crédito dominicano, eis que inexistem fundamentos normativos que imponham a prelazia da soberania alienígena, em detrimento da atuação pelos órgãos de jurisdição brasileiros em **matéria realçadamente autocompositiva e, portanto, de natureza estritamente contratual, bem como de matriz claramente indenizatória.**

Nesses termos, tendo em vista, por um lado, a distinção entre atos de império e de gestão no Direito Internacional Público, bem como o princípio consuetudinário de imunidade de jurisdição em suas repercussões para o Direito Constitucional brasileiro, positivador dos princípios vetores das relações internacionais e, por outro lado, a natureza jurídica do acordo entabulado entre a Consulente e a República Dominicana, este Estado não goza de imunidade ao juízo universal estadual da recuperação judicial.

SEGUNDO QUESITO: O Regime Constitucional de prerrogativas da Administração Pública brasileira, em face da qual incidem os privilégios fiscais da extraconcursalidade e de específico regramento processualístico de execução fiscal, é extensível à República Dominicana?

Não se pode equiparar os créditos do Estado brasileiro em face da Consulente com aqueles titularizados por Estado estrangeiro, sob pena de **afronta ao regime constitucional de prerrogativas da Administração pública brasileira, exclusivamente em face da qual incidem os taxativos privilégios fiscais da extraconcursalidade e da execução fiscal**, como também violação ao **princípio constitucional da isonomia, previsto, dentre outros, nos art. 5º, *caput*, da Constituição da República.**

A Administração pública brasileira desenha-se tendo em vista o regime constitucional da que se refere a Seção I, Capítulo VII – Da Administração Pública, da Constituição da República, consoante prerrogativas e garantias especialmente previstas no art. 37, *caput*, da Constituição da República. Por uma obviedade, referido regime jurídico-constitucional não é extensível ao Estado dominicano. Consequentemente, não se pode equiparar a posição jurídica assumida pelo Estado brasileiro perante os procedimentos de recuperação judicial à posição que deve assumir a República Dominicana perante os mesmos procedimentos.

Ademais, não se pode equiparar, sob pena de violação ao princípio constitucional da isonomia, as autocomposições entabuladas pelo Brasil – e, portanto, em consonância com o regime constitucional de prerrogativas e o regime legal regulamentador das autocomposições – com aqueles acordos realizados por empresas brasileiras com Estados estrangeiros e, portanto, de acordo com o Direito positivo local.

É nesse cenário que o crédito detido pela República Dominicana não pode ser excluído dos efeitos da recuperação judicial que tramita em território brasileiro já que não equiparável aos créditos decorrentes dos acordos celebrados com autoridades brasileiras, cujas características normativas e respectivas prerrogativas executórias são diversas. Em outras palavras, **não se pode igualar o inigualável.**

Portanto, a qualificação, como extraconcursal, do crédito detido pela República Dominicana implica em **afronta ao modelo constitucional definido para a Administração pública brasileira, cujas prerrogativas e privilégios, inclusive em face das empresas brasileiras, lhe são exclusivos**. A equiparação entre o Estado brasileiro e dominicano para fins de igual sujeição ao regime extraconcursal no âmbito de uma recuperação judicial de empresa brasileira implicaria, nesses mesmos termos, em violação ao princípio constitucional da isonomia previsto no art. 5º, *caput*, da Constituição.

Tendo em vista as naturezas distintas dos Estados e, consequentemente, o regime jurídico das autocomposições entabuladas pelos respectivos Direitos positivos, é que existe específico regime jurídico extraconcursal em favor da Administração brasileira. Referido **elemento diferencial justifica a desequiparação para fins de, no caso dos créditos decorrentes de autocomposições brasileiras, justificar a extraconcursalidade, ao passo que, com relação a**

créditos alienígenas, sejam enquadrados como concursais para fins de sujeição ao procedimento de recuperação judicial que tramita em território brasileiro.

Consoante nos relata a Consulente, através de Parecer de lavra de Robert C. Placencia Álvarez, **o privilégio da extraconcursalidade sequer é um direito da República Dominicana perante seu Direito positivo**. Ou seja, **criar-se-ia, no Brasil, um privilégio que nem mesmo o direito doméstico dominicano atribuiu em favor da República Dominicana.**

Nesses termos, o enquadramento do crédito da República Dominicana como quirografário – e não como de mesma natureza dos créditos da Administração brasileira – é uma decorrência do princípio constitucional da isonomia, o qual **pressupõe, para fins de idêntico tratamento jurídico, de similitude de posições jurídicas**. Entretanto, o crédito dominicano – de características estritamente reparatórias e sem qualquer relação sancionatória, inclusive criminal – não se assemelha ao acordo de leniência anticorrupção brasileiro regulamentado pela Lei n. 12.846/2013, a Lei Anticorrupção brasileira.

Consequentemente, não se pode atribuir ao crédito dominicano a mesma natureza fiscal dos créditos provenientes de autocomposições realizadas com a Administração Pública brasileira, a qual, inclusive, dispõe de específico mecanismo da execução fiscal regulamentada pela Lei n. 6.830/1980, que trata sobre a cobrança judicial da Dívida Ativa da Fazenda Pública. Não paira qualquer dúvida de que referido procedimento de execução fiscal não é extensível aos entes de personalidade regida pelo Direito internacional público. **Características e prerrogativas diversas, inclusive informadas por regimes jurídicos absolutamente distintos, impõem tratamento jurídico diverso, sob pena de violação ao princípio constitucional da isonomia.**

TERCEIRO QUESITO: A qualificação como extraconcursal do crédito da República Dominicana, ao afastar a jurisdição do juízo universal estadual da recuperação judicial, bem como a racionalidade da proteção conferida à empresa em crise, afronta o princípio constitucional da inafastabilidade da apreciação jurisdicional e, ainda, os princípios constitucionais que regem o desempenho de atividade econômica tuteladores da livre iniciativa, da propriedade privada, da função social da empresa, da valorização do trabalho, da busca do pleno emprego e da redução das desigualdades?

O entendimento de que, no âmbito de uma recuperação judicial em trâmite perante o Judiciário brasileiro, o crédito dominicano deve ser qualificado como extraconcursal é **violador do princípio constitucional da inafastabilidade do controle jurisdicional** – previsto no **art. 5º, inciso XXXV, da Constituição da República** – na sua vertente **juízo universal da recuperação judicial racionalizador da proteção judicial conferida à empresa em *crise*** e, ainda, **afronta aos princípios constitucionais que regem o desempenho de atividades econômicas.**

Consoante já demonstrado, **não há que se falar, dada a natureza de autocomposição do acordo dominicano, de questão soberana que justifique a prelazia da soberania alienígena, em detrimento da brasileira**, sob pena de violação à previsão consubstanciada no art. 5º, inciso XXXV, da Constituição da República, segundo o qual **não se excluirá da apreciação do Poder Judiciário lesão ou ameaça a direito, o que se materializa quando, declarada a extraconcursalidade, se afasta do Judiciário brasileiro a racionalidade esperada para o procedimento de recuperação judicial da empresa brasileira em *crise*.**

Outro aspecto que se coloca é que a qualificação como extraconcursal do crédito decorrente de autocomposição da República Dominicana implica na **ruptura à racionalidade da proteção judicial conferida à empresa em *crise* pelo juízo universal da recuperação judicial** e, consequentemente, em **violação aos princípios constitucionais que regem a atividade econômica tuteladores não apenas da livre iniciativa e a propriedade privada, mas também da função**

social da empresa, da valorização do trabalho, da busca do pleno emprego e da redução das desigualdades, consoante previsão do **art. 170, *caput* e seus incisos II, III, VII e VIII, da Constituição da República.**

Nesses termos, o ***socorro* à empresa em crise** ocorre não apenas para atender aos ditames constitucionais que tutelam **legítimos interesses privados**, mas também **interesse sociais resguardados por sua sobrevivência**. A **racionalidade** da proteção judicial conferida à empresa em crise pressupõe, necessariamente, um ***balcão único***, bem como uma **determinada e específica instância judicial de renegociação e controle**. **A extensão dos efeitos do procedimento concursal possui relação direta com a efetividade da superação da crise pela empresa devedora e, consequentemente, sua preservação, bem como de empregos e distribuição de renda.**

Consequentemente, no Brasil, o crédito detido pela República Dominicana em face da Consulente deve sujeitar-se à recuperação judicial e, consequentemente, receber o tratamento previsto no Plano Consolidado aprovado pelos credores da Consulente e demais sociedades em 22 de abril de 2020, sob pena de a dissipação dos credores comprometer a própria viabilidade do mecanismo jurídico destinado à empresa brasileira em *crise*.

É o que nos parece.

São Paulo, 24 de março de 2022.

CAPÍTULO XV

A COOPERAÇÃO JURÍDICA INTERNACIONAL E OS PRINCÍPIOS DO DEVIDO PROCESSO LEGAL, AMPLA DEFESA, VEDAÇÃO DE PROVAS ILÍCITAS, PRESUNÇÃO DE NÃO CULPABILIDADE E DIREITO À HONRA

EMENTA: DIREITO CONSTITUCIONAL. COOPERAÇÃO JURÍDICA INTERNACIONAL. OPERAÇÃO LAVA JATO. PROVAS INTERNALIZADAS PELO MINISTÉRIO PÚBLICO. PRINCÍPIOS DO DEVIDO PROCESSO LEGAL, AMPLA DEFESA, VEDAÇÃO DE PROVAS ILÍCITAS, PRESUNÇÃO DE NÃO CULPABILIDADE E DIREITO À HONRA.

Honra-nos a **ODEBRECHT S.A**, pessoa jurídica de direito privado, inscrita no CNPJ sob o n. 05.144.757/0001-72, com sede na Avenida Luis Viana, nº 241, Edifício Odebrecht, Paralela, Salvador-BA, com a Consulta em tema afeto ao Direito Constitucional, especialmente em relação à constitucionalidade dos procedimentos adotados pelo

Ministério Público Federal, em matéria de cooperação internacional, no âmbito da Operação Lava Jato.

Para a adequada determinação das condições fáticas e jurídicas relacionadas à consulta, cabe esclarecer que a Consulente apresenta uma série de notícias veiculadas por diversos meios de imprensa, das quais se extraem as duas premissas fundamentais, as quais orientarão os estudos ora empreendidos.

A primeira delas diz respeito ao fato noticiado relativo à conduta de membros do Ministério Público Federal que viajaram para a Suíça, por mais de uma vez, para buscarem elementos probatórios para as investigações do caso em curso no Brasil.

A segunda refere-se ao fato de que o conteúdo das investigações, ao que consta, vem sendo reiteradamente divulgado pelos meios de comunicação, o que direciona a análise das possíveis consequências advindas do devassamento de informações sigilosas.

Diante das circunstâncias relatadas, foram formulados os seguintes quesitos:

PRIMEIRO QUESITO: Do ponto de vista constitucional, é possível a utilização de provas documentais produzidas em Estado Estrangeiro, especificamente da Suíça, trazidas para o processo de investigação da Operação Lava Jato informalmente por membros do Ministério Público Federal?

SEGUNDO QUESITO: Considerando-se que a imprensa tem divulgado, pelos mais diversos veículos de comunicação, o conteúdo de provas obtidas pelo Ministério Público Federal no âmbito das investigações da Operação Lava Jato, qual a consequência jurídica que o vazamento dessas informações pode trazer ao processo, aos acusados e também aos acusadores?

TERCEIRO QUESITO: Tendo-se em vista a possibilidade de existência de procedimentos de Cooperação Internacional, envolvendo informações relativas à Consulente, haveria algum instrumento constitucional que lhe garantisse ter ciência, com segurança, sobre a existência de referidos procedimentos?

15.1 Determinação do campo da análise

Com o avanço da mundialização, coloca-se atualmente o debate a respeito da adoção de práticas internacionais no que se refere ao abuso do poder econômico, entendido como o direcionamento de forças econômicas privadas apto a impor sua vontade ao comportamento de outras pessoas. Em especial, o objeto de maior atenção recai sobre a relação entre o poder econômico e o Estado e sua estrutura.

A fim de buscar conter desvios nessa relação, que no mais é indispensável, diversos acordos internacionais foram firmados, dentre os quais se destacam a Convenção de Palermo (Convenção das Nações Unidas contra o Crime Organizado Transnacional) e a Convenção de Mérida (Convenção das Nações Unidas contra Corrupção).

Sendo esse o cenário, harmonizando-se ao plano internacional, o Brasil buscou honrar os acordos internacionais assinados nas últimas décadas que o vinculam ao combate da "corrupção", tendo ratificado as referidas Convenções respectivamente em 29.01.2004[466] e 15.06.2005.[467]

Contudo, em que pese a necessidade do contínuo combate a condutas criminosas, em especial àquelas que geram danos às instituições e patrimônio públicos, não é possível que se olvide das garantias de um Estado Democrático de Direito como o Brasil. É fundamental que, na investigação dos fatos e persecução dos suspeitos, se observe a Constituição da República.

---

466 Convenção de Palermo. Promulgada por meio do Decreto n. 5.015, de 12 de março de 2004.

467 Convenção de Mérida. Promulgada por meio do Decreto n. 5.687, de 31 de janeiro de 2006.

Neste contexto, insere-se a presente consulta, haja vista que nela, em termos práticos, pretende-se avaliar se as condutas noticiadas no curso das investigações penais da Operação Lava Jato estão em consonância com os mais elementares princípios constitucionais vigentes no Brasil.

Para a formulação de respostas aos quesitos apresentados, faz-se necessário esclarecer, em um primeiro momento, o contexto jurídico no qual se situa a cooperação internacional, bem como a relação existente entre o Estado brasileiro com o Estado Suíço nessa seara.

Além disso, devem-se analisar os princípios e as garantias fundamentais previstas na Constituição da República, que dão os contornos e limites para a legitimação dos atos de persecução penal.

Diante deste arcabouço dogmático, então, será possível avaliar se as condutas descritas pelos veículos de imprensa podem ser consideradas, ou não, em acordo com os predicados da Constituição da República.

Em outras palavras, o que se busca é avaliar se é possível que membros do Ministério Público tragam, diretamente da Suíça, material probatório para a instrução das investigações no Brasil, bem como das consequências que recaem sobre a divulgação dessas provas pela imprensa nacional.

15.2 Cooperação Jurídica Internacional em Matéria Penal

A Cooperação Jurídica Internacional atravessou diversas fases ao longo do tempo, existindo um período em que a assistência mútua era quase inexistente até chegar ao atual panorama. Hoje, vários tratados e acordos permitem o emprego de instrumentos que obrigam os Estados a cooperar reciprocamente para proteger os interesses jurídicos de seus povos.

Tradicionalmente, a Cooperação Jurídica Internacional se efetiva através de cartas rogatórias, assim como pelo reconhecimento e execução de sentenças estrangeiras. Além desses institutos, existem também outras providências de cunho administrativo e judicial do Estado estrangeiro, conhecidas como auxílio direto, regidas pela legislação pátria, pelo Direito Internacional costumeiro e reconhecidas pela Constituição da República,[468] e por diversos tratados bilaterais, regionais e multilaterais firmados pelo Brasil.

Também são comuns os pedidos de informações sobre o Direito estrangeiro que podem ocorrer entre autoridades centrais e mesmo entre tribunais, dentre outras medidas reconhecidas pelo ordenamento de cada país.

Verdade é que a Cooperação Jurídica Internacional abrange não somente a cooperação jurisdicional ou judicial, mas também a cooperação administrativa, que pode em tese ocorrer entre órgãos investigatórios.

A natureza jurídica da Cooperação Jurídica Internacional pode ser avaliada sob a perspectiva dos valores de solidariedade e colaboração mútua entre os Estados, bem como pela perspectiva da atividade desenvolvida no Estado requerido.

Assim, quando observada sob o ponto de vista da expressão dos valores de solidariedade e colaboração mútua entre as nações, é necessário que exista o reconhecimento da realidade de determinado

---

468 Com fundamento no artigo 4º da Constituição da República: *A República Federativa do Brasil rege-se nas suas relações internacionais pelos seguintes princípios: I - independência nacional; II - prevalência dos direitos humanos; III - autodeterminação dos povos; IV - não-intervenção; V - igualdade entre os Estados; VI - defesa da paz; VII - solução pacífica dos conflitos; VIII - repúdio ao terrorismo e ao racismo; IX - cooperação entre os povos para o progresso da humanidade; X - concessão de asilo político. Parágrafo único. A República Federativa do Brasil buscará a integração econômica, política, social e cultural dos povos da América Latina, visando à formação de uma comunidade latino-americana de nações.*

povo e a possibilidade de resolução de seus problemas através da cooperação entre os Estados.

Por sua vez, quando examinada sob a perspectiva da atividade desenvolvida no Estado requerido, deve-se analisar a existência de uma interação processual-funcional internacional, a qual se fundamenta no Direito Internacional. Ou seja, deve ser avaliada tomando os Estados como parte de uma ordem jurídica internacional, que sofrem influência dos tratados internacionais, de modo que a cooperação se apresenta como um mecanismo de submissão a esta ordem jurídica comum,[469] sem prejuízo da preservação da soberania de cada um.

Certo é que o avanço da criminalidade além das fronteiras nacionais teve significativo impacto nas atividades colaborativas das nações, o que levou ao estreitamento e à regulamentação das relações de cooperação, através de acordos multilaterais e bilaterais sobre Cooperação Jurídica Internacional em Matéria Penal, objetivando punir aqueles que cometem ilícitos transnacionais.

Sobre o tema, são pertinentes as colocações de Vladimir Aras:

> Por cooperação penal internacional, entende-se o conjunto de mecanismos jurídicos postos a disposição de Estados e organizações internacionais especializadas para viabilizar ou facilitar a persecução criminal ou a execução penal. Trata-se de modalidade do gênero cooperação jurídica internacional, que engloba também instrumentos civis de ajuda interetática.[470]

469 CERVINI, Raul; TAVARES, Juarez. *Princípios de cooperação judicial penal internacional no protocolo do MERCOSUL*. São Paulo: RT, 2000, pp. 54/55.

470 ARAS, Vladimir. "O papel da autoridade central nos acordos de cooperação penal internacional". *In*: BALTAZAR JUNIOR, José Paulo; LIMA, Luciano Flores de (Coord.). *Cooperação jurídica Internacional em matéria penal*. Porto Alegre: Verbo Jurídico, 2010, p. 61.

Na Cooperação Jurídica Internacional (*mutual legal assistance – MLA*) em Matéria Penal é possível praticar medidas de auxílio mútuo para a elucidação de materialidade ou da autoria de uma infração penal, por meio de medidas cooperativas que podem incidir sobre pessoas, documentos ou bens.

Na esteira deste raciocínio, mais uma vez são pertinentes as colocações de Vladimir Aras:

> As medidas de cooperação recaem sobre documentos, bens ou pessoas. De fato, o autor da infração está sujeito a decisões que lhe cerceiam a liberdade, a exemplo da extradição e da entrega, ou que contribuem para aperfeiçoar a execução penal, como no caso da transferência de condenados. Vítimas, peritos e testemunhas também podem ser transferidos de um país a outro, para prestar depoimentos pessoalmente, como também podem fazê-lo por vídeo conferência criminal.[471]

Com efeito, impende anotar que os mecanismos de Cooperação Jurídica Internacional em Matéria Penal possuem a natureza de procedimento integrante da legislação penal e, como tal, devem respeitar os postulados fundamentais previstos na Constituição da República.

No pedido de Cooperação Jurídica Internacional em Matéria Penal será sempre observado o princípio *locus regit actum*, ou seja, sempre será aplicado o Direito do País requerido para a produção do ato, salvo se existir disposição específica em tratado regulando a matéria de maneira diversa.

A aplicação do Direito do país em que se pretende realizar a medida está regulada, por exemplo, no artigo 18, item 17, da

---

471 ARAS, Vladimir. "O papel da autoridade central nos acordos de cooperação penal internacional". *In*: BALTAZAR JUNIOR, José Paulo; LIMA, Luciano Flores de (Coord.). *Cooperação jurídica Internacional em matéria penal*. Porto Alegre: Verbo Jurídico, 2010, p. 62.

Convenção das Nações Unidas contra o Crime Organizado Transnacional, promulgada no Brasil pelo Decreto n. 5.015/2004, nos seguintes termos:

> Artigo 18 – Assistência judiciária recíproca
>
> (...)
>
> 17. Qualquer pedido será executado em conformidade com o direito interno do Estado Parte requerido e, na medida em que tal não contrarie este direito e seja possível, em conformidade com os procedimentos especificados no pedido.

Em igual sentido é a regra do artigo 5º do Tratado de Cooperação Jurídica em Matéria Penal entre a República Federativa do Brasil e a Confederação Suíça, promulgado pelo Decreto n. 5.974/2009, *in verbis*: "*Artigo 5 – Direito Aplicável – 1. O pedido é executado conforme o direito do Estado Requerido*".

Portanto, a natureza jurídica da Cooperação Jurídica Internacional em Matéria Penal é de procedimento instrumental ao processo penal, implicando, assim, que as medidas instrutórias estarão sujeitas aos mesmos princípios e garantias que regem, no território de cada Estado cooperante, o devido processo legal de persecução penal, com fundamento na Constituição, nos tratados e acordos internacionais, bem como na legislação penal aplicável.

15.3 Procedimentos de cooperação jurídica internacional em Matéria Penal

A necessidade de dinamismo que permeia a Cooperação Jurídica Internacional, assim como a certeza de segurança e eficiência no cumprimento das ações acordadas, constituem dever dos Estados na tramitação e cumprimento dos atos de colaboração mútua.

Verdade é que esse caráter dinâmico impõe a busca incessante por mecanismos que assegurem, ao mesmo tempo, o desenvolvimento seguro e eficiente de atos de cooperação.

Considerando o escopo deste Parecer, serão analisados os instrumentos de Cooperação Jurídica Internacional em Matéria Penal para produção de provas, que são a Carta Rogatória e o Auxílio Jurídico Direto, os quais possuem características distintas, que serão a seguir elencadas.[472]

Trata-se de um esforço de apresentar e qualificar todos os meios hábeis à cooperação de que poderiam valer-se as autoridades brasileiras na instrução da investigação referenciada.

15.3.1 Carta Rogatória

Embora não seja o foco central da presente consulta, faz-se necessária a apresentação de breves comentários sobre as cartas rogatórias, pois estas tratam do mais tradicional instrumento de cooperação e apenas deste modo se terá um panorama completo sobre os instrumentos de cooperação internacional.

---

472 A carta rogatória, tradicional procedimento de cooperação jurídica internacional entre autoridades judiciárias, para o fim de comunicar atos processuais, produzir e compartilhar provas, adotar medidas cautelares de natureza real, dentre outros, vem sofrendo a "concorrência" de outros procedimentos menos burocráticos, como, por exemplo, o pedido de auxílio direto. Na realidade o pedido de auxílio direto representa um ato de provocação da autoridade estrangeira, que possui plena capacidade cognitiva para deliberar o que for necessário em relação à iniciativa do solicitante, que não é somente a autoridade judiciária, diferentemente da carta rogatória, cujo procedimento no Estado requerido comporta tão somente mero juízo de delibação sobre o ato jurisdicional emanado do Estado requerente. (BRASIL. Secretaria Nacional de Justiça. Departamento de Recuperação de Ativos e Cooperação Jurídica Internacional. Manual de cooperação jurídica internacional e recuperação de ativos: cooperação em matéria penal / Secretaria Nacional de Justiça, Departamento de Recuperação de Ativos e Cooperação Jurídica Internacional (DRCI). 2ª ed. Brasília: Ministério da Justiça, 2012, p. 56).

A carta rogatória em matéria penal, regida pelo artigo 783 e seguintes do Código de Processo Penal,[473] revela-se na solicitação proveniente de um juízo estrangeiro visando à realização de diligências processuais em juízo não nacional, abarcando providências para o trâmite de documentos, medidas instrutórias como citações, intimações e inquirições de testemunhas, ou atos que objetivem a obtenção de provas.

Nesse sentido a carta rogatória carrega em seu bojo atos não-decisórios e atos decisórios não definitivos. Significa que por meio

---

473 Artigo 783. As cartas rogatórias serão, pelo respectivo juiz, remetidas ao Ministro da Justiça, a fim de ser pedido o seu cumprimento, por via diplomática, às autoridades estrangeiras competentes.

Artigo 784. As cartas rogatórias emanadas de autoridades estrangeiras competentes não dependem de homologação e serão atendidas se encaminhadas por via diplomática e desde que o crime, segundo a lei brasileira, não exclua a extradição.

§ 1º As rogatórias, acompanhadas de tradução em língua nacional, feita por tradutor oficial ou juramentado, serão, após *exequatur* do presidente do Supremo Tribunal Federal, cumpridas pelo juiz criminal do lugar onde as diligências tenham de efetuar-se, observadas as formalidades prescritas neste Código.

§ 2º A carta rogatória será pelo presidente do Supremo Tribunal Federal remetida ao presidente do Tribunal de Apelação do Estado, do Distrito Federal, ou do Território, a fim de ser encaminhada ao juiz competente.

§ 3º Versando sobre crime de ação privada, segundo a lei brasileira, o andamento, após o *exequatur*, dependerá do interessado, a quem incumbirá o pagamento das despesas.

§ 4º Ficará sempre na secretaria do Supremo Tribunal Federal cópia da carta rogatória.

Artigo 785. Concluídas as diligências, a carta rogatória será devolvida ao presidente do Supremo Tribunal Federal, por intermédio do presidente do Tribunal de Apelação, o qual, antes de devolvê-la, mandará completar qualquer diligência ou sanar qualquer nulidade.

Artigo 786. O despacho que conceder o *exequatur* marcará, para o cumprimento da diligência, prazo razoável, que poderá ser excedido, havendo justa causa, ficando esta consignada em ofício dirigido ao presidente do Supremo Tribunal Federal, juntamente com a carta rogatória.

da carta rogatória a autoridade judicial solicita ao Estado requerido que se execute ato jurisdicional já proferido.

A carta rogatória pode ser classificada considerando o seu objeto como *ordinária*, *instrutória* ou *executória*. Nesse sentido, é ordinária a que possui por finalidade a produção de atos processuais como a intimação, citação e a notificação. A instrutória se revela como aquela que apresenta por finalidade a coleta de provas. Já a executória é aquela que visa a prática de atos de constrição.

Por sua vez, considerando a iniciativa de quem requer a providência, a carta rogatória pode ser classificada como ativa e passiva.

A carta rogatória ativa é aquela encaminhada por intermédio do Departamento de Recuperação de Ativos e Cooperação Jurídica Internacional – DRCI ou pelo Ministério das Relações Exteriores, para cumprimento no exterior, inexistindo qualquer manifestação dos referidos órgãos com relação ao mérito do pedido. A atribuição destes órgãos é de mera verificação de cumprimento das formalidades exigidas nos Tratados ou na legislação do Estado requerido.

A carta rogatória passiva é aquela remetida pela autoridade estrangeira para cumprimento no Brasil. O Superior Tribunal de Justiça é responsável por conceder o *exequatur* das cartas rogatórias passivas, isto é, dar a ordem que permite que a medida processual rogada seja cumprida no país. Referida competência, antes alocada ao Supremo Tribunal Federal, foi transferida ao Superior Tribunal de Justiça pela Emenda Constitucional n. 45/2004.

Os exemplos mais comuns de uso da carta rogatória são os pedidos de comunicação de atos processuais, como as citações, intimações e notificações, bem como para a obtenção de provas. Em determinadas hipóteses, é possível a obtenção de medidas cautelares no estrangeiro por meio deste instrumento, e o cumprimento de decisões de tutela antecipada.

Ademais, cumpre ressaltar que o atendimento de solicitação de Estado estrangeiro a ser executada em território nacional, ou seja, a carta rogatória passiva, deve cumprir com os requisitos de ordem constitucional, bem como aqueles postos nos tratados bilaterais e multilaterais que contemplem o instituto.

Por fim, não se pode olvidar que a carta rogatória ativa está submetida a controles judiciais, como o duplo grau de jurisdição. Em regra, compete ao Presidente do STJ conceder e denegar a exequibilidade às cartas rogatórias. Da decisão monocrática presidencial cabe agravo regimental para a Corte Especial, em cinco dias, conforme o posto no artigo 39 da Lei n. 8.038/90, combinado com o artigo 11 da Resolução STJ n. 9, *in verbis*: "Das decisões do Presidente na homologação de sentença estrangeira e nas cartas rogatórias cabe agravo regimental".

Extrai-se deste breve panorama sobre o tema que as cartas rogatórias são instrumentos com uma tramitação burocrática – e, consequentemente, bem regrada – com alto grau de segurança com relação a forma e ao conteúdo dos atos praticados.

Diante da eventual morosidade de tramitação das cartas rogatórias, entretanto, surgiram outros instrumentos, como o auxílio direto, com o intuito de se agilizar o processo de cooperação, sem que se perdesse o mínimo padrão de segurança e controle sobre os atos de cooperação, atinentes ao próprio princípio do devido processo legal, consoante tratado mais adiante.

15.3.2 Auxílio Jurídico direto

O auxílio jurídico direto se desponta como a solicitação de cooperação estrangeira que deve estar em conformidade com as formalidades do Estado requerido, para ser recebida em seu ordenamento jurídico como se nacional fosse. Referida modalidade de cooperação pode ser realizada com base em tratados e convenções internacionais ou em garantia de reciprocidade para casos análogos.

As Autoridades Centrais estão encarregadas de apresentar e receber os pedidos de auxílio jurídico direto, desde que haja tratado internacional em vigor lhes atribuindo tal competência.

O auxílio jurídico direto se diferencia dos demais mecanismos de cooperação internacional porque nele não há o exercício de delibação pelo Estado requerido. O Estado requerido não se apresenta na condição de juiz, mas sim de administrador, uma vez que não se encaminha um pedido de assistência judiciária.

Nesse passo, não se pede, portanto, que se dê cumprimento a uma decisão sua, mas que se profira ato atinente a uma apontada questão de mérito que advém de litígio em curso no seu território, ou mesmo que se alcance ato administrativo a contribuir com o exercício de sua cognição.

Com efeito, podem ser objeto de auxílio direto a comunicação de atos processuais como citações, intimações e notificações, a obtenção de provas e, em certas hipóteses, a obtenção de medidas cautelares e de decisões de tutela antecipada.

Diversamente do que ocorre nos mecanismos tradicionais de cooperação internacional, em que a solicitação enseja um único procedimento, o auxílio direto origina obrigatoriamente dois procedimentos. Segundo a doutrina:

> O auxílio direto, na verdade, forma-se a partir da junção de dois procedimentos específicos e separados: o procedimento internacional, também chamado genericamente de pedido de cooperação ou pedido de auxílio jurídico (este último especialmente no auxílio direto em matéria penal) e o procedimento nacional. O procedimento nacional, por sua vez, pode ser um processo administrativo, um incidente processual judicial específico, como os pedidos do Ministério Público Federal para a obtenção de quebras de sigilo bancário no Brasil ou uma ação judicial, a exemplo do que ocorre com as ações de busca, apreensão e retorno movidas

> pela União nos termos da Convenção sobre os Aspectos Civis do Sequestro Internacional de Crianças.[474]

Nota-se, portanto, que o primeiro procedimento decorre do pedido de cooperação de lavra da autoridade requerente, que após o exame e tramitação pelas autoridades competentes, chega à autoridade do país requerido para formar o procedimento internacional do auxílio direto. O segundo procedimento é de competência do país requerido. Assim, visando ao atendimento do pedido, deve a autoridade competente buscar dar-lhe cumprimento, que pode ser por via judicial ou administrativa.

Assim como na carta rogatória, o pedido de auxílio jurídico direto pode ser classificado como ativo e passivo, dependendo da iniciativa de quem requer a providência.

15.3.3 A questão da coleta direta de elementos de informação

No ordenamento jurídico brasileiro, o inquérito policial é procedimento administrativo e inquisitivo que objetiva fornecer elementos de informação para o titular da ação penal.

Nessa fase, não há um contraditório pleno, o qual está reservado à fase judicial. Contudo, os primados do Estado Democrático de Direito indicam a necessidade de que haja contraditório mínimo, de modo a evitar acusações indevidas e destituídas de fundamentação adequada.

É, portanto, com fundamento em preceitos constitucionais que se afirma que o regular desenvolvimento das investigações deve observar parâmetros específicos. É preciso, nesses termos, que antes de se indiciar ou denunciar alguém, ao suspeito seja oferecida – ainda que minimamente – a capacidade de defesa, para, além de

474 BRASIL. Ministério da Justiça. *Cooperação jurídica internacional*. Disponível em: http://portal.mj.gov.br. Acessado em: 26.01.2015.

tomar conhecimento dos termos da investigação, poder apresentar os eventuais elementos que demonstrem de maneira inconteste sua inocência ou a inexistência do ilícito.

Na mesma linha desse entendimento são as críticas de Eugênio Pacelli,[475] em especial referência que faz à constituição de provas no procedimento investigatório:

> Desnecessário insistir na inconveniência de nosso modelo de investigação criminal. É claro que determinadas medidas devem mesmo ser encetadas sem o conhecimento e sem a participação da defesa, sob pena de inviabilização completa da persecução penal. Mas a prova pericial deveria, sempre que possível, contar com a contribuição e a fiscalização da defesa, desde o início, para a garantia não só do contraditório, mas sobretudo da amplitude de defesa.

Importante rememorar ainda que a doutrina processual penal estabelece diferenças entre elementos de informação e prova a partir dos critérios atinentes (i) ao momento de sua formação; (ii) à exigência do exercício do contraditório; (iii) à presença da autoridade judiciária em sua formação; (iii) ao destinatário; e (iv) à sua utilização para fins de amparar a condenação criminal, consequentemente, no valor probatório que possuem.

Os elementos de informação são colhidos na fase investigativa (inquisitorial), logo, são adquiridos, em princípio, sem o crivo do contraditório e da ampla defesa, já que esta fase é inquisitiva. O Código de Processo Penal, em seu artigo 155, ao tratar do referido instituto, não permite, como regra geral, a utilização exclusiva dos elementos de prova utilizados quando da prolação da sentença,[476] *in verbis*:

---

475 OLIVEIRA, Eugênio Pacelli. *Curso de processo penal*. 18ª ed. São Paulo: Atlas, 2014, p. 433.

476 Corroborando este entendimento, preleciona Eugênio Pacelli: “Basta lembrar, ainda, que o juiz sequer levará em consideração, por ocasião da sentença, as

> **Artigo 155.** O juiz formará sua convicção pela livre apreciação da prova produzida em contraditório judicial, não podendo fundamentar sua decisão exclusivamente nos elementos informativos colhidos na investigação, ressalvadas as provas cautelares, não repetíveis e antecipadas.

Postas tais premissas, como adiante se verá, há a possibilidade de que autoridades competentes troquem elementos de informação diretamente (Artigos 18.4[477] e 27.2,[478] da Convenção de Palermo), porém tais informações jamais poderão se constituir como prova para fins da persecução penal.

Por outro lado, se o material internalizado via cooperação internacional puder revestir-se de natureza probatória, não há razões para que seja negado o direito ao contraditório na fase investigativa, nem mesmo que se observem todos os demais requisitos atinentes

---

provas ou elementos indiciários colhidos na fase de investigação, consoante se vê, agora do artigo 155, CPP, à exceção das provas irrepetíveis (periciais)" (OLIVEIRA, Eugênio Pacelli. *Curso de processo penal.* 18ª ed. São Paulo: Atlas, 2014, p. 337).

477 Artigo 18. Assistência judiciária recíproca. (...) 4. Sem prejuízo do seu direito interno, as autoridades competentes de um Estado Parte poderão, sem pedido prévio, comunicar informações relativas a questões penais a uma autoridade competente de outro Estado Parte, se considerarem que estas informações poderão ajudar a empreender ou concluir com êxito investigações e processos penais ou conduzir este último Estado Parte a formular um pedido ao abrigo da presente Convenção.

478 Artigo 27. Cooperação entre as autoridades competentes para a aplicação da lei. (...) 2. Para dar aplicação à presente Convenção, os Estados Partes considerarão a possibilidade de celebrar acordos ou protocolos bilaterais ou multilaterais que prevejam uma cooperação direta entre as suas autoridades competentes para a aplicação da lei e, quando tais acordos ou protocolos já existam, considerarão a possibilidade de os alterar. Na ausência de tais acordos entre os Estados Partes envolvidos, estes últimos poderão basear-se na presente Convenção para instituir uma cooperação em matéria de detecção e repressão das infrações previstas na presente Convenção. Sempre que tal se justifique, os Estados Partes utilizarão plenamente os acordos ou protocolos, incluindo as organizações internacionais ou regionais, para intensificar a cooperação entre as suas autoridades competentes para a aplicação da lei.

ao devido processo legal, já que o material coletado poderá futuramente influenciar a decisão do processo penal.

A validade desse raciocínio fundamenta-se no fato de que, a depender das circunstâncias, apenas se houver a possibilidade de contraditório nesta fase é que se garantirá de forma plena o exercício do direito de defesa.

15.4 Classificações da Cooperação Jurídica Internacional em Matéria Penal

A Cooperação Jurídica Internacional em Matéria Penal tem seu fundamento na ideia de solidariedade e de justiça penal universal. Assim, por tais fundamentos as nações se comprometem, por reciprocidade ou por vínculos jurídicos derivados de tratados, a cooperar mutuamente para a persecução de ilícitos penais transnacionais.

Os critérios de classificação da Cooperação Internacional usuais e mais relevantes para o presente trabalho são os da: *(i)* iniciativa de quem solicita a cooperação; e *(ii)* qualidade de quem coopera.

Sob a perspectiva da iniciativa de quem solicita, a Cooperação Jurídica Internacional pode ser classificada em ativa e passiva. Nesse passo, quando o requerente é órgão brasileiro, estamos diante da Cooperação Jurídica Internacional Ativa, ao passo que, quando o Estado brasileiro é requerido, existe a Cooperação Jurídica Internacional Passiva.

Se observada sob a qualidade de quem coopera, classifica-se a Cooperação Jurídica como Judicial ou Administrativa.

Segundo Irineu Strenger a cooperação será judicial quando houver: *(i)* a atribuição ou distribuição da competência internacional entre as judicaturas dos distintos Estados; *(ii)* o cumprimento extraterritorial de medidas processuais ditadas pela judicatura de um Estado; *(iii)* o reconhecimento e a execução extraterritorial da sentença proferida pelos juízes de um Estado estrangeiro.[479]

Assim, e considerando que este Parecer visa à análise de provas produzidas no exterior, trazidas aos autos de processo investigativo brasileiro por membros do Ministério Público Federal, serão caracterizadas as espécies de cooperação em razão da iniciativa de quem solicita a cooperação a fim de avaliar em quais delas se amoldaria a diligência.

15.4.1 Pedido de cooperação ativo

O pedido de Cooperação Jurídica Internacional em Matéria Penal Ativo é o instrumento jurídico pelo qual a solicitação parte de órgão brasileiro, ou seja, quando o pedido é requerido pela autoridade brasileira que deseja a realização de uma diligência por outro Estado ou a obtenção de uma informação proveniente do território daquele.

Nesse sentido, caso a solicitação de uma medida esteja inserida no âmbito de um processo judicial, a autoridade competente para requerer o pedido deve submetê-lo ao juízo em que tramita referido processo, a fim de expedir a Carta Rogatória ou efetivar o Pedido de Auxílio Jurídico Direto, os quais podem ser remetidos à Autoridade Central ou ao Ministério das Relações Exteriores para tramitação.

Desta feita, quando o pedido de cooperação é realizado para instrução de processo judicial, não restam dúvidas que é competente para a efetivação do pedido a autoridade judicial responsável pelo processo.

Por outro lado, se o pedido de cooperação não é realizado para a instrução imediata de processo judicial, existem inúmeras

---

479 STRENGER, Irineu. "Fatores impedientes de 'exequatur' a cartas rogatórias estrangeiras". *Revista de processo*, vol. 6, nº 24. São Paulo: RT, out./dez. 1981, p. 248.

autoridades que possuem competência para elaborar o pedido, dependendo das regras postas nos acordos e tratados firmados entre os Estados, ou apenas no princípio da reciprocidade.

Assim, inexistindo processo judicial instaurado ou necessidade de submissão do pedido à autoridade jurisdicional, não há que se falar em competência judicial, mas sim em competência ou atribuição de autoridade administrativa para legitimamente formular o pedido.

É preciso ponderar, no entanto, que, quaisquer que sejam os órgãos administrativos solicitantes no Brasil, a tramitação de pedidos de cooperação jurídica internacional é realizada pelo Departamento de Recuperação de Ativos e Cooperação Jurídica Internacional – DRCI, órgão integrante da estrutura do Ministério da Justiça, o qual exerce a função de Autoridade Central.[480]

A necessidade de centralização da tramitação dos pedidos de cooperação jurídica internacional em Autoridade Centrais reside no fato de que estes órgãos técnicos especializados viabilizam o escorreito exame, bem como a conformação das solicitações em relação à legislação estrangeira e ao tratado que as fundamenta, permitindo um intercâmbio efetivo e eficaz entre as nações.

Assim, quando o pedido de cooperação basear-se em tratado internacional que preveja a comunicação direta entre autoridades centrais, a Autoridade Central brasileira, após verificar

480 Excepcionalmente, há designação de outros órgãos para exercer as funções de autoridade central no Brasil, em alguns casos específicos: (i) a Autoridade Central é a Secretaria Especial de Direitos Humanos no âmbito da Convenção de Haia de 1980 (Decreto 3.413/2000) e de 1993 (Decreto 3.087/1999); (ii) as atribuições da Autoridade Central são desempenhadas pelo Ministério Público Federal, por intermédio da Secretaria de Cooperação Jurídica Internacional (SCI), órgão da Procuradoria Geral da República na Convenção de NY de 1956 (Decreto 56.826/1965), no Tratado de Auxílio Mútuo em Matéria Penal entre o Brasil e Portugal de 1991 (Decreto 1.320/94) e entre o Brasil e o Canadá (Decreto 6.747/2009).

o preenchimento dos requisitos previstos no respectivo tratado, providenciará sua transmissão à Autoridade Central estrangeira.

Recebido o pedido, a Autoridade Central estrangeira promoverá ações perante as autoridades competentes de seu país e, após o diligenciamento, restituirá o pedido de cooperação cumprido ou não à Autoridade Central brasileira, que, por sua vez, providenciará sua devolução à autoridade brasileira solicitante.

Caso o pedido de cooperação entre autoridades não esteja previsto em tratado internacional, tal fato ensejará que sua tramitação se dê por meios diplomáticos, caso em que a Autoridade Central brasileira transmitirá o pedido ao Ministério das Relações Exteriores brasileiro, que realizará os procedimentos pertinentes às representações diplomáticas no exterior.

O Ministério das Relações Exteriores brasileiro restituirá a resposta recebida das representações diplomáticas do Brasil no exterior à Autoridade Central brasileira, que providenciará sua transmissão à autoridade brasileira solicitante.

15.4.2 Pedido de cooperação passivo

Em que pese esta espécie de cooperação não se inserir no foco central deste Parecer, é preciso trazer a colação suas principais características, a fim de delinear por completo o instituto da cooperação.

O pedido de Cooperação Jurídica Internacional em Matéria Penal Passivo é aquele em que a solicitação parte de órgão estrangeiro para que a medida seja executada no Brasil. Referida medida se fundamenta em acordos internacionais ou pode ser recebida por reciprocidade.

Nos casos em que o Departamento de Recuperação de Ativos e Cooperação Jurídica Internacional seja designado por tratado ou acordo internacional como Autoridade Central, os pedidos diretamente recebidos das Autoridades Centrais estrangeiras.

Quando o pedido de auxílio puder ser atendido por meio de providências administrativas, não será necessária a intervenção do Poder Judiciário, cabendo à Autoridade Central diligenciar para seu cumprimento.

Com efeito, o pedido de Cooperação Jurídica Internacional em Matéria Penal Passivo de competência da Justiça Federal e que não enseja juízo de delibação do Superior Tribunal de Justiça – STJ, será encaminhado pelo Departamento de Recuperação de Ativos e Cooperação Jurídica Internacional à Secretaria de Cooperação Jurídica Internacional – SCI, órgão vinculado ao Gabinete do Procurador-Geral da República.

Neste caso a Secretaria de Cooperação Jurídica Internacional procede à distribuição do pedido às unidades do Ministério Público Federal – MPF, com atribuição para promover judicialmente os atos necessários à cooperação.

Ainda considerando a natureza do pedido de cooperação, este poderá alternativa ou concomitantemente ser encaminhado pelo Departamento de Recuperação de Ativos e Cooperação Jurídica Internacional à Coordenação Geral de Polícia Criminal Internacional do Departamento de Polícia Federal, para cumprimento, em razão da eventual necessidade da adoção de medidas de competência da autoridade policial.

Por sua vez, o pedido de Cooperação Jurídica Internacional que tiver por objeto atos que ensejem juízo de delibação pelo Superior Tribunal de Justiça serão encaminhados pelo Departamento de Recuperação de Ativos e Cooperação Jurídica Internacional ou pelo Ministério das Relações Exteriores ao STJ para tramitar conforme disposto na Resolução n. 9 de 06.05.2005.[481]

---

481 Resolução n. 9 de 06.05.2005 do Superior Tribunal de Justiça. Dispõe, em caráter transitório, sobre competência acrescida ao Superior Tribunal de Justiça pela Emenda Constitucional n. 45/2004.

Assim, o Superior Tribunal de Justiça poderá a conceder o *exequatur* às cartas rogatórias passivas, nos termos da alínea "i" do artigo 105 da Constituição da República.[482] Concedido o *exequatur*, a carta rogatória será remetida ao juiz federal do Estado em que deva ser cumprida.

Ademais, quando não exista acordo internacional vigente, o pedido será recebido pela via diplomática. Nesse caso, o pedido estrangeiro é recepcionado pelo Ministério das Relações Exteriores, que o remeterá ao Departamento de Recuperação de Ativos e Cooperação Jurídica Internacional ou ao Superior Tribunal de Justiça, a depender da necessidade de juízo de delibação por este último.

15.5 Objeto dos pedidos de cooperação jurídica internacional em Matéria Penal

O objeto dos pedidos de Cooperação Jurídica Internacional em Matéria Penal pode envolver inúmeras medidas, que podem ser analisadas em razão de envolverem ou não um componente coercitivo. Assim é possível elencar, sem a pretensão de ser exaustivo, as seguintes medidas, no âmbito penal, que podem ser requeridas mediante cooperação:

a. Atos de comunicação de atos jurídicos, como a citação ou intimação;
b. Produção de provas quando se requer, por exemplo, a colheita de prova documental ou a oitiva de testemunhas;
c. Efetivação de medidas de cunho assecuratório como o arresto ou o sequestro de bens;

482 Art. 105. Compete ao Superior Tribunal de Justiça: I – processar e julgar, originariamente: i) a homologação de sentenças estrangeiras e a concessão de *exequatur* às cartas rogatórias.

d. Efetivação de Decretos de confisco criminal;

e. Extradição com prisão prévia do extraditado.

A distinção em relação ao grau de coercitivo das medidas possui relevo, pois quanto maior for o grau de coerção da medida requerida, é razoável defender maior rigor para seu deferimento, com vistas a evitar desmandos e estabelecer mecanismos de maior controle sobre a execução dos pedidos.

15.6 Autoridade Central

A figura da Autoridade Central no contexto das relações de cooperação jurídica internacional teve sua gênese na necessidade de aprimoramento dos instrumentos de auxílio mútuo entre as nações, uma vez que a cooperação era fundada basicamente em institutos tradicionais, como a extradição e a carta rogatória.

O modelo de Autoridade Central foi inaugurado pela Convenção de Haia de Comunicação de Atos Processuais de 1965, que em seu artigo 2º estipula:

> Artigo 2º Cada Estado contratante designará uma Autoridade central que assumirá, de acordo com o disposto nos Artigos 3º a 6º, o encargo de receber os pedidos de citação e os de notificação provenientes de um outro Estado contratante e de lhes dar seguimento. A Autoridade central é organizada segundo as modalidades previstas pelo Estado requerido.

Assim, é possível conceituar a Autoridade Central como um órgão técnico especializado, responsável pela condução da cooperação jurídica que cada Estado exerce com as demais nações, competindo-lhe o recebimento e a transmissão dos pedidos de cooperação jurídica, o exame e conformação das solicitações em relação à legislação estrangeira e ao tratado que a fundamenta, permitindo um intercâmbio efetivo e eficaz entre os Estados.

No Brasil, figura como Autoridade Central, em regra, o Departamento de Recuperação de Ativos e Cooperação Jurídica Internacional – DRCI, órgão integrante do Ministério da Justiça. O Decreto n. 6.061/2007, em seu artigo 11, regulamenta as competências do DRCI:

> Art. 11. Ao Departamento de Recuperação de Ativos e Cooperação Jurídica Internacional compete:
>
> I – articular, integrar e propor ações do Governo nos aspectos relacionados com o combate à lavagem de dinheiro, ao crime organizado transnacional, à recuperação de ativos e à cooperação jurídica internacional;
>
> II – promover a articulação dos órgãos dos Poderes Executivo, Legislativo e Judiciário, inclusive dos Ministérios Públicos Federal e Estaduais, no que se refere ao combate à lavagem de dinheiro e ao crime organizado transnacional;
>
> III – negociar acordos e coordenar a execução da cooperação jurídica internacional;
>
> IV – exercer a função de autoridade central para tramitação de pedidos de cooperação jurídica internacional;
>
> V – coordenar a atuação do Estado brasileiro em foros internacionais sobre prevenção e combate à lavagem de dinheiro e ao crime organizado transnacional, recuperação de ativos e cooperação jurídica internacional;
>
> VI – instruir, opinar e coordenar a execução da cooperação jurídica internacional ativa e passiva, inclusive cartas rogatórias; e
>
> VII – promover a difusão de informações sobre recuperação de ativos e cooperação jurídica internacional, prevenção e combate à lavagem de dinheiro e ao crime organizado transnacional no País.

Com efeito, a instituição da Autoridade Central tem por objetivo tornar os procedimentos de cooperação mais dinâmicos, em relação ao sistema tradicional da via diplomática, sem que se perdesse a principal característica deste último: a segurança sobre a legitimidade dos atos praticados.

Sendo assim, a Autoridade Central atua de modo a processar os pedidos de ajuda mútua, comunicando-se diretamente com a Autoridade Central do Estado solicitante ou requerido. Segundo o Manual de cooperação jurídica internacional e recuperação de ativos do Ministério da Justiça:

> As autoridades centrais se comunicam diretamente, eliminando, em regra, a necessidade da instância diplomática para tramitação dos documentos. Esse contato direto, além de diminuir o número de interlocutores e consequentemente a probabilidade de haver ruídos na comunicação interestatal, favorece a que se forme uma rede de órgãos especializados que estão sempre buscando junto à comunidade internacional melhorias no sistema de cooperação e a padronização de boas práticas nesta área.[483]

Ademais, a Autoridade Central está fincada no sistema de cooperação jurídica internacional naquilo que se convencionou aduzir de cooperação formal, em contraposição à comunicação direta, realizada entre órgãos específicos com sua contraparte no exterior, para obtenção de elementos de informação.

Nesse ponto, é preciso registrar que a cooperação direta entre órgãos específicos com sua contraparte no exterior difere do instituto do auxílio direito, visto que este último é realizado exclusivamente entre Autoridades Centrais:

---

483 BRASIL. Secretaria Nacional de Justiça. Departamento de Recuperação de Ativos e Cooperação Jurídica Internacional. Manual de cooperação jurídica internacional e recuperação de ativos: cooperação em matéria penal / Secretaria Nacional de Justiça, Departamento de Recuperação de Ativos e Cooperação Jurídica Internacional (DRCI). 2ª ed. Brasília: Ministério da Justiça, 2012, p. 23.

> Não há que se confundir a cooperação direta com o instituo do auxílio direto (...). A primeira ocorre sem intermediários, ao tempo que o auxílio direto é tramitado pelas autoridades centrais dos Estados envolvidos. Ambas as formas de cooperação, formal e informal, são importantes e, mais que isso, são complementares. Se aplicadas corretamente, observando-se os fins e os limites que se atribui a cada uma delas, chega-se a um ponto benéfico para a sociedade.[484]

Por sua vez, a tramitação de informações e provas por meio de autoridades centrais dispensa a legalização consular, ou seja, não há necessidade de autenticação dos documentos pelos cônsules do país interessado. Assim, basta que os documentos obtidos no exterior tenham regular trâmite pelas autoridades centrais para que os mesmos sejam considerados legalmente válidos no Estado requerente.

15.7 Panorama sobre a Disciplina Jurídica da Cooperação Jurídica Internacional no Brasil

Para a apresentação de respostas consistentes aos quesitos apresentados, é fundamental que seja traçado um panorama, ainda que sucinto, sobre os principais instrumentos normativos que disciplinam a cooperação jurídica internacional no Brasil.

O Estado brasileiro não possui legislação geral sobre a cooperação jurídica com outros Estados. Em matéria penal, o Código de Processo Penal, no Livro V, apresenta algumas regras sobre a relação jurídica com autoridades internacionais, porém são os

---

484 BRASIL. Secretaria Nacional de Justiça. Departamento de Recuperação de Ativos e Cooperação Jurídica Internacional. Manual de cooperação jurídica internacional e recuperação de ativos: cooperação em matéria penal / Secretaria Nacional de Justiça, Departamento de Recuperação de Ativos e Cooperação Jurídica Internacional (DRCI. 2ª ed. Brasília: Ministério da Justiça, 2012, p. 24).

tratados internacionais que contém efetivamente a disciplina jurídica da cooperação jurídica internacional.

Dentre os instrumentos firmados pelo Brasil, os dois principais são a Convenção das Nações Unidas Contra o Crime Organizado Transnacional e a Convenção das Nações Unidas Contra a Corrupção.

A partir desses instrumentos, há de se destacar a existência de disciplina infralegal da questão, onde merecem atenção a Resolução n. 09/2005 do Superior Tribunal de Justiça, a Portaria Interministerial MJ/PGR/AGU n. 01/2005, a Portaria MJ n. 1.876/2006 e a Portaria Interministerial MJ/MRE n. 501/2012.

Para uma melhor compreensão do tema, passa-se a apresentar uma visão geral de cada um dos instrumentos normativos mencionados; ressaltando-se que o foco desta análise está centrado na cooperação para produção de provas, razão pela qual não se dará maior atenção à disciplina de outras formas de cooperação, tal como, por todos, a extradição.

15.7.1 Código de Processo Penal

O Livro V do Código de Processo Penal tem por título "Das relações jurisdicionais com autoridade estrangeira", todavia referido diploma legislativo não possui qualquer referência às hipóteses de cooperação internacional.

Sendo assim, nele apenas são estabelecidos os parâmetros jurídicos para a tramitação de Cartas Rogatórias e homologação de sentenças estrangeiras, os quais eram os instrumentos jurídicos mais relevantes quando da edição do Código de Processo Penal.

Já o Projeto de Lei (PL) 8.045/2010, que trata do Novo Código de Processo Penal, prevê, dentre outros, a figura do auxílio direto (artigo 726), o qual apenas será possível se houver previsão em tratado internacional e puder ser submetido à ampla cognição da autoridade judicial competente, devendo o mesmo tramitar perante a autoridade central competente.

A premissa ora apontada no PL em questão, sobre a necessidade de previsão de tratado internacional, vai ao encontro do espírito presente na Portaria Interministerial MJ/MRE n. 501/2012, a qual adiante será analisada.

15.7.2 Convenção das Nações Unidas contra o Crime Organizado Transnacional

Conhecida também como "Convenção de Palermo", a Convenção das Nações Unidas Contra o Crime Organizado Transnacional tem por objetivo a promoção da cooperação para prevenir e combater mais eficazmente a criminalidade organizada transnacional (artigo 1).

Referido tratado entrou em vigor na esfera internacional em 29.09.2003, porém foi ratificado pelo Brasil, em 29.01.2004,[485] tendo sido incorporado ao ordenamento interno com a publicação do Decreto n. 5.015/2004.

Preliminarmente, há de se ressaltar que os mecanismos de cooperação nele previstos devem ser implementados com respeito aos princípios da igualdade soberana, da integridade territorial e da não ingerência nos assuntos internos de outros Estados (artigo 4).

Em outras palavras, a soberania de cada um dos Estados signatários deverá prevalecer quando da interpretação e aplicação dos dispositivos da Convenção em comento.

Já no que se refere à disciplina jurídica da cooperação internacional, a Convenção prevê que "os Estados Partes prestarão reciprocamente toda a assistência judiciária possível nas investigações,

---

485 Disponível em: https://treaties.un.org/Pages/ViewDetails.aspx?src=-TREATY&mtdsg_no=XVIII-12&chapter=18&lang=en. Acessado em: 25.01.2014.

nos processos e em outros atos judiciais relativos às infrações" (artigo 18.1) nela previstas, sendo possível (artigo 18.3):

a. Recolher testemunhos ou depoimentos;

b. Notificar atos judiciais;

c. Efetuar buscas, apreensões e embargos;

d. Examinar objetos e locais;

e. Fornecer informações, elementos de prova e pareceres de peritos;

f. Fornecer originais ou cópias certificadas de documentos e processos pertinentes, incluindo documentos administrativos, bancários, financeiros ou comerciais e documentos de empresas;

g. Identificar ou localizar os produtos do crime, bens, instrumentos ou outros elementos para fins probatórios;

h. Facilitar o comparecimento voluntário de pessoas no Estado Parte requerente;

i. Prestar qualquer outro tipo de assistência compatível com o direito interno do Estado Parte requerido.

Para a efetivação dos atos de cooperação previstos, a Convenção apresenta uma série de normas procedimentais, no intuito de se regulamentar o trâmite das informações.

Em primeiro lugar, a aplicação da Convenção, em princípio, não se sobrepõe aos termos de eventual acordo bilateral vigente entre os Estados interessados, salvo se ambos concordem em aplicar aquelas disposições (artigo 18.7), sendo também viável a celebração de ajustes bilaterais com o escopo de se aumentar a eficácia dos termos nela previstos (artigo 18.30) ou para a realização de investigações conjuntas (artigo 19).

Os Estados Partes deverão designar "uma autoridade central que terá a responsabilidade e o poder de receber pedidos de cooperação judiciária e, quer de os executar, quer de os transmitir às autoridades competentes para execução" (artigo 18.13).

Os pedidos serão executados nos termos da legislação interna do Estado solicitado (artigo 18.17) e deverão ser formulados por escrito, numa língua que seja aceita pelo executor, com exceção de casos urgentes, nos quais se admitirá a solicitação oral, desde que previamente acordada entre os interessados e imediatamente confirmada por escrito (artigo 18.14); devendo conter (artigo 18.15):

a. A designação da autoridade que emite o pedido;

b. O objeto e a natureza da investigação, dos processos ou dos outros atos judiciais a que se refere o pedido, bem como o nome e as funções da autoridade que os tenha a cargo;

c. Um resumo dos fatos relevantes, salvo no caso dos pedidos efetuados para efeitos de notificação de atos judiciais;

d. Uma descrição da assistência pretendida e pormenores de qualquer procedimento específico que o Estado Parte requerente deseje ver aplicado;

e. Caso seja possível, a identidade, endereço e nacionalidade de qualquer pessoa visada; e

f. O fim para o qual são pedidos os elementos, informações ou medidas.

Em face do pedido formulado, o Estado Parte deverá guardar sigilo em relação ao pedido e ao seu objeto, se assim exigir o Estado solicitante (artigo 18.20), e (artigo 18.29):

a. Fornecerá ao Estado Parte requerente cópias dos processos, documentos ou informações administrativas que estejam em seu poder e que, por força do seu direito interno, estejam acessíveis ao público;

b. Poderá, se assim o entender, fornecer ao Estado Parte requerente, na íntegra ou nas condições que considere apropriadas, cópias de todos os processos, documentos ou informações que estejam na sua posse e que, por força do seu direito interno, não sejam acessíveis ao público.

As informações recebidas não serão utilizadas para fins diversos daqueles constantes do pedido, salvo se houver a expressa autorização do Estado Parte que as forneceu (artigo 18.19).

Por fim, mencione-se que é possível a comunicação direta (sem pedido prévio), entre as autoridades competentes, de informações relativas a questões penais, se tais informações puderem ajudar a empreender ou a concluir com êxito investigações e processos penais, ou conduzir o Estado que receba as informações a fazer um pedido formal nos termos previstos pela Convenção (artigo 18.4), muito embora haja a recomendação para que os Estados considerem a possibilidade de se formalizarem acordos ou protocolos bilaterais ou multilaterais que prevejam uma cooperação direta entre as suas autoridades competentes para a aplicação da lei (artigo 27.2).

À evidência, as possibilidades de comunicações diretas previstas nos artigos 18.4 e 27.2, se efetivadas com fundamento na Convenção, não poderão ser consideradas como provas, mas sim meramente como elementos de informação, os quais não poderão ser utilizados como prova, já que não foram internalizados por um procedimento que permita, futuramente, o controle pelo acusado.

Isto se justifica, na medida em que, como adiante será aprofundado, em matéria de direito penal, a produção de provas deve se dar em respeito às garantias constitucionais dos acusados, em especial, os corolários do devido processo legal e da ampla defesa.

15.7.3 Convenção das Nações Unidas contra a corrupção

Em vigor no Brasil, após a edição do Decreto n. 5.687/2006, a Convenção das Nações Unidas contra a Corrupção, também conhecida como Convenção de Mérida, tem por finalidade:

a. Promover e fortalecer as medidas para prevenir e combater mais eficaz e eficientemente a corrupção;

b. Promover, facilitar e apoiar a cooperação internacional e a assistência técnica na prevenção e na luta contra a corrupção, incluída a recuperação de ativos;

c. Promover a integridade, a obrigação de render contas e a devida gestão dos assuntos e dos bens públicos.

Para tanto, os Estados signatários, respeitada a soberania de cada um (artigo 4), cooperarão em assuntos penais, se as solicitações procedam e estejam em consonância com seu ordenamento jurídico interno, prestando assistência nas investigações e procedimentos correspondentes a questões civis e administrativas relacionadas com a corrupção (artigo 43), da forma mais ampla possível, especialmente para (artigo 46.3):

a. Receber testemunhos ou tomar declaração de pessoas;

b. Apresentar documentos judiciais;

c. Efetuar inspeções, incautações e/ou embargos preventivos;

d. Examinar objetos e lugares;

e. Proporcionar informação, elementos de prova e avaliações de peritos;

f. Entregar originais ou cópias certificadas dos documentos e expedientes pertinentes, incluída a documentação pública, bancária e financeira, assim como a documentação social ou comercial de sociedades mercantis;

g. Identificar ou localizar o produto de delito, os bens, os instrumentos e outros elementos para fins probatórios;

h. Facilitar o comparecimento voluntário de pessoas ao Estado Parte requerente;

i. Prestar qualquer outro tipo de assistência autorizada pela legislação interna do Estado Parte requerido;

j. Identificar, embargar com caráter preventivo e localizar o produto de delito, em conformidade com as disposições do Capítulo V da presente Convenção;

k. Recuperar ativos em conformidade com as disposições do Capítulo V da presente Convenção.

Do mesmo modo que a Convenção de Palermo, a Convenção de Mérida também regulamenta o trâmite das relações inerentes à cooperação internacional, sem prejuízo das obrigações assumidas pelos signatários em outros tratados em vigor relativas ao assunto (artigo 46.6), podendo ser afastada a aplicação de eventual tratado bilateral, caso haja a concordância dos envolvidos para tanto (artigo 46.7), ou ser celebrado tratado dessa natureza com o escopo de aumentar a eficácia da Convenção (artigo 46.30).

Via de regra, as solicitações formuladas com base na Convenção de Mérida se darão por escrito, em idioma aceitável pelo Estado requerido, podendo as mesmas, em caráter excepcional, serem formuladas oralmente, desde que confirmadas por escrito com celeridade (artigo 46.14).

Tais solicitações serão encaminhadas via a autoridade central designada (artigo 46.13) e deverão conter (artigo 46.15):

a. A identidade da autoridade que faz a solicitação;

b. O objeto e a índole das investigações, dos processos e das ações judiciais a que se refere a solicitação e o nome e as funções da autoridade encarregada de efetuar tais investigações, processos ou ações;

c. Um resumo dos feitos pertinentes, salvo quando se trate de solicitações de apresentação de documentos judiciais;

d. Uma descrição da assistência solicitada e pormenores sobre qualquer procedimento particular que o Estado Parte requerente deseja que se aplique;

e. Se possível, a identidade, situação e nacionalidade de cada pessoa interessada; e

f. A finalidade pela qual se solicita a prova, informação ou atuação.

Além disso, o Estado solicitante se compromete a não utilizar as informações recebidas em outros processos que não sejam aqueles identificados como objeto da investigação, salvo prévio consentimento do Estado parte requerido (artigo 46.19).

Por seu turno, o Estado requerido deverá guardar sigilo acerca da solicitação ou de seu objeto, se assim lhe for demandado (artigo 46.20), bem como:

a. Facilitará ao Estado Parte requerente uma cópia dos documentos oficiais e outros documentos ou papéis que tenha sob sua custódia e que, conforme sua legislação interna, sejam de acesso do público em geral;

b. Poderá, a seu arbítrio e com sujeição às condições que julgue apropriadas, proporcionar ao Estado Parte requerente uma cópia total ou parcial de documentos oficiais ou de outros documentos ou papéis que tenha sob sua custódia e que, conforme sua legislação interna, não sejam de acesso do público em geral.

Ainda de forma similar à Convenção de Palermo, a Convenção de Mérida também prevê a possibilidade de celebração de acordos bilaterais ou multilaterais para a criação de órgãos mistos de investigação, ou, na falta de acordo nesse sentido, que se façam acordos específicos caso a caso (artigo 49).

Também prevê a Convenção de Mérida a possibilidade de comunicação direta entre as autoridades, sendo que a autoridade comunicante, sem a necessidade de qualquer solicitação prévia, poderá encaminhar informações que contribuam para investigações em curso, ou permitam que lhe seja demanda solicitação formal de cooperação (artigos 46.4 e 56).

Neste particular, cumpre anotar uma distinção considerável entre as normas estabelecidas pela Convenção de Palermo e as da Convenção de Mérida: enquanto a primeira prevê a possibilidade de um fluxo direto de informações entre as autoridades competentes (sem a intervenção da autoridade central); a última prevê apenas o envio espontâneo de informações de forma direta, não sendo viável o atendimento de solicitações senão por meio da autoridade central.

15.7.4 Resolução n. 09/2005 do Superior Tribunal de Justiça

A Resolução n. 09/2005 do Superior Tribunal de Justiça foi editada para regulamentar a competência transferida ao Tribunal, pela Emenda Constitucional n. 45/2004, relativamente à homologação de sentenças estrangeiras e à concessão do *exequatur* às cartas rogatórias (artigo 105, I, "a", da Constituição Federal).[486]

No que interessa ao presente trabalho, a referida Resolução tratou especificamente dos pedidos de cooperação internacional,

486 Art. 105. Compete ao Superior Tribunal de Justiça: I – processar e julgar, originariamente: i) a homologação de sentenças estrangeiras e a concessão de *exequatur* às cartas rogatórias.

reforçando a ideia de que os pedidos que independam de juízo de delibação (v.g. cartas rogatórias) serão encaminhados (ou devolvidos) ao Ministério da Justiça para a adoção das providências necessárias "ao cumprimento por auxílio direto" (artigo 7º, parágrafo único).

15.7.5 Portaria Interministerial MJ/MGR/AGU N. 01/2005

A Portaria Interministerial ora em comento teve por objetivo regulamentar o fluxo de informações entre os órgãos envolvidos, especialmente para aumentar a eficiência dos pedidos de auxílio da competência do Ministério Público Federal.

Nas solicitações passivas, recebidas pelo Departamento de Recuperação de Ativos e Cooperação Jurídica Internacional (DRCI), a documentação será enviada para o Centro de Cooperação Jurídica Internacional (CCJI) do Gabinete do Procurador Geral da República (artigo 1º).

Neste particular, cumpre-se ressaltar que o CCJI não mais existe, tendo sido substituído pela Secretaria de Cooperação Internacional (SCI), órgão também vinculado diretamente ao Gabinete do Procurador Geral da República (Portaria PGR/MPF n. 650, de 17 de setembro de 2013).

Assim, nos casos de pedidos de cooperação internacional ativa, será a Secretaria de Cooperação Jurídica Internacional a responsável pelo encaminhamento das solicitações ao Departamento de Recuperação de Ativos e Cooperação Jurídica Internacional (artigo 2º), sendo que este último tem as seguintes competências (artigo 3º):

a. Verificar a formalização adequada dos pedidos ativos e passivos em razão das exigências dos Estados requeridos e do Estado brasileiro;

b. Solicitar, de ofício ou a pedido do CCJI, a complementação dos pedidos de cooperação, quando necessária;

c. Transmitir os pedidos ativos às autoridades estrangeiras e diligenciar seu cumprimento;

d. Encaminhar ao CCJI as respostas aos pedidos ativos solicitados pelo Ministério Público Federal;

e. Providenciar junto à Advocacia Geral da União ou às autoridades competentes o atendimento dos pedidos passivos que não demandem decisão judicial para seu cumprimento.

Noutro giro, o artigo 4º da Portaria[487] ora examinada indica que a regulamentação prevista no ato conjunto não prejudicará a comunicação direta entre a Secretaria de Cooperação Jurídica Internacional e os órgãos correspondentes de Ministérios Público estrangeiros.

O precitado artigo merece algumas críticas, porquanto apresenta conteúdo demasiadamente genérico e não traz qualquer fonte de referência legislativa que valide tal procedimento. Referido dispositivo tampouco aborda quais seriam os requisitos formais mínimos para que se possa legitimamente constituir este canal de comunicação e, à evidência, não poderia servir de instrumento para a produção de provas, pelas razões que adiante serão apresentadas.

Sendo assim, não se pode admitir que provas sejam produzidas com base neste dispositivo, devendo, no máximo, o material recebido nessas circunstâncias ser considerado tão somente como elemento de informação, o qual não tem valor probatório como adiante será demonstrado em item específico.

15.7.6 Portaria MJ n. 1.876/2006

Esta Portaria fora editada com a finalidade de organizar e coordenar os procedimentos do Departamento de Recuperação de

487 Artigo 4º O disposto nesta Portaria não prejudicará a cooperação informal direta entre o CCJI e órgãos equivalentes de Ministérios Públicos estrangeiros, mantendo informado o DRCI.

Ativos e Cooperação Jurídica Internacional (DRCI) da Secretaria Nacional de Justiça do Ministério da Justiça e do Departamento de Polícia Federal do Ministério da Justiça (DPF), no que diz respeito aos pedidos de cooperação jurídica internacional em matéria penal, no âmbito do Ministério da Justiça.

Em apertada síntese, são regulamentados os casos de cooperação jurídica internacional passiva, de responsabilidade do Departamento de Polícia Federal, os quais são encaminhados diretamente pelo Departamento de Recuperação de Ativos e Cooperação Jurídica Internacional, bem como os casos de cooperação internacional ativos, que deverão ser remetidos ao exterior por meio do último Departamento.

Como se pode observar, tal Portaria não aborda a comunicação direta entre autoridades, mas apenas regulamenta a forma como o Departamento de Polícia Federal deve prestar e solicitar informações por intermédio do Departamento de Recuperação de Ativos e Cooperação Jurídica Internacional.

15.7.7 Portaria Interministerial MJ/MRE n. 501/2012

Com o escopo de se regulamentar a tramitação de cartas rogatórias e solicitações de auxílio direto, quando não há acordo de cooperação jurídica internacional, fora editada a Portaria Interministerial envolvendo o Ministério da Justiça e o Ministério das Relações Exteriores.

Este regulamento expressamente prevê que nos casos de cooperação internacional passiva, que possa ser atendida na via administrativa, caberá ao Ministério da Justiça diligenciar perante os órgãos competentes (artigo 3º), enquanto os pedidos ativos deverão ser encaminhados ao Ministério das Relações Exteriores, via Ministério da Justiça, para tramitação na via diplomática (artigo 5º).

À evidência, trata-se de norma regulamentar subsidiária, porquanto apenas será aplicável se não houver tratado bilateral ou multilateral regulamentando a cooperação internacional para o caso específico.

Conforme antecipado, há de se registrar que o auxílio direto ativo apenas é possível a partir da existência de tratado internacional, pois, ao revés, a comunicação entre as autoridades terá de ser efetivada na via diplomática.

De todo o modo, não há dúvidas de que diante da ausência de norma internacional, não é admissível que haja comunicação direta entre as autoridades, uma vez que os pedidos passivos deverão tramitar pelo Ministério da Justiça, enquanto os ativos terão seu trâmite vinculado ao Ministério das Relações Exteriores.

15.7.8 Tratado de Cooperação Jurídica em Matéria Penal entre a República Federativa do Brasil e a Confederação Suíça

Além do panorama jurídico geral sobre a matéria, é fundamental para a presente análise a verificação dos termos da relação de cooperação firmada bilateralmente entre o Brasil e a Confederação Suíça, haja vista que o cerne dos quesitos formulados gravita na obtenção de elementos probatórios pelo Ministério Público Federal em território Suíço.

O Tratado de Cooperação Jurídica em Matéria Penal entre a República Federativa do Brasil e a Confederação Suíça foi promulgado pelo Brasil através do Decreto n. 6.974, de 7 de outubro de 2009.

O referido tratado regulamenta o compromisso firmado entre Brasil e Suíça para conceder um ao outro a mais ampla cooperação jurídica em qualquer investigação ou procedimento judiciário relativos a delitos cuja repressão seja da jurisdição do Estado Requerente.[488]

---

488 Além do Tratado de Cooperação Jurídica em Matéria Penal entre a República Federativa do Brasil e a Confederação Suíça, as bases legais que viabilizam a cooperação entre os dois países são a Convenção das Nações Unidas Contra o Crime Organizado Transnacional (Convenção de Palermo) – Decreto n. 5.015/ 2004, e a Convenção contra o Tráfico Ilícito de Entorpecentes e Substâncias Psicotrópicas (Convenção de Viena, 1988) – Decreto n. 154/91.

Nos termos do Artigo Primeiro, item 3, a cooperação jurídica abrange as medidas que podem ser tomadas em favor de um procedimento penal no Estado Requerente:

a. Tomada de depoimentos ou outras declarações;

b. Entrega de documentos, registros e elementos de prova, inclusive os de natureza administrativa, bancária, financeira, comercial e societária;

c. Restituição de bens e valores;

d. Troca de informações;

e. Busca pessoal e domiciliar;

f. Busca, apreensão, sequestro e confisco de produtos de delito;

g. Intimação de atos processuais;

h. Transferência temporária de pessoas detidas para fins de audiência ou acareação;

i. Quaisquer outras medidas de cooperação compatíveis com os objetivos deste Tratado e que sejam aceitáveis pelos Estados Contratantes.

Por sua vez, o Artigo 1, item 2, disciplina que os Estados Contratantes trocarão por suas Autoridades Centrais, a lista das autoridades competentes para apresentar pedidos de cooperação jurídica para os fins do presente Tratado.

No Brasil o Departamento de Recuperação de Ativos e Cooperação Jurídica Internacional é a Autoridade Central incumbida para figurar nas relações de cooperação, enquanto na Suíça constitui Autoridade Central o Departamento Federal da Justiça do Ministério Federal de Justiça e Polícia. A tramitação por via diplomática também poderá ser utilizada, caso necessário.[489]

De acordo com o Artigo 2, o Tratado não se aplica aos casos de *(i)* busca, detenção ou prisão de uma pessoa processada ou julgada penalmente com o intuito de obter a sua extradição; e *(ii)* execução de sentenças penais.

Nos termos do Artigo 3, item 1, constituem motivo de recusa da cooperação as seguintes ocorrências:

a. O pedido de cooperação se referir a infrações consideradas pelo Estado Requerido como delitos políticos ou conexos a delitos políticos;

b. O pedido referir-se a delitos militares que não constituam delitos de direito comum;

c. O pedido referir-se a infrações fiscais; no entanto o Estado Requerido poderá atender a um pedido se a investigação ou o procedimento visar fraude em matéria fiscal. Se o pedido referir-se somente em parte a infrações fiscais, o Estado Requerido tem a possibilidade de limitar, nesta parte, a utilização das informações e meios de prova fornecidos;

d. O Estado Requerido julgar que a execução do pedido pode atentar contra a sua soberania, segurança, ordem pública ou outros interesses essenciais do Estado, conforme determinados por sua autoridade competente;

e. Existirem razões sérias para acreditar que o pedido de cooperação foi apresentado com a intenção de processar ou punir uma pessoa por razões ligadas à sua raça, religião, origem étnica, sexo ou opiniões políticas, ou para

---

489 Decreto n. 6.974/2004, Artigo 23, item 2.

acreditar que dar seguimento ao pedido prejudicaria a pessoa por qualquer uma das razões retromencionadas;

f. Existirem razões sérias para acreditar que o procedimento penal contra a pessoa processada não respeita as garantias estipuladas nos instrumentos internacionais de proteção aos direitos humanos, particularmente no Pacto Internacional relativo aos Direitos Civis e Políticos, de 16 de dezembro de 1966.

Nos termos do Artigo 4, a cooperação jurídica também será recusada se o pedido visar fatos pelos quais a pessoa processada foi definitivamente absolvida quanto ao mérito, ou condenada, no Estado Requerido, por um delito essencialmente correspondente, desde que a sanção eventualmente imposta esteja em fase de execução ou já tenha sido executada. No entanto, existe ressalvada de aplicação da regra quando:

a. Os fatos visados pelo julgamento foram cometidos, no todo ou em parte, no território do Estado Requerente, a menos que, nesse último caso, tenham sido cometidos igualmente em parte no território do Estado Requerido;
b. Os fatos visados pelo julgamento constituam delito contra a segurança ou contra outros interesses essenciais do Estado Requerente;
c. Os fatos visados pelo julgamento foram cometidos por funcionário do Estado Requerente com violação dos seus deveres funcionais.

Ademais, conforme dispõe o Artigo 5, o pedido de cooperação deve ser executado conforme o direito do Estado Requerido. Contudo, pode o Estado requerente solicitar que sejam realizados atos previstos por seu ordenamento, desde que sejam compatíveis com o Direito do Estado Requerido e que não causem graves prejuízos às pessoas que participam do processo.

O Tratado ainda prevê a possibilidade de execução de medidas coercitivas, as quais poderão ser recusadas se os fatos nela descritos não corresponderem aos elementos objetivos de um delito tipificado pelo direito do Estado Requerido, supondo-se que tenha sido cometido neste Estado.[490]

Por sua vez, é possível no âmbito do Tratado solicitar a execução de medidas cautelares, as quais possuem regramento no seu Artigo 7.[491]

O Tratado também traz, em seu Artigo 8, regra disciplinando a presença das pessoas que participam do procedimento de cooperação. O citado dispositivo dispõe que a autoridade do Estado Requerido decidirá sobre a possibilidade de pessoas que participem do procedimento no exterior elaborem perguntas e solicitem complementação à investigação.

A regulamentação da entrega de documentos, autos e elementos de prova está prevista no Artigo 10 do Tratado. Referido dispositivo dispõe que o Estado Requerido entregará ao Estado Requerente, a pedido deste, objetos, documentos, autos ou elementos de prova, sendo possível a remessa de originais, desde que expressamente solicitado.

---

490 Decreto n. 6.974/2004, Artigo 6.

491 1. A pedido expresso do Estado Requerente, e caso o procedimento visado pelo pedido não pareça manifestamente inadmissível ou inoportuno segundo o direito do Estado Requerido, medidas cautelares serão ordenadas pela autoridade competente do Estado Requerido, a fim de manter uma situação existente, de proteger interesses jurídicos ameaçados ou de preservar elementos de prova.

2. Quando houver perigo na demora e se as informações fornecidas permitirem examinar se as condições para conceder as medidas cautelares foram cumpridas, essas medidas poderão ser igualmente ordenadas desde o anúncio de um pedido. As medidas cautelares serão revogadas se o Estado Requerente não apresentar o pedido de cooperação jurídica no prazo determinado para esse fim.

A remessa de autos judiciais e de investigação, assim como a restituição de bens e valores estão regulamentadas nos Artigos 11 e 12 do Tratado.

A remessa de autos judiciais e de investigação caso solicitada, somente será realizada se disserem respeito exclusivamente a um procedimento encerrado ou, caso não esteja encerrado, na medida considerada admissível pela Autoridade Central do Estado Requerido.

Por sua vez, os bens e valores que constituam produtos de delito, cometido e processado no Estado Requerente, e que tenham sido apreendidos pelo Estado Requerido, assim como os bens de substituição cujo valor corresponda a esses produtos, podem ser restituídos ao Estado Requerente para fins de confisco, resguardados os direitos invocados por terceiro de boa-fé sobre esses bens e valores. A restituição ocorrerá com base em decisão definitiva e executória do Estado Requerente, sendo possível que o Estado Requerido proceda a restituição em estágio anterior do procedimento.

O Artigo 13 do Tratado disciplina a utilização restrita da cooperação. Assim, as informações, documentos ou objetos obtidos pela via da cooperação jurídica não podem, no Estado Requerente, ser utilizados em investigações, nem ser produzidos como meios de prova em qualquer procedimento penal relativo a um delito em relação ao qual a cooperação jurídica não possa ser concedida.

Nos termos do item 2, do Artigo 13, qualquer outra utilização de informações, documentos ou objetos obtidos pela via da cooperação jurídica está subordinada à aprovação prévia da Autoridade Central do Estado Requerido. Esta aprovação não é necessária quando:

a. Os fatos que originaram o pedido representam um outro delito em relação ao qual a cooperação jurídica pode ser concedida;

b. O procedimento penal estrangeiro for instaurado contra outras pessoas que participaram do delito; ou

c. O material for usado para uma investigação ou procedimento que se refira ao pagamento de indenização relacionada a procedimento para o qual a cooperação jurídica foi concedida.

Em relação ao procedimento, o Tratado indica quem são as Autoridades Centrais que podem figurar nos acordos (Secretaria Nacional de Justiça do Ministério de Justiça no Brasil e o Departamento Federal da Justiça do Ministério Federal de Justiça e Polícia na Suíça), as regras sobre o conteúdo,[492] e a forma de execução[493] do pedido de colaboração.

---

492 Artigo 24. Conteúdo do Pedido. 1. O pedido de cooperação jurídica deverá conter as seguintes informações: a) o nome da autoridade que apresenta o pedido e, se for o caso, da autoridade encarregada do procedimento penal no Estado Requerente; b) o objeto e o motivo do pedido; c) na medida do possível, o nome completo, o local e data do nascimento, a nacionalidade, a filiação e o endereço das pessoas a que se refere o procedimento penal no momento da apresentação do pedido; d)a razão principal pela qual as provas ou as informações são requeridas, assim como uma descrição dos fatos (data, local e circunstâncias nas quais foi cometido o delito) que originaram as investigações no Estado Requerente, a menos que se trate de um pedido de intimação nos termos do artigo 14. 2. O pedido também conterá: a) Na hipótese do artigo 5, parágrafo 2, o texto das disposições legais aplicáveis no Estado Requerente e a razão de sua aplicação; b) em caso de participação das pessoas referidas no artigo 8, parágrafo 2, a designação dessas pessoas e o motivo de sua presença; c) em caso de intimação de atos processuais (artigos 14 e 15), o nome e o endereço do destinatário das peças e das intimações a serem entregues; d) em caso de intimação a testemunhas ou peritos (artigo 15), a indicação de que o Estado Requerente arcará com as despesas de viagem e estada, bem como com as indenizações; e) em caso de transferência temporária de pessoas detidas (artigo 20), os respectivos nomes; f) em caso de audiência por videoconferência (artigo 21), por que motivo é inoportuno ou impossível à testemunha ou ao perito comparecerem, bem como os nomes da autoridade competente e das pessoas que conduzirão a audiência.

493 Artigo 24. Execução do Pedido. 1. Se o pedido de cooperação jurídica não estiver em conformidade com as disposições do presente Tratado, a Autoridade Central do Estado Requerido informará imediatamente a Autoridade Central do Estado Requerente, pedindo-lhe que o modifique ou complete. A solicitação, pelo Estado Requerido, para modificar ou completar o pedido de cooperação jurídica não prejudicará eventuais medidas cautelares adotadas

Ademais, o Tratado regulamenta a dispensa de legalização, autenticação e outras formalidades (Artigo 26),[494] os idiomas utilizados (Artigo 27),[495] e as regras sobre as despesas relativas à execução do pedido (Artigo 28).[496]

Por fim, merecem destaque as regras atinentes ao encaminhamento espontâneo e notícia para fins de processos e confisco.

O encaminhamento espontâneo de meios de prova e informações está previsto no Artigo 29 do Tratado. O dispositivo estabelece que por intermédio das Autoridades Centrais, e nos limites de seu direito interno, as autoridades competentes de cada Estado Contratante podem, sem que um pedido tenha sido apresentado neste sentido, trocar informações e meios de prova envolvendo fatos penalmente puníveis.

---

com base no artigo 7. 2. Se o pedido parecer estar em conformidade com o Tratado, a Autoridade Central do Estado Requerido deverá encaminhá-lo imediatamente à autoridade competente para execução. 3. Após a execução do pedido, a autoridade competente deverá restituí-lo à Autoridade Central do Estado Requerido, acompanhado das informações e dos elementos de prova obtidos. A Autoridade Central assegurar-se-á da execução completa e fiel e comunicará os resultados à Autoridade Central do Estado Requerente. 4. O parágrafo 3 não impede a execução parcial do pedido de cooperação jurídica.

494 Nesse sentido, os documentos, autos, depoimentos ou elementos de prova encaminhados em cumprimento ao Tratado estão dispensados de legalização, autenticação e outras formalidades, os quais, se encaminhados pela Autoridade Central do Estado Requerido, serão aceitos como meios de prova sem outra formalidade ou atestado de autenticidade. O ofício de encaminhamento da Autoridade Central garante a autenticidade dos documentos transmitidos.

495 Português, alemão, francês, italiano e romanche.

496 O Estado Requerente arcará, por solicitação do Estado Requerido, apenas com as seguintes despesas decorrentes da execução de um pedido: a) indenizações, despesas de viagem e estada das testemunhas; b) despesas referentes ao transporte de pessoas detidas; c) honorários, despesas de viagem e estada de peritos; d) custos com o estabelecimento da conexão para videoconferência, bem como os custos ligados à sua disponibilização no Estado Requerido, a remuneração dos intérpretes que proporciona e as indenizações pagas às testemunhas, bem como seus gastos de deslocamento no Estado Requerido, a menos que os Estados Contratantes acordem de outra maneira.

Para realizar o encaminhamento é necessário avaliar se a remessa de provas e informações pode permitir ao outro Estado Contratante: *(i)* apresentar um pedido de cooperação jurídica nos termos do Tratado; *(ii)* iniciar procedimento penal; *(iii)* ou facilitar o desenvolvimento de uma investigação penal em curso.

No entanto, a Autoridade competente que fornecer as informações com base no Artigo 29 do Tratado poderá, conforme o seu direito interno, condicionar o uso das informações.

O Artigo 30 do Tratado estabelece que a notícia destinada à instauração de um procedimento penal perante os tribunais do outro Estado, ou mesmo ao confisco dos bens produtos de delitos, será objeto de comunicação entre as Autoridades Centrais. Assim, recebendo a notícia, o Estado Requerido informará sobre a continuidade dada a mesma e transmitirá, se for o caso, cópia da decisão adotada.

15.7.9 Legislação Suíça Interna sobre Cooperação Internacional

Também pertinente à análise ora empreendida, há de se destacar o fato de que a Confederação Suíça, diferentemente do Brasil, possui legislação interna geral regulamentando a questão da cooperação internacional.

A Suíça possui legislação interna sobre cooperação internacional, qual seja a Lei Federal sobre Cooperação Internacional em Matéria Penal (*Loi Fédérale sur l'Entraide Pénale Internacionale – EIMP*) de 20 de março de 1981, e a Portaria sobre Cooperação Internacional em Matéria Penal (*Ordonnance sur l'Entraide Pénale Internationale – OEIMP*) de 24 de fevereiro de 1982.

A *Loi Fédérale sur l'Entraide Pénale Internacionale – EIMP* adota expressamente o princípio da especialidade em seu artigo

67,[497] ou seja, as informações e os documentos obtidos pela via de cooperação não podem, no Estado requerente, ser utilizados para fins de investigações, nem ser produzidos como meio de prova num procedimento penal visando a uma infração pela qual a cooperação é excluída.

Assim, a utilização de informações e documentos de forma diversa da prevista na referida norma está subordinada à aprovação do *Office Fédéral*. No entanto, não se exige tal autorização se o procedimento penal estrangeiro for dirigido contra pessoas que tenham participado do cometimento do crime para o qual a cooperação foi admitida.

Ademais, impende anotar que a *Loi Fédérale sur l'Entraide Pénale Internacionale – EIMP* apenas se aplica nos casos penais aos quais o Direito do Estado requerente permite apreciação judicial. Não confere, ademais, direito subjetivo àquele Estado de exigir a cooperação. Desse modo, a cooperação não será admitida se o procedimento no Brasil:[498]

a. Não estiver conforme os princípios procedimentais estabelecidos na convenção europeia de 4 de novembro de 1950 de salvaguarda dos direitos humanos e das liberdades fundamentais, ou pelo Pacto Internacional de 16 de

---

497 Art. 67. Règle de la spécialité. 1 Les renseignements et les documents obtenus par voie d'entraide ne peuvent, dans l'Etat requérant, ni être utilisés aux fins d'investigations ni être produits comme moyens de preuve dans une procédure pénale visant une infraction pour laquelle l'entraide est exclue. 2 Toute autre utilisation est subordonnée à l'approbation de l'office fédéral. Cette approbation n'est pas nécessaire lorsque: a. les faits à l'origine de la demande constituent une autre infraction pour laquelle l'entraide est susceptible d'être accordée, ou b. la procédure pénale étrangère est dirigée contre d'autres personnes ayant participé à la commission de l'infraction. 3 L'autorisation d'assister aux actes d'entraide et de consulter le dossier (art. 65a, al. 1) est soumise aux mêmes conditions.

498 BRASIL. Ministério da Justiça. *Cooperação jurídica internacional*. Disponível em: http://portal.mj.gov.br. Acessado em: 26.01.2014.

dezembro de 1966, relativo aos direitos civis e políticos, ou, ainda, se ferir a Convenção de Genebra, de 12 de agosto de 1949, e seus protocolos;

b. Tender a perseguir ou a punir uma pessoa em razão de suas opiniões políticas, de sua participação em grupo social determinado, de sua raça, de sua crença ou de sua nacionalidade;

c. Correr o risco de agravar a situação da pessoa perseguida por uma das razões mencionadas no item anterior;

d. Visar a punição de ato que, segundo as concepções suíças, constitui uma violação de obrigações militares ou de obrigações similares, ou parecer dirigir-se contra a defesa nacional do Estado Requerente;

e. Apresentar outros defeitos reputados graves;

f. Visar à punição de um ato tendente a diminuir receitas fiscais ou infringir medidas de políticas monetárias, comerciais ou econômicas;[499]

---

499 Relativamente à restrição consignada no item f do parágrafo anterior (procedimento que vise à persecução de um ato que tenda a diminuir receitas fiscais ou se contraponha a medidas de políticas monetárias, comerciais ou econômicas), a cooperação poderá ser admitida se o procedimento visar a persecução também de uma fraude, consoante dispõe o art. 3º, item 3, da Lei de Cooperação suíça. Com base em tal dispositivo, o Ministério Público da Confederação Helvética (MPC) não tem dado seguimento a pedidos de cooperação internacional na hipótese relacionada a atos perpetrados contra o sistema financeiro nacional, tais como evasão de divisas, abertura de contas bancárias no exterior sem declaração perante o fisco brasileiro, exploração de estabelecimento de câmbio sem autorização federal. Admite-se, porém, a cooperação penal se os fatos narrados abordarem infrações reprimidas pelo direito suíço, como a participação em uma organização criminal, lavagem de dinheiro (desde que o crime antecedente comporte a cooperação jurídica internacional), fraudes (escroqueries) e falsidade documental. Nesse caso, o produto da cooperação (quebra de sigilo, fornecimento de documentos, depoimentos etc.) não poderá ser utilizado em ação penal conduzida no

g. Referir-se a casos considerados de pouca importância.

Além disso, ressalte-se que nos termos do art. 67 da *Loi Fédérale sur l'Entraide Pénale Internacionale – EIMP*,[500] a autoridade de persecução penal Suíça pode transmitir espontaneamente a uma autoridade estrangeira os meios de prova que recolheu no curso do processo de sua investigação, caso entenda que a referida transmissão permitirá a abertura de um procedimento penal no Estado estrangeiro ou poderá facilitar o andamento da persecução pendente.

As informações sigilosas podem ser fornecidas espontaneamente pela autoridade de persecução penal Suíça caso permitam a apresentação de um pedido de cooperação jurídica à Suíça. A transmissão espontânea de informações entre um Estado não ligado por um acordo de cooperação com a Suíça depende da aprovação do *Office Fédéral*.

Estado requerente que abranja fatos pelos quais não se admite a cooperação. Nesse sentido, exige-se garantia específica, consoante estabelece o art. 6º da referida lei de cooperação: "Se o ato imputado à pessoa perseguida recai sobre várias disposições do direito penal suíço, pode-se dar seguimento ao pedido de cooperação apenas no que se refere às infrações para as quais não há qualquer cláusula de inadmissibilidade e se o Estado requerente garantir o respeito às condições estabelecidas". (BRASIL. Ministério da Justiça. *Cooperação jurídica internacional*. Disponível em: http://portal.mj.gov.br. Acessado em: 26.01.2014).

500 Art. 67ª Transmission spontanée de moyens de preuve et d'informations. 1 L'autorité de poursuite pénale peut transmettre spontanément à une autorité étrangère des moyens de preuve qu'elle a recueillis au cours de sa propre enquête, lorsqu'elle estime que cette transmission: a. est de nature à permettre d'ouvrir une poursuite pénale; ou b. peut faciliter le déroulement d'une enquête en cours. 2 La transmission prévue à l'al. 1 n'a aucun effet sur la procédure pénale en cours en Suisse. 3 La transmission d'un moyen de preuve à un Etat avec lequel la Suisse n'est pas liée par un accord international requiert l'autorisation de l'office fédéral. 4 Les al. 1 et 2 ne s'appliquent pas aux moyens de preuve qui touchent au domaine secret. 5 Des informations touchant au domaine secret peuvent être fournies si elles sont de nature à permettre de présenter une demande d'entraide à la Suisse. 6 Toute transmission spontanée doit figurer dans un procès-verbal.

Como se pode observar, a legislação interna Suíça se apresenta em consonância com os termos do tratado bilateral de cooperação firmado com o Brasil, sendo que apenas há a previsão de comunicação direta de ofício por parte da autoridade Suíça, enquanto qualquer espécie de solicitação feita pelo Estado brasileiro deverá, *contrario sensu*, tramitar por meio das autoridades centrais.

15.8 Das garantias constitucionais no âmbito do Processo Penal

Delineado o cenário da cooperação jurídica internacional, avança-se no processo de busca pela resposta aos quesitos formulados, através da análise dos corolários inerentes ao Estado Democrático de Direito, especialmente no que diz respeito aos direitos e às garantias fundamentais na seara do Direito Processual Penal.

O rol de garantias e direitos fundamentais dos cidadãos, previstos na Constituição da República, constitui um dos pilares fundamentais do Estado Democrático de Direito, razão pela qual tais dispositivos devem ser aplicados imediatamente e produzirem o máximo de efeitos, como bem observa Roberto Dias da Silva:[501]

> O art. 5º, § 1º, da Constituição Federal, prevê que as normas definidoras dos direitos e garantias fundamentais têm aplicação imediata. Assim, todas as disposições que definirem os direitos e garantias fundamentais – segundo a classificação de José Afonso da Silva sobre a eficácia e aplicabilidade das normas constitucionais – devem ser consideradas normas de eficácia plena ou contida, produzindo imediatamente todos os efeitos possíveis, em razão de disciplinar diretamente as matérias, as situações e os comportamentos que cogitam.

---

501 SILVA, Roberto Baptista Dias. *Manual de Direito Constitucional*. Barueri: Manole, 2007, p. 293.

Partindo-se dessa premissa, a aplicação do Direito passa a ser vinculada à observância dos direitos e garantias fundamentais.[502]

Neste particular, cumpre-se registrar que os princípios constitucionais constituem uma das espécies normativas[503] e, por isso mesmo, obrigam tanto os particulares quanto à Administração a observarem suas orientações.

---

502 Para além da mera explicitação dos direitos fundamentais como a verdadeira e legítima fonte de direitos e obrigações, públicas e privadas, que deve orientar a solução de conflitos sociais, individuais e coletivos, a atual ordem constitucional não deixa margem a dúvidas quanto à necessidade de se vincular a aplicação do Direito e, assim, do Direito Processual Penal, à tutela e à realização dos direitos humanos, postos como fundamentais na ordenação constitucional. (OLIVEIRA, Eugênio Pacelli. *Curso de processo penal.* 18ª ed. São Paulo: Atlas, 2014, p. 35).

503 Após longo processo evolutivo, consolidou-se na teoria do Direito a ideia de que as normas jurídicas são um gênero que comporta, em meio a outras classificações, duas grandes espécies: as regras e os princípios. Tal distinção tem especial relevância no tocante às normas constitucionais. O reconhecimento da distinção qualitativa entre essas duas categorias e a atribuição de normatividade aos princípios são elementos essenciais do pensamento jurídico contemporâneo. Os princípios – notadamente os princípios constitucionais – são a porta pela qual os valores passam do plano ético para o mundo jurídico. Em sua trajetória ascendente, os princípios deixaram de ser fonte secundária e subsidiária do Direito para serem alçados ao centro do sistema jurídico. De lá, irradiam-se por todo o ordenamento, influenciando a interpretação e aplicação das normas jurídicas em geral e permitindo a leitura moral do Direito. Antes mesmo da formulação mais sofisticada da teoria dos princípios, diversos autores já haviam se dado conta da relevância do papel que a eles cabia desempenhar no sistema. A percepção do fenômeno, todavia, não era suficiente, por si só, para tornar operacional e efetiva a distinção entre princípios e regras. Foi somente a partir dos escritos seminais de Ronald Dworkin, difundidos no Brasil a partir do final da década de 80 e ao longo da década de 90, que o tema teve um desenvolvimento dogmático mais apurado. Na sequência histórica, Robert Alexy ordenou a teoria dos princípios em categorias mais próximas, da perspectiva romano-germânica do Direito. (BARROSO, Luís Roberto. *Curso de Direito Constitucional contemporâneo*. São Paulo: Saraiva, 2009, pp. 203/204).

Corroborando este entendimento, a doutrina de Roberto Dias da Silva,[504] no que se refere mais especificamente à Administração:

> Quanto aos órgãos da administração pública, Canotilho afirma que eles, quando do exercício de sua competência de execução da lei, devem executá-la em conformidade com os dispositivos constitucionais que consagram os direitos e garantias. Ademais a Administração deve executar as regras constitucionais interpretando-as de um modo conforme aos direitos e garantias.

Diante deste sucinto panorama sobre a aplicabilidade dos princípios constitucionais, já é possível se extrair a premissa mais relevante para o que interessa ao presente trabalho: a necessidade de observância dos princípios constitucionais pelas autoridades responsáveis por qualquer processo, seja ele judicial ou administrativo (*v.g.* inquérito policial).

Em avanço, dentre a série de princípios e garantias previstos na Constituição da República, no âmbito do processo penal, quatro delas podem ser consideradas fundamentais: o devido processo legal (artigo 5º, LIV); o direito à ampla defesa (artigo 5º, LV); a vedação das provas obtidas por meios ilícitos (artigo 5º, LVI); e a presunção de não culpabilidade (artigo 5º, LVII).

Diante do contexto da presente análise, por questão de método, serão analisadas apenas as três primeiras garantias enunciadas.

15.9 Do devido Processo Legal

A garantia do devido processo legal pode ser entendida sob dois aspectos: o formal e o substantivo, sendo que ambos são de extrema relevância para a defesa dos interesses dos acusados.

---

504 SILVA, Roberto Baptista Dias. *Manual de Direito Constitucional*. Barueri: Manole, 2007, p. 295.

Em seu aspecto formal, o devido processo legal demanda que sejam respeitados uma série de outros princípios para ao final do processo ser proferida uma decisão válida.

Nesse sentido, ao mesmo tempo em que figura como princípio autônomo, vez que expressamente previsto na Constituição da República, o devido processo legal também atua como pressuposto de outros princípios previstos constitucionalmente. Ilustrando esse entendimento, a doutrina de Gilmar Mendes:[505]

> É provável que a garantia do devido processo legal configure uma das mais amplas e relevantes garantias do Direito Constitucional, se considerarmos a sua aplicação nas relações de caráter processual e nas relações de caráter material (princípio da proporcionalidade/direito substantivo). Todavia, somente no âmbito das garantias do processo é que o devido processo legal assume uma amplitude inigualável e um significado ímpar como postulado que traduz uma série de garantias hoje devidamente especificadas e especializadas nas várias ordens jurídicas. (...) Daí ter Rogério Lauria Tucci afirmado que a incorporação da garantia do devido processo legal, de forma expressa no texto constitucional de 1988, juntamente com outras garantias específicas, acabou por criar uma situação de superafetação.

Por outro lado, em seu aspecto substantivo,[506] o devido processo legal figura como uma garantia de que todos os envolvidos no processo devem agir de forma adequada e proporcional,

---

505 MENDES, Gilmar Ferreira. *Curso de Direito Constitucional*. 2ª ed. São Paulo: Saraiva, 2008, p. 639.

506 Nas palavras de Luís Roberto Barroso, "*é por seu intermédio que se procede ao exame da razoabilidade (*reasonableness) e da racionalidade (rationality) das normas jurídicas e dos atos do Poder Público em geral". (BARROSO, Luís Roberto. *Interpretação e aplicação da Constituição*: fundamentos de uma dogmática constitucional transformadora. 4ª ed. São Paulo: Saraiva, 2001, p. 214).

propiciando-se a prolação de uma decisão adequada diante dos fatos imputados ao acusado.[507]

Intimamente ligado ao princípio do devido processo legal, encontra-se também o princípio da legalidade estrita, por meio do qual a atividade persecutória do Estado deve se ater aos limites expressamente permitidos pela legislação em vigor.

No ponto, há de se ressalvar que o princípio da verdade real não permite que as autoridades se desviem dos limites impostos pelo Estado Democrático de Direito, como bem leciona Eugênio Pacelli:[508]

> O aludido princípio, batizado como da verdade real, tinha a incumbência de legitimar eventuais desvios das autoridades públicas, além de justificar a ampla iniciativa probatória reservada ao juiz em nosso processo penal. A expressão, como que portadora de efeitos mágicos, autorizava uma atuação judicial supletiva e substitutiva da atuação ministerial (ou da acusação). Dissemos autorizava, no passado, por entendermos que, desde 1988, tal não é mais possível. A igualdade, a *par conditio* (paridade de armas), o contraditório e a ampla defesa, bem como a imparcialidade, de convicção e de atuação, do juiz, impedem-no.

Assim, há de se fixar a premissa de que o devido processo legal exige que o material probatório seja necessariamente coletado pelas autoridades competentes, com observância estrita dos

---

507 (...) o princípio do devido processo legal possui um âmbito de proteção alargado, que exige o *fair trail* não apenas dentre aqueles que fazem parte da relação processual, ou que tenham atuado diretamente no processo, mas de todo o aparato jurisdicional, o que abrange todos os sujeitos, instituições e órgãos públicos e privados, que exercem, direta ou indiretamente, funções qualificadas, constitucionalmente, como essenciais à Justiça. (MENDES, Gilmar Ferreira, *Curso de Direito Constitucional.* 2ª ed. São Paulo: Saraiva, 2008, p. 640).

508 OLIVEIRA, Eugênio Pacelli. *Curso de processo penal.* 18ª ed. São Paulo: Atlas, 2014, p. 333.

procedimentos estabelecidos pela legislação, pois do contrário haverá inegável ofensa aos direitos do acusado.

15.10 Da ampla defesa

O corolário fundamental da ampla defesa é o de que ao acusado sejam conferidas todas as possibilidades e instrumentos para que ele possa efetivamente se defender.

Nesse sentido, já se pronunciou o Supremo Tribunal Federal:

> "Habeas corpus". – E manifesta a improcedência de que, para haver ampla defesa, há necessidade de a condenação, em julgamento colegiado, ser tomada sempre por maioria absoluta de votos. Ampla defesa significa dar ao réu todas as oportunidades e meios que a lei lhe propicia para defender-se. – Já havendo condenação definitiva confirmada em apelação e em embargos infringentes, não aproveita ao ora paciente, que nunca se insurgiu a respeito, a alegação de tratamento discriminatório por ter sido preso preventivamente e por ter havido cisão de processos, que e justificada na sentença de primeiro grau porque era ele o único preso, estando a instrução em atraso provocado por duas greves de serventuários da Justiça. – Não é o "habeas corpus" meio idôneo para reexame aprofundado de provas. Habeas corpus indeferido. (HC/MS 69.120, relator Moreira Alves, julgado em 17.03.92).

Para que tal princípio constitucional seja devidamente observado, é fundamental que o acusado não tenha apenas a oportunidade para apresentar suas razões, mas que tenha amplo acesso aos elementos que instruem o processo.

Neste cenário, há de se incluir também o acesso a todo e qualquer processo ou procedimento que deu origem a determinado elemento probatório, pois apenas com o conhecimento efetivo de todo o procedimento é que se tornará viável a análise sobre a legitimidade e legalidade dos atos praticados.[509]

Destarte, aos acusados em geral a Constituição da República lhes garante, sob pena de nulidade, a possibilidade ampla de sindicar todo e qualquer ato que instrua o processo condenatório, sendo vedada a utilização de qualquer meio de prova que não lhes garanta tal possibilidade.

15.11 Da vedação das provas ilícitas

O processo penal conforma-se a partir da produção de provas legais e legítimas, não sendo aceitas quaisquer provas obtidas por meio ilícito,[510] por imposição do comando estampado no artigo 5º, LVI, da Constituição da República.

Todavia, o termo ilícito pode ser compreendido em duas acepções. A primeira, de cunho restrito, estaria limitada a tudo o que for proibido por lei; a outra, mais abrangente, contemplaria tudo o que for contrário à moral, aos bons costumes e aos princípios gerais do direito.

Em termos de garantias penais, há de se optar pela acepção mais ampla, o que significa ampliar o espectro de proteção franqueado aos cidadãos. Sendo assim, torna-se viável a identificação

509 Nesse sentido: Como decorrência do princípio e em consequência do exercício da ampla defesa, pode-se afirmar que o réu tem direito à prova. (...) O exercício desse direito à prova se estenderá a todas as suas fazes, é dizer: a da obtenção, a da introdução e produção no processo e, por fim, a da valoração da prova, na fase decisória. (OLIVEIRA, Eugênio Pacelli. *Curso de processo penal*. 18ª ed. São Paulo: Atlas, 2014, p. 344).

510 Cf. NUCCI, Guilherme de Souza. *Código de processo penal comentado*. 3ª ed. São Paulo: Revistas dos Tribunais, 2004, p. 328.

de dois espectros, nos quais é possível a identificação da ilicitude da prova, conforme leciona Guilherme de Souza Nucci:[511]

> Neste contexto, abrem-se duas óticas, envolvendo o que é materialmente ilícito (a forma de obtenção da prova é proibida por lei) e o que é formalmente ilícito (a forma de introdução da prova no processo é vedada por lei).

Corroborando este entendimento, já se pronunciou o Supremo Tribunal Federal:

> Ilicitude da prova. Inadmissibilidade de sua produção em juízo (ou perante qualquer instância de poder). Inidoneidade jurídica da prova resultante de transgressão estatal ao regime constitucional dos direitos e garantias individuais. A ação persecutória do Estado, qualquer que seja a instância de poder perante a qual se instaure, para revestir-se de legitimidade, não pode apoiar-se em elementos probatórios ilicitamente obtidos, sob pena de ofensa à garantia constitucional do *due process of law*, que tem, no dogma da inadmissibilidade das provas ilícitas, uma de suas mais expressivas projeções concretizadoras no plano do nosso sistema de direito positivo. A *Exclusionary Rule* consagrada pela jurisprudência da Suprema Corte dos Estados Unidos da América como limitação ao poder do Estado de produzir prova em sede processual penal. A CR, em norma revestida de conteúdo vedatório (CF, art. 5º, LVI), desautoriza, por incompatível com os postulados que regem uma sociedade fundada em bases democráticas (CF, art. 1º), qualquer prova cuja obtenção, pelo Poder Público, derive de transgressão a cláusulas de ordem constitucional, repelindo, por isso mesmo, quaisquer elementos probatórios que resultem de violação do direito material (ou, até mesmo, do direito processual), não prevalecendo, em consequência,

---

511 NUCCI, Guilherme de Souza. *Código de processo penal comentado*. 3ª ed. São Paulo: Revistas dos Tribunais, 2004, p. 328.

> no ordenamento normativo brasileiro, em matéria de atividade probatória, a fórmula autoritária do *male captum, bene retentum*. (...) Ninguém pode ser investigado, denunciado ou condenado com base, unicamente, em provas ilícitas, quer se trate de ilicitude originária, quer se cuide de ilicitude por derivação. Qualquer novo dado probatório, ainda que produzido, de modo válido, em momento subsequente, não pode apoiar-se, não pode ter fundamento causal nem derivar de prova comprometida pela mácula da ilicitude originária. A exclusão da prova originariamente ilícita – ou daquela afetada pelo vício da ilicitude por derivação – representa um dos meios mais expressivos destinados a conferir efetividade à garantia do *due process of law* e a tornar mais intensa, pelo banimento da prova ilicitamente obtida, a tutela constitucional que preserva os direitos e prerrogativas que assistem a qualquer acusado em sede processual penal. (HC 91.867, rel. **Gilmar Mendes,** *DJE* de 20.09.2012).

Em avanço, a garantia em comento não pode ser afastada, sob qualquer fundamento,[512] eis que os direitos e garantias fundamentais insculpidos na Constituição da República são os pilares primordiais de sustentação do Estado Democrático de Direito.

Portanto, a validade de qualquer decreto condenatório depende necessariamente de que o mesmo esteja fundamentado em material probatório coletado e introduzido de forma lícita ao processo.

---

512 Da explícita proscrição da prova ilícita, sem distinções quanto ao crime objeto do processo (CF, art. 5º, LVI), resulta a prevalência da garantia nela estabelecida sobre o interesse na busca, a qualquer custo, da verdade real no processo: consequente impertinência de apelar-se ao princípio da proporcionalidade – à luz de teorias estrangeiras inadequadas à ordem constitucional brasileira – para sobrepor, à vedação constitucional da admissão da prova ilícita, considerações sobre a gravidade da infração penal objeto da investigação ou da imputação. (HC 80.949, Rel. Min. Sepúlveda Pertence, *DJ* de 14.12.2001).

15.12 Da influência das Garantias Constitucionais nos atos de cooperação Internacional

Conforme reiteradamente destacado, o foco do presente trabalho se encontra na questão da produção de provas através de atos de cooperação internacional, razão pela qual o presente tópico se restringirá a abordar a influência direta das garantias constitucionais aos atos de cooperação sobre este tema específico.

Há de se destacar, de início, que se o objeto da cooperação é a produção de prova, faz-se necessária a intervenção de autoridade judiciária do Estado requerido, pois apenas assim haverá controle sobre a legalidade sobre o ato a ser executado.

Com base nessa premissa, torna-se fundamental que a prova objeto da cooperação seja colhida com observância de todo o procedimento formal exigido pelos acordos de cooperação, em observância aos postulados do devido processo legal e da ampla defesa.

Como visto, nessas circunstâncias o papel da autoridade central é de grande relevância, haja vista que sua chancela legitima a procedência da prova produzida, estando todos os atos praticados devidamente registrados. Logo, não é viável se admitir que as provas oriundas de cooperação internacional sejam internalizadas por meio do contato direto entre as autoridades, já que não haveria a possibilidade de realização do adequado controle sobre a legitimidade e licitude dos atos praticados na obtenção do material.

Com efeito, para que seja legítima a obtenção de provas por meio da cooperação internacional, o material a ser enviado deverá observar os trâmites formais previstos nas Convenções, de modo que haja o controle da Autoridade Central do Estado requerido e o acusado tenha elementos para poder averiguar se o material probatório foi legalmente produzido.

Diante dos fatos apresentados pela Consulente, não parece legítima a atuação do Ministério Público Federal ao buscar diretamente o material probatório junto às autoridades suíças.

Em primeiro lugar, não se tem notícia de que qualquer acordo internacional tenha sido firmado entre o Brasil e a Confederação Suíça especificamente para este caso, nem que o procedimento adotado esteja em consonância com os termos do Tratado de Cooperação objeto do Decreto n. 6.974/2009, ou tampouco se coaduna com as Convenções de Palermo e de Mérida.

Por derradeiro, há de se rememorar que o Código de Processo Penal veda a prolação de decreto condenatório com base exclusivamente em elementos de informação, sendo este entendimento pacífico no âmbito do Supremo Tribunal Federal:

> E M E N T A: RECURSO ORDINÁRIO EM "HABEAS CORPUS" – PRETENDIDA NULIDADE DO ACÓRDÃO QUE MANTEVE A SENTENÇA PENAL CONDENATÓRIA QUE ESTARIA FUNDAMENTADA, UNICAMENTE, EM ELEMENTOS COLIGIDOS NA FASE POLICIAL (PROVA EMPRESTADA) – INOCORRÊNCIA – DECRETO CONDENATÓRIO QUE TAMBÉM ENCONTRA APOIO EM PROVA PRODUZIDA EM JUÍZO, SOB A ÉGIDE DA GARANTIA CONSTITUCIONAL DO CONTRADITÓRIO – PLEITO RECURSAL QUE, ENVOLVENDO DISCUSSÃO EM TORNO DA EXISTÊNCIA MATERIAL DO FATO DELITUOSO E DE SUA AUTORIA, IMPÕE EXAME APROFUNDADO DE FATOS E IMPLICA CONFRONTO ANALÍTICO DE MATÉRIA ESSENCIALMENTE PROBATÓRIA – INVIABILIDADE NA VIA SUMARÍSSIMA DO "HABEAS CORPUS" – INEXISTÊNCIA DE CONSTRANGIMENTO ILEGAL – RECURSO ORDINÁRIO IMPROVIDO. O PROCESSO PENAL COMO INSTRUMENTO DE SALVAGUARDA DAS LIBERDADES INDIVIDUAIS: CONTRADITÓRIO, PLENITUDE DE DEFESA E PROVA EMPRESTADA. – O sistema jurídico-constitucional brasileiro não admite nem tolera a possibilidade de o Estado condenar o réu com apoio exclusivo em prova penal produzida, unicamente, na fase da investigação policial, sob pena de frontal violação

aos postulados fundamentais que asseguram, a qualquer acusado, o direito ao contraditório e à plenitude de defesa. Doutrina. Precedentes: HC 73.338/RJ, Rel. Min. CELSO DE MELLO, v.g. – Os subsídios ministrados pelas investigações policiais, que são sempre unilaterais e inquisitivas – embora suficientes ao oferecimento da denúncia pelo Ministério Público –, não bastam, enquanto isoladamente considerados, para justificar a prolação, pelo Poder Judiciário, de um ato de condenação penal. É nula a condenação penal decretada com apoio em prova não produzida em juízo e com inobservância da garantia constitucional do contraditório. – A prova emprestada, quando produzida com transgressão ao princípio constitucional do contraditório, notadamente se utilizada em sede processual penal, mostra-se destituída de eficácia jurídica, não se revelando apta, por isso mesmo, a demonstrar, de forma idônea, os fatos a que ela se refere. Jurisprudência. – Inocorrência, no caso em exame, de ofensa aos postulados constitucionais do contraditório e da plenitude de defesa, porque a condenação penal decretada contra o réu, ora paciente, sustentou-se em elementos de informação produzidos em juízo, com integral observância da cláusula inscrita no inciso LV do art. 5º da Constituição da República. O CARÁTER DOCUMENTAL DO PROCESSO DE "HABEAS CORPUS" TORNA INVIÁVEL O EXAME DE FATOS DESPOJADOS DA NECESSÁRIA LIQUIDEZ. – O caráter sumaríssimo da via jurídico-processual do "habeas corpus" não permite que se proceda, no domínio estreito do "writ" constitucional, a indagações de ordem probatória nem mesmo à rediscussão em torno da autoria do fato delituoso. Precedentes. – O exame e a interpretação do conjunto probatório emergente do processo penal de conhecimento constituem matéria pré-excluída do âmbito da ação de "habeas corpus", que faz instaurar processo de caráter eminentemente documental, a significar que apenas fatos incontroversos – porque impregnados de liquidez e revestidos de certeza objetiva – revelam-se suscetíveis de apreciação jurisdicional na via desse remédio constitucional. Precedentes. – A ação penal de "habeas

> corpus" não constitui meio jurídico adequado para a apreciação da prova nem se qualifica como instrumento próprio para o exame de questões pertinentes à eventual injustiça da decisão condenatória. Tais postulações encontram, na ação de revisão criminal – que possui espectro mais amplo e que admite e comporta, por isso mesmo, dilação probatória – a sede processual juridicamente apropriada para a sua análise. Precedentes. (RHC 106.398/SP, relator Celso de Mello, julgado em 04.10.2011). (sem destaques no original).

Assim, acaso as supostas provas trazidas diretamente da Suíça se tratem de meros elementos de informação, estes não serão passíveis de utilização futuramente como prova, vez que não foram internalizados por meio do caminho legalmente estabelecido: via a Autoridade Central dos Estados envolvidos.

A se confirmar os termos divulgados pela imprensa, portanto, o material probatório trazido diretamente pelos membros da Procuradoria da República configurará prova ilícita, vez que não foram produzidos de acordo com as normas de regência da matéria, afrontando as garantias constitucionais dos eventuais envolvidos na investigação; ou deverá ser considerado apenas como elemento de informação, não sendo válida a sua utilização como prova, vez que não foram internalizados de acordo com os primados do direito internacional e das garantias constitucionais.

15.13 Da divulgação de provas para a imprensa

Nos últimos meses, a imprensa nacional tem divulgado pelos mais diversos veículos de comunicação, o conteúdo de provas obtidas pelo Ministério Público Federal no âmbito das investigações da Operação Lava Jato.

Convém repisar que algumas dessas informações, segundo já relatado, foram trazidas pelos membros do *Parquet* diretamente da Suíça, ao que tudo indica, sem respeitar os procedimentos estabelecidos nos tratados de cooperação jurídica internacional ou o ordenamento constitucional brasileiro.

Verdade é que a divulgação reiterada e constante do conteúdo das investigações acaba por imputar a pessoas e empresas, antes da prolação de sentença condenatória, a prática de crimes, afrontando, assim, os princípios constitucionais do devido processo legal e, em última análise, também os da presunção de não culpabilidade e do direito à honra.

Em princípio, por se tratar de fato intrinsicamente relacionado ao processo de investigação, o vazamento de informações pode afetar diretamente o seu regular desenvolvimento, porquanto não se pode negar o risco de prejuízo para a adequada apuração dos fatos, na medida em que a divulgação dos dados pode prejudicar a eficácia dos atos persecutórios subsequentes.

Diante desse cenário, se faz necessário demonstrar os riscos advindos da divulgação indevida, ilegal e totalmente despropositada de informações que deveriam se manter resguardadas no âmbito das investigações, traçando um panorama sobre os princípios constitucionais que foram desrespeitados em razão do vazamento de provas, bem como da responsabilidade dos agentes públicos envolvidos.

15.14 Princípio do devido Processo Legal

Invoca-se, novamente, neste momento o princípio do devido processo legal, de modo a se verificar a sua influência no contexto do indevido vazamento de elementos de prova no âmbito do procedimento de investigação, e as consequências advindas dessa conduta, especialmente em relação a sua não observância.

Sendo assim, inicialmente é preciso ter-se em mira que o procedimento de investigação se desenvolve no seio de um processo administrativo, o qual está submetido a observância dos princípios a ele inerentes.

De tal modo, não se pode olvidar que o vazamento de elementos de prova da investigação criminal pode trazer a lume informações de caráter sigiloso, seja por sua natureza bancária/financeira, seja porque não houve prévio acesso aos documentos pelas partes investigadas.

Notadamente a exposição arbitrária de informações sigilosas não coopera com o avanço das investigações. Ao contrário, transforma o processo de persecução penal, que se bem conduzido é legítimo, em procedimento público arbitrário de coação e de constrangimento. Podendo gerar, também, prejuízos àqueles que tiveram seu nome envolvido com os dados divulgados.

15.15 Princípio da presunção de não culpabilidade

O princípio constitucional da presunção de não culpabilidade está previsto no inciso LVII, do artigo 5°, da Constituição da República,[513] e se revela como uma garantia ao acusado pela prática de uma infração penal a prerrogativa de não ser considerado culpado até que a sentença condenatória transite em julgado.

Referido princípio se desdobra em duas vertentes: como regra probatória e como regra de tratamento.

Nesse passo, considerando a vertente da regra probatória, o acusado deve ser presumido inocente, cabendo à parte que o acusa provar a veracidade do fato e a sua culpabilidade. Desse modo, somente após de sentença condenatória transitada em julgado, decorrente de processo judicial, é que o acusado poderá ser considerado culpado.

Ademais, o acusado não pode ser constringido a colaborar na apuração dos fatos, uma vez que o inciso LIV[514] do artigo 5° da

513 LVII – ninguém será considerado culpado até o trânsito em julgado de sentença penal condenatória.

514 LIV – ninguém será privado da liberdade ou de seus bens sem o devido processo legal.

Constituição da República lhe garante o direito de não produzir provas contra si mesmo, podendo inclusive, permanecer em silêncio, consoante dispõe o inciso LXIII[515] do artigo 5º da Carta Constitucional.

Com efeito, caso não lhe fosse assegurado tais direitos, o acusado se transformaria em objeto de investigação, quando em verdade é um sujeito processual.

Também é preciso verificar que no campo probatório existe estreita ligação entre o princípio da presunção de não culpabilidade com o princípio do *in dubio pro reo*. Assim, se ocorrido o devido processo legal, e as provas forem insuficientes, pairando dúvida quanto a culpabilidade, deve o julgador decidir em favor do acusado.

Quando analisado sobre o viés da regra de tratamento, o princípio da presunção de não culpabilidade se revela no dever de ser o acusado tratado como inocente durante todo o processo, até o trânsito em julgado da sentença condenatória.

Portanto, durante as investigações e o no *iter* processual, o acusado não deve ser punido antecipadamente, e sequer tratado como culpado, aplicando tão somente as medidas necessárias, e restringindo o mínimo de direitos possíveis, visto que não se sabe se o mesmo é inocente ou culpado.

15.16 Direito à honra

A Constituição da República assegura no inciso X,[516] do artigo 5º, a inviolabilidade da intimidade, da vida privada, da honra e da

515 LXIII – o preso será informado de seus direitos, entre os quais o de permanecer calado, sendo-lhe assegurada a assistência da família e de advogado;

516 X – são invioláveis a intimidade, a vida privada, a honra e a imagem das pessoas, assegurado o direito à indenização pelo dano material ou moral decorrente de sua violação.

imagem das pessoas, assegurando o direito de reparação contra ato que fustigue tal direito.

A honra é um atributo inerente à personalidade, cuja essência reflete a observância do princípio da dignidade da pessoa humana. Segundo a doutrina de José Afonso da Silva:

> A honra é o conjunto de qualidade que caracterizam a dignidade da pessoa, o respeito dos concidadãos, o bom nome, a reputação. É direito fundamental da pessoa resguardar essas qualidades. A pessoa tem o direito de preservar a própria dignidade – adverte Adriano de Cupis – mesmo fictícia, até contra-ataques da verdade, pois aquilo que é contrário à dignidade da pessoa deve permanecer em segredo dela própria.[517]

A honra deve ser analisada nas vertentes subjetiva e objetiva, ou seja, a acepção jurídica do bem protegido constitucionalmente tem caráter dúplice: o sentimento de integridade moral de condão íntimo (honra subjetiva), e a reputação de que o indivíduo goza em relação aos demais indivíduos (honra objetiva).

Ainda em relação a proteção desse direito fundamental, a legislação penal trouxe regramento específico sobre o tema, consoante disposto no § 6º, do artigo 201, do Código de Processo Penal, que prevê:

> O juiz tomará as providências necessárias à preservação da intimidade, da vida privada, honra e imagem do ofendido, podendo, inclusive, determinar o segredo de justiça, em relação aos dados, depoimentos e outras informações constantes dos autos a seu respeito para evitar sua exposição aos meios de comunicação.

517 SILVA, José Afonso da. *Curso de Direito Constitucional Positivo*. 37ª ed. São Paulo: Malheiros, 2014, p. 211.

Portanto, existindo oposição entre o direito à honra em contraste com a divulgação de provas alicerçadas no direito de expressão, é necessário sopesar a acuidade da informação publicada, o interesse público de sua divulgação, bem como a proporcionalidade e o cuidado com que se exerce o direito em face da possível ofensa aos direitos de personalidade.

15.17 Da responsabilidade dos Agentes Públicos

Evidenciado o prejuízo que pode advir aos investigados, há de se verificar o tema sob a ótica da responsabilidade civil da Administração Pública, a qual responde objetivamente pelos danos causados por seus agentes, conforme previsto no artigo 37, §6º, da Carta da República.[518]

Assim, a depender das consequências advindas dos dados indevidamente divulgados, é razoável se imaginar que o Estado venha a ser demandado judicialmente para recompor os danos causados pela incúria de seus agentes.

Nessas circunstâncias, frise-se, não haveria, em princípio, ilícito praticado pelos órgãos de imprensa, mas sim dos agentes responsáveis pela guarda das informações coletadas.

Tais agentes, por expressa disposição constitucional acima aludida, respondem perante a Administração pelos danos causados, tanto no âmbito civil quanto na esfera administrativa, na linha do entendimento do Superior Tribunal de Justiça:

518 Artigo 37, A administração pública direta e indireta de qualquer dos Poderes da União, dos Estados, do Distrito Federal e dos Municípios obedecerá aos princípios de legalidade, impessoalidade, moralidade, publicidade e eficiência e, também, ao seguinte: (...) § 6º, As pessoas jurídicas de direito público e as de direito privado prestadoras de serviços públicos responderão pelos danos que seus agentes, nessa qualidade, causarem a terceiros, assegurado o direito de regresso contra o responsável nos casos de dolo ou culpa.

PROCESSUAL CIVIL. ADMINISTRATIVO. RESPONSABILIDADE CIVIL OBJETIVA. PLEITO DE DANOS MORAIS. INDEPENDÊNCIA DAS AÇÕES PROPOSTAS CONTRA O ENTE OU ENTIDADE PÚBLICA E A AÇÃO DE REGRESSO. INTERESSE PROCESSUAL QUE SE MANTÉM MESMO QUANDO AFASTADA EVENTUAL RESPONSABILIDADE DO FUNCIONÁRIO PÚBLICO. RETORNO DOS AUTOS QUE SE IMPÕE PARA JULGAMENTO DA AÇÃO CONTRA O CONSELHO PROFISSIONAL, QUE RESPONDE OBJETIVAMENTE POR SEUS ATOS. (...) 3. **A responsabilidade civil do Estado objetiva nos termos do artigo 37, § 6º da Constituição Federal, não se confunde com a responsabilidade subjetiva dos seus agentes, perquirida em ação regressiva ou em ação autônoma.** 4. Extrai-se da Constituição Federal de 1988 a distinção entre a **possibilidade de imputação da responsabilidade civil, de forma direta e imediata, à pessoa física do agente estatal, pelo suposto prejuízo a terceiro, e o direito concedido ao ente público de ressarcir-se, mediante ação de regresso, perante o servidor autor de ato lesivo a outrem,** nos casos de dolo ou de culpa. 5. Consectariamente, essas ações não geram coisa julgada prejudicial, umas em relação às outras, e a fortiori, não autorizam a extinção terminativa dos feitos. 6. O Supremo Tribunal Federal já se manifestou no seguinte sentido, *verbis*: No tocante à ação regressiva, asseverou-se a distinção entre a possibilidade de imputação da responsabilidade civil, de forma direta e imediata, à pessoa física do agente estatal, pelo suposto prejuízo a terceiro, e entre o direito concedido ao ente público, ou a quem lhe faça as vezes, de ressarcir-se perante o servidor praticante de ato lesivo a outrem, nos casos de dolo ou de culpa. Em face disso, entendeu-se que, se eventual prejuízo ocorresse por força de agir tipicamente funcional, não haveria como se extrair do citado dispositivo constitucional a responsabilidade *per saltum* da pessoa natural do agente. Essa, se cabível, abrangeria apenas o ressarcimento ao erário, em sede de ação regressiva, depois de provada a culpa ou o dolo do servidor público. (...) 9. Recurso Especial desprovido, divergindo

> do Relator porque as ações de indenização principal e a de regresso possuem objetivos distintos, sendo independentes entre si, razão pela qual mantenho incólume a ordem de realização de novo julgamento, determinando-se o retorno dos autos à instância a quo, consoante explicitado no voto da apelação supratranscrita. (REsp 976.730/RS, rel para o acórdão Luiz Fux, DJE 04.09.2008).

Diante de tal quadro, lembrando-se que a Administração Pública dispõe do poder disciplinar, entendido como a faculdade de punir as infrações funcionais de seus servidores, é medida salutar que as autoridades competentes investiguem também os responsáveis pelo vazamento de informações.

Nesse sentido, a adoção de investigação em escala mitigaria, de um lado, a possibilidade de que novos fatos sejam indevidamente divulgados, gerando novos prejuízos, bem como resguardaria a Administração, caso venha a ser futuramente demandada, pois já teriam sido identificados os responsáveis contra os quais se operaria a via de regresso prevista no artigo 37, §6º, da Carta Republicana.

Como visto, os efeitos deletérios do vazamento das investigações podem gerar outros prejuízos para a Administração, além daqueles que eventualmente serão comprovados no curso da Operação Lava Jato.

15.18 Do direito à obtenção de informações

Apresentadas as devidas considerações para a resposta dos dois primeiros quesitos formulados, faz-se necessário tratar da questão da obtenção pela Consulente de informações seguras sobre a existência de procedimentos de cooperação internacional em decorrência da Operação Lava Jato.

Como já analisado neste parecer, procedimentos de cooperação internacional estabelecidos com a Confederação Suíça somente são legítimos se houver a intermediação da autoridade central nacional: o Ministério da Justiça.

Estabelecida essa premissa, há de se considerar, ainda, que a atuação do Poder Público é delineada pelas liberdades públicas[519] consagradas pela Constituição da República a qual assegura, ainda, aos cidadãos instrumentos para a defesa de seus interesses.

Sobre as garantias constitucionais, ou remédios constitucionais, como prefere José Afonso da Silva,[520] são elas:

> (...) instrumentos destinados a assegurar o gozo de direitos violados ou em vias de ser violados ou simplesmente não atendidos. Manoel Gonçalves Ferreira Filho, embora não ache errôneo o emprego da expressão "garantias de direito constitucional" em referência a ditos remédios, denominação que também não lhe agrada, observa "que, rigorosamente falando, as garantias dos direitos fundamentais são as limitações, as vedações, impostas pelo constituinte ao poder público". Permitimo-nos, contudo, lembrar que esses remédios não deixam também de exercer um papel limitativo da atuação do Poder Público, quer porque, em existindo, este se comporta de maneira a evitar sofrer-lhes a impugnação, quer porque o exercício desses direitos-remédios pelos titulares dos direitos ou interesses violados ou ameaçados ou não satisfeitos nos termos da Constituição importa em impor correção a seus atos e atividades, o que é um modo de limitar. E mais, tais remédios atuam precisamente quando as limitações e vedações não foram bastantes para impedir

---

519 Em sentido amplo, são entendidas como o "conjunto de normas constitucionais que consagram limitações jurídicas aos Poderes Públicos, projetando-se em três dimensões: civil (direitos da pessoa humana), política (direitos de participação na ordem democrática) e econômico-social (direitos econômicos e sociais)". (BULOS, Uadi Lammego. *Curso de Direito Constitucional.* 8ª ed. São Paulo: Saraiva, 2014, p. 526).

520 SILVA, José Afonso da. *Curso de Direito Constitucional Positivo*. 37ª ed. São Paulo: Malheiros, 2014, p. 445.

> a prática de atos ilegais e com excesso de poder ou abuso de autoridade. São, pois, espécies de garantias, que, pelo seu caráter específico e por sua função saneadora, recebem o nome de remédios, e remédios constitucionais, porque consignados na Constituição.

No que interessa para a presente análise, a Constituição da República prevê, em seu artigo 5º, XXXIII, que

> todos têm direito a receber dos órgãos públicos informações de seu interesse particular, ou de interesse coletivo ou geral, que serão prestadas no prazo da lei, sob pena de responsabilidade, ressalvadas aquelas cujo sigilo seja imprescindível à segurança da sociedade e do Estado.

Trata-se, portanto, da consagração do direito à informação, o qual não pode ser dissociado do disposto no inciso XXXIV, "a" e "b", do mesmo dispositivo constitucional:

> XXXIV – são a todos assegurados, independentemente do pagamento de taxas: a) o direito de petição aos Poderes Públicos em defesa de direitos ou contra ilegalidade ou abuso de poder; b) a obtenção de certidões em repartições públicas, para defesa de direitos e esclarecimento de situações de interesse pessoal.

E, de modo a instrumentalizar o exercício do direito de informação, fora editada a Lei n. 12.527/11, com o objetivo de "assegurar o direito fundamental de acesso à informação" cujos procedimentos "devem ser executados em conformidade com os princípios básicos da Administração Pública",[521] configurando-se

521 Art. 3º – Os procedimentos previstos nesta Lei destinam-se a assegurar o direito fundamental de acesso à informação e devem ser executados em conformidade com os princípios básicos da administração pública e com as

a negativa de acesso à informação conduta ilícita, apta a ensejar a responsabilidade do agente público que se recusar a fornecê-la.[522]

Diante deste arcabouço normativo, pode-se concluir que a Consulente, na defesa de seus interesses, tem o direito, assegurado pela Constituição, de obter informações do Ministério da Justiça sobre a existência de procedimentos de cooperação internacional relativos à Operação Lava Jato, em curso com a Confederação Suíça.

Tal direito poderá ser exercido por meio de solicitação de certidão ao Ministério da Justiça, para que este, nos termos e prazos da Lei de Informações, esclareça à Consulente sobre a existência de procedimentos de cooperação internacional que possam ser de seu interesse.

Por fim, há de se fazer apenas uma ressalva, em razão da natureza da função exercida pelo Ministério da Justiça nos

---

seguintes diretrizes: I – observância da publicidade como preceito geral e do sigilo como exceção; II – divulgação de informações de interesse público, independentemente de solicitações; III – utilização de meios de comunicação viabilizados pela tecnologia da informação; IV – fomento ao desenvolvimento da cultura de transparência na administração pública; V – desenvolvimento do controle social da administração pública.

522 Artigo 32. Constituem condutas ilícitas que ensejam responsabilidade do agente público ou militar: I – recusar-se a fornecer informação requerida nos termos desta Lei, retardar deliberadamente o seu fornecimento ou fornecê-la intencionalmente de forma incorreta, incompleta ou imprecisa; II – utilizar indevidamente, bem como subtrair, destruir, inutilizar, desfigurar, alterar ou ocultar, total ou parcialmente, informação que se encontre sob sua guarda ou a que tenha acesso ou conhecimento em razão do exercício das atribuições de cargo, emprego ou função pública; III – agir com dolo ou má-fé na análise das solicitações de acesso à informação; IV – divulgar ou permitir a divulgação ou acessar ou permitir acesso indevido à informação sigilosa ou informação pessoal; V – impor sigilo à informação para obter proveito pessoal ou de terceiro, ou para fins de ocultação de ato ilegal cometido por si ou por outrem; VI – ocultar da revisão de autoridade superior competente informação sigilosa para beneficiar a si ou a outrem, ou em prejuízo de terceiros; e VII – destruir ou subtrair, por qualquer meio, documentos concernentes a possíveis violações de direitos humanos por parte de agentes do Estado.

procedimentos de cooperação internacional. Conforme já discutido, a Autoridade Central exerce papel de intermediação entre as autoridades nacionais e estrangeiras durante o curso do procedimento de cooperação internacional; sendo assim, a solicitação de certidão perante o Ministério da Justiça deve se restringir a questão da existência ou não de procedimentos de cooperação, enquanto que o acesso a eventual conteúdo das informações deverá ser obtido perante as autoridades brasileiras responsáveis pela condução do processo de investigação que deu origem ao procedimento de cooperação internacional.

15.19 Conclusões

Em face de todo o exposto, torna-se possível a prolação de resposta para cada um dos quesitos formulados.

Com relação ao quesito de número 01, não é possível que o material trazido da Suíça diretamente pelos membros do Ministério Público Federal possa ser utilizado como prova em futuro processo penal, uma vez que a internalização dos documentos não se deu através das Autoridades Centrais, conforme exigido na Convenção bilateral firmada pelo Brasil com a Confederação Suíça; constituindo-se, pois, como prova ilícita em afronta direta à Constituição da República.

Já com relação ao quesito de número 02, é possível afirmar que o vazamento para a imprensa de elementos de informação acaba por imputar aos investigados, antes da prolação de sentença condenatória, a prática de diversos crimes, em nítida afronta aos princípios constitucionais da presunção de não culpabilidade, ferindo diretamente à honra dos investigados.

Noutro giro, as autoridades competentes devem apurar a conduta e responsabilizar os servidores públicos que deram causa ao vazamento dessas informações, visto que tal prática pode trazer prejuízos em relação a regular condução do processo penal, assim como incutir prejuízos contra a honra dos investigados, que eventualmente podem repercutir em ações de cunho indenizatório contra a Administração Pública.

Por derradeiro, em resposta ao quesito 03, a Constituição da República garante à Consulente o direito de obter informações perante o Ministério da Justiça sobre a existência ou não de procedimentos de cooperação internacional que envolvam a Operação Lava Jato, o qual poderá ser exercido por meio de pedido de certidão, na forma regulamentada pela Lei de Acesso à Informação (Lei n. 12.527/11).

Em arremate, conclui-se que para cumprir com adequação suas funções, mesmo diante da compulsão pela punição, os agentes de investigação devem proceder na forma mais objetiva e regrada, observando os direitos constitucionalmente assegurados aos investigados, para então constituir um procedimento hábil e legítimo para eventual responsabilização penal dos envolvidos. O que parece não estar ocorrendo, como ora analisado, face às diversas informações circuladas nos mais diversos órgãos de imprensa.

A condução do procedimento segundo uma posição diligente e conservadora, observando os direitos dos envolvidos, tal como se espera de um Estado Democrático de Direito, é a única maneira pela qual a sociedade pode vir a ter as respostas que espera, devendo a Consulente adotar as medidas que estiverem ao seu alcance para se certificar de que seus direitos estão sendo plenamente respeitados.

É o parecer.

São Paulo, 03 de fevereiro de 2015.

SEGUNDA PARTE

DIREITO ADMINISTRATIVO

CAPÍTULO XVI

O SERVIÇO PÚBLICO DE SANEAMENTO NAS REGIÕES METROPOLITANAS: A COMPETÊNCIA MUNICIPAL E O PAPEL INTEGRADOR DO ESTADO

SUMÁRIO: **I.** O OBJETO DO PRESENTE PARECER. **II.** A PRESTAÇÃO DO SERVIÇO DE SANEAMENTO BÁSICO NO BRASIL: BREVE ANÁLISE HISTÓRICO-LEGISLATIVA. **III.** BASES CONSTITUCIONAIS DA REPARTIÇÃO DE COMPETÊNCIAS. **IV.** SANEAMENTO: INTERESSE PREDOMINANTEMENTE LOCAL. **V.** SANEAMENTO NAS REGIÕES METROPOLITANAS. **V.I.** A REGIÃO METROPOLITANA: O PAPEL INTEGRADOR DO ESTADO. **V.II.** A REGIÃO METROPOLITANA: A PRESERVAÇÃO DA AUTONOMIA MUNICIPAL. **V.III.** A REGIÃO METROPOLITANA: A PRESTAÇÃO DOS SERVIÇOS PÚBLICOS DE SANEAMENTO. **VI.** CONCLUSÕES.

CONSULENTES: SAGUA – SOLUÇÕES AMBIENTAIS DE GUARULHOS S.A. E A ASSOCIAÇÃO BRASILEIRA DAS CONCESSIONÁRIAS PRIVADAS DE SERVIÇO PÚBLICO DE ÁGUA E ESGOTO – ABCON.

16.1 O objeto do presente Parecer

Honra-nos com Consulta a SAGUA – Soluções Ambientais de Guarulhos S.A. e a Associação Brasileira das Concessionárias Privadas de Serviço Público de Água e Esgoto – ABCON no tema da constitucionalidade das Leis do Município de Guarulhos n. 7.095,[523] 7.096[524] e 7.102,[525] todas de 20 de dezembro de 2012, que instituíram no Município, respectivamente, a Política Municipal dos Serviços Públicos de Abastecimento de Água e do Esgotamento Sanitário; a contratação de Parceria Público-Privada, precedida de concorrência pública, pelo Serviço Autônomo de Água e Esgoto de Guarulhos SAEE; e, por fim, uma Agência Reguladora dos Serviços Públicos de Saneamento Básico.

Contra estas três espécies normativas, o Governador do Estado de São Paulo propôs Ação Direta de Inconstitucionalidade (ADIn n. 2.071.833-93.2013.8.26.0000)[526] sustentando, em resumo, que o

---

523 A Lei do Município de Guarulhos n. 7.095/2012 instituiu a Política Municipal dos Serviços Públicos de Abastecimento de Água e de Esgotamento Sanitário no Município de Guarulhos, observadas, especialmente, as disposições da Lei Federal n. 11.445/2007, que estabelece as diretrizes nacionais para o saneamento básico.

524 A Lei do Município de Guarulhos n. 7.096/2012, na redação dada pela Lei n. 7.124/2013, autorizou a contratação de parceria público-privada, precedida de concorrência pública, pelo Serviço Autônomo de Água e Esgoto de Guarulhos – SAAE, para a prestação dos serviços públicos de transporte, tratamento e disposição final de esgotamento sanitário, no território urbano do Município de Guarulhos, nos termos da Lei Federal n. 11.079/2004.

525 A Lei do Município de Guarulhos n. 7.102/2012 instituiu a Agência Reguladora dos Serviços Públicos de Saneamento Básico do Município de Guarulhos – AGRU como entidade integrante da Administração Pública Municipal Indireta, submetida a regime autárquico especial, com poderes normativos e função de entidade de regulação e fiscalização dos serviços públicos de saneamento básico, com sede e foro no Município de Guarulhos, e prazo de duração indeterminado.

526 A liminar deduzida foi indeferida. Posteriormente, a Câmara de Vereadores e o Chefe do Poder Executivo do Município de Guarulhos apresentaram informações. Admitiu-se a Associação Nacional dos Serviços Municipais

Município não deteria a titularidade exclusiva dos serviços públicos de saneamento básico, tendo sido violados o art. 152, inciso IV e parágrafo único; art. 153, *caput*, e parágrafo primeiro; art. 154, *caput*; e, ainda, art. 205, *caput* e inciso V, todos da Constituição do Estado de São Paulo.

O Governador do Estado de São Paulo deduziu, em essência, que os serviços regulamentados pelas leis municipais perderam a característica de meramente locais, na medida em que integrariam, espacial e socialmente, um todo sistêmico, não cabendo, por essa razão, invocar o artigo 30, inciso II, da Constituição da República.

Assim é que o saneamento básico seria serviço de âmbito urbano-regional, o qual se operaria independentemente da manifestação do Município uma vez que, segundo entendimento consolidado, a integração do Município à Região Metropolitana seria compulsória, nos termos da Lei Complementar do Estado de São Paulo n. 1.139/2011. Por todas essas razões, não caberia ao Município de Guarulhos criar e organizar, com exclusividade, seus serviços autônomos de água e esgoto, sendo que apenas aqueles municípios não inseridos no contexto de regiões metropolitanas detém a exclusiva gestão deles.

Em sua decisão, o Órgão Especial do Tribunal de Justiça de São Paulo, por maioria de votos, julgou procedente a ação sob o fundamento de que o Município de Guarulhos, assim legislando, a pretexto de dispor sobre assunto de "*interesse local*", acabou por desrespeitar o pacto federativo e a repartição de competências uma vez que a matéria tratada nos diplomas legislativos adquiriu relevância regional, e não exclusivamente local.

---

de Saneamento – ASSEMAE e a Associação Brasileira das Concessionárias Privadas de Serviço Público de Água e Esgoto – ABCON na qualidade de *amicus curiae*. Opinou a Procuradoria-Geral de Justiça. Manifestaram-se a ASSEMAE e a ABCON.

Entendeu-se, ainda, que o Município de Guarulhos integra a Região Metropolitana de São Paulo, instituída pelo Estado por meio da Lei Complementar do Estado de São Paulo n. 1.139/2011. Essa participação seria de caráter compulsório, daí a competência invocada pelo Estado de São Paulo para a organização, o planejamento e a execução dos serviços de saneamento básico. Apenas os entes municipais não inseridos no contexto de regiões metropolitanas deteriam a exclusiva gestão desses serviços.

Referida interpretação, que veio a concluir pela impossibilidade de que o Município legislasse sobre o serviço de saneamento uma vez que integre região metropolitana, teve por fundamento, dentre outros, em entendimento doutrinário nosso. Foram os termos empregados pelo Excelentíssimo Relator o Desembargador Dr. Getúlio Evaristo dos Santos Neto às fls. 379:

> Já, quanto ao regime jurídico da criação da **Região Metropolitana**, pondera **PEDRO ESTEVAM ALVES PINTO SERRANO**: "Denota-se que a Constituição Federal brasileira apresenta a tríade divisão política e administrativa, conforme apresentado alhures, conferindo autonomia política e administrativa apenas e tão-somente aos quatro entes federados União, Estados, Distrito Federal e Municípios. Desta forma, tem-se a Região Metropolitana como meio desconcentrado de administração regional, cuja premissa seja solução equânime de problemas de interesse público que afetam, concomitantemente, Municípios em áreas conurbadas".
>
> "Atualmente, a criação de uma Região Metropolitana é atribuição do Estado-membro, que assim deverá proceder de acordo com a sua conveniência e discricionariedade. Ou seja, perfaz-se a criação da Região Metropolitana um direito subjetivo do Estado, visto que tal situação implica compartilhar competências com os Municípios pertencentes a tal Região".
>
> "Neste desiderato, cumpre inicialmente consignar que **firmamos a tese de manutenção absoluta da competência municipal autônoma, cuja interferência do Estado-membro no pólo**

de administração das áreas conurbadas não pode afastar a autonomia conferida ao Município pela Constituição".

"Não há sentido, tendo-se em conta o princípio da igualdade entre os entes federados valor maior do princípio federativo entender-se que a Constituição conferiu ao Estado-membro competência para subtrair parcela da competência municipal (outro ente federado) por ato de sua competência legislativa plenamente discricionária (lei complementar que decide pela criação da Região Metropolitana). **Sem nenhum sentido sistêmico a acepção de que possui o Estado membro direito subjetivo de reduzir o alcance da competência municipal no interior da Região Metropolitana"**. (...)

"Não obstante a definição de Região Metropolitana descrita na Constituição Federal, a Constituição Estadual de São Paulo também prevê tal conceito em seu art. 153, § 1º:" "Considera-se Região Metropolitana o agrupamento de Municípios limítrofes que assuma destacada expressão nacional, em razão de elevada densidade demográfica, significativa conurbação e de funções urbanas e regionais com alto grau de diversidade, especialização e integração socioeconômica, exigindo planejamento integrado e ação conjunta permanente dos entes públicos atuantes". (...)

"Quanto às Regiões Metropolitanas, há um problema concernente à sua natureza jurídica e à autonomia municipal dos Municípios formadores daquela, uma vez que a Constituição Federal de 1988 apenas delegou ao Estado-membro a possibilidade de criar tais Regiões, mas, em momento algum, concedeu a estas a condição de ente federativo e nem de pessoa jurídica de Direito Público de caráter político". (...)

"Em suma, em nosso atual ordenamento, a Região Metropolitana nada mais é do que uma divisão administrativa, podendo se conformar como órgão da administração direta ou entidade de administração indireta, sendo que sua forma será definida e sua administração será realizada como entender melhor o Estado membro, conforme lei complementar estadual instituidora, nos limites e sob os requisitos da Constituição Federal, destacando-se que a entidade ou órgão que for incumbido de tal atuação limita-se ao âmbito administrativo financeiro, uma vez que à Região Metropolitana inexiste imputação de personalidade política ou caracterização como ente federativo".

"Atualmente a maioria da doutrina entende que a atuação administrativa da Região Metropolitana concentra-se como competência estadual, argumentando ainda que tal situação não poderia ser diversa, uma vez que, se acaso fosse outorgado a um Município o dever de administrar a Região Metropolitana, aquele estaria comandando outro Município".

"Deste entendimento podemos extrair a **intenção em preservar-se a autonomia municipal, haja vista que independe do agrupamento, da conurbação, os Municípios continuam individuais e autônomos**, não se concebendo desta forma que um em detrimento da competência e autonomia dos outros se coloque em posição hierárquica superior".

"Contudo, sob o mesmo enfoque poder-se-ia advertir sobre os riscos da efetiva forma de disposição da Região Metropolitana deliberada pelo legislador estadual. De forma alguma cabe ao mesmo formular dispositivos ou diplomas relativos à Região Metropolitana que impliquem usurpação das competências municipais, de molde a restringir ou subtrair a autonomia dos Municípios".

"Em suma **não se deve permitir que a criação da Região Metropolitana como unidade administrativa permita uma anarquia de gestão regional por um lado ou, por outro, uma interdição da autonomia municipal**".

"**A administração da Região Metropolitana deve ser realizada em conjunto entre os Estados e Municípios**, no sentido de que todos irão contribuir na formação das decisões administrativas e para a gerência da Região, permitindo em cada caso concreto **auferir a real dimensão do interesse local, a fim de permitir uma atuação simplesmente municipal ou de cuidado regional**, consoante aplicação da ordem constitucional discriminadora das referidas competências..." (...)

"No que se refere às funções de interesse comum, temos um entrave quanto à sua definição, pois há divergência no sentido de qual dos entes será o competente para atuar nestes casos. **O que, na verdade, deve ser efetivada é uma atuação conjunta entre o Estado-membro e os Municípios participantes da Região Metropolitana, na forma prevista em sua lei instituidora...**"

"**No caso concreto deve o intérprete avaliar se um determinado Município consegue individualmente atuar de forma plena sobre a demanda pública específica,** sem a necessidade de interferência dos demais Municípios ou do Estado. **Se assim o fizer, o interesse será local e, portanto, de atuação exclusiva do Município afetado".**

"Porém, **sendo a matéria de atuação dos demais Municípios ou do Estado membro como condição necessária a sua realização, a administração competente para atuar neste caso será regional**, ou seja, o Estado-membro em conjunto com todos os Municípios conurbados, caso já criada a Região Metropolitana por lei ou pela administração estadual singularmente, caso não criada a referida Região".

"A reunião dos Municípios tem por condão principal a prestação em maestria dos serviços públicos comuns, os quais serão mais efetivos se prestados em conjunto, uma vez que, reunindo-se os Municípios de igual ou melhor condição financeira e de desenvolvimento, o crescimento a ser enfrentado pela Região será maior e mais garantido".

"Obviamente devemos entender como serviço ou atividade de interesse regional aquele que escapa da possibilidade material de realização por um único Município. **O fato de um dado serviço ou atividade municipal poder ser realizado, por razões de conveniência e oportunidade, por mais de um Município ou em colaboração com o Estado-membro não os retiram da esfera da competência municipal autônoma, face à determinação constitucional de preservação da autonomia municipal".**

"Só se devem considerar como **regionais, para fins de determinação da titularidade do Estado-membro sobre eles, as atividades e serviços que tenham a participação de mais de um Município ou do Estado-membro como conditio**

sine qua non para sua realização material". (grifei "Região Metropolitana e seu regime constitucional" Ed. Verbatim 2009, pp. 129-138).

Entretanto, nosso entendimento doutrinário não oferece guarida às argumentações tal como apresentadas, pois em verdade, como se demonstrará, aponta no sentido diametralmente oposto à conclusão alcançada pelo Excelentíssimo Desembargador Relator, que veio a ser nesse tema acompanhado pelo Egrégio Órgão Especial do Tribunal de Justiça do Estado de São Paulo, qual seja: o de que o Município de Guarulhos, a pretexto de dispor sobre assunto de "*interesse local*", acabou por desrespeitar o pacto federativo e o regime constitucional de repartição de competências.

Nesse cenário, colocou-se em consulta a questão da titularidade para a prestação de serviços públicos de saneamento. Frise-se, como premissa para a análise proposta, que o conceito de saneamento não nasceu, originalmente, no Direito.[527]

Em outras áreas do conhecimento, como a engenharia, ele é conceituado como o gerenciamento ou controle dos fatores físicos que podem exercer efeitos nocivos ao homem, prejudicando seu bem-estar físico, mental e social. Assim é que, para além dos contornos da linguagem do Direito, o saneamento compreende, dentre outras atividades, (**a**) o abastecimento de água; (**b**) coleta, tratamento e disposição ambientalmente adequada e sanitariamente segura de águas residuárias; (**c**) acondicionamento, coleta, transporte e destino final dos resíduos sólidos; (**d**) coleta de águas pluviais e controle de empoçamentos e inundações.

Veja-se, portanto, que o conceito de saneamento é polissêmico. Entretanto, e na linha do que já tivemos oportunidade de salientar em estudo próprio, o regime jurídico dos serviços de saneamento

527 Tecemos esses esclarecimentos, originalmente, na nossa obra *Região metropolitana e seu regime constitucional*. São Paulo: Verbatim, 2009, p. 220.

não são dadas por definições e conceitos técnicos, mas sim pelo conjunto sistêmico normativo que os regula.

Nessa linha é que, juridicamente, o saneamento compreende exclusivamente os serviços públicos de (a) abastecimento de água potável; (b) esgotamento sanitário; (c) limpeza urbana e manejo de resíduos sólidos; e, por fim, (d) drenagem e manejo das águas pluviais urbanas. Essa, inclusive, é a determinação do art. 3º, inciso I, da Lei n. 11.445/2007.

Especificamente com relação à atividade de coleta de água bruta para o tratamento, temos que se caracteriza como uso e exploração de bem público. A competência para titularizar referida atividade e do ente ao qual o respectivo recurso hídrico pertence, à luz dos arts. 20, inciso III, e art. 26, inciso I, da Constituição da República.

Assim é que no presente parecer trataremos exclusivamente da questão da titularidade para a prestação do serviço público de esgotamento sanitário nas regiões metropolitanas para, ao final, elucidar-se se, mesmo ao integrar uma região metropolitana, mantém o Município as competências atinentes à nomogênese em matéria do serviço de saneamento.

Temos que a discussão apresentada circunscreve-se, primordialmente, quanto ao real alcance da expressão "*interesse local*" empregada pela Constituição da República no seu art. 30, inciso V,[528] pois, ainda que não existam dúvidas quanto ao conteúdo do termo, quando se trata de assuntos afetos a determinado Município isoladamente considerado, o mesmo não ocorre quando a matéria passa a ser tratada no contexto de uma região metropolitana, onde – alega-se – haveria o entrelaçamento dos interesses de mais de um ente da federação.

528 Constituição da República, art. 30, inciso V: "compete aos Municípios organizar e prestar, diretamente ou sob regime de concessão ou permissão, os serviços públicos de interesse local, incluído o de transporte coletivo, que tem caráter essencial".

Aqui é preciso salientar que a interpretação constitucional contém particularidades que a singularizam no universo da interpretação jurídica em geral. As complicações da interpretação constitucional remontam, em suma, às peculiaridades do Direito constitucional, bem como da Constituição.

Neste contexto, a superioridade da Constituição, bem como a natureza da sua linguagem, marcada pela textura aberta, vagueza dos princípios e dos conceitos jurídicos indeterminados são um contributo decisivo à particularização da interpretação constitucional. Esta problemática não passou despercebida por Eduardo Garcia de Enterria,[529] o qual, sensível à amplitude das fórmulas adotadas pela Constituição salienta que a interpretação constitucional será sempre inserta em uma problemática que exclui qualquer parâmetro simplista.[530]

---

529 "Esa particularidad (aunque tampoco, en rigor, una estructura análoga, de una articulación de principios de distinto valor y jerarquía, sea desconocida para las otras jurisdicciones) es conocida y procede de la circunstancia de que la Constitución incorpora opciones básicas que singularizan y configuran el sistema político entero, además de otros preceptos ordinarios. Es el esfuerzo por localizar y destacar esas opciones básicas, que han de unificar con su más 'enérgica pretensión configuradora' todo el proceso interpretativo constitucional, por particularista que es el problema concreto a resolver, lo que explica y sitúa en su lugar sistemático proprio a posiciones como la actual de la doctrina norteamericana, que hemos expuesto deteniéndonos especialmente en las tesis de Ely, o las alemanas, entrevistas en doctrinas como las también aludidas de Smend y de Haeberle". (ENTERRIA, Eduardo Garcia de. *La constitucion como norma y el tribunal constitucional*. Madrid: Civitas, 1988, p. 231).

530 "Y desde esa perspectiva de la significación, de los criterios interpretativos y aplicativos de los Tribunales Constitucionales, que es la relevante para nosotros, lo que vemos claramente es que, bajo unas u otras explicaciones técnicas, lo que hacen esos Tribunales es utilizar de una manera explícita, y desde luego inequívoca en cuanto a su manera de proceder, el método jurídico más estricto, método aplicado para extraer del texto constitucional que es, a la vez, su único y necesario parámetro, los criterios de decisión de sus sentencias. El problemas particular en la aplicación de ese método general viene de dos causas: por una parte, de la amplitud de las fórmulas utilizadas por la Constitución, de su carácter deliberadamente abierto, de su estructura técnico-jurídica como 'conceptos jurídicos indeterminados', o como 'principios generales del Derecho', de la

Assim é que a expressão "*interesse local*" contém uma carga de generalidade expressiva, o que demanda do intérprete a sua cuidadosa compreensão. Sob a ótica analítica da dogmática jurídica, diferentemente do que Robert Alexy entendeu como "*conceitos jurídicos autênticos*",[531] a expressão em referência poderia ser caracterizada como "*conceito jurídico indeterminado*".[532]

A mesma expressão, do mesmo modo, possui o que Paulo de Barros Carvalho chama de heterogeneidade de conteúdo: "o direito posto, na sua continuidade normativa, oferece flagrante heterogeneidade de conteúdos, vista sua pretensão de regular as condutas intersubjetivas no contexto social".[533]

A importância da compreensão da diferença entre os conceitos apontados reside na compreensão do papel que podem desempenhar como argumentos dogmáticos no discurso jurídico.

Com efeito, enquanto os "conceitos jurídicos autênticos" estão inseridos "na dogmática ajustada ao tratamento conceitual-sistemático da lei válida", os "outros conceitos que ocorrem nas normas jurídicas" estão incluídos no campo da interpretação pura, despicienda de regulamentação normativa que lhe conceitue. Esses últimos existem independentemente da existência de outras

---

necesidad de rellenar esas fórmulas con criterios materiales a veces altamente polémicos y nunca aproblemáticos; por otra parte, de la circunstancia de que todo ese razonamiento jurídicos se hace prácticamente 'sin red', enfrentándose directamente al proceso político y a los órganos supremos que lo protagonizan, y con efectos colectivos espectaculares, con el riesgo implícito de la ruptura del proprio sistema que esos Tribunales dicen defender". (ENTERRIA, Eduardo Garcia de. *La constitucion como norma y el tribunal constitucional*. Madrid: Civitas, 1988, p. 223).

531 ALEXY, Robert. *Teoria da argumentação jurídica*. São Paulo: Landy, 2001, p. 245.

532 ALEXY, Robert. *Teoria da argumentação jurídica*. São Paulo: Landy, 2001, p. 246.

533 CARVALHO, Paulo de Barros. *Direito tributário*: linguagem e método. São Paulo: Noeses, 2013, p. 181.

normas que os definam e devem ser interpretados de forma que seu significado coadune com o sistema fático-jurídico em que estão inseridos, segundo, portanto os valores que integram o direito posto manifestado no dispositivo constitucional.

Nesse cenário é que Municípios e Estados-membros restam envoltos em debates acerca da natureza dos interesses chamados supralocais ou regionais, bem como sobre a definição da titularidade para a prestação dos serviços públicos voltados para a consecução destes interesses, situação em que ambas as esferas federativas invocam para si o exercício desta competência.

Talvez por essa razão é que, no presente caso, houve uma inadequada conclusão de que a matéria tratada nos diplomas legislativos municipais adquiriu relevância regional, e não exclusivamente local, o que deslocaria a competência do Município para o Estado-membro. É o que passaremos a demonstrar.

16.2 A prestação do serviço de saneamento básico no Brasil: breve análise histórico-legislativa

Analisando os primórdios normativos do setor, verificamos que o Plano Nacional de Saneamento Básico – PLANASA,[534] foi a primeira experiência de âmbito nacional que, norteando as iniciativas para o setor durante as décadas de 1970 e 1980, procurou organizar o serviço público de saneamento.

A lógica do sistema, coerente com a estrutura de exercício de poder em um regime não democrático, baseava-se na centralização na esfera da União, a quem competiria a instituição de políticas de expansão dos serviços, o financiamento, a instituição de política tarifária e a descentralização dos serviços para os Estados.

---

534 Decreto-Lei n. 949/69, Lei n. 6.528/78 e Decreto n. 82.587/78.

Instituiu-se, assim, o chamado Sistema Financeiro de Saneamento – SFS, cuja gestão cabia ao Banco Nacional de Habitação – BNH. O financiamento aos Estados ficava condicionado à criação de companhias estaduais de saneamento, conhecidas como CESBs. Estas companhias estabeleciam com os Municípios determinados ajustes para a viabilização da prestação de serviços: os contratos de adesão ou convênios de delegação.

Nesse modelo, os Municípios eram excluídos da gestão do serviço público, já que ficavam obrigados a delegá-los às companhias estaduais. Só assim eles teriam acesso às linhas de crédito do BNH.[535] Deste modo, aos Municípios restava apenas a delegação da prestação do serviço ao Estado, o único ente capaz de angariar recursos federais para a implantação e expansão dos serviços.

Assim é que a União fortaleceu não só as possibilidades de exercer controle político sobre o setor, estabelecendo regras de tarifação dos serviços de saneamento,[536] mas também incrementou a esfera de competência dos Estados.

Ao longo da década de 1980 houve uma retração do fluxo de financiamento para o setor, com o corte de linhas de créditos às empresas estaduais de saneamento e a incorporação do BNH pela Caixa Econômica Federal em 1986. Além disso, o PLANASA foi abandonado definitivamente em 1990, quando da reforma administrativa brasileira.[537]

Contudo, a política pública até então implantada, que privilegiou a União e Estados, contribuiu para o distanciamento dos

535 PAGANI DE SOUZA, Rodrigo. *Convênio administrativo de delegação de serviço público de saneamento básico*. São Paulo: Faculdade de Direito da USP, 2006, p. 20 (Dissertação de Mestrado).

536 Lei n. 8.528/78, art. 1º.

537 PEREIRA, Carlos Bresser. *Reforma do Estado para a cidadania*: a reforma gerencial brasileira na perspectiva internacional. São Paulo: Editora 34, 1998.

serviços públicos de saneamento do âmbito de "*interesse local*" e, consequentemente, da esfera de competência dos Municípios.

Além disso, considerando, de um lado, a modelagem adotada para a expansão e desenvolvimento dos serviços de saneamento e, de outro, as competências constitucionais conferidas aos Estados e Municípios, foram surgindo conflitos de competência no tocante à titularidade dos serviços.[538] É o que passaremos a demonstrar.

A Constituição da República de 1988 veio, entretanto, a dispor sobre a matéria. Agora sob um regime democrático, o poder constituinte redefiniu as competências entre os entes políticos. Assim é que, especialmente em matéria de saneamento, a expressiva autonomia conferida aos Municípios veio encerrar um período de forte interferência dos Estados-membros e mesmo da União em tarefas afetas ao "*interesse local*".

16.3 Bases constitucionais da repartição de competências

Realizada uma breve incursão histórica sobre os primórdios dos marcos normativos do setor de saneamento, é imprescindível uma análise mais detida da Constituição da República, buscando evidenciar os critérios utilizados para definir a repartição de competências

538 Nesse passo cabe trazer registro de Carolina Theodoro da Silva Mota quanto às mudanças advindas da criação das empresas estaduais de saneamento: "o plano, que contava com uma engenharia financeira envolvendo o BNH, recursos do FGTS e recursos provenientes de contrapartidas dos Municípios que receberiam os serviços, previa a criação de empresas estaduais de saneamento – as CESBs. Com a implantação do PLANASA, os antigos departamentos e autarquias responsáveis pelo setor deram origem a 27 companhias estaduais de saneamento básico, embora algumas localidades permanecessem com a prestação municipal desses serviços". (MOTA, Carolina Theodoro da Silva. *Regulação estatal e participação da sociedade civil*: a gestão compartilhada dos serviços de saneamento básico e dos recursos hídricos do Brasil. São Paulo: Faculdade de Direito da USP, 2005, p. 34 (Dissertação de Mestrado).

entre as unidades da federação e, assim, traçar diretrizes acerca da titularidade do serviço público de esgotamento sanitário.

Adotando critério híbrido extraído da experiência histórica e tendo como alicerce os valores e fundamentos do Estado Democrático de Direito (preâmbulo e art. 1º), bem como os objetivos da República Federativa do Brasil (art. 3º), a Constituição da República estabeleceu um complexo sistema de repartição de competências, consistente na técnica da enumeração dos poderes da União (arts. 21 e 22), com poderes remanescentes para os Estados (art. 25, § 1º) e poderes definidos indicativamente para os Municípios,[539] sem prejuízo da possibilidade de delegação em determinados casos. Veio, nesses termos, a instituir um dado pacto federativo[540] não hierarquizado.

Houve, assim, a observância do princípio da predominância do interesse, segundo o qual caberá à União as matérias de predominante interesse geral ou nacional, aos Estados as matérias de predominante interesse regional – e que não estejam elencadas dentre

539 José Afonso da Silva, ao analisar o direito comparado, destaca a existência de três técnicas principais de repartição de competências: (a) *enumeração de poderes da União, reservando-se aos Estados os poderes remanescentes*; (b) *atribuição dos poderes enumerados aos Estados e dos remanescentes à União*; e (c) *enumeração das competências das entidades federativas*. Contudo, observa o autor que as dificuldades práticas na implantação dos sistemas de repartição podem ensejar a formulação de sistemas complexos, que integrem as técnicas mencionadas, em função das peculiaridades de cada Estado-nação. Neste sentido, classifica o modelo brasileiro como complexo. (SILVA, José Afonso da. *Curso de Direito Constitucional Positivo*. São Paulo: Malheiros, 2014, pp. 482/483).

540 A forma federada parte de uma avença entre Estados que visa ao fortalecimento conjunto ou de uma descentralização de um poder central com vistas aos mesmos objetivos. Um pacto com tamanha grandeza conforma-se de modo mais eficiente com a concepção de um manuscrito que defina sua origem, alcance e competências. Nessa linha é o que sustentamos em: SERRANO, Pedro Estevam Alves Pinto. *Região metropolitana e seu regime constitucional*. São Paulo: Verbatim, 2009, p. 60.

as competências da União ou dos Municípios – e aos Municípios os assuntos de interesse predominantemente local.[541]

No que concerne às competências legislativas da União, temos que se reservaram, privativamente, as matérias arroladas no art. 22 da Constituição da República (competência legislativa plena), como, por exemplo, águas (inciso IV), política de crédito (inciso VII), e a edição de normas gerais em relação às matérias do art. 24, como proteção ao meio ambiente e defesa dos recursos naturais (incisos VI e VIII), proteção e defesa da saúde (inciso XII).

Já quanto aos Estados, no tocante às mesmas matérias arroladas no art. 24 da Constituição da República, eles devem legislar de forma complementar e supletiva (competência concorrente). Além destas, lhes foram conferidas competências residuais, ou seja, que não pertencem à esfera de competência da União nem dos Municípios (art. 25) e, ainda, competência delegada, conferida por lei complementar para disciplinar aspectos específicos das matérias de competência privativa da União (art. 22, parágrafo único).

Finalmente, aos Municípios foram conferidas competências (**a**) reservadas, para atuação em assuntos designados como de "*interesse local*", inclusive sobre os serviços públicos (art. 30, incisos I e V), e também para instituir e arrecadar tributos (art. 30, inciso III); (**b**) comum no caso de ensino público e saúde (art. 30, incisos VI e VII); e (**c**) suplementar no tocante às competências atribuídas à União e aos Estados (art. 30, inciso II), em especial

---

541 Em convergência com este entendimento, preleciona José Afonso da Silva: "O princípio feral que norteia a repartição de competência entre as entidades componentes do Estado federal é o da predominância do interesse, segundo o qual à União caberão aquelas matérias e questões de predominante interesse feral, nacional, ao passo que aos Estados tocarão as matérias e assuntos de predominante interesse regional, e aos Municípios concernem os assuntos de interesse local, tendo a Constituição vigente desprezado o velho conceito do peculiar interesse local que não lograra conceituação satisfatória em um século de vigência". (SILVA, José Afonso da. *Curso de Direito Constitucional positivo*. São Paulo: Malheiros, 2014, p. 482).

para o ordenamento do solo urbano, e para proteção do patrimônio histórico cultural local (art. 30, incisos VIII e IX).

No que tange à competência material, à União cabe atuar de forma exclusiva nas matérias arroladas no art. 21 da Constituição da República, como elaborar e executar planos nacionais e regionais de ordenação do território e de desenvolvimento econômico social (inciso IX) e instituir diretrizes para o desenvolvimento urbano, inclusive saneamento (inciso XX).

A todos os entes federados foi atribuída competência (comum) acerca das matérias do art. 23, demonstrando elevada preocupação do constituinte originário com uma gama de bens especialmente relevantes para a federação (saúde, meio ambiente, educação, dignidade humana, dentre outros).

Aos Municípios foi conferida, ainda, competência material para atuar nas matérias específicas contidas no art. 30, como, por exemplo, a prestação dos serviços de educação e de ensino (inciso VI) e de saúde (inciso VII).

Da análise dos dispositivos acima mencionados, a verificar a positivação em norma uma opção político-jurídica pelo constituinte de 1988, pode-se inferir que, aos Municípios, foram atribuídas tarefas afetas ao "*interesse local*".

Ou seja, como já previamente mencionado, o princípio geral utilizado para definir a esfera de competência dos entes federativos é o da predominância de interesse, que ajuda a delimitar a abrangência de atuação dos entes federados em relação a uma determinada atribuição: local é reservado ao Município, e o geral, à União.

Assim, o que não encontrar guarida nesses dois conceitos e tampouco estiver afeto privativamente aos demais, é de competência estadual, na chamada competência residual.

Registre-se, nesse passo, que inexiste no ordenamento constitucional brasileiro qualquer hipótese de alienação de titularidades e competências entre entes políticos, eis que são todos providos de autonomia em sede do novo pacto federativo.

Esclareça-se que a usualmente nomeada delegação de competências não pode ser compreendida como a alienação, mesmo voluntária, das competências constitucionais, mas sim como a delegação do exercício de faculdades próprias de competências que, constitucionalmente atribuídas, somente poderiam ser modificadas por norma constitucional e ainda sob a condição que não ferisse o pacto federativo, elevado à condição de cláusula pétrea consoante art. 60, § 4º, inciso I, da Constituição da República.

A Constituição da República, portanto, trouxe importantes modificações na estrutura de divisão de funções públicas, resgatando a autonomia dos Municípios que havia sido perdida nas décadas anteriores.[542] Referido rearranjo das competências entre as unidades da federação impactou diretamente no setor de saneamento, conforme abordaremos em item específico nessa consulta.

Aqui é importante salientar que a Constituição da República alçou os Municípios à categoria de ente federado ao referir-se a eles já no seu art. 1º, *caput*, oportunidade em que se previu que a república federativa é formada pela união indissolúvel dos Estados e Municípios e do Distrito Federal.

---

542 Nesse sentido destaca o Ministro Enrique Ricardo Lewandowski: "(...) o Município, antes do advento da Constituição de 1988, apesar da grande autonomia de que desfrutava, jamais integrou o pacto federativo de jure, em flagrante contraste com as importantes funções político-administrativas que desempenhou ao longo de sua história. Mas, como notam Celso Ribeiro Bastos e Ives Gandra Martins, a partir do momento em que a Constituição brasileira alçou o Município a entidade condômina do exercício das atribuições que, tomadas em sua unidade, constituem a soberania, não poderia, a ser coerente consigo mesma, deixar de reconhecer que a própria federação estava a sofrer um processo de diferenciação acentuada, relativamente ao modelo federal dominante no mundo que congrega apenas a ordem jurídica central e as ordens jurídicas regionais: a União e os Estados-membros". (LEWANDOWSKI, Enrique Ricardo. *Pressupostos materiais e formais da intervenção federal no Brasil*. São Paulo: Revista dos Tribunais, 1994, pp. 24/25).

Além disso, a Constituição[543] imputou aos Municípios capacidades inovadoras, isso por meio da organização por regramento próprio, autonomia legislativa, administrativa e fiscal.[544] É de se concluir, portanto, que a Constituição da República imputou aos Municípios uma condição pacificamente autônoma, sendo que a forma federativa de Estado é cláusula pétrea constante do art. 60, § 4º, inciso I, da Constituição da República.[545]

Assim é que, apresentadas as bases constitucionais que delimitam a repartição de competências entre as unidades da federação, cumpre relacioná-las à prestação dos serviços públicos de saneamento e, especificamente, do serviço público de esgotamento sanitário, o qual deve seguir a ordenação da dinâmica entre entes federados tal como fixada na Constituição.

16.4 Saneamento: interesse predominantemente local

Adentrando na análise específica da titularidade dos serviços públicos de saneamento, verifica-se uma especial dificuldade na compreensão das competências comuns constitucionalmente atribuídas, uma vez que, em função delas, vislumbrou-se a possibilidade de determinados serviços públicos serem executados por

543 Nesse passo, é importante buscar a ideia que Rudolf Smend tinha por Constituição: a ordenação jurídica do Estado, a dinâmica vital na qual se desenvolve a vida do Estado, isto é, de seu processo de integração com vistas à permanente reestruturação da realidade. A Constituição é o modelo legal ou normativo de determinados aspectos deste processo (SMEND, Rudolf. *Verfassung und Verfassungsrecht in Staatsrechtliche Abhandlungen und andere Aufsätze*. Berlim: Duncker & Humblot, 1994, p. 274 *Apud*: BERCOVICI, Gilberto. *Constituição e política*: uma relação difícil. *Lua Nova*, 2004, nº 61, p. 8).

544 SERRANO, Pedro Estevam Alves Pinto. *Região metropolitana e seu regime constitucional*. São Paulo: Verbatim, 2009, pp. 93/94.

545 Nas palavras de Elton A. Krause, "*entre o Município e o Estado Federal já reciprocidade autonômicas*" (KRAUSE, Elton A. *A formação da política municipal e as condições de elegibilidade*. Porto Alegre: Memória Jurídica, 2002, p. 30).

qualquer um dos entes, independentemente da esfera federativa a que pertença.

Contudo, esses preceitos devem ser interpretados de forma sistemática, uma vez que embora uma dada atividade pública possa ser concretamente desempenhada pelas três esferas da federação, esta disposição não suprime a competência do ente que detiver o interesse predominante no resultado a ser alcançado.[546]

É de se reconhecer, assim, que a distinção – e, portanto, a definição de competência – não se resolve facilmente. De fato, não se pode ignorar que praticamente toda e qualquer função pública apresentará, em alguma medida, certo grau de "*interesse local*", e dificilmente algum serviço local será indiferente aos interesses regionais, ou, mesmo, nacionais.[547]

Ou seja, aqui também é inegável que caberá à União as matérias de predominante interesse geral ou nacional, aos Estados as matérias de predominante interesse regional – e que não estejam elencadas dentre as competências da União ou dos Municípios – e aos Municípios os assuntos de interesse predominantemente local. A questão que se coloca é que, no que tange ao serviço público de saneamento, em regra ele será, predominantemente, de "*interesse local*", o que não quer dizer que, casuisticamente, o mesmo serviço público possua algum interesse regional. De todo modo, isso jamais afastará a titularidade dos municípios no tema do predominante "*interesse local*".

---

546 A esse propósito Eros Roberto Grau assinala: "a afirmação da existência de problemas de interesse municipal não implica em que seja ele considerado como exclusivo ou único do Município. Em realidade, tudo quanto seja interesse municipal se reflete, em última instância, como de interesse estadual ou federal. O que o distingue daqueles outros é predominantemente local" (GRAU, Eros Roberto. *Regiões metropolitanas*. São Paulo: José Buchatsky, 1974).

547 BARROSO, Luis Roberto. "Saneamento básico: competências constitucionais da União, Estados e Municípios". *Revista de informação legislativa*, 2002, p. 10.

Note-se que em determinados serviços ou atividades públicas isso resta ainda mais intricado em razão de sua natureza e do interesse público envolvido. Como esclarece Adilson de Abreu Dallari, em estudo sobre regiões metropolitanas e partindo da premissa de que "*tudo que é urbano é de indiscutível competência municipal*", mesmo diante da instituição de região metropolitana, permanece a competência municipal advinda do "*interesse local*".[548]

De mesmo modo, em estudo específico no tema das regiões metropolitanas e seu regime constitucional já havíamos destacado que:

> Consoante já exposto por diversas vezes anteriormente, é de competência do Município, como ente federal, titularizar as atividades e serviços de caráter predominante local. A distribuição de água é serviço concebido e natural a se realizar no interior da circunscrição geográfica do Município. O Município, para sua prestação, não carece como conditio *sine qua non* da participação de outros Municípios ou do Estado-membro para sua prestação.[549]

Outro aspecto fundamental acerca da distribuição de competências realizada pela Constituição da República diz respeito à alusão expressa que ela fez quando pretendeu que os serviços

548 DALLARI, Adilson Abreu. "O uso do solo metropolitano". *Revista de Direito Público*, vol. 14, 1970. De mesmo modo, em estudo sobre o tema das regiões metropolitanas e seu regime constitucional, Pedro Estevam Alves Pinto Serrano destacou que: "consoante já exposto por diversas vezes anteriormente, é de competência do Município, como ente federal, titularizar as atividades e serviços de caráter predominante local. A distribuição de água é serviço concebido e natural a se realizar no interior da circunscrição geográfica do Município. O Município, para sua prestação, não carece como *conditio sine qua non* da participação de outros Municípios ou do Estado-membro para sua prestação". (SERRANO, Pedro Estevam Alves Pinto. *Região metropolitana e seu regime constitucional*. São Paulo: Verbatim, 2009, p. 219).

549 SERRANO, Pedro Estevam Alves Pinto. *Região metropolitana e seu regime constitucional*. São Paulo: Verbatim, 2009, p. 219.

ou assuntos a serem desenvolvidos pelos Municípios o sejam, em determinadas situações, com a cooperação técnica e financeira da União e dos Estados.

Neste sentido, observa-se o disposto no art. 30, incisos VI e VII, da Constituição da República, que tratam, respectivamente, dos programas de educação infantil e de ensino fundamental e dos serviços de atendimento à saúde.

Ou seja, da sistemática delineada pela Constituição da República infere-se que a determinação expressa de cooperação da União e dos Estados para a execução de determinados serviços envolve exceção que não contempla os demais serviços, dentre eles o de saneamento.

Em outros termos, os serviços ligados à educação infantil, ensino médio e atendimento à saúde da população contarão com a cooperação técnica e financeira da União e dos Estados, por expressa determinação constitucional. Os demais serviços de competência municipal prescindem do auxílio de outros entes da federação, o que, no entanto, não obsta a atuação conjunta, que poderá ser realizada mediante ajuste, preservada sempre a titularidade municipal.

Temos que, em matéria de saneamento, a Constituição da República atribui competência à União para estabelecer as suas diretrizes (art. 21, XX); aos Municípios, a atribuição para prestá-los, pois se trata de serviço de "*interesse local*" (art. 30, V); e aos Estados, em regiões metropolitanas, aglomerados urbanos e microrregiões, a competência para integrar a organização, o planejamento e a execução dessa atividade (art. 25, §3º).

Convém antecipar, desde já, que a caracterização de determinada atividade em determinado local e em determinado momento histórico como sendo de interesse regional ou local para fim de discriminar qual ente federado é o competente para sobre ela legislar é ato cognoscente do disposto na norma constitucional em sua aplicação à situação fática.

Assim é que – antecipe-se – a coleta e o tratamento de esgotos realizam-se no interior do Município e não dependem da participação necessária de outros entes da Federação para serem realizados.

Alguma dúvida quanto à consistência da proposição apresentada pode surgir pelo fato da destinação final dos esgotos tratados poder se realizar em mananciais hídricos do Estado-membro, o que pode levar a crer que, ao menos no que tange à atividade de depósito final de esgotos tratados, a titularidade seria estadual. Entretanto, não acreditamos que a destinação final dos esgotos em mananciais estaduais ou mesmo federais possa subtrair dos Municípios sua competência para tratar dos esgotos sanitários.

Tratados ou não os esgotos, por serem material preponderantemente líquido, eles destinam-se aos rios. Afirmar que esta condição necessária de destinação final condiciona a titularidade de todo serviço é absurdo. Levaria à conclusão de que todos os serviços e atividades ligadas à água seriam da União, pois, em última instância, todos mananciais hídricos destinam-se ao oceano.

O regime jurídico de uso de bem público não se aplica à destinação final dos esgotos, pois tal destinação não pode ser regulada pela ordem jurídica, por se tratar de uma condição necessária. Na captação da água, o regime de uso se aplica por não se tratar referida atividade de condição necessária. A água pode ou não ser captada e tratada pelo homem, segundo sua intervenção. Já a destinação final de todos os líquidos, de evaporarem ou se destinarem aos rios e esses ao mar, é aspecto insuscetível de escolha humana, logo não é passível de regulação[550] pelo Direito.

---

550 Regulação no sentido de "modalité de l'action publique" (GALLOT, Jérôme. "Qu'est-ce que la régulation? Contribution pour une définition". *Revue de la Concurrence et de la Consomattion* 119/5), modalidade de intervenção do Estado na economia (BALDWIN, Robert; Scott, Colin; Hood, Christopher. A *reader on regulation*. Oxford: Oxford, 1998. p. 4) e "característica de um certo modelo econômico, aquele em que o Estado não assume diretamente o

O aspecto de que os esgotos humanos interferem no meio ambiente sujeita a atividade de tratamento e destinação final à regulação das normas ambientais da União e do Estado-membro. Entretanto isso não implica na alteração da titularidade municipal. Podemos afirmar, portanto, que as atividades de coleta e tratamento de esgotos são de competência municipal, mesmo no interior das regiões metropolitanas. É o que passaremos a demonstrar.

16.5 Saneamento nas regiões metropolitanas

16.5.1 A região metropolitana: o papel integrador do Estado

A Constituição da República confere aos Estados o *dever-poder* de instituir regiões metropolitanas mediante lei complementar no seu art. 25, § 3º, nos seguintes termos:

> os Estados poderão, mediante lei complementar, instituir regiões metropolitanas, aglomerações urbanas e microrregiões, constituídas por agrupamentos de municípios limítrofes, para integrar a organização, o planejamento e a execução de funções públicas de interesse comum.

A previsão da competência atribuída pela vigente Constituição da República para a instituição das regiões metropolitanas não é

---

exercício da atividade empresarial, mas intervém enfaticamente no mercado utilizando instrumentos de autoridade" (SUNDFELD, Carlos Ari (Coord.). *Direito Administrativo Econômico*. São Paulo: Malheiros, 2000, p. 23). A regulação engloba, assim, "toda a forma de organização da atividade econômica através do Estado", vez que o "conceito de regulação é a correspondência necessária de dois fenômenos. Em primeiro lugar, a redução da intervenção direta do Estado na economia, e em segundo o crescimento do movimento de concentração econômica" (SALOMÃO FILHO, Calixto. *Regulação da atividade econômica*: princípios e fundamentos jurídicos. São Paulo: Malheiros, 2001, p. 14).

novidade em nosso ordenamento jurídico. Com efeito, dispositivo semelhante já era encontrado na Constituição de 1937,[551] e os primeiros contornos das regiões metropolitanas foram definidos pela Lei Complementar n. 14/73, ainda sob a égide da ordem constitucional pretérita (Emenda Constitucional n. 1/69).

Por essa razão é importante apresentar a justificativa apresentada à emenda ao texto constitucional, consoante o texto apresentado pelo Senador Eurico Rezende:

> (...) as regiões metropolitanas são os Municípios que gravitam em torno da grande cidade, formando com esta uma unidade socioeconômica, com recíprocas implicações nos seus serviços urbanos e interurbanos. Assim sendo, tais serviços deixam de ser de exclusivo interesse local, por vinculados estarem a toda a comunidade metropolitana. Passam a constituir a tessitura intermunicipal daquelas localidades e, por isso mesmo, devem ser planejados e executados em conjunto, por uma administração unificada e autônoma, mantida por todos os Municípios da Região, na proporção de seus recursos e, se estes forem insuficientes, hão de ser complementados pelo Estado e até mesmo pela União, porque os seus benefícios se estendem aos governos estadual e federal.[552]

É de se notar nas referidas justificativas que não se cogitou de excluir a competência municipal, mesmo nas regiões metropolitanas. Ao contrário, entendeu-se a cooperação interfederativa como saída para o planejamento e a execução conjunta dos serviços

---

551 Art. 29. Os Municípios da mesma região podem agrupar-se para a instalação, exploração e administração de serviços públicos comuns. O agrupamento, assim constituído, será dotado de personalidade jurídica limitada a seus fins. Parágrafo único – Caberá aos Estados regular as condições em que tais agrupamentos poderão constituir-se, bem como a forma, de sua administração.

552 SILVA, Iris Araújo. "Regiões metropolitanas e autonomia municipal". *Revista Brasileira de Estudos Políticos*, 1981.

intermunicipais, sempre a partir da perspectiva dos Municípios que compõem a região.

Enfrentando a questão, Alaôr Caffé Alves discorre sobre a compulsoriedade da relação metropolitana, uma vez instituída pela lei complementar estadual:

> Nesta mesma linha, tira-se que o referido dispositivo do art. 25, §3º, da CF, acima mencionado, não compreende a instituição de associações voluntárias, mediante convênios, para a realização do planejamento e execução das funções públicas de interesse comum. Se assim fosse concebido, então a região metropolitana teria base bastante frágil, uma vez que qualquer dos partícipes não estaria constrangido a manter essa relação, podendo sair da mesma quando bem entendesse, o que implicaria na desconstituição da própria região metropolitana.[553]

Verifica-se que a lei complementar estadual não possui mero efeito declaratório de reconhecer, normativamente, a existência de uma situação fática, mas tampouco é apta a retirar competências dos Municípios integrantes da região. Assim é que a citada lei complementar deverá disciplinar as regras de atuação da pluralidade de autonomias que compõe o todo metropolitano.

16.5.2 A região metropolitana: a preservação da autonomia municipal

Consagrada na Constituição da República a repartição de competências segundo o interesse predominante do ente federativo – que não se modifica em razão da edição da lei complementar de que trata o mencionado § 3º do art. 25 da Constituição da

553 ALVES, Alaôr Caffé. "Regiões metropolitanas, aglomerações urbanas e microrregiões: novas dimensões constitucionais da organização do Estado brasileiro". *Revista de Direito Ambiental*, nº 15, 1989.

República – por certo que a instituição de região metropolitana não significa uma transferência da titularidade municipal para a esfera estadual, ou seja, possível transferência do "*interesse local*" para um suposto interesse maior denominado regional. Nesse sentido, observa Benedicto Porto Neto:

> A competência para prover serviços de saneamento é sempre municipal (art. 30, V, da CF). Não há possibilidade, nos termos da Constituição Federal, de se remeter essa competência aos Estados, salvo em regime de cooperação (art. 23, X, da CF), que possuem, nessa matéria, somente competências de regulação (art. 24, V, VI e §2º e art. 25, §3º, da CF, em caráter suplementar às competências regulatórias federais. O fato de o Município integrar região metropolitana, aglomeração urbana, microrregião ou região integrada de desenvolvimento não altera sua competência em relação à execução dos serviços de saneamento, que, apesar disso, passa a se subordinar à regulação e ao planejamento regional (suplementares ao realizado nacionalmente pela União) e às normas de organização compartilhada do serviço, nos termos em que forem definidas pela respectiva lei complementar instituidora da entidade regional.[554]

Também Dalmo de Abreu Dallari:

> São ainda oportunas (...) algumas considerações sobre integração de Municípios em regiões metropolitanas, aglomerações urbanas e microrregiões. Diz a Constituição, no artigo 25, §3º, que os Estados poderão, mediante lei complementar, instituir entidades como essas, pelo agrupamento de Municípios limítrofes, "para integrar a organização, o planejamento e a execução das funções públicas de interesse comum".

---

554 Parecer elaborado a pedido do Ministério das Cidades. *In*: Saneamento para Todos, Projeto de Lei n. 5296/2005: Diretrizes para os serviços públicos de saneamento básico e política Nacional – PNS, pp. 69-94.

> Os Estados, nesse caso, colaboram com sua experiência e seu aparato técnico para a melhor ordenação da execução das tarefas, mas cada Município continua integralmente autônomo e plenamente responsável pelos encargos de sua competência. Não se altera, de forma alguma e em qualquer medida, o "tripé federativo".[555]

O agrupamento, a conurbação, de Municípios, é insuficiente para a caracterização de uma região metropolitana, sendo indispensável que essa tenha sido instituída por lei complementar. Enquanto não criada por lei complementar estadual, a região metropolitana só existe como fenômeno urbano no mundo do ser.

É por isso que, a nosso ver, o fator determinante para sua existência no plano jurídico é a elaboração e a promulgação de lei complementar, como forma única de instituição da região metropolitana, visto que, acaso não exista a mencionada lei, a simples existência de conurbação e a manifestação do Estado como aquiescente da necessidade de reunião de determinados Municípios para um melhor desenvolvimento não bastam.

Além disso, importante esclarecer que não se pode confundir a competência do ente estatal para a criação de região metropolitana com as competências constitucionais de cada Município que a compõe. Ao Estado compete tão somente a criação da região metropolitana, não se estendendo essa competência àquelas que são próprias de cada Município. A instituição da região metropolitana visa apenas a integrar a organização, o planejamento e a execução de funções públicas de interesse comum.

Nesses termos é que há uma manutenção absoluta da competência municipal autônoma, cuja interferência do Estado-membro

555 Parecer elaborado a pedido do Ministério das Cidades. *In*: Saneamento para Todos, Projeto de Lei n. 5296/2005: Diretrizes para os serviços públicos de saneamento básico e política Nacional – PNS, pp. 95-114.

no polo de administração das áreas conurbadas não afasta a autonomia conferida ao Município pela Constituição da República.

Isto é, continua preservada a competência legislativa do Município. A autonomia municipal[556] é assegurada pelos art. 18, *caput*, e art. 29, *caput*, bem como garantida perante os Estados por meio do art. 34, VII, alínea "c", da Constituição da República:

> Art. 18. A organização político-administrativa da República Federativa do Brasil compreende a União, os Estados, o Distrito Federal e os Municípios, todos autônomos, nos termos desta Constituição.
>
> Art. 29. O Município reger-se-á por lei orgânica (...).
>
> Art. 34, inciso VII, alínea "c". A União não intervirá nos Estados nem no Distrito Federal, exceto para assegurar a observância dos seguintes princípios constitucionais: (...) autonomia municipal.

A autonomia municipal assenta-se em quatro capacidades: capacidade de auto-organização[557] (elaboração de lei orgânica própria), capacidade de autogoverno (eletividade do Prefeito e dos

---

556 Para Luiz Alberto David Araújo e Vidal Serrano Nunes Júnior a autonomia do Município é um princípio constitucional sensível: "demais, a autonomia municipal é tema prestigiado pelo constituinte federal, que a colocou entre os princípios sensíveis, de necessária obediência pelo constituinte decorrente (art. 43, VII, c), e cuja inobservância implica a decretação da intervenção federal no respectivo Estado-membro. Assim, afigura-se-nos indisputável a natureza federativa dos Municípios dentro dos parâmetros da Carta de 1988". (ARAÚJO, Luiz Alberto David; NUNES JÚNIOR, Vidal Serrano. *Curso de Direito Constitucional*. São Paulo: Saraiva, 2005, p. 283).

557 Nesse sentido, destacam Gilmar Ferreira Mendes, Inocêncio Mártires Coelho e Paulo Gustavo Gonet Branco: "aos Municípios reconhece-se o poder de auto-organização, o que significa reconhecer-lhes poder constituinte, expresso nas suas leis orgânicas, limitadas tanto por princípios da Constituição Federal como da Constituição estadual, nos termos do art. 29 da CF" (MENDES, Gilmar Ferreira; COELHO, Inocêncio Mártires; BRANCO, Paulo Gustavo Gonet. *Curso de Direito Constitucional*. São Paulo: Saraiva, 2009, p. 871).

Vereadores), capacidade normativa própria (autolegislação, mediante a competência para elaboração de leis municipais sobre matérias que são reservadas à sua competência exclusiva e suplementar) e, por fim, capacidade de autoadministração (administração própria para criar, manter e prestar os serviços de interesse local, além de legislar sobre seus tributos e aplicar suas rendas).[558]

Nos termos do art. 30 da Constituição da República compete aos Municípios legislar sobre assuntos de interesse local; suplementar a legislação federal e a estadual; dentre outros. Diante da capacidade de auto-organização do Município, a *Lei Orgânica* indica as matérias de competência exclusiva do Município, observadas as peculiaridades locais, as matérias que lhe seja reservado legislar supletivamente e, por fim, as matérias de competência comum que a Constituição da República lhe reserva juntamente com a União, os Estados e o Distrito Federal (art. 23 da Constituição da República).

Tendo-se em conta o princípio da igualdade entre os entes federados, valor maior do princípio federativo, não se pode entender que a Constituição da República conferiu ao Estado-membro competência para subtrair parcela da competência municipal por ato de sua competência legislativa discricionária (a lei complementar que cria a região metropolitana). Nesses termos, não detém o Estado-membro direito subjetivo de reduzir o alcance da competência municipal no interior da região metropolitana.

Como antecipado, a Constituição da República apenas conferiu ao Estado-membro a possibilidade de criar tais regiões. Em momento algum, concedeu-se às regiões metropolitanas a condição de ente federativo e nem de pessoa jurídica de Direito Público

558 Nessas quatro capacidades encontram-se caracterizadas a autonomia política (auto-organização e autogoverno), a autonomia normativa (competência para elaboração de leis municipais sobre matérias que são reservadas à sua competência exclusiva e suplementar), a autonomia administrativa (administração própria e organização dos serviços de interesse local) e, por fim, a autonomia financeira (tributos próprios e aplicação de suas rendas).

de caráter político. Por ser uma entidade apenas administrativa, sem personalidade política, a região metropolitana em nada deve interditar a competência do Município enquanto ente federado. Esta região significa apenas um campo de atuação de competência estadual determinada pela Constituição da República, não se configurando com ente político capaz de titularizar competências diferenciadas e, com muito menos razão, com a prerrogativa de suprimir competências constitucionalmente estabelecidas.

Nesses termos, a capacidade normativa própria do Município, isto é, a autolegislação mediante a competência para elaboração de leis municipais sobre matérias que são reservadas à sua competência exclusiva e suplementar, continua preservada mesmo após a instituição da região metropolitana.

Nesse sentido, de forma alguma cabe ao legislador estadual formular dispositivos ou diplomas relativos à região metropolitana que impliquem na usurpação das competências municipais, de modo a restringir ou subtrair a autonomia dos Municípios. A atuação da região metropolitana, conforme lei estadual complementar instituidora, não poderá implicar invasão da competência de um Município por outro nem intromissão indevida do Estado-membro na esfera de competência dos Municípios conurbados integrantes da região, pois estes devem ter sua autonomia respeitada.

A definição constitucional de região metropolitana contempla a união de municípios para fins de integração, organização, planejamento e execução de funções públicas de interesse comum. Noutro giro, de acordo com o art. 30 da Constituição da República, os municípios detêm competências exclusivas. Por conseguinte, independe essa exclusividade de eventual repercussão em assuntos estaduais ou regionais, visto que, se a questão é de interesse e necessidade predominante de determinado Município, sua titularidade mantém-se.

Note-se que a definição de "*interesse local*" ou regional não possui densidade semântica capaz de gerar identificação taxativa do elenco de atividades públicas inseridas nesta ou naquela categoria, sem consideração individuada. A caracterização de determinada atividade em determinado local e em determinado momento histórico como sendo de interesse regional ou local para fim de discriminar qual ente federado é o competente para sobre ela legislar é ato cognoscente do disposto na norma constitucional em sua aplicação à situação fática, e não juízo de valor apto a ensejar a criação normativa autônoma.

Assim, no caso da instituição de região metropolitana por lei complementar, havendo interesse comum deve-se, no caso concreto, avaliar se um determinado Município consegue individualmente atuar de forma plena sobre a demanda pública específica, sem a necessidade de interferência dos demais Municípios ou do Estado. Se assim o fizer, o interesse será local e, portanto, de atuação exclusiva do Município afetado.

Por estas razões, no interior da Região Metropolitana o Estado-membro não pode "avocar" ou ingerir-se no âmbito da competência municipal por conta de suposto interesse regional[559] sob o fundamento de que, por conta do fenômeno urbanístico da conurbação, o conceito normativo de autonomia municipal sofreria alteração de sentido a pretexto de uma integração regional.

A nosso ver, data vênia, não encontramos qualquer referência na Constituição quanto a esta suposta prerrogativa de o Estado-membro "avocar" parte ou o todo das competências municipais, através da instituição de Região Metropolitana. Referência explícita

559 Neste sentido ensina Caio Tácito: "(...) a própria Constituição prevê limites ao exercício da autonomia municipal não somente na excepcionalidade traumática da intervenção federal ou estadual, em situações excepcionais, como na capacidade avocatória conferida aos Estados para, mediante lei complementar, instituir Regiões Metropolitanas, agrupando Municípios limítrofes para a integração de funções públicas de interesse comum" (TÁCITO, Caio. "Serviços de saneamento básico". *Revista de Direito Administrativo*, nº 213, 1998, p. 324).

objetivamente não há em qualquer lugar do texto constitucional. Disposição implícita, entendemos também que não.

Ora, se desejasse o constituinte estabelecer exceção tão intensa ao pacto federativo ordinário estabelecido, o faria por regra expressa. Exceções desta envergadura não podem ser tidas como implícitas em favor da própria higidez da força normativa da Constituição da República.

Com efeito, o Município integrante de área conurbada não é menos autônomo que o Município localizado fora dela. No plano do tratamento isonômico entre os entes federados, não há qualquer sentido jurídico, a nosso ver, em se afirmar que a Constituição autorizou o Estado-membro a determinar os limites da autonomia dos Municípios integrantes da região metropolitana por suas próprias normas.

Portanto, discordamos da formulação interpretativa que postula pela possibilidade do Estado-membro, no âmbito das regiões metropolitanas, por conta do fenômeno da conurbação e da necessidade da prestação de serviços comuns, poder, por meio da instituição da região metropolitana, restringir ou interditar o âmbito de competências inerentes à autonomia municipal.

Isso viria a significar que pode um ente político, discricionariamente, vir a ampliar as competências – os poderes – a ele atribuídos pela Constituição da República. Essa concepção não é aderente ao Estado Democrático de Direito.

A existência da região metropolitana não deve implicar, pois, intervenção estadual na esfera de competências municipais determinada pelo poder constituinte, mesmo o Município integrando uma região metropolitana.

Pelo exposto, concluímos que a autonomia municipal, com a criação de uma região metropolitana, deve continuar sendo respeitada, visto que os serviços de interesse comum dizem respeito àqueles não peculiares ao Município. Ou seja, deve-se manter a competência dos Municípios quanto aos assuntos de interesse predominantemente locais e criação de atos conjuntos do Estado e Municípios para a prestação dos serviços relativos ao interesse regional, de competência estadual, que com a criação da Região desconcentra sua competência para exercê-la com a colaboração dos Municípios.

16.5.3 A região metropolitana: a prestação dos serviços públicos de saneamento

Apresentado o regime jurídico-constitucional da região metropolitana, concluímos que a autonomia municipal se mantém íntegra. Adentraremos, agora, especificamente na questão da titularidade do serviço de saneamento nesse contexto para, ao cabo, concluirmos que nosso entendimento doutrinário não oferece guarida às argumentações tal como apresentadas pelo Excelentíssimo Desembargador Relator, que veio a ser, nesse tema, acompanhado pelo Egrégio Órgão Especial do Tribunal de Justiça do Estado de São Paulo.

Para tanto, é relevante adotarmos uma dada definição jurídica de serviço público como pressuposto do raciocínio necessário ao enfrentamento do problema.

A Constituição da República conferiu tratamento peculiar às atividades econômicas *stricto sensu*, apartando-as do serviço público. Assim, não há, *a priori*, oposição entre atividade econômica e serviço público, já que este está subsumido nas atividades econômicas *lato sensu*.[560]

Ao afirmar que serviço público seja atividade econômica *lato sensu*, a ela atribui-se a significação de gênero na qual se inclui a espécie serviço público. Assim, não se pode contrapor os conceitos

560 GRAU, Eros Roberto. *A ordem econômica na Constituição de 1988*. São Paulo: Malheiros, 2011, p. 101.

de serviço público e de atividade econômica, uma vez que serviço público é uma modalidade desta.[561]

Destarte, a expressão atividade econômica *lato sensu* é indicativa de gênero, o qual comporta duas espécies, quais sejam: serviço público e atividade econômica *stricto sensu*, esta majoritariamente desenvolvida pelo setor privado, com possibilidade de atuação estatal nos termos do art. 173, *caput*, da Constituição da República.

As atividades econômicas *lato sensu* estão previstas no art. 174 da Constituição da República, o qual regula a atuação do Estado enquanto agente normativo e regulador da ordem econômica. No art. 170, do mesmo modo, a expressão "atividade econômica" guarda este mesmo sentido.

As atividades econômicas *stricto sensu* são reservadas à iniciativa privada. Excepcionalmente, o Estado nelas intervirá. O art. 173, *caput*, e seu § 1º, trata das atividades econômicas *stricto sensu*. O *caput* do dispositivo enuncia as hipóteses admissíveis da exploração direta da atividade econômica *stricto sensu* pelo Estado, isto é, quando ele próprio se incumbe de explorar as atividades econômicas quando presentes os pressupostos de segurança nacional e relevante interesse coletivo. Trata-se de atuação do Estado como agente econômico em área de titularidade do setor privado.

Considerando ser aberto o conceito de serviço público, Eros Roberto Grau destaca que a distinção entre ele e a atividade econômica *stricto sensu* ocorre em "função das vicissitudes das relações entre as forças sociais".[562]

---

561 GRAU, Eros Roberto. *A ordem econômica na Constituição de 1988*. São Paulo: Malheiros, 2011, p. 101.

562 GRAU, Eros Roberto. *A ordem econômica na Constituição de 1988*. São Paulo: Malheiros, 2011, p. 108.

Assim é que, reservada as matérias, imediata e potencialmente, objeto de especulação lucrativa, atribui-se ao Estado atividades econômicas *lato sensu* para serem desenvolvidas de forma não especulativa. Do referido confronto emergirão, historicamente, os âmbitos das atividades econômicas *stricto sensu* e dos serviços públicos.

Assim é que a diferença entre serviço público e atividade econômica *stricto sensu* reside na instrumentalidade da atividade em relação à realização de valores fundamentais, especialmente a dignidade da pessoa humana. O serviço público trata da realização direta destes valores, diferentemente da atividade econômica *stricto sensu*.

No mesmo sentido assinala Dinorá Adelaide Musetti Grotti, para a qual a distinção reside nesta instrumentalidade:

> Se os serviços públicos ficarem diretamente afetados pelas forças de mercado, condicionados inteiramente pelo valor de troca, segundo a lógica de capital e de mercado, é obvio que os serviços deixarão de ser públicos para passarem a ser atividades econômicas, segundo o ordenamento jurídico pátrio, sujeitos às circunstâncias e contingências que elas reclamam.[563]

Monica Spezia Justen, parecendo mostrar-se favorável à teoria de Eros Roberto Grau, assinala que a diferenciação entre serviço público e atividade econômica *stricto sensu* traduz-se em regimes jurídicos distintos:

> Entre nós, tem-se difundido uma interpretação a partir da CF/88 de uma noção de atividade econômica como gênero de que serviço público e atividade econômica em sentido estrito são espécies. Isso significa dizer que tanto o serviço

563 GROTTI, Dinorá Adelaide Musetti. *O serviço público e a Constituição brasileira de 1988*. São Paulo: Malheiros, 2003, p. 139.

> público como a atividade econômica em sentido estrito são formas de gerar bens e serviços, porém a primeira adstrita ao âmbito do serviço público e o segundo no âmbito do setor privado. Por um lado, o serviço público atem-se à produção de bens que podem ser avaliados economicamente, mas destinam-se a suprir uma necessidade de interesse coletivo e sujeita-se a um regime jurídico especial. Por outro, a atividade econômica em sentido estrito é norteada pela "racionalidade econômica", ou seja, não só se dirige à produção de bens e serviços que geram lucro, como rege-se integralmente pelo direito privado. Já o serviço público se subordina ao regime de Direito Público (e não está sujeito, portanto, à mera "racionalidade econômica").[564]

Na doutrina nacional não há um conceito ou noção unívoco para serviço público. Há os que utilizam a noção de serviço público em sentido amplo, como José Cretella Júnior,[565] Mário Masagão[566] e Hely Lopes Meirelles,[567] enquanto outros preferem um sentido

564 JUSTEN, Monica Spezia. *A noção de serviço público no direito europeu*. São Paulo: Dialética, 2003, p. 181.

565 Para José Cretella Júnior, serviço público é "toda atividade que o Estado exerce, direta ou indiretamente, para a satisfação do interesse público, mediante procedimento de direito público". (CRETELLA JÚNIOR, José. *Curso de Direito Administrativo*. Rio de Janeiro: Forense, 1999, p. 409).

566 Para Mário Masagão, serviço público é "toda atividade que o Estado exerce para cumprir seus fins". (MASAGÃO, Mário. *Curso de Direito Administrativo*. São Paulo: Max Limonad, 1977, pp. 279/280).

567 Hely Lopes Meirelles define o serviço público como "todo aquele prestado pela Administração ou por seus delegados, sob normas e controles estatais, para satisfazer necessidades essenciais ou secundárias da coletividade ou simples conveniências do Estado". (MEIRELLES, Hely Lopes. *Direito Administrativo brasileiro*. São Paulo: Malheiros, 2007, p. 330).

restrito, como Maria Sylvia Zanella Di Pietro[568] e Celso Antônio Bandeira de Mello.[569]

Com efeito, na conceituação ou fornecimento de noção para serviço público, a doutrina nacional recorre aos mais variados critérios. Nos conceitos ou noções existentes podemos catalogar os sentidos objetivo, subjetivo, material, formal, próprio, impróprio, geral, específico, originário, congênito, derivado, adquirido. Destaque-se que os referidos sentidos ora são utilizados de forma isolada, ora cumulativamente.

O Supremo Tribunal Federal não possui uma sistematização científica quanto ao conceito ou noção de serviço público, havendo apenas menções esparsas, seja ao conceito, seja à noção, os quais variam de acordo com a situação concreta apreciada, o que demonstra que estamos distantes da adoção, pelo tribunal, de um posicionamento firme, consolidado, na matéria.

Dinorá Adelaide Musetti Grotti, reconhecendo a dificuldade na caracterização de uma atividade como serviço público, pontua que a qualificação da atividade econômica *lato sensu* como serviço público remete ao plano da concepção sobre o Estado e seu papel, tratando-se de uma escolha política que pode estar fixada na Constituição, na lei, na jurisprudência e nos costumes vigentes em um determinado momento histórico, não havendo um serviço público por natureza ou por essência.[570]

---

568 Maria Sylvia Zanella Di Pietro define serviço público como "toda atividade material que a lei atribui ao Estado para que a exerça diretamente ou por meio de seus delegados, com o objetivo de satisfazer concretamente às necessidades coletivas, sob regime jurídico total ou parcialmente público". (DI PIETRO, Maria Sylvia Zanella. *Direito Administrativo*. São Paulo: Atlas, 2009, p. 102).

569 BANDEIRA DE MELLO, Celso Antônio. *Curso de Direito Administrativo*. São Paulo: Malheiros, 2009, p. 665.

570 GROTTI, Dinorá Adelaide Musetti. *O serviço público e a Constituição brasileira de 1988*. São Paulo: Malheiros, 2003, p. 87.

Celso Antônio Bandeira de Mello fornece uma noção de serviço público baseada na instrumentalidade referida:

> é toda atividade de oferecimento de utilidade ou comodidade material destinada à satisfação da coletividade em geral, mas fruível singularmente pelos administrados, que o Estado assume como pertinente a seus deveres e presta por si mesmo ou por quem lhe faça as vezes, sob um regime de Direito Público, instituído em favor dos interesses definidos como públicos no sistema normativo.[571]

Com efeito, são, para o autor, três os elementos necessários para a configuração de uma atividade como sendo serviço público, quais sejam: o regime jurídico de direito público, o vínculo orgânico ou *publicatio* e, por fim, o critério material, ou seja, a relevância da atividade.

As atividades econômicas *stricto sensu* são regidas pelo Direito privado, enquanto os serviços públicos são regulados pelo Direito público, nos quais se aplica "um regime jurídico peculiar, próprio de direito público, destinado a assegurar a satisfação de necessidades imperiosas",[572] conforme ponderações de Marçal Justen Filho.

De acordo com a noção de serviço público de Celso Antônio Bandeira de Mello, o seu substrato material está no oferecimento, aos administrados em geral, de utilidades ou comodidades materiais singularmente fruíveis por eles, as quais o Estado assume como próprias, por serem reputadas imprescindíveis, necessárias

571 BANDEIRA DE MELLO, Celso Antônio. *Curso de Direito Administrativo*. São Paulo: Malheiros, 2009, p. 665.

572 JUSTEN FILHO, Marçal. *Teoria geral das concessões de serviço público*. São Paulo: Dialética, 2003, p. 30.

ou apenas correspondentes a conveniências básicas da sociedade, em dado tempo histórico.[573]

Por este elemento, o serviço público está excluído da esfera da iniciativa privada, salvo as exceções dos serviços públicos de educação, saúde, previdência social e assistência social, os quais pertencem à esfera da livre iniciativa, ainda que estranhas ao campo da exploração da atividade econômica *stricto sensu*.

O substrato formal da noção do serviço público está na submissão a um regime de direito público, o regime jurídico-administrativo[574] e, portanto, sujeito aos princípios norteadores deste regime, em especial o do dever inescusável do Estado de promover-lhe a prestação, o da supremacia do interesse público, adaptabilidade, universalidade, impessoalidade, continuidade, transparência, motivação, modicidade das tarifas e, por fim, o do controle.

Temos, portanto, como notas constitutivas da acepção brasileira de serviço público, as seguintes: (**a**) conformar-se o serviço público como oferta de serviço aos usuários em geral, mas passível de ser tomado singularmente pelos administrados, e (**b**) tratar-se de atividade submetida ao regime jurídico de direito público.

Além disso, é preciso salientar que são inconfundíveis a titularidade do serviço público e a titularidade da sua prestação. Existem serviços públicos de prestação obrigatória e exclusiva pelo Estado, serviços públicos de prestação obrigatória pelo Estado e de obrigatória delegação à iniciativa privada, serviços públicos de prestação obrigatória e não exclusiva pelo Estado, e, por fim, serviços públicos de prestação não obrigatória pelo Estado, desde que delegados.

---

573 BANDEIRA DE MELLO, Celso Antônio. *Curso de Direito Administrativo*. São Paulo: Malheiros, 2009, p. 668.

574 BANDEIRA DE MELLO, Celso Antônio. *Curso de Direito Administrativo*. São Paulo: Malheiros, 2009, p. 668.

Portanto, o Estado tanto poderá prestar serviços públicos por si mesmo, como poderá promover-lhes a prestação, conferindo, nas palavras de Celso Antônio Bandeira de Mello, "a entidades estranhas ao seu aparelho administrativo (...) titulação para que os desempenhem".[575]

A exploração direta configura-se quando a União, diretamente, ou mediante delegação a outra pessoa integrante da Administração Pública, direta ou indireta, promove, ela própria, em seu nome, a organização ou a execução do serviço público. Isso poderá ocorrer, por exemplo, por meio de sociedades de economia mista[576] e de empresas públicas.[577] Nesse caso, a persecução do interesse público

---

575 BANDEIRA DE MELLO, Celso Antônio. *Curso de Direito Administrativo*. São Paulo: Malheiros, 2009, p. 675.

576 A sociedade de economia mista é pessoa jurídica de criação autorizada por lei, para fins de ação do Estado, dotada de personalidade jurídica de direito privado, mas submetida a certas regras especiais com inflexões de Direito público decorrentes desta sua natureza auxiliar da atuação do Estado, constituída sob a forma de sociedade anônima, cujas ações com direito a voto pertencem em sua maioria à União ou entidade de sua administração indireta, sob remanescente acionário de propriedade da iniciativa privada. O art. 5º, inciso III, do Decreto-Lei n. 200, de 25 de fevereiro de 1967, definiu a sociedade de economia mista como "a entidade dotada de personalidade jurídica de direito privado, criada por lei para a exploração de atividade econômica, sob a forma de sociedade anônima, cujas ações com direito a voto pertençam em sua maioria à União ou a entidade da Administração Indireta". A Lei n. 6.404, de 15 de dezembro de 1977, Lei das Sociedades Anônimas, contém, nos arts. 235 a 241, normas aplicáveis à espécie.

577 A empresa pública é pessoa jurídica criada por força de autorização legal como instrumento de ação do Estado, dotada de personalidade de direito privado, mas submetida a certas regras especiais com inflexões de Direito público decorrentes de ser coadjuvante da ação estatal, constituída sob quaisquer das formas admitidas em Direito e cujo capital seja formado unicamente por recursos de pessoas de direito público interno ou de pessoas de suas administrações indiretas, com predominância acionária na esfera federal. O art. 5º, inciso II, do Decreto-Lei n. 200, de 25/1967, definiu a empresa pública como "a entidade dotada de personalidade jurídica de direito privado, com patrimônio próprio e capital exclusivo da União, criado por lei para a exploração de atividade econômica que o Governo seja levado a exercer por

primário é o propulsor da atuação, o qual se sobrepõe a qualquer interesse patrimonial dessas mesmas empresas.

Com relação ao serviço público de saneamento, especialmente quanto a sua titularidade, Marcos Paulo Marques Araújo resume:[578]

> Não há um consenso doutrinário acerca da titularidade dos serviços de saneamento básico, formando-se, basicamente, três posições sobre o assunto. A primeira sustenta que esses serviços estão encartados na competência reservada do Município (art. 30, inc. V, da CF/88), não sendo possível, em nenhuma hipótese, a sua avocação por outro ente da Federação. Uma outra corrente entende que as atividades de saneamento são, em regra, da titularidade da municipalidade, mas o Estado passará a ser competente quando criar Região Metropolitana por lei complementar, com respaldo no §3º, do art. 25, da Constituição Federal. Por fim, há quem afirme que os serviços de saneamento básico podem ser da competência do Município, do Estado ou da União, segundo o grau de complexidade técnica e extensão territorial pertinente a sua prestação, independentemente da existência ou não de lei complementar estadual que crie a Região Metropolitana.

Com efeito, o saneamento – e, especialmente, as atividades de coleta e tratamento de esgotos, objeto precípuo do presente parecer – por se prestar como comodidade passível de fruição singular, pelos administrados, sob o regime de Direito Público, caracteriza-se como serviço público face aos pressupostos expendidos.

---

força de contingência ou de conveniência administrativa podendo revestir-se de qualquer das formas admitidas em direito".

578 ARAÚJO, Marcos Paulo Marques. "Adoção da Gestão Associada para a Prestação da Disposição Final de Resíduos Sólidos Urbanos à Luz da Lei n. 11.445/07, Lei de Saneamento Básico (LSB)". *Fórum de Direito Urbano e Ambiental*, nº 35, set/out., 2007, p. 41.

Além disso, tanto a coleta quanto o tratamento de esgotos realizam-se no interior do Município e não dependem da participação necessária de outros entes da Federação para serem realizados.

Portanto, e na linha do quanto já apresentado, a competência municipal permanece preservada em sua forma estabelecida pela Constituição da República, mesmo quando da eventual criação de região metropolitana.

Mesmo quando não se possa distinguir, geograficamente, os limites territoriais entre municípios conurbados, a titularidade permanece municipal. Entretanto, há quem discorde.

Luís Roberto Barroso, por exemplo, pontua que a competência estadual para o enfrentamento do problema adviria, mediatamente, de sua posição de autoridade regional, conforme se extrai da seguinte passagem de seu texto:

> Percebeu-se, com relativa facilidade, que os Municípios isoladamente não eram capazes de prestar os serviços demandados por essa enorme quantidade de pessoas que passou a viver nos grandes centros ou ao seu redor, sem qualquer preocupação específica com os limites municipais. O fato é que atender às necessidades desse contingente populacional tornou-se caro, complexo e muitas vezes inviável para cada Município sozinho. A solução foi adotar a prestação integrada pela autoridade regional, no caso os Estados, de modo que o interesse público – aí entendido o interesse primário, isto é, da população, e não o interesse fazendário de cada ente estatal – fosse mais bem atendido. Em suma: esses serviços deixaram de ser de interesse predominantemente local para transformarem-se em serviços de interesse regional ou estadual.[579]

579 BARROSO, Luís Roberto. *Temas de Direito Constitucional*. Tomo II. Rio de Janeiro: Renovar, 2009.

Nessa linha de raciocínio, sempre que houver a suposta inviabilidade ou impossibilidade na prestação do serviço de saneamento por um mesmo Município, ou, ainda, quando se tratar de serviço prestado em mais de uma unidade municipal, a titularidade será do Estado, que se reveste na posição de autoridade perante aqueles Municípios.

Evidentemente, não se pode ignorar que o Estado, pelo conjunto das receitas tributárias que lhe são conferidas pela Constituição da República, ou pela estrutura organizacional inerente à sua gama de atribuições, pode ser mais dotado econômica ou administrativamente que um Município, mas tal superioridade está, ou deveria estar correlacionada ao plexo de encargos que deve suportar.

Também não cabe argumentar que a determinação de deslocamento da titularidade municipal para a esfera estadual defluiu de competência conferida pelo art. 25, § 3º, da Constituição da República.

Como antecipamos, a capacidade normativa própria do Município, isto é, a autolegislação mediante a competência para elaboração de leis municipais sobre matérias que são reservadas à sua competência exclusiva e suplementar, continua preservada mesmo após a instituição da região metropolitana.

O dispositivo não confere ao Estado-membro a prerrogativa de apropriar-se de competências dos Municípios integrantes do agrupamento, mas sim o *dever-poder* de condução do processo de integração das múltiplas atuações municipais, com o escopo de garantir a harmonia no desempenho das atividades públicas.

Por essa razão é que consideramos haver uma inadequada interpretação de que o alto custo e o monopólio natural[580] atrelado

580 Sob a perspectiva da teoria econômica, o monopólio natural configura-se quando o número de firmas que minimizam o custo total da indústria for igual a um. A condição para a existência de um monopólio natural é representada pela fórmula $C(q) = min[N.C(q/N)]$, na qual "C" é o custo total em função das quantidades "q" e "N" é o número de firmas no mercado.

ao serviço público de saneamento implicaria, obrigatoriamente, no deslocamento da competência dos Municípios para os Estados. É inegável que a prestação do serviço público de saneamento seja complexa. Entretanto, a solução que se deve dar ao problema não é o deslocamento de competência, mas a instituição de mecanismos resguardadores da autonomia municipal.

Com efeito, o serviço de abastecimento de água potável (art. 3º, I, "a", da Lei Federal n. 11.445, de 2007) e o serviço de esgotamento sanitário (art. 3º, I, "b", da referida Lei) são integrados por subsistemas de adução, tratamento e distribuição, para o primeiro, e captação, tratamento e destinação final, para o segundo. Ademais, ambos também se inter-relacionam e demandam tratamento conjunto.

Ainda assim, esta necessidade de integração não significa a transferência da titularidade dos serviços para a esfera estadual, diante da ausência de previsão constitucional neste sentido. Com efeito, da Constituição da República também não se extrai que o Estado deva substituir os Municípios quando os reflexos e ou as condicionantes do serviço deixarem de ser exclusivamente locais e passarem a referir a mais de um Município.

Nestes termos, ainda que ausentes às condições técnicas ou econômicas para a oferta municipal, outras soluções jurídicas podem ser adotadas, que não a assunção pelo Estado da titularidade do serviço. Assim, é preciso encontrar a solução adequada para o deslinde da questão acerca de como se construirá a organização dos serviços a serem integrados e qual a atuação do Estado neste cenário.

Nas palavras de Richard A. Posner, "the term does not refer to the actual number of sellers in a market but to the relationship between demand and the technology of supply" (POSNER, Richard A. *Natural monopoly and its regulation*. Washington: Cato Institute, 1999, p. 1). Kenneth Train caracteriza o monopólio natural pelas economias de escala, ligada aos elevados custos iniciais fixos, e de escopo, atrelada aos custos comuns à produção de mais de um bem ou serviço (TRAIN, Kenneth. *Optimal regulation*: the economic theory of natural monopoly. Cambridge: MIT Press, 1994, pp. 5-17).

Em nosso entendimento, a solução para a questão encontra-se no termo "integrar" do § 3º do art. 25 da Constituição da República. Não se está propondo singela interpretação gramatical do dispositivo constitucional, mas sim uma interpretação consentânea aos critérios de distribuição de competências, que vêm a reforçar o papel integrador do Estado-membro a respeito da questão que envolve os serviços de saneamento nas regiões metropolitanas.

A lei complementar estadual referida no dispositivo constitucional, portanto, deverá prever os mecanismos que propiciem a superação, ou quando menos a mitigação, das questões decorrentes da titularidade dos serviços de saneamento em regiões conurbadas.

Entendemos que se trataria, portanto, de uma norma legal destinada a promover o ajuste entre os titulares, o encadeamento dos serviços e subsistemas, a fim de que o serviço seja ofertado de maneira organizada e harmônica e com preservação da titularidade municipal. No ponto, são pertinentes os apontamentos de José Afonso da Silva:

> A região metropolitana no Brasil é, portanto, um conceito jurídico, já que assim se reputará a conurbação instituída nos termos do art. 25, §3º, da CF. Isso não exclui, claro está – antes, pressupõe –, a existência do fenômeno como fato econômico, social, urbanístico. Mas, sob esses aspectos, o fenômeno é inorgânico, empírico, problemático, ao passo que, definido juridicamente, toma forma, persegue organização, institucionaliza-se. Não é a Constituição que a realiza, por si. Apenas possibilita a sua criação. Dá as bases para seu estabelecimento, quando, no citado art. 25, §3º, estatui que "os Estados poderão, mediante lei complementar, instituir regiões metropolitanas, (...) constituídas por agrupamentos de Municípios limítrofes".[581]

581 SILVA, José Afonso. *Direito urbanístico brasileiro*. São Paulo: Malheiros, 2008.

Destarte, como integrador do fenômeno metropolitano, o Estado-membro deverá prover os comandos normativos necessários ao harmônico relacionamento entre os Municípios componentes da região. Seu papel é de coordenador do processo, conforme expressão do comando constitucional.

Sob este prisma, o Estado deve editar a lei complementar instituidora de região metropolitana, ou aglomerado urbano ou microrregiões, com o objetivo de estabelecer regras de caráter vinculativo que auxiliem os Municípios no exercício da titularidade, no que respeita à condição de componentes da região metropolitana:

> A meu ver, a Constituição jurídica de região metropolitana, por meio de lei complementar estatal, faz com que nova dimensão regional seja acrescida (mas não substituída) à local. Ela obriga a que os Municípios, ao exercerem suas competências locais – que permanecem intocadas – coordenem seus esforços de maneira integrada e tenham em conta o fenômeno regional. A região metropolitana tem a natureza de "área de serviços especiais", de natureza meramente administrativa. É consenso que não se trata de novo ente federativo ou entidade estatal intermediária entre o Estado e os Municípios, mas sim de âmbito geográfico supralocal, que demanda uma nova lógica integrada de organização dos serviços. Assim, a instituição de região metropolitana obrigaria os entes envolvidos ao planejamento, à unificação e à coordenação dos serviços de interesse comum.[582]

Conforme aponta Benedicto Porto Neto,

> os Municípios reunir-se-ão, sob a coordenação do respectivo Estado, para planejarem, organizarem e executarem determinados serviços de maneira integrada, obedecidas,

---

582 SILVA, José Afonso. *Direito urbanístico brasileiro*. São Paulo: Malheiros, 2008, p. 141.

no caso de serviços de saneamento básico, as diretrizes fixadas pela União.[583]

Assim, a lei complementar estadual deverá prever a forma pela qual será realizada a integração das múltiplas atuações municipais. A atuação estadual, ao que nos parece, não pode ir além desse papel. Ultrapassá-lo seria incorrer em afronta constitucional, por importar em manifesta usurpação de competência constitucional exclusiva dos Municípios.

Diante de todo o exposto, temos que a titularidade para a execução dos serviços de saneamento é municipal, tendo em vista a natureza predominantemente local dos interesses envolvidos, ainda que envolvam também interesses regionais, estaduais ou federais.

Isto é, também no contexto das regiões metropolitanas e demais espécies de aglomerações urbanas, cabe aos Municípios, em conjunto, decidir sobre os rumos da organização dos serviços de saneamento de sua titularidade, através de normas abstratas ou concretas, sempre com foco nos interesses comuns a serem realizados.

Importa frisar que esta titularidade é indelegável para outros entes políticos, tendo em vista ser constitucionalmente atribuída, com fundamento no princípio federativo, previsto no art. 1º e art. 18 da Constituição da República, que assegura a autonomia municipal. Isso só autoriza a outorga da prestação material dos serviços públicos por meio de concessões ou permissões, como exige o art. 175 da Constituição da República. Aqui, portanto, fixa-se uma diretriz: os Municípios, e somente eles, serão competentes para outorgar legitimamente a prestação dos serviços públicos de sua titularidade.

---

583 Parecer elaborado a pedido do Ministério das Cidades. *In*: Saneamento para Todos, Projeto de Lei n. 5296/2005: Diretrizes para os serviços públicos de saneamento básico e política Nacional – PNS, p. 76.

Nesses termos, os Municípios que compõem uma região metropolitana possuem o condão para, discricionariamente, criar, modelar e instituir a forma de prestação dos serviços públicos ligados ao interesse comum de que são titulares absolutos, ainda que em seu exercício, em razão das circunstâncias, estejam condicionados à composição com outros Municípios limítrofes, dada a integração necessária a alguns de seus serviços.

Múltiplas variantes resultam dessa conclusão. Uma delas diz respeito à possibilidade de criação de entes de natureza interfederativa para a gestão ou a regulação dos serviços de saneamento na região metropolitana, como alternativa à gestão ou regulação exercida por ente estadual. Pode-se vislumbrar, por exemplo, a criação de Agência Reguladora regional, não vinculada ao Estado-membro, mas composta por recursos, servidores e representantes dos vários Municípios integrantes.[584]

Assim é que a participação do Estado-membro nunca poderá ter força tal que suprima qualquer aspecto do amplo e absoluto espectro decisório dos Municípios, além de restringir-se unicamente aos assuntos que se inscrevam no âmbito de atuação da região metropolitana, justificadamente. Como bem destaca Gilmar Mendes:

> Isto é, ainda que a participação do Estado federado nessa organização seja imprescindível inclusive para assegurar os interesses de outras comunidades não abrangidas pela aglomeração de municípios, seu voto isolado não pode ser suficiente para fixar todo planejamento e a execução da função pública de saneamento básico.

---

584 Vários critérios podem ser utilizados para a criação destas instituições mistas. Cite-se, como exemplo, a Agência Regional Reguladora de Serviços de Saneamento das Bacias dos Rios Piracicaba, Capivari e Jundiaí, no Estado de São Paulo, constituída com inspiração na circunscrição da respectiva Bacia Hidrográfica.

> Obviamente, não se exige que o Estado ou o Município-pólo tenham peso idêntico a comunidades menos expressivas, seja em termos populacionais, seja em termos financeiros. A preservação da autonomia municipal impede apenas a concentração do poder decisório e regulatório nesses entes.[585]

Nesse sentido, novamente convêm colacionar comentário que apresentamos em estudo específico sobre o tema das regiões metropolitanas e seu regime constitucional:

> Caso uma Região Metropolitana pretenda atribuir a um ou mais Municípios atividades que tratem de forma desigual os Municípios integrantes, de forma a submeter um à autoridade do outro, esta pretensão será eivada de inconstitucionalidade inafastável por ofensa à autonomia municipal dos Municípios não agraciados.
>
> Tal fato ocorreria, por exemplo, se a região Metropolitana atribuísse a um dos Municípios que a integram atividade de planejamento ou regulamentar. Obviamente são atividades indelegáveis, pois implicariam vulnerar a autonomia de Municípios em favor do agraciado pela outorga.[586]

Assegurada esta providência, restaria atendida a garantia de atuação do Estado-membro em seu papel integrador, conforme já demonstrado.

Com efeito, o Estado pode exercer a função de *locus* institucional no qual seria travada a relação entre os Municípios metropolitanos, para os casos em que fosse relevante a existência de "campo neutro", o que – ademais – garantiria a necessidade de

---

585 Voto proferido pelo na ADI n. 1.842/RJ.

586 SERRANO, Pedro Estevam Alves Pinto. *Região Metropolitana e seu regime constitucional*. São Paulo: Verbatim, 2009, p. 195.

isonomia interfederativa. Nesse aspecto, é importante apresentar o entendimento de Hely Lopes Meirelles:

> O essencial é que a lei complementar estadual contenha normas flexíveis para a implantação da Região Metropolitana, sem obstaculizar a atuação estadual e municipal; ofereça a possibilidade de escolha, pelo Estado, do tipo de Região Metropolitana a ser instituída; torne obrigatória a participação do Estado e dos Municípios interessados na direção e nos recursos financeiros da Região Metropolitana; conceitue corretamente as obras e serviços de caráter metropolitano, para que não se aniquile a autonomia dos Municípios pela absorção de atividades de seu interesse local; e, finalmente, se atribuam à Região Metropolitana poderes administrativos e recursos financeiros aptos a permitir o planejamento e a execução das obras e serviços de sua competência sem os entraves da burocracia estatal.[587]

Para mediar a relação entre os Municípios, provendo a cada um deles a possibilidade de exercício de suas competências de maneira equivalente, deve o Estado agir como facilitador procedimental:

> (1) somente é possível a criação de AGRUPAMENTO MUNICIPAL quando exista a necessidade de "integrar a organização, o planejamento e a execução de atividades de interesse comum"; (2) essa necessidade de integração não pode ser uma ficção jurídica, uma necessidade criada pela própria lei complementar, mas é preciso que elementos fáticos tornem clara essa necessidade e a subsidiem; O importante é que a lei complementar não faça nada além de reconhecer, por meio da criação do agrupamento, essa necessidade de integração; (3) é imperioso que o ESTADO, ao criar o AGRUPAMENTO MUNICIPAL, estabeleça

587 MEIRELLES, Hely Lopes. *Direito Municipal brasileiro*. São Paulo: Malheiros, 2003, p. 83.

também as regras que serão observadas para a tomada de decisões político-administrativas entre os MUNICÍPIOS; (4) é essencial que, quando da criação do agrupamento, a lei complementar estadual, sem se atribuir competência da REGIÃO METROPOLITANA, consiga assegurar, procedimentalmente, a igualdade relativa das comunidades envolvidas, a evitar que o poder político-econômico local de uma cidade específica possa descaracterizar o tom de representatividade dos demais MUNICÍPIOS; (5) é importante, muito embora não essencial, que a lei complementar estadual, sem extrapolar ou reduzir o conteúdo da Constituição, esclareça quais são as funções públicas de interesse comum ou regional.[588] (...)

Daí porque se dizer que a competência estadual é meramente procedimental. O ESTADO não decide políticas administrativas regionais. O ESTADO não tem o poder de legislar em questão de interesse comum dos MUNICÍPIOS. O ESTADO não pode se atribuir competências ou atribuições exclusivas da autonomia municipal. Cabe a ele somente instituir o AGRUPAMENTO MUNICIPAL e fixar a forma e os procedimentos a serem observados para a decisão em conjunto dos municípios. Tudo dentro de critérios razoáveis, para que a decisão dessas políticas administrativas e esse poder de legislar dos MUNICÍPIOS sejam exercidos consensualmente, proporcionalmente e de forma a resguardar a representatividade dos municípios envolvidos. Aos MUNICÍPIOS caberá a decisão da forma como se organizarão para a prestação de serviços públicos de INTERESSE REGIONAL – e por meio de consórcio, por exemplo, – e, principalmente, as decisões de cunho administrativo e legislativo em matéria de interesse comum do AGRUPAMENTO MUNICIPAL.[589]

588 Voto proferido pelo Ministro Nelson Jobim na ADI n. 1.842/RJ.

589 Voto proferido na ADI n. 1.842/RJ.

A competência integradora do Estado-membro manifesta-se apenas no *dever-poder* de criação da região metropolitana – por meio de critérios objetivos e que reflitam as circunstâncias fáticas de cada caso – como pela instituição de regras voltadas para a uniformização dos procedimentos harmonizadores da atuação dos Municípios.

Nesses termos, o Município que compõe uma região metropolitana detém a exclusiva titularidade para organizar e prestar o serviço público de saneamento, cabendo ao Estado apenas o papel integrador, isso em conformidade com o art. 25, §3º, do art. 25 da Constituição da República.

16.6 Conclusões

São constitucionais as Leis do Município de Guarulhos n. 7.095, 7.096 e 7.102 que instituíram, no Município, respectivamente, a Política Municipal dos Serviços Públicos de Abastecimento de Água e do Esgotamento Sanitário; a contratação de Parceria Público-Privada, precedida de concorrência pública, pelo Serviço Autônomo de Água e Esgoto de Guarulhos SAEE; e, por fim, uma Agência Reguladora dos Serviços Públicos de Saneamento Básico.

Com efeito, os serviços regulamentados pelas leis municipais em referência são de titularidade do Município tendo em vista a natureza predominantemente local dos interesses envolvidos. Por essa razão, o Município de Guarulhos, ainda que integre região metropolitana, possui o condão para, discricionariamente, criar, modelar e instituir a forma de prestação dos serviços públicos de saneamento.

Consagrada na Constituição da República a repartição de competências segundo o interesse predominante do ente federativo, a instituição de região metropolitana não significa uma transferência da titularidade municipal para a esfera estadual. Há, portanto, uma manutenção absoluta da competência municipal autônoma, cuja interferência do Estado-membro no polo de administração das áreas conurbadas não afasta a autonomia conferida ao Município pela Constituição da República.

Tendo-se em conta o princípio da igualdade entre os entes federados, valor maior do princípio federativo, não se pode entender que a Constituição da República conferiu ao Estado-membro competência para subtrair parcela da competência municipal por ato de sua competência legislativa discricionária.

O Supremo Tribunal Federal – STF já teve oportunidade de manifestar-se quanto ao interesse comum que impõe a compulsoriedade da integração metropolitana.[590]

Assim é que entende o tribunal que o interesse comum inclui funções públicas e serviços que atendam, conjuntamente, a mais de um município, bem como aqueles que, restritos ao território de um deles, sejam de algum modo dependentes, concorrentes, confluentes ou integrados de funções públicas, bem como serviços supramunicipais.

Especificamente com relação ao saneamento, entende o tribunal que o alto custo e o monopólio natural do serviço, além da existência de várias etapas que comumente ultrapassam os limites territoriais de um município, implicam na configuração do interesse comum.

Em outras palavras, entende o tribunal que, apenas excepcionalmente, a função pública do saneamento extrapolará o "*interesse local*" e passará a possuir natureza de interesse comum a exigir a integração metropolitana. Isso ocorrerá quando a viabilidade econômica e técnica só for possível por meio da integração. Do contrário, vigora a regra da autonomia municipal plena, bem como a sua autoadministração, que implica capacidade decisória quanto aos interesses locais, sem delegação ou aprovação hierárquica.

---

590 ADI n. 1.842/RJ.

Nessa linha de raciocínio, a decisão do *Órgão Especial do Tribunal de Justiça de São Paulo merece ser reformada, já que o Município de Guarulhos exerceu suas atribuições constitucionais, bem como a autoadministração do serviço público de sua titularidade plena.*

Em outras palavras, o Município de Guarulhos exerceu sua capacidade normativa própria, isto é, a competência para elaboração de leis municipais sobre matérias que são reservadas à sua competência exclusiva e suplementar, que continuou preservada mesmo após a instituição da região metropolitana.

Além disso, e para efeito de argumentação – o que se admite apenas por hipótese – uma possível inconstitucionalidade das leis municipais impugnadas por meio do controle abstrato de constitucionalidade somente poderia ocorrer na parte em que elas fossem contrárias a uma possível integração metropolitana futura, o que – repita-se – não ocorreu no presente caso.

Este é o nosso parecer.

São Paulo, 18 de maio de 2015.

CAPÍTULO XVII

DAS ORIGENS DA REGULAÇÃO PORTUÁRIA NO BRASIL ATÉ A LEI DE MODERNIZAÇÃO DOS PORTOS DE 1993 E A QUESTÃO DA ADAPTAÇÃO DOS CONTRATOS DE ARRENDAMENTO AOS NOVOS MARCOS REGULATÓRIOS

EMENTA:

I. INTRODUÇÃO: O OBJETO DO PRESENTE PARECER. II. ASPECTOS FUNCIONAIS E ESTRUTURAIS DAS ATIVIDADES PORTUÁRIAS. III. DAS ORIGENS DA REGULAÇÃO PORTUÁRIA NO BRASIL ATÉ A LEI DE MODERNIZAÇÃO DOS PORTOS DE 1993: ANÁLISE HISTÓRICO-LEGISLATIVA. IV. AS COMPETÊNCIAS MATERIAL EXCLUSIVA E LEGISLATIVA PRIVATIVA PORTUÁRIAS DA UNIÃO CONSUBSTANCIADAS NA CONSTITUIÇÃO DA REPÚBLICA DE 1988. V. O DOMÍNIO PÚBLICO PORTUÁRIO. VI. A DISCIPLINA CONSTITUCIONAL DAS ATIVIDADES ECONÔMICAS *LATO SENSU* PORTUÁRIAS. VII. AS MODALIDADES

EXPLORATÓRIAS DAS ATIVIDADES ECONÔMICAS *LATO SENSU* PORTUÁRIAS: DA LEI DE MODERNIZAÇÃO DOS PORTOS DE 1993 À NOVA LEI DOS PORTOS DE 2013. **VIII.** A IMPOSIÇÃO LEGAL DE ADAPTAÇÃO, PELA LEI DE MODERNIZAÇÃO DOS PORTOS DE 1993, DOS CONTRATOS VIGENTES AO SEU NOVO REGIME. **IX.** CONSEQUÊNCIAS JURÍDICAS DA NÃO ADAPTAÇÃO AO REGIME DA LEI DE MODERNIZAÇÃO DOS PORTOS DE 1993. **IX.A.** ROMPIMENTO DE EXPECTATIVA LEGÍTIMA. **IX.B.** DESEQUILÍBRIO ECONÔMICO-FINANCEIRO. **IX.C.** OUTRAS CONSEQUÊNCIAS: INSEGURANÇA JURÍDICA, ENTRAVES À EFICIÊNCIA E REALIZAÇÃO DE INVESTIMENTOS E JUDICIALIZAÇÃO. **X.** DAS FORMAS DE REPARAÇÃO DOS DANOS DECORRENTES DA NÃO ADAPTAÇÃO DOS CONTRATOS ANTERIORES À LEI DE MODERNIZAÇÃO DOS PORTOS DE 1993. **XI.** A NECESSIDADE DE ESTABILIZAÇÃO DAS RELAÇÕES JURÍDICAS E A VIA NORMATIVA ADEQUADA PARA ESTABILIZAÇÃO DAS RELAÇÕES JURÍDICAS: A EDIÇÃO DE DECRETO REGULAMENTADOR. **XII.** CONCLUSÕES E RESPOSTAS AOS QUESITOS.

CONSULENTE: ASSOCIAÇÃO BRASILEIRA DOS TERMINAIS PORTUÁRIOS – ABTP

17.1 Introdução: o objeto do presente Parecer

Honra-nos a **ASSOCIAÇÃO BRASILEIRA DOS TERMINAIS PORTUÁRIOS – ABTP**, sociedade civil sem fins lucrativos, com sede na Avenida Almirante Barroso, n. 91, Grupo 609, Centro, cidade do Rio de Janeiro, Estado do Rio de Janeiro, com a Consulta em tema afeto ao Direito Público, bem como das consequências jurídicas da não adaptação ao novo regime jurídico da Lei de Modernização dos Portos de 1993, especialmente no que tange ao prazo dos contratos e as condições de prorrogação, para os titulares de contratos do regime anterior à Lei de Modernização dos Portos de 1993. Assim é que nos foram formulados os seguintes quesitos:

PRIMEIRO QUESITO: Quais as consequências jurídicas da não adaptação ao novo Regime Jurídico da Lei de Modernização dos Portos de 1993, especialmente no que tange ao prazo dos contratos e as condições de prorrogação, para os titulares de contratos no Regime anterior à Lei de Modernização dos Portos de 1993 tanto para aqueles em plena execução, quanto para aqueles que possuem contratos de transição ou estão em situações de fato equivalentes?

SEGUNDO QUESITO: Em caso positivo, a edição de decreto pelo Presidente da República é uma via normativa adequada para estabilização das relações jurídicas estabelecidas entre o Poder Concedente, a União, e os titulares de contratos no regime anterior à Lei de Modernização dos Portos de 1993?

A adequada demarcação das referidas consequências jurídicas demandará, inicialmente, a fixação dos aspectos funcionais e estruturais das atividades portuárias, bem como uma análise histórico-legislativa da regulação portuária no Brasil até a Lei de Modernização dos Portos de 1993.

Em seguida, abordaremos a questão das competências material exclusiva e legislativa privativa portuárias da União consubstanciadas na Constituição da República de 1988, a delimitação do domínio público portuário, a disciplina constitucional das atividades econômicas lato sensu portuárias.

Apresentado o citado contexto histórico e econômico, esmiuçaremos as modalidades exploratórias das atividades econômicas *lato sensu* portuárias no regime da Lei de Modernização dos Portos de 1993 e na nova lei dos portos de 2013, a Lei n. 12.815/2013.

Em seguida, trataremos diretamente da extinção, pela Lei de Modernização dos Portos de 1993, do regime jurídico dos terminais ou embarcadouros de uso privativos e das instalações rudimentares, o que veio acompanhada da determinação legal de adaptação dos "contratos de exploração de terminais ou embarcadores de uso privativo" e das "concessões, permissões e autorizações" no prazo de cento e oitenta dias.

Considerando que muitos dos contratos firmados antes da vigência da revogada Lei n. 8.630/1993 nunca foram adaptados ao novo regime, especialmente no que tange ao prazo de vigência e as condições de prorrogação, concluiremos que a mora do Executivo em realizar a adaptação dos contratos vigentes ao novo regime jurídico da Lei de Modernização dos Portos de 1993 ensejou uma lesão à legítima esfera de direitos dos titulares destes mesmos contratos, em relação que de algum modo se mantém até a atualidade.

Em outras palavras, sustentaremos que a não adaptação ao novo regime jurídico da Lei de Modernização dos Portos de 1993, especialmente no que tange ao prazo dos contratos e as condições de prorrogação – cujo prazo total, incluído o da prorrogação, poderia ser de até cinquenta anos – gerou uma afronta à confiança, à expectativa legítima, à boa-fé e à moralidade administrativa, bem como um *sui generis* desequilíbrio econômico-financeiro em favor dos titulares de contratos no regime anterior à Lei de Modernização dos Portos de 1993.

Por essa razão é que, sob a ótica da teoria do equilíbrio econômico-financeiro, os reflexos econômico-financeiros negativos para os titulares de contratos anteriores à Lei de Modernização dos Portos de 1993 impõem o reconhecimento das perdas originadas na omissão estatal, isso de forma a neutralizar nessa relação jurídica continuada os impactos negativos ou positivos gerados especificamente pelo evento que ensejou a turbação na relação jurídica, qual seja a não adaptação dos contratos, em 180 dias, a contar do início da vigência da revogada Lei de 1993.

Considerando que os direitos afetados se refletem, hoje, em uma perspectiva transacional, em valores econômicos, emerge a possibilidade jurídica e ainda a necessidade de reequilíbrio dessas relações, a fim de sanear a litigiosidade que tem marcado as mencionadas relações. Para tanto, sustentaremos que a forma mais adequada e consentânea com os princípios que regem a Administração Pública para efetivar o reequilíbrio é a extensão de prazo contratual.

A considerar a elevada judicialização em torno do tema, bem como a necessidade de procedimentos administrativos isonômicos junto ao poder concedente para avaliação dos impactos negativos para os arrendatários e, ainda, a identificação do melhor e mais compatível com o interesse público modo de adaptação e deslinde da questão, é possível e legítimo, juridicamente, que seja editado decreto regulamentador. Vejamos:

17.2 Aspectos funcionais e estruturais das atividades portuárias

A corrente de comércio exterior brasileira representa 21% do Produto Interno Bruto – PIB, o que coloca o Brasil na 24ª posição no *ranking* de comércio internacional da *United Nations Conference on Trade and Development* – UNCTAD.[591] 79% da entrada e saída de produtos ocorrem via portos, conforme o Anuário Estatístico Portuário da Agência Nacional de Transportes Aquaviários – ANTAQ.[592]

Deste modo, o sistema portuário nacional, na situação atual, age, atualmente, como um limitador de crescimento do país. O porto constitui elo crítico da cadeia logística dos fluxos de comércio internacional dentro do paradigma de fluxo contínuo e desimpedido de mercadorias e informações. Porém, ao invés de atuar como

---

591 UNITED NATIONS CONFERENCE ON TRADE AND DEVELOPMENT. *Development and globalization*: facts and figures. Geneva, 2008.

592 BRASIL. Agência Nacional de Transportes Aquaviários. Anuário estatístico portuário. Brasília, 2010.

catalisador do crescimento econômico, mostra-se como ponto de estrangulamento deste.

Assim é que se considera o porto como uma instituição econômica.[593] As atividades portuárias são adjacentes à infraestrutura necessária ao transporte aquaviário de bens e pessoas, já que somente por meio de portos é que se promove uma atuação economicamente organizada no setor de transportes. As atividades portuárias são, assim, meio essencial à exploração econômica haja vista o desenvolvimento e importância do comércio internacional[594] especialmente diante do atual estágio do capitalismo.

Considera-se, na mesma linha, o porto como um agente econômico,[595] o que decorre da imprescindibilidade da infraestrutura portuária ao desenvolvimento e soberania do Estado, a sua essencialidade às trocas comerciais e a relevância ao intercâmbio comercial interno e externo. Por essa razão é que se constata que as atividades portuárias são um elo fundamental da cadeia de transportes, por servirem os portos de interligações modais entre os transportes terrestres e marítimos.[596] Com efeito, o forte impacto

---

593 JUSTEN FILHO, Marçal. "O regime jurídico dos operadores de terminais portuário no Direito brasileiro". *Revista de Direito Público da Economia*, Belo Horizonte, nº 16, out./dez., 2006, p. 78.

594 JUSTEN FILHO, Marçal. "O regime jurídico dos operadores de terminais portuário no Direito brasileiro". *Revista de Direito Público da Economia*, Belo Horizonte, nº 16, out./dez., 2006, p. 78.

595 CLÈVE, Clèmerson Merlin. "Preceitos constitucionais fundamentais da República Federativa do Brasil, serviço público portuário e autorização para exploração de atividade portuária por meio de terminais portuários de uso misto". *Interesse público*, Belo Horizonte, ano 10, nº 51, set./out., 2008, p. 114.

596 CLÈVE, Clèmerson Merlin. "Preceitos constitucionais fundamentais da República Federativa do Brasil, serviço público portuário e autorização para exploração de atividade portuária por meio de terminais portuários de uso misto". *Interesse público*, Belo Horizonte, ano 10, nº 51, set./out., 2008, p. 114.

sobre o desenvolvimento econômico faz das atividades portuárias um segmento econômico estratégico.[597]

É imprescindível, destarte, um ambiente estrutural que proporcione a capacidade de crescimento do subsetor portuário de modo a privilegiar a execução de melhorias contínuas e aceleradas. Os ganhos operacionais que daí decorrerão serão a eficiência, o custo baixo, a segurança e a previsibilidade.

Como se vê, desenvolver o sistema portuário do país leva a impactos significativos em sua economia por meio de redução do custo logístico total, incentivo a novos negócios, sua sustentabilidade, bem como a atração de investimentos, o que contribuirá para a competitividade do país e o seu crescimento econômico.

Diante do "caráter imprescindível da infraestrutura e das atividades portuárias para a efetivação, observância e manutenção do desenvolvimento e soberania nacionais",[598] a solução de impasses – tal a qual objeto do presente parecer – é essencial para o destravamento de investimentos no setor e otimização da prestação dos serviços públicos.

17.3 Das origens da regulação portuária no Brasil até a Lei de Modernização dos Portos de 1993: análise histórico-legislativa

Ainda que desde 1808 tenha havido a *Abertura dos Portos às Nações Amigas* por meio da Carta Régia de Dom João VI, essa

597 CLÈVE, Clèmerson Merlin. "Preceitos constitucionais fundamentais da República Federativa do Brasil, serviço público portuário e autorização para exploração de atividade portuária por meio de terminais portuários de uso misto". *Interesse público*, Belo Horizonte, ano 10, nº 51, set./out., 2008, p. 115.

598 CLÈVE, Clèmerson Merlin. "Preceitos constitucionais fundamentais da República Federativa do Brasil, serviço público portuário e autorização para exploração de atividade portuária por meio de terminais portuários de uso misto". *Interesse público*, Belo Horizonte, ano 10, nº 51, set./out., 2008, p. 118.

abertura não foi acompanhada de efetiva exploração das atividades portuárias no país, o que só veio ocorrer mais tarde.

Em 1828, uma *Carta de Lei* editada por Dom Pedro I instituiu normas para a construção das obras públicas que tivessem por objeto a abertura de canais e a edificação de portos pela iniciativa privada. O retorno dos investimentos ocorreria por meio da cobrança de "taxas de uso e de passagem".

Em 1831, o Decreto de 13 de dezembro regulamentou o uso do porto do Rio de Janeiro. Em 1869 o Decreto n. 1.746/1869 autorizou a contratação da construção, nos diferentes portos do Império, de docas e armazéns para carga, descarga, guarda e conservação das mercadorias de importação e exportação. A partir desse Decreto surgiram as primeiras Companhias Docas do país. Em 1886, a Lei n. 3.314/1886 previu que poderiam ser estabelecidas em favor da iniciativa privada determinadas vantagens para o melhoramento dos portos do Império.

Já no começo do século XX, a Lei n. 957/1902 autorizou a realização de obras necessárias ao melhoramento dos portos da República. O Decreto n. 4859/1903 estabeleceu um regime especial para execução de obras de melhoramento de portos, o qual foi modificado pelo Decreto n. 6368/1907. Em 1921, o Decreto n. 4.279/1921 regulou a atracação de navios nos portos providos de cais, molhes, obras congêneres, serviços de dragagem e outros necessários ao tráfego de navios.

Entretanto, pode-se afirmar que a primeira tentativa de sistematização da regulação portuária no Brasil ocorreu no ano de 1934, com a publicação dos Decretos n. 24.447/1934, n. 24.508/1934, n. 24.511/1934 e n. 24.599/1934. Referido modelo fundava-se, originalmente, na ideia de que cada porto organizado possuía uma *hinterlândia*, a qual delimitava o embarque e desembarque das mercadorias destinadas ou provenientes desta mesma área.[599]

O Decreto n. 24.447/1934 conceituou os portos organizados no seu art. 2º, *caput*, e instalações portuárias no seu art. 3º. Os primeiros são conceituados como aqueles que:

> tenham sido melhorados, ou aparelhados, atendendo-se às necessidades da navegação e da movimentação e guarda de mercadorias e cujo tráfego se realize sob a direção de uma "administração do porto", a quem caiba a execução dos "serviços portuários" e a conservação das "instalações portuárias".

Já as instalações portuárias foram indicadas como aquelas compostas por: (a) ancoradouros, docas, ou trechos de rios, em que as embarcações sejam autorizadas a fundear, ou a efetuar operações de carregamento ou descarga; (b) vias de acesso aos ancoradouros, docas, cais, pontes de acostagem, desde que tenham sido construídos ou melhorados, ou que devam ser mantidos pelas administrações dos portos; (c) cais, pontes de acostagem, guia-correntes e quebra-mares, construídos para a atracação de embarcações ou para a tranquilidade e profundidade das águas nos portos ou nas respectivas vias de acesso; e, por fim, (d) áreas de terreno, armazéns e outros edifícios, vias férreas e ruas, bem como todo o aparelhamento de que os portos disponham, para atender às necessidades do respectivo tráfego e à reparação e conservação das próprias instalações portuárias, que tenham sido adquiridos, criados, construídos, ou estabelecidos, com autorização da Administração Pública federal.

O Decreto n. 24.511/1934 definiu, no parágrafo único do seu art. 2º, o que se considera como *hinterlância* de um porto organizado: (a) a cidade ou localidade em que o porto estiver localizado

---

599 LOBO, Carlos Augusto da Silveira. "Os terminais portuários privativos na Lei n. 8.630/93". *Revista de Direito Administrativo*, vol. 220. Rio de Janeiro: Renovar, abr./jun. 2000, pp. 29/30.

ou em que funcionar a respectiva alfândega ou mesa de rendas, ou as costas ou margens atingidas pela navegação interior do porto; (**b**) as faixas litorâneas ou marginais, contíguas às instalações do porto ou baía ou enseada em que elas se encontram, e confrontantes com zonas ligadas efetiva ou previsivelmente, sede daquelas instalações ou região interior da *hinterlândia* pelos meios e/ou vias de transporte que ligam, ou venham a ligar essa *hinterlândia* ao porto respectivo; e, por fim, (**c**) a região do país servida por meios ou vias de transporte terrestres, fluviais ou lacustres, para a qual se encaminham, diretamente, mercadorias desembarcadas no porto ou da qual procedam mercadorias para embarque no mesmo porto. O art. 6º desse mesmo Decreto previa o mecanismo de remuneração das diferentes modalidades de utilização das instalações e dos serviços prestados.

O Decreto n. 24.599/1934, no seu art. 1º, autorizou a União a contratar o melhoramento e a exploração comercial dos portos nacionais, outorgando concessão aos Estados ou a entidades privadas de reconhecida idoneidade técnica e capacidade financeira. Nesse modelo, o prazo da concessão era fixado de acordo com as dificuldades de execução das obras de melhoramento do porto a conceder, mas desde que não excedesse a 70 anos.

Em 1944 o Decreto-Lei n. 6.460/1944 possibilitou a construção e a exploração de "instalações portuárias rudimentares pelos Estados e Municípios", destinadas, essencialmente, à prestação de serviços ao público e com cobrança de tarifas aprovadas pela Administração Pública.

Em 1945, o Decreto-Lei n. 8.439/1945 regulou o serviço de armazenagem nos portos organizados. No ano seguinte, o Decreto-Lei n. 9.760/1946 regulamentou os bens imóveis da União, o que compreendia os terrenos de marinha e seus acrescidos e as instalações portuárias.

Em 1958, a Lei n. 3.421/1958 criou o Fundo Portuário Nacional e a Taxa de Melhoramentos dos Portos, com vistas a prover recursos para o melhoramento dos portos e das vias navegáveis do país constantes do Plano Portuário Nacional. Em 1963, a Lei n. 4.213/1963, dentre outras coisas, disciplinou a aplicação deste fundo.

Em 1966, o Decreto-Lei n. 5/1966, dentre outras coisas, estabeleceu normas para a recuperação econômica das atividades da Marinha-Mercante e dos Portos Nacionais. Seu art. 26 permitiu a construção ou exploração de instalações portuárias, independentemente da movimentação anual de mercadorias, desde que a construção seja realizada sem ônus para o Poder Público ou prejuízo para a segurança nacional, a exploração se faça para uso próprio. Assegurou-se à administração do porto a percepção das taxas e tarifas das cargas movimentadas na sua *hinterlândia*.

Já seu art. 27 previu que poderão ser locados ou arrendados a seus usuários ou a outrem os terrenos, armazéns e outras instalações portuárias, tendo preferência na locação ou arrendamento a longo prazo aqueles que se dispuserem a investir para completar, expandir ou aparelhar as instalações.

O Decreto-Lei n. 5/66 foi regulamentado pelo Decreto n. 59.832/1966. Seu art. 107 previu que poderão ser locados ou arrendados, a seus usuários ou a outrem, para exploração comercial, adstrita à finalidade a que são destinados, os terrenos, armazéns, depósitos, galpões e demais instalações de serviços portuários. O art. 108 da referida espécie normativa previu que teriam preferência, para o arrendamento a longo prazo, os interessados que se obrigassem a realizar investimentos na complementação, expansão e reaparelhamento das instalações existentes.

O art. 111 do mesmo decreto previu que "a locação não poderá ser contratada por prazo superior a 5 (cinco) anos e o arrendamento por mais e dez (10) anos". O parágrafo único do mesmo dispositivo previu que "as prorrogações serão precedidas de novas avaliações para atualização dos respectivos valores básicos".

O Decreto-Lei n. 83/1966 alterou parcialmente o regime jurídico dos terminais ou embarcadouros de uso privativos e das instalações rudimentares ao fixar novas definições para a *hinterlândia* e para a chamada área de administração do porto e criou a categoria *zona de jurisdição*.

Seu art. 1º previu que se consideram *hinterlândia* de um porto organizado: (a) a cidade ou localidade em que o porto estiver localizado ou em que funcionar a respectiva alfândega ou mesa de rendas, ou as costas ou margens atingidas pela navegação interior do porto; (b) as faixas litorâneas ou marginais, contíguas às instalações do porto ou à baía ou a enseada em que elas se encontram, e confrontantes com zonas ligadas, efetiva ou previsivelmente, à sede daquelas instalações ou à região interior da *hintertândia*, pelos mesmos meios e/ou vias de transporte que ligam, ou venham a ligar, esta *hinterlândia* ao porto respectivo; e, por fim, (c) a região do país servida por meios ou vias de transporte terrestres ou fluviais ou lacustres para a qual se encaminhem, diretamente, mercadorias desembarcadas no porto ou da qual procedam mercadorias para embarque no mesmo porto.

Seu art. 2º previu que constituem zona de jurisdição de um porto organizado as seguintes partes de *hinterlândia*: (a) a cidade ou localidade em que o porto estiver localizado ou em que funcionar a respectiva alfândega ou mesa de rendas, ou as costas ou margens atingidas pela navegação interior do porto; e, ainda, (b) as faixas litorâneas ou marginais, contíguas às instalações do porto ou à baía ou a enseada em que elas se encontram, e confrontantes com zonas ligadas, efetiva ou previsivelmente, à sede daquelas instalações ou à região interior da *hinterlândia*, pelos mesmos meios e/ou vias de transporte que ligam, ou venham a ligar, esta *hinterlândia* ao porto respectivo.

Seu art. 3º previu que a área de administração de um porto organizado compreende: (a) as instalações portuárias do respectivo; e, ainda, (b) as costas ou margens atingidas pela navegação interna do mesmo porto e beneficiadas, direta ou indiretamente, com obras ou serviços relacionados com a tranquilidade e profundidade das águas, bem como a segurança da navegação e o abastecimento das embarcações.

O Decreto-Lei n. 83/1966 previu, no seu art. 4º, que as mercadorias movimentadas em terminal ou embarcadouro de uso privativo, ficariam sujeitas ao pagamento de determinadas taxas.

Em 1975, a Lei n. 6.222/1975 autorizou a Constituição da empresa pública denominada Empresa de Portos do Brasil S.A. – Portobrás, vinculada ao Ministério dos Transportes, destinada a realizar atividades relacionadas com a construção, administração e exploração dos portos e das vias navegáveis interiores, exercendo a supervisão, orientação, coordenação, controle e fiscalização sobre tais atividades.

Em 1988, a nova Constituição da República, no seu art. 21, inciso XII, alínea "f", atribuiu à União a competência para a exploração de portos marítimos, fluviais e lacustres, diretamente ou mediante autorização, concessão ou permissão.

Em 1989, o Decreto n. 98.139/1989 alterou a redação do art. 111 do Decreto n. 59.832/1966 para ampliar o prazo para a locação dos terrenos, armazéns, depósitos, galpões e demais instalações de serviços portuários para cinco anos. Já o arrendamento foi ampliado para até 20 anos.

Em 1990, a Medida Provisória n. 151/1990, convertida na Lei n. 8.029/1990, autorizou a dissolução ou privatização da Empresa de Portos do Brasil S.A. – Portobrás.

Em 1993, foi editada a Lei n. 8.630/1993, Lei de Modernização dos Portos, reformando o modelo de prestação de atividades portuárias no Brasil.

Conclui-se, portanto, que, por muito tempo, o regime jurídico geral dos bens imóveis da União – o que compreende os terrenos de marinha, seus acrescidos e as instalações portuárias – foi que regulamentou a exploração dos portos no país.

Num segundo momento – e até o advento da Lei de Modernização dos Portos de 1993 – existiam, essencialmente, regimes de exploração privativa e pública de portos pelo país, os quais eram permeados por inflexões regulatórias emergentes do domínio público portuário, de modo a viabilizar a implantação dos portos e, assim, garantir a circulação de riquezas sem prejuízo da segurança nacional.

17.4 As competências material exclusiva e legislativa privativa portuárias da União consubstanciadas na Constituição da República de 1988

O modelo constitucional de repartição de competências está baseado em um complexo sistema que busca realizar o equilíbrio federativo pela distribuição de atribuições fundamento na técnica da enumeração de competências da União, definição indicativa aos Municípios e atribuições remanescentes aos Estados, segundo salienta José Afonso da Silva.[600]

Adotando critério híbrido extraído da experiência histórica e tendo como alicerce os valores e fundamentos do Estado Democrático de Direito (preâmbulo e art. 1º), bem como os objetivos da República Federativa do Brasil (art. 3º), a Constituição da República estabeleceu um complexo sistema de repartição de competências, consistente na técnica da enumeração dos poderes da União (arts. 21 e 22), com poderes remanescentes para os Estados (art. 25, § 1º) e poderes definidos indicativamente para os Municípios,[601] sem prejuízo

---

600 SILVA, José Afonso. *Curso de Direito Constitucional Positivo*. São Paulo: Malheiros, 2008, p. 479.

601 José Afonso da Silva, ao analisar o Direito Comparado, destaca a existência de três técnicas principais de repartição de competências: (a) *enumeração de poderes da União, reservando-se aos Estados os poderes remanescentes*; (b) *atribuição dos poderes enumerados aos Estados e dos remanescentes à União*; e (c) *enumeração das competências das entidades federativas*. Contudo, observa o autor que as dificuldades práticas na implantação dos

da possibilidade de delegação em determinados casos. Veio, nesses termos, a instituir um dado pacto federativo[602] não hierarquizado.

Houve, assim, a observância do princípio da predominância do interesse, segundo o qual caberá à União as matérias de predominante interesse geral ou nacional, aos Estados as matérias de predominante interesse regional – e que não estejam elencadas dentre as competências da União ou dos Municípios – e aos Municípios os assuntos de interesse predominantemente local.[603]

No que concerne às competências legislativas da União, temos que se reservaram, privativamente, as matérias arroladas no art. 22 da Constituição da República (competência legislativa plena), como, por exemplo, águas (inciso IV), política de crédito (inciso VII), e a edição de normas gerais em relação às matérias do art. 24, como proteção ao meio ambiente e defesa dos recursos naturais (incisos VI e VIII), proteção e defesa da saúde (inciso XII).

---

sistemas de repartição podem ensejar a formulação de sistemas complexos, que integrem as técnicas mencionadas, em função das peculiaridades de cada Estado-nação. Neste sentido, classifica o modelo brasileiro como complexo. (SILVA, José Afonso da. *Curso de Direito Constitucional Positivo*. São Paulo: Malheiros, 2014, pp. 482/483).

602 A forma federada parte de uma avença entre Estados que visa ao fortalecimento conjunto ou de uma descentralização de um poder central com vistas aos mesmos objetivos. Um pacto com tamanha grandeza conforma-se de modo mais eficiente com a concepção de um manuscrito que defina sua origem, alcance e competências. Nessa linha é o que sustentamos em SERRANO, Pedro Estevam Alves Pinto. *Região Metropolitana e seu regime constitucional*. São Paulo: Verbatim, 2009, p. 60.

603 Em convergência com este entendimento, preleciona José Afonso da Silva: "O princípio feral que norteia a repartição de competência entre as entidades componentes do Estado federal é o da predominância do interesse, segundo o qual à União caberão aquelas matérias e questões de predominante interesse feral, nacional, ao passo que aos Estados tocarão as matérias e assuntos de predominante interesse regional, e aos Municípios concernem os assuntos de interesse local, tendo a Constituição vigente desprezado o velho conceito do peculiar interesse local que não lograra conceituação satisfatória em um século de vigência" (SILVA, José Afonso. *Curso de Direito Constitucional Positivo*. São Paulo: Malheiros, 2008, p. 482).

Neste diapasão, a Constituição da República, no seu art. 21, inciso XII, alínea "f", atribui à União a competência para a exploração de portos marítimos, fluviais e lacustres, diretamente ou mediante autorização, concessão ou permissão. Depara-se, aqui, com competência material exclusiva da União, isto é, a este ente federado atribuída com exclusão dos demais. Assim, "toda e qualquer atividade relacionada a portos é de titularidade federal".[604]

Referida competência da União não impede que a União promova, em seu nome, a exploração de atividades portuárias mediante delegação a outra pessoa integrante da Administração pública, direta ou indireta, seja em âmbito federal, estadual ou municipal.

Além do mais, é importante salientar que domínio público portuário integra-se de bens de titularidade da União, uma vez que, de acordo com o art. 20 da Constituição da República, são seus bens (**a**) as terras devolutas indispensáveis à defesa das fronteiras, das fortificações e construções militares;[605] (**b**) os lagos, rios e quaisquer correntes de água em terrenos de seu domínio, ou que banhem mais de um Estado, sirvam de limites com outros países, ou se estendam a território estrangeiro ou dele provenham, bem como os terrenos marginais e as praias fluviais; (**c**) as ilhas fluviais e lacustres nas zonas limítrofes com outros países; as praias marítimas; as ilhas oceânicas e as costeiras;[606] (**d**) o mar territorial; e, por fim, (**e**) os terrenos de marinha e seus acrescidos.

---

604 JUSTEN FILHO, Marçal. "O regime jurídico dos operadores de terminais portuário no Direito brasileiro". *Revista de Direito Público da Economia*, Belo Horizonte, nº 16, out./dez., 2006, p. 83.

605 Segundo o § 2º do Art. 20 da Constituição da República "a faixa de até cento e cinquenta quilômetros de largura, ao longo das fronteiras terrestres, designada como faixa de fronteira, é considerada fundamental para defesa do território nacional, e sua ocupação e utilização serão reguladas em lei".

606 Excluídas, destas, as que contenham a sede de Municípios, exceto aquelas áreas afetadas ao serviço público e a unidade ambiental federal.

Portanto, é preciso concluir que a Constituição da República não restringiu a competência material da União aos serviços desempenhados em portos, mas

> estabeleceu que a criação de portos, a implantação de equipamentos portuários, o desempenho de serviços públicos ou privados e toda e qualquer atuação relacionada à figura do porto, ainda que indiretamente, inclui-se na competência federal.[607]

O art. 22, inciso X, determinou, nesse contexto, a competência exclusiva da União para legislar sobre o regime dos portos.

17.5 O domínio público portuário

A abordagem do regime jurídico a que estão submetidos os bens patrimoniais, móveis e imóveis, integrantes do domínio público portuário deve partir da especificação das espécies de bens públicos. Com efeito, os domínios públicos aquaviário e portuário, bens públicos afetos a uma finalidade específica, qual seja, a exploração das atividades portuárias, devem ser vistos sem ser esquecida sua finalidade publicística.

Frise-se, aqui, que os titulares de arrendamento portuário possuem, sem o qual não é possível a exploração das atividades portuárias em regime de concessão ou autorização, a posse da área, a qual, conforme adiante explicitaremos, é integrante de terrenos de marinha.

Quando falamos em domínio público portuário, ressaltamos a categoria dos bens integrantes do domínio do Estado, sobre o

---

607 JUSTEN FILHO, Marçal. "O regime jurídico dos operadores de terminais portuário no Direito brasileiro". *Revista de Direito Público da Economia*, Belo Horizonte, nº 16, out./dez., 2006, p. 84.

qual este exerce soberania, e que são públicos. Bens públicos[608] são todos aqueles pertencentes às pessoas jurídicas de Direito público, bem como os que, embora não pertençam a tais pessoas, estejam afetados à prestação de serviço público.[609]

Quanto à destinação, os bens públicos podem ser de uso comum, de uso especial ou dominiais.[610] Os bens públicos de uso comum são destinados ao uso indistinto de todos sem necessidade de qualquer qualificação ou consentimento especial, não se admitindo frequência limitada ou remunerada. Os bens públicos de uso especial são afetados a um serviço ou estabelecimento público, pode ser consentido gratuita ou remuneradamente, por tempo certo ou indeterminado, consoante o ato ou contrato administrativo que o autorizar, permitir ou conceder.[611] Os bens públicos dominiais são integrantes do patrimônio disponível do Estado, isto é, próprios dele como objeto de direito real e não afetados a um destino público imediato.[612]

608 O art. 98 do Código Civil assinala que "são públicos os bens do domínio nacional pertencentes às pessoas jurídicas de direito público interno; todos os outros são particulares, seja qual for a pessoa a que pertencerem".

609 BANDEIRA DE MELLO, Celso Antônio. *Curso de Direito Administrativo*. São Paulo: Malheiros, 2009, p. 903.

610 De acordo com o art. 102 do Código Civil, "os bens públicos não estão sujeitos a usucapião". Pelo art. 103, "o uso comum dos bens públicos pode ser gratuito ou retribuído, conforme for estabelecido legalmente pela entidade a cuja administração pertencerem".

611 Pelo art. 100 do Código Civil, "os bens públicos de uso comum do povo e os de uso especial são inalienáveis, enquanto conservarem a sua qualificação, na forma que a lei determinar".

612 Conforme o art. 99, inciso III do Código Civil, "os dominicais, que constituem o patrimônio das pessoas jurídicas de direito público, como objeto de direito pessoal, ou real, de cada uma dessas entidades". Seu parágrafo único assinala que "não dispondo a lei em contrário, consideram-se dominicais os bens pertencentes às pessoas jurídicas de direito público a que se tenha dado estrutura de direito privado". O art. 101, por sua vez, destaca que "os bens públicos dominicais podem ser alienados, observadas as exigências da lei".

O domínio público portuário integra-se de bens públicos de uso especial,[613] posto serem afetados às atividades econômicas *lato sensu* portuárias. O domínio público portuário integra-se, conforme antecipado, de bens da União, isso de acordo com o art. 20 da Constituição da República.

Os terrenos de marinha e seus acrescidos são bens dominiais da União, nos termos do Decreto-Lei n. 9.760/1946, o Estatuto das Terras Públicas, o qual criou como referência demarcatória a profundidade de trinta e três metros, medidos horizontalmente para a parte da terra, da posição da Linha da Preamar Média 1831.[614]

O nível de preamar médio é uma altitude, ou seja, a distância vertical entre um nível zero de referência e a altura da preamar-média num determinado local e período. Resulta, portanto, da intersecção de um plano horizontal com a superfície do terreno.[615]

---

613 Suriman Nogueira de Souza Júnior considera que os portos marítimos são bens de uso público porque destinados ao transporte de passageiros e mercadoria (SOUZA JÚNIOR, Suriman Nogueira de. *Regulação portuária*: a regulação jurídica dos serviços públicos de infraestrutura portuária no Brasil. São Paulo: Saraiva, 2008, p. 20). Entretanto, acreditamos que os portos organizados sejam bens públicos de uso especial, já que "considerados espaços organizados e especializados para a realização de operações de tráfego portuário, são submetidos a restrições de ingresso, de modo a melhor atender a exploração do serviço público" (LIMA, Cristiana Maria Melhado Araújo. *Regime jurídico dos portos marítimos*. São Paulo: Pontifícia Universidade Católica de São Paulo, 2009, p. 44 (Dissertação de Mestrado).

614 De acordo com o art. 2º do Decreto-Lei n. 9.760/1946, "são terrenos de marinha, em uma profundidade de trinta e três metros, medidos horizontalmente para a parte da terra, da posição da Linha da Preamar Média – LPM de 1831 os situados no continente, na costa marítima e nas margens dos rios e lagoas, até onde se faça sentir a influência das marés; os que contornam as ilhas situadas em zonas onde se faça sentir a influência das marés".

615 SOARES, Carlos Roberto; ÂNGULO, Rodolfo José. "Sobre a delimitação da linha de preamar-médio de 1831, que define os terrenos de marinha (Dec.-Lei 9.760, de 05.09.1946)". *Revista de Direito Ambiental*, vol. 20, out./dez., 2000, p. 261.

São terrenos acrescidos de marinha, conforme o seu art. 3º, os que se tiverem formado, natural ou artificialmente, para o lado do mar ou dos rios e lagoas, em seguimento aos terrenos de marinha. Os terrenos de marinha e seus acrescidos vêm sendo demarcados pela Secretaria do Patrimônio da União, órgão do Ministério do Planejamento, Orçamento e Gestão.[616]

Conclui-se, portanto, que a exploração de atividades portuárias requer a utilização do domínio público, bem como de bem de titularidade da União. Assim é que, seja na prestação de serviço público portuário, seja no desenvolvimento de atividades em proveito do próprio titular, há no domínio público dado pela Constituição da República o fundamento para o regramento estatal.

17.6 A disciplina constitucional das atividades econômicas *lato sensu* portuárias

Na compreensão da disciplina constitucional das atividades econômicas *lato sensu* distinguimos, inicialmente, os sentidos que assume a expressão atividade econômica nos arts. 170, 173, 174 e 175 da Constituição da República. Frise-se, inicialmente, que o gênero atividade econômica *lato sensu* compreende a atividade econômica *stricto sensu* e o serviço público.[617]

No art. 170, *caput*, a expressão atividade econômica conota o gênero. Do mesmo modo, no art. 174, *caput*, a expressão é utilizada como atividade econômica *lato sensu*, referindo-se à atuação do Estado como agente normativo e regulador, compreendendo o exercício das funções de incentivo, planejamento e fiscalização.

616 LIMA, Obéde Pereira de; PHILIPS, Jürgen Wilhelm. "Demarcação dos terrenos de marinha e seus acrescidos". *Revista de Direito Imobiliário*, vol. 59, jul./dez., 2005, p. 166.

617 GRAU, Eros Roberto. *A ordem econômica na Constituição de 1988*. São Paulo: Malheiros, 2011.

No art. 173, *caput*, e seu § 1º, a expressão conota atividade econômica *stricto sensu*, a ser desempenhada pelo Estado como agente econômico em área de titularidade do setor privado. No art. 175, por sua vez, a expressão relaciona-se à prestação dos serviços públicos, os quais integram, como destacado, as atividades econômicas *lato sensu*.

Impõe-se, assim, a identificação, na Constituição da República, dos critérios para submissão das atividades econômicas *lato sensu* portuárias ao regime jurídico dos serviços públicos ou ao regime das atividades econômicas *stricto sensu* portuárias.

A Constituição da República conferiu tratamento peculiar às atividades econômicas *stricto sensu*, apartando-as do serviço público. Neste sentido, não há, *a priori*, oposição entre atividade econômica e serviço público, já que este está subsumido nas atividades econômicas *lato sensu*.

Destarte, a expressão atividade econômica *lato sensu* portuária é indicativa de gênero, o qual comporta de duas espécies, quais sejam serviço público portuário e atividade econômica *stricto sensu* portuária.

A distinção entre o serviço público e a atividade econômica *stricto sensu* ocorre em "função das vicissitudes das relações entre as forças sociais".[618] Assim, reservadas as matérias, imediata e potencialmente, objeto de livre circulação de riquezas, atribui-se ao Estado atividades econômicas *lato sensu* para serem desenvolvidas com vistas ao atendimento do interesse público. Do referido confronto emerge, historicamente, os âmbitos das atividades econômicas *stricto sensu* e dos serviços públicos.[619]

---

618 GRAU, Eros Roberto. *A ordem econômica na Constituição de 1988*. São Paulo: Malheiros, 2011, p. 108.

619 GRAU, Eros Roberto. *A ordem econômica na Constituição de 1988*. São Paulo: Malheiros, 2011, p. 108.

A diferença entre serviço público e atividade econômica *stricto sensu* reside, assim, na instrumentalidade da atividade em relação à realização de valores fundamentais, especialmente a dignidade da pessoa humana. O serviço público trata da realização direta destes valores, diferentemente da atividade econômica *stricto sensu*.

Nesse cenário, a regra é o livre exercício de qualquer atividade econômica, independentemente de qualquer ato estatal liberatório. Porém, a exploração das atividades elencadas no art. 21, da Constituição da República, está a depender deste ato estatal de controle.

Como antecipado, a Constituição da República, no seu art. 21, inciso XII, alínea "f", previu incumbir à União explorar, seja diretamente, seja mediante concessão, permissão ou autorização, os portos marítimos, fluviais e lacustres.[620] Assim, a atividade econômica *lato sensu* portuária poderá ser explorada sob dois regimes jurídicos distintos. São regimes jurídicos diversos, com princípios e normas próprios, quais sejam: prestação de serviço público portuário e desenvolvimento de atividades em proveito do próprio titular.

Assim é que a "Constituição encerra todos os elementos e critérios que permitem a identificação de quais atividades empreendidas pelo Estado consubstanciam serviço público".[621] Com efeito, a Constituição da República permite a identificação dos serviços públicos "através das diretrizes, programas e fins que enuncia".[622]

No âmbito dos serviços públicos portuários, seja se prestados diretamente pela União, seja nos regimes de concessão ou

620 De acordo com o art. 21, inciso XII, alínea "f", da Constituição da República compete à União explorar, diretamente ou mediante autorização, concessão ou permissão os portos marítimos, fluviais e lacustres.

621 GRAU, Eros Roberto. *A ordem econômica na Constituição de 1988*. São Paulo: Malheiros, 2011, p. 124.

622 GRAU, Eros Roberto. *A ordem econômica na Constituição de 1988*. São Paulo: Malheiros, 2011, p. 131.

permissão, vigora o regime jurídico administrativo, bem como os princípios constitucionais a ele vinculados.

A exploração direta centralizada pela União configura-se quando ela própria, por meio de seus órgãos internos, promove a implantação, gestão e operação das atividades portuárias. A exploração direta descentralizada pela União configura-se quando a União, por ela mesma, mediante delegação a outra pessoa integrante da estrutura administrativa do Estado, promove a implantação, gestão e operação das atividades portuárias.

Assim, a exploração direta configura-se quando a União promove, em seu nome, a exploração de atividades portuárias diretamente, ou mediante delegação a outra pessoa integrante da Administração pública, direta ou indireta, seja em âmbito federal, estadual ou municipal.

A exploração por meio de concessão implica na delegação da prestação de serviço público portuário. Antecipe-se que a concessão do porto, em sua universalidade, é diferente da concessão de serviços públicos portuários e da concessão de direitos reais sobre áreas imóveis necessárias à prestação dos serviços portuários.[623]

Haverá a concessão do porto, isto é "delegação à iniciativa privada da competência (dever-poder) para organizar e explorar esse conjunto heterogêneo de atividades, bens e sujeitos, tendo por objeto a instituição e a exploração de um porto",[624] mas poderá haver também apenas a concessão de serviços públicos portuários ou concessão de direitos reais sobre áreas imóveis necessárias à prestação dos serviços portuários.

---

623 JUSTEN FILHO, Marçal. "O regime jurídico dos operadores de terminais portuário no Direito brasileiro". *Revista de Direito* **Público da** *Economia*, Belo Horizonte, nº 16, out./dez., 2006, p. 86.

624 JUSTEN FILHO, Marçal. "O regime jurídico dos operadores de terminais portuário no Direito brasileiro". *Revista de Direito Público da Economia*, Belo Horizonte, nº 16, out./dez., 2006, p. 86.

São, dentre outros, princípios do regime jurídico administrativo o princípio da legalidade, da obrigatoriedade do desempenho de atividade pública, do controle administrativo ou tutela, da isonomia ou igualdade dos administrados em face da Administração, da publicidade dos atos administrativos, da inalienabilidade dos direitos concernentes aos interesses públicos, do controle jurisdicional dos atos administrativos, da hierarquia e o princípio da especialidade.

São, exemplificativamente, princípios constitucionais atrelados ao regime jurídico administrativo o princípio da supremacia do interesse público sobre o interesse privado, da legalidade, da finalidade, da razoabilidade, da proporcionalidade, da motivação, da impessoalidade, da publicidade, do devido processo legal, da ampla defesa, da moralidade, do controle judicial, da responsabilidade do Estado, da improbidade, da eficiência, da segurança jurídica e o da economicidade.

Atentando-se aos princípios do regime jurídico administrativo, bem como aos princípios constitucionais a ele atrelados, são, dentre outros, princípios do serviço público o do dever inescusável do Estado em promover-lhe a prestação, da supremacia do interesse público, da adaptabilidade, da universalidade, da impessoalidade, da continuidade, da transparência, da motivação, da modicidade das tarifas e do controle, todos eles a informarem os serviços públicos portuários.

17.7 As modalidades exploratórias das atividades econômicas *lato sensu* portuárias: da Lei de Modernização dos Portos de 1993 à Nova Lei dos Portos de 2013

Como antecipado, a revogada Lei de Modernização dos Portos de 1993 extinguiu o regime jurídico dos terminais ou embarcadouros de uso privativos e das instalações rudimentares ao criar dos gêneros de instalações portuárias: os terminais de uso público e os terminais de uso privativo. Estes últimos compreendiam quatro espécies: de uso privativo exclusivo, de uso privativo misto, de uso privativo de turismo e a estação de transbordo de cargas.

No regime da Lei de Modernização dos Portos de 1993, a regulação portuária no Brasil apresentava, como regulamentação infraconstitucional fundamental, a Lei n. 8.630/1993, a qual dispunha sobre o regime jurídico da exploração dos portos organizados e das instalações portuárias. Referida lei, até ser revogada, foi alterada pelas Leis n. 9.309/1996, n. 11.314/2006 e n. 11.518/2007 e regulamentada pelos Decretos n. 1.886/1996, n. 4.391/2002 e n. 6.620/2008.

Além deste diploma básico, a Lei n. 9.277/1996 autorizou a União, por meio do Ministério dos Transportes, a delegar a administração e exploração dos portos federais aos Municípios, Estados, ou ao Distrito Federal, estipulado o prazo máximo de vinte e cinco anos para a delegação, prorrogável por igual período. Referida lei foi regulamentada pelo Decreto n. 2.184/1997, alterado pelos Decretos n. 2.247/1997 e n. 6.620/2008.

Há que se destacar, ainda, outras espécies normativas infraconstitucionais que compunham o regime jurídico das atividades portuárias, como a Lei n. 8.987/1995, alterada pelas Leis n. 9.074/1995, n. 9.648/1998, n. 9.791/1999, n. 11.196/2005 e n. 11.445/2007, e que dispõe sobre o regime de concessão e permissão da prestação de serviços públicos.

A Lei n. 12.815/2013 revogou a Lei de Modernização dos Portos de 1993 e outros dois gêneros de instalações portuárias: de um lado os terminais de uso público e do outro os terminais objeto de autorização. Estes últimos compreendem os terminais de uso privado, a estação de transbordo de carga, a instalação portuária pública de pequeno porte e a instalação portuária de turismo.

A dicotomia entre os terminais de uso público e os terminais objeto de autorização e, especialmente entre os terminais de uso público e os terminais de uso privado, remete-nos à disciplina da ordem econômica na Constituição da República, à atuação do Estado em relação ao processo econômico, à conformação constitucional das atividades econômicas *lato sensu* e à questão dos serviços públicos por determinação constitucional.

O terminal de uso público presta serviço público. Nas instalações de uso privado, tratando-se de manifestação de atividade econômica *stricto sensu*, o empreendimento é subordinado aos princípios da autonomia privada, bem como da livre iniciativa. Seus fins relacionam-se à exploração de uma atividade econômica organizada à produção e circulação de bens e serviços.

O terminal de uso público é a instalação portuária explorada mediante concessão de serviço público e localizada, necessariamente, dentro da área do porto organizado. O terminal de uso privado, por sua vez, é conceituado pelo art. 2º, inciso IV, da Lei n. 12.815/2013, como a instalação portuária explorada mediante autorização.[625] Ambos os dispositivos preveem que o terminal deve localizar-se fora da área do porto organizado.

A autorização a que se referem o art. 2º, inciso IV, e o art. 8º da Lei n. 12.815/2013, é conceituada pelo art. 2º, inciso XII, como a outorga de direito à exploração de instalação portuária localizada fora da área do porto organizado e formalizada mediante contrato de adesão. Referido instrumento de outorga do direito à exploração de atividades econômicas *stricto sensu*, as quais são desenvolvidas no mesmo campo dos serviços públicos, decorre do exercício de competência vinculada, é dotada de caráter constitutivo e não é precária.

O limitativo de 25 anos a que se refere o art. 8º, § 1º, da Lei n. 12.815/2013 não caracteriza a autorização administrativa

---

625 O *caput* do art. 8º, por sua vez, prescreve que o terminal de uso privado é explorado mediante autorização. A autorização para a exploração de atividades portuárias será precedida de chamada ou anúncio públicos e, quando for o caso, processo seletivo público.

portuária do caráter de precariedade, já que ele é prorrogável por períodos sucessivos, desde que a atividade portuária seja mantida e que o autorizatário promova os investimentos necessários para a expansão e modernização das instalações portuárias.

Nesses termos, o que distingue os terminais de uso público e os terminais de uso privado é a natureza e o regime da atividade econômica explorada. O terminal de uso público presta serviço público. Nas instalações de uso privado, trata-se de manifestação de atividade econômica *stricto sensu*.

O terminal de uso privado é, atualmente, a espécie que substituiu os terminais de uso privativo da revogada Lei n. 8.630/1993.

A revogada Lei n. 8.630/1993, no seu art. 1º, inciso V, conceituava a instalação portuária de uso privativo como a explorada por pessoa jurídica de Direito público ou privado, dentro ou fora da área do porto organizado, utilizada na movimentação de passageiros ou na movimentação ou armazenagem de mercadorias, destinados ou provenientes de transporte aquaviário.

O seu art. 4º, inciso II, alínea "a", acrescia ao conceito de instalação portuária de uso privativo o adjetivo exclusivo, atrelado à movimentação de carga própria. A Resolução ANTAQ n. 1.660/2010, que aprovou norma para outorga de autorização para a construção, a exploração e a ampliação de terminal portuário de uso privativo, rerratificada pela Resolução ANTAQ n. 1.695/2010, conceituava, no seu art. 2º, inciso II, o terminal portuário de uso privativo exclusivo, para a movimentação de carga própria, como a instalação portuária explorada por pessoa jurídica de Direito público ou privado, localizada dentro ou fora do porto organizado e utilizada para a movimentação ou armazenagem de cargas próprias, destinadas ou provenientes de transporte aquaviário.

Tratava-se de conceito formal inútil para a compreensão da natureza jurídica do terminal de uso privativo exclusivo. O conceito adotava elementos comuns a qualquer terminal quando afirmou ser instalação portuária explorada por pessoa jurídica de Direito público ou privado. A relevância do conceito estava na movimentação de carga própria, conceituada pela Resolução ANTAQ n. 1.660/2010, no seu art. 2º, inciso IV, como a pertencente à autorizada, à sua controladora, à sua controlada, ao mesmo grupo econômico ou às empresas consorciadas no empreendimento, cuja movimentação, por si só, justifique, técnica e economicamente, a implantação e a operação da instalação portuária objeto da outorga. Tratava-se, com efeito, de conceito formal consentâneo com a natureza jurídica do terminal de uso privativo exclusivo.

O art. 4º, inciso II, alínea "b", da revogada Lei n. 8.630/1993 acrescia ao conceito de instalação portuária de uso privativo o adjetivo misto, atrelado à movimentação de carga própria e de terceiros. Tratava-se, porém, de conceito formal parcialmente inútil para a compreensão da natureza jurídica do terminal de uso privativo misto. O conceito adotava elementos comuns a qualquer terminal quando afirmou ser instalação portuária explorada por pessoa jurídica de Direito público ou privado.

A relevância do conceito estava na movimentação de carga própria associada à de terceiros. O art. 35, inciso II, do revogado Decreto n. 6.620/2008, regulamentava a conjunção aditiva do referido dispositivo dispondo que o terminal de uso privativo misto caracterizava-se pela movimentação preponderante de carga própria e, em caráter subsidiário e eventual, de terceiros.

No art. 2º, inciso IX, o referido Decreto conceituava a carga própria como aquela pertencente ao autorizado, a sua controladora ou a sua controlada, que justifique por si só, técnica e economicamente, a implantação e a operação da instalação portuária. A carga de terceiros, por sua vez, era definida, pelo art. 2º, inciso X, como aquela compatível com as características técnicas da infraestrutura e da superestrutura do terminal autorizado, possuindo as mesmas características de armazenamento e movimentação, além da mesma natureza da carga própria autorizada que justificou técnica e economicamente o pedido de instalação do terminal privativo, e cuja operação fosse eventual e subsidiária.

A Resolução ANTAQ n. 1.660/2010, conceituava, no seu art. 2º, inciso III, o terminal portuário de uso privativo misto como a instalação portuária explorada por pessoa jurídica de Direito público ou privado, localizada dentro ou fora do porto organizado e utilizada para a movimentação ou armazenagem de cargas próprias e de cargas de terceiros, destinadas ou provenientes de transporte aquaviário.

Assim, além da noção de carga própria, havia o acréscimo da carga de terceiro, também conceituada pela Resolução ANTAQ n. 1.660/2010, no seu art. 2º, inciso V, como aquela compatível com as características técnicas da infraestrutura e da superestrutura do terminal autorizado, tendo as mesmas características de armazenamento e movimentação, a mesma natureza da carga própria autorizada que justificou técnica e economicamente o pedido de instalação do terminal privativo, e cuja operação seja eventual e subsidiária.

A operação eventual, de acordo com a Resolução, no seu art. 2º, inciso VI, relacionava-se à movimentação e armazenagem de cargas de terceiros, realizada por terminais portuários de uso privativo misto de forma acessória. A operação subsidiária, para a mesma Resolução, no seu art. 2º, inciso VII, relacionava-se à movimentação e armazenagem de cargas de terceiros, realizada por terminais portuários de uso privativo misto, em regime de complementaridade da carga própria declarada.

17.8 A Imposição Legal de adaptação, pela Lei de Modernização dos Portos de 1993, dos Contratos vigentes ao seu Novo Regime Jurídico

A extinção, pela Lei de Modernização dos Portos de 1993, do regime jurídico dos terminais ou embarcadouros de uso privativos e das instalações rudimentares, veio acompanhada da determinação legal de adaptação dos "contratos de exploração de terminais ou embarcadores de uso privativo" e das "concessões, permissões e autorizações" no prazo de cento e oitenta dias.

No seu art. 48, a revogada Lei n. 8.630/1993 previu que

> os atuais contratos de exploração de terminais ou embarcadores de uso privativo deverão ser adaptados, no prazo de até cento e oitenta dias, às disposições desta lei, assegurado aos titulares o direito de opção por qualquer das formas de exploração previstas no inciso II do § 2º do art. 4º desta lei.

Aqui, previu-se que os terminais ou embarcadores de uso privativo seriam adaptados nos moldes do regime do terminal de uso privativo, seja exclusivo, para movimentação de carga própria, seja misto, para movimentação de carga própria e de terceiros.

Já seu art. 53 previu que "o Poder Executivo promoverá, no prazo de cento e oitenta dias, a adaptação das atuais concessões, permissões e autorizações às disposições desta lei".

Ocorre que muitos dos contratos firmados antes da vigência da revogada Lei n. 8.630/1993 nunca foram adaptados ao novo regime, especialmente no que tange ao seu prazo de vigência e as condições de prorrogação, as quais foram consideradas cláusulas essenciais do contrato de arrendamento pelo art. 4º, § 4º, incisos I e XI, desta mesma lei. O último dispositivo referido também previa que a prorrogação dos contratos de arrendamento poderia ser realizada uma única vez, por prazo máximo igual ao originalmente contratado, desde que prevista no edital de licitação e que o prazo total, incluído o da prorrogação, não excedesse a cinquenta anos.

Em 05.06.2013 foi editada a Lei n. 12.815/2013, a qual estabeleceu, ao revogar a Lei n. 8.630/1993, um novo *marco regulatório* do setor portuário, deixando, contudo, de tratar sobre os contratos firmados na vigência do Decreto-Lei n. 5/1966 e não adaptados conforme exigência da Lei n. 8.630/93.

Provavelmente pela ciência da necessidade de oferecer solução jurídica a essa pendência histórica, rememore-se que houve uma tentativa legislativa de regulamentar tais contratos quando do Projeto de Lei de Conversão da Medida Provisória n. 595/2012, ao prever-se, no seu art. 56, *caput*, que "os contratos de arrendamento celebrados anteriormente à Lei n. 8.630, de 25 de fevereiro de 1993, deverão ser renovados por mais 1 (um) único período, não inferior ao prazo consignado no respectivo contrato". O parágrafo único do mesmo dispositivo ainda previa que

> os contratos de concessão de portos públicos a empresas privadas celebrados pela União antes de 25 de fevereiro de 1993 poderão, a critério do poder concedente e independentemente do seu prazo de vigência, ser renovados uma única vez, pelo prazo de até 5 (cinco) anos.

Referidos dispositivos foram vetados pela Presidenta da República por meio da Mensagem n. 222/2013 sob o fundamento de que:

> o caput propõe a renovação obrigatória dos contratos de arrendamento celebrados antes da Lei n. 8.630, de 1993. Tal proposta viola o princípio constitucional da Separação de Poderes, ao retirar do Poder Executivo a prerrogativa de avaliar a conveniência e a oportunidade de eventuais prorrogações daqueles contratos. Além disso, ao impor uma renovação para todos os instrumentos, independentemente da previsão contratual e da vigência de cada um deles, a proposta fere também o princípio da isonomia. (...)

Veja-se, portanto, que à época da conversão da Medida Provisória n. 595/2012 o Legislativo foi sensível à questão da não adaptação dos contratos firmados antes da vigência da revogada Lei n. 8.630/1993.

Do mesmo modo, a própria Presidência da República foi sensível à questão, só impondo óbice ao modal deôntico empregado pelo legislador. Entendeu a Presidência da República que, ao empregar a expressão "deverá", obrigou-se o Executivo a promover a renovação para todos os contratos sem que oportunizasse ao Poder Concedente a análise casuística.

Comungamos do entendimento sufragado especialmente considerando que, na linha do quanto passaremos a demonstrar, a não adaptação, especialmente no que tange ao prazo dos contratos e as condições de prorrogação – cujo prazo total, incluído o da prorrogação, poderia ser de até cinquenta anos – gerou um *sui generis* desequilíbrio econômico-financeiro em favor dos titulares de contratos no regime anterior à Lei de Modernização dos Portos de 1993.

Os reflexos econômico-financeiros negativos demandam a recomposição do equilíbrio econômico-financeiro, de forma a neutralizar os impactos negativos gerados pelo evento que ensejou a recomposição. Isso tudo demanda uma análise casuística, em respeito ao princípio da isonomia, insculpido na Constituição da República no seu art. 5º, *caput* e inciso I, no art. 3º, incisos III e IV, art. 7º, incisos XXX e XXI, art. 170, art. 193, art. 196, art. 205, além de outros não expressos, mas que decorrem da sua intelecção.

É preciso destacar, aqui, que a adaptação dos contratos do regime anterior à Lei de Modernização dos Portos de 1993 é uma questão que já foi debatida pela Advocacia-Geral da União – AGU, a qual, sensível ao tema, concluiu, no Parecer n. 04/2011/AG/CGU/AGU, que a adaptação era obrigatória, e não uma faculdade do Poder Concedente.[626]

---

626 A despeito da sensibilidade do órgão em tratar da adaptação como obrigatória, e não como mera faculdade do Poder Concedente, discordamos em parte

Do mesmo modo, a ANTAQ, por meio da revogada Resolução n. 1.837/2010, procurou, sem êxito, conferir segurança jurídica aos contratos do regime anterior à Lei de Modernização dos Portos de 1993 ao prever que eles poderiam ser prorrogados desde que não houvesse limitações à prorrogação ou que possuíssem cláusula permissiva nas suas disposições contratuais.

17.9 Consequências jurídicas da não adaptação ao Regime da Lei de Modernização dos Portos de 1993

A mora do Poder Executivo em realizar a adaptação dos contratos vigentes ao novo regime jurídico da Lei de Modernização dos Portos de 1993 causou uma lesão à legítima esfera de direitos dos titulares destes mesmos contratos.

A não adaptação ao novo regime jurídico da Lei de Modernização dos Portos de 1993, especialmente no que tange ao prazo dos contratos e as condições de prorrogação – cujo prazo total, incluído o da prorrogação, poderia ser de até cinquenta anos – gerou uma afronta à confiança, à expectativa legítima, à boa-fé e à moralidade administrativa, bem como um *sui generis* desequilíbrio econômico-financeiro em favor dos titulares de contratos no regime anterior à Lei de Modernização dos Portos de 1993.

Assim é que a premissa central da qual decorrerão as consequências jurídicas da não adaptação decorre do fato de que os contratos celebrados no regime anterior à Lei de Modernização dos Portos de 1993 possuíam um núcleo de direitos e obrigações não sujeitos ao extremo da precariedade, a qual é, naturalmente, incompatível com negócios público-privados em que se exigem investimentos de elevada monta.

---

das suas conclusões, especificamente do entendimento de que a adaptação deveria observar o prazo inicialmente ajustado.

Como tratamos em item próprio nesta Consulta, por muito tempo, o regime jurídico geral dos bens imóveis da União foi que regulamentou a exploração dos portos no país. Apenas num segundo momento que os regimes de exploração privativa e pública de portos pelo país passaram a possuir regras setoriais. Em ambos os casos, os contratos celebrados no regime anterior à Lei de Modernização dos Portos de 1993 sempre foram instrumentalizados de modo a garantir ao particular contratado o resguardo do tempo suficiente para a amortização dos investimentos realizados. É o que mais adiante trataremos por equilíbrio econômico-financeiro.

Frise-se, ainda, que mesmo que formalizadas por distintos instrumentos ao longo desses anos todos, o objeto e as partes, ainda que por seus sucessores, mantiveram-se: a viabilização da exploração de atividades portuárias e incremento da circulação de riquezas, tal essencial para o desenvolvimento do país.

17.9.1 Afronta à confiança, à expectativa legítima, à boa-fé e à moralidade administrativa

Como mecanismo que define os limites e as interações na sociedade, o Direito é indispensável à estabilização de expectativas que se criam legitimamente. O Direito, conforme Niklas Luhmann, neutraliza a contingência das ações individuais, permitindo que cada ser humano possa esperar, com um mínimo de garantia, o comportamento do *alter*.[627]

Face às contingências que podem afetar as expectativas recíprocas daqueles que se relacionam em uma *sociedade complexa*,

---

627 Segundo o autor, "le aspettative che qualcuno nutre in relazione al comportamento di altri". Na expressão de Niklas Luhmann, "sostenere, in caso di pericoli o di delusioni, le aspettative che qualcuno nutre in relazione al comportamento di altri". (LUHMANN, Niklas. *La differenziazione del diritto*. Bologna: Il mulino, [s.d.], p. 81).

o Direito garante que as partes possam ter uma relativa certeza de que o combinado no presente valerá no futuro.[628]

O mesmo autor trata sobre o papel do Direito como instrumento para conferir a garantia de que as expectativas recíprocas não serão frustradas pela imprevisibilidade dos fatos futuros.[629] Para o autor, "*normas (...) são expectativas de comportamento, garantidas de modo contrafático. Normas dão às expectativas duração*".[630]

Com efeito, na relação entre particulares e a Administração Pública a confiança, a expectativa legítima e a boa-fé assumem elevado grau de importância em decorrência da intrínseca verticalidade do contrato administrativo e da presunção de legitimidade e de legalidade dos atos administrativos, ambos elementos hábeis à geração de confiança.[631]

A confiança e a expectativa legítimas apresentam o papel de garantir segurança jurídica e de preservar valores que sustentam a base das relações negociais. Assinala Gerson Luiz Carlos Branco:

> O *valor* confiança é um dos pilares centrais de todo o direito. Somente existe a possibilidade de convivência social se o valor confiança está presente. Os mecanismos de proteção deste valor são muitos e, regra geral, existem leis e procedimentos para sua proteção. E, justamente em razão da crescente valorização da confiança e da consciência do

628 "Una ulteriore contrapposizione tra le due funzioni consiste nel differente livello di preste rispetto al dominio del mondo. Nel primo caso o diritto aspira solo a realizzare la sicurezza dell'aspettativa. (...) Nel secondo caso, invece, si tratta della sicurezza di determinati effetti". (LUHMANN, Niklas. *La differenziazione del diritto*. Bologna: Il mulino, [s.d.], pp. 81/82).

629 FERRAZ, Tércio Sampaio. "Apresentação". *In*: LUHMANN, Niklas. *Legitimação pelo procedimento*. Brasília: UNB, 1980, p. 1.

630 FERRAZ, Tércio Sampaio. "Apresentação". *In*: LUHMANN, Niklas. *Legitimação pelo procedimento*. Brasília: UNB, 1980, p. 2.

631 MARTINS-COSTA, Judith. "Princípio da confiança legítima e princípio da boa-fé objetiva". *Revista dos Tribunais*, nº 852-857, 2006.

fenômeno, o valor confiança passou a ser considerado como *um valor econômico.*[632]

Há quem pontue, do mesmo modo, que a confiança resguarda a expectativa legitimamente despertada, limitando a ação daquele que a suscitou:

> A expressão "princípio da confiança (legítima)" indica o limite ao exercício de direitos e poderes formativos (dimensão negativa) quando violadores de uma confiança legitimamente suscitada e/ou a fonte produtora de deveres jurídicos (dimensão positiva), tendo em vista a satisfação das legítimas expectativas criadas, no *alter*, pela própria conduta.[633]

A boa-fé, por sua vez, relaciona-se a um modelo de conduta segundo o qual cada pessoa deve ajustar a própria conduta agindo como atuaria um *homem reto*, com honestidade, lealdade e probidade.[634]

A mesma autora ressalta que a boa-fé deve pautar as relações intersubjetivas regradas pelo Direito enquanto *standard* de lisura, correção, probidade, lealdade e honestidade:

> A expressão boa-fé objetiva designando princípio atuante no domínio do direito das obrigações, exprime o *standard* de lisura, correção, probidade, lealdade, honestidade – enfim, o *civiliter agere* que deve pautar as relações intersubjetivas

---

632 BRANCO, Gerson Luiz Carlos. "A proteção das expectativas legítimas derivadas das situações de confiança: elementos formadores do princípio da confiança e seus efeitos". *Revista de Direito Privado*, nº 12/169, 2002.

633 MARTINS-COSTA, Judith. "Princípio da confiança legítima e princípio da boa-fé objetiva". *Revista dos Tribunais*, nº 852/87, 2006.

634 BRANCO, Gerson Luiz Carlos. "A proteção das expectativas legítimas derivadas das situações de confiança: elementos formadores do princípio da confiança e seus efeitos". *Revista de Direito Privado*, nº 12/169, 2002.

> regradas pelo Direito. Daí a razão pela qual a boa-fé objetiva atue, concomitantemente, como (i) fonte de deveres de conduta (deveres de prestação e deveres de proteção); (ii) baliza para a averiguação da licitude no modo de exercício de direitos, vedando, por exemplo, o comportamento contraditório ou desleal; e (iii) cânone para a interpretação dos negócios jurídicos, tríplice função hoje perfeitamente discernida nos arts. 113; 187; e 422 do CC brasileiro. Nas relações obrigacionais (notadamente as relações contratuais), o que se exige é uma atitude positiva de cooperação, e, assim sendo, o princípio é a fonte normativa impositiva de comportamentos cooperativos que se devem pautar por um específico *standard* ou arquétipo, qual seja, a conduta segundo a boa-fé.[635]

Ou seja, enquanto a boa-fé liga-se a um *dever de cooperação*, impondo, para tal fim, pautas de correção, lealdade, probidade e consideração aos interesses legítimos do parceiro (*civiliter agere*), a confiança, prende-se, precipuamente, à geração de expectativas legítimas cuja manutenção pode constituir um dever jurídico – o dever de manter a confiança suscitada – e cuja frustração ocasiona responsabilidade.[636]

O princípio da confiança, no plano da sua eficácia, apresenta duas dimensões. Na sua dimensão negativa, ele limita o exercício de direitos quando violadores de uma confiança legitimamente suscitada. Na sua dimensão positiva, o princípio da confiança atua como fonte produtora de deveres jurídicos tendo em vista a satisfação das legítimas expectativas criadas.[637]

---

635 MARTINS-COSTA, Judith. "Princípio da confiança legítima e princípio da boa-fé objetiva". *Revista dos Tribunais*, nº 852/87, 2006.

636 MARTINS-COSTA, Judith. "Princípio da confiança legítima e princípio da boa-fé objetiva". *Revista dos Tribunais*, nº 852/87, 2006.

637 MARTINS-COSTA, Judith. "Princípio da confiança legítima e princípio da boa-fé objetiva". *Revista dos Tribunais*, nº 852/87, 2006.

Especificamente com relação à aplicação do referido princípio na seara do Direito Público e, especificamente nas relações estabelecidas entre a Administração Pública e o particular, há uma expressiva produção doutrinária,[638] legislativa[639] e jurisprudencial que atesta a sua importância.

---

638 Consulte-se, entre outros, COUTO E SILVA, Almiro. "Princípios da legalidade e da segurança jurídica no Estado de Direito contemporâneo". *Revista de Direito Público*, nº 84, pp. 46-63; COUTO SILVA, Almiro. "Os indivíduos e o Estado na realização de tarefas públicas". *Revista de Direito Administrativo*, Rio de Janeiro, 1997, vol. 209, pp. 43-70; GIACOMUZZI, José Guilherme. *A moralidade administrativa e a boa-fé da administração pública* – o conteúdo dogmático da moralidade administrativa. São Paulo: Malheiros, 2002; NOBRE JUNIOR, Edílson Pereira. *O princípio da boa-fé e sua aplicação no Direito Administrativo brasileiro*. Porto Alegre: Sergio Antônio Fabris Editor, 2002. E os nossos: MARTINS-COSTA, J. "A proteção da legítima confiança nas relações obrigacionais entre a Administração e os particulares". *Revista da Faculdade de Direito da Universidade Federal do RGS*, Porto Alegre, vol. 22, 2002, pp. 228 a 257 e "A ressignificação do princípio da segurança jurídica na relação entre o Estado e os cidadãos: a segurança como crédito da confiança". *Revista do CEJ* - Centro de Estudos Judiciário do Conselho da Justiça Federal, Brasília, vol. 27, ano VIII, dez. 2004, pp. 110-120. No Direito Comparado, veja-se, exemplificativamente: FORSTHOFF, E. *Tratado de derecho administrativo*. Trad. espanhola. Madri: Instituto de Estúdios Políticos, 1958, pp. 242; KNAPP, Blaise. "La bonne foi dans les relations entre l'État et les particuliers. La Bonne Foi". *Journées louisianaises de l'Association Henri Capitant*. Paris: Litec, 1992, T. XLIII, p. 467; MERUSI, Fabio. *Buona fede e affidamento nel diritto publico*. Milão: Giuffrè, 2001, pp. 2 e ss.; GONZÁLES PÉREZ, Jesus. *El Principio generall de la buena fe em el derecho administrativo*. 3ª ed. Ampliada. Madri: Civitas, 1999; DALLA VIA, Alberto Ricardo. "La buena fe y los abusos em el derecho publico". *In*: CORDOBA, M., CORDOBERA, L.; KLUGER, V. (Coord.) *Tratado de la buena fe em el derecho*. 2ª ed. Buenos Aires: La Ley, 2005, pp. 913 e ss; CASTILLO BLANCO, Federico. *La protección de la confianza en el derecho administrativo*. Madri: Marcial Pons, 1998; com ampla bibliografia de direito europeu e norte-americano; MANGANARO, Francesco. *Princípio di buona fede e atività delle ammnistrazioni publiche*. Nápoles: Edizione Scientifiche Italiane, 1995; RACCA, Gabriella: *La responsabilità precontrattuale della pubblica amministrazione tra autonomia e correttezza*. Nápoles: Jovene, 2000.

639 A Lei Federal n. 9.784/1999, que regula o processo administrativo no âmbito federal, introduziu de forma expressa, o princípio da boa-fé, no inciso IV do

Assim é que na relação entre particulares e a Administração Pública

> à "lealdade e cooperação" como notas características do conceito de boa-fé operante nas relações interprivadas, agregam-se com força exponencial os elementos "crença e confiança" como elementos da segurança jurídica.[640]

Assinala a mesma autora que

> no direito público se amalgamam (ora sob a denominação "boa-fé", ora sob o nome "confiança") os deveres positivos de lealdade e honestidade e os deveres negativos de não frustrar (ou de não suscitar levianamente) as legítimas expectativas do administrado.[641]

Luciano Parejo Alfonso,[642] Almiro do Couto e Silva,[643] José Guilherme Giacomuzzi[644] e Edilson Pereira Nobre[645] visualizam na boa-fé, especialmente no sentido de lealdade e dever de atender às

---

parágrafo único do seu art. 2°, constando o dever da Administração Pública de atuar segundo os "padrões éticos da probidade, decoro e boa-fé".

640 MARTINS-COSTA, Judith. "Princípio da confiança legítima e princípio da boa-fé objetiva". *Revista dos Tribunais*, n° 852/87, 2006.

641 MARTINS-COSTA, Judith. "Princípio da confiança legítima e princípio da boa-fé objetiva". *Revista dos Tribunais*, n° 852/87, 2006.

642 Prólogo à obra de CASTILLO BLANCO, Federico. *La protección de la confianza en el derecho administrativo*. Madrid: Marcial Pons, 1998, p. 9.

643 COUTO E SILVA, Almiro. "Princípios da legalidade e da segurança jurídica no Estado de Direito contemporâneo". *Revista de Direito Público*, n° 84, pp. 46-63.

644 GIACOMUZZI, José Guilherme. *A moralidade administrativa e a boa-fé da Administração Pública*: o conteúdo dogmático da moralidade administrativa. São Paulo: Malheiros, 2002.

645 NOBRE JUNIOR, Edílson Pereira. *O princípio da boa-fé e sua aplicação no Direito Administrativo brasileiro*. Porto Alegre: Sergio Antônio Fabris Editor, 2002.

legítimas expectativas, uma expressão do princípio constitucional da moralidade administrativa.

A moralidade administrativa é um princípio a que se sujeita a Administração Pública, nos termos do art. 37 da Constituição da República. A Constituição da República também se refere à moralidade administrativa no seu art. 5º, inciso LXXIII.

Há que se distinguir, ainda, a moral administrativa da moral comum, já que aquela se refere a valores que informam o Direito positivo, como a lealdade, a boa-fé, a veracidade e a honestidade.[646]

A moralidade administrativa é o conjunto de regras de conduta segundo cânones da lealdade e da boa-fé[647] que obrigam a Administração Pública a proceder em relação aos seus administrados com sinceridade e lhaneza, sendo-lhe proibido o comportamento astucioso, malicioso.[648]

O princípio da moralidade administrativa refere-se aos valores que informam as normas jurídicas, as quais "com seu 'inevitável conteúdo axiológico', seleciona valores que recolhe de outras ordens normativas do comportamento humano, como a lealdade, boa-fé, veracidade, honestidade".[649] São esses os valores que devem ser prestigiados pela Administração Pública para dar efetividade ao princípio da moralidade administrativa.

---

646 CAMMAROSANO, Márcio. *O princípio constitucional da moralidade e o exercício da função administrativa*. Belo Horizonte: Fórum, 2006, p. 95.

647 De acordo com Celso Antônio Bandeira de Mello, o princípio da moralidade implica no dever da Administração Pública de atuar em conformidade de princípios éticos (BANDEIRA DE MELLO, Celso Antônio. *Curso de Direito Administrativo*. São Paulo: Malheiros, 2011, p. 119).

648 BANDEIRA DE MELLO, Celso Antônio. *Curso de Direito Administrativo*. São Paulo: Malheiros, 2011, pp. 119/120.

649 CAMMAROSANO, Márcio. *O princípio constitucional da moralidade e o exercício da função administrativa*. Belo Horizonte: Fórum, 2006, p. 85.

Da moralidade insculpida no art. 37 da Constituição da República deve-se extrair deveres objetivos[650] de conduta administrativa a serem seguidos, proibindo-se a contradição de informações, a indolência, a leviandade de propósitos.[651] Em síntese, assinala o autor que a princípio da moralidade administrativa "obriga a um dever de transparência e lealdade por parte da Administração Pública".[652]

O princípio da confiança e o da boa-fé objetiva ensejam, além do dever de atuação correta, digna e confiável, a vedação ao *venire contra factum proprium*, o qual proíbe o agir contra seus próprios atos quando estes não estão eivados de ilicitude.[653] Sobre esse princípio, esclarece Francisco Ferreira Muniz destaca:

> A locução *venire contra factum proprium* traduz o exercício de um direito em contradição com o comportamento assumido anteriormente pelo titular. (...) Infringe a boa-fé quem pretende fazer valer um direito em contradição com sua conduta anterior, na qual a outra parte confia.[654]

---

650 Diogo de Figueiredo Moreira Neto identifica como vícios da moralidade administrativa "quando o agente público praticar ato administrativo (contrato administrativo ou ato administrativo complexo) fundando-se em motivo (a) inexistente, (b) insuficiente, (c) inadequado, (d) incompatível ou (e) desproporcional; ou visando a objeto (a) impossível, (b) desconforme ou (c) ineficiente" (MOREIRA NETO, Diogo de Figueiredo. "Moralidade administrativa: do conceito à efetivação". *Revista de Direito Administrativo*, Rio de Janeiro, vol. 190, out.-dez. 1992, pp. 1-44).

651 GIACOMUZZI, José Guilherme. *A moralidade administrativa e a boa-fé da Administração Pública*: o conteúdo dogmático da moralidade administrativa. São Paulo: Malheiros, 2002, p. 270.

652 GIACOMUZZI, José Guilherme. *A moralidade administrativa e a boa-fé da Administração Pública*: o conteúdo dogmático da moralidade administrativa. São Paulo: Malheiros, 2002, p. 270.

653 SCHEREIDER, Anderson. *A proibição de comportamento contraditório*: tutela da confiança e *venire* contra *factum proprium*. Rio de Janeiro: Renovar, 2007.

654 MUNIZ, Francisco Ferreira. *Textos de Direito Civil*. Curitiba: Juruá, 1998, p. 41.

Para Lucio Picanço Facci, a aplicação do princípio da vedação ao comportamento contraditório pressupõe a ocorrência cumulativa de quatro eventos: (a) uma conduta inicial (o *factum proprium*); (b) a confiança legítima de outrem na preservação do sentido objetivamente extraído do *factum proprium*; (c) o comportamento contraditório em relação ao sentido objetivo da conduta inicial; e, por fim, o dano efetivo ou potencial.[655]

O objeto da tutela do princípio não é a coerência entre os comportamentos, mas, sim, a confiança legítima que a conduta inicial provocou, preservando-se a lealdade entre o agente e o destinatário da conduta.[656]

O princípio da proibição do comportamento contraditório incide nas relações jurídico-administrativas instrumentalizado pela *teoria das autolimitações administrativas*, a qual veda que a Administração Pública, ante os mesmos elementos de fato, adote entendimentos contraditórios ou em desacordo com os precedentes anteriormente firmados por ela. A vedação baseia-se na sujeição do Estado aos direitos e garantias fundamentais. Salienta Lucio Picanço Facci:

> A aplicação do princípio de vedação ao comportamento contraditório nas relações jurídico-administrativas é decorrência lógica do cumprimento do dever estatal de respeito aos direitos e garantias fundamentais, da aplicação dos valores constitucionais da solidariedade social, segurança jurídica e dignidade humana, assim como da observância dos princípios constitucionais dirigidos à Administração Pública, em

---

655 FACCI, Lucio Picanço. "A proibição de comportamento contraditório no âmbito da Administração Pública: a tutela da confiança nas relações jurídico-administrativas". *Forense*, vol. 411, ano 106, set.-out. 2010, p. 164.

656 FACCI, Lucio Picanço. "A proibição de comportamento contraditório no âmbito da Administração Pública: a tutela da confiança nas relações jurídico-administrativas". *Forense*, vol. 411, ano 106, set.-out. 2010, p. 166.

> especial a moralidade e a impessoalidade administrativa, essa última como projeção do princípio da isonomia.[657]

Ou seja, veda-se que a Administração Pública adote um comportamento contraditório em relação a uma conduta inicial, já que esta despertou a confiança legítima de outrem na preservação do sentido objetivamente extraído do *factum proprium*. O ato incoerente é inválido por vulnerar os princípios que a *teoria das autolimitações administrativas* visa preservar.[658]

Dentro da *teoria das autolimitações administrativas* existe a *subteoria dos atos próprios*. A *subteoria dos atos próprios* aplica-se quando, em uma mesma relação jurídica, a Administração Pública age de modo contrário ao comportamento anterior e, assim, atenta contra a confiança legítima do beneficiário do ato administrativo.[659]

Nesse cenário é que a não adaptação ao novo regime jurídico da Lei de Modernização dos Portos de 1993, especialmente no que tange ao prazo dos contratos e as condições de prorrogação – cujo prazo total, incluído o da prorrogação, poderia ser de até cinquenta anos – gerou uma afronta à confiança, à expectativa legítima, à boa-fé e à moralidade administrativa, bem como um *sui generis* desequilíbrio econômico-financeiro em favor dos titulares de contratos no regime anterior à Lei de Modernização dos Portos de 1993.

---

657 FACCI, Lucio Picanço. "A proibição de comportamento contraditório no âmbito da Administração Pública: a tutela da confiança nas relações jurídico-administrativas". *Forense*, vol. 411, ano 106, set.-out. 2010, p. 186.

658 FACCI, Lucio Picanço. "A proibição de comportamento contraditório no âmbito da Administração Pública: a tutela da confiança nas relações jurídico-administrativas". *Forense*, vol. 411, ano 106, set.-out. 2010, p. 186.

659 FACCI, Lucio Picanço. "A proibição de comportamento contraditório no âmbito da Administração Pública: a tutela da confiança nas relações jurídico-administrativas". *Forense*, vol. 411, ano 106, set.-out. 2010, p. 186.

17.9.2 Desequilíbrio econômico-financeiro

As peculiaridades do gênero contrato administrativo, bem como da espécie concessão de serviço público, podem trazer um desequilíbrio para relação contratual. Por essa razão, é que se garante ao particular o resguardo de seus interesses patrimoniais legítimos.

Ou seja, como compensação às prerrogativas de que dispõe a Administração Pública, garante-se ao contratante particular a manutenção do equilíbrio econômico-financeiro do contrato.[660]

O equilíbrio econômico-financeiro dos contratos administrativos parte do pressuposto de que a retribuição despendida pela Administração Pública equivalerá aos encargos do contratado. Sua formação se dá quando a Administração Pública aceita a proposta apresentada pelo particular. A partir de então se dá a consagração da equação econômico-financeira do contrato.

Ou seja, em função das obras e serviços a cargo do contratado é estabelecido o equilíbrio econômico-financeiro do ajuste e sua remuneração ao longo do contrato.

O equilíbrio econômico-financeiro dos contratos administrativos consta – atualmente – do art. 37, inciso XXI,[661] da Constituição

---

660 A outra face do problema, contraposta às prerrogativas da Administração, assiste precisamente no campo das garantias do particular ligado pelo acordo. Cabe-lhe integral proteção quanto às aspirações econômicas que ditaram o seu ingresso no vínculo e se substanciaram, de direito, por ocasião da avença, consoante os termos ali estipulados. Esta parte é absolutamente intangível e poder algum do contratante público, enquanto tal, pode reduzir-lhe a expressão, feri-la de algum modo, macular sua fisionomia ou enodoá-la com jaça, por pequena que seja. (BANDEIRA DE MELLO, Celso Antônio. *Curso de Direito Administrativo*. São Paulo: Malheiros, 2013, p. 635).

661 Art. 37. A administração pública direta e indireta de qualquer dos Poderes da União, dos Estados, do Distrito Federal e dos Municípios obedecerá aos princípios de legalidade, impessoalidade, moralidade, publicidade e eficiência e, também, ao seguinte: (...) XXI. ressalvados os casos especificados na legislação, as obras, serviços, compras e alienações serão contratados mediante

da República; do art. 9º, § 2º e § 4º, art. 10, art. 11, par. único, todos da Lei n. 8.987/95; e do art. 57, § 1º, art. 58, § 1º e § 2º, e no art. 65, inciso II, alínea "d", todos da Lei n. 8.666/1993.

Os contratos administrativos em geral possuem uma salvaguarda contra a instabilidade que inexiste nos contratos privados, proteção essa baseada na incolumidade da equação econômico-financeira inicial do contrato, que deve ser mantida diante de quaisquer fatos que alterem os seus elementos constitutivos, excetuando-se as alterações decorrentes de fatos previsíveis, inerentes à própria álea da economia e que nada tenham a ver com a atuação do Estado.[662]

Assinala Odete Medauar que "o equilíbrio econômico-financeiro significa a proporção entre os encargos do contratado e a sua remuneração, proporção esta fixada no momento da celebração do contrato".[663] Há quem pontue, do mesmo modo, que o equilíbrio econômico-financeiro "significa a posição estável do projeto do concessionário no que respeita à administração de seus recursos materiais (economia) e ao capital disponível para tanto (finanças)".[664]

Com efeito, o equilíbrio ou equação econômico-financeira do contrato envolve uma relação – estabelecida pelas próprias partes contratantes no momento da conclusão do contrato – entre um conjunto de direitos e de encargos de ambas as partes, que

processo de licitação pública que assegure igualdade de condições a todos os concorrentes, com cláusulas que estabeleçam obrigações de pagamento, mantidas as condições efetivas da proposta, nos termos da lei, o qual somente permitirá as exigências de qualificação técnica e econômica indispensáveis à garantia do cumprimento das obrigações.

662 ARAGÃO, Alexandre dos Santos. *Direito dos serviços públicos*. Rio de Janeiro: Forense, 2008, p. 635.

663 MEDAUAR, Odete. *Direito Administrativo moderno*. São Paulo: Revista dos Tribunais, 2009, p. 220.

664 MOREIRA, Egon Bockmann. *Direito das concessões de serviço público*. São Paulo: Malheiros, 2010, p. 387.

pareceram equivalentes. Desde então, esta equivalência não mais pode ser alterada.[665]

A equação econômico-financeira do contrato configura-se como verdadeira garantia para o contratante. Rompido o equilíbrio econômico-financeiro do contrato, nasce para ele o direito à compensação integral dos prejuízos suportados,[666] bem como dos lucros cessantes.[667]

O art. 65, inciso II, alínea "d", da Lei n. 8.666/1993 prevê que o contrato administrativo poderá ser alterado bilateralmente

> para restabelecer a relação que as partes pactuaram inicialmente entre os encargos do contratado e a retribuição da administração para a justa remuneração da obra, serviço ou fornecimento, objetivando a manutenção do equilíbrio econômico-financeiro inicial do contrato.

O mesmo dispositivo fornece determinados elementos a serem aferidos diante da necessidade de se restabelecer o equilíbrio econômico-financeiro do contrato administrativo: (**a**) o fato imprevisível, ou previsível, mas de consequências incalculáveis e (**b**) o retardamento ou o impedimento da execução do ajustado.

Ou seja, deve-se aferir, inicialmente, a concretização de um evento posterior à formulação da proposta que cause o agravamento da posição das partes na relação negocial.[668] Deve-se avaliar, ainda,

---

665 BANDEIRA DE MELLO, Celso Antônio. *Curso de Direito Administrativo*. São Paulo: Malheiros, 2011, p. 710.

666 PEREIRA JUNIOR, Jessé Torres. *Comentários à lei de licitações e contratações da Administração Pública*. Rio de Janeiro: Renovar, 2003, p. 595.

667 JUSTEN FILHO, Marçal. *Teoria geral das concessões de serviço público*. São Paulo: Dialética, 2003, p. 609.

668 Para Marçal Justen Filho, "o restabelecimento da equação econômico-financeira depende da concretização de um evento posterior à formulação da proposta, identificável como causa do agravamento da posição do particular".

todas as obrigações impostas aos contratantes, bem como o regime remuneratório consubstanciado no contrato administrativo:

> O equilíbrio econômico-financeiro abrange todos os encargos impostos à parte, ainda quando não configurem como "deveres jurídicos" propriamente ditos. São relevantes os prazos de início, execução, recebimento provisório e definitivo previstos no ato convocatório, os processos tecnológicos a serem aplicados; as matérias primas a serem utilizadas; as distancias para entrega dos bens; os prazos para pagamento etc. (...)
>
> O mesmo se passa quanto à remuneração. Todas as circunstâncias atinentes à remuneração são relevantes, tais como prazos e forma de pagamentos. Não se considera apenas o valor que o contratante receberá, mas também as épocas previstas para a sua liquidação. (...)
>
> É possível (à semelhança de um balanço contábil) figurar os encargos como contrabalançados pela remuneração. Por isso se alude a equilíbrio. Os encargos equivalem à remuneração, na acepção de que se assegura aquela plêiade de encargos corresponderá precisamente à remuneração prevista. Pode-se afirmar, em outra figuração, que os encargos são matematicamente iguais às vantagens.[669]

Por sua vez, o art. 9º, § 4º, da Lei n. 8.987/1995, prevê que "em havendo alteração unilateral do contrato que afete o seu inicial equilíbrio econômico-financeiro, o poder concedente deverá restabelecê-lo, concomitantemente à alteração".

Ou seja, fatos imprevisíveis, ou previsíveis com efeitos extraordinários, decorrentes de força maior, caso fortuito e fato do príncipe (álea econômica extraordinária e extracontratual), quando impedem

---

(JUSTEN FILHO, Marçal. *Comentários à lei de licitações e contratos administrativos*. São Paulo: Dialética, 2012, p. 890).

669 JUSTEN FILHO, Marçal. *Comentários à lei de licitações e contratos administrativos*. São Paulo: Dialética, 2012, p. 888.

ou dificultam a execução do contrato, demandam a alteração do contrato administrativo para restaurar a relação inicial entre o preço do contratante e os encargos do contratado e, consequentemente, restabelecer o equilíbrio econômico-financeiro originário.[670]

Com efeito, além dos riscos decorrentes de caso fortuito ou força maior, o contratante privado, ao celebrar um contrato com a Administração Pública, submete-se a determinados riscos. Nessa linha de raciocínio, vislumbra-se a existência de três áleas às quais o particular está exposto:

> Álea ordinária ou empresarial que está presente em qualquer tipo de negócio; é um risco que todo empresário corre, como resultado da própria flutuação do mercado; sendo previsível, por ele responde o particular.
>
> Álea administrativa, que abrange três modalidades: a) uma decorrente do poder de alteração unilateral do contrato administrativo, para atendimento do interesse público; por ela responde a Administração, incumbindo-lhe a obrigação de restabelecer o equilíbrio voluntariamente rompido; b) a outra corresponde ao chamado fato do príncipe, que seria um ato de autoridade, não diretamente relacionado com o contrato, mas que repercute indiretamente sobre ele; nesse caso, a Administração também responde pelo restabelecimento do equilíbrio rompido; c) a terceira constitui o fato

---

670 CARVALHO FILHO, José dos Santos. *Manual de Direito Administrativo*. Rio de Janeiro: Lumen Juris, 2012, p. 212. Com efeito, o art. art. 65, inciso II, "d", da Lei n. 8.666/1993, prescreve que: "Os contratos regidos por esta Lei poderão ser alterados, com as devidas justificativas, nos seguintes casos: (...) por acordo das partes: (...) para restabelecer a relação que as partes pactuaram inicialmente entre os encargos do contratado e a retribuição da administração para a justa remuneração da obra, serviço ou fornecimento, objetivando a manutenção do equilíbrio econômico-financeiro inicial do contrato, na hipótese de sobrevirem fatos imprevisíveis, ou previsíveis porém de consequências incalculáveis, retardadores ou impeditivos da execução do ajustado, ou, ainda, em caso de força maior, caso fortuito ou fato do príncipe, configurando álea econômica extraordinária e extracontratual".

da Administração, entendido como "toda conduta ou comportamento desta que torne impossível, para o contratante particular, a execução do contrato (Escola, 1977, v. I: 434); ou, de forma mais completa, é "toda ação ou omissão do Poder Público que, incidindo direta e especificamente sobre o contrato, retarda, agrava ou impede a sua execução" (Hely Lopes Meirelles, 2003:233).

Álea econômica, que corresponde a circunstâncias externas ao contrato, estranhas à vontade das partes, imprevisíveis, excepcionais, inevitáveis, que causam desequilíbrio muito grande no contrato, dando lugar à aplicação da teoria da imprevisão; a Administração Pública, em regra, responde pela recomposição do equilíbrio econômico-financeiro.[671]

Especificamente com relação ao *fato do príncipe*, este se relaciona à interferência do Estado que, por meio de ato não diretamente ligado à contratação, altera os encargos devidos pelo contratado. Trata-se de alteração do contrato administrativo em decorrência de ato da Administração Pública que afeta as prestações devidas, gerando um desequilíbrio econômico-financeiro. Por essa razão, e segundo Lúcia do Valle Figueiredo, "se o Estado provocar o desbalanceamento do contrato por atitudes tomadas diretamente por ele, Estado, deverá haver o ressarcimento".[672]

Para Hely Lopes Meirelles, o *fato do príncipe* "é toda determinação estatal, geral, imprevista e imprevisível, positiva ou negativa, que onera substancialmente a execução do contrato administrativo".[673]

---

671 DI PIETRO, Maria Sylvia. *Direito Administrativo*. São Paulo: Atlas, 2012, p. 286.

672 FIGUEIREDO, Lúcia Valle. *Curso de Direito Administrativo*. São Paulo: Malheiros, 2003, p. 513.

673 MEIRELLES, Hely Lopes. *Licitação e contrato administrativo*. São Paulo: Malheiros, 2002, pp. 237/238.

No mesmo sentido descreve-se o *fato do príncipe* como o ato estatal de ordem geral, isto é, não imediatamente relacionado ao contrato administrativo, mas que nele repercute:

> O fato do príncipe consiste em ato praticado pelo Poder Público (não como parte do contrato) que, ainda que não relacionado diretamente com o contrato administrativo, nele repercute, provocando, de modo reflexivo, o rompimento da equação econômico-financeira. Não pressupõe um ato dirigido a instabilizar a relação jurídico-contratual; é, em regra, medida de ordem geral e que apenas indiretamente repercute alterações no seio do contrato. Por isso, qualifica-se como um mero fato jurídico (em relação aos efeitos produzidos no contrato).[674]

Há quem ressalte, ainda, que no *fato do príncipe* o impacto aos interesses patrimoniais legítimos do particular contratante com o Poder Público deriva de "ato estatal válido, lícito e perfeito"[675] produzido "em um campo de competência estranho ao contrato".

---

674 GUIMARÃES, Fernando Vernalha. *Concessão de serviço público*. São Paulo: Saraiva, 2012, p. 251.

675 Para o autor, "a maior parte da doutrina francesa reputa que o fato do príncipe se verifica quando a execução do contrato é onerada por medida proveniente da autoridade pública contratante, mas que exercita esse poder em um campo de competência estranho ao contrato. O exemplo típico consiste na elevação da carga tributária incidente sobre a execução da prestação devida pelo particular. Na doutrina francesa, certamente não se aplica tal teoria quando o ato estatal for emanado de autoridade distinta daquela que é parte do contrato. Por exemplo, uma medida oriunda do governo central, se acarretar agravamento da situação do particular que mantém contrato no âmbito municipal, não conduziria à aplicação da teoria do fato do príncipe. Se for o caso, a situação se resolverá por meio da teoria da imprevisão. Na essência (mantida no Brasil), a teoria do fato do príncipe consagra o direito de indenização do particular em vista da prática de ato lícito e regular imputável ao Estado. O ponto nuclear da teoria do fato do príncipe reside em que a lesão patrimonial derivada de um ato estatal válido, lícito e perfeito é objeto de indenização" (JUSTEN FILHO, Marçal. *Comentários à lei de licitações e contratos administrativos*. São Paulo: Dialética, pp. 896/897).

A oneração, constituindo-se em álea administrativa extraordinária e extracontratual, obriga o Poder Público contratante a compensar integralmente os prejuízos suportados pelo contratado.[676]

Ou seja, fatos imprevisíveis, ou previsíveis com efeitos extraordinários, decorrentes de força maior, caso fortuito e fato do príncipe (álea econômica extraordinária e extracontratual), quando impedem ou dificultam a execução do contrato, permitem a alteração do contrato administrativo para restaurar a relação inicial entre o preço do contratante e os encargos do contratado[677] e, consequentemente, restabelecer o equilíbrio econômico-financeiro originário.[678]

---

676 MEIRELLES, Hely Lopes. *Licitação e contrato administrativo*. São Paulo: Malheiros, 2002, pp. 237/238.

677 Conforme Marçal Justen Filho, "rompido o equilíbrio econômico-financeiro, deverá promover-se revisão de preço através de alteração bilateral do contrato. Mesmo nos casos de alteração unilateral da Administração, o aditamento deve ser realizado (§6º). A administração e o particular, após efetivado o exame dos fatos, promoverão aditamento contratual, destinado a restabelecer o equilíbrio econômico-financeiro da contratação. Costuma-se denominar esse procedimento de 'revisão de preços'. A expressão tem vantagem de identificar a alteração dos preços derivada da verificação do rompimento do equilíbrio econômico-financeiro do contrato. Deve-se interpretar essa regra como aplicável apenas para os casos de recomposição (extraordinárias) de preços ou para as hipóteses em que o contrato não preveja o índice aplicável para o reajuste. A revisão do contrato envolve uma modificação contratual e sua formalização pressupõe um termo aditivo" (JUSTEN FILHO, Marçal. *Comentários à lei de licitações e contratos administrativos*. São Paulo: Dialética, 2012, p. 917).

678 CARVALHO FILHO, José dos Santos. *Manual de Direito Administrativo*. Rio de Janeiro: Lumen Juris, 2012, p. 212. Com efeito, o art. art. 65, inciso II, "d", da Lei n. 8.666/1993, prescreve que "os contratos regidos por esta Lei poderão ser alterados, com as devidas justificativas, nos seguintes casos: (...) por acordo das partes: (...) para restabelecer a relação que as partes pactuaram inicialmente entre os encargos do contratado e a retribuição da administração para a justa remuneração da obra, serviço ou fornecimento, objetivando a manutenção do equilíbrio econômico-financeiro inicial do contrato, na hipótese de sobrevirem fatos imprevisíveis, ou previsíveis porém de consequências incalculáveis, retardadores ou impeditivos da execução do ajustado, ou, ainda, em caso de força maior, caso fortuito ou fato do príncipe, configurando álea econômica extraordinária e extracontratual".

A não adaptação ao novo regime jurídico da Lei de Modernização dos Portos de 1993, especialmente no que tange ao prazo dos contratos e as condições de prorrogação – cujo prazo total, incluído o da prorrogação, poderia ser de até cinquenta anos – é uma externalidade que afetou, de forma continuada e substancial, os contratos para exploração de instalações portuárias.

Os reflexos econômico-financeiros negativos demandam a recomposição do equilíbrio econômico-financeiro, de forma a neutralizar os impactos negativos gerados pelo evento que ensejou a recomposição, qual seja a não adaptação em 180 dias, a contar do início da vigência da Lei de Modernização dos Portos de 1993.

17.9.3 Outras consequências: insegurança jurídica, entraves à eficiência e realização de investimentos e judicialização

As parcerias entre o Poder Público e a iniciativa privada têm se constituído como uma importante alternativa para a ampliação dos investimentos em projetos de interesse público no Brasil. Nessa medida, há uma ligação direta entre alocação de recursos privados em projetos de interesse público e desenvolvimento econômico e social.

A viabilidade de tais parcerias exige estabilidade político-jurídica, *segurança regulatória* e um cenário normativo e institucional que assegure a manutenção das bases contratuais e as expectativas de ambos os contratantes.

Racionalidade, previsibilidade e estabilidade são, essencialmente, os requisitos necessários para viabilizar projetos que sejam de interesse público e, simultaneamente, atrativos ao investimento privado.

A construção de um ambiente atrativo para a celebração de parcerias entre o Poder Público e a iniciativa privada depende, portanto, de *segurança regulatória* e do estabelecimento de um cenário normativo e institucional que assegure a manutenção das bases contratuais e as expectativas de ambos os contratantes.

Veja-se, portanto, que a complexidade das contemporâneas contratações públicas no setor de infraestrutura portuária – ligadas, essencialmente, à necessidade de viabilização de projetos que sejam de interesse público e atrativos ao investimento privado – demanda um cenário de previsibilidade e menor litigiosidade possível.

Nesses termos, a não adaptação ao novo regime jurídico da Lei de Modernização dos Portos de 1993, especialmente no que tange ao prazo dos contratos e as condições de prorrogação – cujo prazo total, incluído o da prorrogação, poderia ser de até cinquenta anos – gerou uma grave insegurança jurídica no setor.

Diante da incerteza de que os contratos seriam ou não adaptados, restaram – e ainda restam – prejudicados os investimentos a longo prazo, tão fundamentais para a o crescimento do sistema portuário nacional, bem como para o aumento do fluxo contínuo e desimpedido de mercadorias e informações.

Conforme nos relata a Consulente, o ambiente de incerteza provocou para a suas associadas barreiras à obtenção de melhores condições de apoio às concessões de serviço público junto ao Banco Nacional de Desenvolvimento Econômico e Social – BNDES.

Especificamente quanto à chamada *Taxa de Risco de Crédito*, que remunera o risco assumido pelo BNDES em financiamentos e varia em função do risco de crédito do tomador de recursos e da análise técnico-econômica do empreendimento.

Em se tratando de arrendamentos portuários insertos num ambiente de incerteza jurídica, houve, igualmente, um comprometimento da possibilidade da oferta de garantia baseada na cessão fiduciária ou penhor dos direitos emergentes da concessão e oferecimento dos *covenants* financeiros, que são fixados para serem cumpridos ao longo do prazo total da operação.

Como se não bastasse o entrave na obtenção do crédito público, relata-nos a Consulente a existência de impactos negativos para as suas associadas no mercado financeiro e de capitais privados e para as próprias relações comerciais e operacionais.

Ademais, as relações comerciais demandam, naturalmente, um ambiente de previsibilidade recíproca. Em não se tendo certeza de que a operação portuária teria continuidade por prazo estendido, restaram impedidas relações comerciais mais duradouras. Na relação com as empresas armadoras, por exemplo, há que se salientar que a relação comercial com o originador de carga é fruto, basicamente, da prestação de um serviço eficiente e contínuo no tempo.

No que tange às relações operacionais – também desfavoráveis em razão da incerteza – relatou-nos a Consulente que suas associadas foram impossibilitadas de, por exemplo, celebrar contratos de longo prazo com fornecedores, ou fazer investimentos mais agressivos em aprimoramento tecnológico, o que é fundamental para a otimização de custos.

Em síntese, um modelo de negócio que, por omissão do Poder Público, beira a precariedade trouxe impactos econômico-financeiros desastrosos. Por essa razão é que a não adaptação ao novo regime jurídico da Lei de Modernização dos Portos de 1993, especialmente no que tange ao prazo dos contratos e as condições de prorrogação, gerou lesão à legítima esfera de direito dos arrendatários.

Por fim, a não adaptação dos contratos ensejou grande judicialização, o que era de se esperar. Informa-nos a Consulente que, atualmente, existem por volta de 25 ações judiciais que versam sobre os direitos subjetivos dos titulares de terminais portuários emergentes da não adaptação.

17.10 Das formas de reparação dos danos decorrentes da não adaptação dos contratos anteriores à Lei de Modernização dos Portos de 1993

Como demonstrado, a não adaptação ao novo regime jurídico da Lei de Modernização dos Portos de 1993, especialmente no que tange ao prazo dos contratos e as condições de prorrogação – cujo prazo total, incluído o da prorrogação, poderia ser de até cinquenta anos – gerou uma afronta à confiança, à expectativa legítima, à boa-fé e à moralidade administrativa, bem como um *sui generis* desequilíbrio econômico-financeiro em favor dos titulares de contratos no regime anterior à Lei de Modernização dos Portos de 1993.

A afronta a tais princípios é, para os titulares de contratos no regime anterior à Lei de Modernização dos Portos de 1993, fonte produtora de obrigações oponíveis à Administração Pública federal.

Sob a ótica da teoria do equilíbrio econômico-financeiro, os reflexos econômico-financeiros negativos para os titulares de contratos anteriores à Lei de Modernização dos Portos de 1993 impõem a recomposição do equilíbrio econômico-financeiro originados da omissão estatal, isso de forma a neutralizar os impactos negativos ou positivos gerados especificamente pelo evento que ensejou a recomposição, qual seja a não adaptação, em 180 dias, a contar do início da vigência da revogada Lei de 1993.

Como antecipamos, a recomposição do equilíbrio econômico-financeiro do contrato de arrendamento pode ocorrer, a critério do poder concedente, e na linha do que positivado em espécies normativas da Agência Nacional de Transportes Aquaviários – ANTAQ e da Secretaria de Portos da Presidência da República – SEP/PR, por (**a**) aumento ou redução dos valores financeiros; (**b**) modificação das obrigações contratuais; (**c**) extensão ou redução do prazo de vigência do contrato; e, por fim, (**d**) pagamento de indenização.

Referidos meios de recomposição são exemplificativos e podem ser utilizados de forma isolada ou combinada. Entretanto, a considerar os vultosos impactos para empreendimentos portuários em todo o país num momento de retração da arrecadação tributária, ao que parece a extensão do prazo de vigência dos contratos é, ao que nos parece, a mais consentânea com o interesse público.

A adaptação é compatível com os princípios da eficiência e da economicidade, consubstanciados no art. 37, *caput*, da Constituição da República, e com o princípio da continuidade do serviço público. Com efeito, a interrupção das operações portuárias pode ser desastrosa para o fluxo de cargas no país, quando se sabe que o processo público de licitação de determinadas áreas portuárias ainda demanda longo período até que haja a adjudicação do objeto e subscrição do contrato respectivo.

Além disso, a adaptação é compatível com as políticas públicas instituídas para o desenvolvimento do setor, que estão baseadas, por exemplo, e conforme indicação do art. 3º da Lei n. 12.815/2013, (**a**) na expansão, modernização e otimização da infraestrutura e da superestrutura que integram os portos organizados e instalações portuárias; (**b**) na garantia da modicidade e da publicidade das tarifas e preços praticados no setor, da qualidade da atividade prestada e da efetividade dos direitos dos usuários; e, ainda, (**c**) no estímulo à concorrência, incentivando a participação do setor privado e assegurando o amplo acesso aos portos organizados, instalações e atividades portuárias.

Assim é que informa-nos a Consulente que se estima que as adaptações destravariam investimentos no setor na ordem de dois bilhões de reais, valor este que é muito significativo.

Por fim, a adaptação é consentânea com medidas que estão sendo adotadas para sanar desequilíbrios econômico-financeiros causados por "*fato do príncipe*" em outros setores.

Para o setor elétrico, por exemplo, em 18 de agosto deste ano foi publicada a Medida Provisória n. 688/2015 para tratar, dentre outros temas, da repactuação do chamado risco hidrológico de geração de energia elétrica e extensão do prazo das outorgas.

Previu-se que o risco hidrológico suportado pelos agentes de geração hidrelétrica participantes do Mecanismo de Realocação de Energia – MRE poderá ser repactuado pelos geradores mediante contrapartida dos agentes de geração hidrelétrica. Nesse caso, será ressarcido aos agentes de geração o resultado do deslocamento de geração hidrelétrica subtraído da liquidação da energia secundária e do prêmio de risco pactuado, referente à energia contratada no Ambiente de Contratação Regulada por meio da postergação de pagamento do prêmio.

Não havendo prazo remanescente de contrato de venda de energia que permita o ressarcimento, os agentes de geração poderão optar pela extensão do prazo das outorgas vigentes. O agente de geração que possuir ação judicial em curso na qual requeira isenção ou mitigação de riscos hidrológicos relacionados ao MRE, deverá, como condição para valer-se desta repactuação, desistir da ação judicial e renunciar a qualquer alegação de direito sobre a qual se funde a referida ação.

Conclui-se, portanto, que, ainda que a Lei de Modernização dos Portos de 1993 tenha sido revogada pela Lei n. 12.815/2013, seus arts. 48 e 53 irradiaram direitos para os titulares de contratos anteriores à lei. Referido direito prevalece mesmo com a revogação dos dispositivos, isso tudo conforme exige a doutrina do direito adquirido.

A doutrina do direito adquirido – bem como a do ato jurídico perfeito e da coisa julgada – atenta ao primado do princípio da segurança jurídica, construiu, dentro do chamado direito intertemporal, a teoria da aplicação da lei no tempo, pela qual as relações jurídicas, o fato passado ou o já realizado, terão proteções graduais a depender dos graus de retroatividade da lei em vigor.

O efeito imediato da lei, ainda que tenha efeito imediato e geral, não atingirá situações jurídicas indistintamente. Afasta-se, por esta razão, a aplicação da lei nova sempre que esta implicar em prejuízo ao direito adquirido e ao ato jurídico perfeito.

A restrição da aplicação da lei nova nestas situações é de dimensão constitucional, eis que inserta no capítulo dos direitos e deveres individuais e coletivos e no título dos direitos e garantias fundamentais da Constituição da República, conforme teor do artigo 5º, inciso XXXVI: "a lei não prejudicará o direito adquirido, o ato jurídico perfeito e a coisa julgada".

Esta dimensão fundamental do direito adquirido e do ato jurídico perfeito não pode ser excepcionado sequer pelas regras de ordem pública, como assinalam Gilmar Ferreira Mendes, Inocêncio Mártires Coelho e Paulo Gustavo Gonet Branco:

> É certo, outrossim, que a dimensão constitucional que se confere ao princípio do direito adquirido, entre nós, não permite que se excepcionem da aplicação do princípio as chamadas regras de ordem pública.[679]

Isto é, mesmo as leis de ordem pública ou de Direito público escapam da garantia do direito adquirido e do ato jurídico perfeito, de acordo com a compreensão de Reynaldo Porchat:

> (...) Seria altamente perigoso proclamar como verdade que as leis de ordem pública ou de direito público têm efeito retroativo, porque mesmo diante dessas leis aparecem algumas vezes direitos adquiridos. No caso afirmativo a lei não deve retroagir, porque a simples invocação de um motivo de ordem pública não basta para justificar a ofensa

679 MENDES, Gilmar Ferreira; COELHO, Inocêncio Mártires; BRANCO, Paulo Gustavo Gonet. *Curso de Direito Constitucional*. São Paulo: Saraiva, 2007, p. 447.

> ao direito adquirido, cuja inviolabilidade (...) é também um forte motivo de interesse público.[680]

Conclui-se, portanto, que, ainda que a Lei de Modernização dos Portos de 1993 tenha sido revogada pela Lei n. 12.815/2013, seus arts. 48 e 53 irradiaram direitos para os titulares de contratos anteriores à lei, bem como o direito à adaptação, incluindo a fixação de prazo de arrendamento nos moldes consubstanciados na Lei de Modernização dos Portos de 1993: prazo total, incluído o da prorrogação, de até cinquenta anos.

Frise-se que referido direito à adaptação, do qual são titulares os detentores de contratos de arrendamento anteriores à Lei de Modernização dos Portos de 1993, emerge para todos os arrendatários, independentemente de determinadas circunstâncias fáticas.

É sabido que determinados arrendatários possuem contratos vigentes e em plena execução. Ocorre que determinados arrendatários, por omissão do Poder Concedente, permanecem explorando as áreas portuárias a partir de relações de fato, já que, considerando a não adaptação, os contratos chegaram ao advento do seu termo. A permanência, inclusive, ocorre, em determinados casos, por determinação judicial.

Além disso, determinados operadores, a considerar o momento de instabilidade, acompanhada da mora do Poder Concedente, foram levados a celebrar os chamados contratos de transição. Tais contratos costumam ser celebrados no período compreendido entre o término do contrato de arrendamento e a celebração de novo, visando à continuidade da prestação dos serviços.

680 Citado por MENDES, Gilmar Ferreira; COELHO, Inocêncio Mártires; BRANCO, Paulo Gustavo Gonet. *Curso de Direito Constitucional*. São Paulo: Saraiva, 2007, p. 447.

Ou seja, ordinariamente, extinto o arrendamento, revertem ao patrimônio da União os direitos, privilégios e bens patrimoniais transferidos à arrendatária, assim como aqueles adquiridos durante a vigência do contrato e considerados essenciais à operação portuária. Nesse mesmo momento, costuma haver a recíproca quitação entre Poder Concedente e arrendatário, o que, em tese, equalizaria possíveis obrigações entre as partes.

Entretanto, mesmo que determinados arrendatários, pelas condições extremas de insegurança a que foram submetidos, tenham sido levados a dar quitação e a celebrar contratos de transição, nada obsta que o Poder Concedente, reconhecendo a continuidade das relações jurídico-contratuais e o direito subjetivo à adaptação, promova a necessária estabilização destas mesmas relações.

17.11 A necessidade de estabilização das relações jurídicas e a via normativa adequada para estabilização das relações jurídicas: a edição de decreto regulamentador

Como concluímos em item específico nesta Consulta, a não adaptação ao novo regime jurídico da Lei de Modernização dos Portos de 1993, especialmente no que tange ao prazo dos contratos e as condições de prorrogação – cujo prazo total, incluído o da prorrogação, poderia ser de até cinquenta anos – gerou uma afronta à confiança, à expectativa legítima, à boa-fé e à moralidade administrativa, bem como um *sui generis* desequilíbrio econômico-financeiro em favor dos titulares de contratos no regime anterior à Lei de Modernização dos Portos de 1993.

A afronta a tais princípios é, para os titulares de contratos no regime anterior à Lei de Modernização dos Portos de 1993, fonte produtora de obrigações oponíveis à Administração Pública federal.

Sob a ótica da teoria do equilíbrio econômico-financeiro, os reflexos econômico-financeiros negativos para os titulares de contratos anteriores à Lei de Modernização dos Portos de 1993 impõem a recomposição do equilíbrio econômico-financeiro originados da omissão estatal, isso de forma a neutralizar os impactos negativos ou positivos gerados especificamente pelo evento que ensejou a recomposição, qual seja a não adaptação, em 180 dias, a contar do início da vigência da revogada Lei de 1993.

Considerando que os direitos afetados se refletem, hoje, em uma perspectiva transacional, em valores econômicos, surge a possibilidade que reequilibrar essas relações. Para tanto, a forma mais adequada e consentânea com os princípios que regem a Administração Pública para efetivar o reequilíbrio é a extensão de prazo contratual.

A considerar a elevada judicialização em torno do tema, bem como a necessidade de procedimentos administrativos isonômicos junto ao poder concedente para avaliação dos impactos negativos para os arrendatários e, ainda, a identificação do melhor e mais compatível com o interesse público modo de adaptação e deslinde da questão, é fundamental que seja editado decreto regulamentador.

Referida espécie normativa estabilizará as relações contratuais existentes e garantirá tratamento isonômico para os arrendatários que se encontrarem em igual situação jurídica. Assim é que, em nome da estabilização das relações contratuais existentes, do princípio da segurança jurídica, um *sui generis* ato saneador, de iniciativa do chefe do Executivo, pacificará as relações e colocar-se-á como uma agenda positiva de investimentos, tratando as diversas hipóteses de maneira isonômica.

A edição do decreto, que possuiria por fundamento constitucional o *caput* do art. 37 da Constituição da República deveria contemplar a realização de um procedimento específico e uniforme para o exame individualizado de cada contrato de arrendamento, com vistas a adaptá-los ao novo marco legal do setor portuário, o que é desejável e possível, e resultará em novos investimentos no setor.

Com efeito, registre-se que o poder regulamentar é a prerrogativa aferida à Administração Pública para editar atos gerais visando complementar as leis e permitir sua correta aplicação. Representa uma prerrogativa de Direito público que é confiada aos órgãos que possuem por obrigação a gestão dos chamados interesses públicos.[681]

Nesse passo, é considerado *poder regulamentar típico*[682] aquele que decorre da atuação administrativa de complementação de leis ou atos análogos a elas, denotando, portanto, sua natureza de subordinação legal.

Em verdade, o *dever-poder regulamentar* decorre da necessidade de estabelecimento de regras processuais e orgânicas com o objetivo de

> colocar em execução os princípios institucionais estabelecidos por lei, ou normas em desenvolvimento dos preceitos constantes da lei, expressos ou implícitos, dentro da órbita por ela circunscrita, isto é, das diretrizes, em pormenor, por ela determinadas.[683]

---

681 CARVALHO FILHO, José dos Santos. *Manual de Direito Administrativo*. São Paulo: Atlas, 2014, p. 57.

682 Há alguns casos, todavia, que a Constituição autoriza determinados órgãos a produzirem atos que, tanto como as leis, emanam diretamente da Carta e tem natureza primária; inexiste qualquer ato de natureza legislativa que se situe em patamar entre a Constituição e o ato de regulamentação, como ocorre com o poder regulamentar. Serve como exemplo o art. 13-B, da CF, inserido pela EC n. 45/2004, que, instituindo o Conselho Nacional de Justiça, conferiu a esse órgão atribuição para "expedir atos regulamentares no âmbito de sua competência, ou recomendar providências". (CARVALHO FILHO, José dos Santos. *Manual de Direito Administrativo*. 27ª ed. São Paulo: Atlas, 2014, pp. 57/58).

683 BANDEIRA DE MELLO, Oswaldo Aranha. *Princípios gerais de Direto Administrativo*. vol. I, 3ª ed. São Paulo: Malheiros, 2010, p. 359.

Nesse sentido é a lição de Celso Antônio Bandeira de Mello, que a toda evidência, demonstra a natureza estritamente subordinada do regulamento à lei:

> Pode-se conceituar o regulamento em nosso Direito como ato geral e (de regra) abstrato, de competência privativa do Chefe do Poder Executivo, expedido com a estrita finalidade de produzir as disposições operacionais uniformizadoras necessárias à execução de lei cuja aplicação demande atuação da Administração Pública.[684]

Por sua vez, a formalização do poder regulamentar se confere basicamente através da edição de decretos e regulamentos, expedidos pelo Presidente da República, e igualmente, pelo princípio da simetria, pelos demais Chefes do Executivo das esferas estadual e municipal.[685]

O caráter meramente subalterno e dependente de lei do Decreto impede-lhe inovações originárias na ordem jurídica, razão pela qual se diz que o Decreto é fonte secundária do Direito. É, assim, inoperante o Decreto contra *legem* ou sequer *praeter legem*, senão quando *secundum legem*.

Cumprindo-lhes dar execução à lei, não lhes cabe alterar situações jurídicas, mas apenas pormenorizar as condições de modificação originária de outro ato. Quando o fizer a despeito de suas limitações funcionais normativas, exorbitar-se-á pelo exercício de competência reservada ao Legislativo.

---

684 BANDEIRA DE MELLO, Celso Antônio. *Curso de Direito Administrativo*. São Paulo: Malheiros, 2014, p. 347.

685 Há também atos normativos que, editados por outras autoridades administrativas, podem caracterizar-se como inseridos no poder regulamentar. É o caso de instruções normativas, resoluções, portarias etc. (CARVALHO FILHO, José dos Santos. *Manual de Direito Administrativo*. 27ª ed. São Paulo: Atlas, 2014, p. 58).

Se o fundamento de validade de uma norma apenas pode ser a validade de uma outra norma, no caso da edição dos Decretos estes carecerão de validade quando expedidos fora dos limites estritos da Lei autorizativa da sua edição.

Desta feita, o instrumento apropriado para a formalização da regularização da situação em análise é o decreto, decorrente do poder regulamentar atribuído à Presidenta da República pelo art. 84, da Constituição da República,[686] com vistas a contemplar a realização de um procedimento específico e uniforme para o exame individualizado de cada contrato de arrendamento no âmbito da SEP/SP e ANTAQ.

Diante disso, é preciso analisar que a Constituição da República prevê duas espécies de regulamentos, uma destinada a regulamentar a lei (art. 84, inciso IV), e outra para organização e funcionamento da Administração Pública federal, quando não implicar aumento de despesa nem criação ou extinção de órgãos públicos, assim como para extinção de funções ou cargos públicos, quando vagos (art. 84, inciso VI, alíneas "a" e "b").[687]

686 Art. 84. Compete privativamente ao Presidente da República: (...) IV – sancionar, promulgar e fazer publicar as leis, bem como expedir decretos e regulamentos para sua fiel execução; (...) VI – dispor, mediante decreto, sobre: a) organização e funcionamento da administração federal, quando não implicar aumento de despesa nem criação ou extinção de órgãos públicos; b) extinção de funções ou cargos públicos, quando vagos.

687 Registre-se que o regulamento previsto no inciso VI do artigo 84 da Constituição da República não tem qualquer similaridade com o chamado regulamento autônomo, previsto no Direito Europeu. Segundo José dos Santos Carvalho Filho, referido regulamento trata de "atos de organização e funcionamento da Administração Federal, ainda que tenham conteúdo normativo, são meros atos ordinatórios, ou seja, atos que se preordenam basicamente ao setor interno da Administração para dispor sobre seus serviços e órgãos, de modo que só reflexamente afetam a esfera jurídica de terceiros, e assim mesmo mediante imposições derivadas ou subsidiarias, mas nunca originarias. Esse aspecto não é suficiente para converter os atos em decretos ou regulamentos autônomos" (CARVALHO FILHO, José dos Santos. *Manual de Direito Administrativo*. 27ª ed. São Paulo: Atlas, 2014, p. 64).

O regulamento é possível sempre que a lei pressupõe para a sua execução o estabelecimento de relações entre a Administração e os administrados, visto que tal disciplina importa uma margem de discricionariedade administrativa.

Segundo Celso Antônio Bandeira de Mello, isto ocorre em dois casos:

> Um deles tem lugar sempre que necessário um regramento procedimental para regência da conduta que órgãos e agentes administrativos deverão observar e fazer observar, para cumprimento da lei, na efetivação das sobreditas relações. Certamente foi a este tipo de disposições que Geraldo Ataliba aludiu ao dizer que o regulamento cumpre uma função de "acomodar o aparelho administrativo" para a fiel observância das leis. Mais clara ainda é a lição de Oswaldo Aranha Bandeira de Mello, em sua aprofundada análise do regulamento, dizendo que com os regulamentos executivos a Administração estabelece "as regras orgânicas e processuais" para boa execução da lei. (...)
>
> Uma segunda hipótese ocorre quando a dicção legal, em sua generalidade e abstração, comporta, por ocasião da passagem deste plano para o plano concreto e específico dos múltiplos atos individuais a serem praticados para aplicar a lei, intelecções mais ou menos latas, mais ou menos compreensivas. Por força disto, ante a mesma regra legal e perante situações idênticas, órgãos e agentes poderiam adotar medidas diversas, isto é, não coincidentes entre si.[688]

Nesse passo, a edição do Decreto para o caso em análise deve ter por fundamento o art. 84, *caput*, incisos IV e VI, alínea "*a*"; art. 21, *caput*, inciso XII, alínea "f"; art. 37, *caput* da Constituição da

688 BANDEIRA DE MELLO, Celso Antônio. *Curso de Direito Administrativo*. São Paulo: Malheiros, 2014, pp. 365/366.

República, e o disposto nas Leis n. 12.815/2013,[689] n. 10.233/2001,[690] e n. 10.683/2003.[691] Explica-se.

No caso vertente, existem duas situações de regulamentação. Uma refere-se ao *dever-poder regulamentar* advindo do inciso IV do art. 84 da Constituição da República, que trata de situação específica de pormenorização do conteúdo normativo das Leis n. 12.815/2013, n. 10.233/2001, e n. 10.683/2003. Nesse contexto, a regulamentação terá por escopo as disposições legais que regulam a exploração de portos organizados e de instalações portuárias.

A outra situação de regulamentação, calcada na alínea "a" do inciso IV do art. 84 da Constituição da República, revela-se na edição de um ato que disponha sobre a instituição de regramento procedimental uniforme e isonômico, para a regência dos procedimentos administrativos tendentes ao exame individualizado de cada contrato de arrendamento, com vistas a adaptá-los ao novo marco legal do setor portuário.

Assim, a norma a ser regulamentada é o *caput* do art. 1º, da Lei n. 12.815/2013,[692] que estabelece competência para a União regular

---

689 Dispõe sobre a exploração direta e indireta pela União de portos e instalações portuárias e sobre as atividades desempenhadas pelos operadores portuários; altera as Leis nos 5.025, de 10 de junho de 1966, 10.233, de 5 de junho de 2001, 10.683, de 28 de maio de 2003, 9.719, de 27 de novembro de 1998, e 8.213, de 24 de julho de 1991; revoga as Leis nos 8.630, de 25 de fevereiro de 1993, e 11.610, de 12 de dezembro de 2007, e dispositivos das Leis nos 11.314, de 3 de julho de 2006, e 11.518, de 5 de setembro de 2007; e dá outras providências.

690 Dispõe sobre a reestruturação dos transportes aquaviário e terrestre, cria o Conselho Nacional de Integração de Políticas de Transporte, a Agência Nacional de Transportes Terrestres, a Agência Nacional de Transportes Aquaviários e o Departamento Nacional de Infraestrutura de Transportes, e dá outras providências.

691 Dispõe sobre a organização da Presidência da República e dos Ministérios, e dá outras providências.

692 Art. 1º Esta Lei regula a exploração pela União, direta ou indiretamente, dos portos e instalações portuárias e as atividades desempenhadas pelos operadores portuários.

a exploração, direta ou indireta, dos portos e instalações portuárias e as atividades desempenhadas pelos operadores portuários.

Por sua vez, o regramento procedimental possui como supedâneo legal o art. 23 da Lei n. 10.233/2001, que estabelece as competências da Agência Nacional de Transportes Aquaviários – ANTAQ, nos seguintes termos:

> Art. 23. Constituem a esfera de atuação da Antaq:
>
> I – a navegação fluvial, lacustre, de travessia, de apoio marítimo, de apoio portuário, de cabotagem e de longo curso;
>
> II – os portos organizados e as instalações portuárias neles localizadas;
>
> III – as instalações portuárias de que trata o art. 8º da Lei na qual foi convertida a Medida Provisória n. 595, de 6 de dezembro de 2012;
>
> IV – o transporte aquaviário de cargas especiais e perigosas.
>
> V – a exploração da infraestrutura aquaviária federal.

Ainda no tocante ao regulamento procedimental, o art. 24-A da Lei n. 10.683/2003 determina a competência da Secretaria de Portos da Presidência da República, que compreende as seguintes atividades:

> Art. 24-A. À Secretaria de Portos compete assessorar direta e imediatamente o Presidente da República na formulação de políticas e diretrizes para o desenvolvimento e o fomento do setor de portos e instalações portuárias marítimos, fluviais e lacustres e, especialmente, promover a execução e a avaliação de medidas, programas e projetos de apoio ao desenvolvimento da infraestrutura e da superestrutura dos portos e instalações portuárias marítimos, fluviais e lacustres. (...) § 2º As competências atribuídas, no caput deste artigo, à Secretaria de Portos compreendem:

> I – a formulação, coordenação e supervisão das políticas nacionais;
>
> II – a participação no planejamento estratégico, o estabelecimento de diretrizes para sua implementação e a definição das prioridades dos programas de investimentos;
>
> III – a elaboração dos planos gerais de outorgas;
>
> IV – o estabelecimento de diretrizes para a representação do Brasil nos organismos internacionais e em convenções, acordos e tratados referentes às competências mencionadas no caput deste artigo; e
>
> V – o desenvolvimento da infraestrutura e da superestrutura aquaviária dos portos e instalações portuárias sob sua esfera de atuação, com a finalidade de promover a segurança e a eficiência do transporte aquaviário de cargas e de passageiros.

Note-se, pois, que o arcabouço normativo elencado legitima a edição da um decreto saneador para a resolução das situações de desequilíbrio havidas nas relações jurídicas descritas neste parecer.

Como antecipado, o Projeto de Lei de Conversão da Medida Provisória n. 595/2012 foi remetido à sanção presidencial com dispositivo que visava oferecer solução jurídica a essa pendência histórica.

Referidos dispositivos foram vetados pela Presidenta da República por meio da Mensagem n. 222/2013 sob o fundamento de que se retiraria do Executivo a prerrogativa de avaliar a conveniência e a oportunidade de eventuais prorrogações. Além disso, ao impor uma renovação para todos os instrumentos, a proposta feriria o princípio da isonomia.

Veja-se, portanto, que o decreto saneador se revela como o instrumento adequado para a resolução das situações de desequilíbrio constatadas nas relações jurídicas advindas dos instrumentos contratuais firmados antes da Lei n. 8.630/93, garantindo ao Poder Concedente a prerrogativa de conduzir o processo casuisticamente.

Isso não só é legitimado pelo nosso sistema de Direito positivo, como também está em sintonia com o espírito do art. 56 do Projeto de Lei de Conversão da Medida Provisória n. 595/2012 – que visava equacionar a histórica pendência – e com o veto ao mesmo dispositivo, o qual não deixou de reconhecer a necessidade do equacionamento.

17.12 Conclusões e respostas aos quesitos

PRIMEIRO QUESITO: Quais as consequências jurídicas da não adaptação ao novo regime jurídico da Lei de Modernização dos Portos de 1993, especialmente no que tange ao prazo dos contratos e as condições de prorrogação, para os titulares de contratos no regime anterior à Lei de Modernização dos Portos de 1993 tanto para aqueles em plena execução, quanto para aqueles que possuem contratos de transição ou estão em situações de fato equivalentes?

A não adaptação ao novo regime jurídico da Lei de Modernização dos Portos de 1993, especialmente no que tange ao prazo dos contratos e as condições de prorrogação – cujo prazo total, incluído o da prorrogação, poderia ser de até cinquenta anos – gerou uma afronta à confiança, à expectativa legítima, à boa-fé e à moralidade administrativa, bem como um *sui generis* desequilíbrio econômico-financeiro em favor dos titulares de contratos no regime anterior à Lei de Modernização dos Portos de 1993.

Por essa razão é que, sob a ótica da teoria do equilíbrio econômico-financeiro, os reflexos econômico-financeiros negativos para os titulares de contratos anteriores à Lei de Modernização dos Portos de 1993 impõem a recomposição do equilíbrio econômico-financeiro originados da omissão estatal, isso de forma a neutralizar os impactos negativos ou positivos gerados especificamente pelo evento que ensejou a recomposição, qual seja a não adaptação, em 180 dias, a contar do início da vigência da revogada Lei de 1993.

Referido direito à adaptação, do qual são titulares os detentores de contratos de arrendamento anteriores à Lei de Modernização dos

Portos de 1993, emerge para todos os arrendatários, ou seja, tanto para aqueles em plena execução, quanto para aqueles que possuem contratos de transição ou estão em situações de fato equivalentes.

Assim é que mesmo que determinados arrendatários, pelas condições extremas de insegurança a que foram submetidos, tenham sido levados a dar quitação e a celebrar contratos de transição, deve o Poder Concedente, reconhecendo a continuidade das relações jurídico-contratuais e o direito subjetivo à adaptação, promover a necessária estabilização destas mesmas relações.

Considerando que os direitos afetados se refletem, hoje, em uma perspectiva transacional, em valores econômicos, emerge a necessidade de reequilíbrio dessas relações.

Diante da incerteza de que os contratos seriam ou não adaptados, restaram – e ainda restam – prejudicados os investimentos a longo prazo, tão fundamentais para a o crescimento do sistema portuário nacional, bem como para o aumento do fluxo contínuo e desimpedido de mercadorias e informações.

O ambiente de incerteza provocou, ainda, barreiras à obtenção de melhores condições de apoio às concessões de serviço público junto ao Banco Nacional de Desenvolvimento Econômico e Social – BNDES.

Como se não bastasse o entrave na obtenção do crédito público, relata-nos a Consulente a existência de impactos negativos no mercado financeiro e de capitais privados e para as próprias relações comerciais dos arrendatários com os usuários ou fornecedores.

Desse modo, a adaptação dos contratos do regime anterior à Lei de Modernização dos Portos de 1993, seja na forma preconizada pela AGU, seja na forma aprovada pela ANTAQ (norma revogada), ou até mesmo na forma pleiteada pelas empresas junto ao Poder Judiciário, tornará o cenário portuário mais estável e dará a segurança jurídica necessária para que as empresas possam, dentro de um modelo de negócio previamente aprovado pelo Poder Concedente, ter reconhecido o seu direito à extensão de prazo contratual.

Referida extensão sanearia os desequilíbrios mencionados, ao passo que também viabilizaria os investimentos necessários à modernização da infraestrutura portuária. Isso minimizaria os efeitos negativos da não adaptação contratual, qual seja uma avalanche de medidas judiciais pleiteando a reparação dos danos causados pela omissão do Poder Público pela não adaptação dos contratos, reiteradamente demonstrado no corpo do Parecer.

SEGUNDO QUESITO: Em caso positivo, a edição de decreto pelo Presidente da República é uma via normativa adequada para estabilização das relações jurídicas estabelecidas entre o Poder Concedente, a União, e os titulares de contratos no regime anterior à Lei de Modernização dos Portos de 1993?

A considerar a elevada judicialização em torno do tema, bem como a necessidade de procedimentos administrativos isonômicos junto ao poder concedente para avaliação dos impactos negativos para os arrendatários e, ainda, a identificação do melhor e mais compatível com o interesse público modo de adaptação e deslinde da questão, é fundamental que seja editado decreto regulamentador.

A edição do decreto deverá contemplar a realização de um procedimento específico e uniforme para o exame individualizado de cada contrato de arrendamento, com vistas a adaptá-los ao novo marco legal do setor portuário, o que é desejável e possível, e resultará em novos investimentos no setor.

No caso em tela, a norma a ser regulamentada é o caput do art. 1º, da Lei n. 12.815/2013, que estabelece competência para a União regular a exploração, direta ou indireta, dos portos e instalações portuárias e as atividades desempenhadas pelos operadores portuários.

Por sua vez, o regramento procedimental possui como supedâneo legal o art. 23 da Lei n. 10.233/2001, que estabelece as competências da Agência Nacional de Transportes Aquaviários – ANTAQ, assim como o art. 24-A da Lei n. 10.683/2003, que determina a competência da Secretaria de Portos da Presidência da República.

Note-se, pois, que o arcabouço normativo elencado legitima a edição da um decreto saneador para a resolução das situações de desequilíbrio havidas nas relações jurídicas descritas neste parecer.

Veja-se, portanto, que o decreto saneador se revela como o instrumento adequado para a resolução das situações de desequilíbrio constatadas nas relações jurídicas advindas dos instrumentos contratuais firmados antes da Lei n. 8.630/93, garantindo ao Poder Concedente a prerrogativa de conduzir o processo casuisticamente.

Isso não só é legitimado pelo nosso sistema de Direito positivo, como também está em sintonia com o espírito do art. 56 do Projeto de Lei de Conversão da Medida Provisória n. 595/2012 – que visava equacionar a histórica pendência – e com o veto ao mesmo dispositivo, o qual não deixou de reconhecer a necessidade do equacionamento.

Este é o nosso parecer.

São Paulo, 11 de setembro de 2015.

CAPÍTULO XVIII

A NATUREZA JURÍDICA DAS ATIVIDADES PORTUÁRIAS, DO CONTRATO DE ARRENDAMENTO E DO AFANDEGAMENTO E AS COMPETÊNCIAS DA UNIÃO E DOS MUNICÍPIOS

EMENTA: I. PROLEGÔMENOS E FORMULAÇÃO DOS QUESITOS. II. BASES CONSTITUCIONAIS DA REPARTIÇÃO DE COMPETÊNCIAS ENTRE OS ENTES DA FEDERAÇÃO. III. O MUNICÍPIO NA CONSTITUIÇÃO: ENTE FEDERADO DOTADO DE AUTONOMIA. IV. AS COMPETÊNCIAS DO MUNICÍPIO E DA UNIÃO ATINENTES ÀS MATÉRIAS EM EXAME: URBANÍSTICA, AMBIENTAL E PORTUÁRIA. V. NATUREZA JURÍDICA DAS ATIVIDADES PORTUÁRIAS, DO CONTRATO DE ARRENDAMENTO E DO ALFANDEGAMENTO: AS ESPECIFICIDADES DO CASO CONCRETO E A SOBREPOSIÇÃO DAS COMPETÊNCIAS DO MUNICÍPIO EM DETRIMENTO DA UNIÃO. VI. A CONSTITUCIONALIDADE DO REGIME JURÍDICO DOS "USOS DESCONFORMES". VII. RESPOSTAS AOS QUESITOS.

CONSULENTE: TRANSITÁRIA BRASILEIRA LTDA. – TRANSBRASA.

18.1 Prolegômenos e formulação dos quesitos

Honra-nos a **TRANSITÁRIA BRASILEIRA LTDA.** com Parecer atinente ao exame da constitucionalidade da Lei Complementar do Município de Santos n. 312/1998 e suas alterações posteriores na parte em que espécies normativas municipais reclassificaram a área a ela arrendada pela União (Rua Joaquim Távora, nº 500, Santos/SP) para Zona Intermediária.[693]

Ademais, o presente Parecer analisa a constitucionalidade de dispositivos que instituíram o regime dos "usos desconformes", para permitir que, obedecidos determinados critérios, áreas regularmente licenciadas, ainda que não mais se enquadrem nas novas categorias de uso, possam continuar sua utilização de acordo com a categoria de uso anterior.

Com efeito, a Lei Complementar do Município de Santos n. 312/1998, no seu art. 17, previa, originalmente, que os chamados "usos desconformes" – assim entendidos como aqueles regularmente licenciados, mas que não se enquadrassem nas novas categorias de uso – deveriam adequar-se a determinados níveis de ruído, poluição ambiental e horários de funcionamento para garantir a continuidade das atividades.

Atualmente, os "usos desconformes" são regulamentados pelo art. 32 da Lei Complementar do Município de Santos n. 1.006/2018, dispositivo que permite a utilização de imóveis aprovados para uso comercial, prestação de serviços, industrial,

---

693 A Lei Complementar do Município de Santos n. 1.006/2018 conceitua a Zona Intermediária (ZI) como a área residencial de média densidade em processo de renovação urbana na qual devem ser incentivados novos modelos de ocupação (art. 11, inciso II).

portuário e retroportuário, que tenham sido ocupados em atividades desconformes, desde que obedecidos determinados critérios.

Com efeito, (a) o *caput* do dispositivo em exame conceituou os "usos desconformes" como aqueles regularmente licenciados antes da vigência da lei e que não se enquadrem nas categorias de uso permitidas na zona, classificação viária e porte; (b) o § 1º dispôs que os "usos desconformes" serão permitidos desde que enquadrados na mesma atividade para a qual tenha sido aprovada a edificação existente, ou enquadrados na atividade constante em licença de funcionamento ativa, expedida antes da vigência da lei; (c) o § 2º fixou restrições de "usos desconformes" para vias locais; (d) o § 3º dispôs que, na Zona Portuária e nas Zonas Industriais e Retroportuárias, será permitido o uso residencial desconforme em imóveis existentes e regularizados antes da vigência da lei; (e) o § 4º vedou licenciamento de "uso desconforme" caso encerrada a atividade regularmente licenciada e a edificação não tenha sido aprovada para o "uso desconforme"; (f) o § 5º vedou a concessão de licenças para ampliações de edificações, equipamentos e instalações utilizadas para "usos desconformes", fixando exceções para, por exemplo, hospitais e cemitérios; e, por fim, (g) o § 6º previu que o "uso desconforme" não residencial deverá adequar-se aos níveis de ruído, de vibração e de poluição atmosférica e às características de acesso e de tráfego exigíveis para a via em que estiver localizado e estarão sujeitos à apresentação de Estudo de Impacto de Vizinhança.

A área em exame foi arrendada à Consulente em 29.07.1991, ocasião em que ela celebrou com a Companhia Docas de São Paulo (CODESP) o Contrato de Arrendamento CA n. 007/91, o qual possuía por objeto o arrendamento de área destinada à movimentação de mercadorias de importação e exportação.

Encerrado o prazo originalmente contratado, a Consulente vem celebrando contratos de transição com a União, nos termos da Resolução Normativa n. 7/2016 da Agência Nacional de Transportes Aquaviários (ANTAQ). Referida espécie normativa, no seu art. 46, prevê – desde que o interesse público assim determinar – a possibilidade de exploração temporária de instalação portuária enquanto são ultimados os procedimentos licitatórios respectivos.

O contrato vigente (Contrato de Transição DIPRE-DIREM/11.2018) possui, de acordo com sua Cláusula Primeira, o mesmo objeto que o Contrato de Arrendamento CA n. 007/91, qual seja a movimentação de mercadorias de importação e exportação.

A área explorada pela Consulente está localizada dentro da poligonal[694] do Porto Organizado de Santos, consoante art. 2º do Decreto n. 4.333/2002, dispositivo o qual prevê que a poligonal do Porto Organizado de Santos é constituída pelas instalações portuárias terrestres existentes na margem direita do estuário formado pelas Ilhas de São Vicente e de Santo Amaro e, ainda, pelos terrenos ao longo das referidas faixas marginais e em suas adjacências, pertencentes à União.

Consoante imagem disponibilizada pelo Poder Concedente,[695] a área arrendada não faz parte do referido estuário e sequer das suas adjacências imediatas, mas de terreno pertencente à União na cidade de Santos. Veja-se, portanto, que se trata de área descontínua. Além do mais, é importante destacar que referida área arrendada está envolta pela cidade de Santos.[696]

Saliente-se, ademais, que a instalação portuária operada pela Consulente é, de longa data, alfandegada pela Receita Federal do

---

694 A poligonal de um porto organizado é, conforme art. 15, parágrafo único, da Lei n. 12.815/2013, delimitada de acordo determinados parâmetros, quais sejam adequação dos acessos marítimos e terrestres, ganhos de eficiência e competitividade decorrente da escala das operações e as instalações portuárias existentes.

695 BRASIL. Ministério dos Transportes, Portos e Aviação Civil. *Poligonais*: Santos. Disponível em: http://www.transportes.gov.br/poligonais/106-poligonais-portos/6756-poligonais-santos.html. Acessado em: 17.10.2018.

696 GOOGLE MAPS. Disponível em: https://www.google.com.br/maps/@-23.9473736,-46.3355319,722m/data=!3m1!1e3. Acessado em: 17.10.2018.

Brasil (RFB) e, consequentemente, está sob jurisdição da Alfândega do Porto de Santos. A vigente autorização é de 15.10.2018, data em que o Ato Declaratório Executivo SRRF08 formalizou o alfandegamento da área arrendada à movimentação e armazenagem de carga geral, solta ou conteinerizada, em operações de importação e de exportação.

Assim, especialmente considerando que a área que o Município declarou como Zona Intermediária é de propriedade da União, tendo sido, ainda, arrendada para prestação de um serviço público de titularidade federal, indaga-se, conforme antecipado, se é constitucional a Lei Complementar do Município de Santos n. 312/1998 e suas alterações posteriores na parte em que espécies normativas municipais reclassificaram a área para Zona Intermediária. Ademais, indaga-se se é constitucional o regime dos "usos desconformes".

Saliente-se, aqui, que o Tribunal de Contas da União (TCU), nos autos do Processo n. TC 027.419/2012-6, por meio do Acórdão n. 650/2016 – TCU – Plenário, ao tratar da renovação do contrato da Consulente (Contrato de Arrendamento CA n. 007/91), chegou a tecer apontamentos atinentes à inconstitucionalidade da Lei Complementar do Município de Santos n. 312/1998 na parte em que reclassificou a área em exame para Zona Intermediária.

O Tribunal entendeu que o Município de Santos não poderia dispor sobre a área em exame já que é de competência privativa da União legislar sobre o regime jurídico dos portos, sendo que, a mesma área também é de propriedade da União e destinada à prestação de um serviço público de titularidade federal.[697]

---

697 No entendimento do Ministro Revisor Walton Alencar Rodrigues "(...) não me pareceu, com a devida vênia, razoável que imóvel de propriedade da União, afetado à prestação de serviço público, submetido ao regime do porto organizado de Santos, consoante a legislação federal, adequado à realização da atividade portuária, mediante arrendamento – modalidade de subconcessão – ou por execução direta, pudesse ter sua utilização regular, dentro de sua função social, obstada por norma de zoneamento local".

Ademais, tem-se notícia de que há Arguição de Descumprimento de Preceito Fundamental (ADPF) n. 316 em que é discutida a constitucionalidade da vedação – estabelecida especialmente pelo art. 17, inciso I, da Lei Complementar n. 730/2011, consoante redação dada pela Lei n. 813/2013 – à atividade portuária de comércio e armazenagem de produtos em granel sólido em determinada instalação portuária do Porto Organizado de Santos.

Na referida ação, o Ministro Relator Marco Aurélio de Mello concedeu cautelar para suspender os dispositivos impugnados. O fundamento adotado foi o de que houve invasão, pelo Município de Santos, da competência privativa da União para legislar sobre o regime dos portos, consoante art. 21, inciso X, da Constituição.[698] Referida cautelar foi referendada pelo Plenário do Tribunal.

Assim considerando, nos foram formulados os seguintes quesitos:

PRIMEIRO QUESITO: É constitucional a Lei Complementar do Município de Santos N. 312/1998 e suas alterações posteriores na parte em que espécies normativas municipais reclassificaram para zona intermediária área de propriedade da União e arrendada à Consulente para a prestação de serviço público de movimentação de mercadorias de importação e exportação?

SEGUNDO QUESITO: É constitucional o Art. 32 da Lei Complementar do Município de Santos N. 1.006/2018, que dispõe sobre os "usos desconformes"?

---

698 No entendimento do Ministro Relator Marco Aurélio de Mello, "a mencionada legislação municipal, em linhas gerais, excluiu, expressamente, da categoria de uso referente às atividades portuárias e retroportuárias as instalações destinadas ao comércio e/ou armazenagem de granéis sólidos", o qual também concluiu que "(...) a definição se determinada carga vai ou não ser escoada em um determinado porto parece-me ser matéria muito mais afeta à competência legislativa da União estabelecida no citado art. 21 do Texto Constitucional".

Para que possamos, sob a perspectiva da dogmática jurídica, responder aos quesitos formulados, é fundamental que realizemos uma incursão no regime constitucional da repartição de competências dos entes da Federação; na autonomia dos Municípios; nas competências dos Municípios e da União atinentes às matérias urbanística, ambiental e portuária; e, por fim, na natureza jurídica das atividades portuárias, do contrato de arrendamento e do alfandegamento e, ainda, sobre o domínio público portuário.

18.2 Bases constitucionais da repartição de competências entre os entes da Federação

José Afonso da Silva destaca a existência de três técnicas de repartição de competências entre entes federados: (a) enumeração de poderes da União, reservando-se aos Estados os poderes remanescentes; (b) atribuição dos poderes enumerados aos Estados e dos remanescentes à União; e, por fim, (c) enumeração das competências das entidades federativas.[699]

Observa o autor que o modelo brasileiro de repartição de competências é complexo ao conjugar referidas técnicas[700] já que, adotando critério híbrido extraído da experiência histórica e tendo como alicerce os valores e fundamentos do Estado Democrático de Direito (art. 1º), bem como os objetivos da República Federativa do Brasil (art. 3º), a Constituição estabeleceu um complexo sistema de repartição de competências, consistente na técnica da (a) enumeração dos poderes da União com (b) poderes remanescentes para os Estados[701] e com (c) poderes definidos indicativamente

---

699 SILVA, José Afonso da. *Curso de Direito Constitucional positivo*. São Paulo: Malheiros, 2014, pp. 482/483.

700 SILVA, José Afonso da. *Curso de Direito Constitucional positivo*. São Paulo: Malheiros, 2014, pp. 482/483.

701 Pontuam Gilmar Ferreira Mendes, Inocêncio Mártires Coelho e Paulo Gustavo Gonet Branco que "atribuiu-se aos Estados o poder de auto-organização e os

para os Municípios, sem prejuízo da possibilidade de delegação em determinados casos.

O princípio geral que norteia a repartição de competências entre os entes do Estado federal é o princípio da predominância do interesse,[702] pelo qual (a) à União cabem aquelas matérias e questões de predominante interesse geral ou nacional,[703] (b) aos Estados as matérias de predominante interesse regional e que não estejam elencadas dentre as competências da União ou dos Municípios[704] e (c) aos Municípios concernem os assuntos de interesse predominantemente local.[705]

---

poderes reservados e não vedados pela Constituição Federal (art. 25). Além desses poderes, ditos remanescentes ou residuais, algumas competências foram expressamente discriminadas pela CF, como se vê dos §§ 2º e 3º do art. 25, cuidando, o primeiro, da competência estadual para a exploração de serviços de gás canalizado e o segundo, da competência legislativa para instituir regiões metropolitanas. Da mesma forma, é explícita a competência dos Estados-membros para, por meio de lei estadual, respeitado o período a ser fixado em lei complementar federal, criar, fundir e desmembrar Municípios" (MENDES, Gilmar Ferreira; COELHO, Inocêncio Mártires; BRANCO, Paulo Gustavo Gonet. *Curso de Direito Constitucional*. São Paulo: Saraiva, 2009, p. 869).

702 SILVA, José Afonso da. *Curso de Direito Constitucional Positivo*. São Paulo: Malheiros, 2010, p. 478.

703 "Essas 'normas gerais' devem apresentar generalidade maior do que apresentam, de regra, as leis. (...) 'Norma geral', tal como posta na Constituição, tem o sentido de diretriz, de princípio geral" (ADI-MC 927/RS, DJ de 11-11-1994, Relator Carlos Velloso).

704 Para Tércio Sampaio Ferraz "(...) no âmbito da legislação concorrente, a competência da União deve limitar-se ao estabelecimento de normas gerais. A *contrario sensu*, a competência dos Estados e do Distrito Federal, nas matérias enumeradas nos dezesseis incisos do *caput*, é para o estabelecimento de normas particulares (...)" (FERRAZ, Tércio Sampaio. "Normas gerais e competência concorrente: uma exegese do art. 24 da Constituição Federal". *Revista Trimestral de Direito Público*. São Paulo: Malheiros, 1994, p. 17).

705 Nesse sentido, preleciona José Afonso da Silva: "o princípio feral que norteia a repartição de competência entre as entidades componentes do Estado federal é o da predominância do interesse, segundo o qual à União caberão aquelas matérias e questões de predominante interesse feral, nacional, ao passo que aos Estados tocarão as matérias e assuntos de predominante

A Constituição combina, com a reserva de campos específicos, possibilidades de delegação (art. 22, parágrafo único), áreas comuns em que se preveem atuações paralelas da União, Estados, Distrito Federal e Municípios (art. 23); e, por fim, setores concorrentes entre União e Estados em que a competência para estabelecer políticas, diretrizes e normas gerais cabe à União, enquanto aos Estados e aos Municípios confere-se uma competência suplementar.[706]

Assim considerando, e adotando a teoria de José Afonso da Silva, há duas grandes categorias de competências: material e legislativa. A competência material pode ser exclusiva (art. 21) ou comum, cumulativa ou paralela (art. 23). A competência legislativa pode ser exclusiva (art. 25, § 1º e § 2º), privativa (art. 22), concorrente[707] (art. 24) ou suplementar (art. 24, § 2º). A competência exclusiva é atribuída a um ente com exclusão dos demais, ao passo que a competência privativa, mesmo enumerada como própria de um ente, admite a possibilidade de delegação (art. 22, parágrafo único) e de exercício de competência suplementar (art. 24).

---

interesse regional, e aos Municípios concernem os assuntos de interesse local, tendo a Constituição vigente desprezado o velho conceito do peculiar interesse local que não lograra conceituação satisfatória em um século de vigência" (SILVA, José Afonso da. *Curso de Direito Constitucional positivo*. São Paulo: Malheiros, 2014, pp. 482/483).

706 SILVA, José Afonso da. *Curso de Direito Constitucional Positivo*. São Paulo: Malheiros, 2010, p. 479.

707 Destacam Gilmar Ferreira Mendes, Inocêncio Mártires Coelho e Paulo Gustavo Gonet Branco que "para a defesa e o fomento de certos interesses, o constituinte desejou que se combinassem os esforços de todos os entes federais; daí ter enumerado no art. 23 competências, que também figuram deveres, tal a de 'zelar pela guarda da Constituição, das leis e das instituições democráticas e conservar o patrimônio público', o de proteger o meio ambiente e combater a poluição, melhorar as condições habitacionais e de saneamento básico, proteger obras de arte, sítios arqueológicos, paisagens naturais notáveis e monumentos, apenas para citar algumas competências/incumbências listadas nos incisos do art. 23. Essas competências são chamadas de concorrentes, porque os vários entes da Federação são tidos como aptos para desenvolvê-las" (MENDES, Gilmar Ferreira; COELHO, Inocêncio Mártires; BRANCO, Paulo Gustavo Gonet. *Curso de Direito Constitucional*. São Paulo: Saraiva, 2009, p. 870).

No que concerne às competências legislativas da União, a ela foram reservadas, privativamente, as matérias arroladas no art. 22 da Constituição. Trata-se, portanto, de competência legislativa plena.

Quanto aos Estados, no tocante às mesmas matérias arroladas no art. 24 da Constituição, eles devem (**a**) legislar de forma complementar e supletiva (competência concorrente). Além destas, lhes foram conferidas (**b**) competências residuais, ou seja, que não pertencem à esfera de competência da União nem dos Municípios (art. 25) e, ainda, (**c**) competências delegadas, conferidas por lei complementar para disciplinar aspectos específicos das matérias de competência privativa da União (art. 22, parágrafo único).

Aos Municípios foram conferidas competências (**a**) reservadas, para atuação em assuntos designados como de "interesse local", inclusive sobre determinados os serviços públicos (art. 30, incisos I e V), e também para instituir e arrecadar tributos (art. 30, inciso III); (**b**) comum no caso de ensino público e saúde (art. 30, incisos VI e VII); e (**c**) suplementar no tocante às competências atribuídas à União e aos Estados (art. 30, inciso II), em especial para o ordenamento do solo urbano e para proteção do patrimônio histórico cultural local (art. 30, incisos VIII e IX).

No que tange à competência material, à União cabe atuar de forma exclusiva nas matérias arroladas no art. 21 da Constituição, como elaborar e executar planos nacionais e regionais de ordenação do território e de desenvolvimento econômico social (inciso IX) e instituir diretrizes para o desenvolvimento urbano, inclusive saneamento (inciso XX).

A todos os entes federados foi atribuída competência (comum) acerca das matérias do art. 23, demonstrando elevada preocupação do constituinte originário com uma gama de bens especialmente relevantes para a federação (saúde, meio ambiente e educação, dentre outros).

Aos Municípios foi conferida a competência material para atuar nas matérias específicas contidas no art. 30, como, por exemplo, a prestação dos serviços de educação e de ensino (inciso VI) e de saúde (inciso VII).

Da análise dos dispositivos acima mencionados, verifica-se a positivação de uma determinada opção político-jurídica pela Constituição, a qual instituiu o que podemos chamar de pacto federativo não hierarquizado. Em outras palavras, a Constituição adota um sistema complexo de repartição de competências para realizar o equilíbrio federativo.[708]

Conforme já tivemos a oportunidade de demonstrar em estudo específico,[709] a forma federada parte de uma avença entre Estados que visa ao fortalecimento conjunto ou de uma descentralização de um poder central com vistas aos mesmos objetivos. Um pacto com tamanha grandeza conforma-se de modo mais eficiente com a concepção de um manuscrito que defina sua origem, alcance e competências.

Nesses termos, é na Constituição, bem como na interpretação dos seus princípios e regras, é que se deve obter respostas aos quesitos formulados, os quais demandam, conforme antecipado, uma incursão no regime constitucional da autonomia dos Municípios, isso a partir do instrumental dogmático ora apresentado na seara da repartição constitucional de competências entre os entes da Federação brasileira.

18.3 O Município na Constituição: ente federado dotado de autonomia

A Constituição alçou os Municípios à categoria de ente federado ao referir-se a eles já no seu art. 1º, *caput*. Referido dispositivo previu que a República federativa é formada pela união

---

708 SILVA, José Afonso da. *Curso de Direito Constitucional Positivo*. São Paulo: Malheiros, 2010, p. 479.

709 SERRANO, Pedro Estevam Alves Pinto. *Região metropolitana e seu regime constitucional*. São Paulo: Verbatim, 2009, p. 60.

indissolúvel dos Estados e Municípios, além do Distrito Federal. Isto é, a Constituição imputou aos Municípios uma condição autônoma, sendo que a forma federativa de Estado é cláusula pétrea constante do art. 60, § 4º, inciso I, da Constituição.[710]

Com efeito, a Constituição[711] conferiu aos Municípios capacidades inovadoras, isso por meio da organização por regramento próprio, autonomia legislativa, administrativa e fiscal.[712]

A Constituição, portanto, trouxe importantes modificações na estrutura federativa e, especialmente com relação aos Municípios, alçou-os a uma relevante posição no pacto federativo:

> (...) o Município, antes do advento da Constituição de 1988, apesar da grande autonomia de que desfrutava, jamais integrou o pacto federativo de jure, em flagrante contraste com as importantes funções político-administrativas que desempenhou ao longo de sua história. Mas, como notam Celso Ribeiro Bastos e Ives Gandra Martins, a partir do momento em que a Constituição brasileira alçou o Município a entidade condômina do exercício das atribuições que, tomadas em sua unidade, constituem a soberania, não poderia, a ser coerente consigo mesma, deixar de reconhecer que a própria federação

---

710 Nas palavras de Elton A. Krause, "entre o Município e o Estado Federal há reciprocidades autonômicas" (KRAUSE, Elton A. *A formação da política municipal e as condições de elegibilidade*. Porto Alegre: Memória Jurídica, 2002, p. 30).

711 Nesse passo, é importante buscar a ideia que Rudolf Smend tinha por Constituição: a ordenação jurídica do Estado, a dinâmica vital na qual se desenvolve a vida do Estado, isto é, de seu processo de integração com vistas à permanente reestruturação da realidade. A Constituição é o modelo legal ou normativo de determinados aspectos deste processo (SMEND, Rudolf. *Verfassung und Verfassungsrecht in Staatsrechtliche Abhandlungen und andere Aufsätze*. Berlim: Duncker & Humblot, 1994, p. 274 *Apud*: BERCOVICI, Gilberto. "Constituição e política: uma relação difícil". *Lua Nova*, 2004, nº 61, p. 8).

712 SERRANO, Pedro Estevam Alves Pinto. *Região metropolitana e seu regime constitucional*. São Paulo: Verbatim, 2009, pp. 93/94.

> estava a sofrer um processo de diferenciação acentuada, relativamente ao modelo federal dominante no mundo que congrega apenas a ordem jurídica central e as ordens jurídicas regionais: a União e os Estados-membros.[713]

A autonomia municipal[714] é assegurada pelos art. 18, *caput*, e art. 29, *caput*, bem como garantida perante os Estados por meio do art. 34, VII, alínea "c", da Constituição:

> Art. 18. A organização político-administrativa da República Federativa do Brasil compreende a União, os Estados, o Distrito Federal e os Municípios, todos autônomos, nos termos desta Constituição.
>
> Art. 29. O Município reger-se-á por lei orgânica (...).
>
> Art. 34, inciso VII, alínea "c". A União não intervirá nos Estados nem no Distrito Federal, exceto para assegurar a observância dos seguintes princípios constitucionais: (...) autonomia municipal.

A autonomia municipal assenta-se em quatro capacidades: capacidade de auto-organização[715] (elaboração de lei orgânica

---

713 LEWANDOWSKI, Enrique Ricardo. *Pressupostos materiais e formais da intervenção federal no Brasil*. São Paulo: Revista dos Tribunais, 1994, pp. 24/25.

714 Para Luiz Alberto David Araújo e Vidal Serrano Nunes Júnior a autonomia do Município é um princípio constitucional sensível: "demais, a autonomia municipal é tema prestigiado pelo constituinte federal, que a colocou entre os princípios sensíveis, de necessária obediência pelo constituinte decorrente (art. 43, VII, c), e cuja inobservância implica a decretação da intervenção federal no respectivo Estado-membro. Assim, afigura-se-nos indisputável a natureza federativa dos Municípios dentro dos parâmetros da Carta de 1988". (ARAÚJO, Luiz Alberto David; NUNES JÚNIOR, Vidal Serrano. *Curso de Direito Constitucional*. São Paulo: Saraiva, 2005, p. 283).

715 Nesse sentido, destacam Gilmar Ferreira Mendes, Inocêncio Mártires Coelho e Paulo Gustavo Gonet Branco: "aos Municípios reconhece-se o poder de auto-organização, o que significa reconhecer-lhes poder constituinte, expresso

própria), capacidade de autogoverno (eletividade do Prefeito e dos Vereadores), capacidade normativa própria (autolegislação, mediante a competência para elaboração de leis municipais sobre matérias que são reservadas à sua competência exclusiva e suplementar) e, por fim, capacidade de autoadministração (administração própria para criar, manter e prestar os serviços de interesse local, além de legislar sobre seus tributos e aplicar suas rendas).[716]

Com efeito, nos termos do art. 30 da Constituição, compete aos Municípios legislar sobre assuntos de interesse local e, ainda, suplementar a legislação federal e a estadual. Diante da capacidade de auto-organização do Município, a sua Lei Orgânica indica as matérias de competência exclusiva do Município, observadas as peculiaridades locais, as matérias que ele deve legislar supletivamente e, por fim, as matérias de competência comum que a Constituição lhes confere juntamente com a União, os Estados e o Distrito Federal (art. 23).

Especificamente com relação à extensão e alcance da expressão "interesse local" empregada pela Constituição no seu art. 30, inciso I, é preciso salientar, inicialmente, que a interpretação constitucional contém particularidades que a singularizam no universo da interpretação jurídica em geral. As complicações da interpretação constitucional remontam, em suma, às peculiaridades do Direito Constitucional, bem como da Constituição.

---

nas suas leis orgânicas, limitadas tanto por princípios da Constituição Federal como da Constituição estadual, nos termos do art. 29 da CF" (MENDES, Gilmar Ferreira; COELHO, Inocêncio Mártires; BRANCO, Paulo Gustavo Gonet. *Curso de Direito Constitucional*. São Paulo: Saraiva, 2009, p. 871).

716 Nessas quatro capacidades encontram-se caracterizadas a autonomia política (auto-organização e autogoverno), a autonomia normativa (competência para elaboração de leis municipais sobre matérias que são reservadas à sua competência exclusiva e suplementar), a autonomia administrativa (administração própria e organização dos serviços de interesse local) e, por fim, a autonomia financeira (tributos próprios e aplicação de suas rendas).

A superioridade da Constituição, bem como a natureza da sua linguagem, marcada pela textura aberta, vagueza dos princípios e dos conceitos jurídicos indeterminados são um contributo decisivo à particularização da interpretação constitucional.

Referida problemática não passou despercebida por Eduardo Garcia de Enterria,[717] o qual, sensível à amplitude das fórmulas adotadas pela Constituição, salienta que a interpretação constitucional sempre estará inserta em uma problemática que exclui qualquer parâmetro simplista.[718]

---

717 "Esa particularidad (aunque tampoco, en rigor, una estructura análoga, de una articulación de principios de distinto valor y jerarquía, sea desconocida para las otras jurisdicciones) es conocida y procede de la circunstancia de que la Constitución incorpora opciones básicas que singularizan y configuran el sistema político entero, además de otros preceptos ordinarios. Es el esfuerzo por localizar y destacar esas opciones básicas, que han de unificar con su más 'enérgica pretensión configuradora' todo el proceso interpretativo constitucional, por particularista que es el problema concreto a resolver, lo que explica y sitúa en su lugar sistemático proprio a posiciones como la actual de la doctrina norteamericana, que hemos expuesto deteniéndonos especialmente en las tesis de Ely, o las alemanas, entrevistas en doctrinas como las también aludidas de Smend y de Haeberle". (ENTERRIA, Eduardo Garcia de. *La constitucion como norma y el tribunal constitucional.* Madrid: Civitas, 1988, p. 231).

718 "Y desde esa perspectiva de la significación, de los criterios interpretativos y aplicativos de los Tribunales Constitucionales, que es la relevante para nosotros, lo que vemos claramente es que, bajo unas u otras explicaciones técnicas, lo que hacen esos Tribunales es utilizar de una manera explícita, y desde luego inequívoca en cuanto a su manera de proceder, el método jurídico más estricto, método aplicado para extraer del texto constitucional que es, a la vez, su único y necesario parámetro, los criterios de decisión de sus sentencias. El problemas particular en la aplicación de ese método general viene de dos causas: por una parte, de la amplitud de las fórmulas utilizadas por la Constitución, de su carácter deliberadamente abierto, de su estructura técnico-jurídica como 'conceptos jurídicos indeterminados', o como 'principios generales del Derecho', de la necesidad de rellenar esas fórmulas con criterios materiales a veces altamente polémicos y nunca aproblemáticos; por otra parte, de la circunstancia de que todo ese razonamiento jurídicos se hace prácticamente 'sin red', enfrentándose directamente al proceso político y a los órganos supremos que lo protagonizan, y con efectos colectivos espectaculares, con el riesgo implícito de la ruptura del proprio sistema que

Assim é que a expressão "interesse local" contém uma carga de generalidade expressiva, o que demanda do intérprete a sua cuidadosa compreensão. Sob a ótica analítica da dogmática jurídica, diferentemente do que Robert Alexy entendeu como "conceitos jurídicos autênticos",[719] a expressão em referência é caracterizada como "conceito jurídico indeterminado".[720]

Do mesmo modo, a expressão "interesse local" possui o que Paulo de Barros Carvalho chama de heterogeneidade de conteúdo: "o direito posto, na sua continuidade normativa, oferece flagrante heterogeneidade de conteúdos, vista sua pretensão de regular as condutas intersubjetivas no contexto social".[721]

A importância da compreensão da diferença entre os conceitos apontados reside na compreensão do papel que podem desempenhar como argumentos dogmáticos, já que, enquanto os "conceitos jurídicos autênticos" estão inseridos "na dogmática ajustada ao tratamento conceitual-sistemático da lei válida", os "outros conceitos que ocorrem nas normas jurídicas" estão incluídos no campo da interpretação, despicienda de regulamentação normativa que lhe conceitue.

Ou seja, a expressão "interesse local" existe independentemente de outras normas que a defina, devendo ser interpretada de modo que seu significado se coadune com o sistema fático-jurídico em que está inserido.

---

esos Tribunales dicen defender". (ENTERRIA, Eduardo Garcia de. *La constitucion como norma y el tribunal constitucional.* Madrid: Civitas, 1988, p. 223).

719 ALEXY, Robert. *Teoria da argumentação jurídica.* São Paulo: Landy, 2001, p. 245.

720 ALEXY, Robert. *Teoria da argumentação jurídica.* São Paulo: Landy, 2001, p. 246.

721 CARVALHO, Paulo de Barros. *Direito tributário*: linguagem e método. São Paulo: Noeses, 2013, p. 181.

Assim considerando, a autonomia normativa do Município envolve a competência para elaboração de leis sobre matérias que são reservadas à sua competência exclusiva e suplementar. Isto é, compete ao Município legislar sobre assuntos de interesse local e suplementar a legislação federal e a estadual, quando no interesse local justificar-se referida cumulação normativa.

Consequentemente, por "interesse local" deve-se entender aqueles que dizem respeito mais diretamente às necessidades imediatas e específicas do Município, mesmo que gerem reflexos no interesse regional (de competência dos Estados-membros) ou geral (de competência da União).[722] Nesse caso, determina a Constituição que a competência do Município deve sobrepor-se ao campo de atuação dos demais entes da Federação.

Nesses termos, e conforme antecipado, aos Municípios foram conferidas competências (**a**) reservadas, para atuação em assuntos designados como de "interesse local", inclusive sobre determinados os serviços públicos (art. 30, incisos I e V), e também para instituir e arrecadar tributos (art. 30, inciso III); (**b**) comum no caso de ensino público e saúde (art. 30, incisos VI e VII); e (**c**) suplementar no tocante às competências atribuídas à União e aos Estados (art. 30, inciso II), em especial para o ordenamento do solo urbano e para proteção do patrimônio histórico cultural local (art. 30, incisos VIII e IX).

Aos Municípios foi conferida, ainda, competência material para atuar nas matérias específicas contidas no art. 30, como, por exemplo, a prestação dos serviços de educação e de ensino (inciso VI) e de saúde (inciso VII).

Cotejado o arcabouço constitucional da autonomia dos Municípios, bem como as competências a eles conferida, concluímos

---

722 MORAES, Alexandre de. *Direito Constitucional*. São Paulo: Atlas, 2003, p. 301.

que ao referido ente foram conferidas relevantes funções as quais, de modo algum, podem ser vistas como em inferior hierarquia quando comparados com os demais entes da Federação.

18.4 As competências do Município e da União atinentes às matérias em exame: urbanística, ambiental e portuária

A análise da constitucionalidade de dispositivos de Leis municipais, bem como a apresentação de respostas aos quesitos formulados, demanda a realização de incursão na dogmática constitucional que realiza a distribuição de competências entre os entes da Federação especialmente diante das matérias urbanística, ambiental e portuária.

Assim considerando, a Constituição, no seu art. 182, *caput*, previu que a política de desenvolvimento urbano é executada pelo Poder Público municipal, consoante diretrizes gerais fixadas em lei. Referido dispositivo constitucional ainda preceitua que se objetiva ordenar o pleno desenvolvimento das funções sociais da cidade e garantir o bem-estar de seus habitantes.

A Lei n. 10.257/2001 (o "Estatuto da Cidade"), ao regulamentar referido dispositivo constitucional, tratou de, inicialmente, prever que a política urbana destina-se a ordenar o pleno desenvolvimento das funções sociais da cidade e da propriedade urbana, mediante determinadas diretrizes, dentre as quais se incluem, consoante art. 2º, a cooperação entre os governos, a iniciativa privada e os demais setores da sociedade no processo de urbanização, em atendimento ao interesse social (inciso III) e, ainda, a ordenação e controle do uso do solo (inciso VI).

O art. 4º, inciso III, prevê que são instrumentos da política urbana, dentre outros, o planejamento municipal, no qual se incluem, exemplificativamente, o plano diretor, o zoneamento ambiental e a disciplina do parcelamento, do uso e da ocupação do solo.

Ademais, os Municípios detêm competência para legislar sobre Direito Ambiental quando se tratar de assunto de interesse predominantemente local.[723]

Com efeito, a Constituição, no seu art. 23, inciso VI, previu que é competência comum da União, dos Estados, do Distrito Federal e dos Municípios proteger o meio ambiente e combater a poluição.

Do mesmo modo, o art. 24, inciso VI, prevê que é de competência da União, dos Estados e do Distrito Federal legislar concorrentemente sobre florestas, caça, pesca, fauna, conservação da natureza, defesa do solo e dos recursos naturais, proteção do meio ambiente e controle da poluição.

Especificamente com relação às atividades portuárias, a Constituição, no seu art. 21, inciso XII, alínea "f", atribui à União a competência para a exploração de portos marítimos, fluviais e lacustres, diretamente ou mediante autorização, concessão ou permissão. Depara-se, aqui, com competência material exclusiva da União, isto é, a este ente federado atribuída com exclusão dos demais. Assim, "toda e qualquer atividade relacionada a portos é de titularidade federal".[724]

Salienta Marçal Justen Filho que a Constituição não restringiu a competência material da União aos serviços desempenhados em portos, mas

> estabeleceu que a criação de portos, a implantação de equipamentos portuários, o desempenho de serviços públicos ou privados e toda e qualquer atuação relacionada

---

723 Recurso Extraordinário n. 586.224/SP, Tribunal Pleno, Relator Ministro Luiz Fux, julgamento em 05.03.2015.

724 JUSTEN FILHO, Marçal. "O regime jurídico dos operadores de terminais portuário no Direito brasileiro". *Revista de Direito Público da Economia*, Belo Horizonte, nº 16, out./dez., 2006, p. 83.

> à figura do porto, ainda que indiretamente, inclui-se na competência federal.[725]

Por fim, o art. 22, inciso X, da Constituição previu a competência exclusiva da União para legislar sobre o regime dos portos.

A Lei n. 12.815/2013 (Lei dos Portos), reconhecendo a competência dos Municípios no que tange à política urbana, é expressa no sentido de estabelecer o requisito de consulta ao poder público municipal para a celebração de contrato de concessão ou arrendamento portuário e a expedição de autorização (art. 14, inciso II).

Saliente-se, ademais, que, mesmo no regime jurídico anterior (Lei n. 8.630/1993), já havia previsão no mesmo sentido (art. 4º, § 1º). Do mesmo modo, ainda no modelo antigo, havia previsão expressa no sentido de competir ao Conselho de Autoridade Portuária promover estudos objetivando compatibilizar o plano de desenvolvimento do porto com os programas federais, estaduais e municipais de transporte em suas diversas modalidades (art. 30, § 1º, inciso XI).

Assim considerando, ainda que haja, no plano constitucional, a fixação da competência da União no tema das atividades portuárias, o Município detém, à luz da autonomia constitucional aqui já deduzida, um plexo de competências urbanística e ambiental que, à luz do interesse predominantemente local, coloca referido ente da federação em posição de relevo.

Consequentemente, o exercício da competência da União no tema das atividades portuárias não é absoluto, enfrentando limitações constitucionais sempre que, consideradas as especificidades do caso concreto, o interesse predominantemente local assim o determinar.

---

725 JUSTEN FILHO, Marçal. "O regime jurídico dos operadores de terminais portuário no Direito brasileiro". *Revista de Direito Público da Economia*, Belo Horizonte, nº 16, out./dez., 2006, p. 84.

Além do mais, conforme passaremos a demonstrar, a competência da União é circunscrita à infraestrutura necessária ao desempenho das atividades portuárias, sob pena de sujeitar os Municípios a uma descabida invasão, em detrimento da sua política urbana e ambiental.

18.5 Natureza jurídica das atividades portuárias, do contrato de arrendamento e do alfandegamento: as especificidades do caso concreto e a sobreposição das competências do Município em detrimento da União

A Constituição conferiu tratamento peculiar às atividades econômicas *stricto sensu*, apartando-as do serviço público.

Conforme Eros Roberto Grau, não há, *a priori*, oposição entre atividade econômica e serviço público, já que este está subsumido nas atividades econômicas *lato sensu*. Ao afirmar que serviço público seja atividade econômica *lato sensu*, o autor a ela atribuiu a significação de gênero na qual se inclui a espécie serviço público.

Assim, a expressão atividade econômica *lato sensu* portuária é indicativa de gênero, o qual comporta de duas espécies, quais sejam serviço público portuário e atividade econômica *stricto sensu* portuária.[726]

Considerando ser aberto o conceito de serviço público, Eros Roberto Grau destaca que a distinção entre ele e a atividade econômica *stricto sensu* ocorre em "função das vicissitudes das relações entre as forças sociais".[727]

726 GRAU, Eros Roberto. *A ordem econômica na Constituição de 1988*. São Paulo: Malheiros, 2010, pp. 100/101.

727 GRAU, Eros Roberto. *A ordem econômica na Constituição de 1988*. São Paulo: Malheiros, 2010, p. 108.

Assim, reservada as matérias, imediata e potencialmente, objeto de especulação lucrativa, atribui-se ao Estado atividades econômicas *lato sensu* para serem desenvolvidas de forma não especulativa. Do referido confronto emerge, historicamente, os âmbitos das atividades econômicas *stricto sensu* e dos serviços públicos.

A diferença entre serviço público e atividade econômica *stricto sensu* reside, segundo o mesmo autor, na instrumentalidade da atividade em relação à realização de valores fundamentais. O serviço público trata da realização direta destes valores, diferentemente da atividade econômica *stricto sensu*.[728]

Com relação à atividade econômica *stricto sensu*, a regra é que seja assegurado o livre exercício de qualquer atividade econômica, independentemente de autorização administrativa. Porém, a exploração das atividades elencadas no art. 21 da Constituição depende da expedição de um ato estatal de controle. Em ambos os casos, estamos diante de atividade econômica *stricto sensu* subordinada aos princípios da livre iniciativa e concorrência.

Conforme antecipado, a Constituição, no seu art. 21, inciso XII, alínea "f", previu incumbir à União explorar, seja diretamente, seja mediante concessão, permissão ou autorização, os portos marítimos, fluviais e lacustres. Portanto, a atividade econômica *lato sensu* portuária poderá ser explorada sob dois regimes jurídicos distintos.

Quando houver exploração direta, concessão ou permissão, de atividades portuárias, estaremos diante de serviço público. Na hipótese de autorização, estaremos diante de exploração, por particular, de atividade econômica *stricto sensu* destinada à exploração das atividades em proveito do interessado.[729]

---

728 GRAU, Eros Roberto. *A ordem econômica na Constituição de 1988*. São Paulo: Malheiros, 2010, p. 108.

729 LIMA, Cristiana Maria Melhado Araújo. *Regime jurídico dos portos marítimos*. São Paulo: Pontifícia Universidade Católica de São Paulo, 2009, p. 69 (Dissertação de Mestrado).

Não se pode afirmar, porém, que a admissão da exploração de atividades econômicas *lato sensu* referidas no art. 21 da Constituição como atividades econômicas *stricto sensu* implica a supressão, em absoluto, dos serviços públicos portuários, sob pena de violação potencial aos direitos fundamentais[730] atrelados à essencialidade das atividades econômicas portuárias.[731] Nesse sentido, Marçal Justen Filho pontua que a exploração das atividades econômicas *stricto sensu* portuárias deve conviver, necessariamente, de forma complementar, acessória, com os serviços públicos portuários.[732]

As atividades econômicas portuárias são serviços públicos de prestação não obrigatória pelo Estado, desde que concedidos ou permitidos. O Estado não pode afastar-se, em absoluto, das atividades *lato sensu* portuárias. Ele deve assegurar a promoção do interesse público atrelado às atividades portuárias.

Com efeito, o serviço público portuário jamais dará lugar às atividades econômicas *stricto sensu* portuárias, somente viabilizadas quando prestados os serviços públicos portuários.[733]

As atividades econômicas portuárias *stricto sensu* são um acréscimo, em regime de complementaridade, ao serviço público portuário. No âmbito dos serviços públicos portuários, sejam eles prestados diretamente pela União, ou por meio dos regimes

---

730 JUSTEN FILHO, Marçal. "O regime jurídico dos operadores de terminais portuário no Direito brasileiro". *Revista de Direito Público da Economia*, Belo Horizonte, nº 16, out./dez., 2006, p. 92.

731 LIMA, Cristiana Maria Melhado Araújo. *Regime jurídico dos portos marítimos*. São Paulo: Pontifícia Universidade Católica de São Paulo, 2009, p. 70 (Dissertação de Mestrado).

732 JUSTEN FILHO, Marçal. "O regime jurídico dos operadores de terminais portuário no Direito brasileiro". *Revista de Direito Público da Economia*, Belo Horizonte, nº 16, out./dez., 2006, p. 92.

733 JUSTEN FILHO, Marçal. "O regime jurídico dos operadores de terminais portuário no Direito brasileiro". *Revista de Direito Público da Economia*, Belo Horizonte, nº 16, out./dez., 2006, p. 92.

de concessão ou permissão, vigora o regime jurídico de Direito administrativo, bem como os princípios a ele relacionados.

No setor portuário, o serviço público delegado à iniciativa privada é prestado por meio da celebração de contrato de arrendamento, espécie do gênero contrato administrativo, uma concessão de serviço público.

Alice Maria Gonzáles Borges pontua que no arrendamento portuário não há apenas o uso de bem público para uma finalidade particular, pois o bem também se destina à exploração de frutos e exploração de serviço qualificado como público pela Constituição. Assim, para a autora o arrendamento portuário é uma "forma contratual administrativa, atípica, híbrida, mista",[734] já que compatibilizaria a concessão de uso de bem público imóvel, a concessão de serviço público e a concessão de obra pública.

Por outro lado, Carlos Augusto da Silveira Lobo entende que o arrendamento portuário se enquadra na subconcessão de serviço público prevista pelo art. 26 da Lei n. 8.987/1995, por se estar diante de delegação de serviço público.[735]

Floriano Peixoto de Azevedo Marques Neto e Fábio Barbalho Leite destacam que o arrendamento não se destina apenas à ordenação do espaço e ao uso eficiente de área portuária, já que há uma preocupação com a qualidade da atividade econômica explorada pelo particular. Para os referidos autores, o arrendamento portuário apresenta a natureza jurídica de subconcessão *sui generis* de serviço público, guardando traços da concessão de uso de bem público.[736]

---

734 BORGES, Alice Gonzalez. "Áreas e instalações portuárias". *Revista de Direito Administrativo*, vol. 210, out./dez., 1997, pp. 337-368.

735 LOBO, Carlos Augusto da Silveira. "Os terminais portuários privativos na Lei n. 8.630/93". *Revista de Direito Administrativo*, vol. 220, abr./jun., 2000, pp. 29/30.

736 MARQUES NETO, Floriano Peixoto de Azevedo; LEITE, Fábio Barbalho. "Peculiaridades do contrato de arrendamento portuário". *Revista de Direito*

Do mesmo modo é o posicionamento de Dinorá Adelaide Musetti Grotti, a qual salienta ser o arrendamento portuário uma forma contratual administrativa, mista, híbrida, conjugadora das naturezas jurídicas de concessão remunerada de uso de bem público, de concessão do serviço público, de concessão de obra pública e, em parte, de delegação de exercício de poder de polícia.[737]

Isto é, o arrendamento portuário é uma espécie do gênero contrato administrativo, uma concessão de serviço público que se opera dentro de portos organizados.

Ainda que não haja, na Constituição, um conceito de porto organizado, sua compreensão é eminentemente constitucional, em razão do regime constituído para as atividades portuárias, bem como para a infraestrutura correlata.

A revogada Lei n. 8.630/1993 adotava um conceito legal para porto organizado conjugador das ideias de instalações e serviços: o composto pela infraestrutura ou instalações físicas e serviços ofertados a partir delas.

No revogado art. 1º, § 1º, inciso I, a Lei conceituava o porto organizado como o construído e aparelhado para atender às necessidades da navegação, da movimentação de passageiros ou da movimentação e armazenagem de mercadorias, concedido ou explorado pela União, cujo tráfego e operações portuárias estão sob a jurisdição de uma autoridade portuária. No art. 1º, § 1º, inciso IV, a referida Lei destacava ser a área do porto organizado a compreendida pelas instalações portuárias, bem como pela infraestrutura de proteção e acesso aquaviário ao porto.

Administrativo, vol. 231, jan./mar., 2003, p. 280.

737 GROTTI, Dinorá Adelaide Musetti. *O serviço público e a Constituição brasileira de 1988*. São Paulo: Malheiros, 2003, p. 203.

A Lei n. 12.815/2013 manteve referida sistemática no seu art. 2º, incisos I e II ao, respectivamente, prever que o porto organizado é, *in verbis*, o

> bem público construído e aparelhado para atender a necessidades de navegação, de movimentação de passageiros ou de movimentação e armazenagem de mercadorias, e cujo tráfego e operações portuárias estejam sob jurisdição de autoridade portuária

e que a sua área é delimitada por ato do Executivo e "compreende as instalações portuárias e a infraestrutura de proteção e de acesso ao porto organizado".

Aparentemente complexo, o conceito legal de porto organizado não é provido de relevante extensão e alcance na dogmática jurídica, ainda que a Lei, adotando referido conceito, vede a exploração das atividades econômicas *stricto sensu* no interior dos portos organizados (art. 2º, inciso IV; art. 2º, inciso XII; e, ainda, art. 8º, *caput*, todos da Lei n. 12.815/2013).

Com efeito, o elemento estrutural para porto organizado, qual seja o atinente à sua infraestrutura, é uma característica comum a qualquer porto. O elemento funcional para porto organizado, qual seja o relacionado aos serviços decorrentes da referida infraestrutura é, do mesmo modo, um atributo comum a todos eles.

Outro elemento inserto no conceito legal de porto organizado está na "jurisdição" de uma autoridade portuária. Referido elemento levou Marçal Justen Filho a indagar se a jurisdição de uma autoridade portuária seria uma característica inerente a todo porto organizado ou se a sua existência seria facultada. O autor conclui que a "jurisdição" da autoridade portuária é uma decorrência inafastável a todos os portos organizados.[738] Concordamos com o autor no sentido de que no porto organizado é indispensável à "jurisdição" da autoridade portuária.

De todo modo, a existência de uma autoridade portuária não é causa jurídica da configuração do porto organizado, mas uma decorrência. O porto é organizado em virtude das atividades ali desenvolvidas. Assim, é indevido o conceito proposto pela Lei para "porto organizado" como o sujeito à administração da autoridade portuária.[739]

Especificamente com relação à demarcação da poligonal do porto organizado, a Lei n. 12.815/2013 preceituou que sua área, a ser demarcada pelo Executivo, é aquela compreendida por instalações portuárias e a infraestrutura de proteção e de acesso ao porto organizado (art. 2º, inciso IV; art. 2º, inciso XII; e, ainda, art. 8º, *caput*).

Portanto, com relação à delimitação da poligonal, a Lei n. 12.815/2013 procurou atentar-se ao regime constitucional incidente.

Com efeito, ainda que haja, no plano constitucional, a fixação da competência da União no tema das atividades portuárias, o Município detém, à luz da sua autonomia federativa, um plexo de competências urbanística e ambiental que, à luz do interesse

---

738 JUSTEN FILHO, Marçal. "O regime jurídico dos operadores de terminais portuário no Direito brasileiro". *Revista de Direito Público da Economia*, Belo Horizonte, nº 16, out./dez., 2006, p. 97.

739 "De todo o modo, é essencial destacar a incorreção da definição formal de porto organizado contemplada no art. 1º da Lei n. 8.630. A existência de uma autoridade portuária não é *causa jurídica* da configuração de um porto organizado, mas *decorrência*. O porto é *organizado* em virtude de sua função e das atividades ali desenvolvidas. A criação de uma autoridade portuária é imposta para exercitar competências regulatórias necessárias e inerentes à natureza das atividades portuárias desempenhadas". (JUSTEN FILHO, Marçal. "O regime jurídico dos operadores de terminais portuário no Direito brasileiro". *Revista de Direito Público da Economia*, Belo Horizonte, nº 16, out./dez., 2006, p. 98).

predominantemente local, colocam referido ente da federação em posição de relevo.

Além do mais, a competência da União é circunscrita à infraestrutura necessária ao desempenho das atividades portuárias, sob pena de sujeitar os Municípios a uma descabida invasão, em detrimento da sua política urbana e ambiental.

Portanto, à luz da Constituição, não é toda e qualquer área que pode, por ato do Executivo, ser declarada como integrante do porto organizado para fins de esvaziamento da competência do Município. Isto é, a competência da União não é absoluta.

De acordo com Marçal Justen Filho, o qual considera o "porto como instituição econômica",[740] as atividades portuárias são adjacentes à infraestrutura necessária ao transporte aquaviário de bens e pessoas, já que somente por meio de portos é que se promove atuação economicamente organizada no setor de transportes. Assim, as atividades portuárias são meio essencial à exploração econômica haja vista o desenvolvimento e importância do comércio internacional.[741]

Clèmerson Merlin Clève, considerando o "porto como agente econômico",[742] destacou a imprescindibilidade da infraestrutura portuária ao desenvolvimento e soberania do Estado, a sua essencialidade às trocas comerciais e a relevância ao intercâmbio comercial interno e externo. Assinala o autor que as atividades portuárias

---

740 JUSTEN FILHO, Marçal. "O regime jurídico dos operadores de terminais portuário no Direito brasileiro". *Revista de Direito Público da Economia*, Belo Horizonte, nº 16, out./dez., 2006, p. 78.

741 JUSTEN FILHO, Marçal. "O regime jurídico dos operadores de terminais portuário no Direito brasileiro". *Revista de Direito Público da Economia*, Belo Horizonte, nº 16, out./dez., 2006, p. 78.

742 CLÈVE, Clèmerson Merlin. "Preceitos constitucionais fundamentais da República Federativa do Brasil, serviço público portuário e autorização para exploração de atividade portuária por meio de terminais portuários de uso misto". *Interesse público*, Belo Horizonte, ano 10, nº 51, set./out., 2008, p. 114.

são um elo fundamental da cadeia de transportes, por servirem os portos de interligações modais entre os transportes terrestres e marítimos.[743] Com efeito, o forte impacto sobre o desenvolvimento econômico faz das atividades portuárias um setor estratégico de infraestrutura,[744] um segmento econômico estratégico.[745]

Em outras palavras, quer nos parecer que o porto organizado, bem como as atividades portuárias respectivas, guarda uma absoluta essencialidade com a soberania e o desenvolvimento do Estado. Consequentemente, as áreas afetadas à prestação do serviço público portuário são, por determinação constitucional, aquelas estritamente necessárias ao desenvolvimento do Estado, preservada, por um lado, a sua soberania e, por outro, viabilizada a circulação de riquezas.

Com efeito, apenas por meio dos portos é que é possível a promoção de uma atuação economicamente organizada do setor de transportes como um todo, bem como um adequado intercâmbio comercial externo e interno (interligações modais entre os transportes terrestres e marítimos).

Assim considerando, passaremos a demonstrar, à luz da Constituição, que as atividades e serviços associados aos portos e que não exigem, por sua própria natureza, o domínio público portuário para a sua execução podem determinar, consideradas as

---

743 CLÈVE, Clèmerson Merlin. "Preceitos constitucionais fundamentais da República Federativa do Brasil, serviço público portuário e autorização para exploração de atividade portuária por meio de terminais portuários de uso misto". *Interesse público*, Belo Horizonte, ano 10, nº 51, set./out., 2008, p. 114.

744 CLÈVE, Clèmerson Merlin. "Preceitos constitucionais fundamentais da República Federativa do Brasil, serviço público portuário e autorização para exploração de atividade portuária por meio de terminais portuários de uso misto". *Interesse público*, Belo Horizonte, ano 10, nº 51, set./out., 2008, p. 117.

745 CLÈVE, Clèmerson Merlin. "Preceitos constitucionais fundamentais da República Federativa do Brasil, serviço público portuário e autorização para exploração de atividade portuária por meio de terminais portuários de uso misto". *Interesse público*, Belo Horizonte, ano 10, nº 51, set./out., 2008, p. 115.

excepcionalidades do caso concreto, a sobreposição da competência do Município, em detrimento da União.

O domínio público portuário integra-se de bens públicos de uso especial já que "considerados espaços organizados e especializados para a realização de operações de tráfego portuário, são submetidos a restrições de ingresso, de modo a melhor atender a exploração do serviço público".[746]

De acordo com o art. 20 da Constituição, são bens da União, dentre outros, as praias marítimas (inciso IV), o mar territorial (inciso VI) e os terrenos de marinha e seus acrescidos (inciso VII).

Os terrenos de marinha e seus acrescidos são bens dominiais da União, nos termos do Decreto-Lei n. 9.760/1946 (Estatuto das Terras Públicas), o qual criou como referência demarcatória a profundidade de trinta e três metros, medidos horizontalmente para a parte da terra, da posição da Linha da Preamar Média de 1831.

O nível de preamar médio é uma altitude, ou seja, a distância vertical entre um nível zero de referência e a altura da preamar-média num determinado local e período. Resulta, portanto, da intersecção de um plano horizontal com a superfície do terreno.[747]

São terrenos acrescidos de marinha, conforme seu art. 3º, os que se tiverem formado, natural ou artificialmente, para o lado do mar ou dos rios e lagoas, em seguimento aos terrenos de marinha.

O domínio público portuário e suas relações com as águas interiores, plataforma continental, mar territorial, zona econômica

746 LIMA, Cristiana Maria Melhado Araújo. *Regime jurídico dos portos marítimos*. São Paulo: Pontifícia Universidade Católica de São Paulo, 2009, p. 44 (Dissertação de Mestrado).

747 SOARES, Carlos Roberto; ÂNGULO, Rodolfo José. "Sobre a delimitação da linha de preamar-médio de 1831, que define os terrenos de marinha (Dec.-Lei 9.760, de 05.09.1946)". *Revista de Direito Ambiental*, vol. 20, out./dez., 2000, p. 261.

exclusiva e com o domínio público internacional demandam a análise dos regimes jurídicos a que se sujeitam os referidos espaços, dado que, no âmbito espacial da soberania do Estado, existem aquelas que se subsumem ao Direito do mar e, consequentemente, à Convenção das Nações Unidas sobre o Direito do Mar,[748] ao passo que as águas aquém da linha de base do mar territorial, as quais podem servir para a instalações portuárias, sujeitam-se ao regime jurídico delineado pelo sistema de direito positivo interno.

As instalações portuárias permanentes consideram-se parte da costa, exercendo o Estado soberania ilimitada, conforme salienta Francisco Rezek.[749] São domínios da União as águas interiores, a plataforma continental e o mar territorial, os quais são indispensáveis à exploração das atividades portuárias *lato sensu*.

Considerando que a natureza jurídica da área escolhida para fins de movimentação logística acompanha a natureza jurídica das águas nas quais se localiza o porto, a sua demarcação permite-nos a melhor compreensão do seu regime jurídico.

São águas que podem servir, potencialmente, às atividades portuárias *lato sensu*, seja para fins de instalações portuárias, seja para fins de escoamento, as águas interiores, a plataforma continental, o mar territorial, a zona econômica exclusiva e o próprio domínio público internacional.

As águas interiores, a plataforma continental e o mar territorial incluem-se entre os bens públicos dominiais da União. As águas interiores situam-se aquém da linha de base do mar

748 Concluída em Montego Bay, na Jamaica, em 10 de dezembro de 1982, aprovada pelo Congresso Nacional por meio do Decreto Legislativo n. 5, de 9 de novembro de 1987, ratificada em 22 de dezembro de 1988, entrada em vigor em 16 de novembro de 1994 e declarada vigente pelo Decreto n. 1.530, de 22 de junho de 1995.

749 REZEK, Francisco. *Direito Internacional Público*. São Paulo: Saraiva, 2008, p. 306.

territorial. A plataforma continental é a faixa que vai da linha da costa até a curva batimétrica de 200 metros de profundidade.[750] O mar territorial compreende, conforme o art. 3º da Convenção das Nações Unidas sobre o Direito do Mar, uma faixa de até 12 milhas marítimas, medidas a partir da linha de base, isto é, da linha de baixa-mar ao longo da costa, indicada nas cartas marítimas de grande escala, e reconhecidas oficialmente pelo Estado.[751]

De acordo com art. 11 da Convenção das Nações Unidas sobre o Direito do Mar, para efeitos de delimitação do mar territorial, as instalações portuárias permanentes mais ao largo da costa que fazem parte integrante do sistema portuário são consideradas como fazendo parte da costa. A Convenção destaca, ainda, que as instalações marítimas situadas ao largo da costa e as ilhas artificiais não são consideradas instalações portuárias permanentes.

Do mesmo modo, os ancoradouros utilizados habitualmente para carga, descarga e fundeio de navios, os quais estariam normalmente situados, inteira ou parcialmente, fora do traçado geral do limite exterior do mar territorial, são considerados como parte do mar territorial.[752]

A zona econômica exclusiva, por sua vez, é uma faixa adjacente ao mar territorial de largura máxima de 200 milhas marítimas das linhas de base a partir das quais se mede a largura do mar territorial. Nela, o Estado exerce soberania para fins de exploração e aproveitamento, conservação e gestão dos recursos naturais, bem como para qualquer outro aproveitamento econômico.

---

750 CRETELLA JÚNIOR, J. "Dos bens públicos na Constituição de 1988". *Revista dos Tribunais*, vol. 653, mar. 1990, p. 16.

751 De acordo com o art. 5º da Convenção das Nações Unidas sobre o Direito do Mar de 10 de dezembro de 1982. Esta e a regra, a qual é excepcionada quando existentes baías, portos e ilhas, quando a linha afastará do bordo costeiro.

752 Art. 12 da Convenção das Nações Unidas sobre o Direito do Mar, de 10 de dezembro de 1982.

Nesses termos, a área objeto do presente Parecer, bem como aquela que o Município de Santos reclassificou como de uso residencial de baixa densidade, não guarda relação com o referido domínio público portuário, bem como com aquelas áreas que são, habitualmente, afetadas à prestação do serviço público portuário.

Por essa razão, consideradas as excepcionalidades do caso concreto, há uma sobreposição da competência do Município, em detrimento da União.

Ademais, a área em exame está integralmente envolta pela cidade de Santos, o que requer políticas de desenvolvimento urbano consentâneas, as quais são de competência do Município, consoante art. 182, *caput*, da Constituição.

Em outras palavras, é inegável que as especificidades da área, inclusive considerando a natureza das atividades ali desempenhadas, demanda a adoção de medidas pelo Município de Santos destinadas a ordená-la, bem como garantir o pleno desenvolvimento das funções sociais e o bem-estar dos habitantes.

Assim considerando, o Município de Santos exerceu competência constitucionalmente lhe atribuída ao, cotejando as especificidades do caso concreto, realizar a ordenação da área por meio de seus instrumentos de política urbana.

Saliente-se, ainda, que as atividades prestadas pela Consulente não possuem características que demandem a sobreposição da competência da União em detrimento do Município de Santos.

Com efeito, a Consulente é alfandegada pela Receita Federal do Brasil, estando sob jurisdição da Alfândega do Porto de Santos. A vigente autorização é de 15.10.2018, data do Ato Declaratório Executivo SRRF08, que declarou o alfandegamento, a título permanente e em caráter precário, da instalação portuária destinada à movimentação e armazenagem de carga geral, solta ou conteinerizada, em operações de importação e de exportação.

A Receita Federal do Brasil editou a Portaria RFB n. 3.518/2011 para estabelecer requisitos e procedimentos para o alfandegamento de locais e recintos.

O art. 2º da referida espécie normativa conceituou o alfandegamento como:

> a autorização (...) para estacionamento ou trânsito de veículos procedentes do exterior ou a ele destinados, embarque, desembarque ou trânsito de viajantes procedentes do exterior ou a ele destinados, movimentação, armazenagem e submissão a despacho aduaneiro de mercadorias procedentes do exterior, ou a ele destinadas, inclusive sob regime aduaneiro especial, bens de viajantes procedentes do exterior, ou a ele destinados e remessas postais internacionais, nos locais e recintos onde tais atividades ocorram sob controle aduaneiro.

Poderão ser alfandegados, dentre outros, portos, instalações portuárias e recintos, dentre os quais se incluem os "portos secos".

Preenchidos os requisitos, é expedido ato administrativo que declarara o alfandegamento, bem como estabelece prazo, tipos de carga e as operações aduaneiras autorizadas no local ou recinto, inclusive limites e condições para a execução destas.

Assim considerando, as atividades da Consulente mais se assemelham àquelas desempenhadas por "portos secos"[753] do que propriamente com os serviços explorados pelos chamados "operadores com píer" e mesmo com os "operadores sem píer".

Com efeito, a atividade desempenhada pela Consulente – consistente na operação de recebimento, sob controle fiscal, de mercadoria

---

753 O "porto seco" ("*dry port*") é, comumente, o termo adotado para referir-se às instalações operacionalizadoras do recebimento, sob controle fiscal, de mercadoria importada ou a exportar.

importada ou a exportar – não possui relação de essencialidade com a soberania do Estado e com a circulação de riquezas.

Consequentemente, entendemos que o objeto do presente Parecer é distinto da matéria objeto da Arguição de Descumprimento de Preceito Fundamental (ADPF) n. 316, na qual, conforme antecipado, são discutidos determinados dispositivos de leis do Município de Santos, bem como a constitucionalidade da vedação – estabelecida pelo art. 17, inciso I, da Lei Complementar n. 730/2011 na redação dada pela Lei n. 813/2013 – à atividade portuária de comércio e armazenagem de materiais em granel sólido em determinada instalação portuária do Porto Organizado de Santos.

Ao passo que na referida ação discute-se a atuação do Município de Santos em área que, em tese, é naturalmente imprescindível à operação das atividades portuárias, no caso em exame depara-se com área com características absolutamente específicas.

Por essa razão, entendemos que não há que se falar em invasão, pelo Município de Santos, da competência privativa da União para legislar sobre o regime dos portos, consoante art. 21, inciso X, da Constituição, e nem mesmo em usurpação de competência da União pelo fato de a área ser de sua propriedade e destinada à prestação de um serviço público de titularidade federal.[754]

Ao contrário, as especificidades do caso concreto – ignoradas pelo Tribunal de Contas da União (TCU) quando proferido o Acórdão n. 650/2016 nos autos do Processo n. TC 027.419/2012-6 – impõem, à luz da Constituição, a sobreposição da competência

---

754 No entendimento do Ministro Revisor Walton Alencar Rodrigues "(...) não me pareceu, com a devida vênia, razoável que imóvel de propriedade da União, afetado à prestação de serviço público, submetido ao regime do porto organizado de Santos, consoante a legislação federal, adequado à realização da atividade portuária, mediante arrendamento – modalidade de subconcessão – ou por execução direta, pudesse ter sua utilização regular, dentro de sua função social, obstada por norma de zoneamento local".

municipal, cabendo à União adotar as providências necessárias para, preservada a continuidade do serviço público de sua titularidade, conformar-se à regulamentação urbanística local.

18.6 A constitucionalidade do Regime Jurídico dos "Usos Desconformes"

O Município de Santos instituiu um específico regime jurídico para contemplar situações de "usos desconformes". Assim, para diversas hipóteses – as quais não se reduzem à área objeto do presente Parecer – foi instituída regra pela qual determinados usos, ainda que incompatíveis com o novo regramento urbanístico, podem ser mantidos, desde que obedecidos determinados critérios, dentre os quais se incluem a adequação aos níveis de ruído, poluição ambiental e horários de funcionamento.

A revogada Lei Complementar do Município de Santos n. 312/1998, no seu art. 17, previa, originalmente, que os chamados "usos desconformes" – assim entendidos como aqueles regularmente licenciados, mas que não se enquadrassem nas novas categorias de uso – deveriam adequar-se a determinados níveis de ruído, poluição ambiental e horários de funcionamento. Atualmente, os "usos desconformes" são regulamentados pelo art. 32 da Lei Complementar do Município de Santos n. 1.006/2018, dispositivo o qual será objeto de específica avaliação jurídica no presente Parecer.

A análise da constitucionalidade dos dispositivos em referência demanda o cotejamento do princípio constitucional da segurança jurídica – bem como da proteção das legítimas expectativas e do direito adquirido – que fixa limitações ao efeito imediato da lei nova com o intuito de preservar relações jurídicas gestadas na vigência do regramento legal antigo.

Em outras palavras, é fundamental a realização do cotejamento da teoria da aplicação da lei no tempo, pela qual as relações jurídicas terão proteções graduais a depender dos graus de aplicabilidade da lei nova. Consequentemente, o efeito da lei – ainda que tenha, em determinados casos, efeito imediato e geral – não atingirá ou, quando o caso, afetará parcialmente, determinadas situações jurídicas.

O princípio da segurança jurídica veda o desfazimento injustificado de atos ou situações jurídicas, isso em nome da estabilidade e da previsibilidade. Por essa razão, Sérgio Ferraz e Adilson Abreu Dallari pontuam que "em sua mais imediata acepção, o princípio da segurança jurídica, ou da estabilidade das relações jurídicas, impede a desconstituição injustificada de atos ou situações jurídicas (...)".[755]

Referidos autores prelecionam que a segurança jurídica pode ser analisada considerando os vetores de certeza e estabilidade do Direito.[756] Sob o enfoque da certeza do Direito revestem-se as preocupações atinentes à eficácia, vigência e irretroatividade das leis. Por outro lado, a estabilidade do Direito está relacionada, dentre outras, à intangibilidade das situações jurídicas pretéritas tuteladas especialmente pelo art. 5º, inciso XXXVI, da Constituição, o qual previu que "a lei não prejudicará o direito adquirido, o ato jurídico perfeito e a coisa julgada".[757]

Portanto, a restrição da aplicação da lei nova em determinadas situações é de dimensão constitucional fundamental, estando, inclusive, inserta no capítulo dos direitos e deveres individuais e coletivos e no título dos direitos e garantias fundamentais da Constituição.[758]

---

755 FERRAZ, Sérgio; DALLARI, Adilson Abreu. *Processo administrativo*. São Paulo: Malheiros, 2012, p. 115.

756 FERRAZ, Sérgio; DALLARI, Adilson Abreu. *Processo administrativo*. São Paulo: Malheiros, 2012, p. 116.

757 Regulamentando referido dispositivo constitucional, o Decreto-Lei n. 4.657/1942 (Lei de Introdução às Normas do Direito Brasileiro) preceitua, no seu art. 6º, que "a Lei em vigor terá efeito imediato e geral, respeitados o ato jurídico perfeito, o direito adquirido e a coisa julgada".

758 Luís Roberto Barroso afirmou que a proteção do direito adquirido, no Brasil, possui *status* constitucional, ao contrário do comumente praticado pelas Constituições contemporâneas (BARROSO, Luís Roberto. *Curso de Direito*

A dimensão fundamental da segurança jurídica, bem como direito adquirido, não pode ser excepcionada sequer pelas leis de Direito público,[759] dentre as quais se incluem as espécies normativas de Direito urbanístico. Nesse sentido, é o entendimento de Gilmar Ferreira Mendes, Inocêncio Mártires Coelho e Paulo Gustavo Gonet Branco, para os quais "é certo, outrossim, que a dimensão constitucional que se confere ao princípio do direito adquirido, entre nós, não permite que se excepcionem da aplicação do princípio as chamadas regras de ordem pública".[760]

José dos Santos Carvalho Filho, analisando o Direito comparado no tema da estabilização de determinadas situações jurídicas, constatou a distinção entre os princípios da segurança jurídica e da proteção à confiança. Conclui o autor que enquanto a segurança jurídica representa o aspecto objetivo de inafastabilidade da estabilização jurídica, a proteção da confiança relaciona-se ao aspecto subjetivo consistente no "sentimento do indivíduo em relação a atos, inclusive e principalmente do Estado".[761] De todo modo, quer nos parecer que no princípio segurança jurídica amalgamam-se, além do direito adquirido, proteção das expectativas legítimas, conforme adiante demonstraremos.

Constitucional contemporâneo: os conceitos fundamentais e a construção do novo modelo. São Paulo: Saraiva, 2015, p. 217).

759 No mesmo sentido é o entendimento de Reynaldo Porchat: "seria altamente perigoso proclamar como verdade que as leis de ordem pública ou de direito público têm efeito retroativo, porque mesmo diante dessas leis aparecem algumas vezes direitos adquiridos. No caso afirmativo a lei não deve retroagir, porque a simples invocação de um motivo de ordem pública não basta para justificar a ofensa ao direito adquirido, cuja inviolabilidade (...) é também um forte motivo de interesse público". (citado por MENDES, Gilmar Ferreira; COELHO, Inocêncio Mártires; BRANCO, Paulo Gustavo Gonet. *Curso de Direito Constitucional*. São Paulo: Saraiva, 2007, p. 447).

760 MENDES, Gilmar Ferreira; COELHO, Inocêncio Mártires; BRANCO, Paulo Gustavo Gonet. *Curso de Direito Constitucional*. São Paulo: Saraiva, 2007, p. 447.

761 CARVALHO FILHO, José dos Santos. *Manual de Direito Administrativo*. São Paulo: Atlas, 2018.

Luís Roberto Barroso, ao abordar o tratamento jurídico a ser dado aos efeitos de um ato praticado sob a vigência da lei anterior, assevera que "se a lei pretender modificar eventos que já ocorreram e se consumaram ou desfazer os efeitos já produzidos de atos praticados no passado, ela estará em confronto com a Constituição e será inválida nesse particular".[762]

Especificamente com relação ao direito adquirido, ele limita a eficácia imediata da nova lei, a qual só incidirá em sua integralidade para os atos praticados na sua vigência.

Ou seja, tendo em vista a "sucessão de normas no tempo e na posição jurídica a ser desfrutada pelo indivíduo em face da lei nova",[763] o direito adquirido protege hipóteses nas quais "o ciclo de eventos previstos para a aquisição do direito já se completou no momento em que sobrevém uma nova norma alterando o tratamento jurídico da matéria, assegura a regular produção de efeitos".[764]

Ademais, as legítimas expectativas – e, em determinadas hipóteses, a expectativa de direito – são tuteladas pela Constituição. Trata-se de resguardar, consoante expressão de Luís Roberto Barroso, o "direito a uma transição razoável".[765]

---

762 BARROSO, Luís Roberto. *Curso de Direito Constitucional contemporâneo*: os conceitos fundamentais e a construção do novo modelo. São Paulo: Saraiva, 2015, p. 218.

763 BARROSO, Luís Roberto. *Curso de Direito Constitucional contemporâneo*: os conceitos fundamentais e a construção do novo modelo. São Paulo: Saraiva, 2015, p. 219.

764 BARROSO, Luís Roberto. *Curso de Direito Constitucional contemporâneo*: os conceitos fundamentais e a construção do novo modelo. São Paulo: Saraiva, 2015, p. 219.

765 BARROSO, Luís Roberto. *Curso de Direito Constitucional contemporâneo*: os conceitos fundamentais e a construção do novo modelo. São Paulo: Saraiva, 2015, p. 219.

Ou seja, a expectativa de direito também é protegida pela Constituição, ainda que em menor proporção quando comparada às hipóteses de direito adquirido.

Por essa razão, é importante distinguir ambas as situações. Enquanto no direito adquirido já se operaram os eventos previstos para a aquisição do direito, na expectativa de direito tais eventos, ainda que não tenham sido integralmente completados, já foram iniciados quando sobrevém lei nova.[766] Em ambos os casos, a Constituição determina graduações de proteção.

Com efeito, como mecanismo que define os limites e as interações na sociedade, o Direito é indispensável à estabilização de expectativas que se criam legitimamente. O Direito, conforme Niklas Luhmann, neutraliza a contingência das ações, permitindo que se possa esperar, com um mínimo de garantia, o comportamento de terceiros.[767]

Em outras palavras, face às contingências que podem afetar as expectativas recíprocas daqueles que se relacionam em uma sociedade complexa, o Direito garante uma relativa certeza de que o combinado no presente valerá no futuro.[768]

O mesmo autor trata do Direito como instrumento para conferir a garantia de que as expectativas recíprocas não serão

---

766 BARROSO, Luís Roberto. *Curso de Direito Constitucional contemporâneo*: os conceitos fundamentais e a construção do novo modelo. São Paulo: Saraiva, 2015, p. 219.

767 Segundo o autor, "le aspettative che qualcuno nutre in relazione al comportamento di altri". Na expressão de Niklas Luhmann, "sostenere, in caso di pericoli o di delusioni, le aspettative che qualcuno nutre in relazione al comportamento di altri". (LUHMANN, Niklas. *La differenziazione del diritto*. Bologna: Il mulino, [s.d.], p. 81).

768 "Una ulteriore contrapposizione tra le due funzioni consiste nel differente livello di preste rispetto al dominio del mondo. Nel primo caso o diritto aspira solo a realizzare la sicurezza dell'aspettativa. (...) Nel secondo caso, invece, si tratta della sicurezza di determinati effetti". (LUHMANN, Niklas. *La differenziazione del diritto*. Bologna: Il mulino, [s.d.], pp. 81/82).

frustradas pela imprevisibilidade dos fatos futuros.[769] Para o autor, "normas (...) são expectativas de comportamento, garantidas de modo contrafático. Normas dão às expectativas duração".[770]

A confiança e a expectativa legítimas apresentam o papel de garantir segurança jurídica e de preservar valores que sustentam a base das relações jurídicas. Assinala Gerson Luiz Carlos Branco:

> O *valor* confiança é um dos pilares centrais de todo o direito. Somente existe a possibilidade de convivência social se o valor confiança está presente. Os mecanismos de proteção deste valor são muitos e, regra geral, existem leis e procedimentos para sua proteção. E, justamente em razão da crescente valorização da confiança e da consciência do fenômeno, o valor confiança passou a ser considerado como *um valor econômico*.[771]

Ademais, a confiança resguarda a expectativa legitimamente despertada, limitando a ação daquele que a suscitou:

> A expressão "princípio da confiança (legítima)" indica o limite ao exercício de direitos e poderes formativos (dimensão negativa) quando violadores de uma confiança legitimamente suscitada e/ou a fonte produtora de deveres jurídicos (dimensão positiva), tendo em vista a satisfação das legítimas expectativas criadas, no *alter*, pela própria conduta.[772]

---

769 FERRAZ, Tércio Sampaio. "Apresentação". *In*: LUHMANN, Niklas. *Legitimação pelo procedimento*. Brasília: UNB, 1980, p. 1.

770 FERRAZ, Tércio Sampaio. "Apresentação". *In*: LUHMANN, Niklas. *Legitimação pelo procedimento*. Brasília: UNB, 1980, p. 2.

771 BRANCO, Gerson Luiz Carlos. "A proteção das expectativas legítimas derivadas das situações de confiança: elementos formadores do princípio da confiança e seus efeitos". *Revista de Direito Privado*, nº 12/169, 2002.

772 MARTINS-COSTA, Judith. "Princípio da confiança legítima e princípio da boa-fé objetiva". *Revista dos Tribunais*, nº 852/87, 2006.

Ou seja, a confiança relaciona-se, precipuamente, à geração de expectativas legítimas cuja manutenção pode constituir um dever jurídico – o dever de manter a confiança suscitada – e cuja frustração pode ocasionar consequências jurídicas.[773]

O princípio da confiança, no plano da sua eficácia, apresenta duas dimensões. Na sua dimensão negativa, ele limita o exercício de direitos quando violadores de uma confiança legitimamente suscitada. Na sua dimensão positiva, o princípio da confiança atua como fonte produtora de deveres jurídicos tendo em vista a satisfação das legítimas expectativas criadas.[774]

Assim considerando, e consoante antecipado, o art. 32 da Lei Complementar do Município de Santos n. 1.006/2018 é constitucional já que, acertadamente, aplicou o princípio constitucional da segurança jurídica – bem como da proteção das legítimas expectativas e do direito adquirido – para limitar o efeito imediato do novo regramento urbanístico ao admitir os "usos desconformes", inclusive por meio de licenciamento específico (§ 1º) cotejador das políticas de desenvolvimento urbano e das demais competências do Município no tema.

Portanto, o Município de Santos, considerando, por um lado, as suas competências para (**a**) legislar sobre assuntos de interesse local (art. 30, inciso I) e (**b**) executar a política de desenvolvimento urbano (art. 180, *caput*) e, por outro, (**c**) o princípio da segurança jurídica nos seus vetores proteção das legítimas expectativas e do direito adquirido, instituiu um constitucional regime jurídico de "usos desconformes".

Referido regime jurídico, por um lado, fixou regras para o licenciamento de "usos desconformes", o que requer (**a**) o enquadramento

---

773 MARTINS-COSTA, Judith. "Princípio da confiança legítima e princípio da boa-fé objetiva". *Revista dos Tribunais*, nº 852/87, 2006.

774 MARTINS-COSTA, Judith. "Princípio da confiança legítima e princípio da boa-fé objetiva". *Revista dos Tribunais*, nº 852/87, 2006.

na mesma atividade para a qual tenha sido aprovada a edificação existente ou enquadrados na atividade constante em licença de funcionamento ativa, expedida antes da vigência da lei (§ 1º) e, ainda, (**b**) o não encerramento da atividade regularmente licenciada (§2º).

Especificamente com relação à segunda regra, rememore-se que o art. 32, § 4º, da Lei Complementar do Município de Santos n. 1.006/2018 proibiu o licenciamento de "uso desconforme", caso encerrada a atividade regularmente licenciada e a edificação não tenha sido aprovada para o "uso desconforme". Referido dispositivo é, nos termos aqui apresentados, constitucional ao preservar determinadas relações jurídicas da incidência imediata da lei nova. Portanto, determinadas relações jurídicas receberam incidências graduais da lei nova à luz do princípio constitucional da segurança jurídica.

18.7 Respostas aos quesitos

Apresentamos, a seguir, as respostas aos quesitos formulados, os quais, à luz do substrato fático apresentado na presente Parecer, serão desenvolvidas tendo em vista a incursão no regime constitucional da repartição de competências dos entes da Federação; na autonomia dos Municípios; nas competências dos Municípios e da União atinentes às matérias urbanística, ambiental e portuária; na natureza jurídica das atividades portuárias, do contrato de arrendamento portuário e do alfandegamento; e, por fim, no domínio público portuário.

PRIMEIRO QUESITO: É constitucional a Lei Complementar do Município de Santos N. 312/1998 e suas alterações posteriores na parte em que espécies normativas municipais reclassificaram para zona intermediária área de propriedade da União e arrendada à Consulente para a prestação de serviço público de movimentação de mercadorias de importação e exportação?

São constitucionais a Lei Complementar do Município de Santos n. 312/1998 e suas alterações posteriores na parte em que referidas espécies normativas municipais reclassificaram para Zona Intermediária a área de propriedade da união e arrendada à Consulente para a prestação de serviço público de movimentação de mercadorias de importação e exportação.

SEGUNDO QUESITO: É constitucional o Art. 32 da Lei Complementar do Município de Santos N. 1.006/2018, que dispõe sobre os "Usos Desconformes"?

É constitucional o art. 32 da Lei Complementar do Município de Santos n. 1.006/2018, dispositivo que, atualmente, regulamenta os "usos desconformes", em substituição às espécies normativas as quais, desde a Lei Complementar do Município de Santos n. 312/1998, permitem que, obedecidos determinados critérios, áreas regularmente licenciadas, ainda que não mais se enquadrem nas novas categorias de uso, possam continuar sua utilização de acordo com a categoria de uso anterior.

Especificamente com relação ao § 4º do art. 32, referido dispositivo é constitucional ao, no contexto do regime jurídico dos "usos desconformes", preservar – à luz do princípio constitucional da segurança jurídica – determinadas relações jurídicas da incidência imediata da lei nova desde que houver o licenciamento de "uso desconforme", o que requer, dentre outros requisitos, o não encerramento da atividade regularmente licenciada.

É o que nos parece.

São Paulo, 8 de novembro de 2018.

CAPÍTULO XIX

O EQUILÍBRIO ECONÔMICO-FINANCEIRO DO GÊNERO CONTRATO ADMINISTRATIVO E DA ESPÉCIE CONCESSÃO DE SERVIÇO PÚBLICO E O CABIMENTO DE RECOMPOSIÇÃO DO EQUILÍBRIO CONTRATUAL POR MEIO DE REALOCAÇÃO DE ÁREA

CONTRATO DE ARRENDAMENTO DP DC/01.2005. DESEQUILÍBRIO ECONÔMICO-FINANCEIRO. RECOMPOSIÇÃO POR MEIO DE REALOCAÇÃO DE ÁREA.

EMENTA: I. INTRODUÇÃO. II. O CONTRATO DE ARRENDAMENTO PORTUÁRIO: ESPÉCIE DO GÊNERO CONTRATO ADMINISTRATIVO E CONCESSÃO *SUI GENERIS* DE SERVIÇO PÚBLICO. III. AS ESPECIFICIDADES DO CONTRATO ADMINISTRATIVO E, PARTICULARMENTE, DO CONTRATO DE CONCESSÃO DE SERVIÇO PÚBLICO. IV. O EQUILÍBRIO ECONÔMICO-FINANCEIRO DO GÊNERO CONTRATO ADMINISTRATIVO

E DA ESPÉCIE CONCESSÃO DE SERVIÇO PÚBLICO. V. A CONFIGURAÇÃO DO DESEQUILÍBRIO ECONÔMICO-FINANCEIRO DO GÊNERO CONTRATO ADMINISTRATIVO E DA ESPÉCIE CONCESSÃO DE SERVIÇO PÚBLICO. VI. O EQUILÍBRIO ECONÔMICO-FINANCEIRO DO CONTRATO DE ARRENDAMENTO PORTUÁRIO. VI.A. A MATERIALIZAÇÃO DE RISCO ASSUMIDO PELO PODER CONCEDENTE. VI.B. O IMPACTO NEGATIVO PARA A ARRENDATÁRIA. VI.C. A RECOMPOSIÇÃO DO EQUILÍBRIO CONTRATUAL POR MEIO DE REALOCAÇÃO DE ÁREA. VII. CONCLUSÕES.

CONSULENTE: RISHIS EMPREENDIMENTOS E PARTICIPAÇÕES S/A.

19.1 Introdução

A Consulente é arrendatária do Armazém XIII e do Armazém XVIII e suas áreas adjacentes, situadas no Paquetá, Porto Organizado de Santos, visando a movimentação e armazenagem de carga geral.[775]

Conforme documentos e informações trazidas pela Consulente, a Autoridade Portuária, a Companhia Docas do Estado São Paulo – CODESP, depois de anos de estudos e avaliação das alternativas para o atendimento das necessidades colocadas sob sua gestão, determinou alterações no seu modelo de exploração de arrendamento portuário.

Com efeito, ao que relata a Consulente, a decisão da Companhia Docas decorre de uma verificação das condições atuais da

775 Contrato de Arrendamento DP-DC/01.2005 de 02.12.2005, Processo n. 17029/01-58, PROAPS 86/AR, Concorrência 08/2002. Referido contrato possui prazo de 20 anos, com início em 05.11.2009 e término em 04.11.2029. Há previsão de prorrogação por uma única vez pelo prazo máximo ao originalmente contratado.

malha de acesso aos terminais do Porto Organizado em questão e, a partir disso, da escolha pelo remanejamento que melhor pudesse atender ao interesse público associado à otimização das operações portuárias.

A requisição – realizada em conformidade com o chamado *Plano de Expansão do Porto de Santos*, bem como na premissa de incremento da capacidade do modal ferroviário e redução da dependência do modal rodoviário – baseou-se na necessidade de reativação de duas vias férreas que antigamente operaram naquela região do Porto, o que ocorreu em razão das especificidades dos seus ângulos de curvatura (únicos no local a permitir a viabilidade do acesso ao tronco ferroviário).

A modernização e aperfeiçoamento da malha ferroviária local também ocorreu dentro da proposta de implantação do *Plano de Operação para Celulose no Complexo de Outeirinhos*, o qual visa ao incremento da utilização do modal ferroviário e redução do fluxo rodoviário na região, conforme demonstram os documentos fornecidos pela Consulente.

A Autoridade Portuária sustenta, nesse cenário, que a reativação de duas vias férreas não mais operacionais reveste-se de relevante interesse público já que permitirá o aumento da capacidade de transporte de cargas na região em cerca de 30.000 vagões por ano. De acordo com a avaliação feita pela CODESP, a reativação permitirá, ainda, que o Porto Organizado de Santos possa atender às demandas do setor sucroalcooleiro e do setor de celulose, atualmente atividades com grande demanda reprimida por acesso ao transporte marítimo. Estima-se, por exemplo, que a capacidade da *moega Costa Leite* seja incrementada em 85 vagões/dia, o que, por consequência, retiraria da movimentação rodoviária aproximadamente 4.200 caminhões/mês ou 50.000 caminhões/ano.[776]

---

776 Conforme pontua a Autoridade Portuária, "o reestabelecimento da linha férrea entre os Armazéns XIII e XVIII se reveste de relevante interesse público

Trata-se, pois, de medida de eficientização das operações da malha de transporte intermodal da região, com vistas ao comércio internacional e transporte de cabotagem, o que certamente dá execução aos desígnios da política pública traçada pelo Governo Federal e executada pela Secretaria Especial de Portos, no que pertine ao referido Porto Organizado.

Entretanto, estudos realizados pela Consulente demonstram que a implementação do rearranjo ferroviário – que se apresentou como medida necessária à vista do interesse público – comprometeu seu modelo de exploração de arrendamento portuário já que as linhas estão compreendidas nas áreas operacionais do arrendamento, isto é, afetas à prestação do serviço público portuário a ela delegado.

Com efeito, pelos estudos feitos, a reativação de áreas de servidão de passagem de linhas férreas para atender à demanda logística dos terminais de granéis sólidos vegetais contíguos – bem como para a melhoria do acesso ferroviário às moegas ferroviárias dos terminais da Cosan e Copersucar – provocou uma redução significativa da área útil arrendada pela Consulente. Seja pela perda de área, seja pelo empecilho de que o arrendamento passará a ser atravessado pelas linhas férreas, é evidente que há prejuízos a sua capacidade operacional, especialmente no que se refere ao Armazém XIII. Além do mais, a reativação demandou que a área do Armazém XVIII fosse, igualmente, destinada para atender à necessidade pública surgida.

Com efeito, quanto aos efeitos secundários, pode-se dizer até mesmo notória a constatação de que essa ocupação ou interferência feita pelas linhas férreas traz dificuldades operacionais dado que

---

e sua execução se encontra compatibilizada com todos os usuários da malha ferroviária, permitindo ao Porto de Santos fazer frente às demandas do setor sucroalcooleiro sem deixar de atender as crescentes necessidades do setor de celulose, cuja relevância para o Porto de Santos, assim como para a corrente de comércio nacional na qual o Porto de Santos detém parcela de 25%, reveste-se de extrema importância".

passaram a segmentar as áreas arrendadas – quais sejam o Armazém XIII e o Armazém XVIII – inviabilizando o fluxo contínuo e desimpedido de cargas e pessoas.

Assim, sob a perspectiva jurídica, dos fatos narrados decorre a concretização de um evento que causou um agravamento da posição contratual da Consulente, o que obriga a Administração Pública a compensar integralmente os prejuízos suportados por ela em nome da adequação exigida pelo interesse público.

Com a redução significativa da área do Contrato de Arrendamento DP-DC/01.2005, foi estudada a incorporação da área do Armazém VIII. Entretanto, a capacidade operacional final permaneceu reduzida. Por essa razão, conforme apontam estudos técnicos contratados pela Consulente, a integral recomposição da perda da capacidade operacional pode ocorrer por meio da incorporação da área do Armazém III.

Nesses termos, e como adiante melhor detalhado, levando-se em conta as especificidades da área arrendada e as necessidades dos usuários do serviço público portuário, é juridicamente possível e consentâneo com o interesse público o mecanismo de recomposição do equilíbrio econômico-financeiro do contrato por meio de realocação de área. Antecipe-se: o mais salutar, à toda evidência, é que o reequilíbrio se dê por meio de realocação e anexação, o que neutralizará os impactos negativos gerados pela necessidade de reativação das linhas férreas.

Veja-se, portanto, que ao longo dos últimos anos, após minuciosos estudos realizados pela Consulente e pela CODESP, o chamado *Projeto Eldorado*, bem como a realocação das áreas, foi maturado e otimizado com vistas ao melhor atendimento do interesse público e a mais adequada prestação do serviço público delegado.

Note-se, aqui, que em 10.08.2012, a Diretoria Executiva da CODESP, por meio da Decisão DIREXE n. 274.2012, aprovou a

> proposta de "realocação das áreas" destinadas à execução do Contrato de Arrendamento CODESP n. DP-DC/01.2005 (RISHIS), de 02-12-2005, mediante a cessão parcial da área vinculada ao Armazém XVIII Externo e incorporação da área vinculada ao Armazém VIII Externo (...)

e o "pedido de ampliação de área destinada à execução do Contrato de Arrendamento CODESP n. DP-DC/01.2005 (RISHIS), mediante a incorporação da área contígua, vinculado ao Armazém III Externo (...)".[777]

Especialmente no que tange à compatibilidade com o interesse público, demonstraremos que a realocação vai ao encontro das políticas públicas desenvolvidas atualmente para o setor portuário, que se baseiam no estímulo ao desenvolvimento de terminais

---

777 Relata-nos a Consulente que, em meados de 2010, foi apresentado à CODESP o chamado *Projeto Eldorado*. Em 15.09.2011, a Consulente solicitou à CODESP a "UNIFICAÇÃO, com a consequente incorporação do Contrato de Arrendamento n. PRES/CO 12/93 ao Contrato de Arrendamento n. DP-DC/01/2005". Em 31.05.2012, a CODESP, por meio de seu Diretor de Desenvolvimento Comercial comunicou que "analisa a possibilidade de sugerir a realocação da área vinculada ao Contrato DP-DC/01/2005, tendo em vista a modernização e aperfeiçoamento da malha ferroviária com a implantação do Plano de Operação para Celulose no Complexo Outeirinhos da PORTOFER/ALL, visando incremento da utilização do modal ferroviário com sensível redução do fluxo rodoviário na região. Nesse sentido, para que se possa dar continuidade aos estudos/análises para eventual implantação do projeto mencionado, faria-se necessária a possibilidade de reativação das linhas férreas existentes entre os Armazéns XIII e XVIII (...)" (DC-120.2012). Em 10.08.2012, a Diretoria Executiva da CODESP aprovou a "proposta de 'realocação das áreas' destinadas à execução do Contrato de Arrendamento CODESP n. DP-DC/01.2005 (RISHIS), de 02-12-2005, mediante a cessão parcial da área vinculada ao Armazém XVIII Externo e incorporação da área vinculada ao Armazém VIII Externo (...)" e o "pedido de ampliação de área destinada à execução do Contrato de Arrendamento CODESP n. DP-DC/01.2005 (RISHIS), mediante a incorporação da área contígua, vinculado ao Armazém III Externo (...)" (Decisão DIREXE n. 274.2012). Em 22.08.2012, por meio do Ofício DC-220.2012, o pleito foi submetido à Agência Nacional de Transportes Aquaviários – ANTAQ, dando origem ao processo administrativo n. 50300.001837/2012-10.

modernos e de alta performance, bem como no fomento à integração entre os modais logísticos. É preciso salientar, ainda, que a execução de tal medida mitiga conflitos operacionais no cais, já que, com a implementação do projeto, os mercados de celulose e de fertilizantes não compartilharão o acesso à água.[778]

Quanto à vantajosidade[779] da medida no que se refere à requalificação das áreas portuárias afetadas, informa-nos a Consulente que a realocação implicará em investimentos em expansão, modernização e otimização da infraestrutura portuária em torno de R$ 91.000.000,00, o que é consentâneo com os princípios do novo marco regulatório portuário instituído pela Lei n. 12.815/2013.[780]

Além do mais, referido valor de investimento é muito superior ao previsto para as áreas referentes ao Armazém III e ao Armazém VIII, as quais estão compreendidas no chamado primeiro bloco de

> certames licitatórios para a exploração de áreas e infraestruturas portuárias por meio de arrendamentos junto aos portos organizados de Santos (Companhia Docas do Estado de São Paulo – CODESP) e Belém, Santarém, Vila do Conde e Terminais de Outeiro e Miramar (Companhia Docas do Pará – CDP).

---

778 Também nos informa a Consulente que o projeto, nos moldes estruturados, é consentâneo com as disposições normativas ambientais e urbanísticas municipais.

779 Veja-se que, como parâmetro, que o art. 6º, § 6º, da Lei n. 12.815/2013, prevê que poder concedente poderá autorizar, mediante requerimento do arrendatário, na forma do regulamento, expansão da área arrendada para área contígua dentro da poligonal do porto organizado, sempre que a medida trouxer comprovadamente eficiência na operação portuária.

780 Nos termos do art. 3º, incisos I e II, da Lei n. 12.815/2013, a exploração dos portos organizados e instalações portuárias, com o objetivo de aumentar a competitividade e o desenvolvimento do país, deve visar a expansão, modernização e otimização da infraestrutura e da superestrutura que integram os portos organizados e instalações portuárias e a garantia da modicidade e da publicidade das tarifas e preços praticados no setor, da qualidade da atividade prestada e da efetividade dos direitos dos usuários.

Nas minutas de editais e estudos que existem para as áreas referentes ao Armazém III e ao Armazém VIII são previstos investimentos na ordem de R$ 43.000.000,00.[781]

Ou seja, a um só tempo, a realocação de áreas adjacentes com vistas a sua incorporação ao contrato da Consulente daria solução financeiramente sustentável à necessidade de reequilibrar seu contato, afetado por medida exigida pelo interesse público; e, além disso, ainda possibilitaria a realização de investimentos em valor muito superior aos que constam como previstos na hipótese da licitação das mesmas áreas.

A referida solução, no mais, encontra respaldo no ordenamento jurídico vigente, como será demonstrado a seguir, sendo perfeitamente coerente com a política pública estipulada para o setor pelo titular desses serviços.

19.2 O contrato de arrendamento portuário: espécie do gênero contrato administrativo e concessão *Sui Generis* de serviço público

O arrendamento portuário é uma espécie do gênero contrato administrativo, uma concessão *sui generis* de serviço público.

Alice Maria Gonzáles Borges pontua que no arrendamento portuário não há apenas o uso de bem público para uma finalidade particular, pois o bem também se destina à exploração de frutos e exploração de serviço qualificado como público pela Constituição da República. Assim, para a autora o arrendamento portuário é uma "*forma contratual administrativa, atípica, híbrida, mista*",[782] já que compatibilizaria a concessão de uso de bem público imóvel, a

781 As áreas do Armazém III e do Armazém VIII, acrescida de área adicional contígua, possuem investimento estimado em R$ 60.000.000,00.

782 BORGES, Alice Gonzalez. "Áreas e instalações portuárias". *Revista de Direito Administrativo*, vol. 210, out./dez., 1997, pp. 337-368.

concessão de serviço público e a concessão de obra pública. Carlos Augusto da Silveira Lobo, por sua vez, entende que o arrendamento portuário se enquadra na subconcessão de serviço público prevista pelo art. 26 da Lei n. 8.987/1995.[783]

Do mesmo modo é o posicionamento de Dinorá Adelaide Musetti Grotti, a qual salienta ser o arrendamento portuário uma forma contratual administrativa, mista, híbrida, conjugadora das naturezas jurídicas de concessão remunerada de uso de bem público, de concessão do serviço público, de concessão de obra pública e, em parte, de delegação de exercício de poder de polícia.[784]

É de se notar que o arrendamento, além de visar a ordenação do espaço e o uso eficiente de área portuária, possui como escopo a eficiente e adequada exploração da atividade econômica pelo particular dado o relevante interesse público envolvido. Por isso, o arrendamento portuário apresenta a natureza jurídica de concessão *sui generis* de serviço público.

Isto é, o arrendamento portuário é uma espécie do gênero contrato administrativo, uma concessão *sui generis* de serviço público. Por essa razão, o regime jurídico a que se sujeita o arrendamento portuário é (a) aquele aplicável a todo e qualquer contrato administrativo, (b) as regras específicas da concessão de serviço público, bem como (c) o regime especial da regulação setorial.

Nesses termos, convém que especifiquemos o regime jurídico a que se sujeita o gênero contrato administrativo e a espécie concessão de serviço público, especialmente no que tange (a) à possibilidade de a Administração Pública modificar o vínculo estabelecido entre

---

783 LOBO, Carlos Augusto da Silveira. "Os terminais portuários privativos na Lei n. 8.630/93". *Revista de Direito Administrativo*, vol. 220, abr./jun., 2000, pp. 29/30.

784 GROTTI, Dinorá Adelaide Musetti. *O serviço público e a Constituição brasileira de 1988*. São Paulo: Malheiros, 2003, p. 203.

ela e o particular e (b) à tutela dos interesses patrimoniais legítimos do particular contratante com o Poder Público.

19.3 As especificidades do contrato administrativo e, particularmente, do contrato de concessão de serviço público

Os acordos de vontade estabelecidos entre o Poder Público e os particulares marcam-se pela consensualidade e pela vinculação isonômica para ambos os contratantes.[785] Ainda assim, os contratos administrativos apresentam especificidades que marcam, sobretudo, a possibilidade de a Administração Pública modificar o vínculo estabelecido entre ela e o particular,[786] mas desde que observados parâmetros muitos estritos.[787]

Com efeito, como decorrência da supremacia do interesse público[788] que persegue, é permitido à Administração Pública (a) alterar as obrigações do contratante e (b) extinguir o vínculo contratual.[789]

Entretanto, essa possibilidade conferida à Administração Pública de alterar e de extinguir o contrato administrativo não é incondicional: possui limites expressamente estabelecidos em lei.[790] Tais limites podem ser resumidos na necessidade de manutenção da

---

785 BANDEIRA DE MELLO, Celso Antônio. *Curso de Direito Administrativo.* São Paulo: Malheiros, 2012, p. 626.

786 MEDAUAR, Odete. *Direito Administrativo Moderno.* São Paulo: Revista dos Tribunais, 2009, p. 219.

787 BANDEIRA DE MELLO, Celso Antônio. *Curso de Direito Administrativo.* São Paulo: Malheiros, 2012, p. 627.

788 SUNDFELD, Carlos Ari. *Licitação e contrato administrativo de acordo com as Leis 8.666/93 e 8.884/94.* São Paulo: Malheiros, 1994, p. 228.

789 BANDEIRA DE MELLO, Celso Antônio. *Curso de Direito Administrativo.* São Paulo: Malheiros, 2012, p. 627.

790 No mesmo sentido, GASPARINI, Diogenes. *Direito Administrativo.* São Paulo: Saraiva, 2006, p. 694.

identidade do objeto da avença[791] e no respeito aos interesses patrimoniais legítimos do particular contratante com o Poder Público.[792]

Isto é, a mutabilidade do contrato administrativo envolve o *poder-dever* conferido à Administração Pública de alterar o rol de obrigações do contratado ou as condições de sua execução. Entretanto, esta prerrogativa justifica-se apenas em casos excepcionais: apenas para que o ajuste realize da melhor forma possível o interesse público que motivou sua celebração.[793]

No caso dos contratos de concessão de serviço público, por suas características e longo prazo de execução, essa mutabilidade assume feição particularmente marcante. A alteração[794]

---

791 DI PIETRO, Maria Sylvia. *Direito Administrativo*. São Paulo: Atlas, 2010, p. 269.

792 Além das consequências jurídicas que podem advir da modificação abrupta e extemporânea do contrato administrativo, há o efeito da perda da confiança nos contratos celebrados com a Administração Pública. A ameaça de quebra das *regras do jogo* pode sinalizar uma falta de comprometimento do Poder Público e a percepção de risco do investimento privado em projetos de interesse público que, por seu turno, contagia outros investimentos presentes e futuros (COUTINHO, Diogo R.; FARACO, Alexandre Ditzel. "Regulação e concessão: riscos de mudanças extemporâneas". *X Congreso Internacional del CLAD sobre la Reforma del Estado y de la Administración Pública*, Santiago, Chile, 18-21, oct. 2005).

793 "Quanto ao princípio da mutabilidade, cabe destacar que a ele se submetem o concessionário e também os usuários do serviço público. Significa, esse princípio, que as cláusulas regulamentares do contrato podem ser unilateralmente alteradas pelo poder concedente para atender a razões de interesse público". (DI PIETRO, Maria Sylvia Zanella. *Parcerias na Administração Pública*. São Paulo: Atlas, 2002, p. 80).

794 Assinala Marçal Justen Filho que o contrato administrativo, na acepção ampla, é todo aquele de que participa a Administração Pública. Entretanto, isso não significa a aplicabilidade de um regime jurídico único a todos os contratos administrativos, os quais não constituem em categoria homogênea (JUSTEN FILHO, Marçal. *Teoria geral das concessões de serviço público*. São Paulo: Dialética, 2003, p. 158). Pontua o mesmo autor que o contrato de concessão é um *contrato administrativo especial*. (JUSTEN FILHO, Marçal. *Teoria geral das concessões de serviço público*. São Paulo: Dialética, 2003, p. 298).

do contrato só é admitida se houver, de forma demonstrada, inadequação da concepção original da outorga e a realização do interesse público perseguido.[795]

19.4 O equilíbrio econômico-financeiro do gênero contrato administrativo e da espécie concessão de serviço público

O equilíbrio econômico-financeiro dos contratos administrativos foi consagrado por nossa Constituição da República e demais normas infraconstitucionais: art. 37, inciso XXI,[796] da Constituição da República; art. 9º, § 2º e § 4º, art. 10, art. 11, par. único, todos da Lei n. 8.987/95; e art. 57, § 1º, art. 58, § 1º e § 2º, e art. 65, inciso II, alínea "d", todos da Lei n. 8.666/1993.

Com efeito, em razão das peculiaridades inerentes aos contratos de concessão, durante sua execução podem ocorrer situações

---

795 Destaca Marçal Justen Filho que "não é possível que o poder concedente introduza alteração mediante a mera invocação da competência para tanto. É inválida a alteração que se funda exclusivamente na titularidade da competência, o que equivaleria à existência de um poder absoluto, incondicionado e incompatível com a concepção democrática da atividade administrativa. A competência para a modificação foi outorgada para assegurar a realização do bem-comum, mas é condicionada à comprovação da inadequação da solução original, o que pressupõe indicar a ocorrência superveniente de um fato modificativo ou reconhecer a incorreção da concepção original". (JUSTEN FILHO, Marçal. *Teoria geral das concessões de serviço público*. São Paulo: Dialética, 2003, pp. 441/442).

796 Art. 37. A administração pública direta e indireta de qualquer dos Poderes da União, dos Estados, do Distrito Federal e dos Municípios obedecerá aos princípios de legalidade, impessoalidade, moralidade, publicidade e eficiência e, também, ao seguinte: (...) XXI. ressalvados os casos especificados na legislação, as obras, serviços, compras e alienações serão contratados mediante processo de licitação pública que assegure igualdade de condições a todos os concorrentes, com cláusulas que estabeleçam obrigações de pagamento, mantidas as condições efetivas da proposta, nos termos da lei, o qual somente permitirá as exigências de qualificação técnica e econômica indispensáveis à garantia do cumprimento das obrigações.

extraordinárias, como imposição de novas cláusulas de serviços, ou de sacrifícios ou restrições não previstas originalmente. Isso tudo pode implicar em desequilíbrio para relação contratual. Por essa razão, é que se garante ao particular o resguardo de seus interesses patrimoniais legítimos.[797]

O equilíbrio econômico-financeiro dos contratos administrativos parte do pressuposto de que a retribuição despendida pela Administração Pública equivalerá, de maneira geral, aos encargos do contratado. No que diz respeito aos contratos de concessão, a relação é estabelecida entre os ônus do contratado e sua expectativa de remuneração, segundo uma dada matriz de riscos determinada quando da licitação. O estabelecimento dessa equação ocorre quando a Administração Pública aceita a proposta apresentada pelo particular.

Com efeito, o equilíbrio ou equação econômico-financeira do contrato envolve uma relação estabelecida entre dado conjunto de mútuos direitos e encargos estabelecidos pelas partes contratantes no momento da formação do contrato e que, então, pareceram equivalentes. A partir daí, esta equivalência não mais pode ser alterada.[798]

Nesse aspecto, assinala Odete Medauar que "o equilíbrio econômico-financeiro significa a proporção entre os encargos do contratado e a sua remuneração, proporção esta fixada no momento

---

797 "A outra face do problema, contraposta às prerrogativas da Administração, assiste precisamente no campo das garantias do particular ligado pelo acordo. Cabe-lhe integral proteção quanto às aspirações econômicas que ditaram o seu ingresso no vínculo e se substanciaram, de direito, por ocasião da avença, consoante os termos ali estipulados. Esta parte é absolutamente intangível e poder algum do contratante público, enquanto tal, pode reduzir-lhe a expressão, feri-la de algum modo, macular sua fisionomia ou enodoá-la com jaça, por pequena que seja". (BANDEIRA DE MELLO, Celso Antônio. *Curso de Direito Administrativo*. São Paulo: Malheiros, 2013, p. 635).

798 BANDEIRA DE MELLO, Celso Antônio. *Curso de Direito Administrativo*. São Paulo: Malheiros, 2011, p. 710.

da celebração do contrato".[799] Egon Bockmann Moreira, do mesmo modo, pontua que o equilíbrio econômico-financeiro "significa a posição estável do projeto do concessionário no que respeita à administração de seus recursos materiais (economia) e ao capital disponível para tanto (finanças)".[800]

Portanto, a equação econômico-financeira do contrato configura-se como verdadeira garantia para os sujeitos da relação contratual. Por essa razão, ela deve ser mantida ao longo do contrato, apesar da superveniência de fatos que alterem os seus elementos constitutivos. Rompido o equilíbrio econômico-financeiro do contrato nasce o direito à compensação integral dos prejuízos suportados,[801] bem como dos lucros cessantes.[802]

19.5 A configuração do desequilíbrio econômico-financeiro do gênero contrato administrativo e da espécie concessão de serviço público

O art. 65, inciso II, alínea "d", da Lei n. 8.666/1993 prevê que o contrato administrativo poderá ser alterado bilateralmente

> para restabelecer a relação que as partes pactuaram inicialmente entre os encargos do contratado e a retribuição da administração para a justa remuneração da obra, serviço ou fornecimento, objetivando a manutenção do equilíbrio econômico-financeiro inicial do contrato.

---

799 MEDAUAR, Odete. *Direito Administrativo Moderno*. São Paulo: Revista dos Tribunais, 2009, p. 220.

800 MOREIRA, Egon Bockmann. *Direito das concessões de serviço público*. São Paulo: Malheiros, 2010, p. 387.

801 PEREIRA JUNIOR, Jessé Torres. *Comentários à lei de licitações e contratações da Administração Pública*. Rio de Janeiro: Renovar, 2003, p. 595.

802 JUSTEN FILHO, Marçal. *Teoria geral das concessões de serviço público*. São Paulo: Dialética, 2003, p. 609.

O mesmo dispositivo fornece determinados elementos a serem aferidos diante da necessidade de se restabelecer o equilíbrio econômico-financeiro do contrato administrativo: (a) o fato imprevisível, ou previsível, mas de consequências incalculáveis e (b) o retardamento ou o impedimento da execução do ajustado.

Ou seja, deve-se aferir, inicialmente, a concretização de um evento posterior à formulação da proposta que cause o agravamento da posição das partes na relação negocial.[803] É preciso avaliar, ainda, todas as obrigações impostas aos contratantes, bem como o regime remuneratório consubstanciado no contrato administrativo:

> O equilíbrio econômico-financeiro abrange todos os encargos impostos à parte, ainda quando não configurem como "deveres jurídicos" propriamente ditos. São relevantes os prazos de início, execução, recebimento provisório e definitivo previstos no ato convocatório, os processos tecnológicos a serem aplicados; as matérias primas a serem utilizadas; as distancias para entrega dos bens; os prazos para pagamento etc. (...)
>
> O mesmo se passa quanto à remuneração. Todas as circunstâncias atinentes à remuneração são relevantes, tais como prazos e forma de pagamentos. Não se considera apenas o valor que o contratante receberá, mas também as épocas previstas para a sua liquidação. (...)
>
> É possível (à semelhança de um balanço contábil) figurar os encargos como contrabalançados pela remuneração. Por isso se alude a equilíbrio. Os encargos equivalem à remuneração, na acepção de que se assegura aquela plêiade de encargos corresponderá precisamente à remuneração prevista.

---

803 Para Marçal Justen Filho, "o restabelecimento da equação econômico-financeira depende da concretização de um evento posterior à formulação da proposta, identificável como causa do agravamento da posição do particular". (JUSTEN FILHO, Marçal. *Comentários à lei de licitações e contratos administrativos*. São Paulo: Dialética, 2012, p. 890).

Pode-se afirmar, em outra figuração, que os encargos são matematicamente iguais às vantagens.[804]

Ou seja, fatos imprevisíveis, ou previsíveis com efeitos extraordinários, decorrentes de força maior, caso fortuito e fato do príncipe (álea econômica extraordinária e extracontratual), quando impedem ou dificultam a execução do contrato, demandam a alteração do contrato administrativo para restaurar a relação inicial entre o preço do contratante e os encargos do contratado e, consequentemente, restabelecer o equilíbrio econômico-financeiro originário.[805]

Com efeito, além dos riscos decorrentes de caso fortuito ou força maior, o contratante privado, ao celebrar um contrato com a Administração Pública, submete-se a determinados riscos. Nessa linha de raciocínio, Maria Sylvia Zanella Di Pietro vislumbra a existência de três áleas às quais o particular está exposto:

> Álea ordinária ou empresarial que está presente em qualquer tipo de negócio; é um risco que todo empresário corre, como resultado da própria flutuação do mercado; sendo previsível, por ele responde o particular.
>
> Álea administrativa, que abrange três modalidades: a) uma decorrente do poder de alteração unilateral do contrato

---

804 JUSTEN FILHO, Marçal. *Comentários à lei de licitações e contratos administrativos*. São Paulo: Dialética, 2012, p. 888.

805 CARVALHO FILHO, José dos Santos. *Manual de Direito Administrativo*. Rio de Janeiro: Lumen Juris, 2012, p. 212. Com efeito, o art. art. 65, inciso II, "d", da Lei n. 8.666/1993, prescreve que: "os contratos regidos por esta Lei poderão ser alterados, com as devidas justificativas, nos seguintes casos: (...) por acordo das partes: (...) para restabelecer a relação que as partes pactuaram inicialmente entre os encargos do contratado e a retribuição da administração para a justa remuneração da obra, serviço ou fornecimento, objetivando a manutenção do equilíbrio econômico-financeiro inicial do contrato, na hipótese de sobrevirem fatos imprevisíveis, ou previsíveis porém de consequências incalculáveis, retardadores ou impeditivos da execução do ajustado, ou, ainda, em caso de força maior, caso fortuito ou fato do príncipe, configurando álea econômica extraordinária e extracontratual".

> administrativo, para atendimento do interesse público; por ela responde a Administração, incumbindo-lhe a obrigação de restabelecer o equilíbrio voluntariamente rompido; b) a outra corresponde ao chamado fato do príncipe, que seria um ato de autoridade, não diretamente relacionado com o contrato, mas que repercute indiretamente sobre ele; nesse caso, a Administração também responde pelo restabelecimento do equilíbrio rompido; c) a terceira constitui o fato da Administração, entendido como "toda conduta ou comportamento desta que torne impossível, para o contratante particular, a execução do contrato (Escola, 1977, v. I: 434); ou, de forma mais completa, é "toda ação ou omissão do Poder Público que, incidindo direta e especificamente sobre o contrato, retarda, agrava ou impede a sua execução" (Hely Lopes Meirelles, 2003:233).
>
> Álea econômica, que corresponde a circunstâncias externas ao contrato, estranhas à vontade das partes, imprevisíveis, excepcionais, inevitáveis, que causam desequilíbrio muito grande no contrato, dando lugar à aplicação da teoria da imprevisão; a Administração Pública, em regra, responde pela recomposição do equilíbrio econômico-financeiro.[806]

A oneração, constituindo-se em álea administrativa extraordinária e extracontratual, obriga o Poder Público contratante a compensar integralmente os prejuízos suportados pelo contratado.[807]

Também é necessário, para a constituição do direito ao restabelecimento do equilíbrio econômico-financeiro, a ausência de ato de responsabilidade do contratado na situação que gerou o desequilíbrio.

Ou seja, fatos imprevisíveis, ou previsíveis com efeitos extraordinários, decorrentes de força maior, caso fortuito e fato do

---

806 DI PIETRO, Maria Sylvia. *Direito Administrativo*. São Paulo: Atlas, 2012, p. 286.

807 MEIRELLES, Hely Lopes. *Licitação e contrato administrativo*. São Paulo: Malheiros, 2002, pp. 237/238.

príncipe (álea econômica extraordinária e extracontratual), quando impedem ou dificultam a execução do contrato, impõem a alteração do contrato administrativo para restaurar a relação inicial[808] e, consequentemente, restabelecer o equilíbrio econômico-financeiro originário.[809] Referida alteração deve ocorrer bilateralmente e por meio de regular processo administrativo[810] e, ao fim, com a celebração de aditivo ao contrato administrativo.

---

808 Conforme Marçal Justen Filho, "rompido o equilíbrio econômico-financeiro, deverá promover-se revisão de preço através de alteração bilateral do contrato. Mesmo nos casos de alteração unilateral da Administração, o aditamento deve ser realizado (§6º). A administração e o particular, após efetivado o exame dos fatos, promoverão aditamento contratual, destinado a restabelecer o equilíbrio econômico-financeiro da contratação. Costuma-se denominar esse procedimento de "revisão de preços". A expressão tem vantagem de identificar a alteração dos preços derivada da verificação do rompimento do equilíbrio econômico-financeiro do contrato. Deve-se interpretar essa regra como aplicável apenas para os casos de recomposição (extraordinárias) de preços ou para as hipóteses em que o contrato não preveja o índice aplicável para o reajuste. A revisão do contrato envolve uma modificação contratual e sua formalização pressupõe um termo aditivo" (JUSTEN FILHO, Marçal. *Comentários à lei de licitações e contratos administrativos*. São Paulo: Dialética, 2012, p. 917).

809 CARVALHO FILHO, José dos Santos. *Manual de Direito Administrativo*. Rio de Janeiro: Lumen Juris, 2012, p. 212. Com efeito, o art. art. 65, inciso II, "d", da Lei n. 8.666/1993, prescreve que "os contratos regidos por esta Lei poderão ser alterados, com as devidas justificativas, nos seguintes casos: (...) por acordo das partes: (...) para restabelecer a relação que as partes pactuaram inicialmente entre os encargos do contratado e a retribuição da administração para a justa remuneração da obra, serviço ou fornecimento, objetivando a manutenção do equilíbrio econômico-financeiro inicial do contrato, na hipótese de sobrevirem fatos imprevisíveis, ou previsíveis porém de consequências incalculáveis, retardadores ou impeditivos da execução do ajustado, ou, ainda, em caso de força maior, caso fortuito ou fato do príncipe, configurando álea econômica extraordinária e extracontratual".

810 O regular processo administrativo com vistas à promoção do reequilíbrio econômico-financeiro do contrato é uma exigência imposta pela lei para que fique comprovada a exata repercussão do evento extraordinário nos preços contratados. Nesse sentido é o entendimento de Marçal Justen Filho, o qual pontua que "uma vez verificado o rompimento do equilíbrio econômico-financeiro, o particular deve provocar a Administração para adoção das

19.6 O equilíbrio econômico-financeiro do contrato de arrendamento portuário

A Resolução ANTAQ n. 2.367, de 31 de janeiro de 2012, inaugurou os debates no setor portuário acerca da necessidade de uma norma específica que abordasse as externalidades que geravam desequilíbrio aos contratos de arrendamento portuário.

Referida Resolução foi revogada pelo art. 3º da Resolução ANTAQ n. 3.093, de 8 de outubro de 2013,[811] que aprovou nova "*proposta de norma*" com a instituição de procedimentos para a elaboração de projetos de arrendamento e definição de metodologia de recomposição do equilíbrio econômico-financeiro dos contratos de arrendamento de áreas e instalações nos portos organizados.

A Resolução ANTAQ n. 3.093 foi convertida na Resolução ANTAQ n. 3.220/2014, que é a norma atualmente vigente que fixa os procedimentos para a elaboração de projetos de arrendamento e define a metodologia de recomposição do equilíbrio econômico-financeiro dos contratos de arrendamento de áreas e instalações nos portos organizados.

Referida Resolução, no seu art. 7º, prevê que se considera mantido o equilíbrio econômico-financeiro do contrato de arrendamento portuário sempre que for comprovado o atendimento às condições estabelecidas no contrato e mantida a alocação de riscos nele estabelecida.

A mesma Resolução, no seu art. 8º, *caput*, prevê que a arrendatária ou o poder concedente poderão solicitar a revisão contratual para recomposição do equilíbrio econômico-financeiro nos casos em que se materializarem quaisquer dos riscos expressamente

providências adequadas" (JUSTEN FILHO, Marçal. *Comentários à lei de licitações e contratos administrativos*. São Paulo: Dialética, 2012, p. 891).

811 Publicada no Diário Oficial da União de 10 de outubro de 2013.

assumidos pelo poder concedente, nos termos previstos no contrato de arrendamento e com reflexos econômico-financeiros para alguma das partes, em consonância com os dispositivos constitucionais e infraconstitucionais sobre o tema.

O § 2º do art. 9º, por sua vez, prevê que o pedido de revisão contratual formulado pela arrendatária deverá ser instruído com: (a) relatório técnico ou laudo pericial que demonstre o impacto econômico-financeiro, verificado ou projetado, em decorrência do evento; e (b) todos os documentos necessários à demonstração do cabimento do pleito, sem prejuízo da possibilidade de que a ANTAQ ou o poder concedente solicitem outros documentos, assim como laudos técnicos ou econômicos específicos, elaborados por entidades independentes contratadas pela arrendatária.

Prevê-se, por fim, que o processo de recomposição do equilíbrio econômico-financeiro será realizado de forma a neutralizar os impactos negativos ou positivos gerados especificamente pelo evento que ensejou a recomposição, considerando os dispêndios e receitas marginais e a Taxa de Desconto definida pela ANTAQ, se outra não houver sido definida no contrato de arrendamento, de acordo com vetor estabelecido pela legislação vigente.

Com base em tais parâmetros, demonstraremos, a seguir, a ocorrência de desequilíbrio econômico-financeiro do Contrato de Arrendamento DP-DC/01.2005 em razão da materialização de álea administrativa.

19.7 A ocorrência de desequilíbrio econômico-financeiro no contrato de arrendamento DP-DC/01.2005

19.7.1 A materialização de risco assumido pelo Poder Concedente

A Autoridade Portuária, a CODESP, depois de acurada análise do pleito inaugurado pela Consulente, determinou alterações no seu modelo de exploração de arrendamento portuário, o qual se baseia, nos moldes do Contrato de Arrendamento DP-DC/01.2005, na exploração do Armazém XIII e do Armazém XVIII e suas áreas adjacentes, situadas no Paquetá, visando a movimentação e armazenagem de carga geral.

Como antecipado, a requisição – realizada em conformidade com o chamado *Plano de Expansão do Porto de Santos*, bem como na premissa de incremento da capacidade do modal ferroviário e redução da dependência do modal rodoviário – baseou-se na necessidade de reativação de duas vias férreas desativadas, o que ocorreu em razão das especificidades dos seus ângulos de curvatura. Tais linhas estão compreendidas nas áreas operacionais do arrendamento, isto é, afetas à prestação do serviço público portuário delegado à Consulente.

Note-se, portanto, haver concretização de um evento que causou um agravamento da posição da Consulente, o que obriga o Poder Público contratante a compensar integralmente os prejuízos suportados por ela.

19.7.2 O impacto negativo para a arrendatária

A necessidade pública de reativação de duas vias férreas desativadas provocou o comprometimento do equilíbrio econômico-financeiro do Contrato de Arrendamento DP-DC/01.2005.[812]

Com efeito, a exploração das áreas arrendadas envolvia o Armazém XIII e o Armazém XVIII e suas áreas adjacentes, compreendendo área de servidão férrea desativada na época da celebração do contrato, bem como um pequeno trecho de servidão localizado na extremidade leste do terminal onde também corria uma linha férrea igualmente desativada, e que foram, assim, incluídas no contrato de arrendamento como áreas operacionais.

812 A Procuradoria-Geral Federal, nos autos do processo administrativo n. 50300.001837/2012-10, manifestou-se no sentido de que as realocações de áreas em referência consistem em reequilíbrio econômico-financeiro: "103. No caso vertente, amparado nos aspectos técnicos coligidos aos autos, partindo-se da premissa de plena regularidade da inclusão da área de que trata o 1º Termo Aditivo (fls. 385/388), é possível inferir pela regularidade da permuta e inclusão da área do Armazém VIII, confirmadas as seguintes premissas: (i) da plena regularidade da inclusão da área de que trata o 1º Termo Aditivo, mediante a tempestiva verificação da possibilidade do exercício desse direito no edital e/ou minuta do contrato, que regulam o certame licitatório; (ii) que a perda decorrente da reativação da linha férrea entre os Armazéns XVIII e XIII tenha o condão de afetar a performance do empreendimento, compensada pela inclusão integral do Armazém VIII, para a recomposição do equilíbrio econômico-financeiro do contrato. Do contrário, a permuta deve ocorrer vis-à-vis, como de regra deve ocorrer na espécie". Do mesmo modo, a Gerência de Portos Públicos da ANTAQ: "(...) 30. Conforme constata-se dos princípios e diretrizes elencados na legislação acima, em especial os destacados, assim como as análises técnicas e jurídicas realizadas no âmbito da CODESP (vide itens 14 a 23), a permuta de área promovida pela CODESP no terminal da Rishis está em linha com o interesse público envolvido na atividade portuária. Além disso, a permuta também é justificável do ponto de vista do equilíbrio econômico-financeiro do Contrato n. DP-DC/01.2005 (RISHIS) com a perda da área relativa ao armazém XVIII (vide figura 2) e as perdas operacionais advindas da reativação da linha férrea entre os armazéns XIII e XVIII" (Parecer Técnico n. 15/2012 – GPP, de 30/11/2012).

Nos moldes originais, o Armazém XIII e o Armazém XVIII apresentavam a capacidade operacional de 54.444 toneladas (o Armazém XIII com uma área total de 5.756,70 m² e uma área útil de 3.957,74 m² e o Armazém XVIII com uma área total de 5.544,61 m² e uma área útil de 825,79 m² e 2.478,60 m²).

A reativação de áreas para a servidão de passagem de linhas férreas provocou uma redução significativa da área, bem como da capacidade operacional, do Armazém XIII. Além do mais, a reativação das áreas para a servidão de passagem de linhas férreas demandou que a área do Armazém XVIII fosse, igualmente, destinada para atender à demanda surgida em razão da reativação das citadas vias férreas.

Vê-se, portanto, a ocorrência de impacto negativo para a arrendatária, o que demanda a recomposição do Contrato de Arrendamento DP-DC/01.2005. Reconhecido o impacto havido na capacidade operacional, mesmo com a anexação de área indicada inicialmente pela Administração Pública, a recomposição demandará, em passo seguinte, a aferição do impacto econômico-financeiro, verificado e projetado, em decorrência do evento deflagrador do desequilíbrio.

19.7.3 A recomposição do equilíbrio contratual por meio de realocação de área

Com a redução significativa da área do Contrato de Arrendamento DP-DC/01.2005 (parcela da área do Armazém XIII e área do Armazém XVIII), foi minuciosamente estudada pela Autoridade Portuária, e assim por ela indicada e determinada, ao final, a incorporação da área do Armazém VIII em permuta à retomada da área do Armazém XVIII, conforme aprovação por meio da Decisão DIREXE n. 274.2012 de 10.08.2012 da Diretoria Executiva da CODESP.[813]

---

813 Como antecipado, em 10.08.2012, após minuciosos estudos, a Diretoria Executiva da CODESP aprovou a "proposta de 'realocação das áreas' destinadas à execução do Contrato de Arrendamento CODESP n. DP-DC/01.2005

Entretanto, mesmo assim, a capacidade operacional final permaneceu reduzida, totalizando 42.444 toneladas, contra 54.444 toneladas conferidas pelo contrato original.

Por essa razão, conforme apontam estudos técnicos contratados pela Consulente, a integral recomposição da perda da capacidade operacional deve ocorrer também por meio da incorporação da área do Armazém III.

Sabe-se que o Armazém VIII e o Armazém III são integrantes do Contrato de Arrendamento PRES/CO 12.93, o qual é de titularidade da Rodrimar S/A Terminais Portuários e Armazéns Gerais, cujo objeto é a movimentação de barrilha, sulfato de sódio e fertilizantes. Referido contrato compreende, além dos citados Armazéns, a Balança Rodoviária n. 21, todos localizados em Outeirinhos. Relata-nos a Consulente que a arrendatária anuirá com a rescisão amigável do contrato em referência caso haja a aprovação do projeto nestes moldes.

De acordo com referidos estudos técnicos fornecidos pela Consulente, o Armazém VIII possui uma área total de 8.920,42 m² e uma área útil de 4.750,65 m², o que permite uma capacidade operacional de 22.356 toneladas. O Armazém III possui uma área total de 9.189,24 m² e uma área útil de 4.709,24 m², o que permite a capacidade operacional de 25.056 toneladas.[814]

Nesses termos, considerando a perda da capacidade operacional das áreas originais, para que haja a exata recomposição da

---

(RISHIS), de 02-12-2005, mediante a cessão parcial da área vinculada ao Armazém XVIII Externo e incorporação da área vinculada ao Armazém VIII Externo (...)" e o "pedido de ampliação de área destinada à execução do Contrato de Arrendamento CODESP n. DP-DC/01.2005 (RISHIS), mediante a incorporação da área contígua, vinculado ao Armazém III Externo (...)" (Decisão DIREXE n. 274.2012).

814 Como a solução de engenharia para os Armazéns VIII e XIII não permite o empilhamento de mais de 3 UNITS, a mesma restrição de altura foi aplicada ao Armazém III.

capacidade permitida originalmente pelo contrato – garantindo-se, consequentemente, o seu equilíbrio econômico-financeiro inicial – é preciso que além da permuta indicada e determinada pela Autoridade Portuária (permuta do Armazém XVIII pelo Armazém VIII), seja, ainda, incorporada a área do Armazém III.

Nesse desenho, objeto do estudo preliminar feito pela Consulente, o Armazém XIII, o Armazém VIII e o Armazém III apresentarão a capacidade operacional de 67.500 toneladas. O Armazém XIII com uma área total de 5.758,70 m², uma área útil de 4.268,79 m² e uma capacidade de 20.088 toneladas; o Armazém VIII com uma área total de 8.920,42 m², uma área útil de 4.750,65 m² e uma capacidade de 22.356 toneladas; o Armazém III com uma área total de 9.189,24 m², uma área útil de 4.709,24 m² e uma capacidade de 25.056 toneladas.

Assim ocorrendo, muito embora a novel capacidade seja maior que a original, serão neutralizados os impactos negativos pela implementação do projeto de retomada do modal ferroviário, de interesse público, sem necessidade de qualquer dispêndio ao erário. Haverá, ainda, o atendimento da necessidade pública de escoamento de importante demanda hoje reprimida do setor de celulose no Porto Organizado de Santos.

Tudo isso justifica, à vista do interesse público, a realocação de área, mesmo havendo um excedente de capacidade operacional, o que não implicará em locupletamento por parte da arrendatária, já que, por meio de regular reequilíbrio econômico-financeiro, haverá as devidas compensações entre Administração Pública e arrendatária.

Note-se, ainda, e como antecipado, que a realocação das áreas implicará em investimentos em expansão, modernização e otimização da infraestrutura portuária em torno de R$ 91.000.000,00, valor esse muito superior aos investimentos previstos na hipótese de licitação da área, conforme estudos empregados pela ANTAQ e que deverão vir a lastrear o edital de licitação, ainda em fase de elaboração. Além do mais, haverá o pronto atendimento da demanda reprimida do setor de celulose no Porto Organizado de Santos.

Pois bem, conforme o art. 14 da Resolução ANTAQ n. 3.220/2014, a recomposição do equilíbrio econômico-financeiro dos contratos de arrendamentos poderá se dar, a critério do poder concedente, por intermédio dos seguintes meios, mas a eles não se limitando: (a) preferencialmente pelo aumento ou redução dos valores financeiros previstos no contrato de arrendamento; (b) modificação das obrigações contratuais do arrendatário previstas no próprio fluxo de caixa marginal; (c) extensão ou redução do prazo de vigência do contrato de arrendamento; e (d) pagamento de indenização.

Como se vê, a despeito de a Resolução não mencionar, expressamente, que a realocação de área seja um meio de recomposição do equilíbrio econômico-financeiro do contrato de arrendamento, ela indicou que o rol é meramente exemplificativo (*numerus apertus*).

Isto é, ao contrário do que ocorre diante de um rol taxativo (*numerus clausus*), permite-se que o poder concedente, considerando as especificidades da área arrendada e as necessidades dos usuários do serviço público portuário, lance mão do mecanismo de realocação de área como meio de recomposição. Nesse caso, a margem de discricionariedade para a avaliação, em face das circunstâncias concretas, visa à melhor satisfação do interesse público.

Nesse cenário, sob a ótica da eficiência e da economicidade – que envolvem o *dever-poder* da Administração Pública de adotar a escolha mais adequada para a exploração dos recursos econômicos de sua titularidade[815] – é certo que a realocação de área é a alternativa que menos onera o erário e, ainda, atende amplamente ao interesse público.

815 JUSTEN FILHO, Marçal. *Comentários à lei de licitações e contratos administrativos*. São Paulo: Dialética, 2012, p. 61.

Com efeito, trata-se de solução que permitirá uma movimentação aproximada de 1.620.000 toneladas por ano, o que permite a construção de um sistema de elevada capacidade[816] e que proporcionará significativos ganhos à logística dentro do Porto Organizado de Santos.[817]

Veja-se, portanto, que o projeto vai ao encontro das políticas públicas desenvolvidas atualmente para o setor, que se baseiam no estímulo ao desenvolvimento de terminais modernos e de alta performance. É preciso salientar, ainda, que o projeto evita os chamados conflitos operacionais, já que os mercados de celulose e de fertilizantes não compartilharão o acesso à água.

É preciso considerar, ainda, que a realocação ocorre em momento oportuno, já que, de um lado as áreas do Armazém III

---

816 Esta movimentação permitirá a implantação de um sistema de transportadores de correntes, já que possui escala para amortizar este tipo de investimento.

817 O comércio exterior representa 21% do Produto Interno Bruto – PIB nacional, o que coloca o Brasil na 24ª posição no ranking de comércio internacional da United Nations Conference on Trade and Development – Unctad (Unctad. Development and globalization: facts and figures. Geneva, 2008). 79% da movimentação de produtos ocorre via portos, conforme o Anuário Estatístico Portuário da ANTAQ (BRASIL. Agência Nacional de Transportes Aquaviários. Anuário estatístico portuário. Brasília, 2010). O sistema portuário brasileiro foi classificado em 130º lugar, dentre 142 posições, no *ranking Global Competitiveness Index* (WORLD ECONOMIC FORUM. The global competitiveness report 2011-2012. Genebra, 2011). O sistema portuário nacional, assim, mostra-se como ponto de estrangulamento do crescimento econômico do país. Clèmerson Merlin Clève, considerando o "porto como agente econômico", destacou a imprescindibilidade da infraestrutura portuária ao desenvolvimento e soberania do Estado, a sua essencialidade às trocas comerciais e a relevância ao intercâmbio comercial interno e externo. Assinala o autor que as atividades portuárias são um elo fundamental da cadeia de transportes, por servirem os portos de interligações modais entre os transportes terrestres e marítimos (CLÈVE, Clèmerson Merlin. "Preceitos constitucionais fundamentais da República Federativa do Brasil, serviço público portuário e autorização para exploração de atividade portuária por meio de terminais portuários de uso misto". *Interesse público*, Belo Horizonte, ano 10, nº 51, set./out., 2008, p. 114).

e do Armazém VIII são integrantes do Contrato de Arrendamento PRES/CO 12.93, cujo encerramento ocorre em 30.11.2014 e, de outro lado, o Contrato de Arrendamento DP-DC/01.2005 tem seu encerramento previsto somente em 2029, podendo, ainda, ser objeto de prorrogação por mais 20 anos.

Nesses termos, é juridicamente possível e consentâneo com o interesse público o mecanismo de recomposição por meio de realocação da área do Contrato de Arrendamento DP-DC/01.2005, o que neutralizará os impactos negativos gerados pela necessidade de reativação das linhas férreas e, ainda, como já observado, atenderá a demanda reprimida do setor de celulose.

A perda original é de 12.000 toneladas de capacidade estática, o que representa uma perda anual de cerca de 300.000 toneladas. O projeto com capacidade estática reduzida para apenas 42.444 toneladas permite uma movimentação anual de apenas 1.000.000 de toneladas, volume muito inferior à demanda atualmente projetada, que, segundo nos informa a Consulente, é de 1.500.000 de toneladas.

Por um lado, o projeto com capacidade reduzida não permite a retirada de caminhões no tráfico interno do porto organizado, isto é, a *ciranda* entre navio e armazéns, o que compromete os padrões de eficiência até então alcançados. Por outro lado, a incorporação da área do Armazém III proporciona uma capacidade adicional de 25.000 toneladas estática, o que representa pouco mais do que o dobro da perda original. Porém, o ganho adicional de 13.000 toneladas, uma vez aprovado o projeto, será compensado por ocasião da revisão do equilíbrio econômico-financeiro do contrato de arrendamento.

Nos termos propostos, considerando que a demanda prevista é muito superior à capacidade das estruturas existentes acrescida dessa nova proposta, é de interesse público a solução que ora se apresenta, observada a exata aferição do equilíbrio econômico-financeiro a ser feita em momento subsequente pelas partes, em regular procedimento administrativo, consubstanciado em estudos e projetos pertinentes com vistas ao fiel atendimento do interesse público.

19.8 Conclusões

A implementação do rearranjo ferroviário, segundo conclusão a que chegou a Companhia Docas depois de anos de estudo, é necessária e consentânea com as diretrizes das políticas públicas para o setor. No entanto, à medida que de maneira geral atende ao interesse público impacta, especificamente, o modelo de exploração de arrendamento portuário da Consulente, já que tais linhas estão compreendidas nas áreas operacionais do seu arrendamento.

Desde logo, já em primeira análise, a reativação de áreas para a servidão de passagem provocou uma redução significativa da área, implicando em significativa e importante perda da capacidade operacional do Armazém XVIII. Essa perda de área, entretanto, poderia ser recomposta, de maneira objetiva, pela aquiescência pública para que a área do Armazém VIII passe a integrar o contrato mantido pela Consulente.

E, nesse contexto, com a redução significativa da área do Contrato de Arrendamento DP-DC/01.2005 (parcela da área do Armazém XIII e área do Armazém XVIII), foi minuciosamente estudada pela Autoridade Portuária, e assim por ela indicada e determinada, ao final, a incorporação da área do Armazém VIII em permuta à retomada da área do Armazém XVIII.

Além do mais, essa reativação tem impactos notórios no que se refere ao pleno aproveitamento das áreas adjacentes remanescentes, eis que a secção pelas linhas férreas resulta em dificuldades operacionais que, ao cabo, significa a perda de capacidade de operação portuária. Dessa forma, a mera reposição da área afetada seria, evidentemente, insuficiente para aplacar os prejuízos em que incorreu a Consulente.

Considerando a perda da capacidade operacional das áreas originais, para que haja a exata recomposição do equilíbrio econômico-financeiro do contrato, é preciso que, além da permuta de áreas indicada e determinada pela Administração Portuária, seja, ainda, incorporada a área do Armazém III. Assim ocorrendo, serão neutralizados os impactos negativos gerados pela necessidade de reativação das linhas férreas.

Nessas bases, muito embora a capacidade operacional seja maior que a original, serão neutralizados os impactos negativos sem a necessidade de haver dispêndio ao erário e, ainda, haverá o atendimento da necessidade pública de escoamento de importante demanda hoje reprimida do setor de celulose no Porto Organizado de Santos.

É preciso salientar, ainda, que a realocação das áreas implicará em investimentos em expansão, modernização e otimização da infraestrutura portuária, na linha das políticas públicas para o setor.

Sob uma perspectiva jurídico-formal, a solução apresentada encontra perfeito respaldo na legislação atinente aos contratos em questão. A partir de uma avaliação político-econômica, parece-nos, pelos elementos trazidos, no que tange à compatibilidade com o interesse público, a realocação vai ao encontro das políticas públicas desenvolvidas atualmente para o setor portuário, que se baseiam no estímulo ao desenvolvimento de terminais modernos e de alta performance, bem como no fomento à integração entre os modais logísticos. Basta mencionar que a realocação das áreas implicará a antecipação de investimentos em expansão, modernização e otimização da infraestrutura portuária em torno de R$ 91.000.000,00, montante esse que não se alcançaria sequer na hipótese da licitação das áreas que se pretendem incorporar, conforme se depreende dos próprios estudos contratados pela ANTAQ para preparar a licitação em questão.

Portanto, nos termos do disposto no art. 14 da Resolução ANTAQ n. 3.220/2014, e levando-se em conta as especificidades da área arrendada e as necessidades dos usuários do serviço público portuário, é juridicamente possível e consentâneo com o interesse público o mecanismo de recomposição por meio de realocação da área, o que neutralizará os impactos negativos gerados pela necessidade de reativação das linhas férreas.

Frise-se, ainda, que o mecanismo de recomposição por meio de realocação da área ocorre em observância às diretrizes do novo marco regulatório portuário instituído pela Lei n. 12.815/2013 que, no seu art. 3º, inciso I, da Lei n. 12.815/2013, prevê que a exploração dos portos organizados e instalações portuárias, com o objetivo de aumentar a competitividade e o desenvolvimento do país, deve visar a expansão, modernização e otimização da infraestrutura e da superestrutura que integram os portos organizados e instalações portuárias. Além do mais, o mecanismo é consentâneo com o art. 6º, § 6º, da mesma lei, que prevê que poder concedente poderá autorizar a expansão da área arrendada para área contígua dentro da poligonal do porto organizado sempre que a medida trouxer comprovadamente eficiência na operação portuária.

Diante de todo o exposto, é fundamental que as áreas a que se referem o Armazém VIII e o Armazém III sejam retiradas do primeiro bloco de

> certames licitatórios para a exploração de áreas e infraestruturas portuárias por meio de arrendamentos junto aos portos organizados de Santos (Companhia Docas do Estado de São Paulo – CODESP) e Belém, Santarém, Vila do Conde e Terminais de Outeiro e Miramar (Companhia Docas do Pará – CDP),

como pretendem a ANTAQ e a Secretaria de Portos da Presidência da República – SEP/PR.

São Paulo, aos 23 de junho de 2014.

CAPÍTULO XX

A CELEBRAÇÃO DOS CONVÊNIOS ADMINISTRATIVOS TENDO POR OBJETO COOPERAÇÃO TÉCNICO-FINANCEIRA PARA PESQUISA NA ÁREA DE FINANÇAS PÚBLICAS E A QUESTÃO DA RESPONSABILIDADE DO PARECERISTA JURÍDICO

ÍNDICE: I. PROLEGÔMENOS E FORMULAÇÃO DOS QUESITOS. II. A CELEBRAÇÃO DOS CONVÊNIOS ADMINISTRATIVOS TENDO POR OBJETO COOPERAÇÃO TÉCNICO-FINANCEIRA PARA PESQUISA NA ÁREA DE FINANÇAS PÚBLICAS ENTRE O MUNICÍPIO DE OSASCO E O CPQCFP – INSTITUTO CIDAD: O ESTABELECIMENTO DE FINS DE INTERESSE PÚBLICO COMUNS. III. A CELEBRAÇÃO DE CONVÊNIOS ADMINISTRATIVOS A QUE SE REFERE O ART. 116 DA LEI N. 8.666/1993 E A QUESTÃO DA QUALIFICAÇÃO DA ENTIDADE DO TERCEIRO SETOR COMO ORGANIZAÇÃO SOCIAL OU ORGANIZAÇÃO DA SOCIEDADE CIVIL DE INTERESSE

PÚBLICO. IV. A CELEBRAÇÃO DOS CONVÊNIOS DE COOPERAÇÃO TÉCNICO-FINANCEIRA PARA PESQUISA NA ÁREA DE FINANÇAS PÚBLICAS ENTRE O MUNICÍPIO DE OSASCO E O CPQCFP - INSTITUTO CIDAD E A QUESTÃO DO AFASTAMENTO DA REGRA DA AUTORIZAÇÃO PRÉVIA DO LEGISLATIVO. V. A QUESTÃO DA DEMONSTRAÇÃO DE DOLO OU CULPA EM SENTIDO ESTRITO. VI. RESPOSTAS AOS QUESITOS.

CONSULENTE: ORDEM DOS ADVOGADOS DO BRASIL, SEÇÃO São Paulo.

20.1 Prolegômenos e formulação dos quesitos

Trata-se de consulta tendo por objeto a análise da legalidade de *atos* do então Secretário de Assuntos Jurídicos do Município de Osasco, o Senhor Renato Afonso Gonçalves, os quais acolheram os pareceres jurídicos elaborados pela Secretaria de Assuntos Jurídicos da mesma municipalidade que opinaram favoravelmente à celebração de convênio com o Centro de Pesquisa em Políticas Públicas de Cidadania e em Finanças Públicas CpqCFP – Instituto Cidad.

O primeiro *ato* objeto de exame foi subscrito nos autos do processo administrativo n. 020.447/2010 em 16.09.2010, o qual acolheu o parecer exarado pela Assessoria da Secretaria de Assuntos Jurídicos do Município de Osasco.

Referido parecer jurídico, favorável à celebração de convênio com o CpqCFP – Instituto Cidad, foi elaborado a partir de parecer elaborado pela Secretaria de Finanças (parecer produzido pela Coordenadoria de Controle Interno e acolhido pelo então Secretário de Finanças).

O parecer jurídico reconheceu estarem presentes os requisitos para a celebração do convênio administrativo tendo em vista, *in verbis*, constarem do processo administrativo (a) "plano de trabalho, cronograma de atividades, planilha de custos por área ser contemplada, bem como pela origem dos recursos (...)"; (b) "documentação da entidade, o que comprova sua regularidade fiscal, qualificação e habilitação, nos termos previstos nos artigos 27 a 32, e art. 116 da Lei n. 8.666/93".

Reconheceu-se, ainda, que (c) a solicitação de celebração do convênio administrativo estava de acordo com a *Lei de Responsabilidade Fiscal* e com o Decreto do Município de Osasco n. 10.364/2010, o qual fixava, para o ano de 2010, as regras referentes à execução orçamentária e financeira da municipalidade.

Por fim, deduziu-se que (d) a autorização prévia da Câmara Municipal para a celebração de convênios administrativos já foi considerada inconstitucional pelo Supremo Tribunal Federal – STF, sendo certo que o chefe do Executivo poderia aplicar o mesmo entendimento ao art. 27, inciso XIV, da Lei Orgânica do Município de Osasco. Referido dispositivo impõe a obrigatoriedade de prévia autorização legislativa para que a Administração Pública celebre cada convênio administrativo com *entidades* públicas ou particulares.

O entendimento da Secretaria de Assuntos Jurídicos foi lastreado no princípio da independência entre os *poderes* estatais e em precedente do STF e vem sendo promovido neste mesmo sentido – conforme nos relata a Consulente – desde 1993 em todos os convênios do Município de Osasco firmados após o advento da Lei n. 8.666/1993, especialmente do seu art. 116, que determina a simples comunicação posterior ao Legislativo.

O anterior parecer da Secretaria de Finanças, elaborado pela Coordenadoria de Controle Interno e acolhido pelo então Secretário de Finanças, versava sobre a análise da viabilidade de celebração de convênio administrativo com o CpqCFP – Instituto Cidad com vistas à realização de pesquisa na área de *finanças públicas*. Referido parecer reconheceu que o CpqCFP – Instituto Cidad apresentou os documentos comprobatórios da (a) habilitação jurídica, (b) fiscal e (c) técnica.

Com relação ao plano de trabalho, a Secretaria de Finanças declarou a sua adequação. Quanto à reserva orçamentária, pontuou-se que o processo em exame deveria ser encaminhado ao Departamento de Contabilidade e Orçamento para emissão de extrato de reserva.

Especificamente com relação ao plano de trabalho, apresentou a Secretaria de Finanças como descrição do projeto, *in verbis*,

> a realização de pesquisa nas áreas de finanças públicas municipais e em políticas da cidadania, consistente essencialmente no exame, levantamento de dados e pesquisa, visando ao desenvolvimento de conhecimento nesses setores através de novas rotinas administrativas e experimento de novas metodologias, inclusive de qualificação do funcionalismo.

No referido plano de trabalho – previamente analisado e aprovado pela Secretaria de Finanças – constam, ainda, (**a**) identificação do objeto da pesquisa; (**b**) justificativa do objeto; (**c**) cronograma de execução do plano de trabalho, no qual há um detalhamento por meta, etapa e fase do desenvolvimento da pesquisa, as quais contemplam: *(i)* manutenção da sede comercial e *(ii)* pesquisas em *TIC – Tecnologia da Informação e Comunicação*, características da dívida ativa; metodologia de capacitação; atendimento integrado; perfil dos contribuintes; impactos e alternativas nas formas de tributação; e, ainda, execução fiscal.

Em 24.09.2010 o chefe do Executivo – em conjunto com o Secretário de Finanças e com o Secretário de Assuntos Jurídicos, o Senhor Renato Afonso Gonçalves – e o CpqCFP – Instituto Cidad subscreveram o Convênio n. 095/2010.

O segundo *ato* objeto de exame foi subscrito nos autos do processo administrativo n. 025.273/2011 em 08.06.2011, o qual acolheu o parecer exarado pelo Departamento Consultivo da Secretaria de Assuntos Jurídicos do Município de Osasco.

Referido parecer jurídico, favorável à celebração de convênio administrativo com o CpqCFP – Instituto Cidad, foi elaborado a partir de parecer elaborado pela Secretaria de Finanças (parecer subscrito pelo Diretor do Departamento da Receita e pelo Secretário Adjunto de Finanças e parecer da Coordenadoria de Controle Interno, o qual foi acolhido pelo então Secretário de Finanças).

O parecer jurídico reconheceu – assinalando, *in verbis*, "tão-somente a análise quanto à adequação do plano de trabalho" – estarem presentes os requisitos para a celebração de convênio administrativo, nos termos do que determina o art. 116, § 1º, da Lei n. 8.666/1993.

Especificamente com relação à questão da autorização prévia da Câmara Municipal para a celebração de convênios administrativos, referido parecer aponta que o STF, em casos similares, dá azo ao entendimento de que são inconstitucionais dispositivos similares ao art. 27, inciso XIV, da Lei Orgânica do Município de Osasco, que impõem a obrigatoriedade de prévia autorização legislativa para que a Administração Pública celebre convênios administrativos com entidades públicas ou particulares. Referido entendimento foi lastreado no princípio da independência entre os *poderes* estatais e em precedente do STF.

O parecer subscrito pelo Diretor do Departamento da Receita e pelo Secretário Adjunto de Finanças – o qual contém a justificativa da contratação do CpqCFP – Instituto Cidad – demonstrou a relevância da pesquisa nacional que vinha sendo realizada pela instituição com participação de reconhecidas instituições de ensino e pesquisa.

No referido parecer da Secretaria de Finanças restou asseverado, ainda, que o convênio administrativo ensejaria a identificação dos problemas que vinham sendo enfrentados pela municipalidade no tema da *administração* tributária. Assinalou-se, por fim, a inexistência de *quadro de pessoal* habilitado ao desenvolvimento de referidas atividades na Administração municipal.

Assim considerando, realizou-se a seleção de determinados temas da pesquisa nacional conduzida pelo CpqCFP – Instituto Cidad, quais sejam: (**a**) legislação tributária municipal; (**b**) *poder de polícia* e fiscalização; (**c**) recuperação de receitas; (**d**) *dívida fundada* municipal; (**e**) questões previdenciárias; (**f**) normatização de processos e procedimentos; (**g**) capacitação de servidores; e, por fim, (**h**) educação tributária.

Considerados tais temais, pontuou-se que o CpqCFP – Instituto Cidad identificaria os problemas enfrentados pela municipalidade e, tendo em vista os produtos da pesquisa nacional, apontaria as necessidades e a metodologia para a realização a capacitação de *servidores* e desenvolvimento da *educação tributária*, atividades as quais seriam futuramente desempenhadas pela municipalidade.

O parecer da Coordenadoria de Controle Interno – o qual, conforme antecipado, foi acolhido pelo então Secretário de Finanças – reconheceu que o CpqCFP – Instituto Cidad apresentou os documentos comprobatórios da (**a**) habilitação jurídica, (**b**) fiscal e (**c**) técnica. Com relação ao plano de trabalho, declarou-se a sua adequação.

Quanto à reserva orçamentária, pontuou-se que haviam sido atendidos aos requisitos do Decreto do Município de Osasco n. 10.526/2011, o qual fixava, para o ano de 2011, as regras referentes à execução orçamentária e financeira na municipalidade.

Especificamente com relação ao plano de trabalho, cuja avaliação cabe à Secretaria de Finanças, apresenta-se como descrição do projeto a realização de pesquisa, *in verbis*,

> nas áreas de finanças públicas municipais e em políticas de cidadania, consistente essencialmente no exame, levantamento de dados e pesquisa, visando o desenvolvimento de conhecimento nesses setores através de novas rotinas administrativas e experimento de novas metodologias, inclusive de qualificação do funcionalismo.

No referido plano de trabalho aprovado pela Secretaria de Finanças constam, ainda, (**a**) identificação do objeto da pesquisa; (**b**) justificativa do objeto; (**c**) descrição das atividades; (**d**) metodologia e sistemática gerencial; (**e**) cronograma de execução, no qual há um detalhamento de cada uma das etapas do desenvolvimento da pesquisa.

Em 17.06.2011 o chefe do Executivo – em conjunto com o Secretário de Finanças e com o Secretário de Assuntos Jurídicos, o Senhor Renato Afonso Gonçalves – e o CpqCFP – Instituto Cidad subscreveram o Convênio n. 036/2011.

Constata-se, nesses termos, que os processos administrativos em referência ensejaram a celebração de *Convênios de Cooperação Técnico-financeira para Pesquisa na Área de Finanças Públicas* entre o Município de Osasco e o CpqCFP – Instituto Cidad.

Frise-se que, segundo nos relata a Consulente, o CpqCFP – Instituto Cidad – possuía, à época dos fatos que antecederam ambos os convênios, parcerias com instituições notoriamente reconhecidas, dentre as quais, frise-se, a Pontifícia Universidade Católica de São Paulo (PUC/SP), o que – também segundo nos relata a Consulente – foi apresentado à Secretaria de Finanças e encaminhado ao Secretário de Assuntos Jurídicos como pré-avaliação de mérito, necessária à assinatura de convênio administrativo.

Neste sentido, segundo nos relata a Consulente, há nos autos dos procedimentos administrativos cópia de "Termo de Cooperação e Pesquisa" firmado entre o CpqCFP – Instituto Cidad e a Fundação de Apoio à Universidade Federal do Estado do Rio de Janeiro (Unirio-FURJ), a Fundação Cultural Dom Pedro Manoel da Cunha Cintra, a Fundação de Estudos e Pesquisas Sócio Econômicos (FEPESE), o Instituto Compromisso Solidário (ICS) e finalmente a Pontifícia Universidade Católica de São Paulo (PUC/SP), entre outros (cf. fls. 168 a 175 do processo administrativo n. 020.447/2010, o qual, conforme antecipamos, versa sobre a celebração do primeiro convênio).

Este acima o resumo dos fatos e documentos apresentados.

Assim considerando, o presente parecer versa sobre a análise da legalidade dos *atos* do então Secretário de Assuntos Jurídicos do Município de Osasco, o Senhor Renato Afonso Gonçalves, o qual (**a**) acolheu os pareceres jurídicos elaborados pela Secretaria de Assuntos Jurídicos da mesma municipalidade que opinaram favoravelmente à celebração dos referidos convênios e, ainda, (**b**) subscreveu, em conjunto com *chefe* do Executivo e com o Secretário de Finanças, os citados convênios.

Especificamente com relação ao Convênio n. 095/2010, os seguintes documentos nos foram disponibilizados: (**a**) plano de trabalho, de autoria do CpqCFP – Instituto Cidad; (**b**) cópia do Quarto Aditivo ao Termo de Cooperação de Pesquisa entre o CpqCFP –Instituto Cidad e entidades de pesquisa a ele vinculados, datado de 27.05.2010; (**c**) parecer elaborado pela Secretaria de Finanças (parecer produzido pela Coordenadoria de Controle Interno e acolhido pelo então Secretário de Finanças) acolhendo o plano de trabalho e a conveniabilidade do objeto; (**d**) parecer exarado pela Assessoria da Secretaria de Assuntos Jurídicos do Município de Osasco analisando a condição subjetiva documental da entidade; e, por fim, (**e**) parecer jurídico do Secretário de Assuntos Jurídicos do Município de Osasco que acolheu o parecer exarado pela Assessoria da Secretaria de Assuntos Jurídicos do Município de Osasco.

Quanto ao Convênio n. 036/2011, os seguintes documentos nos foram disponibilizados: (**a**) plano de trabalho, de autoria do CpqCFP – Instituto Cidad; (**b**) parecer elaborado pela Secretaria de Finanças (parecer subscrito pelo Diretor do Departamento da Receita e pelo Secretário Adjunto de Finanças, parecer da Coordenadoria de Controle Interno e acolhido pelo então Secretário de Finanças) acolhendo o plano de trabalho e a conveniabilidade do objeto; (**c**) parecer exarado pelo Departamento Consultivo da Secretaria de Assuntos Jurídicos do Município de Osasco analisando a condição subjetiva documental da entidade; e, por fim, (**d**) parecer jurídico do Secretário de Assuntos Jurídicos do Município de Osasco que acolheu o parecer exarado pelo Departamento Consultivo da Secretaria de Assuntos Jurídicos do Município de Osasco.

Assim, nos foram formulados os seguintes quesitos:

PRIMEIRO QUESITO: A celebração dos Convênios Administrativos tendo por objeto cooperação técnico-financeira para pesquisa na área de finanças públicas entre o Município de Osasco e o CpqCFP – Instituto Cidad ocorreu por meio do estabelecimento de fins de interesse público comuns?

SEGUNDO QUESITO: Exige-se, para a celebração de convênios administrativos a que se refere o Art. 116 da Lei N. 8.666/1993, que a *entidade* do *Terceiro Setor* possua qualificação como *Organização Social* ou *Organização da Sociedade Civil de Interesse Público*?

TERCEIRO QUESITO: A celebração dos Convênios Administrativos tendo por objeto cooperação técnico-financeira para pesquisa na área de finanças públicas entre o Município de Osasco e o CpqCFP – Instituto Cidad foi lícita ao ocorrer por meio do afastamento da regra da autorização prévia do Legislativo?

QUARTO QUESITO: A responsabilidade do subscritor de Parecer Jurídico em sede de processo administrativo tendente à celebração de convênio administrativo demanda a demonstração de dolo ou culpa em sentido estrito? Em caso positivo, identifica-se no caso concreto, a presença de algum desses elementos nos *atos* do então Secretário de Assuntos Jurídicos do Município de Osasco, o Senhor Renato Afonso Gonçalvez?

Expostos assim os fatos e o teor da consulta, passamos a emitir nossa opinião a respeito do tema.

20.2 A celebração dos convênios administrativos tendo por objeto cooperação técnico-financeira para pesquisa na área de finanças públicas entre o Município de Osasco e o CpqCFP – Instituto Cidad: o estabelecimento de fins de interesse público comuns

Não há, na nossa doutrina, um conceito unívoco para o convênio administrativo. Em linhas gerais, quatro correntes formaram-se na tentativa de conceituá-lo: (a) a primeira filia-se à categoria do *ato administrativo complexo*; (b) a segunda adota a noção de *atividade de fomento*; (c) a terceira vale-se da ideia de *acordo ou ajuste de vontades* desprovido de natureza contratual; e, por fim, (d) uma quarta corrente que atribui ao convênio administrativo uma *natureza* contratual.

Diogo de Figueiredo Moreira Neto[818] e Edmir Netto de Araújo[819] sustentam que o convênio administrativo encontrase na categoria jurídica dos *atos administrativos complexos*, os quais só se formam, conforme preleciona Celso Antônio Bandeira de Mello, pela conjugação de vontades de órgãos diversos[820] e independentes entre si. Frise-se, aqui, que para o mesmo autor "os órgãos são meras constelações de funções unitariamente consideradas",[821] isto é, "feixes individuais de poderes funcionais".[822] Em outras palavras, o órgão público é uma unidade de atribuição.

---

818 MOREIRA NETO, Diogo de Figueiredo. *Curso de Direito Administrativo*. Rio de Janeiro: Forense, 1976, p. 140.

819 ARAÚJO, Edmir Netto de. *Do negócio jurídico administrativo*. São Paulo: Revista dos Tribunais, 1992, p. 145.

820 BANDEIRA DE MELLO, Celso Antônio. *Curso de Direito Administrativo*. São Paulo: Malheiros, 2014, p. 432.

821 BANDEIRA DE MELLO, Celso Antônio. "Apontamentos sobre a teoria dos órgãos públicos". *Revista Trimestral de Direito Público – RTDP*. São Paulo: Malheiros, 1971, p. 33.

822 BANDEIRA DE MELLO, Celso Antônio. "Apontamentos sobre a teoria dos órgãos públicos". *Revista Trimestral de Direito Público – RTDP*. São

Hely Lopes Meirelles, em sentido similar, conceitua o *ato administrativo complexo* como "o que se forma pela conjugação de vontades de mais de um órgão administrativo. O essencial, nessa categoria de atos, é o concurso de vontades de órgãos diferentes para a formação de um ato único".[823]

Maria Sylvia Maria Sylvia Zanella[824] e Toshio Mukai[825] asseveram que o convênio administrativo se caracteriza como modalidade de *atividade administrativa de fomento*, por meio da qual se procura satisfazer, indiretamente, determinadas necessidades públicas.[826]

Para Hely Lopes Meirelles,[827] Diógenes Gasparini,[828] José dos Santos Carvalho Filho[829] e Marçal Justen Filho[830] o convênio administrativo possui natureza de *acordo ou ajuste de vontades* desprovido de natureza contratual.

Com efeito, Hely Lopes Meirelles define os convênios administrativos como "acordos firmados por entidades públicas de

---

Paulo: Malheiros, 1971, p. 33.

823 MEIRELLES, Hely Lopes. *Direito Administrativo brasileiro*. São Paulo: Malheiros, 2010, p. 169.

824 DI PIETRO, Maria Sylvia Zanella. *Direito Administrativo*. São Paulo: Atlas, 2007, p. 316.

825 MUKAI, Toshio. *Direito Administrativo sistematizado*. São Paulo: Saraiva, 2004, pp. 397/398. "O convênio com participantes privados caracteriza uma forma de atividade de fomento".

826 ROCHA, Silvio Luís Ferreira da. *Terceiro setor*. São Paulo: Malheiros, 2003, p. 19.

827 MEIRELLES, Hely Lopes. *Direito Administrativo brasileiro*. São Paulo: Malheiros, 2008, p. 412.

828 GASPARINI Diógenes. *Direito Administrativo*. São Paulo: Saraiva, 2008, p. 787.

829 CARVALHO FILHO, José dos Santos. *Manual de Direito Administrativo*. Rio de Janeiro: Lumen Juris, 2006, p. 177.

830 JUSTEN FILHO, Marçal. *Comentários à lei de licitações e contratos administrativos*. São Paulo: Dialética, 2012.

qualquer espécie, ou entre estas e organizações particulares, para a realização de objetivos de interesse comum dos particulares".[831]

Para Odete Medauar[832] e Jorge Ulisses Jacoby Fernandes,[833] o convênio administrativo possui natureza contratual. Isto é, o convênio administrativo seria um contrato administrativo *sui generis*.

Jorge Ulisses Jacoby Fernandes pontifica que o convênio administrativo, ainda que possua peculiaridades que o distinguem do contrato administrativo, como o descabimento de se falar em licitação, possui a mesma "*natureza e substância*" do contrato administrativo.[834]

O Decreto federal n. 6.170/2007, ao dispor sobre as transferências de recursos da União mediante convênios e contratos de repasse, conceitua o convênio administrativo no seu art. 1º, § 1º, inciso I, por meio dos seguintes elementos: (**a**) partícipe, de um lado, órgão ou entidade da Administração Pública federal, direta ou indireta, e, de outro lado, órgão ou *entidade* da Administração Pública estadual, distrital ou municipal, direta ou indireta, ou ainda, *entidades* privadas sem fins lucrativos e (**b**) execução de programa de *governo*, envolvendo a realização de projeto, atividade, serviço, aquisição de bens ou evento de interesse recíproco, em regime de mútua cooperação.

---

831 MEIRELLES, Hely Lopes. *Direito Administrativo brasileiro*. São Paulo: Malheiros, 2002, p. 383.

832 MEDAUAR, Odete. *Direito Administrativo moderno*. São Paulo: Revista dos Tribunais, 2008, p. 228.

833 FERNANDES, Jorge Ulisses Jacoby. "Convênios administrativos". *Fórum de Contratação e Gestão Pública – FCGP*, Belo Horizonte, ano 1, nº 3, mar. 2002. Disponível em: http://www.bidforum.com.br/PDI0006.aspx?pdiCntd=6656. Acessado em: 25.10.2016.

834 FERNANDES, Jorge Ulisses Jacoby. "Convênios administrativos". *Fórum de Contratação e Gestão Pública – FCGP*, Belo Horizonte, ano 1, nº 3, mar. 2002. Disponível em: http://www.bidforum.com.br/PDI0006.aspx?pdiCntd=6656. Acessado em: 25.10.2016.

No nosso entendimento, os convênios administrativos são contratos administrativos nos quais pelo menos uma das partes integra a Administração Pública para conjugação de esforços para o desempenho de competências administrativas e sem intuito lucrativo. Ainda assim, o convênio administrativo possui especificidades que o distinguem dos contratos administrativos em geral.

Saliente-se, aqui, que para Celso Antônio Bandeira de Mello, o convênio administrativo difere-se "da generalidade dos contratos administrativos porque, ao contrário destes, não há interesses contrapostos das partes, mas interesses coincidentes".[835]

A Lei n. 8.666/1993, no seu art. 116, *caput*, reconhecendo que o convênio administrativo – assim como os *acordos*, *ajustes* e outros instrumentos congêneres – possui especificidades que os distinguem dos contratos administrativos em geral, dispôs que o *regime geral* de licitações e contratos administrativos só se aplica a tais instrumentos no que couber.

O contrato administrativo, para Celso Antônio Bandeira de Mello, é o

> tipo de avença travada entre a Administração e terceiros na qual, por força de lei, de cláusulas pactuadas ou do tipo de objeto, a permanência do vínculo e as condições preestabelecidas assujeitamse a cambiáveis imposições de interesse público, ressalvados os interesses patrimoniais do contratante privado.[836]

O contrato administrativo, do mesmo modo, é definido no art. 2º, parágrafo único, da Lei n. 8.666/93 como todo e qualquer

---

835 BANDEIRA DE MELLO, Celso Antônio. *Curso de Direito Administrativo*. São Paulo: Malheiros, 2009, p. 657.

836 BANDEIRA DE MELLO, Celso Antônio. *Curso de Direito Administrativo*. São Paulo: Malheiros, 2012, p. 445.

ajuste entre órgãos ou entidades da Administração Pública e particulares em que haja um *acordo de vontade* para a formação de vínculo e a estipulação de obrigações recíprocas.

Os acordos de vontade estabelecidos entre o Poder Público e os particulares marcam-se pela consensualidade e pela vinculação isonômica para ambos os contratantes.[837] Ainda assim, os contratos administrativos apresentam especificidades que marcam, sobretudo, a possibilidade de a Administração Pública modificar o vínculo estabelecido entre ela e o particular.[838]

Com efeito, como decorrência da *supremacia do interesse público*[839] que persegue, é permitido à Administração Pública (**a**) alterar as obrigações do contratante e (**b**) extinguir o vínculo contratual.[840]

Sílvio Luís Ferreira da Rocha entende que é inadequada a distinção entre convênio e contrato administrativos tendo em vista a questão da diversidade de interesses. Assim, para o autor, a diferença entre os contratos administrativos e os convênios administrativos estaria apenas na inexistência de *cláusulas exorbitantes* nos últimos.[841] Enquanto o contrato em geral, bem como o contrato administrativo em particular, possui função distributiva ou comutativa – o que ocorre em razão dos interesses contrapostos –, nos convênios administrativos as partes perseguem um *interesse comum*.[842]

---

837 BANDEIRA DE MELLO, Celso Antônio. *Curso de Direito Administrativo*. São Paulo: Malheiros, 2012, p. 626.

838 MEDAUAR, Odete. *Direito Administrativo moderno*. São Paulo: Revista dos Tribunais, 2009, p. 219.

839 SUNDFELD, Carlos Ari. *Licitação e contrato administrativo de acordo com as Leis 8.666/93 e 8.884/94*. São Paulo: Malheiros, 1994, p. 228.

840 BANDEIRA DE MELLO, Celso Antônio. *Curso de Direito Administrativo*. São Paulo: Malheiros, 2012, p. 627.

841 ROCHA, Sílvio Luís Ferreira da. *Terceiro setor*. São Paulo: Malheiros, 2003, pp. 52-54.

842 JUSTEN FILHO, Marçal. *Comentários à lei de licitações e contratos administrativos*. São Paulo: Dialética, 2012, p. 1087.

Assim, e em síntese, o convênio administrativo possui como característica essencial o fato de que todos os envolvidos buscam alcançar determinado objetivo comum, não existindo entre os partícipes interesses contrapostos, como há nos contratos em geral e nos contratos administrativos em particular.

Além do mais, os convênios administrativos distinguem-se dos contratos administrativos em razão do que podemos chamar de *regime de obrigações*.[843]

Entretanto, há quem entenda que, mesmo nos convênios administrativos, há a formação de um vínculo obrigacional exigível, passível, inclusive, de sanções caso uma das partes opte por rescindi-lo unilateralmente antes de executado o seu objeto.[844]

De todo modo, nos contratos administrativos há não só uma bilateralidade de obrigações, como também uma vinculação mais rígida, o que não há nos convênios administrativos.[845] Além do mais, nos convênios administrativos os partícipes podem denunciá-lo a qualquer tempo, imotivadamente, sem que haja qualquer sanção.[846]

Entretanto, há quem entenda que, em havendo estipulação de obrigações recíprocas no convênio administrativo, suas cláusulas

---

843 RIGOLIN, Ivan Barbosa. "Desmitificando os convênios". *Fórum de Contratação e Gestão Pública – FCGP*, Belo Horizonte, ano 5, nº 55, jul. 2006. Disponível em: http://www.bidforum.com.br/bid/PDI0006.aspx?pdiCntd=36442. Acessado em: 25.10.2016.

844 RESENDE, Mariana Bueno. "Convênios administrativos – Análise acerca da obrigatoriedade do vínculo jurídico". *Revista da Procuradoria-Geral do Município de Belo Horizonte – RPGMBH*, Belo Horizonte, ano 6, nº 12, jul./dez. 2014, pp. 131-149.

845 BRASIL. TCU. Decisão 278/1996 – Plenário.

846 AGUIAR, Ubiratan Diniz de. Convênios. Nominata. *Fórum de Contratação e Gestão Pública – FCGP*. Belo Horizonte, nº 32, ano 3, ago. 2004. Disponível em: http://www.bidforum.com.br/bid/PDI0006.aspx?pdiCntd=9196. Acessado em: 25.10.2016.

vinculam os acordantes e, por consequência, o descumprimento das obrigações estipuladas pode gerar sanções.[847]

No nosso entendimento, a possibilidade de retirada de qualquer dos partícipes do contrato administrativo, o que pode ocorrer por meio de denúncia imotivada, não obsta a responsabilidade pelo que foi executado até então.[848]

Nesse contexto, os documentos acostados aos processos administrativos que desencadearam os convênios administrativos tendo por objeto cooperação técnico-financeira para pesquisa na área de finanças públicas entre o Município de Osasco e o CpqCFP – Instituto Cidad demonstram, cabalmente, a existência de objetivo comum da municipalidade e do CpqCFP – Instituto Cidad, qual seja o ganho de conhecimento nas áreas das pesquisas.

Conforme antecipado, no plano de trabalho que desencadeou o Convênio n. 095/2010, apresenta-se como descrição do projeto, *in verbis*,

> a realização de pesquisa nas áreas de finanças públicas municipais e em políticas da cidadania, consistente essencialmente no exame, levantamento de dados e pesquisa, visando ao desenvolvimento de conhecimento nesses setores através de novas rotinas administrativas e experimento de novas metodologias, inclusive de qualificação do funcionalismo,

o que demonstra o estabelecimento de fins de interesse público comuns.

---

847 NOGUEIRA, Erico Ferrari. "Convênio administrativo: espécie de contrato?" *RDA – Revista de Direito Administrativo*, Rio de Janeiro, vol. 258, set./dez. 2011, pp. 81-113.

848 Nesse sentido, assinala Edite Hupsel que são "*mantidas as vantagens e responsabilidades existentes até o momento do desfazimento do acordo*" (HUPSEL, Edite. "Convênios Administrativos: anotações". *Fórum de Contratação e Gestão Pública – FCGP*, Belo Horizonte, nº 31, ano 3 jul. 2004. Disponível em: http://www.bidforum.com.br/bid/PDI0006.aspx?pdiCntd=9110. Acessado em: 25.10.2016).

Ademais, nos autos do processo administrativo que desencadeou o Convênio n. 036/2011, no parecer subscrito pelo Diretor do Departamento da Receita e pelo Secretário Adjunto de Finanças – o qual contém a justificativa da contratação do CpqCFP – Instituto Cidad – restou consignada a relevância da pesquisa nacional que vinha sendo realizada pela instituição com participação de reconhecidas instituições de ensino e pesquisa, incluindo, conforme então verificado pelo referido parecerista da Secretaria de Finanças, com a presença, em seu acervo de entidades de pesquisa, da renomada Pontifícia Universidade Católica de São Paulo.

No referido parecer restou asseverado, ainda, que o convênio administrativo ensejaria a identificação dos problemas que vinham sendo enfrentados pela municipalidade no tema da *administração* tributária, o que demonstra, igualmente, o estabelecimento de fins de interesse público comuns.

20.3 A celebração de convênios administrativos a que se refere o Art. 116 da Lei n. 8.666/1993 e a questão da qualificação da *Entidade* do *Terceiro Setor* como *Organização Social* ou *Organização da Sociedade Civil de interesse público*

O convênio administrativo é uma manifestação do "dever de colaboração entre os entes estatais entre si ou com a sociedade civil".[849]

Para Boaventura de Souza Santos, o *terceiro setor* é

> uma designação residual e vaga com que se pretende dar conta de um vastíssimo conjunto de organizações sociais que

849 VIOLIN, Tarso Cabral. "Peculiaridades dos convênios administrativos firmados com as entidades do terceiro setor". *Fórum de Contratação e Gestão Pública – FCGP*, Belo Horizonte, ano 4, nº 48, dez. 2005. Disponível em: http://www.bidforum.com.br/bid/PDI0006.aspx?pdiCntd=33036. Acessado em: 25.10.2016.

> não são nem estatais nem mercantis (...) sendo privadas, não visam fins lucrativos (...) animadas por objectivos sociais, públicos ou coletivos, não são estatais.[850]

A Instrução Normativa da Secretaria do Tesouro Nacional n. 01/97, que disciplina a celebração de convênios de natureza financeira firmados pela Administração Pública federal, proíbe, no art. 5º, inciso II, a destinação de recursos às instituições privadas com fins lucrativos.

Há quem admita, entretanto, a possibilidade de celebração de convênios administrativos com pessoas jurídicas de direito privado com fins lucrativos, mas desde que elas, na execução do convênio administrativo, afastem-se do objetivo de lucro.[851]

De todo modo, é inegável que o CpqCFP – Instituto Cidad constituía-se, à época de celebração dos convênios administrativos em exame, em entidade sem fins lucrativos. Se problemas houve após a execução do convênio administrativo e da subsequente prestação de contas perante a Secretaria de Finanças e o Tribunal de Contas, é induvidoso que tais problemas jamais foram colocados à apreciação da assessoria da Secretaria de Assuntos Jurídicos.

---

850 SANTOS, Boaventura de Souza. *A reinvenção solidária e participativa do Estado*. Trabalho apresentado no Seminário Internacional Sociedade e a Reforma do Estado, promovido pelo Ministério da Administração e Reforma do Estado. Brasília. 1998.

851 Nesse sentido "se de um lado do convênio administrativo há que estar sempre uma entidade pública ou integrante da Administração Pública, do outro qualquer pessoa jurídica, mesmo uma entidade empresarial, pode ser encontrada, desde que, naquele momento, tenha se despido do seu objetivo de lucro e esteja buscando auxiliar na obtenção de fins públicos" (HUPSEL, Edite. "Convênios Administrativos: anotações". *Fórum de Contratação e Gestão Pública – FCGP*. Belo Horizonte, nº 31, ano 3, jul. 2004. Disponível em: http://www.bidforum.com.br/bid/PDI0006.aspx?pdiCntd=9110. Acessado em: 25.10.2016).

Tais convênios administrativos constituíram-se em colaboração entre o Poder Público e a sociedade civil, cuja qualificação como *terceiro setor* é extraída dos objetivos sociais da *entidade*, descabendo-se falar em qualquer outra exigência formalística, como a qualificação como *organização social* ou *organização da sociedade civil de interesse público*, a qual serve, exclusivamente, para definir o ingresso em outros regimes jurídicos de parcerias.

20.4 A celebração dos convênios de cooperação técnico-financeira para Pesquisa na área de Finanças públicas entre o Município de Osasco e o CpqCFP – Instituto Cidad e a questão do afastamento da regra da autorização prévia do Legislativo

A Lei n. 8.666/1993, no seu art. 116, § 2º, prevê que, assinado o convênio administrativo, a entidade ou órgão repassador dará ciência do mesmo à Assembleia Legislativa ou à Câmara Municipal respectiva.

Do mesmo modo, a Instrução n. 02/2008 e o decidido no TC-A-40.728/026/07, do Tribunal de Contas do Estado de São Paulo – TCE/SP, os quais foram consolidados na publicação institucional intitulada *Repasses públicos ao terceiro setor: manual básico,* no seu art. 35 dispõe que, dentre os documentos obrigatórios de remessa está o "*protocolo de remessa da notificação da celebração do convênio à Câmara Municipal*".

Portanto, consideramos superada a discussão da regra da autorização prévia do Legislativo como condição constitucionalmente necessária para a celebração de convênios pela Administração Pública.

Entretanto, tendo em vista que a Lei Orgânica do Município de Osasco possui diversos dispositivos que impõem a obrigatoriedade de autorização prévia da Câmara Municipal para a celebração de convênios administrativos com entidades públicas ou particulares, convém que enfrentemos a questão.

Com efeito, o art. 27, inciso XIV, da Lei Orgânica do Município de Osasco prevê que compete à Câmara Municipal autorizar convênio administrativo com entidades públicas ou particulares e consórcios com outros Municípios.

O art. 28, inciso XI, prevê que compete privativamente à Câmara Municipal aprovar convênios administrativos, acordos ou qualquer outro instrumento celebrado pelo Município com a União, com o Estado, com outra pessoa jurídica de direito público interno ou com *entidades* assistenciais ou culturais.

O art. 118 prevê que o Município poderá, mediante autorização legislativa, realizar obras e serviços de interesse comum, através de convênio administrativo com a União, com o Estado e com entidades particulares, ou por intermédio de consórcio com outros Municípios.

Por fim, o art. 159, § 1º, prevê que o Município subvencionará os programas desenvolvidos por entidades assistenciais e filantrópicas, mediante convênios administrativos aprovados por lei.

Ocorre que referidos dispositivos são inconstitucionais por afronta ao *princípio da separação das funções estatais*.[852]

---

852 Nesse sentido: "a Lei n. 8.666/93 determina que assinado o convênio, a Administração dará ciência à Assembleia Legislativa ou à Câmara Municipal respectiva. Lembramos que o Supremo Tribunal Federal entende que é inconstitucional a norma que exige autorização legislativa específica para que os convênios sejam firmados, por ferir a independência entre os Poderes. A partir da Lei no 8.666/93, é exigida apenas a comunicação após a celebração". (VIOLIN, Tarso Cabral. "Peculiaridades dos convênios administrativos firmados com as entidades do terceiro setor". *Fórum de Contratação e Gestão Pública – FCGP*, Belo Horizonte, ano 4, nº 48, dez. 2005. Disponível em: http://www.bidforum.com.br/bid/PDI0006.aspx?pdiCntd=33036. Acessado em: 25.10.2016).

Na elaboração teórica das funções do Estado, afastamo-nos da modelagem da clássica teoria da "*separação dos poderes do Estado*" de modo a evitar a construção de uma concepção de soberania divisível, fracionada. Assim, "só por antonomásia é que se poderia denominar de separação de poderes a doutrina que pretende explicar e justificar a estruturação do 'poder' do Estado".[853]

Para Georg Jellinek,[854] o Estado detém dois fins: um jurídico e outro cultural. Pelo primeiro aspecto, estabelece e tutela o direito; pelo segundo, o Estado afirma a força e incrementa a cultura. Para a satisfação destes fins, o Estado vale-se do estabelecimento de regras abstratas e atua concretamente para o alcance de objetivos individualizados.

Da combinação destes modos de atuar são obtidas as funções do Estado. A definição e imposição de regras abstratas para realização dos fins do Estado constitui a função legislativa. A definição de direitos incertos ou contestados concretamente, segundo um processo formal, constitui a função jurisdicional. A realização de objetivos concretos, para preenchimento de fim cultural, constitui a função administrativa.

Nesse cenário, saliente-se que o STF[855] possui diversos precedentes no sentido de que são inconstitucionais dispositivos que condicionam a celebração convênios administrativos à prévia autorização legislativa por afronta ao *princípio da separação das funções estatais*.

---

853 TAVARES, André Ramos. "Repartição de funções estatais: fundamento, estrutura e finalidade". *Revista do Advogado*, São Paulo, vol. 23, nº 73, nov. 2003, p. 24.

854 JELLINEK, Georg. *L'etat moderne et son droit.* Tome 2, Théorie juridique de l'Etat. Paris: Pantheon-Assas, 2005.

855 BRASIL. Supremo Tribunal Federal – STF. ADI n. 1.1669, ADI n. 770 e **ADI n. 165**.

O Tribunal de Justiça do Estado de São Paulo – TJ/SP, do mesmo modo, em diversas oportunidades em que analisou dispositivos de leis orgânicas municipais tendo por objeto a obrigatoriedade da autorização prévia do Legislativo, concluiu que eles são inconstitucionais por afrontar o *princípio da separação das funções estatais.* Em se tratando de matéria atinente ao planejamento, à organização, à direção e à execução dos serviços públicos, concluir-se estar diante de *atos de governo* afetos à competência exclusiva do Executivo.[856]

Assim considerando, foi lícita a celebração Convênios n. 095/2010 e n. 036/2011 entre o Município de Osasco e o Cpq-CFP – Instituto Cidad sem que fosse obtida a autorização prévia da Câmara dos Vereadores.

Ademais, a publicação em diário oficial municipal supre a comunicação ao Legislativo (conforme é a praxe nas grandes cidades que possuem diário oficial, como a Cidade de Osasco, o que é aceito pelas Cortes de Contas). Aliás, como se sabe, cabe ao Legislativo reprovar ou aprovar a prestação de contas após a análise do Tribunal de Contas.

856 Nesse sentido: "ação direta de inconstitucionalidade – Município de Miguelópolis – Lei orgânica municipal atribuindo à Câmara Legislativa local a atribuição de autorizar, através de lei, a celebração de consórcios e convênios pelo Município – Matéria de competência privativa do Executivo – Autorização parlamentar – Desnecessidade – Previsão legal eivada de inconstitucionalidade – Afronta ao princípio da separação dos Poderes e a outros preceitos constitucionais – Ação direta julgada procedente, para declarar a inconstitucionalidade do inciso XVI, do artigo 15, da Lei Orgânica do Município de Miguelópolis". (ADI n. 20948473820158260000). No mesmo sentido: "(...) artigo 9º, inciso XII, da Lei Orgânica do Município de Tatuí que condicionou a celebração de convênios e consórcios pelo Executivo à prévia autorização legislativa – Disposição que versa questão atinente ao planejamento, à organização, à direção e à execução dos serviços públicos, atos de governo afetos à competência exclusiva do Chefe do Poder Executivo local – Inobservância da competência reservada conferida ao Prefeito que acabou por implicar em afronta ao princípio da separação dos poderes – Ação Direta de Inconstitucionalidade julgada procedente". (ADI n. 21326210520158260000).

Por fim, o tema da posterior prestação de contas dos valores gastos não se confunde com a prévia possibilidade de se firmar convênio administrativo com entidades sem fins lucrativos (ou de fins não-econômicos conforme a terminologia do novo Código Civil).

20.5 A questão da demonstração de dolo ou culpa em sentido estrito

No tema da responsabilidade pelo parecer jurídico exarado em matéria de licitações e contratos administrativos, há precedentes no sentido de que, ao contrário do parecer jurídico desfavorável, cujo teor vincula o administrador,[857] a "manifestação favorável não ganha contorno de vinculatividade capaz de subordinar a atuação do gestor público, compelindo-o a praticar o ato".[858]

Nesse cenário, os pareceres jurídicos objeto da presente consulta compreendem uma opinião técnica cuja importância decorre da sua fundamentação e respeitabilidade, e não do seu caráter vinculante, que inexiste.

Com efeito, ao analisar a natureza jurídica do parecer jurídico no contexto da natureza da consulta consubstanciada no art. 42 da Lei n. 9.784/1999, a qual dispõe sobre o processo administrativo no âmbito da Administração Pública federal, há precedente no STF que destaca existirem três tipos de consulta: (a) "*facultativa*", na qual o administrador não se vincula ao parecer proferido; (b) "*obrigatória*", na qual o administrador fica obrigado a realizar o ato tal como submetido à consulta; e, por fim, (c) "*vinculante*",

---

857 Com efeito, restou consignado que "*a natureza vinculante de pareceres jurídicos em matéria de licitações somente se revela quando o órgão técnico aponta a existência de vício formal ou material que impeça ou desaconselhe a prática do ato*" (BRASIL. Supremo Tribunal Federal – STF. *Mandado de segurança n. 29137/DF*. Rel. Min. Cármen Lúcia, julgamento em 18.12.2012).

858 BRASIL. Supremo Tribunal Federal – STF. *Mandado de segurança n. 29137/DF*. Rel. Min. Cármen Lúcia, julgamento em 18.12.2012.

na qual a lei obriga que o administrador decida nos termos da conclusão do parecer ou que, então, não decida.[859]

Assim considerando, os pareceres em exame não são vinculativos, já que coube ao Administrador eleito democraticamente – no caso, o *chefe* do Executivo – decidir pela celebração dos convênios administrativos. Não há conteúdo decisório antecipado final seja nos pareceres da assessoria técnica da Secretaria de Assuntos Jurídicos, seja no ato de acolhimento pelo seu Secretário, que valida o conteúdo de tais opiniões para fins de encaminhamento para assinatura da autoridade eleita (a única que, em nome do povo, pode exarar a vontade administrativa e comandar a execução de necessidades públicas).

Nos termos do art. 133 da Constituição da República e do art. 2º, § 3º, Lei n. 8.906/1994, a qual dispõe sobre o Estatuto da Advocacia e a Ordem dos Advogados do Brasil, o advogado é *inviolável* por seus atos e manifestações no exercício da profissão. Assim, só pode haver a responsabilização do subscritor do parecer jurídico, bem como daquele que o acolheu, se houver demonstração de dolo ou culpa em sentido estrito.

Assim, tendo em vista a *intangibilidade* profissional do advogado, ele só pode ser responsabilizado se houver a comprovação de dolo ou culpa em sentido estrito, nos termos do que determina o art. 32, *caput*, da Lei n. 8.906/1994, o qual prevê que "o advogado é responsável pelos atos que, no exercício profissional, praticar com dolo ou culpa". Do mesmo modo, não se pode responsabilizar o advogado por "divergência doutrinária" ou "discordância de interpretação".[860]

859 BRASIL. Supremo Tribunal Federal – STF. *Mandado de segurança n. 24631/DF*. Rel. Min. Joaquim Barbosa, julgamento em 09.08.2007.

860 BRASIL. Supremo Tribunal Federal – STF. *Mandado de segurança n. 24073/DF*. Rel. Min. Carlos Velloso, julgamento em 06.11.2002.

Sob a ótica analítica da dogmática jurídica, diferentemente do que Robert Alexy conceitua como "conceitos jurídicos autênticos",[861] os "conceitos jurídicos indeterminados",[862] são caracterizados pelo que Paulo de Barros Carvalho chama de heterogeneidade de conteúdo. Nas palavras do autor, "o direito posto, na sua continuidade normativa, oferece flagrante heterogeneidade de conteúdos, vista sua pretensão de regular as condutas intersubjetivas no contexto social".[863]

Nesse contexto, a *natureza* da linguagem de determinados dispositivos legais, caracterizados por *textura* aberta, *vagueza* de princípios e *conceitos jurídicos indeterminados* conduz-nos à conclusão de que a interpretação jurídica, bem como o que Hans Kelsen chama de "ato de aplicação do Direito",[864] está inserta em uma problemática que exclui qualquer parâmetro simplista.

A relevância da compreensão daquilo que Hans Kelsen chama de "relativa indeterminação do ato de aplicação do Direito"[865] é imprescindível no tema da aferição da responsabilidade do subscritor de parecer jurídico em sede de processo administrativo tendente à celebração de convênio administrativo.

Com efeito, para Hans Kelsen uma "norma de escalão superior", dentre outras funções, determina o "ato de execução a realizar". Entretanto, referida determinação nunca é completa, já que

861 ALEXY, Robert. *Teoria da argumentação jurídica*. São Paulo: Landy, 2001, p. 245.

862 ALEXY, Robert. *Teoria da argumentação jurídica*. São Paulo: Landy, 2001, p. 246.

863 CARVALHO, Paulo de Barros. *Direito tributário*: linguagem e método. São Paulo: Noeses, 2013, p. 181.

864 KELSEN, Hans. *Teoria Pura do Direito*. São Paulo: Martins Fontes, 2009, p. 388.

865 KELSEN, Hans. *Teoria Pura do Direito*. São Paulo: Martins Fontes, 2009, p. 388.

> (...) a norma de escalão superior não pode vincular em todas as direções (sob todos os aspectos) o ato através do qual é aplicada. Tem sempre de ficar uma margem, ora maior ora menor, de livre apreciação, de tal forma que a norma do escalão superior tem sempre, em relação ao ato de produção normativa ou de execução que a aplica, o caráter de um quadro ou moldura a preencher por este ato.[866]

Assim considerando, a *intangibilidade* profissional do advogado e a relativa indeterminação do "*ato de aplicação do Direito*" impõem o afastamento de qualquer tentativa de responsabilização do subscritor de parecer jurídico em sede de processo administrativo tendente à celebração de convênio administrativo sem que haja a constatação de dolo ou culpa em sentido estrito, o que, no caso concreto, não se identifica.

Outorgar efeitos vinculantes ao parecer opinativo do Secretário, ou pior ainda ao trabalho de sua assessoria técnica, equivaleria a deferir direito público subjetivo ao destinatário-convenente, que poderia mesmo intentar medida judicial com vistas a dar seguimento a um dado convênio administrativo ou contrato (o que não encontra amparo em nenhum autor ou jurisprudência nacional) pelo simples fato de que algum parecer interno da administração lhe tenha sido favorável.

20.6 Respostas aos quesitos

Desenvolvidos os temas jurídicos pertinentes ao objeto da consulta, passamos a responder aos quesitos formulados.

PRIMEIRO QUESITO: A celebração dos Convênios Administrativos tendo por objeto cooperação técnico-financeira para pesquisa

---

866 KELSEN, Hans. *Teoria Pura do Direito*. São Paulo: Martins Fontes, 2009, p. 388.

na área de finanças públicas entre o Município de Osasco e o CpqCFP – Instituto Cidad ocorreu por meio do estabelecimento de fins de interesse público comuns?

Os documentos acostados aos processos administrativos que desencadearam os convênios administrativos tendo por objeto cooperação técnico-financeira para pesquisa na área de finanças públicas entre o Município de Osasco e o CpqCFP – Instituto Cidad demonstram, cabalmente, a existência de objetivo comum da municipalidade e do CpqCFP – Instituto Cidad, qual seja o ganho de conhecimento nas áreas das pesquisas.

No plano de trabalho que desencadeou o Convênio n. 095/2010 apresenta-se como descrição do projeto, *in verbis*,

> a realização de pesquisa nas áreas de finanças públicas municipais e em políticas da cidadania, consistente essencialmente no exame, levantamento de dados e pesquisa, visando ao desenvolvimento de conhecimento nesses setores através de novas rotinas administrativas e experimento de novas metodologias, inclusive de qualificação do funcionalismo,

o que demonstra o estabelecimento de fins de interesse público comuns.

Ademais, nos autos do processo administrativo que desencadeou o Convênio n. 036/2011, no parecer subscrito pelo Diretor do Departamento da Receita e pelo Secretário Adjunto de Finanças – o qual contém a justificativa da contratação do CpqCFP – Instituto Cidad – restou consignada a relevância da pesquisa nacional que vinha sendo realizada pela instituição com participação de reconhecidas instituições de ensino e pesquisa, incluindo entre elas, conforme nos relata a Consulente, "Termo de Cooperação de Pesquisa" apresentado à Secretaria de Finanças e encaminhado por esta à Secretaria de Assuntos Jurídicos, a renomada Pontifícia Universidade Católica de São Paulo já em sua primeira fase de execução.

No referido parecer restou asseverado, ainda, que o convênio administrativo ensejaria a identificação dos problemas que vinham sendo enfrentados pela municipalidade no tema da *administração* tributária, o que demonstra, igualmente, o estabelecimento de fins de interesse público comuns.

SEGUNDO QUESITO: Exige-se, para a celebração de convênios administrativos a que se refere o Art. 116 da Lei N. 8.666/1993, que a *entidade* do *Terceiro Setor* possua qualificação como *Organização Social* ou *Organização da Sociedade Civil de Interesse Público*?

O convênio administrativo é uma manifestação do "dever de colaboração entre os entes estatais entre si ou com a sociedade civil".[867]

Inegavelmente que o CpqCFP – Instituto Cidad constituía-se, à época de celebração dos convênios administrativos em exame, em entidade sem fins lucrativos.

Tais convênios administrativos constituíram-se em colaboração entre o Poder Público e a sociedade civil, cuja qualificação como *terceiro setor* é extraída dos objetivos sociais da entidade, descabendo-se falar em qualquer outra exigência formalística, como a qualificação como organização social ou organização da sociedade civil de interesse público, a qual serve, exclusivamente, para definir o ingresso em outros regimes jurídicos de parcerias.

TERCEIRO QUESITO: A celebração dos Convênios Administrativos tendo por objeto cooperação técnico-financeira para pesquisa na área de finanças públicas entre o Município de Osasco e o CpqCFP

---

867 VIOLIN, Tarso Cabral. "Peculiaridades dos convênios administrativos firmados com as entidades do terceiro setor". *Fórum de Contratação e Gestão Pública – FCGP*, Belo Horizonte, ano 4, nº 48, dez. 2005. Disponível em: http://www.bidforum.com.br/bid/PDI0006.aspx?pdiCntd=33036. Acessado em: 25.10.2016.

– Instituto Cidad foi lícita ao ocorrer por meio do afastamento da regra da autorização prévia do Legislativo?

A Lei n. 8.666/1993 – norma geral nacional posterior à Lei Orgânica de Osasco –, em seu art. 116, § 2º, prevê que, assinado o convênio administrativo, a entidade ou órgão repassador dará ciência do mesmo à Assembleia Legislativa ou à Câmara Municipal respectiva.

Do mesmo modo, seguindo a posição consolidada do Tribunal de Contas do Estado de São Paulo – TCE/SP na publicação institucional intitulada *Repasses públicos ao terceiro setor: manual básico*, dentre os documentos obrigatórios de remessa está o "*protocolo de remessa da notificação da celebração do convênio à Câmara Municipal*".

Portanto, nós consideramos (juntamente com os STF, TJ/SP e TCE/SP) superada a discussão acerca da regra da autorização prévia do Legislativo par a celebração de convênios administrativos.

Dispositivos que promovem esta sorte de exigência são, portanto, inconstitucionais por afronta ao *princípio da separação das funções estatais*.[868]

O Supremo Tribunal Federal – STF[869] possui diversos precedentes no sentido de que são inconstitucionais dispositivos que

868 Nesse sentido: "a Lei n. 8.666/93 determina que assinado o convênio, a Administração dará ciência à Assembleia Legislativa ou à Câmara Municipal respectiva. Lembramos que o Supremo Tribunal Federal entende que é inconstitucional a norma que exige autorização legislativa específica para que os convênios sejam firmados, por ferir a independência entre os Poderes. A partir da Lei no 8.666/93, é exigida apenas a comunicação após a celebração". (VIOLIN, Tarso Cabral. "Peculiaridades dos convênios administrativos firmados com as entidades do terceiro setor". *Fórum de Contratação e Gestão Pública – FCGP*, Belo Horizonte, ano 4, nº 48, dez. 2005. Disponível em: http://www.bidforum.com.br/bid/PDI0006.aspx?pdiCntd=33036. Acessado em: 25.10.2016).

869 BRASIL. Supremo Tribunal Federal – STF. ADI n. 1.1669, ADI n. 770 e **ADI n. 165.**

condicionam a celebração convênios administrativos à prévia autorização legislativa por afronta ao *princípio da separação das funções estatais.*

O Tribunal de Justiça do Estado de São Paulo – TJ/SP, do mesmo modo, em diversas oportunidades em que analisou dispositivos de leis orgânicas municipais tendo por objeto a obrigatoriedade da autorização prévia do Legislativo, concluiu que eles são inconstitucionais por afrontar o *princípio da separação das funções estatais.* Em se tratando de matéria atinente ao planejamento, à organização, à direção e à execução dos serviços públicos, concluir-se estar diante de *atos de governo* afetos à competência exclusiva do Executivo.[870]

Assim considerando, foi lícita a celebração a celebração Convênios n. 095/2010 e n. 036/2011 entre o Município de Osasco e o CpqCFP – Instituto Cidad sem que fosse obtida a autorização prévia da Câmara dos Vereadores, que, conforme nos relata a Consulente, em centenas de outros convênios firmados teve oportunidade de aprovar a prestação de contas após a fase de execução dos mesmos.

---

870 Nesse sentido: "ação direta de inconstitucionalidade – Município de Miguelópolis – Lei orgânica municipal atribuindo à Câmara Legislativa local a atribuição de autorizar, através de lei, a celebração de consórcios e convênios pelo Município – Matéria de competência privativa do Executivo – Autorização parlamentar – Desnecessidade – Previsão legal eivada de inconstitucionalidade - Afronta ao princípio da separação dos Poderes e a outros preceitos constitucionais – Ação direta julgada procedente, para declarar a inconstitucionalidade do inciso XVI, do artigo 15, da Lei Orgânica do Município de Miguelópolis". (ADI n. 20948473820158260000). No mesmo sentido: "(...) artigo 9º, inciso XII, da Lei Orgânica do Município de Tatuí que condicionou a celebração de convênios e consórcios pelo Executivo à prévia autorização legislativa – Disposição que versa questão atinente ao planejamento, à organização, à direção e à execução dos serviços públicos, atos de governo afetos à competência exclusiva do Chefe do Poder Executivo local – Inobservância da competência reservada conferida ao Prefeito que acabou por implicar em afronta ao princípio da separação dos poderes – Ação Direta de Inconstitucionalidade julgada procedente". (ADI n. 21326210520158260000).

A ser verdade que a falta de prévia autorização legislativa em cada caso pudesse gerar a nulidade de tais relações jurídicas, isto poderia, em tese e eventualmente, invalidar milhares de convênios firmados em Osasco e em outras cidades.

QUARTO QUESITO: A responsabilidade do subscritor de Parecer Jurídico em sede de processo administrativo tendente à celebração de convênio administrativo demanda a demonstração de dolo ou culpa em sentido estrito? Em caso positivo, identifica-se no caso concreto, a presença de algum desses elementos nos *atos* do então Secretário de Assuntos Jurídicos do Município de Osasco, o Senhor Renato Afonso Gonçalvez?

Os pareceres jurídicos objeto da presente consulta compreendem uma opinião técnica cuja importância é extraída da sua fundamentação, persuasão e respeitabilidade científica dos signatários, e não do seu caráter vinculante, que inexiste. Coube ao Administrador – no caso, o *chefe* eleito do Executivo – decidir pela celebração dos convênios administrativos.

Nos termos do art. 133 da Constituição da República e do art. 2º, § 3º, Lei n. 8.906/1994, a qual dispõe sobre o Estatuto da Advocacia e a Ordem dos Advogados do Brasil, o advogado é *inviolável* por seus atos e manifestações no exercício da profissão. Assim, só pode haver a responsabilização do subscritor do parecer jurídico, bem como daquele que o acolheu, se houver demonstração de dolo ou culpa em sentido estrito.

Assim, tendo em vista a intangibilidade profissional do advogado, ele só pode ser responsabilizado se houver a comprovação de dolo ou culpa em sentido estrito, nos termos do que determina o art. 32, *caput*, da Lei n. 8.906/1994, o qual prevê que "o advogado é responsável pelos atos que, no exercício profissional, praticar com dolo ou culpa".

Do mesmo modo, não se pode responsabilizar o advogado por "divergência doutrinária" ou "discordância de interpretação".[871] E menos ainda há que se debater responsabilização por parecer opinativo quando as manifestações lançadas pela assessoria jurídica, e acolhidas pelo então Secretário de Assuntos Jurídicos.

Assim considerando, a intangibilidade profissional do advogado e a relativa indeterminação do "*ato de aplicação do Direito*" impõem o afastamento de qualquer tentativa de responsabilização do subscritor de parecer jurídico em sede de processo administrativo tendente à celebração de convênio administrativo sem que haja a constatação de dolo ou culpa em sentido estrito, o que, no caso concreto, não se identifica.

Tem, ademais, integral pertinência a presença da Consulente, Ordem dos Advogados – Seção São Paulo, em quaisquer procedimentos inquisitoriais ou investigatórios em que advogados pareceristas sejam inquinados por possível *delito hermenêutico de opinião*.

É o nosso parecer.

São Paulo, 12 de janeiro de 2017.

871 BRASIL. Supremo Tribunal Federal – STF. *Mandado de segurança n. 24073/DF*. Rel. Min. Carlos Velloso, julgamento em 06.11.2002.

CAPÍTULO XXI

REGIME JURÍDICO DA CONTRATAÇÃO, POR INEXIGIBILIDADE DE LICITAÇÃO, DE SERVIÇOS ADVOCATÍCIOS

SUMÁRIO: I. PROLEGÔMENOS E FORMULAÇÃO DOS QUESITOS. II. A REGRA DA LICITAÇÃO E A HIPÓTESE DE INEXIGIBILIDADE. III. OS SERVIÇOS TÉCNICOS PROFISSIONAIS ESPECIALIZADOS. IV. A SINGULARIDADE. V. A NOTÓRIA ESPECIALIZAÇÃO. VI. A INADEQUAÇÃO DA PRESTAÇÃO DO SERVIÇO DIRETAMENTE PELO ENTE PÚBLICO CONTRATANTE. VII. A ADEQUAÇÃO DO VALOR DA CONTRATAÇÃO. VIII. A QUESTÃO DOS HONORÁRIOS ADVOCATÍCIOS *AD EXITUM*. IX. RESPOSTAS AOS QUESITOS.

CONSULENTE: LENIO LUIZ STRECK.

21.1 Prolegômenos e formulação dos quesitos

Honra-nos **LENIO LUIZ STRECK**, doravante "Consulente", com Consulta relativa à contratação por inexigibilidade de licitação entabulada com o Município de Horizontina/RS tendo por objeto a prestação de serviços advocatícios, matéria em exame nos autos do Inquérito Civil n. 01652.000.700/2019, em trâmite perante a Promotoria de Justiça de Horizontina/RS.

O contrato de prestação de serviços advocatícios, fundamentado no artigo 25, inciso II, e no artigo 13, inciso V, ambos da Lei n. 8.666/1993, destinou-se à propositura de Ação Direta de Inconstitucionalidade em face da Lei Municipal n. 3.694/2016 e possuiu contraprestação a título de honorários *pro labore* no valor de R$ 68.965,52 e *ad exitum* no valor de R$ 137.931,05.

Despacho da Promotoria de Justiça de Horizontina/RS proferido nos autos do Inquérito Civil em referência realizou questionamentos com relação à contratação em exame nos seguintes aspectos: (**a**) descumprimento da exigência de justificativa de preço contida no artigo 26, parágrafo único, inciso III, da Lei n. 8.666/1993 (Evento 74, fl. 2); (**b**) inexistência de "(...) apuração de capacitação técnica na matéria central (reforma administrativa e aumento de salário de servidores públicos), ou mesmo demonstração de êxito em ações judiciais similares (...)" (Evento 74, fl. 2-3); (**c**) não implemento da condição de êxito na medida em que

> (...) não houve "sucesso", pois somente houve decisão liminar genérica em 01.08.2019, tão somente suspendendo a eficácia da Lei Municipal n. 3.694/2016, provimento cautelar que não foi confirmado e não produziu efeitos permanentes, pois a ação foi julgada improcedente (...) (Evento 74, fl. 3);

(**d**) ausência de demonstração da "(...) inadequação da prestação do serviço pelos integrantes do Poder Público (...), na medida que o Município de Horizontina dispõe da respectiva Procuradoria-Geral do Município (...)" (Evento 74, fl. 4); e, por fim, (**e**) indícios de que "(...) o procedimento desde o início foi dirigido à contratação de profissional específico, violando regra básica de livre concorrência entre profissionais de mesmo ou similar gabarito (...)" (Evento 74, fl. 4).

Mesmo que, ao final, o Despacho da Promotoria de Justiça de Horizontina/RS (Evento 74), concentre-se na suposta ilicitude de cláusula de sucesso – que seria ilegal, imoral e abusiva, além de não ter, supostamente, havido o implemento da condição de êxito – é fundamental que adentremos nos demais aspectos sobre os quais foram realizados questionamentos quanto ao implemento dos requisitos de uma contratação direta por inexigibilidade de licitação.

Assim considerando, nos foram formulados os seguintes Quesitos:

PRIMEIRO QUESITO: Foi lícita a contratação do Consulente através de inexigibilidade de licitação?

SEGUNDO QUESITO: O Consulente pode ser responsabilizado solidariamente por eventual ilicitude?

TERCEIRO QUESITO: Foi ilegal a fixação da cláusula *quota litis* no contrato em exame? Em caso negativo, as condições necessárias para configuração do êxito se perfectibilizaram?

QUARTO QUESITO: Quais os efeitos práticos da medida liminar e da decisão final no âmbito da ADI N. 3.694/16?

QUINTO QUESITO: O acordo de autocomposição extrajudicial, proposto pelo Ministério Público e celebrado com o Sindicato dos Municipários de Horizontina, o Município de Horizontina e a Câmara de Vereadores de Horizontina afetou a decisão judicial prolatada na ADI N. 3.694/16?

SEXTO QUESITO: Há justa causa para o Ministério Público prosseguir em investigação administrativa com a finalidade de apurar "denúncia acerca de contratação direta (inexigibilidade de licitação) de advogado particular para ajuizamento de ADI e pagamento irregular de verba a título de cláusula de sucesso"?

21.2 A regra da licitação e a hipótese de inexigibilidade

A licitação, prevista no inciso XXI do artigo 37 da Constituição da República, é a regra geral para aquisição de bens e serviços pela Administração Pública direta e indireta. O procedimento visa, de um lado, assegurar a todos os particulares interessados iguais oportunidades de acesso às contratações públicas e, de outro, permitir competitividade para seleção da proposta mais vantajosa.

Entretanto, o dever de licitar não é absoluto. O dispositivo constitucional impõe o seu afastamento nas hipóteses previstas em lei, o que veio a ocorrer através da edição da Lei n. 8.666/1993, recentemente sucedida pela Lei n. 14.133/2021. Referidos diplomas legais instituíram as normas gerais de licitações e contratos e, ainda, regulamentaram as exceções à regra da licitação.

Para Marçal Justen Filho, a inviabilidade de competição pode ser analisada como (**a**) uma "situação anômala", que "indica situações em que não se encontram presentes os pressupostos para a escolha objetiva da proposta mais vantajosa"; como (**b**) "uma decorrência", tendo em vista que "a inviabilidade de competição não é um conceito simples. Trata-se de um gênero, comportando diferentes modalidades. Mais precisamente, a inviabilidade de competição é uma consequência, que pode ser produzida por diferentes causas, as quais consistem nas diversas hipóteses de ausência de pressupostos necessários à licitação"; e, por fim, (**c**) uma "dupla crise da licitação", pois

> até poderia imaginar possível algum tipo de seleção entre potenciais contratados, mas isso somente seria praticável se a estrutura do procedimento fosse outra. Por outro lado, impor a licitação em casos de inexigibilidade frustraria o interesse sob tutela estatal. A Administração Pública ou

não obteria proposta alguma ou selecionaria propostas inadequadas a satisfazer dito interesse.[872]

Especificamente com relação à contratação direta mediante inexigibilidade de licitação, o artigo 25 da Lei n. 8.666/1993 possui um rol não exaustivo de situações de inviabilidade de competição. No âmbito da Lei n. 14.133/2021 a matéria é tratada no seu artigo 74.

Diante da falta de pressuposto lógico que inviabiliza a competição[873] – o que pode ocorrer quando o "bem ou o serviço pretendido é único, não pode ser comparado, ou porque não há pluralidade de ofertantes"[874] – deve a Administração Pública seguir o rito legal próprio de contratação direta.

21.3 Os serviços técnicos profissionais especializados

Consoante previsão do inciso II do artigo 25 da Lei n. 8666/1993, é inexigível a licitação para a contratação de serviços técnicos profissionais especializados de natureza singular e de notória especialização. O artigo 13, no seu inciso V, da Lei n. 8666/1993 incluiu, dentre os serviços técnicos profissionais especializados, os trabalhos relativos a patrocínio ou defesa de causas judiciais ou administrativas.

No atual regime da Lei n. 14.133/2021, previsão similar consta do inciso III do artigo 74, o qual também previu, na sua alínea "e", serem serviços técnicos especializados de natureza predominantemente intelectual o patrocínio ou defesa de causas judiciais ou administrativas.

---

872 JUSTEN FILHO, Marçal. *Comentários à lei de licitações e contratos administrativos*. São Paulo: Revista dos Tribunais, 2014, pp. 482/483.

873 ROCHA, Sílvio Luís Ferreira da. *Manual de Direito Administrativo*. São Paulo: Malheiros, 2013, p. 360.

874 ROCHA, Sílvio Luís Ferreira da. *Manual de Direito Administrativo*. São Paulo: Malheiros, 2013, p. 360.

O serviço profissional técnico especializado é aquele prestado "por quem, além da habilitação técnica e profissional – exigida para os serviços técnicos profissionais em geral – aprofundou-se nos estudos, no exercício da profissão, na pesquisa científica (...)".[875] Portanto, trata-se de uma atividade que necessita da aplicação de conhecimento teórico e de habilidades profissionais de um modo não identificável em qualquer executor, já que requer maior habilidade e competência:

> a especialização significa a capacitação para exercício de uma atividade com habilidades que não estão disponíveis para qualquer profissional. A especialização identifica uma capacitação maior do que a usual e comum e é produzida pelo domínio de uma área restrita, com habilidades que ultrapassam o conhecimento da média dos profissionais necessários ao desenvolvimento da atividade em questão. O especialista é aquele prestador de serviço técnico profissional que dispõe de uma capacitação diferenciada, permitindo-lhe solucionar problemas e dificuldades complexas.[876]

Os requisitos jurídicos configuradores da hipótese de contratação por inexigibilidade estão relacionados à demonstração da (**a**) natureza singular do serviço; (**b**) notória especialização profissional; (**c**) inadequação da prestação direta pelo ente público contratante; e, por fim, (**d**) compatibilidade do valor da contratação com o praticado no mercado pelo mesmo particular contratado.

21.4 A singularidade

A singularidade é característica do objeto da contratação, individualizando-o dos demais. A contratação sem licitação

875 MEIRELLES, Hely Lopes. *Curso de Direito Administrativo*. São Paulo: Malheiros, 2006, p. 257.

876 JUSTEN FILHO, Marçal. *Comentários à lei de licitações e contratos administrativos*. São Paulo: Revista dos Tribunais, 2014, p. 235.

justifica-se por possuir atributos incomuns, diferenciando-o daqueles que podem ser rotineiramente prestados sem exigência de maiores conhecimentos ou técnica de maior complexidade.

Mais do que técnico e especializado, o serviço singular é dotado de determinada peculiaridade que o distingue dos demais da mesma espécie, justificando a busca de particular *expertise*.[877] Nesse sentido são as lições do Celso Antônio Bandeira de Mello, para o qual a singularidade deve englobar componente criativo e peculiar contribuição intelectual:

> (...) De modo geral são singulares todas as produções intelectuais, realizadas isolada ou conjuntamente – por equipe –, sempre que o trabalho a ser produzido se defina pela marca pessoal (ou coletiva), expressada em características importantes para o preenchimento da necessidade administrativa a ser suprida.[878]
>
> (...) a singularidade é relevante e um serviço deve ser havido como singular quando nele tem de interferir, como requisito de satisfatório atendimento da necessidade administrativa, um componente criativo de seu autor, envolvendo o estilo, o traço, a engenhosidade, a especial habilidade, a contribuição intelectual, artística, ou a argúcia de quem o executa, atributos estes, que são precisamente os que a Administração reputa convenientes e necessita para a satisfação do interesse público em causa.[879]

---

877 "A natureza singular refere-se ao objeto do contrato, ao serviço a ser prestado, que deve escapar à rotina do órgão contratante e da própria estrutura da advocacia pública que o atende. Não basta, portanto, que o profissional seja dotado de notória especialização, exigindo-se, igualmente, que a atividade envolva complexidades que tornem necessária a peculiar expertise". (STF. Inq. 3.074/SC. Primeira Turma. Rel. Min. Roberto Barroso. Julgamento em 26.08.2014).

878 BANDEIRA DE MELLO, Celso Antônio. *Curso de Direito Administrativo*. São Paulo: Malheiros, 2009, p. 535.

879 BANDEIRA DE MELLO, Celso Antônio. *Curso de Direito Administrativo*. São Paulo: Malheiros, 2009, p. 545.

À luz dos elementos conceituais da singularidade, é preciso destacar que o objeto da contratação ora em exame não versou sobre demanda judicial singela ou rotineira.

Ao contrário, o Consulente foi contratado para propor a ação em sede de controle de constitucionalidade, no âmbito da qual sustentou que: (**a**) a Lei impugnada já possuiu sua eficácia suspensa pelo Tribunal de Justiça do Estado do Rio Grande do Sul entre maio de 2017 e junho de 2019, através de medida liminar concedida nos autos da Ação Popular n. 11700006236; (**b**) em junho de 2019, o Tribunal entendeu que a Ação Popular não seria cabível contra lei de efeitos abstratos e de caráter geral, o que culminou no restabelecimento dos efeitos da Lei; (**c**) a "folha de pagamento" supera a despesa prevista para gastos com pessoal em R$ 234.516,24 na competência do mês de junho de 2019; (**d**) em projeção anual, o impacto orçamentário chega a R$ 3.200.000,00; (**e**) há vício de inconstitucionalidade formal, visto que *(1)* a Lei não foi previamente analisada pelo Conselho de Política de Administração e de Remuneração de Pessoal (COPARP), violando o artigo 2º, §§1º e 2º, da Lei Municipal n. 1.366/1999; *(2)* não houve análise de constitucionalidade pela Comissão de Constituição e Justiça, o que afronta o artigo 63 da Constituição Estadual e inviabiliza o controle político – prévio – de constitucionalidade; *(3)* o devido processo legislativo é garantia constitucional, que não pode ser suprimido por ato *interna corporis* da Câmara Municipal, não podendo o Regimento Interno do Legislativo Municipal dispensar o prévio exame da Comissão de Constituição e Justiça em sessões extraordinárias, como o fez em seu artigo 39, inciso I; *(4)* o regime de urgência não autoriza a supressão de etapas, mas sim acelera as existentes; *(5)* a sanção do Executivo não supre vício de forma; (**f**) há vício de inconstitucionalidade material, haja vista que: *(1)* a Lei empreendeu o aumento da remuneração de agentes públicos sem previsão orçamentária para suportar o aumento de despesa com pessoal, contrariando o artigo 154, inciso X, da Constituição Estadual; *(2)*

a utilização de outros termos pelo texto legal, como "readequação de coeficientes", não desnatura o aumento efetuado; *(3)* exige-se que a despesa conste das leis orçamentárias e não somente a disponibilidade financeira, *(4)* a planilha de impacto orçamentário anexa ao Projeto de Lei não apresentou metodologia utilizada e tampouco corresponde ao impacto orçamentário que o Município efetivamente sofreu no mês de junho; *(5)* como consequência do aumento, a despesa com pessoal alcança 47,4% da receita corrente líquida do Município, próximo ao limite de alerta previsto pela Lei de Responsabilidade Fiscal; *(6)* as modificações trazidas pela Lei causaram desproporcionalidade entre a remuneração e as atribuições e grau de formação dos servidores; e, por fim, (g) além da violação à Constituição Estadual, há desobediência a normas de reprodução obrigatória da Constituição Federal.

Ademais, conforme nos relata o Consulente, a prestação dos serviços contemplou, além da elaboração de referidas sofisticadas e complexas teses jurídicas, a realização de audiência com Desembargador relator, a distribuição de memoriais aos Desembargadores julgadores, a realização de sustentação oral perante o Órgão Especial e, por fim, a oposição de embargos de declaração.

Tendo em vista as teses jurídicas desenvolvidas, bem como o objeto da ação de controle concentrado de constitucionalidade, é inegável existir singularidade no objeto da contratação por inexigibilidade de licitação. A elaboração da petição inicial demandou criativa produção intelectual pelo Consulente, que desenvolveu teses jurídicas que fogem ao ordinário e diferenciam-se de ações judiciais rotineiras e para as quais não se exigem maiores conhecimentos ou técnica de maior complexidade.

Frise-se: a petição inicial possui elevado e destacado grau de sofisticação ao adentrar em aspectos relativos ao controle concentrado de constitucionalidade de leis e atos normativos, processo legislativo, princípio da simetria entre Constituição federal e estaduais e, ainda, responsabilidade fiscal.

Ponderam Sergio Ferraz e Lucia Valle Figueiredo que o singular é insuscetível de confronto.[880] Em outras palavras, não se pode exigir da Administração Pública a realização de licitação diante da ilogicidade de se aferir, através de elementos objetivos, um trabalho destacadamente intelectual.

É inimaginável, à luz do objeto da contratação em exame, a elaboração de um edital de licitação que formatasse um modelo de prestação de serviços e de seleção de licitantes em ambiente de competição. Não se pode desconsiderar, ainda, o tempo necessário para a realização de um processo licitatório, tanto na fase interna, quanto externa, em prejuízo da produção de efeitos pela Lei municipal impugnada.

Ademais, é preciso destacar que contratações diretas dessa natureza demandam especial relação de confiança, especialmente tendo em vista que a Lei impugnada possuía relação direta e imediata com os servidores públicos municipais. Também sob essa perspectiva, não se deve tolher a decisão administrativa que elegeu o meio mais adequado de persecução do interesse público.

Em caso análogo ao ora examinado, a 1ª Turma do Superior Tribunal de Justiça – STJ reconheceu a natureza singular dos serviços advocatícios e a relação de confiança entre contratante e contratado como legitimadores do afastamento da regra da licitação, valorizando, inclusive, a discricionariedade administrativa nessa seara:

> ADMINISTRATIVO E PROCESSUAL CIVIL. IMPROBIDADE ADMINISTRATIVA. CONTRATAÇÃO DE SERVIÇOS ADVOCATÍCIOS COM DISPENSA DE LICITAÇÃO. ARTIGO 17 DA LIA. ARTIGO 295, V DO CPC. ARTIGO 178 DO CC/16. AUSÊNCIA DE

880 FERRAZ, Sergio; FIGUEIREDO, Lucia Valle. *Dispensa e inexigibilidade de licitação*. São Paulo: Revista dos Tribunais, 1992, p. 31.

PREQUESTIONAMENTO. SÚMULAS 282 E 356 DO STF. ARTS. 13 E 25 DA LEI 8.666/93. REQUISITOS DA INEXIGIBILIDADE DE LICITAÇÃO. SINGULARIDADE DO SERVIÇO. INVIABILIDADE DE COMPETIÇÃO. NOTÓRIA ESPECIALIZAÇÃO. DISCRICIONARIEDADE DO ADMINISTRADOR NA ESCOLHA DO MELHOR PROFISSIONAL, DESDE QUE PRESENTE O INTERESSE PÚBLICO E INOCORRENTE O DESVIO DE PODER, AFILHADISMO OU COMPADRIO. RECURSO ESPECIAL PROVIDO. (...) 3. Depreende-se, da leitura dos arts. 13 e 25 da Lei 8.666/93 que, para a contratação dos serviços técnicos enumerados no artigo 13, com inexigibilidade de licitação, imprescindível a presença dos requisitos de natureza singular do serviço prestado, inviabilidade de competição e notória especialização. 4. É impossível aferir, mediante processo licitatório, o trabalho intelectual do Advogado, pois trata-se de prestação de serviços de natureza personalíssima e singular, mostrando-se patente a inviabilidade de competição. 5. A singularidade dos serviços prestados pelo Advogado consiste em seus conhecimentos individuais, estando ligada à sua capacitação profissional, sendo, dessa forma, inviável escolher o melhor profissional, para prestar serviço de natureza intelectual, por meio de licitação, pois tal mensuração não se funda em critérios objetivos (como o menor preço). A informação disponível não será considerada para fins de contagem de prazos recursais (Ato n. 135 – Artigo 6º e Ato n. 172 - Artigo 5º) 6. Diante da natureza intelectual e singular dos serviços de assessoria jurídica, fincados, principalmente, na relação de confiança, é lícito ao administrador, desde que movido pelo interesse público, utilizar da discricionariedade, que lhe foi conferida pela lei, para a escolha do melhor profissional. 7. Recurso Especial a que se dá provimento para julgar improcedentes os pedidos da inicial, em razão da inexistência de improbidade administrativa. (Recurso Especial n. 1.192.332-RS, relator Min. Napoleão Nunes Maia Filho, data do Julgamento 12 de novembro de 2013.).

Ademais, o Conselho Pleno do Conselho Federal da Ordem dos Advogados do Brasil, através da Súmula n. 04/2012/COP, consignou, desde 2012, que

> (...) atendidos os requisitos do inciso II do art. 25 da Lei n. 8.666/93, é inexigível procedimento licitatório para contratação de serviços advocatícios pela Administração Pública, dada a singularidade da atividade, a notória especialização e a inviabilização objetiva de competição (...).

Mais recentemente, reconhecendo que os serviços profissionais de advogado são, por sua natureza, técnicos e singulares, quando comprovada sua notória especialização, a Lei n. 14.133/2020 incluiu o art. 3º-A à Lei n. 8.906/1994, que dispõe sobre o Estatuto da Advocacia e a Ordem dos Advogados do Brasil.

Nesses termos, o Despacho da Promotoria de Justiça de Horizontina/RS, proferido nos autos do Inquérito Civil em epígrafe, ao consignar que "(...) o procedimento [de contratação] desde o início foi dirigido à contratação de profissional específico, violando regra básica de livre concorrência entre profissionais de mesmo ou similar gabarito (...)", desconsiderou a singularidade da contratação por inexigibilidade de licitação e, ainda, a necessária relação de confiança estabelecida entre o executor e o ente público contratante, inviabilizando, consequentemente, a realização de procedimento competitivo.

21.5 A notória especialização

A notória especialização é definida pelo § 1º do art. 25 da Lei n. 8.666/1993 tendo em vista o "conceito no campo de sua especialidade, decorrente de desempenho anterior, estudos, experiências, publicações, organização, aparelhamento, equipe técnica, ou de outros requisitos relacionados com suas atividades (...)". Ou seja, é preciso que o particular contratado possua características demonstradoras de uma habilitação capaz de distingui-lo dos demais profissionais:

> (...) [a especialização] se traduz na existência de elementos objetivos ou formais, tais como a conclusão de cursos e a titulação no âmbito de pós-graduação, a participação em organismos voltados a atividade especializada, o desenvolvimento frutífero e exitoso de serviços semelhantes em outras oportunidades, a autoria de obras técnicas e o exercício de magistério superior, a premiação em concursos ou a obtenção de láureas, a organização de equipe técnica e assim por diante.[881]

Assim considerando, é inegável que o Consulente é jurista consagrado, reconhecido pela comunidade jurídica nacional e internacional por sua trajetória acadêmica, marcada por larga produção intelectual e científica e extenso currículo, e por sua atuação profissional, inclusive em matéria relativa à jurisdição constitucional.

Por essas razões, é equivocada a afirmação, consubstanciada no Despacho da Promotoria de Justiça de Horizontina/RS, quanto à inexistência de "(...) apuração de capacitação técnica na matéria central (reforma administrativa e aumento de salário de servidores públicos), ou mesmo demonstração de êxito em ações judiciais similares".

No mais, insta consignar, consoante antecipado, que a matéria central da medida judicial proposta se deu em sede de controle concentrado de constitucionalidade, tendo enfrentado requisitos complexos inerentes às demandas dessa natureza, além de serem sempre avaliadas sob à ótica constitucional, sob pena de não serem sequer conhecidas.

---

881 JUSTEN FILHO, Marçal. *Comentários à lei de licitações e contratos administrativos*. São Paulo: Revista dos Tribunais, 2009, p. 358.

Não se tratou, portanto, de mera análise de reforma administrativa ou aumento de vencimentos de servidores públicos. Mais que singelo enfrentamento de questão dessa natureza, a ação versou, conforme antecipado, sobre intrigados aspectos relativos ao controle concentrado de constitucionalidade de leis e atos normativos, processo legislativo, princípio da simetria entre Constituição federal e estaduais e, ainda, responsabilidade fiscal.

Aliás, a concessão da medida cautelar e a modulação de efeitos quando do julgamento final reforçam, inclusive, a presteza e acuidade na abordagem realizada pelo Consulente, o que só poderia ser feito por jurista de alto gabarito, como inquestionavelmente é o caso do Consulente.

21.6 A inadequação da prestação do serviço diretamente pelo ente público contratante

O Despacho da Promotoria de Justiça de Horizontina/RS, proferido nos autos do Inquérito Civil em epígrafe, colocou dúvidas com relação à suposta ausência de demonstração da "(...) inadequação da prestação do serviço pelos integrantes do Poder Público, que o Município de Horizontina dispõe da respectiva Procuradoria-Geral do Município (...)".

Entretanto, tanto a impossibilidade quanto a inconveniência da execução direta pelos quadros do ente público contratante justificaram a contratação por inexigibilidade de licitação.

Nos termos do acórdão da lavra do nobre Desembargador Vinício Salles, da 12ª Câmara de Direito Público, a Administração, excepcional e motivadamente, mesmo contando com corpo jurídico próprio, possui permissão legal para afastar a regra da licitação para contratar advogados especializados de notável saber jurídico:

> (...) a decisão recursal de mérito reclama especial atenção para o fato de que a Administração, excepcional e motivadamente,

> mesmo contando com corpo jurídico próprio, tem permissão legal para dispensar licitação e contratar advogados especializados de notável saber jurídico, e também pela singularidade do serviço a ser prestado (...).[882]

Veja-se, portanto, que o fato de o ente público contratante possuir, em seus quadros, profissionais com atribuições legais formais para tanto, não é critério definitivo.

Destaque-se, inicialmente, que a atividade desenvolvida foi, consoante já demonstrado, de natureza singular. É inegável que o objeto contratado não se inseria nas atividades rotineiras e habituais da municipalidade, sendo lícita a decisão administrativa que aferiu, concretamente, o modo mais adequado de persecução do interesse público.

Ademais, na medida em que a ação em sede de controle concentrado de constitucionalidade versou sobre questionamento da constitucionalidade da Lei Municipal n. 3.694/2016, que majorou os vencimentos dos detentores de cargos efetivos na municipalidade, é inegável a relação entre o pleito e a atuação de procuradores municipais, justificando, consequentemente, que a demanda fosse patrocinada por advogado externo à estrutura administrativa.

Ou seja, a matéria central objeto da ação proposta é afeta aos procuradores municipais e a estrutura administrativa que suporta o exercício das funções públicas sob sua incumbência. Na medida em que são servidores públicos municipais e, portanto, diferentemente do Consulente, não possuem o distanciamento recomendado ao tratamento do caso, foi preciso evitar conflito de interesses.

A mesma questão se coloca caso fosse realizado procedimento licitatório para seleção de executor. Seria a estrutura administrativa,

---

882 TJSP. Apelação n. 0007926-96.2010.8.26.0320. Rel. Des. Venício Salles. Data do julgamento: 27 de maio de 2013.

beneficiária da Lei impugnada, que seria a responsável para tanto, em evidente conflito de interesses.

21.7 A adequação do valor da contratação

Os preços apresentados pelo particular devem ser adequados, conforme exige o artigo 26, parágrafo único, III, da Lei n. 8.666/1993. Trata-se de decorrência da regra da razoabilidade dos preços contratados.[883]

Para justificação do preço, é preciso que se utilize de qualquer meio idôneo para evitar o superfaturamento, hipótese em que, nos termos do art. 25, § 2º, da Lei n. 8.666/1993, respondem solidariamente pelo dano causado à Fazenda Pública o fornecedor ou o prestador de serviços e o agente público responsável, sem prejuízo de outras sanções legais cabíveis.

Assim considerando, o valor deve possuir relação com aqueles praticados pelo mesmo particular junto a outros entes públicos e privados. Nesse sentido, destaque-se o entendimento de Marçal Justen Filho:

> A razoabilidade do preço deverá ser verificada em função da atividade anterior e futura do próprio particular. O contratado com a Administração Pública deverá ser praticado em condições econômicas similares com as adotadas pelo

883 No mesmo sentido é o posicionamento do Tribunal de Contas da União: "também importante é o entendimento pacífico de que a justificativa de preço é elemento essencial da contratação, posto que a sua validade depende da verificação da razoabilidade do preço ajustado, conforme prevê o inciso III do art. 26 da Lei n. 8.666/1993. (...) a inviabilidade de competição não constitui óbice, por si, à verificação da razoabilidade do preço. Diversos são os parâmetros que poderão ser utilizados para se avaliar a adequação dos preços, mesmo quando se tratar de fornecedor exclusivo". (BRASIL, Tribunal de Contas da União – TCU. Acórdão n. 2.611/2007, Plenário, Rel. Min. Augusto Nardes, julgamento em 05.12.2007).

> particular para o restante de sua atividade profissional. Não é admissível que o particular, prevalecendo-se de necessidade pública e de ausência de outros competidores, eleve os valores contratuais.[884]

No mesmo sentido é o entendimento da consubstanciado na Orientação Normativa n. 17 da Advocacia-Geral da União, ora adotada como parâmetro de referência, segundo a qual

> a razoabilidade do valor das contratações decorrentes de inexigibilidade de licitação poderá ser aferida por meio da comparação da proposta apresentada com os preços praticados pela futura contratada junto a outros entes públicos e/ou privados, ou outros meios igualmente idôneos.

Conforme antecipado, a contraprestação a título de honorários *pro labore* foi fixada em R$ 68.965,52, ao passo que os honorários *ad exitum* foi no patamar de R$ 137.931,05. Referidos valores são notoriamente baixos tendo em vista o objeto contratado, que versa sobre propositura de ação em sede de controle concentrado de constitucionalidade, no âmbito das quais, inclusive, não são cabíveis honorários de sucumbência.

Ainda que a contratação de serviços técnicos profissionais especializados por inexigibilidade, por sua própria natureza singular, impeça a comparação de preços com aqueles praticados pelo mercado em geral, relata-nos o Consulente que, nos autos do Inquérito Civil em referência, há relação de serviços advocatícios prestados a outros municípios gaúchos, mediante inexigibilidade de licitação, em patamares expressivamente superiores.

Há de se considerar ainda que, tendo sido os serviços prestados satisfatoriamente, de modo a dar ensejo a resultados positivos antes

---

884 JUSTEN FILHO, Marçal. *Comentários à lei de licitações e contratos administrativos*. São Paulo: Revista dos Tribunais, 2012, p. 447.

mesmo do julgamento definitivo, qualquer pretensão de suposta recomposição do erário daria ensejo a enriquecimento sem causa da Administração Pública, o que é vedado.[885] O valor total pago a título de honorários representou percentual extremamente baixo, tendo em vista o montante integral envolvido. Do mesmo modo, não se questiona que os serviços foram rigorosamente prestados.

Especificamente com relação aos honorários *ad exitum*, cuja licitude será analisada a seguir, é preciso considerar desde já, consoante nos relata o Consulente, que houve expressivo proveito econômico em favor da municipalidade, isso tendo em vista a obtenção de decisão liminar e, ainda, os efeitos obtidos com a decisão terminativa, que diferiu o cumprimento da Lei impugnada. Ou seja, o valor pactuado foi extremamente inferior ao proveito econômico para a Administração municipal.

Sob todas essas perspectivas, é inegável que o valor da contratação, incluídos os honorários *ad exitum*, foi adequado ao seu objeto, a expressão econômica envolvida e, ainda, aos proveitos originados da atuação do Consulente.

21.8 A questão dos honorários advocatícios *ad exitum*

Ainda quanto aos honorários *ad exitum*, nos termos de Despacho da Promotoria de Justiça de Horizontina/RS nos autos do Inquérito Civil em epígrafe, não teria havido o implemento da condição de êxito na medida em que

> (...) não houve "sucesso", pois somente houve decisão liminar genérica em 01.08.2019, tão somente suspendendo a eficácia da Lei Municipal n. 3.694/2016, provimento cautelar que

885 Nesse sentido: REsp 1.143.969/RJ, Rel. Ministro Sérgio Kukina, Primeira Turma, DJe de 07/11/2017.

> não foi confirmado e não produziu efeitos permanentes, pois a ação foi julgada improcedente (...).

A ausência de êxito ficaria evidenciado, inclusive, em razão da previsão de "(...) pagamento dos valores previstos na lei questionada deveria ocorrer quando o Município dispusesse de monta suficiente para tanto (...)" e, ainda, da celebração de Termo de Autocomposição Extrajudicial com o Ministério Público nos autos do Inquérito Civil n. 01652.000.138/2020 no âmbito do qual o Município teria ajustado "(...) para fins de termo inicial dos efeitos retroativos da Lei Municipal n. 3.694/2016 o mês de novembro de 2019, inclusive (...)".

Com efeito, previu-se no contrato de honorários advocatícios o pagamento do valor de R$ 137.931,05 em caso de êxito consistente na concessão de medida cautelar para suspender a eficácia da lei ou, ainda, na procedência final da ação de inconstitucionalidade:

> V – HONORÁRIOS CONDICIONADOS AO ÊXITO: Em caso de êxito, consistente na concessão de medida cautelar para suspender a eficácia da lei ou, ainda, na procedência final da ação de inconstitucionalidade, o CONTRATANTE pagará ao CONTRATADO o valor de R$ 137.931,05 (cento e trinta e sete mil, novecentos e trinta e um reais e cinco centavos), a título de honorários (...).

Referida previsão, absolutamente comum aos contratos de prestação de serviços advocatícios nas relações privadas, é lícita nas relações de Direito público, no qual cláusulas de eficiência são igualmente habituais. Ademais, a própria advocacia pública goza de prerrogativas em grande medida similares aos honorários *ad exitum* do âmbito da advocacia privada.

Destaque-se, exemplificativamente, previsões constantes do artigo 6º, § 1º, da Lei n. 11.079/2004, e do artigo 10 da Lei n. 12.462/2011, que tratam de remuneração variável vinculada ao desempenho. Mais recentemente, a Lei n. 14.133/2020, que dispõe sobre o novo regime geral de licitações e contratações públicas substituidor da Lei n. 8.666/1993, igualmente tratou de contraprestação vinculada ao desempenho no seu artigo 144.

Ademais, o artigo 50 do Código de Ética da Ordem dos Advogados do Brasil dispõe sobre a adoção de cláusula *quota litis*, devendo-se obedecer a regra de que os honorários, quando acrescidos dos honorários de sucumbência, não podem ser superiores às vantagens em favor do cliente.

Com relação à questão relativa ao próprio implemento da condição de êxito, não há qualquer dúvida de que bastava, à luz da previsão contratual, a concessão de medida cautelar para que fossem devidos os honorários *ad exitum*, independentemente de qualquer circunstância posterior, inclusive o julgamento pela improcedência da ação.

Com efeito, proposta a ação em 30 de julho de 2019, em 1º de agosto de 2019 o relator deferiu a medida liminar suspendendo os efeitos da lei: "nestes termos, DEFIRO A MEDIDA LIMINAR, para suspender a eficácia da Lei Municipal n. 3.694/2016".

Em 22 de janeiro de 2020 a ação foi julgada improcedente. A despeito do reconhecimento da constitucionalidade da Lei, consignou-se que somente haveria a produção de efeitos quando o Município dispusesse de monta suficiente para honrar os compromissos legais no subsequente exercício. Até então, a Administração Municipal não seria obrigada a dar cumprimento às disposições legais.

Veja-se, portanto, que a concessão da liminar no âmbito da ADI para fins de suspensão da eficácia da lei municipal impugnada perfectibilizou a condição necessária para configuração do êxito pactuado. O deferimento da medida liminar incidiu imediata e diretamente nas finanças públicas municipais, impactando na folha de pagamento dos servidores até o julgamento final. Mesmo com a improcedência ao final, os efeitos da medida cautelar e os fundamentos *obter dictum* lançados no acórdão resultaram, inegavelmente, na materialização de proveito econômico à municipalidade.

Com efeito, o acórdão prolatado atendeu, por via oblíqua, o pedido subsidiário formulado na petição inicial, assentando que a legislação impugnada somente poderia produzir efeitos a partir do ano subsequente ao julgamento, isso em razão de imposição da Lei de Responsabilidade Fiscal, projetando, assim, 17 meses de benefícios.

Ainda que, em setembro de 2020, a Promotoria de Justiça de Horizontina/RS e a municipalidade tenham celebrado acordo extrajudicial em que se pactuou o pagamento retroativo dos vencimentos, não se pode imputar ao Consulente qualquer decorrência. Mesmo tendo atingido o período abarcado pela liminar, revertendo-se, por via oblíqua, o resultado obtido pela municipalidade, a atuação do Consulente resultou em proveito econômico à Administração Pública, não lhe podendo ser imputado, para qualquer fim, as consequências decorrentes do referido acordo.

21.9 Respostas aos quesitos

PRIMEIRO QUESITO: Foi lícita a contratação através de inexigibilidade de licitação?

O ora examinado contrato de prestação de serviços advocatícios foi lícito, na medida em que atendidos todos os requisitos legais relativos à inexigibilidade de licitação, quais sejam natureza singular do serviço, notória especialização profissional, inadequação da prestação direta pelo ente público contratante e, por fim, economicidade do valor da contratação.

SEGUNDO QUESITO: O Consulente pode ser responsabilizado solidariamente por eventual ilicitude?

Se possível fosse cogitar de alguma irregularidade na condução do processo administrativo de contratação direta, o Consulente não pode ser responsabilizado por atos administrativos praticados exclusivamente pelo ente municipal contratante.

À Administração Pública imputa-se o dever inafastável de higidez na formalização de seus atos, não cabendo ao Consulente, mero contratado, responder por possível ilicitude ou, muito menos, mera irregularidade formal no processo administrativo exclusivamente conduzido pelo ente público contratante.

A completa ausência de responsabilidade do Consulente decorre, além de não deter competência administrativa para a prática dos atos preparatórios, da sua boa-fé, ausência de culpabilidade e a inquestionável prestação dos serviços em favor do ente municipal contratante, o que veda, à luz da teoria do enriquecimento sem causa, qualquer responsabilização, inclusive por prática de ato de improbidade administrativa.

TERCEIRO QUESITO: Foi ilegal a fixação da cláusula *Quota Litis* no contrato em exame? Em caso negativo, as condições necessárias para configuração do êxito se perfectibilizaram?

A fixação da cláusula *quota litis* não foi ilegal. Referida previsão, absolutamente comum aos contratos de prestação de serviços advocatícios nas relações privadas, é lícita nas relações de Direito público, no qual cláusulas de eficiência são igualmente habituais. Ademais, a própria advocacia pública goza de prerrogativas em grande medida similares aos honorários *ad exitum* do âmbito da advocacia privada.

Com relação à questão relativa ao implemento da condição de êxito, não há qualquer dúvida de que bastava, à luz da previsão contratual, a concessão de medida cautelar para que fossem devidos os honorários *ad exitum*, independentemente de qualquer circunstância posterior, inclusive o julgamento pela improcedência da ação.

A concessão da liminar no âmbito da ADI para fins de suspensão da eficácia da lei municipal impugnada perfectibilizou a condição necessária para configuração do êxito previamente pactuado. O deferimento da medida liminar incidiu imediata e diretamente nas finanças públicas municipais, impactando na folha de pagamento dos servidores até o julgamento final.

O acórdão prolatado ao final do julgamento da ação atendeu, por via oblíqua, o pedido subsidiário formulado na petição inicial, assentando que a legislação impugnada somente poderia produzir seus efeitos a partir do ano subsequente ao julgamento, isso em razão de imposição da Lei de Responsabilidade Fiscal. Portanto, mesmo com a improcedência ao final, os efeitos da medida cautelar e os fundamentos *obter dictum* lançados no acórdão resultaram em proveito econômico à municipalidade.

QUARTO QUESITO: Quais os efeitos práticos da medida liminar e da decisão final no âmbito da ADI N. 3.694/16?

Em 1º de agosto de 2019 o Desembargador relator deferiu a medida liminar suspendendo os efeitos da lei: "nestes termos, DEFIRO A MEDIDA LIMINAR, para suspender a eficácia da Lei Municipal n. 3.694/2016". Em 22 de janeiro de 2020 a ação foi julgada improcedente. A despeito do reconhecimento da constitucionalidade da Lei, consignou-se que somente seria viável a produção de efeitos quando o Município dispusesse de monta suficiente para tanto, o que ocorreria no exercício subsequente.

Assim considerando, tanto a liminar quanto os efeitos práticos da decisão final no âmbito da ADI n. 3.694/16 foram favoráveis às pretensões do Município, o qual, com os provimentos jurisdicionais, teve atendido, por um razoável período, o pleito de afastamento da aplicação da Lei Municipal n. 3.694/2016.

QUINTO QUESITO: O acordo de autocomposição extrajudicial, proposto pelo Ministério Público e celebrado com o Sindicato dos Municipários de Horizontina, o Município de Horizontina e a Câmara de Vereadores de Horizontina afetou a decisão judicial prolatada na ADI N. 3.694/16?

A autocomposição extrajudicial, através da qual o Prefeito Municipal pactuou o pagamento retroativo das verbas impugnadas, a contar de novembro de 2019, atingiu o período abarcado pela liminar e, ainda, a modulação de efeitos realizada por ocasião do julgamento final. Por via oblíqua, reverteu-se, na prática, o resultado obtido pela municipalidade.

De todo modo, atuação do Consulente resultou em proveito econômico à Administração Pública, não lhe podendo ser imputado, para qualquer fim, as consequências decorrentes da referida autocomposição.

SEXTO QUESITO: Há justa causa para o Ministério Público prosseguir em investigação administrativa com a finalidade de apurar "denúncia acerca de contratação direta (inexigibilidade de licitação) de advogado particular para ajuizamento de ADI e pagamento irregular de verba a título de cláusula de sucesso"?

À luz das respostas aos quesitos anteriores, inexiste justa causa para o Ministério Público prosseguir as investigações administrativas em face do Consulente e, muito menos, instaurar ação tendente à sua responsabilização pela prática de ato de improbidade administrativa.

É o que nos parece.

São Paulo, 3 de setembro de 2021.

CAPÍTULO XXII

A RESPONSABILIDADE DISCIPLINAR DO MAGISTRADO À LUZ DOS DIREITOS FUNDAMENTAIS DE MANIFESTAÇÃO DO PENSAMENTO E DE LIBERDADE DE EXPRESSÃO E DA VEDAÇÃO CONSTITUCIONAL AO EXERCÍCIO DE ATIVIDADE POLÍTICO-PARTIDÁRIA

EMENTA: EXTENSÃO DOS DIREITOS FUNDAMENTAIS DE MANIFESTAÇÃO DO PENSAMENTO (ART. 5º, INCISO IV, DA CONSTITUIÇÃO DA REPÚBLICA) E DE LIBERDADE DE EXPRESSÃO (ART. 5º, INCISO IX, DA CONSTITUIÇÃO DA REPÚBLICA) DO MAGISTRADO, CONSIDERANDO A VEDAÇÃO CONSTITUCIONAL AO EXERCÍCIO DE ATIVIDADE POLÍTICO-PARTIDÁRIA (ART. 95, PARÁGRAFO ÚNICO, INCISO "III", DA CONSTITUIÇÃO DA REPÚBLICA).

ÍNDICE: I. PROLEGÔMENOS E FORMULAÇÃO DOS QUESITOS. II. OS DIREITOS FUNDAMENTAIS DE MANIFESTAÇÃO DO PENSAMENTO E DE LIBERDADE DE

EXPRESSÃO DO MAGISTRADO. III. A VEDAÇÃO AO EXERCÍCIO DE ATIVIDADE POLÍTICO-PARTIDÁRIA PELO MAGISTRADO: CONCEITO. IV. RESPOSTAS AOS QUESITOS FORMULADOS PELO CONSULENTE.

CONSULENTE: PROF. DR. NILO BATISTA.

22.1 Prolegômenos e formulação dos quesitos

O Consulente honra-nos com a presente consulta no tema de Direito Constitucional quanto à extensão dos direitos fundamentais de manifestação do pensamento (art. 5º, inciso IV, da Constituição da República) e de liberdade de expressão (art. 5º, inciso IX, da Constituição da República) do Magistrado, isso a considerar a vedação constitucional ao exercício da atividade político-partidária (art. 95, parágrafo único, inciso "III", da Constituição da República).

Com efeito, o Consulente exerce a advocacia em favor de quatro juízes do Tribunal de Justiça do Estado do Rio de Janeiro, dois dos quais também professores reconhecidos por suas contribuições às ciências jurídicas no âmbito nacional.

O questionamento quanto à extensão dos direitos fundamentais de manifestação do pensamento e da liberdade de expressão desses juízes de direito, considerando a vedação constitucional ao exercício da atividade político-partidária por magistrados, surgiu em razão de decisão, exarada nos autos de processo administrativo de investigação preliminar n. 2016-066963, em curso no Órgão Especial do Tribunal de Justiça do Estado do Rio de Janeiro.

Referida decisão reconheceu, com relação aos quatro magistrados, a, *in verbis*, "(...) patente a existência de indícios de conduta vedada pela Constituição Federal, em seu art. 95, parágrafo único, inciso III (...)", já que "(...) as provas colhidas, principalmente a mídia audiovisual, são absolutamente suficientes para a formação de um juízo de admissibilidade para a instauração de Processo Administrativo Disciplinar".

Referidos indícios constariam de gravações impressas e audiovisuais que exibiriam os quatro magistrados

> (...) não só se manifestando [na atividade "funk contra o golpe"], de diversas formas em favor de uma coligação partidária, mas também convocando a presença pública para uma manifestação de indiscutível natureza político-partidária no dia 17.04.2016 (domingo), mas aí com maior efeito, participando *in loco* desta manifestação, com empenho, dedicação e devoção à causa político-partidária objeto daquele ato.

Constituir-se-ia, portanto, em "ato político" tendente a "(...) exortar (...) a população presente a aderir ao movimento em prol de um partido político ou coligação deles".

O que se coloca é, nesses termos, se a vedação constitucional ao exercício da atividade político-partidária pelo Magistrado, bem como se as limitações consubstanciadas na Lei Complementar n. 35/1979, a Lei Orgânica da Magistratura Nacional, imporiam restrições à prática de externar suas opiniões nos moldes em que ocorreu. Assim, nos foram formulados os seguintes quesitos:

PRIMEIRO QUESITO: As manifestações de Magistrados no tema da infração político-administrativa de *impeachment* à Presidente da República – seja a favor, seja contra – em especial as mencionadas na decisão referenciada, extrapolam os direitos fundamentais à manifestação do pensamento (art. 5º, inciso IX, da Constituição da República) dos Magistrados?

SEGUNDO QUESITO: Qual o conceito de atividade político-partidária a que se refere o art. 95, parágrafo único, inciso "III", da Constituição da República?

TERCEIRO QUESITO: A atividade "funk contra o golpe" pode ser tida como atividade político-partidária?

QUARTO QUESITO: A conduta desses Magistrados pode ser tida como atividade político-partidária?

Expostos assim os fatos e o teor da consulta, passamos a emitir nossa opinião a respeito do tema.

22.2 Os direitos fundamentais de manifestação do pensamento e de liberdade de expressão do magistrado

A manifestação do pensamento (art. 5º, inciso IV, da Constituição da República) e a liberdade de expressão (art. 5º, inciso IX, da Constituição da República) são direitos fundamentais indissociavelmente ligados à cidadania, bem como à participação na vida da *polis* (art. 1º, inciso II, da Constituição da República) e à dignidade da pessoa humana (art. 1º, inciso III, da Constituição da República).

Referidos direitos costumam ser denominados "direitos de primeira geração", os quais compreendem os direitos civis e políticos das chamadas liberdades clássicas, negativas ou formais.

Tais direitos são caracterizados, essencialmente, pela necessidade de uma postura negativa do Estado. Paulo Bonavides, nesse contexto, preceitua que tais direitos "valorizam o homem – singular, o homem das liberdades abstratas, o homem da sociedade mecanicista que compõe a chamada sociedade civil".[886]

Na mesma linha, José Joaquim Gomes Canotilho, ao tratar das chamadas liberdades, especialmente a de expressão, caracterizam-nas como "posições fundamentais subjectivas de natureza

---

886 BONAVIDES, Paulo. *Curso de Direito Constitucional.* São Paulo: Malheiros, 2001, p. 516.

defensiva". Os por ele chamados de "direitos a acções negativas", caracterizam-se, assim, por uma abstenção do Estado:

> As liberdades (liberdade de expressão, liberdade de informação, liberdade de consciência de religião e de culto, liberdade de criação cultural, liberdade de associação) costumam ser caracterizadas como posições fundamentais subjectivas de natureza defensiva. Nesse sentido, as liberdades identificam-se com direitos a ações negativas; seriam Abwerrechte (direitos de defesa). Resulta logo do enunciado constitucional que, distinguindo-se entre "direitos, liberdades e garantias", tem de haver algum traço específico, típico das posições identificadas como liberdades. Esse traço específico é o da alternativa de comportamento, ou seja, a possibilidade da escolha de um comportamento. Assim, como vimos, o direito à vida é um direito (de natureza perante o Estado), mas não é uma liberdade (o titular não pode escolher entre viver ou morrer). A componente negativa das liberdades constitui também uma dimensão fundamental (ex., ter ou não ter religião; fazer ou não fazer parte de uma associação; escolher uma ou outra profissão).[887]

O direito à liberdade de pensamento e de expressão é conceituado pelo Pacto de São José da Costa Rica, no seu art. 13, como

> a liberdade de buscar, receber e difundir informações e ideias de toda natureza, sem consideração de fronteiras, verbalmente ou por escrito, ou em forma impressa ou artística, ou por qualquer outro processo de sua escolha.

José Afonso da Silva, do mesmo modo, assinala que a liberdade de pensamento compreende a exteriorização do conteúdo

887 CANOTILHO, José Joaquim Gomes. *Direito Constitucional e Teoria da Constituição*. Coimbra: Almedina, 2002, p. 1246.

intelectual, o que pressupõe interações sociais, bem como a troca de conhecimentos e de opiniões:

> A liberdade de pensamento – segundo Sampaio Dória – "é o direito de exprimir, por qualquer forma, o que se pense em ciência, religião, arte o que for". Trata-se de liberdade de conteúdo intelectual e supõe o contato do homem com seus semelhantes, pelo qual "o homem tenda, por exemplo, a participar a outros suas crenças, seus conhecimentos, sua concepção de mundo, suas opiniões políticas ou religiosas, seus trabalhos científicos".
>
> Nesses termos, ela se caracteriza como exteriorização do pensamento no seu sentido mais abrangente.[888]

Para o mesmo autor, a liberdade de opinião, a qual resume a liberdade de pensamento nas suas várias formas de manifestação, caracteriza-se pela "liberdade de o indivíduo adotar a atitude intelectual de sua escolha: quer um pensamento íntimo, quer seja a tomada de posição pública; liberdade de pensar e dizer o que se crê verdadeiro".[889]

Analisando o precedente "Brandenburg v. Ohio, 395 US 444 (1969)", da Suprema Corte Norte-Americana, Cass R. Sunstein destaca que a liberdade de expressão está diretamente ligada à própria ideia de democracia, uma vez que a proteção de "dissidentes" não se presta somente a proteger individualmente as pessoas que professam determinadas ideias, mas também as inúmeras pessoas que se beneficiam da coragem ou da temeridade daqueles que discordam.[890]

888 SILVA, José Afonso da. *Curso de Direito Constitucional Positivo*. São Paulo: Malheiros, 2004, p. 240.

889 SILVA, José Afonso da. *Curso de Direito Constitucional Positivo*. São Paulo: Malheiros, 2004, p. 240.

890 SUNSTEIN, Cass R. *Why societies need dissent?* Cambridge: Harvard University, 2003, p. 98.

Para o mesmo autor, a sociedade beneficia-se da divulgação e do dissenso. Entretanto, determinadas pressões levam as pessoas ao silêncio, o que se constituiria em justificativa para que a lei jamais restrinja pontos de vista impopulares.[891]

Constata-se, portanto, que a manifestação do pensamento (art. 5º, inciso IV, da Constituição da República) e a liberdade de expressão (art. 5º, inciso IX, da Constituição da República) são direitos fundamentais indissociavelmente ligados à cidadania, bem como à participação na vida da *polis* (art. 1º, inciso II, da Constituição da República) e à dignidade da pessoa humana (art. 1º, inciso III, da Constituição da República).

Especificamente com relação às limitações constitucionais à atuação dos Magistrados, apenas são legítimas aquelas consubstanciadas no art. 95, parágrafo único, da Constituição da República.

Assim, as restrições impostas pela Lei Complementar n. 35/1979, a Lei Orgânica da Magistratura Nacional, devem ser examinadas tendo em vista referido regime constitucional, devendo-se ser declaradas não recepcionadas as disposições a ele contrárias.

No caso em exame, as manifestações públicas dos quatro Magistrados ocorridas na atividade "funk contra o golpe", bem como as manifestações públicas no tema da infração político-administrativa de *impeachment* à Presidente da República – seja a favor, seja contra – em especial as mencionadas na decisão referenciada, representam o legítimo exercício dos direitos fundamentais à manifestação do pensamento (art. 5º, inciso IV, da Constituição da República) e de liberdade de expressão (art. 5º, inciso IX, da Constituição da República) dos Magistrados.

---

891 Nas palavras do autor, "if societies benefit from disclosure and dissent, and if informational and reputational pressures lead people to silence themselves, then we have good reason to ensure that the force of law is never used to restrict unpopular points of view" (SUNSTEIN, Cass R. *Why societies need dissent?* Cambridge: Harvard University, 2003, p. 101).

Como é notório, a possibilidade de cominação de infração político-administrativa de *impeachment* à Presidente da República está diretamente ligada aos princípios republicano e democrático.

Com efeito, a investidura de um mandato representativo submete os agentes públicos ao exercício do *múnus*, ou seja, a um conjunto de deveres e responsabilidades, em benefício da coletividade.

Em regimes presidencialistas, o chefe de governo e de Estado – reunidos em uma só pessoa – pode sofrer, assim, o impedimento de seu mandato pelo Legislativo.

Portanto, não se pode subtrair aos Magistrados o direito de manifestar seu pensamento e exercer sua liberdade de expressão nesse tema de grande relevância pública.

Aos Magistrados é dado, portanto, adotar a atitude intelectual de sua escolha, tomando posições públicas. A Constituição da República tutela, portanto, os direitos fundamentais à manifestação do pensamento e de liberdade de expressão dos Magistrados.

Como antecipado, referidos direitos fundamentais não são destinados a proteger, individualmente, a pessoa, mas também a coletividade, que se verá representada pelo que Cass R. Sunstein chama de "dissidentes".[892]

Portanto, a Constituição da República, ao invés de restringir a participação dos Magistrados na vida da *polis*, só o fez numa hipótese excepcional: ao vedar o exercício da atividade político-partidária (art. 95, parágrafo único, inciso "III", da Constituição da República), tema que será a seguir detalhado.

---

892 SUNSTEIN, Cass R. *Why societies need dissent?* Cambridge: Harvard University, 2003, p. 98.

22.3 A vedação ao exercício de atividade político-partidária pelo magistrado: conceito

Nos termos do art. 92 da Constituição da República, são órgãos do Poder Judiciário o Supremo Tribunal Federal, o Conselho Nacional de Justiça, o Superior Tribunal de Justiça, os Tribunais Regionais Federais e Juízes Federais, os Tribunais de Juízes do Trabalho, os Tribunais e Juízes Militares e os Tribunais e Juízes dos Estados e do Distrito Federal e Territórios.

A carreira da magistratura, por seu turno, está disciplinada nos artigos 93 e 95 da Constituição da República, bem como na Lei Complementar n. 35, de 14 de março de 1979, a Lei Orgânica da Magistratura Nacional.

No que toca especificamente às práticas vedadas ao Magistrado, o art. 95, parágrafo único, III, da Constituição da República proíbe a dedicação à atividade político-partidária pelo Magistrado, o qual, nos termos do artigo 26, inciso II, alínea "c", da Lei Complementar n. 35, de 14 de março de 1979, a Lei Orgânica da Magistratura Nacional, perderá o cargo caso seja condenado em processo disciplinar de apuração de responsabilidade.

Tal vedação possui o escopo de garantir a observância aos deveres de independência e imparcialidade do juiz,[893] os quais asseguram que sua atuação funcional, concernente à prestação jurisdicional do Estado, seja desempenhada sem influências de qualquer natureza.

Para José Afonso da Silva, trata-se de *garantia funcional do Poder Judiciário*, na medida em que objetiva a manutenção da

893 Nesse sentido dispõe o Código de Ética da Magistratura Nacional em seu artigo 7º: "A independência judicial implica que ao magistrado é vedado participar de atividade político-partidária".

independência e do exercício da função jurisdicional com dignidade, desassombro e imparcialidade:[894]

> As *garantias de imparcialidade dos órgãos judiciários* aparecem, na CF, sob forma de *vedações* aos juízes, denotando restrições formais a eles. Mas, em verdade, cuida-se aí, ainda, de proteger a sua independência e, consequentemente, do próprio Poder Judiciário. Assim é que a CF, no art. 95, parágrafo único, veda-lhes: *exercer*, ainda que em disponibilidade, outro cargo ou função, salvo uma de magistério; *receber*, a qualquer título ou pretexto, custas ou participação em processo; *dedicar-se* à atividade político-partidária.[895]

Desta forma, depreende-se que a Constituição da República exige que o Magistrado se abstenha de exercer atividade político-partidária justamente por esta afetar a imparcialidade de seu julgamento e, por conseguinte, a própria prestação jurisdicional.

Os contornos de tal vedação, todavia, precisam ser delineados a fim de apartar-se a atuação do Magistrado no exercício da cidadania, o que lhe é constitucionalmente assegurado.

Nesse contexto, o Tribunal Superior Eleitoral – TSE adota o conceito de atividade político-partidária como o:

> Conjunto de ações desempenhadas em decorrência de vinculação a partido político, como p. ex., participação em campanhas de candidatos a postos eletivos, exercício de cargos ou funções nos órgãos dos partidos políticos. No

---

894 SILVA, José Afonso da. *Curso de Direito Constitucional Positivo*. São Paulo: Malheiros, 2004, p. 577.

895 SILVA, José Afonso da. *Curso de Direito Constitucional Positivo*. São Paulo: Malheiros, 2004, p. 578.

Direito brasileiro, vedada ao juiz e conselheiros de tribunais de contas, sob pena de perda do cargo judiciário.[896]

Assim, para que haja inclusive a instauração de processo administrativo disciplinar para a apuração da infração de exercício de atividade político-partidária, obrigatoriamente a conduta do Magistrado deverá enquadrar-se nos termos referidos, sob pena de manifesta ilegalidade do procedimento.

Ademais, por tratar-se de norma restritiva de direito, consistente em vedação a liberdades constitucionalmente asseguradas, relativas à manifestação do pensamento e expressão, a proibição do exercício de atividade político-partidária não admite ampliação para abarcar condutas que não estejam compreendidas pela expressão.

Especificamente com relação ao caso em exame, as manifestações públicas dos quatro Magistrados ocorridas na atividade "funk contra o golpe", bem como as manifestações públicas no tema da infração político-administrativa de *impeachment* à Presidente da República e, em especial as mencionadas na decisão referenciada, além de representarem o legítimo exercício dos direitos fundamentais à manifestação do pensamento (art. 5º, inciso IV, da Constituição da República) e de liberdade de expressão (art. 5º, inciso IX, da Constituição da República), não estão compreendidas na vedação constitucional ao exercício da atividade político-partidária (art. 95, parágrafo único, inciso "III", da Constituição da República).

Em nada se confunde, portanto, o debate público em torno da possibilidade de cominação de infração político-administrativa de *impeachment* à Presidente da República com os interesses político-partidários de determinada agremiação.

---

896 Disponível em: http://www.tse.jus.br/eleitor/glossario/termos-iniciados-com--a-letra-a#atividade-politico-partidaria. Acessado em: 05.05.2016.

Manifestação política, no sentido amplo da vida social, por evidente, não se confunde com manifestação político-partidária, em regra, direcionada à busca de votos a determinado partido político.

Portanto, a atuação do magistrado na vida política do país, manifesta por diversas formas de expressão, não possui qualquer relação com a defesa de interesses político-partidários específicos. O entendimento viola os direitos fundamentais à liberdade de expressão e pensamento do Magistrado e à própria democracia.

É importante notar que o Estado Democrático de Direito fomenta a participação política da sociedade, a qual resulta no aprimoramento das instituições democráticas. Sob tal ótica, obstar o Magistrado de tal possibilidade, inerente à condição de cidadão, violaria mais do que sua liberdade individual, mas a democracia em seu sentido mais amplo.

Assim, é certo que o efetivo exercício da cidadania pelos magistrados individualizados na Representação, consubstanciado nas mais diversas formas de expressão, não deve ser confundido com o exercício de atividade político-partidária, conceito restrito à atuação voltada ao relacionamento do Magistrado com questões partidárias específicas.

22.4 Respostas aos quesitos formulados pelo Consulente

Desenvolvidos os temas jurídicos pertinentes ao objeto da consulta, passamos a responder aos quesitos formulados pelo Consulente.

PRIMEIRO QUESITO: As manifestações de Magistrados no tema da infração político-administrativa de *impeachment* à Presidente da República – seja a favor, seja contra – em especial as mencionadas na decisão referenciada, extrapolam os direitos fundamentais à manifestação do pensamento (art. 5º, inciso IX, da Constituição da República) dos Magistrados?

No caso em exame, as manifestações públicas dos quatro Magistrados ocorridas na atividade "funk contra o golpe", bem como as manifestações públicas no tema da infração político-administrativa de *impeachment* à Presidente da República – seja a favor, seja contra – em especial as mencionadas na decisão referenciada, representam o legítimo exercício dos direitos fundamentais à manifestação do pensamento (art. 5º, inciso IV, da Constituição da República) e de liberdade de expressão (art. 5º, inciso IX, da Constituição da República) dos Magistrados.

Tais direitos fundamentais são indissociavelmente ligados à cidadania, bem como à participação na vida da *polis* (art. 1º, inciso II, da Constituição da República) e à dignidade da pessoa humana (art. 1º, inciso III, da Constituição da República).

Como é notório, a possibilidade de cominação de infração político-administrativa de *impeachment* à Presidente da República está diretamente ligada aos princípios republicano e democrático.

Com efeito, a investidura de um mandato representativo submete os agentes públicos ao exercício do *múnus*, ou seja, a um conjunto de deveres e responsabilidades, em benefício da coletividade.

Em regimes presidencialistas, o chefe de governo e de Estado – reunidos em uma só pessoa – pode sofrer, assim, o impedimento de seu mandato pelo Legislativo.

Assim, não se pode subtrair aos Magistrados o direito de manifestar seu pensamento e exercer sua liberdade de expressão nesse tema de grande relevância pública.

Aos Magistrados é dado, portanto, adotar a atitude intelectual de sua escolha, tomando posições públicas. A Constituição da República tutela, portanto, os direitos fundamentais à manifestação do pensamento e de liberdade de expressão dos Magistrados.

SEGUNDO QUESITO: Qual o conceito de atividade político-partidária a que se refere o art. 95, parágrafo único, inciso "III", da Constituição da República?

O exercício de atividade político-partidária estará atrelado às ações desempenhadas em decorrência de vinculação a partido político, como por exemplo, participação em campanhas de candidatos a postos eletivos, exercício de cargos ou funções nos órgãos dos partidos políticos, compreendendo, em regra, condutas que efetivamente voltem-se à obtenção de votos.

Assim, para que haja inclusive a instauração de processo administrativo disciplinar para a apuração da infração de exercício de atividade político-partidária, obrigatoriamente a conduta do Magistrado deverá enquadrar-se nos termos referidos, sob pena de manifesta ilegalidade do procedimento.

TERCEIRO QUESITO: A atividade "funk contra o golpe" pode ser tida como atividade político-partidária?

As manifestações públicas dos quatro Magistrados ocorridas na atividade "funk contra o golpe", bem como as manifestações públicas no tema da infração político-administrativa de *impeachment* à Presidente da República e, em especial as mencionadas na decisão referenciada, além de representarem o legítimo exercício dos direitos fundamentais à manifestação do pensamento (art. 5º, inciso IV, da Constituição da República) e de liberdade de expressão (art. 5º, inciso IX, da Constituição da República), não estão compreendidas na vedação constitucional ao exercício da atividade político-partidária (art. 95, parágrafo único, inciso "III", da Constituição da República).

Em nada se confunde o debate público em torno da possibilidade de cominação de infração político-administrativa de *impeachment* à Presidente da República com os interesses político-partidários de determinada agremiação.

Referido tema, de alta relevância pública, está diretamente ligada aos princípios republicano e democrático. Tal exercício, de forma alguma, pode ser confundido com a participação do Magistrado no debate público.

Portanto, a atuação do magistrado na vida política do país, enquanto prática cotidiana e social, manifesta por diversas formas de expressão e atuação não possui qualquer relação com a defesa de interesses político-partidários específicos. O entendimento viola os direitos fundamentais à liberdade de expressão e pensamento do Magistrado e à própria democracia.

É importante notar que o Estado Democrático de Direito fomenta a participação política da sociedade, a qual resulta no aprimoramento das instituições democráticas. Sob tal ótica, obstar o Magistrado de tal possibilidade, inerente à condição de cidadão, violaria mais do que sua liberdade individual, mas a democracia em seu sentido mais amplo.

Assim, é certo que o efetivo exercício da cidadania pelos juízes de direito individualizados na Representação, consubstanciado nas mais diversas formas de expressão, não deve ser confundido com o exercício de atividade político-partidária, conceito restrito à atuação voltada ao relacionamento do Magistrado com questões partidárias específicas.

QUARTO QUESITO: A conduta dos quatro Magistrados pode ser tida como atividade político-partidária?

As manifestações públicas dos quatro Magistrados ocorridas na atividade "funk contra o golpe", bem como as manifestações públicas no tema da infração político-administrativa de *impeachment* à Presidente da República e, em especial as mencionadas na decisão referenciada, além de representarem o legítimo exercício dos direitos fundamentais à manifestação do pensamento (art. 5º, inciso IV, da Constituição da República) e de liberdade de expressão (art. 5º, inciso IX, da Constituição da República), não envolvem atividade político-partidária (art. 95, parágrafo único, inciso "III", da Constituição da República).

Conforme antecipado, a atuação do magistrado na vida política do país, enquanto prática cotidiana e social, manifesta por diversas formas de expressão e atuação não possui qualquer relação com a defesa de interesses político-partidários específicos. O entendimento contrário viola os direitos fundamentais à liberdade de expressão e pensamento do Magistrado e à própria democracia.

É o nosso parecer.

São Paulo, 11 de maio de 2016.

CAPÍTULO XXIII

GARANTIAS E PRERROGATIVAS NO EXERCÍCIO DA JURISDIÇÃO E A RESPONSABILIDADE DISCIPLINAR DO MAGISTRADO

SUMÁRIO: I. PROLEGÔMENOS E FORMULAÇÃO DOS QUESITOS. **II.** GARANTIAS E PRERROGATIVAS NO EXERCÍCIO DA JURISDIÇÃO: DO CONTEÚDO DOGMÁTICO DA IMPARCIALIDADE ÀS REPERCUSSÕES DISCIPLINARES. **III.** HIPERNOMIA COMO MECANISMO DE EXCEÇÃO NO DIREITO ADMINISTRATIVO SANCIONADOR. **IV.** GARANTIAS E PRERROGATIVAS NO EXERCÍCIO DA JURISDIÇÃO: DO CONTEÚDO DOGMÁTICO DA INDEPENDÊNCIA FUNCIONAL ÀS REPERCUSSÕES DISCIPLINARES. **IV.A.** A QUESTÃO DA REJEIÇÃO DE DENÚNCIAS SEM ALEGADA MOTIVAÇÃO JURÍDICA *EXATA* E *RAZOÁVEL*. **IV.B.** A QUESTÃO DA *ANULAÇÃO* DE PRISÕES E PROVAS EM RAZÃO DE DECORREREM DE ABORDAGEM REALIZADA POR POLICIAMENTO OSTENSIVO. **IV.C.** A QUESTÃO DA *REFORMA EX OFFICIO* DE DECISÕES

PROFERIDAS POR MAGISTRADO SUBSTITUTO EM PLANTÃO. IV.D. A QUESTÃO DO ALEGADO ATRASO NA JUNTADA DE PETIÇÕES E OUTROS DOCUMENTOS, NO ATO DE TORNAR *CONCLUSOS* OS AUTOS, NO PROFERIMENTO DE DECISÕES E NA REMESSA DE RECURSOS À JUSTIÇA FEDERAL DA 3ª REGIÃO. V. RESPOSTAS AOS QUESITOS.

CONSULENTE: EDEVALDO DE MEDEIROS.

23.1 Prolegômenos e formulação dos quesitos

Honra-nos **EDEVALDO DE MEDEIROS**, titular da 1ª Vara Federal da Subseção Judiciária de Itapeva, São Paulo, com pedido de parecer jurídico em razão de representação disciplinar proposta por Procuradores Regionais da República lotados na Procuradoria Regional da República – 3ª Região em 1º de julho de 2019 na qual lhe é imputada motivação *político-ideológica* na condução dos processos e no mérito de decisões, o que configuraria descumprimento dos seguintes deveres da Magistratura: (a) imparcialidade, consoante art. 1º do Código de Ética da Magistratura; (b) cumprir com exatidão e serenidade os atos de ofício, consoante art. 35, inciso I, da Lei Orgânica da Magistratura; (c) cautela, consoante art. 25 do Código de Ética da Magistratura; (d) determinar as providências para que os atos processuais se realizem nos prazos legais, consoante art. 35, inciso III, da Lei Orgânica da Magistratura; e, por fim, (e) velar pelos prazos razoáveis e reprimir condutas dilatórias ou atentatórias à boa-fé processual, consoante art. 20 do Código de Ética da Magistratura.

As alegadas violações decorreriam, no entendimento dos Representantes, do proferimento de decisões supostamente *atípicas* e *tumultuárias* que estariam, *in verbis*, "(...) em desacordo com os padrões jurídicos de excelência normalmente exigidos (...)" sempre que

> (...) não obstante a previsão legal, a atuação dos órgãos de Estado legitimados conflita com sua peculiar visão sobre a atuação da força policial e a aplicação da lei penal a réus que integram a categoria supostamente de pessoas de baixa renda (...).

Do mesmo modo, as decisões proferidas pelo Consulente desbordariam da simples "interpretação da lei", acarretando "desvio do dever de '*accountability* judicial'", que imporia aos magistrados, conforme entendimento dos próprios Representantes, por meio de citação à determinada referência bibliográfica, o dever de apresentar em suas decisões "(...) as principais informações sobre o caso e justifique por meio dos fatos, das leis e da Constituição a sua decisão judicial (...)".

Referidas condutas do Consulente referir-se-iam à (a) *anulação* e *reforma* de ofício de decisões proferidas por magistrado substituto; (b) rejeição de denúncias sem motivação jurídica exata e razoável, inclusive após o encerramento da instrução processual; (c) *anulação* de prisões e provas em razão de decorrerem de abordagem realizada pela *polícia ostensiva*; e, por fim, (d) atraso no andamento dos processos, bem como (d.1) na juntada de petições e documentos, (d.2) no ato de tornar os autos conclusos e, ainda, (d.3) no ato de proferir decisões e remessas de recursos à Justiça Federal da 3ª Região.

Alegam os Representantes que o princípio da independência jurisdicional asseguraria ao juiz liberdade no ato de julgar. Entretanto, não se trataria de liberdade absoluta já que exigiria responsabilidade, bem como dever de imparcialidade. Ademais, a liberdade de julgar deveria, no entendimento dos Representantes, ser exercida "(...) nos limites das leis adjetivas e substantivas".

Com vistas a fundamentar a alegação de que a fundamentação das decisões judiciais deve, *in verbis*, "(...) atender o sentido geral da ordem jurídica, não a percepções desarrazoadas que o magistrado venha a desenvolver sobre como deveria ser o direito", os Representantes valem-se do art. 35, inciso I, da Lei Orgânica da Magistratura, segundo o qual é dever do magistrado "cumprir e fazer cumprir, com independência, serenidade e exatidão, as disposições legais e os atos de ofício". Ademais, sustentam os Representantes que a alegada "exatidão" imporia aos magistrados a "(...) obediência a padrões decisórios que são vistos pela comunidade jurídica como razoáveis e aceitáveis (...)".

Em 4 de setembro de 2019 o Corregedor-Regional da Justiça Federal da 3ª Região, por meio da Decisão n. 5032702/2019 – CORE, determinou a notificação do Consulente para apresentação de defesa prévia tendo em vista a existência de indícios de prática de infração disciplinar consistentes em violação aos deveres do cargo de "cumprir e fazer cumprir, com independência, serenidade e exatidão, as disposições legais e os atos de ofício" e de "determinar as providências necessárias para que os atos processuais se realizem nos prazos legais", consoante previsão do art. 35, incisos I e III, da Lei Complementar n. 35/1979; bem como dos deveres de imparcialidade, cortesia, transparência, prudência, diligência e dedicação no sentido de celeridade e eficiência na prestação jurisdicional, consoante previsões do Código de Ética da Magistratura, especialmente do seu art. 1º.

Na oportunidade, restou consignado não se poder afirmar, de forma abstrata e genérica, que o magistrado sempre responde, em caráter disciplinar, por ato praticado no exercício da jurisdição. Do mesmo modo, não se poderia afirmar, peremptoriamente, que o magistrado jamais pode ser responsabilizado por decisão judicial que profere, sendo necessário perquirir, *in verbis*, "(...) o abuso de poder, quando utilizada a jurisdição para a prática de ilícitos ou irregularidades".

Ao afastar a intangibilidade absoluta dos atos jurisdicionais para fins de responsabilidade funcional do magistrado quando eivada de flagrante parcialidade ou aferido o desvio de finalidade no conteúdo das decisões, consignou-se que a materialidade teria sido demonstrada, *in verbis*, "(...) com a análise e visão do conjunto de condutas, reveladoras do proceder sistemático e direcionado do magistrado em exercer as atribuições do cargo com violação dos respectivos deveres legais", com possível desvio de finalidade em razão de um alegado comprometimento contumaz da isenção e da imparcialidade na atuação judicante do Consulente.

Assim considerando, nos foram formulados os seguintes quesitos:

PRIMEIRO QUESITO: Tendo em vista os fatos levantados pela representação disciplinar proposta por Procuradores Regionais da República lotados na Procuradoria Regional da República – 3ª Região em 1º de julho de 2019 e, ainda, a Decisão N. 5032702/2019 – CORE do Corregedor-Regional da Justiça Federal da 3ª Região de 4 de setembro de 2019, constata-se responsabilidade disciplinar do Consulente consistente em violação ao dever de cumprir e fazer cumprir, com independência, serenidade e exatidão, as disposições legais e os atos de ofício, consoante previsão do art. 35, inciso I, da Lei Complementar N. 35/1979 ou, ainda, violação aos deveres de imparcialidade, cortesia, transparência, prudência, diligência e dedicação no sentido de celeridade e eficiência na prestação jurisdicional, consoante previsões do Código de Ética da Magistratura, especialmente do seu art. 1º?

SEGUNDO QUESITO: Tendo em vista os fatos levantados pela representação disciplinar proposta por Procuradores Regionais da República lotados na Procuradoria Regional da República – 3ª Região em 1º de julho de 2019 e, ainda, a Decisão N. 5032702/2019 – CORE do Corregedor-Regional da Justiça Federal da 3ª Região de 4 de setembro de 2019, constata-se responsabilidade disciplinar do Consulente consistente em violação ao dever de determinar as providências necessárias para que os atos processuais se realizem nos prazos legais, consoante previsão do art. 35, inciso III, da Lei Complementar N. 35/1979?

Para que possamos responder aos quesitos formulados, é fundamental que realizemos uma incursão nas garantias e nas prerrogativas conferidas aos magistrados no exercício da jurisdição, bem como compreendamos seus aspectos dogmáticos e circunstâncias ensejadoras de repercussões disciplinares. Além do mais, os quesitos serão respondidos tendo em vista o fenômeno da hipernomia como mecanismo de exceção no Direito administrativo sancionador.

23.2 Garantias e prerrogativas no exercício da jurisdição: do conteúdo dogmático da imparcialidade às repercussões disciplinares[897]

O Estado Democrático de Direito ampara-se em determinadas *dimensões* materiais e formais que podemos resumir em supremacia da Constituição, juridicidade, democracia, república, separação das funções estatais e garantia dos direitos individuais e sociais. A conformação do poder político e a organização da sociedade pelo Estado Democrático de Direito é, nesses termos, condição de realização da justiça na sua acepção ampla.

Assim é que a República Federativa do Brasil se constitui em Estado Democrático de Direito destinado a assegurar o exercício dos direitos sociais e individuais, bem como a liberdade, a segurança, o bem-estar, o desenvolvimento, a igualdade e a justiça. Referidos valores supremos de uma sociedade pluralista e fraterna amalgamam-se com a consagração da democracia pelo parágrafo único do art. 1º da Constituição e o acolhimento da técnica da separação das funções estatais pelo art. 2º da Constituição.

897 Referidos estudos foram publicados, em parte, em artigo intitulado "Lava Jato e princípio da imparcialidade" publicado em coautoria com Anderson Medeiros Bonfim no livro de autoria coletiva intitulado *O livro das suspeições*, coordenado por Lenio Streck e Marco Aurélio de Carvalho, São Paulo: Prerrô, 2020.

Do mesmo modo, são, dentre outros, fundamentos da nossa República a cidadania, o pluralismo político e a dignidade da pessoa humana (artigo 1º, incisos II, V e III da Constituição), ao passo que, exemplificativamente, constituem objetivos fundamentais da República a construção de uma sociedade livre, justa e solidária, além da promoção do bem de todos (artigo 3º, incisos I e IV, da Constituição).

Nesse cenário, o processo judicial é informado por determinados princípios basilares. A Constituição, no seu art. 5º, inciso LIV, assegura que ninguém será privado da liberdade ou de seus bens sem o devido processo legal, ao passo que o inciso LV do mesmo dispositivo prevê que aos litigantes, em processo judicial ou administrativo, e aos acusados em geral são assegurados o contraditório e ampla defesa, com os meios e recursos a ela inerentes.

Especificamente com relação ao princípio da imparcialidade, amalgamado à independência e equidade nas investigações e nos processos penais, ele consta do art. X da Declaração Universal dos Direitos Humanos, segundo o qual todo ser humano tem direito, em plena igualdade, a uma justa e pública audiência por parte de um tribunal independente e imparcial, para decidir sobre seus direitos e deveres ou do fundamento de qualquer acusação criminal contra ele.

O art. 14, 1, do Pacto Internacional sobre Direitos Civis e Políticos, de forma similar preceitua que toda pessoa terá o direito de ser ouvida publicamente e com devidas garantias por um tribunal competente, independente e imparcial, estabelecido por lei, na apuração de qualquer acusação de caráter penal formulada contra ela ou na determinação de seus direitos e obrigações de caráter civil.

Por fim, o art. 8º, 1, da Convenção Americana de Direitos Humanos, o Pacto de San José da Costa Rica, prevê que toda pessoa terá o direito de ser ouvida, com as devidas garantias e dentro de um prazo razoável, por um juiz ou Tribunal competente, independente e imparcial.

Quanto aos contornos dogmáticos da imparcialidade, relevantes os corolários demarcados por Artur Cesar de Souza, o qual, valendo-se do seu sentido subjetivista, constatou que ela assume as feições de objetividade, isenção, neutralidade e transparência.[898] A objetividade ou juridicidade relaciona-se à ausência de influências de ordem subjetiva, pessoal ou antijurídica e adoção de critérios lógico-racionais e estritamente jurídicos.[899] A imparcialidade como isenção veda a atuação do magistrado que tenha "inclinação pessoal negativa no resultado da decisão".[900] A neutralidade afasta posições políticas e partidárias e coloca o juiz como um terceiro entre as partes, quais sejam defesa e acusação.[901] Por fim, a transparência impõe ao juiz que suas decisões sejam fundamentadas.[902]

Regulamentando a imparcialidade que deve ser inerente ao processo penal, o art. 112 do Código de Processo Penal preceitua que o juiz, mas também o órgão do Ministério Público, os serventuários ou funcionários de justiça e os peritos ou intérpretes, devem abster-se de servir no processo sempre que houver incompatibilidade ou impedimento legal.

Já o art. 252 da mesma espécie normativa veda que o juiz exerça jurisdição no processo em que: (a) tiver funcionado seu cônjuge ou parente, consanguíneo ou afim, em linha reta ou colateral até o terceiro grau, inclusive, como defensor ou advogado, órgão do Ministério Público, autoridade policial, auxiliar da justiça ou

---

898 SOUZA, Artur Cesar de. *A parcialidade positiva do juiz*. São Paulo: Almedina, 2018, p. 42.

899 SOUZA, Artur Cesar de. *A parcialidade positiva do juiz*. São Paulo: Almedina, 2018, p. 43.

900 SOUZA, Artur Cesar de. *A parcialidade positiva do juiz*. São Paulo: Almedina, 2018, p. 44.

901 SOUZA, Artur Cesar de. *A parcialidade positiva do juiz*. São Paulo: Almedina, 2018, p. 45.

902 SOUZA, Artur Cesar de. *A parcialidade positiva do juiz*. São Paulo: Almedina, 2018, p. 46.

perito; (b) ele próprio houver desempenhado qualquer dessas funções ou servido como testemunha; (c) tiver funcionado como juiz de outra instância, pronunciando-se, de fato ou de direito, sobre a questão; (d) ele próprio ou seu cônjuge ou parente, consanguíneo ou afim em linha reta ou colateral até o terceiro grau, inclusive, for parte ou diretamente interessado no feito.

Ademais, o art. 254 também do Código de Processo Penal fixa as seguintes hipóteses de suspeição do juiz: (a) amizade íntima ou inimizade capital de uma das partes; (b) se ele, seu cônjuge, ascendente ou descendente, estiver respondendo a processo por fato análogo, sobre cujo caráter criminoso haja controvérsia; (c) se ele, seu cônjuge, ou parente, consanguíneo, ou afim, até o terceiro grau, inclusive, sustentar demanda ou responder a processo que tenha de ser julgado por qualquer das partes; (c) se tiver aconselhado qualquer das partes; (d) se for credor ou devedor, tutor ou curador, de qualquer das partes; e, por fim, (e) se for sócio, acionista ou administrador de sociedade interessada no processo.

Referidas previsões, incidentes especificamente para os processos criminais, possuem regramento similar no âmbito das relações cíveis, consoante regulamentação pelo Código de Processo Civil pelo seu art. 139 e seguintes. Destaque-se, em especial, a previsão consubstanciada no art. 143 da referida espécie normativa, segundo a qual o juiz responderá, civil e regressivamente, por perdas e danos quando no exercício de suas funções, proceder com dolo ou fraude; e, ainda, recusar, omitir ou retardar, sem justo motivo, providência que deva ordenar de ofício ou a requerimento da parte. Veja-se, portanto, a excepcionalidade que pode ensejar a responsabilidade civil do magistrado: o dolo ou a fraude e, no caso de recusa, omissão ou retardamento de ato de ofício, a ausência de justo motivo para tanto.

Veja-se, portanto, que as garantias e as prerrogativas no exercício da jurisdição amalgamam-se para, por um lado, garantir imparcialidade e, por outro, atribuir aos mecanismos ordinários de impugnação de decisões judiciais a possibilidade de questionar a sua inexistência. De todo modo, conforme veremos oportunamente, a responsabilidade disciplinar no exercício da jurisdição não se afasta em absoluto, mas possui contornos dogmáticos específicos, isso para garantir que a função jurisdicional do Estado seja exercida com independência e exclusivamente baseada no livre convencimento motivado.

23.3 Hipernomia como mecanismo de exceção no Direito Administrativo Sancionador[903]

A ideia de exceção, tanto no plano do Direito quanto no âmbito da Teoria do Estado e da Filosofia política, sempre se circunscreveu no campo da anomia, ou seja, da ausência de norma. Isto é, a relação autoritária do Estado com os indivíduos se dá por meio da suspensão de direitos pelo estabelecimento de uma espécie de soberania bruta, em que a vontade do soberano é imposta ao cidadão.

Na contemporaneidade, a exceção vem sendo produzida em consequência da crença na necessidade de exercício, pelo Estado, de indiscriminado poder e controle. Assim, incorpora-se o regime jurídico próprio da guerra para o plano interno, tomando parcela da sociedade como inimiga e retirando daqueles que fazem parte desse grupo a condição humana que lhes confere proteção política e jurídica.

Portanto, uma das características do contemporâneo autoritarismo está, ao invés da interrupção do Estado democrático pela

---

903 Referidos estudos foram publicados, em parte, em artigo intitulado "Autoritarismo líquido, hipernomia e exceção" publicado em coautoria com Anderson Medeiros Bonfim no livro de autoria coletiva intitulado *Lawfare*, coordenado por Maria Luiza Alencar Mayer Feitosa, Gisele Cittadino e Leonam Liziero, Andradina: Meraki, 2020; na *Revista de Investigações Constitucionais*, vol. 2, nº 2, Curitiba, mai./ago., 2019; no livro de autoria coletiva intitulado *Direito Administrativo sancionador*, coordenado por José Roberto Pimenta Oliveira, São Paulo: Malheiros, 2019 e, por fim, na obra *Autoritarismo e golpes na América Latina*. São Paulo: Alameda Casa Editorial, 2016.

instauração de um estado de exceção, na inserção de mecanismos típicos da exceção no interior da rotina democrática. Referidos mecanismos hospedam-se na estrutura estatal na forma de um autoritarismo líquido que convive, ainda que em relação parasitária, com medidas democráticas e legítimas. O autoritarismo líquido, tanto quanto o adensamento típico do Estado autoritário, é nefasto. Confere ao Estado um poderio que, diluído na rotina democrática, enfraquece os mecanismos de controle típicos do regime jurídico-administrativo nos moldes que conhecemos.

Por haver a suspensão de direitos e do Direito em si, a relação autoritária é, conforme observado por Juan Donoso Cortés, Carl Schmitt, Santi Romano, Baladore-Pallieri, Giorgio Agamben e Carpentier, própria do campo da anomia. No entanto, há um outro fenômeno pouco percebido na contemporaneidade. Trata-se da produção de exceção em decorrência não da ausência, mas do excesso de normas. Portanto, a hipernomia é um fenômeno que se manifesta, por um lado, pelo excesso de espécies normativas e, por outro, em razão da indiscriminada adoção de conceitos jurídicos indeterminados em matéria de Direito administrativo sancionador, abrindo a possibilidade para que o intérprete qualificado do *dever-poder* sancionador, valendo-se de regras e princípios, expresse normas de elevada intensidade.

A textura aberta da linguagem, a vagueza dos princípios e dos conceitos jurídicos indeterminados contribuem, decisivamente, para a hipernomia, conferindo ao intérprete dotado de poder decisório o ilegítimo poder de conferir extensão e alcance casuístico, em detrimento, dentre outros, da segurança jurídica.

Do mesmo modo, referidos atributos conferem ao aplicador a possibilidade de sempre reinterpretar a norma geral e abstrata, da qual decorrerá, também de acordo com os interesses momentâneos, o sancionamento ou não da conduta e, ainda, aplicação de uma punição que, desprovida de qualquer critério jurídico objetivo e previsível, oscila de acordo com as conveniências momentâneas.

Com efeito, o emprego cada vez mais rotineiro da utilização de conceitos indeterminados na elaboração das normas de Direito administrativo sancionador, conceitos muito amplos e que abrangem potencialmente um grande número de situações, dificulta ao administrado prever como o Estado vai reagir frente à conduta individual.

Sob a ótica analítica da dogmática jurídica, diferentemente do que Robert Alexy entendeu como "conceitos jurídicos autênticos",[904] os conceitos jurídicos indeterminados possuem o que Paulo de Barros Carvalho chamou de heterogeneidade de conteúdo: "o direito posto, na sua continuidade normativa, oferece flagrante heterogeneidade de conteúdos, vista sua pretensão de regular as condutas intersubjetivas no contexto social".[905]

A hipernomia, incluindo a produção de normas de conceito impreciso, fenômeno que ocorre hoje no mundo todo e especialmente no Brasil, submete os cidadãos a um poder arbitrário e de exceção, pois não há nenhum controle de validade sobre o espectro normativo no qual existe a norma.

O fato de a sanção estar lastreada em lei não dá ao cidadão a garantia de que a aplicação normativa do sistema normativo sancionatório, por parte dos agentes incumbidos de sua execução, esteja ocorrendo segunda a lógica própria do direito e segundo os valores mais elementares do Estado Democrático de Direito.

Como mecanismo que define os limites e as interações na sociedade, o Direito é indispensável à estabilização de expectativas que se criam legitimamente. O Direito, conforme Niklas Luhmann, neutraliza a contingência das ações individuais, permitindo que cada

---

904 ALEXY, Robert. *Teoria da argumentação jurídica*. São Paulo: Landy, 2001, p. 245.

905 CARVALHO, Paulo de Barros. *Direito tributário*: linguagem e método. São Paulo: Noeses, 2013, p. 181.

um possa esperar, com um mínimo de garantia, o comportamento do *alter*.[906] Face às contingências que podem afetar as expectativas recíprocas daqueles que se relacionam em uma sociedade complexa, o Direito garante que aqueles que se relacional possam ter uma relativa certeza de que o combinado no presente valerá no futuro.[907]

Tércio Sampaio Ferraz, na apresentação da obra *Legitimação pelo Procedimento* de Niklas Luhmann[908] trata sobre o papel do Direito como instrumento para conferir a garantia de que as expectativas recíprocas não serão frustradas pela imprevisibilidade dos fatos futuros. Para o autor, "normas (...) são expectativas de comportamento, garantidas de modo contrafático. Normas dão às expectativas duração".[909]

Incorporando referidas visões às relações jurídico-administrativas, é inegável que a pessoa a ser sancionada não pode sujeitar-se às contingências da interpretação casuística do agente dotado de poder decisório. O âmbito de abrangência da legislação sancionatória é tão extenso que se retira a prerrogativa de discriminar quem é potencialmente responsabilizado perante o sistema, incumbindo tal decisão ao *arbítrio* seletivo do aplicador.

Referido fenômeno do Direito e da Teoria do Estado requer atenção. A legalidade sancionatória está paulatinamente perdendo o seu caráter de proteção e convertendo-se em mecanismo de exceção. Na forma hipernômica, que gera o mesmo efeito que a anomia, as relações entre o Estado e os indivíduos se dão sob a aparente vigência

---

906 LUHMANN, Niklas. *La differenziazione del diritto*. Bologna: Il mulino, [s.d.], p. 81.

907 LUHMANN, Niklas. *Legitimação pelo procedimento*. Brasília: UNB, 1980, pp. 81/82.

908 FERRAZ JÚNIOR, Tércio Sampaio. "Apresentação". *In*: LUHMANN, Niklas. *Legitimação pelo procedimento*. Brasília: UNB, 1980, p. 1.

909 FERRAZ JÚNIOR, Tércio Sampaio. "Apresentação". *In*: LUHMANN, Niklas. *Legitimação pelo procedimento*. Brasília: UNB, 1980, p. 2.

de um Estado de Direito, quando, na realidade, vigora um Estado autoritário, em tensão constante com os valores democráticos.

A hipernomia a que referimos é a antítese da anomia, palavra anomia, de origem grega, deriva de *anomos*, em que *a* significa inexistência e *nomos* norma. Portanto, a anomia denota, etimologicamente, ausência de norma.[910] O termo anomia foi difundido nas ciências sociais por Émile Durkheim para significar a chamada desintegração das normas sociais e a perda de referências normativas, o que decorre da complexidade dos desejos humanos, naturalmente ilimitados, e da indeterminação dos objetivos a atingir.[911] Por outro lado, Robert K. Merton concebeu a anomia como uma ruptura na estrutura cultural, uma disjunção entre as normas sociais e os objetivos culturais e a capacidade de cumpri-las, o que gera a ausência de sanção e a incerteza.[912]

Independentemente das críticas e da menor aceitabilidade contemporânea do conceito nas ciências sociais, ao menos na concepção durkheimiana, o termo foi incorporado ao Direito para significar a ausência de norma. Por outro lado, a hipernomia é caracterizada pelo seu excesso. Portanto, a hipernomia é um fenômeno que decorre, essencialmente, da função estatal com intento modificativo de regras abstratas constitutivas de direito. Ademais, a hipernomia compreende não apenas o fenômeno de profusão de edição espécies normativas, mas também a atuação do intérprete qualificado do *dever-poder* sancionador que, valendo-se de regras e princípios, expressa normas com uma intensidade que lhe é incompatível.

---

910 CAVALIERI FILHO, Sergio. *Programa de sociologia jurídica*. São Paulo: Atlas, 2019.

911 DURKHEIM, Émile. *Da divisão do trabalho social*. São Paulo: EDIPRO, 2016; DURKHEIM, Émile. *O suicídio*. São Paulo: Martins Fontes, 2000, p. 322.

912 MERTON, Robert K. "Estrutura social e anomia". *In*: ______. *Sociologia*: teoria e estrutura. São Paulo: Mestre Jou, 1970.

Especificamente com relação ao caso em exame, não se trata de afirmar, de forma absoluta, que os atos jurisdicionais proferidos no exercício da função estatal não sejam passíveis de escrutínio pela via disciplinar, mas que a responsabilidade não deve se basear em inferências a partir de conceitos jurídicos indeterminados tais como, dentre outros, "serenidade", "exatidão", "cortesia", "prudência", "diligência" e "dedicação", os quais são constantes da Decisão n. 5032702/2019 – CORE de 4 de setembro de 2019 do Corregedor-Regional da Justiça Federal da 3ª Região.

Referidos conceitos jurídicos indeterminados constam, em parte, da Lei Complementar n. 35/1979, a Lei Orgânica da Magistratura Nacional, a qual, ao longo do seu art. 35, ainda prevê os seguintes conceitos: "urbanidade" e "conduta irrepreensível". Do mesmo modo, os citados conceitos constam do Código de Ética da Magistratura, especialmente do seu art. 1º.

Referidos conceitos jurídicos indeterminados foram utilizados para fins de instruir processo administrativo sancionador em face do Consulente sem que se tenha identificado nos processos judiciais colacionados pelos Representantes elementos que, transbordando das garantias e prerrogativas atribuídas ao exercício da função jurisdicional, sejam passíveis de qualquer responsabilização. É o que demonstraremos a seguir.

A heterogeneidade de conteúdo, que pode admitir interpretações para que seu significado varie a depender do sistema fático-jurídico em que estão inseridos – e segundo, portanto, os valores e possíveis desvios do agente julgador – é incompatível como Direito administrativo sancionador. Preceitua Celso Antônio Bandeira de Mello que o princípio da tipicidade, inerente ao regime jurídico-administrativo, impõe que a configuração das infrações administrativas seja realizada de forma suficientemente clara para "não deixar dúvida alguma sobre a identidade do comportamento reprovável".[913]

Incorporado ao Direito administrativo sancionador não só a ideia de *ultima ratio* nascida no Direito penal, mas também o *nullum crimen sine lege*, os quais são, em linhas gerais, garantias da liberdade e da previsibilidade da conduta estatal, é absolutamente inadmissível valer-se de conceitos jurídicos indeterminados para delimitar, casuisticamente, específica extensão e alcance para normas sancionatórias.

A fragilização de ambos os princípios – *ultima ratio* e *nullum crimen sine lege* – faculta que quase todas as condutas humanas que fogem do banal possam, por alguma interpretação jurídica, se tornar passíveis de sanção pelo Estado. O imbróglio normativo acaba por delegar a quem executa a lei o poder arbitrário, imperial, absolutista, de selecionar quem é atingido por essa norma e quem não é. Trata-se da essência da exceção.

O excesso normativo equivale à inexistência de norma. A hipernomia possui o mesmo sentido da anomia. O pressuposto que antecede a produção de sistemas sancionatórios é a definição do que é lícito e do que é ilícito. Quando tudo se torna ilícito, o sistema sancionatório deixa de existir por não cumprir seu pressuposto sintático e ôntico primário.

Em outras palavras, ainda que o desvio funcional no exercício da jurisdição possa ensejar a responsabilidade do magistrado, também é evidente que a responsabilização não se realiza com base em determinadas concepções quanto ao Direito aplicável.

Não se trata de defender, em absoluto, a imunidade no exercício da jurisdição, mas de circunscrever a infração disciplinar às hipóteses em que, efetivamente, nos deparamos com o abuso da

913 BANDEIRA DE MELLO, Celso Antônio. *Curso de Direito Administrativo*. São Paulo: Malheiros, 2009, p. 871.

prerrogativa da independência funcional e do princípio do livre convencimento motivado, o que, por uma evidência, não se constata nos processos colacionados pelos Representantes.

Nesses termos, não se justificam – conforme passaremos a demonstrar – as ilações formuladas pelos Representantes, no sentido de que a atuação jurisdicional do Consulente possuiria intento ou ânimo de prejudicar, com desprezo, preconceito, arbitrariedade, abuso ou desvio de poder, a atuação institucional de órgãos de persecução.

23.4 Garantias e prerrogativas no exercício da jurisdição: do conteúdo dogmático da independência funcional às repercussões disciplinares

O exercício legítimo da função jurisdição, baseado essencialmente na liberdade decisória e na independência funcional, impõe que sejam conferidos aos magistrados determinadas garantias. Por essa razão, a Constituição, especialmente no seu art. 95, previu uma série de prerrogativas aos magistrados, as quais podem ser resumidas em vitaliciedade, inamovibilidade e irredutibilidade de subsídio.

Ademais, o citado dispositivo constitucional previu vedações aos magistrados, as quais são consistentes em: (a) exercer, ainda que em disponibilidade, outro cargo ou função, salvo uma de magistério; (b) receber, a qualquer título ou pretexto, custas ou participação em processo; (c) dedicar-se à atividade político-partidária; (d) receber, a qualquer título ou pretexto, auxílios ou contribuições de pessoas físicas, entidades públicas ou privadas, ressalvadas as exceções previstas em lei; e, por fim, (e) exercer a advocacia no juízo ou tribunal do qual se afastou, antes de decorridos três anos do afastamento do cargo por aposentadoria ou exoneração.

No plano infraconstitucional, a Lei Complementar n. 35/1979, a Lei Orgânica da Magistratura Nacional, trata das garantias e das prerrogativas da magistratura. Referia espécie normativa possui previsão, consubstanciada no seu art. 41, no sentido de que, *in verbis*, "salvo os casos de impropriedade ou excesso de linguagem o magistrado não pode ser punido ou prejudicado pelas opiniões que manifestar ou pelo teor das decisões que proferir".

Especificamente com relação aos deveres e vedações aos magistrados, regulamentadas, respectivamente, pelo art. 35 e 36 e 56 da referida espécie normativa, é fundamental destacar, desde já, que é preciso, em sede de apuração de eventual responsabilidade disciplinar, específica análise relativa à recepção, pela Constituição de 1988, dos elencados comandos infraconstitucionais, especialmente tendo em vista o contexto histórico da edição da Lei Orgânica da Magistratura Nacional, qual seja de *ditadura militar*.

23.4.1 A questão da rejeição de denúncias sem alegada motivação jurídica *exata* e *razoável*

Ainda que inexista, por uma obviedade, absoluta imunidade ao magistrado no exercício da função jurisdicional, também é evidente que a responsabilidade disciplinar não pode ser imputada com base em divergência interpretativa, bem como na prevalência de concepções hermenêuticas dos Representantes em detrimento daquelas do Consulente.

Veja-se, exemplificativamente, a alegação dos Representantes no sentido de que o Consulente proferiria decisões supostamente atípicas e tumultuárias que estariam, *in verbis*, "(...) em desacordo com os padrões jurídicos de excelência normalmente exigidos (...)". Quais seriam referidos padrões jurídicos de excelência que, transbordantes dos mecanismos de impugnação das decisões judiciais, ensejariam a responsabilidade disciplinar do Consulente? Qual seria a "motivação jurídica exata e razoável" que se espera do Consulente?

O Conselho Nacional de Justiça (CNJ) possui entendimento consolidado no sentido de que

> os princípios da independência e da imunidade funcionais obstam, via de regra, a possibilidade de punição de magistrado pelo teor dos entendimentos manifestados em seus julgados. A relativização ocorre em situações excepcionais, a exemplo daquelas em que reste evidenciada a quebra do dever de imparcialidade, impropriedade ou excesso de linguagem.[914]

Por essa razão, entende-se que

> não ensejam punição disciplinar os julgamentos que decorram do entendimento livremente manifestado pelo magistrado (livre convencimento motivado), sem nenhum indício de desvio ético ou de conduta, sob pena de chancelar "infração disciplinar de opinião".[915]

Especificamente com relação ao possível abuso da liberdade e da independência funcional, Conselho Nacional de Justiça (CNJ), deparando-se com a alegação de que determinado magistrado teria adotado "entendimento diametralmente oposto ao que determina a lei para fundamentar decisões e sentenças (...)", consignou o entendimento de que o princípio da imunidade do magistrado comporta exceções relativizadoras consistentes, exemplificativamente, "(...) quando o ato de julgar resta contaminado por dolo, má-fé, ato de corrupção ou qualquer outro 'vício' que revele o intuito de beneficiar ou prejudicar um dos destinatários da jurisdição". Na mesma oportunidade, tratando de decisões dolosas reiteradas, restou consignado que a responsabilidade disciplinar só exsurge diante de "(...) contrariedade a dispositivos legais expressos ou utiliza-se de procedimentos incorretos, ofensivos ao princípio da prudência, sempre em manifesto prejuízo a uma das partes (...)".[916]

---

914 Reclamação Disciplinar n. 0006469-96.2017.2.00.0000.

915 Reclamação Disciplinar n. 0006469-96.2017.2.00.0000.

916 Reclamação Disciplinar n. 0006469-96.2017.2.00.0000.

Assim considerando, a alegada rejeição de denúncias sob o fundamento de ausência de motivação jurídica *exata* e *razoável* após o encerramento da instrução processual insere a análise da responsabilidade disciplinar do Consulente no campo das elucubrações e das percepções subjetivas dos Representantes, as quais não se constituem em qualquer elemento mínimo passível de responsabilidade disciplinar. Quanto muito, específicas convicções quanto à alegada motivação jurídica exata e razoável podem ensejar a adoção dos específicos mecanismos processuais recursais ordinários.

23.4.2 A questão da *anulação* de prisões e provas em razão de decorrerem de abordagem realizada por policiamento ostensivo

Alegam os Representantes que o Consulente possuiria uma "(...) peculiar visão sobre a atuação da força policial (...)", isso em razão de alegada anulação de prisões e provas decorrentes de abordagem realizada pela polícia ostensiva. Com relação ao referido aspecto, é preciso destacar, conforme constatamos e consignamos em diversas publicações científicas nos últimos anos, os processos penais de exceção têm se tornado o principal instrumento de controle social e político e a face mais cruel do autoritarismo estatal contra grande parte da população pobre do país.

Através de um Sistema de Justiça Criminal institucionalizado, são subtraídos os direitos mais elementares do investigado, acusado ou réu, isso por meio de vários mecanismos, tais como encarceramento em massa, banalização na utilização das prisões cautelares, seletividade da punição criminal, desrespeito aos direitos e garantias penais e processuais penais, espetacularização e condenação midiática, hipernomia e apropriação privada da linguagem pelo aplicador da norma.

Em seu depoimento, o Consulente externou, acertadamente, que a anulação de prisões e provas em razão de decorrerem de abordagem realizada pela polícia ostensiva fundamentou-se no art. 240, § 2º, do Código de Processo Penal, segundo o qual será realizada busca pessoal apenas quando houver fundada suspeita de que alguém oculte consigo arma proibida ou determinados objetos previstos no mesmo dispositivo legal.

Consequentemente, em sendo condição para a realização da busca pessoal a existência de fundada suspeita, a sua inexistência faz prevalecer, acertadamente, a inviolabilidade do direito constitucional à intimidade, previsto especialmente no art. 5º, inciso X, da Constituição. Consequentemente, devem ser anuladas as provas decorrentes.

Nesse cenário que se coloca, não se pode, em hipótese alguma, responsabilizar o Consulente, o qual, consciente das relevantes missões institucionais que lhe foram atribuídas, realizou, à luz das circunstâncias fáticas do caso concreto, o cotejamento da validade de provas colhidas em policiamento ostensivo transbordantes dos limites impostos pelo Direito.

Não se trata, portanto, de mera convicção descabida, passível de responsabilidade disciplinar. Ao contrário, trata-se de legítimo exercício das funções judicantes, as quais, caso eventualmente contrariem o entendimento majoritário do tribunal ao qual está vinculado, é passível de controle pelos mecanismos processuais ordinários de impugnação. Frise-se: as decisões proferidas são passíveis de impugnação pelos meios ordinários recursais, não se podendo, para fins de responsabilização disciplinar, valer-se de conjecturas no sentido de que a prestação jurisdicional do Consulente estaria, consoante consignado pelos Representantes, "globalmente contaminada".

23.4.3 A questão da reforma *ex officio* de decisões proferidas por Magistrado substituto em plantão

Com relação à alegação de *reforma ex officio* de decisões proferidas por magistrado substituto, o Consulente assim se manifestou no seu depoimento nos autos do processo administrativo disciplinar:

RELATORA – Quando os processos criminais são despachados no plantão – e essa é uma alegação que o Ministério Público inclusive relaciona vários processos –, quando eles são então despachados no plantão por um outro juiz, percebe-se que o senhor às vezes altera essas decisões sem que tenha havido requerimento das partes, faz isso de ofício, tem aí uma relação de processos. O senhor costuma rever todas as decisões dos juízes proferidas no plantão, pelos juízes de plantão?

DEPOENTE – Então, doutora, aí tem uma questão de linguagem também, *né*? Que eu faço revisão, que eu me comporto como órgão revisor, mas não é isso que acontece. O que acontece é o seguinte: Itapeva é uma cidade grande, ela não tem Defensoria Pública. Então, se de repente no curso do processo eu me deparo... no curso do processo, eu não peço para trazer o processo: Olha, venha aqui e traga todos os processos para mim, de plantão, que eu vou revisar as decisões. Isso eu não faço. O que eu faço é o seguinte, o processo... depois lá eu nem sei, às vezes eu pergunto para eles: Quantos réus presos nós temos na vara? Porque outro dia uma colega foi processada e condenada porque uma pessoa ficou presa treze anos sem que a vara se desse conta, uma vara no Nordeste, a juíza foi processada e condenada por isso, e já tinha passado vários juízes pela vara. Então eu pergunto genericamente: Quantos réus presos nós temos? Como é que estão os processos? E isso eu pergunto. Agora, me traga aqui os processos que o juiz deixou preso, eu nunca faço. Agora, se eu encontrar o processo, se ele vier para cumprimento, para despacho, para alguma coisa, eu olho se a pessoa está presa e, se eu olhar que a pessoa está presa, eu analiso de ofício se ela deve ou não ficar presa, porque o art. 316 do Código de Processo Penal diz expressamente que o juiz pode fazer isso. Agora, mesmo antes do Código dizer isso, eu nunca – confesso a V. Exª – achei que alguém pudesse achar que eu estava querendo ofender meus colegas com esse procedimento, porque isso é muito comum, até na votação de abertura do PAD um dos desembargadores levantou essa questão, e ocorre isso até nos Tribunais. Agora, não ocorre porque eu tenho desejo de fazer nada, de impor a minha vontade sobre o meu colega. Todas essas minhas decisões, eu vi que umas das coisas que foram exemplificadas foi a seguinte: "*Ah*, as decisões do juiz são sempre reformadas". Eu não discuto que eu tenho tese minoritária. Certamente eu sigo teses... jurisprudências minoritárias. Mas nesse caso específico, por exemplo, não se usou o argumento de que as decisões do juiz foram reformadas, porque o Tribunal manteve todas as minhas decisões de soltura, todas essas decisões. Nenhum desembargador mandou me processar por isso. Então, veja V. Ex[a] o seguinte: essa pessoa que foi presa, normalmente era por cigarro, por crimes sem violência e tal, tanto é que o Tribunal confirmou a decisão. Se eu deixasse a pessoa presa... quando chegar na sentença, eu vou ter que soltar essa pessoa, porque eu solto todos eles de acordo com a mesma tese, porque a pena que eu vou aplicar para ela, se ela for condenada, vai ser uma pena de regime aberto, substituída. A senhora está entendendo? Então eu vou deixar a pessoa presa para se esperar até a sentença, para a sentença soltar a pessoa? Essa é a questão. Itapeva, como eu ia dizendo, não tem Defensoria Pública, só tem defensores constitu... os defensores são dativos. Se fosse uma cidade como Sorocaba, por exemplo, que tem dois ou três defensores públicos...

RELATORA – Doutor Edevaldo, veja...

DEPOENTE – *Hum*.

RELATORA – ... eu não vou incorrer aqui nessa questão de seu entendimento sobre o Código, sobre nada disso. O que eu lhe perguntei foi uma coisa bastante objetiva: o senhor tem por hábito rever as decisões do plantão de outros juízes? É isso que me importa. Eu não me importo se o senhor aplica A ou B do Código Penal. A questão é outra, *né*? Porque o que se alega aqui contra senhor é que o senhor teria um viés ideológico que o levaria a proceder desta forma. A primeira pergunta que eu lhe fiz, então, foi: o senhor procede dessa forma? O senhor chama os processos do plantão? É isso que eu pergunto. Todo o restante que o senhor me diga é o seu

> entendimento e eu não vou entrar nisso. O que me interessa é isto: o senhor tem por hábito rever as decisões do plantão?
>
> DEPOENTE – Não.
>
> RELATORA – Então, é no curso do processo, quando o processo vem para o senhor, que o senhor profere a decisão e pode rever a decisão anterior. É isso?
>
> DEPOENTE – Para deixar mais claro, eu não peço para os servidores me trazerem processos de decisões proferidas para eu reavaliar. Nunca fiz isso e nunca vou fazer. O que acontece é que, quando o processo vem para mim, se o réu estiver preso, eu reavalio. Mas nunca pedi isso.

Veja-se, portanto, que o Consulente afirmou não *rever* as decisões proferidas e sequer *chamar* para si os processos do plantão judiciário. Ao contrário, o Consulente, e apenas quando se depara, no curso processual, com réus presos, é que, valendo-se da previsão consubstanciada no art. 316 do Código de Processo Penal, verifica, de ofício, o preenchimento dos requisitos legais relativos à prisão preventiva, bem como o motivo de sua manutenção. Com efeito, nos termos do referido dispositivo, o juiz poderá, de ofício ou a pedido das partes, revogar a prisão preventiva se, no correr da investigação ou do processo, verificar a falta de motivo para que ela subsista, bem como novamente decretá-la, se sobrevierem razões que a justifiquem.

Ademais, inexiste Defensoria Pública em Itapeva, o que evidencia o acerto do exercício da função judicante pelo Consulente, bem como a análise, de ofício, dos requisitos legais para revogação de prisões preventivas.

Destaque-se que o modelo de guerra às drogas iniciado no governo americano de Richard Nixon na década de 1970 foi importado pelo Brasil como solução para combater o tráfico de drogas e garantir maior segurança à sociedade. Com a política de encarceramento adotada no Brasil a partir da década de 1990, vimos o número de presos no país aumentar em 707%. Passamos de um contingente de 90 mil presos para mais de 726 mil no intervalo de apenas 26 anos.

Temos hoje a terceira maior população encarcerada do mundo, em termos absolutos. Estamos atrás apenas dos Estados Unidos e da China. Assumimos a 31ª posição em números relativos, isso tendo em vista a relação de presos para cada 100 mil habitantes, nos países com população superior a 10 milhões.[917]

Mais grave do que ocupar a terceira posição, é o fato de que caminhamos para a primeira. Contamos com cerca de 726 mil presos, o que cresce 7,3% ao ano, segundo dados do Sistema Integrado de Informações Penitenciárias (Infopen) medidos até julho de 2016 e divulgado em 2017. O estudo apontou um crescimento de 157% no total de presos desde 2000, quando o Brasil contabilizava 232 mil encarcerados. Mantido esse ritmo, em 2022 computaremos nada menos que 1 milhão de presos.[918]

Segundo o já citado relatório do Infopen, em 2016, quatro em cada dez presos estavam presos sem terem recebido uma sentença de primeiro grau. Somando-se aos presos provisórios aqueles detentos cujos processos não foram concluídos, chega-se a quase dois terços da população carcerária.

Estima-se que entre 37% e 50% dos presos provisórios ou serão inocentados ou receberão penas de reclusão inferiores ao tempo que ficaram privados de liberdade. Isso significa que cerca de 20% dos presos estão presos injustamente. Diante desses dados, podemos afirmar que não há direito de defesa e presunção de inocência verdadeiramente garantidos a todos os cidadãos brasileiros.

---

917 Segundo dados extraídos do INFOPEN (Relatório de Informações Penitenciárias). Disponível em: http://www.justica.gov.br/seus-direitos/politica-penal/documentos/infopen_dez14.pdf. Acessado em: 15.10.2017.

918 Segundo dados extraídos do INFOPEN (Relatório de Informações Penitenciárias). Disponível em: http://www.justica.gov.br/seus-direitos/politica-penal/documentos/infopen_dez14.pdf. Acessado em: 15.10.2017.

Também há de se observar que a polícia brasileira é a que mais mata e morre no mundo. Dados divulgados pelo Fórum Brasileiro de Segurança Pública em outubro de 2017,[919] mostrou que, em 2016, houve um crescimento de 27% do número de mortes em decorrência de ações policiais em relação a 2015, chegando a 4.225 casos só em 2016. O número de homicídios de policiais civis e militares também sofreu um crescimento de 17,5% em 2016 em relação ao ano anterior, com 437 mortes registradas.

Nesses termos, não só inexiste infração disciplinar imputável ao Consulente, como ele exerce suas funções jurisdicionais atento ao cenário social que se coloca, não havendo que se falar, em especial, em qualquer contradição ao art. 316 do Código de Processo Penal.

23.4.4 A questão do alegado atraso na juntada de petições e outros documentos, no ato de tornar conclusos os autos, no proferimento de decisões e na remessa de recursos à Justiça Federal da 3ª Região

Com relação ao alegado atraso no andamento dos processos, bem como na juntada de petições e documentos, no ato de tornar os autos conclusos e, ainda, no ato de proferir decisões e remessas de recursos à Justiça Federal da 3ª Região, é preciso que se considere a estrutura administrativa atrelada ao exercício das funções judicantes pelo Consulente, não se prestando a ensejar a responsabilidade disciplinar a mera alegação de retardamento na prática dos atos de ofício.

Assim considerando, consoante provas testemunhais produzidas, a estrutura administrativa da Vara mostrou-se incompatível com as suas necessidades, ao passo que o Consulente

---

919 FBSP. *Segurança Pública em Números 2017*. Disponível em: http://www.forumseguranca.org.br/wp-content/uploads/2017/10/infografico2017-vs-8-FINAL-.pdf. Acessado em: 10.05.2023.

adotou diversas providências para que limitação de servidores não comprometesse, dentro das possibilidades, a celeridade no andamento de processos, o que incluiu específica solicitação para ampliação do quadro de pessoal.

Nesse sentido, destaque-se depoimento prestado por Rodrigo David Nascimento, Diretor de Secretaria do Fórum Federal de Itapeva, no sentido da carência administrativa da Vara e da adoção de providências internas pelo Consulente:

> ADVOGADO – Gostaria de saber como que o senhor encontrou a Vara em 2014, quando o senhor chegou, em relação às questões administrativas da Vara, é... a quantidade de processos, o andamento dos processos, questões relativas à demora, por exemplo, na tramitação dos processos. Como foi que o senhor encontrou a Vara assim que chegou como diretor em 2014.
>
> DEPOENTE – Pois não. Eu fico bem à vontade pra falar da Vara de Itapeva, porque eu estive lá, fui lotado na Vara de Itapeva quando foi inaugurada, em dezembro de 2010. À época eu era servidor da Justiça Federal da subseção de São Carlos e, como eu sou... moro... minha família reside no Paraná, né, eu demonstrei interesse em ter a lotação alterada para Itapeva pra ficar mais próximo aqui do estado do Paraná. Então eu cheguei lá em 2010 e, juntamente comigo, mais cinco servidores apenas, pra inaugurar a Vara e o administrativo também. Então, **começamos a Vara em 2010... aliás, começamos a subseção em 2010 com seis servidores apenas. E esse problema do número de servidores foi se mantendo, né, durante todo esse período.** A Vara iniciou com... recebeu da Justiça Estadual cerca de doze mil processos e, então, aí, em 2013, eu fui... tive minha lotação alterada pra Guarulhos e, **quando eu retornei em 2014, com o doutor Edevaldo, a Vara tinha em andamento cerca de seis mil processos ainda, com número ainda reduzido de servidores, principalmente na Vara: eram dez servidores apenas, entre secretaria e gabinete, né? Então,**

como tínhamos um número muito grande de processos em andamento, tínhamos também atrasos, né? E... logo que a gente chegou lá, **fizemos o mapeamento desses atrasos pra identificar onde eram maiores atrasos, pra tentar trazer o mais próximo do... por em dia o mais próximo possível, né, pra reduzir esses atrasos, o que foi tentado e foi, ao longo do tempo, foi conseguido reduzir esse atraso, né? Que ainda persiste, mas é bem menor do que na época que o doutor Edevaldo chegou lá, em 2014.**

ADVOGADO – **O senhor acredita que a quantidade de servidores na Vara, nessa época, era suficiente para dar conta da demanda que existia?**

DEPOENTE - **Não, não era. Não era, não era suficiente.** Tanto é que, desde a primeira correição que ocorreu lá em Itapeva, isso em 2013... aliás, em 2011, perdão, é... já foi relatado pelo juiz então... pelo juiz titular, na época o doutor Fernando Mendes, e foi sendo relatado, em todos os relatórios de inspeção e de correição: a insuficiência de servidores frente ao número de processos em tramitação.

ADVOGADO – **Especificamente em relação ao setor criminal, o senhor se recorda quantos servidores trabalhavam especificamente nesse setor? E aí, já vou emendar outra pergunta: se o senhor acredita que eram suficientes para dar conta da demanda específica em relação ao setor.**

DEPOENTE – **Bom, quando nós chegamos lá, doutor, tínhamos apenas um servidor trabalhando no setor criminal. Insuficiente, totalmente, *né*? E era um servidor vindo da Justiça... recém empossado na Justiça Federal, cujo trabalho anterior era, ele era servidor do Juizado Especial Cível, da Justiça Estadual do Estado de São Paulo. Então, era insuficiente, *né*, havia grandes atrasos, havia uma grande rotatividade de servidores tanto na subseção quanto nesse setor específico, no setor criminal, *né*.** Nós fizemos um levantamento e vimos que, quando nós chegamos lá, em 2014, no ano... nos últimos doze meses havia sido feito três trocas dos... do servidor do setor criminal: primeiro servidor que tinha sido, tinha... era o supervisor, passou num concurso

> *pra* oficial de justiça da própria Justiça Estadual... da Justiça Federal, perdão; depois disso, foi nomeada uma outra servidora, ficou alguns poucos meses no setor criminal; e, posteriormente, foi nomeado como supervisor o servidor Haroldo, que foi o servidor que, quando nós chegamos lá, respondia pelo setor criminal.
>
> ADVOGADO – Constatada essa insuficiência, e o servidor que lá estava nesse setor criminal, o senhor se recorda **quais foram as medidas e o que fez o doutor Edevaldo em relação a isso?**
>
> DEPOENTE – Sim. Logo que nós chegamos lá, em agosto de 2014, havia a possibilidade iminente da inauguração do Juizado Especial Federal lá em Itapeva, o que acabou acontecendo em novembro de 2014, e, juntamente com a inauguração, a subseção recebeu novos servidores e, dentre esses, recebemos uma servidora que havia sido... vinha do Ministério Público Estadual. Então ela demonstrou, já no primeiro contato que tivemos, uma experiência no setor criminal, que é uma coisa bastante difícil, infelizmente. **Então o doutor Edevaldo fez a troca, trocou o servidor Haroldo, que respondia então pelo setor criminal, e colocou a servidora Doane, que já demonstrou, *né*, no primeiro contato uma maior experiência com processos criminais, um conhecimento no Processo Penal, e ela fez logo um levantamento sobre situação do setor, e assumiu o setor e começou a melhorar o andamento dos processos.** (grifos do autor)

Referido depoimento é corroborado por Marcos Roberto Pinto Correa, Diretor Administrativo do Fórum Federal de Itapeva:

> ADVOGADO – Quando o senhor chegou à 1ª Vara de Itapeva, na... como diretor da Vara, como foi que o senhor encontrou a Vara? Em relação às questões administrativas, especialmente em relação ao volume de processos e trabalho, e o número de servidores que se encontravam na Vara.
>
> DEPOENTE - Pois não, doutor. Na verdade, quando eu cheguei aqui, existia essa... essa... existia tanto a 1ª Vara

> quanto o JEF, e houve justamente essa mudança, e assim que fui investido, o que aconteceu foi que **deparei com uma vara que possuía uma previsão, um estudo feito pela Diretoria do foro do Estado de São Paulo, de ter quinze servidores e mais dois oficiais de justiça, e essa Vara constava com nove... contava com nove servidores.** Somente nove servidores, *né*? E mais dois oficiais de justiça. Então, quer dizer, se assim... se puder excluir da conta os oficiais de justiça, porque não participam dos serviços, das atividades forenses dentro da Secretaria, havia uma previsão de quinze servidores e possuía nove. Aí com essa reestruturação devida à criação da então JEVA, que é a vara federal com o juizado especial cível e criminal adjunto, houve o recebimento de um... de uns outros servidores *pra* poder compor, ainda que não completasse... completasse o efetivo. E nessas condições, o que acontecia? Tomei ciência de que as varas... que os setores, muitos setores funcionavam apenas com um servidor, devido a... porque esses nove servidores obviamente incluía gabinete também, *né*? **E havia uma dificuldade de manter a tramitação dos processos da forma mais célere e desejada. Então, com um acervo aí, de quase oito mil processos, processos físicos, todos, obviamente, porque na época estávamos falando em processos físicos. Esta era a situação, doutor.** (grifos do autor)

Referido depoimento também é corroborado por Tomás Marques de Rezende:

> ADVOGADO – O senhor pode relatar como que era o funcionamento e a organização desse setor antes e depois da chegada desses colegas, em relação à demanda, o volume de trabalho, a quantidade de servidores lá trabalhando e especialmente em relação ao atraso e a celeridade dos processos?
>
> DEPOENTE – É... quando eu cheguei, comecei a trabalhar no Setor Criminal, a Vara tinha um quadro com alguns funcionários em cada setor, no Setor Criminal era apenas eu mesmo, e nós contávamos com a ajuda de alguns estagiários, que era

> um estágio oficial, que se encontravam bem entrosados. Então era uma turma bem entrosada com os serviços da Secretaria da Vara. **Infelizmente no ano de 2016 teve problemas econômicos nossa estrutura de Recursos Humanos sofreu uma... espécie de enxugamento e os contratos e estagiários não foram prorrogados, nós ficamos sem os estagiários. Nesse período todo nosso acervo ainda era 100% em papel.** Então, uma boa parte do que a gente fazia era em papel, também alimentando o sistema de acompanhamento processual. Eu friso assim que a ajuda dos estagiários era muito grande e os estagiários que estavam lá já se encontravam há mais de um ano, acho que no período... não tenho certeza se é dois anos que eles podem permanecer, e havia um entrosamento bem grande. E... a falta dos estagiários deixou com que nós tivéssemos que fazer serviço que era feito pelos estagiários. **Então, a juntada de petições, documentos que chegavam no processo, atendimento ao balcão, até a telefonista que a subseção tinha, também não teve... não tínhamos mais, não sei a data exatamente, mas essa estrutura de Recursos Humanos, ela foi... ela diminuiu e isso pesou.** Em especial no Setor Criminal, durante esse período, alguns estagiários de Direito se propuseram a fazer um estágio contratado, voluntário e, nesse período, alguns desses estagiários, nós, funcionários, treinávamos para poder se inteirar de como é o funcionamento da Vara, Secretaria, de funcionamento do próprio sistema de acompanhamento processual, que já era feito em dois sistemas, um no ambiente Windows o outro no ambiente DOS, esses estagiários na faixa dos vinte e poucos anos não tinham nenhum contato com esse ambiente DOS, que é feito todo por meio de comandos e não... (grifos do autor)

O depoimento prestado por Rodrigo David Nascimento evidenciou, ainda, que o Consulente, em momento algum, determinou qualquer retardamento na tramitação de processos e nem mesmo nunca adotou expedientes irregulares consistentes na guarda de processos em seu gabinete. Ao contrário, o Consulente sempre determinou celeridade:

ADVOGADO – O senhor se recorda se aconteceu com o senhor, ou com qualquer outro servidor, que o doutor Edevaldo determinou algum tipo de tramitação por retardamento de processos no âmbito da Vara?

DEPOENTE – Não. Nunca ocorreu isso, doutor. Muito pelo contrário, inclusive. **Desde o primeiro contato que eu tive com o doutor Edevaldo ele priorizou, determinou que a gente priorizasse o andamento mais célere possível.** Quando nós chegamos lá, logo na primeira semana ele reuniu todos os servidores, falou sobre os seus posicionamentos e falou especificamente sobre o andamento do processo o mais breve possível. Depois disso, como eu falei lá em Itapeva tem uma grande rotatividade de servidores, cada servidor que chegava lá, nós levávamos até o doutor Edevaldo para apresentá-lo, para conhecê-lo e em todos os casos ele foi bem claro quanto a isso: que devíamos tratar os processos... dar aos processos a maior celeridade possível. (grifos do autor)

ADVOGADO – **O senhor se recorda se o doutor Edevaldo, ele retinha ou guardava processos dentro do seu gabinete?**

DEPOENTE – Não. Os processos... o expediente diário, *né*, era levado para o doutor Edevaldo e deixado em cima de sua mesa toda manhã e, no máximo logo após o almoço, era retirado e levado para a Secretaria ...*[ininteligível]*...

ADVOGADO - O senhor se recorda se...

DEPOENTE – **Nunca retinha... reteve processos...**

ADVOGADO – ... o senhor se recorda se, dentro do gabinete do doutor Edevaldo, havia algum tipo de armário ou gavetas em que ele guardava processos e mantinha os processos guardados?

DEPOENTE - Não, doutor. Todos os processos que eram levados ao gabinete dele eram mantidos em cima da mesa, assinados os despachos, corrigidas as minutas e devolvidos para a Secretaria no mesmo dia ou no máximo no dia seguinte.

ADVOGADO – **O senhor se recorda se o doutor Edevaldo já solicitou algum andamento ou alguma tramitação**

> **diferenciada em qualquer tipo e processo, seja ele criminal ou não, em razão de uma parte específica?**
>
> DEPOENTE – **Não, doutor. Nem... nunca houve essa determinação. Houve sim uma determinação para que a gente cuidasse com os processos que... onde houvesse a participação do Ministério Público Federal, *né*, para que fosse dada a prioridade de tramitação para que não atrasasse esse tipo de processo.** Infelizmente, devido ao número reduzido de servidores, nem sempre foi possível cumprir os prazos processuais e tal, mas a gente sempre procurou dar o andamento mais breve possível e os encaminhamentos sempre dentro dos prazos. (grifos do autor)

Referido depoimento é corroborado por Marcos Roberto Pinto Correa, diretor administrativo do Fórum Federal de Itapeva:

> ADVOGADO – Com a sua investidura, é... o doutor Edevaldo chegou a conversar com o senhor solicitando algum tipo de preocupação ou atenção especial a algum dos setores da Vara?
>
> DEPOENTE – Sim. Ele pegou e comentou o seguinte, vou resumir numa frase o que o doutor sempre mencionava. E daí chega-se até o setor: "o que existe de mais urgente, o que existe de mais preponderante dentro de uma vara é a questão que envolva réu preso". Então essa e as demais questões que envolvam perecimento de direito deverão ter tratamento mais que especial, no seguinte sentido: assim que foram recebidos esses outros servidores, aqueles que não foram redistribuídos de acordo com a... com saída do JEF *pra* Sorocaba, **foi determinado pelo doutor *pra* mobiliar, digamos assim, *pra* dar uma atenção e ver o que fosse preciso *pra* o setor criminal, *tá*, porque o setor criminal, ele tinha... tinham sido encontrados alguns problemas devido a essa questão, que ele queria que não se repetisse. Ele foi assim, muito, muito enfático em relação a isso, cobrando, é isso que... por isso, principalmente que isso vai ser cobrado. Por exemplo, o que chegar, chegou...** seja recebimento de

denúncia, seja peticionamento de RESE, qualquer coisa tem que subir para o Gabinete no mesmo dia, no mesmo momento. Na pior das hipóteses, assim pela situação, no primeiro momento no dia seguinte. Essa era a determinação. Então o principal fato, isso... e assim como nos setores diversos, as chamadas ACPs, ações civis públicas, que envolvem muitas vezes aí... possibilidade de perecimento de direito, foi a determinação especifica do doutor.

ADVOGADO – É... o senhor tem conhecimento de que o doutor Edevaldo, ele solicitou ao senhor, ou a qualquer outro servidor, que retivesse processos deliberadamente? A tramitação de processos de forma deliberada?

DEPOENTE – **A ordem específica do doutor era exatamente o contrário: independentemente da natureza, não se retém para abrir conclusão, não se retém para absolutamente nada.** Tem que... porque se acumular em alguma situação, cabe administrarmos e eliminar os gargalos. Mas a determinação dele era exatamente o contrário, para que em setor nenhum, nada fosse... não se retivessem processos.

ADVOGADO – O senhor tem informação se o doutor Edevaldo estabelece prazo para que esses processos sejam tramitados? E se tiver, qual o prazo que ele estabelece?

DEPOENTE – Esse é um dito que, quando eu cheguei na Secretaria, se falava, falava assim: "*Ah*, na verdade, o que é aceitável é um ano concluso para sentença e cento e vinte dias para o andamento processual normal, para um despacho normal, para o andamento normal" . O doutor mandou, primeira coisa, mapear isso em relação e, no caso específico do processo criminal, para ser reduzido esse prazo até se chegar ao máximo de trinta dias. Inclusive determinou que fossem feitos acompanhamentos até para evitar que eles, até por se tratarem de processos físicos, existia aquele erro humano às vezes de colocar um processo num escaninho diferente, isso a gente observou quando chegou até a Secretaria, então mandou fazer... auditar isso, vamos dizer assim, para que isso não ocorresse e para que nós conseguíssemos chegar ao prazo de trinta dias.

ADVOGADO – Na sua opinião, o recebimento e o acréscimo desses servidores, de 2018 para cá, puderam auxiliar nos trabalhos da Vara, bem como permitiram que os processos andassem de forma mais célere, organizada? O que você entende sobre isso?

DEPOENTE – **Doutor, eu vou lhe dizer assim, conforme - quando eu cheguei – mencionei, quando eu cheguei, havia aí três setores que tinha apenas um servidor em cada um, por não ter servidor**. E o que acontece? Infelizmente, não sei se é relevante, mas Itapeva é um... é uma subseção com uma alta rotatividade de servidores. O que acontece é que, quando foi implantada a Vara Federal de Itapeva em 2010, nós estávamos sob o concurso de 2008, e esse concurso, quando foi publicado o edital, não previa Itapeva; previa uma região formada por Avaré e Sorocaba. Então os servidores que nós recebíamos eram de Sorocaba, aqueles servidores que já fizeram de uma maneira regionalizada e queriam. Então era muito comum na vara, lá atrás, o pessoal mal chegar e já protocolava o pedido de alteração de lotação. Já existia, porque não havia à época, *tá*, e confesso que hoje nem sei se há, *ah*, qualquer restrição a ele fazer isso, ele já... ele já fazia. E o que que acontece? E isso foi se perpetuando e muitos pedidos foram atendidos depois de anos. Acho que até a última servidora que saiu daqui foi devido a um pedido que já havia sido protocolado lá atrás. E por que eu estou lhe informando isso? Hoje, hoje nós temos aí uma defasagem, hoje nós temos uma previsão, vou excluir novamente – permita – os oficiais de justiça, mas por esse estudo desenvolvido pela Diretoria do Fórum, de uma lotação ideal de quinze servidores, *tá*, e desses quinze servidores, nós temos onze e um requisitado, que a qualquer momento pode... pode voltar. Então, quer dizer, quando nós temos a perda hoje – com o número que nós temos – de um servidor, já acarreta diretamente no trabalho. Foi feito um trabalho muito penoso, vamos dizer assim, *né*, de identificar as características das pessoas e com qual trabalho ela poderia se identificar e vir a render melhor, até *pra* ter uma satisfação pessoal e ao mesmo tempo produzir mais, vamos dizer assim.

Então, uma peça retirada é o suficiente *pra* comprometer, *tá*? Meses como o mês de julho - excepcionalmente foi uma situação diferente por causa da pandemia – aqueles meses clássicos em que temos férias, a gente já sente essa mudança, *tá*? Mas sei que muito do que eu falei aqui não é exclusividade de Itapeva, é de várias subseções de Poder Judiciário, mas eu não tenho dúvida nenhuma, *tá*, que um servidor faz diferença. Esse quadro aí de dois... ou melhor, de três servidores que nós temos na Vara, nos faz bastante falta, imaginar perder um deles já seria bem comprometedor, que dirá essa situação de nove *pra* doze, *tá*, que foi uma coisa que aconteceu do dia *pra* noite.

ADVOGADO – **O senhor tem conhecimento de ações do doutor Edevaldo para lá atrás receber mais servidores? Se ele encaminhou ofício, solicitações ao Tribunal?**

DEPOENTE – **Era comum, eu, como eu disse, até mesmo quando eu era diretor administrativo, o doutor Edevaldo, ao fazer as reuniões com a direção da Secretaria, costumava, dependendo do tema, trazer isso *pra* saber como estava a situação do administrativo, como estava andando. E mesmo antes de ser diretor da Vara, presenciei ele mencionando isso, inclusive determinando à então direção *pra* oficiar, *tá*, solicitando essa situação de falta de servidores.**

ADVOGADO – Após o recebimento desses servidores, o senhor tem notícia ou informação, doutor Edevaldo fez comunicação expressa ao Ministério Público Federal informando o recebimento dos servidores, informando que solicitou é... uma atenção e um trabalho dedicado aos processos do Ministério Público Federal, bem como se colocando à disposição de receber e... contribuições e até mesmo os representantes do Ministério Público Federal *pra* auxiliar e, quem sabe, ter aí contribuições no andamento célere dos processos?

DEPOENTE – Exatamente isso, doutor. O doutor oficiou, esclarecendo a situação, que antes só existia um servidor e que, como já tinha feito numa situação anterior, quando foi constatada uma real demora na tramitação do processo, ele se

> colocou à disposição, já naquela época e explicou a situação e pediu para que, caso houvesse algum outro processo, que ele identificasse que estaríamos à disposição, estaríamos a ouvidos *pra* ouvi-lo e tentar atender com a brevidade possível. E após isso foi noticiado que a partir daquele momento seria dado um tratamento devido, se não que ainda o ideal, até por questão de rotatividade, treinamento de servidores, mas que estava sendo dada uma atenção totalmente especial, colocando-se à inteira disposição, *tá*, *pra* que qualquer problema pudesse ser procurada a Secretaria ou mesmo direto o magistrado.
>
> ADVOGADO – O senhor tem conhecimento se o representante do Ministério Público chegou a responder esse ofício? E chegou a procurar a Secretaria ou o magistrado?
>
> DEPOENTE – Do magistrado, eu não tive notícia; da Secretaria, certamente não houve qualquer procura nesse sentido. (grifos do autor)

Referido depoimento também é corroborado por Luis Antonio Carvalho de Vasconcellos, exercente de funções administrativas na Vara:

> ADVOGADO – **Doutor Edevaldo já solicitou que você alguma vez retardasse deliberadamente o andamento de algum processo?**
>
> DEPOENTE – **De maneira nenhuma.**
>
> ADVOGADO – O senhor sabe informar se o doutor Edevaldo mantém, em seu Gabinete, ou em gavetas, armários, autos de processos com a finalidade de retardar o andamento destes processos?
>
> DEPOENTE – Não sei informar, acredito que não, e os processos que eram submetidos por mim, os que saíam da Secretaria com as minutas, eles sempre retornavam, porque a gente tem, não digo o controle, mas a gente tem um fluxo, né, pelo sistema Mumps, de saber quais minutas foram submetidas a conclusão e as datas, e quando eles retornavam

> assinados, nós também tínhamos esse controle, poder dar andamento e submeter à publicação e fazer executar o restante dos procedimentos.
>
> ADVOGADO – **Na sua opinião, o doutor Edevaldo é preocupado e toma as medidas administrativas como magistrado para que os processos caminhem de forma célere e ágeis?**
>
> DEPOENTE – **Sim, bastante.** Inclusive ele, por vezes, até impôs alguns prazos em que nós devemos observar em relação a algumas minutas mais sensíveis, por exemplo, denúncias. As denúncias que chegavam na distribuição, eu tinha aproximadamente 24h para submeter a ele com a minuta da decisão, ou resposta da acusação também, nós temos um prazo de uma semana. E das vezes que, por conta do acúmulo de trabalho ou por conta do próprio fluxo mesmo, esses prazos deixaram de ser observados minimamente por nós, fui devidamente advertido pelo diretor da Secretaria. Fui chamado atenção e pedi... reiterada a celeridade... a necessidade da celeridade especialmente nestes casos, e também... e sempre que cobrado, a justificativa, eu sempre tinha algum motivo, alguma coisa, alguma circunstância do dia, enfim alguma coisa que tinha acontecido aquele dia que tinha feito o trabalho sair um pouco do trilho, né? Mas é uma preocupação que eu sempre tive e uma coisa que sempre foi dada como diretriz desde o princípio das minhas atribuições, especialmente no criminal em 2018. (grifos do autor)

O depoimento é corroborado por Tomás Marques de Rezende:

> ADVOGADO – O senhor, na sua compreensão, o doutor Edevaldo, ele é cioso? Ele tem uma característica de preocupação com o andamento dos processos? Como que os processos sejam implementados de forma rápida e célere?
>
> DEPOENTE – **Desde o começo, quando eu... estive no Setor Criminal até o final, a cobrança que vinha do doutor Edevaldo era para que os processos tivessem um andamento o mais célere possível.**

> ADVOGADO – **O senhor já recebeu algum tipo de pedido, solicitação ou determinação do doutor Edevaldo para retardar deliberadamente algum tipo de processo?**
> DEPOENTE – **Não, nunca.**
> ADVOGADO – O senhor tem conhecimento de que o doutor Edevaldo tenha deliberadamente, no seu Gabinete, gavetas, armários, retido processos de forma deliberada, de modo a prejudicar a tramitação desses processos?
> DEPOENTE – **Não, nunca soube de absolutamente nada nesse sentido.** (grifos do autor)

Por fim, Doane Souza Dias Fermino também assim se manifestou:

> ADVOGADO – Doutor Edevaldo já solicitou à senhora, alguma vez, que retardasse deliberadamente o andamento de algum processo?
> DEPOENTE – **Não.**
> Para mim, nunca.
> ADVOGADO – A senhora tem conhecimento de alguma vez que o doutor Edevaldo tenha, em seu Gabinete, mantido em armários, gavetas e mesas, processos, de modo a deliberadamente retardar os processos?
> DEPOENTE – **Não. Nunca fiquei sabendo disso.** (grifos do autor)

Aliás, referida servidora, atualmente lotada em Vara de Jundiaí, asseverou que o andamento dos processos, nos moldes conduzidos pelo Consulente em Itapeva, é, *in verbis*, "muito semelhante" em ambas as Varas:

> RELATORA – **Os procedimentos desses magistrados – assim, no tocar os processos, da sua observação, sem julgar entendimentos, nada - são diferentes? São prioridades diferentes? Como é a forma que eles lidam com os processos, na sua visão?**

> Qual a prioridade que se dá aos criminais?
>
> DEPOENTE – Eu vou falar de administrativo.
>
> RELATORA – É, do ponto de vista administrativo, dentro da Vara, como a senhora os vê; e não julgando as decisões. Não é disso que você tem que dizer.
>
> DEPOENTE – **Sim. Exatamente. Do ponto de vista administrativo, para mim, é muito semelhante, em termos de observar normas, procedimentos, tratar com prioridade... é... de...**
>
> RELATORA – Dar andamentos?
>
> DEPOENTE – Sim.
>
> RELATORA – Cumprir os prazos, é disso que eu estou falando. (grifos do autor)

O depoimento prestado por Luis Antonio Carvalho de Vasconcellos evidenciou que o Consulente exerce suas funções jurisdicionais de forma absolutamente assídua:

> ADVOGADO – Como que é a... a habitualidade de trabalho do doutor Edevaldo? Obviamente agora nessa questão da pandemia, a gente tem aí uma diferenciação, mas antes disso, a questão de despacho e quantas vezes despachava o expediente? Qual era a presença dele na Vara e no Gabinete? A disponibilidade de atendimento é... para os servidores, em especial os supervisores criminais?
>
> DEPOENTE – **O Doutor Edevaldo, desde que eu cheguei na Vara na Itapeva, já foi uma coisa que nós notamos bem instantaneamente que um é juiz que está de segunda a sexta no Tribunal. Ele sempre chegava antes de mim, o meu horário é da 11 às 19 e muito comumente saía ou às 19 ou um pouco depois.** Quando eu me submetia diretamente ao trabalho dele, especialmente com os processos físicos, é de se notar também que todos os dias havia remessa de processos com despacho, para análise com os autos, e todos os dias os processos do dia anterior retornavam, ou quase

> todos ou 90% deles. Alguns deles com algumas correções, o que é natural, mas a maioria devidamente assinados. (grifos do autor)

O depoimento também é corroborado por Tomás Marques de Rezende:

> ADVOGADO – Poderia esclarecer, nesse período que o senhor esteve no Setor Criminal, como que era usualmente a forma de trabalho do doutor Edevaldo? A permanência dele no Gabinete, ida ao Gabinete, os despachos feitos nos processos, como que era essa dinâmica?
>
> DEPOENTE – **Normalmente ele chegava no período da manhã, os processos que cada setor já encaminhava... eram já levados pelo diretor ou por algum funcionário e, normalmente, no final do dia os processos retornavam com os despachos, manifestações, sentenças, o que fosse. Normalmente voltava no mesmo dia. Às vezes voltavam no dia seguinte, quando o diretor ou outro funcionário trazia os processos físicos novamente para a Secretaria da Vara.** (grifos do autor)

Indagado a Luis Antonio Carvalho de Vasconcellos se o Consulente já realizou alguma espécie de solicitação ou antiética, a resposta foi negativa:

> ADVOGADO – O doutor Edevaldo já encaminhou alguma solicitação, algum pedido que considerasse ilegal ou antiético?
>
> DEPOENTE – Não. Não.

Veja-se, portanto, que com relação ao alegado atraso no andamento dos processos, bem como na juntada de petições e documentos, no ato de tornar os autos conclusos e, ainda, no ato de proferir decisões e remessas de recursos à Justiça Federal da 3ª Região, tendo em vista as provas testemunhais produzidas nos autos do processo administrativo, não se pode imputar ao Consulente qualquer responsabilidade disciplinar.

Com efeito, a alegação de retardamento na prática dos atos de ofício é refutada pelas provas testemunhais produzidas, as quais, em linhas gerais, são no sentido de que a estrutura administrativa atrelada ao exercício das funções judicantes pelo Consulente revelou-se incapaz de atender às demandas por celeridade processual.

Do mesmo modo, restou consignado que o Consulente é extremamente assíduo no exercício das suas funções jurisdicionais, adotou diversas providências com vistas a orientar os servidores ao exercício célere das funções administrativas e, ainda, externou aos órgãos administrativos competentes a deficiência do quadro de pessoal e a necessidade de sua ampliação.

Por fim, as provas testemunhais atestaram que o Consulente jamais adotou qualquer expediente para retardar o andamento de processos, seja através de qualquer solicitação aos servidores, seja armazenando processos em seu gabinete.

23.5 Respostas aos quesitos

Apresentamos, a seguir, as respostas aos quesitos formulados, os quais, à luz do substrato fático apresentado na presente Parecer, serão desenvolvidas tendo em vista a incursão nas garantias e prerrogativas no exercício da jurisdição, bem como na compreensão dos seus aspectos dogmáticos e circunstâncias ensejadoras de repercussões disciplinares para os magistrados. Além do mais, os quesitos serão respondidos tendo em vista o fenômeno da hipernomia como mecanismo de exceção no Direito administrativo sancionador:

PRIMEIRO QUESITO: Tendo em vista os fatos levantados pela representação disciplinar proposta por Procuradores Regionais da República lotados na Procuradoria Regional da República – 3ª Região em 1º de julho de 2019 e, ainda, a Decisão n. 5032702/2019

– CORE do Corregedor-Regional da Justiça Federal da 3ª Região de 4 de setembro de 2019, constata-se responsabilidade disciplinar do Consulente consistente em violação ao dever de cumprir e fazer cumprir, com independência, serenidade e exatidão, as disposições legais e os atos de ofício, consoante previsão do art. 35, inciso I, da Lei Complementar n. 35/1979 ou, ainda, violação aos deveres de imparcialidade, cortesia, transparência, prudência, diligência e dedicação no sentido de celeridade e eficiência na prestação jurisdicional, consoante previsões do Código de Ética da Magistratura, especialmente do seu art. 1º?

As garantias e as prerrogativas no exercício da jurisdição amalgamam-se para, por um lado, garantir imparcialidade e, por outro, atribuir aos mecanismos ordinários de impugnação de decisões judiciais a possibilidade de questionar a sua inexistência. De todo modo, conforme veremos oportunamente, a responsabilidade disciplinar no exercício da jurisdição não se afasta em absoluto, mas possui contornos dogmáticos específicos, isso para garantir que a função jurisdicional do Estado seja exercida com independência e exclusivamente baseada no livre convencimento motivado.

O agente a ser sancionado não pode sujeitar-se às contingências da interpretação casuística do agente dotado de poder decisório. O âmbito de abrangência da legislação sancionatória é tão extenso que se retira a prerrogativa de discriminar quem é potencialmente responsabilizado perante o sistema, incumbindo tal decisão ao *arbítrio* seletivo do aplicador.

Não se trata de afirmar, de forma absoluta, que os atos jurisdicionais proferidos no exercício da função estatal não sejam passíveis de escrutínio pela via disciplinar, mas que a responsabilidade não deve se basear em inferências a partir de conceitos jurídicos indeterminados tais como, dentre outros, "serenidade", "exatidão", "cortesia", "prudência", "diligência" e "dedicação", os quais são constantes da Decisão n. 5032702/2019 – CORE de 4 de setembro de 2019 do Corregedor-Regional da Justiça Federal da 3ª Região.

Referidos conceitos jurídicos indeterminados foram utilizados para fins de instruir processo administrativo sancionador em face do Consulente sem que se tenha identificado nos processos judiciais colacionados pelos Representantes elementos que, transbordando das garantias e prerrogativas atribuídas ao exercício da função jurisdicional, sejam passíveis de qualquer responsabilização.

A heterogeneidade de conteúdo, que pode admitir interpretações para que seu significado varie a depender do sistema fático-jurídico em que estão inseridos – e segundo, portanto, os valores e possíveis desvios do agente julgador – é incompatível como Direito administrativo sancionador. Preceitua Celso Antônio Bandeira de Mello que o princípio da tipicidade, inerente ao regime jurídico-administrativo, impõe que a configuração das infrações administrativas seja realizada de forma suficientemente clara para "não deixar dúvida alguma sobre a identidade do comportamento reprovável".[920]

Incorporado ao Direito administrativo sancionador não só a ideia de *ultima ratio* nascida no Direito penal, mas também o *nullum crimen sine lege*, os quais são, em linhas gerais, garantias da liberdade e da previsibilidade da conduta estatal, é absolutamente inadmissível valer-se de conceitos jurídicos indeterminados para delimitar, casuisticamente, específica extensão e alcance para normas sancionatórias.

A fragilização de ambos os princípios – *ultima ratio* e *nullum crimen sine lege* – faculta que quase todas as condutas humanas que fogem do banal possam, por alguma interpretação jurídica, se tornar passíveis de sanção pelo Estado. O imbróglio normativo acaba por delegar a quem executa a lei o poder arbitrário, imperial, absolutista, de selecionar quem é atingido por essa norma e quem não é.

---

920 BANDEIRA DE MELLO, Celso Antônio. *Curso de Direito Administrativo*. São Paulo: Malheiros, 2009, p. 871.

Em outras palavras, ainda que o desvio funcional no exercício da jurisdição possa ensejar a responsabilidade do magistrado, também é evidente que a responsabilização não se realiza com base em determinadas concepções quanto ao Direito aplicável.

Não se trata de defender, em absoluto, a imunidade no exercício da jurisdição, mas de circunscrever a infração disciplinar às hipóteses em que, efetivamente, nos deparamos com o abuso da prerrogativa da independência funcional e do princípio do livre convencimento motivado, o que, por uma evidência, não se constata nos processos colacionados pelos Representantes.

Nesses termos, não se justificam – conforme passaremos a demonstrar – as ilações formuladas pelos Representantes, no sentido de que a atuação jurisdicional do Consulente possuiria intento ou ânimo de prejudicar, com desprezo, preconceito, arbitrariedade, abuso ou desvio de poder, a atuação institucional de órgãos de persecução.

Com efeito, a alegada rejeição de denúncias sob o fundamento de ausência de motivação jurídica *exata* e *razoável* após o encerramento da instrução processual insere a análise da responsabilidade disciplinar do Consulente no campo das elucubrações e das percepções subjetivas dos Representantes, as quais não se constituem em qualquer elemento mínimo passível de responsabilidade disciplinar. Quanto muito, específicas convicções quanto à alegada motivação jurídica exata e razoável podem ensejar a adoção dos específicos mecanismos processuais recursais ordinários.

O Conselho Nacional de Justiça (CNJ) possui entendimento consolidado no sentido de que

> os princípios da independência e da imunidade funcionais obstam, via de regra, a possibilidade de punição de magistrado pelo teor dos entendimentos manifestados em seus julgados. A relativização ocorre em situações excepcionais, a exemplo

> daquelas em que reste evidenciada a quebra do dever de imparcialidade, impropriedade ou excesso de linguagem.[921]

Por essa razão, entende-se que

> não ensejam punição disciplinar os julgamentos que decorram do entendimento livremente manifestado pelo magistrado (livre convencimento motivado), sem nenhum indício de desvio ético ou de conduta, sob pena de chancelar "infração disciplinar de opinião".[922]

Especificamente com relação ao possível abuso da liberdade e da independência funcional, Conselho Nacional de Justiça (CNJ), deparando-se com a alegação de que determinado magistrado teria adotado "entendimento diametralmente oposto ao que determina a lei para fundamentar decisões e sentenças (...)", consignou o entendimento de que o princípio da imunidade do magistrado comporta exceções relativizadoras consistentes, exemplificativamente, "(...) quando o ato de julgar resta contaminado por dolo, má-fé, ato de corrupção ou qualquer outro 'vício' que revele o intuito de beneficiar ou prejudicar um dos destinatários da jurisdição". Na mesma oportunidade, tratando de decisões dolosas reiteradas, restou consignado que a responsabilidade disciplinar só exsurge diante de "(...) contrariedade a dispositivos legais expressos ou utiliza-se de procedimentos incorretos, ofensivos ao princípio da prudência, sempre em manifesto prejuízo a uma das partes (...)".[923]

Quanto à alegação de que o Consulente possuiria uma "(...) peculiar visão sobre a atuação da força policial (...)", isso em razão de suposta *anulação* de prisões e provas decorrentes de abordagem realizada pela polícia ostensiva. Com relação ao referido aspecto, é

921 Reclamação Disciplinar n. 0006469-96.2017.2.00.0000.

922 Reclamação Disciplinar n. 0006469-96.2017.2.00.0000.

923 Reclamação Disciplinar n. 0006469-96.2017.2.00.0000.

preciso destacar, conforme constatamos e consigamos em diversas publicações científicas nos últimos anos, os processos penais de exceção tem se tornado o principal instrumento de controle social e político e a face mais cruel do autoritarismo estatal contra grande parte da população pobre do país.

Através de um Sistema de Justiça Criminal institucionalizado, são subtraídos os direitos mais elementares do investigado, acusado ou réu, isso por meio de vários mecanismos, tais como encarceramento em massa, banalização na utilização das prisões cautelares, seletividade da punição criminal, desrespeito aos direitos e garantias penais e processuais penais, espetacularização e condenação midiática, hipernomia e apropriação privada da linguagem pelo aplicador da norma.

Em seu depoimento, o Consulente externou, acertadamente, que a anulação de prisões e provas em razão de decorrerem de abordagem realizada pela polícia ostensiva fundamentou-se no art. 240, § 2º, do Código de Processo Penal, segundo o qual será realizada busca pessoal apenas quando houver fundada suspeita de que alguém oculte consigo arma proibida ou determinados objetos previstos no mesmo dispositivo legal.

Consequentemente, em sendo condição para a realização da busca pessoal a existência de fundada suspeita, a sua inexistência faz prevalecer, acertadamente, a inviolabilidade do direito constitucional à intimidade, previsto especialmente no art. 5º, inciso X, da Constituição. Consequentemente, devem ser anuladas as provas decorrentes.

Nesse cenário que se coloca, não se pode, em hipótese alguma, responsabilizar o Consulente, o qual, consciente das relevantes missões institucionais que lhe foram atribuídas, realizou, à luz das circunstâncias fáticas do caso concreto, o cotejamento da validade de provas colhidas em policiamento ostensivo transbordantes dos limites impostos pelo Direito.

Não se trata, portanto, de mera convicção descabida, passível de responsabilidade disciplinar. Ao contrário, trata-se de legítimo exercício das funções judicantes, as quais, caso eventualmente desbordas do entendimento majoritário do tribunal ao qual está vinculado, é passível de controle pelos mecanismos processuais ordinários de impugnação. Frise-se: as decisões proferidas são passíveis de impugnação pelos meios ordinários recursais, não se podendo, para fins de responsabilização disciplinar, valer-se de conjecturas no sentido de que a prestação jurisdicional do Consulente estaria, consoante consignado pelos Representantes, "globalmente contaminada".

Com relação à alegação de *reforma* de ofício de decisões proferidas por magistrado substituto plantonista, o Consulente, e apenas quando se depara, no curso processual, com réus presos, é que, valendo-se da previsão consubstanciada no art. 316 do Código de Processo Penal, verifica, de ofício, o preenchimento dos requisitos legais relativos à prisão preventiva, bem como o motivo de sua manutenção. Com efeito, nos termos do referido dispositivo, o juiz poderá, de ofício ou a pedido das partes, revogar a prisão preventiva se, no correr da investigação ou do processo, verificar a falta de motivo para que ela subsista, bem como novamente decretá-la, se sobrevierem razões que a justifiquem.

Ademais, inexiste Defensoria Pública em Itapeva, o que evidencia o acerto do exercício da função judicante pelo Consulente, bem como a análise, de ofício, dos requisitos legais para revogação de prisões preventivas.

O modelo de guerra às drogas iniciado no governo americano de Richard Nixon na década de 1970 foi importado pelo Brasil como solução para combater o tráfico de drogas e garantir maior segurança à sociedade. Com a política de encarceramento adotada no Brasil a partir da década de 1990, vimos o número de presos no país aumentar em 707%. Passamos de um contingente de 90 mil presos para mais de 726 mil no intervalo de apenas 26 anos.

Temos hoje a terceira maior população encarcerada do mundo, em termos absolutos. Estamos atrás apenas dos Estados Unidos e da China. Assumimos a 31ª posição em números relativos, isso tendo em vista a relação de presos para cada 100 mil habitantes, nos países com população superior a 10 milhões.[924]

Mais grave do que ocupar a terceira posição, é o fato de que caminhamos para a primeira. Contamos com cerca de 726 mil presos, o que cresce 7,3% ao ano, segundo dados do Sistema Integrado de Informações Penitenciárias (Infopen) medidos até julho de 2016 e divulgado em 2017. O estudo apontou um crescimento de 157% no total de presos desde 2000, quando o Brasil contabilizava 232 mil encarcerados. Mantido esse ritmo, em 2022 computaremos nada menos que 1 milhão de presos.[925]

Segundo o já citado relatório do Infopen, em 2016, quatro em cada dez presos estavam presos sem terem recebido uma sentença de primeiro grau. Somando-se aos presos provisórios aqueles detentos cujos processos não foram concluídos, chega-se a quase dois terços da população carcerária.

Estima-se que entre 37% e 50% dos presos provisórios ou serão inocentados ou receberão penas de reclusão inferiores ao tempo que ficaram privados de liberdade. Isso significa que cerca de 20% dos presos estão presos injustamente. Diante desses dados, podemos afirmar que não há direito de defesa e presunção de inocência verdadeiramente garantidos a todos os cidadãos brasileiros.

Também há de se observar que a polícia brasileira é a que mais mata e morre no mundo. Dados divulgados pelo Fórum

---

924 Segundo dados extraídos do INFOPEN (Relatório de Informações Penitenciárias). Disponível em: http://www.justica.gov.br/seus-direitos/politica-penal/documentos/infopen_dez14.pdf. Acessado em: 15.10.2017.

925 Segundo dados extraídos do INFOPEN (Relatório de Informações Penitenciárias). Disponível em: http://www.justica.gov.br/seus-direitos/politica-penal/documentos/infopen_dez14.pdf. Acessado em: 15.10.2017.

Brasileiro de Segurança Pública em outubro de 2017,[926] mostrou que, em 2016, houve um crescimento de 27% do número de mortes em decorrência de ações policiais em relação a 2015, chegando a 4.225 casos só em 2016. O número de homicídios de policiais civis e militares também sofreu um crescimento de 17,5% em 2016 em relação ao ano anterior, com 437 mortes registradas.

Nesses termos, não só inexiste infração disciplinar imputável ao Consulente, como ele exerce suas funções jurisdicionais atento ao cenário social que se coloca, não havendo que se falar, em especial, em qualquer contradição ao art. 316 do Código de Processo Penal.

SEGUNDO QUESITO: Tendo em vista os fatos levantados pela representação disciplinar proposta por Procuradores Regionais da República lotados na Procuradoria Regional da República – 3ª Região em 1º de julho de 2019 e, ainda, a Decisão n. 5032702/2019 – CORE do Corregedor-Regional da Justiça Federal da 3ª Região de 4 de setembro de 2019, constata-se responsabilidade disciplinar do Consulente consistente em violação ao dever de determinar as providências necessárias para que os atos processuais se realizem nos prazos legais, consoante previsão do art. 35, inciso III, da Lei Complementar n. 35/1979?

Especialmente considerando as provas testemunhais produzidas nos autos do processo administrativo, não se pode imputar ao Consulente qualquer responsabilidade disciplinar. Com efeito, a alegação de retardamento na prática dos atos de ofício é refutada pelas provas testemunhais produzidas, as quais, em linhas gerais, levam-nos a concluir que a estrutura administrativa atrelada ao exercício das funções judicantes pelo Consulente revelou-se incapaz de atender às demandas por celeridade processual.

926 FBSP. *Segurança Pública em Números 2017*. Disponível em: http://www.forumseguranca.org.br/wp-content/uploads/2017/10/infografico2017-vs8-FINAL-.pdf. Acessado em: 10.05.2023.

Do mesmo modo, restou consignado que o Consulente é extremamente assíduo no exercício das suas funções jurisdicionais, adotou diversas providências com vistas a orientar os servidores ao exercício célere das funções administrativas dentro das possibilidades e, ainda, externou aos órgãos administrativos competentes a deficiência do quadro de pessoal e a necessidade de ampliação.

Por fim, as provas testemunhais atestaram que o Consulente jamais adotou qualquer expediente para retardar o andamento de processos, seja através de qualquer solicitação aos servidores, seja ocultando processos em seu gabinete.

Assim considerando, também tendo em vista referida imputação, inexiste qualquer infração disciplinar imputável ao Consulente.

É o que nos parece.

São Paulo, 10 de setembro de 2020.

CAPÍTULO XXIV

CONTEÚDO DOGMÁTICO DA INDEPENDÊNCIA FUNCIONAL DOS MEMBROS DO MINISTÉRIO PÚBLICO E AS EXCEPCIONAIS CIRCUNSTÂNCIAS ENSEJADORAS DE REPERCUSSÕES DISCIPLINARES

SUMÁRIO: I. PROLEGÔMENOS E FORMULAÇÃO DOS QUESITOS. II. DO CONTEÚDO DOGMÁTICO DA INDEPENDÊNCIA FUNCIONAL DOS MEMBROS DO MINISTÉRIO PÚBLICO ÀS REPERCUSSÕES DISCIPLINARES. III. DOS LIMITES NORMATIVOS QUE VEDAM A COMINAÇÃO DE INFRAÇÃO ADMINISTRATIVA AOS MEMBROS DO MINISTÉRIO PÚBLICO QUE, À LUZ DOS PRINCÍPIOS E REGRAS QUE REGEM AS MEDIDAS SOCIOEDUCATIVAS PARA MENORES DE 18 ANOS, EXTERNAM CONCRETAS MANIFESTAÇÕES CONTRÁRIAS À INTERNAÇÃO EM ESTABELECIMENTO EDUCACIONAL. IV. RESPOSTAS AOS QUESITOS.

24.1 Prolegômenos e formulação dos quesitos

Trata-se de Parecer Jurídico tendo por objeto o cotejamento teórico – e, portanto, em tese – das **garantias e prerrogativas conferidas aos membros do Ministério Público** nos seus aspectos dogmáticos e **excepcionais circunstâncias ensejadoras de repercussões disciplinares.**

Ademais, realiza-se uma incursão quanto aos **limites normativos** que vedam a **cominação de infração administrativa** aos membros do Ministério Público que, à luz dos princípios e regras que regem as medidas socioeducativas para menores de 18 (dezoito) anos, externam concretas **manifestações contrárias à internação em estabelecimento educacional, mas que propõem medidas alternativas.**

Assim considerando, nos foram formulados os seguintes quesitos:

PRIMEIRO QUESITO: Quais os limites normativos que vedam a cominação de infração administrativa a membros do Ministério Público em razão de manifestações jurídicas externadas?

SEGUNDO QUESITO: Mais especificamente, quais os limites normativos que vedam a cominação de infração administrativa aos membros do Ministério Público que, à luz dos princípios e regras que regem as medidas socioeducativas para menores de 18 anos, externam concretas manifestações contrárias à internação em estabelecimento educacional?

24.2 Do conteúdo dogmático da independência funcional dos membros do Ministério Público às repercussões disciplinares

O Estado Democrático de Direito ampara-se em determinadas *dimensões* materiais e formais que podemos resumir em supremacia da Constituição, **juridicidade**, democracia, república, **separação** das funções estatais e garantia dos direitos individuais e sociais. A conformação do poder político e a organização da sociedade pelo Estado Democrático de Direito é, nesses termos, condição de realização da justiça na sua acepção ampla.

Assim é que a República Federativa do Brasil se constitui em Estado Democrático de Direito destinado a assegurar o exercício dos direitos sociais e individuais, bem como a liberdade, a segurança, o bem-estar, o desenvolvimento, a igualdade e a justiça. Referidos valores supremos de uma sociedade pluralista e fraterna amalgamam-se com a consagração da democracia pelo parágrafo único do art. 1º da Constituição e o acolhimento da técnica da separação das funções estatais pelo art. 2º da Constituição.

Do mesmo modo, são, dentre outros, fundamentos da nossa República a cidadania, a dignidade da pessoa humana (artigo 1º, incisos II, V e III da Constituição), ao passo que, exemplificativamente, constituem objetivos fundamentais da República a construção de uma sociedade livre, justa e solidária, além da promoção do bem de todos (artigo 3º, incisos I e IV, da Constituição).

Ainda no campo das limitações ao poder do Estado, inclusive sancionatório, o processo judicial é informado por determinados princípios basilares. A Constituição, no seu art. 5º, inciso LIV, assegura que ninguém será privado da liberdade ou de seus bens sem o devido processo legal, ao passo que o inciso LV do mesmo dispositivo prevê que aos litigantes, em processo judicial ou administrativo, e aos acusados em geral são assegurados o contraditório e ampla defesa, com os meios e recursos a ela inerentes.

Especificamente com relação às medidas socioeducativas passíveis de cominação ao menor que tenha praticado ato infracional, a Constituição, no seu art. 224, § 3º, inciso V, previu a obediência aos princípios de brevidade, excepcionalidade e respeito à condição peculiar de pessoa em desenvolvimento, quando da aplicação de qualquer medida privativa de liberdade.

Dentre outros pilares do Estado brasileiro, nossa Constituição previu, no seu art. 127, *caput*, ser o **Ministério Público** uma **instituição essencial à função jurisdicional**, incumbindo-lhe a **defesa da ordem jurídica**, do regime democrático e dos **interesses sociais e individuais indisponíveis**. Com vistas ao pleno exercício de suas atribuições, a Constituição previu ser princípio institucional do Ministério Público a **independência funcional**, consoante previsão do § 1º do mesmo dispositivo.

Em outras palavras, o exercício legítimo da função de defesa da ordem jurídica, do regime democrático e dos interesses sociais e individuais indisponíveis, atribuído aos membros do Ministério Público, baseia-se, essencialmente, na independência funcional, consoante regulamentação, em especial, da **Lei n. 8.625/1993, que instituiu a Lei Orgânica Nacional do Ministério Público**.

Referida espécie normativa conferiu aos membros do Ministério Público determinadas **garantias e prerrogativas** nos seus arts. 38, 39, 40, 41 e 42, dentre as quais se incluem, em especial, o direito de, nos limites de sua **independência funcional**, a **inviolabilidade por opiniões externadas ou pelo teor de suas manifestações processuais ou em procedimentos**, consoante previsão do art. 41, inciso V, da Lei n. 8.625/1993.

O art. 43, inciso III, da Lei n. 8.625/1993 previu ser **dever do membro do Ministério Público indicar os fundamentos jurídicos de seus pronunciamentos processuais**. Trata-se de uma exigência que não só protege os jurisdicionados ao permitir o exercício da ampla defesa e do contraditório, como também decorre da inviolabilidade por opiniões jurídicas, **tutelando o agente contra incursos disciplinares em razão de divergências interpretativas. Externado o entendimento livremente manifestado e motivado, inexiste qualquer justa causa para fins de cominação de infração disciplinar.**

Ademais, **as mesmas prerrogativas atribuídas aos magistrados, especialmente no que tange à inviolabilidade por opiniões jurídicas,**

são extensíveis aos membros do Ministério Público, sob pena de esvaziamento da paritária relação entre referidas funções estatais.

Assim considerando, destaque-se que a Lei Complementar n. 35/1979, a Lei Orgânica da Magistratura Nacional, ao tratar das garantias e das prerrogativas da magistratura, previu, no seu art. 41, que, *in verbis*, "salvo os casos de impropriedade ou excesso de linguagem o magistrado **não pode ser punido ou prejudicado pelas opiniões que manifestar ou pelo teor das decisões que proferir".**

Ainda que inexista absoluta imunidade aos membros do Ministério Público e ao magistrado no exercício das suas funções, também é evidente que **a responsabilidade disciplinar não pode ser imputada com base em divergência interpretativa, bem como na prevalência de determinadas concepções hermenêuticas em detrimento de outras.**

O Conselho Nacional de Justiça (CNJ) possui entendimento consolidado no sentido de que

> os princípios da independência e da imunidade funcionais obstam, via de regra, a possibilidade de punição de magistrado pelo teor dos entendimentos manifestados em seus julgados. A relativização ocorre em situações excepcionais, a exemplo daquelas em que reste evidenciada a quebra do dever de imparcialidade, impropriedade ou excesso de linguagem.[927]

Por essa razão, entende-se que

> não ensejam punição disciplinar os julgamentos que decorram do **entendimento livremente manifestado pelo magistrado (livre convencimento motivado), sem nenhum indício de**

927 Reclamação Disciplinar n. 0006469-96.2017.2.00.0000.

desvio ético ou de conduta, sob pena de chancelar "infração disciplinar de opinião".[928]

Especificamente com relação ao possível abuso da liberdade e da independência funcional, Conselho Nacional de Justiça (CNJ), deparando-se com a alegação de que determinado magistrado teria adotado "entendimento diametralmente oposto ao que determina a lei para fundamentar decisões e sentenças (...)", consignou o entendimento de que o princípio da imunidade do magistrado comporta exceções relativizadoras consistentes, exemplificativamente, "(...) quando o ato de julgar resta contaminado por **dolo, má-fé, ato de corrupção ou qualquer outro 'vício' que revele o intuito de beneficiar ou prejudicar um dos destinatários da jurisdição".**

Na mesma oportunidade, tratando de decisões dolosas reiteradas, restou consignado que a responsabilidade disciplinar só exsurge diante de "(...) contrariedade a dispositivos legais expressos ou utiliza-se de procedimentos incorretos, ofensivos ao princípio da prudência, sempre em manifesto prejuízo a uma das partes (...)".[929]

Assim considerando, a análise da responsabilidade disciplinar de membros do Ministério público, assim como de magistrados, não deve estar inserta no campo das **elucubrações e das percepções subjetivas de determinado agente julgador** que, valendo-se, de **conceitos jurídicos indeterminados estranhamente muito comuns ao campo normativo disciplinar, visam sancionar, ressuscitando o vetusto crime de hermenêutica, legítimas convicções jurídicas.**

Quando muito, divergências devem, quando o caso, ser objeto de rediscussão pela recorrência aos específicos mecanismos processuais recursais ordinários, mas jamais mediante processo

928 Reclamação Disciplinar n. 0006469-96.2017.2.00.0000.

929 Reclamação Disciplinar n. 0006469-96.2017.2.00.0000.

administrativo disciplinar contra aquele que externou a opinião, especialmente quando inexistente qualquer indício de dolo ou má-fé.

24.3 Dos limites normativos que vedam a cominação de infração administrativa aos membros do Ministério Público que, à luz dos princípios e regras que regem as medidas socioeducativas para menores de 18 anos, externam concretas manifestações contrárias à internação em estabelecimento educacional

Com relação aos específicos princípios e regras atribuídos aos menores, é preciso destacar, em especial, que o art. 227 da Constituição previu o dever do Estado, conjuntamente com a família e com a sociedade, de assegurar ao adolescente e ao jovem, com absoluta prioridade e especial proteção, dentre outros, os direitos à dignidade, ao respeito, à liberdade e à convivência familiar e comunitária, além de colocá-los a salvo de toda forma de negligência, discriminação, exploração, violência, crueldade e opressão.

Especificamente com relação às medidas socioeducativas passíveis de cominação ao menor que tenha praticado ato infracional, a Constituição, no seu art. 224, § 3º, inciso V, previu a obediência aos princípios de brevidade, excepcionalidade e respeito à condição peculiar de pessoa em desenvolvimento, quando da aplicação de qualquer medida privativa de liberdade.

Quanto às convicções jurídicas de membros do Ministério Público entabuladas no âmbito do sistema de justiça criminal, é preciso destacar, inicialmente, que os processos penais de exceção têm se tornado o principal instrumento de controle social e político e a face mais cruel do autoritarismo estatal contra grande parte da população pobre do país.

Com efeito, no âmbito do próprio sistema de justiça criminal são subtraídos os direitos mais elementares do investigado, acusado ou réu, isso por meio de vários mecanismos, tais como, exemplificativamente, encarceramento em massa, banalização na utilização das prisões cautelares, seletividade da punição criminal, desrespeito aos direitos e garantias penais e processuais penais e espetacularização midiática.

Destaque-se, ainda, que o modelo de guerra às drogas iniciado no governo americano de Richard Nixon na década de 1970 foi importado pelo Brasil como solução para combater o tráfico de drogas e garantir maior segurança à sociedade. Com a política de encarceramento adotada no Brasil a partir da década de 1990, vimos o número de presos no país aumentar em 707%. Passamos de um contingente de 90 mil presos para mais de 726 mil no intervalo de apenas 26 anos.

Temos hoje a terceira maior população encarcerada do mundo, em termos absolutos. Estamos atrás apenas dos Estados Unidos e da China. Assumimos a 31ª posição em números relativos, isso tendo em vista a relação de presos para cada 100 mil habitantes, nos países com população superior a 10 milhões.[930]

Mais grave do que ocupar a terceira posição, é o fato de que caminhamos para a primeira. Contamos com cerca de 726 mil presos, o que cresce 7,3% ao ano, segundo dados do Sistema Integrado de Informações Penitenciárias (INFOPEN) medidos até julho de 2016 e divulgado em 2017. O estudo apontou um crescimento de 157% no total de presos desde 2000, quando o Brasil contabilizava 232 mil encarcerados. Mantido esse ritmo, em 2022 computaremos nada menos que 1 milhão de presos.[931]

930 Segundo dados extraídos do INFOPEN (Relatório de Informações Penitenciárias). Disponível em: http://www.justica.gov.br/seus-direitos/politica-penal/documentos/infopen_dez14.pdf. Acessado em: 15.10.2017.

931 Segundo dados extraídos do INFOPEN (Relatório de Informações Penitenciárias). Disponível em: http://www.justica.gov.br/seus-direitos/politica-penal/documentos/infopen_dez14.pdf. Acessado em: 15.10.2017.

Segundo o já citado relatório do Infopen, em 2016, quatro em cada dez presos estavam presos sem terem recebido uma sentença de primeiro grau. Somando-se aos presos provisórios aqueles detentos cujos processos não foram concluídos, chega-se a quase dois terços da população carcerária.

Estima-se que entre 37% e 50% dos presos provisórios ou serão inocentados ou receberão penas de reclusão inferiores ao tempo que ficaram privados de liberdade. Isso significa que cerca de 20% dos presos estão presos injustamente. Diante desses dados, podemos afirmar que não há direito de defesa e presunção de inocência verdadeiramente garantidos a todos os cidadãos brasileiros.

Não nos deparamos com uma conduta passível de responsabilidade disciplinar o exercício de uma função estatal que, atenta à Constituição e, dentre outras espécies normativas infraconstitucionais, o Estatuto da Criança e do Adolescente, procura conferir especial proteção ao menor.

Com efeito, os menores de dezoito anos, por serem penalmente inimputáveis, sujeitam-se a determinadas medidas socioeducativas previstas nos arts. 112 e seguintes do Estatuto da Criança e do Adolescente. Levando em consideração as circunstâncias e a gravidade da infração, lhe pode ser aplicada, no extremo, a medida de internação em estabelecimento educacional. Entretanto, diversas outras medidas alternativas são previstas em norma, as quais devem avaliadas antes que se proceda à mais grave delas. Trata-se da regra elementar da *ultima ratio*.

Ainda que determinadas convicções jurídicas – inclusive fundamentadas em interpretações que desconsideram o regramento constitucional protetivo à infância e à adolescência previstos na Constituição e no Estatuto da Criança e do Adolescente – sejam mais rígidas quanto à cominação de medidas socioeducativas para menores, é inegável que o entendimento contrário não pode, jamais, ser objeto de infração disciplinar.

Ao contrário, trata-se de legítimo exercício das funções institucionais, as quais, caso eventualmente contrárias ao entendimento majoritário do tribunal ao qual está vinculado, é **passível de controle pelos mecanismos processuais ordinários de impugnação**.

Ademais, **o próprio Ministério Público dispõe de mecanismos que permite, em determinadas circunstâncias, a redistribuição de feitos, além de um controle revisional de decisões.**

Portanto, **não se justifica a cominação de sanção disciplinar sobre conduta praticada no exercício das legítimas atribuições institucionais e das prerrogativas que lhe são inerentes.**

As garantias e prerrogativas conferidas aos membros do Ministério Público resguardam-lhes da cominação de infração administrativa sempre que sua atuação estiver baseada no livre convencimento motivado. Trata-se de decorrência da independência no exercício da atividade estatal que lhe é atribuída, não se podendo, em hipóteses de divergência interpretativa, prevalecer aquela do agente dotado de poder decisório.

O agente a ser sancionado não pode sujeitar-se às contingências da interpretação casuística do agente dotado de poder decisório. O âmbito de abrangência da legislação sancionatória costuma ser tão extenso que retira a prerrogativa de discriminar quem é potencialmente responsabilizado perante o sistema, incumbindo tal decisão ao *arbítrio* seletivo do aplicador.

Não se trata de afirmar, de forma absoluta, que manifestações jurídicas dos membros do Ministério Público não sejam passíveis de escrutínio pela via disciplinar, mas que **a responsabilidade não deve se basear em meras divergências interpretativas**, inclusive decorrentes da recorrência, em determinados casos, a **conceitos jurídicos indeterminados.**

A heterogeneidade de conteúdo, que pode admitir interpretações para que seu significado varie a depender do sistema

fático-jurídico em que estão inseridos – e segundo, portanto, os valores e possíveis desvios do agente julgador – é incompatível como Direito administrativo sancionador.

Preceitua Celso Antônio Bandeira de Mello que o princípio da tipicidade, inerente ao regime jurídico-administrativo, impõe que a configuração das infrações administrativas seja realizada de forma suficientemente clara para "não deixar dúvida alguma sobre a identidade do comportamento reprovável".[932]

Incorporado ao Direito administrativo sancionador não só a ideia de *ultima ratio* nascida no Direito penal, mas também o *nullum crimen sine lege*, os quais são, em linhas gerais, garantias da liberdade e da previsibilidade da conduta estatal, é absolutamente inadmissível valer-se de conceitos jurídicos indeterminados para sancionar, casuisticamente, específica extensão e alcance obtida em processo hermenêutico de determinado intérprete da norma.

A fragilização de ambos os princípios – *ultima ratio* e *nullum crimen sine lege* – faculta que quase todas as condutas humanas que fogem do banal possam, por alguma interpretação jurídica, se tornar passíveis de sanção pelo Estado. O imbróglio normativo acaba por delegar a quem executa a lei o poder arbitrário, imperial, absolutista, de selecionar quem é atingido por essa norma e quem não é.

Em outras palavras, ainda que o desvio funcional possa ensejar, em determinadas circunstâncias excepcionais, a responsabilidade administrativa, é evidente que **a responsabilização não se realiza com base em determinadas concepções quanto ao Direito aplicável.**

Nesses termos, deve-se circunscrever a infração disciplinar às hipóteses em que, efetivamente, nos deparamos com severo abuso da prerrogativa da independência funcional e do princípio

932 BANDEIRA DE MELLO, Celso Antônio. *Curso de Direito Administrativo*. São Paulo: Malheiros, 2009, p. 871.

do livre convencimento motivado, o que deve ser aferido através do dolo e da má-fé.

Por uma evidência, não se constata referidos elementos em meras divergências interpretativas na legítima busca da extensão e alcance dos princípios e regras que, extraídos da Constituição e de espécies normativas infraconstitucionais, informam o tratamento jurídico a ser dispensado a menores que tenham praticado ato infracional.

24.4 Respostas aos quesitos

PRIMEIRO QUESITO: Quais os limites normativos que vedam a cominação de infração administrativa a membros do Ministério Público em razão de manifestações jurídicas externadas?

Dentre outros pilares do Estado brasileiro, nossa Constituição previu, no seu art. 127, *caput*, ser o **Ministério Público** uma **instituição essencial à função jurisdicional**, incumbindo-lhe a **defesa da ordem jurídica**, do regime democrático e dos **interesses sociais e individuais indisponíveis**. Com vistas ao pleno exercício de suas atribuições, a Constituição previu ser princípio institucional do Ministério Público a **independência funcional**, consoante previsão do § 1º do mesmo dispositivo.

A Lei n. 8.625/1993, que instituiu a Lei Orgânica Nacional do Ministério Público, conferiu aos membros do Ministério Público determinadas **garantias e prerrogativas** nos seus arts. 38, 39, 40, 41 e 42, dentre as quais se incluem, em especial, o direito de, nos limites de sua **independência funcional**, a **inviolabilidade por opiniões externadas ou pelo teor de suas manifestações processuais ou em procedimentos**, consoante previsão do art. 41, inciso V, da Lei n. 8.625/1993.

A análise da responsabilidade disciplinar de membros do Ministério público não deve estar inserta no campo das **elucubrações e das**

percepções subjetivas de determinado agente julgador que, valendo-se, de **conceitos jurídicos indeterminados estranhamente muito comuns ao campo normativo disciplinar, visam sancionar, ressuscitando o vetusto crime de hermenêutica, legítimas convicções jurídicas.**

Quando muito, divergências devem, quando o caso, ser objeto de rediscussão pela recorrência aos específicos mecanismos processuais recursais ordinários, mas jamais mediante processo administrativo disciplinar contra aquele que externou a opinião, especialmente quando inexistente qualquer indício de dolo ou má-fé.

SEGUNDO QUESITO: Mais especificamente, quais os limites normativos que vedam a cominação de infração administrativa aos membros do Ministério Público que, à luz dos princípios e regras que regem as medidas socioeducativas para menores de 18 anos, externam concretas manifestações contrárias à internação em estabelecimento educacional?

O art. 227 da Constituição previu o **dever do Estado**, conjuntamente com a família e com a sociedade, de assegurar ao adolescente e ao jovem, com **absoluta prioridade e especial proteção**, dentre outros, os direitos à dignidade, ao respeito, à **liberdade** e à **convivência familiar e comunitária**, além de colocá-los a salvo de toda forma de negligência, discriminação, exploração, violência, crueldade e opressão.

Especificamente com relação às **medidas socioeducativas** passíveis de cominação ao menor que tenha praticado ato infracional, a Constituição, no seu art. 224, § 3º, inciso V, previu a obediência aos princípios de **brevidade**, **excepcionalidade** e **respeito à condição peculiar de pessoa em desenvolvimento**, quando da aplicação de qualquer medida privativa de liberdade.

Não nos deparamos com uma conduta passível de responsabilidade disciplinar o exercício de uma função estatal que, atenta à Constituição e, dentre outras espécies normativas infraconstitucionais,

o Estatuto da Criança e do Adolescente, procura conferir especial proteção ao menor.

Com efeito, os menores de dezoito anos, por serem penalmente inimputáveis, sujeitam-se a determinadas medidas socioeducativas previstas nos arts. 112 e seguintes do Estatuto da Criança e do Adolescente. Levando em consideração as circunstâncias e a gravidade da infração, lhe pode ser aplicada, no extremo, a medida de internação em estabelecimento educacional. Entretanto, diversas outras medidas alternativas são previstas em norma, as quais devem avaliadas antes que se proceda à mais grave delas. Trata-se da regra elementar da *ultima ratio*.

Ainda que determinadas convicções jurídicas sejam mais rígidas quanto à cominação de medidas socioeducativas para menores, é inegável que o entendimento contrário não pode, jamais, ser objeto de infração disciplinar.

Ao contrário, trata-se de legítimo exercício das funções institucionais, as quais, caso eventualmente contrárias ao entendimento majoritário do tribunal ao qual está vinculado, é passível de controle pelos mecanismos processuais ordinários de impugnação. Ademais, **o próprio Ministério Público dispõe de mecanismos que permite, em determinadas circunstâncias, a redistribuição de feitos, além de um controle revisional de decisões.**

Nesses termos, deve-se circunscrever a infração disciplinar às hipóteses em que, efetivamente, nos deparamos com severo abuso da prerrogativa da independência funcional e do princípio do livre convencimento motivado, o que deve ser aferido através do dolo e da má-fé.

Por uma evidência, não se constata referidos elementos em meras divergências interpretativas na legítima busca da extensão e alcance dos princípios e regras que, extraídos da Constituição e de espécies normativas infraconstitucionais, informam

o tratamento jurídico a ser dispensado a menores que tenham praticado ato infracional.

É o que nos parece.

São Paulo, 10 de junho de 2021.

CAPÍTULO XXV

O ADVENTO DA LEI ANTICORRUPÇÃO BRASILEIRA, A REGRA DA RESPONSABILIDADE OBJETIVA DAS PESSOAS JURÍDICAS E O ACORDO DE LENIÊNCIA POR ATOS DE CORRUPÇÃO

EMENTA:

I. PROLEGÔMENOS E O OBJETO DO PRESENTE PARECER. II. O ADVENTO DA LEI ANTICORRUPÇÃO E A REGRA DA RESPONSABILIDADE OBJETIVA DAS PESSOAS JURÍDICAS. III. O ACORDO DE LENIÊNCIA POR ATOS DE CORRUPÇÃO: ORIGEM E NOÇÃO JURÍDICA. IV. CONTRASTES ENTRE O ACORDO DE LENIÊNCIA E ACORDO DA COLABORAÇÃO PREMIADA. V. A CELEBRAÇÃO DO ACORDO DE LENIÊNCIA. V.A. REQUISITOS JURÍDICOS. V.B. A DESNECESSIDADE DE QUE O LENIENTE SEJA O PRIMEIRO A MANIFESTAR SEU INTERESSE EM CELEBRAR O ACORDO E QUE ELE ADMITA A PARTICIPAÇÃO NO ILÍCITO. V.C. A

EXTENSÃO DA COLABORAÇÃO. **VI.** O SIGILO DA PROPOSTA. **VII.** OS EFEITOS DA CELEBRAÇÃO DO ACORDO DE LENIÊNCIA. VII.A. AFASTAMENTO E REDUÇÃO DE SANÇÕES ADMINISTRATIVAS. **VII.B.** O SOBRESTAMENTO DE PROCESSOS ADMINISTRATIVOS REFERENTES A LICITAÇÕES E CONTRATOS. **VII.C.** A PRESCRIÇÃO. **VII.D.** OS REFLEXOS PARA A LEI DE IMPROBIDADE ADMINISTRATIVA. **VII.E. ÓBICE AO AJUIZAMENTO E PROSSEGUIMENTO DE AÇÕES JUDICIAIS NÃO CRIMINAIS. VII.F.** A EXTENSÃO DOS EFEITOS ÀS DEMAIS PESSOAS JURÍDICAS INTEGRANTES DO GRUPO ECONÔMICO. **VIII.** A OBRIGATORIEDADE DE CONDUÇÃO DO ACORDO DE LENIÊNCIA PELA AUTORIDADE MÁXIMA DA ADMINISTRAÇÃO PÚBLICA DOS RESPECTIVOS ENTES DA FEDERAÇÃO. **IX.** A ATUAÇÃO CONJUGADA COM A ADVOCACIA PÚBLICA E COM O MINISTÉRIO PÚBLICO: HIPÓTESE EM QUE É FACULTATIVA E HIPÓTESE EM QUE HÁ OBRIGATORIEDADE. **X.** A OBRIGATORIEDADE DA ATUAÇÃO CONJUGADA COM O CONSELHO ADMINISTRATIVO DE DEFESA ECONÔMICA, DO MINISTÉRIO DA JUSTIÇA E DO MINISTÉRIO DA FAZENDA. **XI.** A COMPETÊNCIA DA CONTROLADORIA-GERAL DA UNIÃO – CGU. **XII.** O ENCAMINHAMENTO DO ACORDO DE LENIÊNCIA AO TRIBUNAL DE CONTAS. **XIII.** CONSEQUÊNCIAS DO DESCUMPRIMENTO DO ACORDO DE LENIÊNCIA. **XIV.** CONSIDERAÇÕES FINAIS.

CONSULENTE: ODEBRECHT S.A.

25.1 Prolegômenos e o objeto do presente Parecer

O presente parecer visa apresentar o regime jurídico do acordo de leniência pela prática dos atos e pelos fatos investigados e previstos na Lei n. 12.846/2013, contemplando, em especial, os princípios e normas da Constituição da República, bem como os princípios jurídicos ínsitos ao ordenamento jurídico brasileiro.

Saliente-se, aqui, que o caput do art. 1º da Constituição da República prevê que a República Federativa do Brasil se constitui em Estado Democrático de Direito. Assim, do amálgama entre o princípio da soberania popular – que se traduz na participação na coisa pública – e ultrapassando o conceito estrito de Estado de Direito liberal, prevê-se, assim, que é fundamento do nosso Estado Democrático de Direito a dignidade da pessoa humana (art. 1º, inciso III); são objetivos fundamentais da República Federativa do Brasil erradicar a pobreza e a marginalização e reduzir as desigualdades sociais e regionais (art. 3º, inciso III) e promover o bem de todos (art. 3º, inciso IV); é princípio que rege a República Federativa do Brasil nas suas relações internacionais o da prevalência dos direitos humanos (art. 4º, inciso II); e, por fim, a ordem econômica possui por fim assegurar a todos existência digna, conforme os ditames da justiça social (art. 170, caput), observado, dentre outros, o princípio da redução das desigualdades regionais e sociais (art. 170, inciso VII).

Considerado esse panorama normativo, em 18 de dezembro do ano de 2015 foi editada a Medida Provisória n. 703/2015 para alterar a Lei n. 12.846/2013 – Lei Anticorrupção – e, assim, instituir um novo regime jurídico para a celebração de acordos de leniência por atos de corrupção praticados no interesse ou benefício de empresas.

Registre-se, ainda, que a Medida Provisória em referência foi objeto de Ação Direta de Inconstitucionalidade – ADI 5466/DF,[933] proposta pelo Partido Popular Socialista – PPS.[934]

933 Disponível em: http://www.stf.jus.br/portal/peticaoInicial/verPeticaoInicial.asp?base=ADIN&s1=5466&processo=5466. Acessado em: 06.04.2016.

934 O Supremo Tribunal Federal firmou o entendimento de que as medidas provisórias se submetem ao controle concentrado (STF, AD ln 295-3-ML/

Sustenta-se, em síntese, a inconstitucionalidade formal tendo em vista o artigo 62, § 1º da Constituição da República. Alega, nesse sentido, que, ao ampliar os efeitos do acordo de leniência tal qual delineado pela Lei n. 12.846/2013, de modo a afastar a responsabilização de pessoas jurídicas com base na lei de improbidade administrativa, a Medida Provisória veicula norma sobre matéria processual que, além de não atender aos requisitos de relevância e urgência autorizadores da edição de medidas provisórias,[935] fragiliza a atuação do Ministério Público na defesa do patrimônio público.

Sobre esta questão específica, vale mencionar o entendimento de Heleno Torres, Professor Titular do Departamento de Direito Econômico, Financeiro e Tributário da Faculdade de Direito da Universidade de São Paulo. Na ocasião da audiência pública que debateu as alterações trazidas pela Medida Provisória n. 703/2015 ao acordo de leniência da Lei Anticorrupção, ocorrida em 06.04.2016, o professor salientou que a ADI representa uma limitação material aos acordos de leniência firmados durante a sua vigência, vez que a depender dos efeitos dados à eventual e futura declaração de inconstitucionalidade, essa pode invalidar os acordos de leniência firmados enquanto a Medida Provisória estava válida.

A nosso ver, contudo, ainda que haja a possibilidade de eventual e futura declaração de inconstitucionalidade da Medida Provisória em questão, é possível que o STF, cotejando a segurança jurídica e o excepcional interesse público (art. 27, Lei n. 9.868/1998), conceda

---

DF, Rei. Min. Paulo Brossard, j. em 22-6- 1990).

935 Uadi Lammêgo Bulos destaca que o controle concentrado da relevância e urgência das medidas provisórias tem natureza técnica, inexistindo lugar para a avaliação subjetiva desses requisitos (BULOS, Uadi Lammêgo. *Curso de Direito Constitucional*. 8ª ed. São Paulo: Saraiva, 2014, p. 269). Para aprofundamento na matéria conferir jurisprudência do STF: STF, Pleno, ADin 1 .754-9-ML/DF, Rei. Min. Sydney Sanches, D], l, de 6-8-1 999, p. 5; STF, Pleno, ADin 1 .753-2-ML/DF, Rei. Min. Sepúlveda Pertence, DJ, 1, de 1 2-6-1998, p. 51.

efeitos *ex nunc*, não alcançando os acordos de leniência firmados enquanto vigente a Medida Provisória n. 703/2015.

Registre-se, ainda nessa seara, a possibilidade de que, no trâmite da ADI proposta junto ao STF, acima especificada, poderia entender-se pela suspensão dos efeitos da norma inscrita na Medida Provisória até final decisão em sede do controle concentrado de constitucionalidade.

Por fim, vislumbramos construção de pensamento jurídico coerente capaz de eventualmente sustentar a inadmissibilidade dos argumentos suscitados na ADI n. 5466/DF, qual seja, a existência de Lei Ordinária que previa a possibilidade de realização de transações em casos de Improbidade Administrativa (Lei n. 13.140/2015 – Lei da Mediação). Tal raciocínio jurídico tem o condão de tornar a arguição de inconstitucionalidade com base no artigo 62, parágrafo 1º, inciso I, "b", da Constituição da República questionável.

Desta feita, em se tratando de um regime jurídico desenhado, essencialmente, pela Medida Provisória n. 703/2015, a qual, como já referido, promoveu alterações à Lei n. 12.846/2013, importante que se teçam as colocações preliminares que seguem.

A Constituição da República, em seu art. 62, prevê que a Medida provisória publicada deve ser submetida, de imediato, ao Congresso Nacional, o que ocorreu no caso concreto (Medida Provisória n. 703/2015), como pode se extrair da Mensagem n. 548/2015.[936]

Noutro giro, como se depreende do parágrafo 9º do aludido artigo, caberá a uma comissão mista de Deputados e Senadores examinar as medidas provisórias e sobre elas emitir parecer, antes de serem apreciadas, em sessões separadas, pelo plenário de cada

936 Disponível em: http://www.senado.leg.br/atividade/rotinas/materia/getPDF.asp?t=186419&tp=1. Acessado em: 04.04.2016.

uma das Casas do Congresso Nacional. No caso em apreço, a comissão foi designada em 11.02.2016.[937]

Dando continuidade ao trâmite legislativo, encerrado o prazo regimental, foram apresentadas 159 (cento e cinquenta e nove) emendas à Medida Provisória,[938] o que, inclusive, impulsionou diversos requerimentos de parlamentares para a realização de Audiência Pública para debater os aspectos essenciais da Medida Provisória n. 703/2015.

---

937 Disponível em: http://www.senado.leg.br/atividade/rotinas/materia/getPDF.asp?t=186500&tp=1. Acessado em 04.04.2016.

938 As emendas apresentadas são de autoria dos seguintes parlamentares: Senador Walter Pinheiro 001; 002; 003; 004; Senador Ricardo Ferraço 005; 006; 007; 008; 009; 010; 097; 098; 099; 100; 101; 102; Deputado Zé Silva 011; 012; Deputado Rubens Bueno 013; 014; 015; 016; 017; 018; 019; Deputado Betinho Gomes 020; 046; Deputado Nelson Marquezelli 021; Deputado Paulo Pereira da Silva 022; Deputado Tadeu Alencar 023; Deputado João Fernando Coutinho 024; Deputado Jhc 025; Deputado Raul Jungmann 026; 027; 028; 029; 030; 031; 032; 033; 034; 035; 036; 037; 038; 039; 040; 041; 042; 043; 044; Deputado Nilson Leitão 045; Senador Ataídes Oliveira 047; Senador Romero Jucá 048; 049; Deputado Laercio Oliveira 050; 051; Deputado Bruno Covas 052; 053; 054; 055; 056; 057; 058; 059; 060; 073; Senador Ronaldo Caiado 061; 062; Deputado Arnaldo Faria de Sá 063; Deputado Weverton Rocha 064; Deputada Clarissa Garotinho 065; 066; 067; 068; 069; 070; 071; Deputado Antonio Carlos Mendes Thame 072; Deputado José Carlos Aleluia 074; 075; 076; Deputado Carlos Zarattini 077; 078; 079; 080; 081; 082; 083; 084; 085; 086; 087; 088; 089; 090; 091; Deputada Gorete Pereira 092; Deputado Subtenente Gonzaga 093; 094; Deputado Marcus Pestana 095; Deputado Valtenir Pereira 096; 141; 142; 146; 147; 148; Senador Randolfe Rodrigues 103; 104; 105; 106; 107; 108; 109; 110; 111; 112; 128; 129; 130; Senador Dário Berger 113; Senador Flexa Ribeiro 114; Deputado Pauderney Avelino 115; 116; 117; 118; 119; 120; 121; 131; 145; 149; 150; 151; Deputada Luiza Erundina 122; 123; Senador Antonio Anastasia 124; Senador Lasier Martins 125; 126; 127; Senador Alvaro Dias 132; 133; Deputado Sergio Vidigal 134; Deputado Paulo Teixeira 135; Deputado Izalci 136; Deputado Jaime Martins 137; Senador Humberto Costa 138; 139; Deputada Maria Helena 140; Deputado Danilo Forte 143; 144; Senador Tasso Jereissati 152; 153; 154; 155; 156; 157; 158; 159 (anexadas às fls. 26 a 463). Disponível em: http://www.senado.leg.br/atividade/rotinas/materia/getPDF.asp?t=186529&tp=1. Acessado em: 04.04.2016.

Em 30.03.2016 foi recebido o Requerimento para realização de Audiência Pública para instrução da matéria n. 18, subscrito pelos Deputados Paulo Teixeira, Bruno Covas e Pauderney Avelino e pelo Senador Randolfe Rodrigues, sendo designadas duas audiências públicas para debate do tema.

Diante deste cenário, merece destaque o previsto no § 3º, artigo 62, da Constituição da República, segundo o qual as medidas provisórias perderão eficácia, desde a edição, se não forem convertidas em lei no prazo de sessenta dias, prorrogável uma vez por igual período, devendo o Congresso Nacional disciplinar, por decreto legislativo, as relações jurídicas delas decorrentes.

Ademais, de acordo com o artigo 62, § 6º da Constituição da República, se a medida provisória não for apreciada em até quarenta e cinco dias contados de sua publicação, entrará em regime de urgência, subsequentemente, em cada uma das Casas do Congresso Nacional, ficando sobrestadas, até que se ultime a votação, todas as demais deliberações legislativas da Casa em que estiver tramitando.

Nestes termos, respeitado o recesso legislativo, considerando que a Medida Provisória n. 703/2015 não for apreciada em até quarenta e cinco dias contados de sua publicação (18.12.2016), durante o período entre 16.03.2016 e 30.03.2016 a Medida Provisória tramitou em regime de urgência, tendo sido prorrogada em 01.04.2016, contando com a data final de vigência o dia 29.05.2016.

Destaque-se que, por hipótese, não editado decreto legislativo até sessenta dias após a rejeição, ou havendo perda de eficácia de medida provisória, as relações jurídicas constituídas e decorrentes de atos praticados durante sua vigência conservar-se-ão por ela regidas.

Postas estas primeiras considerações, há de se voltar a estrutura deste parecer.

Em seu bojo, será abordado, inicialmente, o contexto em que ocorreu a edição da chamada Lei Anticorrupção, bem como o estabelecimento da regra da responsabilidade objetiva das pessoas jurídicas por atos de corrupção.

Em seguida, há de se tratar especificamente da origem e da noção jurídica do acordo de leniência, celebrados com as pessoas jurídicas responsáveis pela prática dos atos e pelos fatos investigados e previstos na Lei Anticorrupção para, então, detalhar os requisitos jurídicos para a sua celebração, dando especial atenção para a desnecessidade de que o leniente seja o primeiro a manifestar seu interesse em celebrar o acordo e que ele admita a participação no ilícito.

Apresentados seus requisitos jurídicos, bem como a extensão da colaboração e a regra do sigilo da proposta de leniência, esmiuçaremos os efeitos da celebração do acordo de leniência, dando especial atenção para a questão do afastamento e redução de sanções administrativas. Será devidamente tratado, ainda, o tema do sobrestamento de processos administrativos referentes a licitações e contratos, aspectos prescricionais, além do óbice ao ajuizamento e prosseguimento de ações judiciais não criminais.

A fim de elucidar as possibilidades e o alcance do regime, este parecer também tem como pauta a extensão dos efeitos às demais pessoas jurídicas integrantes do grupo econômico.

Ainda abordaremos os aspectos relacionados às competências para a sua celebração. Nesse ponto, concede-se destaque à regra da obrigatoriedade de condução do acordo de leniência pela autoridade máxima da Administração Pública dos respectivos entes da Federação, a questão da atuação conjugada com a Advocacia Pública e com o Ministério Público, a obrigatoriedade da atuação conjugada com o Conselho Administrativo de Defesa Econômica, o Ministério da Justiça e o Ministério da Fazenda e, por fim, a competência da Controladoria-Geral da União – CGU e dos Tribunais de Contas.

Ao cabo, são discutidas as consequências do descumprimento do acordo de leniência.

25.2 O advento da Lei anticorrupção e a regra da responsabilidade objetiva das pessoas jurídicas

O processo de mundialização, caracterizado pela atuação transnacional entre cidadãos e empresas, repercutiu sobre os atos potencialmente nocivos à livre-concorrência, ao desenvolvimento econômico e à soberania do Estado.

Neste contexto, os atos de corrupção que frequentemente interferiam nas relações entre os países, principalmente aqueles relacionados ao suborno de agentes púbicos estrangeiros, que facilitavam a entrada ou saída de produtos do território e que, consequentemente, repercutiam na arrecadação tributária incidente, ganham relevo.

Por esta razão, foram celebrados Tratados Internacionais como a Convenção da Organização para a Cooperação e o Desenvolvimento Econômico – OCDE sobre o Combate da Corrupção de Funcionários Públicos Estrangeiros em Transações Comerciais Internacionais.[939] [940] Consequentemente, foram adotadas

---

939 Firmado pelo Brasil em 17.12.1997, ratificado por meio do Decreto Legislativo n. 125, de 14.06.2000 e promulgado pelo Decreto n. 3.678, de 30.11.2000, o documento em referência, dentre outras medidas, definiu o delito de corrupção ativa de funcionário público estrangeiro (art. 1.1); a responsabilidade penal da pessoa jurídica que corrompeu o funcionário público estrangeiro (art. 2º); determinou a aplicação de sanções de natureza penal (art. 3º); exigiu que os Estados-partes adotassem as medidas necessárias, no âmbito de suas leis e regulamentos, sobre livros contábeis, como forma de coibir operações de suborno a funcionários públicos estrangeiros (art. 8º).

940 Harmonizando-se ao plano internacional, o Brasil assinou diversos acordos internacionais nas últimas décadas que abordam o tema "corrupção", dentre os quais se destacam: a Diretiva do Conselho das Comunidades Europeias, a respeito da coordenação das normas relativas às operações com informação privilegiada, alcançando tanto o setor público quanto o privado (1989); a Diretiva do Conselho das Comunidades Europeias n. 91/308, referente à prevenção da utilização do sistema financeiro para lavagem de dinheiro (1981); a Declaração de Arusha sobre a Cooperação e Integridade Aduaneira (Organização Mundial do Comércio): estabeleceu medidas de combate à

medidas internas por países como os Estados Unidos e o Reino Unido,[941] pioneiros na adequação da legislação pátria aos acordos

---

corrupção na área alfandegária (1993); o Protocolo da Convenção para Proteção dos interesses financeiros das Comunidades Europeias (1996); a Convenção Interamericana contra a Corrupção, aprovada pela Organização dos Estados Americanos – OEA (1996); o Convênio relativo à luta contra os atos de corrupção aos quais estão implicados funcionários das Comunidades Europeias ou dos Estados Membros da União Europeia, aprovada pelo Conselho da União Europeia (1997); a Convenção sobre o Combate da Corrupção de Funcionários Públicos Estrangeiros em Transações Comerciais Internacionais – OCDE: concluída em Paris, em dezembro de 1997, com entrada em vigor no ano de 2000; a Resolução 7 do Comitê de Ministros do Conselho da Europa, que autorizou a criação do Grupo de Estados contra a Corrupção, conhecido como Greco (1998); o Convênio de Direito Penal sobre a corrupção e o Convênio de Direito Civil sobre a corrupção, aprovados pelo Comitê de Ministros do Conselho da Europa, (1999); o Código de Boas Práticas de Transparência em Políticas Monetárias e Financeiras, Fundo Monetário Internacional (1999); a Convenção das Nações Unidas contra o Crime Organizado Transnacional, aprovada nas Nações Unidas (2000); a Convenção da União Africana para prevenir e combater a corrupção, aprovada pelos Chefes de Estado e de Governo da União Africana (2003); a Convenção das Nações Unidas contra a Corrupção (2003).

941 Em 1977, os Estados Unidos editaram o "Foreign Corrupt Pratices Act". Trata-se de documento que tornou ilegais os pagamentos de propina a funcionários de governos estrangeiros, partidos políticos estrangeiros e candidatos a cargos políticos estrangeiros. A normativa é extremamente generalista e aplica-se a todo ato cujo objetivo seja receber qualquer vantagem tida como indevida. Prevê a aplicação de sanções severas a empresas e particulares dos Estados Unidos que, com o escopo de manter determinado negócio, tentem – ou mesmo consigam – subornar funcionários públicos estrangeiros, partidos políticos, funcionários ou candidatos de partidos políticos no exterior. Aplica-se não somente a empresas com sede nos EUA ou as que, de outra forma, estejam sujeitas à legislação daquele país, mas inclusive a empresas com ações cotadas na Bolsa de Valores Norte-Americana e outras empresas que pratiquem atos de corrupção no território dos EUA. Ressalta-se que esta normativa refere-se somente aos atos de corrupção de funcionários públicos estrangeiros. No mesmo sentido, em 2010 o Reino Unido editou o "UK Bribery Act", que normatizou não somente a relação entre entes privados e públicos, mas regulou também a relação existente unicamente entre empresas privadas. Abarcou, desta forma, todos os casos de propina, até mesmo aqueles que não envolvam um funcionário público. Destaca-se que o documento se destina tanto às companhias britânicas, como

multilaterais. Mais recentemente, medidas de igual importância foram executadas pelo Brasil.

Assim, contribuindo para o desenvolvimento de sua democracia interna e para o intercâmbio necessário de informações sobre os negócios firmados multilateralmente, o Brasil publicou, em 02.08.2013, a Lei n. 12.846/2013 – Lei Anticorrupção.

Fruto do Projeto de Lei n. 6.826/1010,[942] a Lei Anticorrupção buscou não só reprimir a corrupção, mas também disseminar práticas éticas na relação entre empresas e órgãos públicos.

Além de outras providências, como a criação de um cadastro nacional de empresas punidas – CNEP, a valorização dos programas de *compliance* e a introdução do acordo de leniência, a proposta da lei foi inovadora ao atribuir responsabilidade objetiva, administrativa e civil, às pessoas jurídicas pela prática de atos contra a administração pública, nacional ou estrangeira.

De acordo com o artigo 1º da Lei em comento, as empresas poderão ser sancionadas nos âmbitos administrativo e civil pela prática de atos contra a administração pública, nacional ou estrangeira,

---

às operações globais de companhias internacionais que estejam presentes no Reino Unido. Nota-se que, de acordo com a normativa, quatro condutas são tidas como ofensivas: duas relacionam-se a oferecer e receber propinas; outra a pagar propinas a um funcionário público estrangeiro; e uma quarta, a companhias que falham em prevenir a prática de propinas (seja pela não implantação de um programa de *compliance*, seja pela não efetividade do programa implantado, como pela falta de auditoria interna, dentre outras).

942 O Projeto de Lei n. 6.826 foi apresentado pelo Poder Executivo em 18.02.2010, tendo sua redação final aprovada em 11.06.2013 pela Comissão de Constituição e Justiça e de Cidadania – CCJC. Em 19.06.2013 foi remetido ao Senado Federal, onde tramitou brevemente como o PLC (Projeto de Lei da Câmara) n. 39/13. Em 12.07.2013 a Mesa Diretora da Câmara dos Deputados recebeu um ofício do Senado Federal, comunicando a remessa à sanção. Em 01.08.2013 foi transformado na Lei Ordinária n. 12.846/2013, publicada no Diário Oficial da União em 02.08.2013.

independentemente da aferição de dolo ou culpa.[943] Ou seja, para que a empresa seja responsabilizada, basta a comprovação do nexo de causalidade entre a conduta infratora praticada por representante seu, o ato em si e a comprovação da materialidade do ato.

Sobre a opção do legislador acerca da responsabilidade objetiva, de acordo com a exposição de motivos do projeto inicial da Lei Anticorrupção, isso afastaria a discussão sobre a culpa do agente na prática da infração, o que evitaria a dificuldade probatória de elementos subjetivos, como a vontade de causar um dano.

25.3 O acordo de leniência por atos de corrupção: origem e noção jurídica

O precedente normativo do acordo de leniência da Lei Anticorrupção estava previsto nos artigos 35-B e 35-C da revogada Lei n. 8.884/1994, os quais tinham por objetivo estimular pessoas físicas e jurídicas autoras de infrações à ordem econômica a colaborar com as investigações e respectivos processos administrativos.

Para tanto, era imperioso que houvesse a identificação dos demais coautores da infração e a obtenção de informações e documentos que comprovassem a ocorrência do ilícito noticiado ou sob investigação.[944] Caso a colaboração fosse efetiva, o leniente seria beneficiado com a extinção da ação punitiva da Administração Pública ou com a redução de um a dois terços da penalidade a ele aplicável. Com o advento da Lei n. 12.529/2011, o instituto foi mantido em termos semelhantes aos da lei anterior.

943 Disponível em: www.camara.gov.br/proposicoesWeb/prop_mostrarintegra?codteor=735505&filename=MSC+52/2010+%3D%3E+PL+6826/2010. Acessado em: 20.07.2014.

944 ANDERS, Eduardo Caminati; BAGNOLI, Vicente; PAGOTTO, Leopoldo (Coord.). *Comentários à Nova Lei de Defesa da Concorrência*. São Paulo: Método, 2012, p. 261.

A celebração do acordo de leniência da Lei n. 12.846/2013 (Lei Anticorrupção), por sua vez, apesar de possuir escopo diverso, igualmente visa à obtenção de informações úteis às investigações e processos administrativos em curso, garantindo vantagens à pessoa jurídica leniente em troca de sua efetiva colaboração.

Assim, nos termos do artigo 16 da Lei n. 12.846/2013, os entes federativos poderão celebrar acordo de leniência com as pessoas jurídicas responsáveis pela prática dos atos e pelos fatos investigados e previstos na referida Lei, desde que haja colaboração efetiva com as investigações e com o processo administrativo, de forma que dessa colaboração resulte a identificação dos demais envolvidos na infração, quando couber; a obtenção de informações e documentos que comprovem a prática da infração; a cooperação dessas nas investigações; e o comprometimento das mesmas na implementação ou melhoria de mecanismos internos de integridade.

Neste ponto, ressalte-se que os benefícios conferidos à pessoa jurídica leniente que cumprir os requisitos legais foram ampliados pela Medida Provisória n. 703/2015, que passou a prever a isenção de determinadas sanções previstas na Lei n. 12.846/2013 e na Lei n. 8.666/1993, bem como em outros diplomas normativos relativos a licitações e contratos.

Ademais, a Medida Provisória também estabeleceu a possibilidade de redução da multa aplicável, a qual poderá ser remida caso a pessoa jurídica seja a primeira a firmar o acordo, não sendo aplicáveis quaisquer outras sanções de natureza pecuniária decorrentes das infrações especificadas no ajuste.

Vislumbra-se, assim, que a lógica que permeia o instituto do acordo de leniência consiste no benefício global que o ajuste trará ao interesse público, tanto para a prevenção de ilícitos administrativos e civis quanto para a reparação do dano decorrente da prática da infração.

25.4 Contrastes entre acordo de leniência e acordo de colaboração premiada

As distinções entre os institutos do acordo de leniência da Lei n. 12.846/2013 e do acordo de colaboração premiada podem ser identificadas a partir de uma análise que reflita sobre as seguintes variáveis: sujeitos, requisitos para a celebração do acordo e benefícios ao signatário.

Inicialmente, ressalte-se que a Lei n. 12.846/2013 disciplina a responsabilização administrativa e civil de pessoas jurídicas pela prática de atos contra a Administração Pública nacional ou estrangeira, motivo pelo qual a celebração do acordo de leniência previsto no diploma normativo é restrita à pessoa jurídica infratora, não abarcando pessoas físicas que também tenham envolvimento na prática dos atos e pelos fatos investigados e previstos na Lei em comento.

Assim, caso a pessoa física tenha interesse em colaborar com as investigações ou com os processos administrativos ou judiciais relacionados, ela poderá celebrar o acordo de colaboração premiada, o qual confere à pessoa física membro de organização criminosa a extinção de sua punibilidade ou a atenuação da penalidade na esfera penal.[945]

Para tanto, nos termos da Lei n. 12.850/2013 (Lei de Organização Criminosa), é necessário que a pessoa física esteja associada

945 O acordo de colaboração premiada "consiste em um benefício concedido ao acusado que, admitindo a participação no delito, fornece às autoridades informações eficazes, capazes de contribuir para a resolução do crime". (HC 174.286-DF. Informativo do STJ 495). O instituto está disciplinado no artigo 4º da Lei n. 12.850/2013 e estabelece que o juiz poderá, a requerimento das partes, conceder o perdão judicial, com a conseguinte extinção da punibilidade do agente; reduzir em até 2/3 (dois terços) a pena privativa de liberdade; ou substituí-la por restritiva de direitos, daquele que tenha colaborado efetiva e voluntariamente com a investigação e com o processo criminal, desde que dessa colaboração advenha um ou mais dos resultados elencados na lei.

a pelo menos três outros indivíduos com o objetivo de obter vantagem de qualquer natureza mediante a prática de infrações penais cujas penas máximas sejam superiores a 4 anos, ou que sejam de caráter transnacional.[946]

Ademais, na colaboração premiada exige-se a obtenção de um ou mais resultados, relativos à identificação dos demais coautores e partícipes da organização criminosa e das infrações penais por eles praticadas; a revelação da estrutura hierárquica e da divisão de tarefas da organização criminosa; a prevenção de infrações penais decorrentes das atividades da organização criminosa; a recuperação total ou parcial do produto ou proveito das infrações penais praticadas pela organização criminosa; e a localização de eventual vítima com a sua integridade física preservada.[947]

Uma vez cumpridos os requisitos legais e celebrado o acordo de colaboração premiada, não há óbice para que as investigações ou processos administrativos referentes à apuração de atos e fatos lesivos praticados por pessoas jurídicas contra a Administração Pública nacional ou estrangeira, nos termos da Lei Anticorrupção, sejam instruídos com informações prestadas pela pessoa física colaboradora.

Assim, não obstante tratar-se de instituto destinado exclusivamente a pessoas físicas relacionadas a crimes ou infrações penais definidas nos termos da Lei n. 12.850/2013, as informações obtidas poderão, além de servirem como elementos de prova na persecução penal, ser utilizadas como elementos de prova em investigações e processos relacionados a atos lesivos previstos na Lei Anticorrupção, praticados por pessoa jurídica em seu interesse ou benefício, exclusivo ou não, contra a Administração Pública nacional ou estrangeira.

---

946 Lei n. 12.850/2013. Art. 1º, § 1º.

947 Lei n. 12.850/2013. Art. 4º, incisos I a V.

25.5 A celebração do acordo de leniência

25.5.1 Requisitos jurídicos

Terá direito ao benefício da leniência a pessoa jurídica responsável pela prática dos atos e pelos fatos investigados e previstos na Lei Anticorrupção que, conforme dispõe o artigo 16 da Lei, comprovar o cumprimento simultâneo dos seguintes requisitos:[948]

(a) a efetiva colaboração com as investigações e com o processo administrativo;

(b) que a colaboração se mostre eficiente, culminando tanto na identificação dos demais envolvidos na infração, como no fornecimento de informações e documentos que comprovem a ocorrência do ilícito;

(d) que a pessoa jurídica infratora cesse completamente seu envolvimento na infração a partir da data de propositura do acordo;

(e) que a pessoa jurídica infratora, em face de sua responsabilidade objetiva, coopere com as investigações e com o processo administrativo, comparecendo, sempre que solicitada e sob suas expensas, a todos os atos processuais, até seu encerramento; e

(f) que a pessoa jurídica se comprometa a implementar ou a melhorar os mecanismos internos de integridade, auditoria, incentivo às denúncias de irregularidades e à aplicação efetiva de código de ética e de conduta.

No mesmo sentido dispõe o artigo 30 do Decreto n. 8.420/2015, que praticamente replica os termos do artigo mencionado, acrescentando, em seu inciso I, no que toca à apresentação da pessoa

---

948 Lei n. 12.846/2013. Art. 16, caput e §1º.

jurídica para cooperar nas investigações, a necessidade da relevância da circunstância para que tal cooperação seja admitida, agregando informações que efetivamente auxiliarão na apuração do ato lesivo.

De outra feita, nos termos do artigo 30, inciso V, do mesmo Decreto, impõe-se à pessoa jurídica leniente a obrigação de fornecer informações, documentos e elementos que comprovem a prática dos atos e fatos investigados e previstos na Lei Anticorrupção, ou seja, impõe-se o fornecimento de provas que confirmem a existência e materialidade do ato/fato investigado, a fim de instruir as investigações e o processo administrativo.

Cumpridos os requisitos referidos, nasce para a pessoa jurídica o direito subjetivo[949] de exigir o benefício da leniência.

25.5.2 A desnecessidade de que o leniente seja o primeiro a manifestar seu interesse em celebrar o acordo e que ele admita a participação no ilícito

Ainda no que toca aos requisitos necessários para a celebração do acordo de leniência, é relevante notar que foram modificados pela Medida Provisória n. 703 os incisos do parágrafo 1º do artigo 16 da Lei n. 12.846/2013. Na redação anterior exigia-se que a pessoa jurídica fosse a primeira a manifestar-se sobre seu interesse em cooperar para a apuração do ato ilícito, requisito afastado pela nova redação.

Nesse sentido, pela redação dada pela Medida Provisória n. 703/2016, o acordo de leniência poderá ser firmado com mais de uma empresa. Segundo Carlos Higino Ribeiro de Alencar,

---

949 Nesse ponto, ressalte-se que a concessão do benefício da leniência caracteriza-se como ato vinculado, isto é, uma vez demonstrado o cumprimento dos requisitos legais para a celebração do ajuste, a Administração Pública deverá celebrar o acordo sob pena de desvio de poder e responsabilização dos agentes públicos envolvidos.

Secretário-Executivo da Controladoria-Geral da União, a extensão da possibilidade de celebração do acordo de leniência a outras pessoas jurídicas está em consonância com a normativa internacional (FCPA, UK Bribery Act), vez que estas não reduzem a possibilidade de celebração do acordo de leniência à primeira empresa que declarar seu interesse em firmá-lo.[950]

Ademais, no que toca à desnecessidade de confissão da prática do ilícito pela pessoa jurídica leniente, a alteração consiste em importante marco para a efetivação do acordo, uma vez que a exigência da confissão pela pessoa jurídica expunha sobremaneira as pessoas físicas envolvidas no ilícito, especialmente no que concerne à persecução penal.[951]

Da mesma forma, em não sendo a pessoa jurídica obrigada a admitir, expressamente, a participação no ilícito, a persecução dos gestores da empresa na esfera penal – que não restará afastada com a celebração do acordo de leniência – exigirá um conjunto probatório mais robusto.

---

950 Declaração dada em audiência pública ocorrida em 06.04.2016, que teve por objeto a discussão das alterações introduzidas pela Medida Provisória n. 703/2015 no tocante ao acordo de leniência da Lei Anticorrupção.

951 No ponto, merece destaque o paralelo com os requisitos estabelecidos na legislação de concorrência para a celebração de acordos de leniência e de compromissos de cessação de conduta. Ainda que a Lei n. 12.529/2011 não exija a confissão como requisito para a celebração dos ajustes, o Conselho Administrativo de Defesa Econômica – CADE, ao regulamentar internamente a questão, impõe como condição a confissão (Regimento Interno do CADE, arts. 185 e 198, IV). À evidência, parece ilegal a imposição de requisito de tamanha gravidade por meio de mera previsão regimental, todavia, sem que haja o reconhecimento judicial de tal ilegalidade, os acordos celebrados no âmbito do Conselho, em princípio, apenas serão aceitos com a confissão dos envolvidos.

25.5.3 A extensão da colaboração

Os incisos do *caput* do artigo 16 da Lei n. 12.846/2013, por sua vez, foram modificados para tornar mais ampla e rigorosa a colaboração das pessoas jurídicas com as investigações e com o processo administrativo.

Até então, bastava que da colaboração resultasse a identificação dos demais envolvidos na infração (quando coubesse) e a obtenção célere de informações e documentos que comprovassem o ilícito sob apuração. Com a alteração legislativa promovida pela Medida Provisória n. 703/2015, agora é preciso que, além dos mencionados requisitos, haja a cooperação da pessoa jurídica com as investigações, em face de sua responsabilidade objetiva; e o comprometimento da pessoa jurídica na implementação ou na melhoria de mecanismos internos de integridade.

25.6 O sigilo da proposta

A Lei n. 12.846/2013, no seu artigo 16, parágrafo 6º, e o Decreto n. 8.420/2015, no seu art. 31, § 1º, garantem o sigilo da proposta de leniência, o que é essencial para estimular as empresas à celebração do acordo.

Constata-se, portanto, que se trata de legítima restrição ao princípio da publicidade, cuja regra foi excepcionada pelo artigo 5º, inciso LX, Constituição da República, desde que a defesa da intimidade e o interesse social o exigirem.

Assim, o sigilo da proposta é de interesse social, sendo apenas por meio dele é que o acordo de leniência atingirá sua finalidade, que é a de servir de instrumento eficaz para instrumentalização da própria Lei n. 12.846/2013.

Além do mais, aliado à garantia de não reconhecimento da prática do ilícito investigado no caso de acordo rejeitado (art. 16, §7º, da Lei Anticorrupção), o sigilo da proposta resguarda as empresas no sentido de que seu comprometimento não lhe trará qualquer prejuízo durante as tratativas do acordo de leniência.

Assim, ainda que a empresa venha a reconhecer a prática do ilícito quando das tratativas do acordo em pauta, o que não é obrigatório, caso o acordo não venha a ser celebrado, o reconhecimento aludido não surtirá efeitos.

A parte final do parágrafo 6º do artigo 16 da Lei n. 12.846/2013, que institui ressalva ao sigilo da proposta de acordo, merece ponderações. A Lei autoriza o afastamento do sigilo, desde que "*no interesse das investigações e do processo administrativo*".

Quer nos parecer, entretanto, que o levantamento do sigilo deve ocorrer apenas com a anuência prévia das partes envolvidas, sob pena de esvaziamento da viabilidade do próprio instituto. Nesse contexto, o Decreto n. 8.420/2015, no seu artigo 31, parágrafo 1º, preceitua que a proposta poderá ser divulgada caso a proponente concorde expressamente e haja anuência da Controladoria-Geral da União – CGU.

De todo modo, qualquer elemento levado aos autos do processo administrativo tendente à celebração do acordo de leniência não poderá ser utilizado para importar no reconhecimento da prática do ato ilícito investigado e, ainda, servir de base para adoção de qualquer providência investigatória. Tanto assim o é que o art. 17-B da Lei n. 12.846/2013, incluído pela Medida provisória n. 703/2015, preceitua que os documentos porventura juntados durante o processo para elaboração do acordo de leniência deverão ser devolvidos à pessoa jurídica quando não ocorrer a celebração do acordo, não permanecendo cópias em poder dos órgãos celebrantes.

25.7 Os efeitos da celebração do acordo de leniência[952]

25.7.1 Afastamento e redução de sanções administrativas

Antes do advento da Medida Provisória n. 703/2015, eram benefícios decorrentes da celebração do acordo o afastamento (**a**) da sanção administrativa de publicação extraordinária da decisão condenatória; (**b**) da sanção passível de ser aplicada judicialmente de proibição de receber incentivos, subsídios, subvenções, doações ou empréstimos de órgãos ou entidades públicas e de instituições financeiras públicas ou controladas pelo poder público, pelo prazo mínimo de um e máximo de cinco anos; (**c**) das sanções administrativas por atraso ou inexecução de contrato administrativo regido

---

952 Sob a perspectiva da empresa, salientamos que outros aspectos devem ser considerados quando da decisão pela celebração do acordo de leniência, dentre os quais se destacam: (i) em matéria tributária: a extensão do acordo no que concerne à escrituração contábil. Adiantamos que o acordo por si só não afasta a multa por descumprimento de obrigação acessória, o que torna questionável a inclusão da escrituração contábil no acordo de leniência; (ii) caso a empresa tenha ações registradas na SEC (Securities and Exchange Comission, o equivalente americano da CVM brasileira): ponderar acerca da implicação da Lei Sarbanes-Oxley (Sarbanes-Oxley Act, normalmente abreviada em SOx ou Sarbox) quando da publicação do acordo de leniência. Como se sabe, a referida Lei americana obriga as empresas a reestruturarem processos para aumentar os controles, a segurança e a transparência na condução dos negócios, na administração financeira, nas escriturações contábeis e na gestão e divulgação das informações. Ponto importante que precisa ser avaliado é o fato de a normativa tornar os Diretores Executivos e Diretores Financeiros explicitamente responsáveis por estabelecer e monitorar a eficácia dos controles internos em relação aos relatórios financeiros e a divulgação de informações; (iii) a menção de existência prévia de um programa de integridade: ainda que este seja efetivo, siga os padrões estabelecidos pelo Decreto n. 8.420/ 2015, o acordo que mencione o programa de integridade não garante a isenção da pena, vez que a existência do mesmo é somente fator de redução da multa prevista no inciso I do *caput* do art. 6º da Lei Anticorrupção.

pela Lei n. 8.666/1993 e aquelas decorrentes de fraude fiscal dolosa ao longo da execução de um contrato administrativo e, ainda, as originadas da prática atos ilícitos visando a frustrar os objetivos da licitação ou demonstração de não possuir idoneidade para contratar com a Administração em virtude de atos ilícitos praticados; e, por fim, (**d**) do valor da multa em até 2/3 (dois terços).

Com o advento da Medida Provisória n. 703/2015, tais benefícios foram ampliados. Hoje, os benefícios são os seguintes: (**a**) isenção da sanção administrativa de publicação extraordinária da decisão condenatória; (**b**) isenção das sanções restritivas ao direito de licitar e contratar; (**c**) possibilidade de redução da multa em até 2/3 (dois terços) e afastamento de outras sanções de natureza pecuniária – a multa poderá, inclusive, ser afastada integralmente caso a pessoa jurídica seja a primeira a firmar o acordo de leniência.

Entendemos, portanto, que as sanções previamente aplicadas em processos administrativos específicos, ainda que para os mesmos fatos, não estão compreendidas nos benefícios da lei.

Ademais, o sentido de tornar possível um acordo de leniência para a pessoa jurídica responsável pela prática dos atos e pelos fatos investigados e previstos nesta Lei Anticorrupção é exatamente estimulá-la a fornecer o máximo de informações sobre os atos e fatos praticados. O estímulo, porém, só será efetivo e traduzir-se-á em coleta de informações consistentes e importantes para a solução do caso se a lei resguardar, minimamente, o leniente.

Em relação à pessoa física envolvida na infração, caso esta queira colaborar com as investigações ou com o processo administrativo, não terá qualquer resguardo neste sentido. Isto porque, além de não possuir legitimidade para celebração do acordo, igualmente não terá imunidade no tocante à persecução penal que eventualmente poderá ocorrer com base em sua conduta.

Nesse diapasão, a possibilidade de harmonização do instituto com o acordo de colaboração premiada, todavia, pode assegurar à pessoa física, desde que se qualifique como membro de organização criminosa, nos termos da Lei n. 12.850/2013, a extinção de sua punibilidade ou a atenuação da penalidade na esfera penal.

25.7.2 O sobrestamento de processos administrativos referentes a licitações e contratos

O artigo 17-A da Lei n. 12.846/2013 trata do sobrestamento de processos administrativos referentes a licitações e contratos, em curso em outros órgãos e entidades, que versem sobre o mesmo objeto do acordo de leniência celebrado.

Assim, em havendo processos administrativos em curso, desde que eles versem sobre o objeto do acordo de leniência, eles devem ser sobrestados e só retomados caso a pessoa jurídica descumpra os termos do ajuste.

Havendo o cumprimento integral dos termos fixados, todavia, os aludidos processos deverão ser arquivados.

25.7.3 A prescrição

Antes do advento da Medida Provisória n. 703/2015, previa-se que a celebração do acordo de leniência interrompia o prazo prescricional dos atos ilícitos.

Agora, com a nova redação dada ao parágrafo 9º do art. 16 da Lei n. 12.846/2013, a formalização da proposta de acordo de leniência suspende o prazo prescricional em relação aos atos e fatos objetos de apuração, isso tanto para as medidas administrativas, quanto para as judiciais, sendo que a sua celebração o interrompe.

Como a previsão é de suspensão do prazo prescricional em relação aos atos e fatos qualificados como ilícitos pela Lei n.

12.846/2013, os ilícitos previstos em outras espécies normativas, como a Lei n. 8.429/1992,[953] não terão seus prazos suspensos.

Referido entendimento está baseado na interpretação restritiva da previsão normativa, regra hermenêutica que deve prevalecer a considerar o seu caráter restritivo de direitos.

Portanto, referida regra da suspensão e da interrupção da prescrição incide sobre a previsão consubstanciada no art. 25 da Lei n. 12.846/2013, que dispõe que prescrevem em 5 (cinco) anos as infrações nela capituladas, isso a contar da data da ciência da infração ou, no caso de infração permanente ou continuada, do dia em que tiver cessado.

25.7.4 Os reflexos para a lei de improbidade administrativa

Nos termos de seu artigo primeiro, a Lei Anticorrupção dispõe sobre a responsabilização objetiva administrativa e civil de pessoas jurídicas pela prática de atos contra a administração pública, nacional ou estrangeira, não alcançando, assim, a responsabilização na esfera criminal.

De outra forma, por força do artigo 37, parágrafo 4º da Constituição República,[954] os atos de improbidade administrativa resultam na responsabilização civil da pessoa física (Lei n. 8.429/92).

---

953 Que dispõe sobre as sanções aplicáveis aos agentes públicos nos casos de enriquecimento ilícito no exercício de mandato, cargo, emprego ou função na administração pública direta, indireta ou fundacional.

954 CR. Art. 37º, § 4º – Os atos de improbidade administrativa importarão a suspensão dos direitos políticos, a perda da função pública, a indisponibilidade dos bens e o ressarcimento ao erário, na forma e gradação previstas em lei, sem prejuízo da ação penal cabível.

Tendo isto em mente, incluídos pela Medida Provisória n. 703/2015, os parágrafos 11 e 12 do artigo 16 da Lei Anticorrupção contam com a seguinte redação:

> § 11. O acordo de leniência celebrado com a participação das respectivas Advocacias Públicas **impede que os entes celebrantes ajuízem ou prossigam com as ações de que tratam o art. 19 desta Lei e o art. 17 da Lei n. 8.429**, de 2 de junho de 1992, ou de ações de natureza civil.
>
> § 12. O acordo de leniência celebrado com a participação da Advocacia Pública e em conjunto com o Ministério **Público impede o ajuizamento ou o prosseguimento da ação já ajuizada por qualquer dos legitimados** às ações mencionadas no § 11.

Como se pode depreender dos dispositivos colacionados, o acordo de leniência celebrado com base na Lei Anticorrupção tem o condão de obstar o ajuizamento e prosseguimento de ação judicial de improbidade, e outras de natureza civil, em face do leniente.

Com efeito, considerando o ordenamento jurídico como um sistema,[955] a Medida Provisória n. 703/2015 revogou expressamente o artigo 17, parágrafo 1º da Lei de Improbidade Administrativa que vedava a transação, acordo ou conciliação nas suas ações.[956]

De acordo com a exposição de motivos da Medida Provisória n. 703/2015 (EMI n. 0020712015 MP AGU CGU MJ, de 18 de dezembro de 2015) as alterações ocorreram sob a seguinte justificativa:

---

955 Nas palavras de Bobbio: "Entendemos por 'sistema' uma totalidade ordenada, um conjunto de entes entre os quais existe uma certa ordem. Para que se possa falar de uma ordem, é necessário que os entes que a constituem não estejam somente em relacionamento com o todo, mas também num relacionamento de coerência entre si". (BOBBIO, Norberto. *Teoria do ordenamento jurídico*. 6ª ed. Brasília: Editora Universidade de Brasília, 1995, p. 71).

956 Medida Provisória n. 703/2015. Art. 2º Ficam revogados: I – o § 1º do art. 17 da Lei n. 8.429, de 2 de junho de 1992;

> As inovações permitem em síntese que o acordo de leniência seja celebrado com a participação do Ministério Público e da Advocacia Pública, com o escopo de dar segurança jurídica às empresas celebrantes, tendo em vista efeitos do acordo nas esferas administrativa e civil. Ou seja, **o acordo de leniência celebrado com a participação de todos os atores impedirá o ajuizamento de ação por improbidade administrativa e de quaisquer outras ações cíveis contra a empresa pelo mesmo fato objeto do acordo.** (original sem destaque)

Ou seja, o que justificou a inclusão e a revogação foi, essencialmente, a segurança jurídica. Nestes termos, considerando a segurança jurídica como *norma princípio*,[957] ou seja, como a *prescrição, dirigida aos Poderes Legislativo, Judiciário e Executivo, que determina a busca de um estado de confiabilidade e de calculabilidade do ordenamento jurídico com base na sua cognoscibilidade*,[958] é palatável entender que, sob a perspectiva interna, o Estado *está vinculado à sua própria atuação, não podendo, sem justificativa, abandoná-la.*[959]

Neste sentido, na medida em que a inclusão dos parágrafos 11 e 12 no artigo 16 da Lei Anticorrupção permitiram que o Acordo de Leniência obstasse o ajuizamento e prosseguimento, em face do leniente, de ação judicial de improbidade, e outras de natureza civil, estando o Poder Executivo vinculado à sua própria atuação, a revogação do artigo 17 da Lei de Improbidade era indubitavelmente medida adequada e necessária a ser tomada na ocasião.

957 ÁVILA, Humberto. *Teoria da segurança jurídica*. 3ª ed. São Paulo: Malheiros, 2014, pp. 123-136.

958 ÁVILA, Humberto. *Teoria da segurança jurídica*. 3ª ed. São Paulo: Malheiros, 2014, p. 126.

959 ÁVILA, Humberto. *Teoria da segurança jurídica*. 3ª ed. São Paulo: Malheiros, 2014, p. 630.

Todavia, salvo melhor juízo, **entendemos que os efeitos da revogação do artigo 17 da Lei de Improbidade extrapolam a mera aceitação do Acordo de Leniência da Lei Anticorrupção em sede de ação de improbidade administrativa.** A nova regra possui efeito muito mais abrangente: **passou a admitir a transação, acordo ou conciliação nas ações de improbidade administrativa.**

Desta forma, segundo entendemos, está permitida a transação, o acordo ou a conciliação nas ações de improbidade administrativa em curso e nas que vierem a ser propostas na vigência da Medida Provisória n. 703/2015.

Neste ponto, vale mencionar o entendimento de Procuradora Regional da República,[960] que, na audiência pública realizada em 05.04.2016 – ocasião em que se debateram as alterações trazidas pela Medida Provisória n. 703/2015, criticou a revogação do parágrafo primeiro do artigo 17 da Lei de Improbidade, uma vez que o mesmo, por tratar de matéria processual, não poderia ser objeto de Medida Provisória.[961]

A transação, acordo ou conciliação a que se referia a antiga vedação do artigo 17, §1º, da Lei de Improbidade, com o devido respeito ao entendimento em contrário já apresentado, não pode ser entendido como norma de direito processual.

Referido entendimento não se sustentaria, uma vez que normas de direito processual são entendidas como aquelas que

---

960 E Diretora Jurídica da Associação Nacional dos Procuradores da República – ANPR, Samantha Chantal Dobrowolski.

961 Inteligência do artigo 62, parágrafo 1º, inciso I, "b", da Constituição da República: "Art. 62. Em caso de relevância e urgência, o Presidente da República poderá adotar medidas provisórias, com força de lei, devendo submetê-las de imediato ao Congresso Nacional. § 1º É vedada a edição de medidas provisórias sobre matéria: I – relativa a: b) direito penal, processual penal e processual civil".

prescrevem, exclusivamente, ritos, prazos, competências e formas processuais. Estas não atribuem direitos passíveis de subjetivação, nem mesmo direitos transindividuais, apenas instituem instrumentos destinados à plena veridicidade do direito material.[962]

Além disso, o conteúdo material de atos de transação pode ser extraído a partir dos termos do disposto no artigo 487, III, b, do Novo Código de Processo Civil, segundo o qual haverá resolução do mérito quando o juiz homologar a transação.

Com efeito, a transação proveniente do acordo de leniência, como as transações em geral, trata de ato bilateral, com finalidade de resolução de litígio, no qual os envolvidos realizam concessões mútuas.[963]

À luz desse entendimento, verifica-se a existência de bons argumentos para a defesa da constitucionalidade da alteração implementada pela Medida Provisória, o que não exclui, em absoluto, possível entendimento favorável à natureza processual do dispositivo em exame, o que resultaria na rejeição da Medida em eventual controle concentrado de constitucionalidade.

De todo modo, há de se ressaltar que também seria defensável o entendimento de que o artigo 17 da Lei de Improbidade Administrativa havia sido tacitamente revogado pela Lei n. 13.140/2015 – Lei da Mediação, que, em seus artigos 1° e 32,[964] passou a tratar

---

962 DE MELLO, Marcos Bernardes. *Teoria do fato jurídico*: plano da eficácia. São Paulo: 2007, p. 32.

963 Código Civil, art. 840. É lícito aos interessados prevenirem ou terminarem o litígio mediante concessões mútuas.

964 Lei n. 13.140/2015. Art. 1º Esta Lei dispõe sobre a mediação como meio de solução de controvérsias entre particulares e sobre a autocomposição de conflitos no âmbito da administração pública. Parágrafo único. Considera-se mediação a atividade técnica exercida por terceiro imparcial sem poder decisório, que, escolhido ou aceito pelas partes, as auxilia e estimula a

da viabilidade de utilização de meios autocompositivos de resolução de conflitos no âmbito da Administração Pública. Todavia, a eficácia de tal entendimento é reduzida, pois dependeria da aceitação de tal entendimento pela autoridade responsável pela celebração do ajuste.

Referido entendimento, inclusive, poderia amparar-se no art. 36, § 4º, da Lei n. 13.140/2015, que dispõe sobre a composição extrajudicial de litígios, mas apenas para conflitos jurídicos entre entidades de direito público:

> Art. 36. No caso de conflitos que envolvam controvérsia jurídica entre órgãos ou entidades de direito público que integram a administração pública federal, a Advocacia-Geral da União deverá realizar composição extrajudicial do conflito, observados os procedimentos previstos em ato do Advogado-Geral da União. (...)
>
> § 4º Nas hipóteses em que a matéria objeto do litígio esteja sendo discutida em **ação de improbidade administrativa** ou sobre ela haja decisão do Tribunal de Contas da União, a conciliação de que trata o caput dependerá da anuência expressa do juiz da causa ou do Ministro Relator.

Assim, possível entendimento no sentido de restringir o cabimento de meios autocompositivos de resolução de conflitos em ações de improbidade administrativa estaria no fato de que, quando a Lei n. 13.140/2015 quis dispor expressamente sobre impactos nessas ações, ela o fez expressamente.

---

identificar ou desenvolver soluções consensuais para a controvérsia. Art. 32. A União, os Estados, o Distrito Federal e os Municípios poderão criar câmaras de prevenção e resolução administrativa de conflitos, no âmbito dos respectivos órgãos da Advocacia Pública, onde houver, com competência para: I – dirimir conflitos entre órgãos e entidades da administração pública; II – avaliar a admissibilidade dos pedidos de resolução de conflitos, por meio de composição, no caso de controvérsia entre particular e pessoa jurídica de direito público; III – promover, quando couber, a celebração de termo de ajustamento de conduta.

Por fim, antes mesmo da edição da Medida Provisória n. 703/2015, o Projeto de Lei n. 517/2011,[965] que tramitou regularmente em ambas as Casas Legislativas, já abordava expressamente a possibilidade de realização de transação acerca de conflitos que envolvem atos de improbidade administrativa.

Assim, considerando a existência de fundamentos razoáveis para se considerar a transação, nesse regime, decorre norma que se institui como de direito material, entendemos que eventual arguição de inconstitucionalidade com base no artigo 62, parágrafo 1º, inciso I, "b", da Constituição da República não se sustentaria.

25.7.5 Óbice ao ajuizamento e prosseguimento de ações judiciais não criminais

O parágrafo 11 do artigo 16 da Lei n. 12.846/2013 prevê que o acordo de leniência celebrado com a participação da Advocacia Pública competente impede que os entes celebrantes ajuízem ou prossigam com ações judiciais fundamentadas na Lei n. 12.846/2013, com a ação a que se refere o artigo 17 da Lei de Improbidade Administrativa e com ações de natureza civil.

O parágrafo 12 do artigo 16 da Lei n. 12.846/2013 prevê, ainda, que o acordo de leniência celebrado com a participação da Advocacia Pública e em conjunto com o Ministério Público impede o ajuizamento ou o prosseguimento das ações judiciais referidas por qualquer dos legitimados às ações mencionadas.

Referida previsão é, igualmente, ratificada pelo artigo 18 da Lei n. 12.846/2013, que dispõe que, na esfera administrativa, a responsabilidade da pessoa jurídica não afasta a possibilidade de sua responsabilização na esfera judicial, exceto quando expressamente previsto na celebração de acordo de leniência.

---

965 Disponível em: http://www25.senado.leg.br/web/atividade/materias/-/materia/101791. Acessado em: 06.04.2016.

Constata-se, portanto, que o acordo de leniência poderá ser subscrito mesmo após eventual ajuizamento de ações judiciais, o que é ratificado pelo parágrafo único do artigo 20 da mesma lei. Obviamente que, nesse caso, o acordo deverá ser homologado judicialmente.

Antes da edição da Medida Provisória n. 703/2015, o Decreto n. 8.420/2015 previa, no seu art. 30, parágrafo 2°, que a proposta do acordo de leniência só poderia ser feita até a conclusão do relatório a ser elaborado nos autos do processo administrativo. Agora, o acordo de leniência pode ser proposto mesmo após a conclusão do referido relatório e, ainda, após o ajuizamento de ações judiciais.

Do mesmo modo, antes da edição da Medida Provisória n. 703/2015, a Lei n. 8.429/1992, que dispõe sobre as sanções aplicáveis aos agentes públicos nos casos de enriquecimento ilícito no exercício de mandato, cargo, emprego ou função na administração pública direta, indireta ou fundacional, vedava a transação, acordo ou conciliação. Com a revogação do seu art. 17, parágrafo 1°, pelo art. 2°, inciso I, da Medida Provisória n. 703/2015, a citada restrição não mais subsiste, alteração imprescindível para viabilizar o atual regime do acordo de leniência.

25.7.6 A extensão dos efeitos às demais pessoas jurídicas integrantes do grupo econômico

De acordo com o parágrafo 5° do artigo 16 da Lei n. 12.846/2013, haverá a extensão dos benefícios do acordo de leniência às pessoas jurídicas que integram o mesmo grupo econômico,[966] de fato e de direito, desde que firmem o acordo em conjunto.

966 Marco Vinício Petrelluzzi e Rubens Namam Rizek Junior entendem que grupo econômico "é o conjunto ou coletivo de empresas que, ligadas por vínculo de coordenação ou subordinação, atuam em sincronia com o intuito de lograr maior eficiência em sua atividade". (PETRELLUZZI, Marco Vinício; RIZEK JUNIOR, Rubens Naman. *Lei Anticorrupção – Origens, Comentários e Análise da Legislação Correlata.* São Paulo: Saraiva, 2014, p. 94). O art. 265 da Lei

Constata-se, portanto, que, atualmente, os benefícios do acordo de leniência não são extensíveis às pessoas físicas envolvidas. Entretanto, há, atualmente, diversas propostas no âmbito da conversão da Medida Provisória n. 703/2015 com vistas a promover referida ampliação, as quais são de autoria dos seguintes parlamentares: Senador Walter Pinheiro (PT/BA);[967] Deputado Raul Jungmann (PPS/PE);[968] Senador Romero Jucá (PMDB/RR);[969] Deputado José Carlos Aleluia (Democratas/BA);[970] Deputada Gorete Pereira (PR/CE);[971] Deputado Valtenir Pereira (PMB/MT);[972] Deputado Pauderney Avelino (DEM-AM) e Senador Humberto Costa (PT/PE).

---

n. 6.404/1976, a Lei das Sociedades por Ações, ao dispor sobre os grupos de sociedades, preceitua ele visa combinar recursos ou esforços para a realização dos respectivos objetos, ou a participar de atividades ou empreendimentos comuns.

967 "O acordo de leniência, quando celebrado em conjunto com órgãos do Ministério Público com atribuição para exercer a ação penal e a ação de improbidade pelos mesmos fatos, poderá abranger, em relação às pessoas físicas signatárias, as sanções penais e por improbidades decorrentes da prática do ato".

968 "É vedada a celebração de acordo de leniência em outras esferas de responsabilização no curso de investigação na esfera criminal que tenha relação, ainda que indiretamente, com o mesmo ato ou fato previsto nesta Lei, salvo nas hipóteses de acordo celebrado no âmbito de processo presidido pelo Ministério Público".

969 Ressalvada a hipótese de acordo de leniência que expressamente as inclua, a aplicação das sanções previstas nesta Lei não afeta os processos de responsabilização e aplicação de penalidades decorrentes de (...) "crimes tipificados no Código Penal e em leis especiais".

970 "O acordo de leniência, quando celebrado com a participação das respectivas Advocacias Públicas e em conjunto com o Ministério Público, poderá abranger as sanções de natureza penal e impede que os entes celebrantes ajuízem ou prossigam com as ações de que tratam o art. 19 desta Lei e o art. 17 da Lei n. 8.429, de 2 de junho de 1992, bem como as ações de natureza civil e penal que versem sobre os fatos e atos sob investigação".

971 "Serão estendidos às empresas do mesmo grupo, de fato ou de direito, e aos seus dirigentes, administradores e empregados envolvidos os efeitos do acordo, desde que o firmem em conjunto, respeitadas as condições nele estabelecidas".

972 "O acordo de leniência, quando celebrado em conjunto com órgãos do Ministério Público com atribuição para exercer a ação penal e a ação de improbidade pelos mesmos fatos, poderá abranger, em relação às pessoas

Além do mais, o Projeto de Lei n. 3.636/2015, de igual modo, visa, dentre outras coisas, abranger, no acordo de leniência, sanções penais e por improbidade administrativa, desde que celebrado o acordo em conjunto com órgãos do Ministério Público competente.

25.8 A obrigatoriedade de condução do acordo de leniência pelos órgãos de controle interno de cada ente federativo

O *caput* do artigo 16 da Lei n. 12.846/2013 foi alterado pela Medida Provisória n. 703/2015 para afastar a obrigatoriedade da condução do acordo de leniência pela chamada "autoridade máxima de cada órgão ou entidade pública".

A crítica que se fazia à redação anterior referia-se à dificuldade em se identificar quem seria a autoridade máxima de cada órgão ou entidade pública impediria a condução satisfatória do acordo de leniência. Afinal, em uma federação, como é a República Federativa do Brasil, são muitas as autoridades máximas de cada órgão que a compõe.

Neste ponto, a nova redação do artigo em debate, atribuindo aos órgãos de controle interno de cada ente federativo a competência para a condução do acordo de leniência, confere maior segurança jurídica à celebração do acordo, o que pode representar fator de incentivo para a assinatura do mesmo.

Ocorre que por vezes o esquema de corrupção envolve agentes de mais de um ente federativo, fato que, nos termos do dispositivo em comento, permitiria a condução de acordos de leniência por mais de um ente federativo, diminuindo a pretensão de se conferir segurança jurídica aos acordos.

---

físicas signatárias, as sanções penais e por improbidades decorrentes da prática do ato".

Registre-se que o empenho em firmar acordos de cooperação técnica entre os entes[973] não diminui a insegurança jurídica gerada pela norma, vez que não exclui a condução de acordos de leniência por mais de um ente federativo competente.

A nosso ver, o ato de corrupção é uno, não sendo possível, na maioria dos casos, dissociar os atos de agentes públicos de diferentes esferas que estão envolvidos no esquema de corrupção.

Nesta linha de raciocínio, entendemos que na eventualidade da ocorrência do exemplo citado, ainda que se tenha atribuído competência para a condução de acordos de leniência a mais de um ente federativo, esses acordos devem ser convergentes.

Outra solução que pode ser vislumbrada para o caso – e esta, sim, mais segura – é a definição, por meio de lei, do ente federativo competente para a condução do acordo de leniência quando o esquema de corrupção envolver agentes de mais de um ente federativo.

Desta forma, a despeito de a nova redação dada pela Medida Provisória n. 703/2015 ao *caput* do artigo 16 da Lei em comento ter resolvido o problema no âmbito interno da União, Estados, Distrito Federal e Municípios, na medida em que permite a condução de acordos de leniência por mais de um ente federativo deixa em aberto a questão no âmbito externo, carecendo ainda de segurança jurídica o acordo de leniência da Lei Anticorrupção.

---

973 Neste sentido é o Acordo de cooperação técnica firmado em 2013 entre a Controladoria Geral do Município de São Paulo e a Controladoria Geral da União (CGU). O documento estabeleceu a troca permanente de informações e a realização de ações em parceria com o objetivo de prevenir e combater a corrupção, promover a transparência e a ética, fomentar o controle social e fortalecer a gestão pública. Note-se, contudo, que o acordo não esclareceu a competência para a condução de processo na hipótese em que funcionários da União e do Município estejam envolvidos em esquema de corrupção, continuando ambas as esferas competentes para a condução do processo administrativo. Disponível em: http://www.prefeitura.sp.gov.br/cidade/secretarias/upload/controladoria_geral/arquivos/termos/ Acordo%2014%20 2013%20-%20CGU-CGM.pdf. Acessado em: 31.03.2016.

25.9 A atuação conjugada com a advocacia pública e com o Ministério Público: hipótese em que é facultativa e hipótese em que há obrigatoriedade

O *caput* do artigo 16 da Lei n. 12.846/2013 foi alterado pela Medida Provisória n. 703/2015 para contemplar a possibilidade de atuação conjugada dos órgãos de controle interno com o Ministério Público. Todavia, caso o Estado, o Distrito Federal ou o Município não disponha de órgão de controle interno, será obrigatória a condução do acordo de leniência pelo chefe do respectivo Poder em conjunto com o Ministério Público.[974]

Neste ponto, vale registrar que tanto a Advocacia Pública como o Ministério Público são instituições que possuem a prerrogativa da defesa do interesse público. Logo, a redação dada pela Medida Provisória n. 703/2015 está em consonância com as atribuições constitucionais das instituições referidas.

Por fim, importante destacar que há projeto de Lei tramitando no Senado Federal (Projeto de Lei n. 3.636, de 2015)[975] que objetiva alterar a Lei n. 12.846/ 2013 e a Lei n. 8.429/92 para permitir que o Ministério Público e a Advocacia Pública celebrem acordo de leniência também de forma isolada no âmbito da Lei Anticorrupção.[976]

---

974 Inteligência do artigo 16, parágrafo 3º da Lei n. 12.846/2013.

975 Em 22.03.2016 o Projeto de Lei 4.703/2016, de autoria do deputado Efraim Filho (DEM/PB) foi apensado ao PL 3.636/2015 por determinação da Mesa da Câmara dos Deputados.

976 Redação em debate: Art. 16. A Controladoria-Geral da União e os órgãos de controle interno dos Estados, do Distrito Federal e dos Municípios, no âmbito de suas competências, de forma isolada ou em conjunto com o Ministério Público ou com a Advocacia Pública, **ou ambos**, poderão celebrar acordo de leniência com pessoa jurídica responsável pelos atos e fatos investigados e previstos nesta Lei que colabore efetivamente com as investigações e o processo administrativo, sendo que dessa colaboração resulte:

25.10 Da atuação conjugada com o conselho administrativo de defesa econômica, do Ministério da Justiça e do Ministério da Fazenda

De acordo com a redação dada pela Medida Provisória n. 703/2015 ao artigo 29, parágrafo 1º da Lei Anticorrupção, os acordos de leniência celebrados pelos órgãos de controle interno da União, dos Estados, do Distrito Federal e dos Municípios *contarão com a colaboração* do Conselho Administrativo de Defesa Econômica, do Ministério da Justiça e do Ministério da Fazenda quando os atos e fatos apurados acarretarem simultaneamente a infração à ordem econômica.

A lei é clara ao dispor que nos casos em que os atos e fatos apurados acarretarem simultaneamente a infração à ordem econômica, o acordo de leniência contará com a colaboração dos órgãos acima mencionados. Ou seja, a participação do Conselho Administrativo de Defesa Econômica, do Ministério da Justiça e do Ministério da Fazenda é requisito procedimental de validade do ato.

Note-se que para que se ateste a regularidade de qualquer ato administrativo é necessário que o pressuposto subjetivo (agente competente) esteja presente tanto em relação ao próprio ato, quanto em relação aos seus requisitos procedimentais.[977]

Determinando expressamente que o acordo de leniência firmado nestes casos "contará com a colaboração" dos órgãos mencionados, há remissão expressa ao requisito procedimental objetivo, havendo, portanto, somente um meio de concretização juridicamente possível para a condução do acordo de leniência, qual seja, que esse se dê em colaboração com o Conselho Administrativo de Defesa Econômica, com o Ministério da Justiça e com o Ministério da Fazenda.

---

977 MARTINS, Ricardo Marcondes. *Efeitos dos vícios do ato administrativo*. São Paulo: Malheiros, 2011, pp. 158/159.

E de outra forma não se poderia entender, vez que no *caput* do próprio artigo 29 o legislador reconhece que o disposto na Lei Anticorrupção não exclui as competências do Conselho Administrativo de Defesa Econômica, do Ministério da Justiça e do Ministério da Fazenda para processar e julgar fato que constitua infração à ordem econômica.

Neste sentido, para que não houvesse decisões divergentes no âmbito do CADE, do Ministério da Justiça e do Ministério da Fazenda em relação aos atos e fatos apurados na Lei Anticorrupção que acarretarem simultaneamente a infração à ordem econômica, o legislador acertadamente impôs a colaboração desses órgãos para a celebração do acordo de leniência.

Com efeito, considerando o ordenamento jurídico como um sistema,[978] é dever do legislador cuidar para que nele não se configurem incongruências e incompatibilidades.[979] Assim, a imposição legal discutida é ato que está em consonância com a *unidade sistemática*[980] que é o ordenamento jurídico brasileiro.

Nesta linha de raciocínio, importante destacar que a prática colaborativa, quando diante de questões correlatas, é praxe que já vem sendo adotada nos casos de defesa da concorrência, como se pode depreender do "Memorando de Entendimentos n. 01/2016", assinado no último dia 15 entre o Conselho Administrativo de Defesa Econômica – CADE e o Grupo de Combate a Cartéis da Procuradoria da República do Ministério Público Federal em São Paulo, relativo à coordenação institucional envolvendo termos de

---

978 BOBBIO, Norberto. *Teoria do ordenamento jurídico*. 6ª ed. Brasília: Editora Universidade de Brasília, 1995, p. 71.

979 BOBBIO, Norberto. *Teoria do ordenamento jurídico*. 6ª ed. Brasília: Editora Universidade de Brasília, 1995, p. 80.

980 BOBBIO, Norberto. *Teoria do ordenamento jurídico*. 6ª ed. Brasília: Editora Universidade de Brasília, 1995, p. 71.

compromisso de cessação e acordos de colaboração em investigações de infrações contra a ordem econômica.[981]

Logo, o que a nova redação dada pela MP 703/2015 ao artigo 16, parágrafo 1º da Lei Anticorrupção nada mais fez do que acertadamente alinhou a norma aos parâmetros do ordenamento jurídico brasileiro.

25.11 A competência da Controladoria-Geral da União – CGU

Assim como em relação aos atos lesivos praticados contra a Administração Pública estrangeira, a Lei n. 12.846/2013 reserva à Controladoria- Geral da União – CGU a competência para celebrar os acordos de leniência no âmbito do Poder Executivo federal.[982] Desta forma, por ausência legal de dispositivo que trate da competência referida nas demais esferas, é possível inferir que nos âmbitos estadual e municipal caberá ao decreto regulamentador de cada ente dispor acerca da autoridade competente para a celebração do acordo de leniência.[983] Por essa razão, a CGU editou

981 Para maiores detalhes sobre o assunto conferir: http://www.cade.gov.br/upload/MEMORANDO%20DE%20ENTENDIMENTOS%20SG%20e %20MPFSP_TCC%20e%20Acordos%20de%20Colabora%C3%A7%C3%A3o_15.03.2016.pdf. Acessado em: 24.03.2016.

982 Inteligência do artigo 16, parágrafo 10º. No mesmo sentido o Decreto Regulamentar: "Art. 38. A Controladoria-Geral da União poderá conduzir e julgar os processos administrativos que apurem infrações administrativas previstas na Lei no 12.846, de 2013, na Lei n. 8.666, de 1993, e em outras normas de licitações e contratos, cujos fatos tenham sido noticiados por meio do acordo de leniência".

983 Para os acordos de leniência previstos na Lei n. 12.846/2013, o decreto n. 60.106/2014 do estado de São Paulo prevê como competente para sua celebração: no âmbito da Administração direta, o Presidente da Corregedoria Geral da Administração; e, no âmbito da Administração indireta e fundacional, o dirigente superior de cada entidade. Entretanto, no caso de acordo de leniência a ser celebrado no âmbito da Administração indireta e fundacional, este só terá validade com o pronunciamento favorável do

a Portaria CGU n. 910, de 07 de abril de 2015, para definir os procedimentos para apuração da responsabilidade administrativa e para celebração do acordo de leniência.

A grande celeuma neste caso está na hipótese de já haver acordo de leniência em curso sendo conduzido por outro órgão competente. Explica-se.

Conforme pode se depreender do artigo 5º da Lei Anticorrupção,[984] muitas das condutas ali descritas também são consideradas

---

Presidente da Corregedoria Geral da Administração (art. 4º, incisos I e II e §1º). De outra feita, no âmbito do município de São Paulo, por exemplo, a Controladoria Geral do Município será o órgão competente para firmar o acordo de leniência de que trata o Capítulo V da Lei n. 12.846/2013 (Decreto n. 55.107, de 13 de maio de 2014).

984 Lei n. 12.846/2013. Art 5º Constituem atos lesivos à administração pública, nacional ou estrangeira, para os fins desta Lei, todos aqueles praticados pelas pessoas jurídicas mencionadas no parágrafo único do art. 1º, que atentem contra o patrimônio público nacional ou estrangeiro, contra princípios da administração pública ou contra os compromissos internacionais assumidos pelo Brasil, assim definidos:

I – prometer, oferecer ou dar, direta ou indiretamente, vantagem indevida a agente público, ou a terceira pessoa a ele relacionada;

II – comprovadamente, financiar, custear, patrocinar ou de qualquer modo subvencionar a prática dos atos ilícitos previstos nesta Lei;

III – comprovadamente, utilizar-se de interposta pessoa física ou jurídica para ocultar ou dissimular seus reais interesses ou a identidade dos beneficiários dos atos praticados;

IV – no tocante a licitações e contratos:

a) frustrar ou fraudar, mediante ajuste, combinação ou qualquer outro expediente, o caráter competitivo de procedimento licitatório público;

b) impedir, perturbar ou fraudar a realização de qualquer ato de procedimento licitatório público;

c) afastar ou procurar afastar licitante, por meio de fraude ou oferecimento de vantagem de qualquer tipo;

d) fraudar licitação pública ou contrato dela decorrente;

e) criar, de modo fraudulento ou irregular, pessoa jurídica para participar de licitação pública ou celebrar contrato administrativo;

ilícitas por outras leis, as quais igualmente preveem sanções para a prática dessas (e.g. a conduta referente à fraude em licitações públicas é tanto criminalizada pela Lei de Licitações e Contratos – Lei n. 8.666/93) como capitulada pela lei de improbidade administrativa – Lei n. 8.429/92).

Neste caso, é possível que haja interferência nas atribuições dos entes competentes e, inclusive, conflito de competências, como bem destacou a doutrina:[985]

> É o que se verifica no caso de a CGU firmar acordo de leniência com acusado que apresente provas – que deveriam ser desconhecidas pela Administração Pública segundo a Lei Anticorrupção –, mas que na verdade já eram conhecidas pelo MPF, embora não tivessem sido divulgadas em decorrência do sigilo das investigações. Nesse caso sustenta o MPF ser necessária sua participação para que o acordo seja válido, enquanto a CGU sustenta ser de sua competência exclusiva.

O problema não foi resolvido com a edição da Medida Provisória n. 703/2015, permanecendo o texto do artigo 16, parágrafo 10º da Lei Anticorrupção intacto.

---

f) obter vantagem ou benefício indevido, de modo fraudulento, de modificações ou prorrogações de contratos celebrados com a administração pública, sem autorização em lei, no ato convocatório da licitação pública ou nos respectivos instrumentos contratuais; ou

g) manipular ou fraudar o equilíbrio econômico-financeiro dos contratos celebrados com a administração pública;

V – dificultar atividade de investigação ou fiscalização de órgãos, entidades ou agentes públicos, ou intervir em sua atuação, inclusive no âmbito das agências reguladoras e dos órgãos de fiscalização do sistema financeiro nacional.

985 OLIVEIRA, André Gustavo Veras de. "O Acordo de leniência na Lei de Defesa da Concorrência e na Lei Anticorrupção diante da atual conjuntura da Petrobras". *Revista de defesa da concorrência*, CADE, Brasília, vol. 3, nº 2, nov. 2015. Disponível em: file:///C:/Users/tmf/Downloads/234- 872-1-PB. pdf. Acessado em: 24.03.2016.

Assim, com a entrada em vigor da Lei Anticorrupção, na esfera federal passaram a existir três tipos de acordos de leniência: os realizados pela CGU; os pactuados pelo CADE com base na Lei n. 12.529/11 e os firmados pelo MPF.

Logo, na medida em que para algumas das condutas descritas no artigo 5º da Lei n. 12.846/2013 também são previstas sanções na Lei n. 12.529/11 (Lei do CADE), na Lei n. 8.429/92 (Lei de improbidade administrativa), na Lei n. 7.347/85 (Lei da Ação Civil Pública), na Lei n. 8.666/93 (Lei Geral de Licitações e Contratos Administrativos), dentre outras, o conflito de competência para a condução do acordo de leniência permanece insolúvel.

Destaque-se, ainda, outra crítica em relação à atribuição de competência à CGU neste caso, levantada pelo Juiz Federal e Representante da Associação dos Juízes Federais do Brasil – AJUFE, Alexandre Vidigal de Oliveira, na ocasião da audiência pública que debateu as alterações trazidas pela Medida Provisória n. 703/2015 ao acordo de leniência da Lei Anticorrupção, ocorrida em 05.04.2016.

De acordo com o respeitável juiz, a atribuição de competência à CGU neste caso poderia interferir na parcialidade da condução dos acordos de leniência por ela firmados, vez que a CGU é órgão subordinado diretamente à Presidência da República, não sendo, portanto, órgão dotado de autonomia.

Assim, restando neste momento à academia somente o debate, a par das atuais decisões dos órgãos mencionados entendemos que uma vez que haja acordo de leniência em curso celebrado por determinado ente, é dever do outro ente competente, que deseje posteriormente firmar acordo de leniência com base na mesma conduta, comunicar o ente cujo acordo está em curso para que esse, querendo, manifeste sua vontade em participar no novo acordo a ser assinado.[986]

---

986 A atuação conjunta dos órgãos é medida que vem sendo adotada nos casos de defesa da concorrência. Prova disso é o "Memorando de

25.12 O encaminhamento do acordo de leniência ao Tribunal de Contas

De acordo com o artigo 16, parágrafo 3º da Lei n. 12.846/2013, o acordo de leniência não exime a pessoa jurídica da obrigação de reparar integralmente o dano causado.

Segundo o artigo 71, inciso II da Constituição da República, a jurisdição própria e privativa do Tribunal abrange qualquer pessoa física ou jurídica, pública ou privada, que utilize, arrecade, guarde, gerencie ou administre dinheiros, bens e valores públicos ou pelos quais a União responda, ou que, em nome desta, assuma obrigações de natureza pecuniária. Ademais, de acordo com o mesmo dispositivo, é de competência do Tribunal de Contas a apreciação e o julgamento das contas daqueles que derem causa a prejuízo, perda, extravio ou outra irregularidade que resulte prejuízo ao erário público.

Desta forma, sem prejuízo da aplicação imediata das demais sanções estabelecidas na Lei n. 12.846/2013, a instauração de processo de Tomadas de Contas Especial em decorrência de dano ao erário[987] atrairia a jurisdição do Tribunal de Contas, sendo a celebração de acordos de leniência no âmbito da Lei Anticorrupção ato administrativo sujeito à sua jurisdição.

Por estas razões, através da edição da Instrução Normativa n. 74 de 11.02.2015, o Tribunal de Contas da União entendeu ser competente

---

Entendimentos n. 01/2016", assinado no último dia 15 entre o Conselho Administrativo de Defesa Econômica – CADE e o Grupo de Combate a Cartéis da Procuradoria da República do Ministério Público Federal em São Paulo, relativo à coordenação institucional envolvendo termos de compromisso de cessação e acordos de colaboração em investigações de infrações contra a ordem econômica. Para maiores detalhes sobre o assunto conferir: http://www.cade.gov.br/upload/MEMORANDO%20DE%20ENTENDIMENTOS%20SG%20e %20MPFSP_TCC%20e%20Acordos%20de%20Colabora%C3%A7%C3%A3o_15.03.2016.pdf. Acessado em: 24.03.2016.

987 Artigo 16, parágrafo 3º da Lei n. 12.846/2013.

para acompanhar todas as fases das negociações sobre os acordos de leniência a serem firmados pelas empresas na esfera da CGU.[988] Por esta razão, oito acordos de leniência, todos em fase inicial, foram encaminhados ao TCU para análise.[989]

Ocorre que a Medida Provisória n. 703/2015 alterou esse entendimento. Nos termos de seu artigo 16, parágrafo 14:

> Art. 16. § 14. O acordo de leniência **depois de assinado** será encaminhado ao respectivo Tribunal de Contas, que poderá, nos termos do inciso II do art. 71 da Constituição

---

988 Instrução Normativa n. 74 do TCU. Art. 1º A fiscalização dos processos de celebração de acordos de leniência inseridos na competência do Tribunal de Contas da União, inclusive suas alterações, será realizada com a análise de documentos e informações, por meio do acompanhamento das seguintes etapas:

I – manifestação da pessoa jurídica interessada em cooperar para a apuração de atos ilícitos praticados no âmbito da administração pública;

II – as condições e os termos negociados entre a administração pública e a pessoa jurídica envolvida, acompanhados por todos os documentos que subsidiaram a aquiescência pela administração pública, com inclusão, se for o caso, dos processos administrativos específicos de apuração do débito;

III – os acordos de leniência efetivamente celebrados, nos termos do art. 16 da Lei n. 12.846/2013;

IV – relatórios de acompanhamento do cumprimento dos termos e condições do acordo de leniência;

V – relatório conclusivo contendo avaliação dos resultados obtidos com a celebração do acordo de leniência.

§ 1º Em cada uma das etapas descritas nos incisos I a V, o Tribunal irá emitir pronunciamento conclusivo quanto à legalidade, legitimidade e economicidade dos atos praticados, respeitando a salvaguarda do sigilo documental originalmente atribuído pelo órgão ou entidade da administração pública federal.

§ 2º Para cada caso de acordo de leniência será constituído no Tribunal um processo de fiscalização, cujo Relator será definido por sorteio.

§ 3º A critério do respectivo Relator, o pronunciamento sobre quaisquer das etapas previstas nos incisos I a V poderá ser realizada de maneira conjunta.

989 Reportagem publicada em 18.03.2016 no site Valor Econômico: *TCU volta a mirar o governo*. Disponível em: http://www.valor.com.br/cultura/4486734/tcu-volta-mirar-o-governo. Acessado em: 23.03.2016.

> Federal, instaurar procedimento administrativo contra a pessoa jurídica celebrante, para apurar prejuízo ao erário, quando entender que o valor constante do acordo não atende o disposto no § 3o.

Assim, diferentemente do que previa a Instrução Normativa n. 74 do TCU, de acordo com a vigente Medida Provisória n. 703/2015, o encaminhamento ao respectivo Tribunal de Contas será realizado somente depois de assinado, afastando a competência do órgão para a análise dos acordos em trâmite.

Vale ressaltar que a Medida Provisória n. 703/2015, mesmo vigente, ainda está em fase de discussão. Como já destacado alhures, em sessão, não deliberativa, do Senado Federal ocorrida em 12 de fevereiro de 2016, foram apresentadas 159 emendas à referida Medida Provisória.[990]

Dentre as emendas propostas, destaca-se a do Senador Ricardo Ferraço, que propôs a alteração do artigo 16 da Lei Anticorrupção. Segundo ele, o tema da participação dos Tribunais de Contas – não abordado pela redação original da Lei – fora introduzido pela Medida Provisória n. 703/2015 conflitando com o ordenamento constitucional relativo às Cortes de Contas. O senador utilizou-se da Recomendação do Ministério Público junto ao TCU[991] para

---

990 Disponível em: http://imagem.camara.gov.br/Imagem/d/pdf/DCD0020160205000070000.PDF#page=. Acessado em: 23.03.2016.

991 Recomendação do Ministério Público junto ao TRIBUNAL DE CONTAS DA UNIÃO, que salienta a inconstitucionalidade da norma: "A Presidente da República editou em 18 do corrente a Medida Provisória 703, publicada na data de ontem, alterando dispositivos da Lei 12.486/2013, com graves afrontas às competências constitucionais de Controle Externo outorgadas pela Constituição Federal ao Tribunal de Contas da União, a par de outras inconstitucionalidades atinentes à defesa e proteção do patrimônio público. (...) Vê-se, pois, que a norma tem a pretensão de limitar a atuação do Tribunal de Contas da União apenas ao momento posterior à celebração dos acordos, como se o Poder Executivo pudesse estabelecer a forma como o controle externo pode exercer suas competências, como se não cumprisse

justificar a inconstitucionalidade da norma (afronta ao controle externo exercido pelos Tribunais de Contas).

É importante mencionar, ainda, que o teor do parágrafo 14 do artigo 16 da Lei Anticorrupção já foi objeto de questionamento no STF. Em decisão liminar exarada pelo Ministro Gilmar Mendes em 22.02.2016 nos autos do no mandado de segurança n. 34.031-DF impetrado pela Controladoria-Geral da União (CGU),[992] o Superior Tribunal Federal garantiu a aplicação do vigente dispositivo, confirmando que as informações referentes aos acordos de leniência em curso na CGU sejam encaminhadas ao TCU **somente após suas assinaturas.**

Contudo, data máxima vênia, entendemos que a decisão da Suprema Corte é questionável, uma vez que o encaminhamento posterior às assinaturas ao TCU dos acordos de leniência em curso na CGU pode comprometer a viabilidade do próprio acordo.

---

ao próprio controle externo decidir o melhor momento para atuar na defesa do Erário. Bem de ver que o Supremo Tribunal Federal reconhece ao Tribunal de Contas da União o poder geral de cautela, que lhe permite coatar qualquer ilegalidade ainda em curso, mesmo inaudita altera pars, a fim de prevenir a ocorrência de lesão ao erário ou a direito alheio, bem como garantir a efetividade de suas decisões. Precedente Mandado de Segurança no 26.547-DF. Afigura-se verdadeira aberração jurídica o Poder Executivo pretender, por meio de medida provisória, obstar, limitar, condicionar ou modular a forma de agir do Controle Externo, que tem o poder-dever de fiscalizar o Poder Executivo. (...). Em conclusão, as pretendidas repercussões decorrentes de acordos de leniência sobre outros órgãos ou entidades, previstas em dispositivos dessa Medida Provisória 703, não podem incidir sobre a esfera do Controle Externo. Impõe-se ainda que eventuais acordos de leniência levem em consideração todo e qualquer trabalho de fiscalização já desenvolvido ou em curso no TCU. Não faz nenhum sentido que uma empresa citada por um determinado valor identificado em uma auditoria do TCU possa procurar a CGU ou a AGU para celebrar um acordo de leniência por uma fração desse valor. Seria, novamente, uma grave burla e afronta ao Controle Externo". Disponível em: http://imagem.camara.gov.br/Imagem/d/pdf/DCD0020160205000070000.PDF#page=. Acessado em: 23.03.2016.

992 Disponível em: http://www.stf.jus.br/portal/processo/verProcessoAndamento.asp. Acessado em 23.03.2016.

Considerando que o Tribunal de Contas é o órgão competente para instaurar procedimento administrativo para apurar prejuízo ao erário, por força do artigo 16, parágrafo 3º da Lei Anticorrupção caso a Corte de Contas entender que o valor acordado em sede de acordo de leniência – do qual, frise-se, ele não participou – não foi suficiente para reparação integral do dano causado, à empresa pode ser imputada novos valores devidos.

Todavia, a participação desde o início do Tribunal de Contas no acordo de leniência, não somente atenderia ao artigo 71 da Constituição da República, como evitaria ulterior imputação de valores, embasada na reparação integral do dano causado, sobre o mesmo fato pela Corte de Contas.

Isto porque nas relações jurídico-administrativas incide o princípio da proibição do comportamento contraditório. A vedação baseia-se na sujeição do Estado aos direitos e garantias fundamentais. Salienta Lucio Picanço Facci:

> A aplicação do princípio de vedação ao comportamento contraditório nas relações jurídico-administrativas é decorrência lógica do cumprimento do **dever estatal de respeito aos direitos e garantias fundamentais, da aplicação dos valores constitucionais** da solidariedade social, **segurança jurídica** e dignidade humana, assim como da **observância dos princípios constitucionais dirigidos à Administração Pública**, em especial a moralidade e a impessoalidade administrativa, essa última como projeção do princípio da isonomia.[993]

Veda-se à Administração Pública adotar um comportamento contraditório em relação a uma conduta inicial, já que

---

993 FACCI, Lucio Picanço. "A proibição de comportamento contraditório no âmbito da Administração Pública: a tutela da confiança nas relações jurídico-administrativas". *Revista Forense*, vol. 411, ano 106, set.-out. 2010, p. 186.

esta despertou a confiança legítima de outrem na preservação do sentido objetivamente extraído do *factum proprium*. A prática do comportamento contraditório levaria a dano efetivo ou potencial para aquele dotado de confiança legítima. O ato incoerente é inválido por vulnerar os princípios que a *teoria das autolimitações administrativas* visa preservar.[994]

Dentro da *teoria das autolimitações administrativas* existe a *subteoria dos atos próprios*, que se aplica plenamente ao presente caso concreto. A *subteoria dos atos próprios* aplica-se quando, em uma mesma relação jurídica, a Administração Pública age de modo contrário ao comportamento anterior e, assim, atenta contra a confiança legítima do beneficiário do ato administrativo.[995]

Logo, caso o Tribunal de Contas participasse desde o início do acordo de leniência, ele já teria condições de ponderar sobre a reparação integral do dano devida nesta ocasião, fato que impediria o manejo de novo procedimento de administrativo com vistas à mesma finalidade, garantindo maior segurança jurídica à empresa leniente.

25.13 Consequências do descumprimento do acordo

Caso a pessoa jurídica descumpra o acordo de leniência firmado, ela será impedida de celebrar novo acordo pelo prazo de três anos contados do conhecimento, pela Administração Pública, do referido descumprimento (artigo 16, parágrafo 8º, da Lei n. 12.846/2013).

994 FACCI, Lucio Picanço. "A proibição de comportamento contraditório no âmbito da Administração Pública: a tutela da confiança nas relações jurídico-administrativas". *Revista Forense*, vol. 411, ano 106, set.-out. 2010, p. 186.

995 FACCI, Lucio Picanço. "A proibição de comportamento contraditório no âmbito da Administração Pública: a tutela da confiança nas relações jurídico-administrativas". *Revista Forense*, vol. 411, ano 106, set.-out. 2010, p. 186.

Nesse caso, preceitua o Decreto n. 8.420/2015, no seu artigo 23, parágrafo 2º, que na hipótese de a autoridade signatária declarar o descumprimento do acordo de leniência por falta imputável à pessoa jurídica colaboradora, o valor integral encontrado antes da redução será cobrado administrativamente, descontando-se as frações da multa eventualmente já pagas.

25.14 Considerações finais

O novo regime jurídico do acordo de leniência por atos de corrupção procurou conferir maiores vantagens às empresas, o que pode ocorrer por meio da isenção ou atenuação de determinadas sanções, o sobrestamento de processos administrativos e, ainda, a vedação à propositura de ações judiciais específicas. Nesse aspecto, o novo marco representa uma evolução.

Por outro lado, o estabelecimento de regras de atuação conjunta de diversos órgãos pode ensejar morosidade e conflitos de competência que, em última análise, podem inviabilizar a celebração do acordo de leniência.

Caso o ato de corrupção acarrete, simultaneamente, infração à ordem econômica, será obrigatória a atuação do Conselho Administrativo de Defesa Econômica – CADE, do Ministério da Justiça e do Ministério da Fazenda. Caso não haja órgão de controle interno na entidade pública, será obrigatória, ainda, a atuação do Ministério Público concorrentemente com a autoridade máxima da mesma entidade. Apenas quando houver órgão de controle interno é que será facultativa a atuação do Ministério Público. A multiplicidade de órgãos atuando no mesmo acordo tende a ficar ainda mais tumultuária com o envolvimento, mesmo que facultativo, da procuradoria da entidade.

Outro ponto que consideramos um retrocesso no novo regime está na instituição da regra de encaminhamento do acordo de leniência ao Tribunal de Contas respectivo, o qual poderá instaurar procedimento administrativo para apurar prejuízo ao erário quando entender que o valor acordado não foi o suficiente para reparação integral do dano causado. Pairará, portanto, insegurança para a empresa até que, administrativamente, a última palavra seja dita.

Outro aspecto benéfico das novas regras está na instituição da regra de encaminhamento do acordo de leniência ao Tribunal de Contas respectivo, o qual poderá instaurar procedimento administrativo para apurar prejuízo ao erário quando entender que o valor acordado não foi o suficiente para reparação integral do dano causado. Pairará, portanto, insegurança para a empresa até que, administrativamente, a última palavra seja dita.

Outro aspecto benéfico das novas regras está na admissibilidade de vários acordos de leniência tendo por objeto os mesmos atos de corrupção. A única diferença é que a primeira empresa poderá gozar, integralmente, de todos os benefícios legais, ao passo que as demais empresas, ainda que possam gozar das mesmas vantagens, só poderão ter a redução da multa administrativa em, no máximo, dois terços.

São benefícios legais da celebração do acordo de leniência a isenção da sanção administrativa de publicação extraordinária da decisão condenatória; isenção de sanções restritivas ao direito de licitar e contratar previstas nos regimes geral e especiais de contratações públicas; isenção ou redução das sanções pecuniárias; sobrestamento de processos administrativos referentes a licitações e contratos que versem sobre o mesmo objeto do acordo de leniência.

Quanto aos efeitos do acordo de leniência para ações judiciais, passou-se a vedar o ajuizamento de determinadas ações não criminais – aquelas fundamentadas na Lei Anticorrupção; na Lei de Improbidade Administrativa, exceto cautelares; e ações de natureza civil, como a Ação Civil Pública – por parte da Advocacia Pública e do Ministério Público, desde que eles tenham participado do acordo de leniência.

Tais alterações, no nosso entendimento, compensarão ampliação do rigor na colaboração por parte do leniente. Até então, bastava que da colaboração resultasse, quando cabível, a identificação dos demais envolvidos na infração e a obtenção célere de informações e documentos que comprovassem o ilícito em apuração. Com a alteração legislativa, agora é preciso que, além dos mencionados requisitos, haja a cooperação da empresa com as investigações e o comprometimento com a implementação ou melhoria dos mecanismos internos de integridade.

No regime jurídico atual, há extensão dos benefícios do acordo de leniência às pessoas jurídicas que integram o mesmo grupo econômico, de fato e de direito, desde que firmem o acordo em conjunto.

De todo modo, em linhas gerais, consideramos que as regras atuais estimularão a celebração de acordos de leniência, isso em razão da ampliação dos benefícios às empresas e do afastamento da regra que obrigava a confissão na participação no ilícito.

No entanto, atualmente, os benefícios do acordo de leniência não são extensíveis às pessoas físicas envolvidas. Entretanto, há, atualmente, diversas propostas legislativas com vistas a promover referida ampliação.

São Paulo, 8 de abril de 2016.

CAPÍTULO XXVI

A TEORIA DA LEGALIDADE EXTRAORDINÁRIA NO CONTEXTO DA DISSEMINAÇÃO DO "NOVO CORONAVÍRUS" SARS-COV-2 OU "COVID-19" E O DESCABIMENTO DE DISCRIMINAÇÕES E FORMALISMOS INDEVIDOS NA AUTORIZAÇÃO DE VACINAS

SUMÁRIO: I. PROLEGÔMENOS E OBJETO DO PRESENTE PARECER. II. O CABIMENTO DE ATUAÇÃO EXCEPCIONAL DO SUPREMO TRIBUNAL FEDERAL DIANTE DE AÇÕES E OMISSÕES NO ÂMBITO DE AUTORIZAÇÕES ADMINISTRATIVAS DE VACINAS. III. A TEORIA DA LEGALIDADE EXTRAORDINÁRIA NO CONTEXTO DA DISSEMINAÇÃO DO "NOVO CORONAVÍRUS" SARS-COV-2 OU "COVID-19". IV. O REGIME JURÍDICO DAS AUTORIZAÇÕES ADMINISTRATIVAS DE VACINAS CONTRA O "NOVO CORONAVÍRUS" SARS-COV-2 OU "COVID-19" NO BRASIL.

V. OS PLEITOS DE IMPORTAÇÃO EXCEPCIONAL DA VACINA GAM-COVID-VAC ("SPUTNIK V"). **VI.** A AUTORIZAÇÃO DE VACINAS COMO ATO ADMINISTRATIVO EXPEDIDO NO EXERCÍCIO DE COMPETÊNCIA VINCULADA E O DESCABIMENTO DE DISCRIMINAÇÕES AFRONTOSAS AO PRINCÍPIO CONSTITUCIONAL DA ISONOMIA. **VII.** AS ATRIBUIÇÕES DOS ESTADOS NO ENFRENTAMENTO DA PANDEMIA: COMPETÊNCIAS CONSTITUCIONAIS, FEDERALISMO COOPERATIVO E OMISSÕES DA UNIÃO. **VIII.** CONCLUSÕES.

CONSULENTE: CONSÓRCIO NORDESTE.

26.1 Prolegômenos e objeto do presente Parecer

Honra-nos o **Consórcio Nordeste** ("Consulente") com consulta relativa às **autorizações administrativas de vacinas** contra o "novo coronavírus" "SARS-Cov-2", ou "COVID-19", bem como, em especial, quanto à **autorização excepcional e temporária para a importação e distribuição de vacinas** sem registro ou autorização excepcional na Agência Nacional de Vigilância Sanitária (ANVISA), mas registradas ou autorizadas temporária e emergencialmente por autoridades sanitárias estrangeiras.

A declaração de **pandemia**, consoante reconhecido em 11 de março de 2020 pela Organização Mundial de Saúde (OMS),[996] ensejou, no Brasil, o reconhecimento de estado de **calamidade pública** através do Decreto Legislativo n. 6/2020, nos termos da solicitação do Presidente da República encaminhada ao Congresso Nacional por meio da Mensagem n. 93, de 18 de março de 2020.

---

996 WORLD HEALTH ORGANIZATION. *Director-General's opening remarks at the media briefing on COVID-19*. Disponível em: https://www.who.int/dg/speeches/detail/who-director-general-s-opening-remarks-at-the-media-briefing-on-covid-19---11-march-2020. Acessado em: 20.03.2021.

Diversas outras iniciativas similares foram adotadas no mesmo sentido pelos Estados e pelos Municípios.

Desde então, providências de diversas naturezas tornaram-se necessárias para que o Estado brasileiro – compreendendo, portanto, todos os entes federados, tais como **União, Estados, Municípios e Distrito Federal** – combata a pandemia, bem como garanta, dentre outros direitos, o **direito social à saúde** (art. 6º; art. 23, inciso II; art. 24, inciso XII; art. 194; art. 196; art. 197; art. 198; art. 199 e art. 200, da Constituição) e o **direito fundamental à vida** (art. 5º, *caput*; art. 227 e art. 230, da Constituição).

A pandemia já se alastra há mais de um ano, ao passo que vivenciamos, no momento, **elevadíssimos índices de doentes e mortos**, além da **saturação dos sistemas de saúde público e privado, bem como de insumos médico-hospitalares**. A **falha no acesso universal e igualitário às ações e serviços de saúde**, a despeito das previsões constitucionais e infraconstitucionais nesse sentido, é notoriamente histórica no Brasil e ganhou ainda **contornos ainda mais fatais com a pandemia decorrente da "COVID-19"**, agravando o cenário de grave e massiva **violação de direitos fundamentais e sociais** em razão de **notórias falhas estruturais em políticas públicas de saúde.**

O caráter absolutamente **inesperado, emergencial e exponencial** da disseminação do "novo coronavírus", incluídas suas variantes, impõe a adoção de diversas medidas de enfrentamento, inclusive médico-hospitalares, sanitárias e econômicas. No plano jurídico, a existência de uma pandemia inscreve-se como uma **situação de caráter extraordinário, para a qual a ordem jurídica deve oferecer respostas específicas, próprias da excepcionalidade.**

Em outras palavras, a pandemia acarretou singulares repercussões sanitárias, sociais, políticas e econômicas, as quais se amalgamam para **redefinir, momentaneamente, o próprio papel do Estado brasileiro.** A violação aos preceitos fundamentais que garantem o acesso universal e igualitário às ações e serviços de saúde é notoriamente histórica no Brasil e ganhou contornos ainda mais fatais com a pandemia. Especialmente por essa razão, são **injustificáveis** atuações administrativas que, desconhecendo a excepcionalidade que se coloca, **sobrepõe o formalismo de processos administrativos à urgência que se impõe, acarretando entraves fatais no enfrentamento da pandemia e, tendo em vista o objeto precípuo do presente Parecer, na disponibilização de vacinas à população brasileira.**

Quanto à **política pública de imunização**, é de amplo conhecimento que o Brasil, por um lado, enfrenta um **cenário catastrófico e sem precedentes quanto ao número de doentes e mortos**, ao passo que **a vacinação da população caminha a passos extremamente lentos.** Por essa razão, é premente a necessidade de aquisição de **outras vacinas igualmente eficazes e seguras**, além daquelas já autorizadas ou registradas pela ANVISA. Além do mais, é essencial que todos os entes da federação atuem conjuntamente na implementação de políticas públicas de imunização, devendo ser **afastadas disputas político-partidárias e ideológicas de qualquer natureza.**

Tendo em vista o objeto precípuo do presente Parecer, realizaremos uma incursão no **regime jurídico da autorização de vacinas contra o "novo coronavírus" SARS-COV-2 ou "COVID-19"** e na **teoria da legalidade extraordinária,** que impõe **específica interpretação dogmático-jurídica de princípios e regras**, isso para fins de **excepcional e estrita adoção de medidas de estabilização** consistentes na **autorização administrativa para fins de excepcional importação de vacinas.**

Nesse desiderato, o cumprimento da função pública atrelado à autorização de vacinas ocorre através do exercício de **competência administrativa vinculada** e **não discricionária**. Além do mais, o exercício da função pública pela ANVISA deve basear-se em **critérios científicos** e, jamais, ser influenciado por **disputas político-partidárias e ideológicas** de qualquer natureza. Do mesmo modo, deve ser rejeitada a sobreposição da **rigidez das formas, em detrimento da instrumentalidade da atividade administrativa sanitária, que visa garantir a saúde e a vida.**

Referidas discussões são antecedidas da análise de cabimento de **intervenção do Judiciário – e, em especial, do Supremo Tribunal Federal (STF)** – diante de **ações e omissões administrativas** no enfrentamento da pandemia, bem como de atuações administrativas erráticas, em detrimento da **célere autorização administrativa viabilizadora da imunização da população.**

26.2 O cabimento de atuação excepcional do Supremo Tribunal Federal diante de ações e omissões no âmbito de autorizações administrativas de vacinas

Duas são, para Gustavo Zagrebelsky, as condições para a construção de uma **Justiça Constitucional.** Uma, de caráter jurídico-formal, teórica, que se prende à necessidade do estabelecimento de uma **instância neutra, mediadora e imparcial na solução dos conflitos no plano constitucional.** Outra, de caráter político-substancial, pragmática, baseada no pluralismo das forças constitucionais.[997]

A primeira condição relaciona-se, no raciocínio do autor, ao declínio formal da lei, o que abriu espaço para uma legitimação que lhe fosse formalmente superior. Por essa razão, o modelo de Justiça Constitucional das democracias contemporâneas esteve, embrionariamente, atrelado à ideia de *lex fundamentalis* encerradora de *locus* de justiça, liberdade e legitimação do poder constituído.[998]

Com efeito, a Justiça Constitucional prende-se à necessidade do estabelecimento de uma instância neutra, mediadora e imparcial na solução dos conflitos constitucionais, conforme preleção

---

997 ZAGREBELSKY, Gustavo. *La giustizia costituzionale*. Bologna: Il Mulino, 1988, p. 14.

998 BONAVIDES, Paulo. "Jurisdição constitucional e legitimidade (algumas observações sobre o Brasil)". *Estudos avançados*, vol. 18, nº 51, 2004, p. 126.

de Paulo Bonavides.[999] A Justiça Constitucional emergiu como instrumento de defesa da Constituição, tida como expressão dos valores sociais e políticos.

A Justiça Constitucional, realizada por órgão de estrutura superior, orienta-se à **adequação da atuação do Estado aos comandos constitucionais, controlando a atividade do poder do ponto de vista da Constituição, com destaque para a proteção e realização dos direitos fundamentais**, nas ponderações de José Adércio Leite Sampaio.[1000]

A existência da Justiça Constitucional é reflexo de aspirações democráticas, desempenhando papel crucial na **defesa dos direitos fundamentais** e no **controle do próprio Estado.**[1001] Consequentemente, a atuação da Justiça Constitucional, em vez de configurar-se em atentado aos propósitos da democracia, é condição de credibilidade de qualquer regime constitucional e democrático.[1002]

A existência de um Estado constitucional, assim entendido como Estado limitado e conduzido teleológico e axiologicamente, demanda a existência de um órgão curador da Constituição, garantindo-a.[1003] Nesses termos é que se fala que a legitimidade do Estado constitucional é um pressuposto à atuação da Justiça Constitucional.[1004] A preservação da Constituição, função precípua da Justiça Constitucional,

---

999 BONAVIDES, Paulo. "Jurisdição constitucional e legitimidade (algumas observações sobre o Brasil)". *Estudos avançados*, vol. 18, nº 51, 2004, p. 126.

1000 SAMPAIO, José Adércio Leite. *A Constituição reinventada pela jurisdição constitucional.* Belo Horizonte: Del Rey, 2002, p. 23.

1001 TAVARES, André Ramos. *Tribunal e jurisdição constitucional.* São Paulo: IBDC, 1998, p. 15.

1002 TAVARES, André Ramos. *Tribunal e jurisdição constitucional.* São Paulo: IBDC, 1998, p. 15.

1003 TAVARES, André Ramos. *Teoria da Justiça Constitucional.* São Paulo: Saraiva, 2005, p. 493.

1004 TAVARES, André Ramos. *Teoria da Justiça Constitucional.* São Paulo: Saraiva, 2005, p. 493.

apresenta, materialmente, um alto teor democrático, na medida em que impede à vontade ocasionalmente majoritária sobreponha-se à vontade geral naquelas decisões básicas.[1005]

O debate sobre o papel da Constituição assume conteúdo político ao englobar, inclusive, princípios de legitimação do poder e de **decisões relativas às políticas públicas.** Alerta Gilberto Bercovici, recordando, Konrad Hesse, que o campo de discussão deve ser ampliado para abranger toda a sociedade, não só o Estado. A política se manifesta não apenas na instauração da Constituição, mas também nos momentos seguintes, de **efetivação da ordem constitucional por meio de uma política constitucional:**[1006]

> A ideia da Constituição como totalidade, ressaltando-se o seu caráter dinâmico (não garante apenas uma ordem estática), "politiza" o conceito de Constituição, que não se limita mais a sua normatividade. Esta concepção, elaborada (...) por autores como Schmitt e Smend, dá origem à Teoria Material da Constituição, ligada ao predomínio das Constituições sociais (ou programáticas) do pós-guerra. A Teoria Material da Constituição permite compreender, a partir do conjunto total de suas condições jurídicas, políticas e sociais (ou seja, a Constituição em sua conexão com a realidade social), o Estado Constitucional Democrático. Propõe-se, portanto, a levar em consideração o sentido, fins, princípios políticos e ideologia que conformam a Constituição, a realidade social da qual faz parte, sua dimensão histórica e sua pretensão de transformação.[1007]

1005 TAVARES, André Ramos. *Teoria da Justiça Constitucional.* São Paulo: Saraiva, 2005, p. 494.

1006 BERCOVICI, Gilberto. "Constituição e política: uma relação difícil". *Lua Nova*, 2004, nº 61, pp. 5-24.

1007 BERCOVICI, Gilberto. "Constituição e política: uma relação difícil". *Lua Nova*, 2004, nº 61, p. 10.

Rudolf Smend tinha por Constituição a ordenação jurídica do Estado, a dinâmica vital na qual se desenvolve a vida do Estado, isto é, de seu processo de integração com vistas à permanente reestruturação da sua realidade total.[1008] Além da dimensão social, isto é, configuração das condições de vida, as dimensões liberal, pela coordenação e limitação do poder estatal, e democrática, relacionada à formação da unidade política, demonstra que a ideia de Constituição, além de não se esgotar na regulação procedimental de decisão e de governo, é direito político: do sobre a para o político, na exata expressão de Hans Peter Schneider.[1009]

O modelo de "Constituição dirigente" de José Joaquim Gomes Canotilho,[1010] o qual, por meio da teoria material da Constituição, pondera que, como todas as Constituições conformam o político, racionalizando-o, há o estabelecimento, pela Constituição, de uma vinculação jurídica para, inclusive, os atos políticos.

A proposta em tela, conforme Ernst-Wolfgang Böckenförde,[1011] ao conter princípios e possibilidades de conformação do ordenamento, favorece o crescimento do papel político dos tribunais constitucionais. A Constituição, nestes termos, não é só garantia do existente, mas também um programa. Ao fornecer linhas de

---

1008 SMEND, Rudolf. *Verfassung und Verfassungsrecht in Staatsrechtliche Abhandlungen und andere Aufsätze*. Berlim: Duncker & Humblot, 1994, p. 274 *Apud*: BERCOVICI, Gilberto. "Constituição e política: uma relação difícil". *Lua Nova*, 2004, nº 61, p. 8.

1009 SCHNEIDER, Hans Peter. "La Constitución: función y estructura". *Apud*: *Democracia y Constitución*. Madrid: Centro de Estudios Constitucionales, 1991, pp. 39-47.

1010 CANOTILHO, José Joaquim Gomes. *Constituição Dirigente e Vinculação do Legislador*: Contributo para a Compreensão das Normas Constitucionais Programáticas. Coimbra: Coimbra, 2001.

1011 BÖCKENFÖRDE, Ernst-Wolfgang. "Grundrechte als Grundsatznormen: Zur gegenwärtigen Lage der Grundrechtsdogmatik". *In*: _____. *Staat, Verfassung, Demokratie*: Studien zur Verfassungstheorie und zum Verfassungsrecht. Suhrkamp: Auflage. *Apud*: BERCOVICI, Gilberto. "Constituição e política: uma relação difícil". *Lua Nova*, nº 61, 2004, p. 12.

atuação para a política, sem substituí-la, destaca a interdependência entre Estado e sociedade:

> A Teoria da Constituição Dirigente é uma Teoria "autossuficiente" da Constituição. Ou seja, pensa-se numa Teoria da Constituição tão poderosa, que a Constituição, por si só, resolve todos os problemas. O instrumentalismo constitucional é, dessa forma, favorecido: acredita-se que é possível mudar a sociedade, transformar a realidade apenas com os dispositivos constitucionais. Consequentemente, o Estado e a política são ignorados, deixados de lado. A Teoria da Constituição Dirigente é uma Teoria da Constituição sem Teoria do Estado e sem política. E é justamente por meio da política e do Estado que a Constituição vai ser concretizada. Será essa maneira totalizante (e, paradoxalmente, excludente) de compreender a Teoria da Constituição, sem política e sem Estado, ao lado do poder crescente dos tribunais constitucionais, que vai favorecer (...) a manutenção da "Constituição sem Estado".[1012]

Assim considerando, diante de **injustificáveis atuações administrativas que, ignorando a excepcionalidade que se apresenta, sobrepõe o formalismo de processos administrativos à urgência que se impõe,** é cabível a provocação do Supremo Tribunal Federal (STF) para que referida instância afira adequação da atuação do Estado brasileiro – especialmente da ANVISA – aos comandos constitucionais que determinam **proteção e realização dos direitos fundamentais à vida e à saúde** e, consequentemente, **autorize a importação excepcional da vacina Gam-COVID-Vac ("Sputnik V")**, consoante passaremos a demonstrar.

1012 BERCOVICI, Gilberto. "Constituição e política: uma relação difícil". *Lua Nova*, 2004, nº 61, p. 9.

26.3 A teoria da legalidade extraordinária no contexto da disseminação do "Novo Coronavírus" Sars-Cov-2 ou "Covid-19"

O constitucionalismo democrático prevê que, em situações de emergência como a que atravessamos, o Estado tenha seus poderes redefinidos e, em algumas situações, ampliados, podendo, inclusive, suspender parcialmente direitos fundamentais para atender às momentâneas exigências. O Estado, para atender à emergência sanitária que se impõe com a pandemia, pode avocar poderes com vistas à suspensão de direitos, afastamento regras procedimentais, tais como às relativas ao processo licitatório para fins de contratações públicas, e mesmo compromissos orçamentários, inclusive relativos aos limites impostos ao endividamento público.

Conforme antecipado, a lesão aos preceitos fundamentais que garantem o acesso universal e igualitário às ações e serviços de saúde é notoriamente histórica no Brasil e ganhou contornos ainda mais fatais com a pandemia. Acidulou-se o cenário de grave e massiva violação de direitos fundamentais e sociais, decorrentes de falhas estruturais em políticas públicas de saúde. Portanto, a pandemia, sob vários aspectos, mas sobretudo do ponto de vista do sistema de saúde, reflete nossa profunda desigualdade social.

Nesse contexto, diversos preceitos constitucionais estão em risco, especialmente aqueles relativos ao direito social à saúde (art. 6º; art. 23, inciso II; art. 24, inciso XII; art. 194; art. 196; art. 197; art. 198; art. 199 e art. 200), ao direito fundamental à vida (art. 5º, *caput*; art. 227 e art. 230), ao direito fundamental à igualdade (art. 5º, *caput*, e art. 196), ao passo que a dignidade da pessoa humana é fundamento da República Federativa do Brasil (art. 1º, inciso III) e, ainda, é objetivo fundamental da República Federativa do Brasil construir uma sociedade justa e solidária (art. 3º, inciso I).

Diante desse cenário, a legalidade extraordinária é, sem dúvida, um dos remédios mais poderosos para conter o avanço

da pandemia. Ela confere ao Estado o ***dever-poder* de adotar as providências necessárias para estancar ou minorar os efeitos decorrentes da pandemia.** Portanto, não se trata de uma prerrogativa facultada ao Poder Público fazer ou não uso dos referidos mecanismos, mas sim de um dever de implementar políticas públicas que assegurem a **universalização do direito à saúde** e, consideradas as repercussões sociais e econômicas, distribuam renda.

O Estado, para **Karl Loewenstein**, exerce três funções. São elas: *policy determination*, relacionada à deliberação das decisões políticas fundamentais conformadoras da sociedade no presente e no futuro; ***policy execution*, voltada à adoção de medidas necessárias à implementação das decisões fundamentais**; e, por fim, *policy control*, vinculada ao controle político dos órgãos estatais.[1013]

A legalidade extraordinária está diretamente relacionada à **preservação da ordem constitucional do Estado**, uma vez que **a excepcionalidade demanda mecanismos específicos preservadores dos direitos fundamentais e das instituições democráticas e, numa escala mais ampla, do próprio Estado**. Consequentemente, o seu exercício está diretamente relacionado a uma atividade de definição primária e global do interesse público mediante interpretação dos fins do Estado e escolha dos meios adequados para atingi-los. Por essa razão, é inegável que as relevantes contribuições realizadas por Karl Loewenstein em certa medida contribuem para a compreensão do regime especial, que muito se molda à por ele intitulada de *policy execution*, bem como à adoção de medidas necessárias à implementação de decisões fundamentais.

1013 Quanto a esta função de determinação de decisões políticas pelo Judiciário, Karl Loewenstein destaca que "si el control judicial se aplica a decisiones políticas, adquiere entonces el carácter de un control político por parte de los tribunales que, teóricamente, no corresponde a la función judicial. Dado que una sentencia negativa anula la ley, el control judicial puede, de hecho, ocupar el lugar de la decisión del detentador político del poder" (LOEWENSTEIN, Karl. *Teoría de la constitución*. Barcelona: Ariel, 1986, p. 312).

À luz da necessidade coletiva decorrente da pandemia que enfrentamos atualmente, o papel do Estado redefine-se, momentaneamente, para instaurar um especial enlace entre ele e a sociedade, razão pela qual a legalidade extraordinária é, antes de mais nada, a própria reafirmação da legitimação do poder do Estado, o qual, para tanto, deve atuar em harmonia com as regras que o condicionam e o conformam na excepcionalidade.

Com vistas à preservação do próprio Estado, a Constituição instituiu de mecanismos excepcionais destinados ao acionamento apenas em circunstâncias institucionais ou socialmente adversas para, consequentemente, substituir, de forma transitória, a legalidade ordinária e, assim, atribuir ao Estado determinadas competências especiais informadas e condicionadas pela temporariedade, proporcionalidade e vinculação teleológica. Portanto, outra questão que se coloca é que a legalidade extraordinária, específica manifestação do poder político, não apenas se exibe finalisticamente, como só existe à luz de um fim historicizado e na proporção estritamente necessária para tanto.

José Joaquim Gomes Canotilho, tratando do por ele chamado estado ou *direito de necessidade*, bem como da previsão normativo-constitucional das medidas necessárias para a defesa da própria Constituição em situações de anormalidade não passíveis de enfrentamento por seus instrumentos comuns, contata que o *direito de necessidade* não implica na suspensão da Constituição, mas na adoção, temporária, de um regime extraordinário a ela incorporado e válido para situações de anormalidade. Consequentemente, a legalidade extraordinária deve ser compreendida a partir da própria Constituição e de acordo com a sua conformação.[1014]

1014 CANOTILHO, José Joaquim Gomes. *Direito Constitucional e Teoria da Constituição*. Coimbra: Almedina, 2003, p. 1099.

Por essa razão, observa o autor, as ***situações de anormalidade constitucional*** ou de ***legalidade alternativa***, na expressão adotada **Paulo Otero**,[1015]

> não são estados sem Constituição ou fora da Constituição, mas sim situações carecidas de uma disciplina jurídico-constitucional diferente daquela que está normativo-constitucionalmente consagrada para os estados de normalidade constitucional.[1016]

Em outras palavras, a submissão às situações de crise e de emergência à própria Constituição pressupõe um "direito normativo-constitucionalmente conformado", razão pela qual conclui que

> o regime das **situações de excepção não significa suspensão da Constituição (excepção da Constituição), mas sim um regime extraordinário incorporado na Constituição e válido para situações de anormalidade constitucional.**[1017]

A delimitação dos contornos da legalidade extraordinária impõe, nesses termos, a adoção de técnicas de jurisdicização compatíveis com o Estado constitucional, quais sejam a indicação dos **órgãos de soberania competentes** para adoção das medidas apropriadas ao enfrentamento do estado de emergência e, ainda, os **pressupostos, formas, limites e efeitos dos regimes de anormalidade**.

A excepcionalidade decorrente da irrupção de pandemias, nos moldes atualmente configurados no Brasil, impõe ***deveres-poderes***

1015 OTERO, Paulo. *Legalidade e Administração Pública*: o sentido da vinculação administrativa à juridicidade. Coimbra: Almedina, 2011.

1016 CANOTILHO, José Joaquim Gomes. *Direito Constitucional e Teoria da Constituição*. Coimbra: Almedina, 2003, p. 1086.

1017 CANOTILHO, José Joaquim Gomes. *Direito Constitucional e Teoria da Constituição*. Coimbra: Almedina, 2003, p. 1099.

específicos na estrita proporção necessária ao enfrentamento sanitário e, ainda, dos seus efeitos sociais e econômicos. Por essa razão, **descabe falar em *cláusula de plenos poderes*** nos moldes do art. 48 da Constituição de Weimar e do art. 16 da Constituição da V República Francesa de 1958, **excludentes de responsabilidade nos termos do *Act of Indemnity Bill* inglês** e, em especial, **indiscriminadas e injustificadas limitações aos direitos e garantias fundamentais, senão na exata proporção necessária ao enfrentamento da pandemia.**

Conforme antecipado o reconhecimento do estado de pandemia ocorreu em 11 de março de 2020 pela OMS, o que acarretou o reconhecimento de estado de calamidade pública no Brasil através do Decreto Legislativo n. 6/2020, nos termos da solicitação do Presidente da República (Mensagem n. 93/2020). Iniciativas similares foram adotadas por diversos entes da federação. Destaque-se, exemplificativamente, a decretação do estado de calamidade pública no Estado de São Paulo por meio do Decreto n. 64.879/2020 e, no Município de são Paulo, a decretação de situação de emergência por meio do Decreto n. 59.283/2020 e de estado de calamidade pública pelo Decreto n. 59.291/2020. Desde então, diversas medidas especialmente qualificadas como de legalidade extraordinária foram adotadas nos âmbitos federal, estadual e municipal.

A primeira consequência automática do estado de calamidade pública, inclusive viabilizadora, ao menos no seu aspecto econômico-financeiro, é o afastamento, ainda que parcial, de compromissos fiscais. Nos termos do art. 65 da Lei Complementar n. 101/2000, há imediata dispensa do atingimento dos resultados fiscais previstos no art. 2º da Lei n. 13.898/2019 e das limitações de empenho previstas no art. 9 da Lei Complementar n. 101/2000.

Quanto às regras procedimentais afastadas, a mais relevante é relativa ao processo licitatório. A Lei n. 13.979/2020, no seu art. 4º, previu que, com vistas ao enfrentamento da pandemia, é dispensável a licitação para aquisição de bens, serviços, inclusive de engenharia, e insumos. A licitação é um procedimento administrativo condicionado por princípios e orientado ao atingimento de certos fins. Ela visa assegurar a todos os interessados iguais oportunidades de acesso às contratações públicas e permitir a seleção da proposta de contratação mais vantajosa para a Administração pública, consoante determinação consubstanciada no art. 37, inciso XXI, da Constituição da República. A vantajosidade caracteriza-se pela seleção de proposta que satisfaça ao interesse público, o que deve ocorrer mediante execução de um contrato administrativo com a melhor relação *custo-benefício*. A economicidade está relacionada ao dever de adoção da escolha mais eficiente para a exploração dos recursos econômicos.[1018] Isto é, exige-se o menor custo possível e a melhor e mais completa prestação.[1019] Essa é a razão é que inspira a principiologia do procedimento licitatório, a qual é afastada pela legalidade extraordinária, que atribui ao Estado poderes especialmente intensos, isso com vistas a muni-lo de instrumentos efetivos.

Quanto aos **condicionamentos sanitários e de saúde pública**, a Lei n. 13.979/2020, no seu art. 3º, inciso III, previu a possibilidade de realização compulsória de exames médicos, testes laboratoriais, coleta de amostras clínicas, vacinação e outras medidas profiláticas, tratamentos médicos específicos, estudo ou investigação epidemiológica e, ainda, exumação, necropsia, cremação e manejo de cadáver. Do mesmo modo, o inciso VIII do mesmo dispositivo previu a possibilidade de autorização excepcional e temporária para a importação de produtos sujeitos à vigilância sanitária sem registro na Agência Nacional de Vigilância Sanitária (ANVISA), desde que registrados por autoridade sanitária estrangeira e, ainda, previstos em ato do Ministério da Saúde.

Limitações à liberdade estão previstas na mesma Lei federal n. 13.979/2020, a qual, no seu art. 3º, inciso I, previu a possibilidade

---

1018 JUSTEN FILHO, Marçal. *Comentários à lei de licitações e contratos administrativos*. São Paulo: Dialética, 2012, p. 61.

1019 JUSTEN FILHO, Marçal. *Comentários à lei de licitações e contratos administrativos*. São Paulo: Dialética, 2012, pp. 62/63.

de isolamento, assim entendido como a separação de pessoas doentes ou contaminadas, bem como de bagagens, meios de transporte, mercadorias ou encomendas postais. Do mesmo modo, o inciso II previu a possibilidade de *quarentena*, assim conceituada como a restrição de atividades ou isolamento de pessoas, bagagens, contêineres, animais, meios de transporte ou mercadorias. Por fim, o inciso VI previu a possibilidade de restrição, excepcional e temporária, de deslocamento por rodovias, portos e aeroportos.

No Estado de São Paulo, por meio do Decreto n. 64.881/2020, foi decretada *quarentena* no estado, bem como a vedação ao exercício atividades econômicas não essenciais em atendimento presencial ao público em estabelecimentos comerciais e prestadores de serviços. No Município de São Paulo, os Decretos n. 59.285/2020, n. 59.298/2020 e n. 59.335/2020 suspenderam o atendimento presencial ao público em estabelecimentos comerciais de bens e mercadorias, atacadistas, varejistas e ambulantes, e prestadores de serviço em funcionamento no Município.

Especificamente com relação às medidas relativas à **intervenção do Estado na propriedade privada**, a Lei n. 13.979/2020, no seu art. 3º, inciso VII, previu a possibilidade de requisição de bens e serviços de pessoas naturais e jurídicas, hipótese em que será garantido o pagamento posterior de indenização justa. Previsões similares constam de espécies normativas de diversos entes da federação. Referida regulamentação infraconstitucional decorre da previsão constante do art. 5º, inciso XXV, da Constituição da República, segundo o qual, no caso de iminente perigo público, a autoridade competente poderá usar de propriedade particular, assegurada ao proprietário indenização ulterior, se houver dano.

A **requisição administrativa** no sistema de saúde pública em hipóteses extraordinárias já estava prevista na Lei n. 8.080/1990, no seu art. 15, inciso XIII, o qual prescreve que, para atendimento de necessidades coletivas, urgentes e transitórias, decorrentes de situações de perigo iminente, de calamidade pública ou de irrupção de epidemias, a autoridade competente da esfera administrativa correspondente poderá requisitar bens e serviços, tanto de pessoas naturais como de jurídicas, sendo-lhes assegurada a justa indenização.

Com relação à autorização administrativa para fins de uso de vacinas contra o "novo coronavírus" "SARS-Cov-2", ou "COVID-19" – o que inclui a autorização temporária de uso emergencial, em caráter experimental, registro e autorização excepcional e temporária para a importação e distribuição de vacinas sem registro na ANVISA, mas registradas ou autorizadas temporária e emergencialmente por autoridade sanitária estrangeira – o contexto extraordinário que se apresenta impõe a exigência de requisitos igualmente excepcionais os quais, preservados os requisitos de segurança e eficácia, não devem ensejar a prevalência de procedimentos formais em prejuízo dos valores fundamentais em risco, quais sejam saúde e vida.

Com efeito, a pandemia decorrente do *novo coronavírus* acarretou singulares repercussões sanitárias, sociais e econômicas, as quais se amalgamam para redefinir, momentaneamente, o próprio papel do Estado brasileiro e tornar injustificáveis atuações administrativas que, desconsiderando a notória excepcionalidade que se coloca, desconsidera a necessidade, premente, de tutelar o direito social à saúde (art. 6º; art. 23, inciso II; art. 24, inciso XII; art. 194; art. 196; art. 197; art. 198; art. 199 e art. 200, da Constituição), o direito fundamental à vida (art. 5º, *caput*; art. 227 e art. 230, da Constituição) e, dentre outros, a dignidade da pessoa humana (art. 1º, inciso III, da Constituição).

É notório que o Brasil, por um lado, enfrenta um cenário catastrófico e sem precedentes quanto ao número de doentes e mortos, ao passo que a vacinação da população caminha a passos extremamente lentos. Por essa razão, é premente a necessidade de aquisição de outras vacinas igualmente eficazes e seguras, além daquelas já autorizadas pela ANVISA. Nesses termos, são injustificáveis atuações administrativas que, ignorando a excepcionalidade que se apresenta, sobrepõe o formalismo de processos administrativos à urgência que se impõe, acarretando entraves no enfrentamento da pandemia, bem como na disponibilização de vacinas à população brasileira.

Portanto, é fundamental que todos os entes da federação atuem conjuntamente na implementação de políticas públicas de imunização, devendo ser afastadas disputas político-partidárias e ideológicas de qualquer natureza. Ademais, o exercício da função pública pela ANVISA deve basear-se em critérios científicos e, jamais, na valorização da rigidez de procedimentos administrativos burocráticos, em detrimento da instrumentalidade da atividade administrativa sanitária, que visa garantir a saúde e a vida.

Ou seja, o Sistema Nacional de Vigilância Sanitária visa promover a proteção da saúde da população, por intermédio do controle sanitário da produção e da comercialização de produtos, não sendo razoável que, a título de preservar referidos valores, haja uma demasiada prelazia dos procedimentos administrativos burocráticos na medida em que, dada a excepcionalidade que se impõe, a qualidade, a eficácia e a segurança não deve ser aferida pelas mesmas regras informadoras da autorização de vacinas em situações de normalidade, como se não vivenciássemos um desafio de proporções singularmente fatais.

26.4 O regime jurídico das autorizações administrativas de vacinas contra o "Novo Coronavírus" Sars-Cov-2 ou "Covid-19" no Brasil

Em fevereiro de 2020, por ocasião da edição da Lei n. 13.979/2020, previu-se que, para enfrentamento da pandemia, as Administrações públicas brasileiras poderiam adotar, no âmbito de suas competências, entre outras, medidas tais como vacinação (art. 3º, inciso III, alínea "d", da Lei n. 13.979/2020) e autorização

excepcional e temporária para a importação e distribuição de materiais, medicamentos, equipamentos e insumos da área de saúde sujeitos à vigilância sanitária **sem registro na ANVISA**, desde que, consoante redação original, fossem **registrados por autoridade sanitária estrangeira** (art. 3º, inciso VIII, da Lei n. 13.979/2020). Por ocasião da Lei n. 14.006/2020 referido dispositivo foi alterado para **limitar-se às seguintes autoridades sanitárias estrangeiras:** *Food and Drug Administration* (FDA), *European Medicines Agency* (EMA), *Pharmaceuticals and Medical Devices Agency* (PMDA) e, por fim, *National Medical Products Administration* (NMPA).

Especificamente com relação à **política pública de imunização**, a **Medida Provisória n. 1.003/2020** regulamentou a **adesão ao "Instrumento de Acesso Global de Vacinas COVID-19" ("*Covax Facility*")**, administrado pela Aliança Gavi ("*Gavi Alliance*"). Referida Medida Provisória foi convertida na Lei n. 14.121/2021.

Já a **Medida Provisória n. 1.026/2021**, além de instituir normas relativas à dispensa de licitação para fins de aquisição de vacinas contra a "COVID-19", previu, no seu art. 16, que a ANVISA poderia conceder **autorização excepcional e temporária para a importação e distribuição** de vacinas contra a COVID-19 **sem seu específico registro**, **desde que registradas** por **determinadas autoridades sanitárias estrangeiras**, quais sejam: *Food and Drug Administration* (FDA), dos Estados Unidos da América; *European Medicines Agency* (EMA), da União Europeia; *Pharmaceuticals and Medical Devices Agency* (PMDA), do Japão; *National Medical Products Administration* (NMPA), da República Popular da China; e, ainda, *Medicines and Healthcare Products Regulatory Agency* (MHRA), do Reino Unido da Grã-Bretanha e Irlanda do Norte.

A Medida Provisória n. 1.026/2021 foi convertida na **Lei n. 14.124/2021**, que dispõe – tendo em vista as discussões legislativas no âmbito do projeto de lei de conversão – sobre as medidas excepcionais relativas à **aquisição de vacinas**, insumos, bens e serviços de logística, tecnologia da informação, comunicação social e publicitária e treinamentos e, por fim, sobre o **"Plano Nacional de Operacionalização da Vacinação contra a COVID-19".**

O art. 13, *caput*, da Lei n. 14.124/2021, além de prever que a aplicação de vacinas deverá observar o "Plano Nacional de Operacionalização da Vacinação contra a COVID-19" elaborado, atualizado e coordenado pelo Ministério da Saúde, previu, no seu § 2º, que a aplicação das vacinas somente pode ocorrer após a **autorização excepcional de importação**, a **autorização temporária de uso emergencial** ou, por fim, com o **registro sanitário** pela ANVISA.

Além do mais, o § 3º do mesmo dispositivo previu que os **Estados**, os Municípios e o Distrito Federal podem **adquirir, distribuir e aplicar vacinas registradas, autorizadas para uso emergencial** ou **autorizadas excepcionalmente para importação, desde que a União não realize as aquisições e a distribuição tempestiva** de doses suficientes para a vacinação dos grupos previstos no "Plano Nacional de Operacionalização da Vacinação contra a COVID-19".

O art. 16 da Lei n. 14.124/2021 previu que a **ANVISA** deliberará sobre a **autorização excepcional e temporária para a importação e a distribuição** e a **autorização para uso emergencial** de vacinas com **estudos clínicos de "fase 3" concluídos ou** com os **resultados provisórios de um ou mais estudos clínicos** sem **registro sanitário definitivo na ANVISA, desde que registrados ou autorizados para uso emergencial** por **autoridades sanitárias estrangeiras** que já constavam originalmente da Medida Provisória n. 1.026/2020 às quais se somaram: ***Ministry of Health of the Russian Federation*, da Federação da Rússia**; *Central Drugs Standard Control Organization* (CDSCO), da República da Índia; *Korea Disease Control and Prevention Agency* (KDCA), da República da Coreia; Health Canada (HC), do Canadá; *Therapeutic Goods Administration* (TGA), da Comunidade da Austrália; *Administración Nacional de Medicamentos, Alimentos y Tecnología* Médica (ANMAT), da República Argentina; e, por fim, por outras autoridades sanitárias estrangeiras com reconhecimento internacional e certificadas, com nível de maturidade IV, pela Organização Mundial da Saúde (OMS) ou pelo *International Council for Harmonisation of Technical Requirements for Pharmaceuticals for Human Use* – Conselho Internacional para Harmonização de Requisitos Técnicos para Registro de Medicamentos de Uso Humano (ICH) e pelo *Pharmaceutical Inspection Co-operation Scheme* – Esquema de Cooperação em Inspeção Farmacêutica (PIC/S).

Veja-se, portanto, que a regra é expressa em, reconhecendo a **excepcionalidade** que atualmente vivenciamos, eleger **critérios extraordinários para a importação**, **bastando** a existência de estudos clínicos de "fase 3" concluídos **ou** com resultados provisórios de um ou mais estudos clínicos, **desde que** registrados ou autorizados para uso emergencial pelas autoridades sanitárias estrangeiras ali indicadas.

A ANVISA deve, conforme § 1º e § 2º do art. 16 da Lei n. 14.124/2021, avaliar as solicitações de autorização no prazo de até 7 (sete) dias úteis, podendo, para tanto, requerer, fundamentadamente, a realização de diligências para complementação e esclarecimentos sobre os dados de **qualidade**, **eficácia** e **segurança** das vacinas (§ 2º do art. 13 da Lei n. 14.124/2021). Referidos dados devem, conforme § 3º do mesmo dispositivo, **atender aos padrões da OMS ou pelo ICH e pelo PIC/S**, bem como ser objeto de **relatório técnico da avaliação da vacina emitido ou publicado pelas elencadas autoridades sanitárias internacionais. Caso inexista o citado relatório, o prazo será de 30 (trinta) dias para análise**, consoante § 4º do mesmo dispositivo.

Com efeito, a **Lei n. 6.360/1976** prevê sujeitarem-se às **normas de vigilância sanitária** os **medicamentos**, as drogas, os insumos farmacêuticos e correlatos, definidos na Lei n. 5.991/1973. Nos termos do art. 2º da Lei n. 6.360/1976, somente poderão extrair, produzir, fabricar, transformar, sintetizar, purificar, fracionar, embalar, reembalar, importar, exportar, armazenar ou expedir referidos produtos as empresas para tal fim **autorizadas**.

O art. 2º da Lei n. 6.360/1976, ao tratar do registro de drogas, medicamentos e insumos farmacêuticos, previu que, dadas as suas características sanitárias, medicamentosas ou profiláticas, curativas, paliativas e para fins de diagnóstico, devem ser atendidos requisitos específicos, dentre os quais se incluem, dentre outros, a demonstração de que o produto – através de comprovação científica e de análise – é reconhecido como seguro e eficaz ao uso a que se propõe, além de identidade, atividade, qualidade, pureza e inocuidade necessárias (inciso II); tratando-se de produto novo, que sejam oferecidas amplas informações sobre a sua composição e o seu uso, para avaliação de sua natureza e determinação do grau de segurança e eficácia necessários (inciso III); apresentação, quando solicitada, de amostra para análises e experiências que sejam julgadas necessárias pelos órgãos competentes do Ministério da Saúde (inciso IV); e, ainda, quando houver substância nova na composição do medicamento, entrega de amostra acompanhada dos dados químicos e físico-químicos que a identifiquem (inciso V).

Já a Lei n. 9.782/1999, ao criar o Sistema Nacional de Vigilância Sanitária, previu ser de competência da ANVISA, consoante art. 6º, promover a proteção da saúde da população, por intermédio do controle sanitário da produção e da comercialização de produtos e serviços submetidos à vigilância sanitária, inclusive dos ambientes, dos processos, dos insumos e das tecnologias a eles relacionados e, ainda, o controle de portos, aeroportos e de fronteiras.

Na persecução de suas finalidades institucionais, cabe à ANVISA, dentre outras atribuições previstas no art. 7º da Lei n. 9.782/1999, instituir normas, propor, acompanhar e executar políticas, diretrizes e ações de vigilância sanitária (inciso III); autorizar o funcionamento de empresas de fabricação, distribuição e importação dos produtos que envolvam risco à saúde pública e de comercialização de medicamentos (inciso VII) e, ainda, conceder registros de produtos (inciso IX).

Com relação à **autorização temporária de uso emergencial de vacinas**, a ANVISA expediu, com fundamento na Lei n. 6.360/1976, no Decreto n. 8.077/2013 e na Lei n. 9.782/1999, o **Guia n. 42/2020** – "*Guia sobre os requisitos mínimos para submissão de solicitação de autorização temporária de uso emergencial, em caráter experimental, de vacinas COVID-19*" desenvolvido tendo em vista: (a) **Resolução RDC n. 73/2008**, que dispõe sobre o Regulamento Técnico para procedimento de liberação de lotes de vacinas e soros hiperimunes heterólogos para consumo no Brasil e também para exportação; (b) **Resolução RDC n. 406/2020**, que dispõe sobre as Boas Práticas de Farmacovigilância para Detentores de Registro de Medicamento de uso humano; (c) **Resolução RDC n. 346/2020**, que define os critérios e os procedimentos extraordinários e temporários para a certificação de boas práticas de fabricação para fins de registro e alterações pós-registro de insumo farmacêutico ativo, medicamento e produtos para saúde em virtude da emergência de saúde pública internacional do novo coronavírus; (d) **Resolução RDC n. 406/2020**, que dispõe sobre as Boas Práticas de Farmacovigilância para Detentores de Registro de Medicamento de uso humano; (e) **Instrução Normativa n. 63/2020**, que dispõe sobre o Relatório Periódico de Avaliação Benefício-Risco (RPBR) a ser submetido à ANVISA por Detentores de Registro de Medicamento de uso humano; e, por fim, (f) **Resolução RDC n. 400/2020**, que define os critérios e os procedimentos extraordinários e temporários para a aplicação de excepcionalidades a requisitos específicos de rotulagem e bulas de medicamentos, em virtude da emergência de saúde pública internacional decorrente do novo coronavírus.

Além do mais, a ANVISA noticiou que Guia foi desenvolvido tendo em vista estudos da **Organização Mundial da Saúde** – ***"Who considerations for evaluation of covid19 vaccines: points to consider for manufacturers of COVID19 vaccines"***, de 2020, e "*Emergency Use Assessment and Listing Procedure (EUAL) for candidate vaccines for use in the context of a public health emergency*", de 2015, além do estudo da ***Food and Drug Administration***, órgão sanitário norte-americano intitulado "*Emergency Use Authorization of Medical Products and Related Authorities Guidance for Industry and Other Stakeholders*", de 2017.

Referido Guia exige, dentre outros, a apresentação dos seguintes dados para solicitação de **autorização temporária de uso emergencial, em caráter experimental, de vacinas contra a "COVID-19"**: (a) descrição da vacina e seu uso pretendido; (b) histórico de interações prévias com a ANVISA; (c) **descrição do *status* de aprovação internacional da vacina**; (d) justificativa para o uso emergencial da vacina considerando o contexto de saúde pública do país; (e) **avaliação de risco demonstrando que a relação benefício-risco do uso emergencial da vacina é favorável**; (f) informações sobre **qualidade e tecnologia farmacêutica**, para substância ativa e produto terminado; (g) **relatório de estudos pré-clínicos de segurança e imunogenicidade**; (h) **relatório de imunogenicidade (dados clínicos)**; (i) **resultados da análise interina de desfecho primário do estudo clínico de fase 3 demonstrando, pelo menos, 50% de eficácia, e o critério de sucesso estatístico deve ser que o limite inferior do intervalo de confiança** (ajustado para alfa apropriado) seja maior que 30%, ou em caso de parâmetros alternativos, que estes tenham sido pré-aprovados pela ANVISA; (j) **relatórios de validação dos ensaios bioanalíticos utilizados para avaliar os desfechos do estudo clínico de fase 3**; (k) **dados de segurança** acumulados dos estudos de fase 1 e 2, com foco nos eventos adversos graves, eventos adversos de interesse especial e casos graves de "COVID-19", e o plano de monitoramento para detecção de eventos adversos tardios, justificando o período proposto; (l) **dados de segurança dos estudos de fase 3** referentes a um seguimento mediano de, pelo menos, dois meses após a última imunização e estabelecimento de um perfil de segurança preliminar para eventos adversos graves e de interesse especial e para exacerbação da doença respiratória; e, ainda, (m) **dados de eficácia e de segurança de análises de subgrupos por *status* de infecção prévia e por faixas etárias**.

Quanto à **importação de vacinas sem registro, mas já aprovadas para uso emergencial no Brasil**, a ANVISA editou a **Resolução RDC n. 475/2021.** Já com relação à **importação de vacinas sem registro e sem autorização de uso emergencial e integrantes do "Covax Facility"**, a ANVISA editou a **Resolução RDC n. 465/2021.**

Especificamente com relação à **importação de vacinas sem registro, sem autorização de uso emergencial na ANVISA e não integrantes do "Covax Facility"**, foi editada a **Resolução RDC n. 476/2021** para fixar os procedimentos e requisitos para submissão de pedido – por parte da União, dos Estados, dos Municípios e do Distrito Federal – de **autorização excepcional e temporária para importação e distribuição de medicamentos e vacinas** para "COVID-19" que **não possuam registro sanitário ou autorização para uso emergencial** no Brasil.

De acordo com o art. 4º da citada espécie normativa, caberá ao importador de **vacina não regularizada pela ANVISA**: (a) informar à ANVISA da importação, descrevendo o país de origem, a identificação do produto e o cronograma pretendido para a importação; (b) peticionar junto à ANVISA o processo de importação, em tempo hábil, com antecedência à chegada da carga ao Brasil; (c) **responsabilizar-se pela qualidade, eficácia e segurança da vacina** a ser importada; (d) assegurar e monitorar as condições da cadeia de transporte; (e) assegurar que os produtos importados estejam com o prazo de validade vigente; (f) estabelecer mecanismos para garantir condições gerais e manutenção da qualidade dos medicamentos e vacinas importados e o seu adequado armazenamento; (g) no caso de vacinas que requeiram armazenamento sob refrigeração, assegurar o monitoramento contínuo da temperatura de conservação e transporte, durante o trânsito internacional, desde o momento do embarque até a chegada ao local de armazenamento do importador e notificar à ANVISA, imediatamente, caso tenha ocorrido excursão de temperatura que possa comprometer a qualidade do produto; (h) responsabilizar-se pela avaliação das excursões de temperatura que venham a ocorrer durante o transporte dos produtos importados; (i) prestar orientações aos serviços de saúde sobre uso e cuidados de conservação dos produtos importados, assim como aos pacientes sobre como notificar as queixas técnicas e eventos adversos a eles relacionados; (j) criar mecanismos para a realização do monitoramento pós-distribuição e pós-uso dos produtos importados e para que os casos de queixas técnicas e eventos adversos identificados sejam informados à ANVISA, por meio dos sistemas de informação adotados; (k) responsabilizar-se pelo recolhimento do produto importado quando determinado pela ANVISA ou quando houver indícios suficientes ou comprovação de desvio de qualidade, que possa representar risco à saúde; (l) informar aos pacientes de que a vacina não possui registro e nem autorização temporária para uso emergencial, em caráter experimental, concedido pela ANVISA e que o referido produto apenas possui aprovação em agência regulatória sanitária estrangeira; e, por fim, (m) apresentar a documentação requerida ao **Instituto Nacional de Controle de Qualidade em Saúde (INCQS)**, na medida em que, nos termos da Resolução de Diretoria Colegiada (RDC) n. 73/2008 e do art. 9º da Resolução RDC n. 476/2021, a destinação das vacinas ao uso deve ocorrer após a liberação de referido órgão.

De acordo com o art. 10 da Resolução RDC n. 476/2021, a **importação excepcional e temporária de vacinas registradas** por **autoridades sanitárias estrangeiras** deve ser submetida à apreciação e **autorização pela Diretoria Colegiada da ANVISA** (*caput*), estando **dispensados de registro sanitário e de autorização temporária de uso emergencial emitidos pela ANVISA** (§ 2º).

A Resolução RDC n. 476/2021 prevê, no seu art. 10, § 3º, que os produtos importados devem possuir, pelo menos, **estudos clínicos de "fase 3" concluídos ou com resultados provisórios de um ou mais estudos clínicos**, bem como **qualidade, segurança e eficácia** atestadas por meio da comprovação do registro pelas autoridades sanitárias internacionais (§ 4º).

Já com relação à importação excepcional e temporária de **vacinas autorizadas para uso emergencial** por autoridades sanitárias estrangeiras, o art. 15 da Resolução RDC n. 476/2021 prevê, igualmente, que deve ser submetida à apreciação e **autorização pela Diretoria Colegiada da ANVISA** (*caput*), estando **dispensados de registro sanitário e de autorização temporária de uso emergencial** emitidos pela ANVISA (§ 2º).

Ainda regulamentando a Lei n. 14.124/2021, a Resolução RDC n. 476/2021 prevê que os produtos importados devem possuir, pelo menos, **estudos clínicos de "fase 3" concluídos ou com resultados provisórios de um ou mais estudos clínicos** (§ 3º). Além do mais, os produtos importados devem ter **qualidade, segurança e eficácia atestadas por meio da comprovação do registro pelas autoridades sanitárias internacionais** (§ 4º).

26.5 Os pleitos de importação excepcional da vacina Gam-Covid-Vac ("Sputnik V")

Na **7ª Reunião Extraordinária Pública da ANVISA**, realizada em 26 de abril de 2021, sua **Diretoria Colegiada**, **indeferiu**, nos autos do processo n. 25351.911708/2021-71, os **pedidos de autorização excepcional e temporária para importação da vacina Gam-COVID-Vac ("Sputnik V")** realizados pelos Estados da Bahia, Acre, Rio Grande do Norte, Maranhão, Mato Grosso, Piauí, Ceará, Sergipe, Pernambuco e Rondônia. Os **critérios** adotados pela ANVISA para apreciar – e, ao final, negar – referidos pedidos, isso diante da **alegada ausência de relatório técnico de avaliação**, foram assim explicitados no Voto n. 120/2021/SEI/DIRE5/ANVISA do Diretor Relator e acolhido pelos demais membros do colegiado:

> (...) O regulador sanitário deve, nessa situação, lançar mão de todos os recursos disponíveis, todos aqueles que estiverem ao seu alcance, para tentar obter informações e dados que permitam a análise do pedido de importação

> excepcional. Nesse sendo, o regulador sanitário pode e deve escrutinar processos em curso no âmbito da sua burocracia, conforme traduzido pelas apresentações dos técnicos da Anvisa, e, ainda, acionar mecanismos de cooperação, promover diligências e até realizar inspeções, como a que fizemos na Rússia nos últimos dias. Esse foi o roteiro que a Anvisa percorreu em todos os processos sob análise, como veremos adiante. Merece destaque que, **se o relatório técnico da vacina constasse dos processos de importação ora analisados, a Anvisa se limitaria a verificar – em dinâmica abreviada – se o documento atende aos padrões de qualidade, de eficácia e de segurança estabelecidos pela OMS ou pelo ICH e pelo PIC/S, e proferiria seu parecer em sete dias úteis. A partir da ausência do relatório, a Anvisa enviou pedidos de informação a todas as autoridades sanitárias que aprovaram o uso da vacina**; realizou reuniões com a Agência Europeia de Medicamentos (EMA); buscou informações sobre eventos adversos nos países que estão utilizando a vacina; incluiu servidores no processo de avaliação da vacina pela OMS, bem como realizou reuniões de coordenação com a OMS; promoveu interlocução com o Ministério das Relações Exteriores, tanto em Brasília, quanto com a Embaixada do Brasil em Moscou, em busca de apoio para a obtenção de informações; tentou contatos em alto nível com as autoridades reguladoras russas, com o objetivo de lograr acesso às informações pendentes; avaliou e preparou missão de inspeção à Rússia; e realizou reunião com o Fundo Russo e Ministério da Saúde da Rússia, no dia 07/04, para solicitação do relatório técnico de análise da autoridade da Rússia. (...) (grifos do autor).

Tendo em vista referidos parâmetros, a ANVISA concluiu pela **existência de supostas falhas no desenvolvimento e na produção do imunizante, bem como alegada insuficiência de dados de controle de qualidade, segurança e eficácia**, conforme consta do **Voto do Diretor Relator** (Voto n. 120/2021/SEI/DIRE5/ANVISA), o qual foi, conforme antecipado, acompanhado pelos demais diretores, além da precedente **instrução processual** das áreas técnicas responsáveis pelas atividades de registro, certificação de boas práticas de fabricação e farmacovigilância de medicamentos (Parecer n. 14/2021/SEI/GIMED/ GGFIS/DIRE4/ANVISA da Gerência Geral de Inspeção e Fiscalização Sanitária – GGFIS; Notas Técnicas n. 20/2021/SEI/GPBIO/GGMED/DIRE2/ANVISA e n. 44/2021/SEI/GPBIO/GGMED/ DIRE2/ANVISA da Gerência Geral de Medicamentos e Produtos Biológicos – GGMED; Nota Técnica n. 106/2021/SEI/GCPAF/GGPAF/ DIRE5/ANVISA da Gerência Geral de Portos, Aeroportos, Fronteiras e Recintos Alfandegados – GGPAF; e, ainda, nas Notas Técnicas n. 13/2021/SEI/AINTE/GADIP/ ANVISA e n. 14/2021/SEI/AINTE/GADIP/ ANVISA da Assessoria de Assuntos Internacionais – AINTE).

Ocorre que, consoante **parecer técnico de lavra do Professor Titular da Universidade Federal do Estado do Rio de Janeiro (UFRJ), Amilcar Tanuri,** e **Manifestação do Comitê Científico do Nordeste**, a atuação administrativa da ANVISA ocorreu **em contrariedade** às respostas que lhe são exigidas na excepcionalidade ora vivenciada, bem como desconsiderando que a **vacina Gam-COVID-Vac ("Sputnik V") reúne os requisitos de qualidade, segurança e eficácia** adequados para que seja utilizada na imunização da população brasileira.

Com efeito, a ANVISA, mesmo sinalizando que a importação excepcional demandaria a aferição igualmente extraordinária de, *in verbis*, "aspectos mínimos de qualidade, segurança e eficácia", **impôs descabidas objeções à autorização da vacina Gam-COVID-Vac ("Sputnik V")** ao equiparar, em certa medida, o regramento absolutamente extraordinário de importação ao regime jurídico da autorização para uso emergencial e do registro de vacinas no Brasil.

Assim considerando, uma primeira questão que se coloca é que, diante da **inexistência de conceituação, no plano legal, da expressão "relatório técnico de avaliação"** – prevista no § 3° do art. 16 da Lei n. 14.124/2021 – a ANVISA deveria, antes de mais nada, pautar seu processo decisório e respectiva deliberação tendo em vista a **relevância, atribuída no plano legislativo, ao registro e à autorização realizadas por determinadas autoridades sanitárias estrangeiras, cujas análises e produtos científicos devem ser aproveitados no Brasil.**

Em outras palavras, na medida em que **a Lei n. 14.124/2021, ao estabelecer as balizas da atuação administrativa em situação extraordinária**, elegeu determinadas autoridades estrangeiras – dentre as quais se incluem o ***Ministry of Health of the Russian Federation*, da Federação da Rússia** – que deveriam ser objeto de excepcional regime de autorização de importação, não cabe à ANVISA desconsiderar a decisão legislativa através de exigências que fulminam o especial regramento instituído.

É inegável que o § 3º do art. 16 da Lei n. 14.124/2021 previu que o **relatório técnico da avaliação** deve ser capaz de comprovar que a vacina objeto de pedido de importação excepcional atende aos **padrões de qualidade, de eficácia e de segurança** estabelecidos pela OMS ou pelo ICH e pelo PIC/S. Entretanto, **não pode a ANVISA adotar critérios em certa medida similares à autorização de uso emergencial ou mesmo ao registro** e desconsiderar todo o trabalho já realizado e validado no âmbito das autoridades internacionais.

Ou seja, mesmo afirmando ter perquirido, nos processos administrativos em análise, requisitos mínimos de qualidade, segurança e eficácia, **a ANVISA equivocou-se ao examinar, exaustivamente, elementos em muito similares a outros regimes autorizatórios,** o que fica evidenciado quando afirma-se, *in verbis*, que "(...) a Vacina Sputnik V (Gam-COVID Vac) é fabricada na Rússia e está registrada perante o Ministério da Saúde da Rússia, Órgão Sanitário do mesmo país (...)". Entretanto, o certificado do registro do produto na Rússia não apresentaria as informações exigidas pelo art. 16, § 3º, da Lei 14.124/2021 por não permitir inferir que a vacina atende aos padrões de qualidade, de eficácia e de segurança estabelecidos pela OMS ou pelo ICH e pelo PIC/S. Ademais, ao analisar determinados documentos, a ANVISA assim se manifestou:

> a carta emitida pelo Ministério da Saúde da Rússia, apresentada pelo Estados da Bahia, Sergipe e Piauí, traz conclusões relacionadas à eficácia e segurança da vacina Sputnik V, **sem, contudo, apresentar os dados que levaram a essas conclusões.** Também não foi apresentada discussão sobre a qualidade da vacina (...).

Além de referidos equívocos decorrentes da desconsideração do específico regime jurídico atrelado à autorização excepcional de importação de vacinas, outra questão que se coloca é quanto a uma espécie de **comportamento contraditório** da ANVISA em, por um lado, evidenciar uma suposta **insuficiência de informações, mas, por outro, em desqualificar, seletivamente, algumas delas.** Dados e evidências incompletas – que inexistem, consoante parecer técnico a seguir detalhado – deveriam acarretar, quando muito, um **específico regramento por salvaguardas e acompanhamento da aplicação da vacina que permita constatar eventuais efeitos adversos.**

O Instituto Gamaleya é um notório centro de pesquisa russo fundado em 1891 por Filipp Markovich Blyumental, cientista ucraniano, russo e soviético pioneiro na microbiologia e na pesquisa de vacinas.

Além do comportamento referido contraditório, verifica-se, ainda, um **tratamento descabidamente discriminatório** da ANVISA ao se referir aos países que estão utilizando a vacina Gam-COVID-Vac ("Sputnik V"):

> (...) em sua maioria, se tratam de **países sem tradição de maturidade e robustez regulatórias**, cujas autoridades sanitárias não participam dos principais foros internacionais como ICH, PIC/S e ICMRA, nem contam com maturidade avaliada pela OMS (...).
>
> Entretanto, **referido elemento não permite inferir, em absoluto, que tais países, à despeito das limitações econômicas e menor tradição institucional em matéria sanitária, não**

possam, legitimamente, atuar para responder, dentro de comprometidas bases científicas, aos desafios impostos pela pandemia do coronavírus.

Com relação aos aspectos de qualidade, segurança e eficácia da vacina Gam-COVID-Vac ("Sputnik V"), a revista ***The Lancet*** veiculou, com relação à **vacina Gam-COVID-Vac ("Sputnik V")**, publicação intitulada ***"Safety and efficacy of an rAd26 and rAd5 vector-based heterologous prime-boost COVID-19 vaccine: an interim analysis of a randomised controlled phase 3 trial in Russia"***[1020] na qual foram evidenciados os **resultados de eficácia, imunogenicidade e segurança** em análise intermediária de **ensaio clínico de "fase 3"**, bem como conclusões no sentido de que sua **eficácia é de 91,6% em regime de duas doses, ao passo que, com relação à segurança, constatou-se haver, *in verbis*, "excelente perfil"**.

Referida publicação de dados dos resultados dos ensaios clínicos da **vacina Gam-COVID-Vac ("Sputnik V")**, a qual foi objeto de **revisão "por pares"**, acompanhada da aprovação da mesma vacina e sua **utilização por dezenas de países**, são comprovações científicas que não poderiam ser desconsiderados pela ANVISA, consoante **parecer técnico de lavra do Professor Titular da Universidade Federal do Estado do Rio de Janeiro (UFRJ), Amilcar Tanuri,**[1021]

1020 Disponível em: https://www.thelancet.com/action/showPdf?pii=S0140-6736%2821%2900234-8. Acessado em: 27.04.2023.

1021 Conforme consta do seu parecer técnico, o parecerista é médico formado pela UFRJ em 1982, com Mestrado e Doutorado na área de virologia. O pós-doutoramento foi realizado no Center for Disease Control and Prevention (CDC), Atlanta, EUA na área de retrovirologia básica. É Professor Titular e chefe do Laboratório de Virologia Molecular do Departamento de Genética da UFRJ d. Foi Senior Research Fellow no Global AIDS Program do CDC, Atlanta, EUA (2003 a 2006) e em 2006 passou a ser um Senior Research Fellow do ICAP na Columbia University com apoio aos projetos envolvendo os países Africanos na epidemia de HIV/AIDS. Suas linhas de pesquisa concentram-se no desenvolvimento de moléculas antivirais e mais especificamente antirretrovirais com experiência junto a indústrias farmacêuticas nacionais em projetos sobre de um inibidor da protease do HIV-1. O parecerista tem mais de 390

ao tratar da qualidade, eficácia e da segurança da vacina Gam--COVID-Vac ("Sputnik V") é enfático em constatá-las, inclusive quando comparada com as demais atualmente disponibilizadas:

> A vacina Sputnik V já teve sua eficácia e segurança analisadas em vários testes clínicos publicados em revistas de alto nível mostrando uma eficácia de 91.6% e um ótimo perfil de efeito adverso. **Este nível de eficácia é o maior dentre as vacinas de vetor adenoviral**, como AstraZeneca, que apresentou uma eficácia de 76% e a da J&J que teve uma eficácia de 85,4%. A eficácia da Sputnik V é comparável com as vacinas a base de mRNA da BioNTech-Pfizer com uma eficiência de 95% 8 e da Moderna com 94,1 % (...) (grifos do autor).

Ao tratar especificamente sobre os mais relevantes aspectos técnicos levantados nas objeções da ANVISA à importação excepcional da vacina Gam-COVID-Vac ("Sputnik V"), o Professor parecerista também foi enfático ao **refutá-las**:

> A Gamaleya usa o ADV5 com deleção no gene E1 e E3 onde eles inserem o gene da Spike do SARS COV2 sob o comando do promotor do CMV. A linhagem de célula utilizada na produção deriva da HEK293 em que foi inserido no seu genoma o gene E1 do Adv 5 para transcomplementar o vírus recombinante Adv5 da vacina. Este gene E1 da célula HEK293 tem somente 34 pares de base de homologia com o vírus Adv5 recombinante da vacina tornando a recombinação homologa e não homologa muito improvável, e assim, evitando a formação de vírus replicante (RCA) na fase de replicação na etapa de fabricação dos lotes da vacina. Embora o limite de presença de adenovírus replicante (RCA) em uma dose que tenha de ser injetada no ser humano foi estabelecido pelo FDA como sendo 1 RCA por $3x10^{10}$ partículas inoculadas. Se formos

---

artigos científicos publicados e tem Fator H de 46 no Web of Science (2021). Link para o Currículo Lattes http://lattes.cnpq.br/2291552542715323.

> aplicar este parâmetro na vacina Sputnik V poderíamos ter até 3,3 RCA por dose (este cálculo foi baseado na dose da Sputnik V de 10). A época do licenciamento da vacina Sputnik V pela Agência Regulatória Russa foi aprovada um limite de 100 RCA por dose vacinal (limite 30 x maior que o FDA). Contudo, devido às medidas de desenho genético da vacina, durante a fase de desenvolvimento da vacina e na sua industrialização, **os testes de RCA sempre deram não detectáveis nas doses vacinais amostradas. Assim, todos os lotes vacinais produzidos da vacina e testados por uma empresa terceirizada JBC Generium (https://www.generium.ru/en/about/) não apresentaram vírus replicantes detectáveis (RCA) nas doses testadas.**
>
> **Novos dados de biodisponibilidade em camundongos Blab C fornecidos pelo Instituto Gamaleya mostraram que a dose vacina permanece somente no ponto de injeção intramuscular e as concentrações de vírus e em outros órgãos são desprezíveis. Este fato corrobora para a segurança maior da vacina e é um dado que não é compatível com a presença de vírus replicante nas doses das vacinas.** Se houvesse a presença destes vírus replicantes o vírus estaria distribuído em vários órgãos do camundongo. (grifos do autor)

Quanto aos **dados científicos colhidos em países que estão aplicando a vacina** Gam-COVID-Vac ("Sputnik V"), também restou constatado que **eles são de suma importância para se aferir sua qualidade, segurança e eficácia, não podendo ser desconsideradas:**

> Outro dado importante sobre a segurança é que a vacina Sputnik V já vem sendo utilizada na Argentina e México, onde mais de 6 milhões de doses já foram utilizadas. **As primeiras avaliações feitas pelo Ministério da Saúde destes dois países indicaram uma alta eficiência da vacina e um perfil de segurança muito bom quando comparado com as vacinas**, como a da AstraZeneca e Sinovac em uma população de profissionais da saúde. **O estudo de vacinação oficial do governo mexicano confirma que o Sputnik V é a vacina mais**

> **segura com 7 vezes menos efeitos adversos por dose administrada do que as vacinas de mRNA.** Já o estudo argentino com profissionais de saúde vacinados apontou que a taxa de A taxa de infecção de COVID-19 após a primeira dose de vacinação é 2 vezes menor para o Sputnik V em comparação com outras vacinas. **Além disso, nenhum caso de morte foi registrado no estudo após a vacinação completa contra o Sputnik V. Estes dados de avaliação pós implementação são de suma importância para se aferir a segurança e eficácia das vacinas na vida real**. (grifos do autor)

Veja-se, portanto, que o Professor parecerista aferiu que a vacina Gam-COVID-Vac ("Sputnik V") foi desenvolvida através de uma **consagrada tecnologia** – os vetores de adenovírus, inclusive utilizados pelas vacinas da AstraZeneca e J&J contra COVID-19 – e possui **perfil de eficácia e segurança aprovado por testes clínicos fase 1/2 e 3 já publicados em revistas científicas de alto impacto, além de avaliação de campo após vacinação em massa.**

Por essas razões, o Professor parecerista conclui que a ANVISA deveria ter autorizado a importação excepcional, a qual, inclusive, poderia ser acompanhada de determinadas **salvaguardas**, que poderiam incluir, exemplificativamente, a **produção, pelo Instituto Gamaleya, dos seguintes laudos analíticos com metodologia validada para cada lote a ser importado**:

1. Laudo de quantidade de vírus recombinante em cada dose (limite aceitável 1±0,05 x 10) do lote enviado, análise esta que asseguraria que cada lote importado tenha a quantidade mínima de vírus recombinante AD26 e AD5 para o efeito vacinal ótimo em cada dose.

2. Laudo de Quantidade de vírus recombinante replicante em cada dose (limite aceitável 3 RCA/1x 10) do lote enviado, análise esta que asseguraria que cada lote importado tenha a quantidade máxima tolerada de recombinante replicante em cada dose.

3. Laudo de esterilidade microbiológica dos lotes, análise esta que asseguraria que cada lote importado não tenha presença de outros microrganismos (bactérias, fungos e microplasmas) que possam ameaçar a segurança dos vacinados. Além do mais, referida análise sanaria o questionamento sobre o processo de esterilização das doses.

4. Laudo de ausência de vírus adventícios pertinentes nas células de produção do lote na indústria, análise esta que asseguraria que o lote de células de crescimento do D26 e AD5 não esteja contaminada com outros vírus que possam causar problemas aos indivíduos vacinados.

Ainda quanto às salvaguardas, o Professor parecerista destacou já existir uma providência adicional, além dos referidos laudos que podem exigidos na importação de todos os lotes importados. Consoante exigência do art. 12 da Resolução RDC n. 476/2021, trata-se da realização de **estudo contínuo de farmacovigilância** para evitar o conhecimento de efeitos colaterais graves e, diante de uma possível elevação, da própria interrupção da vacinação.

A ANVISA deveria – ao aferir a qualidade, eficácia e segurança para fins de importação excepcional – valer-se dos **diversos dados que lhe foram apresentados e lhe estão à disposição no âmbito da comunidade científica** internacional. **Todos eles demonstram, consoante parecer técnico referido, que a vacina Gam-COVID-Vac ("Sputnik V") atende aos padrões necessários e adequados à excepcionalidade.** Além do mais, salvaguardas de diversas naturezas poderiam ser adotadas. Consequentemente, não se justifica a atuação administrativa da ANVISA que, ignorando a excepcionalidade que se apresenta, sobrepôs o formalismo e a rigidez dos requisitos, acarretando entraves fatais na disponibilização de vacinas à população brasileira.

Além dos citados aspectos técnicos, consoante **Manifestação do Comitê Científico** do Consulente, existem

> (...) diferenças entre a aprovação científica (que inclui a publicação de resultados da avaliação da vacina em revistas científicas de alto impacto) e a decisão regulatória [relativa à importação excepcional] (...),

razão pela qual, diante do regime especial e da urgência, a atividade regulatória da ANVISA não pode desconsiderar o "**balanço entre benefícios e riscos**", sem prejuízo do escrutínio dos dados adequado à excepcionalidade. Com relação aos **esclarecimentos recentemente apresentados pelo Instituto Gamaleya** que refutam os questionamentos da ANVISA, o Comitê Científico conclui que "(...) nos pareceu responder grande parte dos questionamentos feitos pela ANVISA, inclusive com relação a suposta replicação do adenovírus (...)".

Além do mais, na mesma **Manifestação do Comitê Científico** são destacadas as drásticas limitações dos instrumentos de redução dos danos da pandemia, além da ausência de políticas públicas federais coerentes, isso tudo acarretando, até o momento, a morte de mais de 400 mil pessoas no país. É nesse cenário que a disponibilização de vacinas se apresenta, tendo o Consulente informado que negociou a aquisição "(...) de 37 milhões de doses, com o que seria possível vacinar aproximadamente 18 milhões de brasileiros e brasileiras (...)".

Nesses termos, referidas evidências científicas não poderiam ser ignoradas pela ANVISA na deliberação da autorização de importação excepcional e temporária da vacina Gam-COVID-Vac ("Sputnik V") nos moldes requeridos pelos Estados, consoante os elencados pareceres técnicos. O cenário catastrófico e sem precedentes ora vivenciado **inibe ações administrativas que sobrepõem – preservado o escrutínio de qualidade segurança e eficácia compatíveis com a legalidade extraordinária – a rigidez das formas em detrimento da instrumentalidade da atividade administrativa sanitária, que visa garantir a saúde e a vida.**

26.6 A autorização de vacinas como ato administrativo expedido no exercício de competência vinculada e o descabimento de discriminações afrontosas ao princípio constitucional da isonomia

Muito se discute a respeito da natureza discricionária ou vinculada das competências atreladas às medidas extraordinárias de estabilização, bem como quanto à competência da ANVISA na **autorização administrativa de uso de vacinas** contra o "novo coronavírus" "SARS-Cov-2", ou "COVID-19", o que inclui a **autorização temporária de uso emergencial, em caráter experimental**, **registro** e **autorização excepcional e temporária para a importação e distribuição de vacinas** sem registro na ANVISA, mas registradas ou autorizadas temporária e emergencialmente por autoridade sanitária estrangeira.

Com efeito, os **atos administrativos praticados no exercício de competência discricionária** são aqueles em que, consoante lições de Celso Antônio Bandeira de Mello,

> a disciplina legal faz remanescer em proveito e a cargo do administrador uma **certa esfera de liberdade,** perante o quê caber-lhe-á preencher com seu juízo subjetivo, pessoal, o **campo de indeterminação normativa**, a fim de satisfazer no caso concreto a finalidade da lei.[1022]

De todo modo, preceitua o mesmo autor que a variedade de soluções passíveis de serem adotadas no plano abstrato não significa que, obrigatoriamente, todas elas serão igualmente admissíveis no caso concreto:

1022 BANDEIRA DE MELLO, Celso Antônio. *Curso de Direito Administrativo*. São Paulo: Malheiros, 2009, pp. 951/952.

> (...) a variedade de soluções comportadas na regra outorgadora de discrição não significa que todas estas soluções sejam igual e indiferentemente adequadas para todos os casos de sua aplicação. Significa, pelo contrário, que a lei considera que algumas delas são adequadas para certos casos e outras para outros casos. (...)[1023]

O sistema normativo impõe ao exercício da função administrativa a adoção, em cada caso concreto, da providência capaz de atender, com absoluta precisão, a finalidade que inspirou a edição da regra ou do princípio. Por essa razão, a multiplicidade das circunstâncias fáticas impõe a necessidade de se conceder ao administrador público a possibilidade de eleger, em cada caso concreto, a medida idônea para atingir a finalidade legal e, assim, atender, excelentemente, ao interesse público.[1024]

Porém, isso não quer dizer que todas as soluções sejam igual e indiferentemente adequadas. Ainda que, abstratamente, sejam admitidas diversas soluções, isso não significa que a regra outorgadora de discricionariedade tenha conferido, obrigatoriamente, aceitabilidade a qualquer uma delas. É preciso que seja adotada a melhor solução possível.

Em outras palavras, a variedade de soluções possíveis no plano abstrato não leva, necessariamente, à conclusão de que todas as soluções sejam adequadas. Ao contrário, o sistema normativo impõe que seja adotada a solução que, de forma excelente, atenda ao interesse público. Nesse sentido, preceitua o já citado autor:

> A discricionariedade ao nível da norma não significa, pois, que a discricionariedade existirá com a mesma amplitude

---

1023 BANDEIRA DE MELLO, Celso Antônio. *Curso de Direito Administrativo*. São Paulo: Malheiros, 2009, p. 953.

1024 BANDEIRA DE MELLO, Celso Antônio. *Curso de Direito Administrativo*. São Paulo: Malheiros, 2009, p. 952.

> perante o caso concreto e nem sequer que existirá em face de qualquer situação que ocorra, pois a compostura do caso concreto excluirá obrigatoriamente algumas das soluções admitidas in abstrato na regra e, eventualmente, tornará evidente que uma única medida seria apta a cumprir-lhe a finalidade.[1025]

Em suma: ainda que, no plano abstrato, haja alguma indeterminação que permita ao administrador público, em tese, editar atos administrativos no exercício de competência discricionária, isso não significa que, no caso concreto, subsistirá, necessariamente, margem para escolhas.

Já com relação aos **atos administrativos exercidos no exercício de competência vinculada**, eles decorrem das hipóteses em que **a norma a ser implementada**

> **prefigura antecipadamente com rigor e objetividade absolutos os pressupostos requeridos para prática do ato e o conteúdo que este obrigatoriamente deverá ter uma vez ocorrida a hipótese legalmente prevista.**[1026]

Nesse caso, só **existe uma decisão possível.**

Conforme antecipamos, o art. 2º da Lei n. 6.360/1976, ao tratar do **registro de drogas, medicamentos e insumos farmacêuticos**, prevê que, **dadas as suas características sanitárias, medicamentosas ou profiláticas, curativas, paliativas e para fins de diagnóstico,** ele fica sujeito ao cumprimento de determinados requisitos, dentre os quais se incluem, dentre outros, que o produto, através de **comprovação científica e de análise, seja reconhecido como seguro e**

1025 BANDEIRA DE MELLO, Celso Antônio. *Curso de Direito Administrativo*. São Paulo: Malheiros, 2009, p. 953.

1026 BANDEIRA DE MELLO, Celso Antônio. *Curso de Direito Administrativo*. São Paulo: Malheiros, 2009, p. 951.

eficaz para o uso a que se propõe. Já a Lei n. 14.124/2021 dispõe, especificamente, sobre as medidas excepcionais relativas à aquisição de vacinas contra a COVID-19 no contexto de legalidade extraordinária que atualmente vivenciamos e sobre o "Plano Nacional de Operacionalização da Vacinação contra a COVID-19".

Assim considerando, os atos administrativos de autorização de vacinas são editados no exercício de competência vinculada, na medida em que o sistema de direito positivo, com objetividade em sem qualquer margem para discricionariedade, prefigura, antecipadamente, os requisitos para a autorização em determinadas espécies normativas. Em outras palavras, inexiste qualquer possibilidade para que o ato administrativo de autorização seja editado com algum juízo subjetivo ou pessoal, inclusive discriminatório à determinada vacina.

Destaque-se, aqui, notícias veiculadas na mídia alertando para práticas discriminatórias contra a vacina Gam-COVID-Vac ("Sputnik V"), o que, em se confirmando, representaria uma afronta ao princípio constitucional da isonomia, o qual está insculpido na Constituição da República no seu art. 5º, *caput* e inciso I, no art. 3º, incisos III e IV, art. 7º, incisos XXX e XXI, art. 170, art. 193, art. 196, art. 205, além de outros não expressos, mas que decorrem da sua intelecção.

Celso Antonio Bandeira de Mello fornece determinados critérios para identificação do respeito ou desrespeito à isonomia. Para determinar se a diferenciação fere ou não a isonomia é necessário investigar, de um lado, o critério discriminatório adotado e, por outro, verificar se há justificativa racional, isto é, fundamento lógico para, à vista do traço discriminatório acolhido, atribuir o específico tratamento jurídico.[1027]

1027 BANDEIRA DE MELLO, Celso Antônio. *Conteúdo jurídico do princípio da igualdade*. São Paulo: Malheiros, 2011.

Nesses termos, inexiste qualquer justificativa racional, isto é, fundamento lógico para, à vista do traço discriminatório acolhido – qual seja, ser "vacina russa" – atribuir o específico tratamento jurídico, qual seja gerar obstáculos para a autorização de uso da referida vacina para fins de imunização da população.

26.7 As atribuições dos Estados no enfrentamento da pandemia: competências constitucionais, federalismo cooperativo e omissões da União

José Afonso da Silva, ao analisar o direito comparado, destaca a existência de três técnicas principais de **repartição de competências entre entes federados**: enumeração de poderes da União, reservando-se aos Estados os poderes remanescentes; atribuição dos poderes enumerados aos Estados e dos remanescentes à União; e, ainda, enumeração das competências das entidades federativas. Contudo, observa o autor que as dificuldades práticas na implantação dos sistemas de repartição podem ensejar a formulação de sistemas complexos, que integrem as técnicas mencionadas, isso em função das peculiaridades de cada Estado. Neste sentido, o autor classifica o modelo brasileiro como complexo.[1028]

Adotando critério híbrido extraído da experiência histórica e tendo como alicerce os valores e fundamentos do Estado Democrático de Direito (preâmbulo e art. 1º), bem como os objetivos da República Federativa do Brasil (art. 3º), a Constituição da República estabeleceu um complexo sistema de repartição de competências, consistente na técnica da enumeração dos poderes da União (arts. 21 e 22), com poderes remanescentes para os Estados (art. 25, § 1º) e poderes definidos indicativamente para os Municípios, sem prejuízo da possibilidade de delegação em determinados casos. Veio, nesses termos, a instituir um dado **pacto federativo.**

1028 SILVA, José Afonso da. *Curso de Direito Constitucional Positivo*. São Paulo: Malheiros, 2014, pp. 482/483.

Com efeito, a forma federada parte de uma avença entre Estados que visa ao **fortalecimento conjunto** ou de uma descentralização de um poder central com vistas aos mesmos objetivos. Um pacto com tamanha grandeza conforma-se de modo mais eficiente com a concepção de um manuscrito que defina sua origem, alcance e competências.[1029] A Constituição, portanto, assume condição e possibilidade da nossa República Federativa.

O modelo constitucional de repartição de competências dos entes federados foi delineado tendo em vista o **princípio da predominância do interesse**, segundo o qual cabe à União as matérias de predominante interesse geral ou nacional, aos Estados as matérias de predominante interesse regional e que não estejam elencadas dentre as competências da União ou dos Municípios. Aos Municípios competem os assuntos de interesse predominantemente local.

No que concerne às competências legislativas da União, a elas foram reservadas, privativamente, as matérias arroladas no art. 22 da Constituição. Trata-se, portanto, de uma competência legislativa plena. Já quanto aos Estados, no tocante às mesmas matérias arroladas no art. 24 da Constituição, eles devem legislar de forma complementar e supletiva por meio do exercício de uma competência concorrente. Além destas, lhes foram conferidas competências residuais, ou seja, que não pertencem à esfera de competência da União e dos Municípios (art. 25) e, ainda, uma possível competência delegada, conferida apenas por lei complementar para disciplinar aspectos específicos das matérias de competência privativa da União (art. 22, parágrafo único). Aos Municípios foram conferidas competências reservadas, para atuação em assuntos designados como de "*interesse local*", inclusive sobre os serviços públicos (art. 30, incisos I e V); comum, no caso de ensino público e saúde

---

1029 Nessa linha é o que sustentamos em obra específica (SERRANO, Pedro Estevam Alves Pinto. *Região metropolitana e seu regime constitucional*. São Paulo: Verbatim, 2009, p. 60).

(art. 30, incisos VI e VII); e, por fim, suplementar no tocante às competências atribuídas à União e aos Estados.

Quanto à competência material, à União cabe atuar de forma exclusiva nas matérias arroladas no art. 21 da Constituição da República. A todos os entes federados foi atribuída competência acerca das matérias do art. 23, demonstrando elevada preocupação do constituinte originário com uma gama de bens especialmente relevantes para a federação, tais como a saúde pública (inciso II). Aos Municípios foi conferida, ainda, competência material para atuar nas matérias específicas contidas no art. 30, como, por exemplo, a prestação dos serviços de saúde (inciso VII).

Especificamente com relação à **saúde**, seu regramento constitucional consta de diversos dispositivos, os quais, inclusive, asseveram ser de **competência de todos os entes da federação dela dispor legislativamente e prestar no exercício da função pública.** Com efeito, dentre outros dispositivos, o **art. 23, inciso II, da Constituição**, estabeleceu ser **competência comum a todos os entes da federação cuidar da saúde**; o art. 24, inciso XII, da Constituição, estabeleceu ser de **competência legislativa concorrente entre todos os entes da federação a proteção e defesa da saúde**; e, por fim, o art. **198, inciso I, da Constituição** previu que as ações e serviços públicos de saúde integram uma rede regionalizada e hierarquizada e constituem um sistema único, organizado de acordo com, dentre outras, a diretriz da **descentralização**, com direção única em cada esfera de governo.

Veja-se, portanto, que nossa Constituição é detalhista ao prever que a "saúde é direito de todos e dever do Estado" que deve ser garantido mediante políticas sociais e econômicas com vistas à redução do risco de doença e de outros agravos. Para tanto, impõe, expressamente, ser de acesso universal e igualitário as ações e serviços relativos à promoção, proteção e recuperação. Instituiu-se, ainda, um sistema único de ações e serviços públicos de saúde através de rede regionalizada e hierarquizada organizada de acordo com, dentre outras, a diretriz de atendimento integral.

Com efeito, a Lei n. 8.080/1990, ao dispor sobre as condições para a promoção, proteção e recuperação da saúde, a organização e o funcionamento dos serviços correspondentes, previu, no seu art. 4º, que o conjunto de ações e serviços de saúde, prestados por órgãos e instituições públicas federais, estaduais e municipais, da Administração direta e indireta e das fundações mantidas pelo Poder Público, constitui o Sistema Único de Saúde (SUS). O SUS, um dos sistemas públicos de saúde mais relevantes do mundo, foi instituído sob o pressuposto de que a saúde é um direito fundamental, devendo o Estado prover as condições indispensáveis ao seu pleno exercício, o que requer formulação e execução de políticas econômicas e sociais redutoras de riscos de doenças.

À luz do regime constitucional de repartição de competências, é de atribuição de todos os entes da federação, cotejado o princípio da predominância do interesse e a autonomia conferida aos entes federados de auto-organização, o exercício de prerrogativas extraordinárias destinadas ao enfrentamento da pandemia, as quais devem ser exercidas à luz dos princípios e regras que informam, por um lado, a repartição de competências e, por outro lado, as diretrizes que alargam, momentaneamente, seus poderes.

Aliás, não são recentes as decisões proferidas pelo Supremo Tribunal Federal (STF) que, em sede de controle concentrado de constitucionalidade, reconheceram as relevantes competências atribuídas pela Constituição aos Estados em matéria de proteção e defesa da saúde, tais como decisão proferida nas Ações Diretas de Inconstitucionalidade n. 3.937 e n. 3.470, nas quais restaram reconhecidas constitucionais as iniciativas estaduais que, para fins de proteção e defesa da saúde, determinaram a substituição progressiva da produção e da comercialização de produtos contendo asbesto/amianto.

Nos autos da Ação Direta de Inconstitucionalidade n. 6.341 foi proferida decisão reconhecedora de que as medidas adotadas pela União, especialmente por meio da Medida Provisória n. 926/2020 destinadas ao enfrentamento da epidemia não afastam a **competência concorrente nem a tomada de providências normativas e administrativas pelos Estados, pelo Distrito Federal e pelos Municípios.**

Ademais, em decisão unânime em sessão virtual encerrada em 23 de fevereiro do corrente ano – no âmbito da **Arguição de Descumprimento de Preceito Fundamental (ADPF) n. 770** e da **Ação Cível Originária (ACO) n. 3.451** – o Supremo Tribunal Federal (STF) referendou decisão liminar que **autorizou os Estados, o Distrito Federal e os Municípios a importar e distribuir vacinas contra a COVID-19 registradas por, pelo menos, uma autoridade sanitária estrangeira e liberadas para distribuição comercial nos respectivos países, caso a ANVISA não observe o prazo de 72 horas para a expedição da autorização.** A decisão também consignou que, caso a ANVISA não cumpra o Plano Nacional de Operacionalização da Vacinação contra a COVID-19, ou que este não forneça cobertura imunológica a tempo e em quantidades suficientes, **os entes da federação poderão imunizar a população com vacinas autorizadas pela ANVISA.**

Em seu voto, o relator dos processos em referência, o Ministro Ricardo Lewandowski destacou que a magnitude da pandemia exige uma **atuação fortemente proativa** dos agentes públicos de todos os níveis governamentais, sobretudo mediante a implementação de programas universais de vacinação. O relator assinalou, ainda, que o SUS – ao qual compete, dentre outras atribuições, executar as ações de vigilância sanitária e epidemiológica – é compatível com o "**federalismo cooperativo**" ou "**federalismo de integração**", modelo que se expressa na **competência concorrente entre União, Estados e Distrito Federal para legislar sobre a proteção e a defesa da saúde e na competência comum a todos os entes para cuidar da saúde e prestar assistência pública.**

Ainda conforme o voto do relator, a **Lei n. 6.259/1975** prevê ser de atribuição do Ministério da Saúde a elaboração do **Programa Nacional de Imunizações (PNI)**, com a definição do calendário nacional de vacinação, inclusive as de caráter obrigatório. No entanto, essa atribuição **não exclui a competência dos demais entes federados de adaptar o programa às peculiaridades locais e suprir eventuais lacunas ou omissões do governo federal em relação à pandemia e, ainda, disponibilizar imunizantes diversos dos ofertados pela União**, desde que aprovados pela ANVISA, **mas também a importação e a distribuição, em caráter excepcional e temporário, de quaisquer materiais, medicamentos e insumos da área de saúde sujeitos à vigilância sanitária sem registro na ANVISA** considerados essenciais para auxiliar no combate à pandemia, conforme disposto no art. 3º, inciso VIII, alínea "a", e parágrafo 7º-A da Lei 13.979/2020.

Por fim, também é relevante destacar que o STF, em decisão unânime em sessão virtual encerrada em 23 de fevereiro do corrente ano no âmbito da **Ação Cível Originária (ACO) n. 3.451**, referendou decisão liminar que assegurou ao Estado do Maranhão, no caso de **descumprimento do Plano Nacional de Operacionalização da Vacinação contra a COVID-19** ou na hipótese de que este **não forneça cobertura imunológica tempestiva e suficiente**, **poderá fornecer à respectiva população as vacinas das quais disponha, previamente aprovadas pela ANVISA.** Na hipótese em que a **ANVISA não expedir a autorização no prazo de 72 horas**, o Estado ficou autorizado a **importar e distribuir vacinas registradas por pelo menos uma das autoridades sanitárias estrangeiras** e liberadas para distribuição comercial nos respectivos países.

Em 2 de março de 2020 o Estado da Bahia formulou, perante o Supremo Tribunal Federal (STF), **Ação Cível Originária (ACO) n. 3.477** para pleitear a concessão de decisão liminar, ainda não apreciada, para determinar à ANVISA que autorize ao Estado, ou a autoridade da Administração Pública indireta estadual a quem for delegada a aquisição, a importação e distribuição de qualquer vacina por ela autorizada para uso emergencial ou registrada, ou, ainda, registrada por quaisquer das agências previstas no art. 16 da Medida Provisória n. 1.026/2020, determinando à ANVISA e à União que se **abstenham de constituir qualquer obstáculo, embaraço e dificuldade para a importação e distribuição à população baiana, vedando que haja apreensão ou qualquer forma de retenção das vacinas importadas quando em território nacional até final julgamento da ação.**

O fundamento adotado foi o de que **a União não está cumprindo adequadamente o Plano Nacional de Operacionalização da Vacinação contra a COVID-19**, bem como revela-se a sua incapacidade para prover cobertura imunológica eficiente, tempestiva e suficiente contra a COVID-19, razão pela qual o Estado da Bahia se omitir e nem adotar outra postura senão a provocação da **tutela jurisdicional** a fim de que lhe seja possível se desincumbir, no momento de gravidade sanitária, do seu mais elevado mister constitucional, no âmbito do federalismo cooperativo e da saúde pública.

Além dos referidos precedentes, especificamente com relação à política pública de imunização, é preciso rememorar que o art. 13, *caput*, da referida Lei n. 14.124/2021, além de prever que a aplicação de vacinas deverá observar o previsto no "Plano Nacional de Operacionalização da Vacinação contra a COVID-19" elaborado, atualizado e coordenado pelo Ministério da Saúde, estabeleceu, no seu § 2º, que a aplicação das vacinas somente ocorrerá após a **autorização excepcional de importação**, a **autorização temporária de uso emergencial** ou, por fim, com o **registro sanitário** pela ANVISA. Além do mais, o § 3º do mesmo dispositivo previu que os **Estados**, os Municípios e o Distrito Federal estão autorizados a **adquirir, distribuir e aplicar vacinas registradas**, **autorizadas para uso emergencial** ou **autorizadas excepcionalmente para importação, caso a União não realize as aquisições e a distribuição tempestiva** de doses suficientes para a vacinação dos grupos previstos no Plano Nacional de Operacionalização da Vacinação contra a COVID-19.

Nesses termos, tendo em vista as competências definidas constitucionalmente, bem como aquelas atribuídas aos Estados, além da própria noção de federalismo cooperativo, é inegável que

os Estados possuem destacadas atribuições constitucionais no tema da política pública de imunização para fins de enfrentamento da pandemia, competências estas que **ainda mais destacado campo de atuação diante de omissões da União**, ente federado que deve, mesmo nessas hipóteses, arcar com os custos financeiros na aquisição de vacinas, bem como com os respectivos **ressarcimentos**.

Na medida em que os **Estados envidarem recursos financeiros na aquisição de vacinas** para, inclusive, suprimir **omissões da União na política nacional de imunização**, é dever da União promover os respectivos ressarcimentos. Além do mais, é preciso considerar a **magnitude da pandemia** do "novo coronavírus" "SARS-Cov-2" e, ainda, de um cenário de federalismo mitigado pela forte concentração de receitas tributárias na União, em detrimento de uma partilha de receitas que permita a assunção, pelos Estados, de referidos custos.

26.8 Considerações finais

A pandemia já se alastra há mais de um ano, ao passo que vivenciamos, no momento, **elevadíssimos índices de doentes e mortos**, além da **saturação dos sistemas de saúde público e privado, bem como de insumos médico-hospitalares e de vacinas**. A **falha no acesso universal e igualitário às ações e serviços de saúde**, a despeito das previsões constitucionais e infraconstitucionais nesse sentido, é notoriamente histórica no Brasil e ganhou ainda **contornos ainda mais fatais com a pandemia decorrente da "COVID-19"**, agravando o cenário de grave e massiva **violação de direitos fundamentais e sociais** decorrentes de **falhas estruturais em políticas públicas de saúde.**

O caráter absolutamente **inesperado, emergencial e exponencial** impõe a adoção de medidas sanitárias, econômicas, políticas e jurídicas de enfrentamento. No plano jurídico, a existência de uma pandemia inscreve-se como uma **situação de caráter extraordinário, para a qual a ordem jurídica deve oferecer respostas específicas, próprias da excepcionalidade.**

A violação aos preceitos fundamentais que garantem o acesso universal e igualitário às ações e serviços de saúde é notoriamente histórica no Brasil e ganhou contornos ainda mais fatais com a pandemia. Especialmente por essa razão, são **injustificáveis** atuações administrativas que, desconhecendo a excepcionalidade que se coloca, **sobrepõe o formalismo de processos administrativos à urgência que se impõe, acarretando entraves fatais no enfrentamento da pandemia, bem como na disponibilização de vacinas à população brasileira.**

Diante de **injustificáveis atuações administrativas que, ignorando a excepcionalidade que se apresenta, sobrepõe o formalismo de processos administrativos à urgência que se impõe,** é cabível a provocação do Supremo Tribunal Federal (STF) para que referida instância afira adequação da atuação da ANVISA aos comandos constitucionais que determinam **proteção e realização dos direitos fundamentais à vida e à saúde** e, consequentemente, **autorize a importação excepcional da vacina Gam-COVID-Vac ("Sputnik V").**

Com efeito, a **autorização administrativa para fins de uso de vacinas** contra o "novo coronavírus" "SARS-Cov-2", ou "COVID-19", em razão do **contexto extraordinário** que se apresenta, deve basear-se no cumprimento de **requisitos igualmente excepcionais** os quais, **preservados os requisitos de segurança e eficácia**, não devem ensejar a prevalência de procedimentos formais em prejuízo dos valores fundamentais em risco, quais sejam, em especial, saúde e vida.

O **Sistema Nacional de Vigilância Sanitária** visa promover a proteção da saúde da população, por intermédio do controle sanitário da produção e da comercialização de produtos, não sendo razoável que, a título de preservar referidos valores, haja uma **demasiada prelazia dos procedimentos administrativos burocráticos** na medida em que, dada a excepcionalidade que se impõe, **a qualidade, a eficácia e a segurança não deve ser aferida pelas mesmas regras informadoras da autorização de vacinas** em situações de normalidade, como se não vivenciássemos um desafio de proporções singularmente fatais.

Consoante parecer técnico de lavra do Professor Titular da Universidade Federal do Estado do Rio de Janeiro (UFRJ), Amilcar Tanuri, e Manifestação do Comitê Científico do Nordeste, a atuação administrativa da ANVISA na análise dos pedidos de autorização excepcional e temporária para importação da vacina Gam-COVID-Vac ("Sputnik V") ocorreu em contrariedade às respostas que lhe são exigidas na excepcionalidade ora vivenciada, bem como desconsiderando que a vacina Gam-COVID-Vac ("Sputnik V") reúne os requisitos de qualidade, segurança e eficácia adequados para a imunização da população brasileira.

A ANVISA, mesmo sinalizando que a importação excepcional demandaria a aferição igualmente extraordinária de, *in verbis*, "aspectos mínimos de qualidade, segurança e eficácia", impôs descabidas objeções à autorização da vacina Gam-COVID-Vac ("Sputnik V") ao equiparar, em certa medida, o regramento absolutamente extraordinário de importação ao regime jurídico da autorização para uso emergencial e do registro de vacinas no Brasil.

Diante da inexistência de conceituação, no plano legal, da expressão "relatório técnico de avaliação" a ANVISA deveria, antes de mais nada, pautar seu processo decisório e respectiva deliberação tendo em vista a relevância, atribuída no plano legislativo, ao registro e à autorização realizadas por determinadas autoridades sanitárias estrangeiras, cujas análises e produtos científicos devem ser aproveitados no Brasil. Não pode a ANVISA adotar critérios em certa medida similares à autorização de uso emergencial ou mesmo ao registro e desconsiderar todo o trabalho já realizado e validado no âmbito das autoridades internacionais.

A publicação dos dados dos resultados dos ensaios clínicos da vacina Gam-COVID-Vac ("Sputnik V"), a qual foi objeto de revisão "por pares", acompanhada da aprovação da mesma vacina e sua utilização por dezenas de países são comprovações científicas que não poderiam ser desconsideradas pela ANVISA, consoante **parecer técnico de lavra do Professor Titular da Universidade Federal do Estado do Rio de Janeiro (UFRJ), Amilcar Tanuri.**

Referido parecer, ao tratar da qualidade, eficácia e da segurança da vacina Gam-COVID-Vac ("Sputnik V") é enfático em constatá-las, inclusive quando comparada com outras vacinas. Ademais, ao tratar especificamente sobre os mais relevantes aspectos técnicos levantados nas objeções da ANVISA à importação excepcional da vacina Gam-COVID-Vac ("Sputnik V"), o Professor parecerista também foi enfático ao **refutá-las**.

Em suma, o Professor parecerista aferiu que a vacina Gam--COVID-Vac ("Sputnik V") foi desenvolvida através de uma **consagrada tecnologia** – os vetores de adenovírus, inclusive utilizados pelas vacinas da AstraZeneca e J&J contra COVID-19 – e possui **perfil de eficácia e segurança aprovado por testes clínicos fase 1/2 e 3 já publicados em revistas científicas de alto impacto, além de avaliação de campo após vacinação em massa.** Por essas razões, conclui que a ANVISA deveria ter autorizado a importação excepcional, a qual, inclusive, poderia ser acompanhada de determinadas **salvaguardas**, quais sejam, exemplificativamente, a **produção, pelo Instituto Gamaleya, dos seguintes laudos analíticos com metodologia validada para cada lote a ser importado**.

A ANVISA deveria – ao aferir a qualidade, eficácia e segurança para fins de importação excepcional – valer-se dos **diversos dados que lhe foram apresentados e lhe estão à disposição no âmbito da comunidade científica** internacional. **Todos eles demonstram, consoante parecer técnico já referenciado, que a vacina Gam-COVID--Vac ("Sputnik V") atende aos padrões necessários e adequados à excepcionalidade.** Além do mais, salvaguardas de diversas naturezas poderiam ser adotadas. Consequentemente, não se justifica a atuação administrativa da ANVISA que, ignorando a excepcionalidade que se apresenta, sobrepôs o formalismo e a rigidez dos requisitos, acarretando entraves fatais na disponibilização de vacinas à população brasileira.

Nesses termos, conclui-se que referidas evidências científicas não poderiam ser ignoradas pela ANVISA na deliberação da autorização de importação excepcional e temporária da vacina Gam-COVID-Vac ("Sputnik V") nos moldes requeridos pelos Estados, consoante elencado parecer técnico, esclarecimentos recentemente fornecidos pelo Instituto Gamaleya e Manifestação do Comitê Científico do Consulente. O cenário catastrófico e sem precedentes ora vivenciado **inibe ações administrativas que sobrepõem – preservado o escrutínio de qualidade segurança e eficácia compatíveis com a legalidade extraordinária – a rigidez das formas em detrimento da instrumentalidade da atividade administrativa sanitária, que visa garantir a saúde e a vida.**

Os atos administrativos de autorização de vacinas são editados no exercício de competência vinculada, na medida em que o sistema de direito positivo, com **objetividade em sem qualquer margem para escolhas**, prefigura, antecipadamente, os requisitos para a autorização em determinadas espécies normativas. Portanto, inexiste qualquer possibilidade para que o ato administrativo de autorização seja editado com algum juízo subjetivo ou pessoal, inclusive discriminatório à determinada vacina. Entretanto, notícias veiculadas na mídia alertam para **práticas discriminatórias contra a vacina Gam-COVID-Vac ("Sputnik V")**, o que, em se confirmando, representaria uma afronta ao **princípio constitucional da isonomia.**

Por fim, é fundamental que **todos os entes da federação atuem conjuntamente** na implementação de políticas públicas de imunização, devendo ser **afastadas disputas político-partidárias e ideológicas de qualquer natureza.** Tendo em vista as competências definidas constitucionalmente, bem como aquelas atribuídas aos Estados, além da própria noção de federalismo cooperativo, é inegável que **os Estados possuem relevantes atribuições constitucionais no tema da política pública de imunização**, competências estas que ganham **ainda mais destacado campo de atuação diante de omissões da União**, ente federado que deve, mesmo nessas hipóteses, arcar com os custos financeiros na aquisição de vacinas, bem como com os respectivos **ressarcimentos**.

É o que nos parece.

São Paulo, 5 de maio de 2021.

CAPÍTULO XXVII

A INTANGIBILIDADE DAS CLÁUSULAS ECONÔMICO-FINANCEIRAS DOS CONTRATOS DE CONCESSÃO DE SERVIÇO PÚBLICO, A OBRIGATORIEDADE DE MANUTENÇÃO DAS CONDIÇÕES EFETIVAS DA PROPOSTA E A OBRIGATORIEDADE DE CELEBRAÇÃO DE ADITIVO CONTRATUAL PARA FINS DE FIXAÇÃO DE ÍNDICE QUE, APÓS EVENTO EXTRAORDINÁRIO, RETRATE A VARIAÇÃO EFETIVA DOS CUSTOS

SUMÁRIO: I. PROLEGÔMENOS E FORMULAÇÃO DO QUESITO. II. A CONCESSÃO DE SERVIÇO PÚBLICO E AS LEGÍTIMAS EXPECTATIVAS PATRIMONIAIS DELA DECORRENTES. III. A INTANGIBILIDADE DAS CLÁUSULAS ECONÔMICO-FINANCEIRAS DOS CONTRATOS DE CONCESSÃO DE SERVIÇO PÚBLICO E A OBRIGATORIEDADE DE MANUTENÇÃO DAS

CONDIÇÕES EFETIVAS DA PROPOSTA. **IV.** O CRITÉRIO DE REAJUSTE CONTRATUAL E A OBRIGATORIEDADE DE CELEBRAÇÃO DE ADITIVO CONTRATUAL PARA FINS DE FIXAÇÃO DE ÍNDICE QUE, APÓS EVENTO EXTRAORDINÁRIO, RETRATE A VARIAÇÃO EFETIVA DOS CUSTOS. **V.** RESPOSTA AO QUESITO.

CONSULENTE: MANAUS LUZ SERVIÇOS DE ILUMINAÇÃO PÚBLICA SPE LTDA.

27.1 Prolegômenos e formulação dos quesitos

Honra-nos **MANAUS LUZ SERVIÇOS DE ILUMINAÇÃO PÚBLICA SPE LTDA.**, doravante "Consulente", com consulta relativa ao Contrato de Concessão decorrente da **Concorrência Pública n. 012/2019**, doravante **"Contrato de Concessão", regido pela Lei n. 8.987/1995 e, subsidiariamente, pela Lei n. 8.666/1993**, celebrado entre a Consulente e o Município de Manaus, cujo objeto versa sobre a concessão, pelo prazo de 15 (quinze) anos, da gestão, modernização, otimização, expansão, operação, manutenção, controle remoto em tempo real da infraestrutura, eficiência energética e sustentabilidade ambiental da rede de iluminação pública municipal.

As **obrigações contratuais da Consulente** podem ser sintetizadas, consoante previsão da Cláusula 2.1.1 do Contrato de Concessão e do seu "Anexo 2 – Caderno de Encargos", na **prestação de serviços** de operação e manutenção dos bens da concessão, envolvendo os serviços agregados e a atualização e manutenção do cadastro técnico da rede de iluminação pública; na **execução de obras** de modernização da infraestrutura de iluminação pública e melhorias da rede de iluminação pública, que compreende expansão, criação e instalação de Centros de Controle operacional (CCO), adequações para embelezamento e remodelamento; e, ainda, no **fornecimento de bens, instalações e equipamentos** necessários para a operação e manutenção da infraestrutura de iluminação pública, incluindo luminárias, reatores, acessórios, equipamentos para controle e monitoramento remoto do parque de iluminação, além de ferramentas de tecnologia da informação para fins de controle efetivo e em tempo real da infraestrutura de iluminação pública, a detecção de incidentes, a diminuição de sua ocorrência e a pronta ação da Consulente.

Em contrapartida, são **direitos da Consulente**, dentre outros, receber a **remuneração devida, preservado o equilíbrio econômico-financeiro do Contrato de Concessão,** consoante previsto, em especial, no Item 5.1.1, II e III, da Cláusula V – Dos Direitos das Partes do Contrato de Concessão; na Cláusula VII – Do Valor do Contrato e da Remuneração da Concessionária; na Cláusula X – Dos riscos, ganhos e reequilíbrio econômico-financeiro; no Item 14.1.2 da Cláusula XIV – Da solução de conflitos; e, dentre outros, no Item 15.1.1, II, da Cláusula XV – Da intervenção.

Destaque-se, em especial, a Cláusula VII - Do Valor do Contrato e da Remuneração da Concessionária, a qual, no seu Item 7.1.2 e no seu Item 7.1.3 prevê que são receitas da Consulente o pagamento de **contraprestação pecuniária, qual seja uma remuneração mensal, além de receitas acessórias** e, ainda, o Item 10.1.2 da Cláusula X – Dos Riscos, Ganhos e Reequilíbrio Econômico-Financeiro, o qual prevê que **os critérios para reajustamento da remuneração mensal visam preservar o valor** fixados no Item 7.1.5, sendo que a remuneração mensal terá o seu primeiro reajuste em 12 (doze) meses a contar da data da apresentação da proposta, sendo, a partir de então, reajustados anualmente.

Consoante previsão do Item 4 do Anexo 4 – Mecanismo de Pagamento, os valores monetários previstos no contrato e seus anexos, inclusive o valor máximo de remuneração mensal, serão reajustados anualmente, para mais ou para menos, por meio da aplicação do Índice Nacional de Preços ao Consumidor Amplo – IPCA divulgado pelo Instituto Brasileiro de Geografia e Estatística – IBGE (Item 4.1). O **primeiro reajuste** do valor máximo de remuneração mensal deveria, consoante previsão contratual original, refletir a **variação do IPCA entre a data da proposta comercial e o mês de início do pagamento.** Caso não tenham decorrido 12 meses entre a data da proposta comercial e o início do pagamento, consignou-se que o primeiro reajuste deveria ser realizado apenas após **transcorridos 12 meses da data da proposta comercial** (Item 4.2), ao passo que a data do primeiro reajuste do valor máximo de remuneração mensal é considerada como data-base para efeito dos reajustes anuais seguintes (Item 4.3).

O cálculo do reajuste da remuneração mensal máxima é processado automática e anualmente, sem necessidade de homologação do Poder Concedente, tendo como referência a data limite para entrega da proposta comercial, respeitando o prazo mínimo de um ano previsto na **Lei n. 10.192/2001**, espécie normativa que, no seu art. 2º, *caput*, admite a estipulação de correção monetária ou de reajuste por índices de preços gerais, setoriais ou que reflitam a **variação dos custos de produção ou dos insumos** utilizados nos contratos de prazo de duração igual ou superior a um ano.

Nos termos do Anexo 4 – Mecanismo de Pagamento do Contrato de Concessão, que disciplina a forma de remuneração e a sistemática de pagamentos a serem realizados pelo Poder Concedente, o valor a ser pago corresponde, consoante Item 1.2, à **remuneração mensal efetiva**, o qual **pressupõe**, consoante previsão do Item 3.3, **a reversão e a amortização dos investimentos e dos bens vinculados à concessão por ocasião da extinção da concessão, em condições normais de operação e continuidade, com o atendimento a todas as condições fixadas no contrato e seus anexos.**

Tendo em vista referido cenário contratual, a Consulente nos apresentou **Parecer econômico de lavra da Consultoria GO Associados**, o qual possui sofisticada e detalhada avaliação da **superveniente e extraordinária inadequabilidade** do critério de reajuste pelo IPCA para o Contrato de Concessão, isso à luz da crise econômica gerada pela pandemia da Covid-19.

A conclusão do referido parecer foi no sentido de que, com a pandemia da Covid-19 e seus **severos desdobramentos econômicos**, o **IPCA mostrou-se, nesse cenário imprevisível, incapaz de captar a severa elevação dos custos dos insumos** necessários à execução do Contrato de Concessão. Em outras palavras, a pandemia da Covid-19 gerou forte impacto nos preços, bem como significativo descolamento entre os índices de inflação. Assim considerando, a Consulente o seguinte Quesito:

PRIMEIRO QUESITO: Tendo em vista que específico Parecer econômico constatou a inadequação do IPCA para, em razão crise econômica gerada pela pandemia da Covid-19, acompanhar os impactos nos custos e nos encargos atrelados às obrigações a que se refere o Contrato de Concessão decorrente da Concorrência Pública n. 012/2019, a Consulente detém o direito à alteração do índice contratual?

Para que possamos responder o Quesito formulado é fundamental que realizemos uma incursão, além nas já elencadas previsões contratuais, no regime jurídico das concessões de serviço público, bem como do modo como são estruturados referidos modelos contratuais, cujos **investimentos privados demandam a preservação das legítimas expectativas patrimoniais da concessionária.**

Na sequência, apresentaremos a regra da intangibilidade das cláusulas econômico-financeiras dos contratos de concessão de serviço público e a **obrigatoriedade de manutenção das condições efetivas da proposta**, nos termos previstos na Constituição e espécies normativas infraconstitucionais.

Ao final, analisaremos, especificamente, o regime jurídico do **reajuste contratual**, sua **teleologia** e, tendo em vista o Quesito formulado, a **possível obrigatoriedade de celebração de aditivo contratual que incorpore novo critério de reajustamento que, após evento extraordinário, retrate a variação efetiva dos custos.**

27.2 A concessão de serviço público e as legítimas expectativas patrimoniais dela decorrentes

Conforme antecipado, o Contrato de Concessão decorrente da Concorrência Pública n. 012/2019, ora em exame, é regido pela Lei n. 8.987/1995 e, subsidiariamente, pela Lei n. 8.666/1993. Assim considerando, nos termos do art. 30 da Constituição da República compete aos Municípios, dentre outras, organizar e prestar, diretamente ou sob regime de concessão ou permissão, os serviços públicos de interesse local, dentre os quais se incluem a iluminação pública municipal. Ademais, o art. 175 da Constituição preceitua incumbir ao Poder Público diretamente ou sob regime de concessão ou permissão, sempre através de licitação, a prestação de serviços públicos.

A concessão de serviço público é o instituto através do qual o Estado atribui a prestação de um serviço público a alguém que aceita prestá-lo em nome próprio, **por sua conta e risco**, respeitadas as condições fixadas contratualmente e sob **garantia de obediência às legítimas expectativas patrimoniais, o que deve ocorrer, em especial, por meio da manutenção do equilíbrio econômico-financeiro do contrato.**

Com efeito, consoante previsão do art. 2º, inciso II, da Lei n. 8.987/1995, na redação conferida pela Lei n. 14.133/2021, a concessão de serviço público é conceituada como a delegação de sua prestação, feita pelo poder concedente, mediante licitação, na modalidade concorrência ou diálogo competitivo, a pessoa jurídica ou consórcio de empresas que demonstre capacidade para seu desempenho, por sua conta e risco e por prazo determinado.

Destaque-se, desde já, que o risco a que se refere referida espécie normativa é aquele inserto na álea ordinária da economia, ao risco ordinário do negócio. Por essa razão, relevante destacar aqui a classificação das áleas às quais o particular está exposto realizada por Maria Sylvia Zanella Di Pietro:

> (...) Álea ordinária ou empresarial que está presente em qualquer tipo de negócio; é um risco que todo empresário corre, como resultado da própria flutuação do mercado; sendo previsível, por ele responde o particular.
>
> Álea administrativa, que abrange três modalidades: a) uma decorrente do poder de alteração unilateral do contrato administrativo, para atendimento do interesse público; por ela responde a Administração, incumbindo-lhe a obrigação de restabelecer o equilíbrio voluntariamente rompido; b) a outra corresponde ao chamado fato do príncipe, que seria um ato de autoridade, não diretamente relacionado com o contrato, mas que repercute indiretamente sobre ele; nesse caso, a Administração também responde pelo restabelecimento do equilíbrio rompido; c) a terceira constitui o fato da Administração, entendido como "toda conduta ou comportamento desta que torne impossível, para o contratante particular, a execução do contrato (Escola, 1977, v. I: 434); ou, de forma mais completa, é "toda ação ou omissão do Poder Público que, incidindo direta e especificamente sobre o contrato, retarda, agrava ou impede a sua execução" (Hely Lopes Meirelles, 2003:233).
>
> Álea econômica, que corresponde a circunstâncias externas ao contrato, estranhas à vontade das partes, imprevisíveis, excepcionais, inevitáveis, que causam desequilíbrio muito grande no contrato, dando lugar à aplicação da teoria da imprevisão; a Administração Pública, em regra, responde pela recomposição do equilíbrio econômico-financeiro. (...)[1030]

Veja-se, portanto, que a álea ordinária ou empresarial é um risco normal e previsível. Por essa razão, por ela responde a concessionária. Ao contrário, **a álea econômica é um risco alocado ao Poder Concedente, na medida em que circunstâncias externas**

1030 DI PIETRO, Maria Sylvia. *Direito Administrativo*. São Paulo: Atlas, 2012, p. 286.

ao contrato, estranhas à vontade das partes e excepcionais estão compreendidas na teoria da imprevisão.

Especialmente em razão da natureza das atividades objeto de concessão, que exige elevados investimentos privados para a sua execução, referidos contratos administrativos exigem regras que tragam **segurança jurídica de retorno, o que costuma ocorrer através de amortizações ao longo de prazos relativamente longos e de critérios de reajustamento adequado à realidade econômica.** Por essa razão é que se deve tutelar o particular contratado que assumiu elevados investimentos para operacionalizar a prestação de um serviço público.

Mais especificamente, uma concessão de serviço público é estruturada por uma complexa matriz de responsabilidades recíprocas, incluídos investimentos, especialmente nos primeiros anos de execução, e respectivas amortizações. Portanto, contratos dessa natureza não se estruturam através de uma singela relação entre serviços prestados e objeto de contraprestação, entre saídas e entradas, entre encargos e receitas isoladamente consideradas mês a mês.

A modelagem contratual, bem como os aspectos econômico-financeiros, é responsável pela própria **sustentabilidade do projeto público em regime de concessão**. Deve-se levar em consideração complexas variáveis relativas a, exemplificativamente, montante de investimentos realizados e por realizar, fluxo de caixa projetado, cronograma de desembolsos, variações de receita, o custo de remuneração do capital e o índice de correção contratual.

A amortização por desembolsos já realizados e por remunerar compreende enlaces de diversas variáveis, dentre os quais se incluem a **capacidade do índice contratual em preservar a expressão econômica dos encargos, isso tudo em nome da estabilidade da relação contratual**, de modo que o interesse público seja plenamente alcançado.

Nesses termos, o atendimento do interesse público através de um contrato de concessão possui relação direta e imediata com as legítimas expectativas patrimoniais dela decorrentes, isso na medida em que a iniciativa privada, mais que uma mera executora do projeto público, envida sua *expertise* e recursos próprios, os quais devem ser amortizados ao longo do tempo.

27.3 A intangibilidade das cláusulas econômico-financeiras dos contratos de concessão de serviço público e a obrigatoriedade de manutenção das condições efetivas da proposta

Para avaliar as características das cláusulas de um contrato administrativo, gênero do qual é espécie a concessão de serviço público, bem como a alocação de riscos diante de eventos ao longo da execução contratual e as cláusulas que podem ser alteradas unilateralmente pelo Poder Concedente, costuma-se distinguir suas cláusulas em econômico-financeiras ou propriamente contratuais das cláusulas de execução, regulamentares ou de serviço.[1031]

As cláusulas de execução, regulamentares ou de serviço disciplinam o modo do atendimento do interesse público que motivou a celebração do contrato. Elas disciplinam o conteúdo das prestações, o tipo de sua execução, os padrões de qualidade, os limites qualitativos e quantitativos e outras características da atividade em que se materializa a prestação do serviço público.[1032]

Por outro lado, as cláusulas econômico-financeiras, contratuais em sentido estrito ou propriamente contratuais são aquelas que veiculam o aspecto negocial do ato firmado entre as partes e dizem respeito, sobretudo, ao equilíbrio econômico-financeiro do contrato e à remuneração devida ao contratado. Elas protegem o particular nos seus interesses patrimoniais legítimos.

1031 JUSTEN FILHO, Marçal. *Concessões de serviços públicos*: comentários às leis n. 8.987 e 9.074, de 1995. São Paulo: Dialética, 1995, p. 250.

1032 JUSTEN FILHO, Marçal. *Teoria geral das concessões de serviço público*. São Paulo: Dialética, 2003, p. 441.

Em função das obras e serviços a cargo do contratado é estabelecido o equilíbrio econômico-financeiro do ajuste e sua remuneração ao longo do contrato, consoante previsões do **art. 37, inciso XXI, da Constituição**, o qual prevê que ressalvados os casos especificados na legislação, as obras, serviços, compras e alienações serão contratados mediante processo de licitação pública que assegure igualdade de condições a todos os concorrentes, com cláusulas que estabeleçam obrigações de pagamento, **mantidas as condições efetivas da proposta**, nos termos da lei, o qual somente permitirá as exigências de qualificação técnica e econômica indispensáveis à garantia do cumprimento das obrigações.

Ademais, o art. 9º, *caput*, da Lei n. 8.987/1995 estabelece uma relação direta entre as legítimas expectativas da concessionária, o que ocorre especialmente através da sua remuneração da concessionária, e as regras de revisão que deve preservá-la. Com efeito, é previsto que a tarifa do serviço público concedido será fixada pelo preço da proposta vencedora da licitação e **preservada pelas regras de revisão** previstas nesta Lei, no edital e no contrato, ao passo que o § 2º também preceitua que "os contratos poderão prever **mecanismos de revisão das tarifas**, a fim de manter-se o equilíbrio econômico-financeiro.

Preceitua Alexandre dos Santos Aragão que os contratos administrativos possuem uma **salvaguarda contra a instabilidade** que não há nos contratos privados, proteção essa baseada na incolumidade da equação econômico-financeira inicial do contrato, que deve ser mantida diante de quaisquer fatos que alterem os seus elementos constitutivos, excetuando-se as alterações decorrentes de fatos previsíveis, inerentes à própria álea da economia e que nada tenham a ver com a atuação do Estado.[1033]

1033 ARAGÃO, Alexandre Santos de. *Direito dos serviços públicos*. Rio de Janeiro: Forense, 2008, p. 635.

Assinala Odete Medauar que "o equilíbrio econômico-financeiro significa a proporção entre os encargos do contratado e a sua remuneração, proporção esta fixada no momento da celebração do contrato".[1034] Egon Bockmann Moreira, do mesmo modo, pontua que o equilíbrio econômico-financeiro "significa a posição estável do projeto do concessionário no que respeita à administração de seus recursos materiais (economia) e ao capital disponível para tanto (finanças)".[1035]

O equilíbrio ou equação econômico-financeira do contrato envolve uma relação entre um conjunto de direitos e de encargos em relação de equivalência. Desde então, **referida compensação não pode ser alterada.**[1036] Por essa razão, rompido o equilíbrio econômico-financeiro do contrato, nasce o direito à sua recomposição.

O art. 65, inciso II, alínea "d", da Lei n. 8.666/1993 prevê que o contrato administrativo poderá ser alterado bilateralmente para **restabelecer a relação que as partes pactuaram inicialmente entre os encargos do contratado e a retribuição da administração para a justa remuneração** da obra, serviço ou fornecimento, objetivando a manutenção do equilíbrio econômico-financeiro inicial do contrato sempre que sobrevirem **fatos imprevisíveis**, ou previsíveis porém de consequências incalculáveis, retardadores ou impeditivos da execução do ajustado, ou, ainda, em caso de força maior, caso fortuito ou fato do príncipe, configurando álea econômica extraordinária e extracontratual.

Veja-se, portanto, que os contratos de concessão de serviço público, especialmente em razão dos elevados investimentos e

---

1034 MEDAUAR, Odete. *Direito Administrativo moderno*. São Paulo: Revista dos Tribunais, 2009, p. 220.

1035 MOREIRA, Egon Bockmann. *Direito das concessões de serviço público*: inteligência da Lei 8.987/1995 (parte geral). São Paulo: Malheiros, 2010, p. 387.

1036 BANDEIRA DE MELLO, Celso Antônio. *Conteúdo jurídico do princípio da igualdade*. São Paulo: Malheiros, 2011, p. 710.

prazos longos de amortização, impõem a **fixação de regras e procedimentos que assegurem a manutenção das condições efetivas da proposta, bem como atendidas as legítimas expectativas patrimoniais da concessionária.**

Nesses termos, **a superveniência de fatos imprevisíveis que, no contexto de álea econômica extraordinária e extracontratual, afetam as condições originalmente pactuadas exige que sejam recompostas as condições originais da proposta.**

27.4 O critério de reajuste contratual e a obrigatoriedade de celebração de aditivo contratual para fins de fixação de índice que, após evento extraordinário, retrate a variação efetiva dos custos

A **manutenção das condições efetivas da proposta**, bem como das legítimas expectativas patrimoniais da concessionária, deve ocorrer pela preservação, ao longo de toda execução contratual, da **equivalência entre as recíprocas obrigações contratuais.** Nesse cenário, a Lei n. 8.987/1997, no seu art. 18, inciso VIII, prevê ser regra obrigatória dos editais de licitação a definição dos critérios de reajuste e revisão da tarifa. Ademais, o art. 23, inciso IV, da mesma espécie normativa prevê ser cláusula essencial do contrato de concessão as relativas ao preço do serviço e aos critérios e procedimentos para o reajuste e a revisão das tarifas.

Do mesmo modo, a Lei n. 8.666/1993, no seu art. 40, inciso XI, também estabelece ser regra obrigatória dos editais de licitação a definição do **critério de reajuste, o qual deverá retratar a variação efetiva do custo de produção** desde a data prevista para apresentação da proposta, ou do orçamento a que essa proposta se referir, **até a data do adimplemento de cada parcela**.

Na medida em que, em razão de **eventos extraordinários posteriores à apresentação da proposta**, o critério de reajuste contratual deixar de retratar a variação efetiva dos custos, nascerá o direito da concessionária à revisão do contrato para fixar um índice aderente às novas condições, bem como para fins de **preservação da equivalência entre as obrigações da concessionária e sua justa remuneração.** Nesse sentido, destaque-se o entendimento do Professor Celso Antônio Bandeira de Mello:

> Parece claro a todas as luzes que nestes casos a intenção traduzida no ajuste é a de buscar equivalência real entre as prestações e o preço. Em suma: o acordo de vontades, no que atina à equação econômico-financeira, em interpretação razoável, só pode ser entendido como o de garantir o equilíbrio correspondente ao momento do acordo, de sorte a assegurar sua persistência, prevenindo-se destarte o risco de que contingências econômicas alheias à ação dos contratantes escamoteiem o significado real das prestações recíprocas. Os contratos administrativos reportam-se a índices oficiais que deverão reproduzir a real modificação deles. Admitindo-se por hipótese que tais índices não reflitam a realidade econômica, prejudicado estaria o equilíbrio pactuado e, portanto, o fim pretendido por tal tipo de cláusula. Assim sendo, mesmo já havendo previsão de índices de reajuste, se a situação econômica sofrer variações e essa realidade não se refletir no preço, de maneira a garantir a sua equivalência com as prestações, o contratado terá direito de revisão do contrato por força da teoria da imprevisão. A nosso ver, caberia inclusive a modificação do índice de reajuste, caso, fundamentadamente, seja demonstrada a sua incompatibilidade com as variações reais da economia. Isso porque a cláusula de reajuste é um meio estabelecido para se alcançar um fim e não se justifica a sua manutenção se este não é alcançado.[1037]

1037 BANDEIRA DE MELLO, Celso Antônio. *Curso de Direito Administrativo.* São Paulo: Malheiros, 2005, p. 614.

Veja-se, portanto, que o Professor é enfático em concluir que, à luz da **teoria da imprevisão**, o particular contratado terá o direito à revisão do contrato sempre que o índice de reajuste contratual for incapaz de refletir a justa remuneração, isso em razão da sua incapacidade em acompanhar as variações econômicas.

Ademais, a **readequação da cláusula de reajuste** é uma matéria que já foi objeto de específica análise no âmbito do Superior Tribunal de Justiça (STF). Destaque-se, exemplificativamente, decisão proferida nos autos do Recurso Especial n. 726.446-PE, no âmbito do qual foi **reconhecida a licitude da readequação da cláusula de reajuste por ter o índice original deixado de assegurar a justa remuneração pelos serviços prestados, isso em razão, em especial, de mudanças no cenário econômico:**

> (...) 16. No caso concreto, as circunstâncias fáticas – mudanças radicais na economia, tempo levado entre a publicação do edital e a assinatura do contrato, construção de obras adicionais, alongamento dos prazos em função da reprogramação orçamentária ocorrida –, especialmente as de ordem econômica, devidamente delimitadas no acórdão recorrido, autorizavam a inclusão do 'Fator K' no ajuste, mesmo sem previsão no edital, com suporte no princípio do equilíbrio econômico-financeiro, que deve nortear os reajustes nos contratos administrativos. Depreende-se, ainda, ter sido devidamente enfrentada na origem a necessidade de se readequar a cláusula de reajuste, porque a antiga não mais atendia ao escopo de assegurar a justa remuneração pelos serviços prestados (...).

No âmbito de Tribunais de Contas a matéria também já foi enfrentada, sendo relevante destacar decisão do Tribunal de Contas do Estado do Espírito Santo que, nos autos do processo administrativo TC-4949/2007, reconheceu, consoante Instrução Técnica n. 7/2007, que **a alteração do índice de reajuste contratual é obrigatória quando o original se mostrar inadequado**:

> Admitindo-se por hipótese que tais índices não reflitam a realidade econômica, prejudicado estaria o equilíbrio pactuado e, portanto, o fim pretendido por tal tipo de cláusula. Assim sendo, mesmo já havendo previsão de índices de reajuste, se a situação econômica sofrer variações e essa realidade não se refletir no preço, de maneira a garantir a sua equivalência com as prestações, o contratado terá direito de revisão do contrato por força da teoria da imprevisão. A nosso ver, caberia inclusive a modificação do índice de reajuste, caso, fundamentadamente, seja demonstrada a sua incompatibilidade com as variações reais da economia. Isso porque a cláusula de reajuste é um meio estabelecido para se alcançar um fim e não se justifica a sua manutenção se este não é alcançado. É o que se depreende da exposição de Celso Antônio Bandeira de Mello: Exatamente pelas razões aduzidas, se e quando os índices oficiais a que se reporta o contrato deixam de retratar a realidade buscada pelas partes quando fizeram remissão a eles, deve-se procurar o que foi efetivamente pretendido, e não simplesmente o meio que deveria levar – e não levou – ao almejado pelos contraentes.

Com efeito, **eventos extraordinários alheios à álea ordinária da economia – assim entendida aquela relativa ao risco comum do próprio negócio – impõem a obrigatoriedade de modificação do índice de reajuste.**

À luz do referido cenário normativo e tendo em vista o Parecer econômico de lavra da Consultoria GO Associados, **o critério de reajustamento da remuneração mensal em favor da Consulente mostrou-se incapaz de, por eventos extraordinários posteriores e sem relação com a álea ordinária da economia, preservar a legítima expectativa patrimonial da Consulente.**

Concretizaram-se específicos e absolutamente imprevisíveis eventos que **tornaram o índice contratual incapaz de acompanhar os impactos nos custos e nos encargos atrelados às obrigações contratuais** da Consulente previstas, em especial, na Cláusula

2.1.1 do Contrato de Concessão e do seu "Anexo 2 – Caderno de Encargos" e relativas à **prestação de serviços, execução de obras e, por fim, fornecimento de bens, instalações e equipamentos.**

Ainda que o Item 4.5 do Anexo 4 – Mecanismo de Pagamento tenha previsto, *in verbis*, que "**as PARTES reconhecem que as regras de reajuste previstas neste ANEXO são suficientes para o cumprimento das obrigações previstas no CONTRATO**", é inegável que eventos extraordinários instabilizaram a equação econômico-financeira do contrato, fazendo nascer, por consequência, o direito subjetivo à sua recomposição. **Referida previsão presumia, em condições ordinárias, que as regras de reajuste – e, em especial, o índice IPCA – seriam capazes de preservar as legítimas expectativas contratuais, o que, conforme Parecer econômico contratado pela Consulente, foram rompidas por eventos absolutamente anormais.**

Não nos deparamos com uma mera oscilação inerente à álea ordinária da economia com impacto tolerável na elevação dos custos operacionais e de compra ou manutenção dos equipamentos, no âmbito dos quais os riscos são alocados à Consulente pelo Item 10.1.3.2, III, da Cláusula X – Dos riscos, ganhos e reequilíbrio econômico-financeiro. Trata-se, ao contrário, **de evento causador de severo impacto no Contrato de Concessão, a ensejar, em favor da Consulente, o direito à mudança na regra de reajuste contratual.**

A **disseminação do "novo coronavírus" SARS-Cov-2, ou Covid-19,** tomou a agenda mundial e tem sido objeto de discussão sob diversos aspectos. O caráter absolutamente inesperado, emergencial e exponencial impôs a adoção de medidas sanitárias, econômicas, políticas e jurídicas de enfrentamento. No plano jurídico, a existência de uma pandemia, nos termos reconhecidos pela Organização Mundial de Saúde (OMS), inscreve-se como uma **situação de emergência ou calamidade pública de caráter extraordinário.**

Especificamente com relação aos **efeitos econômicos da pandemia**, é fato notório que o Brasil vem enfrentando, há mais de um ano, uma **crise econômica com significativos impactos nos custos de**

insumos, ao passo que são extremamente pessimistas os prognósticos de cessação da pandemia, isso em razão dos elevados índices de contágio e letalidade, da morosidade na imunização da população, da existência de novas cepas do vírus e da incerteza científica relativa à eficácia dos imunizantes inclusive para as novas mutações. Referida questão foi assim enfrentada pelo Parecer econômico:

> (...) Resta evidente o caráter absolutamente extraordinário da crise econômica gerada pela pandemia da Covid-19. Seja pela sua magnitude, seja pela sua natureza global, a crise reúne elementos que só são comparáveis com a gripe espanhola de 1918/19. Ainda, o cenário de pandemia ao redor do mundo sugere que as incertezas sobre o desenrolar da doença continuarão presentes. O surgimento de novas cepas mais agressivas, o descontrole da doença em algumas partes do mundo e as incertezas quanto à vacinação da população brasileira devem continuar influenciando as expectativas dos agentes econômicos do país e do mundo. (...)

Referido estudo é preciso em constatar que, além de extraordinária, a crise econômica causada pela pandemia da Covid-19 era imprevisível, ao passo que, especificamente com relação ao Contrato de Concessão ora em exame, a primeira questão que se coloca é quanto ao **acentuado distanciamento entre o IPCA e IGP-M em razão da crise da Covid-19.**

Apresentada referida premissa, o Parecer econômico avaliou as **variações nos custos associados ao Contrato de Concessão e constatou que, com a eclosão da crise da Covid-19, os insumos necessários à execução contratual sofreram acentuada elevação:**

> (...) Nos meses após a eclosão da crise da Covid-19, os insumos necessários para realizar os investimentos, a modernização, e a operação do parque de iluminação pública observaram acentuada elevação. Segundo informações da empresa, luminárias de LED são o insumo mais utilizado e oneroso

> nos custos da empresa e seus preços cresceram até 45% entre o início do Contrato e o início de 2021. Além disso, os preços de cabos e postes, que são importantes materiais complementares, também subiram, respectivamente, 45% e 98%, desde o início do Contrato (...).

Constatada a inadequabilidade do índice contratual em acompanhar, após a crise, os custos dos insumos, o Parecer econômico analisou **<u>itens de custo do Contrato de Concessão para identificar o índice econômico mais adequado para refletir as variações em seu preço para, na sequência, chegar à formula de reajuste que, na excepcionalidade, é mais aderente à variação de custos incorridos pela Consulente</u>**:

> (...) Este Parecer destacou que o IGP-M é composto por três índices de preços distintos: IPA, IPC e INCC. Por serem indicadores conhecidos do mercado e amplamente utilizados na correção de contratos de toda a economia, propõe-se como fórmula paramétrica uma combinação linear convexa destes índices, com pesos ajustados para refletir a composição de índices apresentada na Subseção 5.2
>
> Os pesos a, b e c são calculados de forma a melhor representar a composição dos custos destacados anteriormente. Alguns dos custos associados ao Contrato são refletidos por índices de preço que não constam na composição do IGP-M. É o caso da "Mão-de-obra" e dos custos relativos a "Caminhões, transportes e veículos", que foram relacionados, respectivamente, ao IPCA e a seu subitem, IPCA Transportes. Para incluir tais índices na fórmula proposta, buscou-se, dentre os componentes do IGP-M, aqueles com a maior correlação com o IPCA e o IPCA Transportes. O IPC é o componente do IGP-M que melhor reflete tais índices, tendo correlação de 0,878 com o IPCA e de 0,56 com o IPCA Transportes (considerando variações mensais entre janeiro de 1995 e março de 2021). Assim, a nova estrutura de componentes do IGP-M que melhor refletem os custos da Concessionária está representada no Quadro 23, enquanto o Quadro 24

> mostra a evolução dessa fórmula em comparação ao IPCA, atual índice de reajuste, e ao IGP-M (...).

Referida fórmula paramétrica levou em consideração a representatividade de 43% para o IPA, 48% para o IPC e 9% para o INPC, sistemática esta capaz de responder aos **extraordinários impactos econômicos** decorrentes da pandemia da Covid-19, o que acarretou **consequências imprevisíveis e distintas para cada um dos índices inflacionários e, consequentemente, nos custos associados ao Contrato de Concessão.**

Com efeito, foi em razão dos efeitos imprevisíveis e extraordinários da pandemia da Covid-19 que as **trajetórias dos índices passaram a divergir**, isso em razão das excepcionais incertezas econômicas. **Apenas a fórmula paramétrica apresentada é capaz de preservar as condições originais do Contrato de Concessão, bem como as legítimas expectativas patrimoniais ali entabuladas.**

Com a pandemia da Covid-19 e seus **severos desdobramentos econômicos**, o **IPCA mostrou-se, nesse cenário imprevisível, incapaz de captar a severa elevação dos custos dos insumos** necessários à execução do Contrato de Concessão.

Rompidas as condições efetivas da proposta a que se refere o Contrato de Concessão em exame, isso em razão da incapacidade do índice contratual em acompanhar a variação dos custos de produção ou dos insumos, nasceu o direito subjetivo da Consulente em, através de aditivo contratual, deter um critério de reajustamento aderente às excepcionais circunstâncias extraordinárias decorrentes da crise da Covid-19.

27.5 Resposta ao quesito

PRIMEIRO QUESITO: Tendo em vista que específico Parecer econômico constatou a inadequação do IPCA para, em razão crise econômica gerada pela pandemia da Covid-19, acompanhar os impactos nos custos e nos encargos atrelados às obrigações a que se refere o Contrato de Concessão decorrente da Concorrência Pública n. 012/2019, a Consulente detém o direito à alteração do índice contratual?

Os contratos de concessão de serviço público, especialmente em razão dos elevados investimentos e prazos longos de amortização, impõem a **fixação de regras e procedimentos que assegurem a manutenção das condições efetivas da proposta, bem como atendidas as legítimas expectativas patrimoniais da concessionária.**

A **superveniência de fatos imprevisíveis que, no contexto de álea econômica extraordinária e extracontratual, afetam as condições originalmente pactuadas exige que sejam recompostas as condições originais da proposta.**

Na medida em que, em razão de **eventos extraordinários posteriores à apresentação da proposta**, o critério de reajuste contratual deixar de retratar a variação efetiva dos custos, nascerá o direito da concessionária à revisão do contrato para fixar um critério de reajuste aderente às novas condições, bem como para fins de **preservação da equivalência entre as obrigações da concessionária e sua justa remuneração.**

Tendo em vista o Parecer econômico de lavra da Consultoria GO Associados, **o critério de reajustamento da remuneração mensal em favor da Consulente mostrou-se incapaz de, por eventos extraordinários posteriores e sem relação com a álea ordinária da economia, preservar a legítima expectativa patrimonial da Consulente.**

Diante d**a concretização de específicos e absolutamente imprevisíveis eventos** que **tornaram o índice contratual incapaz de acompanhar os impactos nos custos e nos encargos atrelados às obrigações contratuais** da Consulente, é direito da Consulente a celebração de aditivo contratual que espelhe a fórmula paramétrica obtida, a qual é, também consoante o Parecer econômico de lavra da Consultoria GO Associados, **capaz de atender às**

legítimas expectativas contratuais e, assim, preservar as condições efetivas da proposta, nos moldes exigidos pelo art. 37, inciso XXI, da Constituição.

É o que nos parece.

São Paulo, 19 de maio de 2021.

CAPÍTULO XXVIII

A NATUREZA JURÍDICA DOS SERVIÇOS NOTARIAIS E DE REGISTRO E A RELAÇÃO COM A ATIVIDADE PRIVADA DESEMPENHADA PELAS EMPRESAS DE PROTEÇÃO AO CRÉDITO E CONGÊNERES

EMENTA: ASPECTOS CONSTITUCIONAIS E CONCORRENCIAIS DA RELAÇÃO ENTRE A FUNÇÃO PÚBLICA DESEMPENHADA PELOS SERVIÇOS NOTARIAIS E A ATIVIDADE PRIVADA DESEMPENHADA PELAS EMPRESAS DE PROTEÇÃO AO CRÉDITO E CONGÊNERES, ESPECIALMENTE NO QUE TANGE À QUESTÃO DA OBRIGATORIEDADE DO FORNECIMENTO, SEMPRE QUE SOLICITADA, DE CERTIDÃO DIÁRIA, EM FORMA DE RELAÇÃO DOS PROTESTOS *TIRADOS* E DOS CANCELAMENTOS EFETUADOS.

SUMÁRIO: I. PROLEGÔMENOS E OBJETO DA PRESENTE CONSULTA. **II.** A ORDEM ECONÔMICA NA CONSTITUIÇÃO DA REPÚBLICA E SEUS PRINCÍPIOS

ELEMENTARES. **III.** A ATUAÇÃO DO ESTADO EM RELAÇÃO AO PROCESSO ECONÔMICO. **IV.** A DISCIPLINA CONSTITUCIONAL DAS ATIVIDADES ECONÔMICAS *LATO SENSU*. **V.** AS ESPÉCIES DE ATIVIDADES ECONÔMICAS. **VI.** A ATIVIDADE ECONÔMICA *STRICTO SENSU* E O SERVIÇO PÚBLICO. **VII.** A ATIVIDADE ECONÔMICA *STRICTO SENSU* E REGIME DE SERVIÇO PÚBLICO. **VIII.** NOÇÃO DE SERVIÇO PÚBLICO. **IX.** OS SERVIÇOS PÚBLICOS POR DETERMINAÇÃO CONSTITUCIONAL E A NATUREZA JURÍDICA DOS SERVIÇOS NOTARIAIS E DE REGISTRO. **X.** A PERMEABILIZAÇÃO DO REGIME DE SERVIÇOS PÚBLICOS PELA CONCORRÊNCIA. **XI.** O DIREITO EUROPEU E A CONCORRÊNCIA NO SERVIÇO PÚBLICO. **XII.** A LIÇÃO DO CASO CORBEAU: OS LIMITES À CONCORRÊNCIA. **XIII.** O DIREITO AO EQUILÍBRIO ECONÔMICO-FINANCEIRO PELOS DELEGATÁRIOS DAS ATIVIDADES NOTARIAIS. **XIV.** OS RISCOS DA CONCORRÊNCIA DIANTE DA DESINTEGRAÇÃO VERTICAL DE ATIVIDADES POTENCIALMENTE COMPETITIVAS E A QUESTÃO DA ASSIMIETRIA REGULATÓRIA. **XV.** CONCLUSÕES.

CONSULENTE: INSTITUTO DE ESTUDOS DE PROTESTO DE TÍTULOS DO BRASIL – IEPTB.

28.1 Prolegômenos e objeto da presente consulta

Honra-nos o **INSTITUTO DE ESTUDOS DE PROTESTO DE TÍTULOS DO BRASIL – IEPTB** com Consulta sobre a análise da constitucionalidade material da imposição prescrita pelo art. 29 da Lei 9.492/97, na redação dada pela Lei n. 9.841/99, que obrigou os *cartórios* a concederem às *entidades* representativas da indústria e do comércio ou àquelas vinculadas à proteção do crédito, sempre que solicitada, certidão diária, em forma de relação, dos protestos *tirados* e dos cancelamentos efetuados.

Frise-se, incialmente, que o dispositivo em comento foi objeto de duas alterações desde a promulgação do diploma legislativo que o originou. Primeiramente, foi modificado pela Medida Provisória n. 1.894-22/99 e, posteriormente, pelo art. 40 da Lei n. 9.841/99, que alterou a redação do dispositivo sob análise, estabelecendo, assim, sua versão ora sob análise.

Contudo, é preciso registrar posição no sentido de que esta última legislação foi revogada, em sua integralidade, pela Lei Complementar n. 123 de 2006. O art. 89 desta espécie normativa retira, expressamente, a Lei n. 9.841/99 do ordenamento jurídico.

Consequentemente, o legislador infraconstitucional veio, ainda que de maneira oblíqua, a alterar a redação da Lei n. 9.492/97, dado que os dispositivos dos arts. 29 e 31, até então vigentes, foram estabelecidos por meio do diploma legislativo totalmente revogado em 2006 pela Lei Complementar.

Cumpre destacar, ademais, que o ordenamento jurídico brasileiro somente contempla a repristinação quando essa manifestação de vontade legislativa for expressa, como prescreve a Lei de Introdução ao Direito Brasileiro, em seu artigo 2º, §3º. Assim, a possibilidade de os arts. 29 e 31 permanecerem vigentes, mesmo após a revogação da Lei n. 9.841/99, realizar-se-ia apenas caso a lei revogadora os excetuasse do seu alcance, o que não ocorreu no caso ora analisado, uma vez que o art. 89 da Lei Complementar n. 123/06 assim dispõe: "ficam revogadas, a partir de 1º de julho de 2007, a Lei n. 9.317, de 5 de dezembro de 1996, e a Lei n. 9.841, de 5 de outubro de 1999".

A despeito desta consideração a respeito da revogação do art. 29 da Lei n. 9.492/97, na sua redação dada pela Lei n. 9.841/99, cabe-nos, pela Consulta, investigar a constitucionalidade da norma na hipótese que se considere cogente.

Nessa seara, demonstraremos que o quanto determinado pelo legislador infraconstitucional rompe com o modelo instituído pela Constituição da República em relação ao desempenho das atividades incumbidas aos serviços notariais e de registro que, como expresso no texto constitucional, serão exercidos em caráter privado a partir de delegação do Poder Público.

Com vistas ao desenvolvimento da referida opinião, tomaremos como fundamento a noção de "*ordem econômica*" consubstanciada na Constituição da República, bem como seus princípios elementares. Fixados os limites constitucionais da atuação do Estado em relação ao processo econômico, será então possível discernir a disciplina constitucional das atividades econômicas *lato sensu* da noção de serviço público assimilada pelo nosso Direito positivo.

A partir da noção de serviço público, é possível adentrar na questão da permeabilização do regime de serviços públicos pela concorrência e dos riscos da concorrência diante da desintegração vertical de atividades potencialmente competitivas.

Concluiremos, ao final da exposição teórica, que ao impingir-se os notários a fornecerem certidão da qual constem informações sobre "*protestos tirados e dos cancelamentos efetuados*", contraria-se o mandamento constitucional, possibilitando a determinadas empresas privadas que não são delegatárias das atividades notariais e de registro, o exercício de competência e atribuição exclusivas daqueles.

Nesse diapasão, sustentaremos que o art. 29 da Lei n. 9.492/97 na redação dada pela Lei n. 9.841/99, é meio hábil a prover a entidades representativas do comércio e indústria aquelas informações pertinentes a redução do risco (atividade-meio) no curso do desenvolvimento de suas atividades-fins (produção e comercialização de bens e serviços). Jamais poderia ser utilizado pelas empresas de proteção ao crédito para o acesso, a custo inferior ao ônus econômico de sua coleta e disponibilização, de informações de que se vale, exclusivamente, para sua direta comercialização. Com efeito, o *sui generis* subsídio da certidão diária, em forma de relação, jamais poderia ser concedido para uma empresa, que tenha esse serviço como sua atividade-fim, o que ocorre por meio da negociação no mercado, em detrimento das atividades delegadas aos notários.

Ademais, constataremos que o dispositivo em análise instaura uma espécie de *concorrência predatória* entre os tabeliães e as empresas de proteção ao crédito, desencadeando efeitos que fragilizam aqueles, os quais são regidos por um regime jurídico muito específico incompatível com as *regras de livre mercado*.

Impossibilitados, pela Constituição da República, de se *adaptarem* a esse cenário, as empresas de proteção ao crédito passam a deter o que podemos chamar de *vantagem competitiva*, já que as informações acumuladas pelas empresas de proteção ao crédito tornam dispensável a consulta direta aos *cartórios*.

28.2 A ordem econômica na Constituição da República e seus princípios elementares

Eros Roberto Grau descreve a *ordem econômica* como "o conjunto de normas que define, institucionalmente, um determinado modo de produção econômica".[1038] Até então o autor entendia a *ordem econômica* como o

> conjunto de princípios jurídicos de conformação do processo econômico, desde uma visão macrojurídica, conformação que se opera mediante o condicionamento da atividade econômica a determinados fins políticos do Estado.[1039]

Com a adoção do novo conceito para ordem econômica, esta passou a ser vista como parcela da ordem jurídica – integrante,

1038 GRAU, Eros Roberto. *A ordem econômica na Constituição de 1988*. São Paulo: Malheiros, 2011, p. 68.

1039 GRAU, Eros Roberto. *A ordem econômica na Constituição de 1988*. São Paulo: Malheiros, 2011, p. 68.

portanto, do *mundo do dever ser* – institucionalizadora de uma ordem econômica enquanto *mundo do ser.*[1040]

A conformação da ordem econômica, por conseguinte, refere-se à positivação, pela Constituição da República, de uma determinada forma de organização e funcionamento do sistema econômico.

O art. 170 da Constituição da República indica como princípios da ordem econômica o da soberania nacional, propriedade privada, função social da propriedade, livre concorrência, defesa do consumidor, defesa do meio ambiente, redução das desigualdades regionais e sociais, busca do pleno emprego e o do tratamento favorecido às empresas de pequeno porte.

Para os fins científicos a que se destina o presente parecer, interessa-nos mais diretamente os princípios da livre iniciativa[1041] e livre concorrência.

O princípio da livre iniciativa vincula-se à

> projeção da liberdade individual no plano da produção, circulação e distribuição de riquezas, assegurando não apenas a livre escolha (...) das atividades econômicas, mas também autônoma eleição dos processos ou meios julgados mais adequados à consecução dos fins visados.[1042]

Assim, liberdade de fins e de meios informa o princípio da livre iniciativa.[1043]

1040 GRAU, Eros Roberto. *A ordem econômica na Constituição de 1988*. São Paulo: Malheiros, 2011, pp. 58-70.

1041 A livre iniciativa é um princípio fundamental da República, conforme art. 1º, inciso IV, da Constituição da República.

1042 REALE, Miguel. "Inconstitucionalidade de congelamentos". *Folha de São Paulo*, São Paulo, 19 set. 1988, caderno A-3.

1043 MOREIRA, Egon Bockmann. "Reflexões a propósito dos princípios da livre iniciativa e da função social". *Revista de Direito Público da Economia*, Belo

O princípio da livre concorrência relaciona-se a "um processo comportamental competitivo que admite gradações tanto de pluralidade quanto de fluidez"[1044] e "supõe livre iniciativa e apropriação privada dos bens de produção",[1045] por garantir oportunidades iguais aos atores econômicos, o que gera "extratos intermediários entre grandes e pequenos agentes econômicos, como garantias de uma sociedade mais equilibrada".[1046]

Registrados esses elementos básicos conceituais, é possível ampliar a investigação, traçando o papel do Estado no âmbito dessa ordem econômica cujo parâmetro é estabelecido pela Constituição. Referida análise, aliás, é fundamental para definir os limites normativos da atuação das empresas das empresas de proteção ao crédito.

28.3 A atuação do Estado em relação ao processo econômico

Conforme Celso Antônio Bandeira de Mello, a *intervenção* do Estado na ordem econômica ocorre de três modos: (a.) por meio do "*poder de polícia*",[1047] quando exercita as funções de fiscalização e planejamento; (b.) mediante o desempenho de atividades econômicas de alçada dos particulares, mas desempenháveis pelo

---

Horizonte, ano 4, nº 16, out./dez., 2006, p. 32.

1044 FERRAZ JÚNIOR, Tércio Sampaio. "A economia e o controle do Estado". *O Estado de São Paulo*, São Paulo, 4 jun. 1989, p. 50.

1045 FERRAZ JÚNIOR, Tércio Sampaio. "A economia e o controle do Estado". *O Estado de São Paulo*, São Paulo, 4 jun. 1989, p. 50.

1046 FERRAZ JÚNIOR, Tércio Sampaio. "A economia e o controle do Estado". *O Estado de São Paulo*, São Paulo, 4 jun. 1989, p. 50.

1047 Preferimos falar em "Administração ordenadora", conforme proposta de Carlos Ari Sundfeld (SUNDFELD, Carlos Ari. *Direito Administrativo ordenador*. São Paulo: Malheiros, 2003).

Estado em situações excepcionais; e, por fim, (c.) por meio de *incentivos* à iniciativa privada.[1048]

Na primeira hipótese, o Estado, mediante espécies normativas e atos administrativos, atua como *agente normativo e regulador* da atividade econômica. No segundo caso, o Estado desempenha atividades econômicas insertas no âmbito de exercício da liberdade de iniciativa dos particulares, mas cuja excepcionalidade autoriza a intervenção do Estado haja vista razões de *segurança nacional* e *relevante interesse coletivo*,[1049] conforme art. 173 da Constituição da República. Por último, o Estado intervém na ordem econômica por meio de estímulos fiscais e financiamentos.

Outra classificação centrada na atuação do Estado em relação ao processo econômico está baseada nas ideias de "*Estado regulador*" e "*Estado executor*".[1050]

O "*Estado regulador*" transmite a noção de um Estado que, através de regime interventivo, incumbe-se de estabelecer as regras disciplinadoras da ordem econômica.[1051] São modalidades de intervenção do "*Estado regulador*" o controle e tabelamento de preços, o controle do abastecimento, a repressão ao abuso do *poder econômico*, o monopólio, a fiscalização, o incentivo e, por fim, o planejamento.

Destaque-se que, quando falamos em monopólio em sede de regulação, referimo-nos ao conceito de monopólio normativo,

---

1048 BANDEIRA DE MELLO, Celso Antônio. *Curso de Direito Administrativo*. São Paulo: Malheiros, 2009, p. 789.

1049 Nos termos do art. 173 da Constituição da República, "ressalvados os casos previstos nesta Constituição, a exploração direta de atividade econômica pelo Estado só será permitida quando necessária aos imperativos da segurança nacional ou a relevante interesse coletivo, conforme definidos em lei".

1050 CARVALHO FILHO, José dos Santos. *Manual de Direito Administrativo*. Rio de Janeiro: Lumen Juris, 2010, p. 992.

1051 CARVALHO FILHO, José dos Santos. *Manual de Direito Administrativo*. Rio de Janeiro: Lumen Juris, 2010, p. 992.

à atribuição conferida ao Estado para o desempenho exclusivo de certa atividade do domínio econômico, tendo em vista as exigências de interesse público. São formas de monopólio estatal o expresso no art. 177 da Constituição da República e os implícitos no seu art. 21.

No regime de monopólio, há exploração, pelo Estado, de atividade econômica *stricto sensu*, situação diversa da exploração de serviço público em regime de privilégio, quando há exclusividade na sua prestação pelo Estado.[1052]

No "*Estado executor*", este, em caráter excepcional, desempenha atividades econômicas *stricto sensu* que estão, em regra, destinadas à iniciativa privada. A execução de atividade econômica *stricto sensu* pelo Estado pode se dar pela exploração direta, quando ele próprio se incumbe de explorar as atividades econômicas *stricto sensu*.

O Estado também atua no campo das atividades econômicas *stricto sensu* em regime de monopólio, conforme art. 177, bem como inciso XXIII do art. 21, ambos da Constituição da República. A execução de atividade econômica *stricto sensu* pelo Estado pode se dar, igualmente, pela exploração indireta, quando são criadas pessoas jurídicas ao Estado vinculadas para desempenhá-las.

O fundamento da exploração, pelo Estado, de atividades econômicas *stricto sensu*, está, como mencionado, no art. 173, *caput*, da Constituição da República, o qual viabilizou a exploração nas hipóteses de *segurança nacional* e *relevante interesse coletivo*. Com efeito, as atividades econômicas *stricto sensu*, ainda que de titularidade da iniciativa privada, podem ser exploradas pelo Estado nas hipóteses enunciadas pelo art. 173 da Constituição da República ou quando ela, expressamente, assim determina.

1052 GRAU, Eros Roberto. *A ordem econômica na Constituição de 1988*. São Paulo: Malheiros, 2011, p. 139.

Saliente-se, portanto, que na exploração de atividade econômica *lato sensu* em razão de *segurança nacional* ou *relevante interesse coletivo*, o Estado desenvolve atividade econômica *stricto sensu*. Na exploração de atividade econômica *lato sensu* em função de interesse social o Estado presta serviço público,[1053] o que pode ocorrer tanto direta, quanto indiretamente.

Além das classificações expostas, Eros Roberto Grau faz referência a três modalidades de intervenção: a intervenção por absorção ou participação, a intervenção por direção e a intervenção por indução.[1054]

Na intervenção por absorção, "o Estado assume integralmente o controle dos meios de produção e/ou troca em determinado setor da atividade econômica em sentido estrito; atua em regime de monopólio".[1055]

Na intervenção por participação,

> o Estado assume o controle de parcela dos meios de produção e/ou troca em determinado setor da atividade econômica em sentido estrio; atua em regime de competição com empresas privadas que permanecem a exercitar suas atividades nesse mesmo setor.[1056]

Na intervenção por direção e por indução, "o Estado intervirá sobre o domínio econômico, isto, sobre o campo da atividade

1053 GRAU, Eros Roberto. *A ordem econômica na Constituição de 1988*. São Paulo: Malheiros, 2011, p. 129. O autor considera distintos o interesse coletivo e interesse social, ambos insertos na categoria interesse público.

1054 GRAU, Eros Roberto. *A ordem econômica na Constituição de 1988*. São Paulo: Malheiros, 2011, pp. 91 e 146-149.

1055 GRAU, Eros Roberto. *A ordem econômica na Constituição de 1988*. São Paulo: Malheiros, 2011, p. 147.

1056 GRAU, Eros Roberto. *A ordem econômica na Constituição de 1988*. São Paulo: Malheiros, 2011, p. 147.

econômica em sentido estrito. Desenvolve ação, então, como regulador dessa atividade".[1057]

Na intervenção por direção, "o Estado exerce pressão sobre a economia, estabelecendo mecanismos e normas de comportamento compulsório para os sujeitos da atividade econômica em sentido estrito",[1058] sejam eles do setor privado, sejam empresas estatais. São comandos imperativos, cogentes.

Por fim, na intervenção por indução, "o Estado manipula os instrumentos de intervenção em consonância e na conformidade das leis que regem o funcionamento dos mercados".[1059] São comandos dispositivos, sujeitos à adesão dos destinatários, os quais são estimulados a vincularem-se. Pode ocorrer em termos positivos ou negativos. O comportamento econômico poderá, do mesmo modo, ser induzido em decorrência da execução de obras e serviços públicos otimizadores do exercício de atividades econômicas *stricto sensu*.

Assim, portanto, no ordenamento jurídico brasileiro existem várias hipóteses em que a atuação da iniciativa privada é limitada em face de imperativos decorrentes do interesse público. Nesses casos, a atuação da atividade direta do Estado ou de atuação privada sob rígido acompanhamento é fundamental para dar eficácia aos mandamentos constitucionais. Ademais, a compreensão do referido regime é fundamental para que delimitemos o campo de atuação das empresas de proteção ao crédito no campo das atividades delegadas aos *cartórios*.

1057 GRAU, Eros Roberto. *A ordem econômica na Constituição de 1988*. São Paulo: Malheiros, 2011, p. 147.

1058 GRAU, Eros Roberto. *A ordem econômica na Constituição de 1988*. São Paulo: Malheiros, 2011, p. 147.

1059 GRAU, Eros Roberto. *A ordem econômica na Constituição de 1988*. São Paulo: Malheiros, 2011, p. 147.

28.4 A disciplina constitucional das atividades econômicas *lato sensu*

A compreensão do regime constitucional das atividades econômicas é fundamental para que delimitemos o campo de atuação das empresas de proteção ao crédito no campo das atividades delegadas aos *cartórios*.

Na compreensão da disciplina constitucional das atividades econômicas *lato sensu* é necessário, inicialmente, distinguir os sentidos que assume a expressão atividade econômica nos arts. 170, 173, 174 e 175 da Constituição da República.

Nesse sentido, a *teoria* de Eros Roberto Grau[1060] destaca que o gênero atividade econômica *lato sensu* compreende a atividade econômica *stricto sensu* e o serviço público.

No art. 170, *caput*,[1061] a expressão atividade econômica conota o gênero. Do mesmo modo, no art. 174, *caput*,[1062] a expressão é utilizada como atividade econômica *lato sensu* e refere-se à atuação do Estado como agente normativo e regulador, compreendendo o exercício das funções de incentivo, planejamento e fiscalização.

No art. 173, *caput*, e seu § 1º,[1063] a expressão conota atividade econômica *stricto sensu*, a ser desempenhada pelo Estado como

---

1060 GRAU, Eros Roberto. *A ordem econômica na Constituição de 1988*. São Paulo: Malheiros, 2011, p. 147.

1061 O art. 170 da Constituição da República pontua que "a ordem econômica, fundada na valorização do trabalho humano e na livre iniciativa, tem por fim assegurar a todos existência digna, conforme os ditames da justiça social (...)".

1062 O art. 174 da Constituição da República assinala que "como agente normativo e regulador da atividade econômica, o Estado exercerá, na forma da lei, as funções de fiscalização, incentivo e planejamento, sendo este determinante para o setor público e indicativo para o setor privado".

1063 O art. 173 da Constituição da República destaca que "ressalvados os casos previstos nesta Constituição, a exploração direta de atividade econômica pelo

agente econômico em área de titularidade do setor privado. No art. 175,[1064] por sua vez, a expressão relaciona-se à prestação dos serviços públicos, os quais integram, como destacado, as atividades econômicas *lato sensu*.

Impõe-se, assim, a identificação, na Constituição da República, dos critérios para submissão das atividades econômicas *lato sensu* ao regime jurídico dos serviços públicos ou ao regime das atividades econômicas *stricto sensu*. Tais regimes jurídicos apartam as atividades que devem, preferencialmente, ser desempenhadas pelo Estado, ou por ele delegadas, daquelas que devem, em regra, ser desenvolvidas pela iniciativa privada.

Em síntese, a disciplina constitucional das atividades econômicas *lato sensu* baseia-se na premissa segundo a qual os serviços públicos são de exploração do Estado e, em regra, as atividades econômicas *stricto sensu* aos particulares.

Consequentemente, o particular somente pode desempenhar serviços públicos por delegação estatal, enquanto o Estado somente pode desempenhar atividade econômica *stricto sensu* em situações excepcionais. Por essa razão é que, conforme detalharemos adiante, a atuação das empresas de proteção ao crédito no campo de atuação dos cartórios é materialmente inconstitucional.

Estado só será permitida quando necessária aos imperativos da segurança nacional ou a relevante interesse coletivo, conforme definidos em lei. § 1º. A lei estabelecerá o estatuto jurídico da empresa pública, da sociedade de economia mista e de suas subsidiárias que explorem atividade econômica de produção ou comercialização de bens ou de prestação de serviços (...)".

1064 O art. 175 da Constituição da República pontua que "incumbe ao Poder Público, na forma da lei, diretamente ou sob regime de concessão ou permissão, sempre através de licitação, a prestação de serviços públicos".

28.5 As espécies de atividades econômicas

O âmbito de atuação dos particulares, em contraste com o campo de titularidade estatal, é delineado tendo em vista as espécies de atividades econômicas.

A Constituição da República conferiu tratamento peculiar às atividades econômicas *stricto sensu*, apartando-as do serviço público. Neste sentido, e de acordo com Eros Roberto Grau, é inquestionável a distinção entre ambos.[1065] Conforme o autor, não há, *a priori*, oposição entre atividade econômica e serviço público, já que este está subsumido nas atividades econômicas *lato sensu*.[1066]

Ao afirmar que serviço público seja atividade econômica *lato sensu*, o autor a ela atribuiu a significação de gênero na qual se inclui a espécie serviço público. Assim, não se pode contrapor os conceitos de serviço público e de atividade econômica, uma vez que serviço público é uma modalidade desta.[1067]

Destarte, a expressão atividade econômica *lato sensu* é indicativa de gênero, o qual comporta duas espécies, quais sejam serviço público e atividade econômica *stricto sensu*, esta majoritariamente desenvolvida pelo setor privado, com possibilidade de atuação estatal nos termos do art. 173, *caput*, da Constituição da República.

As atividades econômicas *lato sensu* estão previstas no art. 174 da Constituição da República, o qual regula a atuação do Estado enquanto agente normativo e regulador da ordem econômica. No art. 170, do mesmo modo, a expressão atividade econômica guarda este mesmo sentido.

1065 GRAU, Eros Roberto. *A ordem econômica na Constituição de 1988*. São Paulo: Malheiros, 2011, p. 100.

1066 GRAU, Eros Roberto. *A ordem econômica na Constituição de 1988*. São Paulo: Malheiros, 2011, p. 101.

1067 GRAU, Eros Roberto. *A ordem econômica na Constituição de 1988*. São Paulo: Malheiros, 2011, p. 101.

Como salientado, as atividades econômicas *stricto sensu* são reservadas à iniciativa privada. Excepcionalmente, o Estado nelas intervirá. O art. 173, *caput*, e seu § 1º, trata das atividades econômicas *stricto sensu*. O *caput* do dispositivo enuncia as hipóteses admissíveis da exploração direta da atividade econômica *stricto sensu* pelo Estado, isto é, quando ele próprio se incumbe de explorar as atividades econômicas, desde que presentes os pressupostos de *segurança nacional* e *relevante interesse coletivo*. Trata-se de atuação do Estado como agente econômico em área de titularidade do setor privado.

Assim considerando, e conforme detalharemos adiante, a atuação das empresas na prestação de serviços que o ordenamento reservou aos cartórios é materialmente inconstitucional por adentrar no campo dos serviços públicos, cujo regime possui regras muito específicas, afastadas das regras de livre mercado.

28.6 A atividade econômica *stricto sensu* e o serviço público

Considerando ser aberto o conceito de serviço público, Eros Roberto Grau destaca que a distinção entre este e a atividade econômica *stricto sensu* ocorre em "função das vicissitudes das relações entre as forças sociais".[1068]

Destaca o autor que, reservada as matérias, imediata e potencialmente, objeto de especulação lucrativa, atribui-se ao Estado atividades econômicas *lato sensu* para serem desenvolvidas de forma não especulativa. Do referido confronto emergirão,

1068 GRAU, Eros Roberto. *A ordem econômica na Constituição de 1988*. São Paulo: Malheiros, 2011, p. 108.

historicamente, os âmbitos das atividades econômicas *stricto sensu* e dos serviços públicos.[1069]

A diferença entre serviço público e atividade econômica *stricto sensu* reside, segundo Eros Roberto Grau, na instrumentalidade da atividade em relação à realização de valores fundamentais. O serviço público trata da realização direta destes valores, diferentemente da atividade econômica *stricto sensu*.

No mesmo sentido assinala Dinorá Adelaide Musetti Grotti, para a qual a distinção reside nesta instrumentalidade:

> (...) se os serviços públicos ficarem diretamente afetados pelas forças de mercado, condicionados inteiramente pelo valor de troca, segundo a lógica de capital e de mercado, é obvio que os serviços deixarão de ser públicos para passarem a ser atividades econômicas, segundo o ordenamento jurídico pátrio, sujeitos às circunstâncias e contingências que elas reclamam.[1070]

Monica Spezia Justen, parecendo mostrar-se favorável à teoria de Eros Roberto Grau, assinala que a diferenciação entre serviço público e atividade econômica *stricto sensu* traduz-se em regimes jurídicos distintos:

> Entre nós, tem-se difundido uma interpretação a partir da CF/88 de uma noção de atividade econômica como gênero de que serviço público e atividade econômica em sentido estrito são espécies. Isso significa dizer que tanto o serviço público como a atividade econômica em sentido estrito são formas de gerar bens e serviços, porém a primeira adstrita

---

1069 GRAU, Eros Roberto. *A ordem econômica na Constituição de 1988*. São Paulo: Malheiros, 2011, p. 108.

1070 GROTTI, Dinorá Adelaide Musetti. *O serviço público e a Constituição brasileira de 1988*. São Paulo: Malheiros, 2003, p. 139.

> ao âmbito do serviço público e o segundo no âmbito do setor privado. Por um lado o serviço público atem-se à produção de bens que podem ser avaliados economicamente, mas destinam-se a suprir uma necessidade de interesse coletivo e sujeita-se a um regime jurídico especial. Por outro, a atividade econômica em sentido estrito é norteada pela "racionalidade econômica", ou seja, não só se dirige à produção de bens e serviços que geram lucro, como rege-se integralmente pelo direito privado. Já o serviço público se subordina ao regime de Direito Público (e não está sujeito, portanto, à mera "racionalidade econômica").[1071]

Constata-se, assim, que o serviço público se destina a suprir uma necessidade de interesse coletivo, razão pela qual se sujeita a um regime jurídico muito específico, absolutamente afastado do que podemos chamar de *racionalidade econômica*.

Assim considerando, a demarcação dos campos da atividade econômica *stricto sensu* e do serviço público é imprescindível à compreensão dos regimes jurídicos a que se sujeitam as atividades notariais e de registro no Brasil.

28.7 A atividade econômica *stricto sensu* e regime de serviço público

Não se pode afirmar que seja serviço público a atividade explorada em regime de serviço público. Certamente que não se pode conceituar ou fornecer a noção de serviço público como aquele sujeito ao regime jurídico de serviço público. A tautologia foi detectada por Eros Roberto Grau.[1072]

1071 JUSTEN, Monica Spezia. *A noção de serviço público no Direito europeu*. São Paulo: Dialética, 2003, p. 181.

1072 GRAU, Eros Roberto. *A ordem econômica na Constituição de 1988*. São Paulo: Malheiros, 2011, p. 133.

Entretanto, a regra geral é de que as atividades econômicas *stricto sensu* sejam regidas pelo Direito privado, ao passo que os serviços públicos são regulados pelo Direito público. Nesses termos, determinada atividade econômica *lato sensu* "fica sujeita a um determinado regime jurídico porque é serviço público e não o inverso",[1073] assim como determinada atividade econômica *lato sensu* fica sujeita ao regime jurídico de Direito privado porque é atividade econômica *stricto sensu* e não o contrário.

Ademais,

> a alusão a atividades econômicas que não podem ser serviço público (atividade econômica em sentido estrito) evidencia a impossibilidade de o legislador, discricionariamente, qualificar qualquer parcela da atividade econômica em sentido amplo como serviço público.[1074]

Em síntese, assim como as atividades econômicas *stricto sensu* não podem ser qualificadas como serviço público, não pode o legislador *transmutar* o serviço público para uma atividade econômica *stricto sensu*, o que, conforme demonstraremos oportunamente nesse parecer, ocorreu com a edição do art. 29 da Lei n. 9.492/97, na redação dada pela Lei n. 9.841/99, que obrigou os *cartórios* a concederem às empresas proteção do crédito, sempre que solicitada, certidão diária, em forma de relação, dos protestos *tirados* e dos cancelamentos efetuados.

1073 GRAU, Eros Roberto. *A ordem econômica na Constituição de 1988*. São Paulo: Malheiros, 2011, p. 136.

1074 GRAU, Eros Roberto. *A ordem econômica na Constituição de 1988*. São Paulo: Malheiros, 2011, p. 135.

28.8 Noção de serviço público

Na doutrina nacional não existe um conceito ou noção unívoco para serviço público. Há os que utilizam a noção de serviço público em sentido amplo, como José Cretella Júnior,[1075] Mário Masagão[1076] e Hely Lopes Meirelles,[1077] enquanto outros preferem um sentido restrito, como Maria Sylvia Zanella Di Pietro[1078] e Celso Antônio Bandeira de Mello.[1079]

Com efeito, na conceituação ou fornecimento de noção para serviço público, a doutrina nacional recorre aos mais variados critérios. Nos conceitos ou noções existentes podemos catalogar os sentidos objetivo, subjetivo, material, formal, próprio, impróprio, geral, específico, originário, congênito, derivado e adquirido. Destaque-se que os referidos sentidos ora são utilizados de forma isolada, ora cumulativamente.

1075 Para José Cretella Júnior, serviço público é "toda atividade que o Estado exerce, direta ou indiretamente, para a satisfação do interesse público, mediante procedimento de Direito Público". (CRETELLA JÚNIOR, José. *Curso de Direito Administrativo*. Rio de Janeiro: Forense, 1999, p. 409).

1076 Para Mário Masagão, serviço público é "toda atividade que o Estado exerce para cumprir seus fins". (MASAGÃO, Mário. *Curso de Direito Administrativo*. São Paulo: Max Limonad, 1977, pp. 279/280).

1077 Hely Lopes Meirelles define o serviço público como "todo aquele prestado pela Administração ou por seus delegados, sob normas e controles estatais, para satisfazer necessidades essenciais ou secundárias da coletividade ou simples conveniências do Estado". (MEIRELLES, Hely Lopes. *Direito Administrativo brasileiro*. São Paulo: Malheiros, 2007, p. 330).

1078 Maria Sylvia Zanella Di Pietro define serviço público como "toda atividade material que a lei atribui ao Estado para que a exerça diretamente ou por meio de seus delegados, com o objetivo de satisfazer concretamente às necessidades coletivas, sob regime jurídico total ou parcialmente público". (DI PIETRO, Maria Sylvia Zanella. *Direito Administrativo*. São Paulo: Atlas, 2009, p. 102).

1079 BANDEIRA DE MELLO, Celso Antônio. *Curso de Direito Administrativo*. São Paulo: Malheiros, 2009, p. 665.

O Supremo Tribunal Federal – STF não possui uma sistematização científica quanto ao conceito ou noção de serviço público, havendo apenas menções esparsas, seja ao conceito, seja à noção, os quais variam de acordo com a situação concreta apreciada.

Eros Roberto Grau pontua que "serviço público não é um conceito, mas uma noção, plena de historicidade".[1080] Em sendo o conceito atemporal, desprovido de essência, histórico, devemos recorrer à noção, a qual,

> pelo contrário, pode definir-se como o esforço sintético para produzir uma ideia que se desenvolve a si mesma por contradições e superações sucessivas e que é, pois, homogênea ao desenvolvimento das coisas.[1081]

Dinorá Adelaide Musetti Grotti, reconhecendo a dificuldade na caracterização de uma atividade como serviço público, pontua que a qualificação da atividade econômica *lato sensu* como serviço público remete ao plano da concepção sobre o Estado e seu papel, tratando-se de uma *escolha política* que pode estar fixada na Constituição, na lei, na jurisprudência e nos costumes vigentes em um determinado momento histórico, não havendo um serviço público por natureza ou por essência.[1082]

Assim considerando, recordemos que Eros Roberto Grau oferece uma noção de serviço público baseada na essencialidade e na instrumentalidade da atividade econômica desempenhada:

1080 GRAU, Eros Roberto. *A ordem econômica na Constituição de 1988*. São Paulo: Malheiros, 2011, p. 109.

1081 GRAU, Eros Roberto. *A ordem econômica na Constituição de 1988*. São Paulo: Malheiros, 2011, p. 133.

1082 GROTTI, Dinorá Adelaide Musetti. *O serviço público e a Constituição brasileira de 1988*. São Paulo: Malheiros, 2003, p. 87.

> A atividade explicita ou supostamente definida pela Constituição como indispensável, em determinado momento histórico, à realização ao desenvolvimento da coesão e da interdependência social (Duguit) – ou, em outros termos, atividade explícita ou supostamente definida pela Constituição como serviço essencial relativamente à sociedade em um determinado momento histórico (Cirne Lima).[1083]

Por outro lado, Celso Antônio Bandeira de Mello fornece uma noção de serviço público mais restrita, mas que não foge da instrumentalidade referida:

> é toda atividade de oferecimento de utilidade ou comodidade material destinada à satisfação da coletividade em geral, mas fruível singularmente pelos administrados, que o Estado assume como pertinente a seus deveres e presta por si mesmo ou por quem lhe faça as vezes, sob um regime de Direito Público, instituído em favor dos interesses definidos como públicos no sistema normativo.[1084]

São, para o autor, três elementos para a configuração de uma atividade como sendo serviço público, quais sejam o regime jurídico de Direito público, o vínculo orgânico ou *publicatio* e, por fim, o critério material, qual seja, a relevância da atividade.

As atividades econômicas *stricto sensu* são regidas pelo Direito privado, enquanto os serviços públicos são regulados pelo Direito público, nos quais se aplica "um regime jurídico peculiar, próprio

1083 GRAU, Eros Roberto. *A ordem econômica na Constituição de 1988*. São Paulo: Malheiros, 2011.

1084 BANDEIRA DE MELLO, Celso Antônio. *Curso de Direito Administrativo*. São Paulo: Malheiros, 2009, p. 665.

de direito público, destinado a assegurar a satisfação de necessidades imperiosas",[1085] conforme ponderações de Marçal Justen Filho.

De acordo com a noção de serviço público de Celso Antônio Bandeira de Mello, o seu substrato material está no oferecimento, aos administrados em geral, de utilidades ou comodidades materiais singularmente fruíveis por eles, as quais o Estado assume como próprias, por serem reputadas imprescindíveis, necessárias ou apenas correspondentes às conveniências básicas da sociedade, em dado tempo histórico.[1086]

Por esse elemento, o serviço público está excluído da esfera da iniciativa privada, salvo as exceções dos serviços públicos de educação, saúde, previdência social e assistência social, os quais pertencem à esfera da livre iniciativa, ainda que estranhas ao campo da exploração da atividade econômica *stricto sensu*.

O substrato formal da noção do serviço público está na submissão a um regime de direito público, o regime jurídico-administrativo[1087] e, portanto, sujeito aos princípios norteadores deste regime.

Com efeito, Celso Antônio Bandeira de Mello pontifica que a noção de serviço público está dotada de um elemento formal caracterizador: o seu regime jurídico. Para o autor, a submissão ao regime de Direito público, em especial ao regime jurídico-administrativo, confere caráter jurídico-dogmático à noção de serviço público.[1088]

1085 JUSTEN FILHO, Marçal. *Teoria geral das concessões de serviço público.* São Paulo: Dialética, 2003, p. 30.

1086 BANDEIRA DE MELLO, Celso Antônio. *Curso de Direito Administrativo.* São Paulo: Malheiros, 2009, p. 668.

1087 BANDEIRA DE MELLO, Celso Antônio. *Curso de Direito Administrativo.* São Paulo: Malheiros, 2009, p. 668.

1088 BANDEIRA DE MELLO, Celso Antônio. *Curso de Direito Administrativo.* São Paulo: Malheiros, 2009, pp. 670 e 779.

O regime jurídico administrativo, para Celso Antônio Bandeira de Mello, é o conjunto de regras e princípios a que se deve subsumir a atividade administrativa no atingimento de seus fins.[1089] Para Maria Sylvia Zanella Di Pietro, é o conjunto de prerrogativas e restrições a que está sujeita a Administração e que não se encontram nas relações entre particulares.[1090]

São princípios constitucionais atrelados ao regime jurídico administrativo o princípio da supremacia do interesse público sobre o interesse privado, da legalidade, da finalidade, da razoabilidade, da proporcionalidade, da motivação,[1091] da impessoalidade,[1092] da publicidade,[1093] do devido processo legal, da ampla defesa,[1094] da moralidade,[1095] do controle judicial,[1096] da responsabilidade do Estado,[1097] da improbidade,[1098] da eficiência,[1099] da segurança jurídica e o da economicidade.[1100]

1089 BANDEIRA DE MELLO, Celso Antônio. *Curso de Direito Administrativo*. São Paulo: Malheiros, 2009, p. 789.

1090 DI PIETRO, Maria Sylvia Zanella. *Direito Administrativo*. São Paulo: Atlas, 2009.

1091 Art. 1º, inciso II e seu parágrafo único; art. 5º, inciso XXXIV e art. 93, inciso X, da Constituição da República.

1092 Art. 37, *caput*, e art. 5º, *caput*, da Constituição da República.

1093 Art. 37, *caput*, e art. 5º, incisos XXXIII e XXXIV, alínea "b", da Constituição da República.

1094 Art. 5º, incisos LIV, LV e LXXVIII da Constituição da República.

1095 Art. 37, *caput*, §4º e §5º; art. 85, inciso V; art. 5º, inciso LXXIII, da Constituição da República.

1096 Art. 5º, inciso XXXV, da Constituição da República.

1097 Art. 37, §6º, da Constituição da República.

1098 Art. 37, §§ 4º e 5º, da Constituição da República.

1099 Art. 37 *caput*, da Constituição da República.

1100 Art. 70 da Constituição da República.

São princípios do regime jurídico administrativo o princípio da legalidade,[1101] da obrigatoriedade do desempenho de atividade pública,[1102] do controle administrativo ou tutela, da isonomia ou igualdade dos administrados em face da Administração,[1103] da publicidade dos atos administrativos,[1104] da inalienabilidade dos direitos concernentes à interesses públicos, do controle jurisdicional dos atos administrativos,[1105] da hierarquia e o princípio da especialidade.

Celso Antônio Bandeira de Mello aponta, atentando-se aos princípios do regime jurídico administrativo e aos princípios constitucionais a este atrelados, como princípios do serviço público o do dever inescusável de o Estado promover a sua prestação, o da supremacia do interesse público, da adaptabilidade, da universalidade, da impessoalidade, da continuidade, da transparência, da motivação, da modicidade das tarifas e do controle.[1106]

Com efeito, o regime de serviço público orienta-se à realização compulsória de direitos indisponíveis mediante os princípios fundamentais de isonomia ou uniformidade, neutralidade, publicidade ou máxima transparência, obrigatoriedade, responsabilidade e adequação, princípio este relacionado à continuidade, regularidade, generalidade ou universalidade, modicidade, segurança, atualidade ou adaptabilidade, eficiência e cortesia.[1107]

1101 Art. 37, *caput*; art. 5º, inciso II; art. 84, inciso IV, da Constituição da República.

1102 Inclusive seu derivado, o princípio de continuidade do serviço público.

1103 Art. 5º, incisos I e XLI; art. 37, *caput*, e incisos I, II e XXI, da Constituição da República.

1104 Art. 37, *caput*, XXI e §1º; art. 5º, incisos XIV, LX, XXXIII, XXXIV, alínea 'b' e parágrafo único, da Constituição da República.

1105 Art. 5º, inciso XXXV, da Constituição da República.

1106 BANDEIRA DE Mello, Celso Antônio. *Curso de Direito Administrativo*. São Paulo: Malheiros, 2009, pp. 672/673.

1107 O serviço adequado, de acordo com o § 1º do art. 6º da Lei n. 8.987, de 13 de fevereiro de 1995, é o que satisfaz às condições de regularidade, continuidade,

Como explicitado, Eros Roberto Grau assinalou ser equivocada a conceituação de serviço público como atividade sujeita ao regime de serviço público sob pena de, privilegiando-se a forma, incorrer em tautologia, razão pela qual convém frisar que a atividade econômica *lato sensu* sujeita-se ao regime de serviço público porque é serviço público, e não o inverso.[1108]

Ainda que assinale "inexistir uma totalidade normativa que se possa referir como regime de serviço público",[1109] pontua o autor que, quando se fala neste regime, procura-se destacar "um modelo específico, (...) cujo formato é demarcado mediante a aplicação de alguns princípios de Direito Público (...) ou, mais especificamente, de Direito Administrativo".[1110]

É, com efeito, imprescindível distinguir os diversos regimes jurídicos quando da compreensão das atividades econômicas *lato sensu*, já que a distintos regimes sujeitam-se as atividades econômicas *stricto sensu* e os serviços públicos.[1111]

A "*construção dos modelos de regime jurídico*",[1112] posto considerar haver "*situações objetivas díspares entre si*",[1113] enseja a "*construção de modelo diferenciado em relação a cada*

---

eficiência, segurança, atualidade, generalidade, cortesia na sua prestação e modicidade das tarifas.

1108 GRAU, Eros Roberto. *A ordem econômica na Constituição de 1988*. São Paulo: Malheiros, 2011, p. 117.

1109 GRAU, Eros Roberto. *A ordem econômica na Constituição de 1988*. São Paulo: Malheiros, 2011, p. 117.

1110 GRAU, Eros Roberto. *A ordem econômica na Constituição de 1988*. São Paulo: Malheiros, 2011, pp. 117/118.

1111 GRAU, Eros Roberto. *A ordem econômica na Constituição de 1988*. São Paulo: Malheiros, 2011, p. 117.

1112 GRAU, Eros Roberto. *A ordem econômica na Constituição de 1988*. São Paulo: Malheiros, 2011, p. 118.

1113 GRAU, Eros Roberto. *A ordem econômica na Constituição de 1988*. São Paulo: Malheiros, 2011, p. 118.

***caso concreto a que deva ser aplicado*",[1114] isto é, "à hipótese particularmente caracterizada",[1115] dentro de "*parâmetros de vinculação não apenas no conteúdo e na vocação teleológica [dos princípios de Direito Público], mas também em pautas enunciadas pelo direito positivo*".[1116]**

Constata-se, portanto, que é absolutamente incompatível com o regime de serviço público o desempenho de atividade empresarial lucrativa por parte das empresas de proteção ao crédito, as quais se valem do art. 29 da Lei n. 9.492/97, na redação dada pela Lei n. 9.841/99, para ter acesso privilegiado a informações coletadas pelo sistema cartorial, constituindo afronta ao regime constitucional das atividades notariais, as quais são qualificadas, conforme veremos a seguir, como serviços públicos.

28.9 Os serviços públicos por determinação constitucional e a natureza jurídica dos serviços notariais e de registro

A Constituição da República, em determinadas hipóteses, eleva expressamente determinadas atividades econômicas *lato sensu* a serviço público. Quando assim não o faz, a identificação desta ou daquela parcela de atividade econômica *lato sensu* como serviço público ou atividade econômica *stricto sensu* caberá ao intérprete.[1117]

1114 GRAU, Eros Roberto. *A ordem econômica na Constituição de 1988*. São Paulo: Malheiros, 2011, p. 118.

1115 GRAU, Eros Roberto. *A ordem econômica na Constituição de 1988*. São Paulo: Malheiros, 2011, p. 117.

1116 GRAU, Eros Roberto. *A ordem econômica na Constituição de 1988*. São Paulo: Malheiros, 2011, p. 118.

1117 GRAU, Eros Roberto. *A ordem econômica na Constituição de 1988*. São Paulo: Malheiros, 2011, p. 122.

Eros Roberto Grau faz uma distinção entre os serviços públicos privativos e os serviços públicos não privativos do Estado.[1118]

Os serviços públicos privativos são aqueles cuja prestação é exclusiva do Estado, mesmo que admitida a exploração pela iniciativa privada em regime de concessão, permissão ou autorização.

São, para Eros Roberto Grau, serviços públicos privativos, de titularidade da União, os referidos nos incisos X, XI e XII, do art. 21; no § 2º do art. 25; e, por fim, no inciso V do art. 30, todos da Constituição da República.

Os serviços públicos não privativos do Estado, ao contrário, podem ser prestados pela iniciativa privada independentemente de concessão, permissão ou autorização.

Eros Roberto Grau pontua que, diante dos serviços públicos não privativos, não se pode afirmar que tenham por substrato atividade econômica *stricto sensu*, a qual pode ser desenvolvida tanto quanto serviço público pelo Estado como atividade econômica *stricto sensu* pela iniciativa privada.[1119]

A "Constituição encerra todos os elementos e critérios que permitem a identificação de quais atividades empreendidas pelo Estado consubstanciam serviço público".[1120] A Constituição da República permite a identificação dos serviços públicos "através das diretrizes, programas e fins que enuncia".[1121] Além do mais,

1118 GRAU, Eros Roberto. *A ordem econômica na Constituição de 1988*. São Paulo: Malheiros, 2011, pp. 122/123.

1119 GRAU, Eros Roberto. *A ordem econômica na Constituição de 1988*. São Paulo: Malheiros, 2011, pp. 122/123.

1120 GRAU, Eros Roberto. *A ordem econômica na Constituição de 1988*. São Paulo: Malheiros, 2011, p. 124.

1121 GRAU, Eros Roberto. *A ordem econômica na Constituição de 1988*. São Paulo: Malheiros, 2011, p. 131.

> a preservação dos vínculos sociais e a promoção da coesão social pelo Estado assumem enorme relevância no Brasil, a ele incumbindo a responsabilidade pela provisão, à sociedade, como serviço público, de todas as parcelas da atividade econômica em sentido amplo que sejam tidas como indispensáveis à realização e ao desenvolvimento da coesão e da interdependência social.[1122]

A demarcação do que seja serviço público formula-se em sede da Constituição da República, a qual, suposta ou expressamente, fixa seus contornos. Apenas dentro desta moldura é que o legislador ordinário poderá definir o que seja serviço público. Além do mais,

> **a alusão a atividades econômicas que não podem ser serviço público (atividade econômica em sentido estrito) evidencia a impossibilidade de o legislador, discricionariamente, qualificar qualquer parcela da atividade econômica em sentido amplo como serviço público.**[1123]

De acordo com Celso Antônio Bandeira de Mello, a Constituição da República indica, em enumeração não exaustiva, determinadas atividades que devem ser, obrigatoriamente, serviços públicos.[1124]

Celso Antônio Bandeira de Mello pontua que, respeitados os limites constitucionais, o legislador ordinário poderá qualificar atividades econômicas *stricto sensu* como serviço público. Atendidas as normas relativas à ordem econômica, em especial as

---

1122 GRAU, Eros Roberto. *A ordem econômica na Constituição de 1988*. São Paulo: Malheiros, 2011, p. 123.

1123 GRAU, Eros Roberto. *A ordem econômica na Constituição de 1988*. São Paulo: Malheiros, 2011, p. 135.

1124 BANDEIRA DE MELLO, Celso Antônio. *Curso de Direito Administrativo*. São Paulo: Malheiros, 2009, pp. 680-789.

garantidoras da livre iniciativa, o Estado poderá, excepcionalmente, atuar nesta órbita.[1125]

A Constituição da República, sem definir o que sejam atividades econômicas *stricto sensu*, reservou ao legislador ordinário a competência para qualificar determinadas atividades como serviços públicos e, consequentemente, o campo de abrangência das atividades econômicas *stricto sensu*,[1126] o qual se sujeita ao caráter residual.

Entretanto, há atividades econômicas *lato sensu* que só podem ser prestadas em regime de serviço público.

Celso Antônio Bandeira de Mello pontua que há duas espécies de serviços públicos que só podem ser prestados pelo Estado, não podendo ser delegados. São eles o serviço postal e o correio aéreo nacional, conforme inciso X do art. 21 da Constituição da República,[1127] os quais são, portanto, serviços públicos de prestação obrigatória e exclusiva pelo Estado.

Determinados serviços públicos são de prestação obrigatória pelo Estado, o qual deve, igualmente, ser delegados. São os serviços de radiodifusão sonora e de sons e imagens, de acordo com a alínea "a" do inciso XII do art. 21[1128] da Constituição da República.

1125 BANDEIRA DE MELLO, Celso Antônio. *Curso de Direito Administrativo*. São Paulo: Malheiros, 2009, pp. 686 e 789.

1126 BANDEIRA DE MELLO, Celso Antônio. *Curso de Direito Administrativo*. São Paulo: Malheiros, 2009, pp. 686 e 789.

1127 O art. 21, inciso X, da Constituição da República assinala que "compete à União (...) manter o serviço postal e o correio aéreo nacional".

1128 O art. 21, inciso XII, alínea "a", da Constituição da República destaca que "compete à União (...) explorar, diretamente ou mediante autorização, concessão ou permissão (...) os serviços de radiodifusão sonora, e de sons e imagens".

O art. 223, *caput*,[1129] da Constituição da República impôs ao Estado que ele preste e, cumulativamente, delegue, obrigatoriamente, os referidos serviços quando pontuou competir ao Executivo outorgar e renovar concessão, permissão e autorização para o serviço de radiodifusão sonora e de sons e imagens, observado o princípio da complementaridade dos sistemas privado, público e estatal.

Por outro lado, são serviços públicos que o Estado não pode permitir que sejam prestados exclusivamente por particulares os de educação, saúde, previdência social, assistência social e radiodifusão sonora e de sons e imagens. São, portanto, serviços públicos de prestação obrigatória e sem exclusividade pelo Estado.

Todos os demais serviços públicos referidos na Constituição da República tanto podem ser prestados pelo Estado, como serem delegados. Entretanto, são serviços de prestação não obrigatória pelo Estado, desde que concedidos. Os referidos serviços estão constantes, em especial, nos incisos XI e XII do art. 21 da Constituição da República.

Especificamente com relação aos serviços notariais e de registro, eles são, nos termos do art. 236, *caput*, da Constituição da República, exercidos em caráter privado, por delegação do Poder Público.

Na expressão de José Afonso da Silva, os serviços prestados pelas "serventias do foro extrajudicial" apresentam característica de função pública já que, por eles, o Estado "intervém em atos ou negócios da vida privada para conferir-lhes certeza, eficácia e segurança jurídica".[1130]

1129 O art. 223, *caput*, da Constituição da República pontua que "compete ao Poder Executivo outorgar e renovar concessão, permissão e autorização para o serviço de radiodifusão sonora e de sons e imagens, observado o princípio da complementaridade dos sistemas privado, público e estatal".

1130 SILVA, José Afonso da. *Comentário contextual à Constituição*. São Paulo: Malheiros, 2006, p. 873.

Os serviços notariais e de registro, exercitáveis em caráter privado, ocorrem por meio de delegação do Poder Público. Ou seja, os serviços são uma atividade estatal, pública, que, por meio de delegação, é executada por *oficiais*.

Em detalhes, o art. 1º da Lei n. 8.935/1994 explicita o que são tais serviços, bem como quais as suas finalidades: "serviços notariais e de registro são os de organização técnica e administrativa destinados a garantir a publicidade, autenticidade, segurança e eficácia dos atos jurídicos".

No que se refere a sua natureza, as atividades de registro são serviços públicos, ainda que prestados privadamente. Não devem estar sujeitos à *lógica de mercado* ou às ambições de um ou outro delegatário a quem vierem a ser atribuídos. Não são atividades econômicas em sentido estrito, estas sim sujeitas aos interesses econômicos dos agentes da iniciativa privada.

As atividades destinadas a garantir a publicidade, autenticidade, segurança e eficácia dos atos jurídicos são qualificadas como serviço público pela Constituição da República, razão pela qual elas estão afastadas das regras de livre mercado.

Ademais, inadmite-se que referida atividade econômica *lato sensu* seja prestada em regime de atividade econômica *stricto sensu*. Não se pode admitir, ainda, que à título de regulamentar as atividades econômicas *stricto sensu*, haja comprometimento do serviço público constitucionalmente prescrito.

Assim considerando, o art. 29 da Lei n. 9.492/97, na redação dada pela Lei n. 9.841/99, contrariou o regime constitucional dos serviços públicos notariais.

Ao obrigar os *cartórios* a concederem às empresas vinculadas à proteção do crédito, sempre que solicitada, certidão diária, em forma de relação, dos protestos *tirados* e dos cancelamentos efetuados, fulminou-se o regime jurídico rigorosamente definido no plano constitucional, em especial ao assim abrir a possibilidade para que, abusivamente, empresas tivessem acesso a tais informações para a sua comercialização.

O quanto determinado pelo legislador infraconstitucional rompe com o modelo instituído pela Constituição da República em relação ao desempenho das atividades incumbidas aos serviços notariais e de registro.

Ao impingir os notários a fornecerem certidão da qual constem informações sobre "*protestos tirados e dos cancelamentos efetuados*", contrapõe-se ao mandamento constitucional, possibilitando a determinadas empresas privadas que não são delegatárias das atividades notariais e de registro o exercício de competência e atribuição exclusivas deles.

Ademais, o dispositivo em análise instaura uma espécie de competição entre os tabeliães e as empresas de proteção ao crédito, desencadeando efeitos que fragilizam aqueles, os quais são regidos por um regime jurídico muito específico incompatível com a incidência das *regras de livre mercado*.

Impossibilitados, pelo ordenamento jurídico, de se *adaptarem* a esse cenário competitivo, as empresas de proteção ao crédito passam a deter o que podemos chamar de vantagem competitiva, já que as informações acumuladas pelas empresas de proteção ao crédito tornam dispensável a consulta direta aos *cartórios*.

28.10 A permeabilização do regime de serviços públicos pela concorrência

A prestação dos serviços públicos é afastada da livre iniciativa e, assim, da concorrência, o que ocorre por força de limitações naturais à prestação do serviço – como é o caso dos monopólios naturais – seja por imposição normativa, com vistas a resguardar interesses coletivos.

Todavia, dentro de precauções sensíveis de resguardo do interesse público, passou-se a valorizar a concorrência e a propriedade privada para determinados serviços públicos.

Saliente-se, aqui, que por força do rígido regramento constitucional dos serviços notariais e de registro, eventual permeabilização do seu regime pela concorrência só poderia ocorrer, em tese, por meio de emenda constitucional.

As transformações do setor de telecomunicações ocorreram, por exemplo, no plano constitucional. Com a Emenda Constitucional n. 8, de 15 de agosto de 1995, que alterou a redação do art. 21, incisos XI e XII, "a", da Constituição da República, iniciou-se uma nova política neste setor pela supressão do monopólio estatal, uniformização do regime de exploração dos serviços e criação de um órgão regulador. Neste setor de serviços, estabeleceu-se a distinção entre serviços de interesse coletivo e de interesse restrito, sendo estes prestados em liberdade de concorrência, nos termos da Lei n. 9.472/1997, que dispõe sobre a organização dos serviços de telecomunicações.

Assim considerando, o art. 29 da Lei n. 9.492/97, na redação dada pela Lei n. 9.841/99, contrariou o regime constitucional dos serviços públicos notariais e, nessa medida, é materialmente inconstitucional.

Ao impingir os notários a fornecerem certidão da qual constem informações sobre "*protestos tirados e dos cancelamentos efetuados*", institui-se – em afronta à Constituição – uma concorrência entre os delegatários e os exploradores de atividade econômica *stricto sensu*.

Ademais, ainda que fosse editada eventual emenda constitucional no sentido de instituir uma concorrência no setor, dever-se-ia adotar precauções resguardadoras do interesse público.

Conforme assinala Dinorá Adelaide Musetti Grotti, a abertura à possibilidade de exploração em regime privado de serviço de titularidade estatal, com abertura à competição, pode se dar através de mecanismos de liberalização do acesso dos exploradores ao mercado, ausência de garantia de rentabilidade, flexibilidade dos preços, dentre outros.[1131]

Nesse contexto, a mesma autora assinala um dos pressupostos para a viabilização da concorrência, qual seja a desintegração vertical ("*unbundling*") de atividades potencialmente competitivas e não-competitivas objetivando "1) conseguir a aplicação de um regime jurídico distinto – mercado ou regulação – a umas e outras; e 2) a transparência informativa, imprescindível para uma regulação correta, com supressão de subvenções cruzadas entre os distintos serviços".[1132]

Em sentido similar, para Maria de Oliveira Nusdeo, as principais medidas adotadas para que se propicie a concorrência nos serviços públicos referem-se ao desmembramento de atividades complementares ou ligadas a uma mesma cadeia produtiva, ao estabelecimento de concorrência em fases da exploração da atividade econômica ou da prestação dos serviços públicos, além da criação de regras para evitar a concentração econômica.[1133]

28.11 O Direito europeu e a concorrência no serviço público

Procurando salvaguardar o dinamismo dos mercados, a defesa dos interesses dos consumidores e a garantia das liberdades e direitos fundamentais, o direito comunitário impôs a adoção de uma nova postura diante do serviço público, setor tradicionalmente regido

1131 GROTTI, Dinorá Adelaide Musetti. *O serviço público e a Constituição brasileira de 1988*. São Paulo: Malheiros, 2003, p. 164.

1132 GROTTI, Dinorá Adelaide Musetti. *O serviço público e a Constituição brasileira de 1988*. São Paulo: Malheiros, 2003, p. 319.

1133 GROTTI, Dinorá Adelaide Musetti. *O serviço público e a Constituição brasileira de 1988*. São Paulo: Malheiros, 2003, p. 323.

pelo direito público, de modo a adotar novos vetores neste setor, como a lógica de mercado, liberdade de empresa e de concorrência.

Entretanto, o direito comunitário da concorrência articulou-se para permitir a eficiência e a concorrência sem que isso implicasse na abertura irrestrita ao mercado e sua desregulação.

O Tratado que instituiu a Comunidade Europeia criou a figura do "*serviço de interesse econômico geral*", compreendendo neste as atividades de serviço comercializáveis que preencham missões de interesse geral, estando, por esta razão, sujeitas às obrigações específicas de serviço público. Veja-se a figura do serviço de interesse econômico geral sujeito às regras de concorrência albergado pelo direito europeu:

> Art. 86, §2º. As empresas encarregadas da gestão de serviços de interesse econômico geral ou que tenham a natureza de monopólio fiscal ficam submetidas ao disposto no presente Tratado, designadamente às regras de concorrência, na medida em que a aplicação destas regras não constitua obstáculo ao cumprimento, de direito ou de fato, da missão particular que lhes foi confiada. O desenvolvimento das trocas comerciais não deve ser afetado de maneira que contrarie os interesses da Comunidade.

Este dispositivo pode ser analisado sob dois aspectos. O primeiro é o do "*serviço econômico*" ou de "*atividade econômica*", e o segundo, o de "*missão de interesse geral*".

Tendo em vista o direito comunitário, a definição de "*atividade econômica*" dada por Denys Simon[1134] é aquela suscetível de ser exercida por um particular que se encontra em situação de

---

1134 JUSTEN, Mônica Spezia. *A noção de serviço público no Direito europeu.* São Paulo: Dialética, 2003, p. 180.

concorrência com atividades análogas exercidas pelos operadores econômicos privados.

Segundo Monica Spezia Justen, as "*missões de interesse geral*" caracterizam-se pelo cumprimento de prestações que não sejam desenvolvidas por um operador guiado unicamente pela obtenção de lucro. Assim:

> Esta noção equivale dizer que uma missão de interesse geral não é uma atividade que pode ser gerida nos mesmos moldes que uma atividade econômica de mercado (...). A gestão financeira de uma missão de interesse geral inclui um custo relativo ao cumprimento de uma obrigação de serviço público que revela a sua particularidade e que permite invocar a derrogação das regras de concorrência estabelecidas no Tratado da Comunidade Europeia.[1135]

Entretanto, cabe analisar como, e em que limites, a satisfação da "*missão de interesse geral*" permite o afastamento das regras de concorrência e quais as atividades que dela podem prescindir.

Para que a regra de concorrência deixe de ser aplicada, deve-se determinar o interesse coletivo que a gestão da atividade contempla e constatar se as regras de concorrência comprometem a prestação da atividade.

Assim considerando, referida regra do direito comunitário, aplicada à análise jurídica do art. 29 da Lei n. 9.492/97, na redação dada pela Lei n. 9.841/99, leva-nos à conclusão que, ao obrigar os *cartórios* a concederem às empresas vinculadas à proteção do crédito, certidão diária, em forma de relação, dos protestos *tirados* e dos cancelamentos efetuados, comprometeu-se a prestação do serviço público incumbido aos *oficiais*.

1135 JUSTEN, Mônica Spezia. *A noção de serviço público no Direito europeu.* São Paulo: Dialética, 2003, p. 182.

Com efeito, a prestação do serviço público incumbido aos *oficiais* contempla um interesse coletivo consistente em garantir a publicidade, autenticidade, segurança e eficácia dos atos jurídicos. Ocorre que a atuação das empresas vinculadas à proteção do crédito, em regime de atividade econômica *stricto sensu*, comprometem as atividades dos *cartórios*.

As empresas vinculadas à proteção do crédito, valem-se das prerrogativas dos *cartórios* para, uma vez obtida a certidão diária, em forma de relação, prestarem serviços em regime de livre mercado em detrimento da própria prestação da atividade dos cartórios, os quais deixam de ser consultados diretamente. Compromete-se, assim, o "*serviço universal*".

O "*serviço universal*" é aquele que visa a assegurar o acesso de todos os usuários a prestações essenciais de uma determinada qualidade e a preços justos. São inerentes ao serviço universal, assim, a universalidade, igualdade e continuidade.

No modelo europeu, a ampla abertura do setor dos "*serviços de interesse econômico geral*" para a concorrência sempre foi acompanhada de uma previsão de garantia de manutenção e desenvolvimento de um "*serviço universal*".

Ocorre que, no que tange ao art. 29 da Lei n. 9.492/97, na redação dada pela Lei n. 9.841/99, a regra do fornecimento da certidão diária, em forma de relação, foi instituída sem que houvesse uma previsão de garantia de manutenção da própria viabilidade do serviço público delegado aos *oficiais*.

Importante ressaltar, aqui, o vínculo existente entre a noção de "*serviço universal*" e a de "*serviço de interesse econômico geral*". O "*serviço de interesse econômico geral*" compreende o "*serviço universal*", parte "*antieconômica*" da atividade regida pelas normas de direito público. Salientando a amplitude da regulação desses serviços, assinala Monica Spezia Justen:

> Sob o aspecto da intensidade de regulação desses serviços, poder-se-iam visualizar facilmente duas ordens: a primeira, de maior rigor, com o fim de assegurar que o serviço universal alcance seus objetivos de fornecer a todos os usuários uma prestação de qualidade média e preço acessível. A segunda teria seu espaço delimitado pelas regras gerais de concorrência, passível do recurso à derrogação do regime comum via § 2º do artigo 86. É pertinente a explicação de Barbara Mameli sobre a relação do "serviço universal" com o "serviço de interesse econômico geral" quanto à derrogação das regras comunitárias acerca da concorrência: o serviço universal tem o poder *ipso facto* de se subtrair a tais normas, já "o serviço de interesse econômico geral" definido internamente como tal, somente poderá afastar a incidência do regime concorrencial se for cabível a aplicação do artigo 86, § 2º.

A existência de um núcleo de "*serviço universal*" nas atividades de "*interesse econômico geral*" visa a proteger o usuário, quando garante o acesso a um serviço básico e mínimo, e o prestador do serviço, garantindo-lhe um mecanismo de compensação financeira. No direito comunitário, assim, a concorrência é contida quando, diante do interesse público, restar comprometida a prestação da atividade de interesse coletivo.

Especificamente com relação à necessidade de garantia de compensação financeira ao prestador do serviço, evidencia-se que, com relação ao art. 29 da Lei n. 9.492/97, na redação dada pela Lei n. 9.841/99, deixou-se de se atentar ao direito ao equilíbrio econômico-financeiro, tema que será oportunamente desenvolvido nesse parecer.

28.12 A lição do caso Corbeau: os limites à concorrência

O caso Corbeau, levado à Corte de Justiça da Comunidade Europeia, teve como partes as Régie des Postes, serviço de correios da Bélgica, organizado em regime de monopólio, e Paul Corbeau, comerciante que passou a oferecer um serviço de coleta e entrega de correspondências e, por esta razão, sofreu uma ação criminal, uma vez haver incutido numa atividade de monopólio assegurado a outrem.

Questionou-se a extensão da restrição da concorrência, ou até mesmo sua exclusão, para que um prestador de "*serviço de interesse econômico geral*" desenvolva suas atividades em regime de monopólio, o que assegura a compensação econômica.

Esta compensação econômica fundava-se numa equação financeira que garantisse a observância dos princípios da universalidade e continuidade. A uniformidade de tarifas, independentemente das condições específicas ou do grau de lucratividade econômica de cada operação individual, assegurava a obtenção da lucratividade econômica das Régie des Postes.

O artigo 86, § 2º, do Tratado supracitado, determina que as regras de concorrência não podem obstar o cumprimento da atividade confiada a uma empresa prestadora de um "*serviço de interesse econômico geral*". O empreendimento de Paul Corbeau estaria, assim, impedido de funcionar se sua atuação colocasse em risco o equilíbrio econômico das Régie des Postes, a quem foi confiada a "*missão de interesse geral*".

Colocada em risco a atividade, afastar-se-ia a regra da concorrência, vez que poderia prejudicar a prestação do titular do direito exclusivo de exercê-la. A atividade é comprometida na medida em que as condições que garantem a operacionalidade econômica desta prestação são postas em risco quando o particular atua no seu desempenho. No caso do serviço prestado por Paul Corbeau, este desempenhava suas atividades em área de atendimento restrito para uma clientela com uma necessidade especial.

A Corte de Justiça analisou a questão a partir do equilíbrio financeiro da empresa encarregada de uma missão, bem como a importância deste equilíbrio quando da aplicação do art. 86,

§ 2º. A iniciativa privada, atuando somente em áreas de grande produtividade, deixa desatendidas regiões de menor relevância econômica, concentrando-se em áreas mais rentáveis e, assim, consegue oferecer tarifas menores comparativamente aos responsáveis pela missão de interesse geral, que têm o dever de universalidade, continuidade e igualdade.

O responsável pela missão de interesse geral atua com uma equação econômico-financeira baseada num regime de compensação entre as vantagens da região mais lucrativa e as desvantagens da região menos lucrativa. A equação desequilibra-se na medida em que o particular atua no mesmo ramo da atividade, especialmente nas regiões mais lucrativas.

A autorização para que particulares concorram com titulares de direitos exclusivos nos setores de sua escolha colocam-nos em situação vantajosa, vez que estariam livres para se concentrarem em atividades economicamente rentáveis, e oferecerem tarifas mais vantajosas que as praticadas pelos titulares de direitos exclusivos, já que não estão obrigados a operar uma compensação entre perdas dos setores não rentáveis e os benefícios dos rentáveis.

O serviço oferecido por Paul Corbeau, dada a sua especificidade, diferenciava-se do serviço das Régie des Postes, o que afastou a aplicação do artigo 86, § 2º. Inexistindo comprometimento do equilíbrio econômico da atividade diante do serviço comercial de natureza específica prestado num espaço territorial restrito, não estariam afetados os serviços de interesse geral.

A execução em regime de exclusividade do serviço público assegura um regime econômico baseado numa equação financeira que garanta a universalidade e a continuidade.

Em suma, da norma geral de Direito que se pode extrair dessas razões, tem-se que as regras de concorrência não podem servir de obstáculo ao cumprimento da prestação do serviço público. O titular do direito exclusivo de exercê-lo tem estancado o equilíbrio econômico-financeiro, quando, a despeito do regime de exclusividade, outros sujeitos a ele atentam, comprometendo, consequentemente, a necessária lucratividade econômica, requisito necessário à universalidade e continuidade do serviço. Neste sentido abaliza Monica Spezia Justen, para a qual "esse comprometimento do exercício da missão verifica-se, usualmente, na medida em que as condições que garantem a operacionalidade econômica dessa prestação são colocadas em risco pela atuação particular".[1136]

Ou seja, quando afetado o equilíbrio financeiro do encarregado da prestação do serviço público, fundado em um regime de compensação entre vantagens e desvantagens, compromete-se a atividade exercida em caráter público, bem como a prestação do serviço público. Ademais, rompe-se o equilíbrio econômico-financeiro da atividade delegada.

28.13 O direito ao equilíbrio econômico-financeiro pelos delegatários das atividades notariais

Saliente-se, aqui, que devem ser regidos por critério similar às concessões de serviço público, os direitos econômico-financeiros dos delegatários das atividades notariais, ambos particulares em colaboração com o Poder Público em sua acepção lata. Ademais, o direito ao equilíbrio econômico-financeiro conferido aos *oficiais* emerge do próprio Estado de Direito, bem como do necessário respeito aos direitos individuais, do resguardo da segurança jurídica, do dever de lealdade do Poder Público e do respeito à boa-fé e legítimas expectativas.

Portanto, modificações no regime da atividade notarial que traduzam em agravos econômicos para os agentes que titularizam referida atividade deve ensejar a sua recomposição nos moldes do

---

1136 JUSTEN, Mônica Spezia. *A noção de serviço público no Direito europeu*. São Paulo: Dialética, 2003, p. 202.

regime jurídico do equilíbrio econômico-financeiro dos contratos administrativos em geral.

O equilíbrio econômico-financeiro dos contratos administrativos em geral consta do art. 37, inciso XXI,[1137] da Constituição da República; do art. 9º, § 2º e § 4º, art. 10, art. 11, par. único, todos da Lei n. 8.987/95; e do art. 57, § 1º, art. 58, § 1º e § 2º, e no art. 65, inciso II, alínea "d", todos da Lei n. 8.666/1993.

Assinala Odete Medauar que "o equilíbrio econômico-financeiro significa a proporção entre os encargos do contratado e a sua remuneração, proporção esta fixada no momento da celebração do contrato".[1138] Egon Bockmann Moreira, do mesmo modo, pontua que o equilíbrio econômico-financeiro "significa a posição estável do projeto do concessionário no que respeita à administração de seus recursos materiais (economia) e ao capital disponível para tanto (finanças)".[1139]

Com efeito, o equilíbrio ou equação econômico-financeira do contrato envolve uma relação – estabelecida pelas próprias partes contratantes no momento da conclusão do contrato – entre um conjunto de direitos e de encargos de ambas as partes, que

---

1137 Art. 37. A administração pública direta e indireta de qualquer dos Poderes da União, dos Estados, do Distrito Federal e dos Municípios obedecerá aos princípios de legalidade, impessoalidade, moralidade, publicidade e eficiência e, também, ao seguinte: (...) XXI. ressalvados os casos especificados na legislação, as obras, serviços, compras e alienações serão contratados mediante processo de licitação pública que assegure igualdade de condições a todos os concorrentes, com cláusulas que estabeleçam obrigações de pagamento, mantidas as condições efetivas da proposta, nos termos da lei, o qual somente permitirá as exigências de qualificação técnica e econômica indispensáveis à garantia do cumprimento das obrigações.

1138 MEDAUAR, Odete. *Direito Administrativo moderno*. São Paulo: Revista dos Tribunais, 2009, p. 220.

1139 MOREIRA, Egon Bockmann. *Direito das concessões de serviço público*. São Paulo: Malheiros, 2010, p. 387.

pareceram equivalentes. Desde então, esta equivalência não mais pode ser alterada.[1140]

A equação econômico-financeira do contrato configura-se como verdadeira garantia para o contratante. Rompido o equilíbrio econômico-financeiro do contrato, nasce para ele o direito à compensação integral dos prejuízos suportados,[1141] bem como dos lucros cessantes.[1142]

Ou seja, fatos imprevisíveis, ou previsíveis com efeitos extraordinários, decorrentes de força maior, caso fortuito e fato do príncipe (álea econômica extraordinária e extracontratual), quando impedem ou dificultam a execução do contrato, demandam a alteração do contrato administrativo para restaurar a relação inicial entre o preço do contratante e os encargos do contratado e, consequentemente, restabelecer o equilíbrio econômico-financeiro originário.[1143]

1140 BANDEIRA DE MELLO, Celso Antônio. *Curso de Direito Administrativo.* São Paulo: Malheiros, 2011, p. 710.

1141 PEREIRA JUNIOR, Jessé Torres. *Comentários à lei de licitações e contratações da Administração Pública.* Rio de Janeiro: Renovar, 2003, p. 595.

1142 JUSTEN FILHO, Marçal. *Teoria geral das concessões de serviço público.* São Paulo: Dialética, 2003, p. 609.

1143 CARVALHO FILHO, José dos Santos. *Manual de Direito Administrativo.* Rio de Janeiro: Lumen Juris, 2012, p. 212. Com efeito, o art. art. 65, inciso II, "d", da Lei n. 8.666/1993, prescreve que: "Os contratos regidos por esta Lei poderão ser alterados, com as devidas justificativas, nos seguintes casos: (...) por acordo das partes: (...) para restabelecer a relação que as partes pactuaram inicialmente entre os encargos do contratado e a retribuição da administração para a justa remuneração da obra, serviço ou fornecimento, objetivando a manutenção do equilíbrio econômico-financeiro inicial do contrato, na hipótese de sobrevirem fatos imprevisíveis, ou previsíveis porém de consequências incalculáveis, retardadores ou impeditivos da execução do ajustado, ou, ainda, em caso de força maior, caso fortuito ou fato do príncipe, configurando álea econômica extraordinária e extracontratual".

28.14 Os riscos da concorrência diante da desintegração vertical de atividades potencialmente competitivas e a questão da assimetria regulatória

Conforme já assinalado, um dos pressupostos para a construção da competitividade é a desintegração vertical de atividades potencialmente competitivas.

Nesse aspecto, deve-se atentar aos efeitos desfavoráveis ao que Alexandre Santos de Aragão chamou de *concorrencialização* nos serviços públicos.[1144] A observação deste ponto levou o mesmo autor a pontuar, dentre os fatores de cautela, o risco da concorrência predatória e aumento de padrões técnicos incompatíveis com a sua prestação:

> Havendo muitos agentes no setor, há riscos de concorrência predatória (...), o que compromete a eficiência global da prestação de serviços que são essenciais. (...) A difusão de tipos de atividades diversas dentro do mesmo setor, difundida pela concorrência, pode levar à fragmentação dos mercados em razão da tendência de proliferação de padrões técnicos incompatíveis.[1145]

A impossibilidade de competição em determinados setores decorre, além da concentração do mercado, de fatores econômicos e naturais, os quais podem impedir a existência de concorrência no setor regulado pelo regime dos serviços públicos. Este perigo foi diagnosticado por este autor do seguinte modo:

1144 ARAGÃO, Alexandre Santos de. "Serviços públicos e concorrência". *Revista de Direito Administrativo*, vol. 233. Rio de Janeiro: Renovar, jul/set 2003, p. 318.

1145 ARAGÃO, Alexandre Santos de. "Serviços públicos e concorrência". *Revista de Direito Administrativo*, vol. 233. Rio de Janeiro: Renovar, jul/set 2003, p. 320.

> Muitas atividades que integram o bloco tradicional dos serviços públicos são irremediavelmente insuscetíveis de competição (...), de forma que a sua desregulação concorrencial levaria à substituição do monopólio público pelo monopólio privado. (...) Outros fatores podem ser elencados, como a tendência existente nestes mercados de concentração econômico-empresarial e de acordos anticoncorrenciais.[1146]

É complexa a transição do regime jurídico do monopólio da atividade econômica para o de competição. Os problemas não são diminuídos pelo fato de este regime estar sujeito a limitações especiais decorrentes do exercício do poder estatal.

A passagem de um sistema de titularidade pública sobre determinada atividade e regulação detalhada desta para um sistema aberto, presidido pela liberdade de empresa num regime de competição aberta, não pode, obviamente, ocorrer no plano legal sem considerar o regime constitucional da atividade.

Ademais, conforme pontua Dinorá Adelaide Musetti Grotti, a abertura dos serviços à competição e às leis de mercado caracteriza-se pela:

> a) não-qualificação como serviço público de uma atividade ou setor em seu conjunto, mas apenas de algumas tarefas, missões, atuações concretas dentro daquele; b) o abandono do conceito de reserva e da titularidade da atividade a favor do Estado. (...); c) a substituição do regime fechado e em exclusividade, por um regime aberto, em princípio, quanto à entrada no setor, sob regime de autorização vinculada,

1146 ARAGÃO, Alexandre Santos de. "Serviços públicos e concorrência". *Revista de Direito Administrativo*, vol. 233. Rio de Janeiro: Renovar, jul/set 2003, p. 321.

> submetida a uma "regulação por causa do serviço público" e à imposição de encargos ou obrigações de serviço (...).[1147]

Assinala a mesma autora que a implantação da concorrência pressupõe a adoção de duas premissas: a capacidade de funcionamento em esquemas competitivos entre fornecedores e a criação de estruturas de mercado compatíveis com a implantação da concorrência, o que somente é possível através da reorganização da forma de exploração das atividades, que deverá vir acompanhada de mecanismos para evitar a concentração econômica e práticas anticompetitivas por parte de determinados operadores.

Admite-se, ainda, que certos serviços possam ser segmentados em duas ou mais atividades e a adoção de regimes de concorrência em algumas delas. Destaca a autora o chamado processo de "*unbundling*", surgido no direito anglo-saxão, que vem se firmando na medida em que se desencadeiam atividades introdutórias da competitividade nos serviços entregues à iniciativa privada.

Assim considerando, é materialmente inconstitucional a pretensão do art. 29 da Lei n. 9.492/97, na redação dada pela Lei n. 9.841/99, em promover uma passagem de um sistema de titularidade pública da atividade notarial e regulação detalhada para um sistema aberto, presidido pela liberdade de empresa num regime de competição aberta.

Ademais, a instituição de uma concorrência *sui generis* entre os oficiais e as empresas de proteção ao crédito é nefasto em razão da questão da assimetria regulatória.

A atribuição de distintos regimes jurídicos às atividades de um mesmo setor recebe o nome de assimetria regulatória, o que pode gerar uma concorrência ilegítima no desempenho das atividades.

1147 GROTTI, Dinorá Adelaide Musetti. *O serviço público e a Constituição brasileira de 1988*. São Paulo: Malheiros, 2003, pp. 320/321.

A Constituição de República instituiu regime bastante particular para a prestação dos serviços notariais e de registro. Como se infere do *caput* do artigo 236 da Constituição de República, as atividades desempenhadas pelos notários e registradores são estatais.

Ademais, cumpre ressaltar que o artigo supramencionado expressamente estabelece ser a delegação a única forma pela qual os serviços notariais e de registro serão prestados. Não há, de acordo com o texto normativo em questão, a possibilidade dessas atividades serem exercidas de outra maneira.

O *caput* do artigo 236 é taxativo ao afirmar que "os serviços notariais e de registro são exercidos em caráter privado, por delegação do Poder Público", não permitindo que se diferencie dentre as atribuições e competências de notários e registradores, definidas pela Lei n. 8.935/94, as que se submetem ao regime constitucional e aquelas sobre as quais não recaem as mesmas exigências. Portanto, a delegação é a forma exclusiva de desempenho dos serviços notariais e de registro.

Prosseguindo a normatização dessas atividades, a Constituição da República estabelece que a fiscalização da atuação dos delegatários é incumbida ao Poder Judiciário (art. 236, §1°), e que o valor a ser cobrado pela prestação dos serviços notarias e de registro é fixado por lei (art. 236, §2°).

A forma como a prestação dos serviços notariais e de registro está disciplinada permite concluir que o Estado optou por retirar o desempenho dessa atividade da dinâmica vivenciada pelo setor privado, especialmente no concernente à concorrência. Nesse sentido, cumpre transcrever trecho da obra do autor Calixto Salomão Filho, que assim leciona:

> Quando a atividade realizada pelo particular tem a natureza de serviço público, então, a regulamentação substitui o sistema concorrencial. (...)

> Sendo a noção de serviço público equívoca no sistema jurídico brasileiro, ela não pode ser critério para determinar sujeição ou não de uma determinada atividade ao sistema puramente regulamentar e não concorrencial. Para que seja possível presumir essa intenção é necessário verificar os poderes efetivamente atribuídos pela lei. É preciso que a lei especificamente manifeste a intenção de substituir o sistema concorrencial pelo sistema regulamentar ou então que a lei outorgue ao titular do poder regulamentar poderes para influir nas variáveis fundamentais de orientação da vida da empresa: basicamente preço e quantidade produzida, o que faz presumir a existência da mencionada intenção de substituição.[1148]

Diante do exposto, resta claro que o regime imposto pela Constituição da República enquadra-se ao explicitado pelo autor. A regulamentação da atividade notarial e de registro pelo Estado, definindo valor dos emolumentos, atribuições e competências, ou seja, limitando o alcance do exercício das atividades pelos delegatários, impossibilitando, também, que escolham em quais segmentos atuar, especialmente de acordo com a rentabilidade destes, além da fiscalização pelo Judiciário, tornam inconteste a conclusão de que "*a regulamentação substitui o sistema concorrencial*".

Assim, ao restringir as escolhas dos titulares dos serviços notariais e de registro, o constituinte impôs ao legislador infraconstitucional, também, o dever de blindar esse setor de condições que desencadeiem concorrência em relação as tais atividades.

Caso contrário, aqueles que assumam as atribuições e competências determinadas aos notários e registradores tornar-se-ão parte de um mercado competitivo, porém em situação extremamente desfavorável, uma vez que estão submissos aos interesses ditados

1148 SALOMÃO FILHO, Calixto. *Direito concorrencial*: as estruturas. São Paulo: Malheiros, 2002, p. 216.

pelo Estado, não podendo se utilizar das ferramentas disponíveis aos que integram o setor privado.

Além do mais, há uma assimetria regulatória entre tais atividades – entre o serviço público prestado pelos oficiais e atividade econômica stricto sensu das empresas de proteção ao crédito – que inviabiliza, concretamente, a concorrência entre elas.

Portanto, quando o Estado, pela produção de uma norma, no caso o art. 29 da Lei n. 9.492/97, permite que a iniciativa privada – não submissa ao mesmo regime definido pelo ordenamento jurídico em relação aos serviços notariais e de registro – explore economicamente atividade idêntica à atribuída aos *cartórios*, instaura-se concorrência entre estes e empresas que prestam serviços visando à proteção ao crédito.

Dessa forma, o legislador infraconstitucional atua de forma incompatível com o que estabelece a Constituição da República. O texto do dispositivo sob análise neste parágrafo contradiz a escolha do legislador constitucional. Essa alteração compromete negativamente os serviços notariais e de registro, dado que, conforme explicitado, não podem reagir à competição instaurada, devendo suportar os ônus dessa indevida modificação no regime dos serviços notariais e de registro, fragilizando os *cartórios*, instituição elementar ao Estado Direito.

No caso objeto deste parecer, faz-se importante ressaltar um elemento substancial nesse cenário competitivo instaurado pelo art. 29 da Lei n. 9.492/97. A obrigatoriedade estabelecida pelo *caput* do dispositivo – qual seja a de que os cartórios devem fornecerem às empresas de proteção ao crédito certidão diária dos protestos tirados e dos cancelamentos – tornam os próprios tabeliães patrocinadores dessa irregular concorrência.

Os serviços notariais e de registro objetivam garantir, conforme define a Lei n. 8.935/94 em seu artigo 1º, "*a publicidade, autenticidade, segurança e eficácia dos atos jurídicos*". Em uma economia de mercado, na qual as relações comerciais assumem protagonismo, a existência de um meio que assegure a cobrança de débitos e, concomitantemente, permita aos cedentes de crédito maior previsibilidade em relação às suas operações, uma vez que podem acessar informações sobre inadimplentes, é de serviço de irrefutável relevância.

Sua importância reside, também, em haver disciplina no tocante a como o serviço de protesto será executado. Ao lado da liberdade de iniciativa, a Constituição estabelece como um dos princípios da ordem econômica a defesa do consumidor (art. 170, inciso VI), além de consagrar em seu art. 5º, inciso X, a inviolabilidade "*a intimidade, a vida privada, a honra e a imagem das pessoas*".

Portanto, faz-se imprescindível que o serviço de protesto seja desempenhado alinhado a esses direitos assegurados a quem ocupa o outro polo das relações consumeristas.

Assim, a legislação mencionada estipula o modo como devem atuar os tabeliães responsáveis por executar o protesto de títulos, a fim de garantir que não haja submissão de direitos fundamentais e uma irrestrita proteção da livre iniciativa.

Portanto, diante do exposto e considerando o que dispõe a Lei n. 9.492/97, em seu artigo 3º:

> Compete privativamente ao Tabelião de Protesto de Títulos, na tutela dos interesses públicos e privados, a protocolização, a intimação, o acolhimento da devolução ou do aceite, o recebimento do pagamento, do título e de outros documentos de dívida, bem como lavrar e registrar o protesto ou acatar a desistência do credor em relação ao mesmo, proceder às averbações, prestar informações e fornecer certidões relativas a todos os atos praticados, na forma desta Lei.

Resta evidente a preocupação em regulamentar o protesto de forma a alinhá-lo aos ditames constitucionais.

A determinação de ser competência exclusiva do tabelião de protesto de títulos prestar informações sobre os atos que pratica é indispensável para se assegurar que um serviço de suma relevância como é o protesto de títulos, perfaça-se de forma a não comprometer direitos consagrados pelo ordenamento jurídico pátrio.

Assim, quando o legislador infraconstitucional alterou a Lei n. 9.492/97, inserindo o art. 29, afrontou a Constituição da República. Quando empresas de proteção ao crédito, de posse das certidões emitidas pelos *cartórios* de protestos, divulgam as informações constantes destas, tais entidades estão desempenhando atividade que é de competência exclusiva dos tabeliães.

Como prescreve o artigo supratranscrito, somente eles podem prestar informações sobre os atos que praticam em relação à execução do serviço de protesto. Ao disponibilizar em seus bancos de dados o conteúdo das certidões que recebem dos *cartórios*, as empresas de proteção ao crédito estão informando seus Consulentes sobre atos praticados para efetivação do protesto, atividade que somente pode ser desempenhada pelos delegatários a quem o Poder Público atribuiu tal competência.

De extrema relevância destacar, ainda, que a Constituição, ao regular os serviços notariais e de cartórios, ao definir os critérios para selecionar quem exercerá tais atividades, delimitou serem os delegatários somente pessoas físicas.

Ao definir que "o ingresso na atividade notarial e de registro depende de concurso público de provas e títulos" (art. 236, §3°), o constituinte retira qualquer possibilidade das atribuições e competências reservadas aos notários e registradores serem exercidas por pessoas jurídicas, afinal estas não realizam provas ou possuem o título exigido, qual seja, o que ateste a formação em direito, como determina a Lei n. 8.935/94 em seu art. 3°.

28.15 Considerações finais

Em que pese existir razões para se indicar a revogação do art. 29 da Lei n. 9.492/97, na redação dada pela Lei n. 9.841/99, conforme exposto acima, o quanto determinado pelo legislador infraconstitucional rompe com o modelo constitucional das atividades incumbidas aos serviços notariais.

Os serviços notariais e de registro são, nos termos do art. 236, *caput*, da Constituição da República, exercidos em caráter privado, por delegação do Poder Público, e se destinam a conferir segurança jurídica às relações jurídicas privadas.

Portanto, é notório que a Constituição da República e a Lei n. 8.935/1994, reconhecendo a relevância pública de determinadas relações jurídicas privadas, conferiu aos serviços notariais e de registro um papel central na garantia de publicidade, autenticidade, segurança e eficácia de determinados atos jurídicos.

Assim considerando, inadmite-se que, na exploração de qualquer atividade econômica em sentido estrito – o que ocorre, por exemplo, com as empresas de proteção ao crédito – haja qualquer comprometimento da referida sistemática constitucional e sua regulamentação pela Lei n. 8.935/1994.

A *concorrência predatória* estabelecida entre os tabeliães e as empresas de proteção ao crédito – desencadeando efeitos que fragilizam aqueles detentores da delegação de um serviço público – é inconstitucional.

O verdadeiro privilégio conferido às empresas de proteção ao crédito pelo art. 29 da Lei n. 9.492/97 – qual seja o de negociar, conforme regras de livre mercado, informações decorrentes da certidão, em forma de relação, dos protestos – é detrimentoso.

Em tese, referidas informações conferem às empresas uma ilegítima vantagem competitiva na medida em que, de alguma forma, subsidia suas atividades privadas e suporta uma alavancagem de uma atividade ulterior, da Constituição de cadastro de consumidores "*negativados*", realizada sem qualquer regulação própria a atividades de interesse geral, caracterizando ainda evidente assimetria com relação às regras impostas à atividade cartorial.

Em outras palavras, referidas informações conferem às empresas uma ilegítima vantagem competitiva consistente em dispor de tais informações, as quais, somadas àquelas já detidas em seus bancos de dados e cadastros relativos a consumidores, tendem a inviabilizar a atuação de qualquer outro agente, seja em regime de livre mercado, seja em regime de serviço público.

São Paulo, 8 de maio de 2017.

REFERÊNCIAS BIBLIOGRÁFICAS

AGAMBEM, Giorgio. *Estado de exceção*. Trad. de Iraci D. Poleti. 2ª ed. São Paulo: Boitempo, 2011.

______. *Homo Sacer*: o poder soberano e a vida nua. Trad. Henrique Burgo. Belo Horizonte: UFMG, 2004.

ALEXY, Robert. *Teoria da argumentação jurídica*. São Paulo: Landy: 2001.

ALVES, Alaôr Caffé. "Regiões metropolitanas, aglomerações urbanas e microrregiões: novas dimensões constitucionais da organização do Estado brasileiro". *Revista de Direito Ambiental*, nº 15, 1989.

AMARAL JUNIOR, Alberto do. *Curso de direito internacional público*. São Paulo: Atlas, 2012.

ANDERS, Eduardo Caminati; BAGNOLI, Vicente; PAGOTTO, Leopoldo (Coord.). *Comentários à Nova Lei de Defesa da Concorrência*. São Paulo: Método, 2012.

ARAGÃO, Alexandre dos Santos. *Direito dos serviços públicos*. Rio de Janeiro: Forense, 2008.

ARAS, Vladimir. "O papel da autoridade central nos acordos de cooperação penal internacional". *In*: BALTAZAR JUNIOR, José Paulo; LIMA, Luciano Flores de (Coord.). *Cooperação jurídica Internacional em matéria penal*. Porto Alegre: Verbo Jurídico, 2010.

ARAÚJO, Edmir Netto de. *Do negócio jurídico administrativo*. São Paulo: Revista dos Tribunais, 1992.

ARAUJO, Luiz Alberto David; NUNES JÚNIOR, Vidal Serrano. *Curso de Direito Constitucional*. São Paulo: Verbatim, 2018.

ARAÚJO, Marcos Paulo Marques. "Adoção da Gestão Associada para a Prestação da Disposição Final de Resíduos Sólidos Urbanos à Luz da Lei n. 11.445/07, Lei de Saneamento Básico (LSB)". *Fórum de Direito Urbano e Ambiental*, nº 35, set/out., 2007.

ARENDT, Hannah. *Origens do totalitarismo*. Trad. Roberto Raposo. São Paulo: Companhia das Letras, 1989.

ARISTÓTELES. *A política*. Brasília: UNB, 1997.

AROCA, Juan Montero. *Principios del proceso penal*. Valencia: Tirant Lo Blanch, 1997.

ÁVILA, Humberto. *Teoria da segurança jurídica*. 3ª ed. São Paulo: Malheiros, 2014.

BACK, Charlotth. "Direito penal do inimigo político". *In*: PROSNER, Carol *et al*. (Coord.). *Comentários a uma sentença anunciada*: o processo Lula. Bauru: Canal 6, 2017.

BADARÓ, Gustavo Henrique. *Correlação entre Acusação e Sentença*. São Paulo: RT, 2001.

BALDWIN, Robert; SCOTT, Colin; HOOD, Christopher. *A reader on regulation*. Oxford: Oxford, 1998.

BANDEIRA DE Mello, Celso Antônio. *Conteúdo jurídico do princípio da igualdade*. São Paulo: Malheiros, 2011.

______. *Curso de Direito Administrativo*. São Paulo: Malheiros, 2014.

BARACHO, José Alfredo de Oliveira. "O ambiente sistêmico da função judicial e o espaço político da magistratura". *Revista de Processo*, vol. 98, abr.-jun, 2000.

BARROSO, Luís Roberto. *Temas de Direito Constitucional*. Tomo II. Rio de Janeiro: Renovar, 2009.

______. "Constituição, democracia e supremacia judicial: Direito e política no Brasil contemporâneo". *In*: ______. *O controle de constitucionalidade no Direito brasileiro*. São Paulo: Saraiva, 2010.

______. *Interpretação e aplicação da Constituição*: fundamentos de uma dogmática constitucional transformadora. São Paulo: Saraiva, 2009.

______. *O Direito Constitucional e a efetividade de suas normas*: limites e possibilidades da Constituição brasileira. Rio de Janeiro: Renovar, 2009.

BASTOS, Celso Ribeiro. *Curso de Direito Constitucional.* São Paulo: Saraiva, 1999.

BENJAMIN, Walter. *Teses sobre o Conceito de História, Obras escolhidas.* vol. 1. Magia e técnica, arte e política. Ensaios sobre literatura e história da cultura. São Paulo: Brasiliense, 1987.

BERCOVICI, Gilberto. "Constituição e política: uma relação difícil". *Lua Nova*, nº 61, 2004.

BINENBOJM, Gustavo. *Uma Teoria do Direito Administrativo.* Rio de Janeiro: Renovar, 2006.

BISHOP. "New United States Policy, Limiting Immunity". 47 *American Journal of International Law*, 1953.

BOBBIO, Norberto. *Contra os novos despotismos*: escritos sobre o berlusconismo. 1ª ed. São Paulo: Editora Unesp; Instituto Norberto Bobbio, 2016.

______. *O futuro da democracia.* Rio de Janeiro: Paz e Terra, 2009.

______. *Teoria do ordenamento jurídico.* 6ª ed. Brasília: Editora Universidade de Brasília, 1995.

BÖCKENFÖRDE, Ernst-Wolfgang. "Grundrechte als Grundsatznormen: Zur gegenwärtigen Lage der Grundrechtsdogmatik". *In*: ______. *Staat, Verfassung, Demokratie*: Studien zur Verfassungstheorie und zum Verfassungsrecht. Suhrkamp: Auflage. *Apud:* BERCOVICI, Gilberto. "Constituição e política: uma relação difícil". *Lua Nova*, nº 61, 2004.

BONAVIDES, Paulo. *Curso de Direito Constitucional.* São Paulo: Malheiros, 2001.

BORGES, Alice Gonzalez. "Áreas e instalações portuárias". *Revista de Direito Administrativo*, vol. 210, out./dez., 1997.

BRANCO, Gerson Luiz Carlos. "A proteção das expectativas legítimas derivadas das situações de confiança: elementos formadores do princípio da confiança e seus efeitos". *Revista de Direito Privado*, nº 12/169, 2002.

BULOS, Uadi Lammêgo. *Curso de Direito Constitucional.* São Paulo: Saraiva, 2018.

BURDEAU, Georges. "Remarques sur la classification des fonctions étatiques". *Revue du droit public*, Paris, nº 60, 1945.

CAETANO, Marcello. *Manual de ciência política e Direito Constitucional.* Tomo I. Coimbra: Almedina, 2009.

CAMMAROSANO, Márcio. *O princípio constitucional da moralidade e o exercício da função administrativa*. Belo Horizonte: Fórum, 2006.

CAMPILONGO, Celso Fernandes. *Política, sistema jurídico e decisão judicial*. São Paulo: Max Limonad, 2002.

CANOTILHO, José Joaquim Gomes. *Constituição Dirigente e Vinculação do Legislador*: Contributo para a Compreensão das Normas Constitucionais Programáticas. Coimbra: Coimbra, 2001.

______. *Direito Constitucional e Teoria da Constituição*. Coimbra: Almedina, 2002.

CARVALHO FILHO, José dos Santos. *Manual de Direito Administrativo*. Rio de Janeiro: Atlas, 2014.

CARVALHO, Paulo de Barros. *Direito tributário*: linguagem e método. São Paulo: Noeses, 2013.

CASARA, Rubens R. R. *Estado pós-democrático*: neo-obscurantismo e gestão dos indesejáveis. 1ª ed. Rio de Janeiro: Civilização Brasileira, 2017.

CÍCERO, Marco Tulio. *Da república*. Livro I, Capítulo XLV. São Paulo: Atena, 1956.

CLÈVE, Clèmerson Merlin. *Medidas provisórias*. São Paulo: Max Limonad, 1999.

CRETELLA JÚNIOR, José. *Curso de Direito Administrativo*. Rio de Janeiro: Forense, 1999.

DALLARI, Adilson Abreu. "O uso do solo metropolitano". *Revista de Direito Público*, vol. 14, 1970.

DEBRUN, Michel. *O fato político*. Rio de Janeiro: FGV, 1962.

DI PIETRO, Maria Sylvia Zanella. *Direito Administrativo*. São Paulo: Atlas, 2009.

DINIZ, Maria Helena. *Lei de Introdução ao Código Civil brasileiro interpretada*. São Paulo: Saraiva, 1994.

DURKHEIM, Émile. *Da divisão do trabalho social*. São Paulo: EDIPRO, 2016.

______. *O suicídio*. São Paulo: Martins Fontes, 2000.

DWORKIN, Ronald M. *Is democracy possible here*? Principles for a new political debate. Nova Jersey: Princeton University Press, 2008.

ENTERRIA, Eduardo Garcia de. *La constitucion como norma y el tribunal constitucional*. Madrid: Civitas, 1988.

ETZIONE, Amitai. *Concepções alternativas de accountability*: o exemplo de gestão de saúde. Trad. Francisco G. Heidmann. Florianópolis: UFSC, 1998.

FACCI, Lucio Picanço. "A proibição de comportamento contraditório no âmbito da Administração Pública: a tutela da confiança nas relações jurídico-administrativas". *Revista Forense*, vol. 411, ano 106, set.-out. 2010.

FBSP. *Segurança Pública em Números 2017*. Disponível em: http://www.forumseguranca.org.br/wp-content/uploads/2017/10/infografico2017-vs8-FINAL-.pdf. Acessado em: 10.05.2023.

FERRAJOLI, Luigi. *Direito e Razão*: teoria do garantismo penal. São Paulo. Revista dos Tribunais, 2002.

______. *Poderes Selvagens*: a crise da democracia italiana. São Paulo: Saraiva, 2014.

FERRAZ JÚNIOR, Tércio Sampaio. "Sigilo de dados: o direito à privacidade e os limites à função fiscalizadora do Estado". *Revista da Faculdade de Direito*, Universidade de São Paulo, vol. 88, 1993.

FERRAZ, Sérgio; DALLARI, Adilson Abreu. *Processo administrativo*. São Paulo: Malheiros, 2012.

FERRAZ, Tércio Sampaio. "Apresentação". *In*: LUHMANN, Niklas. *Legitimação pelo procedimento*. Brasília: UNB, 1980.

FOSCHINI, Gaetano. *L'Imputato*. Milão: Giuffrè, 1956.

GARCIA DE ENTERRÍA, Eduardo. *La constitucion como norma y el tribunal constitucional*. Madrid: Civitas, 1988.

GARCÍA, Pedro de Vega. "El tránsito del positivismo jurídico al positivismo jurisprudencial en la doctrina constitucional". *Apud*: BERCOVICI, Gilberto. "Constituição e política: uma relação difícil". *Lua Nova*, nº 61, 2004.

GASPARINI, Diogenes. *Direito Administrativo*. São Paulo: Saraiva, 2006.

GIACOMUZZI, José Guilherme. *A moralidade administrativa e a boa-fé da Administração Pública*: o conteúdo dogmático da moralidade administrativa. São Paulo: Malheiros, 2002.

______. *Estado e contrato*. São Paulo: Malheiros, 2011.

GOLDSCHMIDT, James. *Problemas Jurídicos y Políticos del Proceso Penal*. Barcelona: Bosch, 1935.

GOLDSCHMIT, Werner. "La imparcialidade como Principio Básico del Proceso". *Revista de Derecho Procesal*, nº 2, 1950.

GOMES, José Jairo. *Direito Eleitoral*. São Paulo: Atlas, 2012.

GORDILLO, Agustín. *Tratado de derecho administrativo*. Tomo 1, 8ª ed. Buenos Aires: F.D.A., 2003.

GRAU, Eros Roberto. *A ordem econômica na Constituição de 1988*. São Paulo: Malheiros, 2010.

GRIMM, Dieter. *Constituição e política*. Belo Horizonte: Del Rey, 2006.

GROTTI, Dinorá Adelaide Musetti. *O serviço público e a Constituição brasileira de 1988*. São Paulo: Malheiros, 2003.

GUIMARÃES, Fernando Vernalha. *Concessão de serviço público*. São Paulo: Saraiva, 2012.

HERANI, Renato Gugliano; THAMAY, Rennan Faria Krüger. "Do devido processo legal ao devido processo constitucional". *Revista Brasileira de Estudos Constitucionais – RBEC*, Belo Horizonte, ano 9, nº 33, set./dez. 2015.

IHERING, Rudolf von. *Der Zweck im Recht*. Leipzig: Breitkopf & Härtel, 1877.

ISHIDA, Válter Kenji. *Prática jurídica de execução penal*. São Paulo: Atlas, 2015.

JELLINEK, Georg. *L'etat moderne et son droit*. Tomo 2, Théorie juridique de l'Etat. Paris: Pantheon-Assas, 2005.

JUSTEN FILHO, Marçal. *Teoria geral das concessões de serviço público*. São Paulo: Dialética, 2003.

JUSTEN, Monica Spezia. *A noção de serviço público no direito europeu*. São Paulo: Dialética, 2003.

KANT, Immanuel. *Fundamentação da metafísica dos costumes*. São Paulo: Abril Cultural, 1974.

KELSEN, Hans. *Teoria Pura do Direito*. Trad. João Baptista Machado. Coimbra: Arménio Amado, 1979.

KRAMER, Larry D. *The people themselves*: popular constitutionalism and judicial review. Nova York: Oxford University, 2004.

KRAUSE, Elton A. *A formação da política municipal e as condições de elegibilidade*. Porto Alegre: Memória Jurídica, 2002.

LACERDA, Fernando Hideo I. "A caçada de Lula pelo processo penal de exceção na era da pós-verdade". *In*: PROSNER, Carol *et al.* (Coord.). *Comentários a uma sentença anunciada*: o processo Lula. Bauru: Canal 6, 2017.

LEWANDOWSKI, Enrique Ricardo. *Pressupostos materiais e formais da intervenção federal no Brasil*. São Paulo: Revista dos Tribunais, 1994.

LIMA, Cristiana Maria Melhado Araújo. *Regime jurídico dos portos marítimos*. São Paulo: Pontifícia Universidade Católica de São Paulo, 2009. (Dissertação de Mestrado).

LOBO, Carlos Augusto da Silveira. "Os terminais portuários privativos na Lei n. 8.630/93". *Revista de Direito Administrativo*, vol. 220, abr./jun., 2000.

LOCKE, John. *Segundo tratado sobre o governo civil e outros escritos*. Petrópolis: Edusf, nº 143, 2006.

LOEWENSTEIN, Karl. *Teoría de la constitución*. Barcelona: Ariel, 1986.

LOPES JR., Aury. *Direito processual penal*. São Paulo: Saraiva Educação, 2018.

LUHMANN, Niklas. *La differenziazione del diritto*. Bologna: Il mulino, [s.d.].

______. *Legitimação pelo procedimento*. Brasília: UNB, 1980.

MARQUES, Claudia Lima. *Contratos no código de defesa do consumidor*. São Paulo: Revista dos Tribunais, 2004.

MARTINS, Ricardo Marcondes. *Efeitos dos vícios do ato administrativo*. São Paulo: Malheiros, 2011.

______. *Efeitos dos vícios do ato administrativo*. São Paulo: PUCSP, 2007 (Dissertação de Mestrado).

MARTINS-COSTA, Judith. "Princípio da confiança legítima e princípio da boa-fé objetiva". *Revista dos Tribunais*, nº 852/87, 2006.

MASAGÃO, Mário. *Curso de Direito Administrativo*. São Paulo: Max Limonad, 1977.

MEDAUAR, Odete. *A processualidade do Direito Administrativo*. São Paulo: Revista dos Tribunais, 2008.

______. *Direito Administrativo moderno*. São Paulo: Revista dos Tribunais, 2009.

MEIRELLES, Hely Lopes. *Direito Administrativo brasileiro*. 29ª ed. São Paulo: Malheiros, 2004.

MENDES, Gilmar Ferreira; BRANCO, Paulo Gustavo Gonet. *Curso de Direito Constitucional*. São Paulo: Saraiva, 2019.

MERTON, Robert K. "Estrutura social e anomia". *In*: ______. *Sociologia*: teoria e estrutura. São Paulo: Mestre Jou, 1970.

MIRANDA, Jorge. "Funções do Estado". *Revista de Direito Administrativo*, Rio de Janeiro, vol. 189, 1992.

______. *Manual de Direito Constitucional*. Tomo V. Coimbra: Coimbra, 2004.

MONTEIRO, Washington de Barros. *Curso de Direito Civil*: parte geral. São Paulo: Saraiva, 2001.

MORAES, Alexandre de. *Direito Constitucional*. São Paulo: Atlas, 2020.

MOREIRA NETO, Diogo de Figueiredo. *Curso de Direito Administrativo*. Rio de Janeiro: Forense, 1976.

MOREIRA, Egon Bockmann. *Direito das concessões de serviço público*. São Paulo: Malheiros, 2010.

MORGADO, Laerte Ferreira. *O orçamento público e a automação do processo orçamentário*. Texto para Discussão 85, Centro de Estudos da Consultoria do Senado Federal, Brasília, 2011.

MOTA, Carolina Theodoro da Silva. *Regulação estatal e participação da sociedade civil*: a gestão compartilhada dos serviços de saneamento básico e dos recursos hídricos do Brasil. São Paulo: Faculdade de Direito da USP, 2005 (Dissertação de Mestrado).

MUNIZ, Francisco Ferreira. *Textos de Direito Civil*. 1ª ed. Curitiba: Juruá, 1998.

NUCCI, Guilherme de Souza. *Código de processo penal comentado*. 3ª ed. São Paulo: Revistas dos Tribunais, 2004.

______. *Curso de execução penal*. Rio de Janeiro: Forense, 2020.

NUNES, Adeildo. *Comentários à lei de execução penal*. Rio de Janeiro: Forense, 2016.

OLIVEIRA, Eugênio Pacelli. *Curso de processo penal*. 18ª ed. São Paulo: Atlas, 2014.

OLIVEIRA, Regis Fernandes de. *Curso de direito financeiro*. São Paulo: Editora Revista dos Tribunais, 2015.

PEREIRA, Carlos Bresser. *Reforma do Estado para a cidadania*: a reforma gerencial brasileira na perspectiva internacional. São Paulo: Editora 34, 1998.

PETRELLUZZI, Marco Vinício; RIZEK JUNIOR, Rubens Naman. *Lei Anticorrupção*: Origens, Comentários e Análise da Legislação Correlata. São Paulo: Saraiva, 2014.

PIÇARRA, Nuno. *A separação dos poderes como doutrina e princípio constitucional*: um contributo para o estudo das suas origens e evolução. Coimbra: Coimbra, 1989.

PINDYCK, Robert S.; RUBINFELD, Daniel L. *Microeconomia*. São Paulo: Pearson Prentice Hall, 2007.

PINHO, José Antonio Gomes de; SACRAMENTO, Ana Rita Silva. "Accountability: já podemos traduzi-la para o português?" *Revista de Administração Pública*, Rio de Janeiro, vol. 43, nº 6, nov./dez. 2009.

PINTO, Paulo Brossard de Souza. *O impeachment*: aspectos da responsabilidade política do Presidente da República. Porto Alegre: Globo, 1965.

PIOVESAN, Flávia. *Direitos Humanos e o Direito Constitucional Internacional*. São Paulo: Saraiva, 2012.

POLÍBIO. *História*. Brasília: UNB, 1985.

PRADO, Geraldo. *Sistema acusatório*: a conformidade constitucional das leis processuais penais. Rio de Janeiro: Lumen Juris, 1999.

QUEIROZ, Cristina M. M. *Os actos políticos no Estado de Direito*. Coimbra: Almedina, 1990.

RANGEL, Paulo. *Direito processual penal*. São Paulo: Atlas, 2019.

REALE, Miguel. "Inconstitucionalidade de congelamentos". *Folha de São Paulo*, São Paulo, 19 set. 1988.

REZEK, Francisco. *Direito Internacional Público*. São Paulo: Saraiva, 2008.

RIVERO, Jean. *Direito Administrativo*. Coimbra: Almedina, 1975.

ROCHA, Silvio Luís Ferreira da. *Terceiro setor*. São Paulo: Malheiros, 2003.

ROUSSEAU, Jean-Jacques. *El contrato social*. Trad. de Consuelo Berges, Madri, 1973 *Apud* ZAFFARONI, Eugenio Raúl. *O inimigo no direito penal*. Trad. Sérgio Lamarão. 3ª ed. Rio de Janeiro: Revan, 2011.

SALOMÃO FILHO, Calixto. *Regulação da atividade econômica*: princípios e fundamentos jurídicos. São Paulo: Malheiros, 2001.

SAMPAIO, José Adércio Leite. *A Constituição reinventada pela jurisdição constitucional*. Belo Horizonte: Del Rey, 2002.

SANTOS, Boaventura de Sousa. *A difícil democracia*. São Paulo: Boitempo, 2016.

SARLET, Ingo Wolfgang; MARINONI, Luiz Guilherme; MITIDIERO, Daniel Francisco. *Curso de Direito Constitucional*. São Paulo: Saraiva, 2020.

SCHEREIDER, Anderson. *A proibição de comportamento contraditório*: tutela da confiança e venire contra factum proprium. 2ª ed. Rio de Janeiro: Renovar, 2007.

SCHMITT, Carl. *Teologia Política*. Trad. de Elisete Antoniuk; coordenador e supervisão Luiz Moreira. Belo Horizonte: Del Rey, 2006.

SCHNEIDER, Hans Peter. "La Constitución: función y estructura". *Apud*: *Democracia y Constitución*. Madrid: Centro de Estudios Constitucionales, 1991.

SERRANO, Pedro Estevam Alves Pinto. "Princípio republicano e provimento dos cargos públicos". *Revista da Faculdade de Direito das Faculdades Metropolitanas Unidas*, São Paulo, nº 10, ano 14, 1996.

______. *Região metropolitana e seu regime constitucional*. São Paulo: Verbatim, 2009.

SILVA, Iris Araújo. "Regiões metropolitanas e autonomia municipal". *Revista Brasileira de Estudos Políticos*, 1981.

SILVA, José Afonso da. *Comentário contextual à Constituição da República*. 2ª ed. São Paulo: Malheiros, 2006.

______. *Curso de Direito Constitucional positivo*. São Paulo: Malheiros, 2008.

______. *Curso de Direito Constitucional positivo*. São Paulo: Malheiros, 2004.

SILVA, Roberto Baptista Dias. *Manual de Direito Constitucional*. Barueri: Manole, 2007.

SILVA, Virgílio Afonso da. "O proporcional e o razoável". *Revista dos Tribunais*, nº 798. São Paulo: Revista dos Tribunais, 2002.

SMEND, Rudolf. *Verfassung und Verfassungsrecht in Staatsrechtliche Abhandlungen und andere Aufsätze*. Berlim: Duncker & Humblot, 1994. *Apud*: BERCOVICI, Gilberto. "Constituição e política: uma relação difícil". *Lua Nova*, nº 61, 2004.

SOARES, Carlos Roberto; ÂNGULO, Rodolfo José. "Sobre a delimitação da linha de preamar-médio de 1831, que define os terrenos de marinha (Dec.-Lei 9.760, de 05.09.1946)". *Revista de Direito Ambiental*, vol. 20, out./dez., 2000.

STRENGER, Irineu. "Fatores impedientes de 'exequatur' a cartas rogatórias estrangeiras". *Revista de processo*. São Paulo: RT, vol. 6, nº 24, out./dez. 1981.

SUNDFELD, Carlos Ari (Coord.). *Direito Administrativo econômico*. São Paulo: Malheiros, 2000.

SUNDFELD, Carlos Ari. *Fundamentos de direito público*. São Paulo: Malheiros, 2008.

______. *Licitação e contrato administrativo de acordo com as Leis 8.666/93 e 8.884/94*. São Paulo: Malheiros, 1994.

SUNSTEIN, Cass R. *Why societies need dissent?* Cambridge: Harvard University, 2003.

TÁCITO, Caio. "Serviços de saneamento básico". *Revista de Direito Administrativo*, nº 213, 1998.

TAVARES, André Ramos. "Repartição de funções estatais: fundamento, estrutura e finalidade". *Revista do Advogado*, São Paulo. vol. 23, nº 73, nov. 2003.

______. *Curso de Direito Constitucional*. São Paulo: Saraiva, 2017.

______. *Tribunal e jurisdição constitucional*. São Paulo: IBDC, 1998.

TELES, Edson; SAFATLE, Vladimir (Coord.). *O que resta da ditadura*: a exceção brasileira. São Paulo: Boitempo, 2010.

TOQUEVILLE, Alexis de. *L'Ancien* régime et *la révolution*. Paris: Calmann Lèvy, 1887.

UNITED NATIONS. General Assembly. Human Rights Council. *Report of the Special Rapporteur on torture and other cruel, inhuman or degrading treatment or punishment on his mission to Brazil.* 29 de janeiro de 2016.

WOLFFENBÜTTEL, Miriam Comasseto. *O protesto cambiário como atividade notarial*: aspectos inovadores da Lei n. 9.492, de 10 de setembro de 1997. São Paulo: Labor Júris, 2000.

ZAFFARONI, Eugenio Raúl. *O inimigo no direito penal*. Trad. Sérgio Lamarão. 3ª ed. Rio de Janeiro: Revan, 2011.

ZAGREBELSKY, Gustavo. *La giustizia costituzionale*. Bologna: Il Mulino, 1988.

NOTAS

NOTAS

NOTAS

A Editora Contracorrente se preocupa com todos os detalhes de suas obras! Aos curiosos, informamos que este livro foi impresso no mês de agosto de 2023, em papel Pólen Natural 70g, pela Gráfica Grafilar.